广东省铁路工程施工标准化指南系列丛书

广东省铁路工程施工管理标准化指南

第一分册 轨道工程

广东省交通运输厅 组织编写

人民交通出版社股份有限公司

北 京

内 容 提 要

《广东省铁路工程施工管理标准化指南》从管理制度、人员配备、现场管理和过程控制等方面对广东省铁路工程施工管理标准化进行总结,共6个分册,包括轨道工程、路基工程、桥涵工程、隧道工程、房建工程和四电工程。本书为第一分册,内容包括总则、管理要求、施工准备、原材料质量控制、工程测量、CRTS双块式无砟道床施工、CRTSⅢ型板式无砟道床施工、减振道床施工、线路有砟道床施工、无砟道岔及伸缩调节器施工、有砟道岔及伸缩调节器施工、轨道过渡段施工、线间及两侧封闭层施工、铺轨施工、无缝线路施工、轨道精调整理及钢轨预打磨、工程线运输技术管理、线路标志标识、安全保护区、四新技术。

本书可供广东省交通运输行业主管部门、铁路工程项目参建单位和参建人员使用。

图书在版编目(CIP)数据

广东省铁路工程施工管理标准化指南. 第一分册, 轨道工程 / 广东省交通运输厅组织编写. — 北京 : 人民交通出版社股份有限公司, 2022.6

ISBN 978-7-114-17940-2

Ⅰ. ①广… Ⅱ. ①广… Ⅲ. ①轨道(铁路)—工程施工—标准化管理—广东—指南 Ⅳ. ①U215-62

中国版本图书馆CIP数据核字(2022)第067326号

Guangdong Sheng Tielu Gongcheng Shigong Guanli Biaozhunhua Zhinan
Di-yi Fence　Guidao Gongcheng

书　　名:	广东省铁路工程施工管理标准化指南　第一分册　轨道工程
著 作 者:	广东省交通运输厅
责任编辑:	朱明周　郭晓旭
责任校对:	席少楠
责任印制:	刘高彤
出版发行:	人民交通出版社股份有限公司
地　　址:	(100011)北京市朝阳区安定门外外馆斜街3号
网　　址:	http://www.ccpcl.com.cn
销售电话:	(010) 59757973
总 经 销:	人民交通出版社股份有限公司发行部
经　　销:	各地新华书店
印　　刷:	北京印匠彩色印刷有限公司
开　　本:	889×1194　1/16
本册印张:	9.75
本册字数:	226千
版　　次:	2022年6月　第1版
印　　次:	2022年6月　第1次印刷
书　　号:	ISBN 978-7-114-17940-2
定　　价:	520.00元(全套共6册)

(有印刷、装订质量问题的图书由本公司负责调换)

《广东省铁路工程施工管理标准化指南
第一分册 轨道工程》

编审委员会

主 任 委 员： 贾绍明

副主任委员： 杨晓华　梁育辉　王　新

委　　　员： 郑　彪　许传博　符　兵　邹　洵
　　　　　　　余国武　姜云楼　李奎双　顾建华
　　　　　　　郭飞跃　肖秋生　祁　军　黄力平
　　　　　　　谭　文　陈　波　陆　晖　肖世雄
　　　　　　　陈正贵　贺　婷　郭明泉　巫　环
　　　　　　　张晓占

《广东省铁路工程施工管理标准化指南
第一分册 轨道工程》

参与单位

主编单位： 广东省铁路建设投资集团有限公司

广东珠三角城际轨道交通有限公司

参编单位： 广州地铁集团有限公司

深圳地铁集团有限公司

中铁一局集团有限公司

中铁二局集团有限公司

中铁四局集团有限公司

中铁五局集团有限公司

中铁广州工程局集团有限公司

中铁二十五局集团有限公司

参与人员

主要起草人员： 张延伟　文　竹　钟旭磷　欧祖敏　来　琼
　　　　　　　　龚楠富　董文涛　邓云龙　陈喜刚　陈杰亮
　　　　　　　　周鸿腾　何凯东　邹　博　李　棱　贺志荣
　　　　　　　　吴国春　张高鹏　赵　飞

主要审查人员： 王　新　姜云楼　陈　波　安春生　彭光荣
　　　　　　　　管新权　张长生　刘　恒　李映暄　周　浩
　　　　　　　　杨北京　涂金根　马青平　刘志恒

PREFACE 前 言

铁路是国家基础性、战略性、先导性、关键性重大基础设施，是国民经济的大动脉。近年来，广东省坚决贯彻党中央、国务院构建以铁路为主干的综合立体交通网的决策部署，立足新发展阶段，完整、准确、全面贯彻新发展理念，构建新发展格局，全力推动铁路建设高质量发展，打造"轨道上的大湾区"，助力加快交通强省建设。

为进一步规范省管铁路工程建设管理，提升铁路施工质量和安全生产水平，全面构建省管铁路建设管理标准化体系，广东省交通运输厅在全面、系统总结广东省铁路工程施工标准化建设管理经验的基础上，组织编写《广东省铁路工程施工管理标准化指南》（以下简称《指南》）。

《指南》分为6个分册，包括轨道工程、路基工程、桥涵工程、隧道工程、房建工程、四电工程。《指南》的主要特点是：一是全面贯彻落实国家及铁路行业现行的法律法规和标准规范，以创建优质工程和精品工程为原则，对部分施工、验收标准进行了细化和提升。二是充分借鉴中国国家铁路集团有限公司相关标准和指南，以及广东省公路工程、轨道交通等行业的施工管理先进经验和技术标准，结合广东省铁路工程标准化建设管理经验，从管理制度、人员配备、现场管理和过程控制等方面进行系统总结。三是针对省管铁路施工管理实际情况，对各专业工程主要施工工艺、工法、施工质量控制要点和重难点进行了详细规定和说明。四是对铁路工程施工过程中的典型施工质量通病进行了重点强调，并给出了预防控制措施。五是兼顾实用性和先进性，管理要求和技术标准既符合实际、可现场执行，又适度超前、力求先进，注重"四新技术"在铁路行业的推广应用，各分册均有"四新技术"的专门介绍。六是对部分典型施工方法及"四新技术"附有现场照片，图文并茂，实用性和可操作性强。

本书为《指南》第一分册，内容包括总则、管理要求、施工准备、原材料质量控制、工程测量、CRTS双块式无砟道床施工、CRTS Ⅲ型板式无砟道床施工、减振道床施工、线路有砟道床施工、无砟道岔及伸缩调节器施工、有砟道岔及伸缩调节器施工、轨道过渡段施工、线间及两侧封闭层施工、铺轨施工、无缝线路施工、轨道精调整理及钢轨预打磨、工程线运输技术管理、线路标志标识、安全保护区、四新技术等方面的内容，针对轨道工程施工中的主要施工方法、工艺及技术标准进行详细的规定，有利于参建各方现场对标使用。

在《指南》编写过程中，广东省铁路建设投资集团有限公司、广州地铁集团有限公司、深圳地铁集团有限公司、广东省交通运输建设工程质量检测中心、广东珠三角城际轨道交通有限公司、广东广汕铁路有限责任公司、广东广湛铁路有限责任公司、广东珠肇铁路有限责任公司、中国铁建华南区域总部、中铁南方投资集团有限公司、中铁一局集团有限公司、中铁二局集团有限公司、中铁四局集团有限公司、中铁五局集团有限公司、中铁广州工程局集团有限公司、中铁二十五局集团有限公司、中国铁路设计集团有限公司、中铁七局集团有限公司、中铁北京工程局集团有限公司、中铁十四局集团有限公司、中铁十一局集团有限公司、中铁二十二局集团有限公司、中铁建设集团有限公司、中铁隧道局集团有限公司、中国铁建电气化局集团有限公司（排名不分先后）等单位给予了大力支持，在此一并表示感谢。

《指南》适用于广东省省管铁路工程施工管理标准化建设，在执行本技术指南过程中，希望各单位结合工程实践，认真总结经验，积累资料。《指南》可供全省铁路建设管理行政主管部门、铁路工程项目参建单位和参建人员使用，使用过程中发现的问题和意见建议，请反馈至广东省交通运输厅地方铁路处（地址：广州市越秀区白云路27号，邮政编码：510101），供今后修订时参考。

广东省交通运输厅
2022年6月

CONTENTS 目 录

1 总则 ·· 1

2 管理要求 ··· 3
   2.1 一般规定 ·· 3
   2.2 建设单位 ·· 4
   2.3 设计单位 ·· 5
   2.4 施工单位 ·· 5
   2.5 监理单位 ·· 6

3 施工准备 ··· 8
   3.1 施工调查 ·· 8
   3.2 施工技术文件核对 ·· 9
   3.3 施工方案选择及资源配置 ·· 9
   3.4 编制实施性施工组织设计和作业指导书 ··· 10
   3.5 施工技术交底 ··· 12
   3.6 铺轨基地设置 ··· 13
   3.7 轨道工程与线下工程工序交接 ··· 14
   3.8 轨道工程与四电工程接口 ·· 15

4 原材料质量控制 ··· 17
   4.1 一般规定 ·· 17
   4.2 CRTS 双块式轨枕 ··· 17

  4.3 CRTSⅢ型轨道板 ··· 19
  4.4 无砟轨道混凝土岔枕 ······································ 20
  4.5 有砟轨道预应力混凝土轨枕 ··························· 21
  4.6 钢轨 ··· 22
  4.7 道岔钢轨和配件 ··· 23
  4.8 道砟 ··· 24
  4.9 自密实混凝土 ··· 24

5 工程测量 ··· 26
  5.1 一般规定 ·· 26
  5.2 平面控制网复测与施工加密测量 ··················· 26
  5.3 高程控制网复测与加密测量 ··························· 29
  5.4 轨道控制网（CPⅢ）测设及复测 ··················· 30
  5.5 CRTS型双块式无砟轨道施工测量 ················· 34
  5.6 CRTSⅢ型板式无砟轨道施工测量 ·················· 37
  5.7 长枕埋入式无砟道岔施工测量 ······················· 37

6 CRTS双块式无砟道床施工 ···································· 39
  6.1 一般规定 ·· 39
  6.2 支承层施工 ·· 41
  6.3 桥上混凝土底座及限位凹槽施工 ··················· 42
  6.4 隔离层及弹性垫层施工 ·································· 43
  6.5 轨排支撑架法轨排组装 ·································· 44
  6.6 轨排框架法轨排组装及铺设 ··························· 45
  6.7 轨排粗调 ·· 46
  6.8 上层钢筋安装、接地钢筋端子焊接及模板安装 ······ 46
  6.9 轨排精调 ·· 47
  6.10 道床板混凝土浇筑及养生 ···························· 48

7 CRTSⅢ型板式无砟道床施工 ································· 51
  7.1 一般规定 ·· 51
  7.2 混凝土底座及限位凹槽施工 ··························· 52
  7.3 隔离层及弹性垫层施工 ·································· 55
  7.4 轨道板铺设 ·· 55
  7.5 自密实混凝土层施工 ····································· 59

8 减振道床施工 ... 62

- 8.1 一般规定 ... 62
- 8.2 减振垫道床底座施工 ... 63
- 8.3 减振垫施工 ... 63
- 8.4 减振垫道床施工 ... 64
- 8.5 钢弹簧浮置板底座施工 ... 65
- 8.6 预制浮置板道床施工 ... 65
- 8.7 隔振器安装 ... 66
- 8.8 浮置板道床顶升 ... 66

9 线路有砟道床施工 ... 67

- 9.1 一般规定 ... 67
- 9.2 铺轨前预铺道砟 ... 68
- 9.3 分层上砟整道 ... 70

10 无砟道岔及伸缩调节器施工 ... 73

- 10.1 一般规定 ... 73
- 10.2 混凝土底座及限位凹槽施工 ... 75
- 10.3 隔离层及弹性垫层施工 ... 75
- 10.4 无砟道岔铺设 ... 76
- 10.5 无砟道岔混凝土浇筑 ... 77
- 10.6 无砟轨道伸缩调节器施工 ... 78

11 有砟道岔及伸缩调节器施工 ... 79

- 11.1 一般规定 ... 79
- 11.2 预铺道砟 ... 81
- 11.3 道岔铺设 ... 81
- 11.4 道岔铺砟整道 ... 84
- 11.5 有砟轨道钢轨伸缩调节器施工 ... 84

12 轨道过渡段施工 ... 86

- 12.1 一般规定 ... 86
- 12.2 有砟无砟过渡段 ... 86
- 12.3 不同形式无砟轨道结构间的过渡段施工 ... 88

13 线间及两侧封闭层施工 ··· 89
13.1 一般规定 ··· 89
13.2 路基上混凝土封闭层施工 ··· 89

14 铺轨施工 ··· 91
14.1 一般规定 ··· 91
14.2 无砟轨道长钢轨铺设 ··· 91
14.3 有砟轨道换铺法铺枕铺轨 ··· 93
14.4 有砟轨道单枕连续铺设法铺枕铺轨 ··· 95
14.5 有缝线路铺轨 ··· 97

15 无缝线路施工 ··· 99
15.1 一般规定 ··· 99
15.2 工地钢轨闪光焊接 ··· 100
15.3 无缝线路应力放散及锁定 ··· 103
15.4 道岔钢轨焊接及锁定 ··· 106
15.5 钢轨胶接绝缘接头施工 ··· 107

16 轨道精调整理及钢轨预打磨 ··· 109
16.1 一般规定 ··· 109
16.2 有砟轨道精调整理 ··· 110
16.3 无砟轨道精调整理 ··· 113
16.4 有砟道岔精调整理 ··· 116
16.5 无砟道岔精调整理 ··· 119
16.6 道岔及钢轨预打磨 ··· 121

17 工程线运输技术管理 ··· 123

18 线路标志标识 ··· 125

19 安全保护区标志 ··· 131

附录 A 四新技术 ··· 133
A.1 WPZ-500 型无砟轨道智能铺轨机组 ··· 133

A.2　BMR-3型承轨台检测机器人 …………………………………………………… 134

A.3　智能轨道标记机器人 …………………………………………………………… 136

A.4　工程线道岔智能化开向检测及警示装置 ……………………………………… 137

A.5　轨行区信息化管理系统 ………………………………………………………… 138

1 总　则

1.0.1　为指导广东省管铁路轨道工程施工，统一主要施工管理标准，提高管理水平，保证施工质量，结合省管铁路轨道施工管理标准化实际情况，制定本指南。

1.0.2　本指南适用于省管高速及城际铁路轨道工程施工，其他铁路可参照执行。

1.0.3　本指南依据国家、行业、广东省等工程建设主管部门发布的与轨道工程相关的标准、规范、规程、文件，以及充分吸收行业内先进、成熟的施工工艺、工法和建设、运营经验编制而成。

1.0.4　建设各方应加强管理制度、人员配备、现场管理和过程控制等标准化管理，实现安全、质量、工期、投资、环境保护、技术创新等建设目标及文明施工要求。

1.0.5　轨道工程应按批准的设计文件进行施工，应积极推行机械化、工厂化、专业化、信息化，并采用新技术、新工艺、新材料、新设备。

1.0.6　轨道工程施工中采用的各种轨道部件及材料应符合设计文件及技术条件的规定。特定的轨道部件和材料应符合设计要求，并经鉴定合格后方可使用。

1.0.7　轨道工程施工应组建专业化施工队伍，各类人员应经过专门培训，合格后方可上岗。

1.0.8　轨道工程施工应遵守国家及省市有关安全生产、环境保护、水土保持和文物保护等法律、法规。

1.0.9 轨道工程施工的资料收集和整理工作应与工程进度同步进行，做到系统、完整、真实、准确，保证其具有较高的查考利用价值和完备的质量责任追溯功能，并应按有关规定做好资料的归档管理工作。

1.0.10 轨道工程施工除应符合本指南要求外，尚应符合国家和行业现行有关强制性标准的规定。

2 管理要求

2.1 一般规定

2.1.1 建设各方应严格执行国家及行业有关管理办法和本指南管理规定。

2.1.2 轨道工程建设各方应制订项目管理规划，加强对轨道工程重点环节及关键工序的管理，实现建设目标。

2.1.3 建设各方应建立健全质量保证体系，对工程施工质量进行全过程控制管理，落实质量责任终身追究制度。

2.1.4 建设各方应建立健全安全生产管理体系，严格执行现行《铁路工程基本作业施工安全技术规程》（TB 10301）和《铁路轨道工程施工安全技术规程》（TB 10305）等有关技术标准的规定，设置专门安全管理机构，配备专职安全管理人员，落实安全生产责任制，保证工程施工安全。

2.1.5 轨道工程施工应建立环境管理体系，制订并实施环境管理计划，编制节能减排技术方案，有效减少施工对环境的影响。

2.1.6 轨道工程施工应重视职业健康和劳动卫生保护，制订管理计划并进行有效控制，防止发生职业健康安全事故。

2.1.7 轨道工程施工期间应加强工程列车运输管理，参考营业线施工管理有关制度，根据工程实际建立健全行车管理制度，保证行车及人身安全。

2.1.8 轨道工程施工现场规划应遵循安全生产、以人为本、因地制宜、满足施工需要的原则，合理布置生产区、辅助生产区、办公生活区等，并考虑防汛、防风、防火等要求。

2.1.9 轨道工程施工应加强现场管理，规范现场布置，提高文明施工水平。

2.1.10 轨道工程施工应重视轨道铺设条件评估、轨道控制网（CPⅢ）测量、相关专业接口衔接、无砟道床施工、有砟道床施工、减振道床施工、道岔铺设、钢轨伸缩调节器、工地钢轨焊接、无缝线路应力放散锁定、轨道精调整理等关键工序的管理。

2.1.11 轨道工程施工应执行首件工程评估制度。轨道工程在实际实施中，应由建设单位根据实际情况制订首件工程验收制度，施工前应开展施工工艺试验，通过调整、完善施工工艺及工装设备，制订作业标准，经评估通过后方可规模施工。

2.2 建设单位

2.2.1 建设单位应针对轨道工程施工项目特点和质量控制重点，组织对参建各方主要管理人员的培训和考核。

2.2.2 建设单位在轨道工程施工前应组织轨道铺设条件评估。轨道工程施工期间及铺设完成后，应组织进行沉降变形观测。

2.2.3 建设单位应重点加强无砟道床施工、道岔铺设、钢轨伸缩调节器、无缝线路施工及新技术、新工艺、新材料、新设备等设计技术交底组织工作。

2.2.4 建设单位应组织无砟轨道首件及道岔（钢轨伸缩调节器）首组铺设施工和评估。

2.2.5 建设单位应组织相关专业进行接口、综合接地等的设计文件核对和现场专项检查，根据现场实际情况完善设计文件和工程措施。

2.2.6 建设单位应加强工程线施工及行车安全管理，组织编制并落实施工期间工程线施工安全管理办法，确保行车安全和线路通道畅通。

2.2.7 建设单位应组织制订无砟道床、长钢轨、道岔等轨道成品、部件的保护措施，并检查落实。

2.2.8 建设单位应与设备接管单位做好轨道工程施工过程的对接工作。

2.3 设计单位

2.3.1 设计单位应按时完成施工图文件，文件质量应满足合同要求。

2.3.2 设计单位应做好轨道与其他专业的接口设计。

2.3.3 设计单位应向各参建单位做好施工图技术交底及答疑工作，对设计方案、施工工法、安全事项等关键设计内容作出详细说明。

2.3.4 设计单位应做好现场施工配合，根据实际情况和有关部门批复及时优化和变更设计，重点加强超高设置、无缝线路配轨、锁定轨温、铺轨基地设置及长轨运输牵引定数检算等的设计配合。

2.3.5 设计单位应按规定参加首件工程、工程检查和分项、分部、单位工程的验收。发现违反设计文件进行施工的，应及时通知建设、施工和监理单位。

2.4 施工单位

2.4.1 施工单位应建立健全质量保证体系，明确分管领导，配齐配强专职工程质量管理人员，建立质量责任制，强化质量管理。

2.4.2 施工单位应结合项目实际，明确管理层、技术层、作业层施工质量管理工作的内容，对施工质量进行全过程、全方位管理与控制。

2.4.3 施工单位在轨道施工前应熟悉设计文件，领会设计意图，按照轨道施工技术细则要求做好现场调查、核对设计文件，完成后应及时将结果及存在的问题，以书面形式呈送建设项目合同规定的相关建设管理单位。

2.4.4 施工单位应组织对关键工序的操作人员和质检人员进行技术交底及培训，考核合格后方可上岗。

2.4.5 机车、重型轨道车、大型养路机械、门式起重机等设备的操作人员，必须持有相关部门颁发的有效证件。

2.4.6 施工单位应进行工程列车牵引力计算，合理配备牵引动力，并保证牵引动力设备状态良好，避免工程列车在坡道起步或停步时擦伤钢轨。施工期间行车速度应符合相关规定，避免非常制动擦伤钢轨。

2.4.7 施工单位应严格执行建设单位制订的工程线管理制度，配备足够的行车组织人员，加强工程线线路、道岔的维护保养工作。

2.4.8 施工单位应统筹考虑相关专业接口工程的施工。"四电"等后续工程的施工方案应经建设单位批准后实施，施工过程中应采取有效防护措施，避免对道床产生破坏、扰动和污染。

2.4.9 施工单位应做好长钢轨、无砟道床等的成品保护。电务等专业在钢轨上的钻孔施工应在无缝线路应力放散锁定后严格按设计要求进行，不得随意在钢轨上钻孔或焊接。

2.4.10 施工单位应加强质量管理，在施工过程中强化质量自控，建立健全质量检验制度，严格工序管理，按规定做好隐蔽工程的检查、记录和签认，做到工程质量全过程控制。

2.5 监理单位

2.5.1 监理单位应按照现行《铁路建设工程监理规范》（TB 10402）及监理规划编制轨道专业监理实施细则。

2.5.2 监理单位应加强施工单位实施性施工组织设计、专项施工方案的审查工作，重点加强危大工程专项施工方案的审查工作。

2.5.3 监理单位应做好首件工程预评估、隐蔽工程的旁站及检验批、分项、分部工程的组织验收工作。

2.5.4 监理单位应加强对无砟道床施工、道岔铺设、钢轨焊接、无缝线路应力放散锁定等关键工程、工序的现场监理。

2.5.5 监理单位应加强对综合接地等轨道相关专业接口的现场监理。

2.5.6 监理单位应加强监督施工单位施工机械及行车安全作业,检查施工单位落实安全预案及安全措施。

2.5.7 监理单位应加强监督施工单位做好成品保护。

3 施工准备

3.1 施工调查

3.1.1 调查沿线交通、水源、电源、原材料等情况。

3.1.2 收集沿线水文气象及环境等有关资料。

3.1.3 落实钢轨、轨道板、轨枕、道岔、扣配件、混凝土等主要材料来源、供货途径及存放场地。

3.1.4 调查沿线道砟来源、供砟方式、道砟运输条件及道砟储备场设置条件。

3.1.5 核查沿线的各种电力、通信线路和临时建筑物等建筑限界,调查大型铺轨机械通过地段的限界情况。

3.1.6 了解可建设铺轨基地的位置和邻近既有车站停留工程列车的位置,选择进料通道和卸料、存料场地。

3.1.7 调查与既有线接轨点及相邻车站的线路标准、客货流量、车站股道数量等情况。

3.1.8 了解与轨道工程有关的线下工程及接口工程施工进度,分析和编制轨道工程施工进度计划。

3.1.9 施工调查结束后，施工单位应根据施工调查结果及时编制施工调查报告，作为编制实施性施工组织设计的依据。

3.2 施工技术文件核对

3.2.1 施工前应根据施工内容获取相关施工技术文件（包括设计及变更文件）。

3.2.2 施工文件包括标准设计图纸，施工质量验收标准，基础平面控制网（CPⅠ）、线略平面控制网（CPⅡ）及高程控制网成果资料，线下工程沉降变形分析评估报告，线路中桩表，水准点表，线路高程及中线竣工测量资料，相关施工记录等。

3.2.3 设计文件包括线路平面图、线路纵断面图、车站平面布置图、线路诸表、无砟轨道设计图、无缝线路设计图表、设计说明、变更设计和其他相关专业设计图等。

3.2.4 施工单位开工前，应对批准的施工图进行现场核对，核对无误后方可使用。

3.2.5 施工前，应熟悉与轨道施工相关的设计文件、变更设计文件，并与相关专业设计文件进行对接。核对中发现的问题应及时以书面形式递交建设、设计和监理单位进行解决，由设计单位以书面形式回复。

3.2.6 施工中发现设计与现场实际情况不符时，应及时书面通知建设、设计和监理单位，按建设管理程序处理，不得擅自修改设计和继续施工。

3.3 施工方案选择及资源配置

3.3.1 轨道施工方案应结合气候、环境、线路特点、轨道类型、材料供应、作业方式等因素进行方案比选，确定合理的施工方法、施工装备配置和劳动力组织。

3.3.2 轨道施工应综合考虑施工便道的使用维护、通过能力，综合考虑轨道结构形式、线路特点、施工组织模式等因素，编制物流组织方案。

3.3.3 轨道施工资源配置应与施工方案相匹配，按照拟定的施工方案和进度安排，计算主要材料、设备、人员的数量，确定分阶段材料供应、设备和人员进场计划。无砟道床施工配备大型机械设备时，应充分考虑不同工况的施工需求，按经济、高效、兼顾通用的原则进行配套。

3.3.4 无砟道床施工应配备相应的工装设备,其精度应满足相关技术条件的要求,施工能力应满足进度计划需要。

3.3.5 有砟道床施工应配备道砟运输、道砟摊铺、机械化整道作业车组等设备。

3.3.6 钢轨铺设应配备长钢轨运输、铺设、焊轨、应力放散及锁定等设备。

3.3.7 施工前应根据质量控制需要设置检测机构,并根据施工内容配备相应的检测仪器、工具及设备。

3.3.8 物资材料配备时,应按照材料的规格、数量、供应时间节点要求,制订相应的物资采购计划。对于钢轨、道岔等特殊物资,应提供较准确的供应计划,如有变化提前通知生产厂家及时调整,确保按时供货。

3.3.9 轨道工程施工前应按轨道专业化施工的要求,根据工程规模、进度等因素,编制人力资源需求和使用计划。

3.4 编制实施性施工组织设计和作业指导书

3.4.1 轨道工程施工前应编制实施性施工组织设计,实施性施工组织设计应符合相关规范、规程、施工工艺等技术要求,合理安排施工顺序,对施工过程的质量控制及进度计划提出明确的要求。当施工组织设计在实施过程中发生变化时,应及时分析原因,采取相应的措施。

3.4.2 实施性施工组织设计应依据下列资料编制:
1 施工合同;
2 省、市法规及相关文件规定;
3 相关标准、规范、规程、指南等;
4 设计文件;
5 建设单位指导性施工组织设计及相关管理制度;
6 招、投标文件;
7 施工调查报告;
8 企业资源配置及施工水平。

3.4.3 实施性施工组织设计应包括下列主要内容:
1 编制依据、编制范围及设计概况;

2 工程概况；
3 建设项目所在地区特征；
4 总体施工组织安排；
5 临时工程和过渡工程；
6 控制工程及重难点工程（包括高风险工程）的施工方案；
7 施工方案；
8 资源配置；
9 管理措施；
10 进一步研究解决的问题及建议；
11 施工组织图表，包括附表、附图、附件。

3.4.4 当设计文件、指导性施工组织设计或现场施工条件发生较大变化时，实施性施工组织设计应及时进行调整。

3.4.5 实施性施工组织设计和调整后的实施性施工组织设计应按规定的程序报送建设单位、监理单位审批后实施。

3.4.6 施工单位应提前编制无砟道床施工、减振道床施工、工地钢轨焊接、无缝线路应力放散及锁定、道岔及钢轨伸缩调节器铺设、轨道精调整理等工序作业指导书。

3.4.7 施工作业指导书应按照标准化管理要求编制，将先进成熟的工艺工法、科学合理的生产组织与现场施工条件相结合，做到图文并茂、简明易懂、可操作性强。

3.4.8 施工作业指导书应主要依据下列资料编制：
1 国家、行业有关设计、施工和验收标准及相关文件；
2 经审核合格的施工图设计文件；
3 工程施工合同；
4 国家级、省部级工法和成熟的施工工艺。

3.4.9 施工作业指导书应包括下列主要内容：
1 适用范围；
2 作业准备；
3 技术要求；
4 施工程序与工艺流程；
5 施工要求；
6 劳动组织；
7 材料要求；

8 设备机具配置；
9 质量控制及检验；
10 安全及环保要求。

3.4.10 建设项目设计文件或验收标准中有工艺性试验要求的，施工单位应编制工艺性试验作业指导书，经建设单位组织审查后，进行试验，试验成功并经实践检验后形成施工作业指导书投入应用推广。

3.4.11 轨道工程施工应通过现场作业交底和人员培训等措施，确保施工人员全面掌握作业指导书的内容及要求。

3.5 施工技术交底

3.5.1 施工技术交底工作应坚持施工组织设计总体交底和分项工程阶段性技术交底相结合的原则。

3.5.2 施工技术交底应分级进行，项目总工程师对项目部各部室及技术人员进行技术交底，主管工程师对作业队技术负责人进行技术交底，作业队技术负责人对班组长及全体作业人员进行交底。

3.5.3 技术交底主要内容包括工程概况、工程特点及重难点、施工方案、施工工艺与方法、技术要求、质量要求、安全注意事项及轨道专业与四电专业接口相关要求等。

3.5.4 各分部、分项工程、关键工序、专项方案实施前，项目总工程师或技术部门负责人应会同主管工程师向作业队进行交底，并对交底后的实施情况进行检查验收；施工方案及施工工艺发生变化时应及时，补充交底。

3.5.5 施工技术交底应符合下列要求：
1 技术交底应细致全面，具有针对性、可操作性，交底至施工班组。
2 施工技术交底后应形成技术交底纪要，并附必要的图表。参加技术交底人员应签字确认。

3.5.6 施工技术交底纪要应累计留存编号，装订成册，由技术部门负责保存。

3.6 铺轨基地设置

3.6.1 铺轨基地应合理布置、少占农田,宜设置在既有车站附近,便于列车进出,且引入线路短、过渡工程量少。

3.6.2 铺轨基地应按照铁路大型临时工程和过渡工程设计相关规定,根据工程规模、进度要求、使用年限、现场条件等经技术经济比选,合理确定。

3.6.3 铺轨基地的各项设施和布置应符合下列规定:
1 基地的平面布置应根据地形地质条件、综合铺架能力、铺架方式、轨排生产方式、车列调车作业顺畅、材料取送方便、各种起重吊运机械移动距离等因素综合确定。基地设施宜永临结合,结构紧凑,注意环境保护,充分利用现有水源、电源以及运输通路(图3.6.3)。

图3.6.3 铺轨基地

2 基地联络线的坡度和曲线半径,应根据地形、运量和作业方法确定。最大坡度不宜大于正线的最大坡度,并按有关规定设置安全设施。

3 铺轨基地应设置消防通道,相邻料堆间应根据作业需要,留有不小于0.7m的距离。场内堆置物与轨道及走行线间应留有安全距离。

4 基地内的单开道岔不应小于9号。

5 基地内临时工程的设置,应避免影响站后工程施工。

6 起重设备和各种轨道车辆,应设防溜设施,走行线尽头应设车挡。

7 基地内线路平、纵断面应符合下列要求:
1)装卸线宜设在直线上,坡度不宜大于1.5‰,困难条件下,坡度不得大于2.5‰,作业时应采取措施防止车辆溜逸;
2)接轨岔线纵坡不宜大于6‰,困难条件下不应大于12‰;

3）有长轨列车通过的线路曲线半径不宜小于300m。

3.6.4 电气设备应加装漏电保护器。配电部分应防雨、加锁，管线部分应设防磨损、防撞击措施。

3.6.5 基地内的轨道铺设标准、股道布置、线路平纵断面和建筑限界，应满足大型机械和机车车辆的作业、停放、进出及检修要求。

3.7 轨道工程与线下工程工序交接

3.7.1 轨道工程施工前，线下工程主体应全部完工，验收合格。应由建设单位委托第三方评估单位对线下工程变形观测资料进行分析评估，并提出分析评估报告，线下工程工后沉降变形符合要求后方可进行轨道工程施工。

3.7.2 由监理单位组织线下单位向轨道施工单位提交线下构筑物竣工测量资料、测量标志和与轨道工程有关的变更设计、线下工程施工质量检验合格报告等资料。

3.7.3 轨道工程施工前应与线下工程进行工序交接，并及时复测，确认基础面高程、平整度、几何尺寸等和相关接口工程质量符合设计及相关标准要求。当发现与设计不符时，应会同相关单位解决。

3.7.4 线路交接前，线下单位应将基础面杂物、垃圾及粉尘等清理干净。

3.7.5 轨道工程施工前，路基应满足下列要求：
1 基床表层级配碎石压实质量应符合设计要求。
2 过轨管线预埋位置与设计位置相符并经双方确认。
3 路基施工允许偏差符合相关标准规定。

3.7.6 轨道工程施工对桥梁的要求应符合下列规定：
1 桥面施工允许偏差应符合相关标准规定。
2 梁面泄水孔位置准确、排水通畅，上游梁端排水孔要封堵完毕。
3 伸缩缝装置按要求完工，并完成施工验收，满足要求。
4 梁端挡水台相对于梁面高度符合设计要求。
5 预埋件位置准确，布置合理，缺失部分按要求补齐，锈蚀严重的应处理干净。
6 梁面不得有油渍、大量灰尘或泥块污染。

3.7.7 轨道工程施工对隧道的要求应符合下列规定：

1 隧道底板及仰拱充填层表面高程、宽度、平整度、拉（凿）毛质量和横向排水坡应符合设计要求，其施工允许偏差应符合相关标准规定。坡面应平顺，确保排水畅通、不积水。

2 隧道中线允许偏差应符合相关标准规定。

3 隧道内无明水、漏水、湿渍等。

3.7.8 线路交接前，线下工程路基上接触网基础、桥上防撞墙、隧道内电缆槽边墙及接地端子预埋应施工完成，并检验合格，具备埋设CPⅢ点的条件。

3.8 轨道工程与四电工程接口

3.8.1 轨道工程施工应加强与站后四电工程及线下工程施工的联系，协调好工程接口，合理安排施工顺序，确保各专业工程施工顺利进行。

3.8.2 由监理单位组织轨道及相关单位与四电单位对线下接口进行确认并移交。

3.8.3 轨道工程与四电专业接口衔接主要包括以下内容：

1 轨道施工前，综合接地位置应与综合接地、接触网支柱基础和贯通地线对应位置进行确认。

2 铺轨、铺岔时，胶接绝缘接头、电气绝缘枕、电容枕等位置应与四电专业现场核对。

3 道岔提报供应前，应与信号专业共同确认道岔直曲股的绝缘。

3.8.4 在轨道工程施工中，应严格按照施工图及相关规范要求，对各阶段相关接口施工进行管理。

3.8.5 轨道施工单位应统筹考虑相关专业接口工程的施工。四电等后续工程的施工方案应经建设单位批准后实施，施工过程中应采取有效防护措施，避免对道床产生破坏、扰动和污染。

3.8.6 轨道结构与信号系统及综合接地系统的接口施工应符合设计要求。轨道道床漏泄电阻、无砟道床绝缘处理及综合接地应符合设计要求及相关技术文件的规定。

3.8.7 施工单位应做好长钢轨、道床等的成品保护。监理单位应组织信号、供电等专业确认钢轨钻孔位置、大小及数量。高速道岔钢轨应在道岔生产厂内钻孔；其他钢轨应在无缝线路放散锁定后钻孔，钻孔应按规定倒棱。

3.8.8　修筑于路基上的预埋管线沟槽、综合接地体、接触网支柱基础等应与线下工程同步施工。如需在有砟道床施工后进行的施工作业，相关施工单位施工前应采用覆盖等相关措施对道床进行保护，避免对道床产生扰动和污染；对道床稳定性有影响的施工，相关施工单位应制订方案，经监理单位审批，并经轨道施工单位认可后施工。

4 原材料质量控制

4.1 一般规定

4.1.1 轨道工程施工前,应按施工进度计划,落实各种轨道部件来源,其供货进度应与施工进度匹配,并有一定数量的储备。

4.1.2 轨道材料及部件应满足设计文件要求,各类轨道材料及部件供方应按照标准规定的批量,出具产品质量证明文件。施工单位应按有关规定进行进场检验,不合格者不得使用。

4.1.3 材料存放仓库、场地周围应设置良好的排水系统,并配置消防器材。

4.1.4 材料堆码场地应坚固平整,各类材料堆码应便于装卸、取放、清点。材料堆码应竖立标牌,标识产地、型号、规格、数量。

4.2 CRTS 双块式轨枕

4.2.1 双块式轨枕制造厂应按现行《CRTS双块式无砟轨道混凝土轨枕》(TB/T 3397)规定对双块式轨枕设置标识,每批轨枕应提供合格证明书;进场时应对照设计图纸复核双块式轨枕型号,查验质量证明文件。

4.2.2 轨枕主要尺寸极限偏差和外观质量应符合表 4.2.2 的规定。

轨枕主要尺寸极限偏差及外观质量要求　　　　表 4.2.2

序号	检查项目及要求			
	外形尺寸			极限偏差（mm）
1	外形尺寸		长度	−2～+4
2			双块式轨枕宽度	±3
3			各断面高度	±3
4			钢筋桁架上弦距双块式轨枕顶面距离	±3
5		无挡肩轨枕	两外侧预埋套管中心距	±1.5
6			保持同一铁垫板位置的两相邻套管中心距	±1
7		有挡肩轨枕	两承轨槽外侧底脚间距离	±1
			保持同一铁垫板位置的两相邻套管中心距	±0.5
8			预埋套管的凸起高度	−1.0～0
9			预埋套管距承轨槽面120mm深处偏离中心线距离	2.0
10			两承轨面间相对扭曲	<0.7
	外观质量			质量要求
11	外观质量		承轨部位表面缺陷（气孔、粘皮、麻面等）	深度≤2mm，长度≤20mm
12			承轨面与挡肩裂纹，轨枕侧面与横截面平行的裂纹	不允许
13			预埋套管内混凝土淤块	不允许
14			外露钢筋锈蚀掉块	不允许
15			轨枕桁架钢筋位置正确，无明显锈蚀、扭曲变形，并不得有开焊或松脱	

4.2.3 轨枕储运应符合下列规定：

1 合理规划轨枕存放场地，轨枕存放区占地面积根据施工组织设计和工期安排确定，当提前预制数量较大时，可采用铁路沿线用地范围内分散储存。存放场地设置存放条形基础或者利用木枕支垫。

2 轨枕按组存放，不合格品应单独存放，并减少轨枕搬运次数。

3 轨枕存放和运输时应水平放置（枕面向上），层间承轨槽处应支垫，支垫物高度不应低于扣件高度，支点位置宜放置在桁架距端部第3个波纹钢筋波谷处，各层支垫物位置应上下对齐，堆码层数不应超过8层。

4 轨枕长期存放，应采用棚布遮盖等措施，防止外露钢筋锈蚀。

5 轨枕公路运输，运输车应与轨枕尺寸相适应，装车层数不应超过6层，装车后应绑扎牢固，严防运输途中发生位移。

6 装车时，每摞轨枕之间塞两块三角楔木，防止轨枕运输过程中碰撞、损坏。

7 存放和运输过程中，应保持预埋螺栓表面或预埋套管内清洁，可用塑料盖密封。

8 轨枕装卸及存放时，不得碰、撞、摔、扭，避免轨枕桁架钢筋扭曲变形和混凝土表面碰损。

4.3 CRTS Ⅲ型轨道板

4.3.1 轨道板制造厂应按现行《高速铁路CRTSⅢ型板式无砟轨道先张法预应力混凝土轨道板暂行技术条件》（TJ/GW 118）或《高速铁路CRTSⅢ型板式无砟轨道后张法预应力混凝土轨道板暂行技术条件》（TJ/GW 111）规定对每块轨道板设置标识，并提供轨道板制造技术证明书；进场时应对照设计图纸复核轨道板型号，查验质量证明文件。

4.3.2 轨道板主要尺寸极限偏差及外观质量应符合表4.3.2的规定。

轨道板主要尺寸极限偏差及外观质量要求　　　　表4.3.2

序号	检查项目及要求		极限偏差
	外形尺寸		极限偏差
1		长度	±3.0mm
2		宽度	±3.0mm
3		厚度	±3.0mm
4	预埋套管	同一承轨槽两相邻套管中心距	±0.5mm
		凸起高度	−1.0~0mm
		单个承轨台钳口距离	±0.5mm
		承轨台间外钳口间距	±1.0mm
5		单侧承轨面中央翘曲量	≤2.0mm
6		板底面平整度	5mm/1m
	外观质量		质量要求
7		肉眼可见裂纹	不允许
8		承轨部位表面缺陷（气孔、粘皮、麻面、裂纹等）	长度≤10mm 深度≤2mm
9		锚穴部位表面缺陷（裂纹、脱皮、起壳等）	不允许
10		其他部位表面缺陷（气孔、粘皮、麻面）	长度≤30mm 深度≤3mm
11		轨道板四周棱角破损及掉角	深度≤15mm
12		预埋套管内混凝土淤块	不允许
13		轨道板漏筋	不允许
14		承轨台外框低于轨道板面	不允许
15		轨道板刷毛	深度2~3mm
16		轨道板底浮浆	不允许

4.3.3 轨道板储运应符合下列规定：

1 轨道板存放基础应坚固平整，宜设置硬化台座，台座承载力满足沉降要求，避免出现不均匀沉降。在存放期间，应定期检测基础的变形情况。

2 轨道板存放时应与施工顺序相一致。存放以横向垂直立放为原则，并采取防倾倒措施。相邻轨道板间应放置一定厚度的木块或其他垫层进行隔离，以保护承轨台和板面不受损坏。

3 轨道板沿线临时存放（不大于7d）时可平放，平放时轨道板表面朝上，堆放层数不应超过4层，层间净空不宜小于20mm，承垫物的位置应符合设计要求且上下对齐，设计无要求时，支垫物位置应设置在起吊套管处。

4 轨道板存放和运输时，应在预埋套管、起吊套管和接地端子等处安装相应的防护装置。

5 轨道板装卸时应利用轨道板上的起吊装置，使用专用吊具水平缓慢起吊，四角的起吊螺母应均匀受力，不得碰、撞、摔。

6 轨道板装车层数应根据设备承载能力确定，不应超过4层。轨道板运输平车四周应加设轨道板固定装置。轨道板装载顺序应根据轨道板铺设图或轨道板调用单确定。

7 运输前应确认装车平稳，捆绑牢固，不得采用三点支撑，严防冲击。

4.4 无砟轨道混凝土岔枕

4.4.1 岔枕进场质量检验应符合下列规定：

1 岔枕制造厂应按现行《高速铁路岔区轨枕埋入式无砟轨道混凝土岔枕》（TB/T 3297）规定对岔枕设置标识，每批岔枕应提供合格证明书，进场时应对照设计图纸复核岔枕型号，查验质量证明文件。

2 混凝土岔枕主要尺寸极限偏差及外观质量应符合表4.4.1的规定。

混凝土岔枕主要尺寸极限偏差及外观质量要求　　　　表4.4.1

序号	检查项目及要求		极限偏差（mm）
	外形尺寸		
1	长度		±5
2	高度		−3～+5
3	承轨面宽度		±3
4	预埋套管	转辙设备安装孔	±1.0
		套管距离≤1.55m	−0.5～+1.5
		套管距离>1.55m	±1.5
		120mm处套管歪斜	1.5
5	铁垫板下承轨面平面度		1
6	保持轨距的两承轨面之间的相对扭曲		1
7	岔枕上表面拱度，对长度超过3.5m的岔枕进行单独测量及判别		0.45L

续上表

序号	检查项目及要求	
	外观质量	质量要求
8	预埋套管内混凝土淤块	不允许
9	铁垫板下承轨面缺陷（气孔、粘皮、麻面等）	长度≤10mm，深度≤2mm
10	波纹钢筋焊接	不允许开焊
11	肉眼可见裂纹	不允许
12	端部破损和掉角	长度≤30mm

注：L 表示岔枕长度。

4.4.2 岔枕储运应符合下列规定：

1 岔枕应按组存放，不合格的岔枕应单独存放。

2 岔枕存放和运输时应按水平放置，岔枕堆码高度应根据场地承载能力及装卸运输设备所需净空确定，堆码层数不应超过 5 层。每层间应设置两条（两支点）木条或厚软垫，每个支点至枕端的距离为枕长的 0.207 倍，承垫物应上下对齐。

3 同跺的岔枕长度应接近，长枕在下，短枕在上。

4 岔枕制造厂应向用户提供装车码垛图。岔枕运输时应固定良好，不得碰撞。

5 岔枕在存放和运输中应采用塑料盖对预埋套管进行封口处理。

6 岔枕装卸时应采用吊装方式，不应损伤岔枕。

4.5 有砟轨道预应力混凝土轨枕

4.5.1 轨枕进场质量检验应符合下列规定：

1 轨枕制造厂应按现行《高速铁路有砟轨道预应力混凝土轨枕》（TB/T 3300）规定对轨枕设置标识，每批轨枕应提供合格证明书，进场时应对照设计图纸复核轨枕型号，查验质量证明文件。

2 预应力混凝土轨枕主要尺寸极限偏差和外观质量应符合表 4.5.1 的规定。

预应力混凝土轨枕主要尺寸极限偏差及外观质量要求　　　表 4.5.1

序号	检查项目及要求		
	外形尺寸		极限偏差（mm）
1	长度		±5
2	各断面高度		−3，+5
3	承轨面宽度		±2
4	无挡肩枕	两轨底外侧预埋铁座间距离	−1.0，+1.5
		同一轨底内外侧预埋铁座间距离	−0.5，+1.5
		预埋铁座台面或孔顶至枕面高度	±0.8

续上表

序号	检查项目及要求			
	外形尺寸			极限偏差（mm）
5	有挡肩枕	两承轨槽外侧底脚间距离		-1.5，+1.0
		同一承轨槽底脚间距离		0.0，+1.0
		同一承轨槽两套管间距		±1.0
		距承轨面120mm深处套管偏离中心线距离		2
6		两承轨面支架的相对扭曲		0.7
7		枕底凹形花纹深度		-5，+3
	外观质量			质量要求
8		预埋套管内混凝土淤块		不允许
9		承轨面缺陷（气孔、粘皮、麻面等）		长度≤10mm，深度≤5mm
10	有挡肩枕挡肩中部120mm宽度内表面缺陷	表面油肩、粉肩		面积≤5%
		表面磕肩		长度≤10mm，深度≤2mm
11		肉眼可见裂纹		不允许
12		端部破损和掉角		长度≤50mm

4.5.2 轨枕储运应符合下列规定：

1 轨枕应按批次分别存放，不合格的轨枕应单独存放。

2 轨枕在存放和运输中应按水平（枕底向下）放置，轨枕堆码高度应根据场地承载能力及装卸运输设备所需净空确定，每层间承轨槽处应设置木条或厚软垫，其顶面应高出挡肩或螺旋道钉顶面20mm，承垫物应上下对齐。

3 轨枕在存放和运输中应采用塑料盖对预埋套管进行封口处理。

4 轨枕装卸时应采用吊装工具，不应损伤轨枕。

5 轨枕运输时应固定良好，不得碰撞。

4.6 钢轨

4.6.1 钢轨进场质量检验应符合下列规定：

1 钢轨进场后，应按有关规定对外观质量（损伤、硬弯、擦伤）进行检验。

2 长钢轨进场时焊轨厂应提供厂焊长钢轨质量检验合格证。

4.6.2 钢轨储运应符合下列规定：

1 存放基础应坚固。为防止不均匀沉降，存放基础必须采用混凝土地基梁方式，地基梁上设钢制横担支撑钢轨，两端横担距轨端不应大于2m，第二个横担距轨端不应大于6m，中间横担间距不应大于6m。

2 钢轨应分左右股钢轨整理堆码，应按牌号、型号、生产厂、技术标准、交货状态分类存放，并有明确标识。

3 钢轨应正向码放，排列整齐、平直、稳固，同层钢轨不得叠压，钢轨一端应对齐，相错量不应大于200mm。

4 钢轨多层存放时，每层应安放支垫，支垫与横担垂直对齐，偏差不应大于50mm。支垫应与各层钢轨垂直放置，间距不大于6m，上下层同位。垛码层数应保证长钢轨不伤损变形，现场临时存放不应超过10层，超过6个月时不应超过8层。

5 长钢轨吊点间距不应大于16m，钢轨两端的吊点距轨端不应大于7m，每个吊点的额定起质量不宜小于3t。长钢轨应单根起吊保持基本平直。

6 长钢轨运输应按超长货物组织运输，并制订安全措施。在运输中应建立运行监护、停车检查制度。

7 长钢轨列车出发前，应确认长钢轨锁定，各部均不得超出车辆限界，运输途中应防止长钢轨窜动。

4.7 道岔钢轨和配件

4.7.1 道岔钢轨和配件进场质量检验应符合下列规定：

1 道岔应在工厂内预组装、调试并进行验收。出厂时，制造厂应对产品零部件依据现行《高速铁路道岔技术条件》（TB/T 3301）进行检验，并提供产品质量证明文件、铺设图、铺设说明和发货明细表等，每组道岔均应附有驻厂监造单位盖章的产品质量证明书和合格证，质量证明书内容应包括产品名称、规格型号、质量保证期。

2 整组道岔均应带有明显的标识。道岔进场时，施工单位应检查附有驻厂监造单位盖章的产品质量证明书和合格证，并对钢轨件规格型号、外形外观、道岔零配件数量、包装等进行检查。

4.7.2 道岔钢轨和配件储运应符合下列规定：

1 道岔部件存放场地应夯实、平整，防止变形。道岔钢轨件应分类存放，并保留临时固定装置。

2 尖轨与基本轨组件、可动心轨辙叉组件、配轨、轨排码垛层数不宜多于4层，每层应用截面尺寸不小于60mm×60mm的木质垫块垫实垫平，垫块应按高度方向垂直设置。

3 尖轨与基本轨组件、可动心轨辙叉组件、配轨、轨排均应使用起重机械和吊具在标明的起吊点起吊。起吊应缓起缓落，防止工件碰撞。防止吊件产生塑性变形，不应任意或单点起吊及人工推撬装卸作业。

4 长度大于25m的单件，起吊时应使用吊装扁担梁和柔性吊带，绳索的吊点布置应根据工件重心和长度计算确定，吊装扁担梁吊点布置间距不应大于4m；钢轨两端的吊点距轨端不应大于3m。

5 尖轨与基本轨组件、可动心轨辙叉组件、配轨、轨排应采用不致使其产生塑性变形的运输方式，宜采用整体分段运输方式。

6 运输过程中，道岔各部件应在平板车上捆绑固定。

7 转换设备应采用专用包装箱包装运输。

8 道岔所有零部件应采取防雨措施。

9 道岔分解装车时应按钢轨接头编号相对集中装运，厂内已安装胶接接头的钢轨不得分解。

10 道岔在运输、装卸、存放过程中，应确保道岔部件不受损、发生较大变形。

4.8 道砟

4.8.1 道砟进场质量检验应符合下列规定：

1 道砟采购时应严格执行现行《铁路碎石道砟》（TB/T 2140）标准的规定。道砟进场时应检查生产检验报告和产品合格证，并对其粒径级配、颗粒形状及清洁度进行检验。施工过程中应按批对道砟材质进行抽检，道砟材质应符合现行《铁路碎石道砟》（TB/T 2140）的规定。

2 道砟应水洗，未经水洗及不合格道砟产品不得进场和铺设上道。

4.8.2 道砟储运应符合下列规定：

1 清洁的道砟堆应采取有效措施防止道砟污染。

2 大量储存碎石道砟产品时，应防止或减少道砟颗粒的离析，采用移动式皮带输送机或移动卸料方式分层堆放。当采用装载机进行堆放作业时，应分层堆放；当采用固定式皮带输送机定点卸砟堆放时，其堆放高度不得超过4m。

3 运输道砟产品的车辆每次装车前车内要进行清扫，不得残留泥土、灰尘等杂物，运输道砟的车辆应做好表面覆盖工作。

4.9 自密实混凝土

4.9.1 自密实混凝土原材料进场时，应对原材料的品种、数量以及质量证明书等进行核查验收，并按规定进行复检。按设计及施工要求复检拌合物的工作性能，核查力学性能和耐久性能的试验结果。

4.9.2 自密实混凝土拌合物性能宜满足表4.9.2-1的规定，自密实混凝土其他性能应满足表4.9.2-2的规定。

自密实混凝土拌合物性能　　　　　　　　表4.9.2-1

项　目	技术要求
坍落扩展度	≤680mm
扩展时间 T_{500}	3~7s
J环障碍高差	<18mm
L形仪充填比	≥0.80
泌水率	0
含气量	≥3.0%
竖向膨胀率	0~1.0%

自密实混凝土其他性能　　　　　　　　表4.9.2-2

项　目		技术要求
硬化体性能	56d 抗压强度	≥40.0MPa
	56d 抗折强度	≥6.0MPa
	56d 弹性模量	$3.00×10^4 ~ 3.80×10^4$ MPa
	56d 电通量	≤1000C
	56d 抗盐冻性（28次冻融循环剥落量）	≤1000g/m² ≤500g/m²（严寒和寒冷条件）
	56d 干燥收缩值	≤400×10⁻⁶
有害物质含量	氯离子含量	不大于胶凝材料总量的0.10%
	碱含量	不大于3.0kg/m³

4.9.3　自密实混凝土各种原材料储运应符合下列规定：

1　自密实混凝土原材料材料应专仓专用。

2　原材料进场后，应及时建立原材料管理台账。

3　原材料的料源应固定，不同批次原材料品质应基本一致。施工过程中应加强原材料均质性控制。

4　原材料的储存应采取相应的防水、防潮措施。

5 工程测量

5.1 一般规定

5.1.1 线下工程完工后，控制测量成果资料及控制桩点资料的移交应由建设单位组织设计单位（或第三方测量单位）进行交接。

5.1.2 CPⅢ建网前，建设单位应组织勘察设计单位、监理单位及施工单位对CPⅠ、CPⅡ平面及高程控制网进行复测。

5.1.3 线下工程应按照现行《铁路工程沉降变形观测与评估技术规程》（Q/CR 9230）及建设单位下发的沉降变形观测与评估细则进行观测与评估。沉降变形评估合格后，依据复测资料和相关规范进行控制网加密及CPⅢ测设，并进行维护管理工作。

5.2 平面控制网复测与施工加密测量

5.2.1 平面控制网复测应满足以下要求：

1 完成测量资料与控制桩交接后，施工前应对平面控制网进行全面复测。平面控制网复测包括CPⅠ、CPⅡ控制点与加密点，并与相邻施工标段进行搭接。

2 施工过程中，根据测区情况，一般CPⅠ、CPⅡ复测周期可为每年复测一次；CPⅢ建网前应全面复测一次。施工期间，考虑到施工干扰或地质水文情况，部分地区要求不长于半年对CPⅠ、CPⅡ控制网进行复测，同时复测施工加密点。施工过程中已破坏的控制桩点根据需要补设。CPⅢ建网前应对线下 CPⅠ、CPⅡ进行补测，以满足线上 CPⅡ加密的要求。

5.2.2 平面控制网复测宜以施工标段为单元进行复测。复测前应编制复测专项方案，具体包括以下内容：

1 测量项目概况，包括任务来源、测区地理位置、测量范围、地形地貌概述、测区控制点的数量及保存情况、主要铁路工程情况等。

2 作业依据，包括相关标准及规范，设计文件，建设单位、监理单位要求，既有测量成果资料。

3 人员与设备配置，包括测量仪器类型和数量、测量人员配置、测绘单位资质等情况。

4 设计资料与坐标系统参数、现场桩点情况。

5 测量实施内容，包括测量精度、控制网组网方式、观测作业技术要求、测量操作程序等。

6 测量进度计划、质量保证措施及安全注意事项。

7 数据处理内容，包括拟使用的数据处理软件，外业数据的检核内容与控制指标，平差处理方案，起算基准数据的采用、精度指标、标段测量衔接处理方法、复测结果分析（包括坐标、距离、相对精度）、复测结论等。

8 成果资料清单。

5.2.3 平面测量精度等级与技术要求

1 平面测量精度应满足表 5.2.3-1 的规定。

卫星测量平面控制等级及精度要求　　　　表 5.2.3-1

控 制 网	等 级	基线边方向中误差	最弱边相对中误差
CP 0	—	—	1/2000000
CP Ⅰ	二等	≤1.3″	1/180000
CP Ⅱ	三等	≤1.7″	1/100000
加密网	四等	≤2.0″	1/70000

2 卫星测量观测技术指标应满足表 5.2.3-2 的规定。

3 各级平面控制网设计应满足表 5.2.3-3 的规定。

4 各等级平面控制网综合技术要求应满足表 5.2.3-4 的规定。

卫星测量外业观测技术要求 表 5.2.3-2

项 目		等 级			
		一等	二等	三等	四等
静态测量	卫星截止高度角	≥15°	≥15°	≥15°	≥15°
	同时观测有效卫星数	≥4	≥4	≥4	≥4
	有效时段长度（min）	≥120	≥90	≥60	≥45
	观测时段数	≥2	≥2	1~2	1~2
	数据采样间隔（s）	15~60	15~60	15~60	10~30
	接收机类型	双频	双频	双频	单/双频
	PDOP 或 GDOP	≤6	≤6	≤8	≤10

各级平面控制网设计的主要技术要求 表 5.2.3-3

控 制 网	测量方法	测量等级	点 间 距	相邻点的相对中误差（mm）	备 注
CP 0	卫星定位测量	—	50km	20	
CPⅠ	卫星定位测量	二等	≤4km 一对点	10	点间距≥800m
CPⅡ	卫星定位测量	三等	600~800m	8	

各等级卫星测量控制网的主要技术要求 表 5.2.3-4

等级	固定误差 a（mm）	比例误差系数 b（mm/km）	基线方位角中误差（″）	约束点间的边长相对中误差	约束平差后最弱边边长相对中误差
一等	5	1	0.9	1/500000	1/250000
二等	5	1	1.3	1/250000	1/180000
三等	5	1	1.7	1/180000	1/100000

5.2.4 平面控制网加密测量

1 CPⅠ、CPⅡ控制点的精度与密度不能满足工程施工测量要求时，可在CPⅠ、CPⅡ的基础上进行加密，满足放样和检测的需要。加密控制网时可采用卫星定位测量或常规导线测量方法。

2 加密点布设应符合下列规定：

1）加密点间距离宜在300~600m，点位满足放样、观测的需要。

2）加密点要求与相邻的CPⅠ、CPⅡ点不少于2个通视。桩点埋设应符合规范要求。

3）控制桩点埋设应稳固。

3 加密点测量时，宜独立测量两次以上，以保证可靠性。加密网测量数据处理时，应以就近的高级控制点为约束点约束平差。

5.2.5 平面复测完成后应进行成果分析，编写复测报告。复测报告应包括以下内容：

1 任务依据、技术标准。

2 测量日期，作业方法、人员、设备情况。

3 复测控制点的现状及数量，复测外业作业过程及内业数据处理方法。

4 复测控制网测量精度统计分析：

1）独立环闭合差及重复基线较差统计。

2）自由网平差和约束平差后最弱边方位角中误差和边长相对中误差统计。

3）导线方位角闭合差、全长相对闭合差、测角中误差统计。

5 复测与原测成果的对比分析：

1）平面控制网复测与原测坐标成果较差。

2）GPS（Global Positioning System，全球定位系统）网复测与原测相邻点间坐标差之差的相对精度的比较。

3）导线复测与原测水平角、边长较差。

6 需要说明的问题及复测结论。

5.3 高程控制网复测与加密测量

5.3.1 高程控制网应定期复测，一般在施工前进行一次全面复测，施工过程中视稳定情况可半年到一年进行一次复测。对有区域沉降地区，应缩短复测周期，水准基点高程复测应采用二等几何水准测量。

5.3.2 水准测量仪器采用DS1级及以上等级的水准仪，配套因瓦水准尺。宜使用电子水准仪，可提高效率和精度。水准仪与配套因瓦尺须检定，日常应对指标差等参数进行检校。

5.3.3 高程控制网测量应满足下列精度与技术要求：

1 高程控制网精度要求见表5.3.3-1。

高程控制网测量精度要求　　　　　表5.3.3-1

水准测量等级	项目				
	每千米水准测量偶然中误差 M_Δ	每千米水准测量全中误差 M_W	限差		
			检测已测段高差之差（mm）	往返测高差不符值（mm）	附和或环线闭合差（mm）
二等水准	≤1.0mm	≤2.0mm	$6\sqrt{L}$	$4\sqrt{L}$	$4\sqrt{L}$

注：L 表示水准路线长度（km）。

2 高程控制网测量技术要求。光学和数字水准仪的观测技术要求略有差异，具体见表5.5.3-2、表5.5.3-3。

高程控制网观测的主要技术要求（光学水准仪）（单位：m）　　表 5.3.3-2

等级	项目					
	水准仪最低型号	水准尺类型	视距	前后视距差	测段的前后视距累积差	视线高度（下丝读数）
二等	DS1	因瓦尺	≤50	≤1.0	≤3.0	≥0.3

水准观测的主要技术要求（数字水准仪）（单位：m）　　表 5.3.3-3

等级	项目						
	水准仪最低型号	水准尺类型	视距	前后视距差	测段的前后视距累积差	视线高度（下丝读数）	数字水准仪重复测量次数
二等	DS1	因瓦尺	[3, 50]	≤1.5	≤6.0	≤2.8，且≥0.55	≥2

3 水准观测的测站限差应符合表 5.5.3-4 的规定。

水准观测的测站限差（单位：mm）　　表 5.3.3-4

等级	项目			
	基、辅分划（黑红面）读数之差	基、辅分划（黑红面）所测高程之差	检测间歇点高差之差	上下丝读数平均值与中丝读数之差
二等	0.5	0.7	1	3

5.3.4 二等水准基点的精度已满足一般特大桥、隧道施工控制网精度要求，可以直接在水准基点的基础上加密水准点，满足铁路沉降变形、放样和检测的需要。相邻加密水准点距离以 300m 为宜，加密水准点埋设应稳固。

5.3.5 高程复测完成后应进行成果分析，编写复测报告。复测报告应包括以下内容：

1 任务依据、技术标准。
2 测量日期，作业方法、人员、设备情况。
3 复测控制点的现状及数量、复测外业作业过程及内业数据处理方法。
4 水准测量测段间往返测较差，附合水准路线高差闭合差、水准路线每千米高差偶然中误差统计。
5 相邻水准点复测与原测高差较差。
6 需要说明的问题及复测结论。

5.4 轨道控制网（CPⅢ）测设及复测

5.4.1 轨道控制网 CPⅢ测设工艺流程如图 5.4.1 所示。

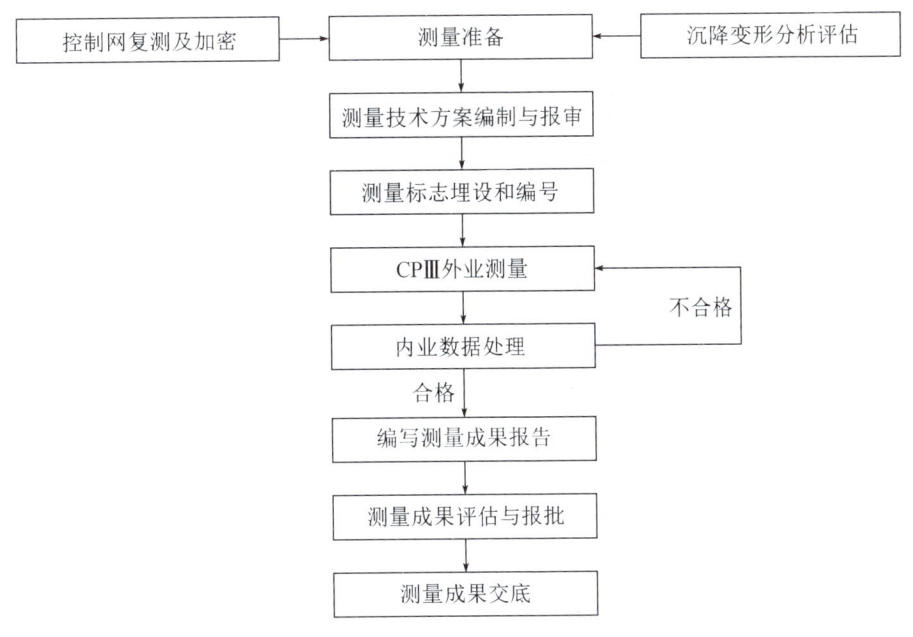

图 5.4.1 轨道控制网（CPⅢ）测设工艺流程图

5.4.2 轨道控制网（CPⅢ）施测前，应进行技术方案设计，并报建设单位、监理单位和评估单位审批。技术方案设计应包括以下内容：

1 CPⅢ点的埋设与编号。
2 与上一级控制点的联测方案。
3 CPⅢ控制网的观测网形、测量方法与精度。
4 所需标志、仪器设备、测量软件及内业数据处理方法。
5 人员组织计划、质量保障措施、安全生产注意事项以及完成测量工作后应提交的成果资料清单等。

5.4.3 轨道控制网（CPⅢ）观测前应完成下列准备工作：

1 根据方案设计实地埋设CPⅢ控制点并编号。
2 全站仪、棱镜组件、温度计、气压计（或气象传感器）、水准仪、水准尺等测量仪器和设备的准备与检校。
3 数据采集和处理软件配备。
4 人员培训、组织与分工。

5.4.4 轨道控制网（CPⅢ）点的埋设和编号应满足下列要求：

1 CPⅢ点应设置在稳固、可靠、不易破坏和便于测量的地方，控制点标识要清晰、齐全，便于准确识别和使用。一般路基地段宜布置在接触网杆基础上，也可设置在专门的混凝土立柱上；桥梁上一般布置在桥梁固定支座端上方防撞墙顶；隧道里一般布置在电缆槽顶面上方30~50cm的边墙内衬上，隧道地段点位布设前先确认四电设备与消防管道位置，避免遮挡测量标示或观测视线，如图5.4.4所示。

图5.4.4　CPⅢ点埋设示意图

2 CPⅢ点沿线路走向60m左右成对布设，且不宜大于70m；80~120m的连续梁跨中增设一对CPⅢ点；跨度大于120m的连续梁中跨应增设两对CPⅢ点；同一对CPⅢ控制点的纵向里程差不宜大于1m。各CPⅢ控制点应大致等高，其位置应高于轨面，预埋件外露长度应不大于2cm。

3 CPⅢ点的预埋件应埋设稳固。当预埋件垂直埋设于接触网基础或独立基础顶面时应保证其铅垂；当横向埋设时宜使预埋件大致水平。同一条铁路应采用同一种CPⅢ标志及相配套的棱镜组件。

4 CPⅢ点的编号应符合相关规定，并全线统一标识，便于查找。

5 CPⅢ标志元器件要求、设置位置及标识等应符合相应测量规范的规定。

5.4.5 全站仪自动观测的控制测量软件和CPⅢ控制网内业平差计算与精度评定的数据处理软件应通过评审。

5.4.6 轨道控制网（CPⅢ）平面网的外业观测，应采用自由测站边角交会的测量方法。观测时，宜从区段的一端依次观测至区段的另一端。

5.4.7 CPⅢ控制网（包括平面网和高程网）可分区段分别进行观测和平差计算，区段的长度不宜低于4km。

1 CPⅢ平面网观测的自由测站间距宜为120m，每一测站应观测6对CPⅢ控制点，全站仪前后方各3对CPⅢ点，自由观测站到CPⅢ点的最远观测距离不应大于180m；每个CPⅢ控制点应有3个方向和3个距离交会。当遇施工干扰时，可按60m间距设站，每一测站应观测4对CPⅢ控制点，每个CPⅢ控制点应有4个方向和4个距离交会。

2 CPⅢ高程网要满足区段中联测的上一级水准点的数量不得少于3个，而且CPⅢ高程网区段的两端必须起止在上一级水准点上，平均2km联测一个水准基点，最大附合水准路线长度不得大于3km。

3 区段间平面测量搭接时，重复观测不应少于6对CPⅢ点，每一独立测段首尾必须封闭，并且测段首尾必须附合到CPⅡ或CPⅠ点上。区段接头不应位于车站范围内和连续梁上。

4 区段间高程测量搭接时，重复观测不应少于2对CPⅢ点，每一独立测段首尾必须封闭，并且测段首尾必须附合到同一水准控制点上。高程分段应与平面分段位置大致相同。

5.4.8 CPⅢ平面网的主要技术要求应符合现行相应测量规范相关规定。

5.4.9 CPⅢ平面网水平方向应采用全圆方向观测法进行观测。当采用分组观测时，应以同一归零方向，并重复观测一个方向。水平方向观测应满足现行相应测量规范相关规定。

5.4.10 CPⅢ高程网的外业观测，可采用单程或往返精密水准测量的方法进行。CPⅢ点与上一级水准点的联测应采用独立往返精密水准测量的方法进行。当采用单程观测时，每相邻4个CPⅢ点之间应构成水准闭合环。当桥面与地面间高差大于3m，线路水准基点高程直接传递到桥面CPⅢ控制点困难时，宜采用不量仪器高和棱镜高的中间设站光电测距三角高程法传递。其测量技术要求应符合现行相应测量规范的相关规定。

5.4.11 CPⅢ网区段与区段之间重复观测不应少于6对CPⅢ点，分别在各自区段中进行观测和平差计算，重叠段前一区段连续的不少于3对CPⅢ点坐标进行约束平差后，其他未约束的重叠点在两个区段分别平差后的坐标和高程差值不宜大于1mm。

5.4.12 CPⅢ平面网在相邻投影带衔接处应分段进行测量和平差计算。CPⅢ平面网平差计算时，分别采用换带处的CPⅠ、CPⅡ的两个投影带的坐标进行约束平差，平差完成后，分别提交相邻投影带两套CPⅢ平面网的坐标成果，两套坐标成果均应满足轨道控制网的技术要求。提供两套坐标的CPⅢ网区段长度不应小于800m。

5.4.13 大跨度连续梁段CPⅢ控制网测量除执行CPⅢ有关测量要求外，还应满足下列要求：
1 在一个时间段完成整个段落的测量作业。
2 CPⅢ测量的时间和施工使用的相隔时间不宜过长，施工时间段应与测量CPⅢ的时段、温度、环境一致，且荷载没有大的变化。
3 当相隔时间较长或温度、环境、荷载有较大变化时，均应进行重新复测后使用。

5.4.14 CPⅢ控制网测量成果的整理应满足下列要求：
1 完成CPⅢ控制网测量任务后，应及时编写技术总结。技术总结应对CPⅢ控制网技术方案设计和技术标准执行情况、完成质量情况和主要技术问题的处理情况进行分析和总结。

2 CPⅢ控制网测量成果应经测量单位检查和审核，并按区段进行资料整理、装订成册、编制目录和开列清单。

5.4.15 完成测量后应提交下列成果资料：
1 CPⅢ控制网测量技术设计书。
2 外业观测数据文件及记录簿。
3 测量平差报告。
4 CPⅢ平面、高程控制网示意图。
5 CPⅢ控制网成果表。
6 技术总结报告。
7 测量仪器检定证书文件。

5.4.16 轨道控制网（CPⅢ）建立后，应由建设单位组织进行评估。评估单位在接收到建网单位的评估申请和各类数据后，及时独立进行审查和核算，评估过程中发现问题应及时通知并辅导建网单位进行重测或补测。最后对建网单位的测量成果给出明确的结论意见，并针对存在的问题提出解决意见。评估单位确认数据合格后出具评估报告。

5.4.17 轨道控制网（CPⅢ）的复测与维护应满足下列要求：
1 线路精调整理前应进行1次复测。当竣工验收与线路精调整理相隔1年以上时，竣工验收前应进行1次复测。复测的技术要求和作业方法均按照初次测量时的标准进行。
2 CPⅢ控制网复测采用的网形和精度指标均应与原测相同。在保证CPⅢ网精度可靠的前提下使得复测坐标与原测坐标较差最小，以保证轨道线性的连贯性。CPⅢ坐标偏差大时，应根据线性进行修正和选择约束点。
3 CPⅢ网布设于桥梁防撞墙和路肩接触网基础上，容易受线下工程稳定性和工程施工的影响，应加强对CPⅢ点的保护。
4 对丢失和破损较严重的CPⅢ点，应按原测标准应补测此点临近至少4对CPⅢ点，采用同精度内插的方式进行坐标计算。

5.5 CRTS型双块式无砟轨道施工测量

5.5.1 轨排粗调定位测量
1 轨道基标是轨排粗铺与粗调的基准，为轨道精调做准备工作。
1）基标设置。全线采用5m左右测设一个基标；设在底座混凝土边缘距线路中线

1.5m 处左右,以不影响模板安装为原则。

2)基标测设。基标测设,采用全站仪自由设站后方交会设站,后视 4 对 CPⅢ,利用专用小基座对测量基标的坐标测设,每站测量距离不大于 90m。测站完毕搬站进行下一站测设时,将上一站测过 1~2 个基标作为搭接点。根据实测坐标计算距线路中线平面和高程偏差,整理成起道量和拨道量资料,用于现场调整。

2 按对应轨道基标的起道量和拨道量,使用道尺和 LR 对轨道高程和平面位置进行调整。轨排粗调定位允许偏差应满足表 5.5.1 的要求。

轨排粗调定位允许偏差　　　　表 5.5.1

序号	项　　目	允许偏差（mm）
1	钢轨中线位置	5
2	钢轨顶面高程	0 -5

5.5.2 轨排精调作业

1 轨排精调作业流程如图 5.5.2 所示。

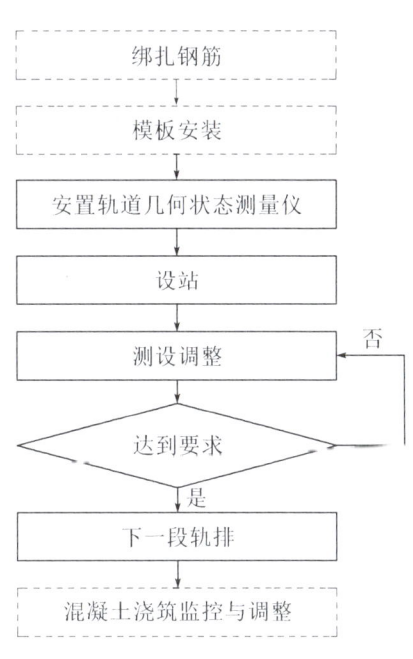

图 5.5.2　轨排精调作业流程

2 轨排精调作业要求如下:

1)在稳固的轨道上校准超高传感器,一般每天开始测量前校准一次,如气温变化迅速,可再次校准。

2)全站仪自由设站至少观测 8 个 CPⅢ控制点。

3)将全站仪对准轨检小车棱镜,检查通信,并锁定棱镜。

4)测量螺杆调节器处的平面位置和高程偏差,使用螺杆调节器将轨排调整到限差范围内。

5）轨排精调后应尽快灌注混凝土，如果轨排受到外部扰动或放置时间超过12h，或温度变化超过15℃，必须重新检查确认合格后方可浇筑混凝土。

3 轨排精调后几何形位允许偏差要求应满足表5.5.2-1的要求，无砟轨道曲线静态圆顺度应满足表5.5.2-2的要求。

轨排精调后几何形位允许偏差　　　　表5.5.2-1

序号	项目		允许偏差				备注
			V>200	160<V≤200	120<V≤160	V≤120	
1	轨距		±1mm	±2mm	±2mm	+3mm −2mm	相对于标准轨距1435mm
			1/1500				轨距变化率
2	轨向	直线		2mm	2mm	4mm	弦长10m
		曲线		见表5.5.2-2			
				2mm			弦长10m
				2mm/8a			基线长48a
3	高低		2mm	2mm	2mm	4mm	弦长10m
			2mm/8a				基线长48a
4	水平		2mm	2mm	2mm	4mm	不包含曲线、缓和曲线上的超高值
5	扭曲			3mm	4mm	4mm	基长6.25m，包含缓和曲线上由于超高顺坡所造成的扭曲量
			2mm				基长3m，包含缓和曲线上由于超高顺坡所造成的扭曲量
6	高程	一般情况	±2mm	±2mm	±5mm	±5mm	
		紧靠站台	0，+2mm				
7	中线		2mm	2mm	5mm	5mm	
8	线间距		0，+5mm	0，+5mm	0，+5mm	0，+5mm	

注：a 表示扣件节点间距（m）；V 表示设计速度（km/h）。

无砟轨道曲线静态圆顺度（单位：mm）　　　　表5.5.2-2

曲线半径R	实测正矢与计算正矢差		圆曲线正矢连续差	圆曲线最大最小正矢差
	缓和曲线	圆曲线		
R≤1600m	2	4	4	6
1600m<R≤2800m	2	3	4	6

续上表

曲线半径 R	实测正矢与计算正矢差		圆曲线正矢连续差	圆曲线最大最小正矢差
	缓和曲线	圆曲线		
2800m < R ≤ 3500m	2	3	4	5
R > 3500m	1	2	3	4

注：测量弦长20m。

5.6 CRTSⅢ型板式无砟轨道施工测量

5.6.1 全站仪通过CPⅢ控制网进行设站，在底座板上放样出每块轨道板的中线点，并用墨线或油漆在底座板上标记，用于轨道板的粗铺。

5.6.2 轨道板精调控制允许偏差应满足表5.6.2的要求。

轨道板精调控制允许偏差　　　　表5.6.2

序号	项目		允许偏差（mm）	
1	中线位置		0.5	
2	测点处承轨面高程		±0.5	
3	相邻轨道板接缝处承轨面相对横向偏差		±0.5	不允许连续3块以上轨道板出现同向偏差
4	相邻轨道板接缝处承轨面相对高差		±0.5	
5	纵向位置	曲线地段	2	
		直线地段	5	

注：1. 表中第4行，面向里程增加方向，相邻轨道板接缝处承轨面相对横向偏差，偏向左侧的横向偏差为正（+）、偏向右侧的横向偏差为负（-）。
　　2. 表中第5行，面向里程增加方向，相邻轨道板接缝处承轨面相对高差，前块轨道板承轨面高程减后块轨道板承轨面高程，按计算结果标记正负高差。

5.7 长枕埋入式无砟道岔施工测量

5.7.1 道岔基标主要用于道岔粗铺定位以及道岔粗调的基准。用全站仪、水准仪测量道岔岔前、岔心、岔后中桩和道岔直股、曲股加密边桩，加密桩一般按5m间距设置。道岔基标测设步骤如下：

1 全站仪以轨道控制网CPⅢ为基准自由设站，放样道岔（岔前、岔心、岔后）中桩，实测直股、曲股加密基桩。

2 水准仪测量加密基桩高程。

3 通过线路设计资料和道岔设计线性资料计算道岔基桩与设计值的差值，整理成起道量和拨道量。

5.7.2 道岔精调应符合下列规定：

1 使用轨道几何状态测量仪检测道岔方向、高低、水平、轨距等几何形位指标，根据检测数据确定精调数值，调节支架，直到满足限差要求。

2 道岔精调后几何状态平顺度应满足表5.7.2要求。

道岔精调后几何状态平顺度允许偏差　　　　表5.7.2

序号	项　目	允　许　偏　差
1	高低（10m弦量）	2mm
2	轨向（10m弦量）	2mm
3	水平	2mm
4	扭曲（基长3m）	2mm
5	轨距	±1mm
		变化率1/1500

6 CRTS双块式无砟道床施工

6.1 一般规定

6.1.1 CRTS双块式无砟道床宜采用"轨排支撑架法",也可采用"轨排框架法"施工。CRTS双块式无砟轨道施工工艺流程如图6.1.1所示。

6.1.2 无砟道床施工前应调查当地气温资料,掌握气温、轨温变化规律,合理安排轨排精调和混凝土浇筑时段。

6.1.3 无砟道床施工前应清理基础面杂物,检查基础面预埋件状态,复测基础面中线、高程、平整度,隧道洞口应按设计要求植筋。梁面及隧道仰拱回填层表面应按设计进行拉毛或凿毛处理,浮渣、碎片、油渍等应清除干净,无积水(图6.1.3-1、图6.1.3-2)。

6.1.4 支承层或混凝土底座与道床板施工应形成流水作业,其施工环境温度相差不宜太大。

6.1.5 轨排组装用工具轨应采用与正线轨型相同的钢轨,外形尺寸允许偏差应符合相关规定。工具轨应无变形、损伤、硬弯、磨损,工具轨质量及状态应经常检查。工具轨的长度应按照方便安装和纵联的原则,根据路(隧)桥区段轨枕间距变化合理确定。工具轨的数量应在满足施工高峰需要的基础上,略有富余。

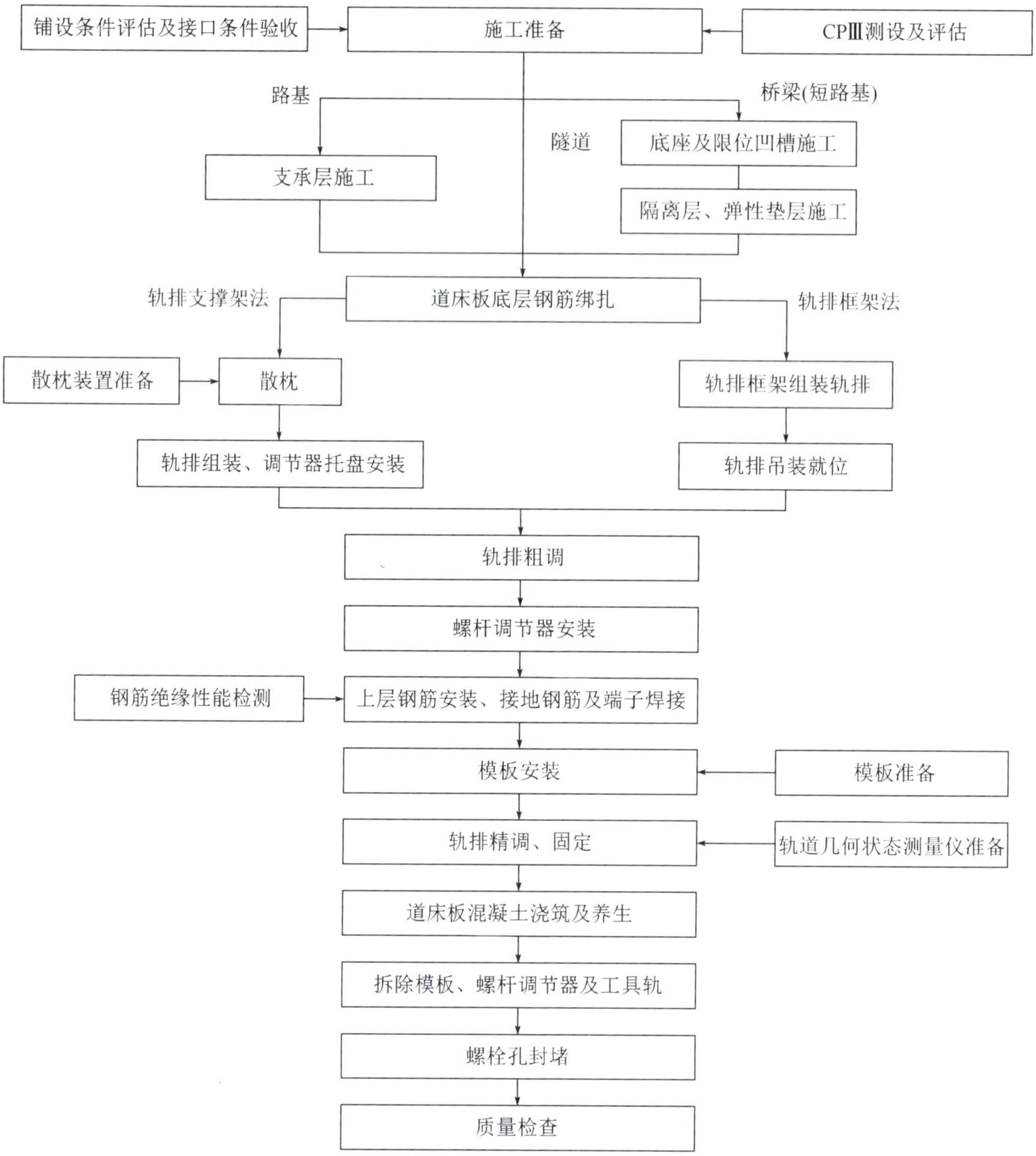

```
┌─────────────────────────┐      ┌──────────┐      ┌─────────────────┐
│ 铺设条件评估及接口条件验收 │─────▶│ 施工准备  │◀─────│ CPⅢ测设及评估   │
└─────────────────────────┘      └──────────┘      └─────────────────┘
```

图 6.1.1　CRTS 双块式无砟轨道施工工艺流程

图 6.1.3-1　基础面清理杂物

图 6.1.3-2　基础面清除浮尘

6.1.6 螺杆调节器应有足够的强度、刚度和稳定性，满足施工工艺要求。螺杆调节器应成对对称架设在轨排两侧，并安装牢固，与钢轨垂直。

6.1.7 轨排框架应有足够的强度、刚度和稳定性，调整精度应满足施工标准要求。轨排框架应在专业工厂制作、编号、建档，运到施工现场后应按档案编号逐一验收，并作为工装设备进行全过程管理。

6.1.8 在轨排精调过程中，测量人员应监测轨排框架变形情况，若三次精调仍不满足精度要求，应在检测平台上对轨排框架进行检查整修。

6.1.9 轨排调整定位合格后应安装固定装置，固定装置应有足够的强度、刚度和稳定性，能防止混凝土浇筑时轨排出现纵、横向移位及上浮。

6.1.10 道床板混凝土浇筑过程中应加强轨道部件的防护，避免混凝土等产生的污染。道床混凝土强度未达到设计强度的75%之前，不得在道床上行车和碰撞轨道部件。

6.2 支承层施工

6.2.1 支承层施工宜采用滑模摊铺机进行，对于长度较短、外形不规则、有大量预埋件或在支承层上设置超高的地段，也可采用模筑法施工。长大路基地段支承层应采用滑模摊铺机施工。

6.2.2 支承层原材料及支承层材料技术要求应符合现行规范及设计要求。

6.2.3 采用滑模摊铺法施工时，应在施工前进行工艺性试验，确定支承层各项指标，验证配合比、机械性能及工艺参数。走行引导线应依据CPⅢ控制点测设，引导线桩纵向间距不大于10m，平、竖曲线路段视曲线半径大小加密设置，最小值为2.5m；引导线的最大长度不宜大于500m。每100m引导线不得多于2个接头。摊铺开始3~5m后，应对支承层高程、边缘厚度、中线、横坡坡度等进行复核测量。滑模摊铺应匀速、不间断进行。每个工作班或者施工段摊铺完毕后，应及时清除尾段松散混合料，如图6.2.3所示。

6.2.4 采用模筑法施工时，施工放样支承层边线，每隔5~10m打上钢钎，并在钢钎上用红油漆标注，为模板定位提供基准。初凝前，支承层表面应按设计要求进行拉毛处理，或后期凿毛处理，拉（凿）毛深度宜为1.5~2.0mm，两侧应按设计要求设置排水坡，如图6.2.4所示。

图 6.2.3　支承层滑模摊铺法施工　　　　　图 6.2.4　支承层模筑法施工

6.2.5　当采用滑模摊铺法施工时，应在混凝土终凝后至 12h 内进行横向切缝；当采用模筑法施工时，应在混凝土终凝后至 24h 内进行横向切缝。切缝深度不小于厚度的 1/3，宽度控制在 3～5mm，切缝距离宜为 5m。切缝后，及时将残留在切缝内的泥浆等用高压水冲洗干净。

6.2.6　混凝土宜采用插入式振捣棒振捣，应注意避免漏振、过振。振捣过程中应加强对模板支撑稳定性和接缝密合情况的检查。支承层四周应振捣密实。

6.2.7　支承层施工完成后，应按设计要求进行检验，性能指标和外形尺寸允许偏差应符合验收标准的规定。

6.3　桥上混凝土底座及限位凹槽施工

6.3.1　桥上混凝土底座及凹槽施工前，应清理基础面和预埋套筒内的杂物，检查预埋件和锚固筋是否合格，并对轨道中心线 2.6m 范围内进行拉毛处理。

6.3.2　安装底座钢筋网前，在梁体预埋套筒拧入连接钢筋，连接钢筋拧入预埋套筒的深度、拧紧力矩应符合设计要求。

6.3.3　底座钢筋安装前，应按不少于 4 个/m² 设置保护层垫块，并均匀分布，设置牢固。先铺设底座纵向钢筋再铺设横向钢筋，钢筋绑扎完毕后，不得踩踏。底座钢筋绑扎时应兼顾凹槽位置，不得影响凹槽模板安装。

6.3.4　底座和凹槽模板安装应符合下列规定：
　　1　按设计位置与高程支立底座及凹槽模板。底座模板应垂直安装，模板及支架安装应稳固牢靠，接缝严密，不得漏浆。模板与混凝土的接触面应清理干净并涂刷隔离剂。

2 曲线地段模板高度应满足曲线超高的设计要求，混凝土底座中线位置应考虑向外的偏移量。凹槽模板应定位准确，安装牢固，防止施工中模板上浮。

6.3.5 底座混凝土布料时宜先浇筑凹槽四角部位，防止凹槽四角混凝土开裂。混凝土浇筑应一次成型，中间不留施工缝。混凝土入模后采用插入式捣固棒振捣，应注意避免漏捣、过振；凹槽四周应振捣密实。振捣后，用振动梁提浆整平或人工用长刮尺收浆搓平，浇筑完成后及时养护，如图 6.3.5-1、图 6.3.5-2 所示。

图 6.3.5-1 浇筑后的桥面底座及限位凹槽　　　　图 6.3.5-2 桥面底座及限位凹槽养护

6.4 隔离层及弹性垫层施工

6.4.1 底座混凝土达到设计强度的 75% 以上，且底座外形尺寸等各项指标经检验符合要求后，方可施工隔离层和弹性垫层。

6.4.2 中间隔离层和弹性垫层应满足设计技术指标，在其施工前应检查并清洁底座表面和凹槽底面。

6.4.3 将中间隔离层平整地铺置于混凝土底座上，并与底座边缘对齐，在底座边缘处用固定胶带将隔离层固定。根据凹槽位置剪裁隔离层，并将裁剪下的隔离层铺设于凹槽底面，与侧面的弹性垫层牢固黏结，如图 6.4.3-1、图 6.4.3-2 所示。

6.4.4 中间隔离层铺设速度应与道床板施工速度相适应，铺设后应避免雨淋及长时间日晒。中间隔离层铺设应加强保护，防止损伤。

6.4.5 铺设于底座上的中间隔离层应平整，无褶皱、无破损，接缝采用对接，不得重叠，接缝宜与轨道中心线垂直。

6.4.6 将组装好的弹性垫层粘贴于凹槽侧面,且应与凹槽周边混凝土及凹槽底面隔离层密贴牢固;缝隙应采用胶带封闭,不得有鼓泡、脱离或封口不严等现象。

图 6.4.3-1　隔离层铺设　　　　　　　　图 6.4.3-2　限位凹槽处隔离层铺设

6.5　轨排支撑架法轨排组装

6.5.1　采用轨排支撑架法进行轨排组装前,应根据现场条件,采用跨线门式起重机或轮胎式挖掘机配合液压散枕器沿线路方向按设计间距进行双块式轨枕散铺。

6.5.2　采用液压散枕器散枕,同组轨枕间距误差应控制在 5mm 范围内,两组轨枕间距误差应控制在 10mm 范围内,两组轨枕间左右偏差应控制在 10mm 内,且轨枕散布需平顺并垂直于轨道中线。

6.5.3　轨排组装前应复测支承层或底座的高程,清除道床板范围内基础表面的浮渣、灰尘及杂物。

6.5.4　轨排组装应符合下列规定:
1　工具轨应按长度配对使用,保证轨缝在同一断面位置,并采用夹板实现纵联。
2　铺设工具轨前,应再次检查确认轨枕承轨台上无异物。按工具轨轨腰上标注的轨枕位置标记吊装工具轨、方枕、安装扣件,组装成轨排,如图 6.5.4-1、图 6.5.4-2 所示。

图 6.5.4-1　轨排组装　　　　　　　　　图 6.5.4-2　扣件安装

3 轨排组装后应对轨距、轨枕间距、锚固螺栓力矩、扣件弹条与轨底之间的间隙进行检查，轨距、轨枕间距允许偏差应符合表 6.5.4-1 的要求。

轨距、轨枕间距允许偏差　　　　表 6.5.4-1

序号	检查项目	允许偏差（mm）			
		$V>200$km/h	$160≤V≤200$km/h	$120≤V≤160$km/h	$V≤120$km/h
1	轨距	±1	±2	±2	+3，−2
2	轨枕间距	±5	±5	±5	±5

注：V 表示设计速度。

6.6 轨排框架法轨排组装及铺设

6.6.1 轨排框架在正式使用前，需要进行试组装并进行工艺试验，工艺试验重点为轨排框架组装及拆卸的便捷性、轨排组装的轨道几何状态保证、无砟道床施工过程中轨排框架及轨道几何的稳定性和可靠性。轨排支撑架法施工如图 6.6.1 所示。

图 6.6.1　轨排支撑架法施工

6.6.2 轨排组装可根据现场条件在施工基地内集中组装或在施工现场组装。双块式轨枕通过人工或门式起重机按顺序摆放于组装平台上，并按间距分开摆正，之后门式起重机再将轨排框架移于组装平台上方并正确对位，通过人工微调和安装轨枕扣件，即可组装形成整榀的轨排。

6.6.3 扣件组装前，应清除螺栓孔内杂物和积水，螺栓螺纹应清洁并涂抹专用油脂。扣件与轨枕顶、钢轨底必须密贴，轨枕间距应符合要求。

6.6.4 组装好的轨排采用专用平板车运输时，装载层数应不大于3层。

6.6.5 轨排运输到现场后，轮胎式铺板门式起重机按顺序吊装轨排转运至铺设位置，再配合人工准确粗铺就位。

6.7 轨排粗调

6.7.1 轨排粗调时，应遵循"先中线、后高程"的原则。轨排起升应两侧同时进行。应先对偏差较大处进行调整。当轨排横向偏差较大时，粗调应分多次调整到位，避免在钢轨横向出现硬弯。同一轨排组采用不少于4对（8台）起道机同步起升轨排。不得采用螺杆调节器竖向调整螺杆直接起升轨排。轨排粗调如图6.7.1所示。

图 6.7.1 轨排粗调

6.7.2 轨排粗调到位后，及时安装调整器螺杆，确保各螺栓受力均匀无松动。调整器竖向支撑螺杆，应事先安装保护套，便于混凝土浇筑后拆卸。轨排粗调完成后，相邻轨排应用钢轨连接夹具进行连接，轨缝宜控制在 10～30mm。钢轨接头处应平顺，不得有错牙及错台。

6.8 上层钢筋安装、接地钢筋端子焊接及模板安装

6.8.1 钢筋的规格、数量、位置应正确，钢筋的搭接长度、保护层厚度应满足设计要求。

6.8.2 纵、横向钢筋及轨枕桁架交叉点均应绝缘绑扎牢固，且测试绝缘电阻应符合设计要求，如图 6.8.2 所示。

图 6.8.2　绑扎上层钢筋

6.8.3　接地钢筋采用单面搭接焊，焊缝长度、宽度及高度应符合设计要求。

6.8.4　接地端子的焊接应在轨道精调完成后进行，端子表面应加保护膜，焊接时应保证其与模板密贴。

6.8.5　模板安装应符合下列规定：
1　模板安装前应检查模板清洁、无损坏变形，并应清理干净道床内杂物。
2　模板安装应顺直且与下部结构物垂直，无错台、错牙现象，并加固牢靠。
3　模板底部应采用弹性胶垫或干硬性砂浆封堵，防止混凝土浇筑时漏浆。
4　钢筋保护层厚度应符合设计要求，允许偏差为 0 ~ +10mm。
5　模板与混凝土接触面应清理干净并涂刷脱模剂。模板安装后，模板的几何尺寸应符合相关标准要求。
6　路基与桥梁及路基与隧道相接处，无砟道床应按设计要求设置横向伸缩缝，横向伸缩缝应设置通缝，并按设计要求做好防水处理。

6.9　轨排精调

6.9.1　采用轨检小车测量轨排的轨道几何状态并计算偏差值，再根据偏差值通过调整螺杆精调器和侧向支撑螺杆将轨排调整到设计中线及高程位置，之后"再测量，再调整"，直到轨排的轨道几何状态达到合格要求。

6.9.2 进行中线调整时，使用双头调节扳手调整横向调整螺杆，实现对轨道中线的调整。轨排中线调整应缓慢进行，一般按前后 3 个点联动调整，在超高地段则通过侧向调整螺杆或地锚进行调整。

6.9.3 进行高程调整时，用专用扳手旋转竖向精调螺杆，实现对轨道高程的调整。调整螺杆时要缓慢进行，调整后用手检查螺杆是否受力，如未受力则检查相邻螺杆状态，同时拧紧螺杆，确保螺杆均匀受力。轨排精调如图 6.9.3 所示。

图 6.9.3　轨排精调

6.9.4 轨排精调到位后，应安装固定装置，防止混凝土浇筑时轨排横向移位及上浮，并采集数据作为轨道精调数据。

6.9.5 精调合格后，轨排上不应进行任何作业或有行人经过。

6.9.6 轨排精调完成后应及时浇筑混凝土。如间隔时间过长，或环境温度变化超过 15℃，或受到外部条件影响，应重新检查或调整轨排。

6.9.7 精调完成后轨道几何形位允许偏差应满足表 5.5.2-1、表 5.5.2-2 的要求。

6.10 道床板混凝土浇筑及养生

6.10.1 道床板混凝土浇筑前，应清理表面杂物，复测轨排几何形位、接地及绝缘性能，检查钢筋、模板及轨排固定装置状态均满足相关要求，并经现场监理验收合格后，方可逐段浇筑道床混凝土。

6.10.2 混凝土运输到现场后，通过汽车泵、溜槽、输送泵（又称地泵或拖泵）、门式起重机+吊斗、浇筑机等灌入道床内。混凝土浇筑宜按"之"字形浇筑顺序进行均匀布料。混凝土应从轨枕一侧经轨枕底部漫流至另一侧，当混凝土量略高于设计高程后，前移到下一轨枕盒进行浇筑道床板混凝土浇筑。混凝土浇筑、混凝土抹面分别如图6.10.2-1、图6.10.2-2所示。

图6.10.2-1　混凝土浇筑

图6.10.2-2　混凝土抹面

6.10.3 混凝土入模时，应采取措施避免对轨排造成冲击，在捣固过程中应避免振捣器碰撞工具轨、螺杆调节器、轨枕及道床板钢筋。应采用振动棒进行振捣，插点布置应均匀，不漏振。重点加强轨枕四周及底部位置的混凝土振捣，确保混凝土密实，避免漏振和欠振。

6.10.4 混凝土振捣完成且抹面后，应及时对混凝土暴露面使用篷布或塑料布进行覆盖，尽量减少暴露时间。

6.10.5 道床板侧模应在道床混凝土强度达到2.5MPa（7h）以上，且表面及棱角不会因拆模而受损伤时，方可拆除。道床混凝土强度达到5MPa（9h）后，方可松开或拆除轨排工具轨和支撑架。当施工环境温差变化较大时，应及时松开或拆除轨排工具轨和支撑架。道床混凝土未达到设计强度的75%之前，严禁在道床上行车或碰撞轨道部件。

6.10.6 混凝土拆模宜按立模顺序逆向进行，不得损伤混凝土，当模板与混凝土脱离后，方可拆卸、吊运模板。

6.10.7 混凝土去除表面覆盖物或拆模后，对混凝土采用土工布覆盖并洒水养护。当养生强度达到要求后，应全面清理道床表面，铲除多余灰渣，将各部位清扫干净。轨枕块表面不得有任何残留物，清理过程中严禁灰渣掉入轨枕螺栓孔内，并及时用塑料盖重新封盖。

6.10.8 混凝土道床板外形尺寸允许偏差应满足表6.10.8的要求。

混凝土道床板外形尺寸允许偏差　　　　　表6.10.8

序号	检查项目	允许偏差
1	顶面宽度	±10mm
2	道床板顶面与承轨台面相对高差	5mm
3	中线位置	2mm
4	平整度	3mm/1m
5	伸缩缝位置	10mm
6	伸缩缝宽度	±5mm

7 CRTSⅢ型板式无砟道床施工

7.1 一般规定

7.1.1 CRTSⅢ型板式无砟道床施工工艺流程如图7.1.1所示。

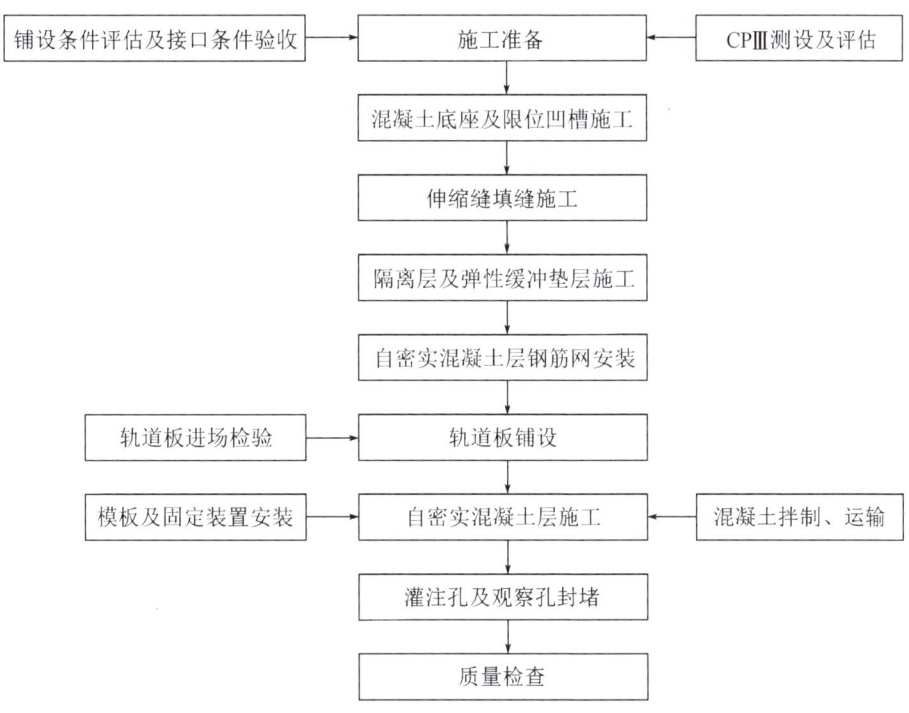

图 7.1.1 CRTSⅢ型板式无砟道床施工工艺流程

7.1.2 CRTSⅢ型板式无砟轨道采用无辅助轨施工工艺，在底座施工完成并达到道床铺设条件后，利用汽车将轨道板运输到现场，通过汽车起重机、门式起重机铺设在底座上，必要时需要增加轮胎式双向运板车中转，前后经过轨道板精调、自密实混凝土浇筑等工序形成整体无砟轨道结构。

7.1.3 CRTSⅢ型板式无砟轨道以机械化施工为主，其中轮胎式双向运板车、轮胎式铺板门式起重机、轨道板快速精调系统等属专用设备自动化程度高，对制造、使用、维护等要求严格。

7.1.4 施工前，应根据线下工程复测结果进行施工布板设计。

7.1.5 底座及自密实混凝土层用钢筋焊接网技术要求及进场检验和安装应符合现行《钢筋混凝土用钢 第3部分：钢筋焊接网》（GB/T 1499.3）及《钢筋焊接网混凝土结构技术规程》（JG/J 114）的规定。钢筋焊接网片吊装应采用专门吊具，避免造成网片变形和开焊。

7.1.6 铺板前应核对轨道板类型、规格，并检查外观质量，合格后方可进行铺设。

7.1.7 轨道板精调合格后应及时安装扣压装置，扣压装置应有足够的强度、刚度和稳定性，防止自密实混凝土灌注时轨道板出现纵、横向移位及上浮。

7.1.8 轨道板精调完成后应尽快进行自密实混凝土灌注。当间隔时间过长，或环境温度变化超过15℃，或受到使轨道板位置发生变化外部条件影响时，应重新复测或调整轨道板。

7.1.9 自密实混凝土原材料技术要求及储存、混凝土配制、试验方法及检验应符合现行《高速铁路CRTSⅢ型板式无砟轨道自密实混凝土》（Q/CR 596）的规定。

7.1.10 自密实混凝土施工前应依据原材料、气候及实际工况等现场情况进行配合比试验，满足相关技术条件规定后，进行现场灌注、揭板工艺性试验，验证和完善自密实混凝土的配合比、施工工艺、施工设备及施工组织。建设单位应组织设计、施工、监理和咨询单位制订自密实混凝土工艺性试验作业指导书，并对工艺性试验结果进行验收，通过验收后方可进行自密实混凝土正式施工。

7.2 混凝土底座及限位凹槽施工

7.2.1 混凝土底座及限位凹槽施工工艺流程如图7.2.1所示。

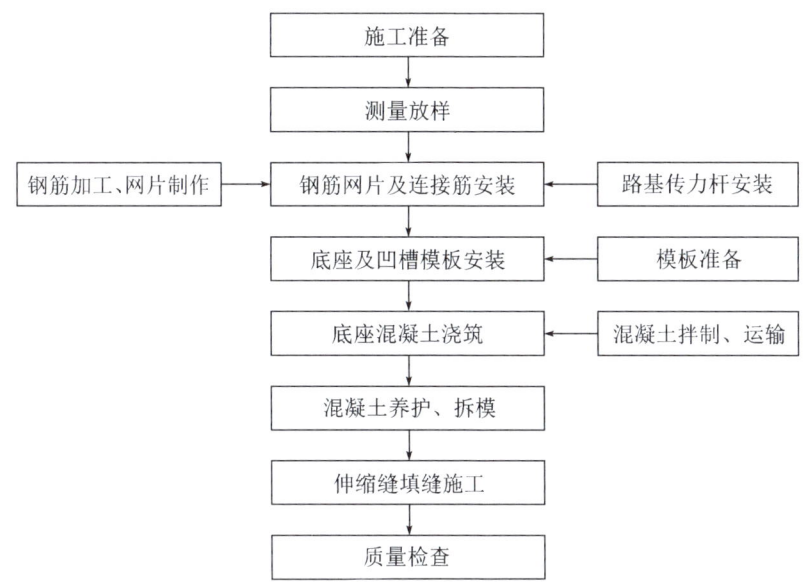

图 7.2.1 混凝土底座及限位凹槽施工工艺流程

7.2.2 底座钢筋安装应符合下列规定：

1 钢筋焊接网应按验收标准规定进行进场检验，包括外形尺寸、外观质量、重量、抗拉强度和抗剪强度，符合要求后方可用于施工。

2 钢筋焊接网在运输和储存过程中应下垫上盖，防止锈蚀、污染和变形、开焊。运输时，应捆扎整齐、牢固，每捆质量不宜超过 2t，必要时应加刚性支撑或支架。钢筋焊接网应按施工要求堆放，并应有明显的标志。钢筋到场后应及时使用。

3 当梁面预埋套筒时，应在梁体预埋套筒旋入连接钢筋，连接钢筋拧入预埋套筒的深度、拧紧力矩应符合设计要求。当预埋套筒被堵塞、失效或预埋套筒位置与钢筋网片位置冲突时，需在预埋套筒周围植入连接钢筋，植筋的材料、数量、位置和深度应满足设计要求。

4 钢筋焊接网应按设计位置安装，安装时应兼顾凹槽位置，将底座上下层钢筋网片、架立筋及预埋连接钢筋绑扎成整体，在钢筋焊接网及连接钢筋的每个交叉节点处，均应采用钢丝进行绑扎；上下两层钢筋网应绑扎定位，每 $2m^2$ 不少于一个绑扎点。若网片与连接钢筋相碰，可适当调整钢筋网片位置。

5 钢筋焊接网之间应采用平搭法，搭接长度符合设计要求及现行《钢筋焊接网混凝土结构技术规程》（JG/J 114）的规定。

6 曲线地段底座 U 形筋应按照编号分类分批存放，钢筋绑扎按不同超高编号，采用对应 U 形筋绑扎。

7 钢筋焊接网安装时，下层网片应按不少于 4 个/m^2 设置保护层垫块，并均匀分布，设置牢固。保护层厚度应符合设计要求。

8 底座凹槽四角应按设计要求设置抗裂钢筋，并绑扎牢固。

9 钢筋安装允许偏差应符合现行《铁路混凝土工程施工质量验收标准》

（TB 10424）的规定。安装完成的钢筋骨架不得踩踏。

7.2.3 底座过轨管线、轨道板固定装置的锚栓孔等的安装应符合设计要求。

7.2.4 路基地段底座伸缩缝传力杆安装应符合下列规定：
1 传力杆的材质、质量应符合设计要求及相关标准的规定。传力杆直径允许偏差为±0.4mm，长度允许偏差为±5mm。
2 路基地段底座伸缩缝传力杆安装应固定牢靠，其空间位置、数量、间距、方向等应符合设计要求。安装允许偏差应符合表7.2.4的规定。

底座伸缩缝传力杆安装允许偏差　　　表7.2.4

序号	检查项目	允许偏差（mm）	测量位置
1	传力杆端上下左右偏差	±10	在传力杆两端测量
2	传力杆在板中心上下偏差	±10	以板面为基准测量
3	传力杆在板中心左右偏差	±20	以板中线为基准测量
4	传力杆纵向前后偏位	±20	以缝边混凝土面为基准测量
5	传力杆套帽长度	±10	以封堵帽端起测
6	传力杆与套帽底间距	0 +10	以传力杆中点及套帽底面

3 传力杆总长、涂刷封层长度、不锈钢套帽安装相对位置、套筒内填充纱头或泡沫塑料的数量等应满足设计要求。

7.2.5 底座及凹槽模板安装应符合下列规定：
1 模板及支架应有足够的强度、刚度和稳定性，能承受底座混凝土侧压力及施工中产生的荷载，满足对底座高程的控制要求。
2 按设计位置与高程支立底座及凹槽模板。底座模板应垂直安装，模板及支架安装应稳固牢靠，接缝严密，不得漏浆。模板与混凝土的接触面应清理干净并涂刷隔离剂。
3 曲线地段模板高度应满足曲线超高的设计要求，混凝土底座中线位置应考虑向外的偏移量。凹槽模板应定位准确，安装牢固，防止施工中模板上浮。

7.2.6 底座伸缩缝位置应符合设计要求，伸缩缝宜与底座中心线垂直、缝壁上下垂直、缝宽一致。

7.2.7 底座混凝土施工除应符合本规程第6.1.4条的规定外，还应符合下列规定：
1 混凝土入模前应彻底清理模板范围内的杂物，并对基础面喷水湿润，但不得积水。

2 底座混凝土浇筑前应再次检查确认模板、钢筋、限位凹槽和伸缩缝的位置状态，满足设计要求后方可进行混凝土施工。

3 混凝土布料时宜先浇筑凹槽四角部位，防止凹槽四角混凝土开裂。混凝土浇筑应一次成型，中间不应留施工缝。混凝土入模后采用插入式捣固棒振捣，应注意避免漏捣、过振；凹槽四周应振捣密实。振捣后，用振动梁提浆整平或人工用长刮尺收浆搓平。

4 混凝土浇筑过程中应检查模板支撑的稳定性和接缝的密合情况。

5 底座混凝土浇筑后应及时抹面，并严格控制顶面高程、平整度和横向排水坡。在混凝土初凝后终凝前应进行二次抹面，二次抹面时间根据混凝土配制的终凝时间确定。

6 混凝土浇筑完成后，应及时清除限位凹槽内杂物积水，并在限位凹槽顶面进行覆盖。

7 混凝土收面完成后，应覆盖土工膜进行保湿养护。养护时间应根据不同气候条件按工艺试验要求进行。

7.2.8 底座及凹槽外形尺寸允许偏差应符合验收标准的规定。

7.2.9 底座两侧排水坡坡面应平顺，坡度不应小于设计要求。

7.3 隔离层及弹性垫层施工

7.3.1 隔离层及弹性垫层施工应参照本指南第6.4节的规定进行。

7.4 轨道板铺设

7.4.1 轨道板铺设前应清理隔离层表面并精确放线。轨道板四角位置应根据布板软件计算的轨道板坐标进行放样，定出轨道板四条边线。轨道板与梁缝以及底座伸缩缝之间相互位置关系应满足设计要求。

7.4.2 自密实混凝土层钢筋网片采用平板汽车运输到工地，通过汽车起重机及专用吊具吊装上线临时存放，铺板前用汽车起重机或龙门起重机+专用吊具进行铺设，人工配合就位。铺设时，应严格控制钢筋网片边缘距自密实混凝土边绝缘的距离，检查和调整条型砂浆垫块的支垫位置，确保钢筋保护层厚度满足要求。凹槽钢筋安装、钢筋网片安装分别如图7.4.2-1、图7.4.2-2所示。

图 7.4.2-1 凹槽钢筋安装

图 7.4.2-2 钢筋网片安装

7.4.3 轨道板粗铺时,由跨线门式起重机或汽车起重机将轨道板吊至铺设位置,人工扶稳轨道板缓缓下落,把轨道板放在预先放置的支承垫木上,并辅助检查使轨道板中心线、边线尽量与设计中线、边线对齐。曲线地段,应注意轨道板的方向。轨道板吊装、轨道板粗铺分别如图 7.4.3-1、图 7.4.3-2 所示。

图 7.4.3-1 轨道板吊装

图 7.4.3-2 轨道板粗铺

7.4.4 轨道板粗铺应符合下列规定：

1 轨道板粗铺前应复测底座高程。

2 轨道板进入铺设现场前,应核对轨道板型号；轨道板外观应无裂纹、破损及缺棱掉角。

3 轨道板粗铺前,在底座表面对应轨道板两侧靠近吊装孔位置放置支撑垫块,垫块应放在精调装置旁边。

4 将纵向钢筋按设计要求绝缘绑扎在轨道板门式钢架内。

5 轨道板粗铺应按布板设计进行铺设。采用专用设备按放线位置将轨道板平缓地吊放在支撑块上,轨道板接地端子应位于线路外侧。

6 粗铺过程中,不得损伤轨道板下部门式钢架和绝缘涂层。

7 轨道板粗铺时的平面定位允许偏差,纵向不应大于 10mm,横向不应大于 5mm。

8 轨道板粗铺后,应及时遮盖灌注孔和观察孔,雨天应覆盖轨道板和底座,防止杂物和雨水进入板腔。

7.4.5 轨道板精调工艺流程如图 7.4.5 所示。

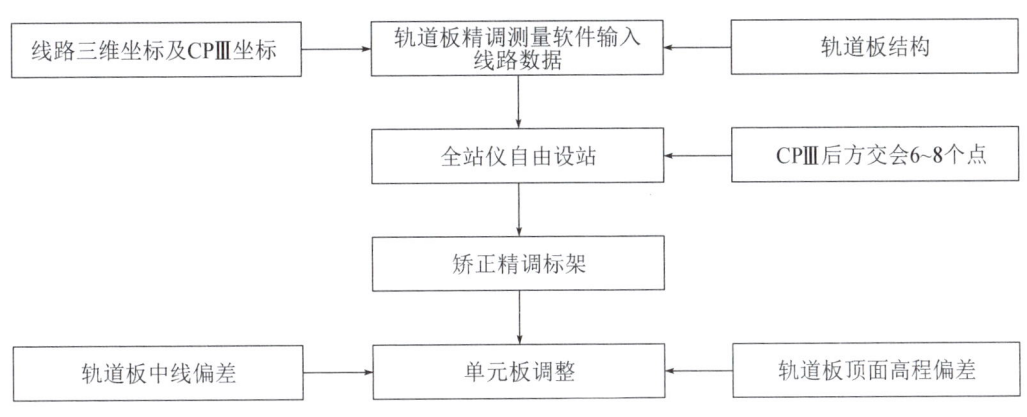

图 7.4.5 轨道板精调工艺流程

7.4.6 轨道板精调系统每次设站可调 4~5 块轨道板。建站时，全站仪设在精调作业前方距最近的待精调轨道板 5~10m 的轨道中线位置，全站仪设置高度应尽量靠近标架棱镜的高度。全站仪自由设站后，一般后视 4 对 CPⅢ测量控制点，困难地段可后视 3 对点。相邻的两次设站，后视 CPⅢ 测量控制点应搭接。

7.4.7 全站仪设站完成后，开始对安装于轨道板承轨槽上的精调标架和适配器进行测量。用已设程序控制的全站仪测量放置在适配器或标架上的 4 个棱镜，连接工控机选板，获取温度传感器温度值，确定板型，获取 4 个工位的调整量，根据调整量对轨道板实施调整。

7.4.8 每次精调换站，应对前一次精调的最后一块轨道板进行搭接测量以消除错台误差，当搭接测量的轨道板位置偏差超过限差时，应对前一站精调的轨道板重新精调。根据轨道板精调系统测量得出的轨道板偏差，使用精调门架将轨道板精调到偏差值 0.5mm 以内。然后，安装精调器，拆除精调门架，通过轨道板精调系统的测量，并配合精调器、扳手将轨道板精调到合格状态。合格状态的要求为：板内 4 承轨点平面及高程误差不大于 0.4mm，板与板间相邻承轨点平面及高程误差不大于 2mm。

7.4.9 轨道板精调完成后，安装扣压装置将轨道板固定于底座上，以避免自密实混凝土浇筑时可能引起的上浮。扣压装置由扣压板、扣压螺杆和螺母组成。安装前，安放精调器对应的位置钻孔。安装时，使用植筋胶安装并固定扣压螺杆，待轨道板精调完成后，将扣压板套在扣压螺杆上并扣住轨道板，再装上螺母拧紧即可。轨道板精调、精调完成现场分别如图 7.4.9-1、图 7.4.9-2 所示。

图 7.4.9-1　轨道板精调　　　　　图 7.4.9-2　精调完成现场

7.4.10　轨道板精调时，记录文件的内容包括板型和板号、观测员、精调时间和温度、精调日期、天气说明、调控点的铺设误差（理论值－实际值）、轨道基准网和定向点上的最终误差。

7.4.11　轨道板精调控制允许偏差应满足表 5.6.2 的要求。

7.4.12　模板及扣压装置安装应符合下列规定：

1　模板及支架应有足够的强度、刚度和稳定性，能承受自密实混凝土侧压力及施工中产生的荷载。

2　模板应与轨道板四周形状和底座排水坡相适应，模板高度宜高于轨道板板底 50mm。

3　模板安装前应清除隔离层表面及凹槽内杂物和积水。

4　应按设计位置与高程支立模板。模板安装应垂直底座，左右对称进行，防止造成轨道板偏移。模板内侧宜附一层模板布。

5　模板安装时，应在轨道板四角和中部设置排气孔，排气孔的位置及数量应通过工艺性试验确定，如图 7.4.12 所示。

图 7.4.12　自密实混凝土模板安装及压紧锁定

7.5 自密实混凝土层施工

7.5.1 自密实混凝土层施工工艺流程如图 7.5.1 所示。

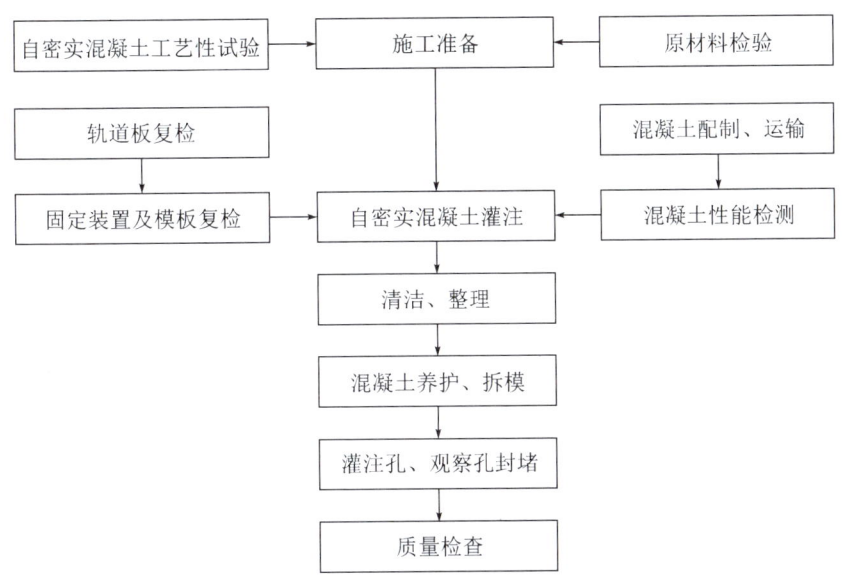

图 7.5.1 自密实混凝土层施工工艺流程

7.5.2 CRTSⅢ型板式无砟轨道自密实混凝土的结构和施工性能受原材料供应影响较大,需在正式生产前结合当地原材料供应进行工艺性试验,合理确定混凝土拌合物的出机坍落扩展度、含气量、扩展时间(T_{500})、泌水率和温度等性能指标。拌合物性能满足要求后方可进行自密实混凝土灌注施工。

7.5.3 自密实混凝土应选用具有自转功能的混凝土专用运输车。应根据施工进度、运量、运距及路况,选配自密实混凝土运输用车型和数量。为保证自密实混凝土性能,宜选用小容量混凝土罐车,每罐容量以 3 块板自密实混凝土用量为宜。

7.5.4 自密实混凝土灌注前,应对轨道板的安装质量、模板的密封情况、排浆孔的设置情况和轨道板扣压装置及防侧移固定装置进行复检,并确定板腔内无积水,雨天不应露天进行自密实混凝土灌注施工。

7.5.5 自密实混凝土灌注前,应检测拌合物的温度、坍落扩展度、扩展时间(T_{500})、含气量和泌水率等性能指标,符合要求后方可灌注。自密实混凝土的入模温度宜控制在 5~30℃。

7.5.6 精调合格后,轨道板上不应进行任何作业或有行人经过。

7.5.7 灌注自密实混凝土的方式宜为单孔溜槽卸料灌注法,溜槽长度不宜小于 1.5m。

7.5.8 自密实混凝土从搅拌开始到灌注结束的持续时间不宜超过 2h。

7.5.9 自密实混凝土灌注时,模板、钢筋及附近局部气温不应超过 40℃,模腔平均温度不得低于 5℃。

7.5.10 每块轨道板的自密实混凝土应一次灌注完成,当所有排气孔排出的混凝土与自密实混凝土本体一致时方可停止灌注。自密实混凝土灌注结束后,3h 内不宜移除轨道板上灌注孔处和观察孔处的硬质保压防溢管。自密实混凝土浇筑设备、浇筑现场分别如图 7.5.10-1、图 7.5.10-2 所示。

图 7.5.10-1 自密实混凝土浇筑准备

图 7.5.10-2 自密实混凝土浇筑现场

7.5.11 待混凝土终凝后,将精调器松开半圈,并采用土工布覆盖保湿养护 14d。混凝土强度超过 10MPa 后,拆除模板和精调器。自密实混凝土养护现场如图 7.5.11 所示。

图 7.5.11 自密实混凝土养护现场

7.5.12 自密实混凝土层灌注后,应及时复测轨道板平面位置及高程,允许偏差应符合表 7.5.12 的规定。

自密实混凝土灌注后轨道板位置允许偏差　　　表 7.5.12

序号	项　目		允许偏差（mm）	备　注
1	中线位置		2	
2	测点处承轨面高程		±2	
3	相邻轨道板接缝处承轨面相对横向偏差		±1	不允许连续 3 块以上轨道板出现同向偏差
4	相邻轨道板接缝处承轨面相对高差		±1	
5	纵向位置	曲线地段	5	
		直线地段	10	

7.5.13 自密实混凝土灌注完成后,应对灌注孔高出轨道板面的自密实混凝土进行平顺处理,与轨道板面连接密实、圆顺,处理后的自密实混凝土宜呈圆弧形状,直径比轨道板灌浆孔直径大 10~20mm,高度高出轨道板面 10~30mm,不得出现裂纹现象,防止雨水渗入灌注孔内。

8 减振道床施工

8.1 一般规定

8.1.1 减振道床分别为现浇减振垫道床、预制板减振垫道床及钢弹簧浮置板道床。现浇减振垫道床施工工艺与 CRTS 双块式无砟轨道基本相同，仅在底座板与道床施工工序间增加了橡胶减振垫的现场铺设工序。预制板减振垫道床施工工艺与 CRTS Ⅲ型板式无砟轨道相同。

8.1.2 钢弹簧浮置板道床施工工艺流程如图 8.1.2 所示。

8.1.3 钢弹簧预制板采用"工厂标准化预制"形成成品件，成品件通过汽车运输至铺轨基地，利用基地门式起重机将预制板吊送至平板车上，再通过轨道车或轮式运板车运输至作业现场，最后利用轮式铺轨车配合吊装至铺设地点进行装配施工。轨道板精确就位与顶升作业同步进行。浮置板基底施工提前于轨道板铺设完成。

8.1.4 钢弹簧浮置板道床系统采用的主要材料、隔振元件、零部件等应满足施工合同、设计文件、相关规范标准的规定，并应在进场前对其外观、规格、型号和质量证明文件进行验收，且经监理工程师检查认可。

8.1.5 钢弹簧浮置板轨道施工实施前，应编制专项施工方案，报监理单位审批，并组织工艺性试验确认后方可开展大规模施工。

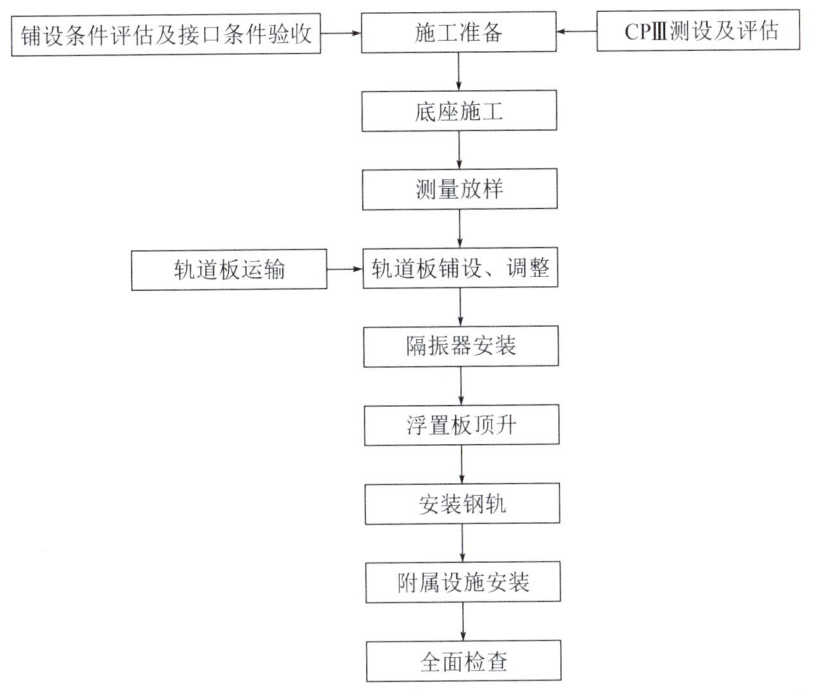

图 8.1.2　钢弹簧浮置板道床施工工艺流程

8.2　减振垫道床底座施工

8.2.1　混凝土底座施工参照本指南第 6.3 节的规定执行。

8.3　减振垫施工

8.3.1　减振垫及道床各项技术指标需满足设计要求，相关检验资料齐全，并具有可追溯性。

8.3.2　减振垫层应采用天然橡胶，弹性垫层应采用三元乙丙橡胶，均不得采用再生胶。

8.3.3　为确保材料质量，应委托具有资质的第三方对减振垫和弹性垫板的材质、技术指标进行检测，并出具检测报告。减振垫主要工作层的物理力学性能应符合表 8.3.3 的规定。

减振垫主要工作层的物理力学性能　　　　　表 8.3.3

序号	项　目	单　位	技术要求
1	拉伸强度	MPa	≥15
2	拉断伸长率	%	≥350
3	压缩永久变形（B 型试样，70℃±2℃、24h，压缩率25%）	%	≤25

续上表

序号	项目		单位	技术要求
4	耐臭氧性（5×10⁻⁵、30℃、48h、20%）		—	无龟裂
5	热空气老化（70℃±2℃、168h）	硬度变化	度	≤8
		拉伸强度	MPa	≥12
		拉断伸长率	%	≥280
6	耐水（蒸馏水，50℃±2℃、168h）	拉伸强度	MPa	≥12
		拉断伸长率	%	≥315
7	耐油质量变化率（46号机油，23℃±2℃，22h）		%	≤20
8	阿克隆磨耗		cm³/1.61km	≤0.6

8.3.4 现浇减振垫道床减振垫铺设应符合下列规定：

1 铺设前应确保底座面平顺、干净、整洁且无杂质，底座平整度要求为5mm/m。

2 减振垫铺设应平整，搭接应牢固、密封。

3 减振垫铺设就位后，采用土工布对道床板四周减振垫边缘进行包裹并采用密封条进行密封处理（图8.3.4-1）。

4 凸型挡台处缓冲垫层充实，挡台边缘整齐平直，板缝处无异物垃圾（图8.3.4-2）。

图8.3.4-1 减振垫铺设施工

图8.3.4-2 铺设后的减振垫

8.4 减振垫道床施工

8.4.1 现浇减振垫道床施工参照本指南第6.5~6.10节的相关规定进行，预制板减振垫道床施工参照本指南第7.4~7.5节的相关规定进行。

8.5 钢弹簧浮置板底座施工

8.5.1 底座施工前应与相关专业协调好施工界面、施工顺序、专业配合等相关施工接口事项。

8.5.2 底座施工前需清除结构面的松散混凝土及垃圾，保持结构面干净无积水，梁面未做拉毛处理的需对梁面进行凿毛处理。

8.5.3 严禁采用在基础垫层表面局部垫高或挖深的方法来满足隔振器放置要求。

8.5.4 浮置板底座应按隐蔽工程检查验收。底座钢筋、混凝土应符合设计要求，并按照要求检查及预留试件送实验室检测。

8.5.5 浮置板道床基底断面、高程、平整度应符合设计规定。高程误差要求为 $0 \sim -5$mm；平整度要求为 ± 2mm/m^2。

8.5.6 底座伸缩缝的间隔与设置方式应符合设计要求，且应避开隔振器位置。

8.6 预制浮置板道床施工

8.6.1 浮置板由工厂集中预制后，运输至铺轨基地临时存放，浮置板成品应按型号和批次分区储存，并做明显标识。严禁不同型号和批次的产品混装储存，进场检验不合格的浮置板要单独存放，并明显标识。

8.6.2 预制浮置板的储存、装卸及运输各环节均应采取保护措施，避免其受到撞击。预制浮置板的吊装应采用专用设备。

8.6.3 预制浮置板应存放在专用基础上，基础应坚固、平整、无沉陷，并隔段采取防倾覆措施。临时（不大于7d）存放可采用平放方式，堆放层数不应超过4层，每层间用方木隔开，层净空不小于20cm，并保证垫木上下对齐；当浮置板需长期（大于7d）存放时，需采用竖立存放，每块板间用方木隔开，间距不应小于20cm，并在板端前后设置支挡。

8.6.4 预埋套管、起吊套管、杂散电流预埋端子等应用堵头或胶带封好，防止异物进入。

8.7 隔振器安装

8.7.1 隔振器各组成部分材料性能满足相关规范及设计要求。

8.7.2 隔振器的安装应在预制板精调之后进行。预制板精调时，将轨道精调小车架设在钢轨上，利用精测网控制点，对轨道的中线及位置进行测量、调整。

8.8 浮置板道床顶升

8.8.1 每块弹簧浮置板道床上按设计要求布置测量点，测点应牢固，并编号。利用弹簧浮置板道床地段以外的控制基标测量弹簧浮置板道床顶升前的初始高程值，并保存记录。

8.8.2 浮置板道床的顶升应采用专用千斤顶及相应的专用工具，顶升作业应满足设计要求。

8.8.3 弹簧浮置板道床应注意成品保护，隔振器内套筒不应进水。

8.8.4 浮置板顶升完成后，及时安装隔振器绝缘盖板，严禁杂物进入弹簧浮置板板底的间隙之内。

9 线路有砟道床施工

9.1 一般规定

9.1.1 线路铺砟整道施工时,铺枕、铺轨作业区与铺砟整道作业区的距离不宜过长,铺轨后应及时组织上砟整道作业。施工应采用一次铺设跨区间无缝线路的"流水作业法"。有砟轨道施工工艺流程如图 9.1.1 所示。

9.1.2 有砟道床施工应配备道砟运输车、道砟摊铺机(装载机、平地机、压路机)、机车、风动卸砟车、机械化整道作业车组(简称 MDZ 车组,由起、拨、捣固车,配砟整形车,动力稳定车等设备组成)等主要装备。

9.1.3 道砟等级应符合设计要求,道砟质量应符合现行《铁路碎石道砟》(TB/T 2140)的规定。

9.1.4 施工过程中,应避免道砟污染。

9.1.5 铺轨后应紧随进行补砟和整道作业。铺砟整道作业应使用大型机械化整道作业车组,严格执行分层上砟、分层整道。

9.1.6 上砟整道施工中应加强对钢轨、轨枕等轨道部件的保护。

9.1.7 修筑于路基上的预埋管线沟槽、综合接地体、接触网支柱基础等应与线下工程同步施工。需在轨道工程施工后进行的施工作业,相关施工单位施工前应用彩条布等覆盖措施对道床进行保护，避免对道床产生扰动和污染；对道床稳定性有影响的施工，相关施工单位应制订方案，并经轨道主体单位认可，施工完后应加强捣固使道床密实。施工产生的垃圾应在施工完成时及时清除干净。

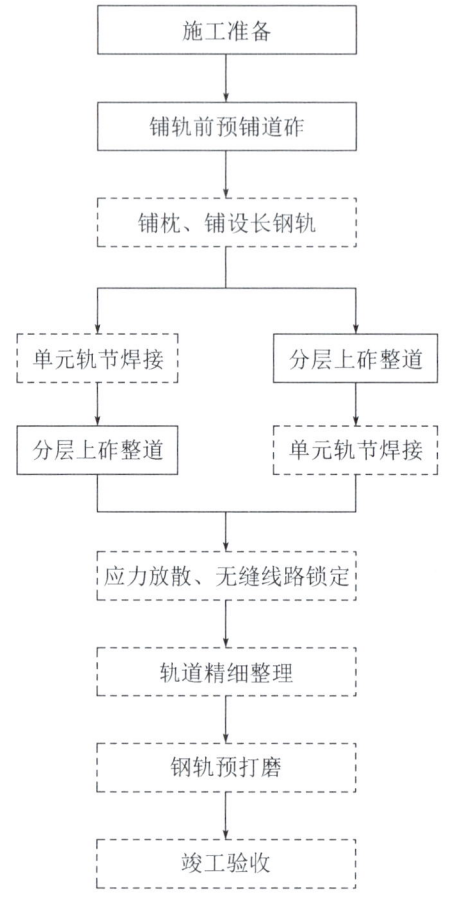

图9.1.1 有砟轨道施工工艺流程
注：图中实线框为本章作业工序，虚线框为其他章施工工序。

9.1.8 在隧道内进行的钻孔、开槽施工，施工前应采取相应的措施对道床进行保护，避免产生污染，施工过程中应采取措施降低粉尘排放，对钻孔、开槽产生的垃圾应集中回收，及时清理出隧道。

9.1.9 线路开通前应由建设单位组织有关单位对线路污染和垃圾进行彻底清除，隧道内应进行全面清洗除尘，并检查核实。

9.2 铺轨前预铺道砟

9.2.1 预铺道砟工艺流程如图9.2.1所示。

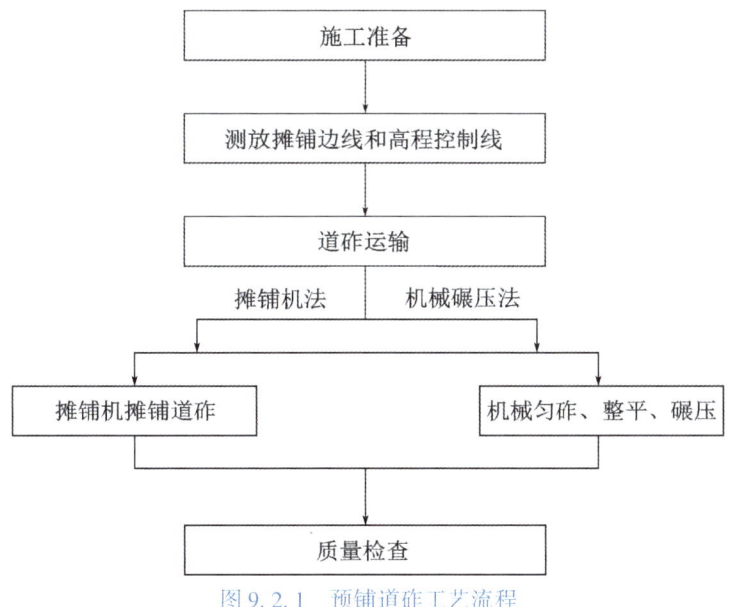

图 9.2.1 预铺道砟工艺流程

9.2.2 铺轨前预铺道砟宜双线一次铺设完成。

9.2.3 铺砟机械在施工中应遵循以下原则：
1 作业机械接地比压不应超过基床设计允许值，应避免对路基基床表层的扰动。
2 运砟车辆宜行走施工便道，不应直接长距离频繁行驶在基床表层上。
3 运砟车辆在基床表层上行驶时，应做到缓行缓停，禁止突然加速或紧急制动；载重运行速度宜小于15km/h。

9.2.4 摊铺机预铺道砟施工应符合下列规定：
1 摊铺机施工前，应预先选定摊铺机械的压实振动频率、摊铺厚度、摊铺速度等各项作业参数。
2 采用摊铺机预铺道砟时，应根据道砟摊铺高程，在路肩挂拉钢弦线，长度一般为150~200m，每10m设置一支点，并在两端用加紧器将钢弦拉紧。

9.2.5 机械碾压法预铺道砟施工应符合下列规定：
1 铺砟前，应精确测量线路中线控制桩，测设标准为直线上每50m一点，圆曲线上每20m一点，缓和曲线上每10m一点，并把中线点外移到线路的外侧。
2 完成平面测量后，测设预铺道砟面高程控制线，路基地段引测到两侧接触网杆基础或接触网杆上，桥梁地段引测到挡砟墙上，并用红油漆画水平线标识。
3 提前计算出线路各个区段卸砟方量，采用自卸汽车将道砟按计算方量卸放至线路中心。线路为双线时，宜双线道砟一次卸完。
4 根据砟面高程控制线初步将装载机铲斗降至低位，先从砟堆中心纵向向前匀砟，然后再将两侧堆积的道砟铲运至线路两侧均匀布砟。匀砟过程中应避免铲斗落至路基表面将泥土、粉尘铲入。

5 平地机平砟时宜从线路中心往两侧进行。根据砟面高程控制线，将平地机刮平装置降至距计划预铺砟面控制线略高位置，以高出20mm为宜，向前进行刮平作业。每次刮平横向接头应重叠0.6~0.8m，前后相邻两区段间纵向重叠1.0~1.2m。确保刮平时横向及纵向高度顺接。

6 平地机平整后的道砟应目视平坦，曲线不得有反超高，虚铺砟面高程宜高出预铺道砟高程控制线20mm。

7 虚铺道砟平整完成后，采用压路机进行机械碾压。压路机作业速度以3~4km/h为宜，碾压时由两边向中央纵向进退式进行，往返一次为一遍，宜碾压3遍，采用20t以上的压路机碾压时可不开启振动。

8 碾压时，横向接头应重叠0.4~0.5m，前后相邻两区段间纵向重叠0.8~1.0m。做到压实均匀，没有死角，尤其是线路两边应碾压到位，避免两侧虚砟堆高。

9.2.6 预铺道砟（压实）厚度宜为200~250mm，砟面平整度要求为20mm/3m，砟面中间不得凸起，可压出凹槽。

9.3 分层上砟整道

9.3.1 分层上砟整道施工工艺流程如图9.3.1所示。

9.3.2 大型机械整道应按照轨道几何状态测量仪依据的CPⅢ轨道控制网测量数据进行作业，作业前应具备坡度表、起道量表、拨道量表、曲线表、竖曲线表、线路纵断面缩图、线间距表、车站平面图、长短链表、桥隧表等技术资料。

9.3.3 大型养路机械作业前轨道线路应做好以下准备：

1 铺轨后应及时进行初步整道，拨顺轨道方向，消除硬弯、死弯、曲线反超高和扭曲，保证行车安全。

2 根据道床断面及每次起道量估算补砟数量，补砟应均匀充足，尤其是轨枕盒内及砟肩处道砟应充足。

3 拆除影响作业的障碍物或设施，并妥善堆码、固定。

4 清理道床坡脚外100mm范围内的其他障碍物。

5 方正轨枕，更换失效轨枕。

6 补齐、上紧扣件。

9.3.4 铺轨后应及时进行第一次上砟整道，确保线路稳定。

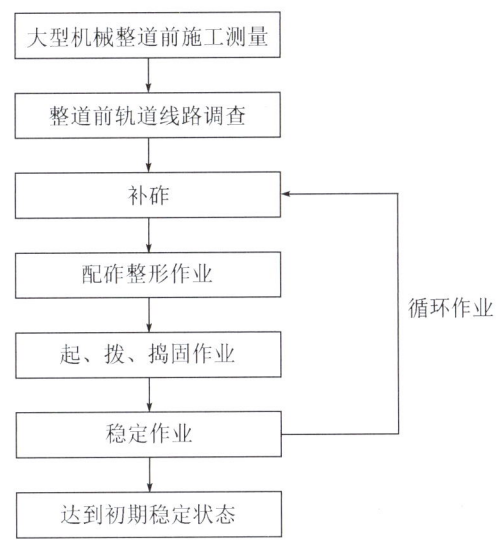

图 9.3.1 分层上砟整道施工工艺流程

注：上述大型养路机械作业为循环作业，分层上砟整道作业遍数应以线路达到初期稳定状态轨道标准为验收依据。

9.3.5 配砟整形作业应符合下列规定：

1 配砟整形车在收放工作装置时，应选择线路比较平直的地段进行，在双线地段应与防护员联系。当确认邻线无列车通过时方准收起和放下工作装置。

2 放下侧犁时应避免侧犁后翼犁板碰撞司机室，中犁放下后距轨枕面 10~15mm，清扫装置放下后距轨枕面 10~15mm。

3 配砟整形车工作时，应注意线路上的固定装置及障碍物。遇有妨碍作业的物体时，应及时收拢侧犁。

4 在提速或减速时应避免冲击，作业时应及时调整各作业装置，使道砟分布均匀，避免局部堆积。

9.3.6 起道、拨道、捣固作业宜在长钢轨铺设轨温 -20~+15℃ 范围内进行。

9.3.7 起道作业应符合下列规定：

1 第一遍、第二遍起道量不宜大于 60mm，第三遍、第四遍起道量不宜大于 50mm。每次起道作业后轨枕头外侧应有一定数量的道砟，以保证轨道的稳定性。

2 起道作业时，机械操作人员应准确输入标注在轨枕面上的起道量，并随时注意观察左右起道显示表及横向水平表的指针摆动状态，前后操作人员应保证对起道抄平数值的一致性。

9.3.8 拨道作业应符合下列规定：

1 一次拨道量不宜大于 50mm。

2 手动控制作业时，输入曲线拨道量值、曲线超高值及曲线正矢值；作业时前后操作人员应加强联系，保证对拨道作业控制调整的一致性。

3 拨道作业直线地段宜利用激光准直系统进行拨道，曲线地段利用 GVA 装置自动作业时，应按《GVA 操作手册》进行操作。

9.3.9 捣固作业应符合下列规定：

1 起道量在 50mm 以上时，宜选择双捣作业；起道量在 50mm 以下时，宜选择单捣作业。

2 枕下道砟厚度不足 150mm 时，不得进行捣固作业。

3 捣固作业结束前，应在作业终点划标记，并以此开始按不大于 2‰ 的坡度递减顺坡。不宜在圆曲线上顺坡，不得在缓和曲线上顺坡结束作业。

9.3.10 动力稳定作业应符合下列规定：

1 每层道床起道、捣固作业后，应进行 1~2 次动力稳定作业。

2 从路基向 T 梁桥上进行动力稳定时，应在上桥前 30m 范围内把竖向荷载逐渐降低 50%，并在下桥后 30m 范围内再把竖向荷载逐渐提高到原来的数值。隧道中采用在桥上同样的方法处理。稳定车在桥上进行动力稳定应避开桥梁自振频率，作业走行速度不得低于 1km/h。

3 动力稳定车不宜在桥上起振，不宜在桥上结束动力稳定作业。

4 作业方向确定后，应根据线路情况，调整好作业速度，调节预定下沉量和垂直预加荷载，进行稳定作业。

5 在线路横向水平较差的情况下，应分别针对两侧钢轨调整其预定下沉量及垂直预加荷载。

9.3.11 曲线外轨超高应分次起道达到设计值，并应在缓和曲线全长范围内均匀递减。

9.3.12 路基与桥梁、路基与隧道、新筑路基与既有线路基连接地段 30m 范围及路基换填地段应加强捣固。

9.3.13 经分层上砟整道后，线路应达到初期稳定状态，并应符合以下规定：

1 轨道几何尺寸允许偏差应符合相关规范的要求。

2 道床断面基本符合设计要求，轨枕盒内道砟应饱满、枕底满铺。

3 轨面高程宜比设计低 50~80mm，轨道中线允许偏差为 20mm。

无砟道岔及伸缩调节器施工

10.1 一般规定

10.1.1 无砟道岔施工工艺流程如图 10.1.1 所示。

10.1.2 无砟伸缩调节器施工工艺流程如图 10.1.2 所示。

10.1.3 施工前应加强线下结构及 CPⅢ 测量控制网的验收评估工作,做好无砟道岔及伸缩调节器前后无砟轨道暂缓施工的预留工作,确保线下结构沉降变形及竣工后的工程质量满足无砟道岔及伸缩调节器铺设施工的需要。

10.1.4 严格控制线下结构竣工平整度和高程,混凝土底座的中线、高程及表面平整度等,保证无砟道岔及伸缩调节器的施工质量。

10.1.5 严格控制无砟道岔及伸缩调节器前后无砟轨道施工时机,无砟道岔及伸缩调节器前后至少各200m的无砟轨道应在无砟道岔及伸缩调节器铺设完成且精度复测后进行,同一岔区的道岔应同步测量和施工。

10.1.6 严格控制无砟道岔及伸缩调节器组装和精调质量,确保各部件安装齐全、正确,无砟道岔及伸缩调节器定位应在满足内部几何形位的基础上进行精确定位,确保线形满足要求,并严格控制各细部精度。

10.1.7 加强与四电专业的沟通,共同确认接地端子、预埋件及预留孔道设置等工作，为四电专业的后续施工创造条件，尤其要确认道岔区绝缘设置的类型及要求。

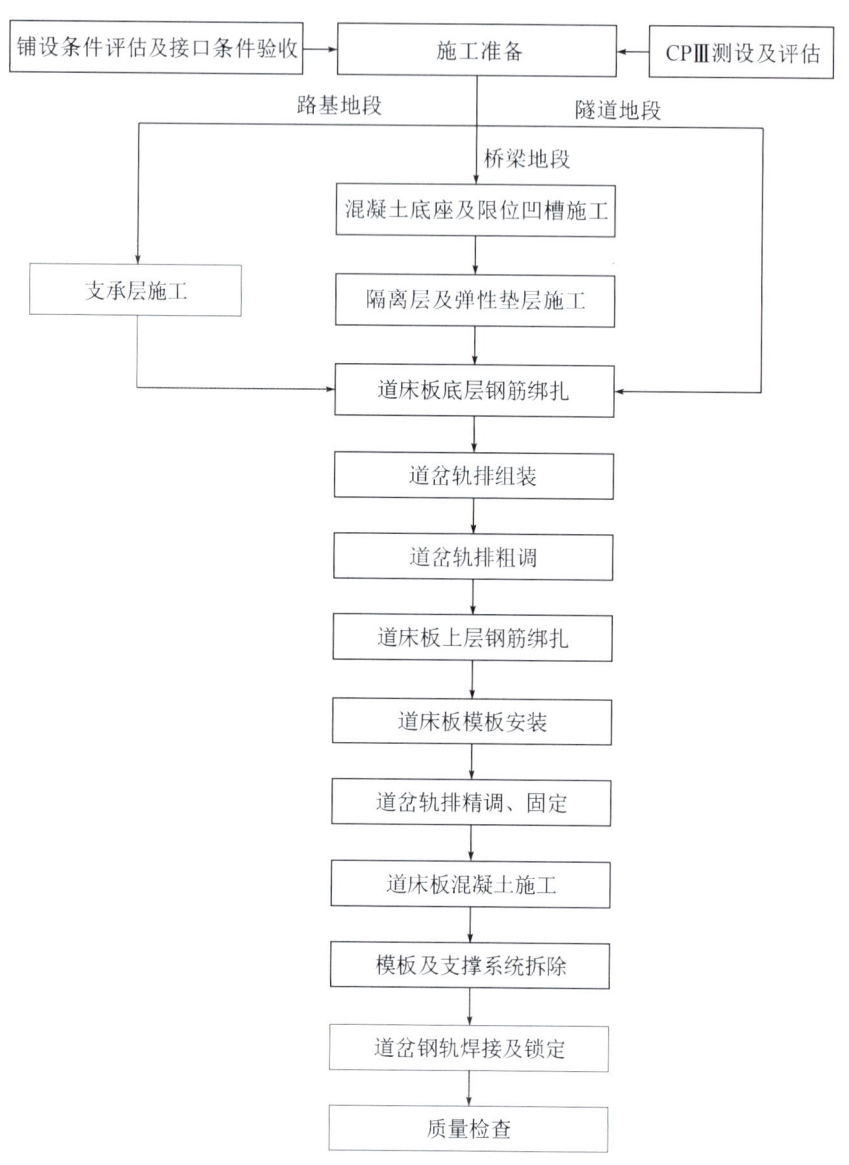

图 10.1.1　无砟道岔施工工艺流程

10.1.8　施工过程中加强与电务专业的沟通，共同做好道岔转换设备安装及工电联调工作，确保道岔质量一次满足工务及电务专业的要求。

10.1.9　无缝线路锁定、道岔线形调整时应做好前后轨道施工单位的协调，确保无缝线路锁定轨温、无缝单元轨节长度、道岔线形顺接等满足设计及技术条件要求。

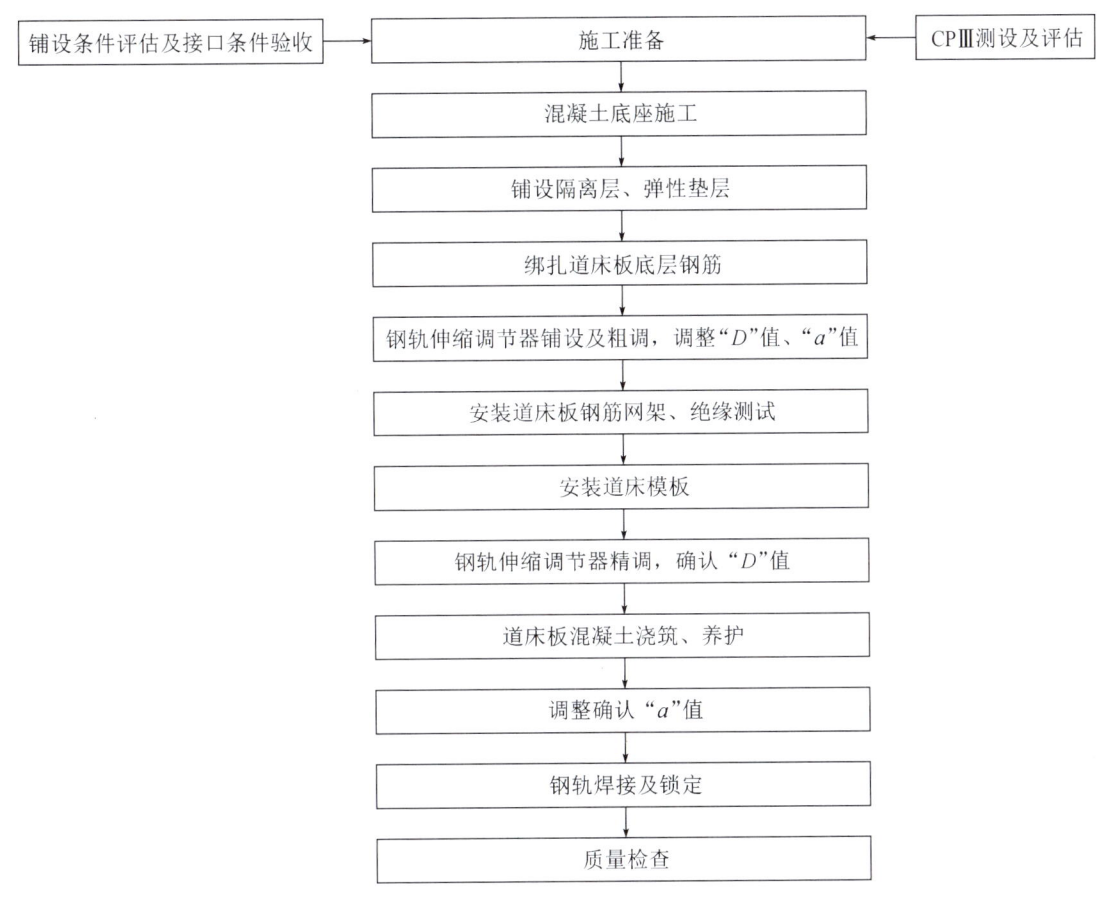

图 10.1.2 无砟伸缩调节器施工工艺流程
注：D 代表梁缝两侧混凝土轨枕中心间距；a 代表尖轨尖端至伸缩零点的距离。

10.1.10 施工完成后，加强道岔区行车管理，做好联调联试的配合工作，确保道岔区通行顺畅，并根据动态检测结果，做好道岔区轨道线形的补充调整。

10.1.11 转换设备未安装前，应加强道岔区行车管理，用钩锁器固定尖轨、心轨，并避免或减少机车、车辆在道岔区范围停靠、起动或制动。道岔区直向限速 15km/h 通过，侧向不宜通过工程列车。

10.2 混凝土底座及限位凹槽施工

10.2.1 混凝土底座及限位凹槽施工应符合本指南第 6.3 节的规定。

10.3 隔离层及弹性垫层施工

10.3.1 隔离层及弹性垫层施工应符合本指南第 6.4 节的规定。

10.4 无砟道岔铺设

10.4.1 无砟道岔宜采用原位组装法铺设,在设计道岔位置安装道岔原位组装平台,组装平台应具备组装和调试道岔的能力。

10.4.2 道岔组装按以下工序进行:安装混凝土岔枕→安装道岔垫板、扣件→吊装道岔钢轨→连接、紧固道岔→起平、调整。各段道岔轨排起平到位后,检查轨距、支距、钢轨端头方正等主要几何尺寸指标,调整密贴、直线度,消除超限偏差。

10.4.3 整组道岔组装、调整完毕后,按规定的检验项目对道岔组装质量进行检验(图 10.4.3-1、图 10.4.3-2)。

图 10.4.3-1　摆放岔枕　　　　　　　　　图 10.4.3-2　道岔组装

10.4.4 道岔轨排粗、精调应满足下列条件:

1　各段道岔轨排纵向定位后,安装侧向及竖向支撑调整装置,并在长岔枕区域安装钢轨辅助支撑架,如图 10.4.4-1 所示。

图 10.4.4-1　安装道岔支撑

2 依据道岔控制点，对道岔进行粗调。高低偏差应控制在 −5 ~ 0mm，方向偏差应控制在 3mm 以内。

3 道岔粗调后，支立竖向支撑螺杆，拆除原位组装平台或轨排纵移小车系统，进行轨排第一次精调。依据 CPⅢ 控制点，以直基本轨一侧为基准，采用轨道几何状态测量仪检测道岔，对方向、高低、水平、轨距等进行调整，使道岔几何形位指标符合设计要求。

4 道岔一次精调后，绑扎上层钢筋网，并调整底层钢筋网位置，按设计要求做好绝缘处理，垫好保护层垫块，钢筋间距、混凝土保护层厚度应符合规范要求。

5 道床板混凝土侧模板应采用定型钢模板，相邻模板拼缝保证密贴。模板安装后，调整模板的几何尺寸，满足模板安装允许偏差。

6 浇筑道床板混凝土前，对道岔系统进行二次精调。采用轨道几何状态测量仪检测道岔方向、高低、水平、轨距等几何形位指标，根据检测数据确定精调数值。根据检测反馈数值逐点调整道岔轨排高低、水平、方向符合设计要求，并采用固定装置对道岔轨排进行固定，固定装置应有足够的强度、刚度和稳定性，确保浇筑道床板混凝土时道岔轨排不产生上浮和侧移（图 10.4.4-2）。

图 10.4.4-2　道岔精调

10.5　无砟道岔混凝土浇筑

10.5.1　混凝土底座及岔枕应洒水湿润。

10.5.2　道岔钢轨部件、垫板、滑床垫板扣件等应加装临时防护膜，避免混凝土污染。

10.5.3　道床板混凝土初凝后，松开除尖轨和心轨以外的扣件螺栓，拆除竖向支撑螺杆，遗留孔洞以同级砂浆填充密实，及时养护，如图 10.5.3 所示。

10.5.4 混凝土表面应密实、平整、颜色均匀，不得有蜂窝、疏松和缺棱掉角等缺陷，如图10.5.4所示。

图10.5.3 混凝土养护

图10.5.4 道岔成型

10.6 无砟轨道伸缩调节器施工

10.6.1 调节器区及前后200m的线下构筑物宜作为一个整体，按相关标准对沉降变形观测资料进行分析评估；工后沉降符合要求后，方可进行调节器区段无砟轨道的施工。

10.6.2 底座及道床板实际施工中，应根据梁缝处轨枕调整情况提前进行测量放样。施工中需注意伸缩调节器跨梁缝位置调整，以及可能由此引起的道床板及底座长度调整。

10.6.3 调节器区段底座板及无砟道床施工应按本指南第6章的相关规定进行。

10.6.4 梁缝处轨枕间距需在设计基础上结合实测梁温、年平均中间梁温综合计算确定，在道床板混凝土浇筑前调整到位，允许偏差为±2mm。

10.6.5 伸缩量预留值需在设计伸缩量基础上结合实测梁缝、年平均梁缝宽度、实测轨温、设计锁定轨温等综合计算，由伸缩调节器供货厂家派人现场指导确定。在钢轨焊接前应再次确认，允许偏差为±5mm。

10.6.6 无砟轨道伸缩调节器现场铺设应核对第一块双轨垫板的枕中心的铺设位置，铺设位置的控制里程与设计图位置的允许偏差为±20mm。

11 有砟道岔及伸缩调节器施工

11.1 一般规定

11.1.1 有砟道岔铺设施工基本工艺流程如图 11.1.1 所示。

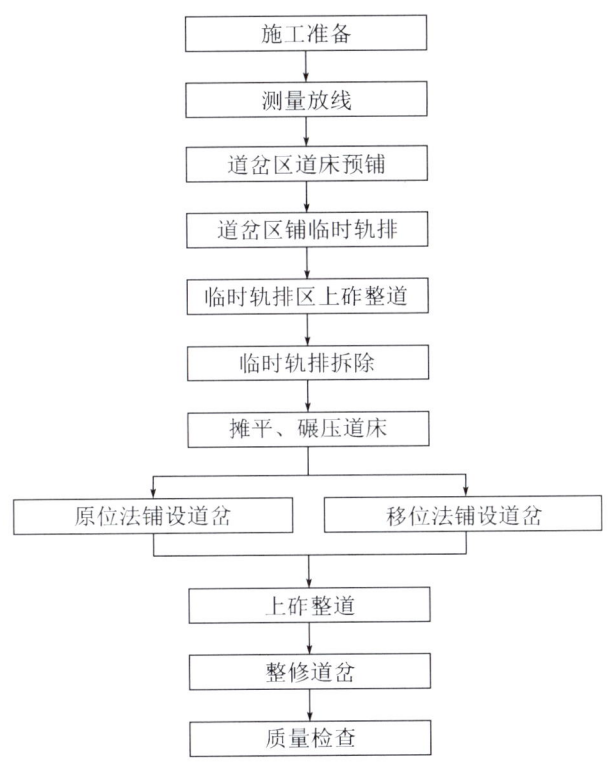

图 11.1.1 有砟道岔铺设施工基本工艺流程

11.1.2 有砟伸缩调节器施工工艺流程如图 11.1.2 所示。

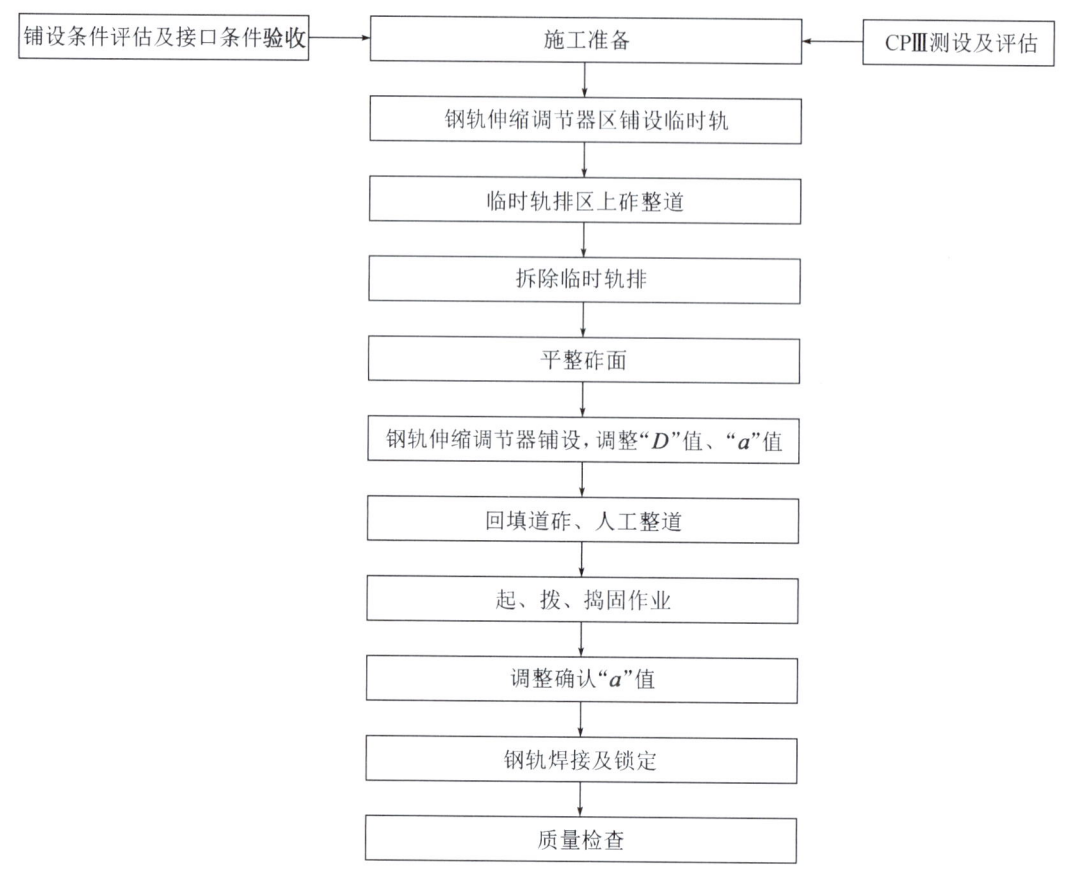

图 11.1.2　有砟伸缩调节器施工工艺流程

11.1.3　正线道岔应采用组装平台组装铺设。铺岔完成后，经自检和工电互检确认后，及时安装道岔转换及锁闭装置。道岔转换及锁闭装置未启用前，应加装钩锁器固定尖轨和心轨。同一车站的线下工程变形及沉降评估、CPⅢ测量控制网测设及评估等应按同一单元进行。

11.1.4　道岔及钢轨伸缩调节器出厂时，制造厂应对产品零部件依据相关条件进行检验，并提供产品合格证、铺设图和发货明细表（应提供易损件备料）。钢轨伸缩调节器、12号及以上可动心轨辙叉道岔应在工厂内试组装并验收。

11.1.5　钢轨伸缩调节器组装验收合格后应整组发运，发运前应将伸缩调节器组装件固定为一整体。产品标识和包装应符合铁路钢轨伸缩调节器的相关技术要求。

11.1.6　尖轨与基本组装件的运输应采用不产生塑性变形的方式，装卸作业时应采用起重设备，严禁摔、砸、碰、撞。堆放时应垫平，垫块应均匀布置，间隔不超过4m，码垛层数不应多于4层。

11.1.7 道岔位置应按设计铺设。困难条件下，可在不影响股道有效长度和不变更其他运营设备的条件下，将道岔位置前后移动不大于0.5m。

11.1.8 铺设无缝道岔时，道岔直股前后线路过渡枕的型号、根数及间距应符合铺设图的规定。

11.1.9 交叉渡线铺设时，四组单开道岔与主要连接线应在一个平面上，次要连接线上的道岔与前后连接线轨面高差按规定顺坡，并兼顾相邻道岔。

11.1.10 可动心轨辙叉道岔改道作业时，采用调整不同号码轨距挡块调整轨距，调整量不足时可加垫片调整，但厚度不得超过2mm。

11.2 预铺道砟

11.2.1 以轨道控制网（CPⅢ）为基准，根据站场设计图进行道岔桩位放样，按照道岔规格测设出岔前、中交、岔后桩位。控制基标可采用带十字丝钢筋头制作，现场用水泥砂浆保护。

11.2.2 预铺道砟前，对路基基床表面进行检查确认，对路基基床表面高程、坡度、压实度等检查合格后，无杂物、积水等方可开始摊铺道砟。

11.2.3 提前测设道床摊铺位置、长度、宽度，按照道床摊铺要求，采用自卸车卸砟，机械摊铺，道砟铺设厚度宜为150～200mm。

11.2.4 道岔预铺道砟应采用机械碾压。砟面应整平压实，砟面中间不得凸起，可压出凹槽。预铺道床厚度宜比设计小80mm。道岔前后各30m范围应做好顺坡。

11.2.5 道砟摊铺压实后应进行平整度检测，用3m靠尺检查砟面平整度，速度大于160km/h时为20mm，速度小于或等于160km/h时为30mm。

11.3 道岔铺设

11.3.1 道岔铺设可采用原位法或移位法施工。

11.3.2 道岔组装应符合下列规定：
1 摆放岔枕应先确定左、右开别，设置岔枕铺设控制线，然后按岔枕编号及规定间距摆放岔枕。

  2 摆放岔枕时，不得用撬棍插入岔枕套管内进行作业。

  3 应按与岔枕对应的编号组装垫板，并保持岔枕位置及方向不变。

  4 垫板螺栓拧入前应涂以铁路专用防护油脂。

  5 铺设钢轨应先直股后曲股，先转辙后辙叉。

  6 道岔钢轨吊铺到位后，首先应组装调整至基本轨的位置、方向，在此基础上进行道岔其他几何尺寸的调整。

  7 密贴调整应在高低、方向、轨距、水平调整到位后进行。

  8 应按照产品出厂标记的接头顺序和设计预留轨缝值进行道岔连接。

  9 应使用专用工具，按照安装说明和铺设图的要求安装弹性夹。

  10 道岔主要结构尺寸允许偏差应符合规定。

11.3.3 道岔铺设轨排组装完成后，道岔起升宜采用专用升降设备同步起落，且不得影响道岔几何形位的变化。道岔组装现场如图 11.3.3 所示。

11.3.4 道岔铺设完成后，及时进行人工配合小型捣固机捣固，如图 11.3.4 所示。

图 11.3.3 道岔组装现场

图 11.3.4 道岔铺设后捣固

11.3.5 道岔主要结构尺寸允许偏差应符合表 11.3.5 的规定。

道岔主要内部结构尺寸允许偏差（单位：mm） 表 11.3.5

序号	检验项目	160km/h<V≤200km/h 极限偏差及要求	V≤160km/h 极限偏差及要求	到发线	其他站线
1	轨距	尖轨尖端：±1 其他部位：±2	尖轨尖端：±1 其他部位：-2，+3	-2，+3	-2，+3
2	支距	±2	±2	±2	±2
3	尖（心）轨第一牵引点前与基本轨密贴缝隙	<0.5	<0.5	<0.5	<0.5

续上表

序号	检 验 项 目	160km/h＜V≤200km/h 极限偏差及要求	V≤160km/h 极限偏差及要求	到 发 线	其他站线
4	尖（心）轨其余部分与基本轨密贴缝隙	＜1.0	＜1.0	＜1.0	＜1.0
5	顶铁与尖（心）轨轨腰的缝隙	＜1.0	＜1.0	＜1.0	＜1.0
6	尖（心）轨轨底与滑床台	牵引点两侧缝隙小于0.5；其余部分小于1.0，且大于或等于1.0，缝隙不应连续出现	缝隙小于1.0，且大于或等于1.0，缝隙不应连续出现	≤2（每侧允许一处大于2mm）	
7	尖轨限位器两侧缝隙差	±1.0	±1.0	—	—
8	可动心轨其余部位与翼轨密贴缝隙	＜1.0	＜1.0		
9	护轨轮缘槽宽度	平直段 -0.5，+1.0；其余 ±2.0	平直段 -0.5，+1.0；其余 ±2.0	-1，+3	-1，+3
10	查照间隔及护背距离	查照间隔大于或等于1391	查照间隔大于或等于1391，护背距离小于或等于1348		
11	可动心轨辙叉第一牵引点处开口值	±3.0	±3.0	—	—
12	岔枕位置偏差	牵引点处为±3，其余±5，累计误差±10	±10，累计误差±20	±20	±20
13	轨缝实测值与设计值差	—	±2	±2	±2
14	错台、错牙	—	≤1	≤1	≤2
15	道岔全长	±20	±20	±20	±20

注：V表示设计速度。

11.3.6 当道岔轨型与连接线路轨型不一致时，道岔前后应各铺一节长度不小于6.25m与道岔同型的钢轨，在困难条件下，站线长度可减小到4.5m。两前后道岔间距小于9m时，道岔轨型应一致或两道岔直接用异型轨连接。设有轨道电路的道岔，两不同轨型道岔间的距离，尚应满足设置绝缘接头的要求。

11.4 道岔铺砟整道

11.4.1 道岔铺设到位后，采用起道机将道岔整组起平，采用规定等级的水准仪测量道岔整体高程，起平后的道岔高程宜低于设计高程 50mm。

11.4.2 尖轨及可动心撤叉部分用防护布料做好防护后方可回填道砟，边回填边用小型道岔捣固机对道岔下方 15cm 范围内的道床进行捣固，同时调整道岔高低、方向、水平，使道岔初步就位。

11.4.3 道岔经初步整平养护后，应用钩锁器固定尖轨、心轨，开通在直股位置，严禁擅自扳动道岔。

11.4.4 专业道岔整修队伍应按设计标准经常检查道岔的内部尺寸是否满足要求，主要检查道岔的方向、高低、水平、尖轨密贴、心轨密贴、各部轨距、各部支距以及所有螺栓的紧固程度等，对超标项点进行整修养护，使道岔各项几何尺寸逐步达到验收标准。

11.4.5 道岔结构尺寸和轨距调整应提前实施，并在道岔捣固车捣固作业前完成。

11.4.6 道岔结构尺寸调整时，应兼顾对应点的方向和轨距，实现综合调整，调整后道岔内轨距允许偏差应控制在 ±1mm 范围内，轨距变化率不应大于 1/1500。支距允许偏差应控制在 ±1mm 范围内。

11.4.7 道岔捣固车捣固前，应根据 CPⅢ 轨道控制网和加密基桩对道岔区及两端线路整体平顺性进行人工整治，保证道岔内高低允许偏差不大于 5mm/10m 弦，轨向允许偏差不大于 3mm/10m 弦，水平允许偏差不大于 2mm。

11.5 有砟轨道钢轨伸缩调节器施工

11.5.1 有砟轨道铺设钢轨伸缩调节器时，可先用钢轨临时代替钢轨伸缩调节器预铺轨排，并随线路一起补充道砟，机养、稳定道床，然后换铺伸缩调节器。

11.5.2 钢轨伸缩调节器区段有砟道床施工按本指南第 1.3.1 条的相关规定进行。

11.5.3 铺设钢轨伸缩调节器时，宜先铺单股并以线路上已有轨道作基准控制方向，另一股以此为基准控制轨距。

11.5.4 梁缝处轨枕间距、伸缩量预留值需在设计伸缩量基础上结合实测梁缝、年平均梁缝宽度、实测轨温、设计锁定轨温等综合计算，由伸缩调节器供货厂家派人现场指导确定。在钢轨焊接前应再次确认，允许偏差为±5mm。

11.5.5 铺设后应及时进行全面整修，铺设位置的控制里程与设计图位置的允许偏差为±50mm。

12 轨道过渡段施工

12.1 一般规定

12.1.1 过渡段的位置、长度及设置方法应符合设计要求，使用的轨道部件、销钉、道砟胶、植筋胶、橡胶垫层及高强度挤塑板等材料的规格、型号及其性能等应符合相关标准及设计要求。

12.1.2 过渡段应与两端线路进行贯通测量。

12.1.3 过渡段区域范围内不得有工地焊接头和胶结绝缘接头。

12.1.4 道床施工前应先清除支承层或混凝土底座基础表面浮砟、碎片等杂物，确保支承层或底座表面清洁。

12.2 有砟无砟过渡段

12.2.1 无砟轨道与有砟轨道过渡段施工工艺流程如图12.2.1所示。

12.2.2 路基上无砟轨道与有砟轨道过渡时，无砟轨道末端应根据设计要求设置端梁或者在轨道板（道床板）下采用钢筋混凝土底座取代支承层。

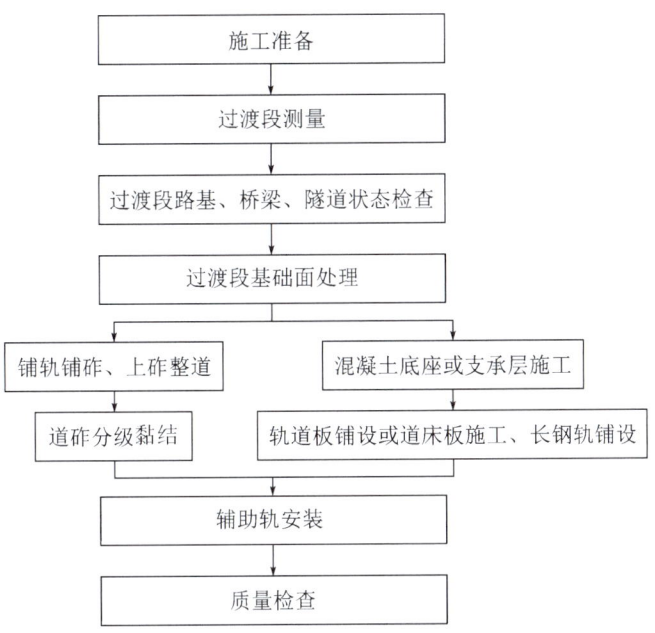

图 12.2.1　无砟轨道与有砟轨道过渡段施工工艺流程

12.2.3　支承层厚度大于30cm的地段应分层分步施工，上层支承层施工前，应将下层表面拉毛，上下相邻两层之间的施工间隔时间宜控制在2h以内。

12.2.4　端梁施工应满足设计要求，端梁基坑宜采用空压机配合人工挖凿，端梁基坑开挖后对其进行清理，清除土块、浮渣，并对坑壁进行修整。端梁基坑检查合格后应及时绑扎钢筋。端梁外形尺寸允许偏差应符合验收标准的规定。

12.2.5　过渡段锚固钢销钉材质、埋设位置及数量应符合设计要求，钻孔成形后，清除钻孔内的钻屑等杂物。锚固钢销钉安装时，由孔底部至上缓慢注入锚固剂，竖直旋入钢销钉。

12.2.6　过渡段应按设计要求设置过渡段轨枕及配套扣件，辅助轨、轨枕安装的允许偏差应符合表12.2.6的规定。

过渡段辅助轨、轨枕安装位置允许偏差　　　　表12.2.6

序号	项　目	允许偏差
1	辅助轨横向偏差	5mm
2	辅助轨轨面高程	0mm －15mm
3	特殊枕轨枕间距	±20mm，连续6根轨枕的累计值±30mm

12.3 不同形式无砟轨道结构间的过渡段施工

12.3.1 不同形式无砟轨道结构间的过渡段施工工艺流程如图12.3.1所示。

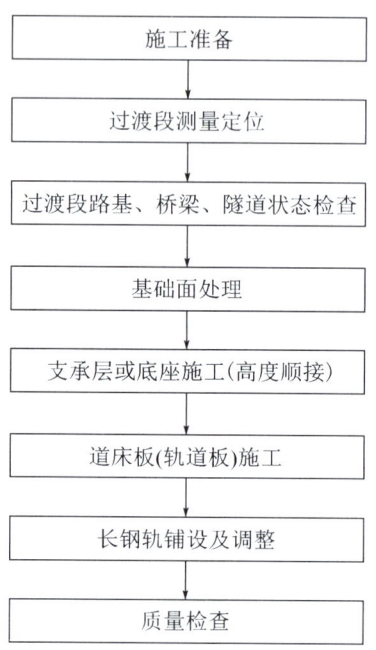

图12.3.1 不同形式无砟轨道结构间的过渡段施工工艺流程

12.3.2 不同结构高度的无砟轨道结构之间的过渡段应在过渡区消除高差；不同类型无砟轨道之间的过渡段应设置纵向连接钢筋、抗剪钢筋（销钉）及端梁等，保证相互之间顺接。

12.3.3 道岔两端应预留不小于200m的长度作为道岔和区间衔接测量的调整距离，道岔与区间无砟轨道衔接时应以道岔控制基桩为依据进行调整。

13 线间及两侧封闭层施工

13.1 一般规定

13.1.1 线间及两侧封闭层施工前，应清理线路上的杂物和侵入限界内的临时建筑物。

13.1.2 线间及两侧封闭层结构形式、材料性能及与无砟轨道底座（支承层）接缝处理等应符合设计要求。

13.1.3 封闭层施工应与轨道施工相协调，并注意无砟道床成品保护，避免损伤道床。

13.1.4 桥梁地段线间防水层及保护层施工应符合桥梁相关标准的规定。

13.2 路基上混凝土封闭层施工

13.2.1 路基线间及两侧混凝土封闭层施工工艺流程如图 13.2.1 所示。

13.2.2 封闭层施工前基础面应清理干净，洒水保持适度湿润，不得有积水。

13.2.3 路基地段线间及两侧混凝土封闭层施工应符合下列规定：
 1 按设计位置与高程支立封闭层模板。模板应垂直安装，模板及支架安装应稳固牢靠、接缝严密。模板与混凝土的接触面应清理干净并涂刷隔离剂。

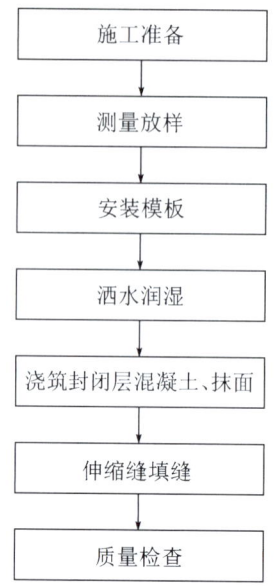

图 13.2.1 路基线间及两侧封闭层施工工艺流程

2 封闭层伸缩缝及纵向缝应按照设计要求预留,伸缩缝应与底座中心线垂直。伸缩缝及纵向缝缝壁宜上下垂直、缝宽一致。

3 封闭层混凝土浇筑后应及时抹面,并严格控制顶面高程、平整度和纵、横向排水坡。在混凝土初凝后终凝前应进行二次抹面,二次抹面时间根据混凝土本身配制的终凝时间确定。

13.2.4 线间及两侧混凝土封闭层外形尺寸允许偏差应符合验收标准的规定。

13.2.5 纵横向排水坡坡面应平顺,坡度不应小于设计要求。

14 铺轨施工

14.1 一般规定

14.1.1 无砟轨道长钢轨铺设主要有拖拉法、推送法两种方法；有砟轨道铺轨主要有换铺法、单枕连续铺设法两种方法。

14.1.2 长钢轨装车时应对照轨节表按铺轨里程左右股配对装车，每对长钢轨作业边应向内且对称于运输列车纵向中心，并对每根钢轨编号和标识，避免现场铺设时出现拖拉错误。长钢轨装车时采用联动群吊吊装，吊装应同起同落，缓吊缓移缓落，保持长钢轨基本平稳。长钢轨装车一层，锁定一层。

14.1.3 长轨运输车列经列检作业后，采用机车将长轨运输车列推送抵达卸轨现场，长轨运输列车的运行速度应满足安全施工的要求，防止运输途中钢轨窜动，危及行车安全。

14.1.4 长轨运输列车在施工地段运行限速5km/h，在接近已铺长钢轨轨头10m处应一度停车，缓慢对位。对位时，应在钢轨上划出停车标记，并派专人安放铁鞋和止轮器。

14.2 无砟轨道长钢轨铺设

14.2.1 无砟轨道长钢轨铺设工艺流程如图14.2.1所示。

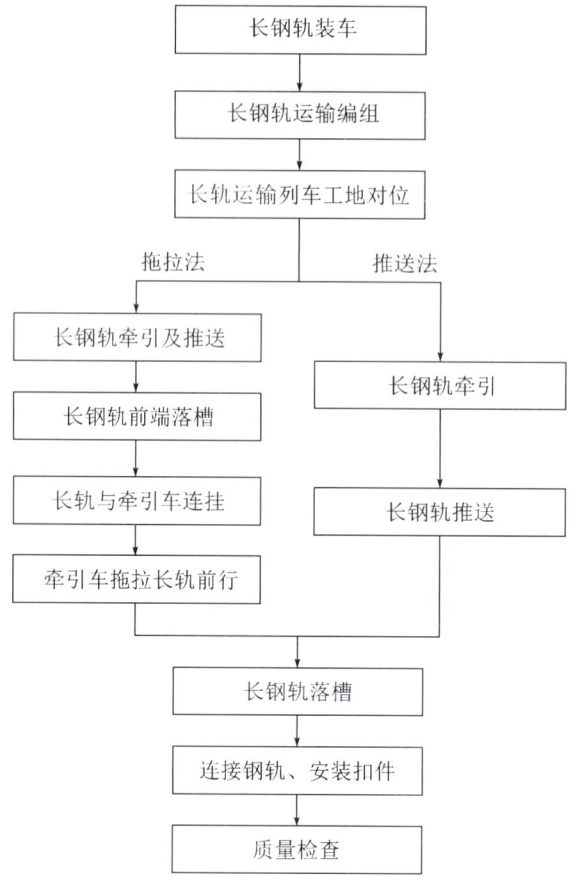

图 14.2.1 无砟轨道长钢轨铺设工艺流程

14.2.2 长钢轨铺设应配备下列主要设备：

1 拖拉法主要铺轨设备包括机车、长钢轨运输车、分轨推送车、顺坡小车、引导车及其他辅助部件等。

2 推送法主要铺轨设备包括机车、长钢轨运输车、长钢轨推送车（含过渡车）、顺坡架等。

14.2.3 无砟轨道铺轨在无砟道床施工完毕，经验收合格并达到规定强度后方可施工。道床及承轨槽表面应清洁、无杂物；扣配件预组装到位，螺栓应涂长效防腐油脂。

14.2.4 长钢轨铺设前，应提前将支撑滚筒按每 5～10m 均匀放置在承轨槽之间的道床上，曲线地段应适当加密，并应采取钢轨防翻措施。

14.2.5 拖拉法铺设长钢轨应符合以下要求：钢轨运输车列推送到位，顺坡小车前轮中心线距已铺钢轨末端约 350mm，并停好就位、打铁靴；钢轨末端拖出钢轨推送装置时，引导车速度降至 1～1.5km/h，钢轨末端滑下顺坡小车前端滑槽后立即停车；使用拉轨器把钢轨拖拉到位，与已铺好的轨道连接。"拖拉法"铺设长钢轨如图 14.2.5 所示。

图 14.2.5　拖拉法铺设长钢轨

14.2.6　推送法铺设长钢轨应符合以下要求：距卸轨起点约9m、16m 及 22m 处依次组装 A 字形龙门顺坡架。通过三台龙门顺坡架将长钢轨由平车高度卸至承轨槽滚筒上；长钢轨终端距长轨推送机构 0.3m 时停止推送，松开长轨推送机构夹持油缸，完成推送阶段；长轨列车带放送车推后 6m，长轨终端下落位置应采用短枕木头进行防护，人工配合机具推拉使长轨终端与已铺长轨端对齐，就位。

14.2.7　长钢轨落槽就位后，直线上间隔不宜大于 6 根、曲线上间隔不宜大于 4 根枕安装一组扣件，钢轨接头前后 3 根枕扣件应安装齐全，并保证扣件压力符合标准规定。

14.3　有砟轨道换铺法铺枕铺轨

14.3.1　有砟轨道换铺法铺枕铺轨工艺流程如图 14.3.1 所示。

14.3.2　用工具轨在铺轨基地组装成轨排，运至前方铺设后，进行分层铺砟整道，使线路达到初期稳定状态，如图 14.3.2-1、图 14.3.2-2 所示。

14.3.3　施工前，应编制完成工具轨配轨表作为轨排钉联、铺轨的基础资料，并对换铺现场进行调查。对卸轨地段内妨碍卸轨的设备及材料等，应提前清理，并预留好卸轨的位置。每次卸轨前，扒平轨枕外侧砟间形成砟带。

14.3.4　轨排铺设时，接头夹板螺栓安装不得少于 4 根，如图 14.3.4 所示。

14.3.5　应根据施工图文件，编制长轨换铺计划表，提前落实长轨换铺施工所需的人员、工具、机械设备，并做好配合长轨换铺施工的其他工作。

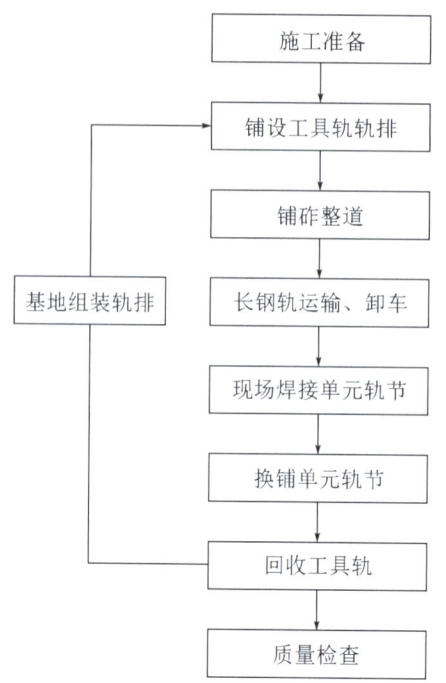

图 14.3.1　有砟轨道换铺法铺枕铺轨工艺流程

图 14.3.2-1　铺轨基地组装成型的轨排

图 14.3.2-2　轨排运输

图 14.3.4　轨排铺设

14.3.6 长轨列车到达卸轨点后，应根据地面卸轨起点准确对位，左右两股长钢轨始端宜对齐方正，长钢轨单元焊接头之间不宜留空隙。长钢轨卸车后应采取支护措施，防止长钢轨胀缩导致侵限，危及行车安全。

14.3.7 长钢轨换铺前，应拆除工具轨扣件，每节工具轨应至少保留中间一处扣件及接头处扣件不松动，待施工列车通过后，换轨作业车临近前及时松开拆下，确保施工列车及换轨工具车的安全。

14.3.8 换轨过程中，在曲线上需重点注意长钢轨和工具轨轨向是否正常。发现长钢轨异常要及时通知合龙口的撞轨工作人员，以便及时释放钢轨的内应力。发现工具轨异常要立即拆开接头，以确保长轨车运行安全。

14.3.9 长轨车到达终点前，拆开合龙口处工具轨接头，并在长钢轨、工具轨落地位置准备好垫木。长钢轨落地后，按照分工，一部分人做好长轨车的加固封车工作，另一部分人做好钢轨合龙，上好扣件，及时连通线路，如图14.3.9所示。

图14.3.9 长钢轨换铺

14.4 有砟轨道单枕连续铺设法铺枕铺轨

14.4.1 有砟轨道单枕连续铺设法铺枕铺轨工艺流程如图14.4.1所示。

14.4.2 铺轨作业前应按设计要求精确测量线路中心线，并按铺轨机作业要求设置铺轨机走行标示线，如图14.4.2所示。

14.4.3 在预铺道砟上按纵向10m、横向3~3.25m间距成对布放拖轨滚筒，牵引车或长钢轨拖放车在长钢轨推送装置的配合下，将长钢轨沿滚筒拖放到线路两侧。

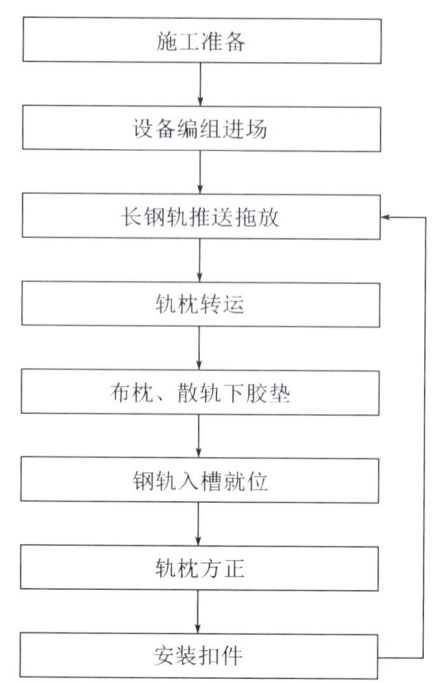

图14.4.1 有砟轨道单枕铺设法铺枕铺轨工艺流程

图14.4.2 铺轨机走行标示线

14.4.4 铺轨机沿线路中心线匀速前行，轨枕布设装置按规定间距在平整的底层道砟上布设轨枕。应避免在布枕前扰动破坏砟面的平整性。

14.4.5 收轨装置在铺轨机前进时自动将长钢轨收入至轨枕承轨槽中，长钢轨间用临时连接器连接，就位应准确。

14.4.6 长钢轨就位后，安装部分扣件，保证铺轨机组安全通过。铺轨机组通过后应及时补齐扣件，并对施工现场进行收尾作业。

14.5 有缝线路铺轨

14.5.1 在不同类型轨枕的分界处,应保持同类型轨枕延伸至钢轨接头外不少于5根。铺轨后应及时更换电容枕、绝缘枕等特殊轨枕。

14.5.2 铺轨后应及时组织铺砟整道作业。铺砟整道作业可采用人工辅以小型机具或大型机械化整道作业车相结合的方式。

14.5.3 有缝线路铺设时应符合以下规定:

1 各级线路均应铺设设计规定类型的钢轨。当铺设不同类型的钢轨时,应集中成段铺设。站线同一股道应铺设同一类型的钢轨,困难条件下,除使用铁鞋制动地段的调车线外可铺设不同类型的钢轨。两连接钢轨的轨型差不得大于一个等级,并应采用异型轨连接。

2 轨道应采用相对式接头。直线地段同一轨排宜选用长度偏差相同的钢轨配对使用,相差量不宜大于3mm,并应左右随时调整抵消,累计差不得大于15mm。曲线内股总缩短量按有关公式计算确定。

3 在信号机处的两钢轨绝缘接头应为相对式,轨缝不得小于6mm。位置应符合设计要求。

4 配轨时,应以铺轨长度为依据,按钢轨长度和预留轨缝连续计算各轨排位置。直线段终端应确定曲线始点前(或后)的钢轨接头到曲线始点的距离;曲线段终端应确定曲线终点前(或后)的钢轨接头到曲线终点的距离。

5 钢轨接头连接应按规定尺寸用轨隙片预留。

6 鱼尾板螺栓应涂长效油脂,垫圈开口朝下。接头螺栓力矩按表14.5.3确定。

有缝线路接头螺栓力矩标准　　　　表14.5.3

项目	单位	25m 钢轨				12.5m 钢轨	
		最高、最低轨温差>85℃		最高、最低轨温差≤85℃			
钢轨	kg/m	60 及以上	50	60 及以上	50	60	60
螺栓等级	—	10.9	10.9	10.9	10.9	10.9	10.9
力矩	N·m	700	600	500	400	500	400
C 值	mm	6		4		2	

注:1. C 值为接头阻力及道床阻力限制钢轨自由伸缩的值。
　　2. 高强度绝缘接头螺栓力矩不应小于700N·m。

14.5.4 钢轨接头处的高低和水平错牙不得大于2mm。

14.5.5 有缝线路经全面整道后，轨道静态几何尺寸允许偏差应符合表 14.5.5-1 的规定，有砟轨道曲线静态圆顺度应符合表 14.5.5-2 的规定。

有缝线路轨道静态几何尺寸允许偏差　　　　表 14.5.5-1

序号	项 目		允许偏差（mm）			备 注
			120km/h<V≤160km/h	V≤120km/h 及到发线	其他站线	
1	轨距		-2，+4	-2，+6	-2，+6	
2	轨向	直线	4	4	5	弦长 10m
		曲线	（见表 14.5.5-2）			
3	高低		4	4	5	弦长 10m
4	水平		4	4	5	不包含曲线、缓和曲线上的超高值
5	扭曲		4	4	5	基长 6.25m；包含缓和曲线上由于超高顺坡所造成的扭曲量
6	轨面高程	路基上	-30，+50	-30，+50	-30，+50	
		建筑物上	±10	±10	±10	
		紧靠站台	0，+50	0，+50	0，+50	
7	轨道中线		50	50	50	
8	线间距		±20	±20	±20	区间线在钢梁上为 ±10mm；当区间线间距设计为 4m，倒装线间距设计为 3.6m 时，不得有负偏差

注：V 表示设计速度。

有砟轨道曲线静态圆顺度（单位：mm）　　　　表 14.5.5-2

曲线半径 R	实测正矢与计算正矢差		圆曲线正矢连续差	圆曲线最大最小正矢差
	缓和曲线	圆曲线		
R≤250m	6	7	12	18
250m<R≤350m	5	6	10	15
350m<R≤450m	4	5	8	12
450m<R≤800m	3	4	6	9
800m<R≤1600m	3	4	4	7
1600m<R≤2800m	2	3	4	6
2800m<R≤3500m	2	3	4	5
R>3500m	1	2	3	4

注：1. 曲线起讫点位置应符合设计要求，曲线应圆顺，曲线头尾不得有反弯或"鹅头"。
　　2. 测量弦长 20m。

15 无缝线路施工

15.1 一般规定

15.1.1 无缝线路铺设施工应配备移动式闪光焊接作业车、拉轨器、锯轨机、钢轨打磨机、正火机、调直机、探伤仪等主要装备。无缝线路施工设备的性能应满足施工工艺和进度要求。

15.1.2 无缝线路轨道施工前应具备以下技术资料：轨道设计说明书、桥隧施工图、长钢轨配轨表、无缝线路布置平纵断面图、线路复测桥隧资料、缓冲区位置及设置标准、设计锁定轨温范围、纵向位移观测桩设置位置及标准、绝缘接头位置、桥梁墩台位置、轨道过渡段起讫点里程、钢轨焊接要求、钢轨伸缩调节器设置等。

15.1.3 应力放散及锁定施工前应调查当地气温资料，收集不同天气轨温实测资料，掌握轨温变化规律，合理安排组织施工，并测定有砟道床状态参数指标要求达到有砟道床初期稳定状态参数指标要求。

15.1.4 焊接设备操作人员应经过专业培训，熟悉钢轨焊头质量标准，并应持有国家铁路主管部门认可技术机构颁发的岗位培训合格证书。

15.1.5 探伤人员应持有国家铁路主管部门认可技术机构颁发的Ⅱ级及以上级别的技术资格证书，并通过钢轨焊缝探伤技术培训，方能上岗作业。

15.1.6 钢轨闪光焊接型式检验应符合现行《钢轨焊接 第2部分：闪光焊接》

(TB/T 1632.2）的相关规定，未经型式检验合格，严禁施焊。批量焊接生产过程中，应按规定进行生产检验，检验合格后方可继续生产。

15.1.7 每个钢轨焊头均应进行超声波探伤和外观检查，并标记编号，填写焊接记录报告。

15.1.8 施工环境温度低于0℃，则不宜进行工地焊接。大风、下雨天气不宜进行工地钢轨焊接作业，特殊情况应采取防风、防雨措施。

15.1.9 工地钢轨焊接应符合长钢轨布置图要求，正线加焊轨长度不得小于20m，站线不得小于12m。

15.1.10 厂焊焊头和工地移动式闪光焊接接头轨底应按要求进行打磨处理，厂焊缝与轨枕相对位置不受限制，工地移动式闪光焊缝、铝热焊缝距轨枕边缘不得小于100mm。

15.2 工地钢轨闪光焊接

15.2.1 工地钢轨闪光焊接施工工艺流程如图15.2.1所示。

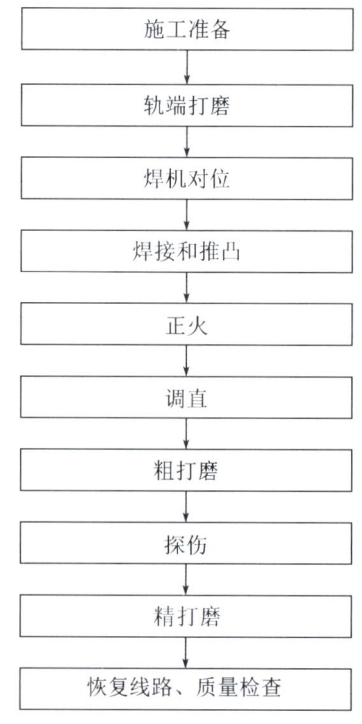

图 15.2.1 工地钢轨闪光焊接施工工艺流程

15.2.2 工地钢轨闪光焊接前,应通过型式检验确定工艺参数。

1 焊接前,焊轨作业车一侧钢轨下应采取支垫措施,实现轨面高度平顺过渡,尤其是焊轨作业车前轮对下方应垫实。

2 拆除待焊轨头前方长钢轨全部及轨头后方10m范围内的扣件,并校直钢轨。根据轨枕和扣件类型适当垫高待焊轨头后方的钢轨,保证焊头轨顶平直度。

3 待焊轨头前方长钢轨下每隔12.5m安放一个滚筒,以便钢轨可以纵向移动焊接。

4 打磨两待焊轨端和焊机电极钳口的轨腰接触区(图15.2.2-1),直至呈现光泽(图15.2.2-2)。

图15.2.2-1 除锈打磨作业

图15.2.2-2 打磨质量

5 承受拉力的焊缝,在其轨温高于300℃时应持力保压。焊缝区域冷却到400℃以下时,焊轨作业车方可通过钢轨焊头。作业车焊完后,应用相应机具对钢轨焊缝进行正火、打磨、平直度检查和超声波探伤等。

6 正火应在焊接接头不受拉力的条件下进行。焊接接头温度低于500℃(轨头表面)时方可正火加热,移动式闪光焊接焊头可采用气压焊加热器(图15.2.2-3)或中频电正火方式(图15.2.2-4)。

图15.2.2-3 氧气乙炔正火

图15.2.2-4 中频电正火

7 粗磨时,应纵向打磨,使火花飞出方向与钢轨纵向平行。打磨过程中,不应使砂轮在钢轨上跳动冲击钢轨母材,防止出现打磨灼伤。粗磨后应保证焊接接头的表面粗糙度能够满足探伤扫查的要求。焊接接头非工作面的垂直、水平方向错边应进行纵向打磨过渡。

8 焊缝及焊缝中心线两侧各400mm长度范围内的轨顶面、轨头内侧面应使用仿形打磨机精细打磨，打磨时焊头温度不宜大于50℃，如图15.2.2-5、图15.2.2-6所示。

图15.2.2-5　焊头精磨

图15.2.2-6　精磨质量

15.2.3 工地钢轨闪光焊接接头超声波探伤应符合现行《钢轨焊接 第2部分：闪光焊接》（TB/T 1632.2）的相关规定。

15.2.4 工地钢轨焊接接头外观质量及平直度应符合以下规定：

1 焊接接头轨底上表面焊缝两侧各150mm范围内及距两侧轨底角边缘各35mm范围内应打磨平整。使用电子型尺测量，在焊缝中心线两侧各100mm范围内，焊头工作面表面平面度应不大于0.2mm。焊头及其附近钢轨表面不应有裂纹、明显压痕、划伤、碰痕、电击灼伤、打磨灼伤等损伤。

2 钢轨焊头顶面及侧面应纵向打磨平顺，不得有低接头。钢轨焊头平直度允许偏差应符合表15.2.4的规定。

钢轨焊接接头平直度允许偏差　　　　　　　　　表15.2.4

序号	项　目	单　位	允许偏差	
			设计速度>160km/h	设计速度≤160km/h
1	轨顶面	mm/m	+0.2 0	+0.3 0
2	轨头内侧工作面	mm/m	+0.3 0	±0.3
3	轨底（焊筋）	mm	+0.5 0	+0.5 0

注：1. 轨顶面中，符号"+"表示高出钢轨母材规定基准面。
　　2. 轨头内侧工作面中，符号"+"表示凹进。
　　3. 轨底（焊筋）中，符号"+"表示凸出。

15.2.5 锁定焊接需要插入短轨时，材质应与原钢轨相同，焊后应保持原无缝线路技术状态和锁定轨温不变。

15.2.6 工地钢轨闪光焊接完成后应填写焊接记录报告，并对每个接头进行标识，标识应清晰、端正，位于焊接长钢轨的同一侧轨腰、距焊缝1~6m位置处。

15.3 无缝线路应力放散及锁定

15.3.1 无缝线路应力放散及锁定可采用拉伸器滚筒法或滚筒法，并应符合下列规定：

1 当施工作业时的轨温低于设计锁定轨温范围时，应采用拉伸器滚筒法施工。拉伸器滚筒法施工工艺流程如图15.3.1-1所示。

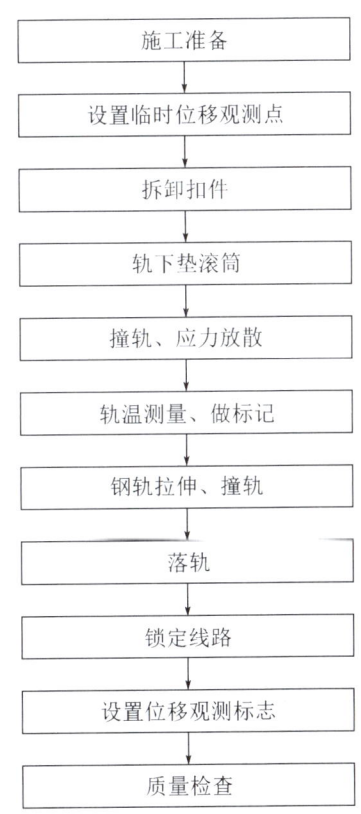

图15.3.1-1 拉伸器滚筒法施工工艺流程

2 当施工作业时的轨温在设计锁定轨温范围内时，应采用滚筒法施工。滚筒法施工工艺流程如图15.3.1-2所示。

15.3.2 当实测作业轨温高于设计锁定轨温范围或低于5℃时，不得进行应力放散。

15.3.3 无缝线路应力放散及锁定施工应配备钢轨拉伸器、撞轨器、锯轨机、滚筒、轨温计、扭力扳手、工地钢轨焊接设备等主要设备。

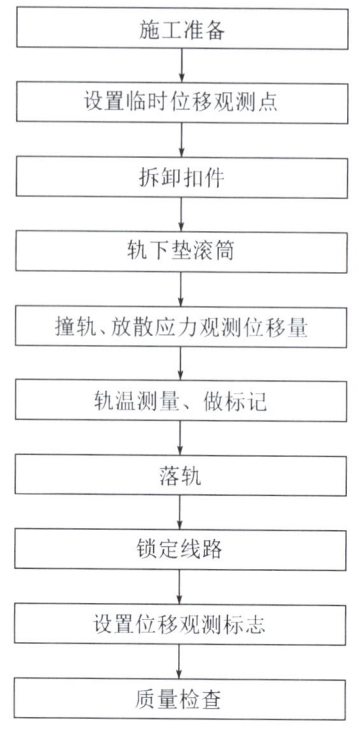

图 15.3.1-2 滚筒法施工工艺流程

15.3.4 无缝线路锁定应按设计要求设置钢轨位移观测桩（图 15.3.4），有砟道床应达到初期稳定状态，轨道质量应符合设计规定。

图 15.3.4 设置位移观测桩

15.3.5 无缝线路应力散及锁定施工作业前应掌握当地轨温变化规律，根据作业区段的时间间隔，选定锁定线路的最佳施工时间。

15.3.6 测量轨温时，要对钢轨的不同位置进行多点测量，取其平均值，如

图 15.3.6 所示。

图 15.3.6 测量轨温

15.3.7 拆除待放散单元轨节的全部扣件，每隔 10m 左右垫入一个滚筒，应每隔不大于 500m 距离及在单元轨节终端设置撞轨器。放散应力时，应每隔 300m 左右设一临时位移观测点，观测钢轨的位移量，及时排除影响放散的障碍，达到应力放散均匀、彻底。

15.3.8 钢轨拉伸量达到计算值后，钢轨拉伸器保压（图 15.3.8），撤出滚筒，安装扣件，锁定线路。两股钢轨宜同步锁定，线路锁定后才能撤除钢轨拉伸器。钢轨拉伸器撤除后，已锁定的单元轨节自由端会产生回缩量，下一单元轨节拉伸锁定时，应将该回缩量计入单元轨节拉伸量。

图 15.3.8 钢轨拉伸器保压

15.3.9 滚筒法实测的施工锁定轨温即为实际锁定轨温，拉伸器滚筒法实测的施工锁定轨温加上钢轨拉伸换算轨温即为实际锁定轨温。

15.3.10 线路锁定后，应立即在钢轨上设置纵向位移观测的"零点"标记，按规定开始观测并记录钢轨位移情况（图15.3.10）。锁定日期及实际锁定轨温应列入竣工资料。

图15.3.10 位移观测桩"零点"标记

15.3.11 无缝线路锁定应符合下列规定：

1 无缝线路实际锁定轨温应控制在设计锁定轨温范围内。

2 无缝线路锁定时应准确确定并记录锁定轨温。相邻单元轨节锁定轨温之差不应大于5℃，同一区间内的单元轨节最高与最低锁定轨温之差不应大于10℃；左右两股钢轨锁定轨温之差不应大于3℃。

15.3.12 无缝线路有下列情况之一者，应重新放散调整应力后锁定线路，使其符合设计要求，并按实际锁定轨温及时修改有关技术资料和位移观测标记：

1 实际锁定轨温超出设计锁定轨温范围。
2 相邻单元轨节锁定轨温之差大于5℃。
3 左右两股钢轨锁定轨温之差大于3℃。
4 同一区间内的单元轨节最高与最低锁定轨温之差大于10℃。
5 固定区位移观测桩处最大位移量大于10mm或锁定轨温变化大于5℃。
6 因处理线路故障或施工改变了原锁定轨温，使之超出设计锁定轨温范围。
7 施工时因故未按设计锁定轨温锁定线路。

15.3.13 无缝线路完工后，应按相关规定填写工地移动闪光焊机焊接记录表、铝热焊接记录表、工地钢轨焊接接头超声波探伤记录等。

15.4 道岔钢轨焊接及锁定

15.4.1 道岔钢轨焊接型式检验及生产检验应符合现行《钢轨焊接 第3部分：铝热焊接》（TB/T 1632.3）的相关规定，未经型式检验或生产检验合格，严禁施焊。道岔焊头均应进行探伤检查并标记编号，填写记录。

15.4.2 道岔焊接应首先焊接岔内各个接头，然后再与岔外的钢轨焊接。道岔内钢轨焊接顺序应符合设计规定。

15.4.3 道岔与线路锁定焊接前，应安装转辙设备，调整符合要求后方可施焊。

15.4.4 道岔施行锁定焊接时，应进行应力放散，调整限位器子母块居中，两侧间隙允许偏差为 0.5mm。

15.4.5 有砟轨道道岔内钢轨焊接、道岔与两端无缝线路焊接均应在道床达到初期稳定状态，轨面高程、轨向和水平已基本达到设计标准时，方可施焊。

15.4.6 道岔钢轨焊头顶面及侧面应纵向打磨平顺，不得有低接头。平直度允许偏差应符合表 15.4.6 的规定。

钢轨焊接接头平直度允许偏差　　表 15.4.6

序号	项目	允许偏差 (mm)	
		设计速度 >160km/h	设计速度 ≤160km/h
1	轨顶面	+0.3 +0.1	+0.4 +0.1
2	轨头内侧工作面	+0.3 0	±0.3

注：1. 轨顶面中，符号"+"表示高出钢轨母材规定基准面。
　　2. 轨头内侧工作面中，符号"+"表示凹进。

15.4.7 无缝道岔位移观测桩应按设计要求设置，并按要求进行位移观测，做好观测记录。焊接施工结束，应再次检测道岔几何形位，复测线路高程、方向，对因钢轨焊接作业产生的偏移及时调整复位，再进行道岔钢轨精调整理。

15.5 钢轨胶接绝缘接头施工

15.5.1 工地钢轨胶接绝缘接头施工工艺流程如图 15.5.1 所示。

15.5.2 两股钢轨的绝缘接头应相对铺设，绝缘轨缝绝缘端板宜设于两承轨台中央，距承轨台边缘不应小于 100mm。

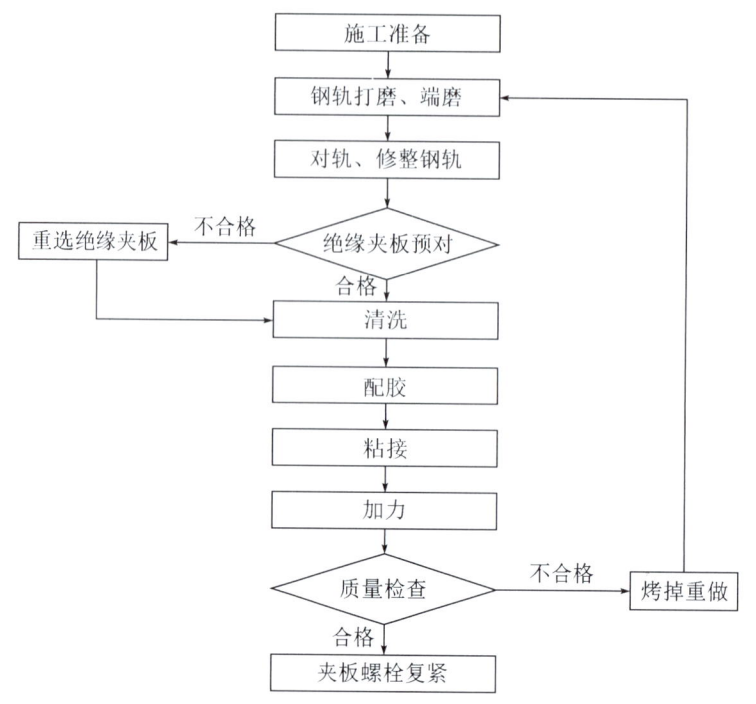

图 15.5.1 工地钢轨胶接绝缘接头施工工艺流程

15.5.3 钢轨胶接绝缘接头应避免扣件与绝缘接头螺栓接触。

15.5.4 电绝缘性能：潮湿状态，在端板处浇水（约5L），用兆欧表测量电阻值应大于1000Ω。

15.5.5 工地钢轨胶接绝缘接头外观质量与平直度允许偏差应满足表15.5.5的规定。

工地胶接绝缘接头外观质量允许偏差　　　　　表 15.5.5

序号	项目	允许偏差（mm）	
		设计速度 >160km/h	设计速度 ≤160km/h
1	轨顶面	+0.2 0	+0.3 0
2	轨头内侧工作面	+0.3 0	±0.3

注：1. 轨顶面中，符号"+"表示高出钢轨母材规定基准面。
　　2. 轨头内侧工作面中，符号"+"表示凹进。

16 轨道精调整理及钢轨预打磨

16.1 一般规定

16.1.1 轨道精调整理工艺流程如图 16.1.1 所示。

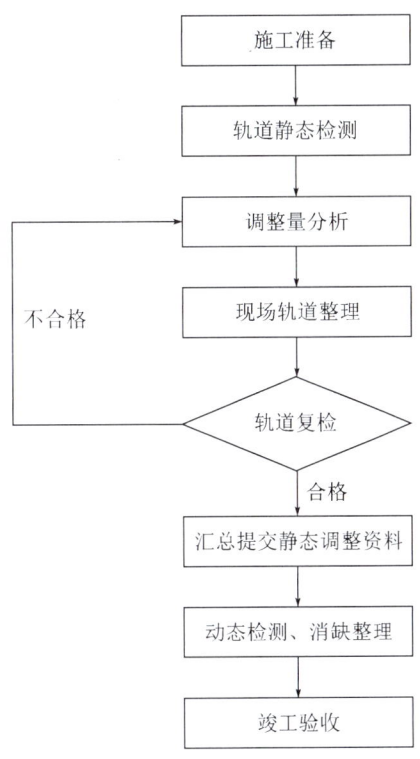

图 16.1.1 轨道精调整理工艺流程

16.1.2 铺设无缝线路后应进行轨道精调整理作业，轨道工程施工质量应符合相关标准的规定。

16.1.3 轨道精调整理前应对轨道控制网（CPⅢ）进行复测，复测结果在限差以内时采用原测成果，超限时应检查原因。如果确认原测成果有错，应采用复测成果，并由第三方评估认可确认。

16.1.4 轨道精调整理采用绝对调整和相对调整相结合方式进行。绝对调整采用全站仪自由设站，利用轨道几何状态测量仪进行检测，确定轨道几何形位绝对调整量。相对调整采用轨道检查仪采集轨道相对几何状态，调整轨道的平顺性。

16.1.5 轨道精调整理应符合铁路无缝线路施工的相关规定，在规定的作业轨温范围内进行，扣件扣压力满足规定要求。

16.1.6 轨道精调应遵循"先高低、后水平""先轨向、后轨距"的原则。道岔及前后各200m线路纳入道岔精调单元。

16.1.7 无缝线路精调整理后，道床进入稳定状态，静态平顺度符合要求后进行钢轨全线预打磨，打磨廓形应符合设计要求，钢轨打磨前应预先进行打磨车打磨参数调整试验，确认打磨廓形达到要求后方可进行正式打磨。钢轨打磨完成后，应及时清除打磨车和无砟道床（或轨枕）及钢轨顶面的打磨碎屑。

16.2 有砟轨道精调整理

16.2.1 有砟轨道整理基本工艺流程如图16.2.1所示。

16.2.2 有砟轨道精调遵循"先轨距精改，后大机精捣"的原则。精调前，要制订精调施工方案和精调施工计划。

16.2.3 轨道精调整理前，应组织专业测量队伍对全线轨道控制网（CPⅢ）进行复测，并对线路进行全面检查测量，主要检查线路平纵断面、轨距、水平、高低、方向、钢轨硬弯和钢轨焊缝平直度等，并及时汇总检测资料，为制订线路精调计划提供依据。

16.2.4 提前做好材料物资供应工作，梳理好精调件供应程序，进行线路缺砟情况调查，做好道砟补给方案。

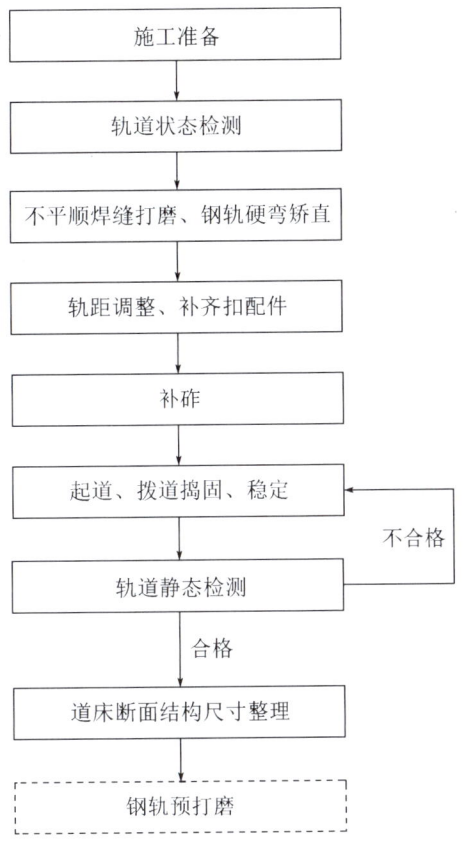

图 16.2.1 有砟轨道整理基本工艺流程

16.2.5 有砟轨道整理工作包括以下内容：
1 道床断面按设计要求进行整修，并拍拢夯实。
2 缓和曲线、竖曲线区段轨道线型应调整圆顺。
3 钢轨焊缝平直度超标打磨。
4 钢轨硬弯矫直。
5 调整轨距。
6 测取钢轨位移量，复核锁定轨温。

16.2.6 钢轨硬弯矫直、钢轨焊缝平直度超标打磨、轨距调整等均应在大型养路机械精细整道前完成。

16.2.7 有砟轨道通常分四遍进行大型养路机械精细整道，曲线地段可适当增加机养遍数。第一、二遍采用精确法作业，第三、四遍采用近似法作业，起道量控制在15mm左右，宜采用双捣，大机起终点重合地段采用搭接法作业。捣固作业后的稳定车按重稳的要求实施，稳定速度为1km/h，重稳频率宜按40～45Hz设置，加载至80%。有砟轨道精捣如图16.2.7所示。

图 16.2.7　有砟轨道精捣

16.2.8　无缝线路的轨道整理作业应按以下要求进行：

1　高温时不应安排影响线路稳定性的整理作业。高温时可安排矫直钢轨、整理扣件、整理道床外观、钢轨打磨等作业。

2　进行无缝线路整理作业应掌握轨温，观测钢轨位移，分析锁定轨温变化，按实际锁定轨温，根据作业轨温条件进行作业，严格执行"作业前，作业中，作业后测量轨温"制度。

3　当轨温低于实际锁定轨温30℃以下时，伸缩区和缓冲区禁止进行整理作业。

4　无缝线路应力放散和调整后，应按实际锁定轨温及时修改相关技术资料和位移观测标记。

5　在实际锁定轨温±10℃范围内，可进行不影响行车的扒道床、起道和拨道作业。在实际锁定轨温−20～+10℃范围内，连续扒开道床不应大于50m，起道高度不应大于40mm，拨道量不应大于20mm，禁止连续扒开枕头道床。在实际锁定轨温+20℃范围内，连续扒开道床不应大于25m，起道高度不应大于30mm，拨道量不应大于10mm，禁止连续扒开枕头道床。

16.2.9　线路锁定后的精细整道，特别是需要拆卸扣件的作业，应严格按照有关要求进行，一次拆卸扣件不宜过长。

16.2.10　线路锁定后的精细整道，起、拨道量不宜过大，以免对道床造成大的扰动。

16.2.11　有砟轨道经全面轨道整理达到验收标准时，应符合下列规定：

1　道床达到稳定状态，其状态参数指标应符合表16.2.11-1的规定。

无缝线路有砟道床状态参数指标（平均值）　　　表16.2.11-1

设计速度 V（km/h）	道床横向阻力（kN/枕）	道床纵向阻力（kN/枕）	道床支承刚度（kN/mm）
$V \leq 80$	≥6.5	≥9	≥60
$80 < V \leq 120$（新Ⅱ型混凝土轨枕）	≥9	≥10	≥70

设计速度 V（km/h）	道床横向阻力（kN/枕）	道床纵向阻力（kN/枕）	道床支承刚度（kN/mm）
120≤V≤200（Ⅲ型混凝土轨枕）	≥10	≥12	≥100
V≥200（Ⅲ型混凝土轨枕）	≥12	≥14	≥120

注：改建铁路采用新Ⅱ型混凝土轨枕且120km/h＜V≤160km/h时，道床稳定参数可采用：横向阻力9kN/枕，纵向阻力11kN/枕，道床支承刚度70kN/mm。

2 有砟轨道静态几何尺寸允许偏差应符合表16.2.11-2的规定。

有砟轨道静态几何尺寸允许偏差 表16.2.11-2

序号	项目		允许偏差			备 注
			160km/h＜V≤200km/h	120km/h＜V≤160km/h	V≤120km/h及到发线	
1	轨距		±2mm	−2mm，+4mm	−2mm，+6mm	
2	轨向	直线	3mm	4mm	4mm	弦长10m
		曲线	按照曲线半径大小确定静态圆顺度			
3	高低		3mm	4mm	4mm	弦长10m
4	水平		3mm	4mm	4mm	不包含曲线、缓和曲线上的超高值
5	扭曲		3mm	4mm	4mm	基长6.25m，包含缓和曲线上由于超高顺坡所造成的扭曲量
6	轨面高程	一般情况	±20mm	−30mm，+50mm	−30mm，+50mm	
		紧靠站台	0，+20mm	0，+50mm	0，+50mm	
7	轨道中线		30mm	30mm	30mm	
8	线间距	相邻正线和站线，站线和站线	0，+20mm	±20mm	±20mm	
		钢梁上	±10mm	±10mm	±10mm	
		线间距设计为4.0m时	不得有负偏差	不得有负偏差	不得有负偏差	
9	轨枕空吊板（不得连续出现）		6%	8%	8%	
10	道床厚度		−20mm	±50mm	±50mm	
11	道床半宽		±20mm	+50mm −20mm	+50mm −20mm	
12	砟肩堆高		不得有负偏差	不得有负偏差	不得有负偏差	

注：V代表设计速度。

16.3 无砟轨道精调整理

16.3.1 无砟轨道精调整理工艺流程如图16.3.1所示。

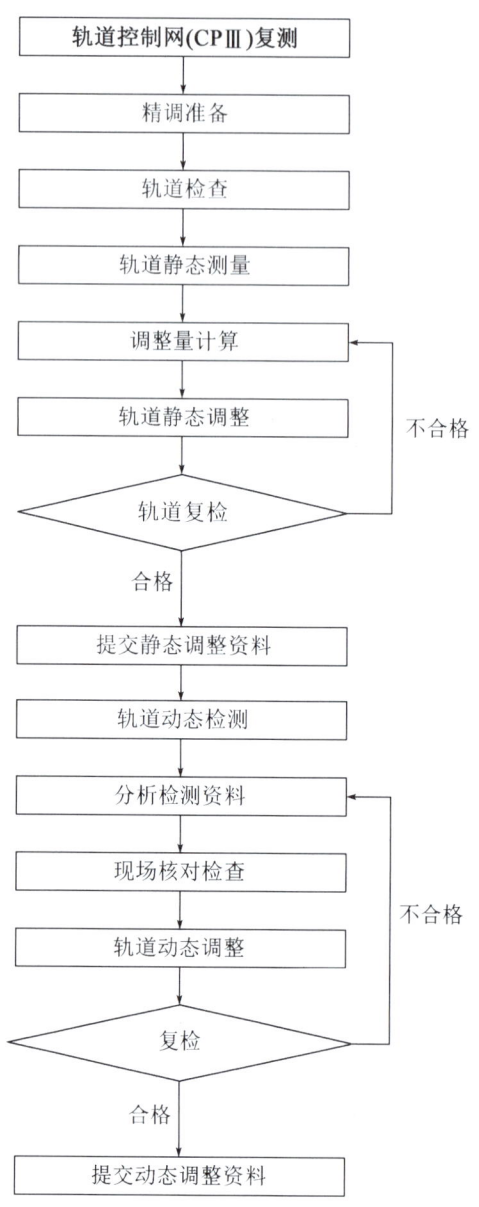

图 16.3.1　无砟轨道精调整理工艺流程

16.3.2　无砟轨道精调整理前应检查轨道测量仪、全站仪等测量仪器的工作状态，具备的专业检定单位出具的合格检定证书，根据轨道结构类型和设备数量，提前配备相应数量调整件。

16.3.3　无砟轨道精调测量采用全站仪通过轨道控制网（CPⅢ）进行自由设站，自由设站应符合高速铁路测量相关标准的规定。全站仪与轨道几何状态测量仪的观测距离宜为 5～80m。无砟轨道精调数据采集如图 16.3.3 所示。

16.3.4　更换测站后，应重复测量上一测站测量的最后 6～10 根轨枕（承轨台）。

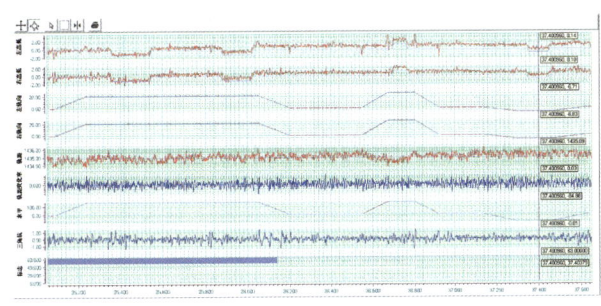

图 16.3.3　无砟轨道精调数据采集

16.3.5　道岔区应单独测量，与两端线路搭接长度不应少于 35m。

16.3.6　根据测量数据，确定需要调整的区段，采用专用软件对轨道精度和线形进行综合分析评价，模拟计算调整量，并对轨道线形进行优化，形成调整量表，表中详细记录更换扣件型号、安装位置、方向等。

16.3.7　现场根据调整量表，对计划调整地段进行标识，应按照确定的原则和顺序进行高低、水平，轨向、轨距的调整。精调时先确定基准轨，将基准轨轨向、高低调整到位后，再依据基准轨通过轨距、水平调整另一股钢轨。无砟轨道精调现场如图 16.3.7 所示。

图 16.3.7　无砟轨道精调现场

16.3.8　无缝线路作业遵守表 16.3.8 的规定。

无缝线路作业轨温条件　　　　　　　　　　　表 16.3.8

作业项目	线路平面条件	最多连续松开扣件个数（按实际锁定轨温计算）				
		-10℃ 及以下	-10~0℃	0~+10℃	+10~+20℃	+20℃ 以上
改道、垫板作业	R<2000m	9	40	15	禁止	禁止
	R≥2000m 或直线	15	40	20	禁止	禁止
更换扣件或涂油	—	隔一松一、流水作业				禁止

注：1. 按照现场轨温－实际锁定轨温所得结果比照表格轨温范围确定最多连续松开扣件个数。
　　2. R 表示曲线半径。

16.3.9 对调整完毕的区段，用轨道几何状态测量仪进行检核测量，并对超限尺寸进行反复调整，直到确认轨道状态符合标准要求，并按相关规定提交检测成果资料。

16.3.10 无砟轨道静态铺设精度应符合表 16.3.10 的规定。

无砟轨道静态铺设精度　　　　　　表 16.3.10

序号	项目	允许偏差	备注
1	轨距	±1mm	相对于标准轨距 1435mm
		1/1500	变化率
2	轨向	2mm	弦长 10m
		2mm／(8a)	基线长（48a）
		10mm／(240a)	基线长（480a）
3	高低	2mm	弦长 10m
		2mm／(8a)	基线长（48a）
		10mm／(240a)	基线长（480a）
4	水平	2mm	不包含曲线、缓和曲线上的超高值
5	扭曲	2mm	基长 3m，包含缓和曲线上由于超高顺坡所造成的扭曲量
6	与设计高程偏差	10mm	站台处的轨面高程不应低于设计值
7	与设计中线偏差	10mm	

注：a 为扣件节点间距，单位为 m；8a、240a 为矢距法检测测点间距。

16.3.11 轨道动态调整方法、精度要求等与轨道静态调整相同。调整完毕后，应对轨道几何尺寸，扣件、垫板状态进行全面复检，并对超限尺寸进行反复调整，直到确认轨道状态符合标准要求，并按相关规定提交检测成果资料。

16.4 有砟道岔精调整理

16.4.1 有砟道岔精调整理工艺流程如图 16.4.1 所示。

16.4.2 有砟道岔精调整理应配备大型道岔捣固车、风动卸砟车等主要设备。

16.4.3 在道岔捣固车捣固前，应根据轨道控制网（CPⅢ）和加密基桩对道岔区及两端线路整体平顺性进行人工整治，并拆除道岔转换设备。

16.4.4 有砟道岔精调整理前，应对道岔区进行全面检查测量，主要检查轨距、水平、高低、方向、中线、高程等，并及时汇总检测资料。有砟道岔捣固现场如图 16.4.4 所示。

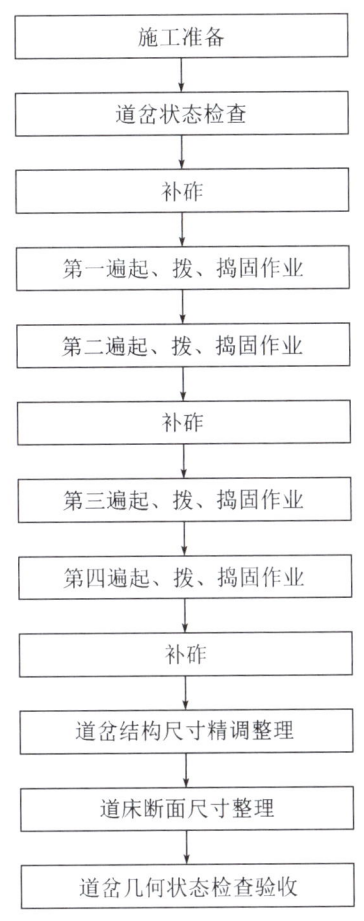

图16.4.1 有砟道岔精调整理工艺流程

图16.4.4 有砟道岔捣固现场

16.4.5 道岔捣固车第一遍捣固作业前,应补卸充足的道砟,补砟数量以高出轨枕顶面100mm为宜。

16.4.6 道岔捣固车捣固时应每隔一根轨枕提供起拨道量,每次的起道量控制在15mm以下,预留起道量应分四次起道捣固,每次捣固宜双捣,夹持时间设置不少于0.45s。

16.4.7 道岔区捣固应一次完成，同时应在岔区前后各 200m 范围内进行顺坡，道岔捣固车与线路捣固车均应进行搭接法作业，保证线岔间的顺接。

16.4.8 对于道岔捣固车不能作业的部位，应使用小型捣固机配合捣固。

16.4.9 道岔捣固作业完毕，应再次全面检查道岔各部结构尺寸，对不合格项点应再次进行精调整理，使其达到验标要求。

16.4.10 按照有关技术要求安装、调整转换设备，满足工电联调要求，并满足转换参数和道岔铺设要求。

16.4.11 速度大于 200 km/h 的高速铁路及城际铁路有砟道岔经全面精调达到验收标准时，应符合以下规定：

1 主要结构尺寸允许偏差应符合表 16.4.11-1 的规定。

道岔主要结构尺寸允许偏差　　　　　表 16.4.11-1

序号	检测项目	允许偏差（mm）
1	轨距	±1（逐枕测量）
2	支距	±1
3	尖轨第一牵引点前与基本轨的间隙	<0.5
4	尖轨其余部分与基本轨的间隙	<1.0
5	心轨第一牵引点前与翼轨的间隙	<0.5
6	心轨其余部分与翼轨的间隙	<1.0
7	尖轨轨腰与顶铁的间隙	<1.0
8	尖轨轨底与滑床台的间隙	<1.0
9	密贴状态下，尖轨轨底和辊轮的间隙 Δ_1	$1 \leq \Delta_1 < 2$
10	斥离状态下，尖轨轨底和滑床台板的缝隙 Δ_2	$1 \leq \Delta_2 < 3$
11	尖轨或心轨各控制断面（轨头宽度大于15mm）相对基本轨或翼轨顶面的降低值	±1.0
12	转辙器部分最小轮缘槽宽度	≥65
13	尖轨限位器两侧间隙	±0.5（焊连前测量）
14	心轨轨底与台板的间隙	<1.0
15	心轨轨腰与顶铁的间隙	<1.0
16	可动心轨辙叉第一牵引点处开口值	±1
17	护轨轮缘槽宽度	+1.0 −0.5

续上表

序号	检测项目	允许偏差（mm）
18	查照间隔	≥1391
19	岔枕铺设相对于直股的垂直度	牵引点两侧和心轨部分4mm，其余10mm
20	牵引点位置岔枕间距极限偏差	+5 0
21	岔枕位置	±5，累计±10
22	道岔全长	18号道岔±10mm，大于18号道岔±20mm

2 高速道岔（直向）静态铺设精度应符合表16.4.11-2的规定。

高速道岔（直向）静态铺设精度　　　　　表16.4.11-2

序号	项目	允许偏差（mm）
1	高低	≤2，10m弦测量 ≤2，30m弦5m校核（轨道几何状态测量仪）
2	方向	≤2，10m弦测量 ≤2，30m弦5m校核（轨道几何状态测量仪）
3	水平	≤2，逐枕测量
4	扭曲	≤2，测量基线长3m
5	轨距	±1，逐枕测量

3 客货共线道岔（直向）静态铺设精度应符合表16.4.11-3的规定。

客货共线道岔（直向）静态铺设精度　　　　表16.4.11-3

序号	项目	允许偏差（mm）				检验数量	检验方法
		160km/h<V≤200km/h	120km/h<V≤160km/h	V≤120km/h及到发线	其他站线		
1	轨向（10m弦量）	3	4	4	6	5个点	尺量
2	高低（10m弦量）	3	4	4	6	5个点	尺量
3	水平	3	4	4	6	10个点	轨距尺
4	扭曲（基线长6.25m）	3	4	4	—	5个点	尺量

注：V表示设计速度。

16.5　无砟道岔精调整理

16.5.1 无砟道岔精调整理工艺流程如图16.5.1所示。

16.5.2 无砟道岔精调施工应配备轨道几何状态测量仪、全站仪、数字道尺、支距尺、螺栓紧固机等主要装备。

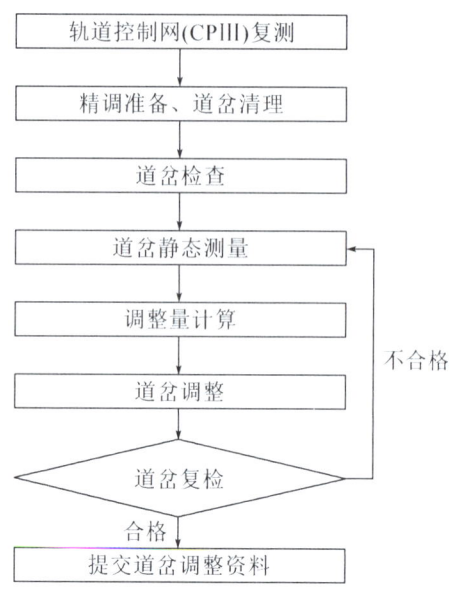

图 16.5.1-1　无砟道岔精调整理工艺流程

16.5.3　无砟道岔精调整理应遵循"先高低、后水平，先轨向、后轨距；先直股、后曲股；先整体、后局部"和"尖轨、辙叉部位尽量少动，两端线路顺接"的原则。

16.5.4　无砟道岔轨道几何状态检查及轨道精调整理前，应将道床板及钢轨部件表面清理干净。对照道岔组装图，检查并补齐钢轨零部件或更换失效零部件，复紧各部件螺栓。检查钢轨焊缝（或接头）平顺度，并打磨平顺度超标的钢轨接头或调整平顺度超标的焊接接头。

16.5.5　道岔线形测量应采用全站仪，依据轨道控制网（CPⅢ）在中线位置设站，采用轨道几何状态测量仪对扣件螺栓对应的轨道位置进行逐点测量，全站仪测量范围宜为 5~80m。更换测站后，应重复测量上一测站测量的最后 6~10 根轨枕（承轨台），重复测量区应避开转辙器及辙叉区。先测量直线段线型，后测量曲线段线型，并对承轨台位置按岔枕编号的方式进行标记（图 16.5.5）。

 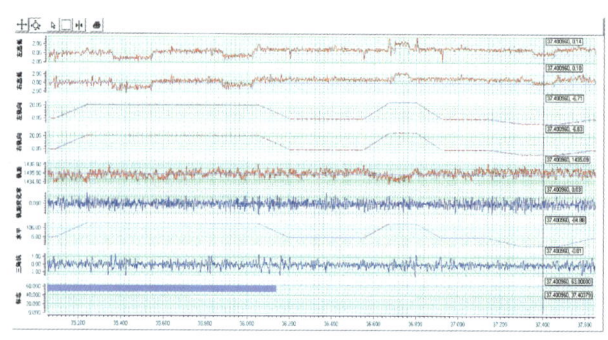

图 16.5.5　无砟道岔精调数据采集

16.5.6 无砟道岔轨向、高低的长波调整时，应按区间线路适应道岔轨道的原则进行调整，轨道几何状态测量仪检查长度不应小于道岔及前后各200m的轨道。

16.5.7 无砟道岔轨向及轨距调整时，优先调整道岔直基准轨的轨向，为道岔转辙器调整确定基本方向。根据轨距配置表及铺岔基桩，调整道岔直股基本轨首末端位置到设计位置。调整支距时，对照道岔组装图，使用支距尺检查直基准轨与曲基准轨之间的支距，对偏差大于1mm的点通过更换偏心锥的方式调整曲基本轨轨向。辙叉区原则上不作调整。

16.5.8 无砟道岔高低及水平调整时，将道岔转换到直股方向，以道岔尖轨一侧钢轨为基准轨，根据测量数据更换调高垫板，调整轨道水平。直股调整完成后，将道岔转换到曲股方向，以道岔直股转辙器尖轨区、辙叉区为基准调整曲股轨道高低及水平。

16.5.9 道岔内部几何状态检查及调整包括尖轨与基本轨密贴、尖轨与滑床板密贴、尖轨跟端限位器等。道岔轨道内部几何状态的检查和调整，应安排在道岔线型调整的后期同步进行。

16.5.10 道岔轨道长波平顺性调整应在道岔轨道短波平顺性调整合格的基础上，基本保持道岔区轨道的几何状态，通过调整道岔前后轨道线型，完成道岔轨道长波平顺性的调整。

16.5.11 道岔转换设备安装完成后，应配合道岔工电联调。

16.5.12 道岔精调整理后，道岔主要结构尺寸应符合本指南表11.3.5的规定。

16.6　道岔及钢轨预打磨

16.6.1 根据设计文件，需要进行钢轨预打磨时，钢轨预打磨应在线路精调整理后线路开通前完成。

16.6.2 钢轨预打磨前，进行现场调查，包括打磨区段线路长度、车站平面布置、曲线要素、护轮轨铺设地段。对于妨碍打磨作业的线路设备及时通知相关单位进行处理，作业后及时恢复，并根据目标廓形、技术标准和现场调查情况制订打磨车打磨技术方案。根据打磨技术方案，预先进行打磨车打磨参数调整试验，确认打磨廓形达到要求后方可进行正式打磨。

16.6.3 轨顶中心区域（-1°~+3°）预打磨最小打磨深度不小于0.2mm，道岔打磨以保证轨头廓形为主，打磨深度可适当减少。钢轨头部工作面实际横断面与理论横断面相比允许偏差为±0.3mm。全线钢轨预打磨作业后，轨顶表面粗糙度不应大于10μm。

16.6.4 轨顶纵向中心线两侧10mm区域打磨平面最大宽度为10mm，10~25mm区域为7mm，其余打磨区域为5mm。从轨头打磨区向非打磨区应平滑过渡。钢轨打磨后应无肥边、无疲劳裂纹、无连续发蓝带。

16.6.5 道岔打磨区域为道岔及其前后不小于25m。在打磨道岔侧股时，对直股已经打磨过的尖轨转辙部分可跳过。交叉渡线和翼轨高于基本轨的区域不打磨。相连两段线路重叠打磨的区域不少于10m，两组道岔间的线路应与道岔一并打磨（图16.6.5）。

图16.6.5 钢轨打磨

17 工程线运输技术管理

17.0.1 工程线行车管理由建设单位组建工程线施工调度指挥中心，具体负责管段内的施工、运输组织工作，组织、协调各施工单位在区间、站场的施工作业和车辆运行，统一调度指挥。

17.0.2 各施工、监理单位要结合本标段实际情况编制有针对性和操作性的《工程线施工安全管理（监理）实施细则》，并按审批程序上报审批。

17.0.3 所有进入工程线运行的机车、车辆、自轮运转设备等必须按规定检修合格，编号并报工程调度中心备案，其运行、作业、停放等均须纳入工程线行车调度中心指挥，工程调度中心和各车站值班人员均须随时了解各类机车、车辆、自轮运转设备等所处的位置和工作状况，并标示在示意图上。

17.0.4 在工程线运行的各类机车、车辆（包括动态检测车）、自轮运转设备及各车站值班人员均必须携带在工程调度中心备案的通信工具和备用电池，运行期间不得关机，必须随时与工程调度中心保持联络。

17.0.5 使用非铁轮的各种小车（含作业梯车、四轮平车、轨道检测小车等）和隧道内使用登高梯等时，施工单位必须纳入施工计划，计划提报时必须注明数量及编号。以上各种小车在提报计划前必须经监理单位验收合格、编号并交至工程调度中心备案后方可使用。

17.0.6 所有已投入使用但未纳入联锁的道岔（无或有转辙设备）由铺轨单位用钩

锁器钩锁并加锁（钥匙进行编号并由铺轨单位指定专人保管）。其他施工单位禁止私自动用道岔，特殊情况调试道岔时，由施工单位提出书面申请，经车站（铺轨单位）进路引导人员按调度员的指示统一安排，道岔使用完毕必须恢复定位并加锁，严禁任何单位或个人私自操动道岔。

17.0.7　新铺有砟线路经初次整道后，工程列车的运行速度不得大于15km/h。随着线路质量的提高，可逐步提高行车速度，但不得超过45km/h（特殊情况以调度命令为准）。新铺无砟线路工程列车的运行速度不得大于20 km/h。随着线路质量的提高，可逐步提高行车速度，但不得超过60km/h（特殊情况以调度命令为准）。工程线列车提速必须经过建设单位批准。工程列车必须安装限速装置，能够自动限制超速行车。

18 线路标志标识

18.0.1 铁路应按设计需要设置公里标、半公里标、警冲标、桥梁标、隧道标等线路标志。

18.0.2 公里标、半公里标，宜采用白底黑字粘贴式反光标志贴在就近接触网支柱正反两面（迎、背车面），隧道内公里标、半公里标宜采用反光油漆喷涂于相应公里的上、下行隧道壁上。其实际位置应在钢轨轨腰或无砟轨道道床板、底座上标注。

18.0.3 线路标识标牌应主要包括以下种类：

1 正线，包括轨道控制网（CPⅢ）桩标、公里标、半公里标、焊缝标识（不含厂焊接头）、曲线五大桩（直缓、缓圆、曲中、圆缓、缓直）、曲线要素、曲线超高（只设缓和曲线地段）、曲线正矢、竖曲线起点、竖曲线终点。

2 站线，包括站场轨道里程标、站场轨道曲线起终点标、站场股道曲线要素标、站场股道曲线正矢标、站场曲线超高标；道岔编号标、道岔框架尺寸标、道岔尖轨加宽值标、道岔支距值标及护背查照间隔标。

18.0.4 具体尺寸样式应符合下列规定：

1 路基、桥梁地段公里标、半公里标宜采用字模粘贴在就近接触网支柱正、反两面，隧道内宜采用用反光油漆喷涂于相应公里的上下行隧道壁上。字模采用反光材料制作，具体字体大小及间距尺寸如下：

1）公里标反光字模按 510mm×150mm 设置，字体为宋体，白底黑字、水平和垂直居中（图 18.0.4-1）。

2) 半公里标反光字模按 350mm×150mm 设置，字体为宋体，白底黑字、水平和垂直居中（图 18.0.4-2）。

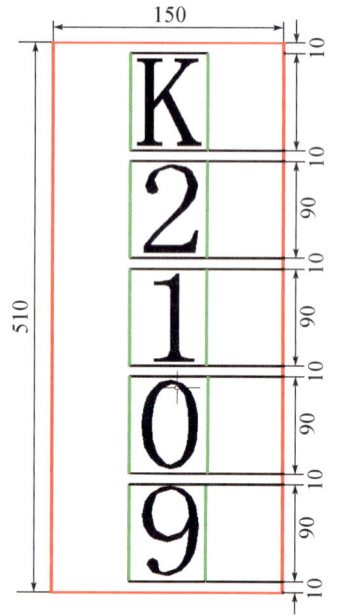
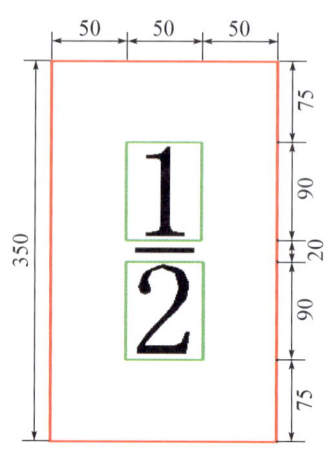

图 18.0.4-1　公里标示意图（尺寸单位：mm）　　　　图 18.0.4-2　半公里标示意图（尺寸单位：mm）

2 焊缝标识，字模采用反光材料制作，红底白字，字模尺寸 400mm×80mm，字体 50mm×28mm（图 18.0.4-3）。

图 18.0.4-3　焊缝标识

3 轨道控制网（CPⅢ）桩标（粘贴）采用蓝底白字非反光粘贴式标识，应包含线名、桩点号、对应运营里程（图 18.0.4-4），路基地段尺寸 810mm×150mm，字总宽度 300mm（图 18.0.4-5）。

图 18.0.4-4　轨道控制网（CPⅢ）桩标 　　　　图 18.0.4-5　路基地段尺寸

4 五大桩标识字模采用反光材料制作，红底白字，字模尺寸 450mm×80mm，字体 50mm×28mm（图 18.0.4-6）。

5 曲线要素标识字模采用反光材料制作，红底白字，字模尺寸 780mm×80mm，字体 50mm×28mm（图 18.0.4-7）。

ZH K168+245.2

图 18.0.4-6　五大桩标识字模

R=4000 L=166.02 l=40 H=20

图 18.0.4-7　曲线要素标识字模

6 曲线超高字模采用反光材料制作，红底白字，字模尺寸 200mm×80mm，字体 50mm×28mm（图 18.0.4-8）。

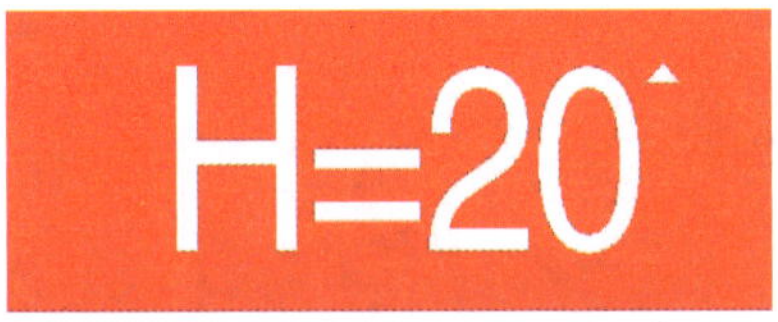

H=20

图 18.0.4-8　曲线超高字模

7 竖曲线标识字模采用反光材料制作，红底白字，字模尺寸 400mm×80mm，字体 50mm×28mm（图 18.0.4-9）。

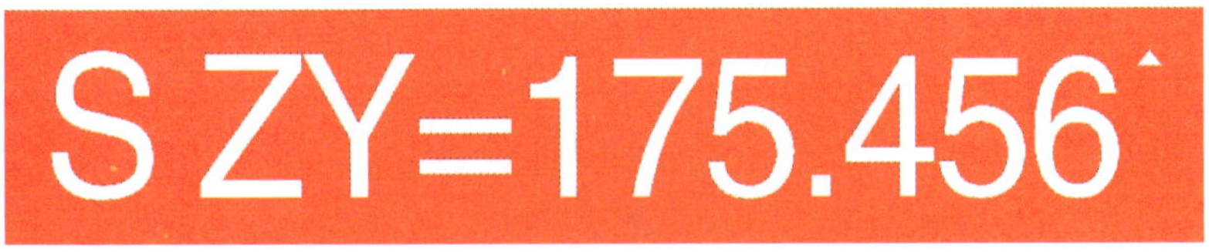

S ZY=175.456

图 18.0.4-9　竖曲线标识字模

8 站线股道里程标字模采用反光材料制作，红底白字，字模尺寸 300mm×80mm，字体 50mm×28mm（图 18.0.4-10）。

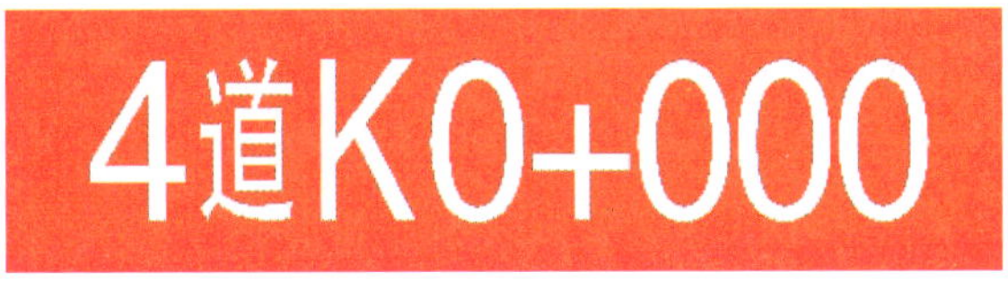

4道K0+000

图 18.0.4-10　站线股道里程标字模

9 站场股道曲线起终点标字模采用反光材料制作，红底白字，字模尺寸 450mm×80mm，字体 50mm×28mm（图 18.0.4-11）。

10 站场股道曲线要素标字模采用反光材料制作，红底白字，字模尺寸 550mm×80mm，字体 50mm×28mm（图 18.0.4-12）。

ZY K167+920

图18.0.4-11 站场股道曲线起终点标字模

R=1000 L=20 H=15

图18.0.4-12 站场股道曲线要素标字模

11 站场股道曲线正矢标字模采用反光材料制作，红底白字，字模尺寸250mm×80mm，字体50mm×28mm（图18.0.4-13）。

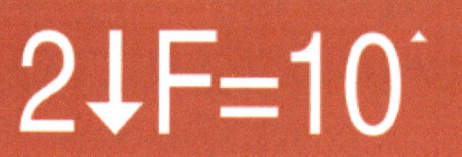

图18.0.4-13 站场股道曲线正矢标字模

12 站线曲线超高标字模采用反光材料制作，红底白字，字模尺寸200mm×80mm，字体50mm×28mm（图18.0.4-14）。

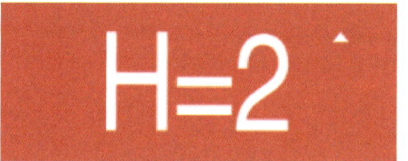

图18.0.4-14 站场曲线超高标字模

13 道岔编号标字模采用反光材料制作，红底白字，字模尺寸400mm×80mm，字体50mm×28mm（图18.0.4-15）。

202# P60-1/18

图18.0.4-15 道岔编号标字模

14 道岔框架尺寸标字模采用反光材料制作，红底白字，字模尺寸200mm×80mm，字体50mm×28mm（图18.0.4-16）。

15 道岔尖轨加宽值标字模采用反光材料制作，红底白字，字模尺寸200mm×80mm，字体50mm×28mm（图18.0.4-17）。

1560.7

图 18.0.4-16　道岔框架尺寸标字模

1441.6

图 18.0.4-17　道岔尖轨加宽值标字模

16 道岔支距值标字模采用反光材料制作，红底白字，字模尺寸 200mm×80mm，字体 50mm×28mm（图 18.0.4-18）。

248.5

图 18.0.4-18　道岔支距值标字模

17 护背查照间隔标字模采用反光材料制作，红底白字，字模尺寸 400mm×80mm，字体 50mm×28mm（图 18.0.4-19）。

35≥91≤48

图 18.0.4-19　护背查照标字模

18 采用反光材料制作的标识字模，反光膜应符合现行《公路交通标志板技术条件》（JT/T 279）第四级反光膜的要求。

19 文字及图案采用电泳工艺。

20 标志、标识应采用反光油漆制作时，标注字样应为深 5mm 以上的阴文并涂以反光油漆。

18.0.5 线路标志的设置应符合下列规定：

1 线路标志，按计算公里方向设在线路左侧。双线区段须另设线路标志时，应设在列车运行方向左侧。

2 路基地段、桥梁地段公里标、半公里标应设置在最近的接触网支柱上，标志牌底边距轨面宜为 1.5m；隧道地段的标志应设置边墙上，高度距轨面 1.5m。

3 车站无接触网支柱地段，标志标注在站台侧面，标注内容与相应的标志牌一致。

4 曲线地段以下股钢轨顶面为基准。

5 警冲标（图18.0.5）设在两会合线路线间距离为4m的中间。线间距离不足4m时，设在两线路中心线最大间距的起点处。在线路曲线部分所设道岔附近的警冲标与线路中心线间的距离应按限界的加宽增加。

图18.0.5 警冲标

6 预告标设在进站信号机及防护分歧道岔的线路所通过信号机外方900m、1000m及1100m处，但在上述信号机外方设有同方向通过信号机的区段，均不设预告标。

7 公里标、半公里标实际位置应在钢轨轨腰或无砟轨道结构上标注。

8 接触网支柱上设置多个标志时，按桥梁标、曲线标和坡度标顺序依次向上排。

18.0.6 其余未尽事宜，应参照《铁路线路标志》（通线8424）、《高速铁路信号标志》（通线8425-Ⅱ）等要求执行。

19 安全保护区标志

19.0.1 铁路线路安全保护区的范围应按《铁路安全管理条例》的规定执行。线路安全保护区标桩分为 A 型（图 19.0.1-1）、B 型（图 19.0.1-2）两种。

图 19.0.1-1　A 型桩

图 19.0.1-2　B 型桩

1 A 型标桩为基本型，沿铁路线路安全保护区边界每 200m 左右设置一个，特殊地段可增加或减少设置数量，人烟稀少地区可不设置。

2 B 型标桩为辅助型，适于在人员活动频繁地段的道口、桥隧两端、公路立交桥附近醒目地点、居民区附近和人身伤害事故多发地段的铁路线路安全保护区边界设置。

3 标桩在铁路线路两侧规定距离设置时，应与线路另一侧标桩相错埋设。标准埋设点与市政公路交通、地方规划、周边建筑等冲突时，需设计确认，可适当调整埋设位置。

19.0.2 地下隧道段因外部环境无法埋设 A、B 桩时,安全保护标志样式和埋设要求可经过特殊设计。

附录A

四 新 技 术

A.1 WPZ-500 型无砟轨道智能铺轨机组

WPZ-500 型无砟轨道智能铺轨机组由智能分拣车（图 A.1.0-1）、智能推送车（图 A.1.0-2）、智能滚筒回收车（图 A.1.0-3）、智能牵引车（图 A.1.0-4）四部分组成。该铺轨机组实现了长钢轨铺设过程中抓取、锁紧、推送、牵引、滚筒布设和回收等施工工序的自动化、智能化作业，与传统铺轨作业相比可节约人力。

图 A.1.0-1 长钢轨智能分拣车

该机组包含作业控制系统、辅助控制系统、智能远程运维系统，并能与现有的远程监控系统和生产调度系统进行挂接，完成智能铺轨机组施工作业、故障诊断、远程运维、远程监控、信息自动收集等一系列信息化、智能化工作。

图 A.1.0-2 长钢轨智能推送车

图 A.1.0-3 长钢轨智能滚筒回收车

图 A.1.0-4 长钢轨智能牵引车

A.2　BMR-3 型承轨台检测机器人

BMR-3 型承轨台检测机器人（图 A.2.0-1、图 A.2.0-2）由检测模具与自行小车组成（图 A.2.0-3），每次检测一个横断面上的两个承轨台。模具上安装有棱镜，在全站仪配合下，实现承轨台高程与中心位置检测；全自动行驶小车用来搭载检测模具，小车侧面安装有激光传感器，自动检测承轨台位置，控制小车的停位与方向，自动安装模具；可实现小车走停、模具定位、全站仪测量、数据保存等功能。

图 A.2.0-1　BMR-3 无砟轨道承轨台检测机器人（一）

图 A.2.0-2　BMR-3 无砟轨道承轨台检测机器人（二）

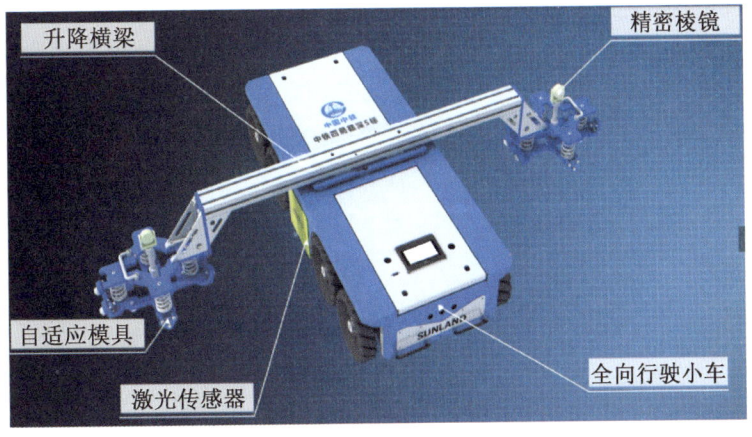

图 A.2.0-3　BMR-3 无砟轨道承轨台检测机器人组成

该机器人由电脑全自动控制，无须人工干预，可在未安装钢轨条件下，通过获取每个承轨台的中心位置、高程数据，结合轨道平顺性的要求，计算每个承轨台位置所需要的调高垫片厚度和轨距挡块规格，统计出调整垫板的采购清单，同时生成垫板安装文件，有效减少标准扣配件的更换率和后期长轨精调的工作量。

A.3 智能轨道标记机器人

智能轨道标记机器人由多功能轨道测距机器人、轨道激光清洗机器人、轨道标识机器人组成（图A.3.0-1），均具有自动走行功能。多功能轨道测距机器人具有轨道几何尺寸测量、正矢测量与标记等功能；轨道激光清洗机器人具有清除轨腰标记位置浮锈、水雾、油层，以满足标记附着要求；轨道标识机器人具有一次性完成底色和字符标记等功能（图A.3.0-2）。

图 A.3.0-1　智能轨道标记机器人组合

图 A.3.0-2　智能轨道标记机器人作业效果图

传统轨道标记作业均由人工完成，存在工作量大、效率低下、劳动强度高、标识标准化程度差等缺点。智能轨道标记机器人一次性完成底色和 15 个字符标记时间约为 20s，每小时能完成 163 个标记（5m 点），提升轨道标记作业效率和轨道标记刷印质量，减少作业人员数量，降低作业安全风险。

A.4 工程线道岔智能化开向检测及警示装置

工程线道岔智能化开向检测及警示装置系统主要由太阳能组件、太阳能控制器、蓄电池组（直流稳压电源）接近开关、控制器、交通信号灯、接近开关、4G（第四代移动通信技术）模块、工控机、HMI（Human Machine Interface，人机界面）、BMS（Battery Management System，电池管理系统）、信号安全栅及安装工件组成（图 A.4.0-1）。利用对道岔尖轨与基本轨的距离控制，由安装在道岔上的四个接近开关来检测道岔开通直股、曲股或是故障的状态，影响信号灯显示不同的颜色，以此表示道岔的不同状态，自动在信号灯上显示调车信号，提醒远处车辆该道岔的开向状态，便于列车人员确认径路（图 A.4.0-2）。

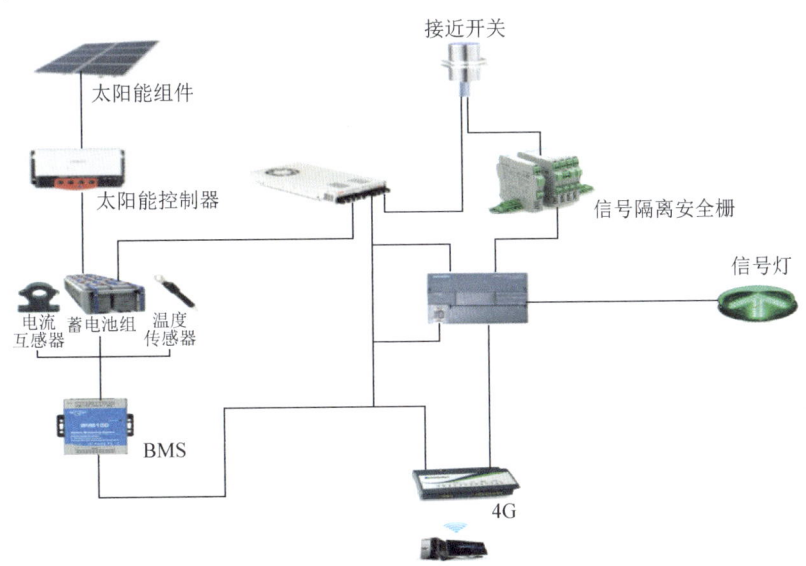

图 A.4.0-1　道岔智能化开向警示装置组成及原理图

图 A.4.0-2　道岔智能化开向警示应用图

道岔各工作状态可以通过 4G 传输到控制室 HMI 和手机 App 中显示,适用于新建铁路道岔扳道警示,对道岔开向安全进行了双重确认并保证了运输安全。此系统主要用于经常需要扳动的工程线路上,可以很好地辅助行车指挥人员,极大地减少车辆挤伤道岔、脱轨的情况出现。

A.5 轨行区信息化管理系统

为保障轨道工程建设期轨行区作业的安全,规范相关的管理流程及要求,提升各方的协作效率,建立工程建设期轨行区管理信息化系统,具备以下功能:视频监控和应急广播;通信网络[5G(第五代移动通信技术)网络、调度录音电话、无线对讲机];人员、设备实时定位;中央监控;智能防撞(视频领航、超速报警、智能障碍探测、音像警示);电子作业管控(作业计划申请、审批、作业票请点、消点)。作业计划审批软件界面如图 A.5.0-1 所示,主动智慧管控指挥大屏如图 A.5.0-2 所示,视屏监控系统如图 A.5.0-3 所示。

图 A.5.0-1 作业计划审批软件界面

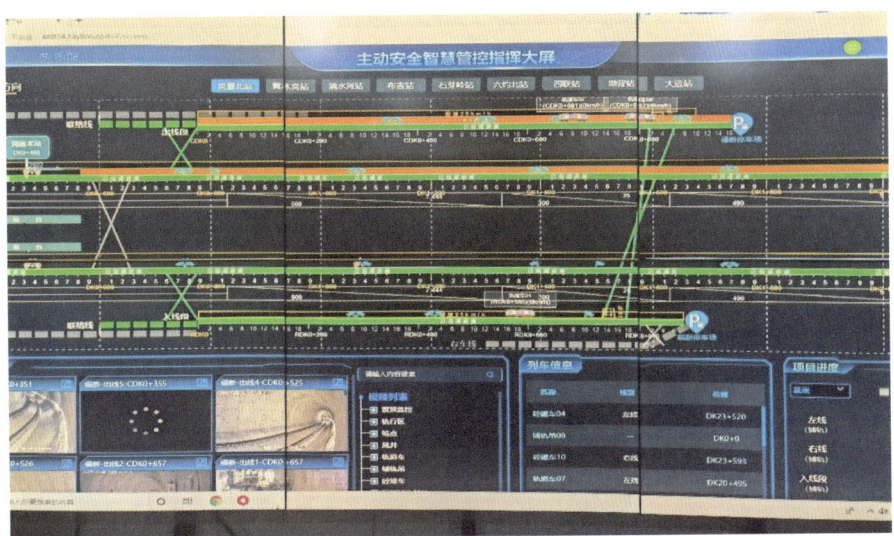

图 A.5.0-2　主动安全智慧管控指挥大屏

图 A.5.0-3　视屏监控系统

广东省铁路工程施工标准化指南系列丛书

广东省铁路工程施工管理标准化指南

第二分册 路基工程

广东省交通运输厅 组织编写

人民交通出版社股份有限公司

北京

内容提要

《广东省铁路工程施工管理标准化指南》从管理制度、人员配备、现场管理和过程控制等方面对广东省铁路工程施工管理标准化进行总结，共6个分册，包括轨道工程、路基工程、桥涵工程、隧道工程、房建工程和四电工程。本书为第二分册，内容包括总则、管理要求、施工准备、地基处理、路堤、路堑、过渡段、路基变形观测及评估、支挡结构、边坡防护、路基防排水、路基相关工程及设施、取弃土（渣）场、环境保护等。

本书可供广东省交通运输行业主管部门、铁路工程项目参建单位和参建人员使用。

图书在版编目（CIP）数据

广东省铁路工程施工管理标准化指南.第二分册，路基工程/广东省交通运输厅组织编写.—北京：人民交通出版社股份有限公司，2022.6

ISBN 978-7-114-17940-2

Ⅰ.①广… Ⅱ.①广… Ⅲ.①铁路路基—工程施工—标准化管理—广东—指南 Ⅳ.①U215-62

中国版本图书馆 CIP 数据核字（2022）第 067325 号

Guangdong Sheng Tielu Gongcheng Shigong Guanli Biaozhunhua Zhinan
Di-er Fence　Luji Gongcheng

书　　名：	广东省铁路工程施工管理标准化指南　第二分册　路基工程
著 作 者：	广东省交通运输厅
责任编辑：	郭晓旭　朱明周
责任校对：	孙国靖　扈　婕
责任印制：	刘高彤
出版发行：	人民交通出版社股份有限公司
地　　址：	（100011）北京市朝阳区安定门外外馆斜街 3 号
网　　址：	http://www.ccpcl.com.cn
销售电话：	（010）59757973
总 经 销：	人民交通出版社股份有限公司发行部
经　　销：	各地新华书店
印　　刷：	北京印匠彩色印刷有限公司
开　　本：	889×1194　1/16
本册印张：	5.5
本册字数：	127 千
版　　次：	2022 年 6 月　第 1 版
印　　次：	2022 年 6 月　第 1 次印刷
书　　号：	ISBN 978-7-114-17940-2
定　　价：	520.00 元（全套共 6 册）

（有印刷、装订质量问题的图书由本公司负责调换）

《广东省铁路工程施工管理标准化指南
第二分册　路基工程》

编审委员会

主 任 委 员： 贾绍明

副主任委员： 杨晓华　梁育辉　王　新

委　　　员： 郑　彪　许传博　符　兵　邹　洵
　　　　　　　余国武　姜云楼　李奎双　顾建华
　　　　　　　郭飞跃　肖秋生　祁　军　黄力平
　　　　　　　谭　文　陈　波　陆　晖　肖世雄
　　　　　　　陈正贵　贺　婷　郭明泉　巫　环
　　　　　　　张晓占

《广东省铁路工程施工管理标准化指南
第二分册　路基工程》

参与单位

主编单位： 广东省铁路建设投资集团有限公司

　　　　　广东广湛铁路有限责任公司

参编单位： 广州地铁集团有限公司

　　　　　深圳地铁集团有限公司

　　　　　中国铁路设计集团有限公司

　　　　　中铁七局集团有限公司

　　　　　中铁二局集团有限公司

参与人员

主要起草人员： 魏志伟　李丹峰　王志献　黄建国　彭光荣
　　　　　　　　袁小飞　吴昊天　刘　宝　杨　斌　刘同斌
　　　　　　　　李保军　雷光泽　董晓峰　张高鹏

主要审查人员： 许传博　陆　晖　肖秋生　巫　环　罗兴财
　　　　　　　　赵源林　董道海　黄建国　李阶智　杨东升
　　　　　　　　汤海军　吴凌志　林熠铷　尹中彬　李明汇

PREFACE 前 言

铁路是国家基础性、战略性、先导性、关键性重大基础设施，是国民经济的大动脉。近年来，广东省坚决贯彻党中央、国务院构建以铁路为主干的综合立体交通网的决策部署，立足新发展阶段，完整、准确、全面贯彻新发展理念，构建新发展格局，全力推动铁路建设高质量发展，打造"轨道上的大湾区"，助力加快交通强省建设。

为进一步规范省管铁路工程建设管理，提升铁路施工质量和安全生产水平，全面构建省管铁路建设管理标准化体系，广东省交通运输厅在全面、系统总结广东省铁路工程施工标准化建设管理经验的基础上，组织编写《广东省铁路工程施工管理标准化指南》（以下简称《指南》）。

《指南》分为6个分册，包括轨道工程、路基工程、桥涵工程、隧道工程、房建工程、四电工程。《指南》的主要特点是：一是全面贯彻落实国家及铁路行业现行的法律法规和标准规范，以创建优质工程和精品工程为原则，对部分施工、验收标准进行了细化和提升。二是充分借鉴中国国家铁路集团有限公司相关标准和指南，以及广东省公路工程、轨道交通等行业的施工管理先进经验和技术标准，结合广东省铁路工程标准化建设管理经验，从管理制度、人员配备、现场管理和过程控制等方面进行系统总结。三是针对省管铁路施工管理实际情况，对各专业工程主要施工工艺、工法、施工质量控制要点和重难点进行了详细规定和说明。四是对铁路工程施工过程中的典型施工质量通病进行了重点强调，并给出了预防控制措施。五是兼顾

实用性和先进性，管理要求和技术标准既符合实际、可现场执行，又适度超前、力求先进，注重"四新技术"在铁路行业的推广应用，各分册均有"四新技术"的专门介绍。六是对部分典型施工方法及"四新技术"附有现场照片，图文并茂，实用性和可操作性强。

本书为《指南》第二分册，内容包括总则、管理要求、施工准备、地基处理、路堤、路堑、过渡段、路基变形观测及评估、支挡结构、边坡防护、路基防排水、路基相关工程及设施、取弃土（渣）场、环境保护等；涉及前期的施工组织、人机料的配置、施工方案的编制等施工准备和路基施工中的主要施工工艺及施工难点的分析；实用性、可操作性较强，有利于参建各方对照使用，提高施工技术水平和施工质量水平，保障施工安全，推进现场标准化施工管理。

在《指南》编写过程中，广东省铁路建设投资集团有限公司、广州地铁集团有限公司、深圳地铁集团有限公司、广东省交通运输建设工程质量检测中心、广东珠三角城际轨道交通有限公司、广东广汕铁路有限责任公司、广东广湛铁路有限责任公司、广东珠肇铁路有限责任公司、中国铁建华南区域总部、中铁南方投资集团有限公司、中铁一局集团有限公司、中铁二局集团有限公司、中铁四局集团有限公司、中铁五局集团有限公司、中铁广州工程局集团有限公司、中铁二十五局集团有限公司、中国铁路设计集团有限公司、中铁七局集团有限公司、中铁北京工程局集团有限公司、中铁十四局集团有限公司、中铁十一局集团有限公司、中铁二十二局集团有限公司、中铁建设集团有限公司、中铁隧道局集团有限公司、中国铁建电气化局集团有限公司（排名不分先后）等单位给予了大力支持，在此一并表示感谢。

《指南》适用于广东省省管铁路工程施工管理标准化建设，在执行本技术指南过程中，希望各单位结合工程实践，认真总结经验，积累资料。《指南》可供全省铁路建设管理行政主管部门、铁路工程项目参建单位和参建人员使用，使用过程中发现的问题和意见建议，请反馈至广东省交通运输厅地方铁路处（地址：广州市越秀区白云路27号，邮政编码：510101），供今后修订时参考。

广东省交通运输厅
2022年6月

CONTENTS 目 录

- 1 总则 1
- 2 管理要求 2
  - 2.1 一般规定 2
  - 2.2 管理职责 2
  - 2.3 人员管理 4
  - 2.4 设备管理 4
  - 2.5 材料管理 4
  - 2.6 信息化管理 4
- 3 施工准备 6
  - 3.1 一般规定 6
  - 3.2 施工调查 6
  - 3.3 施工图核对 7
  - 3.4 技术准备 7
- 4 地基处理 9
  - 4.1 一般规定 9
  - 4.2 原地面处理 9
  - 4.3 换填 9
  - 4.4 冲击（振动）碾压 10
  - 4.5 塑料排水板 11

4.6　搅拌桩 ··· 12
　4.7　旋喷桩 ··· 13
　4.8　水泥粉煤灰碎石（CFG）桩 ·· 14
　4.9　螺纹（杆）桩 ··· 18
　4.10　混凝土预制桩 ·· 19
　4.11　岩溶、洞穴处理 ··· 21

5　路堤 ·· 22

　5.1　一般规定 ··· 22
　5.2　填料要求 ··· 23
　5.3　填筑工艺试验 ·· 24
　5.4　基床底层以下路堤填筑 ··· 24
　5.5　基床底层填筑 ·· 27
　5.6　基床表层填筑 ·· 27
　5.7　垫层及土工合成材料施工 ·· 28
　5.8　堆载预压 ··· 29
　5.9　边坡整修 ··· 30

6　路堑 ·· 31

　6.1　一般规定 ··· 31
　6.2　路堑开挖 ··· 32
　6.3　爆破 ··· 32

7　过渡段 ··· 34

　7.1　一般规定 ··· 34
　7.2　路堤与桥台过渡段 ··· 35
　7.3　路堤、路堑与横向结构物过渡段 ·· 35
　7.4　路堤与路堑过渡段 ··· 36
　7.5　路堑与隧道过渡段 ··· 37

8　路基变形观测及评估 ·· 38

　8.1　一般规定 ··· 38
　8.2　观测点布置 ·· 39
　8.3　观测频次 ··· 39
　8.4　观测评估 ··· 40

9 支挡结构 41
9.1 一般规定 41
9.2 重力式挡土墙 43
9.3 悬臂式和扶壁式挡土墙 43
9.4 土钉墙 44
9.5 抗滑桩 45
9.6 桩板式挡土墙 47
9.7 预应力锚索 48

10 边坡防护 50
10.1 一般规定 50
10.2 植物防护 51
10.3 骨架防护 51
10.4 锚杆（索）框架梁防护 53

11 路基防排水 56
11.1 一般规定 56
11.2 路堤防排水 57
11.3 路堑防排水 58
11.4 过渡段防排水 59

12 路基相关工程及设施 60
12.1 一般规定 60
12.2 电缆槽（井） 60
12.3 接触网支柱基础 61
12.4 声屏障基础 62
12.5 综合接地、预埋管线 63
12.6 防护栅栏 63

13 取弃土（渣）场 65
13.1 市区施工弃土（渣） 65
13.2 城市外施工取土场、弃土（渣）场 65

14 环境保护 ··· 67
14.1 一般规定 ·· 67
14.2 水土保持 ·· 67
14.3 污染防治 ·· 68

附录 A 信息化管理 ·· 69
A.1 路基连续压实信息化系统 ··· 69
A.2 复合地基处理信息化系统 ··· 70
A.3 智能刷坡信息化系统 ·· 72
A.4 路基变形监测信息化系统 ··· 74

1 总　则

1.0.1　为指导铁路路基工程施工，统一主要技术要求，加强施工管理，提高施工质量，编制本指南。

1.0.2　本指南依据国家及行业主管部门发布的相关法律、法规、标准、规范、规程等编制。

1.0.3　本指南本着安全优质、以人为本、生态环保、资源节约的原则并结合广东省铁路工程建设标准化建设、工程建设管理经验，从管理制度、人员配备、现场管理和过程控制等方面进行编制。

1.0.4　本指南适用于高速铁路、城际铁路路基工程。普速铁路路基工程可参照执行。

1.0.5　路基施工必须严格遵守国家和行业现行有关技术标准、规范和规程的规定。

1.0.6　路基工程施工中，应重视对农田水利和环境的保护，节约用地，少占耕地，临时占用的土地应及时复绿、复垦。

2 管理要求

2.1 一般规定

2.1.1 建设各方应健全质量保证体系，对路基工程施工质量进行全过程控制管理，健全安全生产管理体系，落实安全生产责任制，保证路基工程施工安全。

2.1.2 路基工程应根据施工条件、地基处理类型、填挖高度、填料性质、工期要求、气候条件等因素，按照技术先进、安全适用、节能环保的原则，根据现行的《铁路工程施工组织设计规范》（Q/CR 9004）的规定编制施工组织设计。

2.2 管理职责

2.2.1 建设单位

1 建设单位应重点加强地基处理、边坡防护及防排水等工程的施工图审核和设计技术交底组织工作。

2 建设单位应组织做好填料来源、边坡防护及防排水系统等设计文件的现场核对工作。

3 建设单位应组织确定路基工程试验段的位置及试验内容，并组织实施。

4 建设单位应组织地基处理、过渡段、边坡防护及防排水、接口工程等施工专项检查，根据现场实际进一步完善工程措施。

5 建设单位应组织开展路基沉降变形观测及评估工作。

2.2.2 勘察设计单位

1 地质勘察、水文调查等工作应满足路基工程设计要求，做好路基工程与其他专业的协调和配合。

2 勘察设计单位应加强特殊岩土及不良地质区段的地基处理、填料选用、边坡防护及防排水等设计内容的方案研究和工程设计，严禁盲目套用标准设计。

3 勘察设计单位应加强设计接口管理，路基工程设计应与隧道洞口、桥台、横向结构物、过轨设施等相关工程同步设计，并明确施工顺序、施工衔接等相关要求。

4 勘察设计单位应按规定向各参建单位做好施工图技术交底及答疑工作，应对地基处理、土石方调配、过渡段处理、边坡防护及防排水、接口工程、变形观测评估等关键设计内容做出详细说明。

5 勘察设计单位应做好现场施工配合，加强现场地质核对确认工作。

6 勘察设计单位应参加路基试桩成果分析、路基变形评估、边坡防护及防排水完整性检查等工作。

2.2.3 施工单位

1 施工单位应现场核对设计文件，参加建设单位组织的设计技术交底、检查及验收等工作。

2 施工单位应编制地基处理、填料制备、填筑压实、路堑开挖、爆破作业、过渡段处理、支挡结构、边坡防护及防排水、接口工程、变形观测等关键工序的施工方案和作业指导书，明确施工作业标准和工艺要求。

3 对于地基处理、路基及过渡段填筑、支挡工程新技术等，施工单位应进行工艺性试验，编制总结报告并报相关单位审批。

4 施工单位应统筹安排接口工程的施工。电力工程、电力牵引供电工程、信号工程、通信工程（简称"四电工程"）等后续工程的施工方案应经建设单位批准后实施，不应影响路基工程质量。

5 施工单位应按规定进行地基处理试桩、路基变形观测，并及时向有关单位提供相关资料。

6 施工单位应做好已完工程的成品保护，制订防护措施。

2.2.4 监理单位

1 监理单位应对高边坡路堑开挖、爆破作业、营业线、预应力锚杆（索）等施工方案进行重点审查。

2 监理单位应做好填料、混凝土原材料等的进场检查验收。

3 监理单位应参与建设单位组织的边坡防护和防排水等工程的现场核对工作。

4 监理单位应加强对地基处理、填料制备、填筑压实、支挡结构施工等重要工程和关键工序的现场监理。

5 监理单位应对施工单位的地基处理试桩、路基变形观测进行全面监督，并按规定做好变形的平行观测，保证观测数据真实可靠。

2.3 人员管理

2.3.1 建设各方应按规定设置项目管理机构，配备相应的管理人员和生产人员。

2.3.2 施工单位应调派具有丰富施工经验的专业队伍和成套专业施工机械设备组织施工。

2.3.3 施工单位应根据标段工程结构、沿线交通和场地等条件，综合区段任务量、管理跨度及施工组织效率因素，划分为施工区段组织施工。各施工区段宜独立配置生产要素。

2.4 设备管理

2.4.1 施工单位应根据施工组织、施工进展，配置大型、特种、专用施工设备，实现施工机械化。

2.4.2 设备进场应建立设备台账，并按相关规定报审。特种设备应办理使用登记。

2.4.3 施工单位应制订设备安全管理办法、作业指导书及应急预案，对设备进行定期检查和维修保养，并做记录。

2.5 材料管理

2.5.1 根据总体施工组织安排，应制订切实可行的材料供应计划，提前做好材料的抽检验收。在施工过程中应根据实际施工进度合理调整材料供应计划，以满足现场施工需求。对于用量较大且容易受外部条件影响的主要材料，宜设置专门的存储场。

2.5.2 填料拌和、混凝土拌和、小型构件预制等应实行专业化、集约化、工厂化生产。

2.6 信息化管理

2.6.1 路基工程施工中宜采用能够提高施工效率、加强施工质量管控、保证施工安全的信息化新技术，提高路基填筑、地基加固、边坡施工、变形观测等施工的信息化管理水平。

2.6.2 路基工程施工管理的主要信息化系统包含路基连续压实信息化系统、复合地基处理信息化系统、智能刷坡信息化系统以及用于深路堑、陡坡路基和安全风险较大边坡的路基变形监测信息化系统，详见附录 A。

3 施 工 准 备

3.1 一般规定

3.1.1 施工单位应根据设计文件和其他相关资料进行路基工程施工调查，为编制施工组织设计或优化设计提供依据。

3.1.2 施工单位应在熟悉设计文件的基础上，根据工程的设计标准、技术条件和相应规范，结合施工调查核对设计文件，做好核对记录。

3.1.3 路基工程关键工序的施工，应制订专项施工方案。

3.1.4 施工单位应根据分部、分项工程施工具体要求编制施工作业指导书，应向施工人员交代特殊过程、关键工序作业程序、方法及注意事项，落实各项验收规范和标准要求，指导现场施工作业，控制工程质量，确保施工安全，满足节能环保要求。

3.1.5 施工单位应依据设计文件和设计技术交底要求，将路基工程施工方案、施工工艺、施工进度计划、过程控制、质量标准、作业标准、材料设备、工装配置、安全措施及施工注意事项等向参与施工的技术管理人员和作业人员进行技术交底。

3.2 施工调查

3.2.1 路基工程施工调查，应根据工程特点着重调查收集下列资料：

1 施工范围内的地质、水文、气象等情况。
2 填料来源、取弃土场位置、运输条件等情况。
3 重点工程现场施工条件情况。

3.3 施工图核对

3.3.1 施工图核对包括现场核对和图纸核对。应重点核对施工图相互间的一致性、系统性及其与现场实际的相符性，并核对施工图能否满足工程施工需要。

3.3.2 现场核对应包括下列主要内容：
1 设计图纸中的地形、地貌和周边环境等建设条件是否与现场一致。
2 设计方案和工程措施的合理性、可行性，是否利于现场实施。
3 取、弃土场设置是否合理，能否满足施工需要。

3.3.3 图纸核对应包括下列主要内容：
1 路基土石方调配方案是否合理。
2 路基横断面面积和土石方工程数量计算是否准确。
3 各类结构图纸是否齐全，是否缺大样图和细部图纸。
4 横断面设计图及设计说明有无差、错、漏、碰等。
5 接口工程设计资料是否完整。

3.3.4 地质核查应包括以下内容：地下水高程、地表地基承载力、地下水侵蚀性、地层岩性等。

3.4 技术准备

3.4.1 施工单位应按要求编制施工方案、施工作业指导书，进行技术交底，落实各项验收规范和标准要求，指导现场施工作业，控制工程质量，确保施工安全，满足节能环保要求。

3.4.2 施工方案应符合下列规定：
1 施工方案应根据设计要求并结合特定施工条件和工程实际等因素合理确定。
2 专项施工方案编制范围包括地基处理、填料制备及填筑压实、过渡段处理、支挡结构、边坡防护及防排水、接口工程、变形观测等。试桩、试验段等亦应编制专项实施方案。
3 施工方案应按管理程序经评审或审批后执行。

4 施工单位应按照相关规范和建设单位管理规定编制危大工程专项施工方案。对于超过一定规模的危大工程专项施工方案，施工单位应当组织召开专家论证会进行论证。

3.4.3 施工作业指导书应符合下列规定：

1 施工作业指导书应按照标准化管理要求，采用先进成熟的工艺工法、科学合理的施工组织并结合现场施工条件进行编制，做到图文并茂、简明易懂、可操作性强。

2 路基工程施工作业指导书的编制范围应包括：地基处理、填料制备、路基填筑、路堑开挖、支挡结构、边坡防护、防排水及相关工程。

3 施工作业指导书主要内容包括：适用范围、作业准备、技术要求、施工程序与工艺流程、施工要求、施工组织、材料要求、施工机械、质量控制及检验、安全及环保要求。

3.4.4 技术交底应符合下列规定：

1 路基工程施工技术交底按照编制要求分级，进行三级技术交底。交底后形成技术交底记录并附必要的图表，形成正式的文件。

2 交底内容包括：设计情况、施工方案、施工工艺、质量验收标准、作业指导书、安全技术交底等。

地基处理

4.1 一般规定

4.1.1 地基处理前,应熟悉施工图及有关工程地质、水文资料。收集地下管线、构造物等资料。结合工程情况了解本地区地基处理经验和类似工程的施工情况。

4.1.2 地基处理施工前,应核查地质资料。

4.1.3 施工前,应进行工艺性试验,确定各类型地基处理的工艺参数。对工艺性试验进行总结,经审批后方可正式施工。

4.2 原地面处理

4.2.1 施工前,应清除表层植被,挖出树根,完成临时排水设施,排干原地面积水。

4.2.2 稳定斜坡地段原地面坡度陡于1:5时,应顺原地面挖台阶并碾压密实,沿线路纵向挖台阶的宽度不应小于2m。

4.3 换填

4.3.1 换填的填料进场时,应按要求进行检验并满足设计要求。

4.3.2 换填施工前，应核实换填范围和深度。

4.3.3 换填施工前，应施作排水设施，疏干地表积水。基坑内有渗水时应及时抽排。

4.3.4 换填过程中，应设置高程控制点，对每层填料厚度进行控制。

4.3.5 基坑底应按设计要求整平并碾压密实。底部起伏较大时，宜设置台阶或缓坡，按先深后浅的顺序进行换填施工。

4.3.6 换填部位开挖完成后，应及时分层填筑并碾压密实，满足设计要求的压实系数或者地基承载力（图4.3.6）。

图4.3.6 路基换填处理

4.4 冲击（振动）碾压

4.4.1 冲击（振动）碾压施工前，应选取代表性场地进行工艺性试验，确定碾压走行路线、走行速度和碾压遍数等工艺参数。

4.4.2 冲击碾压时，应通过改变转弯半径调整冲压地点，均匀冲压。

4.4.3 振动碾压时，应控制碾压速度，由两侧向中心碾压。

4.4.4 相邻两段冲击碾压搭接长度不宜小于15m，振动碾压搭接长度不宜小于5m。

4.4.5 冲击（振动）碾压（图4.4.5-1）时，一般采用灌砂法（图4.4.5-2）检测压实系数,采用平板载荷试验检测地基承载力,应符合设计要求。

图 4.4.5-1 冲击碾压施工

图 4.4.5-2 灌砂法检测

4.5 塑料排水板

4.5.1 塑料排水板技术指标应符合设计要求,滤膜应紧裹芯板、不松皱。塑料排水盘带进场后应进行验收并妥善存放,禁止长时间暴晒。

4.5.2 塑料排水板不应接长使用。塑料排水板打入深度应符合设计要求。拔导管时带出的塑料排水板长度大于0.5m时,必须重新补打。

4.5.3 塑料排水板顶部应及时埋入砂垫层中(图4.5.3),埋入长度应大于0.5m或符合设计要求。

图 4.5.3 插打塑料排水板

4.6 搅拌桩

4.6.1 搅拌桩包括粉体喷射搅拌桩和浆体喷射搅拌桩（水泥浆搅拌桩、水泥砂浆搅拌桩）。施工时应配置灰（浆）量自动记录仪（图 4.6.6-1）、桩头切除机械设备。

4.6.2 搅拌桩加固材料的种类、规格及质量应符合设计要求，进场时应验证产品质量证明文件，并现场抽样验证，合格后方可使用。严禁使用受潮、结块、变质的加固材料。

4.6.3 施工前应在现场取代表性试样，按设计参数进行室内配比试验，确定试桩配合比。选择代表性地段进行成桩工艺性试验，确定加固材料掺入量、钻进速度、提升速度、喷气压力、搅拌次数等工艺参数，检验成桩效果。

4.6.4 搅拌桩施工时，操作人员应按要求记录空气压力、喷粉（浆）量、钻进速度、提升速度等参数的变化。

4.6.5 搅拌桩因故停喷间歇时间过长、无法连续时，应在原桩位旁边补桩。

4.6.6 搅拌桩成桩7d后，可采用浅部开挖桩头，深度宜超过停浆面50cm，目测检查搅拌的均匀性，测量成桩直径（图 4.6.6-2）。

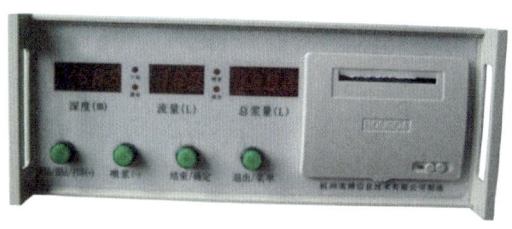

图 4.6.6-1 搅拌桩灰（浆）量自动记录仪　　　　图 4.6.6-2 搅拌桩成桩效果验证

4.6.7 搅拌桩成桩28d后，应在每根检测桩桩径方向1/4处、桩长范围内垂直钻孔取芯，检查其完整性、均匀性，拍摄取出芯样的照片，在桩身上、中、下取不同深度的3个试样做抗压强度试验。采用载荷试验检测单桩承载力或复合地基承载力，应满足设计要求。

4.7 旋喷桩

4.7.1 旋喷桩施工时，应配置喷浆量自动记录仪、桩头切除机械设备（图4.7.1）。

图4.7.1 旋喷桩地基加固

4.7.2 加固料、外加剂应符合设计要求。材料进场时，应验证产品质量证明文件，并现场抽样检验，合格后方可使用。施工前，应在现场取代表性试样在室内做配合比试验，确定浆液配比。

4.7.3 施工前，应进行成桩工艺性试验，确定加固料掺入比、注浆量、压力、旋转提升速度等工艺参数，检验成桩效果。对于深层长桩，宜根据地质条件分层选择喷射参数，保证成桩均匀。

4.7.4 旋喷桩施工时，应根据不同的地质条件选择合适成孔方法。

4.7.5 喷射注浆过程中，应检查注浆流量、空气压力、注浆泵压力等参数是否符合设计要求，并做记录。

4.7.6 旋喷桩成桩28 d后，应在每根检测桩桩径方向1/4处、桩长范围内垂直钻孔取芯，检查其完整性、均匀性，拍摄取出芯样的照片，在桩身上、中、下取不同深度的3个试样做抗压强度试验。采用载荷试验检测单桩承载力或复合地基承载力，应满足设计要求。

4.8 水泥粉煤灰碎石（CFG）桩

4.8.1 水泥、粉煤灰、碎石及外加剂等原材料应符合设计要求。材料进场时应验证产品质量证明文件，并进行抽样检验，合格后方可使用。

4.8.2 施工前应按设计参数进行室内配合比试验，选定混合料配合比。施工前应选择具有代表性地段进行成桩工艺性试验，确定混合料施工配合比、坍落度、搅拌时间、拔管速度等工艺参数。

4.8.3 应根据布桩图精确放出CFG桩处理范围桩位（图4.8.3），自检合格后向监理工程师报验。

图4.8.3 CFG桩测量定位

4.8.4 应根据设计要求并结合现场地质情况进行设备选型，宜选用长螺旋钻机成孔。

4.8.5 长螺旋钻机钻进过程中，每沉1m或电流值突变时应记录电流表电流值，核对地基土沿桩长变化情况。

4.8.6 CFG桩桩头处理可采用常规工艺（图4.8.6-1）或前截法工艺（图4.8.6-2）。

4.8.7 CFG桩施工中，每工班应制作检查试件，进行28d抗压强度试验。成桩7d后低应变检测成桩完整性，有疑问时钻芯取样观察其完整性、均匀性（图4.8.7-1），拍摄取出芯样的照片。采用载荷试验检测单桩承载力或复合地基承载力（图4.8.7-2），应满足设计要求。

图4.8.6-1 桩头处理（常规工艺）

a) 桩头振捣　　　　　　　　　　　　　b) 抹面收平

c) 覆盖塑料薄膜养护　　　　　　　　　d) 盖铁板保护桩头

图4.8.6-2 前截法

4.8.8 CFG桩常规桩帽施工应符合以下要求：
1 桩间土开挖及桩头凿除见第4.8.6条。

图 4.8.7-1　CFG 桩抽芯检测

图 4.8.7-2　CFG 桩承载力检测

2　对已施工桩位进行放样，安装模板（图 4.8.8-1），绑扎桩帽钢筋（图 4.8.8-2）。

3　浇筑完成后及时使用塑料薄膜进行覆盖养生（图 4.8.8-3），桩帽成品效果见图 4.8.8-4。

图 4.8.8-1　模板安装定位

图 4.8.8-2　钢筋绑扎

图 4.8.8-3　覆盖塑料薄膜养生

图 4.8.8-4　桩帽成品效果

4.8.9　CFG 桩前截法桩帽施工应符合以下要求：

1 设计桩帽形状为圆形或者圆端形时,根据设计桩帽尺寸定制专用钻头,开挖桩帽基坑(图4.8.9-1)。开挖后人工清理桩头虚土,保证桩帽基坑尺寸(图4.8.9-2)。

图4.8.9-1 桩帽基坑机械开挖

图4.8.9-2 桩头打磨及桩帽成型

2 浇筑桩帽前确定高程(图4.8.9-3),安装定型钢圈模板。浇筑后收光抹面(图4.8.9-4)。

图4.8.9-3 高程线控制

图4.8.9-4 收光抹面

3 浇筑完成后及时使用塑料薄膜进行覆盖养生(图4.8.9-5),成品效果见图4.8.9-6。

图4.8.9-5 覆盖塑料薄膜养生

图4.8.9-6 成品效果

4.9 螺纹(杆)桩

4.9.1 应按照设计要求布桩,根据布桩图进行桩位放样(图4.9.1-1、图4.9.1-2)。

图4.9.1-1 撒网格线

图4.9.1-2 插小彩旗

4.9.2 挤密螺纹(杆)桩通长为螺丝型,应按照设计尺寸加工卡具(图4.9.2-1),现场复核钻头尺寸(图4.9.2-2)。

图4.9.2-1 桩头尺寸卡具工装

图4.9.2-2 桩头尺寸卡具工装复核

4.9.3 机械进场后应在塔杆粘贴刻度标识(图4.9.3-1),计算到达设计桩底后动力头所在的刻度,通过塔杆刻度与操作室显示盘显示数值控制桩长(图4.9.3-2)。

4.9.4 桩头处理可采用前截法,相关要求见第4.8.6条。桩帽施工的要求同CFG桩。

4.9.5 挤密螺纹桩灌注结束后,待混凝土强度满足要求,现场开挖验证桩体效果(图4.9.5)。

 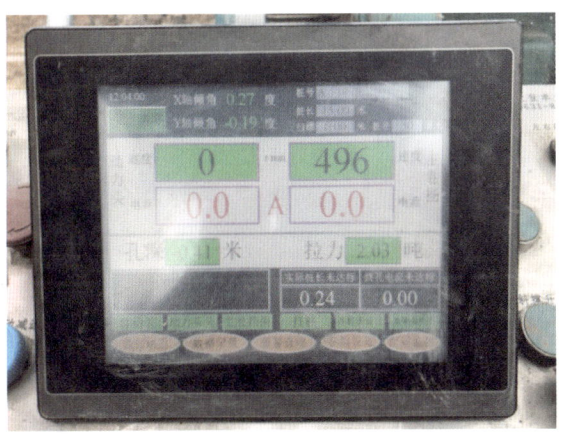

图4.9.3-1 塔杆粘贴刻度　　　　图4.9.3-2 钻机操作室显示盘设定桩长

图4.9.5 成桩效果验证

4.9.6 成桩7d后可采用低应变法检测成桩完整性。成桩后28d后，采用载荷试验检测单桩承载力或复合地基承载力，应满足设计要求。

4.10 混凝土预制桩

4.10.1 混凝土预制桩施工应根据地质条件、桩型、桩体承载能力、施工环境条件等选定沉桩方法及相应机具设备。沉桩方法可采用锤击法、振动法或静力压桩法。

4.10.2 混凝土预制桩进场时，应进行外观质量检查，并验证质量证明资料，合格后方可使用。桩头损坏部分应截去。桩顶不平时应修切或修垫平整。

4.10.3 混凝土预制桩起吊、搬运和堆码时，应根据设计要求确定吊点并防止冲撞损坏。混凝土预制桩应根据设计要求合理配桩，控制接头数量。

4.10.4 混凝土预制桩施工前应选择代表性地段进行成桩工艺性试验，核对设计地质条件，确定施工工艺和停止沉桩的控制标准。

4.10.5　采用静力压桩法施工时，应按照设计要求的单桩承载力2倍以上配备荷载，最大施工荷载不得超出桩身承载能力。混凝土预制桩沉入过程中，应记录贯入地层时设备的反应，及时记录电流表或其他反映贯入阻力的仪表读数，每沉入1m或仪表读数突变时应记录仪表读数。

4.10.6　混凝土预制桩采用焊接接桩时，应先将四周点焊定位固定，然后对称焊接，焊缝应连续饱满。焊接完成后，应自然冷却至自然温度，并按设计要求处理后方可继续沉桩。不得用水冷却。不得焊完立即沉桩。采用法兰盘拼接时，应连接牢固，防锈处理应符合设计要求。

4.10.7　出现假极限、吸入、上浮、下沉现象时应复打。混凝土预制桩打桩（图4.10.7-1）后，应检验桩身完整性，采用载荷试验检测单桩承载力或复合地基承载力（图4.10.7-2），应满足设计要求。

图4.10.7-1　预应力管桩打设

图4.10.7-2　预应力管桩检测

4.11 岩溶、洞穴处理

4.11.1 应根据地质情况确定处理岩溶、洞穴的方法，可采用注浆或清除回填、封闭处理的方法。处理岩溶、洞穴所用的原材料进场时，应验证产品质量证明文件，并现场抽检，应满足设计要求。

4.11.2 注浆处理主要工艺应符合下列规定：
1 注浆处理前应进行钻孔、充填及注浆工艺性试验，确定施工参数。
2 钻孔至设计深度，记录并核对地质条件。与设计不符时，应及时向勘察、设计、监理及建设单位反馈。
3 通过压水试验检测管路的密闭性以及压力是否满足设计要求。
4 注浆宜采取孔底循环全段加压注浆或套管跟进分段注浆，注浆压力应根据注浆情况由小到大。

4.11.3 清除回填主要工艺应符合下列规定：
1 揭露洞穴表盖层后应清除洞内沉积物，铲除洞穴表面溶蚀部分，将洞壁倾斜部分做成台阶。
2 对于路堑边坡上危及路基稳定的干溶洞，可用浆砌片石或混凝土堵塞。对于路基基底或挡土墙基底的干溶洞，当洞口不大、深度较浅时，可回填夯实。
3 对于基床底层范围内的溶洞，应按设计要求处理，可采用片石混凝土或钢筋混凝土封闭，封闭厚度不小于0.5m。

4.11.4 注浆结束28d后，应按设计要求采用综合物探方法，辅以钻孔取芯、注水或灌浆试验，检查是否有充填结实体，检测充填率、结实体强度。

5 路 堤

5.1 一般规定

5.1.1 路堤施工前,应编制土石方调配方案,进行填料复查试验,合理布置填料生产场地。

5.1.2 原地面和地基应按设计要求进行处理(图5.1.2)。

图5.1.2 路基原地面处理

5.1.3 基床表层以下路基施工应配置平地机、重型振动压路机等设备。基床表层级配碎石施工应配置拌和站(厂)、摊铺设备、重型振动压路机等设备。

5.1.4 路堤各部分及护道应一体施工、分层填筑,并碾压至规定的压实标准。填筑前应进行工艺性试验，确定施工工艺参数。

5.1.5 填料含水率控制范围应通过室内试验和现场工艺试验综合确定。含水率过高时，应采取疏干、松土、晾晒或其他措施；含水率过低时，应加水润湿。

5.1.6 路堤施工中，应结合永久性排水设施建设临时排水设施，基底、坡脚、填土面不应积水。

5.1.7 不宜在雨季进行路堤填筑施工。

5.2 填料要求

5.2.1 路堤填筑前，应对取土场的填料进行取样复查试验。符合设计要求的普通填料不足时，应根据当地资源情况设置填料生产场。

5.2.2 需要设置填料拌和站时，应根据需要配备相应的筛分、破碎、拌和等设备。各种分级集料进场时应验收并分类堆放。填料的粒径级配、细粒含量及定名分组应符合现行《铁路路基设计规范》（TB 10001）的相关规定。填料拌和站应封闭管理。填料出厂前应进行质量检测，留存检测资料。

5.2.3 路堤填料粒径应符合表 5.2.3 的规定。

填料粒径要求　　　　　表5.2.3

轨道类型	设计速度（km/h）	最大粒径（mm）		
		基床表层	基床底层	基床以下
无砟轨道	—	—	60	75
有砟轨道	250、300、350			75
有砟轨道（城际铁路）	200	—	≤100	≤150
	160	≤150	≤200	≤300 或摊铺厚度的2/3
	120			

5.2.4 除应对路基填料进行室内试验外，还应对填料的压实性能进行填筑工艺试验验证。压实性能不能满足要求时，应对填料进行物理改良，以达到压实质量标准。

5.2.5 级配碎石填料生产及使用应符合下列规定：
1 基床表层和过渡段用级配碎石宜采用三级或四级级配进行配制。

2 配制基床表层和过渡段用级配碎石的各种分级集料，进场时应验收并分类堆放。

3 检测合格的级配碎石应尽快运送到施工现场。级配碎石在运送过程中应覆盖，减少水分损失，避免环境污染。

4 掺水泥级配碎石的重型击实最大干密度应取延迟一定时间的试验值，延迟时间根据所选工艺经试验确定，且不应大于4h。

5.3 填筑工艺试验

5.3.1 路基填筑前，应对各种填料进行现场填筑工艺试验。试验段位置应选择在断面及结构均具有代表性的地段或部位，以确定不同压实机械、不同填料的施工方法及工艺参数。

5.3.2 试验段长度不宜小于100m。各种形式过渡段应分别进行填筑工艺试验。

5.3.3 普通填料的碎石类、砾石类土每层的最大压实厚度不宜大于40cm（基床以下）或35cm（基床底层）。砂类土和改良细粒土填料每层的最大压实厚度不宜大于30cm，分层填筑的最小分层厚度不应小于10cm。级配碎石每层的最大填筑压实厚度不宜大于30cm，最小填筑压实厚度不应小于15cm。过渡段采用小型机械压实部位的填料和级配碎石每层的最大压实厚度不宜大于15cm。

5.3.4 级配碎石填筑工艺试验中，基床表层应选用重型振动压路机压实，过渡段距离结构物2m以内的部位应采用小型压实机械压实。

5.3.5 路基填筑工艺试验完成后，应及时编制试验总结报告并按程序报批。

5.4 基床底层以下路堤填筑

5.4.1 路堤填筑前，应对地基和原地面处理进行验收，其质量应达到设计要求。

5.4.2 基床底层及基床以下路堤填筑应严格按照"三阶段、四区段、八流程"施工工艺施工，具体如下：

1 "三阶段"：准备阶段、施工阶段、整修验收阶段。

2 "四区段"：填土区段、平整区段、碾压区段、检测区段。

3 "八流程"：施工准备→基底处理→分层填筑→摊铺平整→洒水晾晒→碾压夯实→检验签证→路基整修。

5.4.3 基床以下路堤填筑应采用机械按横断面全宽、纵向分层填筑压实，采用自卸汽车运土至施工场地，推土机初平，平地机精平，压路机碾压密实。原地面高低不平时，应先从最低处开始分层填筑并由两边向中部填筑。分层填筑厚度应根据压实机械压实能力、填料种类和要求的压实质量，通过工艺性试验段确定。

5.4.4 路基各段不能同时填筑时，应在已填筑路堤端纵向接头处挖硬质台阶，台阶宽度不应小于2.0m，高度应同填筑层厚度一致。

5.4.5 基床以下不同性质的路堤填料由于压实厚度不同，应分层填筑，每一水平层的全宽应使用同一种填料填筑。填筑前应放样路基中桩、边桩（图5.4.5），分别在中线及边线位置每50m设置3个高程控制杆，控制填料填筑厚度。路基横断面宽度宜每侧超填50cm。

图5.4.5 中桩、边桩放样

5.4.6 路基填筑前，应根据填筑面积计算填料方量，并撒出方格线，明确上料位置，减少填料倒运（图5.4.6-1、图5.4.6-2）。

图5.4.6-1 划分上料方格网　　　　　图5.4.6-2 方格上料

5.4.7 填料应采用自卸汽车运输进场，按照方格网卸车，采用挖掘机配合推土机进行粗平（图5.4.7-1），后采用平地机进行精平（图5.4.7-2），确保松铺厚度。

图 5.4.7-1　路基填筑粗平　　　　　　　图 5.4.7-2　路基填筑精平

5.4.8　每一层填筑过程中，应在确认填料含水率、松铺厚度符合工艺试验确定的标准后再进行碾压。各种压路机的最大碾压行驶速度不宜超过 4km/h。各区段交接处应互相重叠压实，纵向搭接长度不应小于 2.0m，沿线路纵向行与行之间压实重叠不应小于 0.4m，上下两层填筑接头应错开至少 3.0m。

5.4.9　路基填筑压实标准应满足设计要求，主要检测指标包括压实系数（图 5.4.9-1）、地基系数（图 5.4.9-2）、动态变形模量（图 5.4.9-3）。

图 5.4.9-1　压实系数检测

图 5.4.9-2　地基系数检测　　　　　　　图 5.4.9-3　动态变形模量检测

5.5 基床底层填筑

5.5.1 基床底层填筑工艺流程与基床以下路基填筑相同。

5.5.2 基床底层填筑压实标准应满足设计要求，主要检测指标包括压实系数、地基系数、动态变形模量。

5.6 基床表层填筑

5.6.1 设计速度120km/h、160km/h的城际铁路基床表层宜采用A组填料填筑，填筑工艺与基床底层相同。高速铁路和设计速度200km/h的城际铁路基床表层应采用级配碎石填筑。

5.6.2 基床表层级配碎石填筑前，应对基床底层进行验收，其质量应达到设计要求。

5.6.3 基床表层级配碎石施工按"三阶段、四区段、六流程"组织作业，各区段内应设置明显标识，严禁几种作业交叉进行。具体如下：
1 "三阶段"：准备阶段、施工阶段、整修验收阶段。
2 "四区段"：摊铺区段、平整区段、碾压区段、检测区段。
3 "六流程"：填料拌和运输→分层摊铺→填料平整→碾压夯实→检验签证→整修养生。

5.6.4 基床表层级配碎石填筑施工应符合下列规定：
1 基床表层级配碎石应分层填筑、分层压实。
2 基床表层摊铺碾压区段的长度应根据施工机械能力、数量确定，不宜小于100m。
3 级配碎石摊铺可采用摊铺机或平地机进行（图5.6.4），摊铺厚度及碾压遍数应按经批准的工艺试验确定的参数控制。用平地机摊铺时，布料采用方格网控制填料数量。级配碎石摊铺严禁采用薄层贴补法找平。
4 级配碎石摊铺完成后，应由人工及时消除粗细集料离析现象。
5 碾压前应检查级配碎石的含水率。必要时应补充洒水，使其含水率达到或略大于施工最优含水率。
6 碾压时应采用先静压、后弱振、再强振的方式，最后静压收光。直线地段，应由两侧路肩向线路中心碾压；曲线地段，应由内侧路肩向外侧路肩碾压。沿线路纵向行与行之间重叠压实宽度不应小于40cm。各区段交接处，纵向搭接压实长度不应小于2.0m，上下两层填筑接头应错开不小于3.0m。碾压后的基床表层表面不应出现局部表面不平整、粗细集料窝和集料带现象。

7 横向结构物顶部填土厚度小于1m范围内应使用小型压实机械压实。

图5.6.4　基床表层摊铺及碾压

5.6.5 基床表层级配碎石填筑完成后，应采取措施控制车辆通行，保护基床表层不受破坏。严禁机械设备在已完成碾压或正在碾压的路段上掉头或急制动。

5.6.6 基床表层级配碎石填筑压实标准应满足设计要求，主要检测指标包括压实系数、地基系数（或变形模量）、动态变形模量。

5.7 垫层及土工合成材料施工

5.7.1 碎石垫层应采用级配良好且不易风化的砾石或碎石，其最大粒径不应大于50mm，细粒含量不应大于10%，不应有草根、垃圾等杂质。砂垫层应采用中、粗砂或砾砂，不应有草根、垃圾等杂质，含泥量不应大于5%；用作排水固结时，含泥量不应大于3%。

5.7.2 砂（碎石）垫层施工前应进行工艺性试验，确定工艺参数。铺设厚度应满足设计要求。

5.7.3 砂（碎石）垫层施工中，根据地基处理方式需要填筑土拱时，土拱应设置横向排水坡，坡度不宜小于4%。砂（碎石）垫层应分层摊铺、分层压实，填筑质量应符合设计要求。砂（碎石）垫层分段施工时，接头处应做成台阶，上下层接头应错开2.0m并碾压密实。

5.7.4 土工格栅和复合土工膜等土工合成材料应符合设计要求，进场时应验证产品质量证明文件并现场抽样检验，合格后方可使用。

5.7.5　土工格栅和复合土工膜施工中，应按设计要求铺设砂垫层，搭接长度、接头强度应符合设计要求，土工格栅铺设完成后应使用地钉固定，表面应平整、与路基面密贴，每幅土工格栅纵向搭接长度不小于0.3m。铺设多层土工格栅时，其上下层接缝应交替错开，错开距离不小于0.5m。

5.8　堆载预压

5.8.1　路堤填筑至基床底层顶面后，先在填筑面上铺一层土工布，以利于预压均匀、土（石）方卸除，防止路基被污染，然后进行预压荷载填筑。土工布应沿着两侧边坡回折，顶面全断面覆盖，土工布幅与幅之间搭接宽度不小于0.3m。

5.8.2　预压土填筑过程中，第一层填筑土应采用轻型机具摊铺后压实，以免压破土工布。

5.8.3　堆载预压荷载应分级逐渐施加，确保每级荷载下地基的稳定性。

5.8.4　堆载预压材料应符合设计要求，不应使用淤泥土或含垃圾杂物的填料。堆载时应边堆土边摊平，顶面应平整。堆载过程中应采取有效措施防止预压土污染已填筑的路基（图5.8.4）。

图5.8.4　堆载预压

5.8.5　预压期不宜小于6个月。达到预压期后，应在通过工后沉降评估、满足设计要求后，分层卸载。

5.9 边坡整修

5.9.1 路堤边坡应采用加宽超填或专用边坡压实机械施工。采用加宽超填方法时，应按设计坡率刷除坡面松土。

5.9.2 路基刷坡宜使用机械（图5.9.2）。机械刷坡时应使用坡度尺控制坡度。人工刷坡时应挂方格网控制边坡平整度和坡度，方格网桩距不宜大于10m。

图5.9.2 路堤边坡整修成型

6 路堑

6.1 一般规定

6.1.1 应根据地形地质、气象、水文等实际情况合理安排路堑施工。膨胀土路堑施工不宜在雨季进行。

6.1.2 路堑开挖施工前、开挖过程中，均应核对地质资料。开挖后如果发现地质情况与设计地质资料不符，应及时反馈给勘察、设计、监理及建设单位。

6.1.3 路堑施工前，应遵循永临结合的原则采取引、截、排水和防渗措施，避免水流直接冲刷坡面。堑顶为土质或有软弱夹层的岩石时，应及时铺砌天沟或采取其他防渗措施。

6.1.4 应根据地形情况、岩层产状、断面形状、路堑长度、施工季节和环境保护要求，结合土石方调配选择路堑开挖方式。

6.1.5 平缓地面上短而浅的路堑宜采用全断面开挖。

6.1.6 平缓横坡上的一般路堑宜采用横向台阶开挖；较深路堑应分层开挖。

6.1.7 土质路堑宜逐层顺坡开挖。

6.1.8 傍山路堑宜采用纵向台阶开挖，边坡较高时宜分级开挖。路堑较长时，可适当开设马口。

6.1.9 边坡较高的软弱、松散岩质路堑应分级开挖、分级支挡、分级防护。如果设计有预加固措施，应先加固、后开挖。

6.1.10 石质路堑开挖严禁使用硐室爆破。石质路堑边坡开挖应采用光面爆破、预裂爆破。

6.2 路堑开挖

6.2.1 开挖应自上而下、纵向分层，严禁掏底。

6.2.2 边坡开挖后应及时完成排水设施和边坡防护施工。

6.2.3 路堑开挖应根据施工能力分段进行。不良地质地段应跳槽开挖。开挖后应避免雨水冲刷和长时间晾晒边坡。应分级开挖、分级防护（图6.2.3），及时按设计要求完成支挡工程。

图6.2.3 路堑分级开挖、分级防护

6.3 爆破

6.3.1 爆破前应开展现场调查，调查既有建（构）筑物、周边环境等，根据具体情况制订爆破方案，采取安全防范措施，保证路堑边坡和影响范围内既有建（构）筑物的稳定。

6.3.2 爆破工程应由取得相应爆破资质和安全生产许可证的企业承担。作业现场必须由具有相应资格的技术人员负责指导施工。

6.3.3 应根据地形、地质及挖深选择适宜的开挖爆破方法，制订爆破方案及爆破施工组织设计，按程序报批。应采用光面爆破、预裂爆破，严禁使用硐室爆破。爆破施工应符合下列规定：

1 石质完好的路堑，宜采用台阶法爆破开挖。土夹石路堑，宜分层先挖土，再采用浅孔或孤石爆破法爆破开挖。

2 光面爆破和预裂爆破应选用低威力、低爆速、低密度的炸药，并应采用导爆索导爆。光面爆破和预裂爆破主要参数应符合现行《铁路路堑边坡光面（预裂）爆破技术规程》（TB 10122）的相关规定。

3 预裂炮孔和主炮孔在同一网路中起爆时，预裂炮孔超前主炮孔起爆时间宜为：坚硬岩石，50~80ms；中等坚硬岩石，80~120ms；软岩，150~200ms。

7 过渡段

7.1 一般规定

7.1.1 过渡段路基填筑宜与相邻路基工程同步施工，相邻路基预留台阶高度应小于工艺试验确定的分层厚度，并在衔接处采取留振等加强碾压措施。

7.1.2 过渡段地基加固工程宜在桥涵基础施工前完成，基底处理与桥台、相邻路基工程同时进行。

7.1.3 基坑回填应符合下列规定：

1 过渡段的桥台、涵洞等结构物基坑回填前，清理基坑，清除坑内杂物，排除坑内积水。基坑回填必须在隐蔽工程验收合格后才能进行。

2 过渡段与混凝土构筑物连接时，应在构筑物防水层与保护层完工、圬工强度达到设计要求后方可进行施工。

3 过渡段的桥台、涵洞等结构物基坑应以混凝土回填或以碎石、灰土分层填筑并用小型振动压实设备压实，混凝土强度应符合设计要求，碎石、灰土填筑应满足动态变形模量不低于30MPa。

7.1.4 填筑压实过程中，应保证桥台、横向结构物稳定、无损伤。

7.1.5 过渡段掺水泥级配碎石混合料应在4h内碾压完毕。上部不能连续填筑时，应及时对已完成施工的掺水泥级配碎石进行养生。

7.2 路堤与桥台过渡段

7.2.1 过渡段路堤应与桥台锥体和相邻路堤同步填筑。

7.2.2 水泥稳定级配碎石在拌和站集中拌和，自卸汽车运输，推土机配合平地机摊铺后，采用重型碾压设备及小型振动压实设备碾压密实。

7.2.3 在大型压路机碾压不到的部位及台后 2.0m 范围内，应采用小型振动压实设备碾压。填料的压实厚度不宜超过 15cm，碾压遍数应通过工艺试验确定。

7.2.4 路堤与桥台过渡段施工应符合下列规定：
1 施工前，做好桥头路基的排水施工，防止填料受浸泡或冲刷。
2 过渡段桥台基坑应按设计要求回填，并用小型振动碾压机分层碾压密实。
3 在桥台及挡墙基础等达到设计强度后，应及时填筑台后过渡段。
4 路桥过渡段桥台锥体填筑按水平分层一体同时施工。
5 在桥台与路堤本体过渡段间设置排水设施。
6 在特殊路桥过渡段台阶处必须沿台阶进行横向碾压。

7.2.5 当桥台与线路斜交时，应以过渡段填料补齐斜交部分，过渡段的尾部应垂直于线路。

7.2.6 基床表层以下过渡段填筑压实标准应满足设计要求，主要检测指标包括压实系数、地基系数、动态变形模量。

7.2.7 过渡段基床表层填筑压实标准与第 5.6 节的路基基床表层压实标准相同。

7.3 路堤、路堑与横向结构物过渡段

7.3.1 横向结构物两端的过渡段填筑必须对称进行，并应与相邻路堤同步施工。

7.3.2 对于涵洞顶部两端大型压路机能碾压到的部位，其填筑施工应符合现行《高速铁路路基工程施工技术规程》（Q/CR 9602）的相关规定；对于靠近横向结构物的部位，应平行于横向结构物进行横向碾压。使用大型压路机碾压时，不得影响结构物的稳定。

7.3.3 横向结构物的顶部填土厚度小于1m时，不得采用大型振动压路机进行碾压。

7.3.4 对于大型压路机碾压不到的部位，应使用小型振动压实设备分层碾压，填料的松铺厚度不宜大于20cm，碾压遍数应通过试验确定。

7.3.5 基床表层以下过渡段填筑压实标准应满足设计要求，主要检测指标包括压实系数（图7.3.5-1）、地基系数、动态变形模量（图7.3.5-2）。

图7.3.5-1 涵洞过渡段压实系数检测　　　　　图7.3.5-2 涵洞过渡段动态变形模量检测

7.3.6 路堤、路堑与横向结构物施工应符合以下规定：

1 施工前，完成横向结构物两侧的排水施工，防止填料受浸泡或冲刷。在路堑地段，应进行结构物基坑边坡整型。

2 横向结构物基坑按设计要求回填，并用小型振动碾压机分层碾压密实。

3 在横向结构物两侧基础达到设计强度后，应及时填筑两端过渡段，其压实度要求与一般路基一致，但应分别对称分层填筑，防止不对称填筑造成对横向结构物的扰动。

4 路基面和横向结构物顶面距离小于或等于1.0m时，过渡段设置在横向建筑物顶部和两侧；距离大于1.0m时，过渡段设置在横向建筑物两侧。

5 结构物顶的填料与结构物两侧2m范围内的水泥级配碎石同时采用小型振动机碾压成型。

7.4 路堤与路堑过渡段

7.4.1 填筑过渡段前，应平整地基表面，碾压密实；应挖除堤堑交界坡面的表层松土，按设计要求做成台阶状。

7.4.2 过渡段的填筑施工应与相邻路堤同步进行。

7.4.3 靠近堤堑结合处，应沿堑坡边缘进行横向碾压。

7.4.4 对于大型压路机碾压不到的部位，应采用小型振动压实设备分层碾压，填料的松铺厚度不宜大于20cm，碾压遍数应通过试验确定。

7.5 路堑与隧道过渡段

7.5.1 路堑与隧道相连且路堑基床不换填时，可不设过渡段。路堑与隧道相连且路堑基床需换填时，过渡段长度不宜小于20m，过渡段范围内应采用级配碎石掺5%（质量比）水泥填筑。

7.5.2 施工前，应完成横向结构物两侧的排水施工，防止填料受浸泡或冲刷。路堑地段应完成结构物基坑边坡整型。

7.5.3 在大型压路机碾压不到的部位及隧道仰拱2.0m范围内，应采用小型振动压实设备碾压，填料的压实厚度不宜超过15cm，碾压遍数应通过工艺试验确定。

8 路基变形观测及评估

8.1 一般规定

8.1.1 对于无砟轨道路基、设计速度250km/h及以上的有砟轨道路基，设计速度200km/h有砟轨道的软土、松软土地基等特殊路基，应进行沉降变形观测与评估。

8.1.2 路基变形观测应以路基面沉降、地基沉降为主。施工单位应制订沉降变形观测实施方案，配置人员及仪器。

8.1.3 路基填筑完成或施加预压荷载后的沉降变形观测期不宜少于6个月，并宜经过1个雨季。观测数据不足以评估或工后沉降评估不能满足设计要求时，应延长观测期或采取必要的加速或控制沉降的措施。

8.1.4 施工中应控制路基填筑速率，填筑期间路堤中心地面沉降速率不应大于10mm/d，坡脚水平位移速率不应大于5mm/d。

8.1.5 路基施工过程中，应设置路基及过渡段沉降观测点，应及时整理、汇总、分析沉降观测资料。设计速度350km/h的无砟轨道路基工后沉降不宜超过15mm，路桥、路隧、路涵交界处的差异沉降不应大于5mm，不均匀沉降造成的折角不应大于1/1000。设计速度250km/h的有砟轨道工后沉降在一般地段不应超过100mm，在过渡段不应超过50mm，沉降速率不应大于30mm/年。

8.2 观测点布置

8.2.1 应根据工程结构、地形地质条件、地基处理方法、路基结构、路堤高度、堆载预压等具体情况，结合沉降预测方法和工期要求，按设计要求确定路基沉降变形观测断面的设置及观测内容（图 8.2.1）。

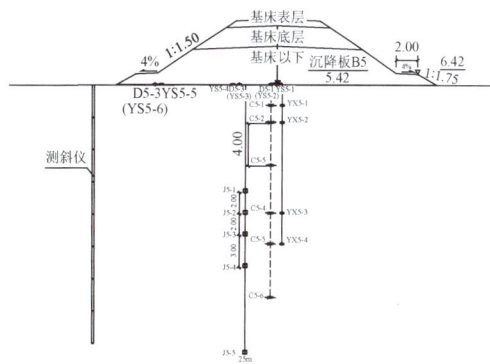

图 8.2.1 路基观测断面（尺寸单位：m）

8.3 观测频次

8.3.1 路堤地段沉降变形观测应从路基填土开始，路堑地段沉降变形观测应从开挖完成后开始。

8.3.2 沉降变形观测的频次不宜低于表 8.3.2 的规定。

路基沉降变形观测的频次　　　　　　表 8.3.2

观测阶段	观测期限	观测频次
填筑或堆载	一般	1 次/d
	沉降量突变	2~3 次/d
	两侧填筑间隔时间较长	1 次/3d
堆载预压或路基填筑完成	第 1~3 个月	1 次/周
	第 4~6 个月	1 次/2 周
	6 个月以后	1 次/月
轨道板（道床）铺轨后	第 1 个月	1 次/2 周
	第 2~3 个月	1 次/月
	3 个月以后	1 次/3 月

8.3.3 路堤地段坡脚水平位移观测应从路基填土开始，路堑地段边坡变形观测应从

开挖开始。水平位移观测频次应符合下列规定：
1 填筑或堆载过程中，每天观测 1 次。
2 填筑或堆载暂停期间，每 2d 观测 1 次，稳定后停止观测。
3 填筑或堆载完成后，每 2d 观测 1 次，经评估认为稳定后停止观测。

8.4 观测评估

8.4.1 路基地段采用预压措施时，应进行卸载评估；无预压措施时，直接进行铺轨评估。

8.4.2 过渡段工后沉降分析评估应沿线路方向，考虑各观测断面、各种结构物之间的关系。

8.4.3 对于不同下部基础结构物之间、不同地基条件或不同地基处理措施形成的各种过渡段，应重点分析评估其差异沉降。

8.4.4 路基沉降预测应采用曲线回归法，曲线回归的相关系数及沉降预测的可靠性、精度要求应符合现行《铁路工程沉降变形观测与评估技术规程》（Q/CR 9230）的相关规定。

8.4.5 水平变形控制宜采取同类工程类比法，并结合对监测资料的分析、归类总结进行确定。

9 支挡结构

9.1 一般规定

9.1.1 支挡结构所用钢筋、混凝土、砂浆、石料等原材料的质量应符合现行《铁路混凝土工程施工质量验收标准》（TB 10424）的相关要求，并按规定进行进场检验。

9.1.2 在岩体破碎、土质松软、地下水丰富地段修建支挡结构，宜选择在旱季施工，并按结构要求进行分段或跳槽。

9.1.3 支挡结构施工前，应已完成截、排水及防渗设施。

9.1.4 挡土墙墙后排水设施应边开挖边施工，及时回填或填筑路堤。设计无特殊要求时，基础及墙身应一次浇筑。

9.1.5 支挡结构明挖基坑应符合下列规定：
1 基坑开挖尺寸应满足基础施工的要求，应将基坑底面风化、松软土石及浮渣清理干净。地基承载力应符合设计要求。
2 对于被地表水淹没的基坑，应采取修筑围堰、改河、改沟、筑坝等措施，排干地表水后开挖。
3 基坑开挖较深且边坡稳定性较差时，应采取临时支护措施。
4 基坑开挖过程中应避免扰动墙趾处基底持力层，坑内积水应随时排干。
5 基础位于稳定斜坡地面时，墙趾埋入深度和墙趾距地面水平距离均应符合设计要求。

  6　基础位于倾斜基底时，应按设计要求的坡率准确开挖，不应使用贴补方法筑成基础支承面。

  7　基底纵坡大于5%时，应开挖台阶，台阶的尺寸应符合设计要求，台面与阶壁应平顺。

9.1.6　支挡结构基础基坑开挖至设计高程后，应核对地质资料，及时检测基底承载力，经验收合格后方可进行基础施工。地质情况与设计不符或基底承载力不足时，应按规定变更设计。

9.1.7　支挡结构基础需进行地基处理时，其施工应符合地基处理相关规定。

9.1.8　支挡结构的基坑应及时回填封闭，避免雨水浸泡。

9.1.9　支挡结构端部伸入路基或嵌入地层部分应结合墙体一起施工。路堑支挡结构顶面应设置4%的排水坡与坡面相接，其间隙应填实并封闭。

9.1.10　路肩挡土墙帽石分段应与墙身一致。

9.1.11　桩前岩体爆破开挖时，应采取措施减弱爆破振动和减少爆破飞石，避免损坏桩体。

9.1.12　墙背反滤层和排水层的材料、隔水层的混凝土强度等级应符合设计要求。墙背反滤层厚度不应小于设计厚度，采用渗水袋装砂夹砾石时应装填饱满密实。反滤层最低处隔水层应与围岩、墙背密贴。浇筑混凝土时应采取有效措施，防止污染，防止堵塞反滤层。

9.1.13　泄水孔设置应符合设计要求，按上下左右每隔2～3m交错布置。在墙背易积水处应设置泄水孔，最低排泄水孔应设于反滤层底部。应在浇筑墙身时预留泄水孔，可用PVC管材预埋，其向外排水坡不应小于4%，进水口应使用透水土工布包裹。支挡结构混凝土施工时应采取有效措施，防止堵塞泄水孔。

9.1.14　沉降缝（伸缩缝）位置应符合设计要求。应在地基条件变化处、结构物相接处设置沉降缝。沉降缝宽宜为2～3cm，缝内沿墙的内、外、顶三边应填塞沥青麻筋或沥青木板，塞入深度不应小于0.2m。

9.1.15　支挡结构钢筋保护层厚度应符合设计要求。

9.2 重力式挡土墙

9.2.1 挡土墙基础应按设计要求施工。采用明挖基础时，应符合下列规定：
1 坚硬岩石基坑中的基础宜满坑施筑。
2 雨季在土质或易风化软石基坑中施工基础时，应在基坑挖好后及时封闭坑底。
3 基坑应随基础施工分层回填夯实，顶面做成向外不小于4%的排水坡。
4 两沉降缝（伸缩缝）间的桩基础承台（托梁）混凝土应连续浇筑、一次成型。
5 重点控制基坑底部坡度（图9.2.1），应与设计一致，满足抗滑移要求。

图9.2.1 测量基坑底横向坡度

9.2.2 应严格控制反滤层厚度。反滤层厚度应符合设计要求，反滤层应紧贴墙背岩体。挡墙后超挖部分应采用相同强度等级的混凝土回填。

9.2.3 墙身施工应符合下列规定：
1 墙身混凝土宜一次立模浇筑。浇筑时模板临时支撑应牢固，保证模板不跑模、不变形。
2 墙面应平顺。防渗设施及墙顶排水应及时施工。
3 沉降缝（伸缩缝）内两侧壁应竖直、平齐、无搭接，缝中防水材料应按设计要求深度填塞紧密。
4 施工期间宜在墙背侧设置临时支撑，防止倾覆。

9.3 悬臂式和扶壁式挡土墙

9.3.1 挡土墙基坑开挖标准与第9.2.1条相同，凸榫应按照设计尺寸开挖，并与墙底板（墙趾板、墙踵板）同时浇筑，在底板宽度方向上一次浇筑完成。

9.3.2 每段挡土墙的墙趾板、墙踵板、悬臂板（或立壁板）和扶壁的钢筋应一次绑扎、安装成型。

9.3.3 每段挡土墙的墙趾板、墙踵板、悬臂板（或立壁板）和扶壁的混凝土宜一次浇筑完成。悬臂式挡土墙悬臂板在高度方向上不宜间断，否则接缝处应按施工缝处理。

9.3.4 悬臂板或立壁板混凝土强度达到设计强度的70%后，方可进行墙背填筑。墙背反滤层应跟随填土同步施工。

9.4 土钉墙

9.4.1 施工前应按设计要求进行注浆工艺试验、土钉抗拉拔试验，验证设计参数，确定施工工艺参数。

9.4.2 应按"自上而下，分层开挖，分层锚固，分层喷护"的原则组织土钉墙施工。在完成上层作业面的土钉与喷护前，严禁开挖下层土方。当设计采用特殊形式面墙时，应满足设计要求。

9.4.3 土钉墙边坡宜采取分段分幅开挖，避免坡面大面积长期暴露导致风化失稳。

9.4.4 土钉成孔应采用无水干钻，禁止带水钻进，防止恶化边坡岩土工程地质条件，保证孔壁的黏结性能。

9.4.5 土钉注浆压力应满足设计要求并保持压力恒定。注浆应自孔底开始，确保注浆饱满。

9.4.6 土钉外端与钢垫板（或加强钢筋）的连接应采用螺丝端杆锚具或焊接，连接方式及强度应满足设计要求。

9.4.7 喷射混凝土护面前，应按设计要求挂网。泄水孔、墙后反滤层、沉降缝（伸缩缝）等构造措施应按设计要求合理设置。

9.4.8 喷射混凝土施工应符合下列规定：
1 喷射混凝土前应进行现场喷射试验，确定配合比、风压、喷射距离和角度，控制喷层质量,减少回弹量。喷射混凝土的强度应符合设计要求。

2 喷射作业应自下而上进行,并逐排做圆周绕动。喷射厚度大于7cm时,应分两层喷射。

3 喷射过程中应采取有效措施防止泄水孔堵塞。

4 喷射后2h内应开始养护。

9.4.9 土钉墙的坡脚墙混凝土应与土钉钢筋网和喷射混凝土面层紧密结合。

9.5 抗滑桩

9.5.1 下列区域不得使用人工挖孔桩:①地下水丰富、孔内空气污染物超标、软弱土层、流沙等不良地质条件区域;②机械成孔设备可以到达的区域。

9.5.2 抗滑桩的位置、结构尺寸应符合设计要求。开挖施工时,应核对桩孔地质情况,滑动面实际位置与设计出入较大时,应及时向勘察、设计、监理、建设单位反馈。

9.5.3 抗滑桩施工前,应整平孔口地面,设置地表截、排水及防治设施。孔口应设置锁口(图9.5.3-1),孔口地面以上加筑适当高度的围埂。雨季施工时,孔口应搭设雨棚。孔口应设置围挡及覆盖(图9.5.3-2)。

图9.5.3-1 抗滑桩锁口

图9.5.3-2 抗滑桩孔口围挡

9.5.4 孔口附近不应堆放重物,不应通行重型设备、载重汽车等。

9.5.5 抗滑桩施工前,应制订挖孔作业和撤离人员的专项安全技术措施,设置对滑坡变形、移动的观测标桩并制订观测方案。

9.5.6 桩孔开挖施工中，应及时记录地质剖面、滑动面位置，填绘地质柱状图。开挖及支护应符合下列规定：

1 开挖及支护施工应尽量避开雨季，严禁在桩顶以上边坡设置施工便道。

2 应分节开挖，分节高度宜为0.6~2.0m，具体高度根据地质条件和设计要求确定。严禁在土石层变化处或滑动面处分节。开挖时应及时浇筑混凝土护壁，护壁混凝土应紧贴围岩，浇筑前应清除孔壁上的松动石块、浮土。

3 滑动面处的护壁应加强。承受较大推力的护壁和锁口混凝土应增加钢筋。

4 下一节桩孔开挖应在上一节护壁混凝土拆模后进行。

5 对于围岩松软、破碎和有滑动面的节段，应在护壁内顺滑动方向用临时支撑加强支护，并经常观察其受力情况，及时加固。发现横撑因受力变形、破损而失效时，孔下施工人员必须立即撤离。

6 开挖孔径应符合设计要求。装渣不得超出盛渣器皿上边沿。孔内垂直提升运输吊具应采用有自锁功能的绞架。孔下爆破应采取减振措施。弃渣不应堆放在滑坡范围内。

7 开挖桩群时，应从两端向滑坡主轴方向隔桩开挖。桩体混凝土浇筑1d后方可开挖邻桩。

8 开挖时，应按规定检测有害气体，保障孔内排水和通风，确保挖孔作业安全。

9.5.7 桩身混凝土浇筑应符合下列规定：

1 浇筑前，应检查桩孔基底及断面尺寸，清理孔底的松动石块、浮土，抽干积水；应检查净空断面尺寸，符合要求后安装钢筋笼。

2 钢筋笼宜预先绑扎成型。钢筋笼安装就位后，应采取固定措施避免上浮。绑扎钢筋笼（图9.5.7）时应按设计要求同时绑扎声测管。浇筑混凝土时应采取措施避免声测管堵塞。

图9.5.7 绑扎钢筋笼

3 混凝土浇筑应连续进行，并应符合现行《铁路混凝土工程施工技术规程》（Q/CR 9207）的相关规定。地下水发育时，应按水下混凝土灌注法施工。

4 滑坡体有滑动迹象或需要加快施工进度时，宜采用速凝、早强混凝土。

9.6 桩板式挡土墙

9.6.1 桩板墙锚固桩施工应符合第9.5节的相关规定。

9.6.2 桩身预埋件或翼缘的规格、尺寸、数量应符合设计要求。

9.6.3 挡土板进场时应进行检验，其结构尺寸和混凝土强度等级应符合设计要求，外观应光洁、无裂纹和露筋掉角等缺陷。应在预制挡土板混凝土强度达到设计强度的75%以上后进行吊装和运输。

9.6.4 应在桩身混凝土强度达到设计强度后开挖和安装挡土板，并向墙背填土或开挖桩前土体。滑坡地段桩间土体应间隔（图9.6.4-1）、从上至下逐层开挖，边挖边安装挡土板（图9.6.4-2）。

图9.6.4-1　开挖桩间土　　　　　　　图9.6.4-2　安装挡土板

9.6.5 桩间为土钉墙或锚喷支护时，桩间土体应分层开挖、分层加固。

9.6.6 安装挡土板时，应按设计要求同时施作防排水设施及反滤层。

9.6.7 挡土板安装缝应均匀、平顺美观。应边安装挡土板边分层填筑、压实挡土板后填土，填料应符合设计要求。

9.6.8 桩板式挡土墙加锚索（杆）时，压实墙后填土时不应直接碾压锚索（杆）。

9.7 预应力锚索

9.7.1 施工前应按设计要求进行注浆工艺试验、锚索抗拉拔试验，验证设计参数，确定施工工艺参数。

9.7.2 预应力锚索使用的材料进场时应进行抽样检验，严禁使用有机械损伤、电弧烧伤和严重锈蚀的钢绞线。

9.7.3 锚索设置于锚固桩顶时，应在浇筑锚固桩混凝土前预埋内径大于锚索钻孔直径的钢管，用于后续锚索钻孔施工。

9.7.4 锚索钻孔、清孔应符合以下要求：
1 在易于塌孔、缩孔、卡钻、埋钻的岩层破碎或松软泡水等地层中钻孔时，应采用跟管钻进。锚孔钻进应采用无水干钻，禁止带水钻进，防止锚固工程施工恶化边坡岩土工程地质条件，保证孔壁的黏结性能。
2 钻进过程中应记录地层变化、钻进状态、地下水及特殊情况，并请设计单位地质专业验槽。遇坍缩孔等不良钻进现象时应立即停钻，进行固壁灌浆处理，待水泥砂浆初凝后重新扫孔钻进。
3 钻进达到设计深度后，不能立即停钻，应稳钻 3~5min，以使孔底达到设计孔径。钻孔壁必须清理干净。在钻孔完成后，应使用高压空气将孔内岩粉及水体全部清除出孔外，以免降低水泥砂浆与孔壁的黏结强度。

9.7.5 锚索安装应符合以下要求：
1 锚索钢绞线应顺直，安装前应除锈、除油污。制作完成的锚索应及时存放在通风、干燥处，严禁日晒雨淋。
2 安装锚索时应防止挤压、弯曲或扭转，应平顺推送，严禁抖动、扭转和串动，防止中途散束和卡孔。

9.7.6 锚索浆液应使用机械搅拌均匀，随拌随用。注浆作业应自孔底开始。实际注浆量一般应大于理论注浆量，或以孔口不再排气且孔口浆液溢出浓浆作为注浆结束的标准。如一次注不满或注浆后产生沉降，应补充注浆，直至注满为止。注浆压力应满足设计要求，注浆量不得少于计算量。注浆过程中应记录注浆情况。注浆结束后，应将注浆管和注浆套管清洗干净。

9.7.7 注浆完成并达到设计强度的 75% 后，可检测锚索的抗拔力或锚固力，不应小于设计值。试验时，应保证试验器材与锚杆连接牢固，防止拉拔过程中出现安全事故。

9.7.8 预应力锚索施加预应力及封锚应符合以下要求：

1 待锚固桩桩身混凝土达到设计强度后，按设计要求张拉并锁定锚索，锁定后及时封锚。

2 锚索张拉设备及仪表必须配套标定、配套使用，并按规定周期标定。

3 锚索张拉应分两次逐级进行，记录加力值及锚索伸长值。第一次张拉值应为总张拉力的70%，两次张拉时间间隔不宜少于3~5d，其总拉力应符合设计要求。

4 锚索张拉应采用伸长值校核应力，实际伸长值与计算伸长值之差应在±6%以内。

5 锚索张拉时，滑（断）丝总数不应超过钢丝总数的5‰，且一束内滑（断）丝不超过1根。

6 锚索张拉完成7d后，应复查其张力和外观，合格后方可切除多余的钢绞线并锚固锁定。

7 锚固锁定后应及时封锚，封锚尺寸应满足设计要求并保证保护层厚度不小于5cm。

10 边坡防护

10.1 一般规定

10.1.1 路堤边坡防护工程应安排在适宜时间施工，堑坡防护应与路堑开挖施工同时进行。软土地基地段的路基防护工程施工应在沉降稳定后进行。

10.1.2 防护设施应在稳定的基脚和坡体上施作。在设有支挡结构物及排除地下水设施的地段，应先施作支挡结构物和排水设施，再施作防护工程。防护的坡体表面应修整平顺，防护设施应与坡面密贴。

10.1.3 路基施工期内，不应破坏地表植被或堵塞水的通路，应采取临时防排水措施，保障排水畅通、有效。

10.1.4 边坡防护工程所用砂浆、混凝土应采用机械拌和。

10.1.5 边坡防护工程所用石料、混凝土、水泥砂浆的强度等级均应符合设计要求、国家和行业现行有关标准的规定。

10.1.6 防护工程的基坑应按设计要求及时回填并夯填密实，回填土顶面应向外设不小于4%的排水坡。

10.1.7 泄水孔的位置、布置形式、孔径尺寸、背后反滤层的材料与设置应符合设计要求，并做到排水畅通。

10.2 植物防护

10.2.1 植物防护的种类应符合设计要求,并适合当地生长条件。

10.2.2 种植植物前,应对边坡坡面进行清理整平,清除有碍植物生长和坡面稳定的杂物、危石。坡面土质不适宜植物生长时,应在坡面上客土,再播种植物。

10.2.3 植物防护工程施工应根据植物的特性选择适宜时间,不应在暴雨季节、大风或高温条件下施工。

10.2.4 种草防护时,草籽应均匀撒布在已经清理的坡面上,同时采取保护措施。

10.2.5 喷播植草时,应先将生长液与草籽按设计要求混合并搅拌均匀,采用喷播设备将其喷洒在已经清理好的坡面上。喷洒应自下而上进行。喷洒草籽应均匀、不随水流淌。

10.2.6 边坡喷混植生防护前,应清除边坡上松散岩石和不稳定的石块,并按设计要求进行加固处理。岩石边坡超、欠挖处应修凿顺接或用混凝土、浆砌片石等嵌补。

10.2.7 坡面播种植物后,应及时养护,直至植物成活、生长并覆盖坡面。养护中如果发现缺苗应及时补栽。

10.2.8 选用灌木时,应选择根系发达、枝叶茂盛并能迅速生长的低矮灌木。

10.3 骨架防护

10.3.1 骨架护坡施工前,应提前完成便道、截排水沟等设施。施工前应清刷坡面浮土,填补坑凹并拍实,使坡面平整密实。

10.3.2 开挖骨架基槽前,应按设计挂线放样、开挖沟槽。根据地层情况,可采用机械开挖、人工配合修整(图 10.3.2-1、图 10.3.2-2)。

10.3.3 现浇混凝土骨架应符合以下要求:
1 安装骨架模板时,应确保接缝良好、不漏浆。模板支设完成后,应挂线对模板进行精调,确保模板支设尺寸符合要求(图 10.3.3-1、图 10.3.3-2)。

图 10.3.2-1　机械开挖

图 10.3.2-2　人工清理基槽

图 10.3.3-1　安装骨架模板

图 10.3.3-2　检查主骨架基础

2　在骨架护坡地段，按设计要求沿纵向每隔 3~4 个方格或拱圈位置设置贯通伸缩缝。

3　混凝土浇筑自下而上进行，先脚墙、后骨架、再平台，人工跟随抹面收光（图 10.3.3-3、图 10.3.3-4）。

图 10.3.3-3　泵车浇筑混凝土

图 10.3.3-4　人工跟随抹面

4 混凝土强度达到设计要求后方可拆除模板，拆模时按立模顺序逆向进行，不得损伤混凝土，减少模板破损。模板与混凝土脱离后方可拆卸、吊运模板。应避免在大风、大雨等极端情况下进行拆模作业。

5 混凝土浇筑后及时覆盖土工布洒水养护，养护期不得少于14d。

10.3.4 预制混凝土骨架应符合以下要求：

1 预制混凝土骨架应集中生产预制、养护，强度满足设计要求并经验收合格后方可搬运、运输至现场。

2 骨架砌筑应自下而上，各预制块间接缝按设计要求处理。

10.4 锚杆（索）框架梁防护

10.4.1 锚杆（索）框架梁防护应先施工锚杆（索），再施工框架梁。

10.4.2 开工前应在坡面进行锚杆（索）测量定位，孔位误差应满足现行《高速铁路路基工程施工质量验收标准》（TB 10751）的相关规定。

10.4.3 锚杆（索）钻孔、清孔应符合以下要求：

1 根据锚固地层的类别、锚孔孔径、锚孔深度以及施工场地条件等选择合适锚孔成孔机具，宜采用潜孔钻机成孔，在岩层破碎或松软泡水等易于塌缩孔和卡钻埋钻的地层中应采用跟管钻进。

2 锚孔钻进应采用无水干钻，禁止带水钻进，防止锚固工程施工恶化边坡岩土工程地质条件，保证孔壁的黏结性能。

3 应根据钻机性能和锚固地层严格控制钻孔速度，防止钻孔扭曲或变径，避免下锚困难或其他意外情况。

4 钻进过程中应记录每个孔的地层变化、钻进状态、地下水及特殊情况。遇坍缩孔等不良钻进现象时，应立即停钻，进行固壁灌浆处理，待水泥砂浆初凝后重新扫孔钻进。

5 钻孔孔径、孔深不得小于设计值。为确保锚孔直径，要求实际使用钻头直径不得小于设计孔径。

6 钻进达到设计深度后，不能立即停钻，要求稳钻3~5min，防止孔底孔径达不到设计孔径。在钻孔完成后，钻孔壁必须清理干净，应使用高压空气将孔内岩粉及水体全部清除出孔外，以免降低水泥砂浆与孔壁的黏结强度。

10.4.4 锚杆（索）安装应符合以下要求：

1 锚杆（索）参数应符合设计要求。钢筋或钢绞线应顺直，使用前应除锈、除油污。制作完成的锚杆（索）应及时存放在通风、干燥处，严禁日晒雨淋。在运输锚杆

（索）过程中，应防止钢筋弯折、定位支架松动。

2 入孔安放锚杆（索）时，应防止挤压、弯曲或扭转，应平顺推送，禁止抖动、扭转和串动，防止中途散束和卡孔。

10.4.5 浆液在使用前应过筛，应使用机械搅拌均匀，随拌随用。注浆作业应自孔底开始。实际注浆量一般应大于理论注浆量，或以孔口不再排气且孔口浆液溢出浓浆作为注浆结束的标准。如一次注不满或注浆后产生沉降，应补充注浆，直至注满为止。注浆压力应满足设计要求。注浆量不得少于计算量。应记录注浆情况。注浆结束后，应将注浆管和注浆套管清洗干净。

10.4.6 注浆完成且达到设计强度75%后，应检测锚杆（索）的抗拔力或锚固力，不应小于设计值。试验前应标定仪器，并将其置于稳定、平整的岩层上，在该段所有锚杆（索）中任选3%且不少于3根作为试验对象。试验时，应保证试验器材与锚杆连接牢固，防止在拉拔过程中出现安全事故。

10.4.7 框架梁基槽超挖部分应采用框架梁同级混凝土调整至设计坡面（图10.4.7-1）。开挖前应提前放线保证框架梁结构尺寸，应使用白灰标明轮廓线。框架梁基础应先设置垫层（图10.4.7-2），再绑扎钢筋。

图10.4.7-1 基槽开挖

图10.4.7-2 垫层找平

10.4.8 应在现场坡面绑扎、焊接钢筋（图10.4.8）。预应力锚墩的钢筋应与框架梁钢筋同时绑扎。钢筋净保护层厚度不应小于设计值。钢筋焊接应满足国家和行业现行相关标准的规定。锚杆的弯钩应与格梁主筋焊接或绑扎牢固。如果锚杆与箍筋存在干扰，可适当调整箍筋。应在钢筋绑扎、焊接位置预留伸缩缝。

10.4.9 应设计尺寸拼装模板，应平整、严实，净空尺寸符合设计要求（图10.4.9）。

图 10.4.8 绑扎框架梁钢筋	图 10.4.9 安装框架梁模板

10.4.10 混凝土浇筑及养护应符合以下要求：

1 浇筑混凝土前，应检查框架的截面尺寸、钢筋数量及布置情况。浇筑框架梁必须连续作业，边浇筑边振捣（图 10.4.10-1、图 10.4.10-2）。锚墩与框架梁混凝土应同时浇筑。

图 10.4.10-1 浇筑混凝土	图 10.4.10-2 振捣混凝土

2 浇筑混凝土后及时覆盖土工布洒水养护，养护期不得少于 14d。

路基防排水

11.1 一般规定

11.1.1 路基施工前,应核对设计文件中的排水系统是否完整。排水系统径路区域地基应处于长期稳定区,其末端结构应与自然水系、城镇排水相互衔接,保持畅通。发现设计与现场不符时,应及时进行变更设计。

11.1.2 路基施工前,对影响路基稳定的地表水、地下水,应按照设计要求予以截断、疏干、降低水位,并引排到路基范围以外的自然排水系统中,不应形成漫流、聚集和下渗。

11.1.3 路基施工中,排水设施应按照永临结合的原则设置。具备条件的地段应按设计完成永久性排水工程以及临时排水设施,然后施作主体工程。不具备条件的地段应先完成临时排水设施。永久性排水工程应与路基施工同步,并随路基施工逐步成型。

11.1.4 路基施工中,不应破坏地表植被、堵塞水流通道。各类排水设施均应及时维修和清理,保持排水通畅。

11.1.5 路基排水设施应置于稳定的地基上,基底应密实、平整、无杂物、无积水。沟底基础位于人工填土时,应按照设计要求夯实。

11.1.6 排水设施的施工顺序宜从下游到上游,沟底应平整、排水畅通、无冲刷和阻水现象。

11.1.7 侧沟、天沟、排水沟应采用混凝土现场浇筑或预制件拼装。

11.1.8 防（隔）水层、隔水板所用土工合成材料的品种、规格及技术质量指标应符合设计要求。

11.1.9 路基面纤维混凝土、沥青混凝土防排水层施工应符合设计和相关技术要求。

11.2 路堤防排水

11.2.1 应按照设计图准确放出路堤坡脚排水沟位置，核对并确认排水方向及纵坡。

11.2.2 应采用人工配合挖掘机开挖沟槽。具备条件时宜采用一次成型开挖设备（图11.2.2）。对于采取防渗措施的地段，沟槽开挖尺寸应考虑防渗层厚度。

11.2.3 沟身可采用现场浇筑或预制拼装（图11.2.3）。地形适宜时宜采用水沟浇筑机一次成型。

图11.2.2 排水沟开挖

图11.2.3 排水沟养护、成型

11.2.4 路堤与桥台衔接处的排水沟应与天然沟渠衔接，不应冲刷桥台锥坡。排水沟与涵洞衔接处的沟底高程不应低于涵洞流水面高程。排入自然沟渠的天沟、排水沟的末端应设置消能、沉淀设施，避免集中水流冲蚀地表。

11.2.5 排水沟沉降缝（伸缩缝）的填塞材料、填塞方式、纵向间距应符合设计要求，具体位置宜结合现场地质及实际情况确定。

11.2.6 路堤每层填料顶部应按设计要求设置排水坡，特殊部位应按设计要求预埋防渗层、泄水孔。

11.3 路堑防排水

11.3.1 路堑排水设施的位置、断面尺寸、排水坡度、高程应符合设计要求。沟渠边坡应平整、稳定。

11.3.2 天沟、侧沟、截水沟靠山侧沟壁不应高出地面，沟顶与地面必须顺接，沟底纵坡不应小于设计坡度，严禁出现反坡。天沟不应向路堑侧沟排水；受地形限制需排入侧沟时，应与急流槽衔接。

11.3.3 各类路堑排水沟施工应符合第 11.2 节的相关规定。

11.3.4 天沟、截水沟应采取措施防止水流下渗和冲刷。对于地质不良地段，土质松软、透水性较大或裂隙较多的岩石路段，土质天沟、截水沟及出水口均应按设计要求采取加固措施，防止渗漏、冲刷沟底及沟壁。

11.3.5 边坡平台截水沟排水应引入相邻排水设施中。边坡骨架或框架梁护坡的排水槽应设置连接排水槽，与路堤坡脚排水沟衔接，不应形成边坡集中水流冲刷路堤坡脚。急流槽、边坡平台截水沟应随路基防护圬工同步砌筑，排水坡度、沟槽断面不应小于设计要求，流水面宜采用水泥砂浆抹面压光。

11.3.6 混凝土排水设施沉降缝（伸缩缝）的填塞材料、填塞方式、纵向间距应符合设计要求，具体位置宜结合现场地质及实际情况确定。

11.3.7 地下水出露的路堑应符合以下规定：
1 地下排水设施应与地表排水系统配套，保证水路畅通。
2 当地下水位较高、潜水层埋藏不深时，采用排水沟或暗沟截流地下水及降低地下水位，沟底埋入不透水层内。
3 排水沟或暗沟采用混凝土浇筑或浆砌片石砌筑时，应按设计要求设置渗水孔。排出地下水的渗沟均应设置排水层、反滤层、封闭层。
4 渗沟开挖宜自下游向上游。

11.4 过渡段防排水

11.4.1 过渡段两侧排水沟宜与其邻接的路基、桥、涵、隧结构物的排水设施同步施工，形成完整的排水系统。

11.4.2 过渡段地下水位较高时，应采取排水措施。

11.4.3 路桥过渡段排水施工应符合下列规定：
1 桥台背软式透水管及无砂混凝土板的品种、规格、质量应符合设计要求。软式透水管混凝土基础、无砂混凝土渗水板基础采用预制，其材料应符合设计要求。
2 软式透水管采用开槽埋设，在过渡段填筑面高于无砂混凝土渗水板基础最高处0.2m后，从压实的过渡段填筑层开槽至桥台基坑顶面，整平、夯实槽底，槽底的排水纵坡不应小于设计坡度。
3 安装软式透水管混凝土基础前，应在槽底用混凝土垫层找平、调整排水坡，再安装软式透水管混凝土基础、软式透水管、无砂混凝土渗水板基础，软式透水管在基础中应安装平顺、无损坏，保证排水畅通。
4 无砂混凝土渗水板基础安装完成后，边填筑过渡段边安装无砂混凝土板，应紧贴桥台背。填筑过渡段时，应使用小型压实机具压实靠近软式透水管座和渗水墙处，不应损坏软式透水管和渗水板。

11.4.4 路堤与路堑过渡段横向排水设施应符合设计要求，横向排水设施出口应采用排水槽同路堤坡脚排水沟衔接。

12 路基相关工程及设施

12.1 一般规定

12.1.1 路基内及路肩上各种附属构筑物［包括电缆槽（井）、接触网立柱基础、声屏障基础、综合接地、预埋管线、防灾安全监控设备等］应与路基填筑同步施工或在路基施工完成后施工。

12.1.2 在施工中应采取措施保护已预埋管线及沉降观测点，标示重要预埋管线，防止受损。

12.1.3 不得因附属设施施工降低路基的稳定性或损坏路基工程。

12.2 电缆槽（井）

12.2.1 电缆槽（图12.2.1）应集中预制。电缆槽泄水孔应预制成孔，其他预留孔可在现场集中用机械钻孔，泄水孔孔位应对准排水槽。电缆井应在现场浇筑。

12.2.2 安装电缆槽时，应使用机械在无水条件下切除基床表层级配碎石，切除后的槽底铺设透水砾石或碎石，上部铺设找平层后安装电缆槽。

12.2.3 电缆槽与接触网支柱、声屏障基础间的缝隙应采用水泥砂浆或混凝土灌注密实。

12.2.4 电缆井（图12.2.4）应采用人工或机械挖槽，其周边超挖部分应使用混凝土浇筑。电缆井底部应设混凝土垫层。电缆井开口与电缆槽连接处内侧应采用水泥砂浆抹平，连接错开处应使用水泥砂浆封堵。

图12.2.1　路基电缆槽

图12.2.4　路基电缆井

12.2.5 路桥、路隧连接处应采用顺接电缆槽（井）过渡。

12.2.6 电缆槽和电缆井施工完成后，应统一检查泄水孔是否通顺，以保证基床下渗水能顺利排出。

12.3 接触网支柱基础

12.3.1 接触网支柱基础（图12.3.1）基坑施工宜在基床表层完成后进行，宜选用机械成孔。

图12.3.1　接触网支柱

12.3.2 接触网支柱基础基坑施工时，不应破坏路基及防护工程结构，不宜侵占电缆槽、排水沟位置。

12.3.3 接触网支柱基础基坑应全部用混凝土浇筑，基础表面应与路基表面平顺衔接。

12.3.4 接触网拉线基础与下锚支柱基础平面位置应符合设计要求，下锚拉线的下锚环方向应在支柱基础中心与拉线基础中心连线上。

12.4 声屏障基础

12.4.1 路基声屏障（图 12.4.1）基础施工宜在路基整体成型后、轨道铺设和电缆槽施工前进行。

图 12.4.1　路基声屏障

12.4.2 整体式声屏障基础开挖应采取有效防护措施，不应破坏基床。声屏障基础宜采用切割开槽。切割开槽应在路基本体碾压完成之后、电缆槽施工之前进行。切割开槽时严禁损坏各类管线。

12.4.3 插板式声屏障基础应采用钢筋混凝土钻孔桩，钻孔桩深度应符合设计要求，混凝土灌注应均匀、一次浇筑成型，严禁出现断桩、缩颈现象。

12.4.4 声屏障基础应按设计要求预埋排水管，排水出口不应冲刷路基。

12.5 综合接地、预埋管线

12.5.1 综合接地系统由贯通地线、接地装置及引接线等构成，实施过程中涉及站前、站后各个专业，应统筹安排施工。

12.5.2 路基面两侧各设一根综合接地电缆，考虑与通信、信号、电力的连接和铺设对路基施工的干扰，综合接地电缆铺设于路基面两侧电缆槽底部基床底层填料中。电缆槽底部预留孔道，将综合地线引入电缆槽。

12.5.3 路堤段贯通地线上方应覆盖不少于10cm厚填料，之后进行正常的路基填筑和机械压实作业。

12.5.4 过轨管接续采用管节、扩口钢管或专用连接管件连接，不应渗漏水，不宜采用焊接。过轨管的材质、型号应符合设计要求。

12.5.5 过轨管铺设（图12.5.5）应整齐、高低一致，铺设后应使用混凝土回填基坑。

图 12.5.5　铺设过轨管

12.6 防护栅栏

12.6.1 防护栅栏（图12.6.1）应符合《铁路线路防护栅栏》（通线〔2012〕8001）的相关规定。

图 12.6.1 路基防护栅栏

12.6.2 防护栅栏支柱、栅栏材料、金属网、刺丝滚笼及纵向拉筋等的材料应符合设计要求。

12.6.3 应根据地面纵坡度确定防护栅栏每单元的长度。设置防护栅栏前，应对栅栏底面及两侧地面进行平整、压实。

12.6.4 安装防护栅栏前，应按设计尺寸开挖立柱基础基坑，基础基坑验收合格后，定位立柱并用混凝土浇筑固定，待立柱混凝土基础强度达到设计的70%以上后方可拆除立柱支撑。

12.6.5 立柱混凝土基础强度达到设计强度的80%以上后，方可安装下槛、栏片、上槛及柱帽。

12.6.6 防护栅栏下槛下部地面应平整、夯实，保证两侧排水不受影响。栅栏底部距地面高差不应大于5cm。

12.6.7 防护栅栏在区间线路贯通封闭，应按照设计位置、形状和尺寸设置相关警示标识。

13 取弃土（渣）场

13.1 市区施工弃土（渣）

13.1.1 市区内路基施工弃土（渣）应按照当地政府的要求执行。

13.1.2 施工单位应按照要求将弃土（渣）运送至经地方政府同意的建筑废弃物消纳场所。

13.2 城市外施工取土场、弃土（渣）场

13.2.1 应根据设计要求和施工区段土石方调配方案，并结合路基排水和当地土地利用、环保规划布置取土场，不应任意挖取。

13.2.2 取土应注重保护环境，对取土后的裸露面应进行土地整治或采取防护措施。在风景区或有特殊要求的施工地段，应按设计及时配套完成环保工程。

13.2.3 弃土场应按设计要求设置，并应保证山体和自身的稳定，不应影响附近建筑物、农田、水利、河道、交通、环境的安全和使用（图13.2.3）。

13.2.4 严禁在不良地质体上（如不稳定斜坡、软土、岩溶漏斗、暗河口）设弃土场。严禁在可能影响既有建筑物安全、对下游建筑物或村庄产生安全威胁的位置设弃土场。

图 13.2.3 弃土场

13.2.5 应按照设计及时完成弃土场防护工程,采取先挡后弃、渣体防护等措施。

14 环境保护

14.1 一般规定

14.1.1 路基工程施工应遵守国家有关建设项目环境保护管理的规定，认真贯彻执行"预防为主，防治结合，综合治理"的原则，合理利用资源、能源，采用先进工艺、节能环保机械设备，降低资源、能源消耗。

14.1.2 路基施工组织设计应按环境保护设计的各项要求，结合工程实际，针对施工中可能造成的环境破坏和不利影响制订具体防治措施和方案。

14.2 水土保持

14.2.1 应优化临时工程布置。临时工程应尽量布置在永久占地范围内，施工便道应尽量利用既有道路，减少施工中的临时征地。

14.2.2 应加强路基土石方的调配和综合利用，从源头减少弃渣。取、弃土（渣）场应按设计要求结合当地土地利用规划统筹考虑。弃渣场选址应避开敏感区和地质灾害多发区域。环境敏感区、生态严控区范围内不得设置取、弃土（渣）场。

14.2.3 取土场裸露面应按设计及时进行整治或防护。弃土（渣）场应采取先挡后弃、渣体防护等措施，预防水土流失和泥石流灾害等导致的次生生态破坏。

14.2.4 应加强路基排水系统设计（如天沟、吊沟、边坡渗沟、急流槽、暗沟等），并与桥涵、隧道、站场形成完善的排水体系，避免水流对环境的不利影响。

14.2.5 应严格按水土保持方案要求落实绿化、表土剥离与回填、临时拦挡、临时苫盖、边坡防护、挡渣墙、排水沟、土地整治等各项水土保持措施。应开展水土保持监测、水土保持监理工作，确保水土保持工程质量。

14.3 污染防治

14.3.1 应按照现行《铁路工程环境保护设计规范》（TB 10501）和地方政府的相关规定制订路基施工过程中的噪声污染、振动污染、大气污染、水污染、固体废物污染防治措施。

14.3.2 应建立专门的混凝土搅拌站及钢筋加工场地，提供施工所需的混凝土、钢筋，并应符合建站场区的环保要求。施工中应采取防护措施，应妥善处理施工杂料、弃砟、弃土、废水等，不得污染水源和环境。

附录A

信息化管理

A.1 路基连续压实信息化系统

路基连续压实信息化系统是在压路机上安装高精度定位设备、振动传感器、主控箱等设备，采集路基压实过程中压实遍数、压实速度、压实轨迹、振动频率、振动幅度等数据，依据施工数据对路基压实的均匀性、稳定性进行施工过程监控（图 A.1.0-1 ～ 图 A.1.0-3）。

图 A.1.0-1　连续压实信息化系统

图 A.1.0-2　连续压实信息化系统安装

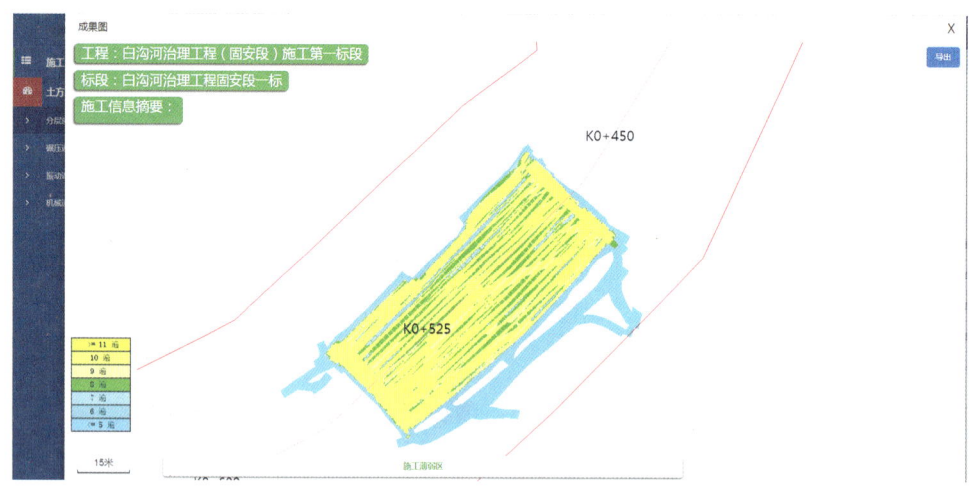

图 A.1.0-3　连续压实信息化系统操作界面

A.2　复合地基处理信息化系统

复合地基处理信息化系统基于 GNSS（全球导航卫星系统）定位技术的终端数据采

集、数据处理子系统，通过采集各施工机械施工过程中的相关机械动作实时数据，并结合 CFG 桩、螺纹桩、水泥搅拌桩等复合地基施工工法、工艺的相关要求和监控指标（桩长、垂直度、灌入量、电流值等）进行数据分析处理，将处理后的结果及原始过程数据上传至管理平台，实现施工现场的远程实时监控，并定期自动生成施工报表和进度统计图（图 A.2.0-1 ~ 图 A.2.0-3）。

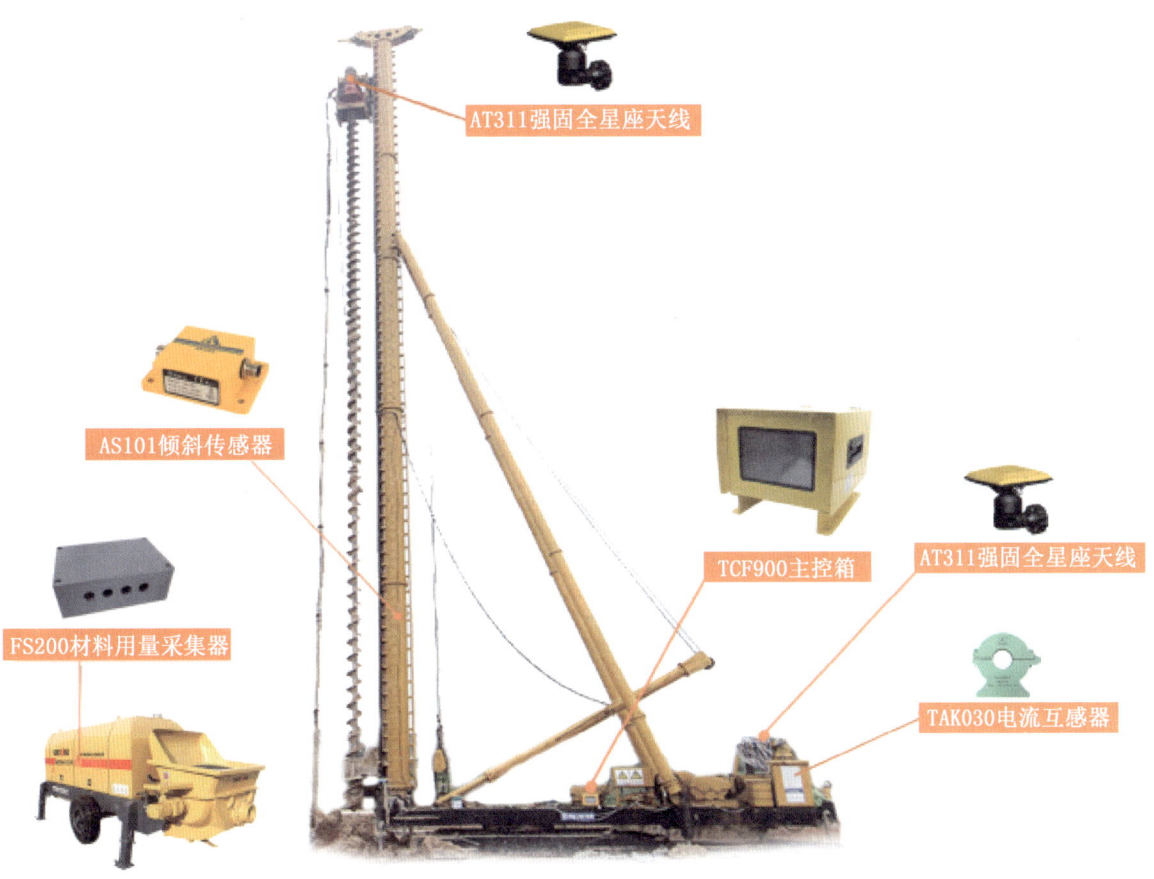

图 A.2.0-1　复合地基处理信息化系统

图 A.2.0-2　CFG 桩信息化系统安装

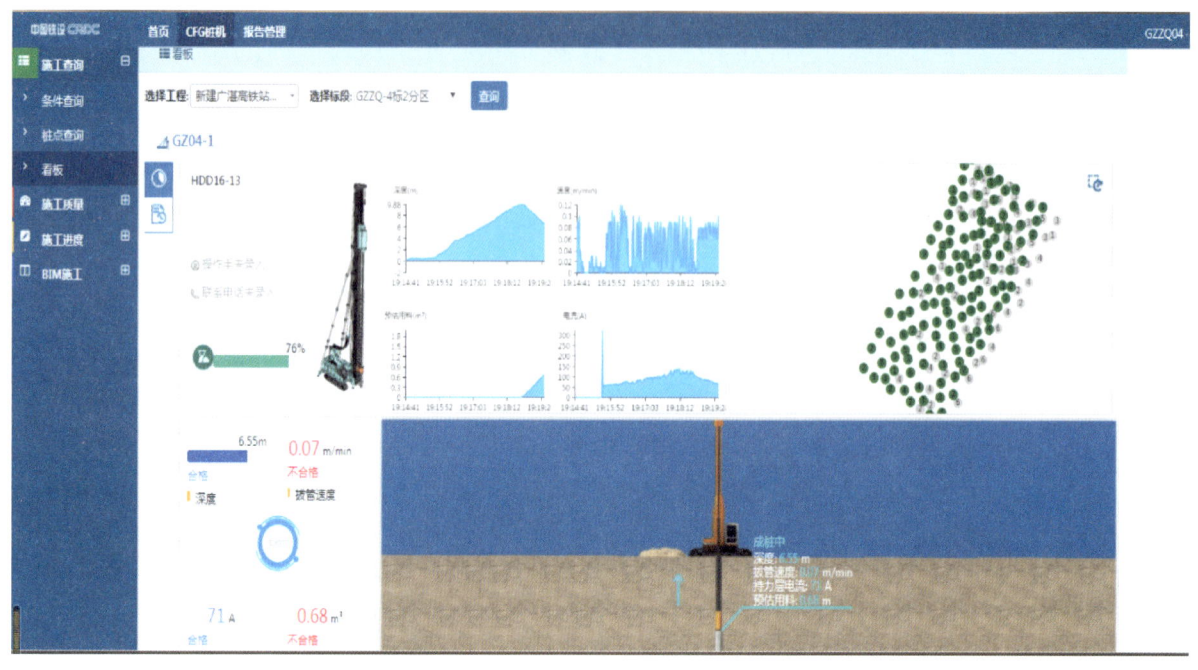

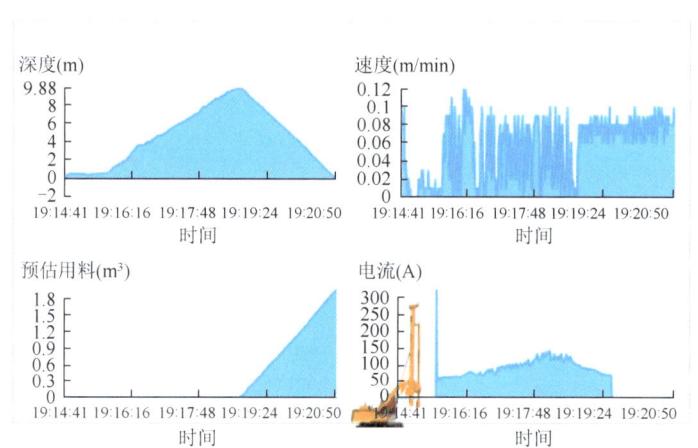 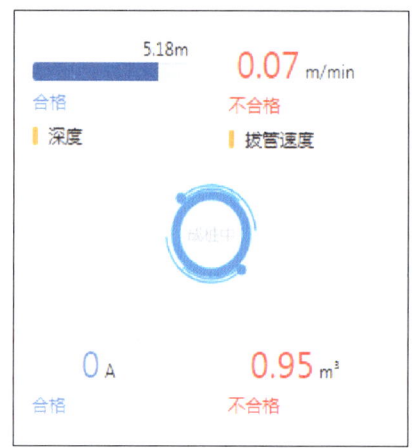

图 A.2.0-3　CFG 桩施工实时监控与分析评估

A.3　智能刷坡信息化系统

　　智能刷坡信息化系统通过在挖掘机械上安装高精度定位定姿设备、惯导倾角传感器、车载平板等，结合挖掘机摇杆、小臂、大臂和车身上的惯导倾角传感器，采用 GNSS 定位技术和惯导倾斜传感技术，实时计算挖掘机铲斗斗尖的三维坐标，根据车载平板电脑中的三维设计图引导挖掘。系统引导的施工位置与路基刷坡基准位置的实时空间误差不超过 ±3cm（图 A.3.0-1 ~ 图 A.3.0-3）。

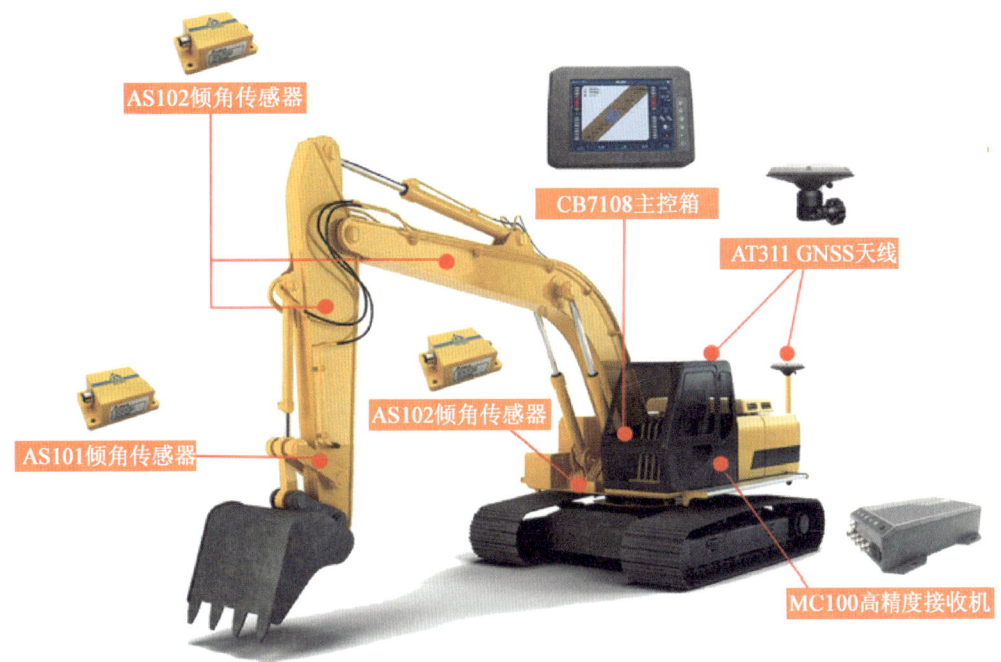

图 A.3.0-1　智能刷坡信息化系统

图 A.3.0-2　智能刷坡信息化系统安装

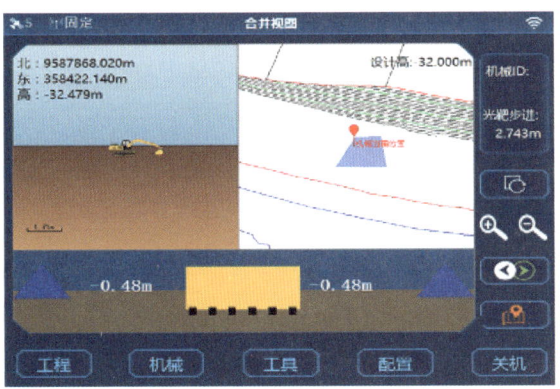
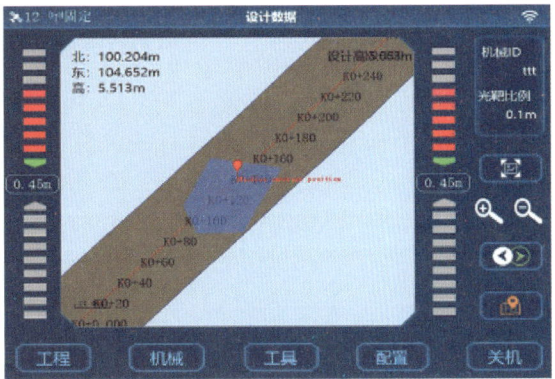

图 A.3.0-3　操作端界面

A.4 路基变形监测信息化系统

路基变形监测主要包括高陡边坡变形监测和路基沉降监测，路基变形监测信息化系统由数据采集子系统、传输子系统、数据分析及管理子系统组成。根据施工进度对路基及边坡进行动态变形评价及监测反馈分析，为路基工程施工和优化设计提供依据（图 A.4.0-1~图 A.4.0-3）。

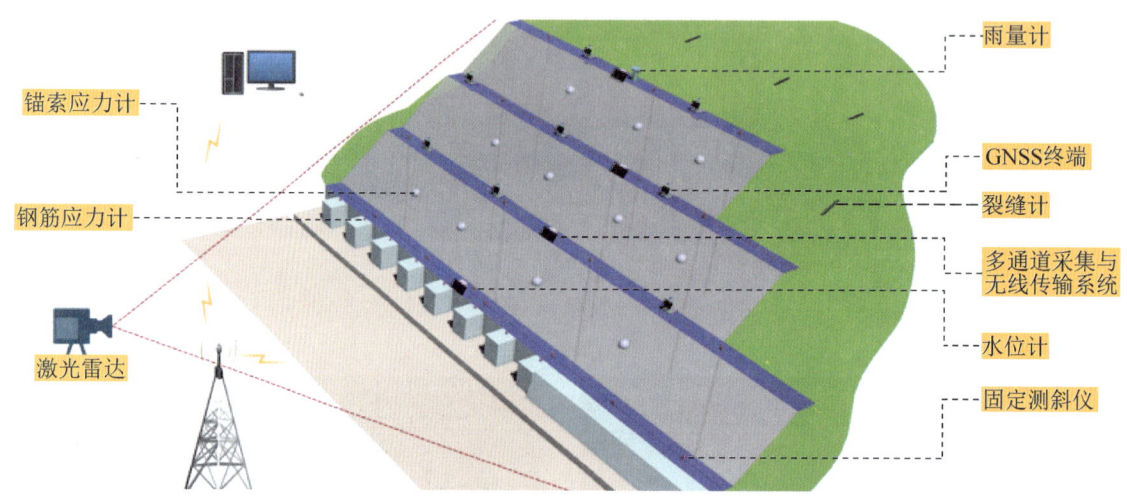

图 A.4.0-1　高陡边坡变形监测信息化子系统

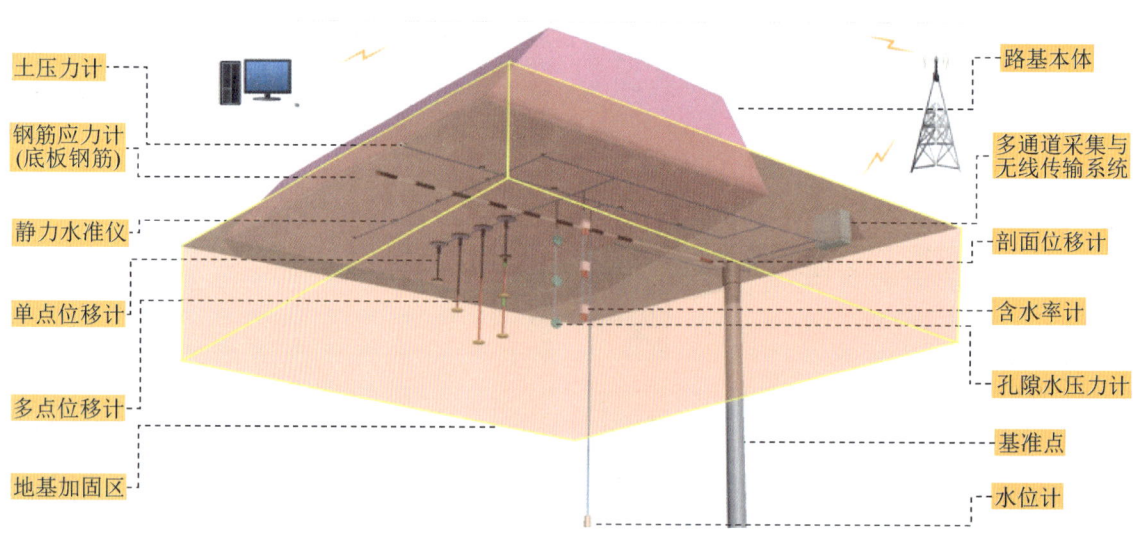

图 A.4.0-2　路基沉降监测信息化子系统

图 A.4.0-3 实时监测数据

广东省铁路工程施工标准化指南系列丛书

广东省铁路工程施工管理标准化指南

第三分册 桥涵工程

广东省交通运输厅 组织编写

人民交通出版社股份有限公司
北京

内 容 提 要

《广东省铁路工程施工管理标准化指南》从管理制度、人员配备、现场管理和过程控制等方面对广东省铁路工程施工管理标准化进行总结，共6个分册，包括轨道工程、路基工程、桥涵工程、隧道工程、房建工程和四电工程。本书为第三分册，内容包括总则、管理要求、通用技术、桥梁基础、桥梁下部结构、桥梁支座、桥梁上部结构、桥面系及附属工程、涵洞、营业线及邻近营业线桥梁施工、雨期施工及高温期施工等，另含附录。

本书可供广东省交通运输行业主管部门、铁路工程项目参建单位和参建人员使用。

图书在版编目(CIP)数据

广东省铁路工程施工管理标准化指南. 第三分册, 桥涵工程 / 广东省交通运输厅组织编写. — 北京：人民交通出版社股份有限公司, 2022.6
ISBN 978-7-114-17940-2

Ⅰ.①广… Ⅱ.①广… Ⅲ.①铁路桥—桥梁工程—工程施工—标准化管理—广东—指南 Ⅳ.①U215-62

中国版本图书馆CIP数据核字(2022)第067330号

Guangdong Sheng Tielu Gongcheng Shigong Guanli Biaozhunhua Zhinan
Di-san Fence Qiaohan Gongcheng

书　　名：	广东省铁路工程施工管理标准化指南　第三分册　桥涵工程
著　作　者：	广东省交通运输厅
责任编辑：	郭晓旭　朱明周
责任校对：	孙国靖　龙　雪
责任印制：	刘高彤
出版发行：	人民交通出版社股份有限公司
地　　址：	(100011) 北京市朝阳区安定门外外馆斜街3号
网　　址：	http://www.ccpcl.com.cn
销售电话：	(010) 59757973
总 经 销：	人民交通出版社股份有限公司发行部
经　　销：	各地新华书店
印　　刷：	北京印匠彩色印刷有限公司
开　　本：	889×1194　1/16
本册印张：	10.75
本册字数：	249千
版　　次：	2022年6月　第1版
印　　次：	2022年6月　第1次印刷
书　　号：	ISBN 978-7-114-17940-2
定　　价：	520.00元（全套共6册）

(有印刷、装订质量问题的图书由本公司负责调换)

《广东省铁路工程施工管理标准化指南 第三分册 桥涵工程》

编审委员会

主 任 委 员： 贾绍明

副主任委员： 杨晓华　梁育辉　王　新

委　　　员： 郑　彪　许传博　符　兵　邹　洵
　　　　　　　余国武　姜云楼　李奎双　顾建华
　　　　　　　郭飞跃　肖秋生　祁　军　黄力平
　　　　　　　谭　文　陈　波　陆　晖　肖世雄
　　　　　　　陈正贵　贺　婷　郭明泉　巫　环
　　　　　　　张晓占

《广东省铁路工程施工管理标准化指南
第三分册 桥涵工程》

参与单位

主编单位： 广东省铁路建设投资集团有限公司

广东广汕铁路有限责任公司

参编单位： 广州地铁集团有限公司

深圳地铁集团有限公司

中国铁路设计集团有限公司

中铁北京工程局集团有限公司

中铁十四局集团有限公司

中铁十一局集团有限公司

中铁广州工程局集团有限公司

参与人员

主要起草人员： 高应安　姜　飞　曹　阳　柴兴平　豆晓东
蔡　琦　李博康　李　兴　孟　超　蒲峻尧
张明杰　胡浩然　李明汇　张武奇

主要审查人员： 符　兵　邹　洵　李奎双　郭飞跃　谭代明
赵志刚　张晓占　方旭东　王贵羽　盛圣胜
刘晓树　韩海亮　刘怀光　莫暖娇　李传伟

PREFACE 前 言

铁路是国家基础性、战略性、先导性、关键性重大基础设施，是国民经济的大动脉。近年来，广东省坚决贯彻党中央、国务院构建以铁路为主干的综合立体交通网的决策部署，立足新发展阶段，完整、准确、全面贯彻新发展理念，构建新发展格局，全力推动铁路建设高质量发展，打造"轨道上的大湾区"，助力加快交通强省建设。

为进一步规范省管铁路工程建设管理，提升铁路施工质量和安全生产水平，全面构建省管铁路建设管理标准化体系，广东省交通运输厅在全面、系统总结广东省铁路工程施工标准化建设管理经验的基础上，组织编写《广东省铁路工程施工管理标准化指南》（以下简称《指南》）。

《指南》分为6个分册，包括轨道工程、路基工程、桥涵工程、隧道工程、房建工程、四电工程。《指南》的主要特点是：一是全面贯彻落实国家及铁路行业现行的法律法规和标准规范，以创建优质工程和精品工程为原则，对部分施工、验收标准进行了细化和提升。二是充分借鉴中国国家铁路集团有限公司相关标准和指南，以及广东省公路工程、轨道交通等行业的施工管理先进经验和技术标准，结合广东省铁路工程标准化建设管理经验，从管理制度、人员配备、现场管理和过程控制等方面进行系统总结。三是针对省管铁路施工管理实际情况，对各专业工程主要施工工艺、工法、施工质量控制要点和重难点进行了详细规定和说明。四是对铁路工程施工过程中的典型施工质量通病进行了重点强调，并给出了预防控制措施。五是兼顾

实用性和先进性，管理要求和技术标准既符合实际、可现场执行，又适度超前、力求先进，注重"四新技术"在铁路行业的推广应用，各分册均有"四新技术"的专门介绍。六是对部分典型施工方法及"四新技术"附有现场照片，图文并茂，实用性和可操作性强。

本书为《指南》第三分册，内容包括总则、管理要求、通用技术、桥梁基础、桥梁下部结构、桥梁支座、桥梁上部结构、桥面系及附属工程、涵洞、营业线及邻近营业线桥梁施工、雨期施工及高温期施工等，另含附录。本书着重描述实际施工中各关键工序的施工控制要点，各工序施工衔接的注意事项及易出现的质量通病及整治措施，将关键工序清晰呈现，内容饱满充实，形式规范统一，实用性、指导性较强。同时广泛吸纳桥涵工程施工中的新工艺、新技术，促进铁路桥涵工程建设向信息化、智能化及自动化方向转变，提升桥涵工程施工质量。

在《指南》编写过程中，广东省铁路建设投资集团有限公司、广州地铁集团有限公司、深圳地铁集团有限公司、广东省交通运输建设工程质量检测中心、广东珠三角城际轨道交通有限公司、广东广汕铁路有限责任公司、广东广湛铁路有限责任公司、广东珠肇铁路有限责任公司、中国铁建华南区域总部、中铁南方投资集团有限公司、中铁一局集团有限公司、中铁二局集团有限公司、中铁四局集团有限公司、中铁五局集团有限公司、中铁广州工程局集团有限公司、中铁二十五局集团有限公司、中国铁路设计集团有限公司、中铁七局集团有限公司、中铁北京工程局集团有限公司、中铁十四局集团有限公司、中铁十一局集团有限公司、中铁二十二局集团有限公司、中铁建设集团有限公司、中铁隧道局集团有限公司、中国铁建电气化局集团有限公司（排名不分先后）等单位给予了大力支持，在此一并表示感谢。

《指南》适用于广东省省管铁路工程施工管理标准化建设，在执行本技术指南过程中，希望各单位结合工程实践，认真总结经验，积累资料。《指南》可供全省铁路建设管理行政主管部门、铁路工程项目参建单位和参建人员使用，使用过程中发现的问题和意见建议，请反馈至广东省交通运输厅地方铁路处（地址：广州市越秀区白云路27号，邮政编码：510101），供今后修订时参考。

广东省交通运输厅

2022年6月

CONTENTS 目 录

1 总则 ·· 1

2 管理要求 ··· 2

    2.1 一般规定 ·· 2
    2.2 技术准备 ·· 3
    2.3 人员管理 ·· 3
    2.4 设备管理 ·· 3
    2.5 材料管理 ·· 4
    2.6 信息化管理 ··· 4
    2.7 生态环境保护及水土保持 ·· 5

3 通用技术 ··· 6

    3.1 一般规定 ·· 6
    3.2 钢筋工程 ·· 6
    3.3 模板、支（拱）架 ··· 9
    3.4 混凝土工程 ··· 11
    3.5 预应力工程 ··· 14

4 桥梁基础 ·· 21

    4.1 一般规定 ·· 21
    4.2 灌注桩 ··· 21
    4.3 沉入桩 ··· 31

4.4	扩大基础及承台	34
4.5	围堰	37
4.6	施工栈桥与水上施工作业平台	41

5 桥梁下部结构 44

- 5.1 一般规定 44
- 5.2 桥墩 44
- 5.3 桥台 50
- 5.4 支承垫石 51
- 5.5 台背回填 52
- 5.6 锥体 52

6 桥梁支座 54

7 桥梁上部结构 56

- 7.1 一般规定 56
- 7.2 预应力简支箱梁预制及架设 56
- 7.3 预应力简支箱梁桥位制梁 70
- 7.4 混凝土连续梁、连续刚构 79
- 7.5 钢管混凝土拱桥及钢拱桥 94
- 7.6 钢桁梁 103
- 7.7 结合梁 106
- 7.8 斜拉桥 108

8 桥面系及附属工程 113

- 8.1 一般规定 113
- 8.2 桥面防排水 113
- 8.3 防护墙、竖墙、接触网支柱基础 115
- 8.4 遮板、栏杆（挡板）、电缆槽盖板、声（风）屏障基础 115
- 8.5 桥梁伸缩装置、防落梁挡块 116
- 8.6 墩台围栏、吊篮 117
- 8.7 桥上救援疏散设施 118
- 8.8 综合接地 119

9 涵洞 121
9.1 一般规定 121
9.2 控制要点 121

10 营业线及邻近营业线桥梁施工 125
10.1 一般规定 125
10.2 跨线桥及下穿铁路桥梁的桥梁施工 126

11 雨期及高温期施工 128
11.1 一般规定 128
11.2 高温期施工 129
11.3 雨期施工 130

附录 A 质量通病及防治 131
A.1 钻孔桩 131
A.2 承台、墩身 132
A.3 支座砂浆 133
A.4 悬臂浇筑连续梁 133
A.5 预制梁 134
A.6 桥面系 137
A.7 防落梁挡块与垫石顶死 137
A.8 钢拱（梁）拼缝不严实 138
A.9 钢吊杆（拉索）受力不均 138
A.10 钢梁油漆出现起泡、起皮 138

附录 B 新工艺、新设备 139
B.1 桥梁上部结构整体顶升与提升作业体系 139
B.2 钢筋加工流水线的应用 140
B.3 机械臂焊接设备的应用 140
B.4 超灌控制设备 141
B.5 桩基全自动超声波监控技术 142
B.6 C-T、C-O 扣锁钢管桩围堰 143
B.7 BIM 技术应用 143

B.8 工程测量智慧控制平台的应用 …………………………………… 145
B.9 新智能张拉、压浆设备的应用 …………………………………… 146
B.10 自动化保湿养生 ………………………………………………… 147
B.11 整体吊装式墩顶防护栏 ………………………………………… 149
B.12 涵洞液压无拉杆自行式台车模板 ……………………………… 150
B.13 钢筋定位卡具 …………………………………………………… 151
B.14 桩基钢筋笼预弯液压钳 ………………………………………… 153
B.15 梁端防水层数显测厚仪 ………………………………………… 154
B.16 混凝土结构物铣刨机 …………………………………………… 155
B.17 装配式混凝土结构技术 ………………………………………… 155

附录 C 隐蔽工程和重要工序影像资料留存要求 …………………… 157

1 总　则

1.0.1　为规范广东省铁路桥涵工程施工，提高管理水平，保证施工质量安全，防治桥涵施工中常见的质量通病，结合铁路桥涵工程施工的实际情况，编制本指南。

1.0.2　本指南依据国家、国家铁路局、国家铁路集团有限公司（含原铁道部、铁路总公司）等工程建设主管部门发布的与桥涵工程相关标准、规范、规程和技术指南及行业内采用的成熟和先进施工工艺、工法和管理办法，并结合广东省内在建铁路实际情况，吸纳有关单位标准化成果编制。

1.0.3　本指南编制应遵循下列原则：
1　以现行的《高速铁路桥涵工程施工技术规程》（Q/CR 9603）以及相关标准、规范等为依据，注重建设和现场施工技术管理。
2　总结在建高铁桥涵工程标准化建设、品质工程建设管理经验及相关技术要求，提倡采用先进的工程设备、施工工艺、施工工法。
3　标准合理、重点突出、简洁适用。

1.0.4　本指南适用于广东省内新建高速铁路的常规桥涵工程建设管理，其他等级铁路桥涵工程可参照执行。

1.0.5　在使用和执行本指南过程中，应严格执行铁路工程相关设计、施工、试验、检测、测量等方面的技术标准、规范、规程、规定，本指南未涉及内容应按相关规范执行。

2 管理要求

2.1 一般规定

2.1.1 桥涵工程施工应坚持"创新、协调、绿色、开放、共享"新发展理念，积极响应"品质工程""绿色工程"和"科技创新"要求，坚持推动高质量发展，以一流技术、一流管理打造品质工程。

2.1.2 铁路桥涵工程应以"品质工程"目标为引领，以标准化为抓手，以问题为导向，坚持样板引路，结合建设环境、项目特点、桥涵工程技术管理的重点和难点，编制建设项目桥涵工程创建品质工程总体实施方案。

2.1.3 建立健全铁路桥涵工程全面质量责任体系。应全面落实设计、监理、施工、试验检测、咨询等参建各方的质量责任终身制，将桥涵工程质量责任分解落实至各岗位和各从业人员。

2.1.4 铁路桥涵工程应以工厂化生产、机械化施工为核心，不断提升施工标准化的内涵和水平；以管理信息化、精细化为助力，提升管理能效。

2.1.5 推行设备、工艺标准化管理。结合项目实际情况统一工艺工法和设备要求，强制淘汰落后工艺，积极采用先进工艺，提升工程安全生产和质量管理水平。

2.1.6 施工涉及铁路、公路、航道、管线等时，应先与相关部门完成对接方可施工。

2.2 技术准备

2.2.1 各参建单位应建立健全质量技术管理责任体系,将技术管理职责明确到具体工程部位、岗位、人员。

2.2.2 桥涵施工组织方案应综合考虑安全生产、临时工程、环境保护和水土保持、质量管理、技术经济可行性进行综合比选论证,确定综合最优方案。

2.3 人员管理

2.3.1 推行专业化管理,各参建单位应配置足够的桥涵工程技术人员。

2.3.2 各参建单位主要管理人员应严格按照投标承诺进行兑现,投标承诺人员因故不能履约时,变更后人员资质不得低于投标承诺。

2.3.3 应加强铁路桥涵工程从业人员专业技能培训,考核合格后方可上岗。

2.3.4 应加强中心试验室和工地试验室的监管,定期进行人员考核和试验室能力验证,并开展比对试验,提高检测的准确性。

2.3.5 应加强测量人员专业素质培养,提高测量的精确性。

2.4 设备管理

2.4.1 宜推行工厂化生产和机械化施工,鼓励使用先进的数控、智能、自动化、自行式设备设施,提升生产效率,降低劳动强度,提升工程质量。

2.4.2 模板、支架、挂篮、架桥机、移动模架造桥机、台车、张拉压浆等主要施工设备、设施和辅助材料应实行验收制。

2.4.3 压力容器、电梯、起重机械等应按特种设备相关规定进行管理,其安装调试、拆卸应按经审批的施工方案及安全技术措施实施,并由具备资质的单位和具有相应从业资格的人员进行。

2.4.4 测量、试验检测等仪器设备应按规范要求定期校正。

2.5 材料管理

2.5.1 材料进场前应报监理单位验收，合格后方可使用。

2.5.2 支座、伸缩缝、锚夹具、水泥压浆剂等特种材料宜建立临时存放库，存放库应实行动态管理，完善质量缺陷退出机制。

2.5.3 实行砂石地材停用和退出机制时，应将氯离子含量指标纳入天然砂的质量检测范围。

2.5.4 自产碎石、机制砂应合理配置设备，确保产品质量；施工单位应编制专项方案，经审批合格后方可实施。

2.5.5 桥涵工程各种原材料进场后，应根据不同的品种、规格及用途存放；对容易受潮、锈蚀的材料应采取防雨、防潮或防锈的措施。

2.5.6 应设置应急物资库房（图2.5.6），预备防洪、防火、防疫、防洪防汛物资。

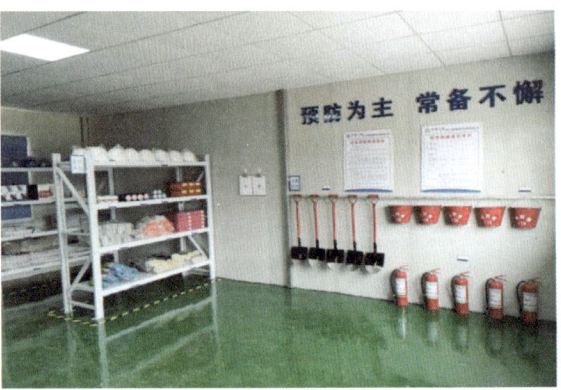

图2.5.6 应急物资库房

2.6 信息化管理

2.6.1 加强信息化系统的使用，鼓励使用建设管理一体化系统、桥涵建筑信息模型（BIM）系统、张拉和压浆数据远程监控系统、试验视频监控和数据实时传输系统、隐蔽工程管理系统、二维码系统、无人机系统、桥涵健康监测系统、架桥机预警系统等先进信息化管理手段。

2.7 生态环境保护及水土保持

2.7.1 桥涵工程开工前，施工单位应制订桥涵工程水保、环保方案，随同施工方案同时上报审查和审批，并在施工中落实各项具体保护措施。

2.7.2 施工单位应采用低噪声的桩基、钢筋加工、混凝土施工设备，合理安排施工时段，必要时应采取综合降噪措施。

2.7.3 水源保护区段桥涵桩基施工过程中，泥浆应采用泥浆净化器，减少现场污染；产生的钻渣、泥浆应外运妥善处理。水中作业时应采取必要措施避免泥浆、油脂污染水体。油料、油质脱模剂及化学品应规范管理。

2.7.4 桥涵施工场地平整后，应预留坡度并设置临时排水沟，不得引起积水、泥土淤积和桥下冲刷。桥梁下部结构施工完成后，应立即清理桥下施工现场，恢复植被。

2.7.5 桥涵施工产生的弃土、混凝土废料、钢筋废料等固体废弃物，应依照建筑垃圾和弃土的有关规定，及时妥善处理。

3 通用技术

3.1 一般规定

3.1.1 桥涵工程用钢筋、模板、支架、混凝土工程原材料、预应力工程材料和设备均应符合国家和行业现行有关标准的规定和设计文件的要求，进场时应按规定进行验收。

3.1.2 对钢筋加工设备和工艺、模板和支架材料、混凝土施工设备及工艺、预应力张拉和压浆设备及工艺等的具体要求宜在施工招标文件中明示。

3.2 钢筋工程

3.2.1 一般要求

1 材料进场时应附有材料进场质量证明书与钢筋铭牌，对无材料进场质量证明书和钢筋铭牌的材料不准予进场。

2 成型钢筋进场时，应抽取试件作屈服强度、抗拉强度、伸长率和质量偏差检验，检验结果应符合国家和行业现行有关标准的规定。

3 环氧涂层钢筋的涂层检验应符合国家和行业现行有关标准的规定。

4 钢筋机械连接用套筒及锁母的材料、品种、规格应符合设计要求，设计无要求时应符合形式检验确定采用的套筒技术要求。限制使用闪光对接焊。

5 钢筋保护层垫块材质应符合设计要求。当设计无要求时，混凝土垫块的抗压强度和耐久性应不低于结构本体混凝土的标准。严禁使用自制垫块。

3.2.2 控制要点

1 钢筋加工

1) 钢筋场应配有专用场地，材料分区存放，标准化管理，如图 3.2.2-1 所示。

a) 原材存放区

b) 加工区

c) 半成品区

d) 成品存放区

图 3.2.2-1　钢筋场

2) 钢筋表面应保持洁净、无损伤，不得使用带有颗粒状或片状老锈的钢筋；加工前应清除表面的油渍、漆皮、鳞锈，不得使用表面有严重的麻坑、斑点或已伤蚀截面的钢筋。

3) 钢筋应平直、无局部弯折，调直成盘的钢筋和弯曲的钢筋。钢筋调直应采用调直机（图 3.2.2-2），严禁使用卷扬机拉伸调直钢筋。

4) 钢筋下料、加工前应根据设计文件与国家和行业现行有关标准要求对钢筋的下料长度、连接接头的设置等进行设计计算，严禁出现不必要的接长、连接长度不足、接头位置不符合要求、弯曲角度不满足设计要求等现象。

5) 钢筋的弯制和端部的弯钩应符合设计要求；设计未要求时，应符合现行《铁路混凝土工程施工质量验收标准》（TB 10424）的规定。

6) 钢筋弯曲加工时，应按设计一次弯曲成型，不得反复弯折或调直后弯折，严禁热弯成型。

7) 钢筋加工宜采用数控钢筋弯曲机（图 3.2.2-3）、数控钢筋弯箍机，鼓励采用数控钢筋切割车丝一体机等智能化加工设备加工，不宜使用人工弯曲等简单设备进行钢筋下料、半成品加工。

图 3.2.2-2　钢筋调直机

图 3.2.2-3　钢筋数控弯曲机

8）严禁使用螺纹带肋钢筋或冷拉钢筋加工吊环钢筋。

2　钢筋连接

1）钢筋焊接接头和套筒机械连接接头应按批次抽取试件进行力学性能检验，钢筋焊接接头质量应符合设计要求和现行《钢筋焊接及验收规程》（JGJ 18）的规定，钢筋机械连接接头质量应符合设计要求和现行《钢筋机械连接技术规程》（JGJ 107）的规定。

2）受力钢筋的连接方式、接头位置应符合设计要求。钢筋接头应设置在承受应力较小处，并应分散布置。同一连接区段内，有接头的受力钢筋截面面积占受力钢筋总截面面积的百分率应符合设计要求；设计无要求时，应符合国家和行业现行有关标准的要求。

3　钢筋绑扎和安装

1）钢筋品种、等级、规格、数量应符合设计要求。

2）钢筋保护层的垫块规格、数量、位置应符合设计要求；设计无要求时，构件侧面和底面的垫块数量不应少于 4 个/m²，并应均匀分布，设置牢固。

3）环氧涂层钢筋安装时，不应使用无涂层的普通钢筋和金属丝，涂层钢筋与普通钢筋之间不应有电连接。浇筑混凝土前，应检查环氧涂层钢筋的涂层，尤其是剪切端头处和钢筋连接处。

4）钢筋安装及钢筋保护层厚度的允许偏差和检验方法应符合设计及国家和行业现行有关标准的要求。

5）箍筋和勾筋可根据现场实际情况进行调整，但总数不得少于设计要求。

4　钢筋保护层检测

1）钢筋保护层厚度现场检测应采用电磁感应法检测，钢筋保护层检测仪如图 3.2.2-4 所示；当检测结果有异议时，应经参建各方同意后采用局部开窗破检的方法进行验证。

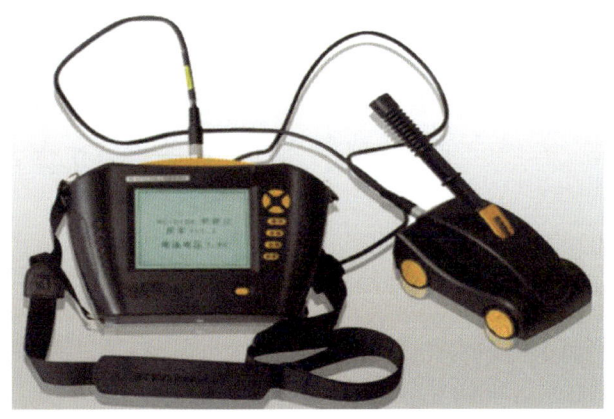

图 3.2.2-4　钢筋保护层检测仪

3.3　模板、支(拱)架

3.3.1　一般要求

1 模板及支(拱)架应具有足够的强度、刚度和稳定性,连接牢固,能承受所浇筑混凝土的重力、侧压力、风荷载及施工荷载。其弹性压缩、预拱度和沉降值等应符合施工设计要求。

2 置于地基上的模板及支(拱)架的基础承载力应符合施工设计要求,并应有防排水、防撞等措施。

3 模板、支(拱)架的构造结构受力应明确,安装、拆除应方便。

4 模板的板面应光洁、平整、接缝严密、不漏浆;支(拱)架应稳定、坚固;对重复使用的模板、支架应经常检查、维修,如图 3.3.1-1 和图 3.3.1-2 所示。

图 3.3.1-1　现浇梁模板　　　　　　　图 3.3.1-2　墩身模板

5 钢模板进场应进行试拼装,验收合格后用油漆标记拼装顺序号。安装前应抛光打磨,清除污垢,涂刷脱模剂。同一结构脱模剂宜采用同一品种,不得使用废机油及其混合物,不得污染钢筋及混凝土的施工缝。

6 大型支架、高大模板应编制专项方案,经专家论证通过后组织实施。

3.3.2 控制要点

1 模板制作与安装

1）模板安装应符合施工设计要求。安装应稳固牢靠，模板接缝严密，不应漏浆。模板与混凝土的接触面应清理干净并涂刷隔离剂。浇筑混凝土前，模板内的积水和杂物应清理干净。

2）模板安装允许偏差和检验方法应符合相关验收标准的规定。

3）预埋件和预留孔洞的留置应符合相关验收标准的规定。

2 支架制作与安装

1）支架宜采用标准化、系列化、通用化的钢构件制作拼装。满堂支架应优先选用盘扣式，严禁使用竹木支架。

2）支架安装前应检验地基承载力是否符合施工设计要求，不满足要求时应先进行地基处理。

3）支架应按支架搭设施工设计的要求进行安装，支架在纵桥向和横桥向均应加强水平、斜向连接，增强支架的整体刚度和稳定性，如图 3.3.2-1 所示。

4）支架应结合模板的安装设置预拱度和卸落装置。

5）支架应通过预压的方式消除支架地基的不均匀沉降和支架的非弹性变形并获取弹性变形参数，并检验支架的安全性。支架预压应满足现行《高速铁路桥涵工程施工技术规程》（Q/CR 9603）的相关规定。

6）支架安装完成后，应全面检查平面位置、顶面高程、节点连接及纵、横向稳定性，符合要求后方可进行下一工序。

7）承重结构涉及主要受力焊缝焊接时，必须经有资质的单位做焊缝质量检测（图 3.3.2-2），检验合格后方可投入使用。

图 3.3.2-1　支架纵、横向联系

图 3.3.2-2　焊缝质量检测

3 模板、支（拱）架拆除

1）拆除承重模板及支（拱）架时的混凝土强度应符合设计要求和相关专业验收标准的规定。

2）拆除非承重模板时，应保证混凝土表面及棱角不受损伤。

3）拆除时应有专人指导，如涉路施工，应先与相关单位协调。

4）拆除必须遵循"后立先拆，先立后拆"的原则。

3.4 混凝土工程

3.4.1 一般要求

1 用料进场必须经监理工程师验收合格后，方可投入使用。

2 桥涵工程混凝土宜使用非碱活性集料，当条件不具备必须使用时，其他材料中的碱含量及混凝土中的最大总碱含量应符合现行《铁路混凝土工程施工质量验收标准》（TB 10424）的相关规定。

3.4.2 控制要点

1 水泥

1）水泥应选用硅酸盐水泥或普通硅酸盐水泥，不宜使用早强水泥。C30 及以上的混凝土应采用硅酸盐水泥或普通硅酸盐水泥，C30 以下的混凝土可采用粉煤灰硅酸盐水泥、矿渣硅酸盐水泥或复合硅酸盐水泥。

2）铁路桥涵混凝土工程宜采用散装水泥，散装水泥在工地应采用专用水泥罐储存，如图 3.4.2-1 所示。

2 集料

1）细集料应选用级配合理、质地坚固、吸水率低、孔隙率小的洁净天然河砂或母材检验合格、经专门机组生产的机制砂，严禁使用海砂。

2）粗集料应选用粒形良好、级配合理、质地坚固、吸水率低、线胀系数小的洁净碎石，无抗拉、抗疲劳要求的 C40 以下混凝土也可采用符合要求的卵石。当一种级配的集料无法满足使用要求时，可以将两种或两种以上级配的粗集料混合使用。粗集料应分级采购、分级运输、分级堆放、分级计量。

3）砂石材料存储应严格分区，并加强集料含水率的检测。

4）拌和楼料仓宜采取加高料仓间挡板高度、加宽料仓或缩窄铲斗方式，铲车铲斗长度应小于料仓宽度，防止窜料。

3 拌和用水可采用饮用水，也可使用满足相关标准要求的其他水源。

4 外加剂和掺和料

1）粉煤灰、矿渣粉、硅灰和石灰石粉等矿物掺和料应选用能改善混凝土性能且品质稳定的产品。

2）对含气量要求大于或等于 4.0% 的混凝土，必须采取减水剂和引气剂双掺方式进行配制。

3）减水剂宜选用高效减水剂或高性能减水剂，速凝剂宜选用低碱或无碱速凝剂，引气剂、膨胀剂、降黏剂、增黏剂、内养生剂等外加剂应选用能明显改善混凝土性能且品质稳定的产品。外加剂与水泥及矿物掺和料之间应具有良好的相容性，其品种和掺量应经试验确定。

5 混凝土配合比

1）混凝土应根据设计使用年限、环境条件和施工工艺等进行配合比设计。混凝土配合比选定试验的检验和计算项目应符合规范要求。

2）混凝土配合比应按程序报审，批准后方可使用。

6 混凝土的拌制

1）搅拌配料必须严格执行试验室出具的施工配料单。

2）拌和混凝土的下料顺序依次为：先向搅拌机投入粗集料、细集料后再放下水泥、矿粉和粉煤灰，干拌50s搅拌均匀后加入水和外加剂，直至搅拌均匀为止。搅拌时间以自全部材料装入搅拌机开始搅拌至搅拌结束，总搅拌时间不得少于120s（不含投料占用时间），可根据搅拌机具体情况适当调整，如图3.4.2-2所示。

图3.4.2-1 水泥粉罐

图3.4.2-2 混凝土拌和站

3）当出现信息化报警时，应立即停止生产，在监理工程师的监督下查明原因，按照规定程序进行处理。

7 混凝土运输

1）运输能力应与混凝土的凝聚速度和浇筑速度相适应，应使浇筑工作不间断且混凝土运到浇筑地点时仍能保持其均匀性和规定的坍落度。

2）混凝土的运输采用搅拌运输车，或在条件允许时采用泵送方式输送。

3）为了避免环境对混凝土质量的影响，防止局部混凝土温度升高或降低，应对运输容器采取遮盖或保温隔热措施。

8 混凝土浇筑

1）结构物混凝土浇筑应采用混凝土输送泵车进行浇筑（图3.4.2-3），快速、连续一次浇筑成型。浇筑时间应控制在6h或初凝时间以内。

2）混凝土的灌注应采用水平分层、纵向分段，纵向分段长度为4～5m，水平分层厚度不得大于30cm，上、下层混凝土的间隔时间不得超过混凝土的初凝时间。

3）浇筑时混凝土自由倾落高度不得超过2m。

4）在混凝土浇筑地点随机抽样制作混凝土试件，按现行《铁路混凝土工程施工质量验收标准》（TB 10424）的规定进行试件强度检测，如图3.4.2-4所示。

图 3.4.2-3　混凝土运输车

图 3.4.2-4　混凝土试件强度检测

9　大体积混凝土

1）大体积混凝土宜选用低水化热和凝结时间长的水泥品种。

2）对大体积混凝土进行温度控制时，其内部最高温度应不大于75℃，内外温差不大于25℃。

3）大体积混凝土可分层、分块浇筑；混凝土的浇筑宜在气温较低时进行，但混凝土的入模温度应不低于5℃；热期施工时，宜采取措施降低混凝土的入模温度，且其入模温度不宜高于28℃。

4）大体积混凝土的温度控制宜按照"内降外保"的原则，对混凝土内部采取设置冷却水管通循环水冷却，对混凝土外部采取覆盖蓄热或蓄水保温等措施进行。

5）冷却管宜使用金属管，接头应认真处理防止堵管，冷却管宜分多组管道设置。

6）大体积混凝土采用硅酸盐水泥或普通硅酸盐水泥时，其浇筑后的养生时间不宜少于14d，采用其他品种水泥时不宜少于21d。遇气温骤降天气时浇筑的混凝土，除应对其外部加强覆盖保温外，尚宜适当延长养生时间。

10　混凝土养生

1）混凝土收浆后应尽快采用透水土工布或薄膜覆盖并洒水保湿养生。干硬性混凝土、高强度和高性能混凝土、炎热天气浇筑的混凝土以及桥面等大面积裸露的混凝土应加强初始保湿养生。

2）对于不能采用覆盖或包裹方式养生的构件，应尽可能采用自动喷淋养生装置养生，或采用喷洒养生剂方式；对于人工养生方式，施工单位应加强监管，保证洒水养生到位。

3）养生水温与结构混凝土表面温度差宜进行控制，防止温差过大引起结构混凝土表面温度骤降而产生温缩裂缝。

4）混凝土的洒水保湿养生时间应不少于7d，对重要工程或有特殊要求的混凝土可延长养生时间，养生期内应保证混凝土结构表面处于湿润状态。

11　混凝土凿毛

1）混凝土浇筑前，应凿除既有混凝土表面的水泥砂浆薄膜、松动石子或软弱混凝土层，并应用水冲净、湿润，不得积水，如图3.4.2-5所示。

图 3.4.2-5　混凝土凿毛

2）接缝面凿毛应在距混凝土外缘 3cm 以内进行，并使接缝面露出 75% 以上新鲜混凝土面。混凝土凿毛时，人工凿毛强度不小于 2.5MPa；风动机等机械凿毛强度不小于 10MPa。

3）经凿毛处理的混凝土面在浇筑新混凝土前，宜在既有混凝土面上铺一层厚 1～2cm、比混凝土水胶比略小的胶砂比为 1∶2 的水泥砂浆，或铺一层厚约 30cm 的混凝土，其粗集料宜比新浇筑混凝土减少 10%。

3.5 预应力工程

3.5.1 一般要求

1　预应力材料应保持清洁，在存放和搬运过程中应避免机械损伤和有害的锈蚀。如进场后需长时间存放时，应定期检查外观。

2　预应力筋、锚具、夹具、连接器、波纹管、压浆剂（料）进场验收合格后应存放在干燥、防潮、通风良好、无腐蚀气体和介质的仓库内，且应采取"下垫上盖"的防潮措施，如图 3.5.1-1～图 3.5.1-4 所示。

3　压浆剂（料）在存放期应保持包装完好，不得使用超过保质期的压浆剂（料）。

4　预应力施工宜采用智能张拉及压浆技术。

3.5.2 控制要点

1　预应力材料

1）应按设计要求使用预应力筋锚具，锚具应满足分级张拉、补张拉以及放松预应力的要求。用于后张结构时，锚垫板宜设置压浆孔或排气孔，压浆孔应有足够的截面面积，以保证浆液的畅通。

图 3.5.1-1 预应力锚具与连接器

图 3.5.1-2 波纹管

图 3.5.1-3 夹片

图 3.5.1-4 钢绞线

2）锚具、夹具和连接器应按批次进行进场外观检查、硬度检验（图 3.5.2-1）；同时还应进行静载锚固性能检验，不同规格的锚具不得少于 1 次。

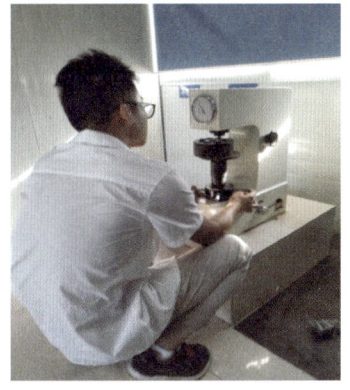

图 3.5.2-1 锚具硬度检验

3）预应力金属波纹管应采用增强型镀锌波纹管，其壁厚应与管径相匹配，且满足相关规范要求；波纹管的连接管宜采用大一级直径的同类管道，其长度宜为被连接管道内径的 5～7 倍，且连接处宜用密封胶带封口，确保不漏浆。

4）预应力张拉前，试验室应对各阶段预施应力施工时的混凝土强度、弹性模量进行检测，不符合设计要求时严禁张拉。

5）预应力施工前应检查锚垫板后的混凝土密实性，并将锚垫板孔口及喇叭口表面的灰浆清理干净，保证锚具与锚垫板密贴。

2 预应力筋加工与安装

1）预应力筋的制作应在加工车间或工作台上进行，保证钢绞线（钢丝束）下料长度准确，下料专用平台表面应平整、光洁，以避免刮伤和污染预应力筋；预应力筋在室外下料时，不得直接置于地面，应支垫并遮盖。

2）预应力筋的切割应采用切断机或砂轮锯，严禁采用电弧切割、氧割。

3）制作预应力筋时应对整束和束中各单根钢绞线（钢丝束）进行编号，且每根预应力筋两端编号应相同，并与锚具各孔编号对应，施工过程中应加强标识的保护。

4）预应力筋下料完成后，应在梳编作业平台上进行梳、编束（图3.5.2-2），钢束每隔1~1.5m绑扎一次，保证各根预应力钢束相互平行、顺直。

图3.5.2-2　钢绞线编束

5）预应力波纹管应采用固定架安装，管道位置必须按设计坐标用定位钢筋固定，确保波纹管准确定位。浇筑混凝土前，同型波纹管宜预穿内衬管，扁波纹管宜穿入数根小衬管，防止波纹管在浇筑混凝土时因变形、漏浆而堵塞。

6）负弯矩预应力波纹管端部宜预留伸出长度5~10cm，并包裹防护，以便于后续施工连接；混凝土养生时，应封闭波纹管孔口，防止水和其他杂物进入孔道。

7）预应力筋安装时，应采用整束穿索工艺，穿索过程中不得扭转。穿束时可加装导线帽。对于预应力筋长度较长、整束钢绞线根数较多的现浇预应力构件，可采用专门的牵引装置，保证可整束穿索，如图3.5.2-3~图3.5.2-5所示。

8）穿束完成后应保证锚具锚孔编号和钢绞线编号对应，并检查整束钢绞线扭转情况。

3 预应力筋张拉

1）后张法预应力筋张拉前，应按设计要求与国家和行业现行有关标准的要求对孔道摩阻损失锚垫板摩阻损失和锚口摩阻损失进行实际测定；先张法折线配筋张拉前，对折线筋摩阻损失进行实际测定。设计单位根据实际测试结果对张拉控制力进行调整或确认。

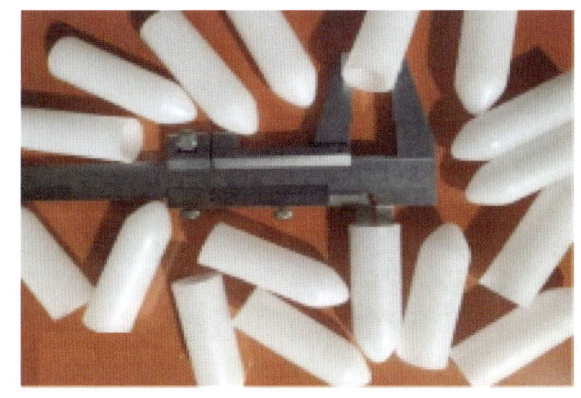
图 3.5.2-3　塑料导线冒

图 3.5.2-4　钢绞线穿束机

图 3.5.2-5　张拉防护架

2）安装安全防护设备并在作业区周围布设警示标志，由专人负责看护、挪动。

3）预应力筋张拉应采用张拉应力与伸长量"双控"方式，以张拉应力为主，伸长量为辅进行复核，并应符合下列规定：

（1）工作锚之间的预应力筋理论伸长值的计算，用该张拉部位使用的预应力筋批次实测的弹性模量及由设计院确定或调整的管道摩阻系数进行计算。对于由多个直线段和曲线段组成的预应力筋，进行分段计算后累加。

（2）实际伸长值 = 初拉力至最大力拉伸长值 + 初拉力以下伸长值（采用相邻级别伸长值替换）− 夹片实测回缩值 − 其他需要扣除的压缩值。

（3）张拉过程中每张拉一束均应计算实际伸长值，实际伸长值与理论伸长值的差值应小于 ±6%，差值达不到时应暂停张拉，待查明原因并采取措施予以调整后，方可继续张拉。

4）钢绞线终张拉后，在限位板与钢绞线处沿钢绞线周边用石笔画出标记，经 24h 后复查，确认无滑、断丝后切割外露工作段钢绞线，切断处钢绞线距锚具外露长度不小于其直径的 1.5 倍，且不小于 30mm，同时保证钢绞线在封锚后不小于 35mm 的保护层。断丝采用砂轮锯切割，切割后外露长度抽查 3%，且不少于 5 根，如图 3.5.2-6 和图 3.5.2-7 所示。

图 3.5.2-6　张拉施工　　　　　　　　图 3.5.2-7　张拉锚端

4　预应力孔道压浆

1）预应力筋锚固后，孔道应尽早压浆，且应在 48h 内完成。

2）压浆过程中应对压浆压力、保压时间和水胶比等参数进行监控。

3）应选择符合设计与国家和行业现行有关标准的要求的压浆材料，不得使用含有高碱膨胀剂或以铝粉为膨胀源的膨胀剂，严禁掺加氯盐、亚硝酸盐类或其他对预应力筋有腐蚀作用的外加剂。

4）压浆时，管道真空度稳定在 -0.08 ~ -0.06MPa 之间；浆体注满管道后，在 0.50 ~ 0.60MPa 下持压 3min；压浆最大压力不超过 0.60MPa。压浆时浆体温度应在 5 ~ 30℃；当环境温度高于 35℃时，应选择在夜间进行。

5　封锚

1）梁体封锚混凝土浇筑之前，应先将锚垫板表面的黏浆和锚环外面上部的灰浆铲除。

2）为保证与梁体混凝土浇筑结合良好，应将混凝土浇筑表面凿毛（图 3.5.2-8），凿毛面积应大于锚穴面积的 75%；凿毛后，将锚穴处灰渣清理干净并放置钢筋网片（图 3.5.2-9），制作带丝的拉筋联结固定，绑扎的钢筋网片保护层不得小于 30mm。

图 3.5.2-8　锚穴凿毛　　　　　　　　图 3.5.2-9　钢筋网片安装

3）封锚混凝土浇筑采用覆盖塑料薄膜保湿保温养生，梁体洒水次数以保持混凝土浇筑表面充分湿润为度。养生时间不得少于 14d，养生用水与梁体表面温差不宜大于 15℃。

4）封锚混凝土灌注养生结束后，对梁端面底腹板处满涂 2mm 厚的聚氨酯防水涂料，如图 3.5.2-10 和图 3.5.2-11 所示。

图 3.5.2-10　封锚养生

图 3.5.2-11　涂刷防水涂料

6　智能张拉与压浆技术

1）智能张拉、智能压浆设备（图 3.5.2-12、图 3.5.2-13）正式投入使用前，应通过计量部门检验，符合要求后方可批复使用。

图 3.5.2-12　智能张拉设备　　　　　　图 3.5.2-13　智能压浆设备

2）智能张拉设备应符合下列规定：

（1）可同时测量预应力张拉过程中的力值和预应力筋伸长值，且力值具备测量压力表和数显指示两种读数方式，以供操作人员在张拉过程中随时复核张拉应力。

（2）用于力值测得传感器或压力表的量程不应低于额定压力的1.2倍，前者精度等级不应低于0.5级，后者精度等级不应低于1.0级。用于伸长量测量的传感器测量误差应控制在1%以内。

（3）可自动测量预应力筋锚固回缩量。

（4）具有安全保护装置，在张拉过程中当施工力值超过设定力值或设备压力高于额定压力时，能自动停机并报警。

（5）设备应具有良好的稳压性能，持荷时间内力值波动误差应控制在±1%以内。

（6）采用两台以上千斤顶进行同步张拉时，应能同步控制各千斤顶的力值，允许误差应控制在设计张拉控制力的±2%以内。

（7）具有数据保护功能，可有效防止施工人员修改作业程序或采集的数据。当通信或设备出现故障时，可自动采取应急措施并确保数据储存安全。

3）智能压浆设备应满足下列要求：

（1）设备由高速制浆系统、压浆系统、控制系统和数据自动采集系统等部分组成，若采用真空辅助压浆工艺的设备应包含自动抽真空系统。设备应能自动监控及记录压浆过程中的浆液水胶比、压浆压力、稳压压力、稳压时间、压浆流量等数据。

（2）搅拌机的转速应不低于1000r/min，搅拌叶的形状应与转速相匹配，叶片的速度范围宜在10~20m/s，并应能满足在规定的时间搅拌均匀的要求。

（3）设备应具备自动报警功能。

（4）具有数据保护功能，可有效防止施工人员修改作业程序或采集的数据。当通信或设备出现故障时，可自动采取应急措施并确保数据储存安全。

4）为保证张拉、压浆设备使用的可靠性，应按规定定期将设备送至计量机构进行检验。

7 张拉与压浆施工质量检验

1）预应力工程应按规范规定的频率开展锚下有效预应力检测。

2）孔道压浆工程应开展压浆质量检测，宜采用无损检测、内窥镜检查等方法。

桥梁基础

4.1 一般规定

4.1.1 桥梁基础施工前应熟悉和分析施工现场的地质、水文资料、现场环境，排查施工区域内的地下管线（管道、电缆）、地下构筑物、危险建筑等的分布情况，并采取必要的措施，避免造成破坏。

4.1.2 位于山坡上的墩台基础应严格按照"先下后上"的顺序施工，上坡方向墩台施工不得随意弃渣，以免对下坡方向桥墩造成偏压。

4.1.3 桥梁附近有公路、房屋等建筑物时，基坑施工应加强防护和监测，严禁基坑盲目抽水，避免由于抽取地下水而引起附近建筑物下沉。

4.2 灌注桩

4.2.1 一般要求

1 桩基开工前，施工单位应复核设计图纸（含地质勘察报告），核查地质勘察资料是否满足勘察原则及施工需要，地形、地质复杂区域桩基勘察资料是否完整、齐全，如有不足，应及时提出补充勘察建议。

2 桩基施工前，施工单位应选取具有代表性的地质进行工艺性试桩，制订试桩方案、获得相应工艺性参数后编制试桩总结，报监理单位审查。

3 桩基施工前，施工单位应编制桩基专项施工方案报监理单位审查批准。

4 桩基各部位高程、桩长等应根据施工阶段结合实际地形、地质动态调整，调整需经设计变更程序完成后方可实施。

5 钻孔桩施工时，应采取可靠措施防止泥浆外流，并及时运至指定地点。

4.2.2 控制要点

1 护筒设置

1）钢护筒在水中或旱地均可使用，筒壁厚度可根据钻孔桩直径、埋深和埋设方法等通过计算确定。

2）护筒内径应适当大于设计桩径，具体数值应根据采用的钻机类型确定。

3）护筒顶面宜高出施工水位或地下水位2m，并高出施工地面0.5m。其高度应满足孔内泥浆面高度的要求。

4）在岸滩上护筒埋置（图4.2.2-1）深度应符合下列规定：

（1）黏性土、粉土不宜小于1m，砂类土不宜小于2m，当表层土松软时，宜将护筒埋置在较坚硬密实的土层中至少0.5m。

（2）埋设时应在护筒四周回填黏土并分层夯实；可用锤击，加压或振动等方法下沉护筒。

图4.2.2-1 护筒埋设

5）在水中筑岛上的护筒宜埋入河床面以下1m左右。在水中平台上设置护筒，可根据施工最高水位、流速、冲刷及地质条件等因素确定埋深，有冲刷影响的河床，护筒底宜进入一般冲刷线以下不少于1.0m。局部冲刷影响严重的河床，护筒底应进入局部冲刷线以下不少于1.0m；在水中平台上下沉护筒，应有导向设备控制护筒位置。

6）护筒顶面中心与设计桩位允许偏差不得大于5cm，倾斜度不得大于1%，如图4.2.2-2和图4.2.2-3所示。

图 4.2.2-2　护筒偏差测量

图 4.2.2-3　护筒接长

2　泥浆池设置

1）泥浆池（图 4.2.2-4）设置应因地制宜，泥浆池容量根据桩径、桩长计算确定，形状一般为规则矩形。可采用机械放坡开挖，开挖深度不宜超过 2m。

2）泥浆池应按照"两池一墙"建设，分别为沉淀池、制浆池、中间墙（图 4.2.2-5）；中间墙可在开挖时预留夯实，也可采用砖砌墙或钢板，砖砌墙需抹面处理，池壁可用砂浆铺设防水塑料布封闭。当相邻两个墩台桩基同时使用一个泥浆池时，增加一个制浆池，沉淀池容积增大 1.5 倍（图 4.2.2-6）。

图 4.2.2-4　标准化泥浆池

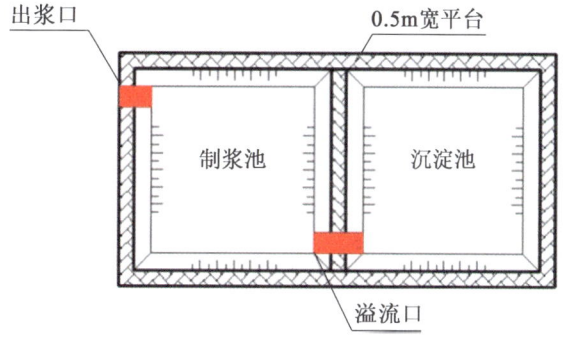
图 4.2.2-5　单桩泥浆池平面布置图

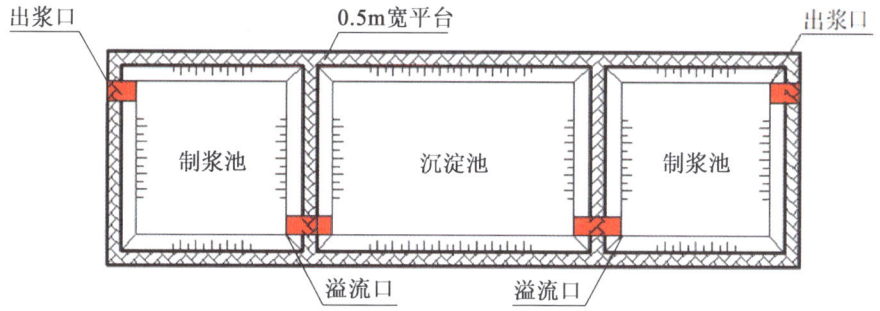
图 4.2.2-6　双桩泥浆池平面布置图

3）泥浆池内沉渣需定期清理，防止泥浆溢出造成污染。

4）深水桩基的泥浆循环和净化，宜在岸上设置泥浆池，制造、净化泥浆。水中可采用泥浆箱或深仓船进行制浆。

5）为保证施工安全，泥浆池四周设置防护栅栏并张贴安全标识牌；护栏基础应牢固，基础高出原地面30cm，安全护栏等高、平顺、连续、封闭，护栏边距基坑边距离不小于50cm。

6）废弃泥浆不得直接进行排放，在指定位置集中处理，达标后排放。

3 成孔施工

1）钻孔前，应按施工设计文件提供的工程地质、水文地质资料绘制地质剖面图，挂在钻台上，以便针对不同地层选用不同钻头、钻进压力、钻进速度及适当的泥浆比重。

2）钻孔孔位必须准确，孔位偏差不得大于5cm，应使初成孔壁竖直、圆顺、坚实。

3）钻孔时，孔内水位宜高于护筒底脚0.5m以上或地下水位以上1.5~2.0m，在冲击钻进中取渣时和停钻后，应及时向孔内补水或泥浆，保持水头高度和泥浆比重及黏度。

4）钻进过程中，钻头起、落速度宜均匀，不得过猛或骤然变速，钻渣不得堆积在钻孔周围。

5）钻孔作业应连续进行，因故停钻时，有钻杆的钻机应将钻头提离孔底5m以上，其他钻机应将钻头提出孔外，孔口应加护盖。

6）在现场取渣样时，在出浆口用捞渣网捞取，保证取样的真实性。取样袋内应放入取样标签（标签上应填写好墩号、桩号、取样时间、取样孔深、取样孔底高程等）。同时注意土层的变化，在岩、土层变化处均应捞取渣样，判明土层并记入记录表中以便与地质剖面图核对。钻孔过程中应经常检查孔位是否偏斜，按要求填写钻孔记录表（图4.2.2-7）。

7）在透水性强或有地下水流动的地层中钻孔时，应适当加大泥浆比重，并经常检查泥浆性能。

8）开孔后、终孔前应检查护筒偏位、高程及钻头直径，钻头直径不得小于桩基设计直径，钻头发生磨损应及时补焊。

9）各类型钻机的选用和施工工艺应符合国家和行业现行相关标准的要求。

10）在距桩中心约2m安全的地带设置十字形控制桩，便于校核，桩上标明桩号，如图4.2.2-8所示。

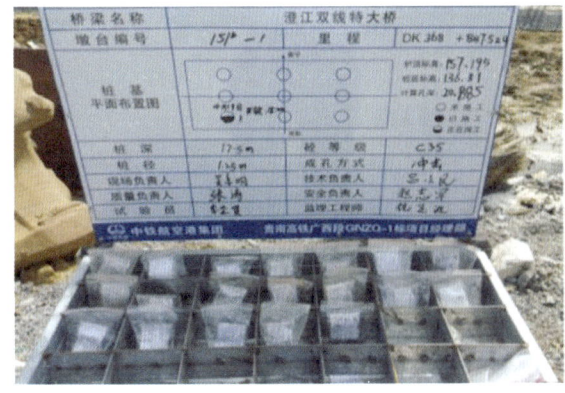

图4.2.2-7 标准渣样台

图4.2.2-8 十字形控制桩

11）桩基成孔后，需经勘察设计单位地质专业进行确认，验收合格后方可进行下步施工。

4 岩溶地区钻孔桩施工

1）岩溶地区钻孔桩宜采用冲击钻机钻孔。施工前应根据桩位处地质、水文等资料，制订专项施工方案和施工技术措施。在地质条件复杂时，还应编制应急预案。

2）岩溶地区钻孔桩施工宜按照先长桩后短桩的顺序进行，钻进过程中当实际地质情况与设计不符时应及时反馈给设计单位处理。施工中应不断总结经验，改进钻进工艺，合理调配泥浆指标。

3）岩溶地层钻孔前应进行以下准备工作：

（1）准备足够的片石、袋装水泥和做成泥砖的黏土。

（2）准备起重机、吸泥机、空气压缩机、水泵等配合施工的机械设备。

（3）泥浆池容量应考虑溶洞漏水补给要求。泥浆池、排水沟、施工场地应进行地表防渗处理，防止地表水渗入地下。

（4）钻孔前技术人员应绘出每个孔位的地质柱状图，包括溶洞的大小、位置、填充情况、顶板厚度、是否存在易塌孔地层等，并结合地质钻探资料，制订地表加固、溶洞处理方案、钻孔方法等措施及施工技术交底资料。

（5）采用冲击钻机钻孔时，宜选用十字形冲击钻头，钻头上端应设打捞装置。

4）溶洞地层钻孔应符合下列规定：

（1）溶沟、溶槽、小溶洞宜采取抛填袋装水泥、黏土、片石等混合料进行堵塞。

（2）在钻至溶洞顶部1m左右时，应改用小冲程（0.5~1.0m）钻进，缓慢击穿洞顶。

（3）在击穿无填充或半填充溶洞顶板前，应密切注意护筒内泥浆面的变化。若泥浆面下降，应迅速补浆补水，根据溶洞的大小按一定比例回填黏土、片石和水泥后反复冲击挤压密实。当泥浆不再漏失后方可转入正常钻进。

（4）对于填充物为软弱黏性土或淤泥的一般溶洞，应向孔内投入一定比例的黏土、片石混合料，并反复冲击形成护壁。钻头穿越溶洞时应小冲程缓慢钻孔，防止偏钻；发生偏孔时，应回填黏土和片石至偏孔位置0.5m以上，再重新钻进。

（5）有浅埋岩溶地层或存在地面塌陷隐患的桩孔，应先加固后再进行钻孔。

5）采用护筒跟进法钻孔施工应符合下列规定：

（1）溶洞规模较大、层数较多、溶洞内填充物性能较差等特大、大型溶洞钻孔施工时，应采用护筒跟进法。

（2）钻孔施工前，应仔细核对设计地质资料确定护筒层数、长度及每层护筒的内径，外层护筒的内径应比相邻内层护筒的外径大10~20cm，最后一层护筒的内径宜比设计桩径大5~10cm。

（3）护筒的厚度及刚度应根据护筒下沉深度、地质结构、内外压力差和振动或锤击施工条件等经过设计计算确定。各层护筒下部外缘应采取加强措施，防止下沉过程中产生变形影响下沉。

（4）护筒下沉至各层溶洞顶板处，应在钻孔前及钻孔过程中经常抛填适量小片石和黏土块，然后用小冲程（0.5~1.0m）冲击钻孔，以便加固护筒底脚附近孔壁，防止斜孔、塌孔、卡钻、漏浆。

（5）钻孔穿过溶洞过程中发生钻孔漏水导致泥浆不能正常循环时，可采用掏渣筒或吸泥机掏渣吸泥。采用吸泥机吸泥时，吸泥机头的位置应在护筒底口以上0.5~1.0m处。掏渣或吸泥时，护筒内应及时补水，并宜使水位高于孔外水位不小于2m，以防止翻砂和塌孔。若发生溶洞内的地下水涌入钻孔中，可采取投放小片石及黏土块或灌注低等级混凝土，通过反复冲击提高护筒内填充物密度及强度。

（6）溶洞为串珠状分布或溶洞高度较大时，可采用多层护筒直接穿过下层溶洞进行钻孔。护筒下沉应严格控制倾斜度和锤击贯入度，贯入度一般不宜大于10mm/击，防止护筒遇阻偏斜和筒壁变形。

6）采用超前注浆填充法处理溶洞时应符合下列规定：

（1）注浆孔可采用地质钻机钻孔，钻孔深度应符合设计要求，注浆孔布置数量应根据溶洞填充情况及高压注浆泵压力，经过计算确定。

（2）应利用注浆孔进一步探明地质情况，当岩溶的范围和深度与设计不符时，应及时反馈给设计单位。

（3）注浆材料、浆液强度应符合设计要求。

（4）注浆顺序应从外向内进行。加压注浆前应进行封孔，封孔可采用水泥砂浆，封孔深度不宜小于3m。

（5）正式压浆前应进行注水、压水试验，确认设备状况良好后方可开始注浆。

（6）注浆过程中出现下列情况时，应采用间歇反复注浆：

①注浆孔填充较大的空溶洞时，自流注浆$2m^3$后，孔底没有明显抬升、浆液漏失严重。

②一次性连续注浆$2m^3$后，注浆速率不减或压力不升高、注浆压力突然降低（含突然为零）或速率突然升高、当流量较大时，液面可以上升至孔口，但停止注浆液面又迅速下降且下降速率较大，反复注浆浆面没有抬升、注浆环境发现异常。

（7）多层溶洞应从下层向上层进行注浆。

（8）注浆施工应按注浆量和注浆压力进行双控。

（9）注浆完成后，应待注浆体达到设计强度80%后方可进行钻孔。

5　桩基检孔

1）当钻孔深度达到设计要求时，应对孔深、孔径、孔位（图4.2.2-9）和孔形等进行检查，检查方法可采用检孔器（图4.2.2-10）或超声波检测。确认满足设计要求后，方可进入下道工序。

2）检孔器宜采用粗钢筋制作，亦可采用钢板、槽钢等参与组合制作，应具有一定的强度和刚度，不易变形。

3）检孔器外径与设计桩径相同，长度为设计桩径的4~5倍，且不小于6m，两端设置为锥形，锥形高度不宜小于检孔器半径。

图 4.2.2-9 孔位检测

图 4.2.2-10 检孔器检孔

4）测绳应报监理单位验收合格后使用。

6 桩基清孔

1）钻孔至设计高程，成孔检查确认钻孔合格后，应立即进行清孔。

2）桩孔检验符合现行《铁路桥梁钻孔桩施工技术规程》（Q/CR 9212）、《高速铁路桥涵工程施工技术规程》（Q/CR 9603）要求后方可清孔。

3）孔桩清孔（图 4.2.2-11）主要方法及适用条件如表 4.2.2 所示。

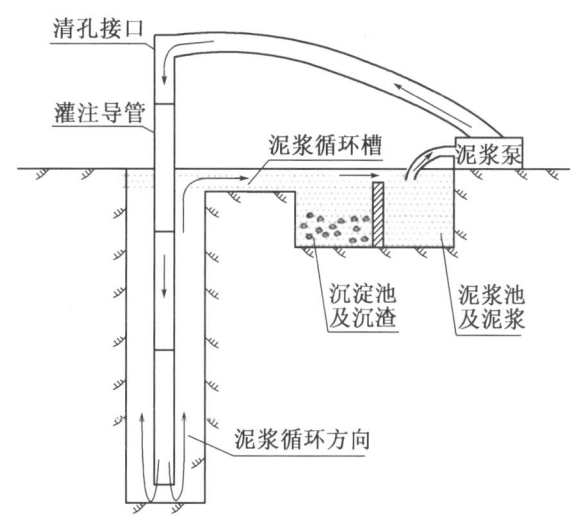
图 4.2.2-11 桩基清孔示意图

孔桩清孔主要方法及适用条件　　　　　　　表 4.2.2

序号	清孔方法	适 用 条 件	注 意 事 项
1	吸泥法	反循环钻机和土质密实不易坍塌的冲击钻	清孔泥浆宜为经泥浆净化器处理符合要求的泥浆，清孔过程中应及时向孔内加注清水或新鲜泥浆，保持孔内水位或泥浆高程
2	换浆法	正循环钻机及冲击钻	
3	掏渣法	冲击钻	
4	高压射风（水）辅助清孔	辅助泥浆正循环清孔	

4）清孔后、灌注混凝土前应检查沉渣，沉渣厚度应符合设计图纸与国家和行业现行有关标准的要求；当设计无要求时，摩擦桩应不大于200mm，柱桩不大于50mm。如超出设计或规范要求值时，应二次清孔，达到要求后方可灌注混凝土。

5）清孔后泥浆相对密度应不大于1.1；黏度应在17~20s之间；含砂率应小于2%。

7 钢筋骨架加工及安装

1）桩基钢筋笼应在钢筋加工场加工，如图4.2.2-12和图4.2.2-13所示。

图4.2.2-12 滚笼机　　　　　　　　　图4.2.2-13 接头预弯

2）钢筋笼安装应留存影像记录。影像采集标识牌如图4.2.2-14所示。

图4.2.2-14 影像采集牌

3）钢筋笼吊环应采用未经冷拉的热轧光圆钢筋制作，钢筋笼下放到位后，在顶端固定，防止沉笼浮笼。

4）桩基声测管随钢筋笼一并安装，钢筋及声测管接头应满足焊接要求，声测管接头应缠裹胶带防止漏浆；声测管内应灌注清水，桩头钢筋宜安装套管，如图4.2.2-15~图4.2.2-17所示。

5）钢筋笼下放采用吊车4个吊点吊装，钢筋笼不得拖地。吊装钢丝绳应通过计算满足要求，质量合格后方可使用。

6）钢筋笼孔口接长采用单面搭焊接，焊缝长度不小于$10d$，接头钢筋必须预弯，如图4.2.2-18~图4.2.2-20所示。综合接地钢筋必须进行标志并准确对接。钢筋笼下放后横担于孔口外型钢上，确保钢筋笼安装稳固。

图 4.2.2-15　声测管焊接缠裹胶带

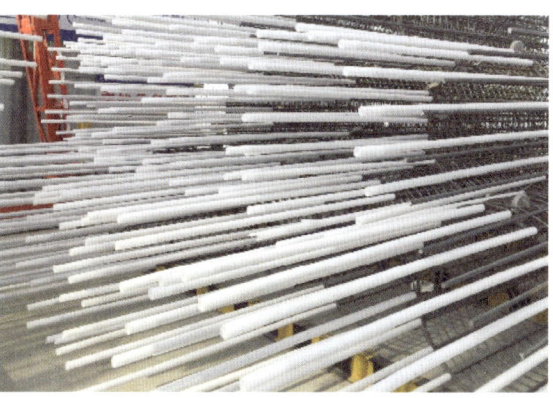

图 4.2.2-16　桩头钢筋安装套管

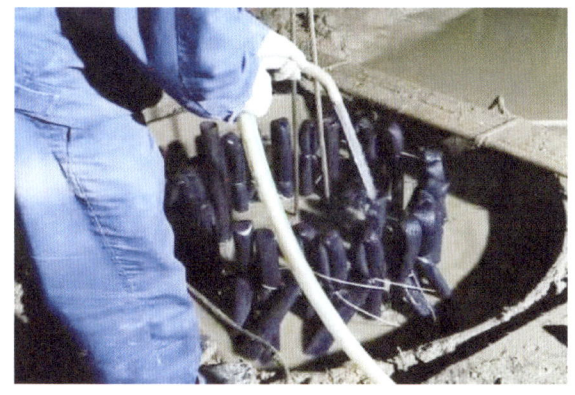

图 4.2.2-17　声测管内灌注清水

图 4.2.2-18　钢筋笼焊接

图 4.2.2-19　焊缝长度检查

图 4.2.2-20　钢筋笼同轴预弯搭接

7）单面搭接焊接长钢筋笼应经监理工程师现场取样做拉伸强度试验。强度检验合格方可浇筑混凝土。

8　混凝土灌注

1）灌注前应检查料斗钢丝绳是否满足要求，灌注桩料斗容量应满足首批封底混凝土，导管埋深不小于1m且不宜大于3m。

2）灌注水下混凝土时，导管的直径宜按照桩长、桩径和每小时灌注的混凝土数量确定。导管壁厚应满足强度和刚度要求，如图 4.2.2-21 和图 4.2.2-22 所示。

图 4.2.2-21　灌注首盘混凝土料斗

图 4.2.2-22　导管存放

3）导管使用前应进行闭水承压试验，钢导管内壁光滑、圆顺，内径一致，接口严密。导管直径采用 20～30cm，中间节长度宜为 2m 等长，底节可为 4m；导管使用前试压不得漏水，各节应统一编号，在每节上自下而上标示尺度；导管组装后轴线偏差不宜大于孔深的 0.5%，亦不大于 10cm；组装时，连接螺栓的螺母宜在上；试压的压力宜为孔底静水压力的 1.5 倍，如图 4.2.2-23 和图 4.2.2-24 所示。

图 4.2.2-23　导管试拼

图 4.2.2-24　导管试压

4）导管埋深宜控制在 2～6m，最小埋深不得小于 1m；当浇筑速度快且混凝土性能好时，可适当加大埋深，但不宜超过 8m。桩顶混凝土浇筑面高程应高出设计桩顶高程 0.5～1m。

5）导管提升应保持垂直，逐步提升，防止碰撞钢筋笼；导管拔出后应及时用水冲洗干净，移至存放架存放，以备下次使用。

6）灌注时应放置隔水栓，以达隔水排气的目的。

7）水下混凝土灌注必须保证连续灌注，不得中断，如图 4.2.2-25 所示。

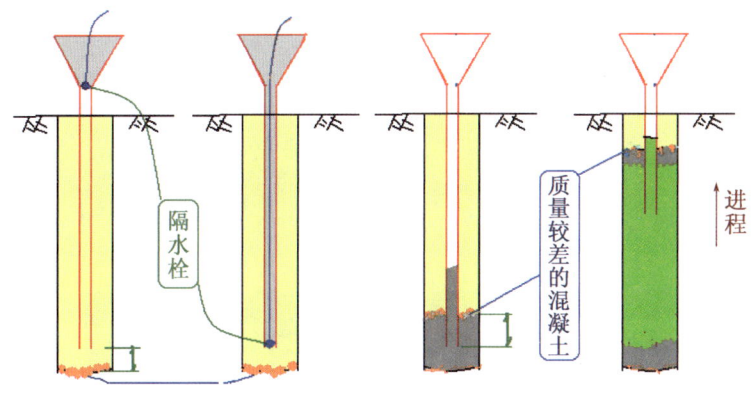

图 4.2.2-25 水下混凝土灌注示意图

4.3 沉入桩

4.3.1 一般要求

1 沉桩前应掌握施工所需的工程地质、水文和试桩等情况，并查明施工区域是否存在障碍物，并及时处理。设备移动范围内的场地应加固、平整。

2 预制桩使用前应检查检验记录及合格证、材料合格证、混凝土配合比、强度报告及制桩记录。

3 预制桩的外形尺寸和外观质量应符合设计要求。

4 施工前，应先对每根桩进行编号，安排好施工顺序。应保护桩沉入后桩头高出地面的部分，严禁施工机械碰撞或将桩头作为锚点。

5 停锤（压）标准应由设计根据地质资料、施工机械型号等因素确定，且应满足国家和行业现行有关标准的要求；若桩检高程与设计高程相差较大，应及时报告设计单位，修正停桩标准。

4.3.2 控制要点

1 桩的堆放、运输

1）桩按种类和顺序堆放，堆放场地应平整、坚实，堆放层数不宜超过 4 层，每层垫木必须保持在同一平面上，各层垫木应在同一竖直线上。

2）桩起吊时，吊点位置和混凝土强度应符合产品设计文件要求，并应平稳提升，使各吊点同时受力，防止冲撞和发生附加弯矩。

2 锤击沉桩

1）锤击沉桩应重锤低击，不应采用大能量锤击沉桩，防止桩头、桩身损坏。沉桩时，应采用与桩和锤相适应的桩帽及适合桩帽大小的弹性衬垫，桩帽及其衬垫的顶面和底面应平整并与桩的中轴线垂直。

2）采用送桩沉桩时，桩与送桩的纵轴线应保持在同一直线上，送桩紧接桩顶部分应有保护桩顶的装置。送桩应有足够的强度、刚度和长度。安放送桩前，应截除桩头损坏部分并保持桩顶平整。

3）锤击沉桩（图4.3.2-1）开始时，应用较低落距，并从纵横两方向观察、控制桩位和桩的竖直度或倾斜度，待桩入土一定深度并确认位置正确无误后，方可按规定落距进行锤击。坠锤落距不宜大于2m，单打汽锤落距不宜大于1m，柴油锤应使锤芯冲程正常。在桩的沉入过程中，应观察并保持桩锤、桩帽和桩身在同一轴线上。锤击沉桩应连续进行，不得中途停顿。

图4.3.2-1 锤击沉桩

4）在预计或有迹象进入软土层时，应改用较低落距锤击。

5）当落锤高度已达规定最大值和每击贯入度不大于2mm时，应立即停锤。当沉桩深度尚未达到设计高程时，应查明原因采用换锤或辅以射水等措施进行沉桩，但桩尖距设计高程不大于2m时不应采用射水下沉。

3 振动沉桩

1）振动沉桩（图4.3.2-2）适用于松软的或塑态的黏性土和较松散的砂土，在紧密黏性土和砂质土中可用射水配合施工。

图4.3.2-2 振动沉桩

2）振动锤的振动力应大于下沉桩土的摩阻力。振动打桩机和机座（桩帽）必须与桩顶连接紧密、牢固。

3）当插完桩后，初期宜依靠桩和振动锤的自重下沉，待桩身入土达到一定深度并确认桩位竖直度符合要求后再振动下沉；每根桩的沉桩作业应连续完成，接桩（图4.3.2-3）和停水干振时间不可过久。

4）采用振动为主射水配合沉桩时，桩尖沉至距设计高程2m时，应停止射水并将射水管提高，进行干振直至设计高程，当最后下沉贯入度小于或等于试桩最后下沉贯入度，且振幅符合规定时，即可认定沉桩合格。

5）同一基础的基桩全部沉完后，宜将全部基桩再进行一次干振，保证全部基桩达到合格标准。

4 静压沉桩

1）静压沉桩（图4.3.2-4）适用于可塑状态黏性土，但不宜用于坚硬状态的黏土和中密以上的砂土；当有夹砂层时，应采取相应的施工措施。

图4.3.2-3 接桩施工

图4.3.2-4 静压沉桩

2）压桩前应根据压桩地区的土层、地质情况估算压桩阻力，根据压桩阻力选择压桩设备。

3）压桩所用量测压力仪表应定期标定、及时检修，保证正确反映压力值。

4）施工过程中，应保持压桩力和桩轴线重合，若有偏移，应及时调整。

5）压桩时应避免中途停歇，如必须停歇时应减少停歇时间，防止再压时启动阻力过大。

6）静压沉桩深度控制应按设计高程、压桩力和稳压下沉量相结合的原则，并根据地质条件和设计要求综合确定。

5 沉桩质量控制

1）沉桩顺序可根据水流、地形、地质和桩架移动难易等因素确定。当桩基平面尺寸较大或桩距较小时，宜由中间向外周进行沉桩；在较松软的土层中宜由外周向中间进行沉桩。

2）吊插桩前，应复查桩位、桩身、桩架质量，确认合格后方可插桩。

3）沉桩前应在纵、横两个方向检查桩锤、桩帽与桩身的中心线，确保其在同一轴线上；直桩的垂直度或斜桩的倾角应符合要求。

4）沉桩过程中应防止偏移，遇下列情况应停止沉桩，经分析研究并采取措施后，方可继续施工：

（1）贯入度发生急剧变化或振动打桩机的振幅异常。

（2）桩身突然倾斜、移位或锤击时有严重回弹。

（3）桩头破碎或桩身开裂。

（4）附近地面有严重隆起现象。

（5）打桩架发生偏斜或晃动。

5）同一基础，当土质与设计不符，桩的入土深度相差很大时，应提交设计单位。

6）沉桩时应逐根填写沉桩记录。

4.4 扩大基础及承台

4.4.1 一般要求

1 基坑开挖前应按地质、水文资料和环保要求，结合现场情况，制订施工方案，确定开挖范围、开挖坡度、支护方式、弃土位置、防排水措施等，并制订安全和质量保证措施。

2 基坑开挖过程中应对支护结构、周围地表及环境进行观察和监测，当发现异常情况时，应妥善处理后方可继续施工。

3 基础底面不得处于软硬不匀的地层上。当发现地质条件与设计不符时，应及时联系勘察设计等单位进行处理。

4 扩大基础及承台宜使用大型组合钢模板。

5 根据现场地质情况增加垫层、封底混凝土。

4.4.2 控制要点

1 基坑开挖

1）基坑开挖前应进行下列准备工作：

（1）测定基坑中心线、开挖轮廓线。

（2）确定坑壁开挖坡度、支护方式、开挖方法、防排水措施和弃土位置。

（3）进行施工工艺和安全技术交底。

2）基坑应避免超挖，松动部分应清除。使用机械开挖时（图4.4.2-1），应在设计高程以上保留一定厚度土层用人工开挖。

3）基坑宜在少雨或枯水期开挖，开挖不宜间断，开挖完成经检验合格后，立即施工基础构筑物。

4）开挖完成后应立即设置防护栅栏并张贴安全标识牌（图4.4.2-2），护栏基础应牢固，安全护栏等高、平顺、连续、封闭，护栏边距基坑边距离50cm。

图4.4.2-1 基坑机械开挖

图4.4.2-2 基坑防护

5）地下水位较高时，基坑排水可使用汇水井（坑）、井点降水、排水等方式，应保持基坑底不被水淹。

6）先开挖至一定深度后，施作围檩和支撑，防止基坑坍塌。

7）在桩头凿除过程中应注意对声测管的覆盖和保护，以免泥土或碎渣堵塞声测管，影响检测。

2 破桩头

1）凿除桩头时，混凝土应达到下列强度：

（1）采用人工凿除时，混凝土强度不小于2.5MPa。

（2）采用风动机等机械凿除时，混凝土强度不小于10MPa。

2）桩体埋入承台长度及桩顶主筋锚入承台的长度应符合设计要求。

3）桩身顶端上层浮浆必须凿除，凿除后顶面应平整，粗集料呈现均匀，不得损坏桩基钢筋，凿除后桩顶高程偏差应控制在0~3cm。

4）桩头破除应采用环切工艺（图4.4.2-3），符合以下要求：

（1）技术人员采用水准仪测量桩头环切线位置，使用红漆沿桩基周围标识环切线，并在第一道环切线上方10cm处画出第二道环切线。

（2）使用切割机沿标识出的切割线上侧切出2~4cm深切痕。切割时，不得损伤桩基钢筋及声测管。

（3）在环向切割线上部采用风镐凿出一条环形槽，槽宽约10cm，深度以可找出主筋为标准，在设计桩顶处形成一条保护隔离带，消除破坏桩头的可能。桩头凿除工具可采用锯片式混凝土切割机、液压式顶镐、手持式风镐及手持式花锤。

（4）确定桩顶深入承台高程，采用锯片式混凝土切割机环切桩头，桩顶之上10cm及20cm处各一条切线（保证液压顶镐头可放入），在桩身1/4圆弧位置采用手持式风镐凿出顶镐顶升点，桩头垫钢板，采用液压顶镐顶断桩头（图4.4.2-4），用吊车垂直将桩头吊起运至合理位置存放。采用混凝土切割机修整未成型桩头，采用手持花锤对桩顶进行凿毛处理。

图4.4.2-3　桩头环切两道　　　　　　　　图4.4.2-4　液压顶断桩头

3　绑扎基础钢筋、立模浇筑混凝土

1）垫层施工完成后应在垫层标注承台尺寸，标出主筋位置，绑扎基础钢筋，基础钢筋及深入基础的墩台身预埋钢筋应采用定位卡具严格控制钢筋位置及间距，如图4.4.2-5所示。

2）承台混凝土浇筑完成达到强度后对墩柱范围内（保护层范围内，需要放样确定）混凝土面进行凿毛，其余承台部分浇筑完成后抹面压光，如图4.4.2-6所示。

图4.4.2-5　预埋钢筋卡具　　　　　　　　图4.4.2-6　墩身范围内凿毛

3）承台若有分层浇筑时，施工缝处应凿毛处理，清洗干净，并增设剪力筋，分层浇筑时间不宜过长，避免出现裂缝。

4）大体积混凝土施工，在安装钢筋时按设计要求埋设冷凝水管（图4.4.2-7）。

图4.4.2-7　冷凝管安装

4 综合接地设置

1）扩大基础综合接地设置应符合以下要求：

（1）接地钢筋及接地端子设置形式、位置与数量应满足设计要求。

（2）在桥墩基底底面应设置水平接地体，桥墩中应设置竖向接地钢筋，一端与基底水平接地体连接，另一端与墩帽处的接地端子连接。

2）承台综合接地设置应符合以下要求：

（1）接地钢筋及接地端子设置形式、位置与数量应满足设计要求。

（2）在每根基桩中应选用通长接地钢筋，基桩中的接地钢筋在承台中应通过连接钢筋环接。桥墩中应设置竖向接地钢筋，一端与承台连接钢筋连接，另一端与墩帽处的接地端子连接。

4.5 围堰

4.5.1 一般规定

1 施工前应根据设计资料及实际地质与水文情况，选择适宜的围堰方式。一般情况下，土围堰适用于水深在2m以内、流速小于0.3m/s、冲刷作用很小、河床为渗水性较小的土层；土袋围堰适用于水深在3m以内、流速小于1.5m/s、河床为渗水性较小的土层。在深水中修建时，可选择钢板（管）桩围堰、钢围堰、钢吊箱围堰等。

2 围堰施工时应搭设工作平台，平台可结合钻孔平台一起设置，其刚度、强度及稳定性应经过检算确定，检算需考虑水流、泄洪、通航等不利因素。

3 施工过程中，应经常检查围堰外河床冲刷情况，必要时应抛石防护。

4 围堰内作业时，应对围堰构造物做好监测，及时掌握水情变化信息；遇洪水、台风等极端天气时，应在接收到预报之后，及时撤出人员。

5 围堰应按专项施工方案进行开挖，垫层或封底混凝土严禁侵占承台厚度。

6 当基坑监测达到预警值时，应提高监测频率，加强观测；当达到控制值时，应立即撤离基坑周围工作人员，回灌水，分析基坑变形超限原因并加固后，方可进行下一步施工。

7 如遇6级及以上大风、暴雨等极端天气时，应停止作业，同时检查加固栈桥、起重设备等。

8 各施工平台应配置4~10个救生圈、救生抛绳。在施工中，现场必须留有一艘交通船值班。

9 应与当地气象、水文站等保持联系，掌握并及时发布天气、水位变化信息，确保施工安全。

4.5.2 控制要点

1 土（袋）围堰

1）土（袋）围堰断面应根据使用的土质、渗水程度及围堰本身在水压力作用下的稳定性确定。一般情况下，围堰顶宽度不应小于1.5m，外侧坡度不陡于1:2，内侧坡度不陡于1:1。

2）土（袋）围堰顶宽度可为1~2m，外侧边坡为1:0.5~1:1，内侧为1:0.2~1:0.5。

3）土（袋）围堰宜使用黏性土填筑，填土出水面后应分层夯实。筑堰引起流速增大时，应在外坡面采用片石、土袋、石笼和砌块等进行防护。

2 钢板（管）桩围堰

1）钢板（管）桩围堰（图4.5.2-1、图4.5.2-2）适用于深水基坑，河床为沙土类、黏性土、碎石土以及风化岩等地层。

图4.5.2-1 钢板桩围堰　　　　　　　　图4.5.2-2 钢管桩围堰

2）新钢板桩应具备出厂合格证，经过整修或焊接的钢板桩应用同类型的钢板桩进行锁口通过试验检查。自检合格后报监理单位复验，验收合格后方可使用。

3）钢板（管）桩围堰施工前应进行专业设计，需满足强度、刚度、稳定性及抗隆起要求，围檩宜采用型钢加工并与钢板桩密贴，内支撑宜采用钢管或型钢制作，并与围檩顶紧密焊牢。

4）钢板（管）桩需要接长时，相邻接头应上下错开不小于2m。

5）钢板（管）桩可用锤击、振动、液压或辅以射水等方法下沉，但在黏土中不宜使用射水下沉法。在插打几根或几组钢板桩后（图4.5.2-3），应及时检查平面位置和垂直度。

6）定期检查构件残损度、壁厚，锈蚀严重部位应及时更换。

7）清底可采用"气举抽泥"法配合长臂挖掘机施工（图4.5.2-4、图4.5.2-5），靠近围堰和灌注桩附近的污泥应由潜水员在水下使用高压水枪和特制钢丝刷进行清理。清理过程中，潜水员（图4.5.2-6）应对围堰钢板桩的锁口情况进行检查。

图 4.5.2-3　钢板桩插打

图 4.5.2-4　长臂挖掘机清基

图 4.5.2-5　气举法抽泥

图 4.5.2-6　潜水员

3　双壁钢围堰

1）钢围堰（图 4.5.2-7）的尺寸、强度、刚度、结构稳定性和锚碇方法等应满足设计及施工要求，围堰顶面可作为施工平台。

2）出厂前，应按设计要求检验块件结构尺寸和块件的焊接质量，必要时应进行水压试验，发现焊缝渗漏处应将焊缝铲除烘干后重焊。

3）每节钢围堰拼装（图 4.5.2-8）完成后，检查尺寸、焊缝、垂直度，经验收合格方可进入下道工序。拼焊质量应符合下列规定：

（1）上下隔舱板以及各相邻水平环形板应对齐。

（2）上下竖向肋角应与水平环形板焊牢。相邻块体、外壁板对接应准确，相互错开允许偏差为 1mm，接继缝隙为 2mm；当拼缝不能对接焊时，可采用搭接焊或贴板焊接，但必须满焊并保证水密。

（3）所有壁板和隔舱板的工地焊缝应进行煤油渗透试验，不合格者铲除重焊。

4）围堰下沉时，应根据围堰位移及倾斜情况及时调整吸泥位置，经常观测围堰内外水头差并及时补水，防止翻砂。

图 4.5.2-7 钢围堰

图 4.5.2-8 钢围堰拼装

4 钢吊箱围堰

1）施工前应调查桥位处地质条件、河床高程及起伏情况、水文条件（水位高差如洪水位、枯水位、常水位、施工期间水位、涨落潮、流速等信息）、气象等信息。

2）吊箱围堰应进行专项设计（图 4.5.2-9、图 4.5.2-10），除结构尺寸、强度、刚度、吊装方法应满足施工要求外，尚应满足抗浮力、防漏水的要求。

图 4.5.2-9 普通钢吊箱围堰

图 4.5.2-10 自浮式钢吊箱围堰

3）钢吊箱生产前，需要对承台桩基所用钢护筒进行平面位置精准测量，确定吊箱底部桩基位置吊箱开孔直径及位置。

4）钢吊箱围堰焊接应采用气体保护焊等先进焊接工艺，厚钢板之间的焊接应开坡口，如吊装点、钢吊箱围堰转角受力点、主背肋的连接点、双壁吊箱围堰侧壁的面板（有防水要求时）等。

5）吊箱围堰应先进行预拼装，验收合格后方可运抵现场原位拼装。

6）拼装吊箱用的工作平台应稳定、安全、拼拆方便，满足高精度测量工作的需要。

7）吊箱围堰水下封底混凝土的厚度，应按抽水时围堰不上浮、混凝土浇筑时不下沉和混凝土强度能满足受力要求的原则计算确定。

8）吊箱围堰浇筑封底混凝土时应采用多导管对称、平衡进行施工。

4.6 施工栈桥与水上施工作业平台

4.6.1 一般规定

1 施工前应调查桥位处地质条件、河床高程及起伏情况、水文条件（水位高差如洪水位、枯水位、常水位、施工期间水位、涨落潮、流速等信息）、气象等信息。

2 施工栈桥与水上施工作业平台施工应编制专项施工方案，经专家论证通过后，按规定履行报批手续，并经监理单位审批同意后方可施工。

3 施工栈桥的平纵断面和结构安全应由有资质的单位进行专项设计，桥面宽度、承载能力应满足大型机械、重载车辆通行需要。

4 水上施工作业平台、施工栈桥应符合下列规定：

1) 桥梁工程水上施工作业平台应根据基础类型及墩、梁高度、河床地质、河流水文、河岸地形等工况，选择固定式平台、浮动式平台，可采用双壁钢围堰或钢吊箱围堰作为施工平台。各种类型的水上施工平台，均应经过设计计算，具有足够的强度、刚度、稳定性和能满足施工作业需要的平面面积。

2) 应根据施工过程中可能发生的最不利荷载组合分布情况、水流流速及水位变化、风力及风向和机械作业产生的冲击力等工况，进行固定式平台结构强度、承载能力和稳定性检算，对浮动式平台还应进行倾斜度、浮船（箱）连接强度及加固杆件强度检算、牵引及锚碇力计算。施工作业平台顶面应高于设计施工水位（包括波浪高度），固定式平台不应小于1.0m，浮动式平台不应小于0.5m。

5 新施工栈桥与水上施工作业平台所用材料应具备出厂合格证，经过整修或焊接的钢栈桥及钢平台通过相关试验检查（图4.6.1）。自检合格后报监理单位复验，验收合格后方可使用。

图4.6.1 履带式起重机贯入钢管桩

6 施工栈桥与水上施工作业平台的平面位置不得妨碍灌注桩施工、钢套箱及承台施工。

7 施工栈桥与水上施工作业平台应建立门禁、日常巡检及沉降观测制度。

8 施工栈桥与水上施工作业平台进场验收及施工应符合《钢结构工程施工质量验收标准》（GB 50205—2020）。

9 施工栈桥起始墩宜设重力式浆砌片石（或混凝土）基础，在浇筑混凝土前应预埋贝雷片安装预埋件。

10 桥面高度不得低于历史最高洪水位，桥头应设置限重、超限标牌，桥面宜设高度为1.2m的栏杆扶手，栏杆颜色标准统一。

4.6.2 控制要点

1 钢管桩（图4.6.2-1）剪刀撑交叉点应采用焊接连接，以减小剪刀撑抗压自由长度。

图4.6.2-1　钢栈桥与钢平台

2 栈桥制动墩钢管桩、横梁及与贝雷梁上弦杆或下弦杆应连接牢固，以承受汽车牵引力或制动力。

3 墩顶分配梁应设置贝雷梁限位件，以防贝雷梁横竖向位移，限位件可采用槽钢或钢板与墩顶分配梁焊接。

4 制动墩贝雷梁接头处应预留缝隙，以备温度变化时梁的变形。制动墩支承桩纵向同横向一样设置剪刀撑。

5 当钢材表面有锈蚀、麻点或划痕等缺陷时，其深度不得大于该钢材厚度允许负偏差值的1/2，且不应大于0.5mm，施焊前必须清除焊接区的有害物质。

6 焊工必须熟悉焊接工艺要求，必须有资格证书方可从事焊接工作。

7 焊缝必须密实，不得有裂纹、气孔、夹渣、焊瘤等缺陷，若有缺陷应处理改正。如有焊缝开裂应查明原因，清除后重新焊接。

8 焊接完毕，所有焊缝必须及时进行外观检查，清除药皮、熔渣、溢流，不得有裂纹、未熔合、夹渣等缺陷。

9 所采用的焊接材料型号应与焊件材质相匹配，焊接强度不小于主材强度，焊接接桩后，焊缝必须冷却后方可沉入水中。

10 接桩或沉桩时,应吊垂线观测钢管桩顺直度或垂直度,以钢管桩入土深度和贯入度双控的方法作为停锤标准。沉桩时做好沉桩记录,沉桩记录必须真实、准确(图4.6.2-2)。

11 水上钢管桩的打设宜采用导向架定位,每跨栈桥施工完成后,将导向架移至下一排钢管桩,测量定位好导向架后,采用工字钢连接件与贝雷架连接紧密,确保钢管桩插打过程中导向架不会移动。

12 插打钢护筒(图4.6.2-3)宜采用双层导向架,施工前先测量定位导向架,再将导向架与钢栈桥牢靠焊接确保插打钢护筒时导向架不会移位,然后插打钢护筒;施工全过程做好监测,直至插打完成,完成后进行复测。

图4.6.2-2 钢栈桥围栏与标识

图4.6.2-3 打设钢护筒

5 桥梁下部结构

5.1 一般规定

5.1.1 下部结构施工前应熟悉施工图文件，分析施工现场的地质、水文等相关资料，并应结合施工现场环境，选择合适的模板及安装方案，并做好施工技术交底工作。

5.1.2 下部结构施工前应完成场地平整、杂物清运、地锚设置、吊机位平整压实、临时水电供应等准备工作。

5.1.3 桥梁墩身的施工测量放样（圆形墩身采用中心坐标、方形墩身采用四角坐标放样）应经监理单位检测合格。

5.1.4 墩、台身施工前，应对其施工范围内基础顶面的混凝土进行凿毛处理，并将表面的松散层、石屑等清理干净。

5.1.5 墩台施工完成后，上部结构施工前应及时对中线、高程、跨度、结构尺寸及预埋件位置等进行验收。

5.2 桥墩

5.2.1 一般要求

1 桥墩施工前，应将基础顶面凿毛，清洗干净，整修连接钢筋，并在基础顶面测定桥墩中线、高程，标出桥墩立模位置。

2 桥墩施工过程中应检查中线、高程，发现偏差应及时调整。

3 支承垫石施工前应准确测量桥梁跨度和支承垫石高程，施工中应确保支承垫石顶面高程及钢筋网位置和锚栓孔位置、尺寸符合设计要求。

4 桥墩应在承台完工后尽快施工，缩短桥墩与承台混凝土浇筑的时间间隔。如工期安排冲突不能及时施作墩身，应对预埋钢筋做防腐处理。

5.2.2 控制要点

1 钢筋加工与安装

1）钢筋在钢筋加工场按设计图纸集中下料、分型号、规格堆码、编号，平板车运到现场，钢筋按编号及规格在桥墩钢筋骨架定位模具上绑扎（图5.2.2-1）。

2）钢筋安装应与接触网立柱基础及桥墩检查设备预埋件同步进行，钢筋保护层必须满足规范及设计要求。

3）墩身预埋钢筋应在浇筑承台前安装完毕，墩身钢筋的加工制作及钢筋连接方式应符合设计要求，钢筋安装时应使用定位卡具准确定位（图5.2.2-2）。

图5.2.2-1 顶帽钢筋绑扎　　　　　图5.2.2-2 墩身预埋钢筋采用定位卡具

4）墩身钢筋绑扎时提前预埋垫石钢筋及综合接地钢筋，垫石钢筋及支座锚栓孔根据测量放样安装，待混凝土浇筑至顶帽底时恢复过人孔钢筋；综合接地钢筋按设计要求设置竖向接地钢筋，接地钢筋之间全部采用焊接连接。

2 模板

1）整体式钢模板施工。

（1）模板宜优先采用统一制作的整体式钢模板。钢模板面应平整，接缝应严密不漏浆，拆、装施工操作方便，并制订模板的安装、使用、拆卸及保养等有关技术措施和注意事项。

（2）模板及支架应经过设计计算具有足够的强度、刚度与稳定性，能可靠的承受施工过程中可能产生的各项荷载，保证结构物各部形状、尺寸准确。

（3）模板安装前应进行试拼，检查合格后，对其进行编号存放。墩身模板布置外挑架平台，四周采用标准临边防护，1.2m高，下设20cm踢脚板，外包密目网。

（4）墩身宜采用独立爬梯，模板外挂操作平台，如图5.2.2-3和图5.2.2-4所示。

图 5.2.2-3　模板外挂平台及独立爬梯

图 5.2.2-4　梯笼支架

（5）模板组装完毕后，应对模板的垂直度、平整度、错台、拉杆和螺栓的连接牢固程度以及支架的稳固性等进行检查，合格后方可浇筑混凝土。

2）翻模施工

（1）高墩施工应使用翻模（图 5.2.2-5），准备起重设备和多组同样规格的模板，多组模板可循环倒用。

（2）高墩翻模施工示意如图 5.2.2-6 所示。

（3）利用吊挂锤球方法检查控制桥墩中心和方位时，应专人负责，跟踪观测，发现偏差及时纠正。

（4）每浇筑 5~10 节墩身混凝土，应核对中心和高程。

（5）通过减少内外模板的块数和相邻模板的搭接长度，实现桥墩的收坡和曲率变化。

（6）模板搭接时，应沿桥墩周围同一个方向。

（7）作业平台应铺设牢固，安全网布设严密。

图 5.2.2-5 翻模施工

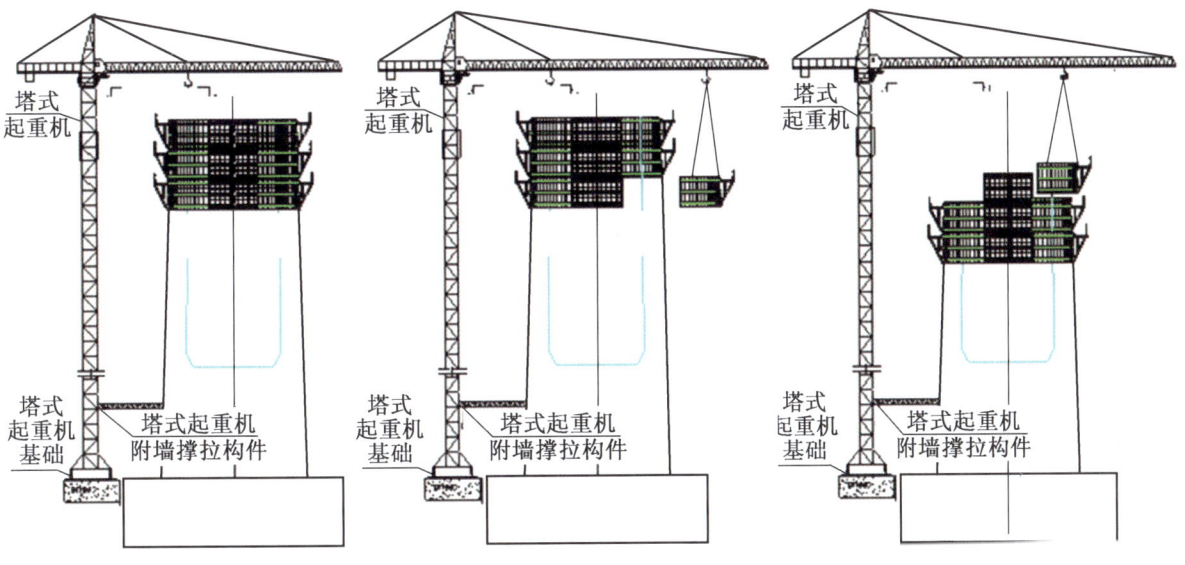

图 5.2.2-6 翻模施工示意图

3）爬升模板施工

（1）高桥墩施工应采用爬模施工（图 5.2.2-7），主要由锚定总成、导轨、液压爬升系统、爬模操作平台等部分组成。

（2）液压爬模施工流程如图 5.2.2-8 所示。

3 混凝土浇筑与养生

1）混凝土浇筑前检查预埋件种类、数量、位置是否准确。桥墩预埋件包括顶帽预埋钢筋或垫石预埋钢筋、支座锚栓孔、吊篮和围栏预埋件、接触网支柱预埋件、墩顶接地端子、检查梯预埋件、防落梁预埋件等，当为连续梁墩身时还应注意临时支座预埋件和支架预埋件。

图 5.2.2-7 墩身爬模施工图

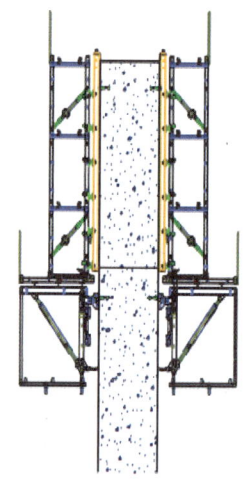
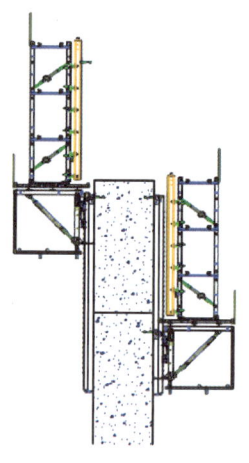
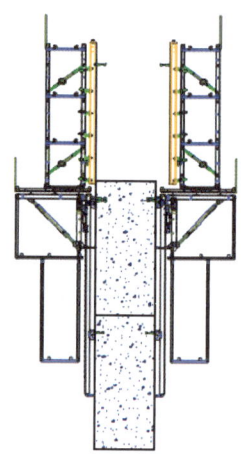

a)第一步吊装模板完毕、浇筑混凝土、施工人员在平台绑扎钢筋　　b)第二步拆模、后移模板插导轨爬升　　c)第三步爬升到位安装吊平台开始合模

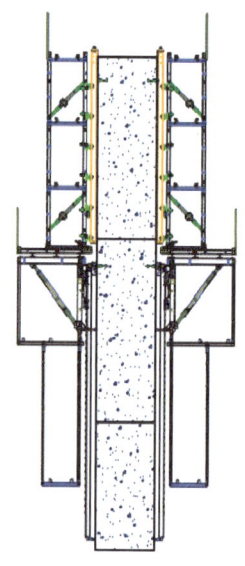
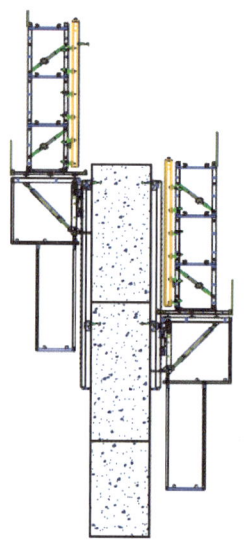
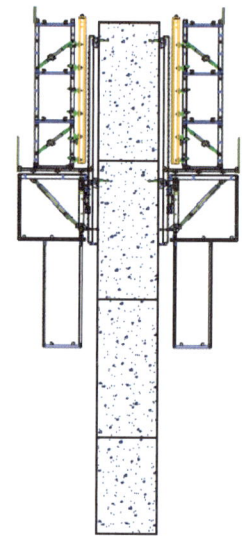

d)第四步合模完毕、浇筑混凝土　　e)第五步浇筑完毕、养生拆模提升导轨、爬升架体　　f)第六步进入标准爬升阶段又一次浇筑混凝土

图 5.2.2-8 爬模施工流程图

2）混凝土由拌和站集中拌制，通过搅拌车运输至施工现场，采用泵送入模，泵管直接接串筒浇筑。

3）分层浇筑，每层浇筑厚度不超过30cm；连续进行，插入式振捣器振捣，混凝土浇筑速度不大于2m/h。

4）混凝土的施工、养生和拆模等应符合有关规定。同一结构物使用同一厂家、同强度等级的水泥和同产地的集料，确保混凝土的外观质量。浇筑混凝土时，应检查模板、钢筋、沉降观测点及预埋部件的位置和保护层的尺寸，确保其位置正确不发生变形。

5）混凝土采用插入式振捣器振捣，移动间距不应超过振捣器作用半径的1.5倍，与侧模应保持5~10cm的距离，插入下层混凝土5~10cm，边振动边缓慢提出振捣棒，应避免振捣棒碰撞模板、钢筋及其他预埋件。

6）对每一振捣部位必须振捣到该部位混凝土密实、混凝土停止下沉、不再冒出气泡、表面呈平坦、泛浆为止。桥墩混凝土终凝前不得泡水。

7）桥墩施工应按设计要求设置墩顶排水坡。

8）施工时尽量减少暴露的工作面，防风、防晒、防雨，浇筑完成后立即抹平进入养生程序。

9）混凝土浇筑完毕后1h内对混凝土进行保温保湿养生，养生、拆模应满足现行《铁路混凝土工程施工技术规程》（Q/CR 9207）的相关规定。

10）整体浇筑的桥墩混凝土养生推荐采用重力自流养生方式，墩身应采用养生薄膜包裹。分段浇筑的高墩推荐采用自动喷淋养生系统，喷淋管可选择移动式和固定式。养生过程应注意桥墩流水槽位置的养生，如图5.2.2-9和图5.2.2-10所示。

图5.2.2-9 自流式墩身养生

图5.2.2-10 喷淋式墩身养生

11）墩身拆模后应及时封堵对拉杆孔洞，修补前应清除孔内杂物；孔内填塞应密实；堵孔砂浆应调整配比，确保与墩身混凝土颜色一致。

12）如有特殊要求时，墩身混凝土龄期达28d后，按设计规定涂刷防腐氟碳漆（图5.2.2-11）。

图 5.2.2-11　墩身氟碳漆

5.3 桥台

5.3.1 一般要求

1　施工单位在桥台施工前应复核台位地形、水文地质情况。

2　台身开挖时，应避免大挖大填，挖至能满足工作面要求即可。

3　当胸墙会影响到梁体预应力施工时，胸墙混凝土可在预应力施工完成后再浇筑。

4　台身开挖前应对高边坡进行防护。

5.3.2 控制要点

1　浇筑桥台台身、台帽、台顶时应注意垫石、防护墙、伸缩缝预留钢筋、接地端子、泄水孔、无砟轨道预埋件等相关预埋。

2　桥台顶面应按设计要求做好防水层、保护层，其表面排水坡度应符合设计要求、平顺无凹坑。

3　桥台排水设施所用的材料符合设计要求。

4　桥台台帽无底模施工时应保证混凝土垫层满足设计及规范要求，垫层应平整无杂物，浇筑范围应大于设计桥台尺寸，如图 5.3.2-1 所示。

5　桥台位于曲线上时，防护墙应结合路线平面设计方向和现场实际情况，合理调整与台顶、台帽间的夹角，确保防护墙前后顺接。防护墙混凝土浇筑完成后，应根据设计坡度人工对混凝土进行找平，确保防护墙坡度符合设计及规范要求，如图 5.3.2-2 所示。

6　过渡段两侧及锥体填筑宜与过渡段级配碎石、相邻路基同步分层填筑，不能同步填筑时，应在填筑交界设置台阶，台阶坡度宜为 1∶2。

图 5.3.2-1　桥台施工防水层及无砂混凝土板

图 5.3.2-2　桥台锥坡施工完成

7　综合接地应符合以下要求：

1）贯通地线、接地钢筋及接地端子设置形式、位置与数量应满足设计要求。

2）桥台中应设置竖向接地钢筋，一端与桥台连接钢筋连接，另一端与台帽处的接地端子连接，同时连接台顶上表层（或保护层）设置的纵向接地钢筋，纵向贯通整个桥台。

3）在桥梁伸缩缝处，贯通地线敷设应考虑余量，符合贯通地线弯曲半径的规定，并采用套管防护的措施。

4）电缆槽底部接地端子面应与保护层上表面平齐。

5.4　支承垫石

5.4.1　一般规定

1　施工单位在预制梁技术交底时应说明超高过渡方式及其对支承垫石的影响，监理单位相应做好方案审核批复工作，调节定型钢模顶四角面高程，确保支承垫石顶面高程在规范允许的误差范围之内。

5.4.2　控制要点

1　支承垫石外模板（图 5.4.2-1）宜采用钢模板，按照支座结构尺寸预留锚栓孔，孔位预留采用外径 100mm 的钢管包裹塑料薄膜，钢管外侧采用型钢精确定位，孔位偏差应小于 10mm，垫石平整度控制采用水准仪实时测控，水平尺检验控制收面平整度。

2　支承垫石施工（图 5.4.2-2）之前，应对墩台顶支座垫石位置处混凝土结合面进行凿毛；凿毛时，应清除结合面浮浆直至均匀的集料露出，保证支座垫石混凝土与墩台混凝土结合良好。

3　应严格控制支承垫石顶面高程。

4　支承垫石在混凝土浇筑完成拆模后，宜采用内层保水土工布包裹，外层薄膜密封的方式进行养生。

图 5.4.2-1 垫石模板

图 5.4.2-2 垫石施工

5 加强支承垫石的施工质量控制，支承垫石位置、高程应进行专项验收。

5.5 台背回填

5.5.1 应根据桥台背后结构物（如隧道、路堤或路堑）连接情况，按设计图纸施工。

5.5.2 台背回填前应先确保桥台承台已按设计回填，锥坡填筑地基基础满足填筑要求。

5.5.3 桥台台背填土和锥坡的回填必须同步进行，应分层在桥台两侧对称、均衡地进行填筑。锥体填筑应按设计范围及坡度一次填足，并宜在设计边坡之外适当加宽，待整修边坡时刷去多余土，不得边砌石边补填料。

5.5.4 桥台背后防水层应按设计要求范围施工。设计无要求时，一般不设防水层，特殊设计的轻型桥台台背可设聚氨酯防水层，不设保护层。当台后设防水层时，台后两侧防水层应与锥体护坡面相衔接。

5.5.5 桥梁两端路基的排水应按设计引排，不得冲刷桥台锥体。

5.5.6 锥体与台后过渡段填筑应同步施工。施工中应采用机械分层填筑压实，严格控制分层厚度和压实密度。邻近桥台边缘不能碾压处应采用小型机具夯实，达到密实度要求。

5.6 锥体

5.6.1 桥台后过渡段及锥体填筑必须待桥台混凝土达到设计强度后方可进行。填料的种类及填筑要求应符合设计规定。

5.6.2　锥体填筑及护坡施工应符合设计文件及现行《高速铁路桥涵工程施工技术规程》（Q/CR 9603）的规定。

5.6.3　锥体应按设计要求进行完整防护。

6 桥梁支座

6.0.1 一般规定

1 钢支座钢构件应采用不锈钢材料。连续梁的活动支座应根据设计文件计算支座上下钢板的预偏量，设置预偏量后对上下钢板临时锁定，在连续梁混凝土浇筑达到强度并拆除底模后，对活动支座的上下钢板临时锁定及时拆除。

2 施工单位在支座安装时必须对支座的型号、位置、平整度、预偏量进行自检，经监理单位进行复核合格后方可进行下一道工序施工。

6.0.2 控制要点

1 桥梁支座进场后，应检查产品合格证、附件清单和有关材质报告单或检验报告，并应根据国家和行业现行有关标准的规定，对支座外形尺寸、外观和组装质量进行检查，支座品种、类型、性能、规格、结构和涂装质量均应符合设计要求和国家和行业现行有关标准的规定。

2 钢支座安装前应检查支座组装位置、组装后全高、上下座板（上下摆）螺栓孔中心距、各部尺寸、支座铸件的外观质量、支座防锈涂装及承压面润滑涂油情况，如发现破损、锈蚀等缺陷应进行处理。

3 支座安装前应检查桥梁跨度、支承垫石尺寸和高程、预留锚栓孔位置和尺寸等。支承垫石和锚栓孔应清理干净，无泥土、无浮砂、无积水和油污等杂物，并对支承垫石顶面进行凿毛处理。支承垫石顶面应划线标明支座下座板的纵、横中心线。

4 支座安装的品种、规格、位置和方向应符合设计要求。桥梁支座类型应根据线路设计纵向坡度和设计要求选用。安装前应与设计沟通预偏量，在设置预偏量时调整方向。

5 固定支座上、下座板应互相对正；纵向活动支座上、下座板横向应对正，纵向应根据安装支座时安装温度与设计安装温度之差（连续梁为预计合龙温度与设计合龙温度之差）和梁体混凝土未完成收缩、徐变量及弹性压缩量计算设置预偏量。

6 支座安装（图6.0.2-1）时，宜采用将支座整体安装在梁体上随梁吊装，支座锚栓提前放于锚栓孔内，待梁体及支座横移对位后，支座及锚栓与梁体一同下落，待接近支座垫石时，将锚栓与锚栓孔对正就位。

图6.0.2-1 支座安装

7 支座上下座板与梁底及支承垫石之间和支座各层部件之间应密贴无缝隙，整孔桥梁的支座受力应均匀，支座配件应齐全无损伤，螺栓螺母应拧紧无松动。

8 支座砂浆的施工应符合现行《铁路混凝土工程施工技术规程》（Q/CR 9207）的有关规定。支座安装均采用重力灌浆法，灌浆前应估算浆体体积，备料充足。灌浆时应先灌注支座预留锚栓孔，当支座预留孔接近灌满时再由支座中心向四周注浆，并注意仔细观察模板与支座底板周边间隙，到灌浆材料超出垫石顶面3cm为止。

9 推荐使用桥梁工程专用支座灌浆料，使用前经试验室抗折强度、抗压强度、28d弹性模量、氯离子含量、流动度、泌水率、自由膨胀率、含水率、含气量、竖向膨胀率等指标，需满足现行《普通混凝土拌合物性能试验方法标准》（GB/T 50080）的相关规定（图6.0.2-2）。

图6.0.2-2 支座灌浆料试验检测

7 桥梁上部结构

7.1 一般规定

7.1.1 混凝土浇筑前，预埋钢筋、桥面系、伸缩缝、护栏、支座及其他相关附属构造的预埋件，均应按照设计图纸施工，检查确认预埋件安装无误后方可浇筑混凝土。

7.1.2 预制梁钢筋的连接，如设计图纸中未说明，当钢筋直径大于或等于 12mm 时钢筋连接应采用焊接；当钢筋直径小于 12mm 时，钢筋连接可采用绑扎，绑扎及焊接长度应参照现行《高速铁路桥涵工程施工技术规程》（Q/CR 9603）的有关规定严格执行。

7.1.3 预应力张拉应在梁体混凝土强度、龄期和弹性模量达到设计规定后方可进行。

7.1.4 压浆液在搅拌结束至压入管道的时间间隔不应超过 40min。

7.1.5 梁体混凝土养生期间，应防止雨水、养生水流入预应力管道。预应力穿束前，应清除管道内的杂物及积水。钢绞线制束应保证梳理顺直，不扭结。

7.2 预应力简支箱梁预制及架设

7.2.1 一般规定

1 制梁场应参照现行《铁路大型临时工程和过渡工程设计规范》（Q/CR 9149）

的有关规定进行建设和验收。制梁单位应具备规定的制梁生产资质。

2 制梁场应按铺架施组安排的顺序安排生产和存放。组合箱梁的同一孔梁应配套生产和存放,用于同一孔梁的各件梁,浇筑混凝土日期及施加预应力的龄期相差应符合设计要求且不应超过 6d。

3 制梁场规划设计应考虑与工程实施条件变化相适应。

4 制梁场规划设计应考虑扩建条件。

5 制存梁台座宜考虑一定量生产富余。

6 模板体系应进行施工设计,其强度、刚度及稳定性应能满足施工荷载要求和工艺要求。模板的全长及跨度应考虑反拱度及预留压缩量。模板使用前应配套试拼,检验合格后方可投产使用。

7 预制梁必须经检验合格方可出场。桥梁静载试验应符合现行《简支梁试验方法 预应力混凝土梁静载弯曲试验》(TB/T 2092)的规定。

8 箱梁在吊、移、存、运过程中,应保证各吊点或支点受力均匀,各种工况下梁体支点应位于同一平面,误差不应大于 2mm,如图 7.2.1-1 所示。

图 7.2.1-1 箱梁起吊、运输

9 在软土地基路段的台座应定期进行复测,并建立观测数据档案,分析台座沉降情况,发现异常,及时处理,如图 7.2.1-2 和图 7.2.1-3 所示。

图 7.2.1-2 钢柱台座　　　　　　　　　图 7.2.1-3 钢筋混凝土台座

10 台座宜采用 C30 以上强度混凝土立模浇筑。预制箱梁台座底部宜预留内模固定的拉杆孔眼，防止内模上浮。台座应设置合理的反拱值。台座端头须加设橡胶板，楔形块应采用四角可调节式定型模板。

11 架梁开工前应复核预制梁长度、尺寸、角度等技术指标，完成安装专项施工方案的编制，并经审核批准；墩台混凝土强度达到承载要求，支座垫石高程、平整度等指标经验收符合要求。

12 架梁前应对拟安装的预制梁逐片进行检查，包括通气孔、泄水孔疏通、箱内垃圾清理，同时应核对梁板编号，保证准确就位。

13 预制梁架设应结合地形条件和预制梁自重采用吨位符合要求的架桥机（图 7.2.1-4）、跨墩龙门架或其他适合的大型机具设备进行安装。

图 7.2.1-4　架桥机

14 梁场应由制梁区、存梁区、提梁上桥区（装车区）、生活办公区和辅助生产区等组成（图 7.2.1-5），各区主要功能和组成如下：

1）制梁区（图 7.2.1-6）主要实现预应力混凝土梁的预制、前期养生和预、初张拉等。制梁区主要包含钢筋绑扎台座、内模支架、制梁台座、起重机轨道、提梁机通道等结构物。

2）存梁区主要实现预应力混凝土梁的后期养生、终张拉、压浆、封锚、检测等，必要时可实现支座安装和混凝土梁防水层、保护层施工等，存梁区在经过特殊规划和设计后可实现架桥机掉头功能。存梁区一般由存梁台位、静载试验台座、移梁通道等组成。

3）提梁上桥区（装车区）主要实现预应力混凝土梁上桥、装车功能，部分预制场提梁上桥区经特殊处理后可实现架桥机安装、拆除、掉头等功能。提梁上桥区包含提梁台座、提梁机通道基础或运梁通道等土建结构物。

4）办公生活区主要实现为场区工作人员提供生活、办公场所功能。

5）辅助生产区主要由混凝土拌和站、砂石料仓、钢筋加工车间、工地试验室、变压器房、锅炉房（必要时）、物资仓库、供水设施等组成。

图 7.2.1-5　梁场整体布置

图 7.2.1-6　梁场制梁区

7.2.2　控制要点

1　模板

1）钢模板（图 7.2.2-1）应具有足够的强度、刚度和稳定性；应能保证梁体各部形状、尺寸及预埋件的位置准确。模板在构造上应满足张拉、浇筑及拆模等工艺要求。内模安装应定位准确，固定牢靠，确保浇筑混凝土时不上浮、不偏移。模型拼装前，检查支座板、防落梁、锚垫板等预埋件型号、尺寸是否符合设计要求，验收合格方可用入梁体。

图 7.2.2-1　整体式钢侧模

2）预制箱梁内模宜采用全液压外力牵引整体形式内模，模型装立完成应仔细均匀地涂刷脱模剂，不得漏刷。

3）端模与内模工艺流程如图 7.2.2-2～图 7.2.2-9 所示。

图 7.2.2-2　端模安装

图 7.2.2-3　内模打磨、涂刷脱模剂

图 7.2.2-4　端模安装，拉入台座

图 7.2.2-5　固定内模板滑道支腿

图 7.2.2-6　内模液压装置固定

图 7.2.2-7　内模滑行到位

7 ◇ 桥梁上部结构

图 7.2.2-8 拆除端模、内模滑出

图 7.2.2-9 内模卸压

2 钢筋加工、安装

1）钢筋的品种规格、数量应符合设计要求。

2）钢筋骨架宜在专用胎具上制作。钢筋加工后的形式、尺寸应符合设计要求，弯曲成型时应按设计弯曲角度一次弯曲成型，箍筋末端应向内弯曲。伸缩缝及防撞护栏预埋筋、翼缘环形钢筋、端部横向连接筋应使用钢筋定位架、焊接辅助等措施进行定位，如图 7.2.2-10～图 7.2.2-13 所示。

图 7.2.2-10 钢筋原材摆放

图 7.2.2-11 钢筋半成品存放

图 7.2.2-12 钢筋加工

图 7.2.2-13 钢筋内支撑定位胎具

3）钢筋安装时，箍筋除设计有特别要求外应与主筋垂直安装，弯钩接合处应沿梁体纵向交错布置。

4）钢筋交叉点应用铁丝绑扎结实，也可使用电焊焊接牢固。使用铁丝绑扎时，相邻绑扎点的铁丝应成八字形，铁丝扣头应弯向内侧，不得伸入混凝土保护层内。

5）钢筋保护层厚度应符合设计要求，并应在钢筋与模板间设置不少于 4 个/m² 且不低于梁体混凝土强度等级及耐久性能的垫块，如图 7.2.2-14 和图 7.2.2-15 所示。

图 7.2.2-14　垫块布置　　　　　　　　图 7.2.2-15　钢筋骨架吊装

6）固定预应力管道的定位钢筋应设置牢固顺直，间距应符合设计要求，必要时可与梁体钢筋焊接，以确保管道位置正确和在浇筑混凝土时不沉浮、不旁移。

7）梁体预埋件的类型、结构、数量、位置应符合设计要求，并应设置牢固，保证在浇筑混凝土过程中不变位。预埋件外露部分应按设计要求进行防锈处理。

3　综合接地设置

1）贯通地线应敷设在通信信号槽下方的保护层内。在防水层涂刷后敷设贯通地线，贯通地线与接地端子连接后方可进行保护层的施工。

2）在桥梁伸缩缝处，贯通地线敷设应考虑余量，符合贯通地线弯曲半径的规定，并采用套管防护的措施。

3）电缆槽底部接地端子面应与保护层上表面平齐，接地端子仅在每跨梁的小里程侧设置。

4）梁体上表层（或保护层）设置的纵向接地钢筋应纵向贯通整片梁，并距混凝土表面的距离小于 100mm。

4　混凝土浇筑

1）梁体混凝土浇筑（图 7.2.2-16）应快速连续一次浇筑成形，并应在最先浇筑的混凝土初凝前完成。一般可采取斜向分段、水平分层的浇筑方法，斜向分段长度宜为 4～5m，水平分层厚度不宜大于 30cm。

2）混凝土振捣应符合施工工艺设计要求，保证混凝土具有良好的密实性。底板混凝土振捣应采用插入式振捣器；腹板混凝土振捣宜以插入式振捣器为主，附着式振捣器为辅；顶板混凝土振捣应以插入式振捣器为主，混凝土整平机为辅。

3）预制梁端 2m 范围内、管道密集部位及锚固区，应严格控制混凝土的振捣及养生，确保混凝土的质量。

a)

b)

图 7.2.2-16 混凝土浇筑

4）梁体顶板混凝土振捣浇筑完成后，应进行收浆抹面，初凝之前再进行二次收浆抹面，最后进行拉毛处理。

5）混凝土的灌注宜采用水平分层、纵向分段，从两端、两侧向跨中持续对称进行的浇筑，如图 7.2.2-17 所示。

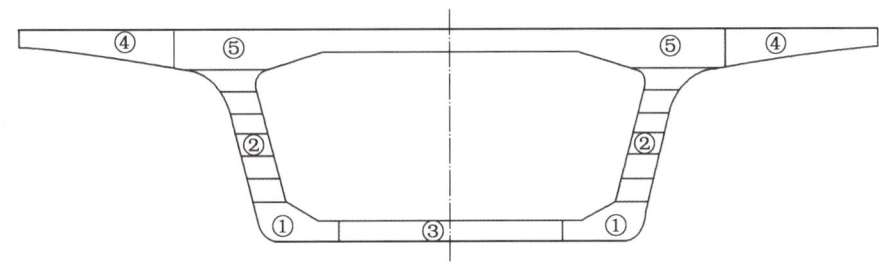

图 7.2.2-17 混凝土浇筑顺序图

6）混凝土浇筑质量控制应符合以下要求：

（1）耐久性混凝土配合比选定是保证箱梁施工质量的关键。施工单位在箱梁生产前作好高性能混凝土配合比的选定工作，报监理单位验收通过后方可使用。

（2）在正式进行高性能混凝土进行试配时，按要求对混凝土用水泥、集料、掺合料、外加剂等主要原材料的产品进行试验。根据料源情况和梁型特点对配合比进行选配。

（3）混凝土在拌和过程中，试验室及时进行混凝土有关性能（如坍落度、和易性、保水率、含气量）的试验与观察，前3盘每盘检查1次混凝土坍落度、含气量、温度，正常施工后每 $50m^3$ 检查一次。坍落度宜控制在 160~200mm，含气量控制在 2%~4%，模板温度控制在 5~35℃。当模板温度低于 0℃或高于 40℃时，应对模板采取升、降措施。混凝土拌合物入模温度宜在 5~30℃。

（4）混凝土浇筑：箱梁梁体混凝土采取快速、连续灌注，一次成型的方式。浇筑时间不宜超过 6h，最长不超过混凝土初凝时间。炎热天气避开中午、下午的高温时间，尽量选择在低温或傍晚进行混凝土浇筑。浇筑总的原则为"先底板、再腹板、最后顶板、由两端向中间进行"。

5 混凝土养生

1）预制梁混凝土浇筑后应采用自动喷淋养生系统进行养生，喷淋系统必须具备足够水压，定期检查修复喷淋养生设备，确保梁侧面、顶面及梁体内腔在养生期内始终保持湿润状态，如图7.2.2-18和图7.2.2-19所示。

图7.2.2-18　箱梁侧面喷淋养生

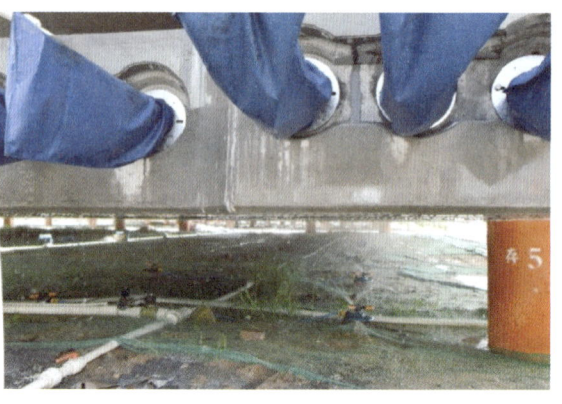
图7.2.2-19　箱梁底板喷淋养生

2）箱梁箱室内部应布设喷淋头或雾炮进行养生，顶板及底板顶宜采用蓄水养生，梁端宜封堵包裹进行保湿养生，如图7.2.2-20～图7.2.2-23所示。

图7.2.2-20　箱梁顶板蓄水养生

图7.2.2-21　梁体内腔蓄水养生

图7.2.2-22　箱梁内腔雾炮机养生

图7.2.2-23　箱梁端口封堵养生

6 预制梁标识

1）预制梁拆模后，应进行标识，标识内容应包括施工单位、桥名、梁号、墩号、制梁日期和张拉日期等，同一类型结构物标识喷涂位置应相对固定，确保美观（图7.2.2-24）。

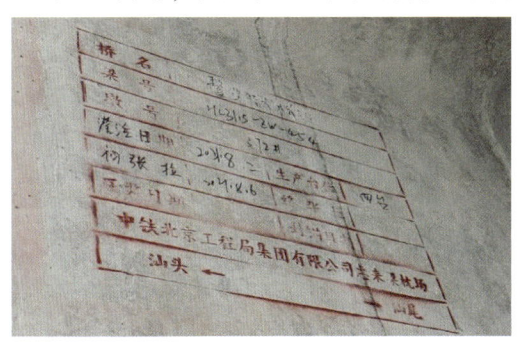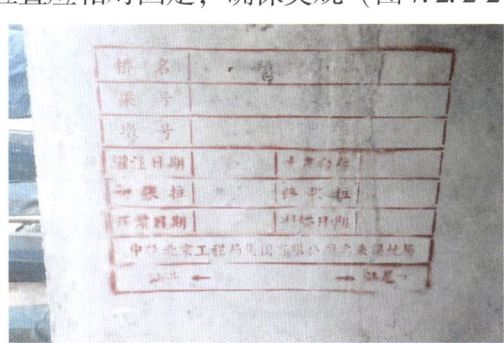

图7.2.2-24 存梁标识

7 预应力工程

1）后张法预应力钢绞线应采用穿心式千斤顶两端同步张拉并左右对称、应力与伸长值、持荷时间三控法施工工艺。其预施应力工艺分为施工准备、设备的检验与控制、张拉操作（分为预张、初张、终张三个阶段）、施工安全保证措施四部分。

2）采用单束两端同步张拉并左右对称进行。张拉时，做到"三同心、两同步、三控"，即三同心：预留孔道、锚具、千斤顶三同心；两同步：两侧同步张拉，同时达到同一荷载值，不同步率控制在5%以内；三控：控制好油压表读数、钢绞线伸长量、持荷时间。

3）预应力张拉工艺流程如图7.2.2-25所示，现场施工示意如图7.2.2-26～图7.2.2-38所示。

8 封锚

压浆完成后，应及时对锚固端按设计要求进行封闭保护或防腐处理，需要封锚的锚具，应在压浆完成后对梁端混凝土凿毛并将其周围冲洗干净，设置钢筋网浇筑封锚混凝土；封锚应采用与构件同强度的混凝土并应严格控制封锚后的梁体长度。

9 梁端防水

1）防水层施工前应对梁端面涂刷防水涂料部位进行验收，封端混凝土强度应达到设计强度，且封端表面干燥（封端采用透明胶带密封养生薄膜在阳光照射或用吹风机加热1～3h后观察，无水气出现即可视为干燥）；基层表面应平整、无尖锐异物、无气孔、不起砂，不起皮及无凹凸不平。防水涂层厚度大于或等于2mm，每平方米用量约2.4kg，涂刷应多次进行，防止气泡存于涂膜内，第一次使用平板在基面上一层厚度0.2mm左右的涂膜，涂刷应均匀，经过1～2h待上一层表干后用料刮板进行第二次刮涂，反复循环，刮涂次数不少于3次，直至厚度达到规定要求。刮涂时应均匀连续，一榀梁一次完成，不能漏刮。

2）梁端聚氨酯防水涂料在施工前现场搅拌，根据厂家使用说明规定，以质量计按照A料：B料＝1∶1的比例进行混合搅拌。两种组料应分别使用单独容器进行称重计量，每种组分的称量误差不得大于±2%。称量后应按先主剂后固化剂的顺序投入容器内混合后搅拌均匀。称重使用电子秤，其最小质量不大于50g，搅拌使用电动搅拌棒，搅拌时间不少于180s。

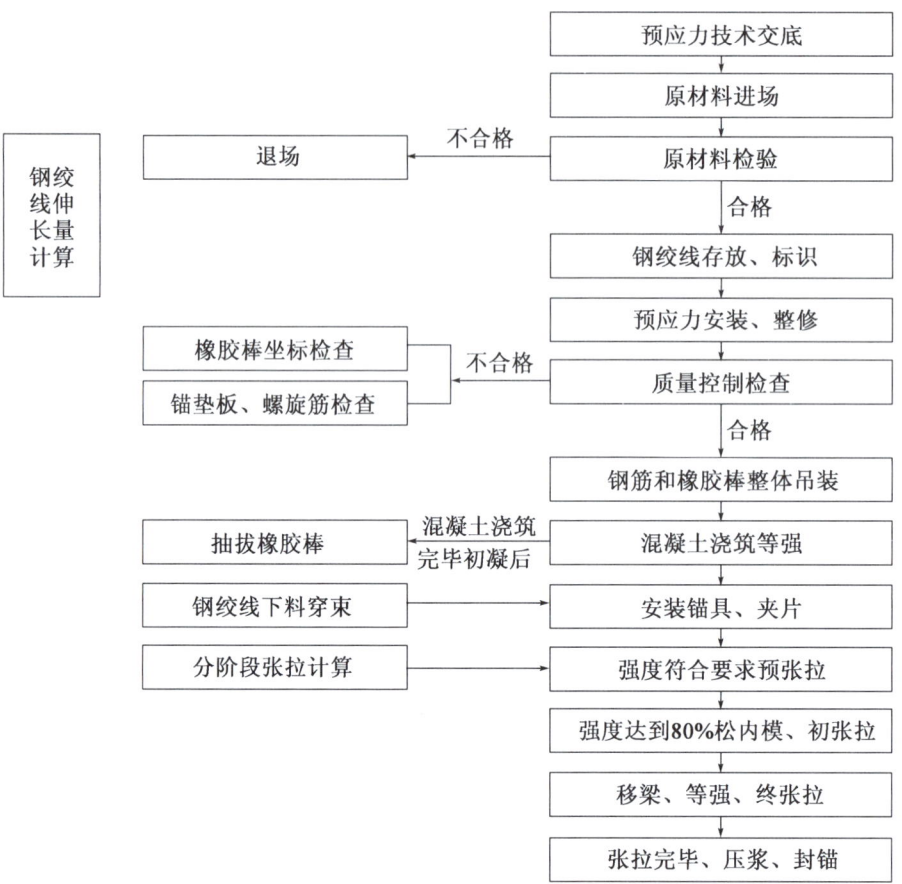

图 7.2.2-25　预应力张拉流程图

图 7.2.2-26　钢绞线穿束

图 7.2.2-27　张拉画线

图 7.2.2-28　智能张拉

图 7.2.2-29　智能压浆

图 7.2.2-30　流动度检测

图 7.2.2-31　真空辅助压浆

图 7.2.2-32　锚具存放

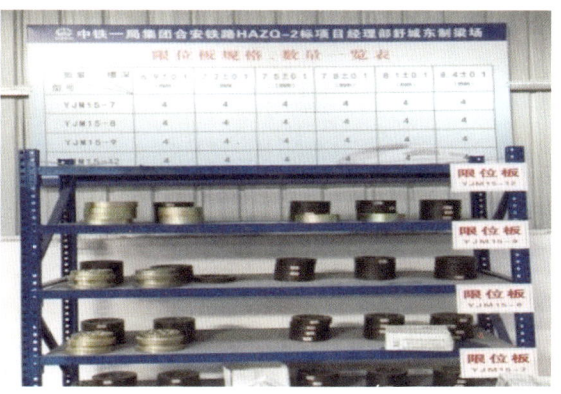
图 7.2.2-33　限位板存放

图 7.2.2-34　凿毛

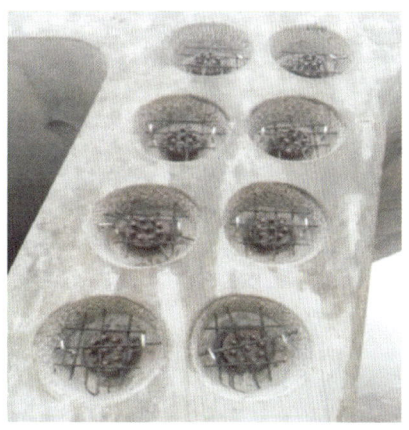
图 7.2.2-35　加封端钢筋网

图 7.2.2-36 封锚

图 7.2.2-37 防水涂料

图 7.2.2-38 梁端防水

10 预应力梁移运与存放

1）移梁可采用拖拉（顶推）滑移或提梁机吊运方法。滑移或吊运所用的设备应通过荷载试验和试运转，经验收合格后方可使用，如图 7.2.2-39 所示。

2）移梁时，梁体混凝土强度应符合设计要求。设计无要求时，梁体混凝土不应小于设计的 80%，并应在预应力筋初张拉完成后进行。

3）存梁（图 7.2.2-40）台座及其他地基应有足够承载力，以保证存梁期间台座顶面不发生大于允许值偏差的沉降，对有盐雾侵蚀影响的梁场，存梁台座顶面应高出地面 0.2m 以上。存梁场地应排水通畅，无积水。

4）预制箱梁存放层数最多宜 2 层，上下两层梁肋轴线位于同一铅垂线，支垫宽度不短于梁板底面宽度。

5）箱梁落于存梁台座顶部后，施工单位应检查存梁台座的受力情况并定期观测存梁台座沉降量。

图 7.2.2-39　箱梁移运　　　　　　　　　　图 7.2.2-40　存梁

6）搬运机吊梁行走保持在低位（梁底距存梁台位支承台面上方约 300mm 高度）进行，当运行到距存梁台位 3m 左右时停车，待梁体稳定后，起升梁体到高出存梁台位 300mm 左右位置，再将梁体移至存梁台位上方，调整梁体位置直到满足存梁台位承载要求后平缓落梁。

11　预应力梁架设

1）预制梁验收交库后，方可装车发运。

2）预制梁在场内起吊、移运、存梁及出场装运时梁端的悬出长度，应按设计要求处理。

3）标准箱梁装车可采用 2 台 450t 龙门式起重机，宜采用轮胎式运梁车运输梁体。

4）轮胎式运梁车运梁时，运梁车采用四支点支承梁体，在装梁时应保持箱梁重心位于运梁车四支点对角线中心。

5）运梁车应具有液压自动平衡装置，梁装载在运梁车上，不需要任何封车措施，能够保证梁体始终处于水平状态。运梁车载梁运行时，必须沿预先设置的道路红线前进。

6）梁体运输、架设应符合《特种设备安全监察条例》（国务院令第 373 号）、《起重机械安全监督规定》和现行《铁路架桥机架梁技术规程》（Q/CR 9213）的规定，如图 7.2.2-41 所示。

图 7.2.2-41　箱梁架设

7）架梁时，梁体到达设计平面位置后，应先落在临时支点千斤顶上调整支点高程及反力，使每个支点反力不超过4个支点平均反力的5%，然后采用流动性强的支座砂浆在支座与支承垫石之间进行重力灌浆填满空隙，待浆体材料强度达到20MPa后，方可撤除千斤顶。临时支点千斤顶撤除前严禁架桥机过孔。同一梁端的千斤顶油压管路应采用单端并联，保证同端的支座受力一致。

7.3 预应力简支箱梁桥位制梁

7.3.1 一般要求

1 桥位制梁应根据桥位地形、地质、水文、气象、交通、航运等实际施工条件，结合工程结构特点编制专项施工方案。经专家论证通过后，按规定履行报批手续，并经监理单位审批同意后方可施工。

2 桥位制梁施工前，应测量检查桥梁中线、墩台跨距和支承垫石的位置、尺寸和顶面高程。

3 桥位制梁应根据梁体结构特点和所处环境条件，确定混凝土养生措施。

4 桥位制梁的模板和支撑体系应进行施工设计和检算，并应具有足够的强度、刚度、稳定性。浇筑混凝土前应按规定进行预压。

7.3.2 支架法制梁

1 一般要求

1）支架法制梁可适用于地基条件较好，跨越旱地或浅水河流且桥墩高度较低的简支梁现场浇筑施工。支架形式可采用满堂支架、梁式支架或其组合结构。

2）支架法制梁可根据现场施工条件选择原位浇筑、旁位浇筑或高位浇筑方法施工。当选择旁位或高位浇筑方法时，支架及相关施工设施应充分考虑梁体横移及落梁工况。

3）支架应采用钢结构。支架结构一般应根据桥长、桥下净空、通车通航要求、桥位地质和环境条件、现有可用临时器材及其受力性能等因素，经技术经济比较选择。

4）支架所用材料应具备出厂合格证，经过整修或焊接的材料通过相关试验检查。自检合格后报监理单位复验，验收合格后方可使用。

5）支架基础必须具有足够承载能力，并应进行地面防排水处理，严格控制不均匀沉降，满足设计要求。其基础类型、面积和厚度应根据支架结构形式、受力情况、地基承载力等条件确定。利用桥墩台承台作支架基础时，应按最不利荷载组合对桥墩台基础及基底进行受力检算。

6）支架结构应具有足够的承载力和整体稳定性，其承载力和稳定性必须进行检算（图7.3.2-1）。支架设计检算应考虑梁体、模板、支架的重量、施工荷载、风荷载等荷载，并应考虑梁体预应力筋张拉和移、落梁的不同工况可能出现的最不利荷载情况。水中施工时还应考虑流水侧压力。

图 7.3.2-1　地基承载力检测

7）支架应根据施工设计图进行制作和安装，所用钢支架或钢构件的规格、质量应符合国家和行业现行标准的有关规定。使用碗扣式钢管支架拼装支架，必须严格掌握可调底托和顶托的可调范围，留在立杆内长度应不少于30cm，防止因"过调"导致底、顶托失稳；严格控制竖杆的垂直度、剪刀撑及扫地杆的间距和数量，保证钢管及支架整体稳定性。施工用脚手架和便道（桥）不应与支架相连接。宜采用盘扣式支架，搭设符合现行《建筑施工承插型盘扣式钢管脚手架安全技术标准》（JGJ/T 231），如图 7.3.2-2 和图 7.3.2-3 所示。

图 7.3.2-2　盘扣支架底座　　　　　　　　　图 7.3.2-3　盘扣支架

8）支架应进行预压，以检验结构的承载能力和稳定性、消除其非弹性变形、观测结构弹性变形及基础沉降情况。预压荷载应不小于最大施工荷载的1.1倍。预压加载可按最大施工荷载的60%、100%、110%分三次加载，不宜采用沙袋预压，按专家论证方案开展预压，观测，并经监理单位验收合格后，开始卸载（图 7.3.2-4）。

9）底模应依据检算变形量并结合预压数据，预留适当的沉落量和施工预拱度，确保梁体线型符合设计要求。预拱度的最高值一般设在梁跨中，并以梁的两端支点为零按设计线型（圆曲线或二次抛物线）进行分配。

a)   b)

图 7.3.2-4　支架预压

10）安装桥梁支座时应根据计算设置预偏量。桥梁支座及与梁体连接的预埋件应先于桥梁底模安装。同一梁端的支座支承面的相对高差应不大于1mm，支座螺栓的规格、埋入梁体深度及梁底面外露长度等均应符合设计要求，螺栓的平面位置偏差应不大于2mm。

11）浇筑过程中应对支架状态进行监测。

12）支架的卸落应符合设计文件和施工技术方案的要求，应设置架体卸落装置，并有预拱度调整措施。

13）使用钢管贝雷梁+盘扣组合现浇支架时，应考虑贝雷梁变形对盘扣支架受力的影响。

14）贝雷梁如采用加强竖杆，应控制加强竖杆安装质量。对变形较大的贝雷梁自由端，应做竖向约束。贝雷梁应节点摆放并满上花窗。

15）钢管柱及分配梁如需接长应做等强连接（图 7.3.2-5）。

图 7.3.2-5　钢管柱支架焊接

16）采用打入桩基础时，桩插打设备应选择满足承载力要求的桩锤，墩旁钢管柱应设置附墙。钢管柱平面偏差及垂直度应满足国家和行业现行有关标准的要求。

2 模板拼装

1）桥位制梁模板由底模、侧模、内模和端模组成,外侧模宜采用整体钢模板并由专业厂家定制(图7.3.2-6~图7.3.2-9)。

图7.3.2-6 模板铺设

图7.3.2-7 铺板铺设

图7.3.2-8 内模铺设

图7.3.2-9 顶模铺设

2）方木在使用过程中,注意方木节疤位置,严禁将带有节疤方木作为背楞加固模板。

3）底模设置预拱度时,应根据预压后提供的支架弹性变形及图纸给出预拱度综合计算实际预拱度。

4）顶板泄水孔应采用防倾斜装置,可在侧模板泄水孔预留位置焊接钢筋圈作为固定泄水管的装置,应保证泄水管牢固。

5）端模安装锚垫板时,锚垫板面与模板面紧密贴合,安装前,仔细检查锚垫板型号,不同型号锚垫板不得混用。

6）施工单位将模板及预埋件安装完成,经监理单位验收合格后方可进行施工。

3 钢筋安装

1）钢筋制作前宜按图纸放出1:1的大样,制作时按大样制作成型,严格控制钢筋制作的尺寸及角度。

2）钢筋组装时严格按照设计图纸摆放,绑扎时钢筋应顺直、位置准确(图7.3.2-10),

绑扎点应牢固且呈梅花状布置（图7.3.2-11），施工中宜根据实际情况加强架立钢筋的设置。

图7.3.2-10 钢筋绑扎

图7.3.2-11 垫块设置

3）施工单位将钢筋、波纹管及预埋件安装完成，经监理单位验收合格后方可进行下步施工。

4 浇筑混凝土

1）梁体混凝土应在第一次浇筑的混凝土初凝前一次浇筑完成，浇筑方法应符合设计要求，当设计无要求时，宜从跨中向两端按混凝土浇筑工艺设计施作。

2）混凝土宜采取水平分层、斜向分段、横桥向全断面推进式，从低端向高端纵桥向连续浇筑，如图7.3.2-12所示。

图7.3.2-12 支架浇筑

3）对单箱多室箱梁，其顶板天窗不应设置在同一横向断面上，天窗开口应为上大下小的倒梯形状，天窗封闭后，应对混凝土进行覆盖养生。

5 模板、支架拆除

1）对于非预应力结构，当混凝土强度达到2.5MPa后，方可拆除非承重模板，当混凝土强度达到100%时，拆除承重模板；对于预应力构件，应在预应力钢束张拉压浆完，压浆强度达到规范要求后，再拆除承重模板。拆除模板时不得有振动、重敲、强扭，防止薄板、变截面处混凝土开裂。

2) 模板拆除时，应先翼板后底板，并从跨中对称往两边拆，当跨度大于 20m 时，支架拆除宜分两阶段进行，从跨中对称往两端卸载，卸载后从跨中往两端拆除。拆架过程必须有技术人员指挥。多跨连续梁应同时从跨中对称拆架，如单跨拆架，必须进行施工应力验算。

6　养生

1) 混凝土浇筑完毕待二次收浆后，箱梁顶板面宜采用浸水土工布覆盖养生，保证混凝土表面始终处于湿润状态；翼板底面、腹板内外侧面宜采用淋水养生，如图 7.3.2-13 所示。养生时间均不少于 14d。

2) 在桥面混凝土浇筑完毕人工收面的过程中，加强混凝土表面的保湿工作。当气温较高、气候干燥时宜采用喷雾器洒水保湿，严禁使用水管直接冲洗混凝土表面，混凝土接近初凝时（根据混凝土表面不粘手、不粘土工布为宜），梁面采用两层覆盖方式，第一层采用土工布覆盖，不得污染桥面，覆盖物宜搭接 10cm 左右，保证混凝土表面湿润；第二层采用塑料布或彩条布覆盖，防止水分快速蒸发，如图 7.3.2-14 所示。

图 7.3.2-13　梁面覆盖洒水养生

图 7.3.2-14　蒸汽养生设备

3) 箱梁底板混凝土浇筑完毕后，立即采用篷布将箱梁箱室两端封闭，以避免在箱室内形成风，穿堂风会使箱内温度降低过快。混凝土初凝后，采用喷雾器洒水养生，洒水次数应以混凝土表面湿润状态为度。一般白天 1~3h 一次，晚上 5h 一次。

7　预应力张拉压浆

1) 严格控制张拉前的"三控"，即梁体混凝土强度、弹模、龄期。张拉前，对梁体混凝土强度、弹模及外观质量做全面检查。确保抗压强度达到设计要求强度，并将喇叭口及锚下管道扩大部分的残余灰浆铲除干净，否则不得进行钢绞线张拉。

2) 严格按图纸张拉顺序，核对后进行张拉。张拉过程中保证预留管道、锚具、千斤顶三者同心。张拉过程中严格控制油压表读数、伸长量校核、持荷时间。

3) 预施应力应采取双控措施，预施应力值以油压表读数为主，以预应力筋伸长值进行校核。预应力筋张拉前应计算每一束（根）预应力筋的理论伸长值，作为张拉时与预应力筋实际伸长值的比对依据。实际伸长值与理论伸长值的差值，不得超出理论伸长值的±6%，超出规定范围时应停止张拉锚固，并查明原因，确保梁体预应力控制应力符合设计要求。

4）断丝及滑丝数量不应超过预应力钢丝总数的0.5%，并不应处于梁体的同一侧，且每束内断丝不得超过一丝。

5）预应力筋应左右侧对称同时进行张拉，分批张拉时应监测梁体拱度变化是否与设计要求相符合，梁终张拉应实测梁体弹性上拱，实测上拱值不宜大于1.05倍的设计计算值。

6）张拉后每端钢绞线回缩量不超过6mm，同束工作锚夹片外露量差值不得超过1mm。

7）压浆前应清除梁体管道内的杂物和积水。

8）压浆前应采用密封罩或水泥浆等对锚具夹片空隙和其他可能漏浆处封堵，待封堵料达到一定强度后方可压浆。

9）压浆顺序先下后上，先中间后两边。曲线管道宜从最低点的压浆孔压入，由最高点的排气孔排气或泌水。

10）应优先选用真空辅助压浆工艺。压浆前应首先抽真空，使管道内的真空度稳定在-0.06~0.08MPa之间。真空度稳定后，应立即开启管道压浆端阀门，同时开启压浆泵进行连续压浆。

11）浆体压入梁体管道之前，应首先开启压浆泵，使浆体从压浆嘴排出少许，以排除压浆管路中的空气、水和稀浆。当排出的浆体流动度和搅拌罐中的流动度一致时，开始压入梁体管道。

12）梁体纵向或横向管道压浆的最大压力不宜超过0.6MPa，当管道较长或采用一次压浆时，最大压力宜为1.0MPa；梁体竖向管道压浆的压力宜为0.3~0.4MPa。压浆充盈度应达到管道另一端饱满并于排气孔排出与规定流动度相同的浆体为止。关闭出浆口后，应保持0.50~0.60MPa的压力且不少于3min的稳压期。

13）同一管道压浆应连续进行，一次完成。从浆体搅拌到压入梁体的时间不应超过40min。为防止压浆中途断电，宜备好发电机，并且储浆筒中的浆体应不停搅动。

14）压浆后应从压浆孔和出浆孔检查压浆的密实情况，如有不实，应及时补灌，以保证管道完全密实。压浆是否密实，除了以上要求外，还要从压浆数量上来保证其质量。水泥浆的净用量=（孔道截面面积-钢绞线截面面积）×孔道长度。

15）压浆管宜选用高强橡胶管，抗压能力大于2MPa，要求带压压浆时不易破裂，连接可靠。

16）压浆时的浆体温度应在5~30℃之间，每10盘进行一次浆体流动度和温度测试，夏期施工采用冰块给水降温方法进行施工，在环境温度高于35℃时，压浆时间尽量安排在温度较低的时间（夜间）。

17）封锚前锚具和预应力筋应按设计要求进行防锈处理。

18）封锚处混凝土表面应凿毛和清理干净。

19）锚穴内应按设计要求设置钢筋网。

20）封锚混凝土种类、强度等级及钢筋保护层厚度应符合设计要求。封锚混凝土填充宜首先用较干硬的混凝土填充并捣固密实，然后用正常稠度混凝土填平。

21）封端后混凝土面与梁端面的错台不超过2mm。

22）封锚混凝土应进行保温保湿养生，养生结束后，对封锚处混凝土面应按设计要求进行防水处理。

7.3.3 移动模架

1 一般要求

1）预应力混凝土简支箱梁采用预制架设、支架法有困难或不经济时，可采用移动模架桥位制梁。

2）施工单位应将拟采用的移动模架类型及主要技术参数提交设计单位，对桥梁下部结构进行受力检算。移动模架施工需要在墩台相应部位设置预留孔及埋设预埋件时应征得设计单位同意。

3）移动模架设计和加工单位均应具有相应资质。

4）移动模架应具有足够的强度、刚度和稳定性。主梁挠度不应大于$L/550$（L为主梁支撑跨度），在各种工况下稳定系数均不得小于1.5，如图7.3.3-1所示。

图 7.3.3-1　移动模架制梁

5）移动模架首次浇筑梁体混凝土前应进行预压，以检验结构的承载能力和稳定性、消除其非弹性变形、观测结构弹性变形及各部状况。首次预压荷载应为最大施工荷载的1.2倍，再次安装预压荷载应为最大施工荷载的1.1倍。预压应采用分级加载，可按最大施工荷载的60%、100%、120%（非首次为110%）分为三级，每级加载持荷时间应分别不小于2h、5h、8h。

6）墩旁托架及落地支架应具有足够的强度、刚度和稳定性，支承面应清理、找平，墩台两侧托架顶面的横向高差应不大于10mm，桥跨两端托架顶面的纵向偏差应不大于5mm。高墩可采用设置在桥墩墩身两侧的钢牛腿作托架支承，牛腿及托架结构必须经过设计计算（图7.3.3-2）。

图 7.3.3-2　高墩牛腿托架

7）移动模架横向开合、纵移应同步对称进行，如图 7.3.3-3 和图 7.3.3-4 所示。

图 7.3.3-3　上行式移动模架　　　　　　　图 7.3.3-4　下行式移动模架

8）采用移动模架桥位制梁，两端桥台支承垫石以上部分宜安排在首、尾孔桥梁制完，且移动模架移开后再行施工，以避免高位制、落架。

2　控制要点

1）钢筋的搭接长度应符合设计和规范要求。绑扎箱梁钢筋时，注意按设计要求预埋各种连接钢筋和预留孔。

2）波纹管安装就位过程中，应尽量避免反复弯曲，以防管壁开裂，同时防止点焊火花烧穿管壁，在波纹管附近施焊时应采取有效措施，保护好管道。所有波纹管就位后，必须检查各管段是否固定牢固。

3）混凝土浇筑应水平分层，水平分层从中间向两端浇筑。

4）施工单位在浇筑混凝土前，应检查和控制模板、钢筋、保护层和预埋件、预埋管等尺寸、规格、数量和位置，其偏差值应符合施工规程及验收标准的规定，还应检查模板的支立情况，经监理单位验收合格后进行下步施工。

5）移动模架的底模应设置预拱度，预拱度应计入主梁荷载作用后的弹性变形影响，弹性变形应根据混凝土实际重度计算并结合有关试验数据修正后得出。

6)移动模架制梁的活动支座安装除应根据温度变化和混凝土梁的收缩徐变调整上下座板的相对位置外,还应计入设计单位提供的梁体混凝土在预应力作用下的梁长压缩量。

7)梁体混凝土宜在温差变化较小时段浇筑,并应在最先浇筑的混凝土初凝前一次浇筑完成。每次浇筑前应对所有生产系统进行全面检查。浇筑过程中应对移动模架各部状况及挠度变化进行观测,必要时对移动模架受力进行监测。

8)张拉预应力筋时,梁体混凝土强度、弹性模量及龄期和预应力筋张拉顺序及张拉力值必须符合设计要求。预应力筋应左右侧对称同时进行张拉,分批张拉时应监测梁体拱度变化是否与设计要求相符,防止由于移动模架主梁反弹使梁体上缘出现超拉应力而开裂,必要时应配合每批预应力筋张拉相应调整底模高程。

9)移动模架横向开合、纵移应同步对称进行。

10)风力大于6级时,不得进行移动模架施工作业,所有支腿均应处于锚固和锁定状态,外模板应闭合。

11)采用移动模架桥位制梁,两端桥台支承垫石以上部分宜安排在首、尾孔桥梁制完,且移动模架移开后再行施工,以避免高位制、落梁。

7.4 混凝土连续梁、连续刚构

7.4.1 一般要求

1 预应力混凝土连续梁、连续刚构可采用悬臂浇筑、悬臂拼装、顶推法、转体法、支架法施工。

2 混凝土连续梁、连续刚构施工应编制专项施工方案,经专家论证通过后,按规定履行报批手续,并经监理单位审批同意后方可施工。

3 对混凝土连续梁、连续刚构应进行施工设计,承托体系应具有足够的强度、刚度和稳定性。

4 施工阶段应对重要结构进行应力、变形监测控制,确保结构物的强度和稳定。

5 挂篮应与梁体结构进行适配设计。

6 连续刚构墩顶梁段应与墩顶混凝土一次浇筑完成,墩梁固结段与桥墩接缝位置及连接设置应符合设计要求。

7.4.2 控制要点

1 连续梁、连续梁刚构悬臂浇筑施工

1)0号块支架搭设完成,经监理单位验收合格后组织进行支架预压,支架预压重量不应小于支架所承受最大施工荷载的110%。

2)预应力管道采用井字形钢筋进行定位,定位间距按照设计要求设置。

3）连续梁 0 号块浇筑过程中宜加强对支座处混凝土的振捣质量管控。

4）对于体积较大 0 号块，高温季节施工时宜采用水循环降温。

5）施工挂篮的设计除应符合强度、刚度及稳定性要求外，尚应符合下列要求，如图 7.4.2-1～图 7.4.2-3 所示：

（1）挂篮设计总重应控制在连续梁设计要求的限重之内，当设计无要求时，挂篮设计总重与梁段混凝土重量的比值宜控制在 0.3～0.5。

（2）施工时挂篮总重量的变化，不应超过设计重量的 10%，且挂篮总重不得超过设计限重。

（3）挂篮施工及走行时的抗倾覆稳定系数不得小于 2。

（4）挂篮锚固系统、限位系统等结构的安全系数不得小于 2。

图 7.4.2-1　挂篮悬臂浇筑

图 7.4.2-2　挂篮悬臂浇筑

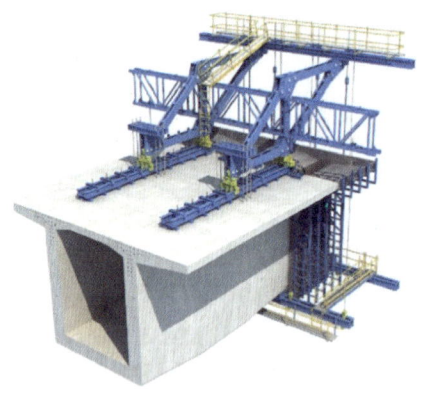

图 7.4.2-3　挂篮示意图

6）挂篮安装前应符合以下要求：

（1）进入施工现场的挂篮（含自有及租赁）必须具有产品合格证且产品合格证具有唯一性，出厂试验检验报告、产品使用说明书、结构计算书等资料。

（2）已经多次周转使用或租赁的挂篮进场前必须由施工单位负责，监理单位参与对挂篮结构情况、性能进行综合评价，对已经达到或接近报废的挂篮必须严禁进入工地或投入使用。

（3）挂篮投入使用前必须由挂篮使用施工单位牵头组织，监理单位共同参与验收，经监理单位批准后方可投入使用。

（4）挂篮安、拆装及操作人员必须经专业技能及安全操作培训合格后方上岗。

（5）挂篮操作人员必须固定，其他施工人员严禁操作挂篮。

（6）挂篮安、拆装必须制订专项方案并经监理单位审批后方可实施。

（7）由安装单位进行安装的挂篮，安装挂篮的单位宜具备安装大型起重设备或大型钢结构的业绩。

7）挂篮现场组拼完成投入使用前，应全面检查安装质量，并应进行走行性能试验和静载试验，预压荷载为最大施工荷载的1.2倍，其中挂篮与支架分级预压：

（1）挂篮按1.2倍最大施工荷载进行加载试验，预压时按50%、75%、100%、120%分四级加载，前三级加载完毕分别持荷30min后进行变形测量，最后一级加载完毕持荷60min后进行变形测量，变形稳定后按100%、75%、50%、0分级卸载。

（2）挂篮静载试验应模拟最大现浇梁段施工荷载分部情况，分级进行加载。每级加载完毕1h后，测量挂篮变形值。测点宜布置在前后支点、上下横梁、后横梁等部位的两侧及中部相应位置。全部加载完毕后，宜每隔1h测量一次每隔测点变形值，连续预压4h，当最后测量时间段的两次变形量之差小于2mm时即可结束。

（3）边跨非对称梁段支架预压荷载应符合设计要求，当设计无要求时，应不小于最大施工荷载的1.1倍。预压加载部位及顺序应与边跨梁段施工时支架实际受力状况相匹配。预压加载可按照预压总荷载的60%、100%、110%分三级加载。每级加载完毕1h后进行支架的变形观测，测点布置在边跨段的两端、$L/4$、$L/2$、$3L/4$处（L为跨长），横桥向根据截面的结构形式，宜将测点布置在边跨截面的底、顶板中间位置和腹板中间位置。支架预压荷载全部加载完毕后，宜每6h测量一次每个测点变形值。最后两次沉落量观测平均值之差不大于2mm时，即可终止预压卸除预压荷载。

8）挂篮安装应符合以下要求：

（1）挂篮严格按照安装方案进行安装，安装时随时检查铰接处销子（螺栓）和丝杆连接器的连接情况，防止意外发生。

（2）使用的机具设备（如千斤顶、滑车、手拉葫芦、钢丝绳等）须按规范要求进行检查，严禁使用不符合规定的机具设备。

（3）挂篮拼装及悬臂组装中须设置临时护栏、设置安全网、满铺脚手板，操作人员必须按规定佩戴安全防护用品、配备救生设施，如图7.4.2-4所示。

（4）挂篮组装时需在挂篮上另行增加设施时，不得损坏挂篮结构及改变其受力，如图7.4.2-5所示。

9）施工单位在挂篮行走前、中、后过程中必须对挂篮进行全面自检，经监理单位复核后方可进行下一道工序施工。

10）挂篮走行应符合以下要求：

（1）挂篮行走前，应认真检查后锚固及各部受力情况，检查有无隐患及不安全因素，形成检查记录并保存。

（2）挂篮前移时两侧应对称平衡移动。行走时，应密切注意挂篮有无异状，并应慢速稳步到位；移动中应设置观察哨进行监护，并设限位装置。

（3）挂篮行走时应缓慢进行，速度应控制在 0.1m/min 以内，挂篮后部，各设一组溜绳，以保安全。滑道应铺设平整、顺直，不得偏移，并随时注意观察，发现问题及时处理。

（4）挂篮移动到位以后，确认前后锚点、吊带、各类临时锚固都已经按规定安装、连接。

（5）各操作人员必须与指挥人员密切配合，得到指挥人员的信号方能开始操作，严禁违规违章作业。

图 7.4.2-4　挂篮拼装　　　　　　　　　　图 7.4.2-5　挂篮预压

11）墩顶梁段及墩顶相邻梁段、边跨现浇梁段可采用托架或支架进行现浇施工。托架、支架必须经过设计计算，如图 7.4.2-6 和图 7.4.2-7 所示。

图 7.4.2-6　0 号块托架　　　　　　　　　图 7.4.2-7　边跨现浇支架

12）连续梁悬臂施工时，为保证梁体稳定，设置的临时支座或临时支撑必须经过设计计算。

13）悬臂浇筑连续梁、连续刚构施工过程中，应委托有资质的单位对梁体进行线形控制，根据现场实际挂篮形变、临时荷载、环境温度等情况和实测已完梁段变形情况，对每节梁段的理论立模高程进行修正。设计有要求时，应配合进行应力监测，如图 7.4.2-8 和图 7.4.2-9 所示。

14）梁段混凝土浇筑前，施工单位必须对托架或支架、挂篮、模板、预应力管道、钢筋、预埋件、混凝土原材料、配合比、混凝土接缝处理、机械设备情况进行全面自检，报监理单位验收合格后方可浇筑。

图7.4.2-8 墩顶临时固结

图7.4.2-9 体外临时固结

15）桥墩两侧梁段应对称、平衡浇筑，施工不平衡偏差不得超出设计允许值。

16）悬臂浇筑应符合以下要求：

（1）混凝土浇筑前，应检查挂篮结构是否与设计吻合，前吊带是否有效（不扭弯、持力），后短吊杆是否预张，模板与既有箱梁节段是否密贴（模板的设计是否合理），挂篮后锚及前支点，前一节段端部混凝土面是否处理到位。

（2）混凝土浇筑时，挂篮对称施工原则（前后、左右），混凝土配合比、供应能力与灌注时间，混凝土灌注顺序（先悬臂端后锚固端、先翼缘板再顶板），底板的压板设置及灌注节奏（控制底板的翻浆），混凝土的振捣（尤其是锚下）应符合要求，如图7.4.2-10所示。

图7.4.2-10 对称、平衡浇筑

17）预应力管道应符合现行《预应力混凝土用金属波纹管》（JG/T 225）的要求。施工中应保证管道定位网的数量和精度，特别在曲线段应采取加密措施，在钢筋施工中避免对管道踩踏，混凝土振捣时应避开管道；在悬灌过程中应做好管道接头，使其顺直，减小接头处的摩阻。安装锚具时，应保证锚具承压面与管道端口轴线垂直。施加预应力前应防止预应力孔道进水、进入杂物。

18）两端下弯的长大预应力筋孔道和直线段孔道应在适当位置设置排气孔。

19）预应力筋张拉设备、锚具、喇叭口应采用成套产品（图7.4.2-11、图7.4.2-12），并符合现行《铁路工程预应力筋用夹片式锚具、夹具和连接器》（TB/T 3193）的要求，并采用相匹配的限位板、千斤顶等设备进行张拉（图7.4.2-13）。

图7.4.2-11 锚具

图7.4.2-12 锚垫板

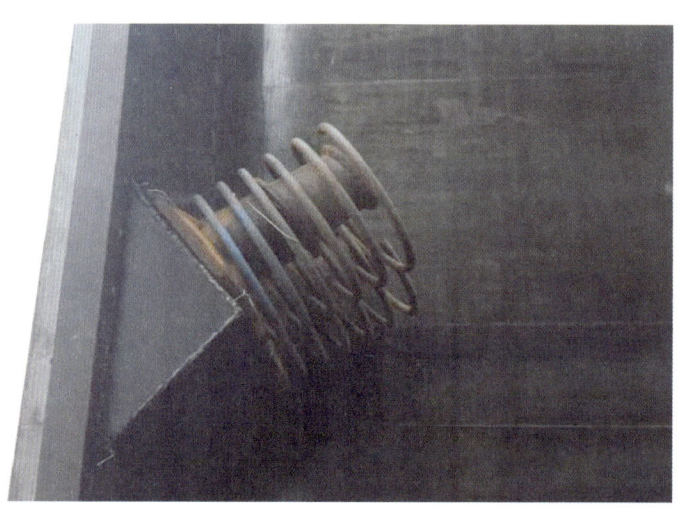
图7.4.2-13 锚垫板螺旋筋安装

20）锚垫板下孔道、钢筋及预埋件等交叉密集部位，应采取有效预防措施，避免产生混凝土松散、粗集料与砂浆分离、空洞等现象。

21）梁端模板拆除后，需对梁端接缝面混凝土进行凿毛，应使梁体接缝面露出不少于75%新鲜混凝土面积。凿毛时混凝土强度，人工凿毛应不小于2.5MPa，机械凿毛不小于10MPa。

22）合龙段施工流程及控制要点如下：

（1）合龙准备：桥面清理，测量观测，安装支架、内外模板，设置压重，钢筋绑扎及预应力穿束。

（2）合龙前：合龙时机选定，合龙口锁定，测量检查复核。

（3）合龙中：浇筑混凝土，等荷卸载，过程测量观测。

（4）合龙后：拆除锁定体系转换，预应力施加，完成合龙，卸架。

23）合龙段配置基本配重是指等量代换合龙段混凝土重量的配重（换重），除基本配重之外的即为附加配重（调节高程）。施工加载方式通常采用水箱或预压块等堆压材料。

24）合龙段施工应符合以下要求：

（1）混凝土采用设计要求的强度。浇筑过程，随着混凝土的灌注等荷载，合龙口两侧处于相对静态，应避免出现额外的外加应力。

（2）合龙时机一般选定全天最低温时间进行，合龙块混凝土初凝处在升温阶段，保证合龙块处于轻微受压状态，不至出现梁体拉应力拉裂接茬处。

（3）劲性骨架锁定应快速、牢固。

（4）合龙段每端应压载合龙段混凝土重的一半，并随混凝土的浇筑同时减载，减载量与混凝土的浇筑量相等，可采用水箱加水或预压块增减。

2 悬臂节段拼装

1）悬臂节段拼装施工使用的吊装设备，预制、存放、吊运、拼装等工艺应符合现行《高速铁路桥涵工程施工技术规程》（Q/CR 9603）要求。

2）钢筋施工宜采用将梁段钢筋在绑扎台座上绑扎成整体骨架，用龙门式起重机整体吊放入模的施工工艺，如图7.4.2-14和图7.4.2-15所示。

图7.4.2-14 钢筋绑扎台座

图7.4.2-15 钢筋骨架绑扎

3）箱梁梁段预制模板系统宜与预制台座相匹配，模板系统宜采用钢模板官配置液压千斤顶与伸缩螺杆装置。钢模板系统应委托专业厂家设计、制造，包括底模、侧模、固定端模和内模，如图7.4.2-16～图7.4.2-20所示。

图7.4.2-16 模板系统

图7.4.2-17 固定端模

图 7.4.2-18 底模安装

图 7.4.2-19 侧模安装

4）绑扎成型的钢筋骨架经监理单位验收合格后即可吊装，为防止变形，钢筋骨架宜采用专用吊具多点平衡起吊。吊运前，调整各吊点吊绳使其受力均匀。钢筋骨架上设置吊环，吊环与钢筋骨架的主筋焊接。吊装时，保护好各种预埋管件不受损伤。入模时，检查各预应力管道的堵头塑料塞有无松动或掉落，如图 7.4.2-21 所示。

图 7.4.2-20 内模及内模支架

图 7.4.2-21 钢筋骨架入模

5）混凝土浇筑前，施工单位对钢筋、模板、波纹管、预埋件等部位进行全面自检，经监理单位验收合格后进行下步施工，浇筑顺序可参照图 7.4.2-22。

6）混凝土浇筑完成初凝后应及时进行养生，养生方法应适应施工季节的变化，采用自动喷淋养生方法。一般情况下宜采用洒水养生，使混凝土表面的潮湿状态保持在 14d 以上。混凝土浇筑完毕终凝后开始洒水养生，在箱梁顶板及底板上覆盖土工布，并使土工布保持潮湿，模板未拆除前向模板表面洒水降温。箱梁梁段吊入修整区后，如果养生时间还不足 14d，则需要对其继续洒水养生。

7）制梁台座必须坚固、稳定，无不均匀下沉。台座顶面或底模顶面应与桥梁梁底设计线形相一致，并应在每次制作梁段前，进行全面检查，发现变化及时调整，施工示意如图 7.4.2-23～图 7.4.2-26 所示。

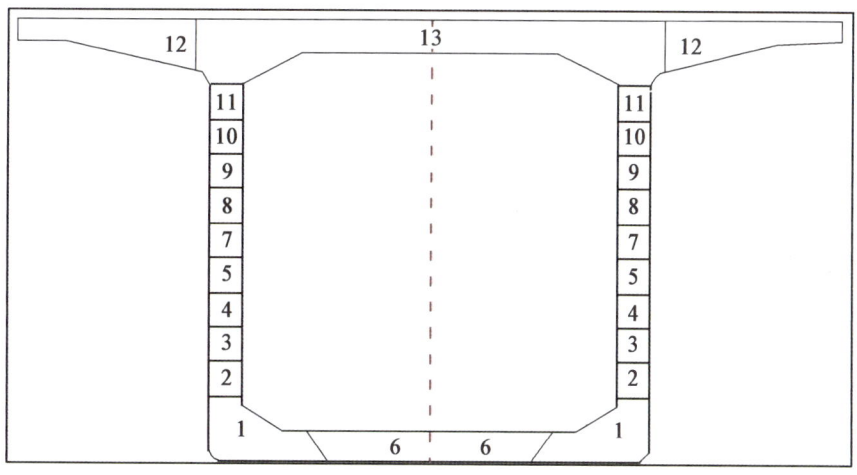

图 7.4.2-22　浇筑顺序图

图 7.4.2-23　存梁台座

图 7.4.2-24　梁段堆放

图 7.4.2-25　梁段拼装

图 7.4.2-26　梁段拼装

8）预制梁段在运输拼装前应进行全面检查，梁端的编号、外形尺寸，接缝面的平整度，预埋件、预留孔及隔离层的清理情况均应符合设计要求；梁段拼装控制中线、高程的标线、标点设置情况应符合施工工艺设计要求。

9）拼装梁段的接缝面处理方式、梁段间接缝宽度、接缝方法和接缝材料种类、性能、质量必须符合设计要求。

10）梁段接缝面应提前进行凿毛、清理，并应在混凝土浇筑前充分浸湿。

11）梁段吊升到设计位置初步定位后，宜将梁段重量由钢丝绳悬吊转换为型钢定位架悬吊，精确定位。

12）梁段连接缝定位时应符合下列规定：

（1）接缝面两侧梁段纵向中心线重合、横向垂直线平行。

（2）梁段前端高程符合施工线形设计要求。

（3）梁段接缝定位检查合格后，应立即在接缝段安装模板、钢筋、管道、撑块和按设计要求穿束张拉临时预应力筋，将湿接缝进行临时固定。

13）接缝模板必须与两侧梁段搭接密贴，不得出现错台和漏浆现象。

14）接缝钢筋连接方法应符合设计要求，预应力孔道连接铁皮管伸入梁段长度应不小于10cm，并应进行密封处理。

15）梁段胶接缝施工应符合下列规定：

（1）涂胶前应先试拼定位，检查梁段纵横位置及四角高程。

（2）胶黏剂配合比和胶浆强度必须符合设计要求，胶浆稠度和固化时间应满足施工操作要求，并应经过试验。

（3）涂胶前接缝面必须清洁、干燥，温度应不低于10℃；涂胶后应进行覆盖，防止雨淋、日晒和保持温度稳定。

（4）涂胶作业应符合工艺设计要求，梁段正式定位后，按设计张拉顺序及压力（设计无要求时按0.2~0.3MPa）对称张拉临时预应力筋施行挤压，挤压应在3h以内完成，并应及时清理接缝面周围和预应力孔道中挤出的胶浆。

（5）胶黏剂使用过程中应继续搅拌以保证均匀。

（6）涂胶人员应佩戴防护用品。

3　顶推施工

1）顶推施工预应力混凝土连续梁应根据场地条件、工期要求、设备情况等，选择从一端顶推、从两端顶推方式，采用单点接力顶推、多点连续顶推等方法进行施工。

2）顶推施工使用的导梁应符合下列规定：

（1）导梁长度、重量、结构类型及与梁体的连接方式应符合设计要求。

（2）导梁底面应平直，并与梁体底面位于同一平面内，纵向高程偏差、中线偏差及底面横向高差均不应大于1mm。

（3）导梁与梁体连接的预埋件规格、数量、位置应符合设计要求，采用预应力筋加强连接时，预应力施工应符合设计要求。

3）桥跨间设置临时桥墩时，临时墩应经过设计检算，具有足够的强度、刚度和稳定性。临时墩上的滑道应设有高程调整设施。

4）顶推导向及滑动设备设置应符合下列规定：

（1）顶推梁体横向导向设备和梁底滑动设备设置应符合设计要求（图7.4.2-27）。设计无要求时，横向导向设备宜采用在每一桥墩顶面两侧设置临时导向墩（架），导向墩（架）与顶推梁体外侧面应留有适当间隙，以便在顶推过程中设专人填放聚四氟乙烯板控制方向。

图 7.4.2-27　顶推钢导梁

（2）梁底可采用聚四氟乙烯板（图 7.4.2-28）作滑板，其面积应根据最大反力计算确定，长度不宜小于 40cm。

（3）墩顶滑道（临时支座）表面应平整光滑，安装牢固。

（4）滑道进出口坡度应小于 2°，避免滑板产生的线状变形致使聚四氟乙烯板遭受碾压破坏（图 7.4.2-29）。

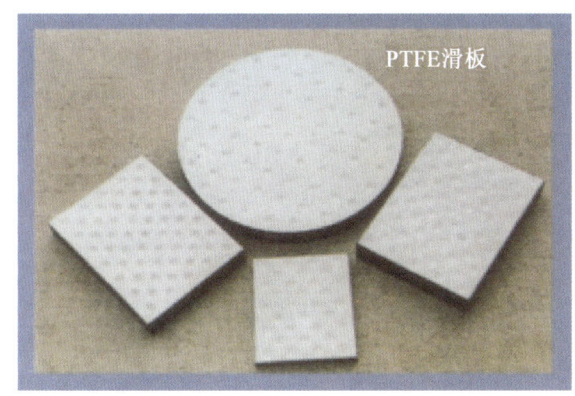 

图 7.4.2-28　聚四氟乙烯板　　　　图 7.4.2-29　临时支座（滑动支座）

5）梁段开始顶推前应具备下列条件：

（1）顶推阶段的预应力筋全部张拉完成。

（2）对顶推设备技术状态和滑道、导向及纠偏装置、导梁设置情况进行全面检查并全部符合顶推工艺设计要求。

（3）施工人员全部就位并联络畅通。

6）顶推施工应符合下列规定：

（1）顶推设备应经检验合格，顶推千斤顶的顶推力不小于计算顶推力的 2 倍。

（2）顶推过程桥墩台的纵向位移不得大于设计允许值。

（3）顶升桥梁的起顶反力值不得大于计算反力值的 1.1 倍，顶升高度不得大于设计要求值，设计无要求时一次最大顶升高度不应大于 5mm。

（4）单点顶推的开始和最后阶段，因竖直千斤顶与梁体间摩擦力不足致使梁体不能前进时，应考虑采取助推措施。

（5）顶推过程应随时观测梁体中线偏移、滑道高程及位移变化，检查墩顶纵向位移和导梁与梁体连接处、梁体接缝处、未压浆的临时预应力筋锚头处等重点部位变形变位等情况，发现异常现象应立即停止顶推，分析原因及时处理。导梁前端挠度变大可能影响上墩时，应在前方墩顶提前设置接引上墩设施。

（6）顶推过程每一滑道应设专人监视滑道工作状态和保持滑动面清洁，使用非连续滑板时应有人及时喂、接滑板，保证在任何情况下每条滑道上不少于两块滑板，并及时更换磨损严重的滑板。

（7）单点或多点顶推时，左右两条顶推线的水平千斤顶应纵向同步运行（同时、同顶力、同行程顶推）。多点连续顶推时，应在梁上适当位置设置集中控制台，控制各墩台动力装置同步纵向运行，并应根据实际偏差及时调节各千斤顶的速度和行程。

（8）采用牵引拉杆方式顶推时，千斤顶的反力台座、梁体上的拉锚器设置和牵引拉杆的配置应符合工艺设计要求。

（9）顶起梁体过程中，当千斤顶行程及油压达到预计数值而梁体未上升时，不可继续加压，应适当等待观察。起顶的反力不应大于容许反力的10%，顶起高度不宜大于5mm。

7）落梁施工应符合下列规定：

（1）桥梁顶推至设计位置后，应按设计要求的落梁程序将梁落到永久支座上。

（2）拆除滑动装置时，顶梁和落梁应符合工艺设计要求。

（3）顶落梁时应有保险设施，并随千斤顶活塞起落及时加高或降低。同一梁端的两侧支点应同步起落。

（4）落梁时应以支点反力控制施工，可在不大于计算支点反力值±10%范围内调整梁底高程。

8）桥梁顶推施工完毕，应将临时墩拆除。

4 转体施工

1）转体前梁体采用悬臂浇筑时，应采取临时固定措施，保证施工期间梁体稳定。

2）施工时应严格控制节段尺寸，防止不平衡力矩超限和梁体整体超重。

3）转体施工应进行转体结构稳定、偏心及牵引力计算，偏心值宜为0.05~0.15m，牵引设备应按计算牵引力的2倍配置。

4）转体系统主要由上转盘、下转盘、转轴、转体滑道、辅助支撑、转体牵引索及动力系统组成。制作安装时应符合下列规定，现场施工示意如图7.4.2-30~图7.4.2-41所示。

（1）上、下转盘和转轴的制作安装精度及表面摩擦因数应满足设计要求。

（2）浇固于上转盘周边的辅助支腿应对称均匀布置，与下环道保持不大于20mm的间距。

（3）环形滑道基座应保持水平，滑道的平整度及辅助支腿与滑道的间距误差应符合设计要求。设计无要求时，滑道3m长度内平整度不大于±1mm，径向对称点高差不大于环形滑道直径的1/5000。

5）转体系统应设置助推、防超转限位装置。

6）预埋于上转盘的转体牵引索固定端应与上转盘外圆相切，预埋时应清除每根钢绞线表面的锈迹、油污，逐根顺次沿着既定索道排列缠绕后，穿过顶推千斤顶。

7）千斤顶必须分别水平、对称地布置于转盘两侧的同一平面内，千斤顶的中心线必须与上转盘外圆相切，中心线高度与上转盘预埋钢绞线的中心线水平，同时要求千斤顶到上转盘的距离相等。

图 7.4.2-30 滑道拼装

图 7.4.2-31 滑道吊装

图 7.4.2-32 底座板吊装

图 7.4.2-33 反力座

图 7.4.2-34 反力座混凝土

图 7.4.2-35 撑脚沙箱安装

图7.4.2-36 下球铰清理

图7.4.2-37 聚四氟乙烯片安装

图7.4.2-38 涂抹黄油

图7.4.2-39 上球铰安装

图7.4.2-40 现浇梁体

图7.4.2-41 牵引反力座

8）转体球铰施工管控应符合以下要求：

（1）下转盘施工：施工单位应控制高强度混凝土和大体积混凝土的原材质量和浇筑质量，并做好养生工作和记录，控制各部尺寸和高程，重点对预埋件的准确预埋控制和检查，经监理单位验收合格后进行下步施工。

（2）球铰及滑道安装：由监理单位组织相关单位等做好对球铰、滑道等设备材料的验收，以及对球铰和滑道的安装精度和安装质量的控制和检测，确保符合设计要求。

（3）上转盘施工：除按下转盘的管控要点外，由施工单位做好三向预应力筋安装和张拉、压浆和封锚的控制和检查,经监理单位验收合格后进行下步施工。

(4) 临时固结:施工单位应做好上下转盘的临时固结施工控制和检查,经监理单位验收合格后进行下步施工。

(5) 转盘的磨合:上转盘浇筑完成当混凝土强度达到80%后,将其吊起,拿掉与磨心中间的隔离层,然后再放下,对称牵引进行磨合,当磨心与磨盖磨合光滑后方可进行下道工序施工。

9) 转体施工应符合下列规定:

(1) 主梁梁体施工完成后,拆除转盘上各临时支撑点,完成从主梁施工到梁体待转的体系转换。

(2) 清除转体范围内各种障碍物。

(3) 应进行桥体称重,根据实测不平衡力矩推算出所需配载重量,使实际重心偏移量满足设计偏心要求。

(4) 对全桥各部位包括转盘、转轴、滑道、辅助支腿、牵引系统等进行测量、检查后,进行试转。

(5) 主梁试转后,根据量测监控所提供的数据,进行二次配重(图7.4.2-42)。

(6) 转动时应控制转速均匀,角速度不宜大于0.02rad/min且桥体悬臂端线速度不大于1.5m/min。

(7) 平转接近设计位置1m时降低平转速度,距设计位置0.5m时采用点动牵引法就位(图7.4.2-43)。

图7.4.2-42 配重

图7.4.2-43 转体

10) 转体到位后,应精确测量调整中线位置,并利用千斤顶调整梁体端部高程。调整就位后应及时浇筑转盘封固混凝土。

5 支架现浇

1) 支架法现浇连续梁适用于桥墩台较低且地基条件较好的旱地或浅水桥位制梁(图7.4.2-44)。

2) 支架法现浇梁体混凝土宜一次连续完成。设计要求分段现浇时,分段长度、位置以及分段浇筑、张拉顺序应符合设计要求(图7.4.2-45)。

3) 分段浇筑时,应考虑预应力筋张拉时梁体上拱对支架受力的影响,在支架受力增大位置采取加强措施，必要时设置临时刚性支墩。

4）梁体底模及支架应严格按照设计要求的顺序进行卸载、拆除。设计无要求时应从梁体挠度最大处支架节点开始，逐步对称卸落相邻节点。

图7.4.2-44　支架现浇连续梁预压

图7.4.2-45　支架现浇连续梁浇筑

7.5　钢管混凝土拱桥及钢拱桥

7.5.1　一般规定

1　拱桥施工前应编制专项施工方案，经专家论证通过后，按规定履行报批手续，并经监理单位审批同意后方可施工；且对施工全过程进行监测和控制。

2　拱肋安装可根据桥梁结构形式和施工条件，选择支架法、少支架法、无支架法、斜拉扣索悬臂拼装法、转体法及整体吊装法等进行施工。

3　钢管混凝土拱桥施工过程中应按设计文件和专项施工方案进行线形监控（图7.5.1-1、图7.5.1-2）。

4　大跨度拱桥合龙吊装施工时，应提前掌握桥位处历史气象资料和近期天气预报资料，严禁在灾害天气下施工，并采取必要的预防措施。

5　对拱肋、吊杆、高强螺栓等关键材料需检测合格后，经监理单位验收。

图 7.5.1-1　中承式钢管混凝土拱桥　　　　图 7.5.1-2　下承式钢管混凝土拱桥

7.5.2　钢管拱肋制作要求

1　钢管拱肋宜选择有相应资质、能力的工厂卷制加工。

2　在钢管拱肋制作过程中，应按设计文件和施工专项方案要求设置混凝土压注孔、防倒流截止阀、排气孔及扣点、吊点节点板。

3　拱肋节段制作、拼装架设前应进行焊接工艺试验，参照现行《钢管混凝土拱桥技术规范》（GB 50923）评定合格后方可正式焊接。

4　钢管对接焊缝可采用有衬管的单面坡口焊和无衬管的双面熔透焊。焊缝等级应达到设计要求。两条对接焊缝的间距应符合设计要求，设计无要求时，直缝焊接管不小于钢管外径，螺旋焊接管不小于 3m。

5　焊工资质、施焊环境、焊接质量及焊缝处理应符合设计要求与国家和行业现行有关标准的规定。

6　拱肋节段焊接应与母材等强度焊接，所有焊缝均应按现行《铁路钢桥制造规范》（Q/CR 9211）的有关规定进行外观、无损探伤检查。两条焊缝交叉点必须进行射线探伤检验。

7　拱肋节段制作完成并经检验合格后，应按节段顺序进行预拼装。

8　钢管拱肋节段应严格按照设计要求的标准进行表面清洗除锈和底漆涂装。焊接成桥后按设计要求进行面漆喷涂，喷涂之前应将底漆打磨粗糙并清洗干净，对接头部分和破损部分应补涂底漆。

9　钢管拱肋节段运输过程中应采取有效措施，防止节段吊装搁置变形，防止涂层损坏。

7.5.3　拱脚施工拱脚施工时必须采取有效的定位、固定措施，确保拱脚弦管的轴线位置、纵向仰角、横向垂直度等安装精度满足设计和后期钢管拱节段安装精度要求，如图 7.5.3-1 和图 7.5.3-2 所示。

图 7.5.3-1　拱脚吊装　　　　　　　　图 7.5.3-2　拱脚固定

7.5.4　吊装机具

1　吊装机具设备和辅助结构应进行设计检算，安装完毕后应进行全面检查，并按设计荷载的 60%、100% 和 125% 分别进行起吊试验，鉴定合格后方可使用。

2　采用缆索吊机吊装拱肋时，缆索吊机塔架设计应符合下列规定：

1）塔架杆件、基底应力、风揽设置及塔身整体稳定等应符合有关规定。

2）塔架地基应满足承载力要求，并有良好的排水设施。

3）塔顶索鞍宜用轮式分组装配。

4）当塔顶受不平衡力作用时，应设背索和压塔索加固。

5）施工期间可能遭受雷击的塔架，塔顶应安装避雷针。

3　缆索吊机主索和施工设计应符合下列规定：

1）主索设计垂直度可采用塔架间距的 1/20～1/12，每根主索应受力均匀。

2）冲击系数应按 1.2 计算。

3）地垄应由有相关资质的单位计算确定。

7.5.5　拱肋施工

1　支架法和少支架法拼装拱肋应符合下列规定：

1）支架设计必须结合施工工况及荷载组合进行支架安全稳定性检算，采用先梁后拱法在梁上搭设支架施工时，还应对梁体进行必要的检算。

2）支架体系应根据拱肋分段长度合理设置立柱（杆），同时立柱（杆）间应有可靠连接系，必要时设置防风措施。

3）拱肋节段接头处的拱架顶部应设置拱肋调整和焊接工作平台，平台顶应设置限位和调位装置。

4）钢管拱节段吊装可根据场地条件和吊装能力采用桥上吊装或桥下吊装进行节段拼装，拱肋节段拼装应由拱脚向拱顶对称逐段安装至合龙，每段安装后应采取有效临时固定限位措施，并全程进行线形监控，如图 7.5.5-1 和图 7.5.5-2 所示。

图 7.5.5-1 桥上吊装

图 7.5.5-2 桥下吊装拱肋

5）节段间环焊缝的施焊应对称进行，施焊前应保证节段间有可靠临时连接并用定位板控制焊缝间隙，不得采用堆焊。合龙口的焊接或栓接作业，应选择在结构相对稳定的时间内尽快完成（选取一天气温最低、变形最小时候进行。）

6）钢管拱肋成拱过程中，应同时安装横向连接系（图7.5.5-3），并应采取临时横向稳定措施（图7.5.5-4）。

图 7.5.5-3 横向连接系

图 7.5.5-4 临时支撑稳固

7）拱肋安装过程中必须采取抗风措施。

2 采用无支架法和千斤顶斜拉扣索悬臂法拼装拱肋除应符合支架法和少支架法的有关规定外（图7.5.5-5、图7.5.5-6），还应符合下列规定：

1）拱肋拼装采用的缆索吊装设备在使用前必须进行地锚试拉、扣索对拉和主索系统试吊（图7.5.5-7、图7.5.5-8）。

2）采用千斤顶斜拉扣索悬拼施工时，斜拉扣挂系统应自成系统，与缆索吊运系统互不干扰。其前锚系统、扣索系统和张拉系统均应进行设计计算。

3）扣索应根据索力计算采用多根钢绞线或高强钢丝束，安全系数应大于2。

4）吊装过程中应以高程调整为目标，准确测定各阶段索力及伸长量，确保索力及伸长量在设计允许范围内。

图 7.5.5-5　少支架法拱肋施工

图 7.5.5-6　支架法拱肋施工

图 7.5.5-7　缆索吊装法拱肋施工

图 7.5.5-8　缆索吊装法拱肋施工

5）拱肋拼装施工必须进行施工安全设计，确保拱肋施工各个阶段的纵横向稳定均满足设计要求。

6）扣索塔架的布置（图 7.5.5-9）及安装应符合下列规定：

（1）扣索塔架安装在墩、台顶面时，应预设扣索塔架安装底盘孔位或螺栓。

（2）扣索塔架底应按设计要求固定，塔顶应设置风缆、上索鞍顶部的高程应高于拱肋扣环高程，索鞍间距应与拱肋间距一致、扣索的位置应与所吊的拱肋在同一竖直面内。

3　拱肋吊装时，每片拱肋应从拱脚段开始依次向上吊装。每段拱肋需待下端连接牢固并设扣索和风缆后方可摘除起吊钩，并应使上端高出设计位 5～10cm。

4　拱肋吊装采用双基肋合龙时，应待横联临时连接后方可摘除两肋扣索。

5　除拱顶段外，拱肋段吊装时，每段拱肋均应有道扣索拉紧，并须设置临时风缆。临时风缆位置及安装应符合下列规定：

1）多拱肋拱桥拼装时，每孔应至少有两根基肋设置固定风缆。

2）当全孔拱肋合龙完毕，且横向连接构件满足强度要求时，方可拆除固定风缆。

6　悬臂拼装拱肋合龙（图 7.5.5-10）应符合下列规定：

1）拱顶段吊装至设计要求位置后，两端拱肋应逐渐调索与拱顶段拱肋接近进行合龙，严防发生碰撞。

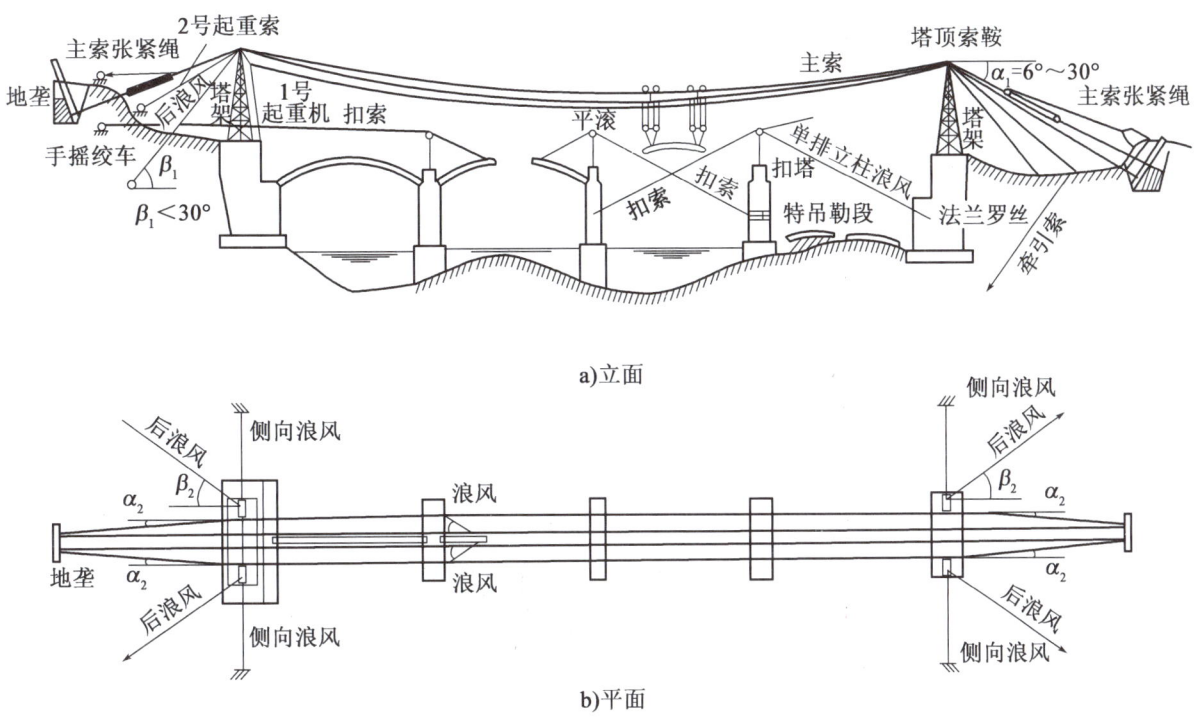

图 7.5.5-9 扣索塔架布置示意图

2) 拱肋合龙时,每次调索量宜小,并应跟踪观测拱肋中线和水平,控制各接头拱顶及 1/4 拱肋轴线位置和高程位置,防止拱肋发生外对称变形。

3) 拱肋合龙后,应按拱脚段、次拱脚段、拱顶段顺序进行松索,并应按比例定长、对称均匀、缓慢松索,达到各拱段设计要求位置后方可拆除扣索和风缆。

7 钢管拱肋平面转体施工(图 7.5.5-11)应符合下列规定:

1) 转体前梁体采用悬臂浇筑时,应采用临时固定措施,保证施工期间梁体稳定。

2) 转体施工应进行结构稳定、偏心及牵引力计算。偏心值宜为 0.05~0.15m,牵引设备应按计算牵引力的 2 倍配置。

3) 转动时应控制转速均匀,角度不宜大于 0.02rad/min 且桥体悬臂端线速度不大于 1.5m/min。

图 7.5.5-10 悬臂拼装拱顶合龙

图 7.5.5-11 平面转体施工

4）当两岸拱体旋转至桥轴线位置就位后，两岸拱顶高程差超限时，宜采用千斤顶张拉、松卸扣索的方法调整拱顶高差。

8 钢管拱肋竖向转体施工（图 7.5.5-12）应符合下列规定：

1）转体活动铰支座进场时应进行支座弧形板的光洁度、椭圆度、平整度及构件相对位的测量验收，安装定位时应统一考虑制作误差，避免误差积累。

2）转体活动铰的转动轴线，必须保持水平，并且在立面上与拱中线投影垂直。

3）提篮式钢管拱转体铰设计时应有足够刚度的侧向限位装置，施工时应保证侧向限位装与转动轴密贴顶紧（图 7.5.5-13）。

图 7.5.5-12 竖向+平转施工

图 7.5.5-13 钢管拱转体施工

4）转动前应进行试转，以检验转动系统的可靠性。竖转速度不宜大于 0.01rad/min，提升重量大者宜采用较低的转速，力求平稳。

7.5.6 合龙段施工

1 钢管拱合龙节段设计加工时应设置瞬时合龙构造，以满足合龙口无应力状态施焊的工艺要求。

2 合龙段拱肋加工时应预留余量，合龙段安装前应进行实地温度测量，根据测量结果确定合龙段的余量切割长度。

3 钢管拱肋拼装合龙后应进行拱肋线形调整。

7.5.7 钢管混凝土压注

1 钢管拱拼装完毕，所有现场焊缝经超声波检测合格后方可进行钢管混凝土压注（图 7.5.7-1）。

2 钢管混凝土应具有低泡、大流动性、延后初凝的工程性能。

3 大跨径钢管混凝土拱桥，应按实际泵送距离和高度进行模拟混凝土压注试验。

4 管内混凝土浇筑时的外部支撑条件应符合设计要求，以确保钢管拱的变形、稳定性满足设计要求。

5 钢管内混凝土应采用泵送顶升法施工（图 7.5.7-2），压注顺序应符合设计要求，设计无要求时应由两拱脚至拱顶对称、均衡、次连续压注完成。

图 7.5.7-1 混凝土压注　　　　　　　图 7.5.7-2 天泵接地泵浇筑

6 压注前宜先在输送管道内压入清水清洗管内污物、润湿管壁,再压入一定数量的水泥浆作先导,然后连续压注混凝土。

7 主拱肋钢管混凝土压注完成,混凝土强度达到设计强度的90%以上时,方可进行同拱肋相连的其他钢管混凝土的施工。

8 压注过程中,应控制两侧混凝土顶面高差不大于1.0m。封拱时应采用低速、低压泵送混凝土,通过排气孔检查混凝土无气泡、无浮浆时方可停止混凝土泵送。

9 压注完成后的管内混凝土应进行超声波检测。

7.5.8 系杆拱施工

1 采用先拱后梁法施工,系杆不能同步张拉时,主墩必须能承受空钢管肋拱产生的水平推力或采取临时措施使主墩能承受次水平推力,如图7.5.8-1和图7.5.8-2所示。

图 7.5.8-1 系杆拱跨越既有线路　　　　图 7.5.8-2 三跨连续系杆拱桥

2 拱上结构施工应在钢管内混凝土及封胶混凝土达到设计要求的强度后进行。

7.5.9 钢拱桥(图7.5.9)拼装控制要点

1 钢拱拼装方式根据桥跨布置可采用吊索塔架悬臂拼装、水平索辅助双悬臂拼装。

2 水平索辅助双悬臂拼装钢桁拱时,应严格按施工技术方案对称施工。

图 7.5.9　钢拱桥

7.5.10　吊索、水平索施工

1　吊索、水平索的挂设应在每桁的两侧同时对称进行。每层索应先同步挂设中桁拉索，再挂设两边桁拉索。每根索应先挂设锚固端，再挂设张拉端。

2　吊索、水平索的张拉、卸载及拆除应符合下列规定：

1）下锚箱与钢梁燕尾板用销轴连接，经检查合格后，开始收紧吊索。一般用 4 台型拉伸机（带张拉杆及螺母）分别布置在 4 个下锚箱上，对称、均匀地牵引索上的张拉杆，直至锚头伸出垫板，装上螺母及弧形垫圈，然后利用千斤顶对吊索进行张拉。

2）当钢梁安装到合龙口，并完成预定的工作后，即可将前端支点起顶，消除悬臂挠度影响，使其恢复到吊索塔架张拉前的状态。

3）安装引伸杆，拆除下锚箱和燕尾板的连接，吊索的卸载和拆除程序和张拉及安装时相反。拆除前吊索塔架应安装牢固可靠的临时缆风绳。

7.5.11　钢桁拱施工

1　钢桁拱（图 7.5.11）墩顶布置、钢桁拱长悬臂拼装时防振晃措施、钢桁拱悬臂拼装栓合与起顶相互关系、杆件弯曲应力的调整、纵移和横移等，应符合现行《高速铁路桥涵工程施工技术规程》（Q/CR 9603）的规定。

图 7.5.11　钢桁拱桥

2 钢桁拱施工步骤如下：

1）钢梁预先纵移：计算钢梁实际工况下悬臂端节点里程并与实测值进行比较，然后确定钢梁预先纵移调整量。

2）吊索索力调整：使主跨钢梁合龙点的位移偏差调整到安装精度要求之内。

3）主桁杆件合龙：依次合龙拱下弦、斜杆、拱上弦。先穿长圆孔铰轴，再穿圆孔铰轴。穿圆孔铰轴时可以利用温差法、合龙节点顶拉法、钢梁纵移微调等方法完成。圆孔铰轴穿上后，在该节点均匀打入50%冲钉，穿30%高强度螺栓并作一般拧紧，同时解除桥墩活动支座纵向约束。

4）系杆合龙：逐步释放索力，使系杆节点尺寸大于或等于系杆设计理论尺寸，便于系杆安装。安装系杆应先穿长圆孔铰轴，精确对位后再穿圆孔铰轴。先穿中桁系杆铰轴，再穿边桁系杆铰轴。圆孔铰轴穿完后，均匀打入50%冲钉，穿30%高强度螺栓并作一般拧紧。

5）安装桥面板及连接系。

6）解除墩旁托架约束。

3 钢桁拱跨中合龙时，应及时测量中线、高程和位置以及钢梁杆件内力等，控制安装荷载处于对称、平衡状态。

4 钢桁拱跨中合龙采用顶拉设施辅助合龙时，顶拉设施应在工厂进行组装试验，到工地后经再次试装确认合格后方可使用，各零部件及销轴不得有损伤，与主桁节点板相连的反力座应随钢梁杆件在预拼场组拼。

7.6 钢桁梁

7.6.1 一般规定

1 钢桁架施工应编制专项施工方案，经专家论证通过后，按规定履行报批手续，并经监理单位审批同意后方可施工。

2 钢桁架应进行施工设计，承托体系应具有足够的强度、刚度和稳定性。

3 施工阶段应对重要结构进行应力、变形监测控制，确保结构物的强度和稳定。

4 钢桁梁（图7.6.1-1、图7.6.1-2）构件出厂时应提供下列文件：

1）产品合格证书（含质量检验报告）。

2）钢材、焊材和高强度螺栓及涂装材料出厂质量证明书及检验报告。

3）施工图、预拼图及加工图。

4）工厂高强度螺栓摩擦面抗滑移系数试验报告。

5）焊接工艺评定试验报告高强度螺栓施拧试验报告及其他主要工艺试验报告。

6）焊缝检验报告、焊缝重大修补记录和焊接接头破坏性检验报告。

7）工厂试拼装记录。

8）涂装试验报告。

9）构件发送表和包装清单。

图 7.6.1-1　简支钢桁梁桥

图 7.6.1-2　连续钢桁梁桥

5　采用整节段或桁片式架设时应在工厂内进行连续匹配试拼，合格后方可出厂。

6　钢梁工地焊接拼装前应进行焊接工艺试验，合格后方可正式焊接。

7　高强度螺栓连接副施拧使用的扳手，每天班前和班后各进行一次标定，班前标定值不应大于规定值的 ±3%；班后标定不应超过规定值的 ±5%。

8　易积水的钢梁杆件结合点缝隙封填验收应留有影像资料。

7.6.2　拼装架设控制要点

1　钢桁梁拼装架设顺序应符合设计要求，设计无要求时应按钢桁梁节间依次进行施工。主桁杆件应左右两侧对称拼装成闭合三角形，每组拼完成一个节间或孔梁时应立即检测校正其位置及预拱度。

2　在支架上拼装钢桁梁时，冲钉和高强度螺栓总数量不应少于栓孔总数的 1/3，其中冲钉应占 2/3，栓孔较少部位冲钉和高强度螺栓数量不应少于 6 个。工具螺栓宜安装于拼接板四周和拼缝位置（图 7.6.2-1）。

3　采用悬臂法或半悬臂法拼装钢桁梁时，连接处冲钉数量应按所承受的荷载计算决定，但不应少于栓孔总数的一半，其余栓孔布置高强度螺栓。冲钉和高强度螺栓应均布安装。工具螺栓数量须满足板束密贴要求。

4　杆件拼装时栓接板面及栓孔应洁净、干燥、平整，当拼装出现摩擦面间隙时，板面处理应符合相关标准的规定（图 7.6.2-2）。

5　整体桁段架设前，应对梁段进行全面检查，杆件及零件数量、连接质量、涂装质量应符合要求。临时固定装置应完整，桁段应无变形或扭曲。

6　钢桁梁段工地焊接焊缝质量应符合设计文件和焊接工艺要求。

7　力矩法终拧检查力矩，欠拧和超拧值均不应大于规定值的 10%，每个栓群或节点检查的螺栓合格率不应小于 80%，并应对欠拧者补拧至规定力矩，超拧者更换连接副后重新拧紧。

8　钢梁安装的测量工作应及时准确，每安装完一个节间测量一次钢梁中线及各节点挠度。随时判断钢梁制造和安装质量，并及时与线形、应力等监控数据相比较。

图 7.6.2-1 钢桁梁螺栓连接　　　　　　　　图 7.6.2-2 钢桁梁杆件吊装拼接

7.6.3 钢桥面板与混凝土桥面板（图 7.6.3-1、图 7.6.3-2）控制要点

1 钢桥面板原材料的品种、规格、质量应符合设计要求和相关标准的规定。

2 焊条、焊丝、焊剂、电渣焊熔嘴等焊接材料与母材的匹配应符合设计要求及相关标准的规定。

3 焊缝质量应符合设计文件和焊接工艺要求。

4 高强度螺栓连接副到货后应及时对规格、质量、力矩系数进行复验，复验时其力矩系数平均值应在 0.110～0.150 之间，标准差不大于 0.0100。复验宜在温度为 15～25℃、相对湿度为 50%～70% 的环境条件下进行，复验时试验所用的机具、仪表及连接副均应放置在该环境内 2h 以上。高强度螺栓连按副现场存放超过 6 个月应重新检验。力矩系数、螺纹参数、形位公差、螺栓楔负载、螺母保证荷载、螺母硬度、垫圈硬度、表面处理、表面缺陷应符合现行《钢结构用高强度大六角头螺栓、大六角螺母、垫圈与技术条件》（GB/T 1231）的相关规定。

5 高强度螺栓连接副施拧应符合相关标准规定和施工方案要求。

6 混凝土桥面板施工的检验应符合《铁路混凝土工程施工质量验收标准》（TB 10424—2018）第 5.2.1 条～第 5.2.5 条、第 5.3.1 条、第 5.3.2 条、第 5.4.1 条～第 5.4.3 条和第 5.5.1 条～5.5.3 条的规定。

图 7.6.3-1 钢桥面板安装　　　　　　　　图 7.6.3-2 混凝土桥面板安装

7.7 结合梁

7.7.1 一般规定

1 模板及支架、钢筋、混凝土和预应力施工应符合设计要求和现行《铁路混凝土工程施工质量验收标准》（TB 10424）等相关标准的规定，如图7.7.1所示。

图7.7.1 简支结合梁施工

2 钢梁工地焊接拼装前应进行焊接工艺试验，合格后方可正式焊接。

3 高强度螺栓连接副施拧使用的扳手，每天班前和班后各进行一次标定，班前标定值不应大于规定值的±3%；班后标定不应超过规定值的±5%。

4 钢梁节点栓群终拧、杆件结合点可能积水的缝隙封填、剪力连接器等验收应留存影像资料。

7.7.2 钢梁拼装架设

1 厂制钢梁的结构尺寸、焊缝质量、底层涂装质量、剪力连接器数量及质量、工地拴接板接头位置的拴接面、工地焊接接头板端坡口等应符合设计要求和相关标准的规定。

2 钢板梁或开口箱梁梁段工地焊接焊缝质量应符合设计文件和焊接工艺要求。

3 钢梁梁段（杆件）拴接拼装前应对工厂随梁发送的拴接板面抗滑移系数试件进行检验，抗滑移系数应符合设计要求方可进行拼装。

4 高强度螺栓连接副到货后应及时对规格、质量、力矩系数进行复验，要求同本指南第6.6.3第4条。

5 在支架上拼装钢梁（图7.7.2）时，冲钉和高强度螺栓总数量不应少于孔眼总数的1/3，其中冲钉占2/3，孔眼较少部位冲钉和高强度螺栓数量不应少于6个。采用悬臂法拼装钢梁时，连接处冲钉数量应按所承受的荷载计算确定，但不应少于孔眼数的1/2，其余孔眼布置高强度螺栓。冲钉和高强度螺栓应均匀布置。

图 7.7.2　钢梁架设

6 工地焊接剪力联结器的焊接质量应符合设计要求。设计无要求时应符合下列规定：

1）栓钉周边焊缝长度、宽度、高度、饱满度及栓钉与钢板的垂直度和结合程度应符合焊接工艺规定。

2）栓钉沿轴线方向焊缝平均高度不小于 0.2 倍栓钉直径。

3）栓钉沿轴线方向焊缝最小高度不小于 0.15 倍栓钉直径。

4）栓钉周边焊缝平均直径不小于 1.25 倍栓钉直径。

5）对于栓钉焊接位置偏差，沿杆件的纵向，栓钉根部和顶部应控制在 ±3mm；沿杆件的横向，栓钉根部应控制在 ±3mm，顶部应控制在 ±5mm。

6）每台班开始生产前应按规定的焊接工艺试焊 2 个栓钉，沿栓钉轴线弯曲 30°，焊缝应完好无损伤。

7.7.3　桥面板

1 钢筋原材料质量应符合《铁路混凝土工程施工质量验收标准》（TB 10424—2018）第 5.2.1 条 ~ 第 5.2.5 条的规定。

2 钢筋加工、连接和安装的检验应符合《铁路混凝土工程施工质量验收标准》（TB 10424—2018）第 5.3.1 条、第 5.3.2 条、第 5.4.1 条 ~ 第 5.4.3 条和第 5.5.1 条 ~ 第 5.5.3 条的规定。

3 钢筋原材料表面质量和加工、安装允许偏差的检验应符合《铁路混凝土工程施工质量验收标准》（TB 10124—2018）第 5.2.6 条、第 5.3.3 条和第 5.5.4 条的规定。

4 混凝土原材料配合比设计和拌和应符合《铁路混凝土工程施工质量验收标准》（TB 10424—2018）第 6.2 节、第 6.3 节和第 6.4.1 条的规定。

5 纤维混凝土原材料、配合比设计和施工的检验应符合《铁路混凝土工程施工质量验收标准》（TB 10424—2018）第 9.1 节和第 9.3 节的规定。

6 混凝土施工的检验应符合《铁路混凝土工程施工质量验收标准》（TB 10424—

2018）第6.4.2条～第6.4.11条和第6.4.14条的规定。

7 钢筋混凝土桥面板的规格和质量、现浇桥面板混凝土（图7.7.3）分段浇筑顺序及方法预应力张拉顺序等应符合设计要求。

图7.7.3 结合梁桥面混凝土浇筑

8 桥面板现场安装时钢梁与桥面板的结合面及剪力连接器表面应清理干净，剪力连接器应无变形、锈蚀等缺陷。

7.8 斜拉桥

7.8.1 一般规定

1 斜拉桥施工前应编制专项施工方案，经专家论证通过后，按规定履行报批手续，并经监理单位审批同意后方可施工。

2 斜拉桥施工中应具备必要的监控测试手段，随时测试掌握必要的数据，并应密切联系设计单位及时核算控制各工况条件下的结构应力变化。

3 全桥总体测量坐标系统与梁、塔局部测量系统应一致。索塔局部测量系统的基点应相对稳定，测量时间应在温度、风力较小时段。

4 索道管位置必须测量定位准确，保证梁、塔索道孔道位于同一直线上，并应固定在劲性骨架上，防止浇筑混凝土过程中位移。

5 斜拉桥施工应严格按照设计要求施工程序施工，保证各工况结构内力和变形符合设计要求。

7.8.2 混凝土索塔

1 混凝土索塔的施工方案宜根据索塔的结构外形尺寸和设计要求选用爬模翻模等施工方法，如图7.8.2-1和图7.8.2-2所示。

2 当索塔设计为塔梁固结结构时，索塔与梁交错多层作业应采取安全防范措施。

图 7.8.2-1　A 形索塔

图 7.8.2-2　索塔

3 混凝土索塔横梁施工应根据结构、重量及支撑高度设置可靠的模板和支撑系统，并应考虑混凝土浇筑时支撑的弹性和非弹性变形、支承下沉、温差及日照等影响，必要时应设置调控设施。

4 塔柱施工应检算未形成门式刚构时的稳定性，必要时应设置临时支护设施，如图 7.8.2-3 和图 7.8.2-4 所示。

图 7.8.2-3　主塔液压爬模系统

图 7.8.2-4　内倾塔身与横梁共用支撑体系

5 各种预埋件的位置应准确，并满足设计要求。

7.8.3　主梁施工

1 斜拉桥主梁施工应严格按设计要求和施工工艺施工，保证梁体内力、变形、高程和线形符合设计要求。

2 与索塔非固结的主梁采用悬臂法施工时，应按设计要求将梁塔临时固结，并于施工完毕后按设计要求程序解除临时固结，完成设计的支承体系。

3 混凝土主梁采用悬臂法施工时，梁段长度、斜拉索位置和锚固头的相对尺寸等均应符合设计要求，如图 7.8.3-1 和图 7.8.3-2 所示。

4 主梁浇筑到最大悬臂时，应按设计要求并根据实际情况采取抗风振的安全措施。

5 混凝土主梁（图 7.8.3-3）采用预制梁段悬拼施工时，应符合下列规定：

1）预制梁段长度应符合设计要求，设计无要求时，宜采用长线台座密接浇筑，以使各端面啮合密贴。

图7.8.3-1 主梁悬臂浇筑法施工（一）

图7.8.3-2 主梁悬臂浇筑法施工（二）

图7.8.3-3 混凝土主梁

2）梁段拼合前应进行试拼，以便及时调整。

3）湿接缝拼合面应进行表面凿毛和清理，并应在浇筑混凝土前进行浸湿。胶接缝应保持结合面清洁和黏合料涂刷均匀。

4）应严格按设计要求进行悬拼施工，采用高程和索力双控方法保证主梁线形与设计相符。当高程和索力与设计值不符时，应以高程控制为主，用斜拉索调整主梁高程与设计值相符（图7.8.3-4）。

图7.8.3-4　倒梯形塔梁固结

6 主梁施工应进行全过程监控，根据设计要求和前一施工阶段的监控结果进行线形和索力调整。

7 钢桁梁杆件预拼应符合下列规定：

1）杆件必须按照钢桁梁拼装顺序和杆件预拼图拼装。

2）每一预拼单元杆件拼装完成后，应全面检查杆件拼装各部尺寸缝（间）隙、编号、数量、位置、方向等，符合设计要求方可栓合，并做好预拼单元杆件吊装重心、拼装顺序编号等标记。

3）按施工工艺设计保留适量冲钉和高强度螺栓暂不安装和拧紧。

4）将梁上拼装用的零（配）件与预拼单元杆件一并发送。

8 杆件拼装应符合下列规定：

1）栓接板面及栓孔必须保持洁净、干燥、平整。应使用钢化湖细铜丝刷或干净棉丝清除污物，除油污应使用汽油或丙解清洗，消除潮湿应使用高压风吹干。

2）对无焊缝的板材或非主要受力杆件边缘局部变形在工场矫形时，应符合现行《铁路钢桥制造规范》（Q/CR 9211）的规定。

3）杆件拼装摩擦面出现1mm及以上间隙时，应按现行《铁路钢桥高强度螺栓连接施工规定》（TBJ 214）进行铲磨或加垫板处理，保证摩擦面间隙小于1mm。

4）由板厚不大于32mm板组成的板束，其板层间隙使用0.3mm塞尺检查时，深入缝隙深度应不大于20mm；由板厚大于32mm板组成的板束，其密贴标准应符合设计要求。

5）磨光顶紧节点组拼时，必须按照制造厂的编号对号组拼，不得调换、调边或翻面拼装。磨光顶紧处缝隙，使用0.2mm塞尺检查时，不大于0.2mm的密贴面积不应小于75%。

6）高强度螺栓的长度应符合设计要求。

7.8.4 斜拉索

1 采用成品斜拉索（图7.8.4-1）进场后应逐根检查核对每根拉索长度及端头锚固情况是否符合设计要求。斜拉索及锚具应符合现行《高速铁路桥涵工程施工技术规程》（Q/CR 9603）要求。

2 索夹经过验收合格才能安装，螺栓的紧固力及重紧次数应符合设计要求，锚具应逐个进行探伤检验，合金灌注率应符合要求，锚锁牢固。

3 平行钢丝斜拉索安装和张拉（图7.8.4-2）应符合现行《高速铁路桥涵工程施工技术规程》（Q/CR 9603）要求。

图7.8.4-1 斜拉索

图7.8.4-2 斜拉索张拉

4 钢绞线斜拉索单根挂索时，应控制各挂索点的挂索进度，使同一塔柱的中、边跨索力及节段梁两束索的总索力差控制在允许范围之内，并应符合现行《高速铁路桥涵工程施工技术规程》（Q/CR 9603）要求。

5 钢绞线斜拉索整体张拉应符合现行《高速铁路桥涵工程施工技术规程》（Q/CR 9603）要求。

6 斜拉索的索力调整值和调整程序应符合设计要求。索力调整时以张拉拉索锚头增减锚下垫块厚度或拧转锚头螺母进行调整，宜从超过设计要求最大或最小的拉索开始。桥梁施工到下述阶段时，全桥应测核索力并符合以下规定：

1）桥梁悬臂施工到合龙前。
2）跨中合龙后，梁体内预应力筋全部张拉完成时。
3）梁上铺砟、铺轨和安装附属设备完成时。

7 斜拉索安装后，在抗振和减振装置安装前，两端锚具和索道管应有临时防护措施，防止雨水侵入和异物撞击锚头。安装索箍和减振器时，应使其内周夹紧斜拉索，外周与索道管密贴，拧紧索箍紧固螺栓，将减振装置最后固定。

8 在全部施工过程中均应注意对斜拉索的保护，拖索、牵引、锚固、张拉及调整的各道工序中均应避免扭、碰、压折、刮伤斜拉索。

8 桥面系及附属工程

8.1 一般规定

8.1.1 本章适用于桥面防排水、防护墙、竖墙、接触网支座基础、遮板、栏杆、电缆槽盖板、声屏障基础、桥梁伸缩装置、防落梁挡块、墩台围栏、吊篮、桥上救援疏散设施、综合接地等施工。

8.1.2 涂装作业应符合设计要求。

8.2 桥面防排水

8.2.1 一般要求
1 桥涵工程的防水层和保护层的种类、设置位置、尺寸等应符合设计要求。
2 防水层应具备防水、牢固、耐久和必要的弹韧性等性能。防水层所用原材料应按国家和行业现行有关标准的规定进行性能检验，合格后方可使用。
3 构筑物基面、防水层和保护层表面应平顺、不得有明显的凸凹，各层间必须黏结牢固。
4 防水层不得在雨天和大风天气下施工。
5 防水涂料在运输和保存时，严禁遇水和接近火源。施工时严禁明火加热防水涂料。

8.2.2 控制要点

1 加强排水管、泄水管及接头的进场检验，如图8.2.2-1所示。

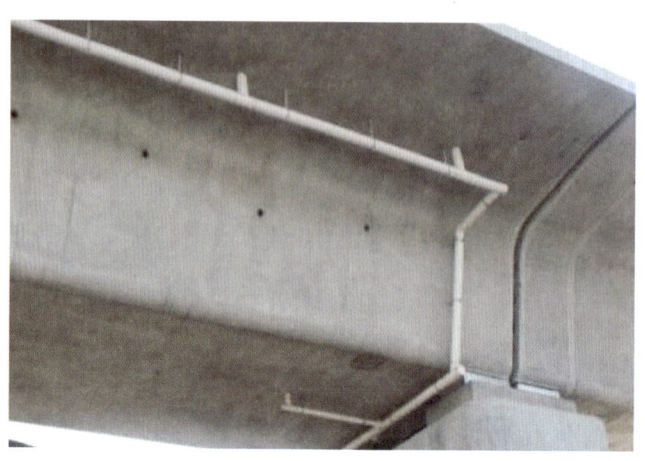

图8.2.2-1 排水管安装

2 桥侧纵向水管的坡度应符合设计要求，反坡排水时水管纵坡应复核确认。

3 防水层施工前先对基层面进行检验，基层应平整、无尖锐异物，不起砂、不起皮，无凹凸不平现象。桥面基层应无浮渣、浮灰、油污等，同时防护墙根部应无蜂窝、麻面，如图8.2.2-2所示。

图8.2.2-2 防水层施工

4 防水卷材铺贴应按逆水方向，从低到高，从下往上，在泄水管口应先做防水附加层，附加层卷材厚度不小于0.5mm（不含无纺布）。

5 桥面防水卷材纵向宜整长铺设，横向宜铺设至防护墙、竖墙根部，并顺上坡方向逐幅铺设。铺贴防水卷材时，应粘贴良好，无脱离、缝隙、裂缝。严禁起鼓、起泡等现象，卷材铺贴应做到平直。

6 聚氨酯防水涂料应按产品说明书的要求配制、搅拌，配制好的涂料应在20min内用完，随配随用，直接喷涂或涂刷于桥面，形成聚氨酯涂料防水层。

8.3 防护墙、竖墙、接触网支柱基础

8.3.1 一般规定

1 防护墙、竖墙、接触网支柱基础与接地系统应焊接,接触网支柱基础上预埋螺栓、预埋钢板的规格及预埋位置符合设计要求。

8.3.2 控制要点

1 施工前应清除预埋钢筋上的铁锈、油污、水泥浆等杂物,并按设计要求调整其位置、间距、形状。

2 钢筋绑扎前,应对桥面防护墙位置拉线凿毛处理,凿毛需符合规范要求,并及时清理残渣。

3 过水孔和电缆预留孔位置应准确,接地端子端面应竖直并与模板顶紧。

4 防护墙、竖墙按设计要求设置断缝。

5 浇筑混凝土前对桥面防护墙位置进行洒水湿润。

6 拆模时混凝土强度宜达到设计值的50%,拆模时应加强成品保护,防止磕碰损伤。

7 接触网支柱基础应表面平整,预埋螺栓的规格、长度、间距应符合设计要求,位置准确。

8.4 遮板、栏杆(挡板)、电缆槽盖板、声(风)屏障基础

8.4.1 一般规定

1 遮板、栏杆、声屏障基础、电缆槽盖板等预制构件应进行工厂化集中生产。

2 预制构件在搬运过程中应轻起轻落,严禁抛掷,避免碰撞磕损,存放应堆码整齐、支垫牢靠。

8.4.2 控制要点

1 安装前应对预制构件进行外观检查,不得有蜂窝、孔洞、疏松、露筋、缺棱掉角、断裂等缺陷。

2 遮板应采用吊装施工,并支撑稳固,及时与竖墙钢筋连接,如图8.4.2-1~图8.4.2-3所示。

3 栏杆(挡板)内侧间距应满足设计要求。栏杆的连接、安装必须牢固顺直,高度应保持一致。

4 盖板安装应符合设计要求,铺设应齐全、稳固、无损坏,板间空隙均匀一致。

5 声屏障单元板存放、运输及装卸过程中,应保证单元板正立,使用临时支架应

保证单元板不受损伤，如图8.4.2-4所示。装卸时各吊点或支点应受力均匀，各吊点或支点应位于同一平面内。

图8.4.2-1 遮板安装

图8.4.2-2 采用拉线法调整线型

图8.4.2-3 遮板调整完成

图8.4.2-4 声屏障安装完成

8.5 桥梁伸缩装置、防落梁挡块

8.5.1 一般规定

1 伸缩缝和防落梁挡块所用原材料和部件的品种、规格、质量等应符合设计要求和国家和行业相关标准的规定。

8.5.2 控制要点

1 伸缩缝防水橡胶条应在库房存放，环境温度应在 －15～35℃ 范围内，产品远离热源1m以上，离地面0.3m以上，严禁与酸、碱、有机溶剂接触。

2 伸缩缝和防落梁挡块的安装位置和范围应符合设计要求，如图8.5.2-1所示。

3 伸缩缝安装后应能满足两侧梁体的顺桥向、横桥向和竖向位移及梁体的转动要求，并能可靠防水。

4 伸缩缝伸缩量型号的选取可根据实际架设完毕后，两孔梁实际梁缝的宽度确定，梁缝过大或过小可采用高一级或低一级伸缩量型号的伸缩装置，如图 8.5.2-2 所示。

图 8.5.2-1　防落梁安装

图 8.5.2-2　弹性体

5　伸缩缝防腐涂装前，异型型材和钢盖板的表面应清洁、平整，不应有锈斑、油污、裂纹及机械损伤，型腔（凹槽）内表面应清洁、光滑、平整。上、下表面应平行，端面应平整。防腐涂装后，涂装表面应光滑，不应有涂层脱落、流痕、皱褶等现象。

6　弹性体伸缩缝施工应符合现行《铁路混凝土桥梁弹性体伸缩缝暂行技术条件》（TJ/GW 120）等相关标准的规定。

8.6　墩台围栏、吊篮

8.6.1　一般规定

1　墩台吊篮（图 8.6.1）、围栏等检查设施的结构、尺寸、位置、防腐处理应符合设计要求。

图 8.6.1　墩身吊篮

2　吊篮的混凝土踏板结构、尺寸、混凝土强度等级和保护层厚度应符合设计要求，墩台施工时应按设计要求预埋好吊篮、围栏连接钢件，连接钢件防腐处理应符合设计要求。

8.6.2 控制要点

1 吊篮、检查梯采用角钢栏杆的型式，角钢支架利用预埋于桥墩顶帽的"U"形螺栓与桥墩连接，如图8.6.2所示。

图8.6.2 墩顶吊篮

2 部分钢构架之间的连接采用焊接的形式，焊接需采用二氧化碳保护焊；其余部分钢构件的连接采用螺栓连接，严格按照施工验收标准及技术规程处理。

8.7 桥上救援疏散设施

8.7.1 一般规定

1 桥上救援疏散设施有疏散通道及其附属设施组成，其中包括休息平台、梯板、栏杆、立柱、基础，附属设施包括安全防护罩，顶部休息平台安全门，桥上疏散指示标识等。

8.7.2 控制要点

1 本设施桥梁全长每隔3km左右（即单侧6km）在线路两侧交错设置一处，并应避开河流或其他障碍物。

2 设施位置应结合靠近地面道路以方便接驳地面交通工具，同时避免影响桥下养生维修通道的使用，当疏散通道设施在有维护通道的一侧时，应保证铁路桥墩和疏散通道之间至少3m的净宽，以满足车辆通行要求，如图8.7.2所示。

图8.7.2　救援疏散通道

3　应设置在铁路征地范围内，并尽可能减少占地面积。

4　具备结构安全，快速流通，便捷的基本要求，并力求经济合理，造型美观，养生维修方便。

5　桥面上栏杆或声屏障处安全门，应避免设在接触网支柱附近。

8.8　综合接地

8.8.1　一般规定

1　在综合接地系统中，建（构）筑物及设备在贯通地线接入处的接地电阻不应大于1Ω。

8.8.2　控制要点

1　良好的熔接效果是指熔接完成后，连接头表面光亮，没有贯穿性气孔，经切开检验剖面也无贯穿的气孔或瑕疵。而影响熔接效果最大的因素是湿气（或水汽），包括熔模，熔接粉剂或被熔接物等所吸收或附着的水汽。另一影响熔接效果的因素是熔模及被熔接物的清洁程度。针对以上两个因素采取如下措施：

1）熔模、焊剂、连接体在使用前用烘干箱或喷灯予以加热驱除潮气。

2）凡附着于熔接物表面的尘土、油脂、镀锌、氧化膜等熔接前必须完全去除，使其光亮后才可以进行熔接作业。

3）熔模内遗留的矿渣应及时完全清除。

4）接地棒的口径小于熔模口径者，很容易使铜水泄漏不能保证熔接质量，此时利用铜带包扎接地棒的末端予以补救。

2　如前段电阻测量值经推算不能满足设计要求时，在余下部分接地网敷设中应采取相应补救措施。阶段接地电阻测量数据及时反馈给设计单位，接地电阻的测试严格按照现行《接地装置特性参数测量导则》（DL/T 475）的要求进行测量，如图8.8.2-1和图8.8.2-2所示。

 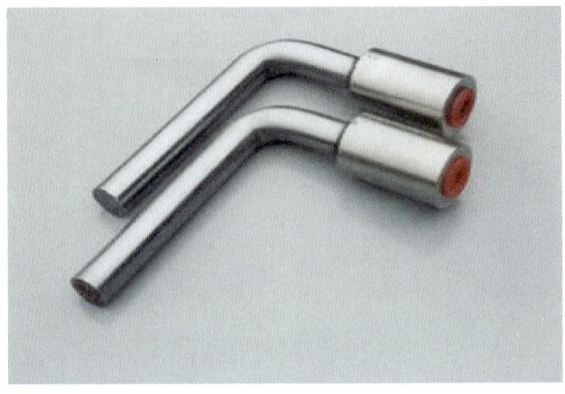

图 8.8.2-1 接地电阻测试　　　　　　图 8.8.2-2 接地端子

9 涵 洞

9.1 一般规定

9.1.1 涵洞施工前应根据设计文件进行现场核对，并对涵位、孔径、涵长、涵身分节、水流方向、出入口高程以及与排灌系统或道路的连接等进行核对，确认无误后方可施工。

9.1.2 基坑开挖经检验确认合格后，应及时施工基础和其他部位。

9.1.3 基坑应按设计要求及时回填，回填材料应符合设计要求。

9.1.4 涵洞附近路堤过渡段填筑除应符合设计要求外，尚应符合下列规定：
 1 过渡段填筑施工应在涵身结构混凝土或砌体砂浆达到设计强度后进行。
 2 过渡段填筑应从涵洞两侧同时、对称、水平分层施工，并应逐层碾压密实。涵洞两侧紧靠边、翼墙部分和涵顶1.0m以内高度范围，宜采用轻型机械施工，并应防止施工机械冲撞、推压结构物，涵顶填筑厚度超过1.0m后，方可通行运梁车等重型施工机械。

9.2 控制要点

9.2.1 基坑底面尺寸每边较基础尺寸扩宽0.5～1m；基坑开挖前，边线外人工开挖排水沟，防止地表水灌入基坑。基底四周开挖排水沟并留积水井，及时抽排。

9.2.2 对于明挖基础开挖完成后应通知设计单位与监理单位核实地基持力层承载力，必须大于设计值，并现场签认，当出现软硬不均时，应及时通知相关单位作处理。对于有地基处理桩的涵洞，在地基处理桩施工完成28d后，在监理工程师的见证下对桩身完整性及单桩承载力或复合地基承载力进行检测。

9.2.3 涵洞底板及墙身预埋钢筋宜采用定位卡具等方式保证钢筋间距及线形。钢筋接头位置应避开涵洞施工缝和受力最大处，并应错开布置，如图9.2.3-1和图9.2.3-2所示。

图9.2.3-1 框架涵底板施工

图9.2.3-2 箱涵钢筋绑扎

9.2.4 模板施工应符合下列要求：

1 墙身模板宜采用钢模板，倒角处模板高度应适当调整以使得水平向接缝错开倒角；内模应按照图纸尺寸进行设计生产以便于墙身顶面高程控制；顶板模板宜采用整块木模，如图9.2.4所示。

图9.2.4 立模板

2 边墙及顶板模板加固采用盘扣支架满堂搭设，涵洞两侧采用支架支撑，边墙模板内外模之间采用对拉螺栓对拉。

3 横向接缝处模板宜采用灌缝胶堵塞模板间隙，防止漏浆。

4 内外侧边墙模板加固采用 $\varPhi 48 \times 3.5 mm$ 钢管作为横竖楞，横竖楞间距和对拉螺栓大小应根据墙身厚度和混凝土浇筑速度计算确定。

5 涵洞顶板模板采用型钢加方木作为横竖楞，横竖楞间距根据顶板厚度计算确定。

9.2.5 混凝土施工应符合下列要求：

1 涵身混凝土浇筑可分两阶段施工：先浇筑底板，待底板混凝土达到设计强度50%后，再进行中、边墙及顶板施工，如图9.2.5-1和图9.2.5-2所示。

图9.2.5-1　浇筑混凝土　　　　　　　图9.2.5-2　养生

2 施工缝应符合设计要求，设计无要求时应符合要求：混凝土间施工接缝，周边应设直径不小于16mm的钢筋，钢筋埋入深度和露出长度均不应小于钢筋直径的15倍，间距不应大于20cm（设计有连接或护面钢筋时可不另设）。使用光圆钢筋时两端应设半圆形标准弯钩，使用带肋钢筋时可不设弯钩。连接钢筋的混凝土保护层厚度应符合有关规定。

3 底板施工完成后宜采用划线＋切割机＋手持风镐工艺凿毛，凿毛后按设计用墨斗重新弹线。

9.2.6 涵洞防水层施工应符合下列要求：

1 涵洞防水卷材宜采用定位卡具固定。

2 涵洞防水层施工时对基面按设计要求处理，并严格把控防水涂料涂刷遍数不少于两遍，保证防水涂料厚度；防水卷材铺贴时应注意搭接方向为顺坡度方向搭接，且防水卷材在顶板与侧墙转角处向侧墙延伸20cm与侧墙黏结，如图9.2.6-1和图9.2.6-2所示。

图9.2.6-1 防水层施工　　　　　　　图9.2.6-2 防水施工

9.2.7 涵洞过渡段施工应符合下列要求：

1 涵背过渡段施工时涵洞两侧应对称填筑，填筑范围符合设计要求，先填过渡段，再填包边土，如图9.2.7-1所示。

2 涵背两侧每层摊铺厚度为相邻路堤分层摊铺厚度的1/2，大型压路机碾压不到或台后2m范围内，采用小型手扶式振动压路机或冲击夯按确定的参数进行碾压夯实，如图9.2.7-2所示。

图9.2.7-1 过渡段回填　　　　　　　图9.2.7-2 分层压实

9.2.8 沉降缝施工应符合下列要求：

1 沉降缝填缝前，缝内应清理干净，并保持干燥。

2 涵洞沉降缝断面应填塞沥青木板。

3 涵洞沉降缝内轮廓断面边缘宜堵塞厚度不小于5cm的聚氯乙烯胶泥；为防止污染墙面，施工前宜在沉降缝两侧竖向粘贴沥青纸，待聚氯乙烯胶泥施工完成后再移除。

4 涵洞沉降缝外轮廓断面宜采用与涵顶同材质防水卷材铺贴。

5 涵洞沉降缝外轮廓施工完成后应注意成品保护，严禁过渡段施工时破坏防水层。

10 营业线及邻近营业线桥梁施工

10.1 一般规定

10.1.1 营业线桥涵施工应开展危险源辨识，必须严格执行国家和行业现行有关铁路营业线施工安全管理的规定和要求。

10.1.2 营业线桥涵施工前应按规定编制专项施工方案，属于重大危险源的按规定组织施工条件验收。

10.1.3 营业线施工方案由施工单位编制，必须经监理单位审核，建设单位审核，各站段审核，路局各处室审核，施工单位应签订施工安全协议和配合协议，经批准纳入月度施工计划后，方可组织施工。影响行车安全的施工，必须在铁路运营管理单位人员监护下进行。严禁利用列车间隔时间施工。

10.1.4 桥涵施工影响铁路建筑限界或营业线设备安全限界的，应根据车辆限界和设备管理单位要求，制订营业线运营安全保障措施并按规定经相关部门审批后实施。施工中搭设的脚手架、堆放的工程材料或机具设备等必须稳固可靠，严禁侵入批准的范围内。

10.1.5 建设各方营业线桥涵施工现场主要管理人员、带班人员和现场防护员、驻站联络员等，应按规定经铁路运营管理单位专门培训合格后持证上岗。

10.1.6 施工前，施工单位和设备管理单位应现场标识地下管线位置范围。在设备管理单位监护人员监护下，对管线进行探测，以人工沟槽确定其准确位置。不得使用机械探挖地下管线，对已暴露的管线必须采取保护措施。

10.1.7 施工前，应核对桥位处铁路两侧地质勘测资料，无误后方可施工。

10.1.8 营业线桥涵施工前，由勘察设计单位提出监测要求，施工现场加强对既有线路基、轨道、桥涵等构筑物的监测，发现异常及时、妥善处理。

10.2 跨线桥及下穿铁路桥梁的桥梁施工

10.2.1 跨线施工的悬臂挂篮、悬臂拼装支架等临时结构的安全系数值应比一般情况大20%。

10.2.2 跨线架设桥梁和设备过孔应编制专项施工方案，并封锁线路。电气化区段，当梁底与接触网承力索距离不足2m时，应停电作业。

10.2.3 吊装作业，架梁施工时，起重机和架桥机应定位准确，起重能力应满足作业半径、吊重等安全要求，起重索具安全系数应符合规定。

10.2.4 吊装就位的梁、构件应摆放稳固。稳定性较差、迎风面积较大的梁、构件，在封锁时间内不能做永久固定时，必须采取临时稳固措施。

10.2.5 经批准不需要封锁施工的跨线作业，应在车站按规定进行施工登记，派驻站联络员，设置现场防护，利用列车间隔进行。

10.2.6 跨线桥施工前，应按审核批准的方案设置营业线防护棚架。

10.2.7 下穿运营铁路桥梁构筑物的设计施工和监测（图10.2.7），应符合下列规定：

1 施工期间应对铁路桥梁结构变形实施全过程监测，并根据监测情况进行动态评估，适时调整工艺和措施，保证设备状态良好。实测值超过报警值时应采取停工、限速等措施。
2 下穿工程应针对工程的风险特点，编制应急预案。
3 下穿工程的基坑开挖施工，过程中，应加强基坑稳定性和变形监测。
4 基坑开挖应分层、对称进行，弃土应堆放在铁路影响区外。
5 机械吊装施工前应对吊装设备进行全面的安全技术检查，并进行相应的起吊试验。

图 10.2.7　跨线架设桥梁施工

10.2.8　营业线的墩台施工应开展对既有线墩台沉降的监测（图 10.2.8）。

图 10.2.8　既有线墩台沉降的监测

10.2.9　养生作业不得使用塑料薄膜等轻飘物，当采用土工布保湿养生时应压重处理（图 10.2.9）。

图 10.2.9　压重保湿养生

11 雨期及高温期施工

11.1 一般规定

11.1.1 当室外日平均气温高于30℃时，混凝土工程的施工应按夏季高温施工进行。

11.1.2 夏季施工应考虑原材料温度、环境温度、混凝土运输方式与时间对混凝土初凝时间、坍落度损失等性能指标的影响。必要时应根据现场环境条件进行配合比调整，并进行施工验证。

11.1.3 小雨、中雨天气不宜进行混凝土露天浇筑，且不应开始大面积作业面的混凝土露天浇筑；大雨、暴雨天气不应进行混凝土露天浇筑。有抗冲耐磨和有抹面要求的混凝土不得在雨天施工。

11.1.4 当需雨天施工时，应采取确保混凝土质量的措施。电气装置及机械设备应有防雨设施。对混凝土搅拌、运输设备和浇筑作业面应采取防雨措施，并应加强施工机械检查维修及接地接零检测工作。

11.1.5 基坑开挖时，应在基坑周边先施作临时排水沟渠接至附近排水系统；基坑开挖后应及时浇筑垫层，坑底周边设置集水井，并配足够排水设备。

11.1.6 应加强基坑支护，基坑边坡设置观测点，持续进行位移观测，发现异常及时应对。

11.1.7 水中基础的施工应避开汛期，栈桥、平台设计需满足水文计算要求。

11.1.8 高温及雨期施工除符合指南规定外，尚应满足国家和行业现行有关标准的规定。

11.2 高温期施工

11.2.1 混凝土夏季高温施工中,原材料应符合下列规定:

1 应对水泥、砂、石的储存仓、料堆等进行遮阳防晒处理,或在砂石料堆上喷水降温,以便降低原材料进入搅拌机的温度。

2 可采用冷却装置冷却拌和水,并对水管及水箱加遮阳和隔热设施,也可在拌和水中加碎冰冷却,碎冰应作为拌和水进行质量控制和计量。

11.2.2 混凝土施工过程应符合下列规定:

1 混凝土配合比设计中应考虑坍落度损失,宜选用缓凝型减水剂,并根据气温适当增加坍落度。

2 拌和站应尽可能采取遮阳、降温措施,水泥进入搅拌机的温度不宜大于40℃。在混凝土搅拌均匀的前提下,尽量缩短搅拌时间。

3 采用泵送混凝土时,应将输送管遮盖、洒水、垫高或涂成白色。

4 混凝土从搅拌到入模的时间及浇筑时间应尽量缩短,并尽快进行养生。

5 宜在夜间或气温较低的时段搅拌和浇筑混凝土,保证混凝土的入模温度满足设计要求。当设计无要求时,混凝土的入模温度不宜超过30℃。混凝土入模前模板和钢筋的温度以及附近的局部气温不宜超过40℃。

11.2.3 混凝土养生应符合下列规定:

1 混凝土浇筑完后,表面应立即覆盖清洁的塑料膜,初凝后撤去塑料膜,用浸水后的保湿材料覆盖,再加盖一层塑料膜,保持潮湿状态不少于14d。也可采取在混凝土表面喷雾降温、湿润空气等养生措施。当条件许可时,在模板底部采取预先冷却等技术措施。保湿养生期间,应采取遮阳和挡风措施,以控制温度和干热风的影响。

2 混凝土拆模后的洒水养生宜用自动喷水系统和喷雾器。保湿养生应不间断,不得形成干湿循环。

11.2.4 砌体工程夏季高温施工应符合下列规定:

1 砂浆宜选用水化热较低的水泥。当掺用缓凝型减水剂时,可根据气温适当增加稠度。

2 砂浆运输容器应设防晒设施,运输时间应缩短。砂浆应随拌随用。

3 砌体砌筑前基底应喷水润湿。

4 砌体砌筑宜避开气温较高的时段。气温较高时,砌块应采取洒水降温措施。

5 砌体砌筑完毕后,应及时覆盖保湿养生,养生时间不少于7d。保湿养生期间,应适当增加洒水次数。

11.3 雨期施工

11.3.1 雨期混凝土工程施工中，混凝土浇筑应符合下列规定：

1 雨期施工期间，对水泥和掺合料应采取防水和防潮措施，并增加粗、细集料含水率测定次数，及时调整施工配合比。

2 应采取防止模板或基坑内积水的措施，出现积水时，应排水后再浇筑混凝土。浇筑前应重新检查模板隔离剂，若有损失应重新涂刷。

3 在雨天进行钢筋焊接时，应采取挡雨等安全措施。

4 在雨天进行混凝土浇筑时应加强仓内排水和防止周围雨水流入仓内；做好新浇筑混凝土面尤其是接头部位的保护工作。

5 在浇筑过程中，遇大雨、暴雨，应立即停止进料，已入仓混凝土应振捣密实后遮盖。雨后必须先排除仓内积水，对受雨水冲刷的部位应立即处理，如混凝土还能重塑，应加铺接缝混凝土后继续浇筑，不能继续浇筑时应在结构合理部位留置施工缝。

11.3.2 雨期混凝土浇筑结束后，应检查地基面的沉降，并应对模板及支架进行检查，及时采取覆盖塑料薄膜等防雨措施。

11.3.3 雨期台风来临前，应对尚未浇筑混凝土的模板及支架采取临时加固措施；台风结束后，应检查模板及支架，已验收合格的模板及支架应重新办理验收手续。

11.3.4 雨期砌体工程施工应符合下列规定：

1 应加强原材料的存放和保护，水泥和干混料不得久存受潮。

2 当砌体材料表面存在明水时，不得用于砌筑。

3 砌筑砂浆的拌和量不宜过多，砂浆的稠度应适当增加，拌好的砂浆应防止雨淋。

4 对于露天作业的砌体工程，遇中雨不宜施工，遇大雨时应立即停工；对于施工过程中突然降雨的情况，应对已砌筑砌体及时进行覆盖；雨后继续施工时，应检查已完工砌体的垂直度和高程。

5 应加强雨期施工期间的砌体稳定性检查。

6 应防止基坑灌水，防止雨水冲刷砂浆和砌体，暂停施工时应覆盖砌体上表面，每天砌筑高度不宜超过1.2m。

附录A 质量通病及防治

A.1 钻孔桩

A.1.1 钻孔偏位过大

原因分析：钻机定位不准，钻机固定不牢，施工过程发生位置偏移；桩位存在斜岩、孤石，造成锤头倾斜、向一侧扩孔偏位；护桩损坏，仅以钢护筒控制孔位中心。

防治措施：开钻、入岩、终孔以及施工过程，根据4个护桩连线的交叉点及时修正锤头中心位置。护桩搭设牢固，基础浇筑砂浆固定，孔位发生偏差时，回填片石修正孔位。回填片石需适当超出孔位偏差段落。

A.1.2 钻孔桩沉渣厚度偏大

原因分析：清孔不彻底或采用加钻方法代替清孔；钢筋笼安放时间过长，未及时浇灌水下混凝土。

防治措施：加强清孔检查和沉渣厚度检测；缩短钢筋笼骨架安放与混凝土灌注时间差，尽可能在清孔后立即浇筑混凝土，保持工序衔接紧凑；必要时，在浇筑混凝土前进行二次清孔。

A.1.3 灌注桩钢筋笼上浮

原因分析：混凝土浇筑时间过长；导管埋深偏大；桩顶无固定或反压措施。

防治措施：控制混凝土浇灌速度；保证混凝土质量及性能良好；按规定设置导管埋深；桩顶对钢筋笼设置固定或反压措施。

A.1.4 钢筋笼位置偏移

原因分析：成孔斜度偏大，钢筋笼安装无导向设施，护桩位置发生偏移。

防治措施：钻机定位准确，钻进过程密切关注成孔垂直度，发生偏孔及时回填片石修正孔位；钢筋笼安装时，设置导向定位卡具与检测中心孔位的护桩。

A.1.5 桩基声测管无法声测

原因分析：声测管接头渗进泥浆或水泥浆；声测管掉进杂物。

防治措施：声测管底部及接头密封处理；管内灌水；管顶采用焊接钢板等方式封堵。

A.2 承台、墩身

A.2.1 墩台外观质量不佳

原因分析：模板本身不顺直；模板未清理干净；浇筑过程中模板移位，脱模剂质量不好或涂刷不均匀。

防治措施：墩、台模板由具有资质、信誉良好的专业厂家定做，确保模板的强度和刚度，内侧均匀涂刷脱模剂。模板安装牢固，尺寸准确，确保不跑模、不漏浆。

A.2.2 吊篮预埋套筒位置不准确

原因分析：没有采取有效方法控制。

防治措施：

1 在顶帽模板设计之初预留锚栓孔位，预留孔位与设计中的吊篮预埋件位置相匹配，通过模板外侧的螺杆固定模板内侧的预埋件。

2 施工台账中记录同一套顶帽模板施工桥墩的清单，在施工过程中发现一处存在偏差，整改该处桥墩的同时，修复顶帽模板开孔偏位，同时将相同模板搭设桥墩一并记录整治。

A.2.3 墩身混凝土外观质量缺陷

原因分析：

1 组合模板加工不合格，连接后出现折面、扭面现象；模板竖向高度小，分节过多，接缝明显，形成一道道"腰带"，平整度差；墩身模板竖向分节不均匀，未按墩台高度合理配置模板；脚手架搭设不牢且与墩柱模板有接触，作业时致使墩柱模板变形。

2 混凝土品质不良，用料不统一，形成色差，浇筑时分层厚度过大，振捣力度不够；模板对拉钢筋处理方法不仔细，外观质量差。

3 养生用水不洁，拉杆孔或拉筋处理不规范。

防治措施：

1 模板控制上，提高墩柱整体钢模加工精度，确保钢模有足够的刚度、平整度，连接处合缝紧密。精准放样，严格复测。从立模线开始控制墩身模板安装位置，控制第一模底部高程，每安装一节模板校核一次模板，宜在浇筑过程中随时观测。控制好模板安装质量，沿墩高方向均匀配置模板；专门预留混凝土接缝模板，模板安装前应清理缝隙。

2 混凝土控制上，优化混凝土配合比，尤其严格控制坍落度并进行试配制，同墩混凝土应使用同批材料，保证颜色一致；掺入适量高效减水剂，改善混凝土性能，提高混凝土外观质量；注意控制分层振捣厚度、顺序和振捣时间；加强养生，推荐采用塑料膜覆盖养生。

3 注意养生用水，避免循环水掺入泥沙。拉筋尽量使用套管，抽出拉筋后用物理方法切除套管；无套管对拉钢筋应先凿除一定深度的混凝土后切除钢筋，认真仔细修补。

A.3 支座砂浆

A.3.1 支座砂浆空响

原因分析：

1 垫石顶面平整度不足，支座砂浆流动性不足，未均匀充填支座与垫石缝隙，造成支座板下空洞。

2 人工在现场采用钢筋插捣搅拌支座砂浆，整个浇筑时间超过支座砂浆初凝时间。

防治措施：

1 控制垫石顶面高程，选用优质支座砂浆，并采用电动搅拌设备加快制浆速度，确保快速浇筑完成，支座砂浆浇筑过程宜先灌注4个锚栓孔至接近垫石顶高程，后浇筑垫石与支座间缝隙。严格控制灌浆料配合比，保证一定的微膨胀系数。灌浆时应高出垫石顶面3cm。

2 按关键工序控制，现场技术人员全程跟班作业。

A.4 悬臂浇筑连续梁

A.4.1 悬灌梁线形不流畅、局部扭曲

原因分析：

1 施工挂篮刚度偏低。

2 未在同温下测量放线；施工时一次调偏量过大。

3 混凝土不对称灌注。

4 施工荷载堆放不对称。

防治措施：

1 挂篮设计应有足够的刚度。

2 在相同温度下（无日照）进行梁体两侧测量放线；对施工误差应逐步均匀进行调差。

3　悬灌梁两端应对称浇筑混凝土。

4　梁上施工荷载对称堆放，清理不必要的荷载。

A.4.2　悬灌梁节段间发生错台

原因分析：

1　内模刚度偏低，由于每个节段内模尺寸均发生变化，改装频繁，随着内模周转次数增多，导致模板变形量增大。

2　模板安装时接缝位置不平顺，缝隙过大未封堵顺平。

3　内模模板支架支撑不牢，产生较大变形。

4　对拉杆螺母未上紧，模板在混凝土侧压力作用下易变形。

5　浇筑过程中，未对施工缝进行处理，导致错台。

防治措施：

1　模板宜采用刚度较高的材料加工，且需控制周转次数。

2　对拉杆不宜拉力过大，易引起模板变形，应多增加内撑，保证模板顺直牢固。

3　严格控制节段高程与线形，依据线形观测数据调整立模高程。

4　施工过程加强模板缝隙控制，及时对模板缝隙进行封堵，并用腻子粉刮平；浇筑过程中及时清理施工缝处混凝土并收面抹平。

A.4.3　悬灌梁预埋件偏差

原因分析：

1　预埋件中心位置定位不准，安装加固不牢。

2　混凝土浇筑时，振捣棒距预埋件过近或紧贴预埋件振捣。

3　在混凝土浇筑过程中，外力作用造成预埋件移动。

防治措施：

1　预埋件安装过程中，确保位置定位精准，对作业人员加强技术交底。

2　混凝土浇筑时加强过程管控，防止对预埋件的碰撞，宜设置小型定位卡具，安排人员及时对预埋件位置进行跟踪、检查，发现问题应及时处理。

A.5　预制梁

A.5.1　钢筋焊接不规范

原因分析：

1　焊接工作人员不熟练，没有取得考试合格证书。

2　焊接完成后没有测量焊缝长度。

3　焊条不合格。

4　焊接完成后，没有敲掉焊皮。

5 电焊机电流过大。

防治措施：

1 钢筋焊接前，必须根据施工条件进行试焊，合格后方可正式焊接。工作人员必须有相应合格证。

2 钢筋接头采用搭接电弧焊时，两钢筋搭接端部应预先折向一侧，使两接合钢筋轴线一致。

3 双面接搭焊接头的长度不应小于 $5d$，单面焊接头长度不应小于 $10d$。

4 钢筋接头采用帮条电弧焊时，帮条应采用主筋同级别的钢筋，其截面面积不应小于被焊钢筋的截面积。帮条长度在采用双面焊缝时不应小于 $5d$，单面焊缝时不应小于 $10d$。

5 所采用的焊条，其性能应符合低碳钢和低合金钢电焊标准的有关规定。

6 受力钢筋焊接应设置在内力较小处，并错开布置。

7 电弧焊接与钢筋弯曲处的距离不应小于 $10d$，也不宜位于构件的最大弯矩处。

8 焊接完成后，应及时将焊皮敲掉。

9 钢筋焊接应符合现行《钢筋焊接及验收规程》（JGJ 18）的规定。

A.5.2 同一截面内接头超规

原因分析：

1 钢筋配料时忽略了钢筋接头错开。

2 原材料长度相似的钢筋接头无法错开。

3 分不清钢筋接头处在受拉区还是受压区。

防治措施：

1 配料时，将钢筋分号，特别注意每组钢筋的搭配。

2 无法区分受拉或受压时，接头设置均按受拉区的规定设置。

3 若绑扎或安装完成的钢筋骨架接头未错开，重要的构件应拆除返工，如属一般构件，则可采用加焊帮条的方法解决，或将绑扎搭接改为电弧焊接。

A.5.3 梁体预应力损失偏大

原因分析：

1 生产第一片梁时，未进行管道摩阻损失、锚圈口摩阻损失等预应力损失测量。

2 未及时进行孔道压浆。

3 压浆不饱满或水泥浆强度偏低引起握裹力不足。

4 孔道水泥浆未达到一定强度即进行吊运。

防治措施：

1 生产第一片梁时，应进行管道摩阻损失、锚圈口摩阻损失等预应力损失测量。根据实测结果对张拉控制应力做适当调整，确保有效应力值。

2 在张拉后及时进行孔道压浆，并保留孔道压浆记录。

3 在孔道水泥浆达到一定强度后再进行吊运。
4 压浆后及时封锚。
5 用冷切割方式切断钢绞线。
6 按规定测量管道摩阻系数及锚具回缩量。

A.5.4 预应力梁体孔道压浆不饱满

原因分析：

1 压浆工艺不当。
2 压浆压力值设置不够。
3 外加剂选用不合适。
4 孔道安装不规范，杂质未清净，排气不畅，封锚不严。
5 砂浆水灰比控制不严。
6 孔道压浆保压时间不足。

防治措施：

1 优选砂浆配合比。
2 严格孔道材质控制及安装质量检查，及时清理孔内杂质。
3 采用合理的压浆工艺，掌握并适当提高压浆压力，并持荷加压180s。
4 水泥浆中掺入膨胀铝粉等外加剂。
5 宜采用"真空压浆法"。

A.5.5 梁体混凝土麻面

原因分析：

1 模板表面不光滑，板缝漏浆，脱模剂选用不当。
2 混凝土振捣方法不当，漏振、过振。

防治措施：

1 脱模剂应涂抹均匀，模板有凹陷时，注意将积水擦干；浇筑前先检查模板拼缝，确保接缝严密不漏浆；严密振捣，将气泡完全赶出。
2 模板安装前对模板进行抛光打磨，及时清理模板上残渣并涂抹脱膜剂，脱膜剂涂抹均匀，不能漏涂或多涂，待混凝土达到一定强度时拆模，保证混凝土拆模时不黏模，混凝土到达现场后对混凝土工作性能进行检测，浇筑过程中加强振捣，不得漏振，以保证混凝土外观无气泡。

A.5.6 梁体混凝土蜂窝

原因分析：

1 模板板缝漏浆，运输工具漏浆。
2 局部过振混凝土产生离析。
3 混凝土坍落度不符合要求。

防治措施：

1 配合比设计时砂率不宜过小，搅拌时间应充足；运输工具完好防止漏浆；仔细检查模板拼缝并浇水湿润，浇筑过程中有专人巡查模板质量情况。
2 混凝土浇筑过程中自由落体高度过高，未使用串筒。
3 确保混凝土性能符合要求。

A.5.7 梁体混凝土露筋

原因分析：

1 粗集料粒径过大。
2 垫块设置，净保护层不符合设计要求，混凝土漏振。

防治措施：浇筑前检查垫块的情况，确保净保护层符合设计要求；避免模板湿润不够，吸水过多或造成死角；要求振捣密实、不漏振。

A.6 桥面系

A.6.1 防水层施工不规范，泄水管尿梁

原因分析：

1 防水层下的垫层基层未用砂浆抹平。
2 未形成人字形排水横坡。
3 防水层与泄水孔底衔接不顺。

防治措施：

1 加强对防水层基层处理质量检查，严格平整度和排水坡度检查。
2 对防水层与泄水孔衔接的情况进行逐点检查，确保桥台排水通畅。
3 加强防水层施作质量检查，杜绝空鼓、掉皮等质量缺陷。
4 泄水管增加止水橡胶圈，泄水管顶部与梁体连接范围涂刷聚氨酯防水涂料。

A.6.2 防护墙（竖墙）底部烂根

原因分析：梁顶不平整，模板缝封堵效果不足；模板间缝隙未有效封堵。

防治措施：对梁面采用砂浆找平，确保防护墙模板与梁面紧密贴合，对模板之间采用双面胶止缝，确保混凝土浇筑过程中不漏浆，模板拆除后底部无烂根。

A.7 防落梁挡块与垫石顶死

原因分析：防落梁位置定位不准确，支承垫石偏位或垫石尺寸有误。

防治措施：安装防落梁应在梁底精确定位；施工垫石时应精确放样，确保垫石尺寸、位置准确。

A.8 钢拱（梁）拼缝不严实

原因分析：钢构件加工端面不平整。连接时施焊（或施拧）不对称。
防治措施：检查钢构件端面精度。连接时施焊（或施拧）对称进行。

A.9 钢吊杆（拉索）受力不均

原因分析：钢吊杆加工误差超标。张拉时未采用张拉力和伸长值双控。
防治措施：严格控制钢吊杆加工误差，使之符合规范规定。张拉时严格按"双控"进行控制。

A.10 钢梁油漆出现起泡、起皮

原因分析：钢梁未按要求进行喷砂打磨。油漆喷涂不均匀。
防治措施：严格按要求进行喷砂打磨。制订工艺措施，使油漆喷涂均匀。

附录B

新工艺、新设备

B.1 桥梁上部结构整体顶升与提升作业体系

B.1.1 适用范围
桥梁上部结构置换主梁施工

B.1.2 工艺特点
上部结构整体顶升与提升作业系统包括多点千斤顶数控同步顶升、承重、控制系统，CAN总线多车同步控制系统，三维微调设备辅助梁体精确就位系统，运梁车、加装分配梁组成。提升或顶升施工时采用计算机精确控制各点的同步性。拆、运、架一体，实现规定时间内的施工工法，如图B.1.2所示。

图 B.1.2 多车协同顶升钢梁

B.1.3 效率提升

在规定时间内完成既有损伤结构的拆除；置换结构的安装，避免长时间中断交通。

B.2 钢筋加工流水线的应用

B.2.1 适用范围

机械连接钢筋加工

B.2.2 工艺特点

采用数控钢筋快速锯床（图 B.2.2-1）对整捆钢筋截断施工，利用自动化车丝机流水线作业（图 B.2.2-2），可准确快速完成对钢筋机械连接接头的剥肋加工，提高加工质量，降低劳动力的投入。

图 B.2.2-1 数控钢筋快速锯床　　图 B.2.2-2 自动化车丝机流水线作业

B.3 机械臂焊接设备的应用

B.3.1 适用范围

焊接作业

B.3.2 工艺特点

智能化移动焊接工作站集成集装箱内焊接、烟尘净化、设备状态监控、双工位、双机器人焊接的设计理念。控制系统对焊接机器人、烟尘净化设备、柔性工作台伺服电机等其他电器设备进行控制以达到焊接和柔性工作台相互转换的效果，焊接工作站采用数据采集智能终端，智能电子看板，集中显示机器人生产现场的实时数据、历史数据、

SOP作业指导书、每天的生产计划等。可进行远程集中下单。每天的生产计划完工后进行报单，可显示工单的历史数据。可进行远程VNC监控，管理人员远程实时了解现场情况，根据现场的实时数据，实时掌握生产完成情况、设备运行状况等。焊接工作站内设置烟尘净化回收装置及弧光阻挡装置并实时监控工作区域的环境状态，从而保护操作者的身体健康，如图B.3.2所示。

a)

b)

图 B.3.2 机械臂焊接设备

B.4 超灌控制设备

B.4.1 适用范围
适用于灌注桩桩顶高程控制

B.4.2 工艺特点
通过安装在钢筋笼上的传感器自动感应被探测介质，发出不同的提示信号，实现对混凝土浇筑高程的精确控制，如图B.4.2-1和图B.4.2-2所示。

图 B.4.2-1 传感器安装图

图 B.4.2-2 超灌控制设备

B.4.3 效率提升

杜绝了短桩、超灌现象的发生,保证了桩基质量。与传统人工测量法相比,单根桩基混凝土平均节约超灌量约 0.5m,经济效益显著。

B.5 桩基全自动超声波监控技术

B.5.1 适用范围

适用于桥梁墩身钢筋定位绑扎

B.5.2 工艺特点

桩基成孔采用超声波进行检测,探头在下放过程中按设置的测点距离均匀测试,可检测钻孔的孔径、垂直度和倾斜的方向,如图 B.5.2-1～图 B.5.2-3 所示。

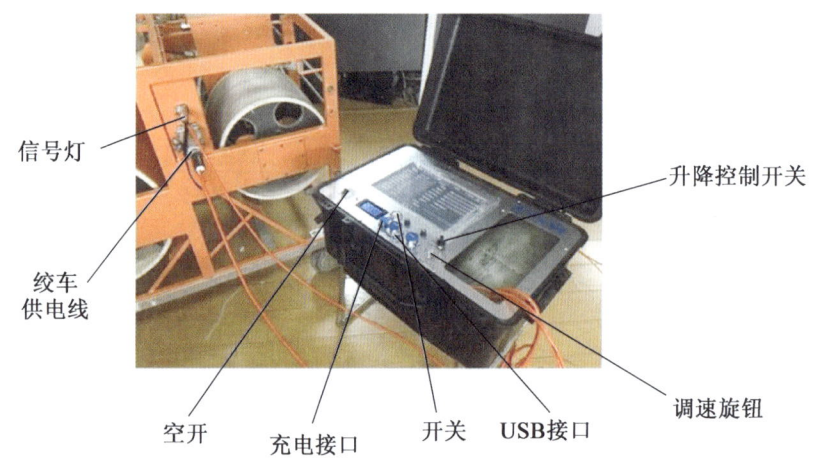

图 B.5.2-1 设备组成

图 B.5.2-2 现场检测

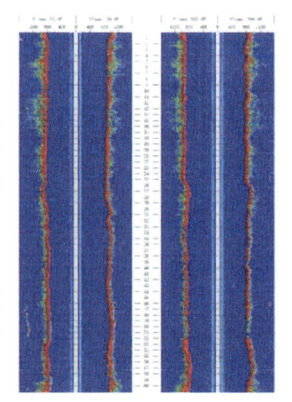

图 B.5.2-3 成孔质量检测图

B.5.3 效率提升

采用全自动超声波成孔检测仪，据实测结果指导现场施工，优化施工工艺流程，提高施工质量和效率。

B.6 C-T、C-O 扣锁钢管桩围堰

B.6.1 适用范围

适用于砂夹卵石复杂地质条件下深水基础围堰施工

B.6.2 工艺特点

锁扣钢管桩是以带锁口的钢管代替钢板桩，也可视作是将双壁钢围堰化整为零，通过锁扣相连构成基础施工的防水围堰，并取得了较好效果，为复杂地质条件下深水基础施工增创了一种新的围堰结构，如图 B.6.2-1 和图 B.6.2-2 所示。

图 B.6.2-1 C-T 型锁扣钢管桩

图 B.6.2-2 C-O 型锁扣钢管桩

B.6.3 效率提升

锁扣钢管桩具有适用性强，防水隔水性好，封底效果好，施工速度快，清基工效高等优点。优化了施工工艺，节约了成本，缩短了施工工期。

B.7 BIM 技术应用

B.7.1 适用范围

适用于工程建设管理和工程质量管控

B.7.2 "BIM + GIS" 应用

1 "BIM + GIS" 基于多专业协同、三维可视化、数据集成等功能，在铁路勘察设

计端实现参数化正向设计、多专业协同设计、可视化方案研究、自动化设计出图等应用；在数字化应用层面实现全景漫游、钢结构数字化加工、三维施工技术交底等应用。三维电子沙盘以3DGIS为基础平台，以BIM为核心，集成设计和施工过程信息，将铁路工程"一张图"管理，如图B.7.2-1和图B.7.2-2所示。

 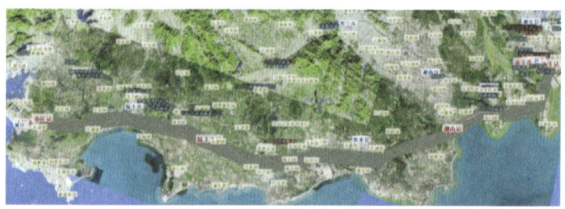

图B.7.2-1　在协同环境下的路桥隧协同设计　　　图B.7.2-2　汕汕铁路电子沙盘

2　利用BIM建模，对钢筋与预应力管道相互位置进行碰撞检查。根据BIM模型，截取井字架坐标加工支架。通过井字架的精确定位，实现管道精确安装，如图B.7.2-3和图B.7.2-4所示。

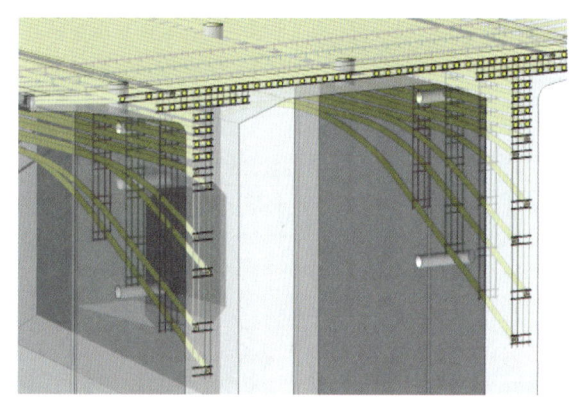 

图B.7.2-3　构建BIM模型确定井字架位置　　　图B.7.2-4　全截面整体井字架定位安装

B.7.3　效果提升

通过将设计中三维模型与二维图纸结合（图B.7.3-1、图B.7.3-2），设计中的参数化模型与数字地形结合，设计中的专业间、专业内数据协同，提高了设计及施工中模型的模拟分析，提升了整个工程管理品质和效率，支撑了数字化竣工交付和全生命周期管理。

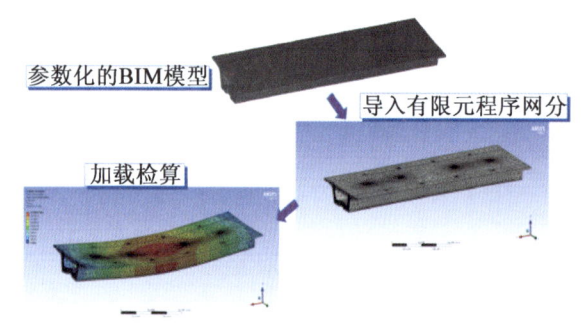 

图B.7.3-1　模型与有限元结合　　　图B.7.3-2　基于BIM的虚拟建造

附录B ◇ 新工艺、新设备

B.8 工程测量智慧控制平台的应用

B.8.1 适用范围
工程测量施工与管理

B.8.2 工艺特点
平台集数据计算、数据换手复核、数据实时监控、人员分级管理、设备动态管理、学习考核等功能于一体，能够极大的简化内部管理和提高工作效率，是一个性能可靠，技术领先的管理与应用系统。

平台主要包含 11+1 个功能模块（系统），分别是项目管理系统、人员管理系统、考核系统、资料管理系统、论坛、导师带徒系统、设备管理系统、学习系统、任务信息系统、小工具、工程测量案例和手机 App（CF Work），如图 B.8.2-1 所示。

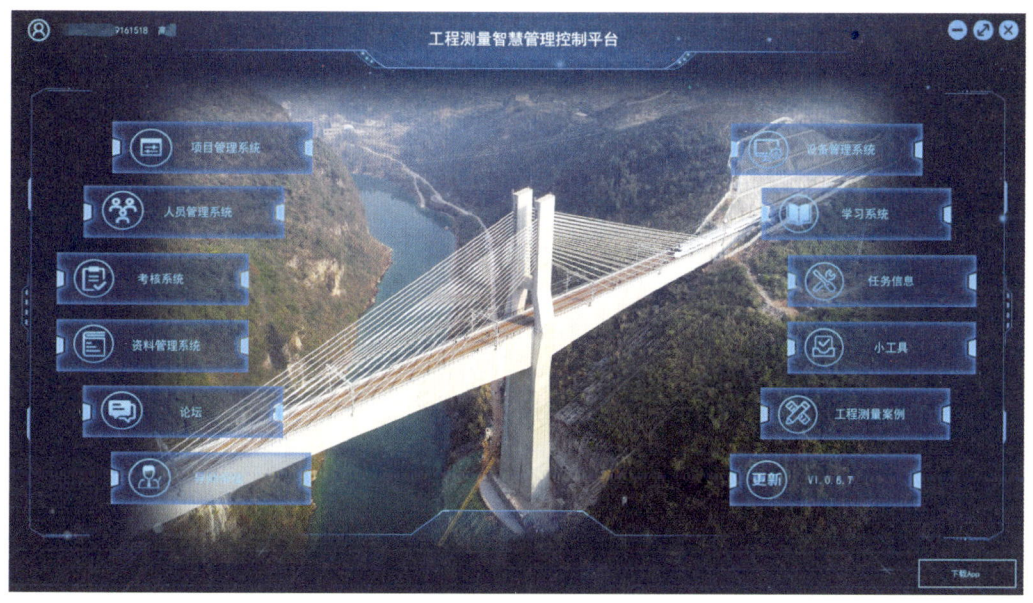

图 B.8.2-1 工程测量智慧管理控制平台计算机端

手机 App（CF Work）主要服务于现场施工测量（图 B.8.2-2）。

B.8.3 效率提升
从流程上保障了放样数据的准确性，根据结构物系统自动调取数据放样，电子测量放样交底自动生成，"傻瓜式放样"降低了现场操作的人为误差，通过与"RIM"平台联动可自动实时更新项目 3D 电子沙盘的形象进度图。

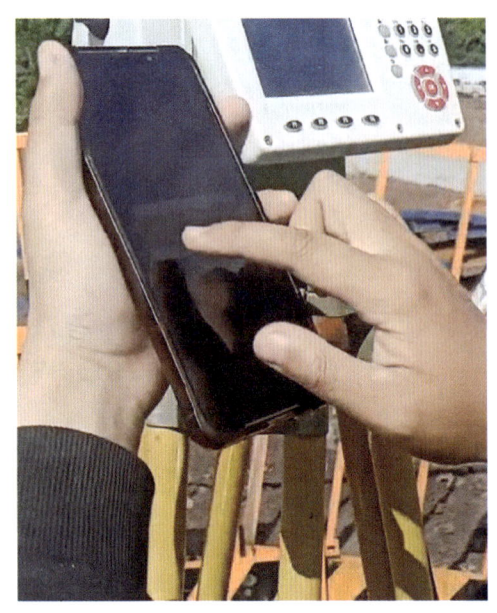  

图 B.8.2-2　工程测量智慧管理控制平台手机端

B.9　新智能张拉、压浆设备的应用

B.9.1　适用范围
后张法预压力施工

B.9.2　工艺特点
新智能张拉设备，通过结合终端自动控制、云端信息化监控系统，采用可随现行铁路规范实时更新的核心算法，解决了现场设备手动称量上料、设备周转易损易坏，不能云端全过程监控、张拉伸长量算法不精准、操作界面与数据导出用户体验差的痛点，形成了一整套适用于铁路梁智能张拉与压浆施工的设备系统与技术体系，整体提升铁路桥梁张拉、压浆施工质量、效率和信息化水平，降低工程建设成本，如图 B.9.2-1 和图 B.9.2-2 所示。

B.9.3　效率提升
将张拉、压浆质量提升至新高度，缩短了工作时长，节约了人工成本，并实现了数据远程查询、存储，实现全过程信息化管理。

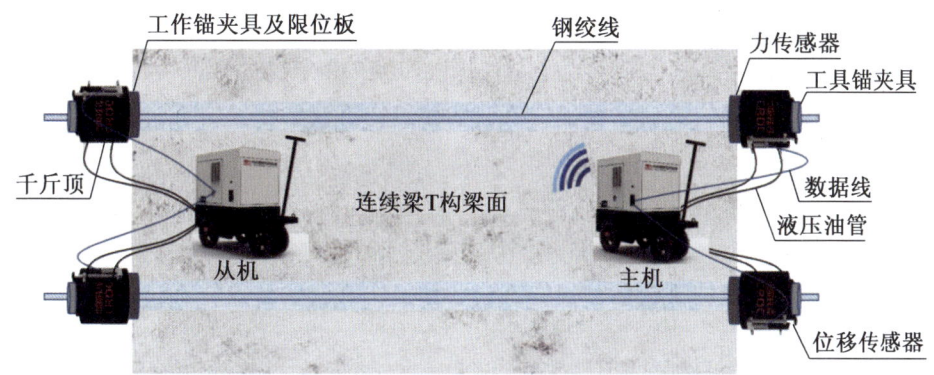

图 B.9.2-1 智能张拉设备

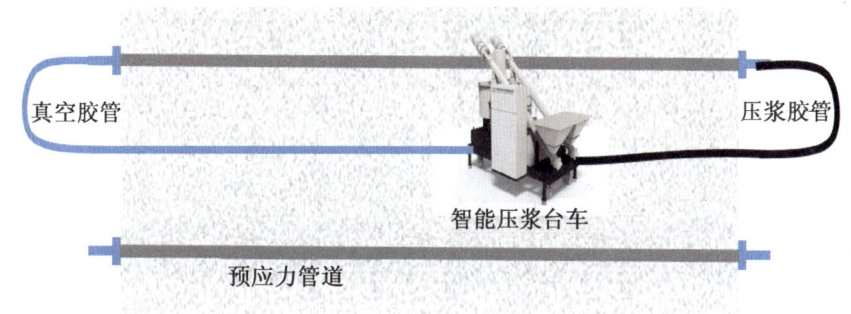

图 B.9.2-2 智能张拉设备

B.10 自动化保湿养生

B.10.1 适用范围

适用于墩柱、箱梁、小型构件厂养生

B.10.2 箱梁自动化保湿养生的工艺特点

1 通过微计算机延时开关定时,无须人员看守作业,只需保证蓄水桶内水量充足,避免了人为因素的影响,达到了梁体全覆盖、无死角的养生要求,保证了悬灌梁养生质量,喷出的水雾均匀,养生效果极佳,能够达到全天候、全方位、全湿润的养生质量标准。根治了传统人工养生不及时或漏养导致混凝土表面产生裂纹,造成强度不够的质量"通病",确保了混凝土养生质量。

2 采用箱梁自动化保湿养生技术,可以解决箱梁在全养生期内无死角保湿养生,可以对存梁台座上的箱梁进行全方位养生,特别是养生难度较大的箱梁底部和箱内养生。能够固定养生频率和养生时长,保证了养生的质量,同时大大节约人工,如图 B.10.2-1~图 B.10.2-4 所示。

图 B.10.2-1 旋转喷头对制梁台位箱梁侧面养生

图 B.10.2-2 小车由 PLC 芯片控制自由运行

图 B.10.2-3 旋转喷头养生箱室

图 B.10.2-4 旋转喷头养生侧板

B.10.3 小型构件预制场自动化保湿养生的工艺特点

通过信息集成控制技术，实现远程分区域控制、单独控制、任意组合控制。雨雾均匀并自动旋转，角度可调，可通过合理布置避免盲区出现，防尘、抑尘效果显著。喷枪站控制阀自带手动开关功能，现场可切换为手动控制，方便现场作业人员灵活操作。喷淋大喷枪喷射距离远，半径可达 3~10m，减少了管道铺设、方便施工。通过喷淋大喷枪与洒水喷头的结合，可以覆盖所有需要养生的构件区域，彻底对构件进行定时定点养生，如图 B.10.3 所示。

图 B.10.3 自动喷淋养生系统

B.10.4 墩身自动化保湿养生的工艺特点

一次浇筑的墩身可采用固定式喷淋养生（图 B.10.4-1），分段浇筑的高墩可采用移动喷淋养生系统（图 B.10.4-2）。沿海地区应避免使用氯离子超标水体养生，养生水箱可防止于墩身底部便于及时添加，养生过程需特别注意桥墩流水槽位置的养生。

图 B.10.4-1　墩身固定式喷淋养生

图 B.10.4-2　墩身移动式喷淋养生

B.11　整体吊装式墩顶防护栏

B.11.1 适用范围

适用于桥墩垫石等墩顶作业

B.11.2 工艺特点

整体吊装式墩顶防护栏（图 B.11.2）为刚性护栏，由立柱、围栏焊接组成，墩顶作业过程中，通过采用整体吊装式防护栏，能够有效保证作业人员的施工安全，减少了防护作业的劳动力投入，提高了施工工效。

图 B.11.2　整体吊装式墩顶防护栏

B.12　涵洞液压无拉杆自行式台车模板

B.12.1　适用范围
适用于长大钢筋混凝土涵洞及通道工程

B.12.2　工艺特点
台车主要由模板系统、液压系统、行走系统、支撑调节系统 4 部分组成，其中模板系统主要包括墙身模板、台帽倒角模板、端头模板；液压系统包括 8 个提升液压油缸，8 个左右平移液压油缸；行走系统包括 2 台减速电机、行走梁、轨道及行走操作系统；支撑调节系统包括门架、悬臂梁、丝杠及桁架，如图 B.12.2-1 和图 B.12.2-2 所示。

图 B.12.2-1　涵洞台车　　　　　　　　图 B.12.2-2　拆模效果

B.12.3　效率提升
1　机械化作业程度高，劳动力减少，工效提高，安全风险系数降低。
2　采用液压支撑调节系统可根据涵洞墙身及台帽不同尺寸进行模板调整定位，不易出现偏心扭曲等现象，不会出现因设拉筋孔后期处理不当导致墙身渗水的现象，减少了因不同尺寸涵洞投入模板种类多而造成的施工成本增加,经济效益显著。

3 采用大平面整体模板保证涵洞墙身的线行顺直,纵横接缝有效控制,混凝土的外观质量得到了极大改善。

4 台车结构设计合理、施工快捷、周转次数多、易被工程技术人员和现场施工作业人员所掌握,具有较强的推广应用价值。

B.13 钢筋定位卡具

B.13.1 适用范围

适用于桩基、承台、墩身、垫石钢筋定位

B.13.2 桩基钢筋笼定位卡具工艺特点

在钻孔桩施工工程中,桩头破除完成后经常发现钢筋笼偏位不居中现象,此装置在护筒与钢筋笼之间安装固定,可以精确定位钢筋笼平面位置,保证钢筋笼保护层厚度均匀,满足设计要求,成桩质量大大提高。卡具加工成漏斗状,由锥桶和直桶组成,采用 5~8mm 钢板卷曲焊接成型,锥桶段最大外径 D_1 = 护筒直径 - 100mm,直桶段最大内径 D_2 = 设计桩径 - 50mm,即中 1000 钻孔桩直桶内径 950mm、中 1250 钻孔桩直桶内径 1200mm、中 1500 钻孔桩直桶内径 1450mm、中 1800 钻孔桩直桶内径 1750mm、中 2000 钻孔桩直桶内径 1950mm。卡具高度以保证钢筋笼伸入卡具 300~500mm 为宜。卡具在钢筋笼吊装前安装完成。

采用桩基钢筋笼定位卡具,在灌桩前对钢筋笼进行固定,能有效控制钢筋笼偏位,保证桩基保护层厚度,对于承台底埋置不深的情况下推荐使用(图 B.13.2)。

a)

b)

图 B.13.2 钢筋笼定位卡具

B.13.3 桩基钢筋笼顶部扩大段定位卡具工艺特点

采用桩基钢筋笼顶部扩大段定位卡具(图 B.13.3),在绑扎承台钢筋时对钢筋笼进行固定,能有效控制钢筋笼伸入承台部分钢筋的弯折角度。

B.13.4 墩身预埋钢筋绑扎定位卡具工艺特点

墩身预埋钢筋绑扎定位卡具采用8cm宽钢带,通过机床切割做成定位胎具,在胎具内侧切割出钢筋位置卡槽,卡具加工在钢结构加工厂加工,保证卡槽大小、间距符合设计要求;墩身主筋对应卡槽安装,主筋间距与根数一目了然,工人操作简便,技术员及监理验收方便快捷,如图B.13.4所示。

图B.13.3 钢筋笼顶部定位卡具　　　　图B.13.4 预埋钢筋定位胎具的运用

B.13.5 桥墩吊篮预埋件定位卡具工艺流程

桥墩模板在设计阶段需预留定位孔,从外侧安装可拆卸固定件,并与预埋套筒相连接,实现预埋套筒的精准定位,对桥墩预埋件的安装精度有明显提升,减少了传统加固方式带来的材料浪费,加快了施工进度,确保了安装精度,减少了后期缺陷整改的问题,为后期工程交验奠定了良好的基础(图B.13.5)。

图B.13.5 桥墩吊篮预埋件定位卡具

B.13.6 垫石锚栓孔定位卡具

在垫石模板上配备锚栓孔定位卡具,通过预留的槽道实现锚栓孔横纵向平移、固定。能有效保证锚栓孔定位准确,并与模板配套使用,施工效率高、准确度高。

垫石锚栓孔定位卡具应在垫石模板支立完成后安装,先对定位卡具顺桥向进行安装定位，再安装横桥向卡具，根据测量数据进行锚栓孔精调后对定位卡具进行固定。定位卡具要与垫石模板紧密连接，防止混凝土浇筑过程中移位。锚栓孔钢管应涂刷脱模剂，并在混凝土终凝前拆除（图 B.13.6）。

图 B.13.6　垫石模板卡具

B.13.7　效率提升

有效提高结构物中预埋钢筋与预埋孔定位精度，定位卡具可重复利用，通过与护筒、承台、垫石模板一体化设计加工，提高了预埋功效与质量，经济适用性强。

B.14　桩基钢筋笼预弯液压钳

B.14.1　适用范围

适用于钢筋接头预弯

B.14.2　工艺特点

手动液压钳，控制预弯钢筋角度，事先可调整好预弯角度设置（图 B.14.2）。操作方便，现场钢筋笼预弯角度一致，长度一致，钢筋焊接整体性增强。

a)　　　　　　　　　　　　　　b)

图 B.14.2　预弯液压钳

B.15 梁端防水层数显测厚仪

B.15.1 适用范围
适用于梁端防水层厚度检测

B.15.2 工艺特点
将梁端防水层测厚仪放在调零玻璃板上，读出初始读数，再将梁端防水层测厚仪放在梁体端面防水层表面上，固定圆盘与防水层表面密贴，松开测针底部的拧紧螺母，将仪器轻放在被测试样上，慢慢将测针插入防水涂料中，直至底部，读取数值，该读数与初始读数之差即为该处防水层厚度，如图 B.15.2-1 和图 B.15.2-2 所示。

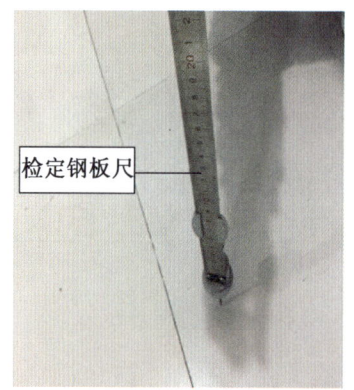
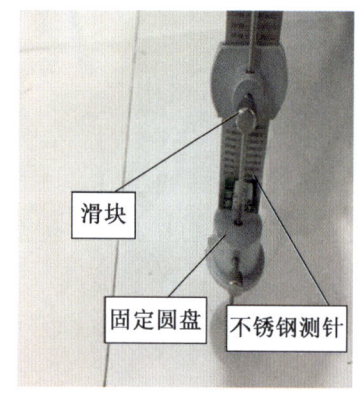

图 B.15.2-1 测厚仪构造

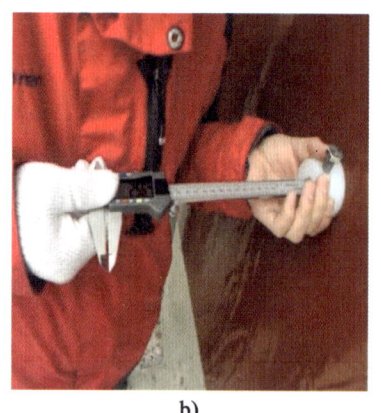

图 B.15.2-2 测量方法展示

B.15.3 效率提升
使用梁端防水层测厚仪，测量时只需将探针慢慢插入防水层内进行测量，对防水层破坏面极小，可以忽略不计，读数可精确到 0.01mm；防水涂料不粘手即可进行测量，可以根据测量结果确定是否需要补刷，不影响补刷质量。

B.16 混凝土结构物铣刨机

B.16.1 适用范围

适用于结构物高程偏差整治

B.16.2 工艺特点

铣刨机（图 B.16.2-1、图 B.16.2-2）是原是沥青路面养生施工机械的主要机种之一，随着工程应用的实践，可以适用于素混凝土铣刨以及面层错台的铣平。用铣刨机铣削超高的结构物，是一种快速精准的高程控制方法。该设备工作效率高、施工工艺简单、铣削深度易于控制、操作方便灵活、机动性能好。

图 B.16.2-1 小型铣刨机

图 B.16.2-2 大型铣刨机

B.17 装配式混凝土结构技术

B.17.1 适用范围

适用于桥梁工程墩身施工

B.17.2 工艺特点

装配式墩台是将高大的墩台沿垂直方向、按一定模数、水平分成若干构件，在桥址周围的预制场地上进行浇筑，通过车船运输至现场，起吊拼装。装配式混凝土结构技术由四部分组成：分别为钢筋套筒灌浆连接技术，装配式混凝土结构建筑信息、模型应用技术，预制构件工厂化生产加工技术，如图 B.17.2 所示。

装配式墩台的主要特点是：可以在预制场预制构件，受周围外界干扰少，但相对来说，对运输、起重机械设备要求较高。装配式柱式墩系将桥墩分解成若干构件，如墩身、墩帽等，在工厂或现场集中预制，再运送到现场装配成桥墩。其施工工序主要为预制构件、安装连接与混凝土填缝。其中拼装接头是关键工序，既要牢固、安全，又要结构简单便于施工。

a) b)

图 B.17.2 装配式墩身预制安装施工

附录C

隐蔽工程和重要工序影像资料留存要求

C.0.1 影像资料应使用语音和标识牌进行记录，其内容应包括隐蔽工程实体、检验人员影像和验收结论。

C.0.2 标识牌应包括检验参与单位名称、单位工程、分部工程验收部位、工点里程位置、检验人员姓名、检验日期等信息。标识牌式样见表 C.0.2。

××铁路××标段视频采集标识牌（式样）　　　表 C.0.2

施工单位		监理单位	
单位工程			
分部工程		检查部位	
检查内容			
验收结论			
监理人员		施工人员		检查时间	

注：1. 按 A3 纸张大小，边线距标识牌边缘 1cm，线条为外粗内细，字体为宋体加粗。
　　2. 标识牌应选用轻便、可擦写、可悬挂、可架立、不反光的白色材质面板。
　　3. 表中项目可根据参加验收单位和检验内容调整。

C.0.3 影像资料采集应主题突出，图像清晰。视频应采用 AVT、mp4、mov 等格式存储，分辨率应不小于 1080×720 像素，单个视额文件大小不超过 100M；拍摄实测尺寸项目时，应拍摄持尺情况并清晰显示尺寸数字。

C.0.4 影像资料采集频率应与有关检验批验收频率一致，采集时机应与检验批的验收同步。

C.0.5 影像资料采集由监理单位组织实施，监理单位、施工单位单独留存，分别存档，并定期做好影像资料的备份工作。

C.0.6 视频采集范围为：
1 明挖基础（开挖后基坑尺寸、地质条件）。
2 钻（挖）孔桩（地质条件、成孔检查、钢筋笼放置）。
3 现浇梁、墩台等钢筋工程（混凝土浇筑前）。

广东省铁路工程施工标准化指南系列丛书

广东省铁路工程施工管理标准化指南

第四分册 隧道工程

广东省交通运输厅 组织编写

人民交通出版社股份有限公司
北京

内 容 提 要

《广东省铁路工程施工管理标准化指南》从管理制度、人员配备、现场管理和过程控制等方面对广东省铁路工程施工管理标准化进行总结，共6个分册，包括轨道工程、路基工程、桥涵工程、隧道工程、房建工程和四电工程。

本书为第四分册，内容包括总则、施工准备、矿山法隧道工程、盾构（隧道掘进机）法隧道工程、明挖法隧道工程。

本书可供广东省交通运输行业主管部门、铁路工程项目参建单位和参建人员使用。

图书在版编目（CIP）数据

广东省铁路工程施工管理标准化指南. 第四分册，隧道工程 / 广东省交通运输厅组织编写. — 北京：人民交通出版社股份有限公司，2022.6
ISBN 978-7-114-17940-2

Ⅰ.①广… Ⅱ.①广… Ⅲ.①铁路隧道—工程施工—标准化管理—广东—指南 Ⅳ.①U215-62

中国版本图书馆CIP数据核字（2022）第067327号

Guangdong Sheng Tielu Gongcheng Shigong Guanli Biaozhunhua Zhinan
Di-si Fence Suidao Gongcheng

书　　名：	广东省铁路工程施工管理标准化指南　第四分册　隧道工程
著 作 者：	广东省交通运输厅
责任编辑：	朱明周　郭晓旭
责任校对：	孙国靖　宋佳时
责任印制：	刘高彤
出版发行：	人民交通出版社股份有限公司
地　　址：	(100011) 北京市朝阳区安定门外外馆斜街3号
网　　址：	http://www.ccpcl.com.cn
销售电话：	(010) 59757973
总 经 销：	人民交通出版社股份有限公司发行部
经　　销：	各地新华书店
印　　刷：	北京印匠彩色印刷有限公司
开　　本：	889×1194　1/16
本册印张：	9
本册字数：	203 千
版　　次：	2022年6月　第1版
印　　次：	2022年6月　第1次印刷
书　　号：	ISBN 978-7-114-17940-2
定　　价：	520.00 元（全套共6册）

（有印刷、装订质量问题的图书由本公司负责调换）

《广东省铁路工程施工管理标准化指南
第四分册　隧道工程》

编审委员会

主 任 委 员：贾绍明

副主任委员：杨晓华　梁育辉　王　新

委　　　员：郑　彪　许传博　符　兵　邹　洵
　　　　　　　余国武　姜云楼　李奎双　顾建华
　　　　　　　郭飞跃　肖秋生　祁　军　黄力平
　　　　　　　谭　文　陈　波　陆　晖　肖世雄
　　　　　　　陈正贵　贺　婷　郭明泉　巫　环
　　　　　　　张晓占

《广东省铁路工程施工管理标准化指南
第四分册 隧道工程》

参与单位

主编单位： 广东省铁路建设投资集团有限公司

广东珠肇铁路有限责任公司

参编单位： 广州地铁集团有限公司

深圳地铁集团有限公司

中铁一局集团有限公司

中铁隧道局集团有限公司

参与人员

主要起草人员： 袁作波　汤　奇　彭光荣　刘启清　张凌之
　　　　　　　　夏　斌　靳　昆　吕少宏　姜效光　黄也柯
　　　　　　　　姚顺顺　任成国　蒋进波　孙青海　童建勇

主要审查人员： 郑　飚　余国武　祁　军　袁作波　董　志
　　　　　　　　谭代明　林熠钿　尹中彬　李明汇　吴艳青
　　　　　　　　区　希　曾晓青　沈炜东　王海杰　范贵波
　　　　　　　　陈令强　邹积慧

PREFACE 前 言

铁路是国家基础性、战略性、先导性、关键性重大基础设施，是国民经济的大动脉。近年来，广东省坚决贯彻党中央、国务院构建以铁路为主干的综合立体交通网的决策部署，立足新发展阶段，完整、准确、全面贯彻新发展理念，构建新发展格局，全力推动铁路建设高质量发展，打造"轨道上的大湾区"，助力加快交通强省建设。

为进一步规范省管铁路工程建设管理，提升铁路施工质量和安全生产水平，全面构建省管铁路建设管理标准化体系，广东省交通运输厅在全面、系统总结广东省铁路工程施工标准化建设管理经验的基础上，组织编写《广东省铁路工程施工管理标准化指南》（以下简称《指南》）。

《指南》分为6个分册，包括轨道工程、路基工程、桥涵工程、隧道工程、房建工程、四电工程。《指南》的主要特点是：一是全面贯彻落实国家及铁路行业现行的法律法规和标准规范，以创建优质工程和精品工程为原则，对部分施工、验收标准进行了细化和提升。二是充分借鉴中国国家铁路集团有限公司相关标准和指南，以及广东省公路工程、轨道交通等行业的施工管理先进经验和技术标准，结合广东省铁路工程标准化建设管理经验，从管理制度、人员配备、现场管理和过程控制等方面进行系统总结。三是针对省管铁路施工管理实际情况，对各专业工程主要施工工艺、工法、施工质量控制要点和重难点进行了详细规定和说明。四是对铁路工程施工过程中的典型施工质量通病进行了重点强调，并给出了预防控制措施。五是兼顾

实用性和先进性，管理要求和技术标准既符合实际、可现场执行，又适度超前、力求先进，注重"四新技术"在铁路行业的推广应用，各分册均有"四新技术"的专门介绍。六是对部分典型施工方法及"四新技术"附有现场照片，图文并茂，实用性和可操作性强。

本书为《指南》第四分册，内容包括总则、施工准备、矿山法隧道工程、盾构（隧道掘进机）法隧道工程、明挖法隧道工程，旨在规范铁路隧道工程施工，突出质量控制关键环节，克服当前隧道施工中常见的质量通病，提高管理水平，保证施工质量与安全。

在《指南》编写过程中，广东省铁路建设投资集团有限公司、广州地铁集团有限公司、深圳地铁集团有限公司、广东省交通运输建设工程质量检测中心、广东珠三角城际轨道交通有限公司、广东广汕铁路有限责任公司、广东广湛铁路有限责任公司、广东珠肇铁路有限责任公司、中国铁建华南区域总部、中铁南方投资集团有限公司、中铁一局集团有限公司、中铁二局集团有限公司、中铁四局集团有限公司、中铁五局集团有限公司、中铁广州工程局集团有限公司、中铁二十五局集团有限公司、中国铁路设计集团有限公司、中铁七局集团有限公司、中铁北京工程局集团有限公司、中铁十四局集团有限公司、中铁十一局集团有限公司、中铁二十二局集团有限公司、中铁建设集团有限公司、中铁隧道局集团有限公司、中国铁建电气化局集团有限公司（排名不分先后）等单位给予了大力支持，在此一并表示感谢。

《指南》适用于广东省省管铁路工程施工管理标准化建设，在执行本技术指南过程中，希望各单位结合工程实践，认真总结经验，积累资料。《指南》可供全省铁路建设管理行政主管部门、铁路工程项目参建单位和参建人员使用，使用过程中发现的问题和意见建议，请反馈至广东省交通运输厅地方铁路处（地址：广州市越秀区白云路27号，邮政编码：510101），供今后修订时参考。

广东省交通运输厅
2022年6月

CONTENTS 目 录

1 总则 ··· 1

   1.1 编制目标 ··· 1
   1.2 编制依据 ··· 1
   1.3 编制原则 ··· 1
   1.4 适用范围 ··· 2
   1.5 其他说明 ··· 2
   1.6 管理要求 ··· 2

2 施工准备 ··· 6

   2.1 施工调查 ··· 6
   2.2 设计文件核对 ·· 6
   2.3 施工作业指导书 ··· 7
   2.4 施工技术交底 ·· 7
   2.5 工地临时设施建设 ·· 9

3 矿山法隧道工程 ·· 10

   3.1 洞口与明洞工程 ·· 10
   3.2 超前地质预报 ·· 13
   3.3 洞身开挖 ··· 15
   3.4 超前支护与初期支护 ·· 21
   3.5 仰拱和填充 ··· 29
   3.6 防水和排水 ··· 31

3.7　二次衬砌 ··· 38
　　3.8　监控量测 ··· 44
　　3.9　辅助坑道 ··· 47
　　3.10　洞内通风、供风、供水、供电、照明、通信 ······················· 49
　　3.11　特殊岩土和不良地质地段隧道施工 ···································· 53
　　3.12　安全生产与文明施工 ··· 60

4 盾构（隧道掘进机）法隧道工程 ··· 64
　　4.1　盾构法隧道 ··· 64
　　4.2　TBM（隧道掘进机）法隧道 ··· 77
　　4.3　通风、防尘、防灾与风水电供应 ·· 87
　　4.4　测量管理 ·· 89
　　4.5　监控量测 ·· 90
　　4.6　联络通道/泵站 ·· 91
　　4.7　现场安全标准化 ·· 91

5 明挖法隧道工程 ·· 94
　　5.1　围护结构 ·· 94
　　5.2　基坑开挖与支护 ·· 104
　　5.3　主体结构 ·· 110
　　5.4　回填 ··· 120

附录 A　四新技术 ·· 122
　　A.1　隧道衬砌防脱空及带模注浆施工工艺 ································· 122
　　A.2　衬砌智能布料台车 ··· 124
　　A.3　模板台车端头伸缩式挡头模板 ·· 125
　　A.4　二次衬砌台车气动振捣器 ··· 125
　　A.5　二次衬砌养护台车 ··· 125
　　A.6　全电脑三臂凿岩台车 ·· 126
　　A.7　三臂钢架安装台车 ··· 126
　　A.8　自行式液压水沟电缆槽台车 ·· 127
　　A.9　隧道半自动防水板铺挂台车 ·· 127
　　A.10　多功能辅助机器人（多功能扫地、升高、喷雾车） ··············· 128
　　A.11　数控小导管冲孔机 ··· 128
　　A.12　数控小导管缩尖机 ··· 129
　　A.13　等离子数控切割机 ··· 129

A.14 数控钢筋网片排焊机 ………………………………………… 130
A.15 洞口门禁系统 …………………………………………………… 130
A.16 洞口信息化显示屏 ……………………………………………… 131
A.17 洞口闸机人脸识别系统 ………………………………………… 131
A.18 二次衬砌矮边墙凿毛机 ………………………………………… 132

1 总　则

1.1 编制目标

1.1.1 为切实加强铁路项目建设管理，规范高速铁路、城际铁路隧道工程施工，提高标准化施工管控水平，突出质量控制关键环节，克服当前隧道施工中常见的质量通病，提高管理水平，保证施工质量安全，结合广东省高速铁路、城际铁路隧道施工的实际情况，编制本指南。

1.2 编制依据

1.2.1 本指南主要依据国家标准、行业标准、地方标准及企业标准，并结合工程建设主管部门发布的与隧道工程相关的标准、规范、指南及相关管理文件要求等，以及行业内成熟、先进的施工工艺、工法、技术和管理办法等编制。

1.3 编制原则

1.3.1 结合铁路标准化管理、品质工程建设的管理经验和质量管理的标准、要求、方法等，吸纳其他行业相关标准化指南成果。

1.3.2 围绕隧道工程标准化、机械化、智能化，积极推广应用新技术、新材料、新工艺、新设备，充分发挥科学技术的先导作用。

1.4 适用范围

1.4.1 本指南适用于省管铁路中的高速铁路、城际铁路隧道工程施工。普速铁路等其他省管铁路隧道工程可参照执行。

1.5 其他说明

1.5.1 隧道施工必须严格遵守安全生产法律法规，执行国家和行业现行有关标准的规定，提供安全的施工场所，采取隧道门禁、监控、安全警示等方式，确保施工作业安全和作业人员身体健康。

1.5.2 隧道施工过程中，应完整地收集原始数据、资料，记录施工情况，加强隐蔽工程的质量控制和验收工作，确保工程质量和安全。

1.6 管理要求

1.6.1 一般规定

1 隧道工程施工应按照国家和行业主管部门的有关规定，建立完善的质量、安全、环保、职业健康和劳动保护等保证体系，制订切实可行的制度，采取有力的保障措施。

2 隧道工程施工应编制施工组织设计，重点加强特殊岩土和不良地质地段等的进度控制和管理，积极推进机械化、工厂化生产和信息化施工。

1.6.2 技术管理

1 隧道施工前，施工单位应熟悉设计文件，开展现场调查，核对设计文件，及时将结果及存在的问题以书面形式呈送建设项目合同规定的相关单位，建设单位及时组织图纸会审、设计回访，确保现场施工安全可控。

2 质量管理应符合以下要求：

1) 施工单位应落实工程质量安全主体责任，加强隧道施工规范化管理，合理组织，严格进行工序检查和责任交接，强化隧道关键工序、重点环节质量管理。

2) 应对隧道工程施工质量进行全过程控制，加强进场检验及隐蔽工程、关键工序的质量验收工作。每道工序完工后，应检查施工质量，并形成文字记录。

3) 应编制隧道开挖、初期支护、防排水、二次衬砌、超前地质预报、监控量测等关键工序的作业指导书，明确施工作业标准、作业程序、工艺要求、施工方法和质量标准。

3 施工方案应符合以下要求：

1）应根据工程合同、项目指导性施工组织设计及本标段的实际情况，编制实施性施工组织设计，实施性施工组织设计应包括场地布置、施工方案、施工工艺、施工顺序、资源配置、工期要求等主要内容。隧道施工方案应根据施工条件、地质条件、隧道长度、隧道横断面、埋置深度、工期要求、环境保护、资源配置等因素综合选定。

2）实施性施工组织设计应经项目部内部审查后，报中标单位审核，经中标施工单位的总工程师签字同意并盖中标单位的公章后，报监理单位审核，总监理工程师审核同意后，报建设单位审批。实施性施工组织设计应实行动态管理，根据进展情况及时调整，并按程序报批。

3）隧道施工前，应开展隧道施工安全风险评估工作，制订各项应急保障预案，对隧道工程实施动态风险控制和跟踪处理。

4）隧道施工前，应根据设计文件规定的施工方法及现场情况制订进出洞等专项施工方案。

1.6.3 人员管理

1 应根据工程规模、工期和技术难度配备相应的管理、技术、测量、试验、环保、专职质量检查和安全管理人员。

2 从事隧道施工的各类特殊岗位人员均应持证上岗。新进人员和作业人员进入新的施工现场或者转入新的岗位前，施工单位应对其进行安全生产教育培训；未经安全生产教育培训考核或者培训考核不合格的人员，不得上岗作业。施工单位应加强现场作业人员（包括劳务人员）的安全、职业健康等教育培训和考核工作。

3 应建立完善的职业健康管理、职业劳动卫生保障制度并实施。施工单位应全面负责施工现场劳动卫生和医疗保障的工作，确保制度健全、措施得力。

4 工程开工前，应对参建人员进行工前体检，建立健全职工健康档案，了解职工健康状况，确保健康上岗。

5 应有针对性地进行职业病的检查；如果发现病情，应及时分析病情，寻找并消除发病根源，防止病情蔓延。

6 特殊工种作业人员应接受岗前培训，持证上岗，按规定采取防范措施，按规定进行施工操作。

7 施工单位应及时发放个人劳动保护用品，检查、督促作业人员正确使用。

8 施工单位应广泛开展职业健康安全教育，其中包括职业疾病的预防及宣传、职业健康自我保护宣传、职工的心理素质教育，提高职工健康保护意识，保持身心健康。

9 施工单位应定期进行环境卫生、食堂卫生检查，保持环境清洁、卫生、无疾病传染源。

10 应建立公共安全卫生事件应急处理预案。发生传染性疾病等突发性公共安全卫生事件时，应立即启用应急预案，确保人身安全。

1.6.4 设备管理

1 施工单位应建立特种设备进退场清单台账和设备档案，一机一档，并定期进行检查、维修保养等。

2 应本着性能优良、配套合理、工效高、污染小、能耗低的原则配备机械设备，并根据施工进度计划安排，分阶段、分期组织进场。

3 隧道施工机械设备的安全装置应齐全、有效，经检查验收合格后方可投入使用。

4 应定期对隧道施工和备用的机械设备进行检查、保养。在维修、保养或清洗等非施工过程中，必须切断电源、锁上开关箱，安排专人进行监护，并悬挂"检修中，禁止合闸"等警示标志。

1.6.5 材料管理

1 隧道施工前，应开展水泥、砂石料、钢筋（架）、外加剂、防水板等材料的招标订购工作，并根据施工进度计划，制订材料供应计划。

2 材料采购应严格按程序进行，应选择供应能力强、质量合格的供应厂家，确保施工质量与施工进度不受材料影响。

3 材料进场前，应进行检查验收和取样送检，试验合格且经监理单位认可后方可进料。严禁不合格材料进场。

1.6.6 信息化管理

1 隧道施工前，应建立质量影像管理和施工监控系统，充分发挥施工监控的管理作用。

2 拌和站、试验室应建立相应的信息管理系统，实时上传生产记录，做到全过程施工记录可追溯。

1.6.7 生态环保管理

1 隧道弃渣处理

1）应严格参照环水保验收相关要求处理隧道弃渣，按照设计选定弃渣场，及时办理相关用地手续，加强过程管控，严禁乱放弃渣。

2）对结束使用的弃渣场，应及时进行绿化和复耕。

2 排水及污水处理

1）对于水环境非敏感区，隧道施工废水处理应不少于3级沉淀，沉淀达标后方可排放。沉淀池宜采用混凝土、浆砌或砖混结构，施工期间不倒塌、不渗漏。

2）对于水环境敏感区，鼓励引进隧道废水自动处理系统，将泥渣、油污、水中悬浮杂质等与水分离后达标排放。

3 现场文明施工

1）施工现场应安排专人冲洗进出场的车辆，防止污染道路。

2）应及时维修主要的施工便道，避免出现坑槽。

3）应及时洒水降尘，减少扬尘。

4　环水保管理

1）施工现场应保持排水状态良好，防止施工场所占用的土地或临时使用的土地受到冲刷。

2）运输或堆放易引起粉尘的细料或松散料时，应采取遮盖或洒水润湿等措施，控制粉尘污染。

3）施工期间应保持施工场地、生活区、项目驻地的良好环境状态。应设置垃圾箱统一收集生活垃圾，按照相关要求集中处理。

1.6.8　安全防护

1　隧道洞口应设有专人负责人员、材料、设备以及爆破器材的进出记录及管控。

2　隧道洞内应设置通信装置，实现洞内信号全覆盖。

3　长、特长及高风险隧道应配置电子门禁系统、视频监控系统和人员识别定位系统，其他隧道可根据情况选择使用。

4　施工现场和生活区应设置临时医疗卫生设施，以便应对突发情况。

5　炸药库、油库应单独建设在阴凉干燥地区，且布置显著的警示牌与安全格栅，与其他区域隔离，设置符合要求的专职守卫人员和保管员，对进出库进行登记，用于后期追溯管理。应设置完善的防雷电、防盗、报警设施。

6　隧道施工宜采用综合防尘措施，并加强检查。在整个隧道施工过程中，作业环境应符合与职业健康、安全相关的国家和行业现行标准的规定。

7　施工现场应按照应急救援相关要求配备相应的救援设施和材料。

8　应加强通风、降噪、防尘、照明，积极改善隧道作业环境，减轻有害气体、粉尘、噪声等对作业人员的危害，防止发生职业健康安全事故。

9　施工单位应向作业人员提供必需的安全防护用具（如安全帽、安全带、口罩、耳塞等）和安全防护服装。安全防护用具和安全防护服装的使用、采购和管理应符合相关规定。

2 施工准备

2.1 施工调查

2.1.1 施工调查前,应查阅设计文件和相关资料,制订调查提纲。

2.1.2 施工调查应包括下列内容:
1 工程概况,包括工程环境、气候特征、工程地质、水文地质(含地下水位等)、工程规模和工程特点等。
2 工程的施工条件,包括施工运输、水源、供电、通信、场地布置、弃渣场地及容纳能力、征地拆迁情况等。
3 当地原材料及半成品的品种、质量、价格及供应能力等。
4 当地的交通运输状况,包括运能、运价、装卸费率等。
5 钻爆法施工所需爆破器材的供应情况及供货渠道等。
6 对当地生态、环境保护的一般规定和特殊要求,工程对环境可能造成的近、远期影响等。

2.1.3 调查结束后,应根据调查情况编写书面的施工调查报告。

2.2 设计文件核对

2.2.1 应核对设计文件的下列内容:
1 标准、技术条件、设计原则等。

2 隧道的平面及纵断面。

3 隧道的勘测资料，包括地形、地貌、工程地质、水文地质钻探图表等。

4 设计各专业的接口、相互衔接的施工方法和技术措施。

5 隧道穿过不良地质地段的设计方案，防止隧道施工对环境造成影响的措施。

6 洞口位置、洞门式样、洞口边坡与仰坡的稳定程度、衬砌类型、辅助坑道的类型和位置等。

7 指导性施工组织设计。

8 洞内外排水系统、排水方式等。

9 弃渣场的设计、位置及容量是否满足施工需要和环保要求。

2.2.2 控制桩、水准点的交接和复核应符合下列规定：

1 隧道控制桩和水准点的交接，应在建设单位主持下，由设计单位持交桩资料向施工单位逐桩、逐点进行交接确认，遗失的应补桩。

2 对接收的控制桩和水准点，施工单位应按同等级测量精度进行复核。

2.2.3 在完成施工调查和设计文件核对后，应将存在的问题以书面形式报送建设、设计、监理等相关单位。

2.3 施工作业指导书

2.3.1 应针对隧道的特殊过程、关键工序编制施工作业指导书，做到图文并茂、简明易懂、可操作性强。应组织作业交底和培训，确保施工人员掌握特殊过程、关键工序的作业程序、施工方法、质量标准及安全、节能环保等注意事项。

2.3.2 对于隧道开挖、初期支护、基底处理、防排水、二次衬砌、超前地质预报、监控量测等，应编制施工作业指导书。对于特殊岩土及不良地质隧道，应编制针对性的作业指导书。

2.3.3 施工作业指导书应包括下列主要内容：使用范围、作业准备、技术要求、施工程序与工艺流程、施工要求、劳动组织、材料要求、设备机具配置、质量控制及检验、安全及环保要求。

2.4 施工技术交底

2.4.1 施工技术交底应实行分级交底制度，应覆盖所有参与工程的管理人员、技术人员、作业人员。

2.4.2 对项目部各部室及技术人员的交底主要包括下列内容：

1 隧道地质、水文情况、围岩等级等工程概况，工程的重难点，施工调查情况。
2 安全、质量、环保、工期目标及主要节点进度计划安排等。
3 隧道总体施工组织方案、施工场地布局、大型临时设施及过渡工程方案。
4 总体施工顺序，技术方案，长、特长隧道及其平导、斜井、竖井的通风、运输方案，采用的新技术、新结构、新材料和新工艺。
5 主要工程材料、设备、劳动力安排及资金计划。
6 特殊岩土和不良地质地段的施工方法、安全技术措施。
7 重大安全技术、环保措施。
8 主要危险源，应急预案，抢险救援机构和设备。

2.4.3 对作业队的技术交底主要包括下列内容：

1 总体施工组织安排及施工方案，包括长、特长隧道及其平导、斜井、竖井的设置、通风、运输方案。
2 工程质量、安全、环保、进度目标及保证措施。
3 施工方法，操作规程，施工技术要求。
4 新技术、新工艺操作要求。
5 分部、分项工程划分。
6 施工作业指导书。
7 设备加工图、拼装图及使用说明。
8 试验参数，理论配合比。
9 控制测量桩橛、监控量测等。
10 重大危险源，应急救援措施，抢险救援机构和设备。
11 成品保护方法及措施。

2.4.4 对作业班组的技术交底主要包括下列内容：

1 各工序施工中可能出现的安全风险，安全注意事项，急救包使用方法，紧急情况下的应急救援措施，紧急逃生措施。
2 工序施工方法、施工工艺流程、施工先后顺序、工序间衔接处理等。
3 施工工艺细则、操作要点。
4 作业标准和质量验收标准等。
5 工程结构物尺寸、里程、中线位置、高程等；有关施工详图和加工图，包括爆破设计、开挖轮廓、支护结构、模板制作设计、钢筋配筋、结构尺寸大样图等。
6 使用材料规格及材质要求，圬工等级，施工配合比等。
7 设备加工图、拼装图及其操作要领。
8 大型施工机械操作规程、安全使用、维修保养规则等。
9 质量通病预防措施。

10 施工安全及技术措施。
11 劳动保护及环境保护有关注意事项。

2.4.5 施工技术交底应形成书面记录，并履行复核、签认手续。交底可采用会议、口头或书面形式。

2.5 工地临时设施建设

2.5.1 项目部驻地应精心设计、合理部署，应满足环保、水保、安全及通风等要求（图2.5.1）。使用结束后，应按照相关要求及时复耕、绿化。

2.5.2 生产区、辅助生产区和办公生活区现场布置应符合以下规定：
 1 生产区布置应符合工序有效衔接、布局紧凑的原则，并考虑隧道具体情况。
 2 辅助生产区宜布置在临近隧道洞口的地方（图2.5.2）。炸药库、油料库等有特殊要求的场所应满足国家和行业现行有关标准的规定。

图2.5.1 项目部驻地

图2.5.2 施工现场布置

 3 办公生活区应与生产区、辅助生产区分开设置，应采取分隔措施并保证安全距离，且施工现场应封闭管理。
 4 在水源保护地区和施工饮用水源区内，不得取弃土、破坏植被等，不得设置拌和站、洗车台等，不得堆放任何含有害物质的材料或废弃物。
 5 高压、低压电力线路、变压器和通信线路应统一布置、及时建成。
 6 各种房屋按其使用性质应符合相应的安全消防规定。房屋区应有通畅的给排水系统，并避开高压电线。
 7 洞口段地质情况不良时，不应在洞顶修建房屋或其他建筑。
 8 工程竣工后，应修整、恢复受到施工破坏或影响的自然环境。

3 矿山法隧道工程

3.1 洞口与明洞工程

3.1.1 一般规定

1 隧道洞口工程施工前，应对洞口段地形地貌进行复测，认真调查不良地质、围岩落石及偏压等情况。

2 洞口边仰坡施工前，应复测洞口横、纵断面，埋设地表监控量测点。

3 刷坡前，应完成截水沟施工，截水沟应与隧道口排水系统连接顺畅。

4 边坡、仰坡开挖应自上而下，开挖一级防护一级。边坡应与路基边坡顺接。

5 隧道洞口段处于偏压地段时，开挖前应按设计要求完成洞门结构及回填土施工。

6 按设计完成洞口超前支护后，方可开始正洞的施工。当采用长台阶施工时，洞口段应及时形成封闭结构。

7 洞口危岩落石宜采用被动网（图3.1.1-1），永临结合，提前施作。

8 隧道洞门及洞口衬砌应尽早施工，以保证洞口边、仰坡稳定。缓冲结构钢筋混凝土宜一次整体浇筑（图3.1.1-2）。

3.1.2 施工工序

应为：洞顶截水沟开挖、砌筑→洞口其他排水工程→洞口土石方开挖（路基填筑）→边、仰坡防护→洞口套拱、管棚等辅助进洞措施施工→明洞基础及洞口段路基硬化→明洞施工→明洞防排水施工→明洞回填→洞门施工。

图 3.1.1-1　洞口被动网防护　　　　　图 3.1.1-2　洞口缓冲结构

3.1.3　施工要点

1　明洞工程

1）明洞基底承载力应满足设计要求。

2）基坑不得有杂物和积水。

3）有偏压时，必须先施工明洞，再开挖暗洞。偏压洞口施工前，应先完成支挡、反压回填等工作。应结合偏压地形情况选定开挖方法，不得因人为因素加剧偏压。

4）明洞拱圈混凝土宜采用土工布全覆盖养护，确保回填前拱圈表面保持湿润。

5）明洞顶部回填应分层、对称进行。拱顶1m以下部分应采用小型机械，分层厚度不大于30cm，两侧回填土面的高差不大于0.5m；拱顶1m以上部分采用振动冲击夯实机或大型机械压实。

6）明洞边坡开挖应根据设计要求采取加固措施。

7）明洞衬砌施工应仰拱先行，整体浇筑拱墙（图3.1.3-1）。

图 3.1.3-1　明洞拱墙施工

2　洞口段施工

1）如果洞门形式与地形地貌不符，应及时通知建设单位、设计单位和监理单位按程序进行调整。

2）洞门浇筑与墙背回填应两侧对称进行。

3）洞门施工完成后，应及时完成洞口边、仰坡修复和地表修复。

3 洞顶排水

1）洞顶截排水设施未完工前，不得进行洞身开挖作业。

2）截水沟（图3.1.3-2）沟顶应低于原地面，以截流地表水。

图 3.1.3-2 截水沟

3）对于土质截水沟或透水性较强的石质截水沟，应采取防渗漏措施。

4）洞顶截水沟应从低至高分段施作，并根据现场情况设置沉降缝。

5）截水沟模板宜采用钢模。

6）截水沟应有牢固的出水口，与排水设施平顺衔接。

7）应按设计要求设置排水沟或急流槽。

4 边、仰坡施工

1）边、仰坡施工前，应清除可能发生滑塌的表土、灌木及危石，必要时应采取加固措施。

2）边、仰坡开挖应自上而下，不得掏底开挖或上下重叠开挖，应边开挖边防护。

3）仰坡顶洞身范围内严禁布置临时设施。

4）应加强边、仰坡监控量测工作，建立边、仰坡监控量测巡查制度，定期巡查坡面、坡顶是否存在开裂及沉降等情况。

5 进洞辅助措施

1）应依据设计要求，采用地面预注浆、地表旋喷桩、长管棚等措施加固洞口浅埋段、偏压段。

2）采用注浆施工时，注浆前应认真分析围岩性质，选择合理的注浆设备和施工工艺，通过注浆工艺性试验确定合理的注浆初始压力和终压力。

3）套拱基础应设置在符合图纸要求且稳固的地基上，地基承载力应满足设计要求，基坑的渣体、杂物、风化软层和积水应清除干净。

4）管棚导向墙内预埋的孔口管的上抬量和角度应根据地质条件、管棚长度及机械设备等因素确定，确保钻孔定位准确。

3.2 超前地质预报

3.2.1 一般规定

1 高速铁路、城际铁路隧道施工应进行超前地质预报，并作为工序纳入施工组织管理。

2 应建立健全隧道超前地质预报工作制度，配备专业人员和先进仪器设备，开展地质超前预报工作。

3 超前地质预报范围应包括不良地质（重点为溶洞、暗河、人为坑洞、有害气体、高应力等发育情况）、地下水（重点为岩溶管道水、富水断层及富水地层）、地层岩性（重点为软弱夹层、破碎地层及特殊岩土等）、地质构造（重点为断层、节理密集带等影响岩体完成性的构造发育情况）等。

4 超前地质预报单位应及时编制预报成果报告，分送各单位。当超前地质预报结果与设计不符时，应及时通知各单位研究，为施工方法、支护参数和措施调整提供决策依据。

5 隧道超前地质预报应注重提高预报的科学性和准确性，必要时可采用地质调查与勘探相结合、物探与钻探相结合、长距离预报与短距离预报相结合的综合方法。

3.2.2 超前地质预报方法

1 地质素描

1）地质素描应随隧道开挖及时进行。对地层岩性变化点、构造发育部位、岩溶发育带附近等复杂、重点地段，应每开挖循环进行 1 次素描，其他地段宜 5m 进行 1 次掌子面地质素描。

2）掌子面地质素描应包括以下内容：掌子面状态、开挖面状态、岩石强度、风化程度、裂隙宽度、裂隙状态、地下水状态、围岩级别划分等。记录表中应包含地质图例、掌子面附图和地质总体描述。

2 钻探法

1）加深炮孔

(1) 加深炮孔探测孔应比爆破孔（或循环进尺）深 3~5m。不良地质（富水、岩性接触带、断层、岩溶）段加深炮孔深度不宜小于 5m。

(2) 揭示异常情况的钻孔资料应作为技术资料保存，用于指导钻爆进尺。

(3) 加深炮孔布置可参考图 3.2.2。

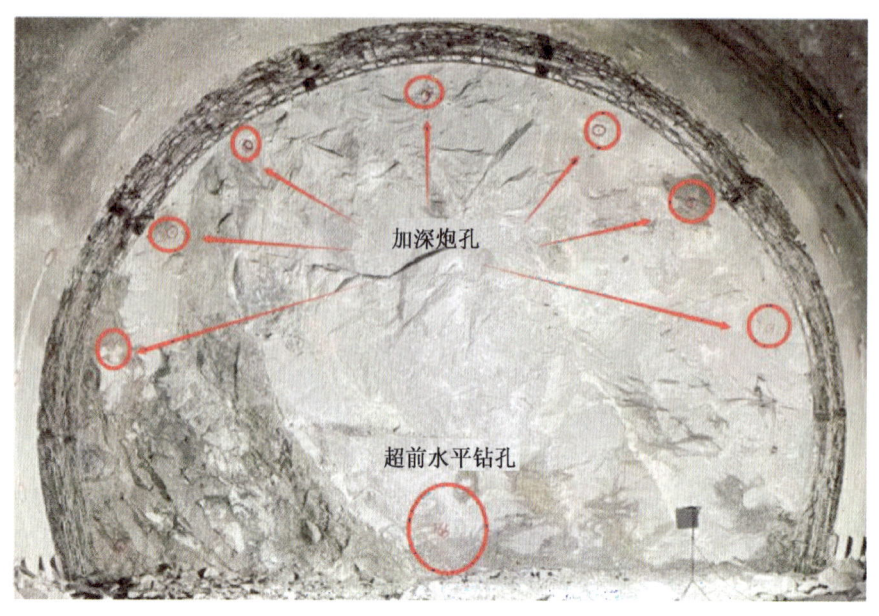

图 3.2.2 加深炮孔布置

2）超前地质钻探

（1）超前水平钻探每循环钻孔长度不应小于 30m，连续预报时前后两循环孔应重叠 5~8m。

（2）钻机选型应满足设计钻孔长度、地质条件和工期的要求，宜采用履带式钻机或水平钻机。

（3）不良地质（富水段、岩性接触带、断层、岩溶）段掌子面超前水平钻孔不宜少于 3 孔。

3 物探法

1）地质雷达扫描

（1）地质雷达扫描主要适用于隧道前方和周边的岩溶探测，也用于断层破碎带、软弱夹层等不均匀地质体的探测。

（2）在软弱破碎地层或岩溶发育区，每次可预报 25m，不宜超过 30m；在岩体完整的硬质岩地层，每次可预报 20~30m，不宜超过 40m。

（3）地质雷达连续预报时，前后两次重叠长度应不小于 5m。

2）瞬变电磁法

（1）在完整岩体地段，瞬变电磁法预报距离宜在 100m 以内。在断层破碎带、软弱夹层等不均匀地质体地段，应根据电位衰减曲线有效时间判定有效探测长度。

（2）连续预报时前后两次重叠长度应在 30m 以上。

（3）采用瞬变电磁法进行预报期间，应排除掌子面后方 20m 范围内大型金属体（如开挖台车、大型机械等）的干扰。

（4）采用瞬变电磁法进行预报期间，应暂停隧道内的电焊作业等强电磁作业。

3）地震波反射波法

（1）每次预报距离应为100m左右，不宜超过200m。

（2）连续预报时，前后两次预报区段重叠长度不应少于10m。

3.3 洞身开挖

3.3.1 一般规定

1 开挖工法应符合设计图纸要求。施工中，需要根据地质情况和量测成果调整施工工法时，施工单位必须履行变更审批程序，必要时应组织专家评审，严禁擅自改变开挖工法。

2 应根据地质条件、断面大小、机械设备等，选择适宜的开挖方案，应采用有利于减少超挖、减轻围岩扰动、快速封闭的开挖方式。隧道的开挖轮廓应按设计和相关规范的要求预留变形量，并根据监控量测信息进行调整。

3 开挖后，如果发现实际围岩级别与设计提供的围岩级别不符，必须由建设、勘察、设计、监理、施工单位五方联合现场确定，并制订相应支护方案。

4 采用环形开挖预留核心土法施工的隧道，应严格按施工工序组织施工，应加强钢拱架的锁脚，应根据围岩量测结果适当滞后开挖核心土。

5 隧道爆破作业应严格执行与爆破安全有关的国家和行业现行标准，宜采用光面爆破，应优化钻爆设计、提高钻眼效率和爆破效果、减少工料消耗。

6 应有良好的通风、通信、高压风、给排水和供电系统。

7 应加强施工过程中的测量，保证按设计方向和坡度施工。开挖断面应符合设计图纸尺寸，应严格控制超、欠挖。

8 施工过程中，应及时施作洞内临时防排水系统，严禁洞内积水，防止地下水浸泡拱墙脚基础。在软岩地段，施工排水沟不应沿边墙设置，宜距边墙适当距离，防止水沟渗水软化墙基底。

3.3.2 施工要点

1 采用钻爆法进行隧洞施工时，应严格控制测量精度，确保中线、高程、开挖轮廓和断面尺寸符合设计要求。断面应适当预留外放量，避免开挖断面不足。宜采用激光指向仪、隧洞激光断面仪等确定开挖轮廓线和炮孔位置，减小开挖轮廓线的放样误差。爆破钻孔宜采用机械化施工。应严格控制一次同时起爆的装药量，按钻爆设计要求控制炮孔间距、深度和角度。钻孔完毕后，应按炮孔布置图进行检查并做记录，经检查合格后方可装药；不符合要求的炮孔应重钻。爆破完成后，应及时通风，待有害气体浓度降低至规定值时，方可进入现场处理哑炮、检查爆破面、清理危石。

2 当拱顶下沉、水平收敛速率达5mm/d或位移累计达100mm时，应暂停掘进，及时分析原因，采取处理措施。

3.3.3 开挖方法

1 全断面法

1）全断面法可用于Ⅰ、Ⅱ、Ⅲ级围岩；对于Ⅳ、Ⅴ级围岩，在采取有效的超前预加固措施稳定开挖工作面后，也可采用全断面法。

2）应按照设计轮廓一次开挖或爆破成形，初期支护、二次衬砌紧跟施工。全断面法的施工工序见图3.3.3-1。

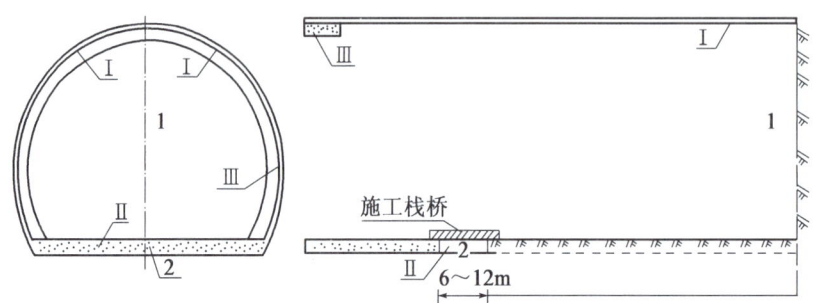

图3.3.3-1　全断面法施工工序示意图

1-开挖；2-检底；Ⅰ-初期支护；Ⅱ-铺底混凝土；Ⅲ-拱墙混凝土

3）全断面法施工应符合以下要求：

（1）采用钻爆法开挖时，应严控同时起爆的炸药量，减轻爆破振动对围岩的影响。每循环爆破后，应及时找顶。

（2）长大及特长隧道施工宜采用大型施工机械。各种施工机械设备应合理配套，充分发挥机械设备的综合效率。

（3）Ⅰ、Ⅱ级围岩开挖循环进尺不宜大于3.5m；Ⅲ级围岩开挖循环进尺不宜大于3m；Ⅳ、Ⅴ级围岩在采取有效的超前预加固措施稳定开挖工作面后，循环进尺不得大于2m。

2 台阶法

1）台阶法可用于Ⅲ级围岩；对于Ⅳ、Ⅴ级围岩，在采取必要的超前支护措施稳定开挖工作面后，也可采用台阶法。

2）台阶法施工工序见图3.3.3-2。

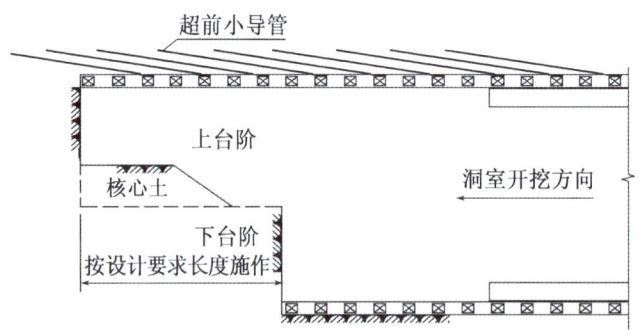

图3.3.3-2　台阶法施工工序示意图

3）台阶法施工应符合以下要求：

（1）可根据地层条件、断面大小和机械配备情况选择合理的开挖方式。

（2）应根据围岩条件合理确定台阶长度和高度，严控台阶长度和循环进尺。台阶长度不宜过长，宜控制在一倍洞径以内。

（3）台阶形成后，各台阶开挖、支护宜平行作业。

4）软弱围岩隧道Ⅲ、Ⅳ、Ⅴ、Ⅵ级地段采用台阶法时，应符合以下规定：

（1）Ⅲ级围岩，每循环开挖进尺不宜大于3m。

（2）Ⅳ级软弱围岩，上台阶每循环开挖进尺不宜大于2榀钢架设计间距。

（3）Ⅴ、Ⅵ围岩，上台阶每循环开挖进尺不宜大于1榀钢架设计间距；Ⅳ、Ⅴ围岩，下台阶每循环开挖进尺不宜大于2榀钢架设计间距。

（4）仰拱开挖前，必须完成钢架锁脚锚杆施作，一次开挖长度不大于3m。

（5）开挖后，初期支护应及时封闭成环。

3 三台阶七步法

1）三台阶七步法可用于Ⅲ级围岩；对于Ⅳ、Ⅴ级围岩地段，在采取必要的超前支护措施稳定开挖工作面后，也可采用三台阶七步法。

2）三台阶七步法施工工序见图3.3.3-3。

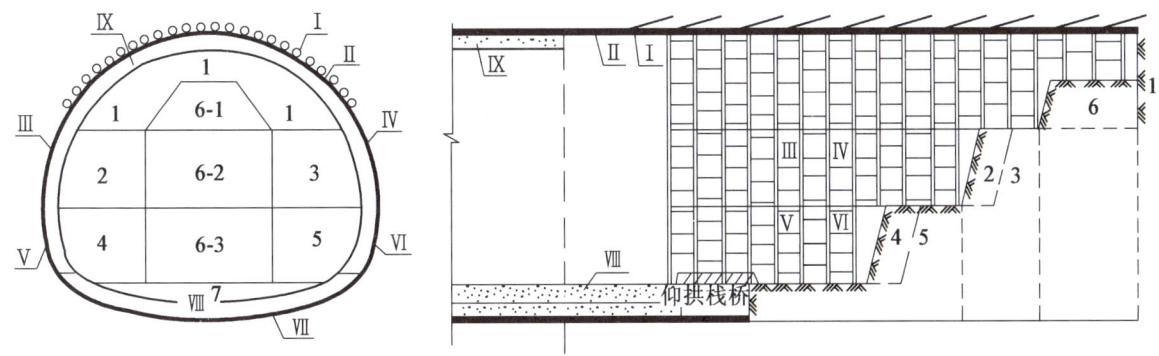

图3.3.3-3 三台阶七步法施工工序示意图

1-上部弧形导坑开挖；2、3-中部两侧开挖；4、5-下部两侧开挖；6-1、6-2、6-3分别为上、中、下部核心土开挖；7-仰拱开挖；Ⅰ-超前支护；Ⅱ-上部初期支护；Ⅲ、Ⅳ-中部两侧初期支护；Ⅴ、Ⅵ-下部两侧初期支护；Ⅶ-仰拱初期支护；Ⅷ-仰拱及填充混凝土；Ⅸ-拱墙二次衬砌

3）三台阶七步法施工应符合以下要求：

（1）应根据设计情况、围岩条件确定台阶长度和高度。台阶长度不宜过长，宜控制在一倍洞径以内。

（2）三台阶七步法施工应以机械开挖为主，必要时辅以弱爆破，各分步平行作业，平行施作初期支护，各分部初期支护应紧密衔接，及时封闭成环。

（3）仰拱应紧跟下台阶施作，及时闭合构成稳固的支护体系。

（4）施工过程中，应通过监控量测掌握围岩和支护的变形情况，及时调整支护参数和预留变形量，保证施工安全。

（5）上、中、下台阶预留核心土开挖进尺应与各台阶循环进尺一致。

4 中隔壁（CD）法

1）中隔壁法可用于Ⅳ、Ⅴ级围岩双线浅埋隧道；软弱围岩地段采用中隔壁法时，宜增设临时仰拱。

2）应先施工隧道的一侧，施作中隔壁墙后再施工隧道另一侧，各部施工应步步成环。其施工工序见图 3.3.3-4。

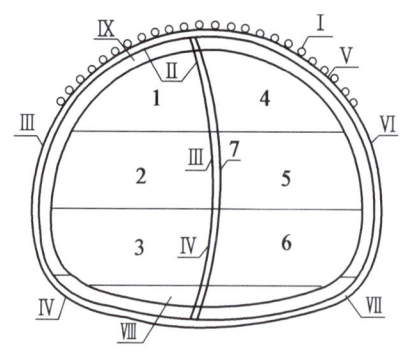
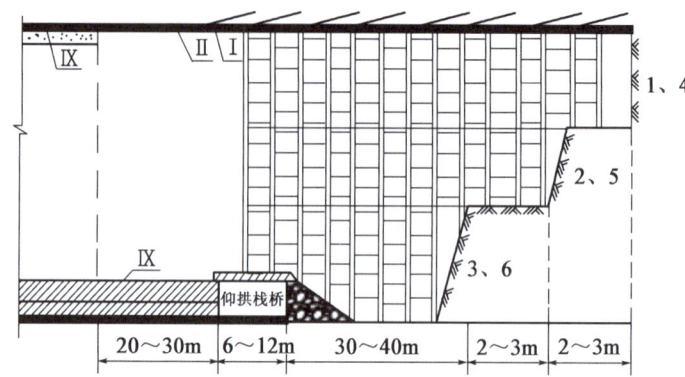

图 3.3.3-4 中隔壁法施工工序示意图

1-左侧上部开挖；2-左侧中部开挖；3-左侧下部开挖；4-右侧上部开挖；5-右侧中部开挖；6-右侧下部开挖；7-拆除中隔墙；Ⅰ-超前支护；Ⅱ-左侧上部初期支护；Ⅲ-左侧中部初期支护；Ⅳ-左侧下部初期支护；Ⅴ-右侧上部初期支护；Ⅵ-右侧中部初期支护；Ⅶ-右侧下部初期支护；Ⅷ-仰拱及填充混凝土；Ⅸ-拱墙二次衬砌

3）中隔壁法施工应符合以下要求：

（1）开挖时，同层左右两侧沿纵向错开 10~15m，单侧开挖应采用长度 3~5m 的短台阶，开挖循环进尺不宜大于初期支护钢架设计间距。

（2）各分部宜采用机械开挖。周边轮廓应圆顺，避免应力集中。

（3）开挖各分部时，相邻部位的喷射混凝土强度应达到设计强度的 70% 以上。

（4）在浇筑仰拱前，应逐段拆除中隔壁。中隔壁一次拆除长度应根据监控量测结果确定，不宜大于 15m。临时支护拆除后，应及时施作仰拱和二次衬砌。

（5）特殊情况下，可将中隔壁浇筑在仰拱中，待铺设防水板时再割断。

5 交叉中隔壁（CRD）法

1）交叉中隔壁法可用于Ⅳ、Ⅴ级围岩浅埋隧道；软弱围岩地段采用交叉中隔壁法时，宜增设临时仰拱。

2）交叉中隔壁法分部开挖应考虑地质条件，应以初期支护受力均匀和便于发挥人力、机械效率为原则，水平方向可分 2 部，垂直方向可分 2~3 层。交叉中隔壁法的施工工序见图 3.3.3-5。

3）交叉中隔壁法施工应符合以下要求：

（1）应先施工隧道的一侧，施作中隔壁墙后再施工隧道另一侧（图 3.3.3-6）。

（2）交叉中隔壁法设置临时仰拱时，临时仰拱宜为弧形，各部施工应步步成环。

（3）开挖时，同层左、右两侧沿纵向应错开 10~15m；单侧开挖应采用短台阶，台阶长度 3~5m。

（4）各部开挖及支护应自上而下。开挖后应及时施作初期支护、中隔壁、临时仰拱，步步成环。

（5）各分部宜采用机械开挖，周边轮廓应圆顺，避免应力集中。

（6）应根据监控量测结果，在浇筑仰拱前逐段拆除中隔壁、临时仰拱，每段拆除长度不宜大于15m。

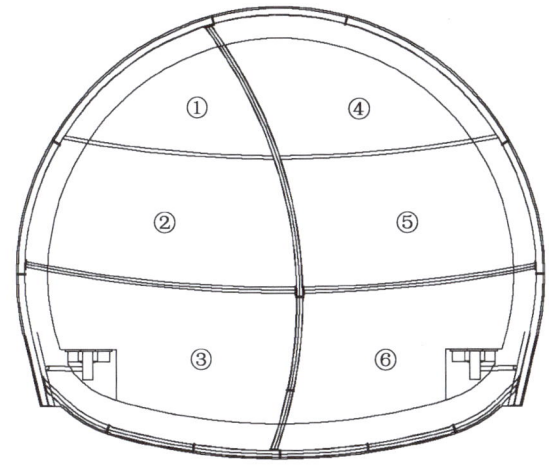

图3.3.3-5　交叉中隔壁法施工工序示意图
注：图中数字代表开挖顺序。

图3.3.3-6　交叉中隔壁法施工

6　双侧壁导坑法

1）双侧壁导坑法可用于浅埋双线和Ⅴ、Ⅵ围岩隧道。

2）开挖时，应先开挖隧道两侧导坑，再开挖中部剩余部分，然后根据地质条件、断面大小，对剩余部分采用二部或三部开挖的方法（图3.3.3-7）。

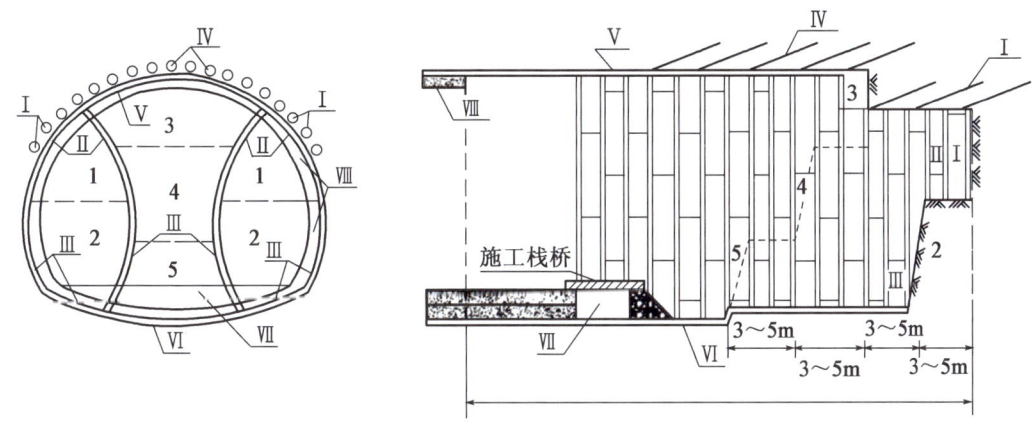

图3.3.3-7　双侧壁导坑法施工工序示意图

Ⅰ-两侧超前小导管；Ⅱ-两侧上部初期支护；Ⅲ-两侧下部初期支护；Ⅳ-拱部超前小导管；Ⅴ-中壁上部初期支护；Ⅵ-中壁下部初期支护；Ⅶ-仰拱混凝土施工；Ⅷ-拱墙混凝土；1-两侧上部开挖；2-两侧下部开挖；3-中壁上部开挖；4-中壁中部开挖；5-中壁下部开挖

3）双侧壁导坑法施工应符合以下要求：

（1）应先开挖隧道两侧导坑，再开挖中部剩余部分，应及时封闭成环，正洞全环封闭后方可拆除侧壁临时支护（图3.3.3-8）。

（2）侧壁导坑形状应近似椭圆形，导坑宽度宜为1/3隧道宽度。

（3）侧壁导坑、中部开挖应采用短台阶（长度3～5m），必要时预留核心土。

（4）侧壁导坑开挖应超中前部10～15m，可独立同步开挖和支护。中槽部位宜采用台阶法开挖，平行作业。各部开挖后，应及时施作初期支护及临时支护，并应尽早封闭成环。

图 3.3.3-8　双侧壁导坑法施工

（5）开挖循环进尺不大于初期支护钢架设计间距。

（6）拱部与两侧壁间的钢架应定位准确、连接牢靠，各部钢架连接处应在同一个垂直面内，避免钢架发生扭曲。

3.3.4　连拱隧道开挖

1　一般要求

1）连拱隧道一般埋深浅、跨度大、地质条件复杂、受雨季地表水影响大，应严格按设计及规范要求采取强有力的超前预支护或预加固措施以保证开挖安全，还应特别注意地形偏压带来的不利影响。

2）钻爆法施工应采用微振光面爆破和减轻振动爆破技术，减轻爆破对围岩的扰动。

3）连拱隧道施工应合理安排两侧主洞开挖、初期支护、二次衬砌等工序的先后顺序及步距，减少先行洞、后行洞施工对围岩、结构的扰动。

4）连拱隧道施工不宜左右两洞齐头并进、同时开挖和衬砌，宜先左（右）洞、后右（左）洞交替逐步推进，如此往复循环依次进行。先行洞应选择在偏压侧及围岩较为软弱的一侧；先行洞开挖宜超前另侧主洞 30～50m，先行洞二次衬砌断面落后后行洞开挖面的距离根据爆破振动监测结果确定，一般不小于 2 倍洞径。

5）应严格按设计要求进行中隔墙施工。中隔墙施工时，应注意预埋与主洞钢支撑的连接钢板。

2　施工要点

1）中导洞开挖必须准确控制开挖中线，仔细探察岩层情况。

2）中隔墙施工前，应测试地基承载力；承载力不能满足要求时，应采取高压加固注浆等提高地基承载力的措施。

3）中隔墙顶部应与中导洞顶紧密接触，回填密实。

3 主洞施工

1）开挖先行主洞前，后行主洞围岩与中隔墙之间的空隙应按设计要求回填密实或支撑顶紧。爆破设计时不得将中导洞作为爆破临空面。

2）主洞上拱部开挖应在中隔墙混凝土浇筑完毕并达到要求强度后进行，应慎重施工。为了平衡初期支护左（右）侧拱圈的推力，开挖上拱部前，应在中隔墙右（左）侧导坑空隙处用钢管设置横向水平支撑，防止中隔墙受到推力后产生变形。

3.3.5 小净距隧道开挖

1 应以减轻对围岩的扰动、保证开挖过程中围岩的稳定性为原则，选择合适的开挖方法，合理安排施工工序。

2 小净距隧道爆破应进行专门设计，并进行试爆，测定振动值，严格控制爆破振动。

3.4 超前支护与初期支护

3.4.1 一般规定

1 超前支护主要包括预注浆、超前小导管、超前锚杆、超前管棚等方式。

2 初期支护应配合开挖作业及时施作，确保围岩稳定及施工安全。

3 软弱围岩地段应遵循"先支护，后开挖"的施工顺序，必须坚持"强支护、短进尺、弱爆破、快封闭、勤量测"的施工原则。

4 初期支护钢架应紧贴掌子面，初期支护仰拱应及时封闭成环，紧跟下台阶。

5 初期支护施工前，应处理欠挖围岩面，处理后应再次采用全站仪扫描、复核净空。

3.4.2 喷射混凝土

1 一般要求

1）喷射混凝土应采用湿喷（图3.4.2-1），严禁干喷。特殊地质条件下不能湿喷时，应另行设计。

2）喷射混凝土配合比应通过试验确定，并应满足设计强度和喷射工艺的要求。

3）隧道开挖后应及时初喷，后一层喷射应在前一层混凝土终凝后进行；如果终凝1h之后再喷射混凝土，应先用风水清洗基面。初期支护应紧跟掌子面。

4）喷射混凝土背面不应有空洞，表面应饱满、平顺，严禁出现"肋骨"现象。

5）喷射混凝土混合料应随拌随喷。不得将回弹物用作喷射混凝土材料。

6）喷射应自下而上进行。应先喷钢筋格栅与壁面间的混凝土，然后喷两钢筋格栅之间的混凝土。边墙每次喷射厚度宜为70~100mm；拱顶每次喷射厚度宜为50~60mm。

图 3.4.2-1　喷射混凝土

2　施工要点

1）喷射混凝土施工前，应清除松动岩块，清洗岩壁面粉尘，清除边角的岩屑、杂物等。

2）应埋设钢筋标志用于控制喷射混凝土厚度，确保最小厚度满足设计要求。

3）应检查材料、机具、劳动力的准备情况，检查风、水、电等管线路并试运转，作业面应具有良好的通风和照明条件。

4）初期支护表面平整度应符合两突物之间的深长比 $D/L \leqslant 1/20$ 的要求（其中，D 为初期支护基面相邻两凸面凹进去的深度；L 为基层相邻两凸面间的距离，且 $L \leqslant 1\mathrm{m}$）。应先肉眼观察大面基本平整度，再用 1.5~2m 靠尺（靠尺可采用铝合金方管自制）检查（图 3.4.2-2）。初期支护表面应平整，无空鼓、裂缝、松酥。对于大面不平整，可用喷射混凝土进行找平处理；对于局部小范围不平整，可用砂浆对基面进行找平处理。

图 3.4.2-2　初期支护平整度检验

3.4.3　锚杆及锚管

1　一般要求

1）锚杆成孔施工宜采用风钻套钎。安装各类锚杆时，必须设置锚垫板及螺母，锚垫板必须紧贴岩面。

2）应控制锚杆的长度、位置、数量、角度等指标，应满足设计要求及国家和行业现行有关标准的规定。

3）抗拔力试验用的预留锚杆应加套PVC（聚氯乙烯）管，不得与喷射混凝土粘连，不得与拱架焊接（图3.4.3-1）。

图3.4.3-1 锚杆抗拔力试验

4）锚杆及锚管注浆的具体工艺参数应通过试验确定。

5）系统锚杆应沿隧道周边垂直于开挖轮廓线布置，呈梅花形，其方向应接近于径向或垂直于岩层。

2 施工要点

1）钻孔深度不应小于锚杆杆体有效长度，锚杆孔深允许偏差为0~50mm。

2）安装垫板时，垫板应与锚杆轴线垂直，垫板与喷射混凝土层应紧密接触。

3 组合中空锚杆

1）中空注浆锚杆施工时，应保持中空通畅，应留专用排气孔。

2）组合中空锚杆注浆宜采用螺杆砂浆泵＋变径快速接头＋孔口进浆工艺（图3.4.3-2）。

4 砂浆锚杆

1）砂浆锚杆注浆宜采用螺杆砂浆泵＋孔口返浆工艺。

2）水泥砂浆锚杆钻孔直径宜比锚杆杆体直径大15mm。锚杆插入孔内长度不得小于设计长度。钻孔角度与水平面夹角宜控制在−5°~+5°范围内（图3.4.3-3）。砂浆质量配合比应满足设计要求。

5 锁脚锚杆（锚管）

1）钢架架设完成后，应按设计要求安装锁脚锚杆（锚管），限制初期支护下沉，防止初期支护向隧道内收敛变形，其尾部应与钢架焊接牢固。

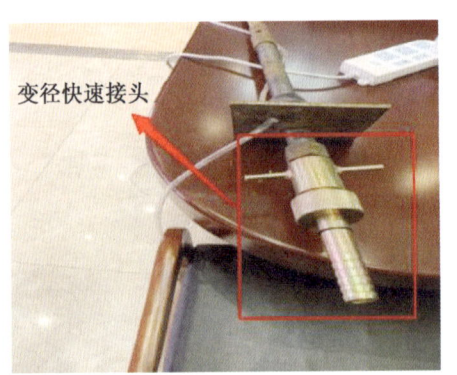
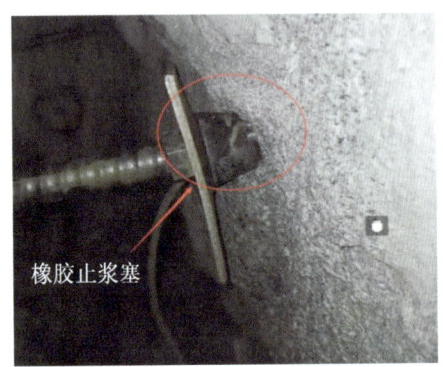

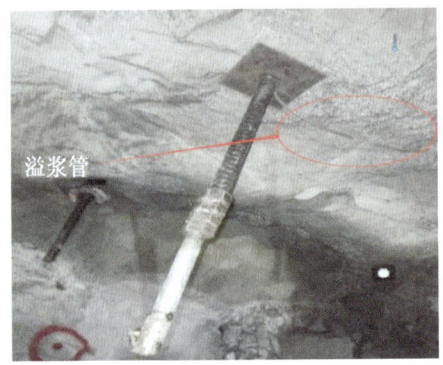

图 3.4.3-2　组合中空锚杆施工

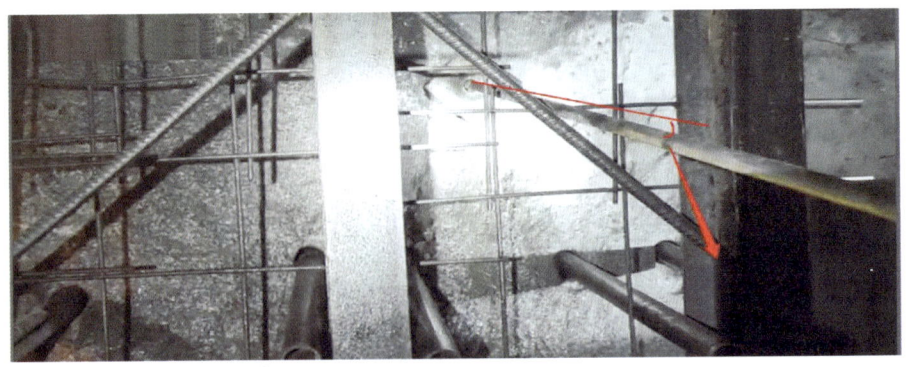

图 3.4.3-3　砂浆锚杆

2）锁脚锚管注浆宜采用螺杆砂浆泵＋可循环快速止浆塞＋孔底返浆工艺（图 3.4.3-4）。螺杆砂浆泵、注浆管、快速止浆塞应连接紧密，实现注浆接头与锁脚锚管的快速连接。

 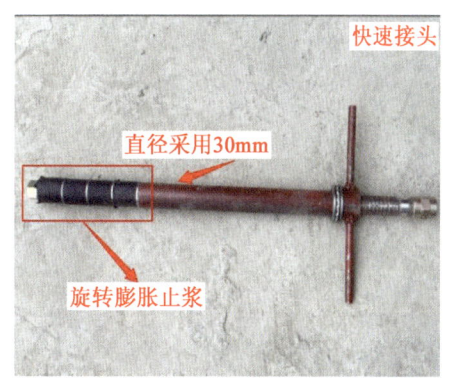

图 3.4.3-4　锁脚锚管注浆施工

3）停注标准应为：锁脚锚管内充满浆液，孔底至孔口返浆且充分包裹锁脚锚管管壁和岩体间空隙，孔口流出牙膏状浓浆。

3.4.4　型钢钢架、格栅钢架

1　一般规定

1）拱架接头钢板厚度、螺栓规格、钢筋格栅采用的钢筋种类、型号、规格必须符合设计要求，钢筋应平直、无损伤，表面应无裂纹、油污、颗粒状或片状锈腐。钢筋加工宜使用机械弯制，弯制应符合设计及规范要求。

2）钢架应分节段制作。每节段长度应根据设计尺寸及开挖方法确定，不宜大于4m。

3）接头钢板螺旋孔必须采用机械钻孔，宜采用液压冲剪板机制作（图3.4.4-1）。应采用砂轮机清除孔口毛刺和钢渣，严禁采用气割冲孔。

4）落底处应坚实，不得垫虚渣，其高度应低于隧底15cm左右。钢架与围岩之间的间隙应使用喷射混凝土充填密实。

5）型钢钢架宜采用冷弯成型；采用对焊连接时，必须增加肋板绑焊措施。

6）不同规格的首榀钢架加工完成后，应在硬化场地放样，画出1∶1的钢筋格栅大样，并进行现场试拼装（图3.4.4-2）。

7）格栅钢架宜采用胎膜焊接成型。所有钢筋节点必须采用对称焊。

图 3.4.4-1　液压冲剪板机钻孔

图 3.4.4-2　格栅钢架试拼及安装

2　施工要点

1）安装钢架前，应检查开挖断面轮廓、中线及高程，确定格栅钢架安设位置及标高。安装完成后，应及时检查。

2）钢架应分节安装，节段与节段之间应按设计要求连接。

3）钢架立起后，应根据中线、水平将其校正到正确位置，然后用定位筋固定，并用纵向连接筋将其同相邻钢架连接。钢架安装时应垂直于隧道中线，竖向不应倾斜，平面不应错位，不应扭曲。钢架安装的横向位置偏差应不超过±20mm，垂直度偏差应不超过±1°，钢架间距偏差应不超过±100mm。

4）应在初喷混凝土后安装钢架，应与围岩或初喷面密贴。有间隙时，应采用混凝土垫块楔紧。

5）钢架的抽换、拆除应按照"先顶后拆"的原则进行，防止围岩松动、坍塌。

3.4.5 钢筋网

1 一般规定

1）钢筋种类、型号、规格应符合设计要求。加工钢筋网时，钢筋间距偏差不宜大于±10mm，钢筋搭接长度偏差不宜大于±15mm。

2）制作成型的钢筋网必须轻抬轻放，避免摔地产生变形。存放钢筋网时，必须下垫、上盖（图3.4.5）。

3）钢筋网片应统一生产、配送，严禁在现场加工。

图3.4.5　钢筋网片存放

2 施工要点

1）钢筋网片铺设应在锚杆安设后进行，宜随受喷面起伏铺设钢筋网片，钢筋网应与拱架焊接牢固。

2）钢筋搭接长度不得小于1个网格的长边尺寸，且应符合国家和行业现行有关标准的规定。

3）采用双层钢筋网时，第2层钢筋网应在第1层钢筋网被混凝土覆盖后铺设，覆盖厚度不应小于3cm。

3.4.6 超前锚杆

1 一般规定

1）超前锚杆施工应符合设计要求、国家和行业现行有关标准的规定。

2）超前锚杆宜与钢架支撑配合使用，应从钢架腹部穿过，尾端应与钢架焊接。

3）锚杆应沿开挖轮廓线周边均匀布置，尾部应与钢架焊接牢固，锚杆插入孔内的长度应符合设计要求。

2 施工要点

1）施工前，应测量开挖面中线、高程，画出开挖轮廓线，标记锚杆孔位。

2）当超前锚杆和钢架配合使用时，宜先安装钢架，再穿过钢架腹部钻孔、安装锚杆。

3.4.7 超前小导管

1 一般规定

1）超前小导管直径应按设计要求选用和加工，长度和搭接长度均应满足设计要求。

2）超前小导管施工前，应对工作面进行安全检查，对不安全工作面进行加固；应检验作业台架安全性能，在施工过程中应保持稳定；应提前对小导管位置进行测量放样。

3）注浆过程中，应根据地质、注浆工艺等控制注浆压力。注浆结束后，应检查注浆效果，不合格的应补浆。

4）应采用无污染的注浆材料。注浆施工期间，应对地下水进行取样检查，如果发现污染应采取措施。

2 施工要点

1）超前小导管和钢架联合支护时，宜从钢架腹部穿过，尾部应与钢架焊接。

2）钻孔、安装小导管后，宜使用麻丝和锚固剂封堵管口、钢管与孔壁间的空隙，管口应安装封头和孔口阀，应能承受规定的最大注浆压力和水压。

3）注浆前，应采用混凝土封闭开挖面及周边围岩。

4）注浆顺序应为由上至下、浆液先稀后浓、注浆量先大后小，注浆压力和终压应符合设计要求。

3.4.8 超前管棚支护

1 一般规定

1）超前管棚支护的长度、外径应满足设计要求，两组管棚之间纵向搭接长度不应小于3m。

2）管棚施工前，应对工作面进行安全检查，对不安全工作面进行加固；应检验作业台架安全性能，在施工过程中保持稳定；应对管棚位置进行测量放样。

3）注浆过程中，应根据地质、注浆工艺等控制注浆压力。

4）注浆结束后，应检查注浆效果，不合格的应补浆。

5）注浆应采用无污染的注浆材料。注浆施工期间，应对地下水进行取样检查；如果发现污染，应采取措施。

2 施工要点

1）管棚钻机应采用定位准确、精度高、可多方位钻孔、同地质条件匹配的钻孔设备。

2）管棚钢管接头应采用丝扣连接。同一断面内的钢管接头数不应大于钢管总数量的50%。

3）洞口管棚宜采用套拱内埋设导向管定位，严格控制上抬量和角度。
4）安装钢管后，应及时封堵钢管和孔壁间的空隙。
5）应按先下后上、先单后双、先稀后浓的原则注浆。
6）注浆量应由压力控制。注浆初压、终压应符合设计要求。

3.4.9 超前预注浆

1 一般要求

1）应根据地层情况选用合适的注浆工艺。
2）注浆管的规格、布置角度及深度应符合设计要求。
3）注浆材料、浆液配合比应根据地质条件、注浆工艺等因素通过试验确定。
4）注浆压力应根据岩性、施工条件等因素通过现场试验确定。注浆过程中，应根据浆液扩散情况、注浆量、注浆压力等参数调整注浆材料、配合比。
5）注浆方式可选用前进式或后退式。注浆顺序宜为先外圈、后内圈，先无水孔、后有水孔，同圈由上向下间隔进行。

2 施工要点

1）如果地面条件允许，宜在地表进行注浆。
2）注浆过程中，应根据地质、注浆目的等控制注浆压力。
3）注浆结束后，应检查注浆效果，不合格的应补浆。
4）注浆浆液达到设计强度后方可进行开挖。
5）注浆过程中，浆液不得溢出地面，不得超出有效注浆范围。
6）地面注浆结束后，应将注浆孔封填密实。

3.5 仰拱和填充

3.5.1 一般规定

1 应尽早安排隧道仰拱施工，改善隧道结构受力状况，控制围岩变形，保障施工安全。

2 仰拱和底板施工时，应采取搭设施工栈桥等措施保障洞内临时交通通畅，解决出渣、进料等施工干扰问题。

3 隧道底两侧与侧墙连接处应平顺开挖，避免引起应力集中。

4 仰拱两侧二次衬砌边墙部位的预埋钢筋伸出长度应满足环向钢筋连接的要求，接头应错开，同一截面的钢筋接头数应不多于50%。

3.5.2 施工要点

1 仰拱顶上的填充层、底板应在拱墙混凝土及二次衬砌施工前完成，宜超前3倍以上衬砌循环作业长度，以便衬砌台车模筑混凝土施工。

2 仰拱宜全断面一次开挖成型。Ⅳ级及以上围岩地段，仰拱每循环开挖长度不得大于3m，不得左右半幅分次浇筑。底板混凝土应全幅浇筑，接缝应平顺并做防水处理。

3 仰拱、底板施工时，应按图纸要求预埋横向盲沟和拱脚纵、横向排水管等排水设施，应设置与二次衬砌贯通的变形缝。

4 底板混凝土厚度和强度应满足设计和施工要求。底板混凝土达到设计强度前不得开放交通，避免被车辆压坏。

3.5.3 仰拱钢筋

1 仰拱钢筋的制作及安装应符合设计要求、国家和行业现行有关标准的规定。

2 仰拱两侧二次衬砌边墙部位的预埋伸出长度应满足环向钢筋连接的要求，且接头应错开，同一截面的钢筋接头数应不多于50%。

3 仰拱矮边墙宜采用"五线"上墙的高程控制措施，仰拱矮边墙"五线"为仰拱上层钢筋线、仰拱下层钢筋线、仰拱混凝土顶面线、环向盲管线、纵向盲管线（图3.5.3-1）。

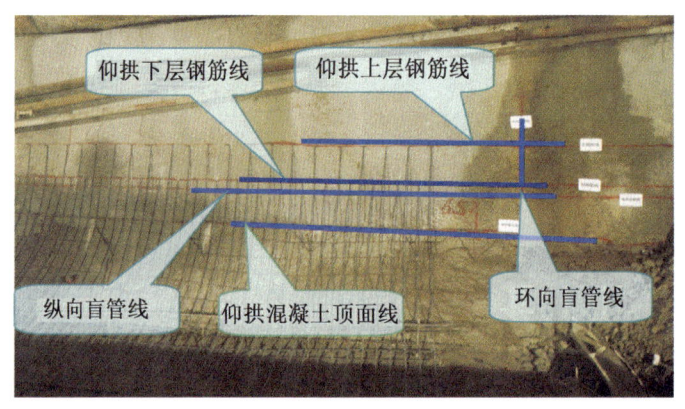

图3.5.3-1 仰拱矮边墙"五线"

4 绑扎仰拱二次衬砌钢筋时，双层钢筋的层距和每层钢筋的间距必须符合设计要求，可通过焊接定位钢筋或使用钢筋卡具进行定位（图3.5.3-2）。

5 仰拱二次衬砌两侧边墙部位预埋钢筋的弯曲弧度应与隧道断面的设计弧度相符，伸出长度应满足环向钢筋连接的要求，钢筋间距应均匀并满足设计要求。

6 仰拱二次衬砌钢筋绑扎的过程中应注意钢筋成品保护，宜采用玻璃钢格栅垫保护（图3.5.3-3）。

3.5.4 混凝土施工

1 仰拱混凝土施工应超前拱墙混凝土施工，宜采用仰拱栈桥施工（图3.5.4-1）。

2 仰拱和底板施工前，应清除积水、杂物以及虚渣。

3 仰拱（含填充）混凝土施工完成后、混凝土强度达到5MPa前不得通行行人，达到设计强度的50%且不破坏混凝土前不得通行车辆、设备。

图 3.5.3-2 钢筋间距控制

图 3.5.3-3 仰拱二次衬砌钢筋绑扎

图 3.5.4-1 仰拱栈桥

4 浇筑混凝土时，应严格控制混凝土坍落度，避免混凝土向中间低处流动从而造成边部厚度不足。

5 浇筑仰拱混凝土前，预留管道、施工缝处预埋接茬筋等应满足设计要求、国家和行业现行有关标准的规定。

3.6 防水和排水

3.6.1 一般规定

1 隧道防排水施工应满足设计要求，应采用防、堵、截、排相结合的综合治理措施。

2 隧道施工前，应根据工程地质、水文地质资料制订施工期临时防排水方案，并与原排水系统相适应。临时排水设施宜与永久性排水设施相适应。

3 防水层施工应在初期支护基本稳定后进行，施工中应采取措施保护防水板。

4 附属硐室、联络通道与正洞连接处的防排水工程应与正洞同时完成，其连接处应平顺，不得破损和折皱。

5 应做好成品保护工作，开挖和衬砌作业不得损坏防水层。当防水层有损坏时，应及时修补。在下一阶段施工前，应采取措施保护防水层。

6 洞身与附属硐室联系处的防水板应满足设计要求。

3.6.2 施工防、排水

1 一般要求

1）应及时在隧道洞口、辅助坑洞口设置排水系统，完善防排水措施。

2）隧道覆盖层较薄或地表水有可能渗入隧道时，施工前应处理地表积水、坑、洼等，并应符合下列要求：

（1）在地表坑洼、钻孔、深坑等处，应结合截排水条件，回填不透水土并分层夯实。

（2）应整治洞顶的水塘、水池、河流、水库等，必要时应对河床、池底进行防渗铺砌，溢水水池应设置疏导沟渠。

（3）隧道浅埋段岩层松散破碎、地下水位较高或有涌水时，宜采用地表注浆方式进行加固处理。

2 施工要点

1）洞内顺坡排水施工应注意以下要点：

（1）宜设置临时排水沟进行排水。洞内应不积水、不泥泞，方便施工和检查。临时排水沟断面应满足排放隧道渗漏水和施工废水的需要。应经常清理排水设施，防止淤塞，确保水路畅通。

（2）在膨胀岩、土质地层、围岩松软等特殊或不良地质地段隧道中，排水不宜直接接触围岩，宜根据需要对排水沟进行铺砌或用管槽代替，排水沟中不得有积水。

2）洞内反坡排水应注意以下要点：

（1）应根据距离、坡度、水量和设备等因素布置排水管道。

（2）应在掌子面设置临时集水坑，一次或分段接力将水排出洞外，并每隔一定距离设置集水坑（容积应按实际排水量确定，且设置位置不得影响洞内运输和安全区），通过水泵逐级抽排至洞口。

3）其他情况下的施工防排水措施：

（1）隧道施工有平行导坑或横通道时，应充分利用辅助导坑排水。

（2）在松散破碎含水地层中，洞内工作面可采用人工降水法。

（3）浅埋隧道中，可采用地表深井降水法。

3.6.3 结构防、排水

1 一般要求

1）防排水材料应满足设计要求、符合国家和行业现行有关标准的规定。

2）各种排水盲管应有效连通。应在集中出水或出水量较大处增设排水盲管。

3）衬砌背后设置的纵、横、环向排水（盲）管应符合设计要求，接头应牢固，水路应畅通。

4）对于初期支护表面的钢筋头、注浆管头、锚杆等凸出部位，应先切断、遮盖或铆平，后用砂浆找平（图 3.6.3-1）。

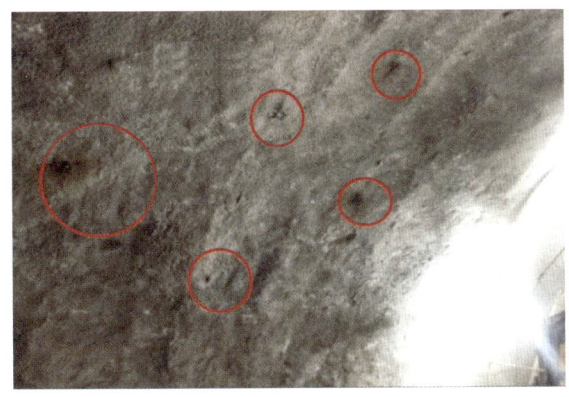

图 3.6.3-1　尖锐物处理

2　施工要点

1）排水盲管（板）应符合以下要点：

（1）在衬砌施工时，应注意保护衬砌背后防排水设施（纵、横、环向盲管等）；浇筑混凝土或压浆时，浆液不得侵入沟管内，确保透水盲沟不被堵塞；应注意排水孔道的连接，应形成一个通畅的排水系统。

（2）排水盲管的材质、直径、透水孔的规格、间距应符合设计要求、国家和行业现行有关标准的规定。

（3）拱墙环向盲管（外包土工布的双壁打孔波纹管）应沿初期支护环向设置，打孔侧应与初期支护面密贴，宜每隔 1.2m 使用条状防水板与初期支护通过钉子固定（图 3.6.3-2）。

（4）拱墙环向盲管应与仰拱纵向透水盲管牢固连接。纵、环向盲管、泄水管、排水管应按设计连通，管体间应采用变径三通连接，组成完整的排水系统（图 3.6.3-3）。

图 3.6.3-2　土工布外包盲管　　　　　　图 3.6.3-3　盲管连接

（5）边墙泄水管穿过反包防水体施工时，应采取措施防止仰拱衬砌矮边墙混凝土进入反包防水体内。

（6）仰拱宜采用"四线"上墙的高程控制措施。仰拱"四线"为反包体反包起点高程线、纵向盲管底（反包的终点）高程线、仰拱防水板高程线、仰拱土工布高程线（图3.6.3-4）。

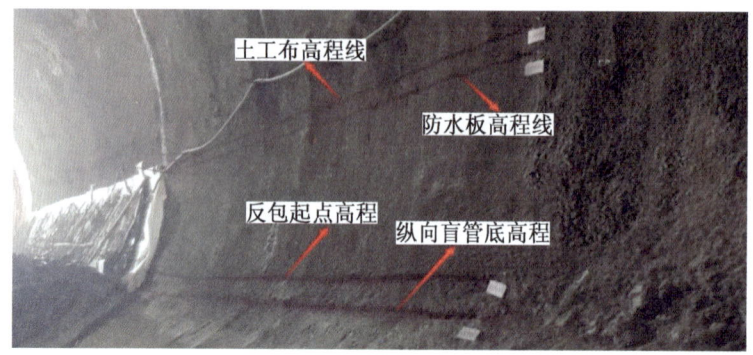

图3.6.3-4 矮边墙"四线"上墙

2）土工布铺设应注意以下要点：

（1）土工布应从边墙搭接处向拱顶铺设，搭接长度不应小于5cm，宜使用射钉枪将热熔垫片和土工布固定在喷射混凝土上（图3.6.3-5）。

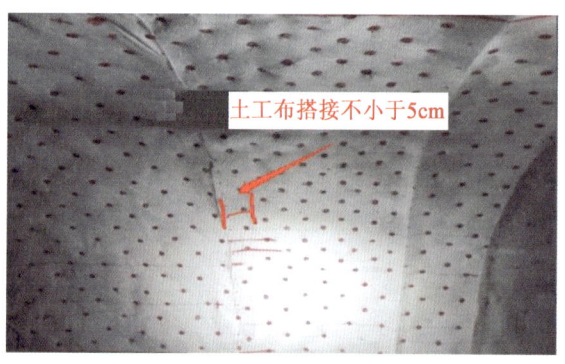

图3.6.3-5 土工布搭接

（2）热熔垫片按梅花形布置。拱顶中心左右2m范围布设间距宜为0.4m，起拱线至左右2m布设间距宜为0.5m，边墙布设间距宜为0.7m，距防水板环向施工缝的距离宜为0.2m。为确保防水板焊接后与初期支护密贴，凹坑点应单独设置热熔垫片（图3.6.3-6）。

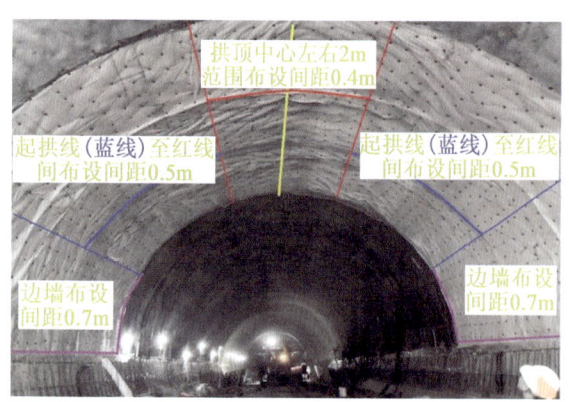 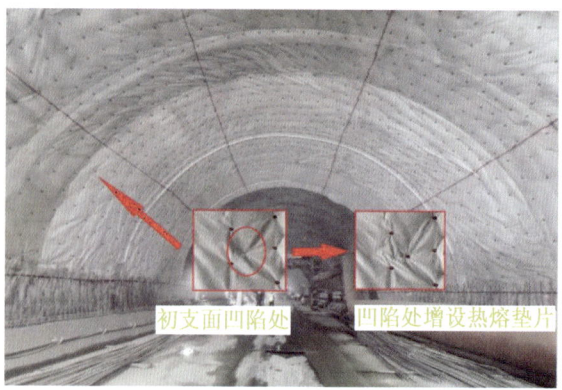

图3.6.3-6 热熔垫片布置

（3）仰拱反包无砂混凝土热熔垫片间距宜为0.4m（图3.6.3-7）。

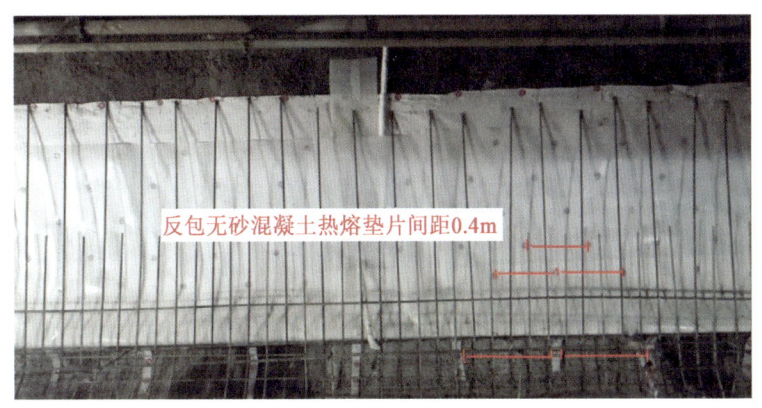

图3.6.3-7　反包无砂混凝土热熔垫片

3）防水板铺设应注意以下要点：

（1）防水板的拼焊及铺挂宜采用热合焊接热熔铺挂工艺。

（2）防水板铺设宜超前二次衬砌施工1~2个衬砌段，形成铺挂段→检验段→二次衬砌施工段，流水作业。

（3）防水板施工前，应复核中线位置和高程，检查断面尺寸，衬砌厚度和净空应满足设计要求、国家和行业现行有关标准的规定。

（4）防水板铺设应在确认喷射混凝土面平顺、无尖锐物后进行，应预留松弛度（图3.6.3-8）。

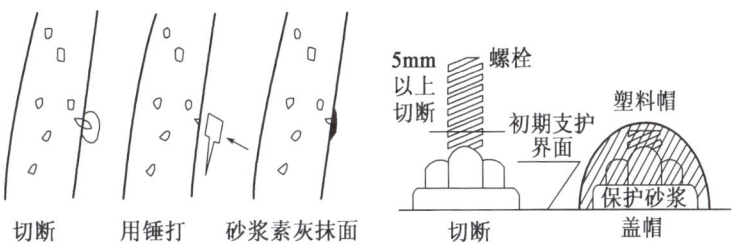

图3.6.3-8　喷射混凝土表面尖锐物处理

4）防水板的挂前拼焊应注意以下要点：

（1）应减少防水板接头焊缝数量，提高焊接质量。

（2）防水板拼接宜采用热合机双焊缝焊接。搭接宽度不应小于150mm。应控制热合机的温度和速度，保证焊缝质量。焊缝应严密，单条焊缝的有效焊接宽度不应小于15mm。焊接前，应擦净待焊接头板面，应根据材质通过试验确定焊接温度和速度。焊接时，应避免漏焊、虚焊、烧焦或焊穿。

（3）沿隧道纵向一次铺挂长度宜比本次二次衬砌施工长度多1.0m左右，以便与下一循环的防水层搭接。防水层接缝与衬砌混凝土接缝应错开1.0~2.0m，防止混凝土施工缝渗漏水（图3.6.3-9）。

5）铺挂防水板应注意以下要点：

（1）防水板铺设应采用具备升降功能的专用台车。台车前端应设用于检查初期支护内轮廓的钢架，宜采用台阶式半自动防水板挂布台车（图3.6.3-10）。防水板铺设幅宽不宜小于3m，幅宽宜为4m或6m，减少防水板接缝。

图3.6.3-9 防水板拼焊

图3.6.3-10 防水板挂布台车

（2）为保证防水板铺挂质量，应进行试铺定位。

（3）防水板吊环间距应根据铺挂松弛率要求确定，同时应根据初期支护表面平整程度进行适当调整，以保证浇筑混凝土时板面与喷射混凝土面密贴。

（4）隧道防水板热熔垫片安装宜使用定位仪，通过激光照射的梅花形图案在防水板上打出数个红点，提高热熔垫片布点的精准性（图3.6.3-11）。

图3.6.3-11 热熔垫片定位仪

（5）采用热熔法铺挂防水板时，应使用水泥钉与热塑性垫圈将无纺布钉牢在初期支护表面，水泥钉应按梅花形布置。粘接时应严格控制温度，防止过焊烧伤防水板。

（6）铺挂防水板后，应使用热合焊机焊接环向接缝。焊接前，应将待焊的两块板面接头擦净、对齐。焊接时，应严格控制焊接温度、焊机行走速度，保持焊机行走平稳、同焊缝良好接触。焊接后，应加强检查，对个别漏焊处用电烙铁外焊；对丁字焊缝因焊接困难而漏焊或焊缝强度不足，宜采用焊胶＋补丁的方法补强处理。防水板间焊接宜采用自动三缝热熔焊接机，单条焊缝的有效焊接宽度不应小于15mm，防水板搭接宽度不应小于150mm（图3.6.3-12）。

 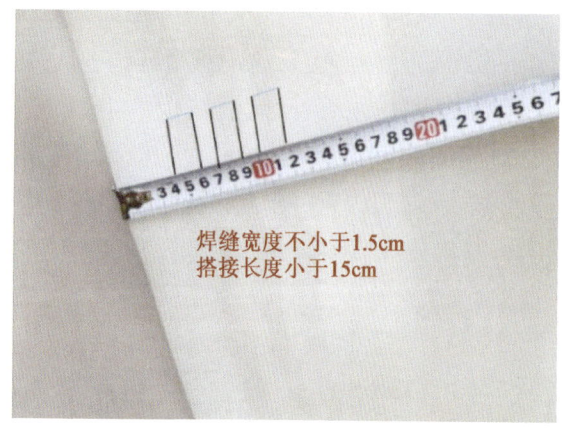

图 3.6.3-12 防水板间焊接

(7) 当爬焊机焊至斜坡口处时,行走速度应调至最低,确保充分焊接。

(8) 防水板的接头处不得有气泡、折皱及空隙,接头处应牢固,焊缝强度不应低于母材,通过抽样试验检测气密性。防水板的搭接缝焊接质量检查宜采用充气法(图 3.6.3-13),当压力达到 0.25MPa 时停止充气,保持压力 15min,压力下降在 10% 以内,则焊缝质量合格。

图 3.6.3-13 充气法检查

(9) 混凝土应连续浇筑,应尽量减少施工缝,拱圈及仰拱不应留纵向施工缝。水平施工缝应按照设计位置留设。垂直施工缝的设置宜与变形缝相结合。施工时,应将止水带表面浮浆和杂物清除。应采取措施确保止水带位置准确,固定牢固。安装环向施工缝时,宜在衬砌台车安装限位模板,确保环向止水带圆顺、居中;安装纵向施工缝时,宜采用限位钢筋固定止水带。

(10) 变形缝应密封防水、适应变形、施工方便、检修容易。变形缝施工时,缝内两侧应平整、清洁、无渗水;缝内应设置与嵌缝材料无黏结的背衬材料,嵌缝应密实。变形缝的设置位置应使拱圈、边墙和仰拱在同一里程上贯通。

（11）纵向、环向止水带必须按产品说明书及设计要求安装到位。施工缝处宜设置环向通长钢筋，与施工缝距离不宜大于5cm，加强施工缝并兼顾固定环向中埋止水带。宜采用带中埋止水带卡具钢端模。施工缝环向中埋止水带宜采用U形钢筋卡固定，拱部140°范围内间距宜为30cm，其余部位间距宜为50cm；各级围岩衬砌环向中埋止水带埋设位置距离洞内侧20~25cm；仰拱矮边墙环向中埋止水带应埋设在边墙纵向施工缝中埋钢板止水带洞内侧，与镀锌止水钢板的距离宜为3~5cm（图3.6.3-14）。

 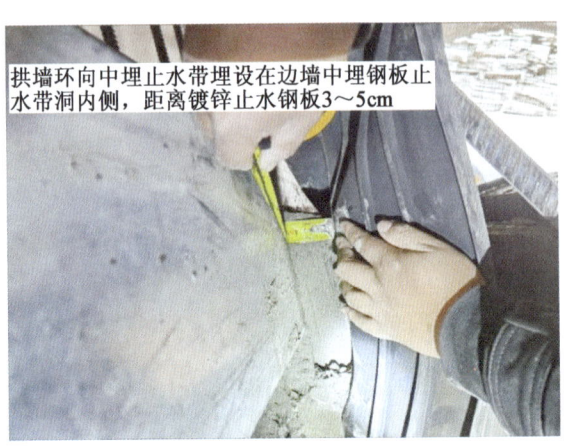

图3.6.3-14　中埋止水带固定

（12）环向背贴止水带宜采用环氧树脂、专用胶水粘粘贴固定（图3.6.3-15）。

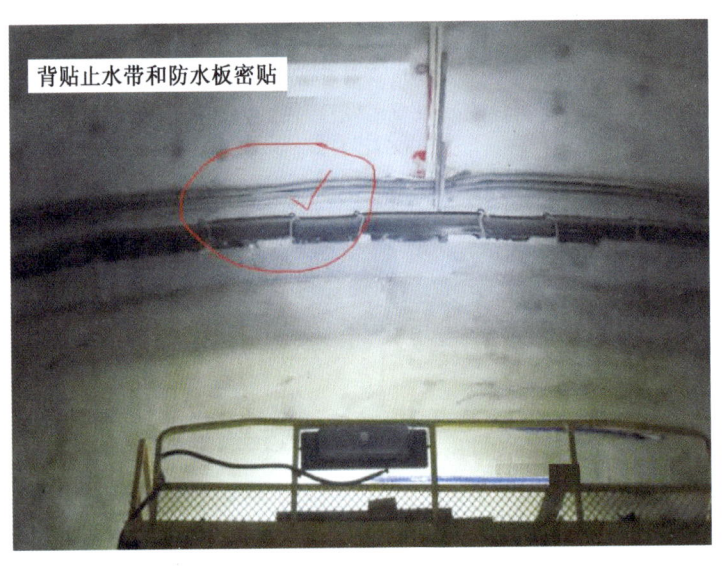

图3.6.3-15　背贴止水带固定

3.7　二次衬砌

3.7.1　一般规定

1　二次衬砌应在围岩变形基本稳定后施作。变形趋于稳定的标准应为：

1）隧道周边变形速率明显下降并趋于缓和。
2）水平收敛（拱脚附近 7d 平均值）小于 0.2mm/d，拱部下沉速度小于 0.15mm/d。
3）施作二次衬砌前的累计位移值已达极限位移值的 80% 以上。

2 为保证衬砌工程质量，隧道一般地段（含洞身、明洞、加宽段）的二次衬砌施工宜采用全断面模板台车和泵送作业。

3 隧道防排水设施、预埋件等的安装质量应符合设计要求、国家和行业现行有关标准的规定。

4 二次衬砌混凝土施工应符合现行《铁路隧道工程施工质量验收标准》（TB 10417）的规定。

5 应根据围岩等级、地质情况等现场具体情况，适当增加二次衬砌的外放值（施工正误差），以免侵限。

3.7.2 衬砌模板台车

1 一般要求

1）二次衬砌施工（含加宽段）宜采用全液压自动行走的整体衬砌台车（图 3.7.2-1）。衬砌台车宜配备带模注浆。衬砌台车结构尺寸应准确。衬砌台车各种伸缩构件、液压系统、电气控制系统应运行良好，应正确设置各支承机构。衬砌台车应满足自动行走要求，应有闭锁装置，保证定位准确。

图 3.7.2-1　二次衬砌台车

2）台车整体模板不应凹凸，支架不应偏移、扭曲，应多次重复使用而不变形。台车设计应便于整体移动、准确就位。

3）为保证衬砌净空，应考虑适当扩大模板外径变形量，作为预留沉降量。

4）对于已使用过的二次衬砌台车，应对各种伸缩构件、液压系统、电气控制系统运行状况进行严格的调试，应满足正常使用的要求，通过验收后方可使用。

5）台车模板支撑桁架门下方净空应满足隧道衬砌前方施工所需大型设备通行要求。桁架各层平台的高度应满足混凝土施工要求，方便工人进行安管、混凝土捣固等施工作业。桁架必须有上下行的爬梯。

2 拼装调试

1）二次衬砌台车现场拼装完成后，应在轨道上往返3~5次后再次紧固螺栓，并对部分连接部位加强焊接。

2）如果施工过程中出现二次衬砌错台，应暂停二次衬砌施工，全面查找原因，重点查找台车就位加固措施是否有效、混凝土输送管是否固定牢固、挡头模板或两边模板是否变形等，对发现的问题应及时整修加固。

3）二次衬砌模板台车每使用200m宜校核一次，检测台车面板平整度、台车整体刚度及扭曲程度、液压系统稳定性，确保台车高质量、安全、可靠。

4）台车面板应每施作3板清理一次。脱模剂宜采用油脂性钢模脱模剂+轻柴油，脱模剂原液和轻柴油配合比宜为1:2，可在施工中根据施工经验优化（图3.7.2-2）。

图3.7.2-2 脱模剂

3.7.3 衬砌钢筋

1 二次衬砌钢筋加工

1）二次衬砌钢筋应集中加工、统一配送，应在现场提前进行试拼连接。

2）应严格控制二次衬砌钢筋数量、间距、层间距。矮边墙或仰拱预留的二次衬砌钢筋应加塑料套管，防止被污染。

3）现场焊接钢筋时，在焊缝接头与防水板间应设置隔热材料。拱顶钢筋应预留变形量，每平方米应至少设4个保护层垫块。

2 二次衬砌钢筋安装

1）安装钢筋时，钢筋长度、间距、位置、保护层厚度应满足设计要求。

2）同一环拱墙衬砌钢筋连接方式宜为一端挤压套筒连接、另一端绑扎连接，绑扎长度和挤压套筒连接符合现行《铁路混凝土工程施工质量验收标准》（TB 10424）和《钢筋机械连接技术规程》（JGJ 107）的要求（图3.7.3-1）。

3）钢筋焊接搭接长度应满足设计要求、国家和行业现行有关标准的规定。如果采用其他连接方式，应符合国家和行业现行有关标准的规定。

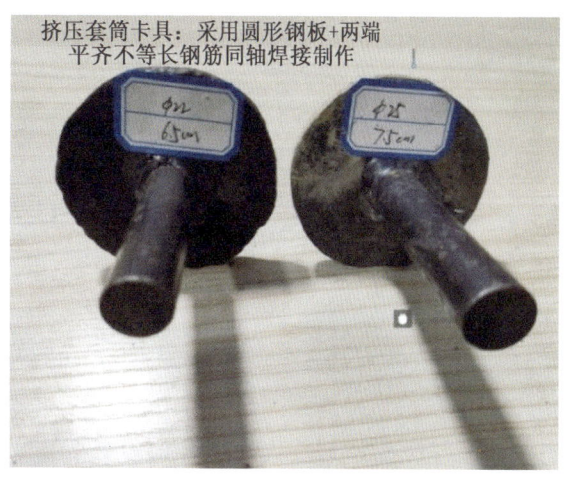

图 3.7.3-1 挤压套筒连接

4）安装拱墙钢筋前，宜提前安装定位钢筋。定位钢筋纵向间距宜为 3m，环向间距宜为 2m（图 3.7.3-2）；接触网槽道处应单独布置环向定位钢筋。

图 3.7.3-2 安装定位钢筋

5）衬砌钢筋保护层应符合设计要求；当设计未注明时，保护层厚度不应小于 3cm。衬砌钢筋保护层宜采用外边缘为锯齿的圆饼形同强度混凝土垫块，每平方米垫块数量不应少于 4 个，应按梅花形布置。

3 接触网槽道预埋

1）接触网槽道组固定应使用专用胎具（图 3.7.3-3）。槽道组固定筋应焊接在槽道锚杆底部，与锚杆根部的距离宜为 3～5cm，严禁同槽身焊接。

2）预埋槽道锚杆接地焊接应符合设计要求，槽道和衬砌结构钢筋应采用 L 形焊接（图 3.7.3-4）。

3）预埋槽道锚杆深入钢筋骨架的长度不得小于 5cm（图 3.7.3-5）。

4）在使用衬砌台车前，应预留预埋槽道 T 形螺栓孔。T 形螺栓孔群中心（槽道组中心）与施工缝的距离应符合设计要求。

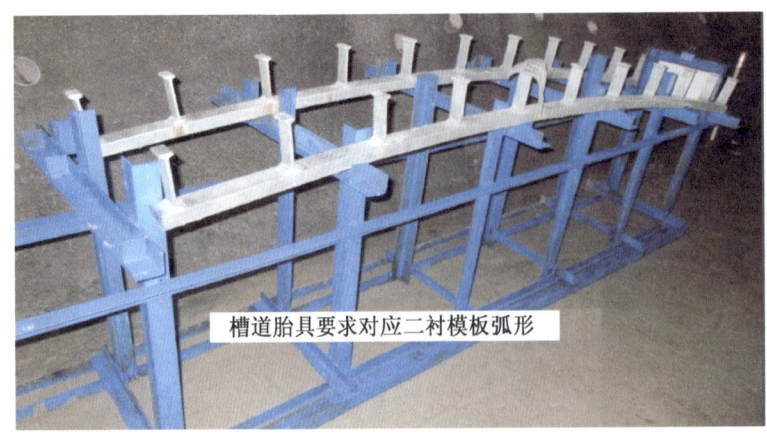 

图 3.7.3-3　槽道胎具　　　　　　　　图 3.7.3-4　预埋槽道锚杆接地

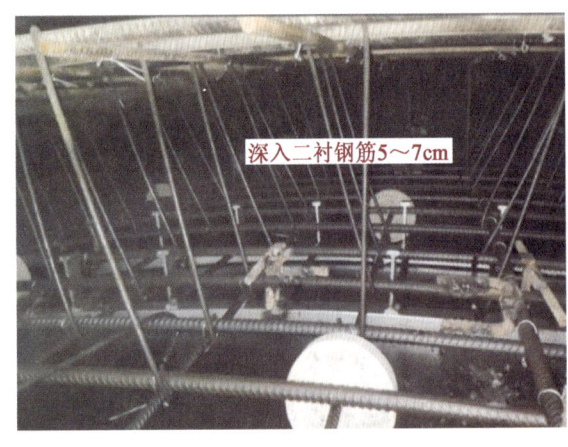 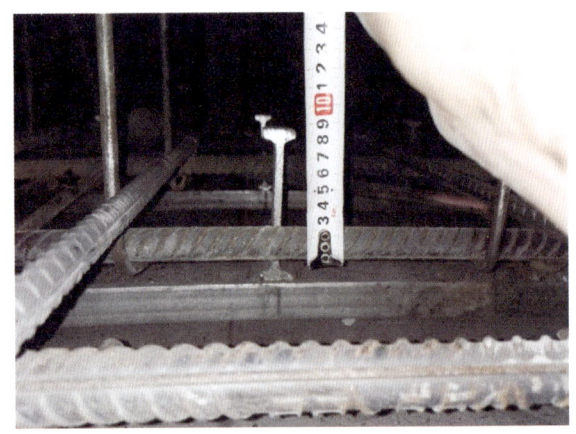

图 3.7.3-5　槽道埋设

4　施工要点

1）钢筋绑扎完成后、台车就位前，应严格控制环向接地钢筋与纵向钢筋的 L 形焊接数量及长度、环向接地钢筋挤压套筒处弓形过桥钢筋焊接、Ⅱ和Ⅲ级围岩接触网槽道加固三肢钢架（三肢钢架内选择 1 根环向钢筋作为接地钢筋）连接板处弓形过桥钢筋焊接。

2）台车就位且顶升完成后、钢端模封闭前，应严格控制接触网槽道与衬砌模板密贴程度、锚杆伸入衬砌钢筋骨架有效高度、与环向接地钢筋的 L 形焊缝组数、靠近挡头板第一环钢筋与模板的距离、用于回流线和照明设备的接地端子设置情况、勾筋安装间距、保护层垫块安装情况。

3）应列表记录每一板衬砌所用接触网槽道的出厂批号、对应螺栓批号，定点存放，专人负责，以便后期"对号入座"交付站后单位。

4）槽道组装完成后，运输过程中应轻拿轻放，严禁单边或一角受力，以免造成槽道扭曲变形。

5）接触网预埋槽道的锚杆与钢筋网片冲突时，可适当调整结构钢筋，严禁切断锚杆。

6）在槽道组附近进行混凝土捣固作业时，应注意保护，严禁振捣棒碰触槽道，防止变形、移位。

7）衬砌台车脱模前，应安排专人负责确认槽道 T 形螺栓已拆除。

5 二次衬砌混凝土施工

1）台车定位后，应再次检查二次衬砌厚度，检查钢筋保护层。宜在拱顶部位预留压浆孔，压浆孔的间距应不应大于3m。

2）混凝土浇筑应连续、无间断。

3）浇筑二次衬砌混凝土之前，应检查以下事项：

（1）复查台车模板及中心高度、仓内尺寸，应符合要求。

（2）台车及堵头模板安装应牢靠、定位准确。

（3）衬砌钢筋、防水板、排水盲管、止水带等的安装应符合设计要求、国家和行业现行有关标准的规定。

（4）模板接缝处应填塞紧密，脱模剂涂刷应均匀。

（5）基仓应已清理干净，施工缝应已处理。

（6）预埋件、预留洞室等的位置应符合设计要求。

（7）输送泵接头应紧密，机械运转应正常，输送管道安装接头应可靠。

6 混凝土浇筑时间控制

1）冲顶时间宜控制在2h以内，浇筑时间宜控制在10h以内（含冲顶时间）。

2）采用功率大、性能稳定的地泵，每模浇筑应做现场浇筑记录。边墙3排窗口逐窗插入和振捣。衬砌混凝土浇筑过程中停顿时间原则上不得大于2h。

7 注意事项

1）衬砌混凝土严禁装修。

2）衬砌混凝土表面漏筋或钢筋保护层不足时，必须返工。

3）对出现施工缝错台、漏浆的洞口，应逐个研究并分析原因，优化调整软搭接材料和定位工艺。

8 拆模及养护

1）隧道拱墙衬砌混凝土强度和抗渗性等级应符合设计要求，拆模时间和养护时间应符合现行《铁路混凝土工程施工质量验收标准》（TB 10424）的规定。

2）衬砌混凝土宜采用专业的养护台车进行养护（图3.7.3-6）。环境温度低于5℃时不得浇水养护。

图3.7.3-6 衬砌混凝土养护

3.7.4 安全步距控制

1 在洞口浅埋偏压地段（Ⅳ、Ⅴ、Ⅵ级围岩加强断面地段），初期支护及二次衬砌应紧跟掌子面及时施工。

2 初期支护、仰拱二次衬砌距掌子面的距离应符合设计要求及相关规定。如果要调整安全步距，应由建设单位组织相关专家，根据地质条件、施工装备、监控量测结果等进行评审，并按规定程序经审批通过后方可实施。

3.8 监控量测

3.8.1 一般规定

1 高风险及以上的隧道项目，宜增加第三方监测单位。

2 隧道下穿重要构筑物、既有线、铁路、地铁及重要道路等时，应采用自动化监测系统。

3 现场监控量测工作应包括现场情况的初始调查、编制实施性监控量测计划、布设测点及取得初始监测值、现场监测、提交监测结果、报送周（月）报、编写总结报告。

4 隧道开工前，应根据设计要求并结合隧道规模、地形地质条件、施工方法、支护类型和参数、工期安排等制订施工全过程监控量测方案。

5 监控量测应贯穿隧道施工的全过程。对于必测项目，应严格按照设计要求进行监测；对于选测项目，应根据围岩情况、地质情况进行控制测量。

6 应根据监控量测项目及精度选用仪器，宜选择简单适用、稳定可靠、操作方便、便于进行结果处理和分析的仪器。

7 监控量测工作必须紧接开挖、支护作业，应按设计要求进行布点和监测（图3.8.1），并根据现场施工情况及时调整监控量测项目和内容。应及时处理、分析监控量测数据，并将结果反馈到施工过程中。

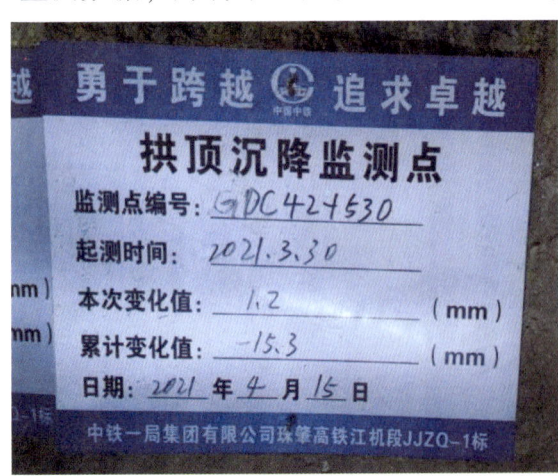 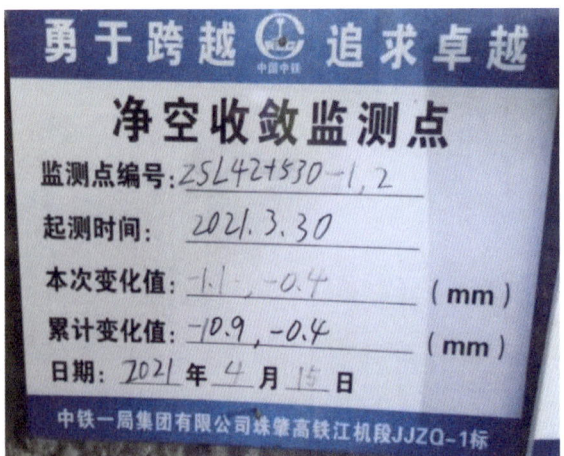

图 3.8.1　监控量测现场标示牌

8 监控量测应为施工管理及时提供以下信息：

1）围岩稳定性、支护结构承载能力和安全信息。

2）二次衬砌的合理施作时间。

9 监控量测的管理应及时、有效、准确，施工中应按监控量测计划实施。

10 施工现场应成立专门的监控量测小组，责任落实到人。应建立监控量测质量保证体系，确保监控量测工作实施有效、监测资料完整清晰。

11 选测项目应根据设计和施工的特殊要求确定，监测断面应根据需要确定，宜在施工初始阶段布置。

12 不同断面的测点应布置在相同部位，测点宜对称布置，以便数据的相互验证。

13 地表下沉纵向、横向监控点应在进洞前全部埋设完毕，拱顶下沉监控点应在架立洞身第一榀拱架时立即埋设，且均应在24h内获取首测数据。如果监控量测点被破坏，应在最短时间恢复并重新测量。

14 软弱围岩及不良地质隧道拱顶下沉和净空变化的监控量测断面间距：Ⅳ级围岩不得大于10m，Ⅴ级围岩不得大于5m。

3.8.2 量测项目及要点

1 隧道监控量测的项目应根据工程特点、规模和设计要求综合选定。量测项目可分为必测项目和选测项目两大类（表3.8.2-1、表3.8.2-2）。

监控量测必测项目　　表3.8.2-1

监测项目	常用量测仪器	备注
洞内、外观察	现场观察，相机，罗盘仪	
拱顶下沉	全站仪，钢挂尺	
净空变化	收敛计，全站仪	
地表沉降	水准仪，钢钢尺，全站仪	隧道浅埋段

监控量测选测项目　　表3.8.2-2

监测项目	常用量测仪器
围岩压力	压力盒
钢架内力	钢筋计，应变计
喷射混凝土内力	混凝土应变计
二次衬砌内力	混凝土应变计，钢筋计
初期支护与二次衬砌间接触压力	压力盒
锚杆轴力	钢筋计
隧底隆起	水准仪，钢钢尺，全站仪
围岩内部位移	多点位移计
爆破振动	振动传感器，记录仪

续上表

监 测 项 目	常用量测仪器
孔隙水压力	水压计
水量	三角堰，流量计
纵向位移	多点位移计，全站仪

2 浅埋隧道地表沉降测点应在隧道开挖前布设，地表沉降测点和隧道内测点应布置在同一里程断面。地表沉降测点纵向间距应符合表3.8.2-3的规定。

地表沉降观测点纵向间距　　　　　　表3.8.2-3

埋深 H_0 与开挖宽度 B 的关系	纵向测点间距（m）
$2B > H_0 > 2.5B$	20～50
$B < H_0 \leq 2B$	10～20
$H_0 \leq B$	5～10

3 地表沉降观测点埋设应满足设计要求，横向间距宜为2～5m，在隧道中线附近测点应适当加密；隧道中线两侧范围应不小于 $H_0 + B$（H_0 为隧道埋深；B 为隧道最大开挖宽度），地表有控制性建（构）筑物时，量测范围应适当加宽（图3.8.2）。

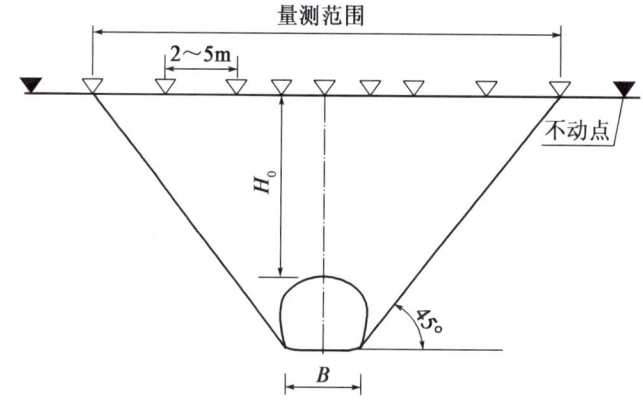

图3.8.2　地表沉降横向测点布置示意图

4 拱顶下沉测点和净空变化测点应布置在同一断面上，监测断面间距及测点布置应符合表3.8.2-4的规定。拱顶下沉测点应设置在拱顶轴线附近。当隧道跨度较大时，应在拱顶部位设置3个测点。

必测项目监测断面间距　　　　　　表3.8.2-4

围岩级别	断面间距（m）
Ⅴ～Ⅵ	5～10
Ⅳ	10～30
Ⅲ	30～50

注：在Ⅱ级围岩地段，视设计要求和具体情况确定间距。

5 净空变化量测测线数应符合表3.8.2-5的规定。

必测项目监测断面间距 表3.8.2-5

开挖方法	一般地段	特殊地段
全断面法	1条水平测线	—
台阶法	每台阶1条水平测线	每台阶1条水平测线+2条斜测线
分部开挖法	每分部1条水平测线	上部每分部1条水平测线+2条斜测线，其余每分部1条水平测线

6 爆破振动控制基准应满足设计要求和现行《爆破安全规程》（GB 6722）关于安全允许振速的规定；有特殊要求的，应根据现场具体情况确定：

1）确定建筑物安全允许振速时，应综合考虑建筑物的重要性、建筑质量、新旧程度、自振频率、地基条件等因素。

2）重点保护古建筑与古迹的安全允许振速，应经专家论证选取，并应报当地文物管理部门批准。

3）确定隧道安全允许振速时，应综合考虑构筑物的重要性、围岩状况、断面大小、埋深、爆源方向等因素。

3.9 辅助坑道

3.9.1 一般规定

1 辅助坑道支护应符合设计要求。辅助导坑洞口或井口、软弱围岩段、辅助坑道与正洞的连接处应加强支护。完成辅助坑道与正洞的连接处支护后，应及时施作二次衬砌；在特殊情况下，应在开挖前采取超前支护措施。

2 辅助坑道口边、仰坡开挖及地表恢复应符合环境保护和水土保持的有关规定和设计要求。辅助坑道口边、仰坡开挖不得采用大爆破。开挖坡面应按设计要求及时进行防护和支护，应清除山坡上的全部危石。

3 辅助坑道与正洞交叉口施工应符合下列规定：

1）应先加固、后开挖。根据地质情况，辅助坑道与正洞边墙相交的3~5m范围内的初期支护应加强，必要时浇筑混凝土衬砌。

2）辅助坑道进入正洞的门洞应设置门架或过梁。

3）辅助坑道进入正洞后的挑顶施工，应从外向内逐步扩大。

4 辅助坑道施工时，应进行超前地质预报和现场监控量测。

3.9.2 横洞与平行导坑

1 应根据围岩级别、断面大小合理选择横洞与平行导坑的开挖方法。

2 横洞与正洞交叉口的洞室跨度大、受力复杂，施工中应根据具体情况进行加固并加强变形监测。

3 平行导坑开挖应超前于正洞开挖，其超前距离可视施工条件和工期要求确定，一般宜超前横通道间距的1~3倍。

4 平行导坑的横通道施工前,应先加固交叉口。

5 横洞和平行导坑应设完整、通畅的排水系统。

3.9.3 斜井

1 当斜井综合坡率小于或等于13%时,宜采用自卸汽车、装载机或挖掘机配合的无轨运输方式;当斜井综合坡率大于13%、小于或等于27%时,可选用轨道矿车或皮带运输方式;当斜井综合坡率大于27%、小于或等于47%时,应采用轨道矿车提升;当斜井综合坡率大于47%、小于或等于70%时,可采用大型箕斗提升。

2 斜井施工期间,应根据出水量大小设水仓或临时集水坑贮水,先用潜水泵将开挖工作面的积水排到水仓(或临时集水坑),再用抽水机排出洞外。正洞施工期间,斜井的出水宜沿水沟顺坡排到斜井底的水仓,与正洞排水汇集在一起,用抽水机排出洞外,必要时斜井中间可设接力水仓。

3 斜井采用汽车运输时,洞内、洞外应设安全设施和警示标志,斜井内运输道路应硬化并做防滑处理。斜井采用轨道运输时,洞口应设置挡车器,挡车器应经常处于正位关闭状态,应安排专人管理。

4 斜井应高出地面0.5m或浇筑环形挡墙。

5 斜井井下各排水泵站的水泵宜采用一种型号。

3.9.4 竖井

1 竖井的断面形式可采用矩形或圆形,地质情况较差时宜采用圆形。

2 竖井提升作业应符合下列规定:

1)竖井提升作业时,提升机械不得超负荷运行,应有深度指示器、防止过卷过速等保护装置、限速器和松绳信号等。

2)吊桶提升所用的钩头连接装置应牢固,不得自动脱钩,应有缓转器。罐笼提升应设置安全可靠的防坠器。吊桶沿稳绳升降时,最大加速度不应大于$0.5m/s^2$;吊桶在无稳绳段升降时,最大加速度不应大于$0.3m/s^2$。

3)工作吊盘的载重不应大于吊盘的设计载重能力。

4)提升用的钢丝绳和各种悬挂使用的钩、链、环、螺栓等连接装置的安全系数应符合规定,使用前应进行拉力试验,合格后方可安装。使用中,应定期检查、维修和更换。

5)井口应设安全栅栏和安全门。通向井口的轨道应设阻车器。

6)井深小于或等于40m时,可采用三角架或龙门架作井架;井深大于40m时,宜设置凿井、生产阶段共用井架;井身达到一定深度时,宜设置施工电梯。

3 施工中,竖井口、井底和工作吊盘间均应有简单、可靠、联锁严密的信号系统或直通电话。

4 竖井应高出地面0.5m或浇筑环形挡墙,并做好井口场地排水设施。

5 竖井井下各排水泵站的水泵宜采用一种型号。

3.10 洞内通风、供风、供水、供电、照明、通信

3.10.1 通风

1 主风机的安装必须满足通风设计的要求。洞内辅助风机应安装在新鲜风流中。

2 压入式通风出风口距开挖工作面的距离不宜大于 $(4\sim5)\sqrt{A}$（A 为隧洞断面积，单位为 m^2）。

3 通风管穿越衬砌台车时，应预留等直径的铁皮硬管，以利于通风管通过，衬砌台车上应预留供通风管穿越的卡箍（图 3.10.1-1）。

图 3.10.1-1 通风管穿越衬砌台车

4 隧道工程洞内通风管悬挂结构应符合下列标准：

1）风筒与风筒之间宜采用拉链连接，通过风筒上锁扣（吊扣）将风筒固定在 $\phi8$ 钢丝绳上；风筒上宜每隔 3m 设 1 道加固索和 1 个锁扣，顺直风筒，减少风流阻力，可参照图 3.10.1-2。

2）钢丝宜采用膨胀螺栓固定在隧道拱顶或边墙上，采用 $\phi12$ 膨胀螺栓，锚固长度不宜小于 7cm，间距宜为 3m。风管吊挂应平直，拉紧吊稳，避免出现褶皱增加局部阻力，在与横洞交接处宜避免死弯。

3）风管安装高度不得遮挡监控量测水平测线，并保证洞内有足够的净空高度，避免发生过往车辆和机械刮破风管而影响施工。

4）风筒出口应与工作面保持一定距离，对于大断面、大风量、大直径风管，该距离应控制在 15~30m。

5）对于压入式通风，主风机应架设在距洞口大于 30m、具有一定高度的高架上。通风机前后 5m 范围内不得堆放杂物，通风机进气口应设置铁箅，并应装有保险装置，当发生故障时应能自动停机。

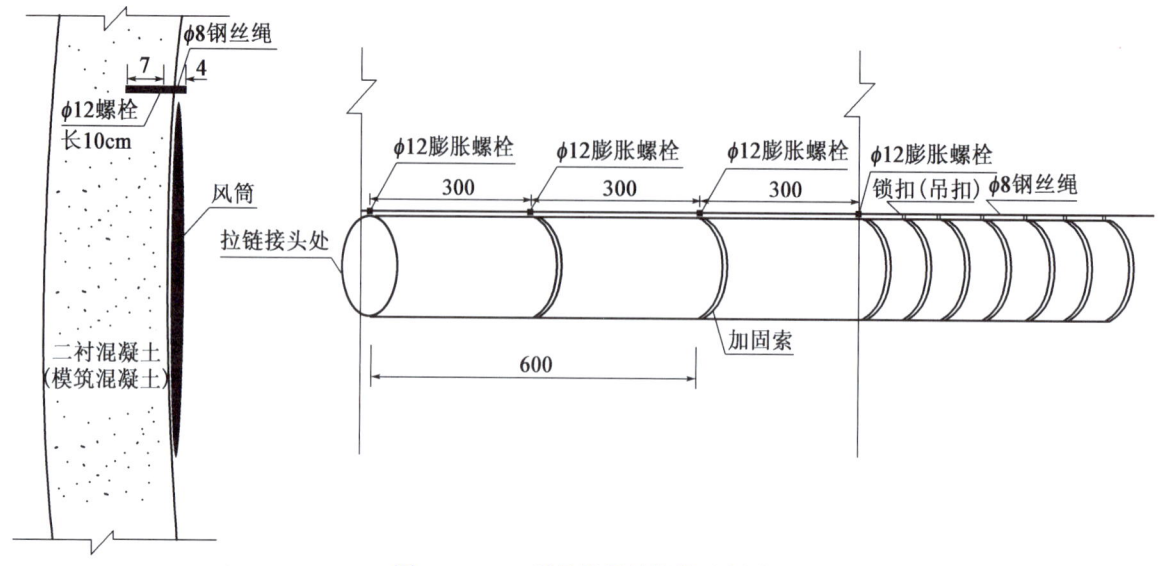

图 3.10.1-2 通风管悬挂结构示意图

注：本图未标明尺寸均以 cm 计，钢丝、螺栓单位以 mm 计。

3.10.2 供风与供水

1 隧道供风可根据情况选择洞外设置空压机站、空压机进洞两种方式。洞外空压机站应设在洞口附近；当多个洞口需集中供风时，洞外空压机站应靠近用风量最大的洞口。

2 隧道工作面风压不应小于 0.5MPa，其高压风管的直径应根据最大送风量、风管长度、闸阀等条件计算确定。隧道施工通风应能提供洞内各项作业所需的最小风量，每人应供应新鲜空气 $3m^3/min$；采用内燃机械作业时，供风量不应小于 $3m^3/(min·kW)$。

3 风管前端至开挖面的距离不宜大于 30m。

4 隧道供水可根据情况选择高位蓄水池、增压泵供水两种方式。无条件建造高位水池的隧道，宜采用增压泵供水。

5 高压风管、高压水管、排水管等的管径应通过计算确定，满足隧道施工需要。管线支架应通过受力验算，满足施工安全。

6 高压风、水管的布置不应影响矮边墙、水沟电缆槽施工。

7 洞内风管与水管应安装在同一侧，以便于检查、维修。洞内高压风、水管路应安装在电缆电线的另一侧。隧道内高压风、水管管架设置可参照图 3.10.2。

8 通风管宜为黄色，高压风管、供水及排水管宜使用反光油漆涂刷成红白相间的斑纹，并安装标识牌。

3.10.3 供电与照明

1 施工现场临时用电设备在 5 台及以上，或设备总容量在 50kW 及以上时，应编制施工现场临时用电组织设计。

2 各种电气设备和输变电线路应有专人检查、维修和调整，其作业应符合现行《施工现场临时用电安全技术规范》（JGJ 46）和《铁路隧道工程施工安全技术规程》（TB 10304）的规定。

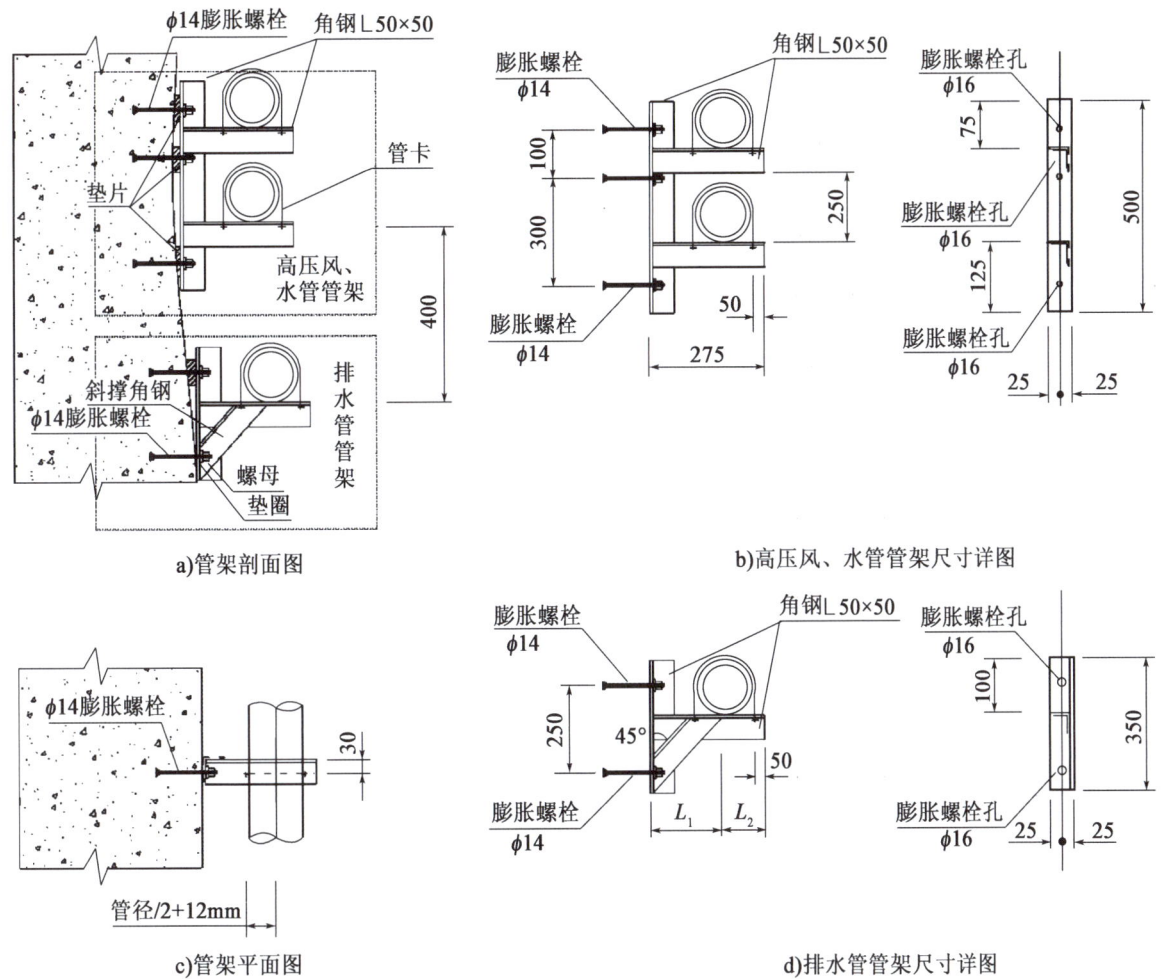

图 3.10.2 隧道内高压风、水管管架设置

注：1. 本图未标明尺寸以 mm 计。
2. 管架安装前除锈，并涂刷底漆和防锈漆。
3. 当管径为 100~200，$L_1=175$，$L_2=150$；当管径为 200~300，$L_1=225$，$L_2=200$。

3 隧道施工作业地段必须有足够的照明。采用普通光源照明时，其照度应符合表 3.10.3 的规定。

施工作业地段照度标准　　　　　　　　　表 3.10.3

施工作业地段	最小光照度（lx）
开挖作业面	50
其他作业地段	30
运输通道	15
成洞地段	10

4 隧道开挖、初期支护及衬砌作业地段照明必须使用安全电压。安全变压器容量不宜过大，输入电压应采用 220V，输出电压可为 36V、32V、24V 或 12V，输出端电压不应高出额定电压的 105%。

5 渗漏水、滴水地段应使用胶皮电缆。开挖工作面附近应使用防水灯头。

6 曲线地段和洞室拐弯处应增加照明灯头。洞内每隔50~100m应设应急照明灯。

7 隧道内供电与照明线横担结构可参照图3.10.3。

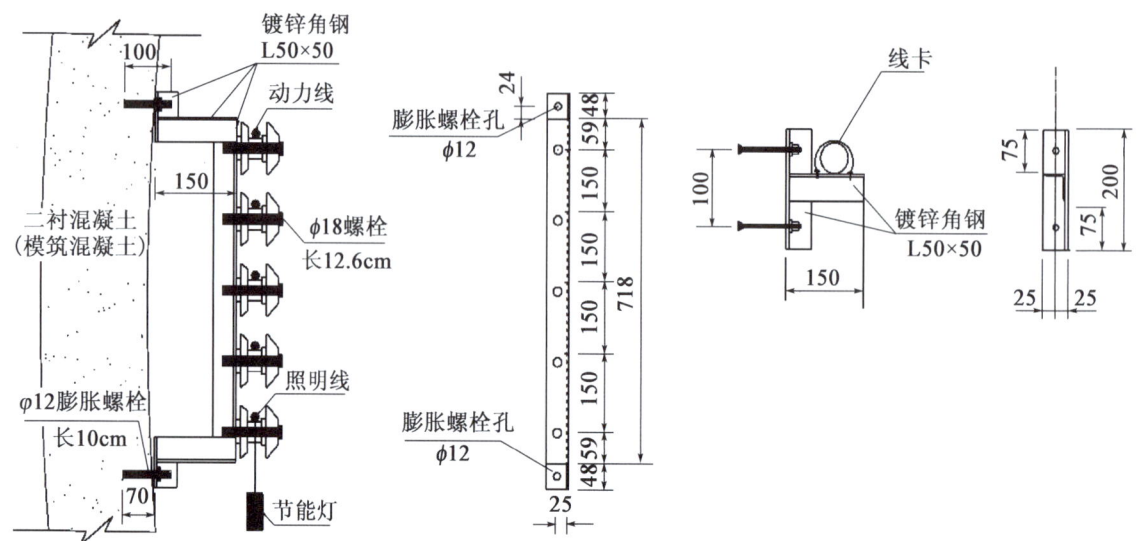

a) 普通电力进洞横担尺寸详图　　　　b) 10kV及以上高压电缆进洞横担尺寸详图

电力横担材料明细表

序号	进洞方式	横担间距(m)	角钢			膨胀螺栓			瓷瓶绝缘子	
			规格	长度	件数	规格	长度	个数	规格	个数
1	非高压电进洞(400kV以下)	10	L50×5	718	1	φ12	100	2	φ10	54
			L50×5	171	1	φ18	126	5		
			L50×5	98	1					
2	高压电进洞	10	L50×5	250	1	φ12	100	2		
			L50×5	247	1					
			L50×5	225	1					

说明：
1. 本图未注明尺寸以mm计。
2. 施工用电采用三相五线制，电力线按颜色区分：L1(黄色)、L2(绿色)、L3(红色)、N(淡蓝色)、PE(绿黄双色)。
3. 洞内电线路宜架设在风水管路相对一侧。电线悬挂高度(距人行地面)：400V以下，不小于2.2m；6~19kV，不小于3.5m。
4. 输电干线或动力线路安装在同一侧时，必须分层架设，其原则是：高压在上，低压在下；干线在上，支线在下；动力线在上，照明线在下。
5. 普通电力线和高压线电缆横担每隔10m安设一个。每个横担采用2个φ12膨胀螺栓锚固，锚固长度不小于7cm，瓷瓶间距15cm，与横担间采用φ18螺栓固定，瓷瓶与角钢横担之间尽可能垫一层薄橡皮，以防紧固螺栓时压碎瓷瓶。
6. 动力干线上的每一分支线，必须装设开关及保险装置，同时做到"一机一闸一漏一保护"。严禁在动力线路上加挂照明设施。
7. 隧道照明保证灯光充足、均匀，不得耀眼，每隔20m安设一个36W节能照明灯(洞口至洞内，节能灯功率由62W过渡到36W，便于眼睛逐步适应光线变化)；每隔300m安设一个照明灯控制开关；渗漏水地段用防水灯头和灯罩。在主要交通道路、洞内抽水机站或竖井等重要处所，应有安全照明。漏水地段照明应采用防水灯头和灯罩。

图3.10.3　隧道内供电与照明线横担结构

8 供电线路布置：

1) 电力线路应采用220/380V三相五线系统，供电线路布设在上，照明线路布设在下，电线间距为150mm。电力线路宜采用胶皮绝缘导线，每隔15m用横担和绝缘子固定。布设在隧道二次衬砌边墙上，高度不宜小于2.5m。动力、照明线在同一横担上架设时，导线相序排列是：面向负荷从左侧起依次为L1、N、L2、L3、PE。动力、照明线在二层横担上架设时，导线相序排列是：上层横担面向负荷从左侧起依次为 L1、L2、L3；下层横担面向负载从左侧起依次为 L1、L2、L3、N、PE。

2）标示牌颜色宜为：L1（A）——黄，L2（B）——绿，L3（C）——红，N——浅蓝，PE——黄绿，10kV 高压电缆——白底红字。

3.10.4 洞内"三管两线"总体布置通信

1 洞内各工作面与洞外调度的通信应始终保持畅通，应急通信宜选择有线电话。

2 宜使用钢管保护通信线管。通信线路应布置在不易被机械、落石损伤的地方，宜顺着风、水管路布置。

3.11 特殊岩土和不良地质地段隧道施工

3.11.1 一般规定

1 施工前，应研究工程及水文地质资料，结合现场实际情况，进行风险评估，制订完整的施工技术方案；应结合专项应急救援预案，准备人员、组织、技术、物资、机械。

2 施工中发生地质灾害时应立即启动应急救援预案。

3 应根据超前地质预报和监控量测结果及时调整施工方案。

3.11.2 施工要求

1 软弱围岩及不良地质隧道开挖后，应及时施作初期支护并封闭成环，非爆破开挖和爆破开挖初期支护仰拱应分别于 8h 和 12h 内完成开挖、架设钢架、喷混凝土作业；仰拱应尽量靠近开挖工作面。

2 软弱围岩及不良地质隧道拱顶下沉和净空变化的量测断面间距：Ⅳ级围岩不得大于 10m，Ⅴ级围岩不得大于 5m。

3 当拱顶下沉、水平收敛速率达 5mm/d 或位移累计达 100mm 时，应暂停掘进，分析原因，及时采取处理措施。

3.11.3 富水软弱破碎围岩

1 富水软弱破碎围岩隧道的开挖应符合下列规定：

1）应根据超前地质预报分析结果，采取防塌预防措施，保证开挖工作面的稳定。

2）洞内涌水对周边生态环境影响较大时，宜采用注浆堵水措施。当隧道埋深在 20m 以内时，宜采用地表注浆；当隧道埋深超过 20m 时，宜采用开挖工作面预注浆。

3）单线隧道宜采用台阶法预留核心土环形开挖；双线隧道宜采用中隔壁法、交叉中隔壁法或双侧壁导坑法，并尽早使初期支护封闭成环。

2 富水软弱破碎围岩隧道的二次衬砌施工应符合下列规定：

1）二次衬砌应在初期支护完成后尽快施作，并予以加强。

2）仰拱必须超前施作，尽早形成闭合结构。

3 在承压水地段，如果允许限量排水，衬砌背后的排水管必须顺畅地连接到隧道排水沟，防止地下水在衬砌背后聚集对其形成压力。

3.11.4 岩溶

1 隧道通过岩溶地区时，施工前应根据设计资料并结合施工现场情况，采用综合超前地质预报，探明溶洞的分布范围、类型、规模、发育程度、填充物、地下水的情况（有无长期补给来源、雨季水量有无增加等）及岩层的稳定程度等，按照"以疏为主、排堵结合、因地制宜、综合治理"的原则，以疏导、堵填、注浆加固、跨越、宣泄等措施进行处理。

2 岩溶地段隧道施工应符合下列规定：

1）施工前应详细了解地表水、出水地点的情况，有条件时采取地表注浆等措施对地表进行必要的处理。

2）应提早制订处理岩溶的方案，并准备足够的排水设备和物资。

3）应建立以长距离物探（地震波法）为宏观控制、钻探法为主、其他物探方式为辅的综合预报管理体系。

4）爆破开挖应按"密布眼、少装药"的原则，遇渗漏水时应严格控制装药量。

5）当隧道只有一侧遇到溶洞时，应先开挖该侧，待支护完成后再开挖另一侧。

3 岩溶发育地段隧道施工，可根据具体情况采取以下措施进行处理：

1）如果溶洞规模较大，内部充填大量的泥沙，并含有丰富的地下水，揭穿后很可能发生大规模的突水、突泥，应采用封闭注浆，再进行加固处理。

2）岩溶地段的溶洞空腔、暗河的处理应首选疏导、连通方案，不应改变地下水总的流动趋势。应按实际情况选择下列方法进行处理：

（1）如果隧道边墙或底板存在小体积的溶管（溶洞空腔或暗河），且规模较小，可在隧道边墙及底部设置盲沟、暗管、涵洞、倒虹吸、钢管疏导或桥梁跨越。

（2）如果隧道顶部存在溶管（溶洞空腔或暗河），且有水通过，应在顶部设置暗管跨越，或将水引入隧道底部跨越，或采用倒虹吸跨越。

（3）如果溶洞空腔仅在隧道底部且较大、较深，或者填充物松软不能承载结构物时，可采用梁（边墙梁、行车梁、托梁）、支墩、板或悬臂梁承托纵梁、拱桥跨越，梁、板的两端或拱的拱座应置于稳固可靠的岩层上，并采用混凝土和新砌体加固。

（4）如果隧道一侧遇到狭长且较深的溶洞，应加深该侧的边墙基础。

（5）如果隧道岩溶水较多，应采用泄水洞排泄岩溶水，降低地下水位，保持隧道干燥。泄水洞应位于地下水来向的一侧。

（6）对于涌水量大、涌水点多、分散、排泄通道不明显的岩溶发育地段，宜按照"先汇集、再引排"的原则，采取辅助导坑、集水廊道结合泄水洞和行洪通道等排水处理方案。

（7）如果隧道穿越堆积物，清理会造成随清随塌的大型塌体，应采用超前预注浆加固周围的堆积物。

（8）隧道结构完工后，如果拱部存在较大的空洞，应进行压浆回填，并封填平整地表漏斗，减少地表水下渗。

4 对于已停止发育、跨径较小、无水的溶洞，可根据其与隧道相交的位置及其充填情况，采用混凝土、水泥砂浆砌片石或干砌片石予以回填封闭，同时根据具体地质情况采取加深边墙基础等措施。对于拱部以上干、空溶洞，可视溶洞的岩石破碎程度采用喷锚支护加固、注浆、加设护拱及拱顶回填的方法进行处理。对于在底板下发育的溶洞，可采用水泥砂浆砌片石回填；如有充填物，必须挖除；如果空腔内有少量水流动，回填不能阻断过水通道。

5 二次衬砌施工前，应采用物探手段检查隧道周边环形加固层及层外围岩情况，重点检查拱部、底板、侧边墙5m以内是否存在有害空洞以及隧道底部是否密实。

3.11.5 风积沙、含水砂层

1 隧道通过风积沙和含水砂层时，应将防水工作放在首位。对于含水砂层，可采用注浆、冻结等方法止水、固结。

2 隧道开挖应符合下列规定：

1）风积沙层隧道开挖应遵循"先支护后开挖"的原则；含水砂层隧道开挖应遵循"先治水、后开挖"的原则。

2）开挖时，应及时监测拱部支护的实际下沉量。当预留变形量过大或不足时，应及时调整。

3 隧道支护应符合下列规定：

1）可采用注浆方法固结砂层，插板做超前支护。

2）支护应及时，边挖边喷混凝土封闭。应及时封堵缝隙，严防砂粒从支护缝隙中漏出。

3）开挖地段的排水沟应铺砌、抹墁，或用管、槽等将水引至二次衬砌地段排出洞外。

4）风积沙和含水砂层隧道的二次衬砌应及早施作。

3.11.6 瓦斯

1 隧道施工时，如果通过地质预报或施工监测发现隧道内存在瓦斯，应定为瓦斯隧道，应联系勘察设计单位重新勘探，按瓦斯隧道施工的要求组织施工。

2 应建立专门机构进行通风、防突、防爆及瓦斯检测工作，设置消防设施，编制专项应急预案。高瓦斯工区及瓦斯突出工区应配备救护队。

3 开工前，必须对施工作业人员及管理人员进行安全技术培训，作业人员必须持证上岗。

4 瓦斯地段钻爆作业应符合下列规定：

1）必须采用湿式钻眼。

2）炮眼深度不应小于0.6m，炮眼应清除干净。炮眼封泥不严或不足时不得进行爆破。

3）必须采用煤矿许用炸药。瓦斯突出地段必须使用安全等级不低于三级的煤矿许用含水炸药。

4）瓦斯地段必须采用电力起爆，必须采用煤矿许用电雷管，严禁使用秒或半秒级电雷管。使用煤矿许用毫秒延期电雷管时，最后一段的延期时间不得大于130ms。

5）严禁反向装药。

6）爆破网路必须采用串联连接方式，严禁将瞬发电雷管与毫秒电雷管在同一串联网路中使用。

7）必须使用防爆型起爆器作为起爆电源，一个开挖面不得同时使用2台及以上起爆器起爆。

8）在非瓦斯工区进行爆破作业时，爆破15min后应巡视爆破地点，检查通风、瓦斯、煤尘、瞎炮、残炮等情况，如有危险必须立即处理。在瓦斯突出工区，揭煤爆破15min后，应由救护队员配戴防毒面具或自救器到工作面检查爆破效果、瓦斯浓度等，确认安全后方可通知送电、开动局部通风机；通风30min后，由瓦斯检测人员检测工作面、回风流瓦斯浓度；在瓦斯浓度小于1%且二氧化碳浓度小于1.5%前，不得解除警戒，不得允许工作人员进入开挖工作面。

5 瓦斯突出隧道施工，应采取下列防突技术措施：

1）接近突出煤层前，必须对设计标示的各突出煤层位置进行超前探测，标定其准确位置，掌握其赋存情况及瓦斯状况。

2）防治煤与瓦斯突出宜采用钻孔排放的措施。

6 半煤半岩段与全煤层段掘进、支护和二次衬砌施工应符合下列规定：

1）每循环进尺不宜超过1.0m。

2）在全煤层中，必须采用煤矿电钻钻孔，应少钻孔、少装药。

3）在半煤半岩地层中掘进时，应在岩石炮眼中装药；煤层需爆破时，必须采用松动爆破。

4）在软弱破碎岩层或煤层中掘进时，应采用超前支护或预注浆，防止坍塌或瓦斯突出。

5）爆破后应及时喷锚支护，及早施作二次衬砌，及时封闭瓦斯。

6）仰拱应及早施作，保证拱、墙、仰拱衬砌能够形成闭合结构。

7）煤系地层段的二次衬砌应预留注浆孔，二次衬砌完成后应及时注浆、充填空隙、封闭瓦斯。

7 瓦斯隧道的施工通风应符合下列规定：

1）施工组织设计中，应编制全隧道的施工通风设计。

2）施工期间，应建立瓦斯通风监控、检测系统，测定气象、瓦斯浓度、风速、风量等参数。在低瓦斯段，可用便携式瓦斯检测仪。在高瓦斯和瓦斯突出段，除便携式瓦斯检测仪外，还应配备高浓度瓦斯检测仪、瓦斯自动检测报警断电装置。

3）瓦斯隧道各掘进工作面必须独立通风，通风方式应为压入式，严禁任何两个工作面之间串联通风。

4）瓦斯隧道压入式通风主风机风管末端距开挖工作面的距离宜为30m左右，但在主风机风管末端位置应设局扇，局扇工作时风管口距离开挖工作面不宜大于5m。

5）瓦斯隧道需要的风量必须按照爆破排烟、同时工作的最多人数以及瓦斯绝对涌出量分别计算，并按允许风速进行检验，采用其中的最大值。

6）施工中，防止瓦斯积聚的风速不宜小于1m/s。对瓦斯易于积聚处，应实施局部通风。

7）施工期间应连续通风。因检修、停电等原因停风时，必须撤出人员，切断电源。恢复通风前，必须检查瓦斯浓度，符合规定后才可起动机器。

8）瓦斯工区的通风机应设两路电源，并装设风电闭锁装置。当一路电源停止供电时，另一路应在15min内接通，保证风机正常运转。

9）必须有1套同等性能的备用通风机，并经常保持良好的状态。

10）应采用阻燃、抗静电的风管。

11）隧道贯通后，应继续加强通风，防止瓦斯局部积聚。

8 隧道瓦斯浓度限值及超限处理措施应符合表3.11.6的规定。

隧道瓦斯浓度限值及超限处理措施 表3.11.6

地 点	限值	超限处理措施
低瓦斯工区任意处	0.5%	超限处附近20m范围内立即停工，查明原因，加强通风检测
局部瓦斯积聚（体积大于0.5m³）	2.0%	超限处附近20m范围内停工，撤人、断电，处理并加强通风
开挖工作面风流中	1.0%	停止电钻钻孔
爆破后工作面风流	1.0%	继续通风，不得进人
局部通风机及电气开关20m范围内	0.5%	应停机，不得启动
钻孔排放瓦斯时，工作面风流中	1.5%	撤人、停电、调整风量
竣工后洞内任意处	0.5%	查明渗漏点，并向设计单位反映，增加运营通风设备

9 高瓦斯工区和瓦斯突出工区应配置2套供电电源。工区内采用双电源线路，其电源上不得分接隧道以外的任何负荷。

10 隧道内高瓦斯工区和瓦斯突出工区必须采用安全防爆型机电设备。非瓦斯工区和低瓦斯工区的机电设备可使用非防爆型，严禁行走机械驶入高瓦斯工区和瓦斯突出工区。

11 瓦斯隧道洞口应设置值班房，必须24小时值班。值班房应设洞内工序状态揭示牌，所有进洞人员宜分工序挂牌上岗、下班摘牌离岗，无关人员未经批准不得进入。洞内施工机械进出应执行登记制度，并建立详细记录台账。

12 严禁携带火源进入瓦斯隧道，必须采取措施防止瓦斯隧道内出现火源。

13 进入瓦斯突出工区的作业人员必须携带个人自救器。

14 发生瓦斯事故后，应尽快探明事故性质、原因、范围、伤亡人数、洞内瓦斯及通风情况，第一时间启动应急预案。

3.11.7 岩爆

1 对于可能发生岩爆的隧道，应遵循以防为主、防治结合的原则，对开挖面前方的围岩特性、水文地质情况等进行预测预报，当发现有较大的岩爆可能性时，应及时研究施工对策并做应对准备。

2 应根据岩爆强度对其进行分级。针对不同级别岩爆，可采取下列技术措施：

1）对于中等岩爆地段，在隧道开挖断面轮廓线外 10~15cm 范围内的边墙、拱部打设注水孔，并向孔内灌高压水，软化围岩，加快释放围岩内部应力。

2）对于强烈岩爆地段，可采用部分摩擦型锚杆（楔管式、缝管式、水胀式等），及时挂网，防止岩爆落石。

3）对于岩爆强烈的开挖面，宜采用超前锚杆预支护，锁定前方的围岩。

3 岩爆隧道施工应符合下列规定：

1）应适当控制循环进尺。

2）应采用光面爆破或预裂爆破技术，使隧道周边圆顺，减弱岩爆强度。应严格控制装药量，减轻对围岩的扰动。

3）宜采用喷射机械手进行网喷纤维混凝土。

4）在拱部及边墙宜布置预防岩爆的短锚杆，锚杆长度宜为 2m 左右，间距宜为 0.5~1.0m。

4 隧道施工中，一旦发生岩爆，应立即采取下列处理措施：

1）应停机待避，待安全后进行观察并记录工作面的情况（如岩爆的位置、强度、类型、数量以及山鸣等）。

2）防岩爆锚杆可采用缝管式、水胀式等能及时受力的锚杆，以调整围岩应力分布及加固围岩。锚杆长度宜为 2m 左右，间距宜为 0.5~1m。

3）开挖后应及时喷纤维混凝土封闭，厚度宜为 5~8cm。

4）当使用台车钻眼、岩爆的强度在中等以下时，可在台车、装渣机械、运输车辆上加装防护钢板，避免岩爆弹射出的块体伤及作业人员、砸坏施工设备。

3.11.8 挤压性围岩和膨胀岩

1 挤压性围岩和膨胀岩隧道开挖应根据断面大小采用台阶法、双侧壁导坑法、中隔壁法、交叉中隔壁法等分部开挖法。

2 挤压性围岩和膨胀岩隧道开挖应符合下列规定：

1）宜采用非爆破开挖（如机械、人工开挖），减轻对围岩的扰动。

2）采用钻爆法开挖时，应短进尺、多循环，开挖断面轮廓应圆顺。

3）开挖后应及时支护，封闭暴露的岩体，施作临时仰拱或横撑，支护应尽早封闭成环。

4）应严格控制施工用水，防止岩面被水浸泡。

5）应加强对围岩内部应力、应变的监测，制订相应对策。

3 挤压性围岩和膨胀岩隧道支护应符合下列规定：

1）根据具体情况加大预留变形量（一般20~30cm），避免因侵限而拆除初期支护。

2）初期支护应"先放后抗、先柔后刚"，设置可伸缩钢架或活动接头，初期支护可分层施作、逐层加强。应尽早初喷混凝土封闭岩面。

3）初期支护的施作应遵循"宁加勿拆"的原则，在支护上加支护，尽量控制变形的发展；支护体系应及时封闭成环、逐步限制变形。

4）根据地层压力，隧道断面可采用圆形或椭圆形。

5）宜加强初期支护，可采用纤维混凝土、长锚杆和重型钢架组合的支护结构。

3.11.9 沉管法隧道

1 应根据沉管隧道工程区的工程地质、水文、气象、航道、环境条件、工程规模、工期、环境保护等要求确定坞址，选择管节预制、舾装、基槽开挖、寄放区浚挖、航道疏浚、浮运、沉放与对接、地基与基础处理施工方法，选择工艺技术与设备。

2 沉管法隧道施工应减轻对水域各类通行船舶、港口码头的影响，确保施工和船舶通行安全。

3 应根据地质、基础形式与埋深、环境保护、工期、施工设备、技术水平、场地条件等，选择安全、经济、对环境影响小的堤（护）岸施工方案。

4 针对护岸拆除与恢复、基槽开挖、管节地基与垫层施工、寄放区浚挖、管节制作、浮运、沉放对接、接头处理等关键环节，必须编制专项施工方案。

5 应针对专用设备、特种设备进行专项设计、制造、技改、调试、验收及人员培训。

6 施工船舶及其配套设施应符合下列规定：

1）应与基槽开挖规模、管节几何尺寸、管节沉放负浮力相匹配，应能协调工作，应满足管节浮运、沉放、对接的要求。

2）船机必须符合沉管隧道设计和施工要求。经总装技改调试的新船应经过船检部门认证并具有相关认证文件。

3）水上作业应满足水域施工的环境保护要求。

7 施工中应加强施工测量、监测工作，实施信息化施工，必要时应开展试挖槽、垫层试验、管节大比尺或足尺模型试验等工艺性试验。

8 沉管隧道施工应建立工程测量、工程信息监控控制系统，实施信息化施工。

9 水下开挖应符合以下规定：

1）整个施工区域宜分块、分层组织施工。

2）开挖施工应满足总进度计划要求。

3）靠近江（河、湖、海）岸时，应采取防护措施后施工。

4）应严格按照图纸要求控制基槽槽底高程、宽度，并对基槽在施工期间的回淤进行清理。

5）应减轻对周边建（构）筑物、船舶的影响并采取必要措施。

10 应根据工程地质、障碍物情况、隧道宽度、地基与基础垫层设计、通航能力、通航情况、水文、气象条件、工程进度要求等选择地基与基础垫层施工方法，确定施工参数、施工设备、施工工艺，合理确定与其他施工工序的衔接，减少对环境的污染。

11 基槽清淤施工应根据淤泥量、流动特点、周边情况等因素配备相应的清淤设备。

12 一般回填应对称、均匀沿隧道两侧和管节方向分层、分段进行，回填范围、厚度、坡度等应满足设计要求，施工过程中两侧回填高差不应超过设计要求。

13 应根据航道宽度、深度、水流、通航船舶密度等资料编制水上交通疏解、警戒或封航专项方案，报主管部门审批后执行。

14 管片浮运前，应核对航道沿线水下地形、地质资料和水文资料，浮运路线上不应有损害管节的障碍物。

15 管片沉放前，应复测管片基础高程、支座平面位置与高程。采用先铺法时应清除基槽碎石、基础顶面淤泥。

16 管片舾装应符合以下规定：

1）在管片试漏、起浮前，完成管片的一次舾装，主要包括：端封墙及水密门、GINA止水带及保护装置、鼻托、压载系统、系统柱及管片舾装的预埋件、照明及供电系统等。

2）在管片起浮后、沉放前，进行管片的二次舾装，主要包括：测量塔、人孔井、水平拉合座、吊点、纵横向调节系统和浮箱等。

17 管节起浮前，应对主体结构混凝土、端封墙、压载水箱等部位进行水密性检验，检验结果应符合设计要求；如果发现渗漏，应立即采取有效封堵止水措施。

18 管片沉放前，应在作业水域设置标记，必须在航道范围内设置历史航标并进行航道管制。

19 管节下沉宜采用吊沉法，具体沉放方式应根据水域环境、管节结构、施工设备等因素综合确定。

20 管节沉放就位且控制测量达到要求后，应先进行锁定回填，后进行一般回填、覆盖回填。沉降稳定前，不得进行管节间接头处理。

21 衔接段隧道应在相邻沉管管节连接前施工完毕，并应按设计及施工组织要求设置封堵墙、水密门、鼻托、千斤顶拉合系统、测量定位系统等设施。

3.12 安全生产与文明施工

3.12.1 安全生产

1 隧道开工前，应进行技术和安全交底，详细说明隧道质量和安全的相关要求、重大危险源。应严格落实班前讲话制度，规范进洞管理。

2 隧道施工前，应根据辨识出的重大危险源编制应急救援预案，制订演练计划。重大风险工点实施前必须开展应急演练。

3 机械设备进场前，应查验机械设备证件、性能、状况；进场后，应对操作人员进行安全技术交底，制订施工机械设备安全技术操作规程，建立设备安全技术档案，机械设备集中停放的场所应设置消防通道，并应配备消防器材。

4 施工中应密切注意围岩、初期支护及地下水等的变化情况。隧道施工中，如果发现量测数据超标、拱顶或侧壁掉块、钢拱架变形、隧道渗水变为线流或股状出水及变浑等情况时，应迅速撤出作业人员，进行风险辨识，科学采取应对措施，保证后续施工安全。

5 必须将防水板及二次衬砌台车前后10m范围内划定为消防安全重点区，配齐灭火器材，在明显位置悬挂或张贴"严禁烟火"等警示标志，严格实行动火审批制度。动火作业时，必须有专职监火员旁站。

6 台车、台架应采用低压变压器，并应在骨架轮廓布设警示灯带及警示标志（图3.12.1-1）。

图3.12.1-1　台车、台架警示标志

7 严禁无关人员进入火工品库区（因检查等工作确需进入的，应进行登记）。严禁在库房内住宿或进行有碍安全的活动。严禁把其他容易引起燃烧、爆炸的物品带入仓库。

8 隧道洞口、开关箱、配电箱、台车、作业平台、仰拱开挖等危险区域应设置明显的警示标志。隧道作业平台应设置高度不低于1.2m的栏杆，且应配置消防器材、安装防护栏与防滑扶梯，保证施工人员安全。

9 洞内设备必须张贴反光警示标识。

10 洞口、洞内应设置人行通道和车行通道，人车应分流。

11 洞内不得随意存放半成品材料、停放机具和设备等。

12 隧道开挖掌子面和二次衬砌之间，必须设置刚度、强度及抗冲击能力满足安全要求的逃生救援管道（图3.12.1-2），逃生救援管道宜为内径0.6~0.8m、壁厚不小于10mm的钢管或高分子管道，连接牢固。逃生救援管道宜使用反光油漆涂刷成红白相间的斑纹，标识牌为蓝底白字。管内预留应急照明灯、食品、饮用水、必要的急救药品、小型自救工具等应急物品，应做明显标示，应定期检查更换。逃生救援管道布置在隧道衬砌工作面至距离开挖面20m以内适当位置。

13 隧道洞口设专用应急物资仓库（图3.12.1-3），应安排专人管理。应急物资仓库内应配备安全帽、安全带、安全绳、救生衣、担架、手电筒、消防器材、警戒带、安全标识牌、有害气体检测仪器等。洞口应配备应急电源。

图3.12.1-2　逃生救援管道

图3.12.1-3　专用应急物资仓库

14 应结合隧道现场实际，严格按照国家和行业现行有关标准的规定配置消防设施、器材。消防器材架的材质宜为钢质，消防器材标示牌应为红底白字（图3.12.1-4）。

图3.12.1-4　消防器材架

3.12.2　文明施工

1 隧道进场道路规划宜以隧道洞口为中心，隧道洞门、边仰坡开挖、防护及截排水工程应符合国家和行业现行有关标准的规定（图 3.12.2）。洞口应设置值班室及进洞门禁系统，并应结合具体地形确定风、水、电设施，大型设备安装、维修和存放，材料堆放场地位置。

图 3.12.2　隧道洞口布置

2　应在隧道洞口醒目位置设置"九牌一图"（工程概况牌、消防保卫牌、安全生产牌、环境保护牌、文明施工牌、施工安全隐患督办重大项目牌、各参建单位管理人员公示牌、监督公示牌、重大危险源公示牌、施工现场总平面布置图）、进洞须知牌、应急救援流程图、安全质量要点提示牌等。应在适当位置挂设"必须戴安全帽""当心触电""注意安全""必须穿防护靴"等安全警示、提示标志。

3　应根据需要在施工现场设置车辆冲洗设备、排水沟及沉淀池。施工机械设备产生的废水、废油及生活污水不得直接排入河流、湖泊或其他水域，严禁排入饮用水源附近的土地中。

4　应合理规划现场各类机械设备停放位置，应分区设置、摆放整齐。应定期对施工机械（具）设备进行检查维修、保养清洗。施工机械、设备上应有明显标识，标识内容应包含单位名称、设备型号、编号、施工参数及责任人。

5　半成品、成品材料、构件、料具等必须按照规定区域整齐堆放，应按规定悬挂标志标牌，不得随意堆放。

4 盾构（隧道掘进机）法隧道工程

4.1 盾构法隧道

4.1.1 一般规定

1 施工前，应根据合同要求、岩层变化及施工需要进行地质补勘，进一步摸清地质条件。

2 施工前，应调查临近建（构）筑物、地下管网，根据设计要求进行鉴定并采取专项保护措施。

3 盾构机选型时，应根据工程实际水文、地质、周边环境等条件制订合理方案，并组织专家进行论证后确定。

4 应根据盾构法隧道特点，针对盾构施工各个阶段，提前编制专项施工方案，根据国家和行业现行有关标准的规定及建设单位的管理要求进行专家论证。

5 应根据盾构机类型、工期要求及周边环境，合理配置盾构施工相关配套设备及设施。

4.1.2 盾构机选型

1 应根据隧道的直径、长度、埋深、最小转弯半径、最大坡度等因素确定盾构机设备参数。应根据特殊不良地质、工期、地下、地面环境等因素，增加相应的辅助工法。

2 盾构机选型时的考虑因素按重要性由大到小排序为：

1）水文、地质情况（抗压强度、抗拉强度、粒径、成层、渗透系数、裂隙发育程度等）。

2）开挖面稳定性（自立性能）。

3）隧道埋深，地下水位。

4）隧道的设计断面。

5）环境条件，沿线场地［附近管线、建（构）筑物及其结构特性］。

6）衬砌类型。

7）工期。

8）造价。

9）辅助工法。

10）设计路线，线性，坡度。

11）电气等其他设备条件。

3 当地层的渗透系数小于 10^{-7}m/s 时，可选用土压平衡盾构机；当地层的渗透系数在 10^{-7}~10^{-4}m/s 时，可选用土压平衡盾构机或泥水平衡盾构机；当地层的渗透系数大于 10^{-4}m/s 时，宜选用泥水平衡盾构机。可按图 4.1.2-1 根据地层渗透系数选择盾构机类型。

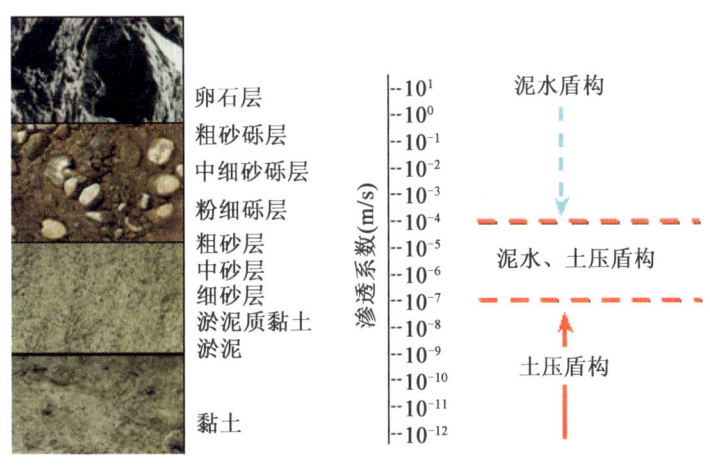

图 4.1.2-1　地层渗透系数与盾构机选型关系示意图

4 土压平衡盾构机宜用于可以直接从开挖面流入土仓、螺旋输送机的土质，如含水率和粒度组成比较适中的粉土、黏土、砂质粉土、砂质黏土、夹砂粉黏土等，不宜用于砂粒含量过多的不具备流动性的土质。泥水平衡盾构机宜用于冲积形成的砂砾、砂、粉砂、黏土层、弱固结的互层地层，含水率高、开挖面不稳定的地层，洪积形成的砂砾、砂、粉砂、黏土层，含水率很高、固结松散、易于发生涌水破坏的地层。可按照图 4.1.2-2 选择盾构机类型。

5 施工单位应按不低于施工合同约定的标准选择盾构机。盾构机选型应以适应拟投入项目工程特点、保证施工安全及工程质量、满足工期要求为基本原则，不得降低性能指标。施工单位应编制盾构机适应性分析专项方案，并组织专家进行论证评审。采用新盾构机的，应在生产制造盾构机前进行评审；采用既有盾构机的，应在维修改造前进行可靠性评审。施工单位应在盾构机适应性分析专项方案经专家论证通过、修改完善且审批完成后，向监理单位和建设单位申请盾构机准入。

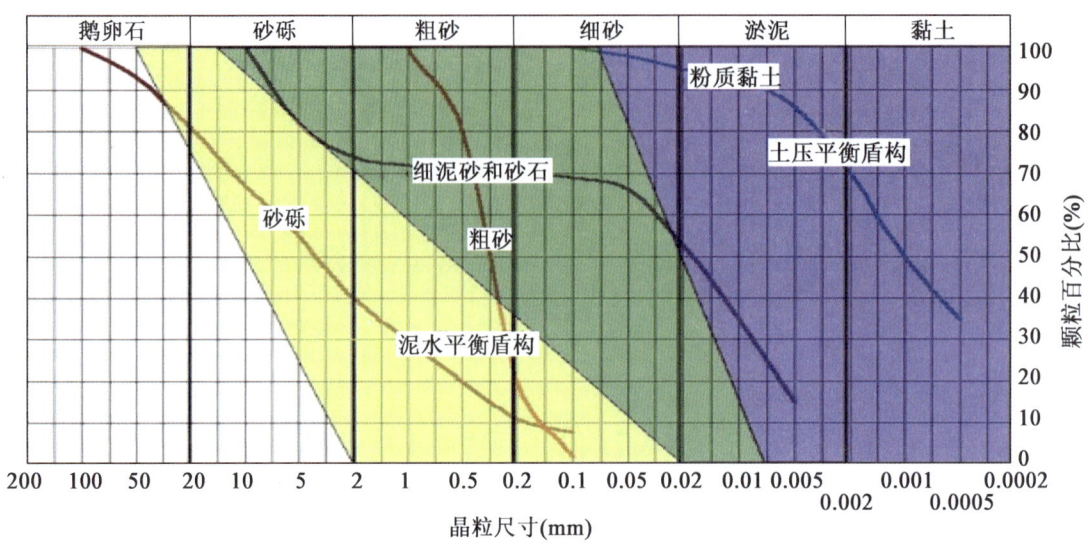

图 4.1.2-2　盾构机类型与颗粒级配的关系

4.1.3　端头加固及探孔

1　应根据地质情况、始发（到达）埋深确定合理的加固设计。加固质量经检验合格前，不得进行始发掘进。

2　始发（到达）前，应对加固效果进行水平取芯检查（图 4.1.3-1、图 4.1.3-2），可在洞门范围内打设水平探孔，探孔数量不应少于 9 个，隧道断面较大时每 10m^2 探孔数量不应少于 1 个。探孔深度不应小于加固长度的 1/2，水平探孔总渗水量应小于 30L/h。

图 4.1.3-1　洞门水平探孔　　　　　　图 4.1.3-2　水平探孔深度检测

4.1.4　洞门钢环预埋

1　应严格按照设计要求加工制作洞门钢环。运至现场后，应组织有关人员对洞门钢环进行验收，验收内容应包含钢板壁厚、预埋件位置和尺寸、每节洞门钢环矢长和弧长、焊缝质量等。

2 在安装洞门钢环前，应进行试拼并测量椭圆度。如果试拼测量结果超过设计和现行有关标准的允许偏差，应进行调整，必要时可增加支撑。

3 洞门钢环吊装作业应有专项吊装方案，完成审批后方可实施。

4 洞门钢环支撑应牢固，以使洞门钢环有稳定、牢固的固定点，便于定位并确保在吊装及混凝土浇筑过程中不变形。

5 浇筑洞门钢环预埋混凝土时，可采取在洞门钢环上临时开口、用小型振捣泵等措施，保证洞门钢环周边混凝土的密实度。

4.1.5 盾构机吊装、组装、拆解

1 必须编制盾构机吊装专项施工方案，并组织专家论证，完成相关审批手续后，严格组织实施。

2 设备进场时，必须严格履行报验手续，确保设备工况良好，安全装置完备有效。盾构机吊装单位必须具备相应的施工资质及安全生产许可证。起重机械必须经检验合格，各类安全证明材料应齐全有效。操作及指挥人员应持证上岗。

3 吊装前，应验算地基承载力、检测端头加固效果、预判对周围环境的影响，再进行试吊。盾构机吊装现场必须设置吊装警戒区域，应按起重吊装作业相关规范要求设置警示及隔离设施。

4 焊接吊装用的吊耳前，必须将焊接区域打磨干净。焊接完成后应进行外观检查及无损探伤检测，检测合格后方可进行吊拆作业。

5 盾构机解体后应对各种部件进行检查，并应对液压系统和电气系统进行标识，对已拆卸的零部件应做好清理和维护保养工作。

4.1.6 盾构机调试

1 盾构机调试应由厂家人员进行。应有专人负责检查、验收、记录。

2 在盾构机生产、制造过程中，宜安排专人驻场监造，详细记录制造过程、预拼装步骤、结构件的连接、出现的问题等，及时研讨解决，并为盾构机进场后的组装、调试提供参考和依据。

3 针对调试验收中存在的问题，应归类整理相关资料。应及时解决调试验收中没有达到标准的项目。

4 盾构机制造完成后，应在工厂内进行整机的组装、联调联试，完成后组织进行工厂内验收（图4.1.6-1、图4.1.6-2）。验收组应主要由制造厂家、施工单位相关人员组成，可邀请建设单位、设计单位、监理单位等派人参加。

5 盾构始发前，应进行现场调试，并出具调试报告，作为始发验收条件。

图 4.1.6-1　盾构机静态验收　　　　　图 4.1.6-2　盾构机动态验收

4.1.7　盾构机始发

1　始发基座及反力架安装

1）设计始发基座及反力架时，应根据盾构机自重、始发推力等因素进行受力计算，并出具验算报告。

2）施工时，应严格控制始发托架、反力架和负环的安装定位精度，反力架安装位置误差不应超过±10mm，盾构始发姿态与设计线路应基本重合。

3）曲线段始发宜采用割线始发方案。

4）盾构机始发前，应采取措施防止盾构机栽头或下沉。

5）盾构机始发前及始发过程中，应检查始发托架及反力架加固效果，重点检测焊缝质量。始发过程中如果出现变形或移位，应立即停机加固。

2　负环拼装与加固

1）负环管片环数应根据工作井长度、反力架设计、盾构主机位置综合确定。考虑施工安全，管片外径9m及以上盾构负环宜由设计单位验算，必要时进行加强设计或预埋钢板连接专项设计。

2）安装负环管片前，应先焊接导轨和限位板。导轨应设置在千斤顶和盾尾密封刷之间。安装管片后，应在盾尾上焊接限位板将管片固定。

3）为保证拼装位置正确、成环后不发生位移或变形，在整环拼装、推出盾尾后宜采用直径20mm及以上的钢丝绳在外侧勒住管片，并及时进行支撑加固，防止管片失稳。

3　始发掘进

1）应制订洞口围护结构破除方案，并采取针对性的密封措施。

2）盾构始发后，应在50～100m范围进行试掘进，掌握出土量（或进、排浆流量及泥浆参数）、掘进速度、刀盘转速、总推力等初步掘进参数，对盾构机各系统性能进行验证。

4.1.8 管片制作

1 钢筋混凝土管片模具应具有足够的承载能力、刚度、稳定性和密封性能并符合管片精度要求。应定期检查管片模具。

2 生产管片前,应组织设计、监理、建设单位验收,验收通过后应先试生产,并随机抽取3环管片进行水平拼装检验,合格后方可正式生产。

3 管片原材料、钢筋加工、混凝土浇筑和养护应符合设计要求、国家和行业现行有关标准的规定。钢筋混凝土管片不得有内外贯通裂缝、宽度大于0.2mm的裂缝和混凝土剥落现象。

4 应对混凝土管片进行检漏抽检测试。每生产200环管片,应进行1次水平拼装检验,允许偏差和检验方法应符合设计要求、国家和行业现行有关标准的规定。

4.1.9 管片进场验收

1 管片出厂前,应确保管片龄期、强度等满足设计要求、国家和行业现行有关标准的规定,随车携带管片合格证等质量证明文件。应检查管片外观,确保无表观质量问题。

2 管片表面应光洁平整,不应有蜂窝、露筋、夹渣、疏松、裂缝、缺角飞边。

3 螺栓孔应贯通,灌浆孔应完整、无水泥浆等杂物。每块管片均应有唯一的标识。

4 尺寸偏差及强度应符合设计要求、国家和行业现行有关标准的规定。

4.1.10 管片密封材料粘贴

1 盾构管片密封材料必须在监理工程师现场见证下,按规定比例抽检,送具有专业资质的第三方检测机构检测合格后才能投入使用。

2 粘贴管片密封材料前,应将管片清理干净。粘贴过程中,应保持管片表面干燥,胶水应涂抹均匀(图4.1.10)。

3 应对粘贴密封材料的管片采取防晒、防雨措施。应按规定对橡胶制品、胶水采取防老化、防火措施。

图4.1.10 管片防水材料粘贴

4.1.11 管片存放

1 管片堆放场应设置在盾构施工垂直运输井口、门式起重机可直接吊运的范围内，并充分考虑卸车位置，便于管片进场的卸车和验收工作。

2 管片堆放场地面必须经硬化处理，设置不小于2%的排水坡面，保证排水畅通、场地内无积水。

3 管片堆放场地应设置固定支垫装置。支垫装置应采用钢结构、橡胶材料根据管片弧度设计。

4 管片堆放层数不宜超过3层，块与块之间的垫木应在竖直方向保持在一条直线上（图4.1.11）。

5 管片堆场应设置可移动式防雨棚或防雨布苫盖，避免管片遇水膨胀、止水条遇水提前膨胀。

图4.1.11 管片堆放

4.1.12 管片拼装

1 拼装前，应检查并清理管片表面、盾尾内部。

2 拼装前，应检查已拼装完成管片及待拼装管片的止水带有无脱落；如果脱落，应按要求重新粘贴。

3 应结合盾尾间隙、推进油缸行程、盾构机姿态、联络通道管片设计等选择合理的管片拼装点位。

4 拼装封顶块前，宜采用封顶块止水条纵向涂抹润滑油脂、测量拼装净空与封顶块尺寸的措施，确保封顶块能顺利插入。

5 管片定位时，应有专人测量管片错台，精确指挥管片的微调。

6 螺栓应全部穿进，螺栓质量及拧紧度必须符合设计要求。管片脱出盾尾后应复紧螺栓。

7 管片拼装应严格按设计要求进行，管片不应有内外贯穿裂缝、宽度大于0.2mm的推顶裂缝及混凝土剥落现象（图4.1.12）。

8 管片拼装成环允许偏差和检验方法应符合表4.1.12的规定。

图 4.1.12　管片拼装

管片拼装成环允许偏差合检验方法　　　　　　　　表 4.1.12

项　　目	允许偏差（mm）	检验方法	检查频率
衬砌环直径椭圆度	±0.006D①	测量	4 点/环
隧道轴线平面位置	±50	测量	1 点/环
隧道轴线高程	±50	测量	1 点/环
衬砌径向错台	5	尺量	4 点/环
衬砌环向错台	6	尺量	1 点/环

注：① D 为隧道的外直径，单位为 mm。

4.1.13　盾构机掘进

1　推进过程中，应控制并记录开挖面土仓压力（泥水压力）、推力、推进速度、出土量、千斤顶工作油压、注浆等施工参数。

2　盾构机施工时，应实时进行盾构机与管片姿态人工复核测量。

3　盾构机掘进引起的地面累计沉降量不得大于 30mm，最大隆起量不得大于 10mm；建（构）筑物、管线以及有特殊要求地段的沉降应满足国家和行业现行有关标准的规定、权属单位的要求。

4　盾构机掘进时，应根据情况及时补充盾尾密封油脂，防止水、土、砂、注浆浆液等击穿盾尾刷。盾尾油脂注入应与掘进同步，同时应满足设计压力要求。

5　停止掘进时，应采取措施稳定开挖面。

6　联络通道处通用管片拼装应提前排版，防止在此区域纠偏造成管片错台超标。

7　盾构机纠偏应遵循早纠、缓纠的原则，尽可能避免盾尾漏浆，纠偏不得损坏管片衬砌，并确保新一环管片的顺利拼装。

8　盾构机掘进速度应与地表控制的沉降值、进出土量、正面土压平衡调整值及同步注浆等协调。

9　隧道轴线施工偏差不应超过 ±50mm。

4.1.14 隧道内水平施工运输

1 应根据隧道断面、内部结构形式选择合理的运输方式，可选择有轨运输、无轨运输两种形式。

2 洞内运输应采取人车分流。

3 采用有轨运输时，盾构机后配套段、洞口地段限速应为3km/h，洞内施工地段、曲线地段限速应为5km/h，洞内最高限速应为8km/h。采用无轨运输时，施工作业地段的限速应为15km/h，成洞地段的限速应为25km/h。必须定期保养检查车辆，并做记录。

4 电瓶车牵引不得超载。车辆装载限界、装渣高度不应高于车顶。管片应放在管片小车中心，防止偏载。中途停车时，必须打阻车器。

5 有轨运输列车连接必须安全可靠。除拉杆外，还应在两节之间增加软连接。电瓶车摘挂和编组应慢进慢退、小心作业。司机必须听从调车员的正确口令，严禁强拉猛退。

6 宜采用新能源运输车辆。

7 列车跳道后应立即停车，必须使用千斤顶使其复位。

8 严禁有轨运输车辆在运行中进行摘挂作业，严禁利用惯性进行摘挂作业。

9 车辆启动前，司机应检查整车状况、车辆四周和通信设备，消除人和物的不安全因素。确认安全后，司机发出行车指令，必须连续鸣笛，注意观察瞭望，稳步慢行。

10 必须严格执行"三不超、五不开"原则，即：不超速、不超载、不疲劳驾驶，无证不开、无令不开、酒后不开、不开斗气车、不开病车。

11 洞内轨道、人行道应班班养护，应严格落实责任制和检验制，认真执行"安全第一，预防为主"的安全指导方针。应坚持检查与保养并重的原则，提高检修质量，保障车辆安全运行。

12 洞口及盾构机后配套醒目位置应设置交通指令标识和警示灯，保障车辆和行人安全。

13 盾构机后配套拖车前应设置有效的车挡装置。有轨运输车辆应配置铁楔等阻车装置，停车时及时放置阻车装置。隧道内应设置防溜车装置。

4.1.15 同步注浆

1 应根据地层配置不同类型、配比的浆液。注浆前进行浆材配合比试验，选择合适的注浆材料、浆液配比，所选浆液的流动性、凝结时间、强度、耐久性等应满足设计要求。同步注浆所用的水泥、粉煤灰、河沙、膨润土等材料进场时应进行抽样送检，检测合格后方可使用。

2 应制订详细的注浆工艺流程、质量控制程序，严格按要求实施注浆，注浆过程中应严格做到"不注浆、不掘进"。

3 同步注浆所用设备、计量器具等应经过鉴定且合格。

4 施工时，应进行连续监控和记录。

5 每环注浆量充填系数应根据地层条件、施工状态和环境要求确定，充填系数宜为1.30~2.50。

6 注浆时，应采用压力和注浆量"双控"标准，注浆压力必须满足设计要求，注浆量可作为参考。

7 施工时，可采用开孔、地质雷达扫描等方法检测同步注浆质量；不满足要求时，应及时调整浆液质量或注浆工艺。

8 每次注浆完成后，应及时清理注浆管路，防止堵塞、压力异常。

4.1.16 二次注浆

1 二次注浆所用的水泥进场时，应抽样送检，检测合格后方可使用。

2 注浆浆液拌制应严格按照配合比报告中显示的配合比，浆液应具备良好的和易性、可泵性。

3 二次注浆宜在管片脱出盾尾5~10环后进行。

4 注浆时，应根据水文地质条件、隧道埋深、注浆方式、管片强度、防水性能、设备性能、浆液特征等因素综合确定注浆压力。

4.1.17 盾构到达

1 盾构接收前，必须进行覆盖该盾构区间的地面控制测量、联系测量、地下控制测量和接收端洞门测量，并对接收井前100m处盾构机姿态进行人工复核，根据测量结果调整盾构机掘进姿态，指导下步掘进。

2 应根据端头地质水文条件设置可靠的密封装置。

3 在距离洞门10~15环，应采取辅助措施加强管片环间连接，并进行二次注浆，以防盾构机掘进推力减小引起环间松动从而影响密封防水效果。

4 盾构机刀盘推进至围护结构前，应调整注浆材料配合比，必要时可通过盾构机壳体径向孔向盾壳外注入止水材料，以防涌水、涌泥而引起地层坍塌。

5 制作接收基座前，应进行结构受力验算。进场后，应复核其结构、尺寸是否满足设计要求。

6 安装接收基座前，底部垫层强度应满足受力要求。下放前，应根据测量结果确定托架安放平面位置、高程，并进行固定和验收。

7 油缸脱离管片前、盾尾与管片分离前，应检查注浆效果，填充饱满且浆液凝固后方可进行下步施工。

4.1.18 开仓作业管理

1 必须制订盾构机开仓专项施工方案。带压进仓方案必须经专家论证会确定。

2 应制订开仓作业程序，并建立相应的签认制度。

3 应根据掘进情况、地层情况确定盾构机开仓位置。开仓位置应避开拱顶是软弱地层的部位。应根据开仓地点的围岩特性、透水性、地面环境等特点合理选择开仓位置，制订有针对性的开仓方案。应评价开仓地点的地质稳定性、仓内有毒有害气体等危害物质，判定危险程度，决定是否开仓并选择开仓方式。

4 开仓前，应开展开仓作业工具、洞内水电、洞内通风、气体检测仪器、压排风机具料具和进仓作业人员的技术交底、安全交底等准备工作。

5 开仓过程中，应持续进行气体检测并做记录。

6 开仓过程中，仓内与仓外通信应保持畅通。

7 仓门打开后，应先进行气体检测，检测合格并进行仓内通风后，由地质工程师确认地层稳定后方可进行仓内作业。

8 开仓后，必须保持不间断通风，直到开仓作业完成。

9 仓内作业完成后，应对土仓及刀盘前方进行全面的检查，确认没有工具、杂物遗留在土仓内后，关闭土仓门，通知当班管理人员本仓工作结束。

10 带压进仓作业必须由专业压力作业人员操仓。作业人员应接受专业身体检查和培训。

11 应配置备用电源及压力设备，严格按照相关规范作业。

4.1.19 土压平衡盾构机掘进

1 土仓压力控制

1）应正确计算土仓压力。土仓压力上限值应为地下水压力、静止土压力、被动土压力之和，下限值应为地下水压力、主动土压力、被动土压力之和。

2）应根据掘进参数、水文地质情况、隧道埋深及监测数据，及时修正土仓压力设定值。

2 出渣量控制

1）每环理论出渣量应为隧道断面面积、掘进长度、渣土分散系数的乘积。通过沉降敏感区域前，应提前在类似地层段设置试验段，结合监测数据总结渣量控制标准。

2）应避免超挖、负挖现象。掘进时，必须严格控制掘削量，发现超挖、负挖现象应及时调整；应记录出土速度和土仓压力，并对掘进段地表进行实时监测；发现掘削发生骤变时，应立即查明原因并及时调整有关参数，确保开挖面稳定。

3）在复杂地层中，宜配置皮带出渣称量、自动记录装置，渣罐吊装门式起重机宜配置称量、自动记录装置，必要时可配置数据远程自动传输系统，提高出土数量控制的准确性。

3 渣土改良

1）应根据不同添加剂的改良机理、地质参数、渣样及掘进参数等，合理选择、动态调整添加剂类型、比例及用量等参数。

2）对于单一地层，施工时，应避免频繁更换同一注入孔的添加剂种类；如果确实需要更换，应使用清水将管路完全清洗干净。

3）根据工程地质和水文地质条件，宜向刀盘前方、土仓注入添加剂，使渣土处于流塑状态。渣土改良系统的喷口应设置在刀盘前部、土舱隔板、螺旋输送机等处，满足改善渣土的流塑性和止水的要求。

4.1.20 泥水平衡盾构机掘进

1 泥水压力控制

1）应正确计算土仓压力。土仓压力上限值应为地下水压力、静止土压力、被动土压力之和，下限值应为地下水压力、主动土压力、被动土压力之和。

2）应根据停机状态气垫仓液位波动情况、水文地质情况、隧道埋深及监测数据，及时修正土仓压力设定值。

3）掘进时应尽量减少开挖仓压力波动，控制气垫仓液位稳定；对黏性较大地层应加强泥浆循环，避免滞排、堵仓等因素造成压力波动大。

2 泥水管理

1）掘进时，应监控泥浆性能参数，结合盾构机掘进地层、掘进参数、预筛渣土状态及数量等，在指导配比的基础上进行优化调整。

2）掘进时，应严格控制液位波动，保持仓内环流顺畅，液位波动值应控制在 ±0.5m 以内，液位应保持在中部；如果液位波动超出 ±0.5m 应立即开启旁通循环模式，确认波动原因，及时处置。

3）对于黏粉粒含量高的地层，在确保掌子面稳定的情况下，应加强对泥水仓冲刷的控制。宜采用多点位多层次多组合环流冲刷，强化中心面板、刀盘周边开口、泥浆门、破碎机等关键部位冲刷。在管片拼装期间，可采用仓外水平高压冲洗系统清洗刀盘泄渣口，防止刀盘泄渣口结泥影响环流出渣。

4）停机期间，应严密监控舱内液位计压力变化，分析研判仓内压力、液位稳定情况，出现异常时及时处置。

3 泥水主要参数管理

1）泥水比重的范围宜为 1.05~1.30g/m³，具体参数应根据地质条件、周边建（构）筑物情况等确定。

2）泥水黏度的范围宜为 20~30s，应根据地层进行动态调整，可添加 CMC（Carboxymethyl Cellulose，羧甲基纤维素）等材料提高黏度。

3）泥浆含砂率宜控制在 4% 以内，以提升泥浆分离处理效果，减轻泥浆对设备的磨损。

4）泥水的析水率应小于 5%，pH 值应呈碱性，可通过降低含砂率、提高泥浆黏度、在调整槽中添加石碱来保障析水率符合要求。

4 主要施工控制措施

1）施工前，应根据隧道地质状况、埋深、地表环境、盾构机姿态、施工监测结果拟订当班盾构掘进施工指令、泥浆性能参数设置指令，并准备壁后注浆工作、管片拼管工作。

2）施工前，应根据设备性能、地质参数、隧道埋深、坡度及长度等参数配置合理的泥浆循环系统。

3）施工时，必须严格按照盾构机操作规程、安全操作规程以及当班的掘进指令控制盾构机掘进参数与盾构机姿态。

4）施工时，必须安排专人监控泥水性能，根据泥浆性能参数设置指令进行泥水参数管理。

5）应严格控制开挖面泥浆压力、开挖土量，确保开挖面稳定。

6）施工时，如果出现大粒径石块，应采用破碎机破碎。

7）泥水仓门附近如果出现较多石块或大量泥沙拥堵现象，在充分判定掌子面地层稳定的情况下，可采取反冲洗操作，并采取措施保证开挖面稳定、泥水仓压力稳定。

8）泥水管路延伸、更换作业应在泥水管路完全卸压后进行。

4.1.21 特殊地质条件施工

1 软硬不均地层

1）应认真研究工程的地质特点及岩层参数，合理进行盾构机（特别是盾构机刀盘形式和刀具类型）的设计与选型，确保盾构机刀盘与刀具对地层的适应性。盾构机应安装刀具磨损检测装置，避免刀具磨损超限进而磨损刀盘，宜采用背部拆装滚刀的设计方案；刀盘面板应增加耐磨复合钢板，防止刀盘磨损。

2）如果允许在地面钻孔补勘，可在掘进前通过取芯进一步探明软硬不均岩面线、岩层强度、岩层范围等；如果地面无法钻孔，可采用盾构机上配置的超前地质预报系统探明软硬不均地层的位置、范围。

3）应选择合适的刀具，降低磨损速率，减少换刀次数，减少换刀带来的风险以及潜在的其他风险。

4）应加强对盾构机掘进参数的控制。掘进时，宜降低刀盘转速和掘进速度，减轻地层对刀具的冲击，延长刀具的使用寿命。掘进时，应精确控制开挖舱压力，确保掌子面稳定。

5）盾构机纠偏时，应"勤纠、少纠、慢纠"，避免单次纠偏量过大造成超挖，防止盾构机蛇行前进。

6）针对软硬地层岩性差异，应分区针对性设置同步注浆压力，使管片获得平衡的支撑，防止管片位移变形。

2 断层破碎带

1）在进入破碎带之前，应有计划地根据围岩变化情况更换刀具。

2）盾构机应配置刀盘、刀具磨损检测装置，随时监测刀具、刀盘状态。

3）应合理调整、控制开挖舱压力，确保水土压力平衡，减小压力波动。

4）应严格控制线形和姿态，姿态调整不宜过大、过频，不宜进行较大幅度纠偏，避免对土体的超挖和扰动。

5）应确保同步注浆质量。施工时，应设定合理的注浆量和注浆压力，确保管片与围岩间隙及时充填密实，必要时在同步注浆初凝后进行二次补注。

6）盾构机通过破碎带时，应控制掘进速度，避免出现较大波动，减轻对地层的扰动。

7）应加大地面监测频率，及时反馈监测信息，调整掘进参数。

3 岩溶地层

1）施工前应根据设计要求进行地质补勘，探明岩溶地层的位置、类型、范围，进行超前处理。

2）针对岩溶地层，应进行盾构机的针对性设计。

3）施工前必须制订专项施工方案。

4）盾构机应采用优质刀具，降低刀具更换频率。设计盾构机时应选择安全、可靠的换刀方式。

5）施工前应编制应急预案并进行演练，配备相应的应急设备及物资。

4.2 TBM（隧道掘进机）法隧道

4.2.1 TBM 选型

1 TBM 设备选型应遵循下列原则：

1）安全性、可靠性、先进性、经济性统一。

2）满足隧道外径、长度、埋深、地质、沿线地形、洞口等环境条件。

3）满足安全、质量、工期、造价及环保要求。

4）后配套设备与主机配套，生产能力与主机掘进速度匹配，工作状态适应，能耗低，效率高，施工安全，结构简单，布置合理，易于维护保养。进入隧道的机械宜采用电力作为动力。

2 TBM 设备的选型应按下列步骤进行：

1）根据地质条件确定 TBM 的类型。

2）根据隧道设计参数及地质条件确定主机的主要技术参数。

3）根据生产能力与主机掘进速度相匹配的原则，确定后配套设备的技术参数与功能配置。

3 主机主要技术参数应符合下列要求：

1）TBM 的主要技术参数包括刀盘直径、刀盘转速、刀盘扭矩、刀盘驱动功率、掘进推力、掘进速度、掘进行程、贯入度等。

2）刀盘直径应根据 TBM 的类型、成洞洞径、衬砌厚度等确定。

3）刀盘转速应根据围岩类别、刀盘直径等因素确定。

4）刀盘扭矩必须根据围岩条件、TBM 类型、TBM 结构、TBM 直径确定。

5）刀盘驱动功率应根据刀盘扭矩、转速及传动效率确定。

6）推力必须根据各种推进阻力的总和及其所需要的富余量确定。

7）掘进速度必须根据围岩条件确定。

8）掘进行程宜选用长行程。护盾式 TBM 的掘进行程必须根据管片环宽确定。

9）贯入度必须根据围岩特性确定。

4 设备配备应符合下列要求：

1）配备的设备必须满足计划进度，与工程规模、施工方法适应，运转安全，并符合环境保护的要求。

2）TBM必须具有掘进、出渣、导向、支护四个基本功能，并配置完成这些功能的机构。TBM设备的质量必须符合设计要求。整机制造完成后，必须在工厂进行总装调试，验收合格后方可出厂。制造厂家应提供质量保证书。

3）配备的各种辅助设备必须适应TBM的类型、施工技术要求。

4）出渣运输、供料设备可采用有轨出渣+有轨供料、皮带机出渣+有轨供料两种方式，应选用与TBM的生产能力匹配、技术可靠、经济合理的方案。应根据开挖洞径、掘进循环进尺、隧道长度、坡度等因素确定运输设备的具体规格和数量。

5）应根据TBM类型、围岩条件配备相应的支护设备。

5 通风设备应符合下列要求：

1）一次通风宜采用压入式通风，风管采用软管，管径根据隧道断面、长度、出渣方式确定。

2）应根据计算风量、风压、通风方式及布置选择通风设备，宜采用轴流式通风机。

3）长距离通风时，为满足风压的要求，宜采用相同型号的风机等距离间隔串联方式。

4）施工区域的风速不宜低于0.5m/s。

5）二次通风宜采用压、抽并用式。

6）在后配套拖车上，应配置除尘机。

6 衬砌机械化作业线应符合下列要求：

1）混凝土衬砌应采用自动计量的混凝土搅拌站、混凝土搅拌输送车、混凝土输送泵、钢模板台车等配套机械设备，使混凝土拌和、运输、灌注全过程形成机械化流水作业线，保证二次模筑衬砌混凝土的质量。

2）隧道衬砌作业时，宜采用整体平移式全断面衬砌模板台车。模板台车的制造应符合国家和行业现行有关标准的规定。模板台车的钢结构、钢模必须具有足够的强度、刚度和稳定性，能承受所浇筑混凝土的重力、侧压力及施工荷载。

3）混凝土搅拌站的生产能力应满足衬砌灌注的需要。

4）混凝土运输宜采用电瓶车牵引轨行式混凝土输送罐车。

7 TBM必须配置地质超前钻机，宜配备超前地质预报系统。

4.2.2 设备组装调试

1 一般规定

1）必须编制TBM吊装专项施工方案，并组织专家论证，完成相关审批手续后，严格组织实施，施工单位负责人应在吊装现场带班。

2）设备进场时必须严格履行报验手续，工况应良好，安全装置应完备有效。盾构机吊装单位必须具备相应的施工资质及安全生产许可证。起重机械必须经过检验且合格，各类安全证明材料应齐全有效。操作及指挥人员应持证上岗。

3）TBM 大件到达施工现场后，应根据 TBM 的组装顺序，合理安排卸车顺序和存放位置。

4）应根据 TBM 设备的最大件重量和尺寸，确定门吊（洞外组装）或桥吊（洞内组装）的型号和结构。

5）组装完成后，必须进行各系统的空载调试、整机空载和负载调试。

2 设备组装

1）组装设备前，应完成组装场地、临时存放场地、预备洞室、步进洞室的施工。

2）应研究装配图、技术要求，了解装配结构、特点和调整方法。

3）应根据 TBM 部件情况、现场场地条件，制订详细的装配工艺规程，确定装配顺序。

4）应准备符合安全要求的装配工具、量具、夹具、吊具和材料。应对装配件进行外观检验。应根据最大部件尺寸和最重部件规格选择吊装设备，做好组装场地的准备工作。

5）应准备风、水、电及电气焊设备，电源插座应为防水、防爆型。

6）应配备足够的消防器材。

3 设备调试

1）设备调试的主要内容包括外观检查、功能测试、技术性能测试和调整。

2）应按主机、辅助设备、附属设备等编制设备测试功能表。应先进行各单台设备的功能调试，然后进行 TBM 设备的整机联锁功能调试，将测试数据与表中的标准值进行比较。

3）外观检查、单台设备功能测试、技术性能测试等单一的测试和检查可在组装期间同步进行，系统的调试工作应在组装完成后进行。

4）必须按编制的设备测试功能表逐项进行测试，调试设备时应做记录。数据超过标准值时，应查找原因，直至调试至规定范围内。

5）必须确保设备的各项性能指标完全符合 TBM 技术要求。确认各设备安装无误后，方可开始 TBM 步进。

4.2.3 掘进施工

1 一般规定

1）TBM 施工时，应控制掘进方向，确保隧道轴线符合设计要求。

2）TBM 施工时，必须根据隧道地质条件选择合理的掘进参数。

3）应加强对刀具的检测、检查，对刀具消耗量进行统计和分析。

4）主司机及各附属设备的操作人员应经培训后上岗，严禁非操作人员操作设备。

2 TBM 步进

1）TBM 步进前，应使用断面仪测量钻爆段净空，严禁侵限。底部平整度、强度应满足步进要求。钻爆隧洞净空必须满足步进要求。

2）TBM 步进前，应在预备洞铺底顶面测出隧道设计中线，以便于 TBM 底部导向施工。

3）步进时，操作司机应密切注意操作室显示的各参数，作业人员应加强巡视工作。

3　TBM 始发

1）始发台必须固定牢靠、位置正确。

2）TBM 向前推进时，应通过控制推进油缸行程使 TBM 沿始发台向前推进。

3）始发时应派专人观察刀盘与岩面的接触情况。应在刀盘开始转动直至将岩面切削平整后，开始正常掘进。

4）在始发磨合期，应加强对掘进参数的控制，逐渐加大推力。

5）采用双护盾 TBM 施工时，应正确选择掘进模式。Ⅱ、Ⅲ级围岩宜选用双护盾掘进模式，Ⅳ、Ⅴ级围岩宜选用单护盾掘进模式，出现断层破碎带、侵入岩接触带时宜采用单护盾掘进模式。

6）始发推进过程中，应依据超前地质预报结果调整掘进参数。在掘进时，推进速度应保持相对平稳，应控制每次的纠偏量。应根据围岩情况、推进速度、出渣量等及时调整灌浆量。

7）始发参数应根据始发洞掌子面的岩石状况确定。始发时，应以低速度、低推力进行试掘进，了解设备对岩石的适应性，对刚组装调试的设备进行试机作业。

8）始发时，操作司机应逐步掌握 TBM 操作的规律，班组作业人员应逐步掌握 TBM 作业工序。

9）始发时，应根据参数显示及实际机况进行 TBM 的始发调试。

10）始发时，应加强测量工作，把 TBM 的姿态控制在一定的范围内，通过管片和仰拱块的铺设、TBM 本身的调整实现姿态的控制。

11）始发掘进时，应对设备运行进行监控，安排专人进行巡视。

12）当班作业人员应紧密配合，严格按操作规程作业，尽快熟悉 TBM 的配套作业。

13）材料准备应充分，应随时进行轨道、管路的延伸作业。

4　正常掘进

1）TBM 施工时，应进行超前地质预测预报。

2）掘进速度、推力应根据地质情况确定。

3）在破碎地段，应严格控制出渣量，使之与掘进速度匹配，避免掌子面前方大范围坍塌。

4）应根据地质情况合理选用 TBM 工作模式。在均质硬岩条件下，宜选择自动控制推力模式；在节理发育或软弱围岩条件下，宜选择自动扭矩控制模式；掌子面围岩软硬不均时，如果不能判定围岩状态，应选择手动控制模式。

5）应观察各仪表显示是否正常，检查风、水、电、润滑系统、液压系统的供给是否正常，检查气体报警系统是否处于工作状态，检查气体浓度是否超限；应进行灯光试验，以检查指示元件的功能。

6）应加强巡视，确保设备运转良好。

7）应检查掌子面支护、仰拱块铺设、渣车到位、作业人员到位等情况，确保掘进正常。

8）在每一循环作业前，操作司机应根据导向系统显示的主机位置数据进行调向作业。

9）采用自动导向系统监测 TBM 姿态。应定期进行人工测量，对自动导向系统进行复核。

10）TBM 正常掘进作业控制标准应符合表 4.2.3-1 的要求。

TBM 正常掘进作业控制标准 表 4.2.3-1

项　　目	控　制　标　准
围岩判定	现场工程师判定，结合交底要求指导掘进施工
控制模式	完整稳定均质围岩情况下可采用自动模式，其他情况下均采用手动控制模式
掘进速度	适当提高掘进速度，并根据围岩情况合理调整掘进速度，实现快速掘进
推力	推力控制应满足现场围岩的掘进技术交底要求
掘进控制	执行测量交底，中线、高程偏差控制在 ±30mm 以内。人工复测频次不小于 1 次/搬站循环
刀具检查	施工前应制订换刀计划，施工中应及时检查、更换、处理故障刀具
TBM 保养	加强 TBM 及配套设备的保养，保证设备完好率和利用率

11）TBM 正常掘进作业控制要点应符合表 4.2.3-2 的要求。

TBM 正常掘进作业控制要点 表 4.2.3-2

作业项目	控　制　要　点
作业准备	提前采用超前地质预报措施探测前方 100~200m 范围内的围岩情况。遇异常、无法准确判定时，通过配备的超前钻机进行探孔检查，检查并判断断层产物等。根据隧道地质资料适时进行超前地质探测
	根据超前预报结果，结合设计资料、技术交底和掘进施工过程中各参数的变化、皮带机中岩渣情况、出渣量等，综合判断本班施工区围岩的完整性、稳定状态等，初步确定本班施工范围内各区段掘进、支护参数
	洞内、外各项施工准备工作到位
掘进参数	以初步确定的各项掘进参数为基础，根据掘进过程中各项参数的变化和出露围岩的实际情况，及时对掘进参数进行调整、优化，选取合理的掘进参数，实现快速掘进。严格管理出渣量
掘进方向	严格控制掘进方向。导向系统显示中线、高程偏差过大时，及时调向。严禁无序的盲推作业。在每一个搬站循环周期内必须进行不少于 1 次人工复核
掘进与支护	支护参数的确定应考虑出露围岩的稳定性、后部支撑的二次扰动影响，支护总体要求"一次到位，宁强勿弱"，在掘进期间同步支护，支护与掘进应协调
刀具更换	应制订换刀管理制度。每次换刀后的第一循环后，必须及时检查刀具、复紧螺栓、处理故障刀具
TBM 保养	加强 TBM 及配套设备的保养，保证设备完好率和利用率，充分发挥 TBM 设备效能

5 到达掘进

1）到达掘进前，必须制订 TBM 到达施工方案，开展技术交底，施工人员应掌握 TBM 实时的桩号、刀盘距贯通面的距离，并按确定的施工方案实施。

2）到达前必须做好以下工作：

（1）检查洞内的测量导线。

（2）在洞内拆卸时，应检查 TBM 拆卸段支护情况。

（3）准备到达所需材料、工具。

（4）施作接收导台。

（5）检查接收台、测量滑行轨等。

（6）加强变形监测，增加监测的频次，并及时反馈监测结果。

（7）及时与操作司机沟通。

（8）检查掘进方向，贯通误差必须在规定的范围内。

3）到达掘进的最后 20m，应根据围岩的地质情况确定合理的掘进参数并做书面交底，宜采用低速度、小推力的掘进参数，应及时支护或回填灌浆、进行掘进姿态的预处理工作。

4）在双护盾 TBM 到达段，为防止管片在失去后盾管片支撑或推力后产生松弛导致管片环缝张开，应设置管片纵向拉紧装置。

5）应加固出洞场地、洞口段。

6）应保证洞内、洞外联络畅通。

4.2.4 支护与衬砌

1 开敞式 TBM 在软弱破碎围岩中掘进时，必须进行初期支护，以满足围岩支护抗力，确保施工安全。

2 初期支护包括喷混凝土、挂网、锚杆、钢架等。喷锚支护施工中，应做喷锚支护施工记录、监控量测记录，检查喷混凝土的强度、厚度、外观尺寸等。

3 隧道支护必须根据设计方案施工。

4 初期支护应及时施作。

5 应按设计要求进行监控量测，保证施工安全。

6 模筑衬砌应符合下列要求：

1）应在围岩和初期支护变形基本稳定后施作模筑衬砌。变形基本稳定的标准应为：隧道周边位移速率有明显减缓趋势；拱脚水平相对变化速度小于 0.2mm/d；拱顶相对下沉速度小于 0.15mm/d。

2）模筑衬砌必须采用拱墙一次成型法施工。施工时，中线、水平、断面和净空尺寸应符合设计要求。衬砌不得侵入隧道建筑限界。

3）衬砌材料应符合现行《铁路隧道设计规范》（TB 10003）的规定。

4）防水层应采用无钉铺设，并应在二次衬砌灌注前完成。衬砌的施工缝和变形缝应做防水处理。

5）灌注混凝土前，应清理模板内的杂物、钢筋上的油污，应除去喷层或防水层表面灰粉并洒水湿润。

6）灌注混凝土前及灌注时，应检查模板、支架、钢筋骨架、预埋件等。发现问题应及时处理，并做记录。

7）应优先选择衬砌模板台车，配备混凝土输送泵和混凝土搅拌运输车。

8）混凝土灌注应分层进行，振捣密实，防止收缩开裂。振捣不应破坏防水层，不得碰撞模板、钢筋和预埋件。

9）灌注顶部混凝土时，应按封顶工艺施作，确保拱顶混凝土密实。模筑衬砌背后需填充注浆时，应预留注浆孔。

10）模筑衬砌应连续灌注；必须进行高频机械振捣，每次脱模后必须清洗衬砌台车表面、刷脱模剂，严禁使用废机油或其他影响衬砌外观质量的涂料。拱部必须预留注浆孔，并及时进行注浆回填。

11）模板台车应符合第 3.7.2 条的规定。

7 管片拼装（护盾式 TBM）应符合下列要求：

1）拼装前，应开展下列准备工作：

（1）拼装人员必须熟悉管片排列位置、拼装顺序。

（2）应验收管片、防水密封条，并按拼装顺序存放。

（3）TBM 推进后的姿态应符合拼装要求。

（4）应对前一环管片环面进行质量检查和确认。

（5）应检查拼装机具、材料。

（6）安装封顶块前，应在侧面涂抹润滑剂，以免损伤密封条。

2）拼装作业应符合下列要求：

（1）拼装管片时，拼装机作业范围内不得有人和障碍物。

（2）拼装过程中，应严格控制推进油缸的压力和伸缩量，应使 TBM 的姿态保持不变。

（3）连接螺栓紧固力矩应符合设计要求。

（4）拼装时，应防止损坏管片、防水密封条。

（5）应抽查已拼装成环管片环的椭圆度，拼装精度应符合要求。

（6）拼装平曲线段管片时，各种管片的环向定位应准确，隧道轴线应符合设计要求。

8 壁后注浆（豆砾石、注浆、补充注浆）应符合下列要求：

1）管片壁后填注豆砾石，注浆施工前应进行配比试验。进场材料应经检验合格后方可使用。

2）注浆施工前，应编制注浆方案，确定注浆时间、顺序和注浆压力控制标准，并应进行交底。

3）注浆完成后，应及时进行开孔检查或雷达扫描。对于不合格位置，应进行补充注浆。

4）在软弱围岩地段掘进时，应进行固结注浆。

4.2.5 特殊地段及特殊地质条件施工

1 一般规定

1）施工前，必须根据勘察设计单位提供的工程及水文地质资料，结合现场实际情况进行分析研究，制订完整的施工技术方案。应结合地质灾害应急预案，做好技术、物资、机械的储备。

2）TBM进入特殊地质地段前，必须详细查明和分析地质状况与隧道周边环境，对特殊地质条件下的TBM施工制订可靠的技术措施。

3）施工前，应根据具体情况制订地质预测、预报方案。

4）应根据地质预测、预报的结果及时调整施工方案。

5）必须加强量测工作，并及时反馈量测结果，进行动态设计和动态施工。

6）TBM施工困难的特殊地段，可经设计变更后，采用钻爆开挖、超前加固等辅助措施。

2 软弱破碎围岩

1）应减缓掘进速度。必要时应停机进行围岩加固支护处理后再推进。

2）根据坍塌的程度，应采取以下支护方式：

（1）如果洞壁发生小规模岩石剥落现象，TBM无须停机，挂钢筋网，打锚杆，喷混凝土，必要时立钢架。

（2）如果节理密集带或中等规模断层破碎带处发生较大规模的岩石塌落现象，TBM应停机处理，及时安装全圆钢拱架，安放钢筋网，利用手喷混凝土系统向坍塌处喷混凝土，及时封闭围岩，减少岩石暴露时间，及时形成支护体系；对坍腔内松散岩体，及时注浆回填密实；对撑靴处坍塌较严重部位，在钢拱架背后立模浇筑混凝土回填。

（3）如果遇到大规模的断层破碎带，应停止掘进，优先考虑利用超前钻机预注浆加固处理岩层的方案。超前钻孔的仰角不大于5°，钻孔时应将刀盘退离掌子面50~60cm。及时对坍腔进行立模注浆，回填密实，减小临空面，限制坍塌继续发展。

3）采用手喷混凝土时，必须对相关设备采取防护措施，避免混凝土回填料污染主机设备。在钢拱架地段，必须用喷射混凝土密实填充钢架与围岩之间的空隙，并应及时包裹钢拱架。

4）对富水软弱破碎围岩，应加强防排水。施工时宜先采用超前钻孔排水，再进行注浆堵水。

5）双护盾TBM通过软弱破碎围岩时，应减少刀盘喷水，降低刀盘转速和推力，减少单位时间内出渣量，不停机快速通过，安装重型管片，及时填充豆砾石、注浆，通过后进行固结注浆。

3 岩爆

1）针对岩爆，应遵循"以防为主，防治结合"的原则，对开挖面前方的围岩特性、水文地质情况等进行预测、预报；当发现有较强烈岩爆存在的可能时，应及时研究施工对策，做好必要准备。

2）在岩爆隧道施工过程中，应采取下列方法进行地质预报：

（1）应开展开挖面及其附近的观察预报，通过地质观察、素描，分析岩石的动态特征，主要包括岩体内部发生的各种声响和局部岩体表面的剥落等。

（2）应采用工程地质类比法进行宏观预报。

3）应根据岩爆强度对岩爆进行分级。针对不同级别岩爆可采取下列技术措施：

（1）轻微岩爆地段施工时，可加大刀盘喷水量，软化易产生岩爆的岩石，促使应力释放和调整。可采取锚杆钢筋网（小网格网片）加自制格栅拱架的支护方式，防止岩石弹落伤害人员或设备。

（2）中等岩爆地段施工时，可按 1.0～1.5m 间距打 2.5m 深的应力释放孔，也可向孔内喷灌高压水，软化围岩，以释放部分地应力。可在锚杆钢筋网槽钢拱架支护基础上，人工喷射 5cm 厚的混凝土，增强结构整体支护作用，防止岩石碎块弹射。

（3）强烈岩爆地段施工时，除采取上述措施外，还可网喷钢纤维混凝土、施作超前锚杆。

4）隧道施工中，一旦发生岩爆，应立即采取下列处理措施：

（1）应观察工作面并做记录（如岩爆的位置、强度、类型、数量以及山鸣等）。

（2）宜采用多循环作业的方式进行找顶。

（3）应安排专人清除岩爆后的松石，加强巡回检查，处理危石，防止崩落的岩石砸坏设备或伤害人员。

4 岩溶

1）施工前，应根据设计图，结合施工现场情况，查明溶洞的分布范围、类型、规模、发育程度、填充物及地下水的情况，及时正确地制订施工方案。

2）应使用 TBM 自带的超前地质预报系统，辅以超前钻机进行补充地质勘察，与物探结合，判断溶洞的位置、大小、范围、充填状况和地下水状况。

3）应根据查明的溶洞规模、填充物的分类等，对溶洞进行回填处理，满足 TBM 对承载力的要求。

4）宜减缓掘进速度，使 TBM 掘进时刀盘各部位受力尽量相同，减轻对刀具的偏磨，防止 TBM 姿态发生偏移。

5）应制订溶洞段施工应急预案。

5 膨胀岩

1）应根据膨胀岩的特性，结合施工条件、围岩稳定情况、地下水活动状况等因素，综合选用施工方法。

2）应采取"以防为主，防、截、堵、排相结合"的原则，结合当地的气象、水文、地质条件，因地制宜地制订防排水方案。

3）施工时，应采用弹性软式透水管，使水汇入沟槽，引排至洞内水沟。

4）初期支护应采用喷射混凝土、钢筋网、锚杆、钢架等，必要时可采用钢纤维混凝土或加设钢筋网。

5）膨胀岩隧道的衬砌施作应在围岩变形基本稳定、变形速度小于 0.5mm/d 后进行。衬砌混凝土的强度达到设计强度的 75% 前，不得拆模。

6）护盾式 TBM 通过膨胀岩地段时，应迅速通过，减少停机时间。必要时可使用扩孔刀具加大开挖直径，减小被卡住的风险。泥质膨胀岩遇水后会将盘形滚刀糊住而导致无法工作，可考虑加装刮刀、喷射泡沫剂来缓解。

6 迂回导坑

1）针对 TBM 无法施工的特殊地段，可人工开挖迂回导坑到掘进前方进行处理。

2）在进行护盾式 TBM 设备选型时，应考虑管片安装机的行程，以便在必要时拆除后面的管片，从侧面人工开挖导坑，迂回到掌子面前方进行处理。

3）迂回导坑的施工应遵守现行《铁路隧道工程施工安全技术规程》（TB 10304）的相关规定。

4.2.6 施工运输

1 一般规定

1）施工进料应采用有轨运输。出渣运输可根据隧道的长度、掘进速度选择有轨运输或皮带机运输方式。

2）采用有轨运输时，应在洞外根据需要设调车、编组、卸渣、进料、设备维修等线路。采用皮带机运输时，应设转渣装置。

3）运输线路应保持平稳、顺直、牢固。应安排专人进行维修和养护。

4）牵引设备的牵引能力应满足隧道最大纵坡、运输重量的要求，车辆配置应满足出渣、进料及掘进进度的要求，并考虑一定的余量。

5）在洞内作业地段，或视线不良的曲线上，或通过道岔、洞口平交道等处，或进入 TBM 时，列车编组运行速度不得大于 5km/h。在其他地段，在采取有效的安全措施后，运行速度不宜大于 20km/h。

6）有轨运输应符合下列安全规定：

（1）机车牵引不得超载。

（2）车辆装载高度不得超出矿车顶面 50cm，宽度不得大于车宽。

（3）列车连接必须良好。编组和停留时，必须有制动装置、防溜车装置。

（4）在同一轨道行驶的两组列车的间距不得小于 100m。

（5）轨道旁临时堆放的材料距钢轨外缘不得小于 80cm，高度不得大于 100cm。

（6）车辆运行时，必须鸣笛或按喇叭，并注意瞭望，严禁非专职人员开车、调车和搭车，严禁在运行中进行摘挂作业。

（7）载人列车应采取安全保障措施。

（8）采用内燃机车牵引时，应配置排气净化装置，应符合环保要求。

2 出渣

1）采用有轨运输方式出渣时，应根据现场卸渣条件确定采用侧翻式或翻转式卸渣形式。

2）卸渣区域应设置明显的报警装置。编组列车卸渣前，所有人员应撤离危险区域。

3）翻渣时，严禁机车移动。

4）采用皮带机出渣时，应遵守以下安全规定：

（1）应按TBM的最高生产能力设计皮带机。

（2）皮带机机架应坚固、平、正、直。

（3）皮带机的全部滚筒、托辊必须与输送带的传动方向成直角。

（4）运输皮带必须保持清洁，并经常清理。

（5）应严格按照设备使用与操作规程操作皮带机。

（6）必须定期按照皮带机的使用与保养规程对皮带机的电气、机械、液压系统进行检查、保养与维修。

（7）应安排专人检查皮带的跑偏情况并及时调整。

（8）皮带机延伸作业应严格执行皮带硫化作业规程和安全操作规程。

3 供料

1）列车编组与运行应满足TBM连续掘进和最高掘进速度的要求。

2）材料装车时，必须固定牢靠，防止运输中途跌落。

3）TBM上应储备一定数量的易损件和材料，并随时补充。

4.3 通风、防尘、防灾与风水电供应

4.3.1 通风与防尘

1 施工过程中，作业环境应符合下列卫生及安全标准：

1）空气中氧气含量（按体积计）不得小于20%。

2）每立方米空气中，含有10%以上的游离二氧化硅的粉尘不得多于2mg。

3）一氧化碳浓度不得超过$30mg/m^3$；在特殊情况下，施工人员必须进入工作面时，浓度可为$100mg/m^3$，但工作时间不得长于30min。二氧化碳浓度（按体积计）不得大于0.5%。

4）盾构机、隧道掘进机设计及选型应充分考虑隧道内气温控制要求，隧道内气温不得高于28℃。

5）盾构机、隧道掘进机设计及选型应充分考虑隧道内噪声控制要求，隧道内噪声不得大于90dB。

2 隧道施工通风最小风量应根据机械、人员、风速决定，每人应供应新鲜空气$3m^3/min$。隧道施工通风的风速不应小于0.5m/s。

3 通风机的功率、通风管的直径应根据隧道独头掘进长度、运输净空以及衬砌作业净空等计算确定。

4 通风机、通风管的安装应符合下列要求：

1）通风机应安装保险装置，当发生故障时应能自动停机。

2）施工现场应配置备用通风机。

3）通风机的安装位置宜在距洞口20m以外处。

4）通风管的安装应平顺、接头严密，每100m平均漏风率不应大于1%。弯管半径不得小于通风管直径的3倍。

5）通风管的吊点间距不宜大于5m，吊点应牢固。

6）通风管破损时，必须及时修理或更换。

5 当通风管较长、需要提高风压时，可采用多台通风机串联的方式；风机串联或并联时，应采用同一型号。

6 隧道施工必须采取综合防尘措施，并按规定测定粉尘和有害气体浓度。每月应至少对洞内空气进行1次取样分析。

7 应使用洒水、除尘风机等综合防尘措施，必要时设辅助坑道进行通风。

4.3.2 供风

1 盾构机/TBM上配备的空压机应能满足洞内风动机具的最大耗风要求。

2 应定期检查空压机上的油水分离器，定期排放油水分离器中的积油和水。

3 应定期检查、养护空压机上的各种闸阀和安全装置。

4.3.3 供水

1 隧道施工供水方案的选择及配备应符合下列要求：

1）水源的水量应能满足工程和生活用水的需要。

2）水池的容量应有一定的储备量，满足洞内集中用水的需要。

3）进水温度不宜高于30℃。

4）工作水压不应小于0.3MPa，洞内的供水管的直径应与水源的管路相配套。

2 洞内水管的安装和使用应符合下列要求：

1）管路应敷设平顺，接头应严密、不漏水。

2）在安装水管之前应进行检查，有裂纹、创伤、凹陷等现象时不得使用。管内不应有残余物或其他脏物。

4.3.4 供电

1 隧道供电电压应符合下列要求：

1）常规供电线路宜采用400V/230V三相五线制系统。

2）盾构机/TBM供电电压可根据隧道的长度采用10kV或20kV，特长隧道洞内应设置升压装置。

3）作业地段照明电压不得大于36V，其他地段照明电压可采用220V。

4）为确保盾构机/TBM施工安全，应采用双回路供电。

2 隧道施工作业地段必须有足够的照明。

3 各种电气设备和输电线路应有专人经常进行检查维修、调整等工作，其作业应符合现行《施工现场临时用电安全技术规范》（JGJ 46）的规定。

4.3.5 防灾

1 应编制紧急抢险施工预案，成立专门的组织机构，配备数量足够的有丰富施工经验的施工人员，并定期进行紧急抢险施工预案培训与演练。

2 必须准备足够的沙袋、水泵等防灾物资与设备。

3 洞内、洞外应保持联络畅通。

4 盾构机/TBM上必须配备足够的手提干式灭火器，关键部位必须设置专用消防设施。

5 后配套系统应配备超前地质预报、警告、防尘、防废气、防瓦斯、防爆、防噪声、防火装置等。

4.4 测量管理

4.4.1 建设单位、施工单位必须建立盾构隧道测量工作责任制，配置相应测量人员及仪器，落实分级岗位职责、工作要求和监管责任。

4.4.2 盾构机/TBM始发前3个月内，必须复测本区间及相邻区间共用的卫星定位控制点、精密导线点、加密控制点、水准点。开工后必须定期复测地面控制网，频率不应少于每半年1次。

4.4.3 区间隧道贯通前，必须进行至少3次联系测量工作，宜在盾构机/TBM始发前、掘进200m及距贯通面150m时分别进行一次，测量精度必须满足国家和行业现行有关标准的规定。在较长隧道施工中，每500m增加1次联系测量。联系测量应采用高精度测量方法，提高地下控制导线精度。

4.4.4 盾构机/TBM始发前，必须对盾构机零位姿态进行测量校核，零位姿态测量校核报告应作为始发验收条件之一。在盾构/TBM始发、掘进过程中，每200m、到达前100m必须进行盾构机姿态人工复测。

4.4.5 盾构机（TBM）导向系统计划线数据必须经两级复核、双向确认，作为始发验收条件之一〔其中，"两级复核"指：施工单位与监理单位（或建设单位）复核；"双向确认"指：计划线数据电子文档导入导向系统前，应检查核对，确认无误之后采用独立方式从导向系统内将计划线数据导出，确认其正确性〕。

4.4.6 盾构机/TBM掘进移站测量时，应从地下控制导线点人工引测；同时必须对比移站前后盾构机姿态数据，移站前后姿态差值应控制在15mm内，超限时应分析原因，必要时应重新测量。

4.4.7 盾构机/TBM 掘进过程中，应每 10～15 环（重复测量段落 3～5 环）进行 1 次盾构管片姿态人工测量，比较导向系统显示姿态与实际姿态的偏差，监测管片的位移规律，确认成型隧道轴线偏差是否满足设计要求。

4.4.8 盾构机/TBM 接收前，必须进行覆盖该盾构机/TBM 区间的地面控制测量、联系测量、地下控制测量和接收端洞门测量，并对接收前 100m 盾构机/TBM 姿态进行人工复核，根据测量结果调整盾构机/TBM 掘进姿态。

4.5 监控量测

4.5.1 一般规定

1 盾构机/TBM 施工中，应结合施工环境、地层条件、施工方法与进度制订监控量测方案。

2 监控量测手段必须直观、可靠、科学。对突发安全事故应有应急监测预案。

3 在监控量测中，应根据观测对象的变形量、变形速率等调整监控量测方案。

4 浅埋段地上、地下同一断面内的监控量测数据以及盾构机/TBM 施工参数应同步采集。

5 监控量测的仪器、设备应满足量测精度、抗干扰、长期使用等要求。

4.5.2 监测内容与方法

1 隧道施工监控内容应包括隧道衬砌环变形测量、TBM 浅埋隧道地表、构筑物变形测量、初支收敛及拱顶下沉、盾构隧道地表、建（构）筑物变形测量，特殊地质情况下还应进行管片应力量测。

2 施工中，应按表 4.5.2 开展监控量测。穿越江、河等特殊地段的监控量测项目应根据设计要求确定。

盾构机、TBM 施工监控量测项目　　　　　　　表 4.5.2

类别	监测项目	主要监测仪器
必测项目	浅埋隧道地表、构筑物变形测量	水准仪、全站仪
	隧道结构变形测量（包括拱顶下沉、隧道收敛、管片错台）	水准仪、收敛计、测距仪
选测项目	土体内部位移（包括垂直、水平位移）	水准仪、分层沉降仪、测斜仪
	管片内力和变形	压力计
	土层压应力	压力计
	孔隙水压力	孔隙水压计

3 隧道管片环的变形量测包括水平收敛、管片错台、拱顶下沉和底板隆沉。

4 隧道管片应力测量应采用应变计。

5 变形测量频率应按设计要求执行。

6 盾构机/TBM穿越地面建筑物、铁路、桥梁、管线等时，除应对穿越的建（构）筑物进行观测外，还应增加对其周围土体的变形观测。

7 观测点应埋设在能反映变形、便于观测、易于保存的部位。

4.6 联络通道/泵站

4.6.1 应根据地质条件、周边环境、隧道埋深、工期等因素，选择安全可靠的施工工法。

4.6.2 采用矿山法施工，应根据地质条件及周边环境采用不同的辅助加固方法。常用的辅助加固方法有降水法、水泥系加固法（包括注浆法、搅拌法、旋喷法等）、冷冻法及机械法等。

4.6.3 设计和施工方案必须经专家论证通过。

4.6.4 开挖前，必须进行条件验收，验收通过后方可开挖。

4.6.5 对于采用冻结法加固施工的联络通道/泵站，其设计和施工必须由具备专业资质的单位负责。

4.6.6 联络通道施工重点控制环节应包括加固质量、管片临时支撑、管片拆除、洞身开挖等。

4.6.7 施工中，应按设计要求进行监控量测，监测项目应包含联络通道位置前后各15环管片的变形监测。

4.6.8 地层条件差时，可根据设计方案采用地表加固或洞内超前加固。地表加固可采用钻孔注浆、旋喷桩、搅拌桩等加固方法；洞内超前加固可采用长管棚、超前小导管、深孔注浆等加固方法。加固完成后，应采用取芯或探孔的方式对加固质量进行检查验证，加固质量应满足要求。

4.7 现场安全标准化

4.7.1 渣土坑

1 渣土坑应设置在门式起重机可直接覆盖的范围内，宜布置为狭长形，体积可根据盾构机单日出土量确定。

2 渣土坑（图4.7.1）可采用混凝土浇筑结构或预制板结构。挡渣墙应满足最大堆土量状态下的受力要求。外边缘应设置排水沟，将弃土中的沉淀水及雨水排出，排水沟应连接至场地内排水系统，经三级沉淀合格后排入市政管网，不得直排或暗排。

图4.7.1 渣土坑

3 根据隧道地质及出土情况，当渣土含水率较大时，应在渣土坑临道路侧或门式起重机两侧随车设置防溅洒挡板，防止渣土外溢；挡板外侧宜张贴文化宣传图画。

4.7.2 砂石料场

1 砂石料场地必须经过硬化，按照品种、粒径等分区，砂石料不得混堆或交叉堆放（图4.7.2-1、图4.7.2-2）。

图4.7.2-1 郊外石料场　　　　　　　　图4.7.2-2 市区砂石料场

2 分料区应采用混凝土结构或砖砌墙结构，高度宜为1.5~1.8m，仓内地面应设不小于4%的地面坡度，墙面应预留排水孔，场内不得有积水。

3 料场的容量应满足最大单批次连续施工的需要，并留有一定的余地；还应满足运输车辆、装载机等的作业要求。

4 料场应设置顶棚，并进行半封闭管理，避免扬尘污染，避免受雨天影响。

4.7.3 地下水平运输区

1 隧道内有轨运输可采用43kg钢轨铺设单线，宜采用卡槽式定型轨枕。如果采用压板螺栓式轨枕，应每隔6m安装1根轨距拉杆，应在钢轨外侧轨枕上焊接直径8mm或10mm的圆钢作为连接线。

2 水平运输轨道铺设高程、转弯段曲率半径应符合施工需要，轨道轨距、轨道间隙、平整度等应满足国家和行业现行有关标准的规定。

3 隧道口应设置鸣笛标识、车辆限速标识及警示灯。

4 水平运输轨道端头必须设置安全止挡装置、警示装置。

5 对于存在道岔的线路，必须明确电瓶车运行顺序、会车方式等。

6 电瓶车应有后视装置。车厢之间应有防脱保险装置。停车时应采取防溜车措施。

4.7.4 隧道内人行通道

1 人行通道应采用走道板铺设（图4.7.4）。走道板应从入口处一直延伸到盾构机末节台车，中间不得断开。

图4.7.4 人行通道

2 人行通道板平面应保持水平状态，不得倾斜、翘头、破损。

3 人行通道宽度不应小于0.7m，临边处必须有防护设施，设置上、下两道横杆，上横杆距离通道板平面高度宜为1.0~1.2m，下横杆距离通道板平面高度宜为0.5~0.6m，横杆宜采用刚性材料。

4 走道板与盾构机台车连接处应采用滑动走道板进行连接，严禁断开。

5 通道板宜采用相同规格。

6 隧道内人行通道上严禁放置电焊机、编织袋等工具、杂物，必须保证通道通畅。

4.7.5 工作井防洪挡墙

1 盾构工作井应设置防洪挡墙。

2 防洪挡墙应根据设计要求设置，其高度应比所在地100年一遇洪水位至少高50cm。

5 明挖法隧道工程

5.1 围护结构

5.1.1 一般规定

1 应根据工程实际情况合理选择钻机、成槽机等设备。

2 围护结构深度、尺寸、强度、承载力、止水搅拌桩或高压旋喷桩深度、抗渗系数、取芯强度应符合设计要求、国家和行业现行有关标准的规定。

3 桩（墙）底沉渣厚度、围护结构平面误差、垂直度偏差不得超过设计要求、国家和行业现行有关标准的规定。

4 连续墙、桩头等连接处的处理应符合要求。

5 叠合结构的围护结构钢筋保护层厚度不应小于规范允许值或设计值。

6 预埋件位置应准确。

5.1.2 钻孔灌注桩及格构柱

1 测量放样

1）应采用全站仪对钻孔桩桩位进行逐桩放样定位。围护结构首桩、角桩应在监理组织复测并出具合格报告后方可施工，以保证结构位置的准确性。

2）根据测量控制网点，应将钻孔桩中心线测设于地面，避开桩位、道路、料场等位置，采取保护措施并由监理工程师复核。

3）应由专业测量人员测设桩位中心，钉入钢筋，并设置桩位外放控制点。在施工钻孔过程中，钻孔桩每进深 5m 左右，应使用全站仪实测深入桩底且悬空的钻锤钢丝绳偏离设计桩中心的情况，并及时调整。

4）桩位放样偏差应控制在 10mm 以内。

2　定位孔

1）素混凝土定位直径宜比护筒外径大 100mm。

2）定位孔施工前，地基基础压实度应满足要求。

3）定位孔混凝土浇筑完成后，表面应及时进行收光。

3　护筒

1）应准确埋设护筒，使护筒中心与桩中心一致，并保持垂直。

2）护筒顶部应竖直，护筒孔口平面位置的偏差应小于 10mm。

3）护筒底部与土层相接处和护筒外宜使用黏土填满、夯实，内径宜比桩径大 200mm，长度可视土层情况而定。护筒顶宜高出施工地面 0.3m，防止地表水渗入护筒。

4　泥浆

1）应根据工程的地质情况制备泥浆，泥浆性能指标应符合设计要求、国家和行业现行有关标准的规定。

2）泥浆的配合比和配制方法宜通过试验确定，其性能应适应钻孔方法、土层情况。钻孔过程中，应随时检测孔内泥浆的性能。

3）宜循环处理、重复使用钻孔泥浆，减少排放。宜采用泥沙分离器进行泥浆的循环处理。

4）废弃的泥浆应先集中沉淀再处理，严禁随意排放。

5　成孔

1）钻孔前，应根据地质、环境条件和施工进度要求选用适当的钻机，宜采用旋挖钻进行施工。

2）钻机就位前，应调整施工机械，检查各项钻孔准备工作。

3）钻机就位后，钻机应摆放平整、稳固，应采取措施固定，钻进过程中不应发生位移和摇晃。

6　清孔

1）桩底沉渣厚度应不超过设计要求、现行有关标准的规定。

2）清孔宜分两次完成，第一次在成孔后钢筋下放前，第二次在灌注混凝土前。

3）桩底清渣时，应增大泥浆比重、送浆压力。

4）钢筋笼下放并安装好后、灌注混凝土前，应检测泥浆指标、复核钻孔位置。

5）由于钢筋笼下放时间较长，部分砂粒会沉淀，如果沉淀厚度大于要求，应进行二次清孔。

6）清孔宜采用导管循环的方法。应在导管口安装泥浆泵，向导管内注入泥浆，使孔内泥浆循环，砂粒在沉淀池内沉淀；同时检测泥浆指标、复核钻孔位置，合格后方可浇筑混凝土。

7　钢筋笼加工

1）钢筋笼加工接头连接形式可采用机械连接或焊接，并且均应进行接头连接的工艺试验和力学性能试验。

2）机械连接应符合以下要求：

（1）连接钢筋应调直、断料、断头切平。

（2）钢筋丝头中有效螺纹数量（扣）、有效螺纹长度、螺距等应满足设计要求、国家和行业现行有关标准的规定。

（3）应采用塑料保护帽或套筒保护丝头螺纹。

（4）钢筋现场连接安装时，用扭力扳手检查接头是否拧紧，拧紧力矩应满足设计要求、国家和行业现行有关标准的规定。

（5）应预先进行机械连接接头型式检验，合格后方可施工。

3）焊接应符合以下要求：

（1）焊接前，宜预弯钢筋，保证两根钢筋的轴线在同一直线上，使接头受力性能良好。

（2）钢筋接头宜采用双面焊，焊缝高度应为 $0.35d$，焊缝宽度应为 $0.8d$，焊缝应密实；在不具备双面焊的条件下可采用单面焊，双面焊接头搭接长度不应小于 $5d$，单面焊接头搭接长度不应小于 $10d$，其中 d 为钢筋直径（下同）。

（3）制作安装时，主筋接头按 50% 错开布置，接头错开长度不应小于 $35d$，且不小于 500mm。

（4）焊接接头施工应满足现行《钢筋焊接及验收规范》（JGJ 18）的规定。

（5）焊接钢筋前，应先进行焊接工艺性能检验，合格后方能施焊。现场应放置标识牌，标明焊工姓名、钢筋型号、焊接接头等信息。

8　钢筋笼安装

1）钻孔桩成孔后，应在检验合格后进行钢筋笼的吊装施工。为保证钢筋笼起吊时不变形，每节钢筋笼可采用多点起吊。钢筋笼下放时，应检查钢筋笼保护层，确保其满足设计要求。

2）安装钢筋笼时，应采取有效措施确保钢筋笼准确定位、防止碰撞孔壁。对于作为永久结构的桩基，应采用圆饼滚轮式高强度砂浆垫块保证保护层的厚度，防止主筋锈蚀。下放困难时，应查明原因，不得强行下放。不得将变形的钢筋笼放入孔内。对接时，工序应迅速衔接。

3）吊筋的长度应通过高程计算确定。定位钢筋笼时，钢筋笼中心应与桩位中心重合，应复核钢筋笼位置、高程。钢筋笼安装到位后，应及时用吊筋吊住，防止脱落。在钢筋笼主筋端头宜套设白色 PVC 套管加以保护。

9　导管安装

1）应根据桩径、孔深确定钢导管直径。

2）分节吊装时，应采用丝扣式快速接头连接。

3）吊装导管前，应先试拼，并进行水密性试验，试验合格后方可投入使用。试验压力不小于孔底静水压力的 1.3 倍，同时不小于导管壁和焊缝可能承受的灌注混凝土时最大压力的 1.3 倍。

4）下导管前，应根据孔深、导管单节长度进行配算，导管底口距孔底距离应控制在 0.3~0.5m。

5）导管应采用无缝钢管制成，方便连接和调节漏斗高度。导管内壁应光滑、顺直，各管节内径应一致，偏差不宜大于±2mm。

10 混凝土灌注

1）应根据不同的孔深配置导管长度。下放导管时，应先放到孔底，复测孔深后再提管300~500mm等待灌注。

2）灌注过程中，应随时测量孔内混凝土面的上升情况，导管埋深应控制在1.5~3m，防止拔空与埋管。终浇时，应多点测量混凝土面高程，保证混凝土超灌长度及桩顶质量。

3）混凝土应具有良好的和易性、流动性，坍落度应控制在180~220mm；钻孔灌注桩的充盈系数应不小于1.0，且不宜大于1.3。

4）为防止浮笼，当灌注混凝土顶面距钢筋笼底部1m时，应降低混凝土灌注速度；当灌注混凝土面高于钢筋笼底口4m以上时，应提升导管，使导管底口高于钢筋笼底口2m以上，恢复正常灌注速度。

5）桩身混凝土灌注顶面宜高出设计桩顶至少0.5m，以保证桩头混凝土强度。

11 格构柱施工

1）加工格构柱型钢时，焊缝质量应满足要求，焊缝厚度应不小于10mm。

2）格构柱插入立柱桩钢筋笼内的长度应满足设计图纸要求，并应与立柱桩钢筋可靠连接。

3）立柱桩钢筋笼下放完成后、灌注桩混凝土终凝前应插入格构柱，应采用定位架准确定位格构柱，确保角度、位置准确。

5.1.3 地下连续墙

1 测量放线

1）应根据地下连续墙轴线计算导墙坐标。

2）应落实施工单位自检和监理单位复检的"双检制"。

2 导墙施工

1）沟槽应采用机械开挖、人工修边，不超挖、不欠挖。严禁挖掘机在导墙槽顶部或周边3m范围内走动。挖土高程由人工修整控制，严禁超挖。如果坑内有积水，应及时抽排。

2）模板安装完成后，应及时对模板垂直度和导墙边线进行复核。

3）拆模时应保证其表面、棱角不受损坏，并及时在导墙内侧分层支撑，宜采用方木支撑。

4）导墙拆模、加撑后，应立即在导墙之间分层回填黏性土并压实，保证表面平整，用碎石覆盖或临时硬化，防止扬尘、扬灰。

3 泥浆工程

1）泥浆池布置应符合下列要求：

（1）泥浆循环系统应设置废浆池、循环池、新浆池、搅拌桶、材料存放区等。可采用泥浆池或钢制泥浆箱。泥浆池周边应设置安全护栏和人员操作台。

（2）泥浆棚应采用安装拆卸方便的全封闭结构，并满足抗风、抗雨、抗雪等受力要求。

（3）泥浆棚四周应设置高度不小于1.2m的组合钢护栏，并在醒目位置悬挂警示牌。

2）应根据地质、水文和本地区施工经验进行泥浆配合比设计。

3）泥浆循环系统应符合下列要求：

（1）泥浆的性能指标应满足现行《地下铁道工程施工及验收规范》（GB 50299）关于新拌制泥浆性能的要求，并按规定测试有关指标，检查新浆、循环泥浆和废泥浆的质量。

（2）回收泥浆时宜采用泥浆分离器，筛离砂、泥块、石子等杂物。对处理后的泥浆应进行性能指标检测，合格后方可进入泥浆循环系统，否则应作为废浆。

4 成槽施工

1）成槽施工应符合以下要求：

（1）成槽施工宜采用成槽机、双轮铣等机械施工。

（2）抓斗出入导墙口时，应轻放慢提，防止泥浆大幅度波动，影响导墙下面和背后的土层稳定。应及时补充泥浆，保证槽内泥浆液面高度距离导墙面0.2m左右，且高于地下水位0.5m以上。

（3）成槽机具挖土时，严禁悬吊机具的钢索松弛，以保证成槽垂直精度。

（4）成槽作业中，应时刻关注侧斜仪器，及时纠正垂直度偏差。

（5）单元槽段成槽完毕或暂停作业时，应立即将成槽机移开作业槽段。

2）成槽后，应检测槽段平面位置、槽段深度、槽段壁面垂直度。

3）为提高接头处的抗渗及抗剪性能，清孔之前，应在连续墙接头处采用特制刷壁器对先行幅墙体接缝进行刷壁清洗。反复刷动次数宜不少于10次，直至刷壁器钢丝刷上无泥皮为止。

4）对黏附在H型钢、十字钢板等刚性接缝的型钢槽口上的泥皮，应采用带有重力导向的强制性地下连续墙接头刷壁器以及安装在刷壁器上的高强钢丝刷将其刷除。刷壁器上下刷壁的次数宜不少于20次，直至刷壁器钢丝刷上无泥皮为止。

5）清底换浆宜采用沉淀法扫孔、置换法清孔。

5 钢筋笼加工场地布置

1）钢筋笼加工平台及钢筋棚应根据设计图纸要求及施工现场的实际情况搭设，平台尺寸应满足地连墙最大尺寸钢筋笼的加工要求。

2）钢筋笼平台定位宜采用全站仪控制。

3）钢筋笼加工雨棚宜采用钢结构，强度应满足抗风、雨等受力要求，空间应满足设备布置及钢筋笼加工的需求。

6 钢筋笼制作

1）针对每幅地连墙钢筋笼，应单独编制下料单，钢筋下料应满足设计要求。

2）钢筋笼制作应符合下列要求：

（1）检查钢筋笼主筋机械连接扭力值，应抽检10%。

（2）检查焊接的桁架筋宽度、桁架筋的焊缝质量，单面焊搭接长度应不小于10d，双面焊搭接长度应不小于5d（d为钢筋直径）。

（3）钢筋笼底层主筋、分布筋摆放完成后，应进行验收。验收完成后焊接主筋与分布筋。钢筋笼制作完成后应进行整体验收。

（4）地下连续墙施工前，应按照设计要求、监测需求统计每槽段需要预埋的预埋件种类、数量及型号，并逐一核对，防止漏埋。预埋件安装完成后，宜覆盖聚乙烯泡沫板。

（5）地下连续墙施工过程中，应在制作好的钢筋笼上精确定位、安装各类预埋件，根据需要及要求采取相应固定措施，并预估因地下连续墙沉降等原因造成的尺寸偏差。

（6）钢筋笼吊放过程中，应保护预埋件，不得碰撞预埋件。吊放完成后，应利用导墙上控制线检查钢筋笼位置、高程，确保基坑开挖后位置准确。

7 钢筋笼吊装

1）应根据吊装方案合理确定吊点，吊点焊接质量、强度应符合要求，应重点检查焊缝长度、焊缝饱满度、有无烧筋等。

2）应严格按照吊装方案进行吊装。现场宜采用整体吊装。吊装时，应采用两台大型起重设备分别作为主吊和副吊，主、副吊应同时作业，先将钢筋笼水平吊起，再在空中通过吊索收放，使钢筋笼沿纵向保持竖直后，撤出副吊，利用主吊吊装钢筋笼缓慢入槽并控制其高程，将利用槽钢制作的扁担搁置在导墙上以固定钢筋笼。

8 混凝土浇筑

1）地下连续墙应采用水下混凝土浇筑，所用材料应具有良好的和易性，满足设计要求的抗压强度等级、抗渗性能及弹性模量等指标。

2）导管布置应符合下列要求：

（1）幅宽小于或等于6m的槽段宜设置2根导管，幅宽大于6m的槽段宜设置3根导管。导管间距宜小于3m，导管距槽段端头的距离宜不大于1.5m，槽内混凝土面应均衡上升，两导管处的混凝土表面高差应不大于0.5m。地下连续墙混凝土浇筑作业必须在钢筋笼吊装完毕后6h内进行，刚开始浇灌时速度应快，使槽底沉渣随着混凝土表面一起上升，应一次性连续浇灌6m以上的混凝土。随着混凝土面的上升，应适时提升和拆卸导管，导管底端宜埋入混凝土面以下1.5~3m，严禁将导管提出混凝土面。提升导管时，应避免碰撞钢筋笼。

（2）施工时，应严格控制导管提升速度、混凝土浇筑速度，应随时测量浇筑进度，根据混凝土浇筑方量和浇筑进度测算混凝土浇筑是否正常。

（3）每灌注2车混凝土应测量1次导管埋深、管外混凝土面高度，每0.5h应测量1次导管内混凝土面高度。混凝土应连续灌注，不得中断，间歇时间不得超过30min。

5.1.4 高压旋喷桩、三轴搅拌桩及SMW（型钢水泥土搅拌墙）工法桩

1 高压旋喷桩

1）高压旋喷桩施工前应进行以下准备工作：

（1）应清除施工范围内场地及地下的障碍物，可采用专用引孔机引孔。应先平整施工场地，确保桩机正常行走，工作面宽度必须保证桩机正常施工，施工水源应充足，通电应正常，施工现场布置应合理。

（2）应复测控制点、水准基点，并通知监理工程师复核。对经监理工程师复核确认的测量控制点、基准点，应采取保护措施。

2）在展开大批量制桩前，应按照试桩要求进行试桩，以校验施工工艺参数是否合理，保证施工质量。

3）钻机就位后，应对准孔位找平，立轴应垂直，应垫牢机架，钻机的垂直度应满足精度要求，经检测合格后方可开钻。施工时，旋喷管的倾斜度不得大于1.5%；如果发现钻机倾斜，应停机找平后再开钻。

4）水泥浆液的搅拌时间不应短于3min、不应长于2h，宜采用两次搅拌法，随制随用。

5）旋喷桩施工应符合下列要求：

（1）钻孔：钻机就位后，进行钻孔作业。钻进过程中应详细记录。钻孔结束后，应进行质量检查，合格后方可移位进行下一孔的钻进。

（2）插管：将喷射台车移至成孔处，先在地面进行浆、气试喷，检查各项工艺参数符合设计要求后，将喷射管下放至设计深度，经检验后进行下步工序施工。

（3）喷射作业：制浆用水必须清洁，符合拌制水的要求；按试验配合比进行浆液搅制，在制浆过程中应随时测量浆液比重，每孔喷浆结束后应统计该孔的材料用量。用高速搅拌机搅制浆液，浆液必须连续均匀，搅拌时间不短于30s，一次搅拌使用时间应控制在4h以内。

（4）旋转和提升：在喷嘴达到设计高程时喷射注浆。在喷射注浆参数达到规定值后，按旋喷的工艺要求，提升喷射管，由下而上旋转喷射注浆。

（5）施工记录：施工时，应详细、及时、准确记录钻孔、高压喷灌浆的各道工序，所有记录应按要求使用统一表格。

（6）冲洗移机：喷射施工完毕后，应及时将注浆管等机具设备冲洗干净，管内、机内不得残存水泥浆。

2 三轴搅拌桩

1）施工前应开展以下准备工作：

（1）清理施工范围内的场地及地下障碍物。

（2）平整施工场地，确保桩机正常行走，工作面宽度必须保证桩机正常施工，水源应充足，通电应正常，施工现场布置应合理。

（3）根据测量点准确放设桩位并复检，做桩位定点标记。

2）应试桩3组，主要确定钻进速度、地层变换后电流的变化值、喷浆量大小、桩的深度、成桩时间、搅拌次数，为正式施工提供较准确的依据。

3）开挖沟槽：以三轴搅拌桩桩位为中心线，挖掘机型号和沟槽尺寸可根据实际情况适当调整，清除地下障碍物。开挖导向沟槽时，应及时处理余土，保证桩机能水平行走。

4）桩机就位后，应校正桩机垂直度，在桩架上焊接一半径为50mm的铁圈，在10m高处悬挂铅锤，利用全站仪校正钻杆垂直度，使铅锤正好通过铁圈中心。每次施工前，必须适当调节钻杆，使铅锤位于铁圈内，钻杆垂直度误差应控制在0.5%内。应按照测放的桩位移动桩机，桩尖对准桩位，桩位偏差不应大于50mm，调平机台，用线锤调整机身垂直度，垂直误差应小于0.5%。

5）三轴搅拌桩后台采用钢结构形式全封闭空间，确保水泥在存放和使用过程中满足安全文明施工要求。

6）应按照设计要求配制水泥浆，搅拌时间不宜短于3min，不宜长于2h，宜采用两次搅拌法，随制随用。

7）三轴搅拌桩施工应符合下列要求：

（1）应采取防泥浆外溅措施，防止成桩施工过程中泥浆外溅。应将桩机钻头尖部对准桩位下钻。成桩过程中，应均匀喷浆，根据桩长、下沉速度控制喷浆压力和喷浆量。

（2）钻进、搅拌、提升时，应防止水泥浆液发生离析，同时严格控制下沉和提升速度，与设计参数相匹配。在桩底部分宜重复搅拌喷浆。每根桩开钻后应连续作业，不得中断喷浆。严禁在尚未喷浆的情况下进行钻杆提升作业。储浆罐内的储浆量应不小于一根桩的设计用量。

3 SMW工法桩

1）型钢加工应符合以下要求：

（1）型钢规格、焊缝质量、截面尺寸、平整度应符合设计要求、国家和行业现行有关标准的规定。型钢进场后应进行质量验收，合格后方可投入使用。

（2）型钢堆放场地必须平整、无积水，堆码应整齐，确保型钢平整度和垂直度符合要求。

（3）内插型钢宜采用整材；如果必须采用分段焊接，应采用坡口焊接，焊接等级不低于二级，焊接接头位置应避开型钢受力较大处；型钢接长焊接时，应采用坡口焊接，焊接等级不低于二级。

（4）涂刷减阻剂前，必须清除型钢表面铁锈或灰尘。减阻剂涂层厚度应大于1mm，涂刷应均匀，确保涂层的粘接质量。

2）型钢插入作业应符合以下要求：

（1）应根据施工现场实际情况采用相应吨位的起重机起吊H型钢，用线锤校核垂直度，并确保垂直。

（2）固定插入型钢平面位置宜采用在沟槽定位型钢上设H型钢定位卡，型钢定位卡必须牢固、水平。将H型钢底部中心对正桩位中心并沿定位卡缓慢垂直插入水泥土搅拌桩体内。型钢宜依靠自重插入，也可借助带有液压钳的振动锤等辅助手段下沉到位，严禁采用多次重复起吊型钢并松钩下落的插入方法。

（3）型钢下插至设计深度后，应焊直径8mm的吊筋将型钢固定于槽钢之上。

3）型钢拔除作业应符合以下要求：

（1）宜采用专用液压起拔机将型钢分段拔除。拔除有困难时，可采用振动锤施加轻微的振动，在振动锤与型钢之间垫设实木块，然后再用千斤顶拔除。

（2）为减小拔出 H 型钢后其孔隙对周围建筑物、场地地下土层的影响，拔出 H 型钢后应及时填充，填充物应以水泥浆液或者砂浆为主。

5.1.5 质量检验

1 钻孔灌注桩

1）钻孔灌注桩桩身完整性宜采用小应变法检测。

2）钻孔灌注桩的其他检验项目及检验方法应参照表 5.1.5-1 的规定。

钻孔灌注桩质量检验标准　　　　　　表 5.1.5-1

检查项目	允许偏差	检查方法
桩位（轴线和垂直轴线方向）	10mm	基坑开挖前量护筒，开挖后量桩中心
孔深	+300mm	只深不浅，用量锤测，或测钻杆、套管长度，嵌岩桩应确保达到设计要求的嵌岩深度
垂直度	0.5%	测套管或钻杆，或用超声波探测，干施工时吊垂球
沉渣厚度	100mm	用量锤、绳尺测量

2 地下连续墙

1）采用超声波法检测地下连续墙的完整性。

2）地下连续墙其他检验项目的质量检测标准应参照表 5.1.5-2。

地下连续墙质量检测标准　　　　　　表 5.1.5-2

允许偏差	临时支护墙体	单一或复合墙体
平面位置（mm）	±50	+30 0
平整度（mm）	50	30
垂直度（‰）	5	3
预留孔洞位置（mm）	50	30
预埋件位置（mm）	—	30
预埋连接钢筋位置	—	30
变形缝位置（mm）	—	±20

3 高压旋喷桩、三轴搅拌桩及 SMW 工法桩

1）施工时，必须严格控制和跟踪检查每根桩的水泥用量、桩长、喷头和搅拌头下降及提升速度、浆液流量、喷浆压力、成桩垂直度、H 型钢吊装垂直度、高程等。

2）SMW 桩体不得出现大面积的湿迹和渗漏现象；如果有渗漏，应及时封堵。

3) H 型钢安装验收标准应符合表 5.1.5-3 的规定。

H 型钢安装验收标准　　　　　表 5.1.5-3

检查项目	允许偏差	检查频率 范围	检查频率 点数	检查方法
型钢垂直度	≤1/200	每根	全过程	用经纬仪测量
型钢长度	±10mm	每根	1	用钢尺测量
型钢底高程	−30mm	每根	1	用水准仪测量
型钢平面位置	50mm（平行于基坑方向）	每根	1	用钢尺测量
	10mm（垂直于基坑方向）	每根	1	用钢尺测量
形心转角	3°	每根	1	用量角器测量

4) 旋喷桩桩体验收标准应符合表 5.1.5-4 的规定。

旋喷桩桩体验收标准　　　　　表 5.1.5-4

项目	检查项目	允许偏差或允许值	检查方法
主控项目	水泥、外掺剂质量	—	检查产品合格证书或抽样送检，应符合出厂要求
	水泥用量	—	查看流量计
	桩体强度或完整性	设计要求	应符合设计要求
	地基承载力	设计要求	应符合设计要求
一般项目	钻孔位置	≤50mm	用钢尺测量
	钻孔垂直度	≤1%	用经纬仪测钻杆或实测
	孔深	±200mm	用钢尺量
	注浆压力	—	查看压力表，应符合设定值
	桩体搭接	>200mm	用钢尺量
	桩体直径	≤50mm	开挖后用钢尺量
	桩身中心允许偏差	≤0.2D	开挖后在桩顶以下 500mm 处用钢尺量

注：D 为桩径。

5) 搅拌桩桩体验收标准应符合表 5.1.5-5 的规定。

搅拌桩桩体验收标准　　　　　表 5.1.5-5

项目	检查项目	允许偏差或允许值	检查方法
主控项目	水泥、外掺剂质量	—	查产品合格证书或抽样送检，应符合出厂要求
	水泥用量	—	查看流量计
	桩体强度	设计要求	应符合设计要求
	地基承载力	设计要求	应符合设计要求
一般项目	机头提升速度	≤0.5m/min	量机头上升距离、时间
	桩底高程	±200mm	测机头深度
	桩顶高程	+100mm −50mm	水准仪（最上部 500mm 不计入）

续上表

项目	检查项目	允许偏差或允许值	检查方法
一般项目	桩位偏差	<50mm	用钢尺测量
	桩径	<0.04D	用钢尺测量
	垂直度	≤1.5%	用经纬仪测量
	搭接	>200mm	用钢尺测量

注：D 为桩径。

5.2 基坑开挖与支护

5.2.1 一般规定

1 钢支撑、锚索等支护材料规格（型号）应符合设计要求，进场验收应合格。

2 支撑、围檩架设的位置、数量和质量应符合设计要求。

3 应取得混凝土支撑强度、锚索抗拔检测合格报告。

4 斜撑应按要求设置防滑移装置。

5 支撑应及时按设计施加预应力。

6 立柱桩设置应符合要求。

7 边坡坡度、边坡支护应符合设计要求。

8 降水作业应按设计方案进行。

9 土方开挖方法、程序应符合设计及施工方案要求。

10 爆破施工参数应符合方案要求、国家和行业现行有关标准的规定。

5.2.2 冠梁

1 桩头破除

1）应开挖至冠梁底高程，破除桩头超灌混凝土至设计高程，清除桩顶的余土、浮渣，将桩顶混凝土凿毛，并用清水清洗干净。

2）桩头破除时，应注意保护测斜管等成品。

2 冠梁钢筋施工

1）对于机械连接的钢筋端头，应切除原材端头，并对端头进行打磨，保证端头平整。对进场的车丝机进行调试，采用通止规检查丝头且合格后，再进行丝头加工，丝头长度必须满足现行《钢筋机械连接技术规程》（JGJ 107）的要求。

2）钢筋安装应符合下列要求：

（1）检查钢筋笼主筋机械连接扭力值，根据规范要求抽检10%。

（2）钢筋焊接应满足国家和行业现行有关标准的规定，单面焊的焊缝长度为$10d$，双面焊的焊缝长度为$5d$（d为钢筋直径）。

（3）钢筋接头设置应满足设计要求、国家和行业现行有关标准的规定。

3）冠梁混凝土浇筑及养护应符合以下要求：

（1）冠梁混凝土应一次浇筑完成。

（2）冠梁洒水养护的时间不少于14d。

（3）冠梁施工应与钢筋混凝土支撑梁施工同步。

5.2.3 降排水

1 截水沟、集水井的设置

1）基坑开挖过程中，应在基坑外的地表采取截流、导流、挡水等措施。

2）基坑四周地表应设截水沟、挡水墙，防止地表水进入基坑。

3）基坑内应分级设排水明沟及集水井，基坑内排水沟宜设于基坑内四周坡脚处。

2 降水井施工

1）井点间距应根据设计文件或计算确定。基坑较大、不能满足降水深度要求时，应在基坑内增设井点。钻孔口应设置护筒，孔底宜比管底深500~1000mm。分节组装的井管直径应一致。钢管井管的滤管应采用穿孔钢管，并在外壁设过滤层。

2）井管各节应连接严密并同心。滤管应置于含水层中。井管口应高出地面300~500mm，并应加盖保护，避免杂物落入井内。井管安装就位后应临时封闭。

3）井管周边滤料应洁净。降水井点完工后，应检查渗水性能并进行抽水试验。降水过程中，应加强对周边建（构）筑物的监控量测，发现问题时应及时采取措施。

4）降水井成孔宜采用反循环钻机。下管前应清孔，沉渣厚度应符合设计要求。滤料充填完成后，应立即洗井，洗井宜采用井管外注清水循环的工艺，抽、停交替，直至水清砂净为止。基坑主体结构施工完成后，应封闭降水井。

5.2.4 混凝土支撑

1 底模施工

1）土方不应超挖，支撑底模设计高程以上200mm必须采用人工挖除，避免扰动原状地基土、影响承载力。

2）当基底土质较差时，应在支撑范围内换填，确保混凝土浇筑后支撑底面成型质量。

2 混凝土支撑侧模拆除应在不损坏混凝土棱角的情况下进行。

3 混凝土浇筑及养护

1）混凝土施工缝宜设置在支撑受力较小且便于施工的位置。浇筑混凝土时，应注意避免直接靠近缝边下料。

2）应及时养护现浇支撑，可用浇水养护方法，养护时间应符合国家和行业现行有关标准的规定。

3）混凝土支撑成品保护可采用角钢包边。

5.2.5 钢支撑

1 钢支撑、钢围檩进场验收

1）钢支撑、钢围檩进场前应进行全面检查验收,重点对钢管长度、壁厚和钢管接头焊缝质量进行检查,经验收合格后才能进行下一步施工。不得使用有明显外观缺陷的钢管、钢围檩。

2）安装支撑前应进行试拼,拼装后两端支点中心线偏心不应大于20mm,安装后总偏心量不应大于50mm。拼装应在硬化的平整区域进行。

2 牛腿、钢围檩安装

1）土方开挖至钢支撑设计位置后,应及时安装牛腿、钢围檩。牛腿应通过膨胀螺栓固定在围护桩上。安装牛腿时,必须测量放线,并在围护桩上做标记,确保牛腿顶面高程符合设计要求。

2）钢围檩应与牛腿密贴,并按设计要求固定。

3）钢围檩与围护桩之间应灌注细石混凝土并捣实,使围护桩受力均匀。钢支撑的预应力应在细石混凝土强度达到设计强度的80%后施加。

3 钢支撑安装

1）钢支撑格构柱应严格按设计要求与钢支撑连系梁牢固焊接,同时按设计要求焊接拉杆、剪刀支撑。

2）钢支撑与连系梁应密贴,应严控焊接及拼装质量。

3）钢支撑钢管分节在地面拼装后,整体吊起安装。吊装过程中严禁触碰格构柱、降水井及已架设就位的钢支撑。

4）钢支撑与钢围檩应密贴且连接牢固。

4 防坠落措施

1）钢支撑和钢围檩的防坠落装置应分别设置,钢支撑防坠落钢丝绳应采用花篮螺栓拉紧,并应满足设计角度。

2）钢支撑应采用"上吊下托"的双重防坠落措施,上吊宜采用钢丝绳,方便安装、拆除和重复利用。

5 钢支撑施加预应力

1）每根支撑均在一端设置千斤顶支座和承力牛腿,安装就位后,用工程千斤顶和液压泵对支撑施加预应力,预应力施加到位后,应使用钢楔块撑紧端头处的缝隙并焊接牢固。

2）钢支撑预应力应按照设计要求分级施加,应根据安装的钢支撑应力计判断是否需要补加预应力。第一次施加预加应力12h后,应测量预应力损失、围护结构位移,并复加预应力至设计值。

6 钢支撑的拆除施工

1）应根据结构施工进度,自下而上分段拆除钢支撑。在结构混凝土强度达到设计要求或设计强度的80%前不得拆除。

2）拆除钢支撑时,应分步卸载预应力。

3）拆除钢支撑时，吊机应始终吊紧钢支撑，避免钢支撑滑落。卸载后，吊机吊出钢支撑，在基坑分拆。

4）拆除过程中，应加强围护结构各项监测，根据监测情况实时调整拆除方案。

5.2.6 锚杆（索）

1 钻孔

1）应根据锚杆类型、规格及围岩等情况合理选择钻孔机具。

2）应按设计要求标识位置，孔位偏差不得超过±150mm。

3）钻孔应与围岩壁面或其所在部位岩层的主要结构面垂直。

4）钻孔直径和角度应符合设计要求，砂浆锚杆的直径应比杆体直径大15mm，其他锚杆的钻孔直径应与杆体直径匹配。

2 锚杆（索）安装

1）应严格按照设计要求选择钢筋（或钢绞线）材料。

2）应严格按照计长度下料。

3）锚束放入钻孔之前，应检查孔道是否阻塞，查看孔道是否清理干净，并检查锚索体的质量，确保锚束组装满足设计要求。安放锚束时，应防止锚束扭压、弯曲。

3 注浆及拉拔试验

1）注浆作业应连续紧凑，中途不得中断，使注浆工作在初始注入的浆液仍具塑性的时间内完成。

2）注浆时，应边灌边提注浆管，保证注浆管管头插入浆液液面下500～800mm，严禁将导管拔出浆液面，避免断杆。

3）锚杆（索）验收与试验应符合国家和行业现行有关标准的规定，锚杆（索）抗拉拔力应满足设计要求。

5.2.7 施工监测

1 围护结构内力和位移监测、内支撑的内力和位移监测、地表沉降监测、坡顶水平及竖向位移监测、地下水位及土体深层位移监测、地下管线监测、周边建筑物监测等的监测点布置、监测频率等应满足设计要求、国家和行业现行有关标准的规定。

2 监测预警指标应符合设计要求。设计未给定时，应根据结构的极限承载力和极限允许位移，结合周边环境，科学合理地确定围护结构、内支撑等的监控预警指标。

5.2.8 土方开挖

1 放坡开挖

1）基坑开挖应分层分段均匀对称进行，应遵循"竖向分层、纵向分段、先支后挖"的原则。

2）施工场地有条件采用放坡开挖时，应设置多级平台分层开挖，坡顶或坑边不宜堆土或堆载。遇不可避免的附加荷载时，稳定性验算应考虑附加荷载的影响。基坑边坡的稳定性必须经过验算。

3）放坡开挖施工前，应根据总平面图、基础平面图进行测量放线，设置控制定位轴线桩或水平桩，放出开挖边线。

4）应提前准备边坡支护材料，应做到随挖随支。

5）开挖时，应测量、校核开挖平面位置、水平高程和边坡坡度。土方开挖应遵循"由上而下、分层分段"的顺序。

6）放坡开挖的坡度、坡面的平整度、分级平台的设置、分级平台的高程及宽度必须满足设计要求。

7）对于超过一定时间未继续开挖的坡面，应素喷混凝土进行保护。

2 土钉墙支护开挖

1）工作面开挖作业应符合下列要求：

（1）施工测量控制桩经验收后，应按照设计坡率进行基坑放线，经复核无误方可开挖。

（2）机械开挖后应辅以人工修整坡面，清除松动面层，确保立面角和壁面平整度符合设计要求。

（3）开挖时，应随时复核边坡坡度，开挖断面经检查合格后应立即初喷混凝土封闭，坡面土暴露时间不应超过24h。待喷射混凝土强度达到设计强度后方可继续向下开挖土方。

2）土钉钻孔作业应符合下列要求：

（1）黏土地层的土钉宜选用螺旋钻成孔；砂岩地层的土钉宜选用冲击式锚杆机或地质钻成孔，套筒跟进防止塌孔。

（2）钻孔应严格按照设计图纸施工。

3）土钉安装作业应符合下列要求：

（1）安装土钉前，应检查钻孔；如果发现碎土、石、杂物及泥浆，应立即清除。

（2）应沿钻孔轴线将土钉推送入孔内至设计位置。推送过程中，严禁转动土钉，防止土钉破坏孔壁或插入孔壁土体中。

（3）推送完毕后，应立即检查孔中是否有碎土堵孔；如果有碎土，应立即处理，必要时应将土钉拔出，清除碎土后，重新将土钉推入孔内。

4）注浆作业应符合下列要求：

（1）注浆前，应检查机具设备是否完好，检查喷混凝土坡面封闭情况。应采用抹砂浆或喷混凝土，对土钉与喷混凝土坡面相交位置、坡脚处、坡面与围护桩相交处等混凝土封闭薄弱位置进行封闭加强。

（2）应采用孔底注浆法进行注浆。注浆管应随着注浆慢慢拔出，注浆管端头应始终在注浆浆液内。

5）钢筋网加工作业应符合下列要求：

（1）钢筋网片应和土钉连接牢固。

（2）钢筋在制网前均应拉伸调直，网点分别用绑丝扎牢或焊接牢固。

(3) 土钉端部加强筋、钢筋网相互焊接，各钢筋由里向外依次为：钢筋网，水平垂直加强筋，土钉端头焊接加强筋。

6) 喷射混凝土作业应符合下列要求：

(1) 土钉墙支护混凝土喷射应采用湿喷法。

(2) 为保证喷射混凝土均匀且厚度达到设计值，应在边坡上每隔一定距离打入垂直短钢筋作为厚度标志。

(3) 喷射混凝土时，喷头与受喷面应保持垂直，宜保持0.8~1.0m的距离。

(4) 喷射混凝土表面应平整，不应有干斑或滑移流淌现象。

(5) 喷射混凝土应分段分片依次进行，同一段内喷射顺序应自下而上，一次喷射厚度不宜大于120mm。对于布置钢筋的部位，宜先喷钢筋的后方，防止钢筋背面出现空隙。

7) 边坡支护完成后，应在基面上凿孔，安装泄水管。

3 有围护结构基坑开挖

1) 基坑开挖应按照"分层、分段开挖、随挖随撑，撑锚与挖土配合"的原则，严禁超挖。横向应先开挖中间土体，后开挖两侧土体，宜利用中间槽道装运土体，提高效率。

2) 土方开挖过程中，严禁挖掘机触碰钢支撑、立柱、围檩、降水井、管线等构筑物。

3) 基坑开挖前，地下水位应不高于基底以下0.5m。

4) 土方开挖至锚杆、支撑设计位置后，应及时施作锚杆或支撑。采用钢筋混凝土支撑时，达到设计强度前不得开挖下层土体。

5) 基坑两侧10m范围内不得堆载。

4 桩间挂网喷射混凝土

1) 严禁采用干喷工艺。

2) 喷射前应预埋喷层厚度控制标志。

3) 喷射作业前，应使用高压风清除受喷面浮土等松散料。

4) 喷射作业应分层、分段、分片依次进行，喷射顺序应为自下而上螺旋式移动。

5) 分层喷射时，后一层喷射应在前一层混凝土终凝后进行。

6) 应连续均匀向喷射机供料，机器正常运转时应保持足够的存料。

5 人工清底

1) 基坑机械开挖接近基底200mm时，应配合人工清底，不得超挖或扰动基底土。

2) 基底为隔水层且层底有承压水，或基底超挖、扰动、水浸、有异物、有杂土、有淤泥、土质疏松或软硬不均时，应会同建设单位、设计单位、勘察单位、监理单位研究确定处理方案。

6 基底验槽

1) 人工清底完成后，应根据设计要求进行地基承载力试验。

2) 地基验槽应符合下列要求：

(1) 应在地基承载力试验合格并由有资质单位出具地基承载力报告后，由监理单位组织勘察单位、设计单位、施工单位进行基底验槽。

（2）基底高程偏差应为 -20 ~ +10mm，基底土的参数应符合设计要求，基底尺寸应符合设计要求，开挖方式应符合国家和行业现行有关标准的规定。

（3）地基验槽合格后，应及时进行垫层施工。

7 盖挖法

1）盖挖法施工时，基坑围护结构内的地下水位必须稳定在不高于基底以下0.5m。

2）逆作法施工时，应随土方开挖的不同工况分别验算支护结构的承载力和稳定性，必要时应采取加强措施。

3）在围护结构、中间支承柱、顶板土方及结构施工的同时，应进行竖井和横洞的施工。

4）顶板施工完后，应迅速恢复地面。

5）底板封闭前，必须随开挖进度及时验算围护结构、支承柱的承载力和稳定性，必要时应采取加强措施。

6）当采用桩基础工艺施工时，竖向结构支承柱应符合下列规定：

（1）钢筋混凝土柱逆作施工可采用人工或机械成孔工艺，土方开挖后应按设计要求形成结构柱。

（2）型钢柱或钢管混凝土柱应与下部混凝土桩组合成中间支撑柱，柱与孔壁之间的空隙宜用砂充填密实。

（3）支承柱与水平结构连接节点施工应按设计进行，预埋件、后植筋或其他连接构件定位精度应符合设计要求。

7）竖向结构混凝土墙施工应符合下列规定：

（1）当施作每一层水平结构时，相应的上、下层混凝土墙应预留竖向钢筋。

（2）逆作混凝土结构墙施工缝宜设置在结构腋角、纵梁等构件下 300 ~ 500mm。

8）施作水平结构时，应优先利用土胎模；当土质不满足要求时，应采用其他支模方式浇筑梁板水平结构，应复核围护结构在此工况下的稳定性和安全性。

9）土模施工过程中，应加强基坑内地下水的疏排，避免由于地下水造成土模沉降变形而影响结构精度。

10）土方开挖时，应根据柱网轴线和实际情况设置足够的通风口及地下通风、换气、照明和用电设备。

5.3 主体结构

5.3.1 一般规定

1 满堂支架宜采用碗扣支架、盘扣支架等，不宜采用扣件式支架。

2 侧墙、立柱宜采用钢模板。当采用竹胶板、木模板时，其周转次数不应超过2次。

3 钢筋保护层厚度应符合设计要求。

4 安装钢筋时，宜采用钢筋定位卡具等控制钢筋间距。

5 施工缝混凝土应凿毛、洗净，符合国家和行业现行有关标准的规定。

6 止水钢板的埋设位置、方向应符合设计要求。

5.3.2 综合接地及垫层

1 现场准备

1）应平整基坑底部，可采用石灰线标出综合接地装置的位置，确保接地网安装位置准确。

2）可采用小型挖掘机挖槽或深坑埋设接地体。

2 接地网沟槽开挖

1）每段主体结构底板土方开挖至基底平整后，应进行测量放线。

2）应测定接地网的设置位置，并用白灰粉按其分布情况做标记。接地线的材质应符合设计要求。使用水准仪核对基底高程，确定地网沟开挖深度。沟槽开挖的深度和宽度应符合设计要求。

3）应按设计路径及位置开挖地网沟，边挖边敷设，避免沟壁坍塌。应清理沟内石块等杂物。

4）可使用黄黏土回填接地体，并分层夯实。

3 水平接地体安装

1）基坑开挖至基底面时，应测量放样出综合接地网的水平接地体的位置，并做标记，接地网沟开挖完成之后放入水平接地体。水平接地体应立放，铜排之间应采用放热焊接。

2）安装好的水平接地体经检查合格后，宜采用物理降阻剂包裹接地体，再用素土或黏土回填并夯实。

3）采用放热焊，对各段之间及与垂直接地体之间进行焊接。

4 接地引出线的制作与安装

1）接地网引出时应设置非磁性钢管接地引出线，接地引出线不应与结构钢筋接触。止水环密封焊接在钢管外壁上，不得渗漏水，固定块焊接在钢管内壁上。

2）钢管外表应涂防锈漆，其内部应用硅橡胶填充密实。

5 接地装置接地体的连接

1）接地极之间的连接应采用焊接，焊接方法宜采用放热焊接（热熔方式）。

2）铜排应立放，水平接地极与连接带搭接长度不应小于 200mm，不应损伤芯线，焊接处应做防腐处理，保证施工质量。接地引入线在保护管内不应有接头，穿墙管严禁与隧道结构钢筋接触。

6 接地电阻的测量

1）应测量接地装置接地电阻值，测量结果应符合设计要求。

2）如果接地电阻测量值不满足设计要求，应在敷设剩余接地网时采取补救措施。

7 接地引出线的保护

1）接地引入线保护管与隧道穿墙管法兰盘的连接应绝缘。

2）接地引入线在保护套管内不得有接头。

3）严禁隧道穿墙管与隧道结构钢筋接触。

4）应根据引入线尺寸，选择合适的钢管加工接地引入线保护管。

8 垫层混凝土浇筑

1）地基验槽合格后，应分段进行垫层混凝土浇筑。

2）为了保证后续浇筑混凝土的质量，在主体结构施工节段长度两端加宽不宜小于2m。

5.3.3 钢筋

1 钢筋原材料进场检验

1）钢材进场时，应对其质量指标进行全面检查，包括直径、延米重、屈服强度、抗拉强度、伸长率和冷弯试验等。

2）钢材进场后，应分类码放并设置材料标识牌。

2 钢筋调直

1）应按调直钢筋的直径选用适当的调直块、传动速度。调直块的孔径应比钢筋直径大2~5mm。

2）送料前，应切除不直的钢筋端头。导向筒前应安装一根1m长的钢管，钢筋应先穿过钢管再送入调直前端的导孔内。

3）切断3~4根钢筋后，应停机检查其长度；当超过允许偏差时，应调整限位开关或定尺板。

3 钢筋弯曲

1）弯曲钢筋的分段尺寸宜用石笔标记在钢筋上，钢筋的标记长度应符合设计图纸的要求。

2）应清除表面杂物。钢筋应平直、无局部折曲。

3）弯曲时，应按加工钢筋的直径、弯曲半径的要求，安装相应规格的芯轴、成型轴、挡铁轴。弯制钢筋宜从中部开始，逐步弯向两端，应一次弯成。

4 钢筋套丝

1）对于不同直径的钢筋，宜通过调整滑板限位螺钉伸出的长度来调整加工丝头的长度。

2）丝头加工应采用水溶性切削液，严禁用油性切削液。

5 半成品钢筋

1）钢筋的弯制和末端的弯钩应符合设计要求。

2）用光圆钢筋制成的箍筋，其末端应有弯钩（半圆形、直角形或斜弯钩）。弯钩的内直径应大于受力钢筋直径。

6 钢筋闪光焊连接

1）闪光对焊作业应在钢筋棚内进行，可根据钢筋品种使用对应型号的焊机。

2）施焊前，必须进行现场条件下的焊接工艺试验。

3）闪光对焊主筋轴心偏差应小于主筋直径的10%且不应大于2mm。闪光接头处不得有横向裂纹。与电极接触的钢筋表面不得有明显烧伤。钢筋接头的拉伸试验和冷弯试验应避开钢筋弯曲处，距弯曲点的距离不应小于钢筋直径的10倍。

4）钢筋接头应设置在承受应力较小处。设计无要求时，焊接接头错开率在受弯构件的受拉区不得大于50%，轴心受拉构件不得大于25%。

7 钢筋搭接焊

1）焊接后的钢筋应位于同一轴线上。单面焊焊缝长度不应小于10d，双面焊不应小于5d（d为钢筋直径），焊缝应饱满，不得焊伤主筋。

2）应及时敲除焊渣。

3）钢筋接头应设置在承受应力较小处，并应分散布置。设计文件未要求时，焊接接头错开率在受弯构件的受拉区不得大于50%，轴心受拉构件不得大于25%。同一连接区段同一根钢筋上的接头数量不得超过1个，焊接接头的错位距离不应小于钢筋直径的35倍，且不小于500mm。

8 板钢筋安装

1）应清理模板或防水板混凝土保护层上的杂物。应在模板上或防水板混凝土保护层标记主筋、分布筋间距。

2）按标记的间距，应先摆放受力主筋、后放分布筋。应及时安装预埋件、电线管、预留孔等。

3）现浇板中有板带梁时，应先绑板带梁钢筋、再摆放板钢筋。

4）为保证混凝土保护层厚度，应在钢筋与模板之间采用垫块进行支垫。垫块应相互错开、分散布置，不得横贯保护层的全部截面。垫块数量不得少于4个/m^2。绑扎垫块和钢筋的铁丝头不得伸入保护层内。垫块的尺寸应保证钢筋混凝土保护层厚度的准确性，其形状（宜为工字形或锥形）应有利于钢筋的定位。垫块的耐久性和抗压强度应不低于构件本体混凝土。

5）焊接骨架的所有钢筋相交点必须焊接。当焊接网片只有一个方向受力时，受力主筋与两侧锚固横向钢筋的全部相交点必须焊接；当焊接网有两个方向受力时，四周边缘的钢筋的全部相交点均应焊接；其余相交点可间隔焊接。

6）绑扎钢筋骨架在运输、安装、混凝土浇筑过程中不得有变形、开焊或松脱现象。

9 墙钢筋安装

1）应在底板混凝土上标记侧墙钢筋位置线、模板控制线、墙身位置线。

2）侧墙如有暗柱钢筋，应先绑扎暗柱钢筋。对于墙身钢筋，应先绑迎水面钢筋后绑扎背水面钢筋，自下而上绑扎。

10 梁钢筋安装

1）宜在梁模板上按设计要求标记箍筋及加密箍的间距线。

2）宜在主、次梁模板上口铺数根横杆临时固定箍筋，应先穿主梁下部纵向受力钢筋及弯起钢筋，将箍筋按间距逐个分开，穿次梁的下部纵向受力钢筋及弯起钢筋，并套好箍筋；放主、次梁架立筋；调整箍筋间距，应符合设计要求。应先绑架立筋再绑主筋，主次梁同时配合进行。

3）梁、柱等结构中的钢筋骨架的箍筋应与主筋垂直连接。箍筋与主筋交叉点处应以铁丝绑扎。梁、柱等构件拐角处的交叉点应全部绑扎；中间平直部分的交叉点可交错绑扎。

11　柱钢筋安装

1）柱子主筋宜采用机械连接接头。在柱子竖向钢筋上按设计要求标记箍筋间距线，箍筋的弯钩叠合处应沿柱子竖筋交错布置，并绑扎牢固。

2）梁、柱等结构中的箍筋应与主筋垂直连接。箍筋与主筋交叉点处应以铁丝绑扎。梁柱等构件拐角处的交叉点应全部绑扎；中间平直部分的交叉点可交错扎结。当梁、柱混凝土强度等级的差别大于或等于2级时，节点处应设置束口网，以便浇筑梁、板不同等级的混凝土。

12　钢筋绑扎连接

1）应使用20~22号铁丝（火烧丝）或镀锌铁丝（铅丝）绑扎钢筋。

2）光圆钢筋末端应做成彼此相对的180°弯钩，带肋钢筋应做成彼此相对的90°弯钩。应使用铁丝绑扎钢筋搭接部位的中心及两端。

3）钢筋接头应设置在承受应力较小处，并应分散布置。设计无要求时，绑扎接头错开率在受拉区不得大于25%，在受压区不得大于50%。同一连接区段内同一根钢筋上的接头数量不得超过1个。同一连接区段内绑扎接头错开距离应为1.3倍搭接长度且不小于500mm。无法判断结构受拉、受压区时，应按受拉区处理。

13　直螺纹套筒预埋

1）主体侧墙、顶板等结构中预埋的直螺纹套筒应严格按照设计要求的长度、数量、间距、位置、规格进行预埋。应按照预埋套筒的设计位置在现场做标记。

2）已连接钢筋丝头外露应不超过2丝头。

3）预留钢筋直螺纹接头外露端部应与模板密贴，或者在其与模板之间安装泡沫板并顶紧，确保拆模后可找到套筒外露端。外露直螺纹套筒端应使用塑料塞进行临时封闭，浇筑混凝土时，混凝土不应进入套筒内。

14　杂散电流钢筋焊接、引出端子预埋

1）应严格按杂散电流设计图纸和现行有关标准的要求焊接结构钢筋，结构钢筋应成为统一的电气整体。焊点位置及工艺应满足设计图纸和现行有关标准的规定，严禁脱焊、虚焊。

2）伸缩缝两侧的侧墙上应引出结构钢筋连接端子，引出端子的连接方式、位置应符合设计要求。

3）纵向受力钢筋、主筋交叉点、明暗挖过渡段钢筋的焊接方式应符合按照设计要求、国家和行业现行有关标准的规定。

15　钢板、吊钩、钢筋应力计预埋

1）主体侧墙、中板、顶板等结构中预埋的钢板、管线、吊钩、监测设备等预埋件的长度、数量、间距、位置、规格应符合设计要求。

2）各类预埋件应与结构钢筋绑扎或焊接牢固。应按照设计位置在现场用粉笔做标记。

3）预埋件宜在钢筋绑扎成型后安装，避免在钢筋绑扎过程中因施工原因造成破坏。预埋件安装后应安排专人核对位置、数量、间距等。

5.3.4 模板及支架

1 钢模进场验收

1）进场组合钢模及其配件的制作质量应符合国家和行业现行有关标准的规定。

2）应对组合钢模的钢板形式、尺寸、钢板厚度进行现场检查验收。钢模板焊缝应饱满，焊药应清除干净，不得有未焊透、夹砂、咬肉、裂纹等缺陷。应有厂家关于所用材料的质量说明、证明书及产品合格证。

2 竹胶板进场验收

1）竹胶板表面应平整光滑，具有防水、耐磨、耐酸碱的保护层，应保温性能好、易脱模和可两面使用。

2）不得使用变形、污染、破损的竹胶板。

3 盘扣式支架施工

1）盘扣式支架施工应符合现行《建筑施工承插型盘扣式钢管支架安全技术规程》（JGJ 231）的规定。

2）高大模板方案应通过专家论证评审后方可实施。立杆应按照方案规定的纵横向间距弹线布置，支架首层立杆应采用不同的长度交错布置，应通过垂线及拉线控制支架立杆及横杆的垂直度及顺直度。

3）考虑到支架的整体稳定性，支架架体四周外立面向内的第一跨每层均应设置竖向斜杆，架体整体底层以及顶层均应设置竖向斜杆，并应在架体内部区域每隔5跨由底至顶、纵横向均设置竖向斜杆或采用扣件钢管搭设的剪刀撑。当满堂模板支架的架体高度不超过4个步距时，可不设置顶层水平斜杆；当架体高度超过4个步距时，应设置顶层水平斜杆或扣件钢管水平剪刀撑。

4 底板掖角模板及底板端头模板安装

1）底板掖角模板宜采用定型模板，通过预埋在主体结构钢筋上的地锚进行固定。施工缝处堵头模可采用50mm方木条，锯齿加工齿距应按设计受力主筋间距制作。固定木条时，施工缝必须平直且与止水带紧密连接。

2）应通过测量放线将模板的边线、高程线标记在钢筋及垫层上。

3）模板必须牢固安装。模板接缝应严密、不漏浆，可在拼缝处安装海绵条。模板与混凝土的接触面必须清理干净并涂刷脱模剂。

5 侧墙、顶板及中板模板安装

1）侧墙模板施工前，应预先在底板或中板埋设钢筋制成的地脚螺栓。

2）侧墙施工时，模板与三脚架间应使用模板扣件牢固连接，人工配合吊机安装，并利用地脚螺栓将三脚架牢固固定。

3）模板底高程应考虑支架弹性变形及施工误差。对于跨度不小于4m的梁、板，其模板应按设计要求起拱；无具体要求时，起拱高度宜为跨度的1/1000～3/1000，浇筑混凝土前必须做好高程控制。

6 梁柱模板安装

1）应在基础、板面上通过测量定位标记梁、柱的中心线四周边线，沿边线竖立立板。宜使用组合钢模作为柱模板，正确固定柱脚，用斜撑临时固定柱模板。模板宜采用脚手板、对拉螺栓（双垫片、双螺母）、方木及钢管支撑加固。

2）为保证柱根部不出现漏浆、烂根，在柱模板下边宜放置海绵条，海绵条内侧与柱模板内侧平齐（内侧压在弹出的线上，用胶粘在板上），严禁海绵条伸入柱内。

7 模板拆除

1）拆模时，混凝土强度应符合设计要求；当设计未提出要求时，应符合下列规定：

（1）应在侧模表面棱角不因拆模而受损后拆除侧模。

（2）应在底模混凝土强度符合表5.3.4的规定后拆除底模。

拆除底模时所需混凝土强度 表5.3.4

结构类型	结构跨度（m）	达到混凝土设计强度的百分数（%）
板	≤2	50
	>2～<8	75
	≥8	100
梁、拱、壳	≤8	75
	>8	100
悬臂梁（板）	≤2	75
	>2	100

2）拆模后宜采用涂刷养护剂的方法养护。涂刷养护剂时，必须边拆模边涂刷，不得延误涂刷时间，不得漏刷。

3）混凝土的拆模时间除需考虑拆模时的混凝土强度外，还应考虑拆模时的混凝土温度，不得过高，以免混凝土接触空气时降温过快而开裂。严禁在拆模时浇凉水。

4）结构或构件混凝土的里表温差大于25℃、混凝土表面与大气温差大于20℃时不宜拆模。大风或气温急剧变化时不宜拆模。在炎热和大风干燥季节，应采用逐段拆模、边拆边盖的拆模工艺。

5）拆模顺序应按立模顺序逆向进行。模板与混凝土脱离前，不得拆卸、吊运模板。严禁采用猛烈敲打、强扭等方法拆除模板、支架。严禁抛扔模板。拆除模板、支架时不得损伤混凝土。

8 模板打磨、涂刷脱模剂

1）模板拆除后应及时用磨光机打磨，去除钢模板表面的混凝土浮浆、模板上的剩余脱模剂。

2）对于磨光机无法完全清除的模板表面的机油、色拉油或其他油渍，应使用洗洁精清洗干净。

3）模板打磨完成后，应测量其表面平整度，平整度偏差不得超过5mm。

5.3.5 混凝土

1 施工缝凿毛

1）应凿除已浇筑混凝土表面的水泥砂浆和松弱层，凿除后露出的新鲜混凝土面积应不低于总面积的75%。人工凿毛时，混凝土强度应不低于2.5MPa；用风动机等机械凿毛时，混凝土强度应不低于10MPa。

2）应使用水清洗经凿毛处理的混凝土面，不得存有积水。施工缝为斜面时，旧混凝土应浇筑成台阶状。

3）对有防水要求的施工缝，凿毛经验收合格后，浇筑混凝土前应在施工缝表面均匀涂刷混凝土界面剂。

2 混凝土浇筑

1）浇筑前，应检查模板、钢筋、保护层和预埋件等的尺寸、规格、数量和位置。浇筑大体积混凝土前，应检查冷却管系统是否符合要求。

2）浇筑时，应有效控制混凝土的均匀性、密实性和整体性。不得出现露筋、空洞、冷缝、夹渣等缺陷。

3）混凝土运输、浇筑及间歇的全部时间不应超过混凝土的初凝时间。

4）不同配合比或不同强度等级泵送混凝土在同一时间段交替浇筑时，输送管中的混凝土不得混入其他配合比或强度等级的混凝土。

5）应根据混凝土拌合物特性、混凝土结构，选择适当的振捣方式和振捣时间。浇筑高度超过4m的结构侧墙时，宜采用附着式振捣器，并应采取措施保证侧模的刚度。

6）混凝土自由倾落高度超过3m时，应采用串筒、斜槽、溜管下料，避免混凝土分层离析。

7）夏季搅拌混凝土时，应采取加冰等措施控制混凝土入模温度，有条件的情况下，应尽可能在傍晚或夜间生产混凝土；大体积混凝土的入模温度不得超过30℃，且不应比气温高5℃及以上。

8）浇筑大体积混凝土前，应在混凝土核心区设置冷却管。新浇混凝土与钢模、邻接的已硬化混凝土或周边介质之间的温差不得超过15℃；混凝土浇筑体在入模温度基础上的温升值不宜大于50℃；混凝土浇筑体降温速率不宜大于2.0℃/d；混凝土浇筑体的里表温差（不含混凝土收缩的当量温度）不宜大于25℃，混凝土表面和环境温差不宜超过20℃。

9）混凝土浇筑完毕后，应在混凝土终凝前进行二次抹压并覆盖，边抹压边覆盖；最后一次抹压时，宜采取"边掀开、边抹压、边覆盖"的措施，覆盖材料应与混凝土表面严密粘贴，以抑制混凝土由于塑性沉降和表面失水过快而产生非结构性表面裂缝。

对于已经出现的表面裂缝，应在混凝土终凝前修整。

3 混凝土养护

1）混凝土振捣完成后，应及时用篷布、塑料布等紧密覆盖混凝土暴露面，尽量减少暴露时间，减少表面水分蒸发。

2）混凝土带模养护期间，应采取带模包裹、浇水、喷淋、洒水或蒸汽等措施进行保湿、潮湿养护。

3）车站的底板、中板和顶板混凝土宜采用覆盖并洒水方式养护，顶板宜采用蓄水方式养护。

4）对于采用硅酸盐水泥、普通硅酸盐水泥配制的混凝土，采用浇水和潮湿覆盖的养护时间不得少于7d，且应持续到混凝土强度达到设计强度的75%以上。大体积混凝土和抗渗混凝土保湿养护的持续时间不得少于14d。

5）混凝土养护期间，应对大体积混凝土进行温度监控，定时测量混凝土芯部温度、表面温度、环境气温、相对湿度、风速等参数，做详细记录；必要时，应根据参数变化及时调整养护方案，避免产生裂缝等病害。

5.3.6 防水

1 防水卷材铺设

1）防水卷材应有出厂合格证、质量证明文件。防水卷材运到施工现场后，应经抽样检测合格后方可使用。

2）严禁在雨天、五级以上大风天气铺贴卷材。冷粘法、自粘法施工的环境气温不宜低于5℃，热熔法、焊接法施工的环境气温不宜低于–10℃。如果施工突遇下雨，应对已铺卷材采取防护措施。

3）铺设防水层前，应从根部割除外露钢筋头、钢管等尖锐物，宜采用1∶1.25的水泥砂浆抹平；应清除围护结构、垫层、底板上的浮土、泥浆、油污等杂物；应对渗漏水处进行注浆堵漏，采用防水砂浆找平，必要时埋设透水盲管，防水层铺设前基面应平整、无渗漏，基面凹凸不平处可用细石混凝土抹面抹平。

4）卷材防水层的基层应牢固，基面应洁净、平整，不得有空鼓、松动、起砂和脱皮现象；基层阴阳角应做圆弧或折角。卷材防水层的搭接缝应粘（焊）接牢固、密封严密，不得有皱褶、翘边和鼓泡等缺陷。侧墙卷材防水层的保护层与防水层应粘接牢固、结合紧密、厚度均匀一致。

5）底板的阴阳角、管根、防水板搭接缝、变形缝等薄弱部位应铺贴双面自粘防水卷材的附加层，宜采用满粘法施工。侧墙防水卷材宜采用射钉固定。

2 喷涂速凝橡胶沥青防水涂料防水施工

1）直接喷涂在混凝土基层时，应清理基层。基层表面明显凹凸不平时，应先采用水泥砂浆找平。穿过防水层的管道、预埋件设备基础等均应在防水层施工前埋设和安装完毕。管道与结构之间的缝隙宜采用细石混凝土或聚合物防水砂浆堵严。应将建筑垃圾清理干净，验收基层应平整坚实，排水坡度应符合设计要求，基层不得有积水。

2）在已施工完成的高密度聚乙烯层上喷涂时，喷涂应均匀，不得漏喷。

3）喷涂时，喷枪宜垂直于喷涂基层，距离宜适中，并宜匀速移动。喷涂时，应按照先细部构造后整体的顺序连续作业，一次多遍、交叉喷涂至设计要求的厚度。当出现异常情况时，应立即停止作业，检查并排除故障后再继续作业。喷涂作业完毕后，应按使用说明书的要求检查和清理机械设备，并应妥善处理剩余物料。

3 镀锌钢板止水带焊接及安装

1）结构施工缝处宜采用镀锌钢板止水带。镀锌钢板止水带所采用的金属板材、焊条应有出厂合格证、质量证明文件、进场检测报告。

2）使用前，应检查止水带是否镀锌，材质、宽度、样式是否符合设计要求，钢板表面有无油污、锈斑等。

3）施工时应确保止水带位置准确，焊接牢固。钢板止水带粘接面应三边满焊。应通过测量放线标记钢板止水带的位置，宜标记在混凝土面上，进而拉线确定位置；通过钢筋头固定在主筋上，宜采用绑扎的方法，钢筋头不应焊接在主筋上。

4）侧墙镀锌钢板止水带应沿纵向施工缝、朝背水侧。

5）金属板表面不得有明显的凹面和损伤。焊缝不得有裂纹、未熔合、夹渣、焊瘤、咬边、烧穿、弧坑、针状气孔等缺陷。焊缝的焊波应均匀，焊渣和飞溅物应清除干净。镀锌层不得有漏涂、脱皮和反锈现象。

4 遇水膨胀止水条安装

1）止水条应有出厂合格证、质量证明文件、进场检测报告。止水条的宽度、厚度应符合设计及国家和行业现行有关标准的规定，表面不得有开裂、缺胶等缺陷。止水条应安装在已涂抹胶粘剂的预留槽内，并粘接牢固。

2）设置止水条的施工缝的端面宜预留浅槽，槽应平直，槽宽应比止水条宽1~2mm，槽深应为止水条厚度的1/2。

3）止水条安装位置应符合设计要求，可以在混凝土浇筑完成后用自制木条压槽，木条宽度的偏差应符合允许偏差值。槽成型后，应及时取出木条。振捣混凝土时，振捣棒不得接触止水条。

4）安装前，应检查止水条状况，不得受潮。止水条应沿预留槽拉紧嵌入，并与槽底密贴。止水条接头应重叠搭接后粘接固定，搭接长度应不小于50mm。

5 钢边止水带安装及搭接

1）止水带应有出厂合格证、出厂检验报告、进场检测报告。结构底板、侧墙变形缝宜采用中埋式钢边橡胶止水带和背贴式橡胶止水带，顶板宜采用中埋式钢边橡胶止水带。

2）中埋式钢边橡胶止水带应可靠焊接于结构钢筋上，固定部位应牢固，防止浇筑混凝土时止水带移位影响防水效果。底板、顶板的中埋式钢边橡胶止水带应采用盆式方法安装，以利于振捣混凝土时产生的气体顺利排出。振捣时，严禁振捣棒接触止水带。接头部位不得留置在转角部位。接头应采用工厂化定型生产的橡胶十字接头、橡胶丁字接头、橡胶立十字接头、钢边十字接头、钢边丁字接头等，应采用热压焊接，接缝形式可选择搭接、复合连接、对接形式。止水带接头不得叠接，接缝应平整、牢固，不得有裂口和脱胶现象。在浇筑变形缝一侧混凝土时，为防止另一侧止水带受到破坏，模板的挡头板应做成箱形。端模应支撑牢固，严防漏浆。

3）应由生产厂家根据结构尺寸定制止水带，尽量避免接头。止水带埋设位置应准确，其中间空心圆环应与变形缝重合。

6 顶板防水施工

1）涂料防水层所用材料及配合比应符合设计要求，应有出厂合格证、质量检验报告、现场检测报告。涂料防水层的基面应牢固、表面应平整，不得有空鼓、松动、起砂和脱皮现象。基层阴阳角处应做成圆弧形。

2）涂料防水层应与基层粘接牢固，表面应平整，涂刷应均匀，不得有流淌、皱褶、鼓泡、露胎体和翘边等缺陷。涂料防水层的平均厚度应符合设计要求，最小厚度不得小于设计厚度的80%。宜采用针测法检查厚度。

3）涂膜应分层涂刷，应在前一层涂层干燥成膜后涂刷下一层，涂膜厚度应符合设计规定。每遍涂膜应交替改变涂刷方向，同层涂膜的先后搭接宽度宜为30~50mm。应保护涂料防水层的施工缝（甩槎），搭接宽度应大于100mm，接涂前应将其甩茬表面处理干净。应先涂刷转角、穿墙管、变形缝等部位，后进行大面积涂刷。涂料防水层采用铺胎体增强材料时，同层相邻搭接宽度应大于100mm。

4）当车站顶板覆土层表面有绿化要求时，应在涂料防水层上面设置耐根系穿刺层。卷材搭接缝应采用双焊缝搭接，焊接完毕后进行充气检测。

5）验收合格后，应及时施作防水层保护层。

7 特殊部位防水施工

1）桩头顶面和侧面应凿毛并清理干净，之后应涂刷水泥基渗透结晶型防水涂料，宜超出结构底板垫层至少150mm。桩头周围300mm范围内应抹聚合物水泥防水砂浆过渡层。

2）格构柱混凝土应凿毛并清理干净，之后在格构柱柱身焊接一圈钢板止水环。钢板止水环与格构柱板面之间必须满焊，严禁点焊。止水环应位于底板中间部位。

3）降水井钢护筒上应焊接止水钢环，底板下宜采用钢板封口，孔内宜采用聚合物防水砂浆。

5.4 回填

5.4.1 一般规定

1 回填材料应符合设计要求。

2 回填应分层压实，分层厚度应符合设计要求。

3 回填后的压实度应符合设计要求。

4 回填后的场地用作城市道路时，回填作业应符合设计要求及现行《城镇道路工程施工与质量验收规范》（CJJ 1）的规定。

5.4.2 土方回填

1 基坑回填必须在主体结构及外墙防水验收合格后进行。回填料应经试验检测合格。回填前应将基坑内积水、杂物清理干净。符合回填要求的虚土应压实，并经隐蔽验收合格后方可回填。

2 回填时，应分层碾压夯实。每层填土压实后应检测压实度。结构物两侧应水平、对称回填。回填区高程不一致时，应从低处逐层填压，分段回填至接茬处。已填土坡应挖台阶，台阶宽度宜不小于1m，高度宜不大于0.5m。

3 回填时，施工机械、机具不得碰撞结构物及防水保护层，结构物两侧、顶部500mm内和地下管线附近，应由人工使用小型机具夯实。

4 在人工及小型机具难以实施的地方，应回填中粗砂并采用水撼法振捣密实。

四 新 技 术

A.1 隧道衬砌防脱空及带模注浆施工工艺

1 一般要求

1）通过对二衬台车进行改造，在拱顶采用带模注浆施工工艺。

2）制浆及注浆设备宜选用制浆注浆一体机。注浆材料、配合比应在施工中应根据工艺试验总结参数确定。

2 机械设备

1）根据二衬台车长度，在拱顶设置 4 个注浆孔，并预埋 RPC 管（水泥基注浆管）（图 A.1.0-1）。在衬砌台车顶部开孔（孔径 40mm），在开孔处焊接固定法兰，固定法兰采用四周满焊方式，防止漏浆或注浆时法兰脱落。固定法兰连接螺栓在模板外侧，在二次衬砌脱模之前进行注浆作业。

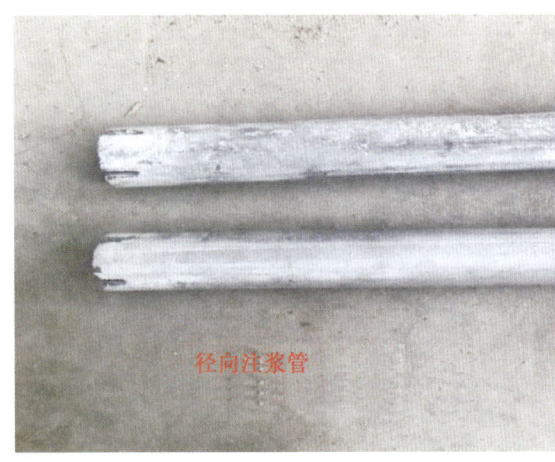

图 A.1.0-1 拱顶 RPC 管

2）压力表、管头、注浆管等注浆配套设备均应配置到位，满足施工要求。

3）制备浆体时，应按照材料配合比计算每盘材料量、拌和水量，应使用专用的盛水器。

4）注浆施工（图 A.1.0-2）应符合以下程序：

（1）浆料放入储浆桶后，启动注浆泵，将管体中的水全部挤出后，关闭注浆泵。对于排出的水和不符合配比要求的浆液，应采用专用容器进行集中收集处理。

（2）将注浆管管头提升到衬砌台车上，与台车注浆接头连接，并将注浆软管固定到台车上。

（3）启动注浆泵，开始注浆。由主注浆孔向端模注浆孔依次进行注浆。

（4）注浆过程中，应观察台车上部压力表和端模出浆情况。如果端头模圆弧最高点漏浆，应停止注浆，及时封堵漏浆处，然后继续注浆，直至端头出浆浆体密度与制浆机中一致。更换至下一个注浆孔，依次类推。注浆时，如果台车处压力表超过 1.0MPa，直接转至下一注浆孔。

（5）各注浆孔在端模最高处出浆浆体密度与制浆桶中一致，结束注浆。

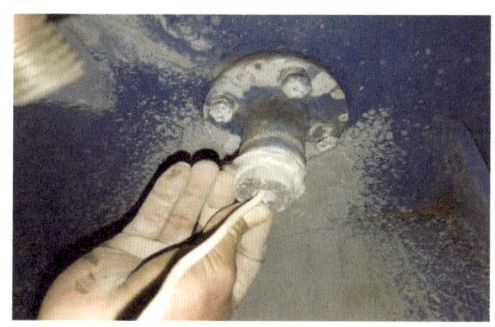
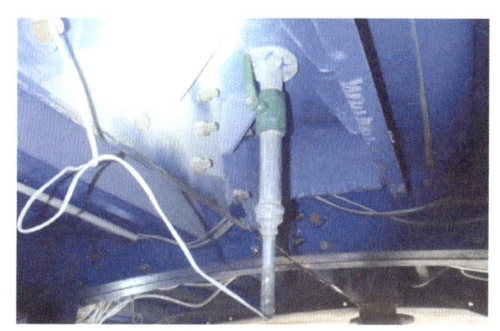

图 A.1.0-2　拱顶径向注浆

A.2 衬砌智能布料台车

二次衬砌台车顶部配置智能遥控布料小车，实现布料系统自动对接，减少人工接拆管道、溜槽、串筒和更换、清洗管道的高强度施工内容，实现智能分层逐窗浇筑。同时，台车上增设专用轨道及轨道提升、搬运装置，通过遥控按钮可实现前后左右自动铺轨、快速定位。台车四周均设置爬梯平台和防护栏，有效提升现场安全施工和文明施工水平。操作简单，可快速立模和脱模；台车顶部、两侧和底部空间较大，改善了作业环境，加大了通风截面积，便于工程车辆行驶（图 A.2.0）。

图 A.2.0 衬砌智能布料台车

台车采用软搭接模技术，防止立模过程将环向、纵向施工缝位置已浇筑混凝土顶裂，在衬砌位置形成密闭空间，防止漏浆引起的离析、集料分料等混凝土质量问题。

A.3　模板台车端头伸缩式挡头模板

采用原始木板挡头模费时费力，且经常切割木板造成浪费。采用伸缩式挡头模板（图 A.3.0），通过螺丝调整高分子合成材料的宽度，配合橡胶软垫支撑，可使二次衬砌端头模安装更加简便、经济、高效。

图 A.3.0　伸缩式挡头模板

A.4　二次衬砌台车气动振捣器

在台车拱部安装能够智能伸缩的插入式振捣棒（图 A.4.0），解决了拱部衬砌混凝土只能靠附着式振捣器浅层振捣和泵送混凝土压力自然密实的问题。

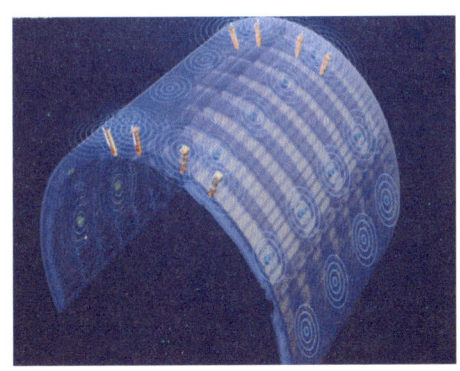
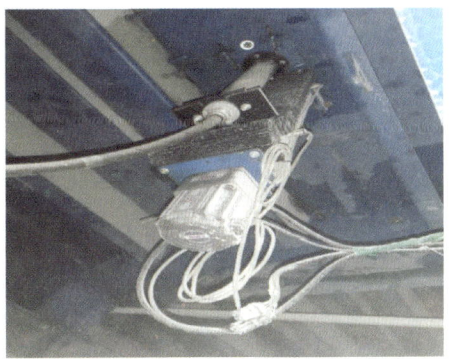

图 A.4.0　智能伸缩插入式振捣棒

A.5　二次衬砌养护台车

在台车上安装温度、湿度、粉尘与烟雾含量检测装置，固定在待养生的衬砌混凝土部位进行喷雾养生，实现自动养生（图 A.5.0）。

图 A.5.0 养护台车

A.6 全电脑三臂凿岩台车

全电脑三臂凿岩台车（图 A.6.0）比普通开挖台架更为方便、快捷、高效，可节省大量机械使用费、人工费等。开挖采用电力作动力，产生的粉尘较少，改善了作业面空气状况。与风钻、破碎机、挖掘机相比，噪声比较小，可减少对人体的伤害。

图 A.6.0 三臂凿岩台车

A.7 三臂钢架安装台车

三臂钢架安装台车（图 A.7.0）可同时或独立抓举拱架并连接，可进行高空排险作业，可进行激光定位作业，可完成拱架间拉筋与网片焊接作业，可为装药、安装锚杆、铺钢筋网、找顶等高空作业提供平台，解决了人工安装劳动强度大、作业效率低以及施工安全问题，可减少操作人员数量，有效提高拱架安装质量和效率，真正实现拱架安装的机械化作业。

图 A.7.0　三臂钢架安装台车

A.8　自行式液压水沟电缆槽台车

水沟电缆槽台车宽度、高度根据隧道断面尺寸进行设计。自行式液压水沟电缆槽台车（图 A.8.0）相比于传统的钢模组合施工，简化了施工作业工序，施工质量高，施工劳动强度低，周期短，作业人数少，节能环保，施工干扰少。

图 A.8.0　自行式液压水沟电缆槽台车

A.9　隧道半自动防水板铺挂台车

隧道半自动防水板铺挂台车（图 A.9.0）能有效实现防水板与初期支护面密贴，操作简单，节省时间和劳动力。施工前对台车各部件进行检查，并对台车行走、提升和顶进进行测试，测试合格后即可进行铺挂作业。

图 A.9.0 半自动防水板铺挂台车

A.10 多功能辅助机器人（多功能扫地、升高、喷雾车）

隧道洞内和洞口除尘效果好，相比于洒水车更加节约水资源，且能控制喷雾机的喷射方向和俯仰角度，操作方便、简单、易懂（图 A.10.0）。

图 A.10.0 多功能辅助机器人

A.11 数控小导管冲孔机

不必画线、计算中心距，只需调节模具上的定位销即可快速准确地打孔，解决了传统台式钻机易出现的毛刺、凹坑，冲孔时导管易变形，不能打异形孔等不足之处（图 A.11.0）。

图 A.11.0　数控小导管冲孔机

A.12　数控小导管缩尖机

数控小导管缩尖机（图 A.12.0）能够精确定位，误差小，加工的产品一致性好，节省耗材，工作效率高，可实现不同长度规格的管件加工。

图 A.12.0　数控小导管缩尖机

A.13　等离子数控切割机

等离子数控切割机（图 A.13.0）切割速度快、效率高，切割精度比火焰切割精度高。

图 A.13.0　等离子数控切割机

A.14　数控钢筋网片排焊机

数控钢筋网片排焊机比人工焊接质量好、效率高，焊接前后钢筋的力学性能几乎无变化（图 A.14.0）。

图 A.14.0　数控钢筋网片排焊机

A.15　洞口门禁系统

隧道洞口设置人、车分离门禁系统（图 A.15.0），防止非施工人员和车辆进入洞内，杜绝人车混行带来的安全隐患，确保施工人员的安全。

图 A.15.0　洞口门禁系统

A.16　洞口信息化显示屏

在所有进入洞内人员的安全帽中植入芯片，可在洞外信息化室及洞口显示屏显示洞内人员信息（图 A.16.0）。

图 A.16.0　洞口信息化显示屏

A.17　洞口闸机人脸识别系统

洞口闸机人脸识别系统（图 A.17.0）具有人脸识别率高、识别速度快、可记录施工人员姓名、明确人员作业部位、记录进出洞时间、统计洞内施工人数等数据，防止非施工人员进入隧道。

图 A.17.0　洞口闸机人脸识别系统

A.18　二次衬砌矮边墙凿毛机

二次衬砌矮边墙凿毛机（图 A.18.0）能有效减轻传统作业方式对隧道混凝土产生的冲击破坏、影响混凝土耐久性等问题。该机具操作灵活、性能稳定、维护简单，对解决现场施工交叉作业困难、降低人工成本和机械养护成本有诸多益处，提升了隧道水沟电缆槽施工质量。

图 A.18.0　二次衬砌矮边墙凿毛机

广东省铁路工程施工标准化指南系列丛书

广东省铁路工程施工管理标准化指南

第五分册 房建工程

广东省交通运输厅 组织编写

人民交通出版社股份有限公司

北 京

内 容 提 要

《广东省铁路工程施工管理标准化指南》从管理制度、人员配备、现场管理和过程控制等方面对广东省铁路工程施工管理标准化进行总结,共6个分册,包括轨道工程、路基工程、桥涵工程、隧道工程、房建工程和四电工程。本书为第五分册,内容包括总则、管理要求、房建工程、站台雨棚、站台。

本书可供广东省交通运输行业主管部门、铁路工程项目参建单位和参建人员使用。

图书在版编目(CIP)数据

广东省铁路工程施工管理标准化指南. 第五分册,房建工程/广东省交通运输厅组织编写. — 北京:人民交通出版社股份有限公司,2022.6
ISBN 978-7-114-17940-2

Ⅰ.①广… Ⅱ.①广… Ⅲ.①铁路工程—路侧建筑物—工程施工—标准化管理—广东—指南 Ⅳ.①U215-62

中国版本图书馆 CIP 数据核字(2022)第 067328 号

Guangdong Sheng Tielu Gongcheng Shigong Guanli Biaozhunhua Zhinan
Di-wu Fence　Fangjian Gongcheng

书　　名:	广东省铁路工程施工管理标准化指南　第五分册　房建工程
著 作 者:	广东省交通运输厅
责任编辑:	朱明周　郭晓旭
责任校对:	孙国靖　扈　婕
责任印制:	刘高彤
出版发行:	人民交通出版社股份有限公司
地　　址:	(100011)北京市朝阳区安定门外外馆斜街3号
网　　址:	http://www.ccpcl.com.cn
销售电话:	(010)59757973
总 经 销:	人民交通出版社股份有限公司发行部
经　　销:	各地新华书店
印　　刷:	北京印匠彩色印刷有限公司
开　　本:	889×1194　1/16
本册印张:	10.5
本册字数:	230千
版　　次:	2022年6月　第1版
印　　次:	2022年6月　第1次印刷
书　　号:	ISBN 978-7-114-17940-2
定　　价:	520.00元(全套共6册)

(有印刷、装订质量问题的图书由本公司负责调换)

《广东省铁路工程施工管理标准化指南 第五分册　房建工程》

编审委员会

主 任 委 员： 贾绍明

副主任委员： 杨晓华　梁育辉　王　新

委　　　员： 郑　彪　许传博　符　兵　邹　洵
　　　　　　　余国武　姜云楼　李奎双　顾建华
　　　　　　　郭飞跃　肖秋生　祁　军　黄力平
　　　　　　　谭　文　陈　波　陆　晖　肖世雄
　　　　　　　陈正贵　贺　婷　郭明泉　巫　环
　　　　　　　张晓占

《广东省铁路工程施工管理标准化指南
第五分册 房建工程》

参与单位

主编单位： 广东省铁路建设投资集团有限公司

广东珠三角城际轨道交通有限公司

参编单位： 广州地铁集团有限公司

深圳地铁集团有限公司

中铁二十二局集团有限公司

中铁建设集团有限公司

中铁十四局集团有限公司

参与人员

主要起草人员： 陈雄辉　李　慧　高爱军　齐少涛　苏兆思
　　　　　　　　黄金亮　施新鹏　宋　伟　李东营　李俊志
　　　　　　　　甘远锦　方海亮　崔　凯　张乐乐　冯建国
　　　　　　　　王　威　徐森林

主要审查人员： 梁育辉　顾建华　陆　晖　郭明泉　加青双
　　　　　　　　杨双喜　黄东平　闫洪强　曾　昱　翟珍龙
　　　　　　　　李　围　谭代明　林熠铷

PREFACE 前 言

铁路是国家基础性、战略性、先导性、关键性重大基础设施,是国民经济的大动脉。近年来,广东省坚决贯彻党中央、国务院构建以铁路为主干的综合立体交通网的决策部署,立足新发展阶段,完整、准确、全面贯彻新发展理念,构建新发展格局,全力推动铁路建设高质量发展,打造"轨道上的大湾区",助力加快交通强省建设。

为进一步规范省管铁路工程建设管理,提升铁路施工质量和安全生产水平,全面构建省管铁路建设管理标准化体系,广东省交通运输厅在全面、系统总结广东省铁路工程施工标准化建设管理经验的基础上,组织编写《广东省铁路工程施工管理标准化指南》(以下简称《指南》)。

《指南》分为6个分册,包括轨道工程、路基工程、桥涵工程、隧道工程、房建工程、四电工程。《指南》的主要特点是:一是全面贯彻落实国家及铁路行业现行的法律法规和标准规范,以创建优质工程和精品工程为原则,对部分施工、验收标准进行了细化和提升。二是充分借鉴中国国家铁路集团有限公司相关标准和指南,以及广东省公路工程、轨道交通等行业的施工管理先进经验和技术标准,结合广东省铁路工程标准化建设管理经验,从管理制度、人员配备、现场管理和过程控制等方面进行系统总结。三是针对省管铁路施工管理实际情况,对各专业工程主要施工工艺、工法、施工质量控制要点和重难点进行了详细规定和说明。四是对铁路工程施工过程中的典型施工质量通病进行了重点强调,并给出了预防控制措施。五是兼顾实用性和先进性，管理要求和技术标准既符合实际、可现场执行，又适度超前、力求先进，注重"四新技术"在铁路行业的推广应用，各分册均有"四新技术"的专门介绍。六是对部分典型施工方法及"四新技术"附有现场照片，图文并茂，实用性和可操作性强。

本书为《指南》第五分册，主要内容包括总则、管理要求、房建工程、站台雨棚、站台。涵盖了铁路房建工程的相关内容，对各分部分项工程依次依项进行叙述，着重强调各工序的注意事项、各工序中易出现的质量通病及防治措施。每个施工工序流程清晰并附有现场照片，图文并茂，内容清晰，形式格式上力求规范统一，实用性、可操作性较强。

在《指南》编写过程中，广东省铁路建设投资集团有限公司、广州地铁集团有限公司、深圳地铁集团有限公司、广东省交通运输建设工程质量检测中心、广东珠三角城际轨道交通有限公司、广东广汕铁路有限责任公司、广东广湛铁路有限责任公司、广东珠肇铁路有限责任公司、中国铁建华南区域总部、中铁南方投资集团有限公司、中铁一局集团有限公司、中铁二局集团有限公司、中铁四局集团有限公司、中铁五局集团有限公司、中铁广州工程局集团有限公司、中铁二十五局集团有限公司、中国铁路设计集团有限公司、中铁七局集团有限公司、中铁北京工程局集团有限公司、中铁十四局集团有限公司、中铁十一局集团有限公司、中铁二十二局集团有限公司、中铁建设集团有限公司、中铁隧道局集团有限公司、中国铁建电气化局集团有限公司（排名不分先后）等单位给予了大力支持，在此一并表示感谢。

《指南》适用于广东省省管铁路工程施工管理标准化建设，在执行本技术指南过程中，希望各单位结合工程实践，认真总结经验，积累资料。《指南》可供全省铁路建设管理行政主管部门、铁路工程项目参建单位和参建人员使用，使用过程中发现的问题和意见建议，请反馈至广东省交通运输厅地方铁路处（地址：广州市越秀区白云路27号，邮政编码：510101），供今后修订时参考。

广东省交通运输厅
2022 年 6 月

CONTENTS 目 录

1 总则 1

2 管理要求 2
   2.1 一般规定 2
   2.2 技术管理 3
   2.3 人员管理 7
   2.4 设备管理 8
   2.5 材料管理 8

3 房建工程 10
   3.1 基础工程 10
   3.2 混凝土结构工程 19
   3.3 钢结构主体工程 31
   3.4 砌体结构工程 38
   3.5 地下防水工程 44
   3.6 屋面工程 48
   3.7 装饰装修工程 50
   3.8 建筑给排水及消防水系统工程 85
   3.9 建筑电气工程 94
   3.10 建筑通风与空调工程 105
   3.11 智能建筑工程 117

4 站台雨棚 ·· 124

4.1 排水系统 ·· 124
4.2 屋面板 ·· 124
4.3 钢结构站台雨棚 ·· 125
4.4 檐口 ··· 126
4.5 照明灯具 ·· 127

5 站台 ·· 129

5.1 站台墙 ·· 129
5.2 站台面 ·· 130
5.3 站台门工程 ·· 131

附录 A 质量通病及防治措施 ·· 134

1 总　则

1.0.1　为指导省管铁路房建工程施工，统一主要技术要求，提高管理水平，保证施工质量，结合铁路施工实际情况，特制定本指南。

1.0.2　本指南依据国家、行业、广东省等工程建设主管部门发布的与房建工程相关规范、标准、文件、规程、技术指南及行业内采取成熟和先进的施工工艺、工法和管理办法编制。

1.0.3　本指南适用于广东省管铁路房建工程施工。铁路房建工程施工除应符合本指南要求外，尚应符合国家、行业及中国国家铁路集团有限公司现行有关强制性标准的规定。

1.0.4　建设各方应加强管理制度、人员配备、现场管理和过程控制等标准化管理，实现质量、安全、工期、投资效益、环境保护等建设目标。

1.0.5　房建工程应按批准的设计文件进行施工，应积极推行机械化、工厂化、专业化、信息化，并采用新技术、新工艺、新设备、新材料。

1.0.6　房建工程施工中采用的各种设备及材料应符合设计和相关标准及技术条件的规定，并具有产品检验合格证。

1.0.7　房建工程施工应组建专业化施工队伍，各类人员应经过专门培训。

1.0.8　房建工程施工应遵守国家有关安全生产、环境保护、水土保持和文物保护等的法律法规。

管理要求

2.1 一般规定

2.1.1 建设各方应加强管理制度、人员配备、现场管理和过程控制等标准化管理，实现质量、安全、工期、投资效益、环境保护等建设目标。

2.1.2 铁路房建工程应按批准的设计文件进行施工，积极推行机械化、工厂化、专业化、信息化，并采用新技术、新工艺、新设备、新材料。

2.1.3 铁路房建工程施工应重视基础施工、混凝土施工、主体钢结构施工、砌体施工、屋面施工、装饰装修施工、建筑给排水及消防水系统施工、建筑电气施工、雨棚钢结构施工、站台施工等关键工序。

2.1.4 铁路房建工程施工中采用的各种装修材料应符合设计要求、国家和行业现行有关标准的规定，并具有产品检验合格证。特定的装修材料应符合设计要求，并经鉴定合格后方可使用。

2.1.5 铁路房建工程施工应由专业化施工队伍进行，各类人员应经过专门培训。

2.1.6 铁路房建工程施工应遵守国家有关安全生产、环境保护、水土保持和文物保护等的法律法规。

2.1.7 铁路房建工程施工中的安全技术措施应符合国家现行有关安全生产的法规和

地方有关安全生产等的规定。

2.1.8　铁路房建工程施工资料的收集和整理工作应与工程进度同步，做到系统、完整、真实、准确，保证其具有查考利用价值和质量责任追溯功能，并应按有关规定做好资料的归档管理工作。

2.1.9　铁路房建工程应符合国家、国家铁路局、广东省现行有关标准的规定及设计文件的要求，达到"检验批、分项、分部工程施工质量检验合格率100%，单位工程一次验收合格率100%，主体工程质量零缺陷"目标。

2.2 技术管理

2.2.1　施工图核对制度
1　在使用设计图纸前，应进行核对。图纸核对包括专业核对、综合会审。
2　施工图下发后，施工单位应组织各专业技术人员核对图纸。图纸核对应包括以下内容：
1）各专业施工图的张数、编号同图纸目录是否相符。
2）是否为经建设单位正式签署的正式施工图。
3）施工图纸、施工图说明、设计总说明是否齐全明确，三者有无矛盾。
4）设计资料是否符合现场地形地质情况，设计要求的施工方法是否可行。
5）建筑物尺寸、高程等是否正确。
3　施工单位内部的图纸综合会审应由施工单位项目总工程师组织全体技术人员参加，成本管理、物资设备部门派员参加。会审应包括以下内容：
1）施工图设计是否符合国家有关技术、经济的政策和规定，设计标准图、参考图是否有作废或错用情况。
2）施工图的基础设计与地基处理方案是否符合现场实际地质情况。
3）建设项目坐标、高程与总平面图是否一致，与相关建设项目之间的几何尺寸、轴线和方向有无矛盾、差错。
4）图纸是否清晰，说明是否正确、齐全，各专业图纸之间的关系、尺寸、高程是否一致。
5）建筑平面、立面、剖面图之间是否有矛盾，标注是否有遗漏。
6）建设项目与地下构筑物、管线等之间有无矛盾。
7）各专业图纸本身是否有差错、矛盾。
8）施工图中有哪些施工特别困难的部位，是否便于施工，宜采用哪些特殊材料、构配件、货源如何组织。
9）研讨设计采用的新技术、新结构、新材料、新工艺和新设备的可行性，以及采取的必要措施。

2.2.2 技术交底制度

1 设计单位技术交底应符合以下规定：

1）施工单位收到施工设计文件并组织内部图纸会审后，建设单位组织监理单位、设计单位、施工单位等各参建方进行设计技术交底，施工单位组织有关部门参加。

2）应组织总体工程设计交底和专业工程施工图设计交底，并进行设计答疑。

3）参加技术交底的人员应结合工程特点领会设计意图，以便发现问题，提出改进意见；对有异议的问题，应及时与设计单位等各方共同研究，协商解决。

4）妥善保管形成的技术交底资料，作为竣工文件资料列入档案。

5）对重大、复杂或采用"四新"成果的工程，在施工前和施工过程中，应请有关设计专业负责人到现场进行专题技术交底，由建设单位主持，组织与该项工程有关的监理单位、施工单位以及专业施工队伍的技术人员参加，以便掌握该项工程的特殊要求、具体施工方法、技术措施和验收标准。

2 施工单位技术交底应符合以下规定：

1）施工单位项目总工程师组织对技术人员、施工队长技术交底。主要内容为：工程概况、工程特点、设计意图、施工方案、施工组织计划、总体进度计划安排、资源配置、关键工序和特殊过程、特殊工艺、质量目标和指标、主要项目的施工方法和施工工艺、质量验收规范与技术标准、重大安全技术措施及环保措施、重难点工程的施工方法、特殊过程控制、"四新"成果特殊规定等。

2）施工单位组织技术干部向工序负责人及有关人员详细说明工点的实施性施工组织设计、施工图、质量验收规范、施工方法、技术标准、施工工艺、质量安全环保措施等。

3）对施工操作人员进行书面技术交底，由工序负责人采取工前讲解、工中指导、工后讲评的形式，交待设计意图、技术标准、施工详图、加工图、施工工艺、质量要求、安全注意事项、操作技术要点、环保防范措施等。

2.2.3 实施性施工组织设计编制及审批制度

1 实施性施工组织设计是指导和组织施工的指导性文件，是工程项目组织施工的依据，是编制月、周作业计划的基础，是分部分项工程施工作业设计的依据，是建设单位对工程进度进行检查、监督的依据。在项目开工前，应由施工单位项目负责人主持编制实施性施工组织设计，必须做到因地制宜、统筹规划、技术可行、安全可靠、质量合格、文明施工、环境协调、经济合理。

2 实施性施工组织设计的编制应符合以下原则：

1）应严格遵守建设单位要求的节点工期计划及竣工验收的工期要求。

2）应符合国家和行业现行有关标准的规定，注重施工技术的先进性、适用性和经济性相结合，实现技术先进、组织严密、管理科学和经济合理，做到内容简要、层次分明、结构严谨、图文并茂和醒目易懂。

3）应合理安排施工顺序，做好技术、物资、劳动力、施工机械设备和施工现场的施工准备工作。

4）应采用网络计划技术、计划协调技术和系统分析方法安排施工进度，合理安排季节性施工的工程项目，保证施工活动的连续性和均衡性。

5）应结合项目现场及施工单位实际情况开展方案对比，选择合理的施工方案、施工顺序、施工流向、施工方法、技术组织措施等。

6）应尽量减少临时设施，科学布置施工平面图，集约化使用土地资源。

7）应采用动态管理等方法，合理储存物资，减少物资运输量。

3 实施性施工组织设计的编制应依据以下内容：

1）工程承发包合同、协议、纪要。

2）建设单位投资计划和对工期的要求，建设单位的指导性施工组织设计文件。

3）施工调查资料。

4）施工队伍的编制、技术工种、专业化程度、机械设备情况。

5）本单位所掌握的新技术、工法和各种施工统计资料。

4 项目实施性施工组织设计应由施工单位项目总工程师主持编制，各职能部门、各施工队专业技术人员配合，报施工单位技术负责人审批；单位工程、各分部分项工程的施工组织设计及方案应由施工单位项目总工程师主持编制，本施工单位专业技术人员参加，并报施工单位项目总工程师审批。

2.2.4 重大危险源识别和评价制度

1 施工单位安全质量管理部门是危险源安全管理组织机构，应负责制订危险源安全管理与监控实施方案。

2 现场安全员应负责危险源的安全管理与现场监控工作。对安全生产的违章行为，有权进行制止，并向安全主管部门上报。

3 安全员应将危险源可能发生事故的应急措施，特别是避险方法，以书面方式告知作业人员。应在危险源现场设置明显的安全警示标志，并加强对危险源的监控和对有关设备、设施的安全管理。应定期检查危险源的安全状况、防护措施落实情况，做书面记录，督促整改，上报安质部负责人。

4 重大危险源管理应遵循以下规定：

1）施工单位应建立重大危险源安全管理体系，明确相关人员的职责。

2）施工单位应建立重大危险源识别监控台账，制订重大危险源清单、管理指标、管理方案。

3）对识别出的重大危险源，施工单位应编制专项施工方案报施工单位总工程师审批。

4）施工单位在重大危险源施工前必须进行专项安全技术交底，并按要求进行现场公示。

5) 施工单位应安排专人对重大危险源进行监控检查，记录监控检查情况。

6) 施工单位应成立以项目负责人为组长的救援抢险队伍。施工现场应配备所需的应急救援物资和设备。

5 对存在事故隐患的危险源，必须立即整改；不能立即整改的，必须采取切实可行的安全措施，防止事故发生。

2.2.5 重大危险源应急预案制度

1 项目存在发生下列事故或事件的风险时，必须制订应急预案：火灾及爆炸，起重机械伤害事故，脚手架垮塌事故，坍塌事故，高处坠落事故，触电事故，食物中毒事故，突发性社会事件，地震、暴雨、洪水等自然灾害。

2 应急预案应覆盖事故发生后各阶段的应急救援计划，及预案的启动、应急、救援、事后检测与处置等各阶段。预案应包含以下内容：

1) 应急预案适用范围。
2) 事故可能发生地点、可能造成的后果。
3) 事故应急救援组织机构、组成单位、组成人员、职责分工。
4) 事故报告程序、方式和内容。
5) 发现事故征兆、事故发生后应当采取的行动、措施。
6) 事故应急救援（包括伤员救治）信息，包括队伍、装备、物资、专家等有关情况。
7) 事故报告、应急救援的具体通信方式。
8) 相关保障措施。
9) 与相关预案的衔接关系。
10) 应急预案管理措施和要求。

3 应急预案应由项目经理组织，安全主管部门牵头，按事故的性质、类型、影响范围、严重程度等分等级制订相应的预案。为使预案更有针对性、能够迅速启动，应制订不同类型的应急预案。不同类型的应急预案应形成统一的整体。应统筹安排救援力量。

4 项目经理应定期组织应急演练，编制部门根据演练情况进行检查和修正，保存相关记录。

5 应急预案应符合现场实际，便于操作。应综合考虑本项目突发事件地点和内外部救援力量分布情况，作为本项目预案的支撑和保障。

6 应急预案应符合相关法律法规、规章制度的要求，各类预案应当具有针对性、科学性和可操作性，满足事故应急处置需要。

7 各应急救援队伍应按要求组建到位，并配备相应器材。项目分管领导应定期组织检查应急救援器材，设备性能应保持完好。

8 相关法律、法规、标准、适用范围、条件，有关应急资源和预案衔接关系等发生变化或出现问题时，应及时修订应急预案。

2.2.6 专项施工方案审查制度

1 专项施工方案应包含但不限于以下内容：

1）施工临时用电方案。

2）基坑支护与降水工程。

3）土方开挖工程。

4）模板工程。

5）起重吊装工程。

6）脚手架工程。

7）拆除、爆破工程。

8）其他危险性较大的工程等。

2 专项施工方案必须具有较强的针对性，针对各种不同的工程结构、施工工艺和方法、作业条件等所产生的各种危险因素，采取相应的对策、措施，主要应包括以下内容：

1）针对施工项目的特点，找出危险点（源）和重要控制环节。

2）作业流程、操作要领。

3）安全验算结果。

4）人员、机具、装备的选用和配备标准，保证安全的措施。

5）卫生、环境、文明施工标准。

6）可能出现的危险，针对性预防措施。

3 应按照《住房城乡建设部办公厅关于实施〈危险性较大的分部分项工程安全管理规定〉有关问题的通知》（建办质〔2018〕31号）、《危险性较大的分部分项工程安全管理规定》（住房和城乡建设部令2018年第37号）等有关规定进行专项施工方案的编制、论证。

4 专项施工方案的实施应符合以下规定：

1）已批准的专项施工方案不得随意变动。

2）实施方案所需的安全技术措施经费不得挪作他用。

3）应认真进行专项施工方案实施中的安全生产技术交底工作。安全技术措施中的各种安全设施、防护应列入施工任务单，责任落实到班组或个人，并实行验收制度。

4）施工作业人员必须接受现场安全教育、安全技术交底，否则不得进行作业。

5）在要害部位和危险区域，应采取切实可行的安全防范措施，设置明显的警示标志，安排专职安全人员在现场进行巡回检查。

6）作业过程中，如果需要变更专项施工方案、措施，应报原审批单位同意，并获得书面签证。

7）专项施工方案实施过程中，必须有专职安全生产管理人员在现场旁站监督。

2.3 人员管理

2.3.1 应根据工程规模、工期和技术难度配备相应的管理、技术、测量、试验、环保、专职质量检查和安全管理人员。

2.3.2　质量员、安全员、材料员、试验员、计划员、劳资员、财会员等关键岗位人员上岗前必须经过培训且考试合格并取得上岗证；严禁未经过培训或未取得上岗证的人员上岗。

2.3.3　从事电工、焊接、热切割、高处、危化品等作业以及与行车安全直接有关的特种作业人员，上岗前必须按照国家有关规定经过专门的安全作业培训并取得特种作业操作资格证书。

2.3.4　施工单位应向作业人员提供必需的安全防护用具和安全防护服装。安全防护用具和安全防护服装的使用、采购和管理应符合相关规定。

2.3.5　既有线施工人员持证上岗制度应符合相关规定。

2.4 设备管理

2.4.1　必须结合现场实际，配齐现场机械设备，满足现场施工质量和进度要求。应开展对作业队机械设备操作、检修和保养的监督检查，确保机械设备安全、正常使用和有效利用。

2.4.2　对于使用的机械设备，必须坚持"两定三包"（定人、定机、包使用、包保管、包保养）制度，各类设备操作人员应做到"三好"（管理好、使用好、养修好）、"四会"（会使用、会保养、会检查、会排除故障），及时、准确填报各种记录，确保机械正常运行。

2.4.3　物资设备管理部门应负责机械设备（包括自有、租赁机械设备）的统一管理，按配备方案及时、合理选配，按要求验收进场的机械设备并报监理审批；负责向操作人员进行安全技术交底；负责建立设备台账，及时登记设备进出场情况；负责每月组织机械设备的安全大检查，每半月组织检查特殊重要机械设备。

2.4.4　设备管理部门应编制特种设备安全技术交底文件。

2.5 材料管理

2.5.1　施工前应做好各项材料的招标采购工作，并根据施工进度计划制订材料供应计划。

2.5.2　材料采购应严格按物资采购规定实施,应选择供应能力强、质量合格、市场信誉优良、价格合理的供应厂家。

2.5.3　材料进场前,应严格进行检查验收和取样送检,试验合格且经监理工程师同意后方可使用,严禁不合格材料进入现场。

3 房建工程

3.1 基础工程

3.1.1 土方开挖

1 土方开挖施工工艺应符合以下要求:

1)绘制要点图,对要点图进行编号(图 3.1.1-1)。

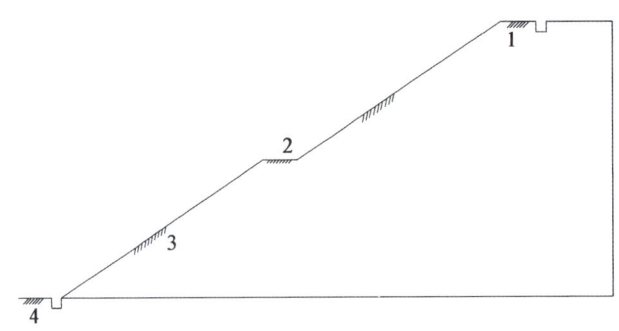

图 3.1.1-1 分层法开挖示意图
1-场地平整高度;2-出土平台;3-出土坡面;4-设计开挖高程

2)分层开挖时,软土地基分层厚度应控制在 2m 以内,硬质土分层厚度宜控制在 5m 以内。

3)边坡开挖时,基坑边坡坡度应根据土质、基坑深度、开挖方法、留置时间、边坡荷载、排水情况及场地大小确定。放坡开挖时,应采取措施降低坑内水位,防止坑外水倒灌。

4)根据坡面选择合适的机械进行作业,加快施工进度,保证设备性能优良,提高施工效率。

2 支护分层开挖施工工艺应符合以下要求:

1)土方开挖施工应遵循"开槽支撑、先撑后挖、分层开挖、严禁超挖"原则。

2）待第一道支撑强度达到设计强度的80%后，方可开挖下层土方。考虑内支撑条件、基坑深度，无特殊情况时必须分层开挖，分层厚度应小于2m（图3.1.1-2，图3.1.1-3）。

图3.1.1-2 下层土方开挖

图3.1.1-3 支撑施工

3）下层支撑及土体开挖方法与上层内支撑面相同，开挖至基底高程后随即浇筑底板混凝土垫层。过程支护应紧跟当层开挖面及时封闭。

4）对于开挖深度超过5m、或开挖深度未超过5m但现场地质情况和周边环境较复杂的基坑工程，应实施基坑工程监测。

5）基坑施工时，应采取降水措施，满足基坑工程施工要求，不得危害基坑周边建（构）筑物、道路及地下设施等的安全和正常使用。

3 土方开挖质量控制应符合以下要求：

1）当挖至接近基础底板高程时，应边抄平边配合人工清槽，防止超挖。

2）基底平整完成后，应进行地基验槽，满足设计要求后方可进行下一道工序。

3）应尽早封闭。

4）应做好基坑井点降水和坑底抽排水。

5）土方开挖质量应符合表3.1.1-1、表3.1.1-2的规定。

临时性挖方边坡值　　　　表3.1.1-1

土 的 类 别		边坡值（高：宽）
砂土	不包括细砂、粉砂	1:1.25～1:1.50
一般性黏土	硬	1:0.75～1:1.00
	硬、塑	1:1.00～1:1.250
	软	1:1.50或更缓
碎石类土	充填坚硬、硬塑黏性土	1:0.50～1:1.00
	充填砂土	1:1.00～1:1.50

注：1. 本表适用于无支护措施的临时性挖土方工程。
　　2. 设计有要求时，应符合设计标准。
　　3. 本表适用于地下水位以上的土层。如采用降水或其他加固措施，可不受本表限制，但应计算复核。

土方开挖工程质量检验标准 表 3.1.1-2

项目	检查项目	允许偏差或允许值（mm）					检验方法
		柱基、基坑、基槽	挖方场地平整		管沟	地（路）面基层	
			人工	机械			
主控项目	高程	0 −50	±30	±50	0 −50	0 −50	水准仪
	长度、宽度（由设计中心线向两边量）	+200 −50	+300 −100	+500 −150	+100 0	设计值	全站仪或钢尺
	坡率	应符合设计要求					目测，坡度尺
一般项目	表面平整度	±20	±20	±50	±20	±20	2m靠尺
	基底土性	应符合设计要求					目测，土样分析

3.1.2 土方回填

1 土方回填施工工艺应符合以下要求：

1）土方回填时，应检验回填土有无杂物、粒径是否符合设计要求以及回填土的含水率是否在要求范围内。

2）回填土应分层铺摊。每层铺土厚度应根据土质、密实度要求和机具性能确定。

3）夯打压实时，每层回填土应至少夯打3次。

4）严禁浇水使土下沉。

5）回填土的每层填土夯实后，应按现行《建筑地基基础工程施工质量验收标准》（GB 50202）的规定进行环刀取样，测量干土的质量密度；达到要求后，再铺上一层土。

6）填土完成后，应进行表面拉线找平。对于超过标准高程的地方，应及时依线铲平；对低于标准高程的地方，应补土夯实。

2 土方回填质量控制应符合以下要求：

1）土方填料按设计要求验收合格后才能进行填筑。

2）填方施工过程中，应检查排水措施、每层填筑厚度、含水率、压实程度，应符合表3.1.2-1的规定。

填土施工时的分层厚度及压实遍数 表 3.1.2-1

压实机具	分层厚度（mm）	每层压实遍数
平碾	250~300	6~8
振动压实机	250~350	3~4
柴油打夯机	200~250	3~4
人工打夯	<200	3~4

3) 填方工程质量应符合表 3.1.2-2 的规定。

填方工程质量检验标准　　　　表 3.1.2-2

项目	检查项目	允许偏差或允许值			检验方法
		柱基、基坑、基槽、管沟排水（mm）	场地平整（mm）		
			人工	机械	
主控项目	高程	0 −50	±30	±50	水准测量
	分层压实系数	不小于设计值			环刀法、灌水法、灌砂法
一般项目	回填土料	设计要求			取样检查或直接鉴别
	分层厚度	设计值			水准测量或直接鉴别
	含水率	最优含水率±2%	最优含水率±2%		烘干法
	表面平整度	±20	±20	±30	用2m靠尺
	有机质含量	<5%			灼烧减量法
	辗迹重叠长度（mm）	500~1000			用钢尺量

3.1.3 预制管桩

1 锤击法管桩施工工艺应符合以下要求：

1）打桩机就位时，应对准桩位，保证垂直稳定，施工中不得倾斜、移动（图 3.1.3-1）。

2）预制桩起吊应按照以下顺序：

（1）拴好吊桩用的钢丝绳、索具。

（2）使用索具捆住桩上端吊环附近，从地面算不宜超过 30cm。

（3）起动机器，起吊预制桩（图 3.1.3-2），使桩尖垂直对准桩位中心，缓缓放下插入土中，位置应准确。

（4）在桩顶扣桩帽或桩箍，除去索具。

图 3.1.3-1　桩机就位　　　　图 3.1.3-2　预制桩起吊

3）管桩施工应按照以下顺序：

（1）桩尖插入桩位后，用较小的落距冷锤1~2次。

（2）桩入土一定深度后，应使桩垂直、稳定。对于桩长10m以内的短桩，可目测或用线坠双向校正垂直度；对于桩长10m以上的桩或打接桩，必须用线坠或经纬仪双向校正垂直度，不得目测。插入桩时，垂直度偏差不得超过0.5%。

（3）打入桩前，应在桩的侧面或桩架上设置标尺，以便在施工中进行观测、记录。

4）打桩应符合以下要求：

（1）用落锤或单动锤打桩时，锤的最大落距不宜超过1.0m；用柴油锤打桩时，应使桩锤跳动正常。

（2）宜重锤低击。桩锤重量应根据工程地质条件、桩的结构类型、密集程度确定。

（3）根据基础的设计高程，打桩顺序应先深后浅；根据桩的规格，打桩顺序宜先大后小、先长后短。由于桩的密集程度不同，可自中间向两个方向对称进行或向四周进行，也可由一侧向单一方向进行。

5）接桩应符合以下要求：

（1）在桩长不够的情况下，可采用焊接接桩，其预制桩表面上的预埋件应清洁，上下节之间的间隙应使用铁片垫实焊牢（图3.1.3-3）。焊接时，应采取措施减少焊缝变形，焊缝应连续焊满。

（2）接桩在距地面1m左右时进行。上、下节桩的中心线偏差不得大于10mm，节点折曲矢高不得大于桩长的0.1%。

（3）接桩处入土前，应对外露铁件补刷防腐漆。

图3.1.3-3　预制桩接桩

6）送桩应符合以下要求：

（1）设计要求送桩时，送桩的中心线应与桩身吻合。如果桩顶不平，可用麻袋或厚纸垫平。

（2）对于送桩留下的桩孔，应立即回填密实。

7）检验验收应符合以下要求：

（1）每根桩的贯入度应符合设计要求，桩尖进入持力层、接近设计高程或打至设计高程时，应进行中间验收。

（2）在控制贯入度时，一般要求最后3次10锤的平均贯入度不大于规定的数值，或桩尖打至设计高程。符合设计要求后，填写施工记录。如果发现桩位与要求相差较大，应会同设计单位研究处理后，移桩机至新桩。

2 静压管桩施工工艺应符合以下要求：

1）PHC桩（预应力高强度混凝土管桩）、PC桩（预应力混凝土管桩）适用于非抗震和抗震设防烈度为6度、7度、8度的地区；对于抗震设防烈度为8度地区或不良场地上的重要建筑，应根据建筑物情况、桩基实际受力状况，按所选桩型的各项力学指标选用桩型并采取相应的构造措施。

2）设计等级为甲级的桩基应选用AB型或AB型以上且产品质量等级为一等品或优等品的PHC桩，不得使用A型桩；10层（含10层）以上高层建筑宜选用AB型或AB型以上且产品质量为一等品或优等品的PHC桩。

3）对于抗拔桩，桩接头应采取特殊的措施，应选用AB型或AB型以上且产品质量等级为一等品或优等品的PHC桩，不得使用A型桩。

4）在地下水、地基土对混凝土、钢筋有弱腐蚀性的环境中使用的管桩基础，应选用AB型或AB型以上且产品质量等级为一等品或优等品的PHC桩。

5）在地下水、地基土对混凝土、钢筋有中等腐蚀性的环境中使用的管桩基础，应选用管径不小于400mm、保护层较厚的AB型或AB型以上且产品质量等级为优等品的PHC桩，其接头宜采用机械快速接头，连接销和连接盒内应涂上防腐漆，外加电焊封闭；设计等级为甲级的基础工程宜采用电焊封闭的封闭型桩尖。

6）在地下水、地基土对混凝土、钢筋有强腐蚀的环境中使用的管桩基础，接头等应采取防护措施，应针对不同的腐蚀介质选用适用的水泥、外加剂进行特制，应选用直径不小于400mm、B型以上、钢筋保护层厚度较大、抗裂性较好的管桩或按设计要求进行特别制作，选用的管桩产品质量等级必须是优等品。

3.1.4 钻孔灌注桩

1 钻孔灌注桩施工工艺应符合以下要求：

1）依据设计图纸计算各桩位坐标，确定每个桩孔与相邻控制点的位置关系，经复核无误后在场内实地放出。

2）确定桩位后，使用十字线放出4个控制桩位，并以4个控制桩为基准埋设护筒。

3）钻机就位时，应确保钻杆中心和桩位中心在同一铅垂线上，对中误差不得大于10mm。正式钻孔前，应先进行钻机运转试验，检查钻机的稳定性和运转情况，确保后续施工连续进行。

4）钻机就位后，调平机座，钻头中心与护筒中心应在同一铅垂线上（图3.1.4-1），偏差应在现行《建筑地基基础工程施工质量验收规范》（GB 50202）允许范围之内。调整钻架的垂直度使其满足要求。钻架、钻头等部位应连接牢固、运转良好。应使用枕木将底座垫实塞紧，保证固定平稳。钻架安装稳定后，钻机定位时采用细线挂重锤检测。

图 3.1.4-1　十字交叉法定位桩中心

5）钻进前，应调整钻杆垂直度，注入调制好的泥浆。钻机施工过程中，泥浆面不得低于护筒底部，保证孔壁稳定。通过钻头旋转、削土、提升、卸土和泥浆撑护孔壁，反复循环直至成孔。

6）钻至设计深度后，停止进尺，采用泥浆循环法，排除沉渣。清孔排渣时，必须保持孔内水头，防止坍孔。

7）清孔完毕，经现场监理工程师检查、批准后，方可吊装钢筋笼。钢筋笼加工应在钢筋加工场进行，采用有托架的机动翻斗车拉运，采用汽车式起重机吊放入孔（图 3.1.4-2）。为了防止钢筋笼吊装就位时发生变形，纵向主筋和加强箍筋应焊接牢固，其他箍筋适当点焊，绑扎牢固。吊装前，应全面检查钢筋笼的分节长度、直径、主筋和箍筋的型号、根数、位置，以及焊接、绑扎、声测管绑扎等情况，确保各部位质量达到要求。为保证钢筋笼保护层厚度，加工钢筋笼时，每隔 2m 在钢筋笼环筋上交叉、对称设置 4 个中间带圆孔的混凝土圆饼，钢筋笼下沉时圆饼紧贴孔壁转动，钢筋笼与孔壁之间保持一定的间隙。钢筋笼吊装完成后，在钢筋顶部主筋上对称布置 2 根直径 18mm 的钢筋，调节钢筋笼的上下位置。吊筋应固定在漏斗架或特设固定架上，防止混凝土灌注时钢筋笼上浮。钢筋笼安装后，应进行二次清孔，沉渣厚度符合现行《建筑桩基技术规范》（JGJ 94）要求、泥浆相对密度不大于 1.03、含砂率小于 2% 后灌注桩身混凝土。

图 3.1.4-2　吊放钢筋笼

8）水下混凝土灌注采用导管法，漏斗隔水采用拔球法。在灌注前，应试拼钢导管，进行拉力、水密试验，并做标记。安装导管时，将导管放置在钻孔中心，轴线顺直，平稳沉放，防止挂钢筋笼和碰撞孔壁。导管就位后，用卡盘固定于护筒口或漏斗架上。导管上口设漏斗和储料斗，导管下口离孔底约30cm。应精确计算首批混凝土的灌注数量，混凝土的数量应能满足导管初次埋置深度不小于1m、填充导管底部、导管内外压力平衡，防止管外压力过大而将泥浆压入管内造成断桩。混凝土的和易性应满足施工要求，坍落度控制在18～22cm。水下混凝土的灌注应连续进行，中途不得中断。灌注时，经常测量混凝土的高度、导管埋深。提升、拆除导管时，保持位置居中，根据导管埋置深度确定提升高度。提升后，导管埋深宜控制在2～6m。拆除导管时，用卡盘将第二节导管卡死，防止落入孔内。混凝土比设计高程超灌50～100cm，确保截除桩头后桩身混凝土的质量。在灌注结束后、混凝土初凝前，拔出施工用的钢护筒。

2 钻孔灌注桩施工应注意以下事项：

1）钻孔应连续进行，不得中断。

2）钻孔时，及时填写钻孔记录。在土层变化处捞取渣样，判明土层，与地质剖面图核对。当与地质剖面图严重不符时，及时向监理工程师汇报，并按监理工程师的指示进行处理。

3）在钻进过程中，始终保持孔内水位高于地下水位2m左右；孔内水位下降时，应及时补水。应经常检查泥浆比重、黏度和含砂率。

4）在灌注过程中，当导管内含有空气时，后续混凝土应缓慢灌入，以免在导管内形成高压气囊从而造成堵管。灌注桩身混凝土时，指定专人负责测量、记录混凝土灌注情况（灌注时间、混凝土面的深度、导管埋深、导管拆除等），指定专人指挥操作人员根据要求进行提管、拆管作业，防止出现意外造成断桩事故。

5）钻进过程中，随时注意孔内有无异常情况、钻架是否倾斜、各连接部位螺栓是否松动。

6）吊放钢筋笼时，防止碰撞孔壁。钢筋笼接长时，两节保持顺直，搭接长度应符合设计及现行《建筑桩基技术规范》（JGJ 94）的规定。

7）导管提升应缓慢，不得过猛，防止导管拉断或导管提离混凝土面而造成断桩事故。

8）严格控制混凝土的质量，确保混凝土的和易性、坍落度及粒径，避免在浇筑混凝土过程中出现堵塞导管的情况。

9）隐蔽工程应符合国家和行业现行有关标准的规定，前道工序完成后应及时报请现场监理工程师认可后方可进行下道工序。

10）应结合成孔工艺、桩位偏差、垂直度偏差、桩身变形量等因素考虑外放量，严禁桩侵入限界内。

3.1.5 水泥粉煤灰碎石桩（CFG桩）复合地基

1 CFG桩施工工艺应符合以下要求：

1）施工前，根据设计要求在试验室内进行泵送混凝土配合比试验，并按混凝土配合比拌制混凝土，每个工点须进行3次工艺试桩，复核地质资料，确认设备、工艺、施打顺序是否合适，确定适用的混凝土强度等级、配合比、坍落度、搅拌时间、长螺旋钻机拔管速度等工艺参数。试桩施工完成后，竖向钻取全长芯样，检查桩身混凝土密实度、强度和桩身的垂直度。

2）桩机就位后，必须铺垫平稳、立柱垂直、稳定、牢固，钻头对准桩位（图3.1.5-1）。

3）钻孔开始前，确认桩位编号、孔口高程、孔深。准确无误后，关闭钻头阀门，向下移动钻杆至钻头触及地面时，启动电动机钻进，宜先慢后快。

4）CFG桩成孔到设计高程后，停止钻进。压灌前，应开动混凝土输送泵（图3.1.5-2），提前使搅拌好的混凝土充满输送泵的料斗，同时备好1罐混凝土备用。压灌时，泵斗内应有一定量的混凝土，混凝土顶面应高出进料口50mm以上，以防吸进空气。当泵斗混凝土低于进料口时，应及时停止提升钻杆，待混凝土搅拌好后再进行压灌、提钻。机手应保证管内充满混凝土，钻具内无混凝土时严禁提升。当钻杆芯管充满混合料后拔管，严禁先提管后泵送料，成桩的提拔速度宜控制在2~3m/min。灌注成桩后，用水泥袋盖住桩头。施工桩顶高程宜高出设计高程0.3m，以保证桩顶混凝土强度达到设计要求。钻头提升到孔口时，应防止桩周土掉入孔内。

图3.1.5-1 桩机就位　　　　　　图3.1.5-2 CFG桩灌注

5）移动桩机至下一桩位时，应防止桩机本身和支腿破坏桩体。应根据轴线或周围桩的位置对需施工的桩位进行复核，保证桩位准确。

6）CFG桩或螺杆桩施工完毕、混合料龄期达到14d后，人工开挖设计桩顶以上保护土层及桩间土。开挖时应严格控制高程，不得扰动基土，不得碰撞桩体，不得超挖。

7）清除保护土层后，使用截桩机截除桩顶设计高程以上部分（图3.1.5-3）。截断桩头后，用钢钎、手锤将桩顶从四周向中间修平至桩顶设计高程。桩顶偏差应控制在0~+20mm。

图 3.1.5-3　CFG 桩头破除

2 CFG 桩施工质量应符合以下要求：

1）所用的水泥和粗细集料的品种、规格及质量应符合设计要求、现行《铁路混凝土施工质量验收标准》（TB 10424）及现行《铁路混凝土结构耐久性设计规范》（TB 10005）的规定。

2）CFG 桩的数量、补桩形式应符合设计要求。

3）每根桩的投料量不得少于设计灌注量。

4）CFG 桩顶端浮浆应清除干净，直至露出新鲜混凝土面。清除浮浆后桩的有效长度应满足设计要求。

5）CFG 桩的桩身质量、完整性应满足设计要求。

6）CFG 桩试桩施工质量检测项目及其频率应符合表 3.1.5 的规定。

CFG 桩试桩施工质量检测项目及其频率　　　　表 3.1.5

检查项目	规定值或允许偏差	检查方法和频率
桩距	±100 mm	抽查总桩数的 3%
桩径	不小于设计值	抽查总桩数的 3%
竖直度	1%	抽查总桩数的 3%
桩体强度	不小于设计值	取芯法，总桩数的 5%
单桩和复合地基承载力	不小于设计值	抽查总桩数的 0.2%，并且不少于 3 根

3.2 混凝土结构工程

3.2.1 模板工程

1 制作与安装

1）模板面板背侧的木方的高度应一致。制作胶合板模板时，应密封板面拼缝处。应在地下室外墙、人防工程墙体的模板对拉螺栓中部设止水片，止水片应与对拉螺栓环焊。

2）支架立柱和竖向模板安装在基土上时，应符合下列规定：

（1）应设置具有足够强度和支承面积的垫板，且应中心承载。

（2）基土应坚实，应有排水措施。

（3）对软土地基，当有需要时可采用堆载预压的方法调整模板面安装高度。

3）对跨度不小于4m的梁、板，其模板起拱高度宜为梁、板跨度的1/1000～3/1000。

4）采用扣件式钢管作高大模板支架的立杆时，支架搭设应完整，并应符合下列规定：

（1）钢管规格、间距和扣件应符合审批方案的规定。

（2）立杆上应每步设置双向水平杆，水平杆应与立杆扣接。

（3）立杆底部应设置垫板。

（4）对于大尺寸混凝土构件下的支架，其立杆顶部应插入可调托座。可调托座距顶部水平杆的距离应不大于600mm，可调托座螺杆外径应不小于36mm，插入深度应不小于180mm。

（5）立杆的纵、横向间距应满足设计要求，立杆的步距应不大于1.8m。顶层立杆的步距应适当减小，且应不大于1.5m。支架立杆的搭设垂直偏差宜不大于5/1000，且应不大于100mm。

（6）在立杆底部的水平方向上，应按纵下横上的次序设置扫地杆。

（7）承受模板荷载的水平杆与支架立杆连接的扣件，其拧紧力矩应不小于40N·m，且应不大于65N·m。

5）采用碗扣式、插接式和盘销式钢管架搭设模板支架时，应符合下列规定：

（1）碗扣架或盘销架的水平杆与立柱的扣接应牢靠，不应滑脱。

（2）立杆上的上、下层水平杆间距应不大于1.8m。

（3）插入立杆顶端可调托座伸出顶层水平杆的悬臂长度应不超过650mm，螺杆插入钢管的长度应不小于150mm，其直径应满足与钢管内径间隙不小于6mm的要求。架体最顶层的水平杆步距应比标准步距缩小1个节点间距。

（4）立柱间应设置专用斜杆或扣件钢管斜杆加强模板支架。

6）对于现浇多层、高层混凝土结构，上、下楼层模板支架的立杆应对准，模板及支架钢管等应分散堆放。

7）安装模板时，混凝土结构构件各部分形状、尺寸和相对位置应准确，应防止漏浆。

8）模板与混凝土接触面应清理干净并涂刷脱模剂，脱模剂不得污染钢筋和混凝土接槎处。

9）后浇带的模板、支架应独立设置。

2 拆除与维护

1）拆除模板时，可按"先支的后拆、后支的先拆，先拆非承重模板、后拆承重模板"的顺序，并应从上而下进行拆除。

2）当混凝土强度达到设计要求时，方可拆除底模及支架；当设计无具体要求时，同条件养护试件的混凝土抗压强度应符合表3.2.1-1的规定。

同条件养护试件的混凝土抗压强度　　　　　表3.2.1-1

构件类型	构件跨度（m）	按达到设计混凝土强度等级值的比例计（%）
板	≤2	≥50
	>2，≤8	≥75
	>8	≥100
梁、拱、壳	≤8	≥75
	>8	≥100
悬臂结构	—	≥100

3）模板、支架杆件和连接件的进场检查应符合下列规定：

（1）模板表面应平整。胶合板模板的胶合层不应脱胶、翘角。支架杆件应平直，应无严重变形和锈蚀。连接件不应有严重变形和锈蚀，不应有裂纹。

（2）模板规格、支架杆件的直径、壁厚等应符合设计要求。

（3）对于在施工现场组装的模板，其组成部分的外观、尺寸应符合设计要求。

（4）应对模板、支架杆件和连接件的力学性能进行抽样检查。

（5）在进场时、周转使用前，应对外观进行全数检查。

（6）应按国家现行有关标准的规定对尺寸、力学性能进行抽样检查。

4）对固定在模板上的预埋件、预留孔和预留洞，应检查其数量是否正确，尺寸允许偏差应符合表3.2.1-2的规定。

预埋件、预留孔、预留洞的尺寸允许偏差　　　　　表3.2.1-2

项　目		允许偏差（mm）
预埋钢板中心线位置		3
预埋管、预埋孔中心线位置		3
插筋	中心线位置	5
	外露长度	+10，0
预埋螺栓	中心线位置	2
	外露长度	+10，0
预留洞	中心线位置	10
	截面内部尺寸	+10，0

5）对于现浇结构模板，应检查其尺寸，允许偏差和检查方法应符合表3.2.1-3的规定。

现浇结构模板尺寸允许偏差和检查方法　　　　　表3.2.1-3

项　目		允许偏差（mm）	检查方法
轴线位置		5	用钢尺检查
底膜上表面高程		±5	用水准仪、钢尺或拉线检查
截面内部尺寸	基础	±10	用钢尺检查
	柱、墙、梁	+4，-5	用钢尺检查

续上表

项 目		允许偏差（mm）	检 查 方 法
层高垂直度	全高不大于5m	6	用经纬仪、吊线、钢尺检查
	全高大于5m	8	用经纬仪、吊线、钢尺检查
相邻两板表面高低差		2	用钢尺检查
表面平整度		5	用2m靠尺和塞尺检查

6）对于扣件钢管支架，应对下列安装偏差进行全数检查：

（1）混凝土梁下支架立杆间距的偏差应不大于50mm。混凝土板下支架立杆间距的偏差应不大于100mm。水平杆间距的偏差应不大于50mm。

（2）承受模板荷载的水平杆与支架立杆连接的扣件。

（3）采用双扣件构造设置的抗滑移扣件的上下顶紧程度，扣件间隙应不大于2mm。

7）对于碗扣式、门式、插接式和盘销式钢管支架，应对下列安装偏差进行全数检查：

（1）插入立杆顶端可调托撑伸出顶层水平杆的悬臂长度。

（2）水平杆杆端与立杆连接的碗扣、插接和盘销的连接状况，不应松脱。

（3）按规定设置的垂直斜撑、水平斜撑。

3.2.2 钢筋工程

1 基本规定

1）对于有抗震设防要求的结构，其纵向受力钢筋的性能应满足设计要求；设计无具体要求时，按一、二、三级抗震等级设计的框架和斜撑构件（含梯段）的纵向受力钢筋应采用 HRB335E、HRB400E、HRB500E、HRBF335E、HRBF400E 或 HRBF500E 钢筋，其强度和最大力下总伸长率的实测值应符合下列规定：

（1）钢筋的抗拉强度实测值与屈服强度实测值的比值应不小于1.25。

（2）钢筋的屈服强度实测值与屈服强度标准值的比值应不大于1.30。

（3）钢筋的最大力下总伸长率应不小于9%。

2）运输、存放钢筋时，不得损坏包装和标志，并应按牌号、规格、炉批分别堆放。在室外堆放时，应采取措施避免钢筋锈蚀。

3）当发现钢筋脆断、焊接性能不良或力学性能显著不正常等现象时，应停止使用该批钢筋，并对该批钢筋进行化学成分检验或其他专项检验。

4）钢筋的表面应清洁、无损伤，油渍、漆污和铁锈应在加工前清除干净。不得使用带有颗粒状或片状老锈的钢筋。钢筋除锈后，如果发现严重的表面缺陷，应重新检验该批钢筋的力学性能及其他相关性能指标。

5）钢筋加工宜在常温状态下进行，加工过程中不应加热钢筋。钢筋弯折应一次完成，不得反复弯折。

6）宜采用无延伸功能的机械设备调直钢筋，也可采用冷拉方法调直钢筋。当采用冷拉方法调直时，HPB235、HPB300 光圆钢筋的冷拉率宜不大于 4%；HRB335、HRB400、HRB500、HRBF335、HRBF400、HRBF500 及 RRB400 带肋钢筋的冷拉率宜不大于 1%。钢筋调直过程中，不应损伤带肋钢筋的横肋。调直后的钢筋应平直，不应有局部弯折。

7）受力钢筋的弯折应符合下列规定：

（1）光圆钢筋末端应做 180°弯钩，弯钩的弯后平直部分长度应不小于钢筋直径的 3 倍。用作受压钢筋时，光圆钢筋末端可不做弯钩。

（2）光圆钢筋的弯弧内直径应不小于钢筋直径的 2.5 倍。

（3）335MPa 级、400MPa 级带肋钢筋的弯弧内直径应不小于钢筋直径的 5 倍；直径为 28mm 以下的 500MPa 级带肋钢筋的弯弧内直径应不小于钢筋直径的 6 倍；直径为 28mm 及以上的 500MPa 级带肋钢筋的弯弧内直径应不小于钢筋直径的 7 倍。

（4）框架结构的梁上部纵向钢筋、柱外侧纵向钢筋在节点角部弯折处，当钢筋直径为 28mm 以下时，弯弧内直径宜不小于钢筋直径的 12 倍；当钢筋直径为 28mm 及以上时，弯弧内直径宜不小于钢筋直径的 16 倍。

（5）箍筋弯折处的弯弧内直径应不小于纵向受力钢筋直径。

8）除焊接封闭箍筋外，箍筋、拉筋的末端应按设计要求做弯钩。当设计无具体要求时，应符合下列规定：

（1）对一般结构构件，箍筋弯钩的弯折角度应不小于 90°，弯折后平直部分长度应不小于箍筋直径的 5 倍；对有抗震设防及设计有专门要求的结构构件，箍筋弯钩的弯折角度应不小于 135°，弯折后平直部分长度应不小于箍筋直径的 10 倍和 75mm 的较大值。

（2）圆柱箍筋的搭接长度应不小于钢筋的锚固长度，两末端均应做 135°弯钩。对一般结构构件，弯折后平直部分长度应不小于箍筋直径的 5 倍；对有抗震设防要求的结构构件，弯折后平直部分长度应不小于箍筋直径的 10 倍。

（3）拉筋两端弯钩的弯折角度均应不小于 135°，弯折后平直部分长度应不小于拉筋直径的 10 倍。

2　钢筋的连接安装

1）钢筋的接头宜设置在受力较小处。同一纵向受力钢筋不宜设置 2 个或 2 个以上的接头。接头末端至钢筋弯起点的距离应不小于钢筋公称直径的 10 倍。

2）同一构件中，相邻纵向受力钢筋的绑扎搭接接头宜相互错开。绑扎搭接接头中，钢筋的横向净距应不小于钢筋直径，且应不小于 25mm。

3）当纵向受力钢筋采用机械连接接头或焊接接头时，设置在同一构件内的接头宜相互错开。

4）每层柱第一个钢筋接头位置距楼地面高度宜不小于 500mm、柱高的 1/6 及柱截面长边（或直径）的较大值；连续梁、板的上部钢筋接头宜设置在跨中 1/3 跨度范围内，下部钢筋接头宜设置在梁端 1/3 跨度范围内。纵向受力钢筋机械连接接头及焊接接头连接区段的长度应为 35d（d 为纵向受力钢筋的较大直径，下同）且不应小于 500mm，凡接头中点位于该连接区段长度内的接头均属于同一连接区段。同一连接区段内，纵向受力钢筋接头面积百分率为该区段内有接头的纵向受力钢筋截面面积与全部纵向受力钢筋截面面积的比值。

5）同一连接区段内，纵向受力钢筋的接头面积百分率应符合下列规定：

（1）在受拉区宜不超过50%，但装配式混凝土结构构件连接处可根据实际情况适当放宽；受压接头可不受限制。

（2）接头不宜设置在有抗震要求的框架梁端、柱端的箍筋加密区；当无法避开时，对等强度高质量机械连接接头，应不超过50%。

（3）直接承受动力荷载的结构构件中，不宜采用焊接接头；当采用机械连接接头时，应不超50%。

6）纵向受力钢筋绑扎搭接接头连接区段的长度应为搭接长度的1.3倍，凡搭接接头中点位于该连接区段长度内的搭接接头均属于同一连接区段。

7）钢筋绑扎的细部构造应符合下列规定：

（1）钢筋的绑扎搭接接头的中心和两端，应使用铁丝扎牢。

（2）墙、柱、梁钢筋骨架中各垂直面钢筋网交叉点应全部扎牢。板上部钢筋网的交叉点应全部扎牢。底部钢筋网除边缘部分外，可间隔交错扎牢。

（3）梁、柱的箍筋弯钩及焊接封闭箍筋的对焊点应沿纵向受力钢筋方向错开设置。构件同一表面，焊接封闭箍筋的对焊接头面积百分率不宜超过50%。

（4）梁及柱中箍筋、墙中水平分布钢筋及暗柱箍筋、板中钢筋距构件边缘的距离宜为50mm。

8）构件交界处的钢筋位置应符合设计要求。当设计无要求时，应优先保证主要受力构件和构件中主要受力方向的钢筋位置。框架节点处梁纵向受力钢筋宜置于柱纵向钢筋内侧；次梁钢筋宜放在主梁钢筋内侧；剪力墙中的水平分布钢筋宜放在外部，并在墙边弯折锚固。

3 钢筋进场质量检查

1）钢筋进场时，应检查生产企业的生产许可证证书、钢筋的质量证明书。

2）钢筋进场时，应按国家和行业现行有关标准的规定抽样检验屈服强度、抗拉强度、伸长率及单位长度质量偏差。

3）当无法准确判断钢筋品种、牌号时，应增加化学成分、晶粒度等检验项目。

3.2.3 混凝土工程

1 混凝土浇筑

1）浇筑混凝土前，应清除模板内或垫层上的杂物。对于表面干燥的地基、垫层、模板，应洒水湿润。现场环境温度高于35℃时，宜对金属模板进行洒水降温。洒水后不得留有积水。

2）浇筑混凝土时，应保证混凝土的均匀性和密实性。混凝土宜一次连续浇筑；当不能一次连续浇筑时，可留设施工缝或后浇带分块浇筑。

3）柱、墙模板内的混凝土浇筑倾落高度应符合表3.2.3的规定。

浇筑倾落高度限值　　　　　　　　　　　表 3.2.3

条　件	浇筑倾落高度限值（m）
粗集料粒径大于 25mm	≤3
粗集料粒径小于或等于 25mm	≤6

4）浇筑混凝土后，宜在混凝土初凝前、终凝前分别对混凝土裸露表面进行抹面处理。

5）柱、墙混凝土设计强度等级高于梁、板混凝土设计强度等级时，混凝土浇筑应符合下列规定：

（1）柱、墙混凝土设计强度比梁、板混凝土设计强度高 1 个等级时，经设计单位同意，柱、墙位置梁、板高度范围内的混凝土可采用与梁、板混凝土设计强度等级相同的混凝土进行浇筑。

（2）柱、墙混凝土设计强度比梁、板混凝土设计强度高 2 个等级及以上时，应在交界区域采取分隔措施。分隔位置应在低强度等级的构件中，且距高强度等级构件边缘应不小于 500mm。

（3）宜先浇筑高强度等级混凝土，后浇筑低强度等级混凝土。

6）施工缝或后浇带处混凝土浇筑应符合下列规定：

（1）结合面应为粗糙面。应清除结合面的浮浆、疏松石子、软弱混凝土层。

（2）应采用洒水方法充分湿润结合面，不得有积水。

（3）施工缝处已浇筑混凝土的强度应不小于 1.2MPa。

（4）柱、墙水平施工缝水泥砂浆接浆层厚度应不大于 30mm，接浆层水泥砂浆成分应与混凝土浆液相同。

（5）后浇带混凝土强度等级及性能应符合设计要求；当设计无要求时，后浇带强度等级宜比两侧混凝土提高一级，浇筑时宜采取减少收缩的技术措施。

7）超长结构混凝土浇筑应符合下列规定：

（1）可留设施工缝分仓浇筑，分仓浇筑间隔时间应不少于 7d。

（2）当留设后浇带时，后浇带封闭时间不得少于 45d。

（3）对于超长整体基础中调节沉降的后浇带，混凝土封闭时间应通过监测确定，应在差异沉降趋于稳定后封闭后浇带。

（4）后浇带的封闭时间应经设计单位认可。

2 混凝土振捣

1）应使模板内各个部位混凝土密实、均匀，不应漏振、欠振、过振。

2）混凝土振捣应采用插入式振动棒、平板振动器或附着振动器，必要时可采用人工辅助振捣。

3）采用振动棒振捣混凝土时，应符合下列规定：

（1）应按分层浇筑厚度分别进行振捣，振动棒的前端应插入前一层混凝土中，插入深度应不小于 50mm。

（2）振动棒应垂直于混凝土表面并快插慢拔、均匀振捣。当混凝土表面无明显塌陷、有水泥浆出现、不再冒气泡时，可结束该部位振捣。

（3）振动棒与模板的距离应不大于振动棒作用半径的0.5倍；振捣插点间距应不大于振动棒作用半径的1.4倍。

4）采用表面振动器振捣混凝土时，应符合下列规定：

（1）振捣应覆盖振捣平面边角。

（2）振捣表面倾斜时，应由低处向高处进行振捣。混凝土分层振捣最大厚度是振动棒作用部分长度的1.25倍。

3 混凝土养护

1）混凝土浇筑后，应及时进行保湿养护。保湿养护可采用洒水、覆盖、喷涂养护剂等方式。选择养护方式时应考虑现场条件、环境温湿度、构件特点、技术要求、施工操作等因素。

2）混凝土的养护时间应符合下列规定：

（1）采用硅酸盐水泥、普通硅酸盐水泥或矿渣硅酸盐水泥配制的混凝土时，养护时间应不少于7d；采用其他品种水泥时，养护时间应根据水泥性能确定。

（2）采用缓凝型外加剂、大掺量矿物掺合料配制的混凝土时，养护时间应不少于14d。

（3）采用抗渗混凝土、强度等级为C60及以上的混凝土时，养护时间应不少于14d。

（4）后浇带混凝土的养护时间应不少于14d。

（5）地下室底层墙、柱和上部结构首层墙、柱的养护时间宜适当增加。

3）洒水养护应符合下列规定：

（1）洒水养护宜在混凝土裸露表面覆盖麻袋或草帘后进行，也可采用直接洒水、蓄水等养护方式。洒水养护应保证混凝土处于湿润状态。

（2）当日最低温度低于5℃时，不应采用洒水养护。

4）覆盖养护应符合下列规定：

（1）覆盖养护宜在混凝土裸露表面覆盖塑料薄膜、或塑料薄膜加麻袋、或塑料薄膜加草帘后进行。

（2）塑料薄膜应紧贴混凝土裸露表面，塑料薄膜内应保持有凝结水。

（3）覆盖物应严密，覆盖物的层数应按施工方案确定。

5）喷涂养护剂养护应符合下列规定：

（1）应在混凝土裸露表面喷涂覆盖致密的养护剂。

（2）养护剂应均匀喷涂在结构构件表面，不得漏喷。

（3）养护剂应具有可靠的保湿效果，可通过试验检验保湿效果。

（4）养护剂的使用应符合产品说明书的有关要求。

6）施工缝和后浇带的留设位置应在浇筑混凝土前确定。施工缝和后浇带宜留设在结构受剪力较小且便于施工的位置。

7）水平施工缝的留设位置应符合下列规定：

（1）柱、墙施工缝可留设在基础、楼层结构顶面，柱施工缝与结构上表面的距离宜为0~100mm，墙施工缝与结构上表面的距离宜为0~300mm。

（2）柱、墙施工缝也可留设在楼层结构底面，施工缝与结构下表面的距离宜为0~50mm。当板下有梁托时，可留设在梁托下0~20mm。

（3）对于高度较大的柱、墙、梁以及厚度较大的基础，可根据施工需要在其中部留设水平施工缝；必要时，可对配筋进行调整，并应征得设计单位认可。

8）垂直施工缝和后浇带的留设位置应符合下列规定：

（1）有主次梁的楼板施工缝应留设在次梁跨度中间的1/3范围内。

（2）单向板施工缝应留设在平行于板短边的任何位置。

（3）楼梯梯段施工缝宜设置在梯段板跨度端部的1/3范围内。

（4）墙的施工缝宜设置在门洞口过梁跨中1/3范围内，也可留设在纵横交接处。

9）施工缝、后浇带留设界面应垂直于结构构件和纵向受力钢筋。结构构件厚度或高度较大时，施工缝或后浇带界面宜采用专用材料封挡。

4 控制要点

1）应优化设计，采用合适的结构类型、结构布置和结构构造措施，注重防、排水和密封等构造措施，适量增加钢筋的混凝土保护层厚度。

2）现场实际使用的各种原材料，必须与送样配制的理论配合比中所使用的原材料一致。材料进场后，目测原材料品质，取样检验，检验合格后保留相关资料，将不合格材料清除出场。

3）拌和时，依据理论配合比和施工配合比，核查各种材料的质量、搅拌设备系统运行及仪表精度情况。对于计算机控制搅拌站计量参数资料，应及时分析、动态校正计量。应验证混凝土的和易性、可泵性、坍落度。

4）混凝土运输过程中，混凝土在运输车内应保持均匀，运到施工浇筑地点时不分层、不离析、不漏浆，且坍落度和含气量满足国家和行业现行有关标准的规定。

5）混凝土的浇筑应连续进行，在浇筑过程中，严格控制混凝土的均匀性和密实性。

6）振捣时间一般控制在30s以内，避免过振。混凝土较黏稠时，应加密振点。

3.2.4 有黏结预应力工程

1 预应力筋的孔道必须尺寸、位置正确，平顺畅通，无局部弯曲；孔道端部的预埋钢板应垂直于孔道轴线，孔道接头处不得漏浆，灌浆孔和排气孔的位置应符合设计要求。

2 穿预应力筋应符合下列规定：

1）穿筋前，应检查钢筋（或束）的规格、总长是否符合要求。

2）穿筋时，对于带有端杆螺丝的预应力筋，应保护丝扣，以免损坏；对于钢筋束或钢丝束，应将钢筋或钢丝按顺序编号，并套上穿束器，先把钢筋或穿束器的引线由一端穿入孔道，从另一端穿出，然后逐渐将钢筋或钢丝束拉出到另一端。

3）钢筋穿好后，应在构件上注明束号，以便核对。

3 安装锚具、张拉设备时，对于直线预应力筋，应使张拉力的作用线与孔道中心线在张拉过程中相互重合；对于曲线预应力筋，应使张拉力的作用线与孔道末端中心点的切线相互重合。

4 张拉工序应符合下列要求：

1）预应力筋的张拉程序应按设计规定进行；设计无规定时，可采取下列程序之一（σ_{con}为预应力筋的张拉控制应力）：0→105%σ_{con}持荷2min→σ_{con}；或0→103%σ_{con}。

2）预应力筋的张拉顺序应符合设计要求，当设计无具体要求时，可采取分批、分阶段对称张拉。采用分批张拉时，应计算分批张拉的预应力损失值，分别加到先张拉预应力筋的张拉控制应力值内，或采用同一张拉值逐根复位补足。

3）单根预应力粗钢筋张拉时（采用拉伸机张拉、螺丝端杆锚固），应先少许加力，按设计规定找准垫板位置，然后按规定张拉程序张拉。张拉完毕，用扳手拧紧螺母，将钢筋锚固，测量钢筋实际伸长值，并做张拉记录。

4）预应力钢丝束采用双作用千斤顶张拉、锥形锚栓锚固时，应按下列要求操作：

（1）预拉：将钢丝拉出一小段长度后，检查钢丝长度是否一致；如果不一致，应退下楔块进行调整，然后用力打紧楔块。

（2）张拉及顶压：预拉调整以后，方可按规定张拉程序张拉。张拉完毕，测量钢丝伸长值，如果符合规定，顶压锚塞。顶压锚塞时，必须关闭大缸油路，给小缸进油，使小缸活塞猛顶锚塞。

（3）校核：将千斤顶装入未张拉的一端进行张拉，张拉到控制应力后，猛顶锚塞。当两端都张拉顶压完毕后，应测量钢丝滑入锚栓中的内缩量是否符合要求；如果大于规定数值，必须再张拉，补回损失。

（4）钢丝断丝和滑脱的数量严禁超过构件同一截面钢丝总数的3%，且1束钢丝最多允许1根。如果超过上述规定，必须重新张拉，这时应把钢丝拉到原来的张拉吨位，拉松锚塞，用一根钢钎插入垫板槽口内，卡住锚塞，然后大缸回油，拉出锚塞，取出整个锚栓。应检查锚环是否被抽成凹槽、锚塞的细齿是否被抽平；如果有这类情况，应调换锚具，重新张拉；如果锚环、锚塞完好无损，则只需要在顶压时加大压力顶紧锚塞。

5）张拉作业中，应记录施加预应力情况。

6）孔道灌浆作业应符合下列规定：

（1）使用压力水将灌浆孔道清洗干净。

（2）应检查灌浆孔、出气孔是否与预应力筋孔道连通；如果联通，应进行处理。

（3）预应力筋张拉后，应尽早进行孔道灌浆，减少预应力损失。

（4）灌浆压力一般为0.4~0.6MPa。

（5）灌浆顺序应先下后上，避免上层孔道漏浆把下层孔道堵住。排气孔冒出浓浆后，堵住排气孔，再压浆至0.6MPa，保持1~2min后，堵塞灌浆孔。

（6）制作试块并注意养护。

7）浇筑封端混凝土或对端部做防护处理，应进行混凝土养护。

3.2.5 无黏结预应力工程

1 无黏结筋进场后，应及时核查规格、尺寸和数量，逐根检查外包裹层质量及端部配件。对配有甲锚的钢丝束，应检查锚杯内外螺纹、镦头外形尺寸、是否有漏镦现象等，并将定位连杆拧入锚杯内。检查无误后，应分类堆放。对包裹层破损的无黏结筋，应使用塑料胶条修补。

2 在张拉端帮模外侧，应按施工图标注的无黏结筋位置弹线、编号和钻孔。配甲锚筋孔直径宜为40mm，配乙锚筋孔直径宜为30mm。

3 无黏结筋张拉端均应设承压板。安装时，应防止由于承压板端面倾斜造成张拉油缸与承压板不垂直。

4 无黏结筋的配置方式有单向和双向曲线配置两种。铺放时应注意：

1）为保证无黏结筋的曲线矢高要求，无黏结筋应和同方向非预应力筋配置在同一水平位置（跨中和支座处）。

2）铺放前，应设铁马凳，控制无黏结筋的曲率，一般每隔2m设1个马凳，马凳的高度应根据设计要求确定。在跨中处，可不设马凳，直接绑扎在底筋上。

3）采用双向曲线配置时，应注意筋的铺放顺序。由于筋的各点起伏高度不同，必然出现两向配筋交错相压。为避免铺放时穿筋，施工前必须进行人工或电算编序。编序方法是将各向无黏结筋的交叉点处的高程（从板底至无黏结筋上皮的高度）标出，对各交叉点相应的两个高程分别进行比较，如果一个方向某一筋的各点高程均分别低于与其相交的各筋相应点高程，可以先放置此筋。按此顺序，在绑完非预应力筋底筋后，将无黏结筋铺放在模板中。

4）无黏结筋应铺设在电线管下面，避免无黏结筋张拉产生向下分力，导致电线管弯曲和其下方混凝土破碎。

5 端部节点安装应符合下列要求：

1）安装甲型锚固系统张拉端时，将塑料保护套筒轻轻打入承压板预留孔内，防止浇筑混凝土时水泥浆流入锚杯丝扣内而影响张拉。按设计要求确定锚环预埋深度。为保证锚环预埋位置正确，可通过定位连杆来保证锚环预埋位置。定位连杆两端带有丝扣，将一端拧入锚杯内，顶紧杯内各钢丝镦头，将另一端固定在端模上。通过测量定位杆露在端模外的尺寸核对锚杯埋入深度。在定位操作过程中，应逐根检查锚杯预埋深度，严格控制定位连杆的外露尺寸。

2）安装甲型锚固系统固定端时，按设计要求的高程将锚固端锚板用铅丝绑在非预应力筋或附加筋上，并在其前区配置螺旋筋，以增强混凝土局部承压强度。钢丝镦丝应与锚板贴紧、齐平，不得错落。

3）安装乙型锚固系统张拉端时，将无黏结筋从承压板预留孔洞穿出，用铅丝绑牢其与承压板垂直的区段，束的外露长度与端模内侧平直区段长度应满足现行《无粘结预应力混凝土结构技术规程》（JGJ 92）的规定。当安装锚具凹进混凝土的张拉端时，塑料塞表面应涂油，防止与混凝土粘接。浇筑混凝土前，应在承压板内表面位置将预应力筋外包塑料管沿周围割断，张拉时再将其拿掉。

4）安装乙型锚固系统锚固端时，按设计要求固定在模板内，并配置螺旋筋。采用的钢绞线固定端应散发，钢丝为七孔板镦头。

6 检查塑料保护套筒无损坏后，将软塑料管两端分别绑在保护套筒和无黏结筋上，并按设计高程将无黏结筋绑在板端非预应力筋或附加筋上。绑扎时，无黏结筋应与锚杯轴线重合，并垂直于承压板，使张拉时锚杯能顺利拉出板端。

7 绑完非预应力筋后，应按施工图中无黏结筋的设计编号位置将无黏结筋理直，把各筋曲线高度控制点下面的马凳位置绑牢。筋的起拱质量应满足现行《无粘结预应力混凝土结构技术规程》（JGJ 92）的规定。

8 混凝土浇筑及振捣应符合下列要求：

1）无黏结筋组装件铺放完毕后，施工单位、质量检查部门应会同设计单位联合进行隐蔽工程验收，确认合格后方可浇筑混凝土。

2）浇筑时，严禁踏压马凳，防止触碰锚具，确保无黏结筋束型、锚具位置准确。

3）应认真振捣张拉端、锚固端混凝土，严禁漏振，避免出现蜂窝麻面，保证密实性。严禁触碰张拉端塑料套筒，避免由于套筒脱落破坏而影响张拉。

9 甲型锚具张拉工艺应符合下列要求：

1）张拉前拆除定位连杆、端部模板，清理现场，搭设脚手架、防护栏板。

2）将张拉杆拧入锚杯内，安装千斤顶，锁紧张拉杆螺母（必须满扣）。千斤顶安装位置应与无黏结筋在同一轴线上，并与承压板保持垂直。如果达不到要求，可用垫板垫在支承架的端面上进行调整。

3）接通油泵、加压。当油压达到 5MPa 时停止加压，调整油缸位置后继续加压，直至达到所需张拉值，关掉油泵电源，停止给油、停止加压。然后将锚杯外扣清刷干净，拧上螺母，再次接通油泵，补拉到张拉力值，拧紧螺母。

4）采用电动油泵加压时，应控制给油速度，达到控制油压的给油时间一般不能低于 0.5min。

5）张拉过程中，当个别钢丝发生断裂时，可降低张拉值。但断裂数量不应超过同一截面预应力筋总数的 2%。对于多跨双向连续板，同一截面按每跨计算。

10 乙型锚具张拉工艺应符合下列要求：

1）张拉前应将板端面清理干净，剥去外露钢绞线（钢丝束）的外包塑料套管，对锚具逐个进行检查，严禁使用锈蚀锚具。应逐根测量外露无黏结筋的长度，记录并作为张拉前的原始长度。

2）接通油泵、加压。当压力达到 2.5MPa 时停止加压，调整千斤顶的位置后继续加压，直至达到设计要求的张拉力。当千斤顶行程不能满足张拉所需伸长值时，中途可停止张拉，进行临时锚固，倒回千斤顶行程，进行第二次张拉。两端同时张拉时，两端张拉速度应保持一致，压力差不应超过 10MPa。

3）顶压可采用液压顶压或弹簧自动顶压。

（1）采用液压顶压时，当张拉到控制应力时，停止加压，保持所需压力，用手动泵给顶压器加压，压力达到 30MPa 时，顶压器的千斤顶同时缓慢回油，最后拆除张拉设备。

（2）采用弹簧顶压时，当张拉到要求控制应力时即可回油。由于用弹簧顶压器进行锚固顶压，锚具内缩量较大，应进行二次张拉。第二次张拉时，必须卸去顶压设备，换上支承架，将千斤顶支承在构件上。张拉时，必须使千斤顶与锚具保持在同一轴线上，加压值应取设计控制应力值。采用开口式垫片，垫在锚具与承压板空隙处。

4) 张拉后再次测量无黏结筋外露长度减去张拉前测量的长度，所得之差为实际伸长值，可用于校核计算伸长值，其偏差为 +10% ~ -5%。

11 锚固区必须有防锈和防火的保护措施，防止水气进入后锈蚀锚具或预应力筋。可采取以下措施：

1) 锚具外包钢筋混凝土圈梁。对甲型锚具，应先用油枪通过锚杯注油孔向塑料保护套筒内注入足够的润滑防锈油脂，待注满（油脂从另一注油孔挤出）后，方可外包钢筋混凝土。对乙型锚具，应先将外露无黏结筋切去，仅留 20cm，然后将其分散弯折，再浇筑混凝土。

2) 将锚具预先埋入混凝土构件内，张拉后切去多余无黏结筋（必须用砂轮锯，不得用电弧或氧乙炔焰），用环氧砂浆堵封。

12 无黏结筋张拉完毕后，操作人员应填写施加预应力记录，签名备查。归档资料应包括：高强钢丝或钢绞线、锚夹具钢材出厂证明及力学性能复试报告；无黏结预应力筋及锚夹具合格证明；传感器、配套油泵千斤顶标定试验单；无黏结筋张拉伸长值记录。

3.3 钢结构主体工程

3.3.1 通用规定

1 钢结构安装现场应设置专门的构件堆场，并应采取防止构件变形及表面污染的保护措施。

2 安装前，应按构件明细表核对进场的构件，查验产品合格证。在现场组装工厂预拼装过的构件时，应根据预拼装记录进行。

3 吊装构件前，应清除表面的油污、冰雪、泥沙和灰尘等杂物，应标记轴线、高程。

4 安装钢结构时，应根据结构特点采用合理的顺序，应形成稳固的空间刚度单元，必要时应增加临时支承结构或采取临时措施。

5 钢结构安装校正时，应分析温度、日照和焊接变形等因素对结构变形的影响。施工单位和监理单位宜在相同的天气条件和时间段进行测量验收。

6 吊装钢结构时，宜在构件上设置专门的吊装耳板或吊装孔。设计文件无特殊要求时，吊装耳板和吊装孔可保留在构件上；需去除耳板时，可采用气割或碳弧气刨方式在离母材 3~5mm 位置切除，严禁采用锤击方式去除。

3.3.2 钢结构焊接

1 钢结构焊接材料进场时，应具有焊接材料厂出具的产品质量证明书或检验报告。

2 对于首次采用的钢材、焊接材料、焊接方法、接头形式、焊接位置、焊后热处理、焊接工艺参数、预热和后热措施等，应在钢结构构件制作及安装施工之前按照规定程序进行焊接工艺评定，并制订焊接操作规程。焊接施工过程中，应遵守焊接操作规程的规定。

3 抽样检验结果判定应符合以下规定：

1）除裂纹缺陷外，抽样检验的焊缝不合格率小于2%时，该批验收合格；抽样检验的焊缝不合格率大于5%时，该批验收不合格；抽样检验的焊缝不合格率为2%～5%时，应按不小于2%的比例对其他未检焊缝进行抽检，且必须在不合格部位两侧的焊缝延长线各增加1处，所有抽检焊缝不合格率不大于3%时，该批验收合格，大于3%时，该批验收不合格。

2）当检验发现有1处裂纹缺陷时，应加倍抽查，在加倍抽检焊缝中未再检查出裂纹缺陷时，该批验收合格；检验发现多处裂纹缺陷或加倍抽查又发现裂纹缺陷时，该批验收不合格，应对该批余下焊缝的全数进行检验。

3）批量验收不合格时，应对该批余下的全部焊缝进行检验。

3.3.3 钢结构制作与安装

1 构件工厂加工制作应采用机械化与自动化等工业化方式，并应采用信息化管理手段。

2 高强度大六角头螺栓连接副和扭剪型高强度螺栓连接副出厂时，应随箱带有扭矩系数、紧固轴力（预拉力）的检验报告以及出厂质量保证书。高强度螺栓连接副应按批配套进场并在同批内配套使用。

3 高强度螺栓连接处的钢板表面处理方法、除锈等级应符合设计文件要求。摩擦型高强度螺栓连接摩擦面经处理后，应进行抗滑移系数试验和复验，应满足设计文件中关于抗滑移系数的要求。

4 起重设备和吊具应符合下列规定：

1）选用非定型产品作为起重设备时，应编制专项方案，经评审后组织实施。

2）选择起重设备时，应考虑起重设备的性能、结构特点、现场环境、作业效率等因素。

3）起重设备需要附着或支承在结构上时，应得到设计单位的同意，并应进行结构安全验算。

4）钢结构吊装作业必须在起重设备的额定起重量范围内进行。

5）钢结构吊装不宜采用抬吊。当构件重量超过单台起重设备的额定起重量时，可采用抬吊的方式吊装构件。

6）用于吊装的钢丝绳、吊装带、卸扣、吊钩等吊具应经检查合格，并应在其额定许用荷载范围内使用。

5 基础、支承面和预埋件应符合下列规定：

1）钢结构安装作业前，应检查建筑物的定位轴线、基础轴线和高程、地脚螺栓位置等，并应办理交接验收。当基础工程分批进行交接时，每次交接验收应至少包括1个安装单元的柱基基础，并应符合下列规定：

（1）基础混凝土强度应达到设计要求。

（2）基础周围已回填夯实。

（3）基础的轴线标志和高程基准点应准确、齐全。

2）基础顶面直接作为柱的支承面、基础顶面预埋钢板（或支座）作为柱的支承面时，其支承面、地脚螺栓（锚栓）的允许偏差应符合现行《钢结构工程施工质量验收规范》（GB 50205）的规定。

3）钢柱脚采用钢垫板作为支承时，应符合下列规定：

（1）钢垫板面积应根据混凝土抗压强度、柱脚底板承受的荷载和地脚螺栓（锚栓）的紧固拉力通过计算确定。

（2）垫板应设置在靠近地脚螺栓（锚栓）的柱脚底板加劲板或柱肢下，每根地脚螺栓（锚栓）侧应设1~2组垫板，每组垫板不得多于5块。

（3）垫板与基础面、柱底面的接触应平整、紧密。采用成对斜垫板时，其叠合长度不应小于垫板长度的2/3。

（4）柱底二次浇灌混凝土前，垫板间应焊接固定。

4）锚栓及预埋件安装应符合下列规定：

（1）宜采取锚栓定位支架、定位板等辅助固定措施。

（2）锚栓和预埋件安装到位后，应可靠固定。当锚栓埋设精度要求较高时，可采用预留孔洞、二次埋设等工艺。

（3）应采取防止锚栓损坏、锈蚀和污染的保护措施。

（4）钢柱地脚螺栓紧固后，应采取措施防止外露部分螺母松动、锈蚀。

（5）当锚栓需要施加预应力时，可采用后张拉法，张拉力应符合设计文件的要求，并应在张拉完成后进行灌浆处理。

6 钢构件安装应符合下列规定：

1）钢柱安装应符合下列规定：

（1）安装柱脚时，宜使用锚栓导入器或护套。

（2）安装首节钢柱后，应及时校正垂直度、高程和轴线位置，钢柱的垂直度可用经纬仪或线锤测量。校正合格后，钢柱应可靠固定，并应进行柱底二次灌浆，灌浆前应清除柱底板与基础面间的杂物。

（3）首节以上的钢柱定位轴线应从地面控制轴线直接引上，不得从下层柱的轴线引上。校正钢柱垂直度时，应确定钢梁接头焊接的收缩量，并应预留焊缝收缩变形值。

（4）倾斜钢柱可采用三维坐标测量法进行测校，也可采用柱顶投影点结合高程进行测校。校正合格后宜采用刚性支撑固定。

2）钢梁安装应符合下列规定：

（1）钢梁宜采用两点起吊。当单根钢梁长度大于21m，采用两点吊装不能满足构件强度和变形要求时，宜设置3~4个吊装点吊装或采用平衡梁吊装，吊点位置应通过计算确定。

（2）钢梁吊装可采用一机一吊或一机串吊的方式，就位后应立即临时固定。

（3）钢梁面的高程、两端高差测量可采用水准仪、标尺，校正完成后应进行永久性连接。

3）支撑安装应符合下列规定：

（1）交叉支撑宜按从下到上的顺序组合吊装。

（2）无特殊规定时，支撑构件的校正宜在相邻结构校正、固定后进行。

4）吊装由多个构件在地面组拼的重型组合构件时，吊点位置和数量应经计算确定。

5）后安装构件应根据设计文件或吊装工况的要求进行安装，其加工长度宜根据现场实际经测量确定。当后安装构件与已完成结构采用焊接连接时，应采取措施减小焊接变形、减小焊接残余应力。

7 单层钢结构安装应符合下列规定：

1）吊装单跨结构时，宜按从跨端一侧向另一侧、中间向两端或两端向中间的顺序进行。吊装多跨结构时，宜先吊主跨、后吊副跨；当有多台起重设备共同作业时，可多跨同时吊装。

2）在安装单层钢结构过程中，应及时安装临时柱间支撑或稳定缆绳，应在形成空间结构稳定体系后再扩展安装。单层钢结构安装过程中形成的临时空间结构稳定体系应能承受结构自重、风荷载、施工荷载以及吊装过程中冲击荷载的作用。

8 多层、高层钢结构安装应符合下列规定：

1）多层、高层钢结构宜划分为多个流水作业段进行安装，流水段宜以一节框架为单位。流水段划分应符合下列规定：

（1）流水段内的最重构件的重量应在起重设备的起重能力范围内。

（2）起重设备的爬升高度应满足下节流水段内构件起吊的要求。

（3）每节流水段内的柱长度应根据工厂加工、运输堆放、现场吊装等因素确定，宜取2~3个楼层的高度。分节位置宜在梁顶高程以上1.0~1.3m处。

（4）流水段的划分应与混凝土结构施工相适应。

（5）对于每节流水段的施工，可根据结构特点和现场条件在平面上划分流水区。

2）流水作业段内的构件吊装宜符合下列规定：

（1）吊装可采用整个流水段内先柱后梁、或局部先柱后梁的顺序。单柱不得长时间处于悬臂状态。

（2）钢楼板、压型金属板的安装应与构件吊装进度同步。

（3）特殊流水作业段内的吊装顺序应按安装工艺确定，并应符合设计文件的要求。

3）多层、高层钢结构安装校正以基准柱为依据，并应符合下列规定：

（1）基准柱应能够控制建筑物的平面尺寸并便于其他柱的校正，宜选择角柱作为基准柱。

（2）钢柱校正宜采用合适的测量仪器和校正工具。

（3）应在基准柱校正完毕后，再校正其他柱。

4）安装多层、高层钢结构时，楼层高程可采用相对高程或设计高程进行控制，并应符合下列规定：

（1）当采用设计高程进行控制时，应以每节柱为单位进行柱高程调整，并应使每节柱的高程符合设计要求。

（2）建筑物总高度的允许偏差和同一层内各节柱的柱顶高度差，应符合现行《钢结构工程施工质量验收规范》（GB 50205）的有关规定。

5）对于同一流水作业段、同一安装高度的柱，当各柱的全部构件安装、校正、连接完毕并验收合格后，应从地面引放上一节柱的定位轴线。

6）高层钢结构安装时，应分析竖向压缩变形对结构的影响，并应根据结构特点和影响程度采取预调安装高程、设置后连接构件等措施。

9 大跨度空间钢结构安装应符合下列规定：

1）可根据结构特点、现场施工条件，采用高空散装法、分条分块吊装法、滑移法、单元或整体提升（顶升）法、整体吊装法、折叠展开式整体提升法、高空悬拼安装法等安装方法。

2）空间结构吊装单元的划分应根据结构特点、运输方式、起重设备性能、安装场地条件等因素确定。

3）索（预应力）结构施工应符合下列规定：

（1）施工前，应查验钢索、锚具及零配件的出厂报告、产品质量保证书、检测报告，检查索体长度、直径、品种、规格、色泽、数量等，应在验收合格后进行预应力施工。

（2）索（预应力）结构施工张拉前，应进行全过程施工阶段结构分析，并应以分析结果为依据确定张拉顺序，编制索（预应力）施工专项方案。

（3）索（预应力）结构施工张拉前，应进行钢结构分项验收，验收合格后方可进行预应力张拉施工。

（4）索（预应力）张拉应遵循"分阶段、分级、对称、缓慢匀速、同步加载"的原则，并应根据结构和材料特点确定超张拉的要求。

（5）宜对索（预应力）结构进行索力、结构变形监测，并应形成监测报告。

4）大跨度空间钢结构施工前，应分析环境温度变化对结构的影响。

10 高耸钢结构安装应符合下列规定：

1）高耸钢结构安装可采用高空散件（单元）法、整体起扳法和整体提升（顶升）法等方法（图3.3.3）。

2）高耸钢结构安装采用整体起扳法时，提升吊点的数量和位置应通过计算确定，并应对整体起扳过程中结构的不同施工倾斜角度或倾斜状态进行结构安全验算。

3）高耸钢结构安装的高程和轴线基准点向上传递时，应分析风荷载、环境温度和日照等因素对结构变形的影响。

图 3.3.3　钢结构安装

4）安装压型金属板前，应绘制各楼层压型金属板铺设的排版图。图中应包含压型金属板的规格、尺寸和数量，与主体结构的支承构造和连接详图，以及封边挡板等内容。

5）安装压型金属板前，应在支承结构上标出压型金属板的位置线。铺放时，相邻压型金属板端部的波形槽口应对准。

6）应采用专用吊具装卸和转运压型金属板。严禁直接采用钢丝绳绑扎吊装。

7）压型金属板与主体结构（钢梁）的锚固支承长度应符合设计要求，且不应小于50mm；端部锚固可采用点焊、贴角焊或射钉连接，设置位置应符合设计要求。

8）转运至楼面的压型金属板应在当天完成安装、连接；当有剩余时，应固定在钢梁上或转移到地面堆场。

9）安装边模封口板时，应与压型金属板波距对齐，偏差应不大于3mm。

10）压型金属板安装应平整、顺直。板面不得有施工残留物和污物。

11）压型金属板需预留设备孔洞时，应在混凝土浇筑完毕后使用等离子切割或空心钻开孔，不得采用火焰切割。

12）设计文件要求在施工阶段设置临时支承时，应在混凝土浇筑前设置临时支承，待浇筑的混凝土强度达到规定强度后方可拆除。浇筑混凝土时应避免在压型金属板上集中堆载。

3.3.4　钢结构防腐涂装

1 基面清理应符合下列规定：

1）建筑钢结构工程的油漆涂装作业应在钢结构安装验收合格后进行。涂刷油漆前，应清理需涂装部位的铁锈、焊缝药皮、焊接飞溅物、油污、尘土等。

2）钢结构除锈质量等级与相应的质量标准、除锈方法应符合表3.3.4的规定。

钢结构除锈质量等级　　　　　表3.3.4

等　级	质　量　标　准	除　锈　方　法
1	钢材表面露出金属色泽	喷砂、抛丸、酸洗
2	钢材表面允许存留干净的轧制表皮	使用一般工具（钢丝刷、砂布等）清除

3）可根据需要选用喷砂除锈、酸洗除锈等工艺。

2 底漆涂装应符合下列规定：

1）调和红丹防锈漆（一般为环氧富锌底漆）时，控制油漆的黏度、稠度、稀度。兑制时应充分搅拌，使油漆色泽、黏度均匀一致。

2）刷第一层底漆时，涂刷方向应一致，接槎应整齐。

3）刷漆时，应勤沾、短刷，防止刷子带漆太多而流坠。

4）待第一遍干燥后，再刷第二遍。第二遍涂刷方向应与第一遍涂刷方向垂直，使漆膜厚度均匀一致。

5）底漆涂装后 4~8h、表层干燥后才能涂刷面漆。

3 面漆涂装应符合下列规定：

1）钢构件涂装防锈漆后运到工地进行组装，组装结束后统一涂刷面漆。

2）调制的面漆颜色应一致。

3）面漆在使用过程中应不断搅拌，涂刷的方法与底漆涂刷相同。

4）采用喷涂施工工艺时，应调整喷嘴口径、喷涂压力，喷枪胶管应能自由拉伸到作业区域，空气压缩机气压应在 $0.4~0.7\text{N/mm}^2$。

5）喷涂时，喷嘴与涂层的距离为 100mm 左右，喷嘴应与钢结构基面垂直或略上倾。

6）喷涂时，喷嘴应平行、平稳移动，保持涂层均匀。

4 涂层检查与验收应符合下列规定：

1）表面涂装施工时和施工后，应对涂装过的工件进行保护，防止沾染尘土、其他杂物。

2）涂装后，涂层应颜色一致、色泽鲜明光亮。

3.3.5 钢结构防火涂装

1 钢结构防火涂料、涂装遍数、涂层厚度应符合设计要求、涂料产品说明书规定。当设计对涂层厚度无要求时，涂层干漆膜总厚度应符合以下要求：室外应为 150μm，室内应为 125μm，允许偏差为 -25μm。

2 钢结构防火涂装质量的检查数量与检验方法应符合下列规定：

1）按构件数抽查 10%，且同类构件应不少于 3 件。

2）每个构件检测 5 处，每处的数值为 3 个相距 50mm 测点的涂层干漆膜厚度的平均值。

3 膨胀型防火涂料的涂层厚度应符合耐火极限的设计要求。

4 对于非膨胀型防火涂料，应有至少 80% 面积的涂层厚度符合耐火极限的设计要求，且最薄处厚度应不低于设计要求的 85%。检查数量为同类构件数的 10%，且均应不少于 3 件。

3.4 砌体结构工程

3.4.1 墙体砌筑

1 施工工艺

1）将放线区域清扫干净后,由测量员将控制点引测到楼板上,放出控制线,依据控制线和轴线,在楼板上放出墙体的位置线,复核后由监理人员验线。

2）植筋应符合下列规定:

（1）与混凝土侧墙交界处,采用钻孔锚固方式对墙体进行植筋,植筋深度不小于钢筋直径的15倍。

（2）与楼板交界处,在构造柱位置进行植筋。

（3）应使用专用的电动吹风机清理孔洞,将孔洞侧壁和底部的灰尘全部吹净。

（4）植筋72h后进行拉拔试验,检验是否符合设计要求。

3）在厨房、卫生间、浴室等处采用轻集料混凝土小型空心砌块、蒸压加气混凝土砌块砌筑墙体时,墙底部宜现浇与填充墙同厚度的混凝土地梁,其高度宜为150～200mm。

4）应使用砂浆搅拌机搅拌砌筑砂浆,搅拌时间不少于120s。如果加入外加剂,则搅拌时间应不少于180s。搅拌用水宜采用计量器具控制,严禁随意添加。砂浆应随拌随用,严禁使用过夜砂浆。

5）构造柱钢筋安装应符合下列规定:

（1）植筋试验完成后,绑扎构造柱钢筋（图3.4.1-1、图3.4.1-2）。

图3.4.1-1 植筋钢筋绑扎　　　　　　　　图3.4.1-2 植筋保护

（2）构造柱应满足设计图纸要求、国家和行业现行有关标准的规定。

（3）不得随意调整构造柱的位置；如需调整,应经设计单位确认。

（4）在墙体转角和丁字交接处、门洞口宽度大于1500mm时,两侧设置构造柱,墙体相邻构造柱间距不大于5000mm。

（5）构造柱砖墙应砌成马牙槎。马牙槎应先退后进,宽度60～100mm,高度不宜超过300mm,且应沿高每500mm设置2ϕ6水平拉结钢筋,每边宜伸入墙内至少1000mm。

（6）构造柱、水平系梁纵向钢筋采用绑扎搭接时，全部纵筋可在同一连接区段搭接，搭接长度不小于50d（d为钢筋直径，下同）。

（7）墙体拉结筋采用焊接接头时，单面焊的焊接长度不小于10d；采用绑扎搭接连接时，搭接长度不小于55d且不小于400mm。

6）墙体砌筑应符合下列规定：

（1）采用普通砌筑砂浆砌筑时，应提前1~2d浇（喷）水湿润砌块，块体的相对含水率宜为60%~70%。蒸压加气混凝土砌块生产龄期达到28d后，其含水率宜小于30%。

（2）应沿填充墙高度方向每隔500~600mm设置2ϕ6拉筋（墙厚大于240mm时宜设3ϕ6拉筋），拉筋应沿墙贯通。

（3）在未设钢筋混凝土边框或构造柱的门框边，应在两侧上、中、下各设置预制混凝土块，以便安装门时固定膨胀螺栓。预制混凝土块尺寸为200mm（宽）×200mm（高）×墙厚，具体间距应根据制造厂家提供的数据确定。

（4）砖砌体的灰缝应横平竖直、厚薄均匀。水平灰缝厚度和竖向灰缝宽度为10mm，允许偏差为±2mm。砌体灰缝的砂浆应密实饱满，砖墙水平灰缝的砂浆饱满度不得小于80%，砖柱的水平灰缝和竖向灰缝饱满度不应小于90%。竖缝宜采用挤浆或加浆方法，不得出现透明缝、瞎缝和假缝，不得用水冲浆灌缝。

7）应在设备区与公共区交界墙体的结构板上1.5m处增加与墙宽相同、高200mm的C20混凝土圈梁。砌筑时应保证其稳定性，墙体一次性砌筑高度宜不大于1.5m。

8）砌体填充墙的墙体长度大于5m或大于2倍层高时，墙顶宜与梁底或板底拉结，墙体中部应设钢筋混凝土构造柱。当砌体填充墙的墙高超过4m时，在墙体1/2处设置与柱连接且沿墙全长贯通的现浇钢筋混凝土水平系梁，且高度不小于60mm。填充墙高度宜不超过6m。

9）圈梁钢筋绑扎应符合下列规定：

（1）当后砌墙高度大于4m时，应在墙中1/2高处或结合门窗过梁加设1道与墙柱相连的圈梁。墙高超过6m时，沿墙高每隔2m左右设置与柱连接的圈梁。圈梁高度及配筋规格应符合图纸要求、国家和行业现行有关标准的规定。当圈梁不能在同一水平上闭合时，应增设附加圈梁。

（2）门窗洞口设现浇混凝土过梁，当门窗洞边无墙体可搁置过梁时，可在相应洞顶位置的混凝土柱上预留钢筋，以便后续焊接。当过梁紧贴梁底时，可与梁整体浇筑。

10）构造柱、圈梁模板安装及混凝土浇筑应符合下列规定：

（1）模板采用木胶板，外楞采用50mm×100mm的方木竖拼，间距不大于500mm；构造柱模板采用紧固件穿墙拉结，间距不大于500mm。

（2）封模前，沿构造柱凸槎周边采用双面胶条与墙体粘接，再将模板封固，在构造柱顶部预留混凝土灌入口。

（3）浇筑混凝土前，先灌注适量同强度等级的素水泥浆，再灌注C20以上混凝土。每浇筑400mm高度捣实一次，或边浇筑边捣实。混凝土坍落度为（180±20）mm。构造柱、圈梁混凝土保护层厚度为30mm。

11）砌筑圈梁上墙体时，应待其混凝土强度达到规范要求。圈梁上构造柱支模浇筑具体做法同第 10 项一致。

12）墙体砌至接近梁、板底时，应预留空隙，在砌体变形稳定并且至少间隔 14d 后，再砌斜顶砖挤紧。

13）墙体砌筑 8h 后，喷水养护，使墙体湿润，湿润深度为 1～1.5cm，养护 3～5d。

14）墙体砌筑施工可参考图 3.4.1-3。

a) 一顺一丁组砌方式

b) 三顺一丁组砌方式

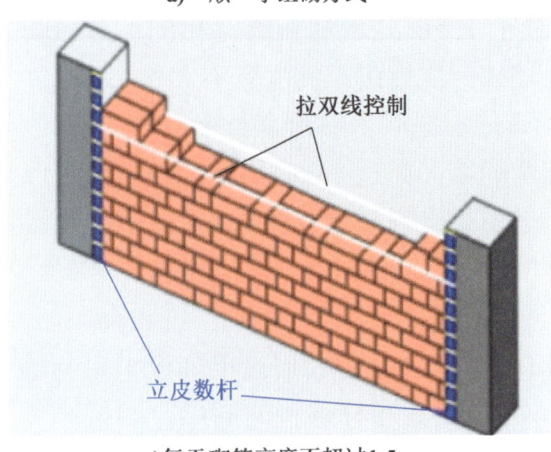

c) 每天砌筑高度不超过1.5m

d) 门洞口两侧预制混凝土块

e) 砌斜顶砖14d以后再封闭

f) 砌筑完成后洒水养护3～5d

图 3.4.1-3　墙体砌筑施工工序

2 控制要点

1）砌筑墙体前，应对各专业预留孔洞及末端设备进行深化排版，并由各专业进行图纸会签。

2）运输、装卸蒸压加气混凝土砌块时，严禁抛掷、整车倾倒。运输、堆码时不得淋雨。堆码应整齐，堆置高度不宜超过2m。

3）蒸压加气混凝土砌块不应与其他砌块混砌。不同强度的砌块不应混砌。

4）圈梁、窗框及洞口下方的最上一皮砖应整砖丁砌。

5）当砖墙砌至结构梁、板下时，不得立即封闭，最上沿2~3皮为斜砌砖。应在砂浆凝固、墙体沉降稳定后，封闭斜砌砖。

6）斜砌砖应与水平方向成45°~60°。使用预制混凝土三角砖填塞斜砌砖两端。

7）砖墙留置施工洞口时，其侧边距交界处墙面的距离应不小于500mm，洞口宽度应不超过1m，顶部应设置过梁［图3.4.1-4 a)、b)］。补砌施工洞口时，应清理洞口砖块浮浆，湿润并采用与原墙同等级砖、砂浆补砌。

8）砌筑时，应预留或预埋设计要求的洞口、管道、沟槽和预埋件。洞口宽度超过300mm时，应按要求设置钢筋混凝土过梁。

9）构造柱施工时，混凝土浇筑应密实，应将马牙槎砖块砌成喇叭口。

10）构造柱边缘贴双面胶条，减小模板与墙体的缝隙，提高混凝土成型质量［图3.4.1-4 c)、d)］。

a)墙体预留孔洞

b)门洞口两侧预留混凝土块

c)页岩砖墙体构造柱设置

d)加气块墙体构造柱设置

图3.4.1-4 墙体砌筑细部节点

11）不得撬动、碰撞已砌筑墙体。

12）砌筑夹层房间的墙体时，不得遗漏夹层板。

13）站台层临轨行区墙体、风阀房间墙体等应设计为钢筋混凝土墙体，施工前应进行技术交底。

3.4.2 抹灰

1 抹灰施工工艺应符合下列规定：

1）抹灰前，必须在经有关部门进行结构工程验收且合格后方可抹灰，弹出 +100cm 水平线。

2）抹灰前，砖块、混凝土等基体表面的灰尘、污垢和油渍应清除干净。

3）抹灰前，应检查钢、木门窗框位置是否正确，与墙体连接是否牢固，连接处的缝隙应使用水泥砂浆或水泥混合砂浆分层嵌密实。

4）抹灰前，应在砖块、混凝土等基体上洒水湿润。

5）水泥砂浆的抹灰层应在湿润的条件下养护。

2 处理基层时，应将过梁、圈梁及柱面突出部分的混凝土剔平。对蜂窝、麻面、露筋等，应剔到密实处。剔除外露钢筋头、铅丝头。

3 应先检查基体表面的平整度，并用与抹灰层相同砂浆设置标志或标筋。先贴上灰饼再贴下灰饼；贴灰饼时应根据室内抹灰要求选择下灰饼的正确位置，用靠尺找垂直与平整。灰饼宜用 1:3 水泥砂浆制成边长为 5cm 的立方体（图 3.4.2-1）。

4 用与抹灰层相同的砂浆冲筋，冲筋的间距应根据房间墙面宽度决定，宽度为 5cm 左右，上下垂直。

 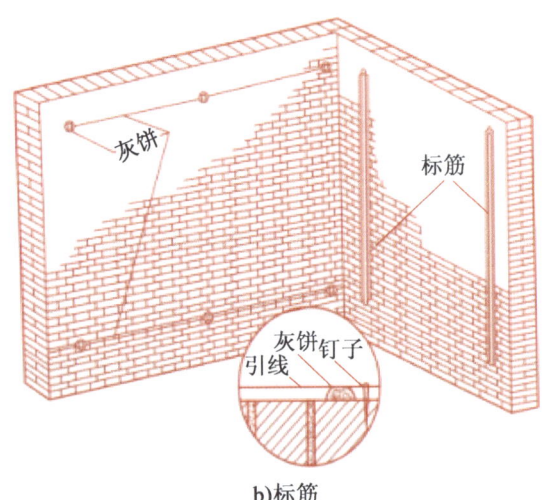

a) 甩浆、做灰饼　　　　　　　　b) 标筋

图 3.4.2-1　墙体抹灰细部节点

5 底灰抹平后，应安排专人清理预留洞、电气箱、线盒、线槽周边 50mm 范围内的砂浆，用 1:4 水泥砂浆抹面并压实、压平整。把洞、箱、盒、槽抹方正、光滑、平整，在周围布设玻璃纤维网（图 3.4.2-2）。

a)线槽处理　　　　　　　　　　　b)线盒与抹灰面控制线

图 3.4.2-2　细部节点

6 抹底层、中层灰应符合以下要求：

1）应提前 1d 用水润湿墙体。墙面加气混凝土块刷素水泥浆后应及时抹灰。不得在素水泥浆风干后再抹灰，防止形成隔离层，影响基层粘接。抹拉毛灰，待其强度符合要求后再抹灰，之后养护。

2）抹灰层总厚度为 35～50mm（含基层修补厚度）时，必须采取加强措施。采用挂钢丝网片的方式，固定网片的固定件锚入混凝土基体的深度不小于 25mm，进入墙体的深度不小于 50mm。抹灰层总厚度超过 50mm 时，应由设计单位提出加强措施。

3）不同材料基体交界处，必须铺设镀锌铁丝网或玻纤网，与基体间的搭接宽度不小于 100mm（图 3.4.2-3）。

图 3.4.2-3　拉毛、挂网

（1）铺设镀锌钢铁丝网时，应展平。与梁、柱、墙之间可用射钉固定，与砌体墙体间采用钢钉固定，其间距不大于 300mm。钢丝网不得变形。钢丝网搭接应平整、连续、牢固。必须置于抹灰层内，不得外露，防止生锈。

（2）铺设玻璃纤维网时，应先浇水湿润交界部位，抹底层灰后压放玻璃纤维网，保证玻璃纤维网在抹灰层中。

7 中层灰强度符合要求后，即可分层抹面层灰，面层灰厚度应与冲筋齐平，抹灰面应搓平、压光。抹面层灰应垂直、平整，阴、阳角方正。

3.5 地下防水工程

3.5.1 防水混凝土施工

1 泵送商品混凝土坍落度宜控制在120～160mm，坍落度损失不应大于20mm/h，坍落度总损失值不应大于40mm。

2 混凝土运输、供应保持连续、均衡，间隔应不超过1.5h。夏季或运距较远时，可适当掺入缓凝剂，宜掺入2.5‰～3‰的木钙。如果出现离析，应在浇筑前进行二次拌和。

3 混凝土浇筑应连续，宜不留或少留施工缝。

4 底板应按设计要求不留施工缝或留在后浇带上。

5 墙体水平施工缝应留在高出底板表面不小于300mm的墙体上。墙体如果有孔洞，施工缝距孔洞边缘的距离宜不小于300mm。拱、板与墙结合的施工缝，宜留在拱、板与墙交界处以下150～300mm处。施工缝宜用凸缝（墙厚大于30cm时）、阶梯缝、平直缝加金属止水片（墙厚小于30cm时），施工缝宜做企口缝，并用止水条处理垂直施工缝，且宜与后浇带、变形缝相结合。

6 在施工缝上浇筑混凝土前，应将混凝土表面凿毛，清除杂物，冲净并湿润，然后铺设净浆、涂刷混凝土界面剂或水泥基渗透结晶型防水涂料，再铺一层30～50mm厚1:1水泥砂浆（即原配合比去掉石子）或同配合比的减石子混凝土。第一次浇筑高度为40cm，以后每次浇筑高度宜为50～60cm，应严格按施工方案规定的顺序浇筑。混凝土自由倾落的高度应不大于2m；如果超过3m，应使用串桶、溜槽下落。

7 应使用机械振捣，保证混凝土密实。振捣时间宜为10s，不应漏振或过振，振捣应延续至混凝土表面浮浆无气泡、不下沉为止。铺灰、振捣应从对称位置开始，防止模板走动。结构断面较小、钢筋密集的部位应分层浇筑、分层振捣。浇筑到最上层表面时，必须用木抹找平，使表面密实平整。

8 常温（20～25℃）浇筑完成6h后，应苫盖、浇水养护，保持混凝土表面湿润，养护时间不少于14d。

3.5.2 水泥砂浆防水层施工

1 基层处理

1）混凝土墙面如果有蜂窝及松散的混凝土，应剔掉并用水冲刷干净，然后用1:3水泥砂浆抹平或用1:2干硬性水泥砂浆捻实。表面油污应使用10%火碱水溶液刷洗干净。混凝土表面应凿毛。

2）砖墙抹防水层时，必须在砌砖时划缝，深度为10mm。穿墙预埋管应露出基层，在其周围剔出宽20mm、深50mm的槽，用1∶2干硬性水泥砂浆捻实。管道穿墙处，应按设计要求做防水处理，并办理隐蔽工程验收手续。

2 混凝土墙抹水泥砂浆防水层施工

1）刷水泥素浆：水泥素浆配合比为水泥∶水∶防水油 = 1∶0.8∶0.025（质量比）。先将水泥与水拌和，加入防水油搅拌均匀，再用软毛刷在基层表面涂刷均匀。

2）抹底层砂浆：用1∶2.5水泥砂浆，加入占水泥质量3%~5%的防水粉，水灰比为0.6~0.65，稠度为7~8cm。先将防水粉、水泥、砂拌匀后，再加水拌和，搅拌均匀后抹灰。底灰抹灰厚度为5mm，在灰凝固之前用扫帚扫毛。砂浆应随拌随用，砂浆的拌和、使用总时间不宜超过60min，严禁使用过夜砂浆。

3）刷水泥素浆：抹完底灰后，常温时1d后刷水泥素浆，配合比及做法与第一层相同。

4）抹面层砂浆：刷素浆后，紧接着抹面层。面层砂浆配合比与底层砂浆相同，抹灰厚度为5mm。凝固前，应使用木抹搓平，用铁抹压光。

5）刷水泥素浆：面层抹完后1d刷水泥素浆一道，配合比为水泥∶水∶防水油 = 1∶1∶0.03（质量比），做法与第一层相同。

3 砖墙抹水泥砂浆防水层施工

1）基层浇水湿润：抹灰前1d把砖墙浇透，第二遍抹灰时洒水湿润砖墙。

2）抹底层砂浆：配合比为水泥∶砂 = 1∶2.5，加水泥质量3%的防水粉。先用铁抹子薄薄刮一层，然后用木抹上灰、搓平，压实表面并顺平。抹灰厚度为6~10mm。

3）抹水泥素浆：底层抹完1d后，将表面浇水湿润，再抹水泥防水素浆，掺水泥质量3%的防水粉。先将水泥与防水粉拌和，然后加入适量水搅拌均匀，用铁抹薄薄抹一层，厚度约为1mm。

4）抹面层砂浆：抹水泥素浆之后，紧接着抹面层砂浆，配合比与底层相同。先用木抹搓平，后用铁抹压实、压光。抹灰厚度为6mm。

5）刷水泥素浆：面层抹灰1d后，刷水泥素浆，配合比为水泥∶水∶防水油 = 1∶1∶0.03（质量比）。将水泥与水拌匀后，加入防水油，再搅拌均匀，用软毛刷将面层均匀涂刷一遍。

4 地面抹水泥砂浆防水层施工

1）清理基层：将垫层上松散的混凝土、砂浆等清洗干净。

2）刷水泥素浆：配合比为水泥∶防水油 = 1∶0.03（质量比），加入适量水，拌和成粥状，铺摊在地面上，用扫帚均匀扫一遍。

3）抹底层砂浆：底层用1∶3水泥砂浆，掺入水泥质量3%~5%的防水粉。将拌好的砂浆倒在地上，用杠尺刮平，用木抹顺平，用铁抹压一遍。

4）刷水泥素浆：常温时1d后刷1道水泥素浆，配合比为水泥∶防水油 = 1∶0.03（质量比），加适量水。

5）抹面层砂浆：刷水泥素浆后，接着抹面层砂浆，配合比及做法与底层相同。

6）刷水泥素浆：面层砂浆初凝后刷最后一遍素浆，应有一定的厚度，以满足耐磨要求。配合比为水泥：防水油 = 1：0.01（质量比），加入适量水。与面层砂浆紧密结合在一起，并压光、压实。

5 养护

1）水泥砂浆防水层终凝后，应及时养护。养护温度不宜低于5℃，养护时间不得少于1d。

2）养护期间，应经常浇水保证砂浆表面湿润，表面应盖麻袋或草袋。养护期间，不得受静水压作用。

3.5.3 沥青油毡卷材防水层施工

1 建筑物基础底板垫层施工完成后，应按施工图测放保护墙位置线。

2 应按设计要求砌筑保护墙至基础底板上平面以上200mm。为使墙体面防水卷材接槎，加砌四皮砖临时保护墙。砌筑该四皮砖时，用石灰砂浆，做外墙体防水时拆除，以满足底板防水卷材与墙体防水卷材的搭接宽度要求。

3 为使卷材粘贴牢固，应在底板垫层、保护墙、结构基体做防水面。应抹找平层，使防水卷材铺贴在一个平顺的基面上。

4 抹找平层后，应浇水养护，干燥且强度符合要求后方可做防水层。

5 铺贴防水卷材，与基层结合。铺卷材前，应在铺贴面上喷涂2道冷底子油。

6 铺贴卷材防水层应符合以下要求：

1）粘贴卷材的沥青胶结材料的厚度一般为1.5~2.5mm。

2）卷材搭接长度：长边应不短于100mm，短边应不短于150mm。上下两层和相邻两幅卷材的接缝应错开，上下层卷材不得相互垂直铺贴。

3）在平面与立面的转角处，卷材的接缝应留在平面上距立面不小于600mm处。

4）粘贴卷材时应展平、压实。

7 外防内贴卷材防水层表面应做保护层。平面卷材面做细石混凝土保护层，厚度在30~50mm，立面抹1:3水泥砂浆保护层，厚度在10~20mm。

3.5.4 改性沥青油毡（SBS）防水层施工

1 基层清理：施工前将验收合格的基层清理干净。

2 涂刷基层处理剂：在基层表面满刷一道用汽油稀释的氯丁橡胶沥青胶粘剂，应均匀、不透底。

3 铺贴附加层：管根、阴阳角部位加铺一层卷材，按设计要求将卷材裁成相应的形状。

4 铺贴卷材：将改性沥青防水卷材按铺贴长度进行裁剪并卷好备用。用直径30mm的管穿入已卷好的卷材的卷心，卷材端头与铺贴起点对齐，点燃汽油喷灯或专用火焰喷枪，加热基层与卷材交界处，喷枪与加热面保持300mm左右的距离，往返喷烤。

当卷材的沥青刚刚熔化时，手扶管心两端向前缓缓滚动铺设，用力应均匀、不窝气。采用满贴法时，搭接宽度为80mm。采用条粘法时，搭接宽度为100mm。

5 热熔封边：用喷枪加热卷材搭接缝处，压至边缘溢出沥青粘牢。用橡胶沥青嵌缝膏嵌固、填实卷材末端收头。

6 保护层施工：防水层施工完成后，应及时稀撒石渣并抹水泥砂浆保护层。

3.5.5 高分子合成（三元乙丙）橡胶卷材防水层施工

1 施工前将验收合格的基层上的杂物、尘土清理干净。

2 将聚氨酯材料按甲：乙＝1：3（质量比）的比例配合，搅拌均匀后进行涂刷作业。

3 在大面积涂刷施工前，先在阴角、管根等复杂部位均匀涂刷一遍，然后用长把滚刷大面积涂刷。底胶厚度应均匀一致，不得露底。涂刷的底胶经4h干燥、不粘手时，即可进行下道工序。

4 特殊部位增补处理应符合以下要求：

1）增补剂涂膜：聚氨酯涂膜防水材料分甲、乙两组份，按甲：乙＝1：1.5的质量比配合并搅拌均匀。在地面、墙体的管根、伸缩缝、阴阳角部位，均匀涂刷一层聚氨酯涂膜，作为特殊防水薄弱部位的附加层，涂膜固化后即可进行下一工序。

2）附加层施工：对于有设计要求的特殊部位（如阴阳角、管根），可铺贴三元乙丙卷材。

5 铺贴三元乙丙卷材防水层应符合以下要求：

1）铺贴前，应在基层面上排尺弹线，作为掌握铺贴的标准线，使其铺设平直。

2）卷材粘贴面涂胶：将卷材铺展在干净的基层上，用长把滚刷蘸胶涂匀，搭接部位不涂胶。晾胶至基本干燥、不粘手。

3）基层表面涂胶：底胶干燥后，在清理干净的基层面上，用长把滚刷蘸胶均匀涂刷，涂刷面不宜过大。涂刷后晾胶。

4）卷材粘贴：在基层面及卷材粘贴面已涂刷胶之后，用直径30mm、长1.5m的圆心棒（圆木、或塑料管）将卷材卷好，抬至铺设端头。注意拉线控制，位置应正确。粘接固定端头，然后沿弹好的标准线向另一端铺贴。操作时卷材不得紧绷，应沿标准线铺贴，保证卷材搭接宽度。

5）卷材不得在阴阳角处接头。接头处应间隔错开。

6 每铺完一张卷材，应立即用干净的滚刷从卷材的一端开始，用力在横向滚压一遍，将空气排出。

7 排出空气后，为使卷材粘接牢固，应使用铁辊滚压一遍。

8 长边与端头短边的卷材宜搭接100mm，用丁基胶粘剂粘牢。应将甲、乙组份料按1：1的质量比配合、搅拌均匀，用毛刷蘸丁基胶粘剂，涂于搭接卷材的两个面，干燥15min后压合、挤出空气，不得有皱褶，之后用铁辊滚压一遍。对于卷材重叠3层的部位，必须用聚氯酯嵌缝膏填密、封严。

9 防水层周边用聚氨嵌缝,并应在其上涂刷一层聚氨酯涂膜。

10 防水层完工后,应按设计要求做保护层。对于平面,可选水泥砂浆或细石混凝土保护层;对于立面,可砌筑保护墙或抹水泥砂浆保护层,外墙做防水层的可贴一定厚度的板块保护层。

1) 对于抹砂浆的保护层,应在铺贴卷材时在其表面涂刷聚氨酯涂膜、稀撒石渣。

2) 防水层施工不得在雨、风天气进行。施工的环境温度不得低于5℃。

3.6 屋面工程

3.6.1 屋面找平层施工

1 清理基层:清理屋面结构层、保温层或隔热层上面的松散杂物,凿除凸出基层的砂浆、砂渣,清扫并用水冲洗干净。当采用预制板屋面时,应将板缝清理干净。

2 冲贴或贴灰饼:根据设计坡度要求拉线找坡、贴灰饼,顺排水方向冲筋,冲筋的间距为1.5m左右;在排水沟、雨水口找出泛水。

3 抹找平层:对于无保温层的屋面,在混凝土构件表面上洒水湿润,均匀刷一遍素水泥浆,用木杠沿两边冲筋骨高程刮平,用木抹搓揉、压实。砂浆的稠度应控制在7cm左右。

4 压实砂浆:砂浆稍干后,用铁抹压3遍。

5 留设分格缝:找平层宜留分格缝隙,分格缝宽度一般为20mm。分格缝的位置宜在预制构件的拼缝处,其纵缝的最大间距宜不大于6m。当分格缝兼作排汽屋面的排汽道时,缝隙宽度应适当增加,并应与保温层连通。

6 边角处理:沟边、女儿墙拐角、烟囱等的根部应抹成圆角。

7 砂浆找平层:抹平压实后,浇水养护,养护时间应不少于7d。干燥后即可进行防水层施工。

3.6.2 屋面保温层工程施工

1 施工前,应清理基层表面的泥土、杂物。

2 铺设有隔汽层的屋面时,应按设计要求刷冷底油,干燥后铺设油毡隔汽层。

3 铺设板状保温层应符合以下规定:

1) 干铺加气混凝土板、泡沫混凝土板或聚苯板等保温材料前,应找平拉线并清扫接触面。板块应紧密铺设、铺平、垫稳。相邻板块应错缝拼接。分层铺设的板块的上、下两层应错开,其缝隙应使用同类材料嵌填密实,表面应与相邻两板高度一致。

2) 如果保温板缺棱、掉角,可用同类材料的碎块嵌补,用同类材料的粉屑加适量水泥填嵌缝隙。

3) 板状保温层需留设排气槽(道)时,应在砂浆找平层分格缝排气道处留设,不得遗漏。

3.6.3 合成高分子卷材屋面防水工程

1 处理基层时，应使用水泥砂浆找平，坡度应符合设计要求，表面应平整、坚实、清洁、无凹凸、无尖锐颗粒，最大直径应不超过5mm，表面处理成强麻面。

2 应使用喷枪（或长柄棕刷）在基层上喷涂（或刷涂）基层处理剂，应厚薄均匀、无露底、无见白。喷（刷）后应干燥4~12h。

3 对阴阳角、水落口、管根部等形状复杂的局部，应按设计要求预先进行增强处理。

4 应在基层胶粘剂胶膜基本干燥后铺贴卷材。为减少阴阳角和大面接头，卷材应顺长方向配置，尽量减少转角处接缝。铺贴作业应从流水坡度的下坡开始，从两边檐口向屋脊按弹出的标准线铺贴，顺流水接搓，最后用一条卷材封脊。

5 卷材接头的粘贴卷材铺贴、压粘完成后，应清理搭接部位的结合面，并在搭接缝黏合面上涂刷与卷材配套的接缝胶粘剂，应均匀、不露底、不堆积。

6 立面卷材收头的端部应裁齐，并用压条或垫层钉固定，最大钉距应不大于900mm，上口应使用密封材料封固。

7 防水层经检查合格后，涂保护层涂料或做107胶水泥砂浆保护层，或用107胶水泥砂浆粘贴水泥方砖（或红砖），或做其他刚性保护层。

3.6.4 细石混凝土屋面防水工程

1 防水层构造应符合下列规定：

1）防水层厚度宜不小于40mm，混凝土强度等级不低于C20，其保护层厚度应不小于10mm，屋面排水坡度宜为2%~3%。

2）防水层应留置分格缝隙，一般设在预制屋面板的支承端、屋面转折处、现浇混凝土屋面板处、屋脊及防水层与突出屋面结构的交界处，并应与板缝隙对齐。每个分格板块的面积宜为20~30m²，缝隙内应嵌聚氯乙烯胶泥或建筑防水沥青油膏等密封材料。

3）为减小防水层的温度应力和变形，可在防水层与基层之间设置隔离层。

4）为提高防水层的抗裂性，可在板面施加预应力。

2 清理基层应符合下列规定：

1）屋面板应安装平稳，坐浆饱满，板缝宽度不小于20mm，相邻板面高差不大于10mm，板缝应冲洗干净。缝隙下部灌1:2的水泥砂浆，并插捣密实，浇水并覆盖养护至少3d。

2）基层上的混凝土或砂等浮渣、杂物应清理干净。

3 涂刷隔离层应符合下列规定：

1）采用滑石粉作隔离层时，板面应干燥，不得漏涂。涂刷后随即撒滑石粉，总厚度为1mm。

2）采用乳化沥青作隔离层时，可适量掺入滑石粉，拌和均匀后涂刷；或随涂刷随撒干粉料。

3）采用纸筋灰、麻刀灰或石灰砂浆作隔离层时，基层可不做找平层，但厚度宜控制在15mm以内。

4 绑扎钢丝网应符合下列规定：

1）钢丝网在平面上按常规方法铺设。在立墙转角处宜设置钢丝网。钢丝网片应在分格缝处断开，网片应垫砂浆或塑料块，上部保护层厚度应为10mm。

2）放置、绑扎钢丝网时，不得损坏隔离层，不得使钢筋被隔离层污染。

5 留置分格缝应符合下列规定：

1）分格缝应在隔离层干燥后、浇铺防水层前嵌好，其位置在屋面板的支承端，与屋面板缝对齐。分隔缝的纵、横向间距宜不大于6m。

2）分格缝木条上口宽20mm、下口宽20mm，高度应等于防水层厚度。木条埋入部分应涂刷隔离剂。

3）除屋脊处设置纵向分格缝外，应尽量不设纵向缝。

6 浇筑细石混凝土应符合下列规定：

1）混凝土应分板块浇筑，浇筑前先刷一遍素水泥浆。

2）每个分格板块的混凝土必须一次浇筑完成，不得留施工缝。

3）在混凝土最后一遍抹压时，取出分格条，用1:2.5～1:3水泥砂浆填灌所留凹槽，缝口留15～20mm深度作为嵌缝。

7 混凝土浇筑12～24h后，应及时洒水进行养护。养护时间应不少于14d。

8 嵌缝应在细石混凝土经养护并干燥后进行。嵌缝前，应清理分格缝中的杂质、污垢，然后在缝内及两侧刷或喷一遍冷底油，干燥后用油膏嵌缝并压密实。

9 铺贴板缝保护层时可采用卷材，铺贴前先将缝两侧150mm宽的板面清扫干净，再涂刷冷底子油，然后粘贴卷材。

3.7 装饰装修工程

3.7.1 吊顶工程

1 一般要求

1）旅客所处室内大空间吊顶的高度应与建筑空间相匹配，根据整体效果做好统筹设计。

2）吊顶板的大小、形式和颜色应根据站房的空间来确定，吊顶应采用环保、防火、防腐、易清洁的材料，宜选用铝合金板条、垂片或格栅等离缝吊顶形式，金属吊顶不宜密拼，以营造良好的声学环境。

3）高架候车室下股道上方不应设置吊顶。

4）吊顶上部管线应合理布置、统筹考虑，管径小的管线可以穿梁，截面大的风管贴梁布置，充分利用吊顶内空间，尽量提高室内净空高度。

5）布置通风风口、消防喷淋头、灯具、信息广播等末端设备时，应充分结合吊顶的设计，保证吊顶的整洁和美观，风口的形式应结合灯槽统一设计，喷淋头、灯具应略高于吊顶板底部，广播宜设置在吊顶内。末端设备与非密拼吊顶间宜采用离缝处理。

2　施工工艺

1）测量放线：根据施工图在墙面基层上弹出吊顶的水平高程线及主龙骨上口控制线，确定龙骨及吊点悬挂位置。

2）安装反向支撑或转换层：当吊杆长度大于1500mm时，应设置反支撑。如果因设备风管、桥架管线原因，吊顶吊杆间距大于1200mm，应按照设计要求增设吊杆或采用型钢支架引接吊顶吊杆。吊杆长度大于2500mm时，应设钢结构转换层，并应根据空间情况进行专项设计。

3）安装吊杆：根据施工图纸要求确定吊杆位置，在吊顶位置预埋膨胀螺栓，然后用吊杆连接固定，吊杆距主龙骨端部距离不得超过300mm，否则应增设吊杆，防止主龙骨下坠。

4）安装龙骨：用仪器测设龙骨水平高程、竖向及进出轴线位置后，对龙骨三维空间位置进行拉线定位，复核无误后安装龙骨。

5）安装面板：先安装金属边龙骨，扣于龙骨凸齿上，不得用力按压金属板中央部分。安装时应及时检查金属板的平整度、相邻板块的高低差。

6）施工过程可参考图3.7.1。

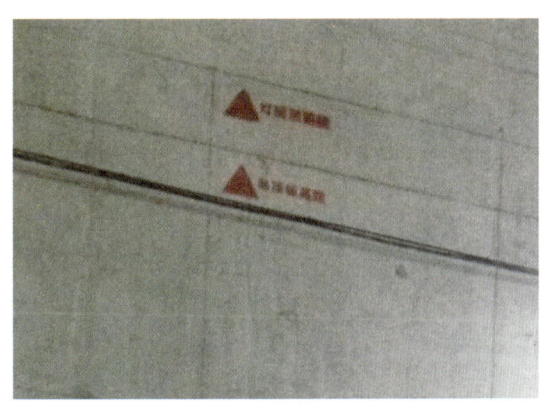
a)放线

b)地面引放吊顶龙骨分割线

c)吊顶管线、桥架施工

d)吊顶角钢转换层施工

图　3.7.1

e) 轻钢主龙骨施工

f) 主、副龙骨施工

g) 铝合金方通吊顶

h) 铝合金圆通吊顶

i) 铝条板吊顶

j) 铝格栅吊顶

k) 穿孔铝板吊顶

l) 铝合金扩张网吊顶

图 3.7.1　吊顶施工

3 控制要点

1）在材料运输、进场、安装时，不得随意乱扔、碰撞、踏踩。堆放龙骨时，应垫实、放平，应注意防潮。运输、安装罩面板时，应轻拿轻放，不得损坏边角。储存罩面板时，应防止变形、受潮。

2）为保证装修完成面净空高度，进场放线时，应在墙面设置吊顶龙骨上口高程线，要求所有设备、管线最低点不得低于该高程线。

3）施工中，应拉通线检查，高程位置应正确，吊顶应平整。

4）应涂刷至少 2 遍防锈漆，焊缝及钢筋端部应涂刷到位。

5）安装站台门时，应及时向装修专业提供站台门上盖板安装完成线，保证站台层吊顶下料及时、准确。

3.7.2 墙面工程

1 一般要求

1）候车厅横梁截面大小、高度应保持一致，整体协调美观。

2）候车室同一墙面上的门洞口应在同一高度，与候车厅相连的门洞宜采用石材、铝板做门套或阳角收边设计，其色彩、样式应与整体协调，不宜采用不锈钢门套。

3）墙面上设置的各类控制面板和风口应与墙面分格一致。控制面板下边线宜比地面高 1300mm，控制面板不宜安装在公共区域。

4）回风口设置在墙面时，回风口的材质应与墙面材料相同或相近，应有一定刚度；回风口的色彩宜与墙面材料一致；洞口尺寸应与墙面材料分缝协调。

5）墙面门楣正中不应出现拼缝。

6）严禁采用倒挂石材、面砖等墙面做法。旅客通道上方及两侧的装饰面层、悬挂设施、细部节点、构造应牢固耐久。

7）消火栓箱宜采用暗装形式，宜靠近卫生间、设备用房、商业用房以及"设备集中单元"等处暗装，采用钢制箱体，箱门的材质、颜色宜与室内装饰材料一致；当墙体装饰材料为涂料时，消火栓箱宜采用磨砂玻璃，消防标识简洁，门锁便于开启，不宜设凸出把手。消火栓箱门开启角度应不小于 120°。

8）墙面设变形缝时，装饰面层及基层应在变形缝处断开。

9）公共空间内部的方形柱子和实体墙面阳角均应做弧形处理。

10）对于室内金属板及其他块材之间的拼接缝，不应在现场进行打胶处理，宜采用离缝或压扣条的形式进行构造处理，根据块材大小设置合适的缝宽，不宜过宽。

11）饰面砖的品种、规格、级别、颜色、图案必须符合设计要求。

12）饰面砖粘贴必须牢固，无空鼓、裂缝、歪斜、缺棱掉角等缺陷。

13）饰面砖表面应平整、洁净、色泽协调一致。

14）门边、窗边、镜边、阳角边的饰面砖宜用整砖。非整砖可安排在不明显处，且不宜小于二分之一整砖。

15）墙面突出物周围的饰面砖应采用整砖套割吻合，尺寸应正确，边缘应整齐。

16）饰面砖接缝应平直、光滑、宽窄一致，纵横交缝处应无明显错台、错位，填嵌应连续、密实，宽度、深度、颜色应符合设计要求。

2 干挂饰面板

1）施工工艺

（1）分格放线：根据墙面深化图纸，将墙面玻璃板块横竖分格线、末端设备、末端点位全部标注在墙面上（图3.7.2-1），各专业按照点位准确敷设设备管线，弹出每块埋板的位置线和每个挂件的具体安装位置。

图3.7.2-1 墙面分格放线、末端定位

（2）后置埋板安装：根据墙面分格线确定主龙骨位置，进而确定预埋钢板的位置。预埋钢板固定牢固、可靠，预埋钢板间距不大于1.5m。

（3）转接件及主、次龙骨连接：主龙骨与转接件固定牢固（图3.7.2-2、图3.7.2-3），主龙骨间距不大于1.2m，次龙骨与主龙骨两面满焊固定，消火栓、广告灯箱等设备两侧的龙骨应在设备安装位置断开，单独布置。

图3.7.2-2 主龙骨与转换件连接　　图3.7.2-3 主、次龙骨连接

（4）玻璃面层安装应符合以下要求：

① 次龙骨上面的铝型材挂件安装孔，应在龙骨安装前根据板块进行定位打孔。

② 铝型材挂件安装：将加工好的异形成品铝型材挂件通过2×M8不锈钢螺栓固定在次龙骨上，每块玻璃固定4个挂件，两端挂件距离玻璃边缘150mm（图3.7.2-4）。

③ 玻璃组装：将玻璃与配套铝型材连接，四角处采用45°角拼接，且采用直角连接件连接铝型材，直角连接件采用螺丝与型材固定（图3.7.2-5）。

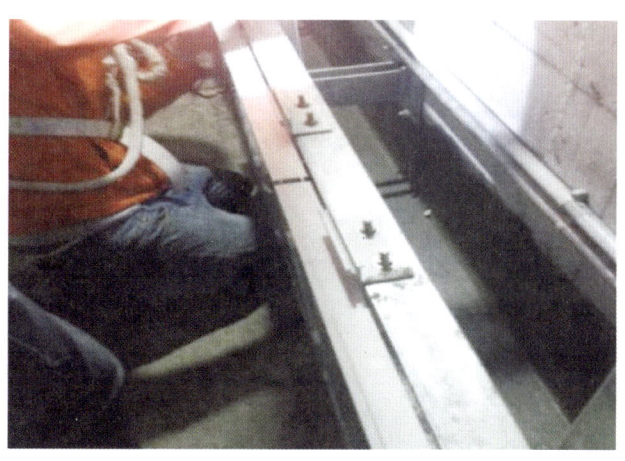

图 3.7.2-4　铝挂件安装

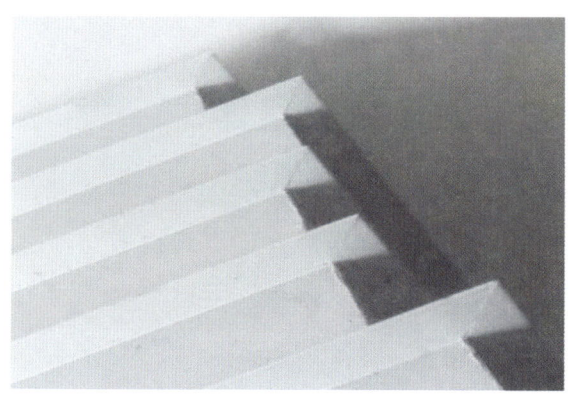

图 3.7.2-5　玻璃铝型材边框组装与安装

④ 安装玻璃：将组装好的玻璃固定在已安装完成的铝型材挂件上，将铝型材挂件插入彩釉玻璃型材内固定，消火栓暗门应能打开至少 160°（图 3.7.2-6、图 3.7.2-7）。

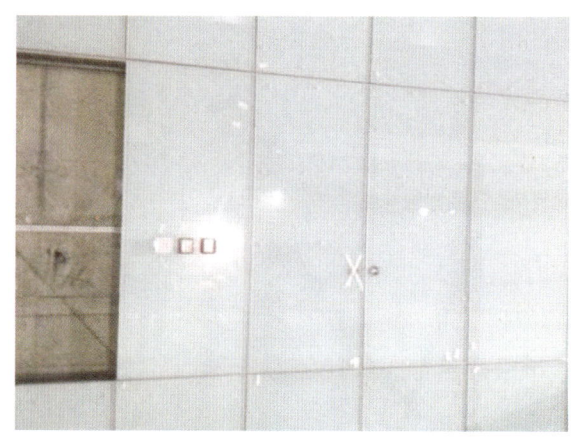

图 3.7.2-6　玻璃安装效果　　　　　　　　　图 3.7.2-7　双开暗门开启

⑤ 调平：对安装好的彩釉玻璃进行调平处理，平整度和垂直度应符合要求。墙面玻璃应整齐划一、接缝均匀一致（图 3.7.2-8）。

图 3.7.2-8　玻璃整体调平后效果

（5）石材面层安装：

① 室内装修干挂石材墙面严禁使用蝶形挂件，允许使用焊接 T 形挂件，推广使用背栓挂件和 SE 挂件（图 3.7.2-9）。

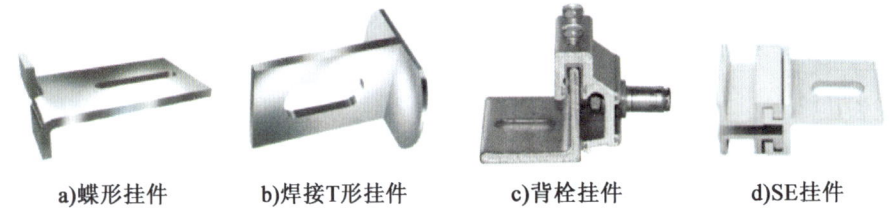

a)蝶形挂件　　　b)焊接T形挂件　　　c)背栓挂件　　　d)SE挂件

图 3.7.2-9　挂件使用分类图

② 常用背栓规格为 M6～M8。背栓磨孔工艺为专用设备磨削柱状孔→底切锥体位拓孔→清理石材孔。节点示意见图 3.7.2-10。

图 3.7.2-10　背栓石材示意图

③ 连接件安装牢固后，套上专用挂件，用螺栓与连接件拧紧。将安装好挂件的石材嵌入龙骨转接件内，根据控制钢丝线复核石材位置，将石材边线排列顺直（图 3.7.2-11、图 3.7.2-12）。

图 3.7.2-11　石材圆柱图　　　　图 3.7.2-12　石材圆柱图

（6）金属板面层安装：

① 将标准板和异形板分类堆放，按照编号排版施工。

② 在纵向龙骨上测放定位线，用螺栓把专用挂件与纵向龙骨固定在一起。

③ 镶挂密拼缝铝单板，采用从下向上的顺序。

④ 对安装好的铝板进行调平处理，保证安装的平整度和垂直度（图 3.7.2-13）。

图 3.7.2-13　铝板安装效果

2）控制要点

（1）排版应做整体考虑，宜采用整块排布，避免小于 1/3 的板块，非标板块应排布在不明显区域；门窗洞口两侧应对称排布。

（2）人防门、广告灯箱、消火栓箱、配电箱、模块箱等区域的钢骨架应断开设置，洞口四周应增设附加龙骨，暗门钢龙骨应采取防震动、防滑移措施。

（3）末端设备孔洞应整板套割，尺寸准确，边缘整齐、平顺。

（4）装饰暗门应与整面墙排版协调一致（图 3.7.2-14～图 3.7.2-16）。

图 3.7.2-14　石材消火栓门正立面　　图 3.7.2-15　石材消火栓门背面封包

（5）三角机房斜面收口板、立面及侧面应根据扶梯斜度、扶梯侧包板完成面来放线、施工，安装控制应严格，避免三角机房侧面凸出扶梯面进深不一（图3.7.2-17）。

图 3.7.2-16　双开陶瓷板暗门　　图 3.7.2-17　三角机房与扶梯面收口

（6）墙面面层板材阳角收口应美观、牢固（图 3.7.2-18）。

图 3.7.2-18　玻璃扇形铝合金阳角条

3　墙面砖

1）施工工艺

（1）基层处理：清理基层上的杂物。按1:1的比例在砂浆内掺界面剂，进行刷毛处理。不同墙体基层交界处应做加强处理，钉菱形钢板网或镀锌铁丝网，搭接宽度不小于200mm。

（2）吊垂直、套方、找规矩、抹灰找平：按墙上已弹的基准线，分别在门口角、垛、墙面等处吊垂直、套方、找规矩、抹灰找平，浇水湿润墙面。

（3）刷结合层：粘贴釉面砖时，结合层可选用1:2水泥砂浆，砂浆厚度宜为6~10mm。

（4）弹贴砖控制线：根据排砖图及墙面实际尺寸进行横竖向排砖，保证面砖缝隙均匀，符合设计图纸要求。对于突出的卡件（如给水点、等电位盒等），应用整砖套割吻合，不得用非整砖随意拼凑镶贴。

（5）背面清理、涂刷渗透结晶层：在粘贴玻化砖之前，用硬毛刷刷洗玻化砖背面的白色污迹、粉末、浮灰，然后用干净的干抹布擦干净（图3.7.2-19）。在玻化砖背面涂刷防渗剂，防渗剂应与玻化砖胶粘剂配套（图3.7.2-20）。完全晾干后再进行下一道工序。

图3.7.2-19　用硬毛刷清理

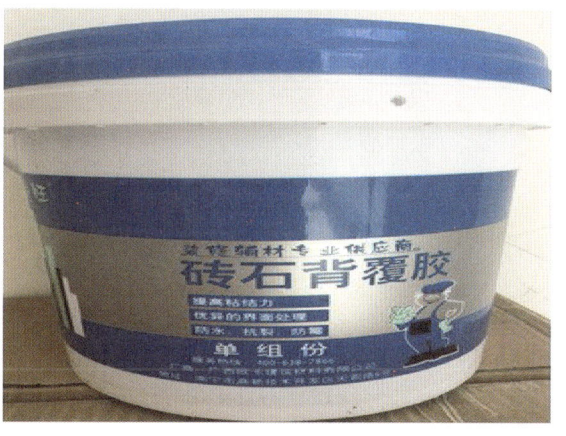

图3.7.2-20　结晶处理

（6）贴砖：墙面贴砖应由下往上分层进行，先粘墙面砖，后粘阴角及阳角，最后粘顶角。每层墙面砖粘贴按上述施工程序依次进行（图3.7.2-21）。使用胶粘剂时，面砖之间的水平缝宽度宜用十字卡控制，保证墙砖横向缝对缝。墙砖铺贴高度宜超过吊顶高程线10cm，墙面、地面砖宜对缝。

（7）勾缝、擦缝：面砖粘贴完成后，用专用勾缝剂进行勾缝，勾缝完成面比面砖外表面低1~2mm。勾缝完成后，擦洗干净。

2）控制要点

（1）按设计要求采用横平竖直通缝式粘贴或错缝粘贴，检查缝宽、缝平直度等内容。

（2）施工前按照图纸尺寸核对结构施工的实际尺寸，应加强对基层打底工作的检查，合格后方可进行下道工序。

图 3.7.2-21 粘贴墙砖

(3) 严格按照排砖图排砖,现场尺寸有偏差时根据现场尺寸及排版原则进行预排,确认后再进行施工。

(4) 凸出物、线管穿过的部位应使用整砖套割吻合,突出墙面边缘的厚度应一致。

(5) 选择专用瓷砖粘接剂,保证粘贴强度。施工中如果发现粘贴不密实的陶瓷墙砖,必须及时添加胶粘剂重贴,以免产生空鼓。

(6) 为避免出现脱落空鼓的现象,墙面湿贴玻化砖时禁止采用砂浆直接粘贴工艺,宜采用机械增强粘贴技术或挂贴工艺;机械增强粘贴技术可采用浅槽铜丝增强法(图 3.7.2-22)、背槽增强法(图 3.7.2-23)、锥孔或背栓孔铜丝增强法(图 3.7.2-24)等方法。

图 3.7.2-22 浅槽铜丝增强砖加工实例

图 3.7.2-23 背槽增强砖加工实例

 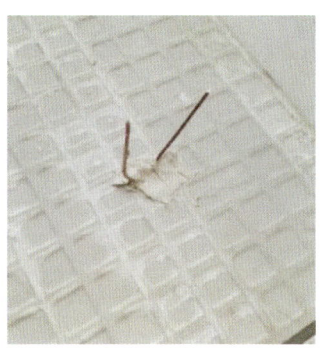 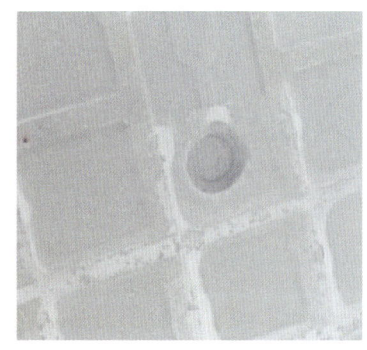

图 3.7.2-24 锥孔铜丝增强砖加工实例

3.7.3 地面工程

1 细石混凝土地面垫层

1）施工工艺

（1）测量放线：根据设计高程在墙面弹出比地面装修完成面高 1m 的水平线，在地面弹出设备基础的完成位置线、水沟位置线和洞口完成位置线等。

（2）支模、打灰饼：在地面四周抹灰饼，然后拉线打中间灰饼。在有地漏和坡度要求的地面，按设计要求做泛水和坡度。

（3）刷水泥浆：向楼地面上洒水，充分湿润，再撒干水泥，用扫帚均匀涂刷，随刷随做面层，一次涂刷面积不宜过大；或在地面均匀涂刷水灰比为 0.4~0.5 的素水泥浆。

（4）铺细石混凝土：铺混凝土前，应设置分隔缝，横、纵向缩缝间距不得大于 6m。均匀铺满细石混凝土，且比灰饼顶面略高。

（5）抹平：应压实、压光、不漏压。凹坑、砂眼都应填补并压平。

（6）养护：洒水湿润养护至少 7d，养护期间不得上人或使用。

2）控制要点

（1）严格控制细石混凝土配合比，浇筑时应振捣密实。

（2）浇筑垫层前，离壁沟挡水槛、地面埋设管线、基层结构及其他有关作业内容的隐蔽工作应已完成。

（3）面层与下一层应结合牢固，无空鼓、裂缝。

2 石材地面

1）施工工艺

（1）找高程、弹面层水平线：根据墙面上已有的控制水平高程线，量测石材面层的水平线，弹在四周墙面上。

（2）基层处理：将基层（垫层）表面的积灰、油污、浮浆及杂物等清理干净。

（3）架设照明设备和警示标志：在施工区域架设足够亮度的照明设备，在作业区域架设警示标志。

（4）施工区域放线：根据标准线确定铺贴顺序和标准块位置。

（5）材料检测：将待铺贴石材和标准样块进行比对，无明显色差、无外观缺陷的为合格品。石材检测见图 3.7.3-1、图 3.7.3-2。

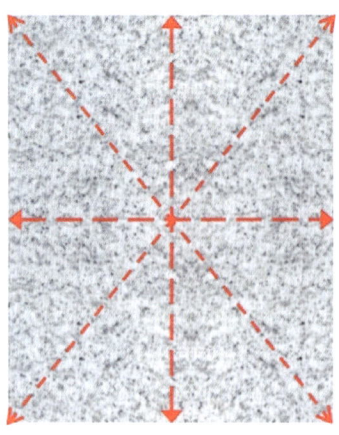

图 3.7.3-1　石材方正度检测　　　　图 3.7.3-2　石材光泽度检测

（6）试拼和试排：铺设前，对每一个区域的花岗石板块按图案、颜色、拼花纹理进行试拼。试拼后，按编号码放整齐。

（7）铺水泥砂浆结合层：按水平线确定面层找平层厚度，如果地面有地漏，应找坡并设置基准点，在基准点拉水平通线进行铺设（图3.7.3-3、图3.7.3-4）。

图 3.7.3-3　铺设水泥砂浆找平层　　　　图 3.7.3-4　用水平尺检查石材铺贴平整度

（8）铺贴花岗石：铺设时，必须按试拼、试排的编号排布，用水平铁尺根据水平线找平，使板四角平整，对缝、对花应符合要求。铺完后，花岗石板块之间的接缝应满足设计要求。

2）控制要点

（1）铺贴石材前，应进行六面防护，防止石材表面出现水渍而影响整体观感。对于现场切割或开孔的石材，应及时在切割口补刷防护剂。

（2）铺砌石材前，应选板试拼。

（3）站台门前绝缘区域绝缘卷材铺设完成并经验收合格后，铺贴石材。

（4）镶嵌站台门前疏散指示箭头和地面蓄光型疏散指示灯的石材开孔必须在石材加工厂定型加工，不得在现场切割开孔。

（5）站台门绝缘带分割缝与站台地面伸缩缝对应且贯通，站台门开门范围内的伸缩缝应错位。

（6）铺贴石材时，应与门槛、绝缘区间分段、非绝缘区、墙面等接口位置保留10mm绝缘缝隙。细部节点收口见图3.7.3-5。

图3.7.3-5　止灰带盖板与三角机房侧面不锈钢收口

（7）铺贴石材时，应按照编号铺贴石材，应采用干硬性砂浆。结合层应拍实、揉平。铺贴完后注意养护。

3　环氧树脂自流平地面

1）施工工艺

（1）基层处理：基层找平压光表面应平整、光洁、干燥、不起灰，安装前清扫干净。

（2）底涂施工：将底漆和固化剂混合、搅拌均匀后，用橡胶刮板或塑料刮平，使底料渗透到水泥基层中，不得漏涂。

（3）中涂施工：将树脂和固化剂混合，搅拌成稀泥状，用橡胶刮板或塑料刮板刮平，涂抹均匀、平整，不得漏涂。

（4）面涂施工：将面漆和固化剂混合、搅拌均匀，倒入基面，连续涂抹，不得漏涂。面层表面应光滑、平整、无明显缺陷（图3.7.3-6）。

图3.7.3-6　自流平地面

2）控制要点

（1）施工时现场环境温度应在10℃以上，相对湿度应低于85%。

（2）严禁交叉施工。

（3）严禁无关人员进入施工现场。

（4）搬运到施工现场的材料，应放在避免风、雨及阳光直射的地方，并采取防火措施。

（5）施工中，应防止粉尘污染加工区。

4　防静电活动地板

1）施工工艺

（1）基层处理：清扫基层，找平压光表面应平整、光洁、干燥、不起灰。

（2）抹水泥砂浆前，在基层上面洒水浸润，然后冲筋、贴饼定高程，抹平、压实找平层，洒水养护（图3.7.3-7）。

图3.7.3-7　地面压光找平

（3）弹排版网格线：在地面上按预先排版弹出600mm×600mm的网格线。如果有设备，则应从设备边往两边排布。

（4）涂刷绝缘漆：在基层表面涂刷3遍绝缘漆（透明型），涂刷后不得有起皮现象。

（5）接地铜箔：沿网格线铺设接地铜带，并用胶粘固定。为形成接地环网，铜带十字交叉处不得胶粘，应使用锡焊连接，铜带应横平竖直。

（6）安装端部主支架和可调支架：根据高程线，安装边支撑支架和可调支架并调平；端部支撑必须牢固，其刚度必须满足支撑要求。

（7）安装横梁及支架：横梁与支架使用M6沉头螺丝连接，用细线和水平尺调整支座面高度至同一水平高度，待所有钢支柱和横梁构成一体化框架后，用水平仪抄平（图3.7.3-8）。

（8）安装活动地板：安装时宜轻拿轻放。切割边不得嵌补。局部不得有凸拱现象。安装后，用水准仪复测、调平。设备管槽上方设置玻璃面层，以便能看清管槽走向（图3.7.3-9）。

图 3.7.3-8　支架调平

图 3.7.3-9　面板铺装

2）控制要点

（1）安装架空地板前，应确认房间内设备已就位，各项隐蔽工程均已完成。

（2）钢骨架连接应牢固可靠、位置准确。

（3）为提升绝缘性能，应在其他专业施工完毕后涂刷第3遍绝缘漆。

（4）排版应从房间进门处开始，非标板不得小于整板的1/3。

（5）宜使用专用吸盘，不宜采用铁器硬撬。安装时应轻拿轻放。

（6）地板切割不得在施工房间内进行，避免切割产生的粉尘对设备造成污染和损坏。

（7）地板安装好后，应注意成品保护，不得将尖锐物体、有污染、有腐蚀的物体带入房间。

（8）在切割与设备基础连接的静电地板时，应注意尺寸，避免板与基础的缝过大，保证板体的稳定与牢固。

（9）下发静电地板铺贴技术交底文件，给设备厂家预留桥架位置，避免桥架与静电地板龙骨冲突。

5　地面绝缘层及警示带

1）施工工艺

（1）测量放线：在 x 方向，沿站台纵向，以已安装完成的站台门门槛站台侧立面为基准；在 y 方向，垂直于站台方向，以已安装完成的站台门端门门槛两侧立面为基准；在 z 方向，沿高度方向，已安装完成的站台门门槛上表面为基准。

（2）安装绝缘层与门槛（包括端门门槛）间、绝缘层与交界墙面间、独立绝缘区域间、绝缘区域与非绝缘区域间的绝缘挡板（根据现场需要）。

（3）水泥砂浆找平垫层：清理绝缘挡板区域内的站台结构层表面，在绝缘挡板区域内铺设水泥砂浆找平层。

（4）拆除污染挡板：去除门槛与垫层间受污染的挡板，保证门槛侧的清洁。

（5）底座安装新防护绝缘板：在安全门底座绝缘套位置安装防护绝缘板，防止受到现场掉落物体等的污染。

（6）安装绝缘槽：把绝缘槽整体安装在绝缘挡板圈定的区域内。

（7）检测绝缘阻值：用兆欧表对已形成的各个绝缘槽的绝缘电阻进行检测，每个检测点的绝缘阻值应大于 $0.5\mathrm{M}\Omega$。

（8）铺贴警示带：将警示带材料平放在已铺好的干硬性水泥砂浆上，用橡皮锤敲击花岗石至水泥砂浆密实且表面高程满足要求，找正、找直、对齐花岗石缝（图 3.7.3-10）。

图 3.7.3-10　站台门前上下车指示块

（9）在绝缘槽上铺贴花岗岩：使用半干性水泥砂浆铺贴花岗岩。变形缝位置花岗岩的缝隙宽度应控制在 $18\mathrm{mm}\pm2\mathrm{mm}$；其余接口位置花岗岩的缝隙宽度应不大于 $20\mathrm{mm}$。

（10）绝缘检测：用兆欧表对已形成的各个绝缘单元进行检测，每个检测点的绝缘阻值都应大于 $0.5\mathrm{M}\Omega$。

（11）接口位置绝缘槽裁剪及打胶：把接口位置绝缘槽边缘和挡板裁剪至低于花岗岩顶面 $5\mathrm{mm}\pm2\mathrm{mm}$，清理干净各处接口位置，并用吸尘器对接口进行彻底吸清。

2）控制要点

（1）绝缘区范围内应无管线、孔洞。

（2）在垫层施工中，垫层不得侵入站台门门槛以下范围内。

（3）垫层混凝土强度等级应不低于 C20，垫层高度宜比装修石材完成面高 $70\sim80\mathrm{mm}$。

(4) 混凝土表面黏结强度应不低于 1.5MPa，基层含水率应小于 3%。

3.7.4 外装修工程

1 外墙涂料施工

1) 施工工艺

（1）清理基层：将基层的浮灰、砂浆块、油污清理干净，保证墙面基层平整、干净。

（2）刮 2 遍外墙专用防水腻子，打磨处理，表面应平整、光滑。

（3）喷涂封底漆：将外墙涂料搅拌均匀，在基础表面喷涂 1 遍封底漆，喷涂应均匀、不漏刷。

（4）喷涂底漆：将外墙涂料搅拌均匀后喷涂，不得漏喷。

（5）打磨：外墙涂料干燥后进行打磨、清灰。

（6）喷涂面漆：喷涂应均匀、厚薄一致、不漏喷（图 3.7.4-1）。

图 3.7.4-1　外墙涂料

2) 控制要点

（1）在雨雪、风力大于 4 级、空气湿度大于 80%、气温低于 5℃或高于 35℃的天气，不得进行外墙涂料施工。

（2）开始外墙涂料施工前，应遮挡已施工的外门窗、水电管件等，避免被外墙涂料污染。

2 幕墙工程

1) 施工工艺

（1）测量放线：设置水准控制基准点，以红漆标示，在每个立面上至少设置 2 个水准点，安装时以此为基准点。每 3 层消除一次安装误差，避免误差累积。

（2）预置预埋件：根据图纸分格尺寸检查预埋件安装位置，根据现场基准点进行核对，确认无误后方可进行下道工序。应对预埋件暴露在空气中的部分进行防腐处理。

（3）安装龙骨：用仪器测量龙骨水平高程、竖向及进出轴线位置后，对龙骨三维空间位置进行拉线定位，复核无误后安装龙骨。

（4）安装防火岩棉：防火岩棉的密度、厚度应符合设计要求，密度不应小于 100kg/m³，厚度不应小于 100mm；层间防火岩棉的隔板必须使用经防腐处理、厚度不小于 1.5mm 的镀锌铁板。

（5）饰面板安装及控制：应符合第 3.7.4 条第 3~5 款的规定。

（6）注胶、清理：饰面板安装完毕后，清理板缝、泡沫条填缝，打胶。

2）控制要点

（1）预埋件（后置埋件）安装、转接件与埋件焊接、竖向和横向龙骨焊接、保温岩棉固定安装、层间防火构造、防雷接地构造必须通过隐蔽工程检验验收。

（2）幕墙与主体结构连接的各种预埋件的数量、规格、位置和防腐处理必须符合设计要求。

（3）连接固定横梁的连接件、螺栓（钉）的材质、规格、品种、数量应符合设计要求。

（4）执行工序间交换检查，开展各项隐蔽验收工作，加强交检制度的落实。达不到质量要求的前道工序，不得交给下道工序，应整改直至质量符合要求。

（5）不同金属材料（钢角码与铝立柱、铝板与钢立柱）接触部位应设置防腐垫片。

3）幕墙材料选择

（1）选用优质高精级铝合金型材，型材牌号为 6063-T6（LD31-CS）/6063-T5，室外和室内可视面均采用氟碳喷涂，三涂两烤，平均膜厚不小于 40μm；不可见部分采用阳极氧化处理，平均膜厚不小于 15μm。

（2）选用优质钢型材，材质为 Q235B/Q235，采用热浸镀锌表面处理工艺。

（3）选用玻璃时，应依据国家和行业现行有关标准的规定，进行详细的设计计算，分析结构安全性及热工性能。

（4）一般采 3.0mm 厚国产优质铝单板，铝单板牌号为 3003 H24，表面处理工艺为氟碳喷涂，其氟碳树脂的含量大于 70%，三涂两烤（膜厚不小于 40μm），无色差。

（5）密封胶包括建筑耐候密封胶（耐候胶）和结构密封胶（结构胶）。耐候胶强调耐大气变化、耐紫外线、耐老化的性能，结构胶强调强度、延展性、粘接性能等力学性能，二者不能相互代用。幕墙工程密封胶条一般选用国产优质黑色高密度三元乙丙胶条（EPDM 胶条），密封毛条采用国产优质产品。用于石材幕墙、铝板及陶板幕墙的中性硅酮结构密封胶、中性硅酮耐候密封胶，应有证明无污染的试验报告。应采用同一品牌的中性硅酮结构密封胶和中性硅酮耐候密封胶，配套使用。

3　玻璃幕墙工程

1）施工工艺

（1）测量放线：应符合第 3.7.4 条第 2 款的规定。

（2）预置埋件：应符合第 3.7.4 条第 2 款的规定。

（3）安装龙骨：应符合第 3.7.4 条第 2 款的规定。

（4）安装防火岩棉：应符合第 3.7.4 条第 2 款的规定。

（5）玻璃安装及控制：玻璃安装前，应将表面尘土和污物擦拭干净。热反射玻璃的镀膜面应朝向室内，玻璃不得与构件直接接触。玻璃四周与构件凹槽底应保持一定空隙，每块玻璃下应设至少 2 个弹性定位垫块；垫块宽度应与槽口宽度相同，长度、宽度均不小于 100mm。玻璃两边嵌入量及空隙应符合设计要求。

（6）安装开启窗：窗扇与玻璃在加工厂粘接成成品构件，窗框与钢龙骨固定，将窗扇成品构件挂钩与窗框上横梁安装固定，安装电动杆件（五金配套装置）。

（7）注胶、清理：应符合第3.7.4条第2款的规定。

2）控制要点

（1）玻璃幕墙（图3.7.4-2）不宜使用全隐框玻璃幕墙。

（2）玻璃均质处理、自爆率应符合设计要求。

（3）安装玻璃幕墙时，不得磕碰玻璃边角，以免造成玻璃损坏。

（4）打胶前，清洗玻璃，擦干玻璃边部与胶连接处的污迹。贴美纹纸后，应在24h内打胶并及时处理，胶不得有外溢、毛刺等现象。

（5）安装后，应保护成品。装饰施工完成前，不得撕掉型材表面保护膜，应及时清理表面污染物。

图3.7.4-2　玻璃幕墙

4　金属幕墙工程

1）施工工艺

（1）测量放线：应符合第3.7.4条第2款的规定。

（2）安装预埋件：应符合第3.7.4条第2款的规定。

（3）安装龙骨：应符合第3.7.4条第2款的规定。

（4）安装防火岩棉：应符合第3.7.4条第2款的规定。

（5）金属面板安装及控制：依据编号图的位置，安装金属板。安装金属板时拉横向、竖向控制线，确保平面的平整度。

（6）注胶、清理：应符合第3.7.4条第2款的规定。

2）控制要点

（1）金属板应放置于干燥、通风处，应避免与电火花、油污及混凝土等具有腐蚀性的物体接触，以防板表面受损。

（2）金属板较薄时，必要时应设置加强肋增加其刚度并保持板面平整。作为面板的支承边时，加强肋是面板区格的不动支座，应保证中肋与边肋、中肋与中肋的可靠连接，满足传力要求。

（3）应有周全的成品保护措施，防止构件变形、外涂装污染及玻璃损坏（图3.7.4-3）。

图3.7.4-3　金属幕墙

5　石材幕墙工程

1）施工工艺

（1）测量放线：应符合第3.7.4条第2款的规定。

（2）安装预埋件：应符合第3.7.4条第2款的规定。

（3）安装龙骨：应符合第3.7.4条第2款的规定。

（4）安装防火岩棉：应符合第3.7.4条第2款的规定。

（5）石材安装及控制：

① 将石材按排版编号运到相应安装部位，现场安装背栓。

② 挂接前，安装钢龙骨上铝合金挂件并调平，调节钢龙骨挂件螺栓，初拧，临时固定，然后将石材背面已经安装好的4个固定挂件水平微调螺母调至水平，满足石材干挂条件。

③ 将石材板置于初调后的钢龙骨挂件上，先装下部挂钩，再装上部挂钩。

④ 每挂完一排后，拉通线，通过调节螺栓对该排板板缝进行调整。确认无误后紧固挂件螺栓。

⑤ 使用专用板缝控制工具调整板的位置，确保板缝均匀。

⑥ 处理收边（收口）节点及转角接口。

⑦ 检查石板与相邻石板的平整度、对缝间隙、平行度、高差等是否符合要求。当不满足时，调整挂钩上的螺钉；如果调节后仍不满足要求，可在保证挂钩搭接量的前提下，在挂钩处加、减垫片，必要时可更换同尺寸石板。

（6）注胶、清理：应符合第3.7.4条第2款的规定。

2）控制要点

（1）应使用专业的机床进行背栓孔开孔作业，采用专用设备磨削柱状孔、拓孔、清孔。

（2）石材进场前，应进行防水、防污处理，应在石材6个面上刷防护剂，避免施工过程中石材受到污染。

（4）石材胶缝应使用石材幕墙密封胶嵌填。

（5）转接件、主龙骨应经防锈处理（图3.7.4-4、图3.7.4-5）。

图 3.7.4-4 转接件防锈

图 3.7.4-5 主龙骨防锈

3.7.5 静态标识牌

1 静态标识牌的预埋件应在工厂与静态标识配套生产加工。预埋前，应按施工图纸位置进行定位并做标记，并复测预埋件位置。复核无误后，将预埋件安装在标记好的位置并加固，采取防护措施，避免在后续工序的施工中发生损坏或偏位。

2 静态标识牌成品安装

1）对于吊挂式标识牌（图 3.7.5-1），根据现场点位，按照中对中方式固定。

2）对于贴附式标识牌（图 3.7.5-2），宜根据现场尺寸制作、安装。

图 3.7.5-1 吊挂式标识牌

图 3.7.5-2 贴附式标识牌

3）对于落地式标识牌（图 3.7.5-3），应先预埋，宜采用与地面地砖缝对齐方式安装。

图 3.7.5-3 落地式标识牌

3.7.6 栏杆与隔断

1 施工工艺

1）现场实测放线：根据现场放线实测的数据及设计要求绘制施工放样详图。

2）预埋件检查：检查预埋件是否齐全、牢固、定位准确。

3）选择原材料：不锈钢管的管径和壁厚应适用。

4）现场焊接和安装：检查不锈钢管就位是否正确，校正垂直度，管材间的焊缝应饱满。玻璃栏板的夹板或嵌条应对齐在同一平面上。

5）打磨和抛光：严格按照操作工艺进行打磨、抛光（图3.7.6-1）。

图3.7.6-1 无障碍坡道栏杆

2 控制要点

1）栏杆及楼梯扶手的安装应牢固、位置正确，扶手坡度与楼梯的坡度应一致，栏杆应垂直、间距正确。

2）扶手转角均应为弧形角，应圆顺、光滑、不变形、接缝严密、外形美观。栏杆末端宜加弯头。扶手连接处应使用成品标准接口，不得现场加工。

3）表面不得有毛刺、焊渣及明显锤痕。边角应整齐，不得有切割痕迹。

4）焊接应密实，焊口表面光洁度、颜色应与原材料一致。切口不应有毛刺，接缝应严密吻合。组装式连接应紧密、稳固、不松动。

5）不锈钢扶手伸缩缝处必须断开。

6）玻璃栏板宜使用夹层玻璃或安全玻璃，护栏玻璃宜使用公称厚度不小于12mm的钢化玻璃或钢化夹层玻璃。当护栏一侧距楼地面高度大于或等于5m时，宜使用钢化夹层玻璃。

7）玻璃、立柱处宜做倒圆角处理，立柱与地面砖缝宜做对缝处理（图3.7.6-2）。

8）立杆安装位置的地面是整块石材时，应按照立杆位置，将石材开洞套装在立杆上。开洞尺寸应能覆盖栏杆的法兰盘（图3.7.6-3）。

图 3.7.6-2　立柱与楼梯挡水台对缝严密，挡水台设置准确

图 3.7.6-3　踏步石材套割准确、法兰盖扣实、严密

3.7.7　屋面工程细部做法

1　平面做法

1）整体屋面面层

（1）严禁使用混凝土、砂浆面层。宜使用丙烯酸或其他室外涂料面层，面层色泽应均匀一致（图3.7.7-1）。

（2）面层不应有裂纹、空鼓、起皮。

（3）分隔缝分缝应均匀、缝宽一致。

（4）分隔缝内打胶应密实平整、连续饱满、边沿整齐、光滑、无气泡、无开裂。

图 3.7.7-1　整体屋面面层

2）金属屋面

（1）金属板应平整、顺滑，排水坡度应符合设计要求，不得有翘曲、脱模和锈蚀等缺陷，不得有渗漏。

（2）金属板固定支架或支座应位置准确、安装牢固。

（3）金属板檐口挑出墙面的宽度应小于200mm，深入天沟、檐沟内的长度应不小于100mm。沟内坡度应准确，沟内应无积水。

（4）屋脊盖板在两坡面金属板上的搭接宽度应不小于250mm。

2 管根

1）管道泛水处防水层下应增设附加层，附加层在平面和立面的宽度应不小于250mm。

2）卷材收头应使用金属箍紧固、使用密封材料封严。涂膜收头应使用防水涂料涂刷多遍。

3）屋面管根应做基础（图3.7.7-2），与屋面的结合部位宜设置圆弧，应曲顺自然、阴阳角结合自然。基础边线应与屋面面砖缝对齐。基础台面层应采用涂料面层。

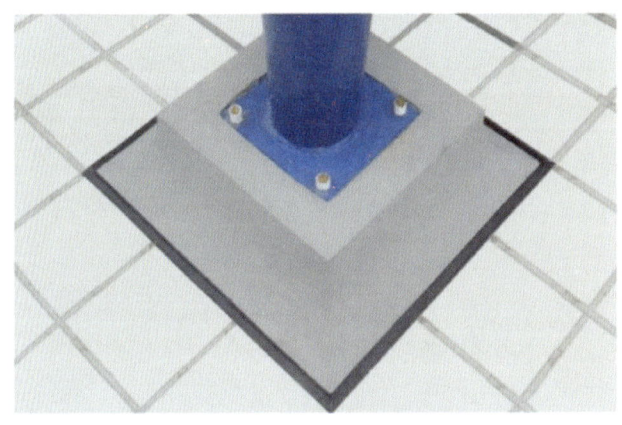

图3.7.7-2　屋面管根处理

3 设备基础

1）设备基础面层宜选用涂料饰面，面层宜采用弹涂工艺。各棱角边20mm范围内宜进行压光处理，使棱角分明（图3.7.7-3）。

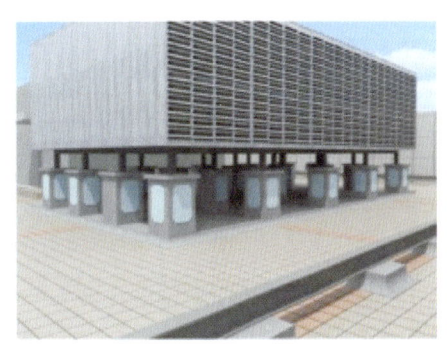 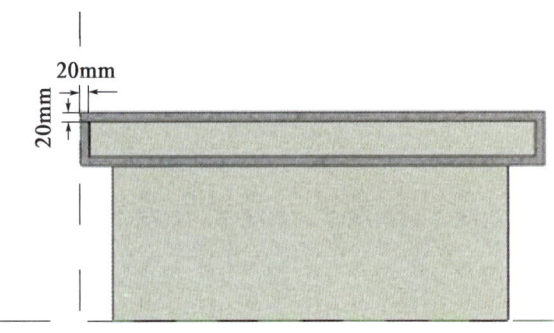

图3.7.7-3　设备基础饰面做法

2）设备基础四周宜预留 20mm 宽的缝隙，宜采用黑色密封胶处理，胶缝应宽度一致、顺直光滑（图 3.7.7-4）。分格缝应沿设备基础边设置；如果穿越设备基础，分格缝应不间断，分格内应使用柔性密封材料嵌填密实。

图 3.7.7-4　基础根部打胶处理

3）设备与基础接触处减振垫应外露，外形宜方正，减振应有效（图 3.7.7-5）。

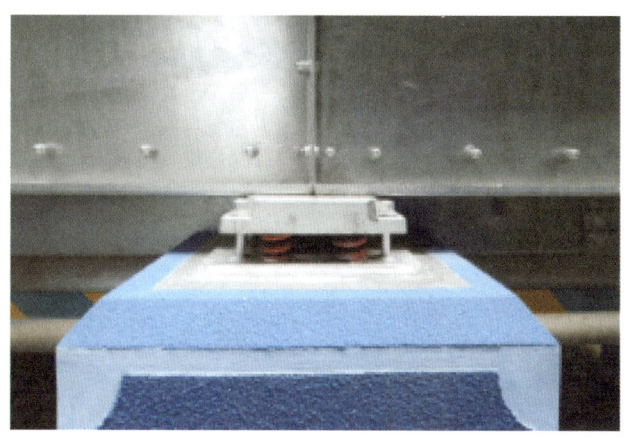

图 3.7.7-5　减振器安装

4）设备基础四边宜采用不同颜色屋面砖做分色处理（图 3.7.7-6）。

图 3.7.7-6　基础分色

4 女儿墙根

1）屋面与女儿墙间宜设 30mm 宽的缝隙，用柔性密封材料嵌填严密，竖向分隔缝与平面分隔缝宜对缝并贯通（图 3.7.7-7）。

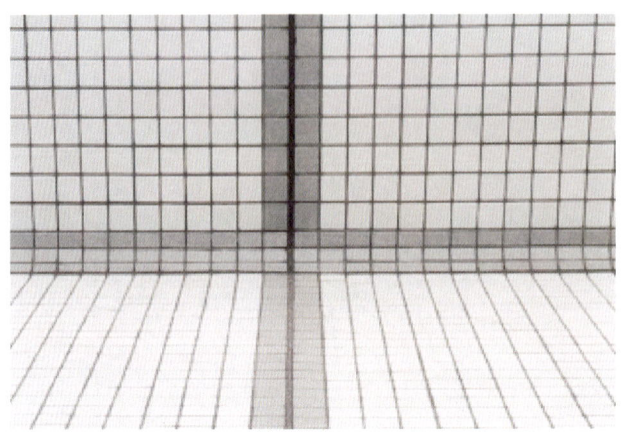

图 3.7.7-7　屋面与女儿墙之间分格缝

2）女儿墙拐角部位宜设置 30mm 宽的分隔缝，与平面分隔缝贯通（图 3.7.7-8、图 3.7.7-9）。屋面与女儿墙交界部位宜粘贴宽度较小的面砖（用至少 3 块不完整砖找圆弧）形成圆弧。泛水高度应不小于 250mm。

图 3.7.7-8　女儿墙阳角分隔缝

图 3.7.7-9　女儿墙阴角分隔缝

3）女儿墙块材面层分隔缝间距宜与平面分隔缝一致，整体面层分隔缝间距宜为1m，缝宽宜为20mm，应使用柔性密封材料嵌填严密。

5 变形缝

1）变形缝的泛水高度、附加层应符合设计要求。

2）防水层应铺贴或涂刷至泛水墙的顶部。

3）等高变形缝顶部宜加扣混凝土或金属盖板。混凝土盖板的接缝应使用密封材料封严。金属盖板应铺钉牢固，应做防锈处理，搭接缝应顺流水方向（图3.7.7-10）。

图3.7.7-10　变形缝

4）高低跨变形缝在高跨墙面上的防水卷材封盖应使用金属压条钉固定在金属盖板上，并应使用密封材料封严。应先施作低女儿墙，再施作高女儿墙。女儿墙压顶宜露出女儿墙内侧面100mm，高女儿墙压顶宜露出低女儿墙内侧面200mm。混凝土应浇捣密实，确保结构的抗渗性能。混凝土结构原浆收光、压平。排水方向、坡度应符合设计要求，边缘处应做鹰嘴及滴水线。

6 排气口

1）找平层设置的分隔缝可兼作排气道，排气道的宽度宜为40mm。

2）排气道应纵横贯通，并应与大气连通的排气道相通。

3）排气道纵、横间距应不大于6m。

4）屋面宜每36㎡设置1个排气孔，排气孔应做防水处理。

5）排气管应成线且位于分格线中心，高度、宽度一致，打胶平滑（图3.7.7-11）。

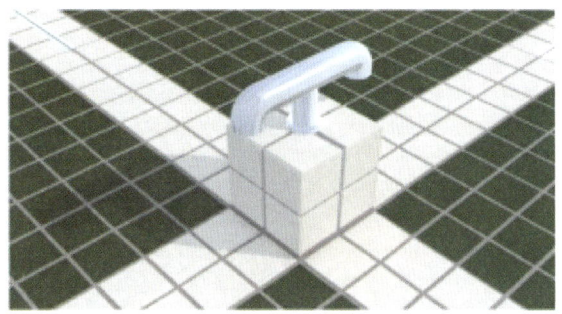

图3.7.7-11　排气孔

7 出屋面风道

1)风道尺寸宜统一。风道造型可结合工程特点及地域特色进行深化设计(图3.7.7-12、图3.7.7-13)。

图3.7.7-12 出屋面风道马头墙造型　　　　图3.7.7-13 出屋面风道马头墙造型

2)顶部应嵌分格条。分格条应清晰、顺直。顶部应坡向四周排水,且顶部檐边下口外沿20mm处应设滴水槽。

3)与屋面结合部位宜设置八字角,曲顺自然,八字角圆弧一致,阴阳角结合自然。

4)出屋面风道侧口应设置防雨百叶(图3.7.7-14、图3.7.7-15),风道洞口宜先收口,后安装百叶。

图3.7.7-14 屋面排烟(风)道

图3.7.7-15 屋面排烟(风)道百叶

8 栈桥

1）栈桥应安装牢固。

2）栈桥高度、踏步宽度应合理。

3）栈桥高度大于700mm时，两侧宜加设护栏，护栏高度应不低于900mm（图3.7.7-16）。

4）栈桥应设置有效接地。

图3.7.7-16 栈桥

9 圆钢接闪带

1）接闪带圆钢搭接宜采用"乙"字弯（图3.7.7-17）。

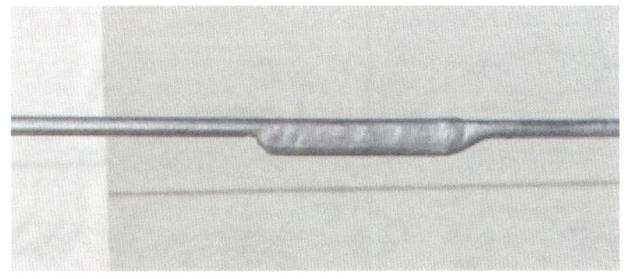

图3.7.7-17 接闪带"乙"字弯搭接

2）女儿墙宽度超过30cm时，接闪带应设在檐边垂直面上；不超过30cm时，应设置在女儿墙中间，应合理选择支架（图3.7.7-18），确保接闪带安装高度大于150mm。

图3.7.7-18 屋面接闪带位置及支架

3）女儿墙部位有金属栏杆时，可利用栏杆作为接闪带（图3.7.7-19），但应注意栏杆厚度，引下线应与栏杆上端可靠连接。

图 3.7.7-19　利用金属栏杆作接闪带

4）接闪带与防雷引下线连接的部位应有标识（图 3.7.7-20）。

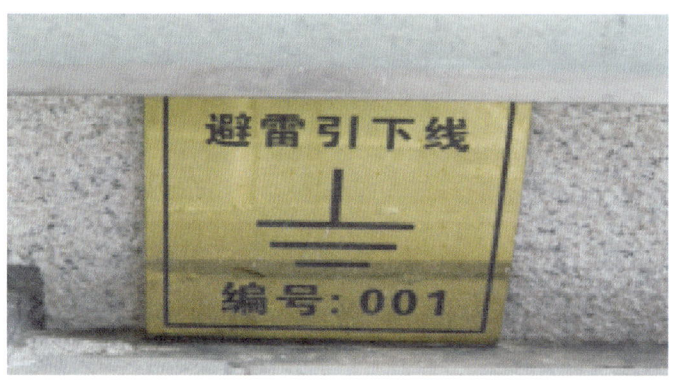

图 3.7.7-20　引下线标识

5）檐角及变形缝部位应设置 Ω 弯（图 3.7.7-21）。

图 3.7.7-21　接闪带直角弯处 Ω 弯

6）接闪带跨越变形缝处应采取补偿措施（图 3.7.7-22）。

7）接闪带应做防锈处理（图 3.7.7-23）。

10　软管过渡连接

1）屋面设备软管应采用金属软管连接。

2）金属软管两端宜采用专用接头连接（图 3.7.7-24）。

3）电源管进线时，应安装防水弯头，将软管弯成滴水状（图 3.7.7-25）。

4）过渡软管长度应控制在 0.8m 以内。

图 3.7.7-22　接闪带跨越变形缝处补偿措施

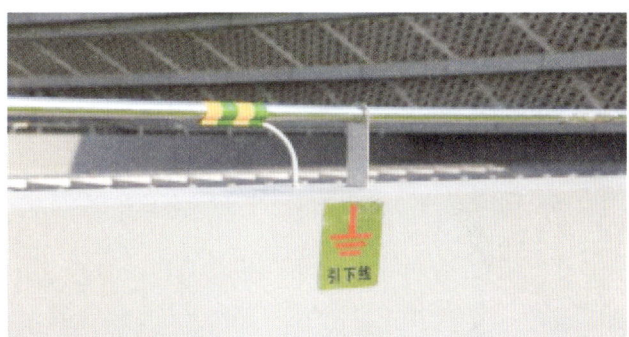

图 3.7.7-23　接闪带防锈处理

 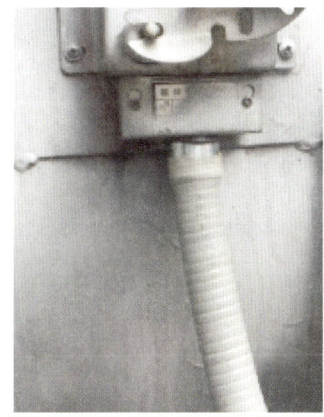

图 3.7.7-24　软管利用专用接头连接

图 3.7.7-25　软管滴水弯图

11　电管及接地扁钢预留

1）电管、扁钢、设备接线盒应位置统一、合理美观（图 3.7.7-26）。

2）预留接地扁钢和电源管宜距基座边 10cm，扁钢预留高度宜距完成面 15～18cm，预留电源管高度与设备接线盒高度相差不宜超过 15cm。预留电源管的位置应考虑电源软管过渡长度，不超过 0.8m。

3）接地扁钢应倒圆角，接地螺丝应设置圆头螺帽。

12　设备减振

1）设备减振器应固定在基础装饰面上，与基础面充分接触（图 3.7.7-27）。

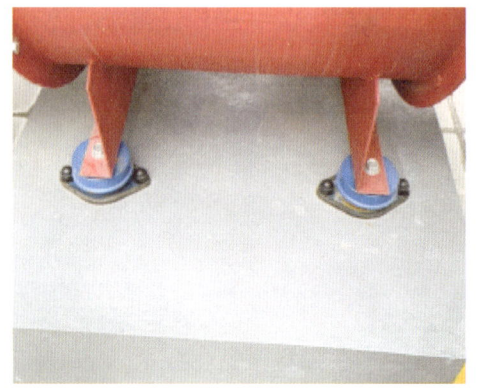

图 3.7.7-26　电管、扁钢、接线盒位置合理　　　图 3.7.7-27　屋面风机减振器

2）屋面设备地板固定螺栓应加双垫片，并应使用 PVC（聚氯乙烯）保护帽保护栓头（图 3.7.7-28）。

13　风管及阀部件安装

1）金属风管与土建风道连接处宜有 15～20cm 长的直线段，出风道风管、风机及风阀应水平安装（图 3.7.7-29）。

图 3.7.7-28　屋面设备固定螺栓保护帽　　　图 3.7.7-29　屋面风管安装

2）风管末端外侧宜采用孔径为 10mm×10mm 的镀锌钢丝网法兰连接进行封堵（图 3.7.7-30）。

3）屋面防火阀电动执行机构宜加装防雨罩，防火阀顶部应设排水口（图 3.7.7-31）。

4）风机软连接处应设置截面不小于 $4mm^2$ 的黄绿色 BVR（铜芯聚氯乙烯绝缘软电线）跨接线。

图 3.7.7-30 风管末端加钢丝网　　　　图 3.7.7-31 防火阀执行机构

14 水管及阀部件安装

1) 冷却塔出水管管道、阀门、压力表应排列整齐，阀门及压力表安装高度及朝向宜一致，便于操作（图3.7.7-32）。

2) 法兰阀门外露螺栓丝扣应加 PVC 螺帽加以保护（图3.7.7-33）。

 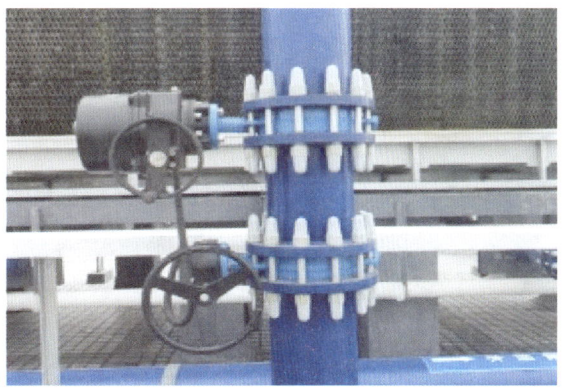

图 3.7.7-32 冷却塔水管及阀部件　　　　图 3.7.7-33 法兰阀门外露螺栓保护

15 保温管道保护壳安装

1) 屋面保温管道宜采用压花铝板保护壳（图3.7.7-34）。

2) 保护壳水平接缝应设置在管道内侧斜45°方向，宜在同一条直线上。

图 3.7.7-34 压花铝板保护壳

3) 保护壳接口的搭接宜顺水流方向，搭接尺寸宜为 20~25mm。

16　空调室外机管道安装

1) 空调室外机冷媒管与控制线排列整齐，应设置在金属线槽内（图 3.7.7-35）。

图 3.7.7-35　空调室外机管道

2) 金属线槽为防雨线槽，线槽、支架、与电气桥架宜统一排布，应符合电气专业要求。

17　屋面落水口

1) 落水口坡度应正确。应进行落水口造型深化设计（图 3.7.7-36）。

 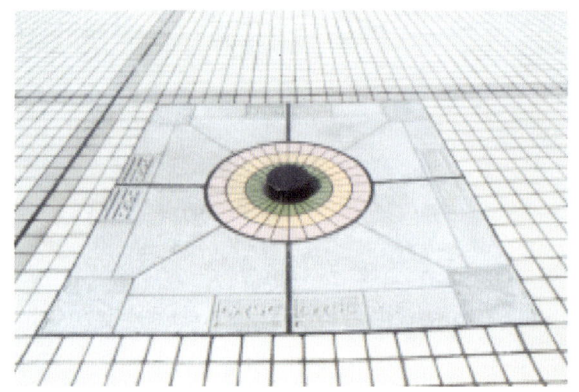

图 3.7.7-36　雨水口造型深化设计

2) 落水口宜有接水斗，落水高度应不小于 200mm，不得直接冲刷台阶、踢脚（图 3.7.7-37）。

图 3.7.7-37　落水口接水斗

3.7.8 门窗工程

1 施工工艺

1) 放线定位：门窗的水平位置宜以楼层室内装修 1m 线为标准线，量出窗户下高程，弹线找直。每层高程应一致。

2) 门窗洞口尺寸复核：根据外墙面标出的门窗起始位置复核门窗洞口的尺寸，对有偏差的洞口进行修复调整。门窗的洞口尺寸偏差宜控制在 20~25mm。修补洞口时应抹水泥砂浆，留出 200~300mm 的门窗铁片安装空间。

3) 门窗框安装：

(1) 连接件由 220mm×25mm×1.5mm 镀锌铁皮制成，在门框上距角小于或等于 180mm 处设一点卡式或铆接连接件，以此为基点，每隔 500mm 设连接件。

(2) 用木楔将门窗固定在洞口上，根据水平控制线、垂直控制线、进出位置线调整门窗的水平度和垂直度，用射钉将连接件分内、外两边固定在混凝土墙或砌筑混凝土预埋件上。

4) 门窗框下坎填嵌：

(1) 门窗框固定后，在门窗框的左右打发泡剂。发泡剂应连续、饱满。

(2) 打发泡剂时，用水泥砂浆将门窗坎下分层填嵌密实。

5) 门窗洞口粉刷：用防水砂浆粉刷门窗框与墙体间的缝隙，应密实、无裂纹。

6) 安装固定门窗扇：清理门窗，安装固定玻璃，打胶，之后安装门窗扇。

7) 调整清理：

(1) 调整门窗扇，要求开启灵活、搭接均匀。

(2) 检查提升块、防盗块、防撞块是否齐全，将门窗清理干净。

2 控制要点

1) 耐候胶施工完成前，不得粉刷涂料。

2) 门窗的材料应符合设计要求及验收标准。

3) 门窗的防腐处理及嵌缝、密封处理应符合设计要求和验收标准。

4) 门窗扇的橡胶密封条应安装严密，不得脱槽。

5) 有排水孔的金属门窗，排水孔应畅通，位置和数量应符合设计要求。

3.8 建筑给排水及消防水系统工程

3.8.1 套管安装

1 施工工艺

1) 对于金属套管，定位后用自攻螺丝钉固定在顶板模板上，在不影响结构的情况下，扳弯顶板钢筋，绕过套管，向钢模内塞入锯末、泡沫等。

2) 对于 UPVC（硬聚氯乙烯）套管，按平面定位尺寸放置在顶板模板上，并用自攻螺丝钉均匀地钉在套管周围，用宽透明胶带密封 UPVC 套管上口，再用双股火烧丝将套管十字交叉固定在自攻钉上。

2 控制要点

1）安装普通套管时，其顶部应高出装饰面 20mm。安装在竖井或其他排水管路所在房间内的套管时，其顶部应高出装饰地面 50mm。安装管道后，应使用阻燃密实材料、防水油膏填实穿过楼板的套管与管道之间的缝隙（图 3.8.1-1），端面应光滑。安装在墙上的套管的两端应与墙平齐。

2）防水套管安装在墙体或梁内时，管道与套管间的环形缝隙应采用防水胶泥加无机填料嵌实。应严密封堵预留套管（图 3.8.1-2）。

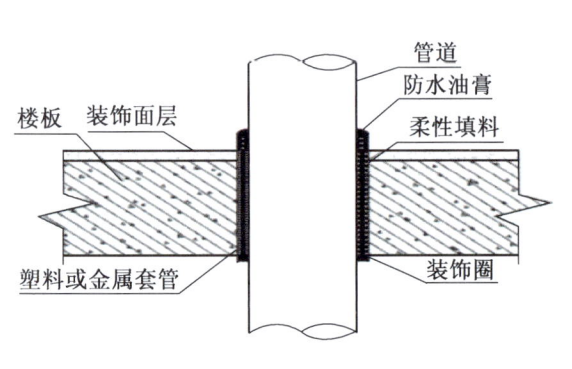

图 3.8.1-1 穿楼板套管安装　　　　图 3.8.1-2 防水套管安装

3.8.2 支架安装

1 施工工艺

1）安装门形支架横梁时，每边立杆必须有两点固定，且靠上的固定点宜在大梁中心线之上。门形支架立杆与横担应采用 45°角焊接连接。

2）制作三角形支架时，横担与立杆必须可靠焊接，焊缝必须饱满，不得有漏焊、虚焊。油漆应均匀、无漏涂。立杆和横担的末端应切 45°角。

3）在垂直方向长度很短时可采用 T 形水平管支架，以节约材料、防止管道晃动，立杆的末端应切 45°角。

图 3.8.2 支架

2 控制要点

1）应考虑保温空间。宜选择可调支吊架，方便施工，保证精度达标。安装水平管道时，应在转折、受力处等易变形部位加设支架。

2）焊接支架时，不应有毛刺、豁口、漏焊等缺陷。

3）支架制作、安装后，应及时刷防腐漆。

4）应在管线安装前统一部署支架，各个专业之间应形成统一有序的支架形式，大型成排支架应统一安排，专业较多时宜采用综合支架（图 3.8.2）。

3.8.3 室内给水系统安装

1 施工工艺

1）预制加工：按施工图、图纸会审、技术交底绘制各管段分路、管径、变径、预留管口、阀门位置等的施工图，预制加工好的管道应按安装顺序和系统部位编号。

2）管道安装：从总管开始安装。临时封堵总管室外端头，以备试压用。将预制好的管道运至安装部位，按编号依次排开，清扫管膛后进行管道安装（图3.8.3-1、图3.8.3-2）。安装立管时，在同一条垂线上从上到下安装管卡，将预制管道按编号分层排开，按顺序安装在标记的垂线位置上，丝扣外露2~3扣，清除胶带，校核预留甩口的高度、方向是否正确。立管阀门安装朝向应便于操作和管理。安装后，用线坠吊直找正，配合土建专业封堵楼板洞。

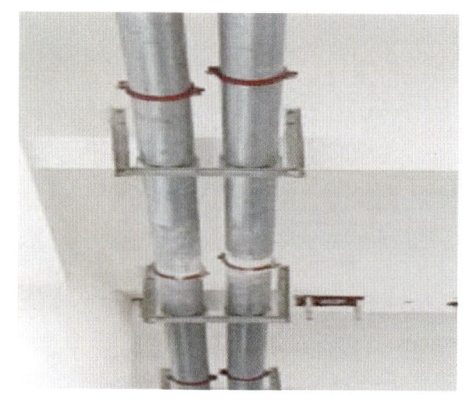
图3.8.3-1 水平管安装

图3.8.3-2 立管安装

3）水表安装：水表处应设置独立的支架，支架应与水表紧密接触，支架应美观、牢固。螺翼式水表表前与阀门间应有水表管径8倍的直线管段。表外壳距墙表面净距宜为10~30mm。水表进水口中心高程应符合设计要求，允许偏差为±10mm。

4）水箱进水口安装：水箱进水管宜从顶部接入。当水箱利用管网压力进水时，其进水管出口处应设浮球阀。浮球阀数量应不少于1个。浮球阀直径应与进水管直径相同，每个浮球阀前应装过滤器及检修阀门。

5）管道试压：关上各个控制阀，对各独立系统进行测试（图3.8.3-3），提升测试区内压力至运行时压力的150%，记录开始及维持静水测试2h后的压力，在此时间内管道不渗不漏者为合格。

图3.8.3-3 室内给水系统

2 控制要点

1）安装管道时，必须按不同管径和要求设置管卡或吊架，位置应准确，埋设应平整，管卡与管道应紧密接触。

2）明管敷设的支架采取防膨胀措施时，应按固定点要求施工。

3）室内管道安装宜在土建装饰作业完毕后进行，安装前应配合土建专业正确预留孔洞或套管。

4）管道穿越屋面、楼板部位处，应采取严格的防渗漏措施。

5）PPR管与金属管件、阀门等应使用专用管件连接。

3.8.4 排（雨）水系统安装

1 施工工艺

1）干管安装：安装前应核对各甩口的坐标、高程，按照设计要求和现行有关标准的规定确定管道坡度，装好吊卡，逐根安装。安装完毕后进行灌水试验。通向室外的排水管，穿过墙壁或基础必须下返时，宜采用2个45°弯头或弯曲半径不小于4倍管径的90°弯头连接。

2）立管安装：宜在立管的每根管段设置1个固定卡，支管与主管汇水处必须设置1个固定卡，每层应设置2~3个固定卡（图3.8.4）。固定卡用型钢应符合现行《室内管道支架及吊架》（03S402）的规定。每层立管必须安装伸缩节。

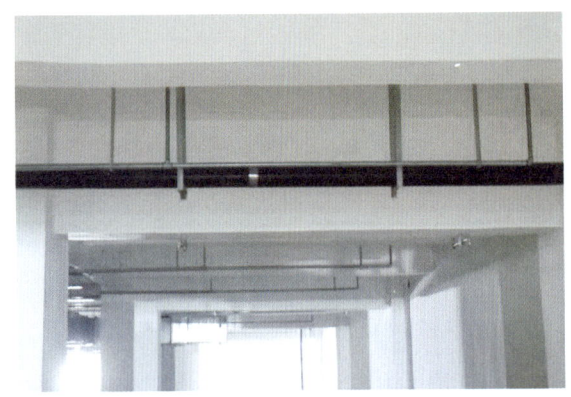
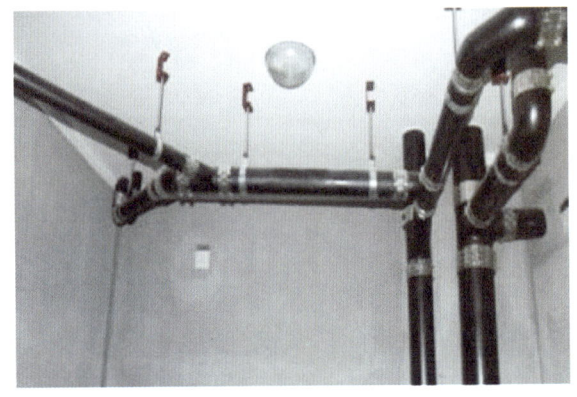

图3.8.4 排（雨）水系统安装

3）支管安装：应结合预制管段尺寸，按坡度制作和安装托架、吊卡。如果管道设在吊顶内、末端有清扫口，应将管接至上层地面，便于清掏。

4）封堵洞口：在管道穿越楼板处，应配合土建专业进行支模，并用细石混凝土分两次浇捣密实。浇筑结束后，应结合找平层或面层施工，在管道周围浇筑成厚度不小于20mm、宽度不小于30mm的阻水圈。

5）通球试验：在排水立管或水平干管安装结束后，用直径不小于管径2/3的橡胶球、铁球或木球进行管道通球试验。对立管进行通球试验时，应将球从伸出屋面的通气口向下投入，如果球顺利地通过主管并从出户弯头处溜出则说明主管无堵塞。对水平干管进行通球试验时，应从干管起始端投入塑料小球，并向干管内通水，在户外的第一个检查井处观察，发现小球流出则为合格。

6）灌水试验：隐蔽或埋地的排水管道在隐蔽前，必须做灌水试验，其灌水高度应不低于底层卫生器具的上边缘或底层地面高度。检验方法为满水 15min，水面下降后再灌满并观察 5min，如果液面不降、管道及接口无渗漏则为合格。雨水管道的灌水高度必须达到每根立管上部的雨水斗，灌水试验持续 1h，不渗不漏为合格。

2　施工控制

1）排水管道上的吊钩或卡箍应固定在承重结构上。

2）在立管上应每隔一层设置一个检查口，在最底层和有卫生器具的最高层必须设置检查口。

3）在经常有人停留的平屋顶上，通气管应高出屋面 2m，并应根据防雷要求设置防雷装置。

4）管道穿防火墙及管道井处应采用不燃材料封堵密实。

3.8.5　消防管道及设备安装

1　施工工艺

1）管道安装：采用螺纹连接或沟槽连接的方式安装预制好的管道。从上到下在同一垂线上安装管卡，安装完后用线坠吊直找正。

2）管道试压：在所有控制阀均关闭的情况下，对各系统独立进行测试，提升测试区内压力至运行时压力的 150%，记录开始及维持静水测试 2h 后的压力，在此时间内管道不渗不漏则为合格。

3）消防水泵安装：在水泵定位、找平正并稳固后，安装消防水泵。消防水泵不得承受管道的重量。配管法兰与水泵、阀门的法兰应相符。阀门手轮安装方向应便于操作，高程一致，配管排列整齐（图 3.8.5-1）。

图 3.8.5-1　消防管道及设备安装

4）消火栓及消防箱安装：消火栓栓口应朝外，不应安装在门轴侧（图 3.8.5-2）。栓口中心距地面宜为 1.1m，允许偏差为 ±20mm；阀门中心距箱侧面宜为 140mm，距箱后内表面宜为 100mm，允许偏差为 ±5mm；消火栓箱体安装的垂直度允许偏差为 3mm。

5）喷淋头安装：喷淋头安装应在系统试压、冲洗合格后进行，有吊顶装饰的可随装修同步进行。安装喷淋头时应使用专用扳手,以避免喷淋头在安装时受损。安装在易受机械损伤处的喷淋头,应加设防护罩。安装喷淋头时,溅水盘与吊顶、门、窗、洞口或墙面的距离应符合现行《自动喷水灭火系统设计规范》(GB 50084)的规定(图 3.8.5-3)。

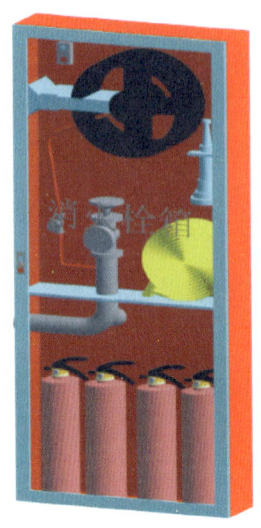
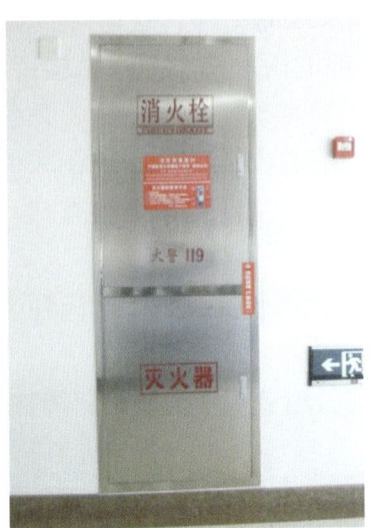

图 3.8.5-2　消防箱安装

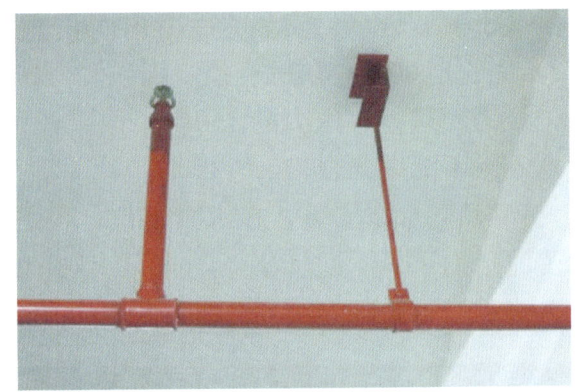

图 3.8.5-3　喷淋头

6)消防水炮安装:安装自动消防水炮(图 3.8.5-4)前,供水管网水压强度和严密性试验、管网冲洗应已完成。宜在现场制作水炮的安装支架。在墙体或混凝土柱上安装支架时,支架应固定在墙体或柱上。在钢柱上安装支架时,支架应焊接在柱上,或用抱箍固定在柱上。探测器的保护范围(可视视角)内,不应有遮挡物。探测器宜水平安装,在消防水炮的扫描范围内应无障碍物影响消防水炮的动作和运行。消防水炮的现场控制盘应安装于方便操作的位置,且在操作现场控制盘时应能够清楚地观察到消防水炮的运动方向和停留位置。消防水炮的连接线缆应绑扎成束且固定牢靠,在消防水炮扫描火源时不得脱落或影响消防水炮的移动。

7)水泵接合器安装:消防水泵接合器的组装应按接口、本体、连接管、止回阀、安全阀、放空管、控制阀的顺序进行(图 3.8.5-5)。止回阀的安装方向应使消防用水能从消防水泵接合器进入系统。地上消防水泵接合器应设置与消火栓不同的固定标志。

墙壁消防水泵接合器的安装应符合设计要求；设计无要求时，其安装高度宜为1.1m，与墙上的门、窗、孔、洞的净距应不小于2.0m，且不应安装在玻璃幕墙下方。地下消防水泵接合器的进水口与井盖底面的距离应不大于0.4m，且不应小于井盖的半径。水泵接合器附近不得有障碍物。安全阀应按系统工作压力定压，防止消防车加压过高破坏室内管网及部件。接合器应装有泄水装置。

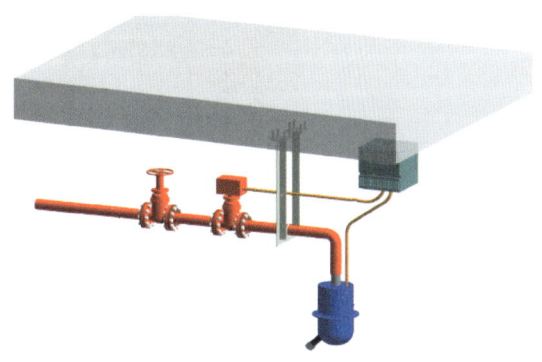

图3.8.5-4　消防水炮安装

图3.8.5-5　水泵接合器安装

8）水流指示器安装：水流指示器（图3.8.5-6、图3.8.5-7）应水平安装，倾斜度不宜过大，叶片活动灵敏。水流指示器前、后应有安装管径5倍长度的直管段。安装时应注意水流方向与指示器的箭头方向一致。根据不同产品特性，可直接安装在丝扣三通上或在干管开口用定型卡箍紧固。

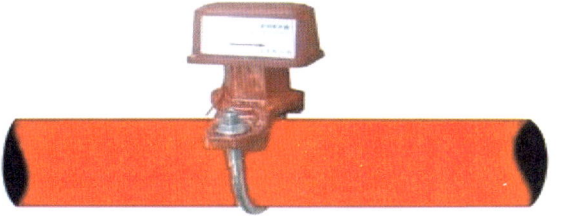

图3.8.5-6　法兰式水流指示器　　　　　图3.8.5-7　马鞍式水流指示器

9）报警阀安装：先安装水源控制阀、报警阀，再连接报警阀辅助管道（图 3.8.5-8）。水源控制阀、报警阀与配水干管的连接应使水流方向一致。

图 3.8.5-8　报警阀

2　控制要点

1）管道穿过墙体或楼板时应设置套管，套管长度不得小于墙体厚度或高出楼板地面 50mm。管道的接头不得置于套管内。管道与套管的间隙用不燃材料填充。

2）管道穿过变形缝时，应设置柔性短管。

3）消火栓箱箱体上下角的水平位移不得超过 2mm。

4）消防水管进入箱内时应横平竖直，不得倾斜。

3.8.6　卫生洁具及给水附件安装

1　施工工艺

1）蹲便器安装：将胶皮碗套在蹲便器进水口上，用成品喉箍紧固。应检查排水管口高程、甩口距墙尺寸是否一致，确定蹲便器安装高程后再安装（图 3.8.6-1）。

图 3.8.6-1　蹲便器

2）坐便器安装：将坐便器排水接口套上硅胶密封，对应安装在排水管口上，再将坐便器给水口用给水软管同供水管道的角阀连接，然后进行冲水试验。

3）台盆、柱盆安装：安装前将预留排水管口周围清理干净，取下临时管堵，确保管内无杂物，台面及支架的位置、高程、开孔满足规范及安装要求。安装混合龙头及排水栓时，应确保橡胶垫的加装位置合理、锁母紧固适度。安装完成后，通水检查各接口的严密性。应特别注意柱盆的安装应牢固可靠，各部位的缝隙应合适（图3.8.6-2、图3.8.6-3）。

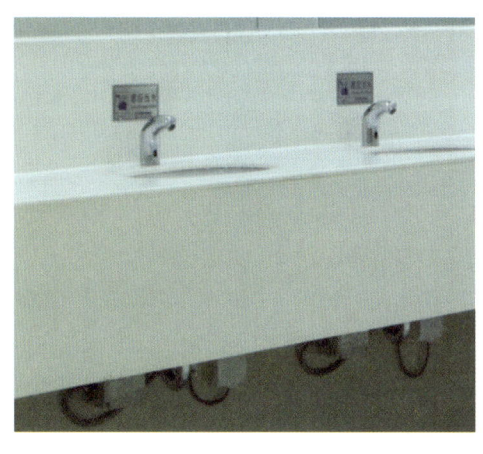
图3.8.6-2 台盆

图3.8.6-3 柱盆

4）挂式小便斗安装：安装小便斗前，应将预留排水管口周围清理干净，取下临时管堵，检查管内有无杂物。将小便器安装在膨胀螺栓上，放平，找正，拧紧螺母。安装完成后，应通水检查各接口的严密性，无渗漏后将小便器四周清理干净。如果小便斗数量超过3个，应按小便斗外形尺寸定位各小便斗，保证整齐一致（图3.8.6-4）。

5）地漏安装：根据已确定的安装位置及高程，把地漏安装在已留好的孔洞中，用水平尺找平地漏面，并使地漏低于安装处排水表面5mm（图3.8.6-5）。

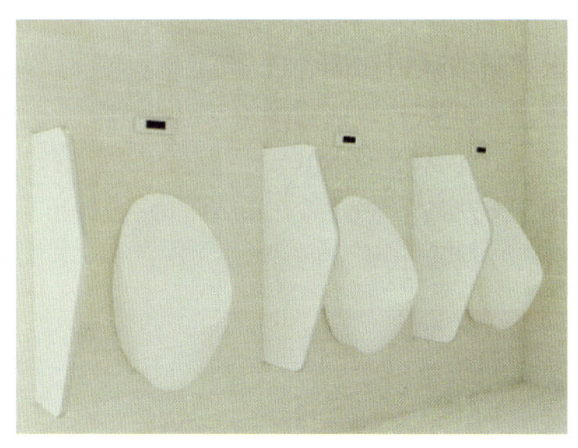
图3.8.6-4 挂式小便斗

图3.8.6-5 地漏安装

2 控制要点

1）安装洁具前，应与内装专业确认排版图，确保洁具安装位置合理、美观。

2）洁具排水与管道承插口处连接应严密。

3）安装洁具时，固定螺丝不得破坏防水层。

3.9 建筑电气工程

3.9.1 配管

1 管路预埋

1）管路敷设超过一定长度时，应加装接线盒，其位置应便于穿线。接线盒的数量应符合表 3.9.1-1 的规定。

管路加装接线盒情况表　　　　　　　　　表 3.9.1-1

距离（m）	拐弯数量（个）	距离（m）	拐弯数量（个）
30	无	15	2
20	1	8	3

2）管路垂直敷设时，应根据导线截面设置接线盒的数量，以方便穿线。接线盒间距应符合表 3.9.1-2 的规定。

根据导线截面设置接线盒距离表　　　　　　　　　表 3.9.1-2

导线截面面积（mm^2）	距离（m）
50 及以下	30
70~95	20
120~240	18

3）暗配电线管路与其他管道的最小距离应符合表 3.9.1-3 的规定。

暗配电线管路与其他管道最小距离表　　　　　　　　　表 3.9.1-3

管道名称		最小间距（mm）
蒸汽管	平行	1000（500）
	交叉	300
暖、热水管	平行	300（200）
	交叉	100
通风、上下水、压缩空气管	平行	100
	交叉	50

注：表内有括号者为在管道下边时的数据。

4）导管穿出楼地面时，外露长度应大于 500mm（图 3.9.1-1）。可采用保护钢套管与混凝土内钢筋焊接牢固。保护钢套管底部管口处切割成斜口。

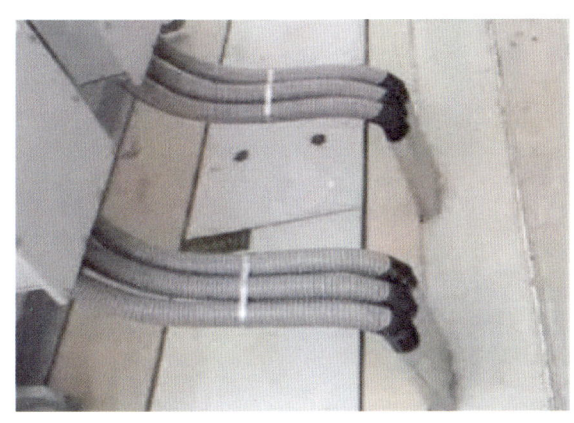

图 3.9.1-1　直埋于地下或楼板内的配管

5）变形缝两侧各预埋 1 个接线箱，把管的一端固定在接线箱上，在另一端接线箱底部垂直方向开长孔，其孔径长、宽尺寸不小于接入管直径的 2 倍。

2　管路应做整体接地连接。穿过建筑物变形缝时，应有接地补偿装置。采用跨接方法连接时，跨接地线两端焊接面面积（单面焊）不得小于跨接线截面面积的 6 倍。焊缝应均匀、牢固。应清除焊接处的药皮，并刷防腐漆。跨接线规格应符合表 3.9.1-4 的规定。

跨 接 线 规 格　　　　　　　　　　　　　表 3.9.1-4

公称直径（mm）	跨接地线（mm）	
	圆钢	扁钢
≤25	$\phi 6$	—
32	$\phi 8$	40×4
40～50	$\phi 10$	50×5
70～80	$\phi 12$ 以上	25×4

3　在后砌隔墙墙体上安装接线盒时，应先用油漆在设计规定的位置上画接线盒的安装位置，在固定点周围剔洞、切割和加固，处理管端头，安装进盒配件，固定接线盒、铁管，并根据配管材质不同，加接接地跨接线并做防腐处理，然后用高强度等级砂浆或金属螺栓固定。安装后管入盒深度应不小于 3mm，并使用塑料管堵或塑料护口保护电气预埋管管口。

4　特殊部位配管应符合下列规定：

1）对于安装在地面的插座，应随地面结构施工同步安装，并安装不超出结构完成面的地面出线盒，在出线盒的盒口上安装接装底座、封盖接口圈，调整螺栓使封盖接口圈与地面相平。

2）在有隔音墙面的房间配管时，应选择墙面开槽的暗敷方式；确需明敷管线时，应将管线顺隔音板压条方向敷设，减少线管外漏（图 3.9.1-2）。

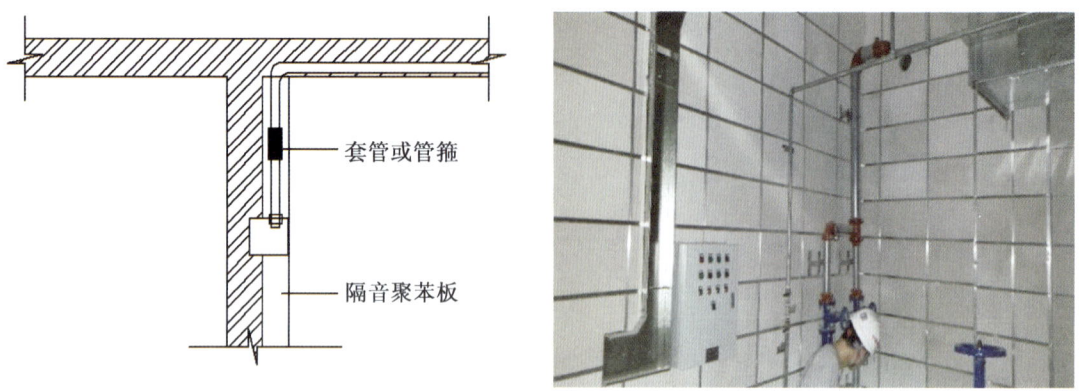

图 3.9.1-2　墙面安装配管（槽）

3）对于钢结构的配管，应根据其所在位置钢架结构的不同形式选择吊杆的固定点做法（图3.9.1-3）。外露面为水平面的，可直接采用角钢焊接方式；角钢梁和工字梁的吊杆可采用万用型吊具。

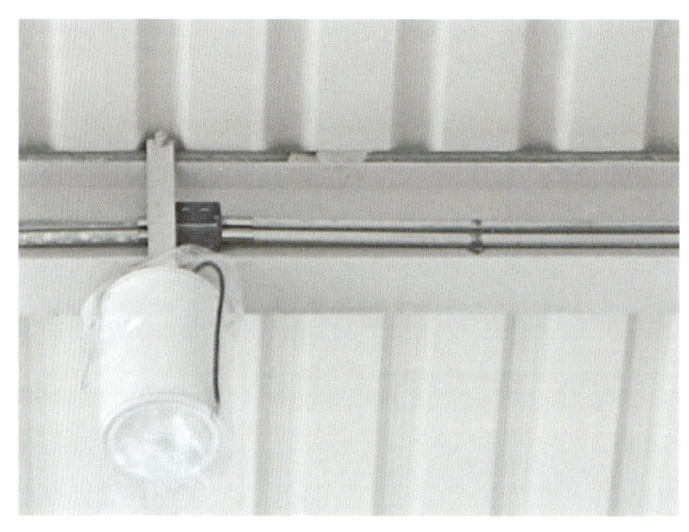

图 3.9.1-3　钢结构部位的配管示意

3.9.2　防雷接地

1　基础接地施工

1）接地极可利用建筑物基础做接地体，利用结构柱、地梁、桩基、承台等内部主筋连通做自然接地体（图3.9.2-1）。

2）钢筋连接有直螺纹连接和搭接两种。对于直螺纹连接，防雷接地时可以不焊，但必须逐个检查接点；对于搭接，需用直径16mm以上圆钢跨接焊，双面施焊，焊接长度为主筋直径的3倍。

2　防雷引下线及均压环施工

1）利用结构柱内主筋作引下线时，每条引下线不得少于2根主筋，每根主筋直径不得小于16mm。防雷引下线位置宜对称。

图 3.9.2-1　基础接地

2）引下线间距应符合下列要求：一级防雷建筑，不超过 18m；二级防雷建筑，不超过 20m；三级防雷建筑，不超过 25m。

3）按设计要求找出全部主筋位置，用油漆做标记，在距室外地面 0.5m 处焊接断接卡子，随钢筋逐层串联焊接至顶层，并在出屋面处用直径 12mm 的镀锌圆钢焊接一定长度的引下线，以备与避雷带连接。柱内引下线与梁内均压环可靠焊接，采用双面焊接（图 3.9.2-2）。

图 3.9.2-2　均压环安装

3　等电位联结安装

1）总等电位板由紫铜板制成，将建筑物内保护干线、设备进线总管、建筑物金属构件联结。总等电位联结线规格采用 BV-1×25mm PC32。总等电位联结均采用等电位卡子，不得在金属管道上焊接。

2）等电位端子箱、局部等电位箱应与建筑物内配电系统的保护接地、各种金属管道可靠连接。接地干线与总等电位连接，其他弱电设备接地与各自设备房间相应等电位箱连接（图 3.9.2-3）。

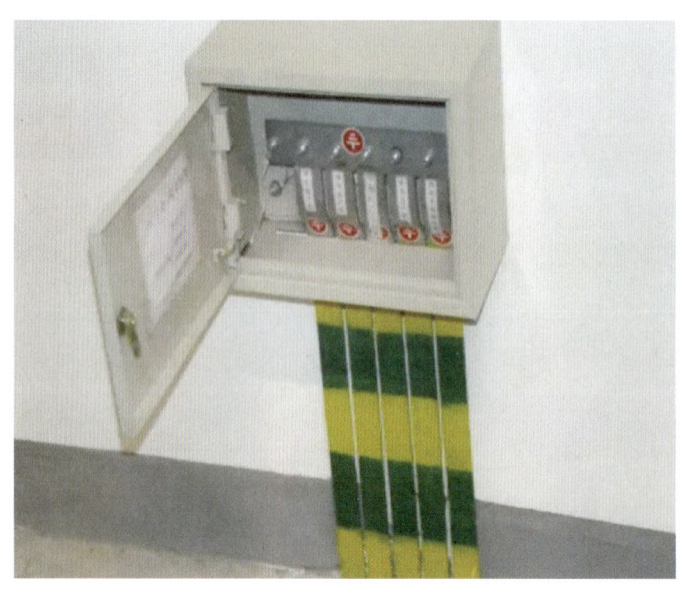

图 3.9.2-3　等电位箱连接

4　接地及安全

1）防雷接地、电力系统接地、电气设备的保护接地、电梯机房、消防控制室、通信机房、计算机房等的接地装置，接地电阻应不小于1Ω；实测不满足要求时，室外应增设人工接地极。房建防雷接地应与综合接地装置相连，不少于4处。

2）建筑物主体内所有结构柱、承台梁、桩基础均应连成一体，接地装置可靠连接。0.4kV 开关柜室接地母排引 50mm×5mm 镀锌扁钢，沿结构主体敷设，作为整个建筑的接地干线。

3）对于 TN-S 系统接地形式，其专用接地线（PE 线）的截面应符合表 3.9.2 的规定。

专用接地线截面规定表　　　　　　　　　表 3.9.2

相线的截面积 S（mm²）	PE 线的最小截面积 S（mm²）
$S \leqslant 16$	S
$16 < S \leqslant 35$	16
$35 < S \leqslant 400$	$S/2$
$400 < S \leqslant 800$	200
$S > 800$	$S/4$

3.9.3　线槽桥架安装

1　按设计图纸综合排布定位，直线段支、吊件固定间距统一为2m，在进出接线盒、箱、柜、转角、转弯、变形缝及丁字接头的400mm处设支撑点，确定支、吊架位置及膨胀螺栓的固定点。

2　支吊架安装应符合下列规定：

1）按现行有关标准的规定，用角钢和吊丝制作支架、吊架。

2）对于不靠墙安装的宽 400mm 以上的桥架，采用龙门架支撑。对于靠墙安装的桥架，采用 L 形及 L 形加斜撑的支架支撑。

3）支撑采用不小于 M12 的金属膨胀螺栓固定在楼板或墙上。

3 桥架安装应符合下列规定：

1）桥架直线段连接采用连接板，连接板两端用不少于 2 个带有防松螺帽及防松垫圈的螺栓连接固定，螺杆位于桥架的外侧（图 3.9.3-1）。

2）桥架直线段的平直度、垂直度允许偏差不超过 5mm。

3）桥架与配电箱（柜）连接处采用橡胶板，保护导线和电缆。

4）对于超过 30m 的桥架直线段，应在中间设置伸缩节（图 3.9.3-2）。桥架跨越变形缝处应设置补偿装置。

4 保护接地应符合下列规定：

1）对于防火桥架，要求每段电缆桥架之间均做跨接地线连接；对镀锌线槽，其连接板的两端可不做跨接地线，但连接板两端必须有至少 2 个有防松螺帽或防松垫圈的连接固定螺栓。

2）整段桥架与接地干线的连接点不得少于 2 个。

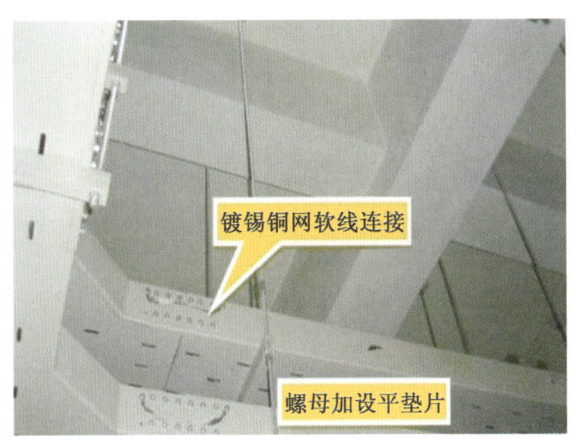

图 3.9.3-1 桥架安装示意

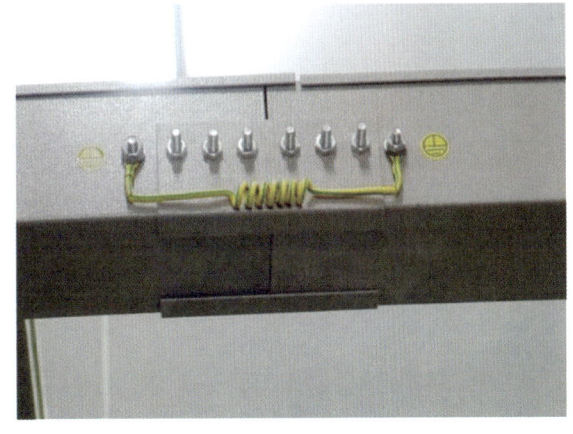

图 3.9.3-2 伸缩节安装示意

3.9.4 管内穿线

1 选择导线

1）各回路的导线型号、规格应严格按照设计图纸选择。

2）相线、零线及保护地线应加以区分，黄、绿、红导线分别作 A、B、C 相线，黄绿双色线作接地线，蓝线作零线。

2 清扫管路

1）配管完毕后、穿线之前，必须对所有的管路进行清扫。

2）管路中不得有灰尘、泥水等杂物。

3 放线、断线

1）放线前，应根据设计图纸核对导线的规格、型号。

2）放线时，导线应置于放线架或放线车上，不得在地上随意拖拉，不得野蛮使力，以防损坏绝缘层或拉断线芯。

3）剪断导线时，导线的预留长度按以下情况予以考虑：接线盒、开关盒、插销盒及灯头盒内导线的预留长度为15cm；配电箱内导线的预留长度为配电箱箱体周长的1/2。

4 穿线

1）穿线前，应检查钢管各个管口的护口是否齐全；如果有遗漏、破损，应补齐或更换。

2）穿线（图3.9.4）时应注意以下事项：

（1）同一交流回路的导线必须穿在同一管内。

（2）不同回路、不同电压、交流与直流的导线，不得穿入同一管内。

（3）在变形缝处，导线补偿装置应活动自如，导线应留有一定的余量。

图3.9.4 导线敷设示意

5 导线连接

1）导线接头不得增加电阻值。

2）受力导线不得降低原机械强度。

3）不得降低原绝缘强度。

6 线路检查及绝缘摇测

1）线路检查：接、焊、包作业全部完成后，进行自检和互检，检查导线是否符合设计要求、有关施工验收规范和质量验评标准，检查无误后再进行绝缘测试。

2）绝缘摇测：线路绝缘测试时一般选用500V摇表测试，绝缘电阻不小于0.5MΩ。

3.9.5 电缆敷设

1 电缆搬运、支架架设

1）短距离搬运电缆时，宜采用滚动电缆轴的方法。

2）电缆支架架设地点的选择，应以敷设方便为原则。架设地点宜设在电缆起止点附近。架设电缆轴的地面必须夯实。支架必须采用有底平面的专用支架，不得用千斤顶等代替。

2 电缆敷设

1）敷设电缆前，应进行安全技术交底。应安排专人负责指挥。

2）敷设可用人力或机械牵引。

3）竖直敷设电缆时，必须采取防止电缆失控下溜的安全措施。电缆放完后，应立即固定、卡牢。

4）电缆沿桥架敷设时，应单层敷设，排列整齐，不得有交叉。拐弯半径应以最大截面电缆允许弯曲半径为准。严禁使用绞拧、护层断裂和表面严重划伤的电缆。截面面积大的电缆应放在下层，电缆转弯和分支应不紊乱，走向应整齐、清楚（图3.9.5-1）。

5）电缆穿过楼板时，应装套管。敷设后，应使用防火材料封堵套管与楼板之间的缝隙。

6）在已送电运行的变电室沟内敷设电缆时，电缆所进入的开关柜必须停电，安排专人看护，并应采用绝缘隔板等措施。在开关柜（l0kV以下）旁操作时，安全距离不得小于1m。电缆敷设完，如果剩余较长，必须捆扎固定，严禁电缆与带电体接触。

7）整理、封堵孔洞：电缆孔洞封堵应严密、可靠，无明显的裂缝和可见的孔隙。孔洞较大时，使用耐火衬板等封堵。

8）挂标识牌：标识牌规格应一致，并有防腐功能，挂装应牢固。标识牌上应注明回路编号、电缆编号、规格、型号及电压等级（图3.9.5-2）。沿桥架敷设的电缆，其两端、拐弯处、交叉处应挂标识牌，直线段应适当增设标识牌。施工后应做好成品保护工作。

图3.9.5-1 电缆敷设

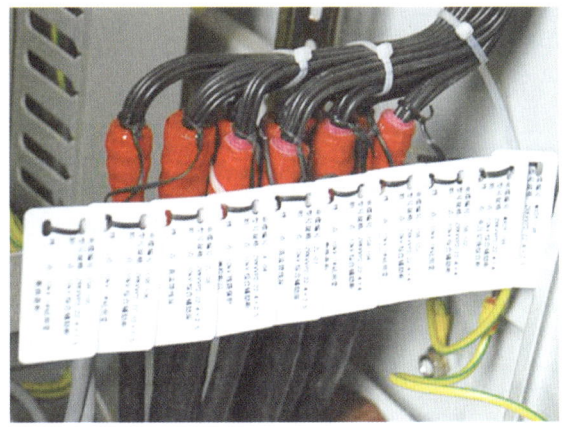

图3.9.5-2 电缆标识牌

3.9.6 配电箱安装

1 配电箱挂墙明装时，使用橡胶皮垫保护配电箱所有开孔的边缘，防止损坏电线、电缆。

2 配电箱落地安装时，应采用槽钢或角钢做固定支架。

3 箱内接线应正确、配线美观、导线分布协调。同一接线端子最多压接2条导线。

4 箱内接线之后，应对配电箱内线路进行进线电缆绝缘测试、分配线路绝缘测试、二次回路线路绝缘测试。线路绝缘测试前，应断开电缆两端的空气开关、照明开关、设备连接点等，以保证绝缘测试结果准确无误。

5 配电箱进线处应做封堵处理（图3.9.6）。

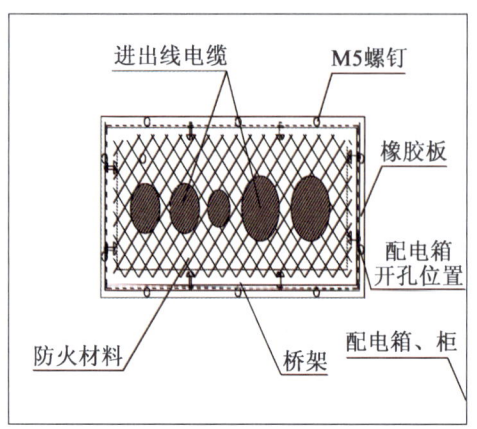 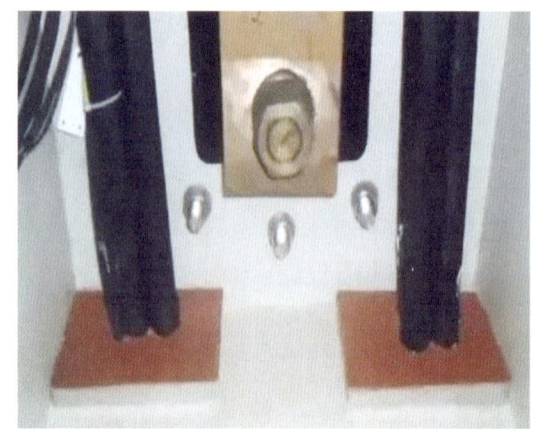

图3.9.6 防火封堵

3.9.7 照明灯具安装

1 照明灯具布置

1）对于条形吊顶，灯具宜布置在吊顶板之间的预留缝隙内。

2）对于方形吊顶，灯具宜布置在吊顶板中心，采用灯组方式排布，宜以接缝节点为对称轴进行布置。

3）对于垂片、网格栅吊顶，应结合具体样式、安装及维护条件，布置在节点或网格中心。

4）不得借用其他吊挂设备固定灯具。

5）灯具表面应有防坠落装置。

6）灯具应安装在承力结构上，应进行荷载计算并采取有效措施固定，防止坠落伤人，并可承受一定的维修操作荷载。

7）如果采用的灯具质量超过3kg，应向建筑结构专业提供灯具荷重资料并提出吊钩等预埋件要求。

8）悬挂式安装的灯具宜采用管吊形式，应牢固、安全。对于重型灯具，应采取加固措施及防坠落保护措施。

2 应急照明

1）安全出口应设置安全出口照明标志，距地高度不宜超过2.2m。

2）疏散走道或通道应设置疏散指示标志灯具，设置在走道及转角处离地0.5m以上的墙、柱或地面（图3.9.7-1、图3.9.7-2）。

3）应急照明灯具靠近可燃物时，应采取隔热、散热等防火措施。当采用无极灯、荧光灯（包括镇流器）等光源时，不应直接安装在可燃装修或可燃构件上。

4）应急照明灯具防护等级应符合现行《消防应急灯具》（GB 51309）的规定。

图 3.9.7-1 壁挂式疏散指示灯具

图 3.9.7-2 地埋式疏散指示灯具

3.9.8 开关、插座安装

1 灯具（或风机盘管等器具）的相线必须经开关控制，严禁开关控制零线。

2 面对单相三孔插座，插座的左边孔应接零线（N）、右边孔应接相线（L）、上面的孔应接地线（PE），即左"零"、右"相"、上"地"。各类插座的接线方式应符合图 3.9.8 的要求。同一场所内的三相插座的接线相序应一致。

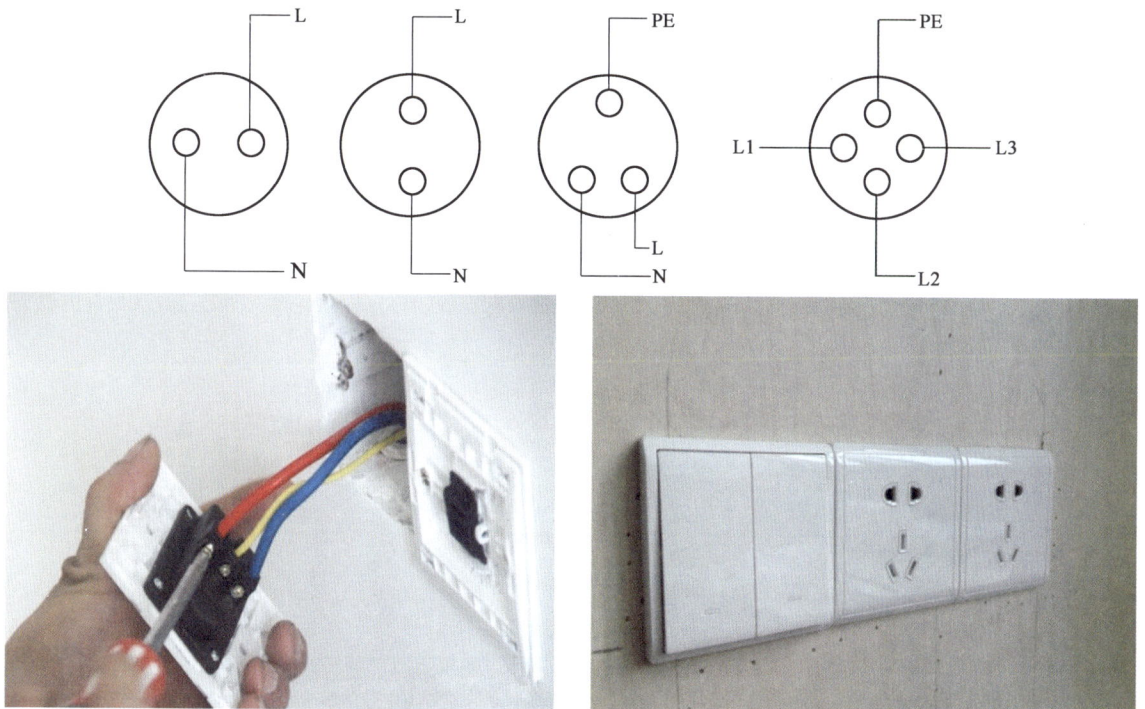

图 3.9.8 开关插座安装示意

3 多联开关或多个插座不得用拱头连接，应采用 LC 型压接帽接总头，进行分支连接。安装时，开关面板应端正、严密并与墙面齐平。开关位置应与灯位相对应，同一室内开关方向应一致。成排安装的开关、插座高度应一致。开关、插座的面板并列安装时，高度允许偏差为 0.5mm。同一场所开关、插座的高度允许偏差为 5mm，面板的垂直允许偏差 0.5mm。

4 开关、插座试电前，必须对线路的绝缘性能进行摇测，检查配电箱内的元器件正常工作后才能进行试电。插座送电时，应使用测相仪检查相线、地线、零线是否接线正确，漏电保护开关是否动作灵敏、可靠。

3.9.9 电气系统调试及试运行

1 配电干线测试

1）对于 1kV 以下电缆，应选用 1kV 兆欧表对电缆进行绝缘电阻测试，绝缘电阻在 10MΩ 以上。

2）中间接头处的绝缘电阻应大于 500MΩ。

3）测量线路绝缘电阻时，兆欧表上有"接地"（E）、"线路"（L）、"保护环"（G）共 3 端钮，应将被测线两端分别接于 E 和 L 端钮上。

2 调试配电箱柜前，应检查表 3.9.9-1 所列内容。

调试配电箱柜前检查内容　　　　表 3.9.9-1

序号	检 查 内 容
1	配电箱柜试运行前，检查配电箱柜内有无杂物，安装是否符合质量评定标准，相色、铭牌号是否齐全
2	箱柜门、框架、内部的接地或接零
3	装有电器的可开启门、门和框架的接地端子应使用裸编织铜线连接，且有接地标识
4	箱柜内保护导体应有裸露的连接外部保护导体的端子
5	照明箱内应分别设置零线（N）和保护地线（PE）汇流排，零线和保护地线经汇流排配出
6	明敷接地干线沿长度方向，每间隔 15～100mm 涂黄色和绿色相间的条纹
7	测试接地装置的接地电阻值必须符合设计要求
8	柜内检查：依据施工设计图纸及变更文件，核对柜内的元件规格、型号、安装位置是否正确；柜内两侧的端子排齐全；各导线的截面面积应符合图纸的规定；逐线检查柜内各设备间的连线及由柜内设备引至端子排的连线
9	柜间联络电缆检查：逐一核对柜与柜之间的联络电缆；在回路查线的同时，应检查导线、电缆、继电器、开关、按钮、接线端子的标记是否与图纸相符
10	操作装置的检查：检查接线是否正确，操作是否灵活，辅助触点动作是否准确
11	电流回路和电压回路的检查：电流互感器接线正确，极性正确，二次侧不准开路，准确度符合要求

3 电气试运行前，应检查表 3.9.9-2 所列内容。

电气试运行前检查内容　　　　表 3.9.9-2

序号	检 查 内 容
1	电线绝缘电阻测试前电线连接已完成，照明箱、灯具、开关、插座的绝缘电阻测试在就位前或接线前完成，电气器具及线路绝缘电阻测试合格
2	接线或接零的检查：逐一复查各接地处选点是否正确，接触是否牢固可靠，是否正确地连接到接地网上；设备可接裸露导体接地或接零连接；接地点应与接地网连接，不可用设备的机身或电机外壳代替；设备接地点应接触良好、牢固可靠且标识明显；应在专为接地而设的螺钉上，不得用卡子等附属物作为接地点；接地线路走向合理，不得置于易碰伤、砸断之处；禁止用一根导线做各处的串联接地；不得对一部分电气设备金属外壳采用保护接地，而对另一部分电气设备金属外壳采用保护接零

续上表

序号	检查内容
3	照明系统通电,灯具回路控制应与照明配电箱及回路的标识一致;开关与灯具控制顺序对应;风扇的转向及调速开关应正常
4	恢复所有被临时拆开的线头和连接点,检查所有端子有无松动现象
5	电动机空载运行前,应手动盘车,检查转动是否灵活、有无异常声响。对不可逆动装置的电动机,应事先检查其转动方向。 测定电机定子线圈、子线圈激励次回路的绝缘、轴承座及台板的接触面清洁干燥状况,用1000V兆欧表测量,绝缘电阻值不小于0.5MΩ。 对于100kW以上的电动机,应测量各相直流电阻值,相互差不应大于最小值的2%;对于无中性点引出的电动机,测量线间直流电阻值,相互差不应大于最小值的1%
6	检查所有熔断器是否导通良好
7	检查所有电气设备和线路的绝缘情况
8	检查备用电源、备用设备,应处于良好的状态
9	送电试运行前,应先制订操作程序;送电时,调试负责人应在现场

3.10 建筑通风与空调工程

3.10.1 金属风管制作

1 施工工艺

1)镀锌钢板风管可用于通风、空调和消防排烟风管。其厚度及连接方式应符合表3.10.1的规定。

镀锌钢板风管厚度及连接方式　　表3.10.1

风管直径(D)或长边尺寸(b)(mm)	钢板厚度(mm)				连接方式
	微压、低压风管	中压风管		高压风管(消防排烟)	
		圆形	矩形		
$D(b) \leq 320$	0.50	0.50	0.50	0.75	插接或法兰连接
$320 < D(b) \leq 450$	0.50	0.60	0.60	0.75	
$450 < D(b) \leq 630$	0.60	0.75	0.75	1.00	
$630 < D(b) \leq 1000$	0.75	0.75	0.75	1.00	法兰连接
$1000 < D(b) \leq 1500$	1.00	1.00	1.00	1.20	
$1500 < D(b) \leq 2000$	1.00	1.20	1.20	1.50	
$2000 < D(b) \leq 2500$	1.20	1.20	1.20	1.50	

2)共板法兰风管制作:

(1)加工制作风管与配件前,应熟悉施工图纸和有关技术文件,结合施工现场及深化设计图纸,绘制风管加工图。

(2)应在安装现场复测尺寸,将复测的结果绘成草图,作为加工风管的依据,将实测尺寸记录在加工制作图上。

（3）根据加工大样图，在风管加工前对每节风管分系统进行编号。所有风管均应压筋加固，大口径风管应另行加固。

（4）采用机械加工薄钢板法兰。薄钢板法兰应平直，机械应力造成的弯曲度不应大于5‰。立咬口与包边立咬口风管的立筋高度应大于或等于25mm。立咬口的折角与风管垂直，直线度允许偏差为5‰。扣件采用厚度1.0mm的镀锌板制作，扣件与薄钢板法兰边宽度匹配，长度为120~150mm，角件采用厚度1.2mm的镀锌板制作。

（5）风管与配件的表面应平整，弯管圆弧应均匀。风管组合成型后，风管尺寸应准确，形状应规则，固定应牢固，端面邻边应垂直，法兰端面应处在同一平面。

3）角钢法兰风管制作：

（1）加工制作风管、配件前，应熟悉施工图纸和有关技术文件，结合施工现场及深化设计图纸，绘制风管加工图。

（2）应在安装现场复测尺寸，并将复测的结果绘成草图，作为加工风管的依据，将实测尺寸记录在加工制作图上。

（3）根据加工大样图，在风管加工前对每节风管分系统进行编号。风管应压筋加固，大口径风管应另行加固。

（4）立咬口与包边立咬口风管的立筋高度应大于或等于25mm，立咬口的折角与风管垂直，直线度允许偏差为5‰。风管与配件的表面应平整，弯管圆弧应均匀。风管组合成型后，风管尺寸应准确，形状应规则，固定应牢固，端面邻边应垂直，法兰端面应处在同一平面。

（5）矩形法兰由四块角钢拼成，画线下料时应注意使焊接后法兰的内边长度不小于风管的外边尺寸，且偏差控制在允许的范围以内。采用切割机切断角钢，切割后磨掉角钢两端的毛刺，在平台上焊接法兰。焊接法兰时，先点焊，点焊后进行测量和变形调整，使法兰的两条对角线相等，然后满焊法兰。矩形法兰钻孔时，按规定的螺栓、铆钉数量画线、分孔，用样板定点后，将两个相配的法兰用夹子夹在一起，在台钻上钻出螺栓孔、铆钉孔。

（6）风管法兰、螺栓的规格应符合国家和行业现行有关标准的规定。微压、低压与中压系统风管法兰的螺栓及铆钉孔距不得大于120mm；高压系统风管法兰的螺栓及铆钉孔距不得大于100mm。矩形风管的四角应设螺孔。

2 控制要点

1）共板法兰风管角件处必须用风管专用密封胶进行密封。密封胶应为不燃材料，硬化后应坚固。不得采用普通玻璃胶或硬化后成粉末状的密封胶。风管打胶应严密、平整。

2）风管板材拼接的接缝应错开，不得有十字形拼接缝。

3）角钢法兰风管的法兰的焊缝应熔合良好、饱满、无夹渣和孔洞。法兰外径、外边长及平面度的允许偏差应不大于2mm。

4）拼接风管时，翻边应平整，不得使用金属钝器猛烈敲打翻边，应使用专用工具进行翻边合缝。

3.10.2 通风管道安装

1 施工工艺

1）测量放线：安装风管前，应根据施工图纸标注的位置、走向和高程进行放线。

2）风管安装：金属风管水平安装时（图 3.10.2-1），如果直径或边长小于或等于 400m，支、吊架间距应不大于 4m；如果大于 400mm，间距应不大于 3m。共板法兰风管支、吊架间距应不大于 3m。金属风管垂直安装时，应设置至少 2 个固定点，支、吊架间距应不大于 4m。支吊架的设置不应影响阀门、自控机构的正常动作，且不应设置在风口、检修门处，离风口和分支管的距离宜不小于 200mm。悬吊的水平主、干风管直线长度大于 20m 时，应设置防晃支架或防止摆动的固定点。

图 3.10.2-1 风管水平安装

3）风管保温：采用橡塑保温（图 3.10.2-2）时，风管的 4 个表面都应均匀抹胶；风管法兰处采用机器裁剪的条形保温材料进行保温，严禁手工裁剪。采用玻璃棉保温（图 3.10.2-3）时，侧面用长板，上下用短板；保温钉应粘接牢固、布置均匀，宜成排、成线设置。

图 3.10.2-2 橡塑保温　　　　　　　　图 3.10.2-3 玻璃棉保温

4）风管各面的保温钉数量应符合以下要求：底面，不应少于 20 个/m²；侧面，不应少于 16 个/m²；上面，不应少于 10 个/m²。

2 控制要点

1）当风管穿过需要封闭的防火、防爆墙体或楼板时，必须设置厚度不小于 1.6mm 的钢制防护套管。风管与防护套管之间应采用不燃柔性材料严密封堵。

2）明装风管水平安装时，水平度的允许偏差为 3‰，总偏差不大于 20mm；垂直安装时，垂直度的允许偏差为 2‰，总偏差不大于 20mm。暗装风管的安装位置应正确，不应侵占其他管线的安装位置。

3）风管内严禁其他管线穿越。

4）防排烟风管管道保温材料应选用质量合格的不燃保温材料，其排烟量应符合国家和行业现行有关标准的规定。

3.10.3 空调供、回水管道安装

1 施工工艺

1）管道焊接连接：按要求加工管道坡口，宜采用坡口机处理管道坡口；采用气割加工时应及时清除坡口表面的氧化物和毛刺等，对凹凸不平处进行打磨。管道对口偏差不超过管壁厚的 20%，且不超过 2mm，对口平直度的允许偏差应为 1%，全长应不大于 10mm。焊接完成后，将焊缝表面清理干净。焊缝不应有裂缝、未透焊、未熔合、表面气孔、外露夹渣、未焊满等现象，纵缝不应咬边（图 3.10.3-1）。

图 3.10.3-1 管道焊接

2）管道丝扣连接：采用自动套丝机完成套丝作业。使用套丝机前应使用润滑油润滑。加工次数应符合以下要求：管径为 DN15～DN32 时，套 2 次；管径为 DN40～DN50 时，套 3 次；管径为 DN70 以上时，套 3～4 次。套丝后，应采用标准螺纹规检验管螺纹。套丝后，使用细锉将管端的毛边锉光，再用毛刷清除管端和螺纹内的切屑。连接管道与管件前，应确保管件完好无损，然后用手捻上管端丝扣，确认管件接口已插入镀锌钢管后，用管钳连接管道。管道连接应牢固，外露丝扣 2～3 扣（图 3.10.3-2）。

3）管道法兰连接：将法兰装在相连的两个管端，两边法兰螺栓孔应一致。先点焊一点，校正垂直度，最后将法兰与管焊接牢固。平焊法兰的内、外两面都必须与管焊接。如果管端不能与法兰密封面平齐，应根据管壁厚留出余量。法兰垫片的内径不得大

于法兰内径而凸入管内，垫片的外径宜等于法兰连接螺孔内边缘所在的圆周直径，并留有一个"尾巴"，便于拿垫片。不得有油污，不得使用双层垫片。法兰对接应平行、紧密，法兰连接管道的法兰面与管道中心线垂直，且同心。连接螺栓长度一致，朝向相同，螺母在同一侧，并均匀拧紧。螺栓露出螺母长度为螺栓直径的一半。护套管之间应采用不燃柔性材料封堵严密（图3.10.3-3）。

图3.10.3-2 管道丝扣连接

图3.10.3-3 管道法兰连接

4）管道防腐：管道、管件、支架、容器等涂底漆前，必须清除表面灰尘、污垢、锈斑及焊渣等，必须清除内部污垢和杂物。大口径管道内、外均应除锈，除锈合格后方可进行刷漆作业。焊接钢管、无缝钢管管件、支架、容器等除锈后，均应涂2道防锈漆，第1道防锈漆应在安装时涂好，试压合格后再涂第2道防锈漆；对于上述管道及明装不保温管道、管件、支架等，再涂2道面漆。设于管井内、管道间的管道可不刷面漆。涂刷油漆时，应厚度均匀、色泽一致、无流淌及污染现象（图3.10.3-4）。

5）管道试验：管道安装完成后，按照设计要求和现行有关标准的规定进行系统压力试验，在试验压力下稳定30min，目测管网应无泄露、变形，且压力变化应不大于0.05MPa。

2 控制要点

1）固定在建筑结构上的管道支、吊架不得影响结构的安全。

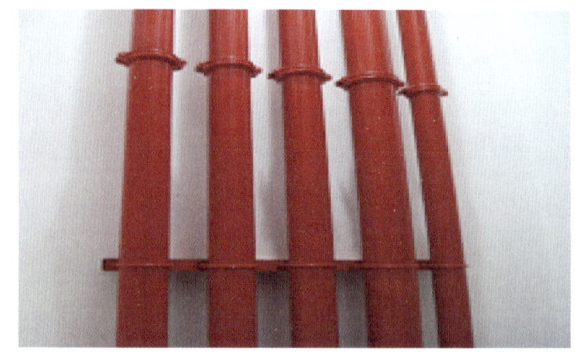

图 3.10.3-4　管道刷漆

2）管道组对时，在管道的对口焊接处或弯曲（弯管）部位不应焊接支管，避免弯曲部位有焊缝。

3）紧固法兰连接螺栓时，按对角进行紧固，使法兰之间的缝隙均匀。

4）法兰与法兰的连接应保证垂直度或水平度符合要求，使其自然吻合，以免管道或设备产生额外应力。

5）明装风管水平安装时，水平度的允许偏差为3‰，总偏差不大于20mm；垂直安装时，垂直度的允许偏差为2‰，总偏差不大于20mm。暗装风管的安装位置应正确，不应侵占其他管线安装的位置。

6）风管内严禁其他管线穿越。

3.10.4　管道保温

1　施工工艺

1）保温板的下料在下料台板上进行，用钢直尺靠线压牢保温板，用壁纸刀切割，切口应平直，严禁使用锯条切割。

2）保温板涂胶面次序为先涂里表面，后涂纵向、环向接缝的端面。涂胶应薄、均匀。涂胶后不应马上粘接，应在自然条件下放置到略不粘手后方可粘接。

3）粘接保温板时，应首先对正纵向、环向接缝位置，然后卷曲粘接，合缝后均匀按压。

4）保温管道支架处必须用热沥青浸泡的硬木双合管夹，其厚度与管道保温层厚度相同，表面应平整（图3.10.4）。

2　控制要点

1）在下料和粘接过程中，不得拉伸材料。

2）在木托两侧和保温材料截面上都应均匀、饱满地涂胶。应选用规则的木托，木托不得断裂，防止因冷桥产生结露现象。

3）粘接保温材料时，应从一侧开始逐步向另一侧用力挤压，保证材料的切割面都能粘接牢固。

4）对弯头进行保温处理时，应尽量采用直接弯管保温，即缝顺着管道方向粘接保温层，不应采用切割为马蹄形、分多次粘接来找补弧度的方法。

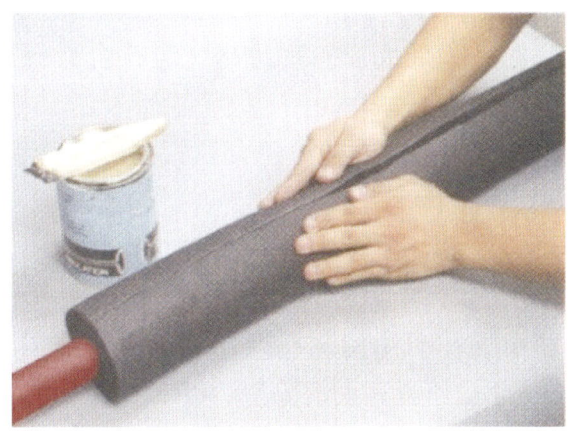

图 3.10.4 管道保温

3.10.5 空调机组的安装

1 施工工艺

1）设备开箱检查：安装前检查各零部件是否完好，外形应规则、无缺损，对有缺损的部件应进行修整，对损伤严重的部件应进行更换，对表冷器、加热器中被碰歪、碰扭的翅片进行校正。各阀门应启闭灵活、阀叶平直。检查无误后，清洗、擦拭空调器内部，除去灰尘、杂物和油污。

2）基础检查：设备基础平面必须水平，对角线误差不超过5mm；否则应修整直至符合要求。将减振垫按设备技术文件的要求放置于基础上（图3.10.5-1）。

3）组装：在生产厂家的指导下，按顺序和技术要求组装各功能段（图3.10.5-2）。各段的安装位置应正确，并找正找平。表冷器或加热器与框架的间隙应密封，不得漏风。各功能段之间的连接应严密、牢固可靠、整体平直。检视门应开启灵活、不漏水，水路畅通、凝结水不外溢。空调器表冷器滴水盘的外部连接管采用带有P型弯水封的连接管。

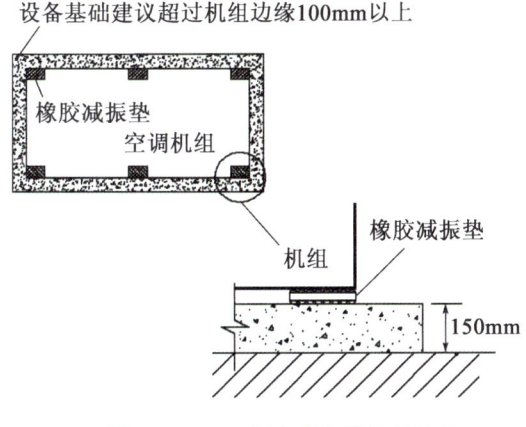

图 3.10.5-1 组合式空调机组基础　　图 3.10.5-2 组合式空调机组安装

2 控制要点

1）设备不得承担外接管道的重量。所有进出风管应设支撑和固定支架，地脚螺栓应稳固，承受荷载的基础应满足规范要求，并采取措施防止松动。

2）供、回水管与机组的连接应正确，机组下部冷凝水管的水封高度应符合设计或设备技术文件的要求。

3）机组与风管采用柔性短管连接时，柔性短管的绝热性能应符合风管系统的要求。

3.10.6 制冷机房内设备安装

1 施工工艺

1）设备开箱检查：制冷机组拆箱时，应注意保护机组的附属管路、仪表、电器及设备外表不受损坏。应检查设备型号、规格、数量及外观有无缺陷等，并做记录。根据设备的安装图和生产厂家提供的装箱清单，清点、检查设备零部件的数量和质量。应妥善保管随机所带专用工具。应临时密封设备外露接口，防止灰尘和杂物进入。

2）设备基础验收：土建专业移交设备基础时，应提交有关技术资料、测量记录，基础上应标示高程基准线、纵横中心线。安装设备前，对照土建图、安装图和设备实际尺寸对基础进行验收，具体验收内容包括以下各项：

（1）检查土建专业提供的中心线、高程基准线是否正确。

（2）对照设备和工艺图检查基础外形尺寸、高程及位置尺寸等。

（3）基础表面不得有蜂窝、孔洞、露筋等缺陷。

（4）基础预留螺栓孔的位置、深度、垂直度应满足螺栓安装要求，螺栓孔内的脏物、积水等全部清除干净。

（5）预埋钢板的位置、大小、数量是否正确。

（6）基础位置应满足操作及检修的空间要求，四周应有排水设施。

3）基础放线及垫铁布置：在基础平面上画出安装基准线、定位基准线，弹出地脚螺栓的中心线；对于相互有关联或衔接的设备，应按要求确定共同的基准。在基础平面上画出垫铁或减振垫的布置位置，按设备技术文件的规定摆放。垫铁应放置在负荷集中处，靠近地脚螺栓两侧，或是机座的立筋处。相邻两垫铁组间距离宜为300～500mm；如果设备安装图另有要求，则按设备安装图施工。需二次灌浆的基础平面应铲成麻面，放置垫铁组的位置应铲平，水平度偏差不大于2mm/m，接触面大于75%。检查时放置标准垫铁，用塞尺检查接触面情况，用水平尺测量水平度。

4）机组调平找正应符合以下要求：

（1）设备吊装就位后，使其中心与基础轴线重合。对于并列的机组，应排列整齐、高程一致（图3.10.6-1）。

（2）对于整体出厂的制冷机组的安装水平度，应在底座或与底座平行的加工面的纵、横向进行检测，其偏差均应不大于1/1000。对于解体出厂的制冷机组及其冷凝器、贮液器等附属设备的安装水平度，应在相应的底座或与水平面平行的加工面的纵、横向进行检测，其偏差均应不大于1/100。

5）应对水泵基础的以下项目进行验收：

（1）型钢或混凝土基础的规格和尺寸应与机组匹配。

(2) 基础表面应平整,不应有蜂窝、裂纹、麻面和露筋。
(3) 基础应坚固,强度经测试满足水泵运行时的荷载要求。
(4) 混凝土基础预留螺栓孔的位置、深度、垂直度应满足螺栓安装要求。
(5) 基础预埋件应无损坏,表面应光滑、平整。
(6) 基础四周应有排水设施。
(7) 基础位置应满足操作及检修的空间要求。

图 3.10.6-1　制冷机组安装

6) 水泵本体安装应符合以下要求:

(1) 水泵就位时,水泵纵向中心轴线应与基础中心线重合,并找平、找正。整体安装的泵的纵向水平偏差应不大于 0.1‰,横向水平偏差应不大于 0.2‰。

(2) 垫铁组应位置正确、平稳,接触应紧密,每组不应多于 3 块。

(3) 减振器与水泵、水泵基础的连接应牢固、平稳、接触紧密,地脚螺栓应有防松动措施(图 3.10.6-2)。

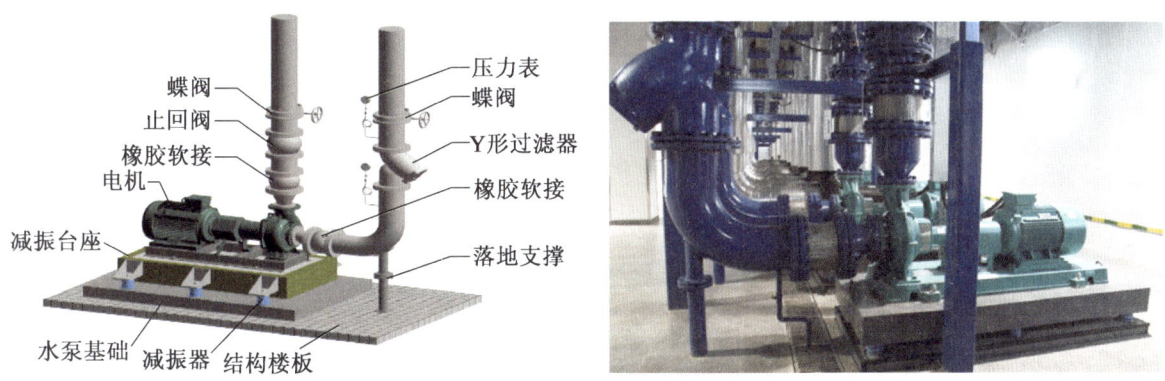

图 3.10.6-2　水泵安装

7) 分集水器安装应符合以下要求:

(1) 将设备运至基础的一侧,用龙门架、手动葫芦吊装就位,找正、找平后紧固固定端的地脚螺栓,活动端的地脚螺栓留有活动余地后用双螺母锁紧。

（2）分集水器安装应平稳、牢固，平面位置允许偏差为15mm，高程允许偏差为5mm，垂直度允许偏差为1‰。

（3）支架或底座的尺寸、位置符合设计要求，无锈蚀，面漆光滑，罐体同支架或底座接触紧密（图3.10.6-3）。

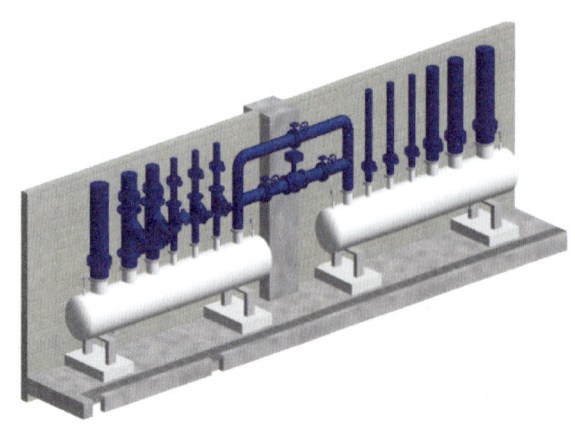

图3.10.6-3　分集水器安装

2　控制要点

1）设备减振装置的种类、规格、数量及安装位置应符合产品技术文件的要求。采用弹簧隔振器时，应设有防止设备运行时水平位移的定位装置。

2）严禁在水泵吸入管水平段安装向上或向下的弯管。

3）集、分水器进出管道、阀门应排列整齐、标识明确，阀门手轮位于管道同侧。

4）安装设备前确认管线排布图，避免管线布置错乱。

3.10.7　多联空调的安装

1　施工工艺

1）室内机安装：

（1）根据图纸，明确室内机位置，核对室内机型号、尺寸，确定定位点足够牢靠。

（2）放线打孔，制作、安装室内机吊杆。吊杆长度应根据吊顶高度以及室内机尺寸确定。吊杆应采用丝杆，以便调节室内机高度及水平。

（3）打开包装，检查室内机外表无损后，进行吊装。依据设计高程，用水平仪校正水平度，采用上下对夹定位法紧固固定螺栓。

（4）吊顶完工后，安装室内机面板或固定风口，并注意保护成品（图3.10.7-1）。

2）室外机安装：

（1）核对型号，根据施工图检查室外机基础，复测安装尺寸，应满足空调设备技术资料中规定的室外机间距、尺寸。在安装前仔细检查基础强度是否达到要求以及表面的平整度。

（2）在基础上放线、定位，在混凝土基础上可埋设地脚螺栓或打膨胀螺栓。

（3）根据设计图纸，按设备的标注名称，核对名称、规格型号后就位（图3.10.7-2）。

图 3.10.7-1　室内机安装

图 3.10.7-2　室外机安装

3）冷媒管安装：

（1）管道清洗：在安装之前，必须用 0.5～0.6MPa（表压）的干燥压缩空气或氮气按系统顺序冲洗管道及配件的内外壁。

（2）冷媒管钎焊：

a. 铜管切口表面应平整，无毛刺、凹凸等缺陷。切口平面允许倾斜偏差为管直径的 1%。

b. 冷媒管钎焊应采用含银量不小于 5% 的银焊条，钎焊宜向下或水平侧向进行，尽可能避免仰焊。接头的分支口应保持水平。

c. 铜管钎焊时，必须采用氮气置换焊。焊接时把微压（0.02MPa）氮气充入正在焊接的管内，防止铜管产生氧化层。

（3）扩口连接：冷媒管与室内机之间采用喇叭口连接，承口的扩口深度应不小于管径，扩口方向应迎介质流向，采用切割刀切管。扩口和锁紧螺母时，可在扩口的内外表面上涂冷冻机油。

2　控制要点

1）应严密包扎冷媒管，防止水、脏物、灰尘等进入（图 3.10.7-3）。

图 3.10.7-3　冷媒管安装

2）冷媒管穿墙时，必须将管头包扎严密。对于暂时不连接的已安装好的管，应包扎管口。

3) 不得用金属支托架夹紧铜管。应在自然状态下，通过保温层托住铜管，以防产生冷桥。

4) 冷媒管道安装后，应采用干燥的氮气慢慢进行加压试验。

3.10.8 风机安装

1 施工工艺

1) 风机安装就位前，应按设计图纸并依据建筑物的轴线、边线及高程线测放安装基准线。将设备基础表面的油污、泥土等杂物和地脚螺栓预留孔内的杂物清除干净。

2) 风机放置在基础上后，用垫铁找平、找正。垫铁一般放在地脚螺栓两侧，斜垫铁必须成对使用（图3.10.8）。设备安装好后，同一组垫铁应点焊在一起，以免受力时松动。

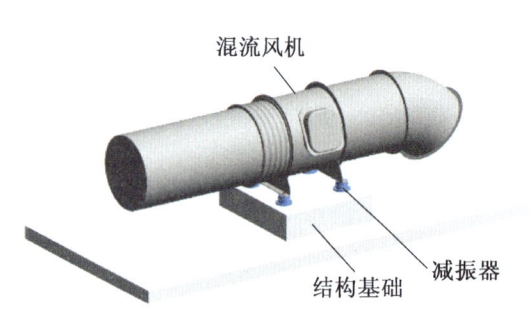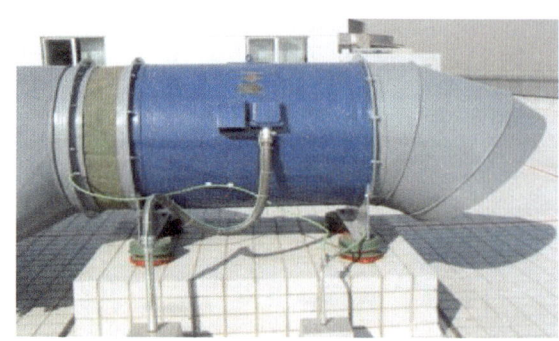

图3.10.8　风机安装

2 控制要点

1) 风机的进出口不得承受外加的重量，相连接的风管、阀件应设置独立的支、吊架。

2) 安装风机时，水平度及垂直度应符合要求。

3) 风机的安装位置应满足维修作业需要，不得妨碍人员及车辆通行。

3.10.9 风口安装

1 施工工艺

1) 安装前，应对照图纸核对风口规格、尺寸，按系统分开码放，并做标识。

2) 安装时，应仔细检查，查看风口有无损坏、表面有无划痕等缺陷；对于有调节、旋转部分的风口，应检查活动件是否灵活、叶片是否平直、同边框有无摩擦；对有过滤网的可开启式风口，应检查过滤网有无损坏、开启百叶是否能开关自如。风口安装后，应再次检查风口活动件。

3) 风口与所在房间内线条应一致；风管暗装时，风口应服从房间线条。吸顶安装的散流器应与吊顶平齐。风口安装应牢固、可靠。

4) 为增强整体装饰效果，风口及散流器的安装应采用内固定法，从风口侧面用自攻螺钉将其固定在龙骨架或木框上，必要时加设角钢支框。

5）安装成排风口时，应使用水平尺、卷尺等保证其水平度及位置，并用拉线法保证同一排风口、散流器的线形（图 3.10.9）。

图 3.10.9　风口

6）外墙百叶风口必须设置防虫网，防止飞虫通过风管进入室内，防止飞鸟通过风管进入风机而损伤风机叶片。

2　控制要点

1）风口不应直接安装在主风管上。风口与主风管间应通过短管连接。

2）吊顶风口有特殊要求或风口较重时，应设置独立的支、吊架。

3）设备上方不宜安装风口。

3.11　智能建筑工程

3.11.1　火灾报警系统工程

1　探测器定位

1）探测区域内的每个房间应设置至少 1 个火灾探测器（图 3.11.1-1）。

图 3.11.1-1　火灾探测器

2）感温、感光探测器距光源的距离应大于1m。

3）探测器应安装在室内顶棚上；当顶棚上有梁时，如果梁的净间距小于1m，视为平顶棚。

4）在梁突出顶棚的高度小于200mm的顶棚上设置感烟、感温探测器时，可不考虑对探测器保护面积的影响。当梁突出顶棚的高度在200mm以上时，被梁隔断的区域至少设置1个探测器，应按设计图纸确定探测器的安装位置。

5）安装在顶棚上的探测器边缘与各类装置的边缘的水平距离宜符合下列要求：

（1）与照明灯具的水平净距应不小于200mm。

（2）感温探测器距高温光源灯具的净距应不小于500mm。

（3）距电风扇的净距应不小于1.5m。

（4）距不突出的扬声器的净距应不小于100mm。

（5）与各种自动喷水灭火喷头的净距应不小于300mm。

（6）距空调送风口边的水平距离应不小于1.5m，距多孔送风顶棚孔口的净距应不小于500mm。

（7）与防火门、防火卷帘的间距宜为1~2m。

6）在宽度小于3m的内走道顶棚上设置探测器时，宜居中布置。感温探测器的安装间距应不超过10m，感烟探测器的安装间距应不超过15m，探测器至端墙的距离应不大于探测器安装间距的一半。

7）探测器至墙壁、梁边的水平距离，应不小于500mm。探测器周围500mm内，不应有遮挡物。

8）如果房间被设备或隔断等分隔，其顶部至顶棚或梁的距离小于房间净高的5%时，每个被隔开的部分应至少安装1个探测器。

9）探测器宜水平安装；必须倾斜安装时，倾斜角度应不大于45°。

2　探测器固定

1）探测器底座应固定，底座安装旋转卡（图3.11.1-2）。

2）末端探测器应加终端电阻，其阻值应符合产品说明书的要求。

 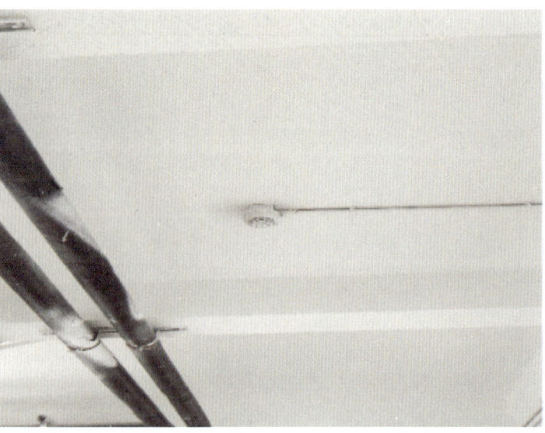

图3.11.1-2　探测器的固定

3) 并联探测器的数量宜少于5个，其他要求见产品说明书。

4) 当采用防水型探测器时，如果需要预留线，应采用接线端子板过渡、分别压接，压接后的端子必须用胶皮包缠好，放入盒内后再固定火灾探测器。

3 火灾声光报警器安装

1) 火灾声光报警器（图3.11.1-3）安装在安全出口时，应距地面1.8m以上。

图3.11.1-3　火灾声光报警器

2) 火灾声光报警器与消防应急疏散指示标志不宜在同一面墙上；安装在同一面墙上时，距离应大于1m。

3) 火灾声光报警器的安装高度、安装位置应符合设计图纸的要求。

4) 火灾声光报警器启动时，应保证同一防火分区内每个位置均能听到。

5) 应对照产品说明书接线安装，确保安装牢固、接线正确。

4 自动灭火系统安装

1) 应根据设计图纸的要求进行安装。

2) 应检查灭火剂的充装量，不应小于设计充装量，亦不应比设计充装量超出1.5%。

3) 应检查储瓶压力，不应低于设计压力，且不应比设计压力超出5%。

4) 泄压安全阀不应朝向操作面。

5) 防护区应设置泄压口，并宜设在外墙上，其高度应大于防护区净高的2/3。当防护区设有防爆泄压孔时，可不单独设置泄压口。

6) 灭火系统应具备自动控制、手动控制和机械应急操作三种启动方式。当采用火灾探测器时，灭火系统的自动控制应在接收到2个独立的火灾信号后才能启动（图3.11.1-4）。

5 系统接地

1) 工作接地电阻值小于4Ω时，应采用联合体接地，接地电阻值小于1Ω。

2) 当采用联合接地时，应使用专用接地干线由消防控制室引至接地体。专用接地干线应为铜芯绝缘导线或电缆，其线芯截面面积应不小于16mm^2。

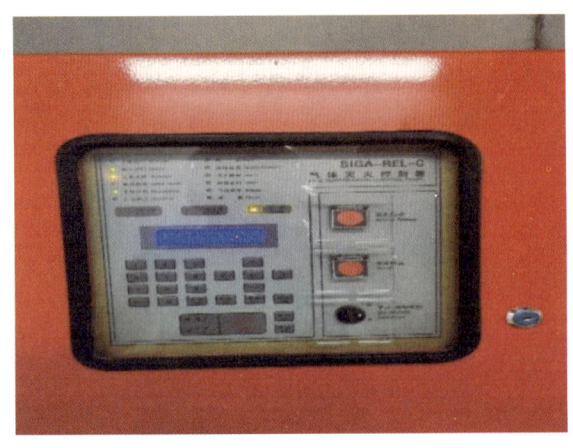
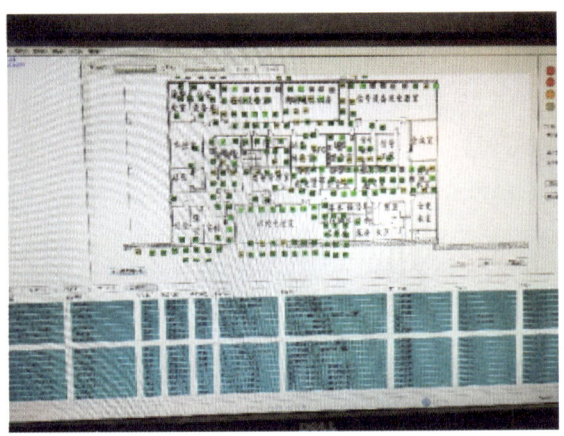

图 3.11.1-4　自动灭火系统

3）由消防控制室接地端子板引至各消防设备的接地线应采用铜芯绝缘软线，其截面面积应不小于 4mm²（图 3.11.1-5）。

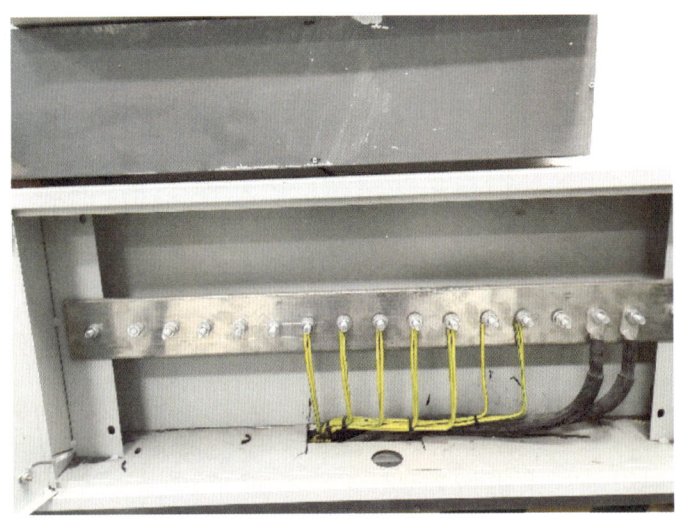

图 3.11.1-5　系统接地

3.11.2　机电监控系统工程

1　PLC（可编程逻辑控制器）机柜安装

1）PLC 机柜（图 3.11.2-1）落地安装时，其高度宜与其他低压配电柜平齐。

2）机柜安装应牢固，高度与低压柜一致，垂直偏差度应不大于 3mm。

3）固定方法应根据施工现场条件确定，宜采用槽钢安装。

4）柜面标识应完整、清晰，机柜内的 PLC 控制器应安装牢固，端子配线应正确、接触紧密，不得碰坏各种零件。

5）机柜接地槽板或接地线连接应良好，柜门开启应灵活、操作方便。

2　就地远程输入输出（I/O）模块控制箱安装

1）控制箱定位合理、安装牢固，垂直偏差应不大于 2mm。

2）模块箱靠墙明装，固定方法根据施工现场条件确定，宜采用预置膨胀螺钉挂墙安装。控制箱底边应高于地面 1.2m，安装的位置不应影响装修美观、消防安全。如果有 2 个以上控制箱安装在同一处，应并排安装、可自由开门；远程输入、输出模块及各种系统设备应安装在模块箱内（图 3.11.2-2）。

图 3.11.2-1　PLC 机柜

图 3.11.2-2　就地远程输入输出模块控制箱

3）箱、柜内导线穿软管保护，入箱、柜保护钢管必须具有防水弯；基础槽钢应可靠接地。

4）箱、柜的接地应牢固、良好。

5）箱、柜安装过程中应采取防水措施。

3　传感器的安装

1）传感器位置应远离门、窗、灯、变压器、电力母线等冷热源和风管送风口处，并尽量靠近回风口。房间、风管的温湿度传感器应安装于所检测位置的敏感点（图 3.11.2-3）。

2）安装公共区吊顶处的传感器（图 3.11.2-4）时，应与装修专业配合。传感器底部与吊顶天花板底部平齐，相关线缆应由钢管引下，并用角钢支架固定，软管长度不得超过 1m。

3）水管式温湿度传感器（图 3.11.2-5）与工艺管道垂直安装时，其轴线应逆介质流向与工艺管道轴线成 45°倾斜。在工艺管道拐弯处，宜逆着介质流向，传感器轴线与工艺管道轴线相交。

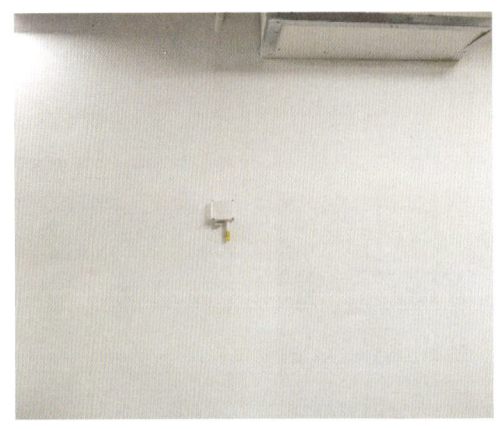

图 3.11.2-3　温湿度传感器

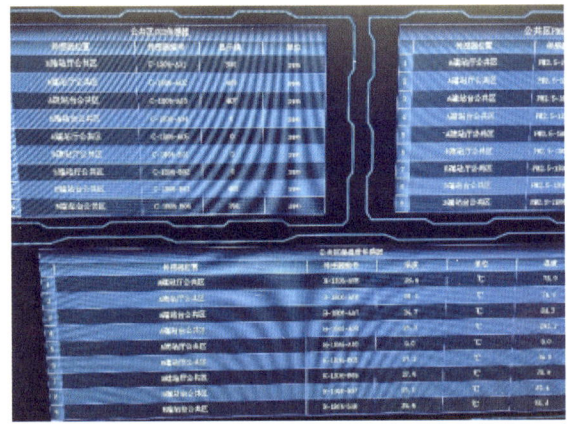

图 3.11.2-4　公共区传感器

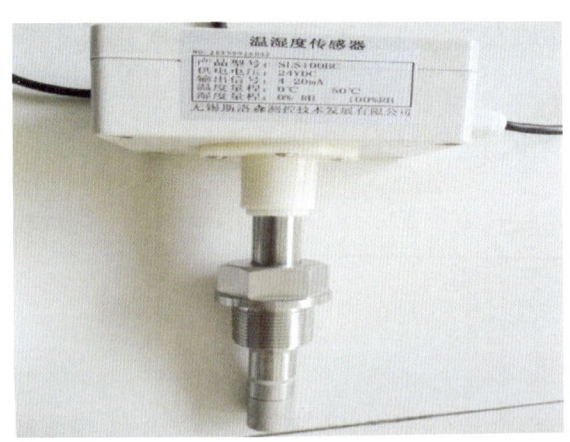
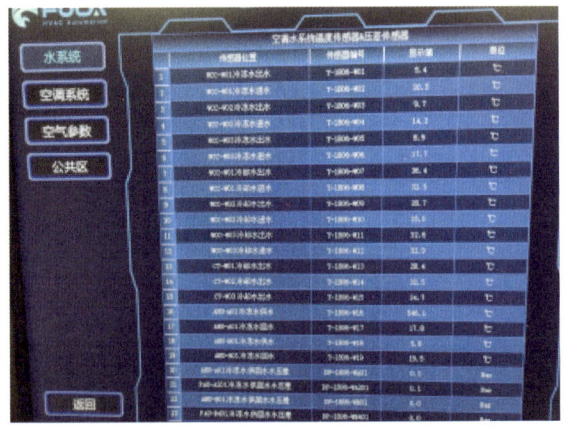

图 3.11.2-5　水管式温湿度传感器

4）传感器安装在易受冲击的地方时，应采取防护措施。安装传感器时，应加防尘罩，在 BAS（环境与监控系统）专业调试前取下。变送器应全部浸入介质中。在高电磁干扰区域，传感器信号线应采用屏蔽线，与 220VAC 电源线之间至少保持 15cm 的距离。

5）电动二通阀的安装应定位合理、操作方便、阀芯升降灵活自如、工作可靠、指示正确。

4 系统调试

1）BAS系统调试应在所有设备安装完毕、线路敷设和接线全部符合设计图纸要求、机电设备试运行工作状态良好且满足各系统工艺要求的情况下进行。

2）系统功能调试应符合下列要求：

（1）系统功能设置调试：改变系统功能设置，相应机电设备应满足设计和使用要求。

（2）数据交换调试：实时测量数据、报警数据和设备开关状态信息等应以数据文件的格式存储，应能与同一环境下运行的其他软件共享数据文件。

（3）图形编辑功能调试：人机界面软件是否具有丰富的图库，是否具有灵活的图形创建和编辑功能。

（4）报表及数据显示功能调试：按日、周、月、年生成报表；对于模拟量数据，能用数据趋势曲线图、棒图等形式表示，并且可任意设置时间刻度和数据幅值。

（5）报警功能调试：对报警点进行人工试验，监控工作站应能立即弹出报警信号所在系统的模拟图或建筑平面图，声光报警应按要求动作，能打印相关报警信息。

（6）程序下载功能调试：在工作站上编制一个机电控制程序，下载到相应的DDC控制器（直接数字控制器）上，DDC控制器应能按程序要求运行。

（7）控制参数设置功能调试：在工作站上将空调机组的送风温度设定值降低，空调机组应能调整到相应的设置值。在工作站设备模拟图上启动和关闭某个设备，该设备应能立即执行。

（8）人机界面功能调试：人机界面应简捷、汉化、图形化，图形切换过程清晰，响应时间符合要求（图3.11.2-6）。不同等级的操作权限对应不同的操作内容，能拒绝非法、越权等操作。在工作站上按监控点表的要求，对各点位进行检查核对。人为模拟故障，检查热备份系统是否能正确、可靠运行且不丢失参数。

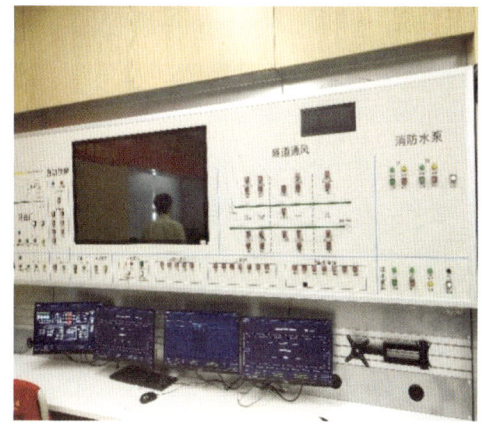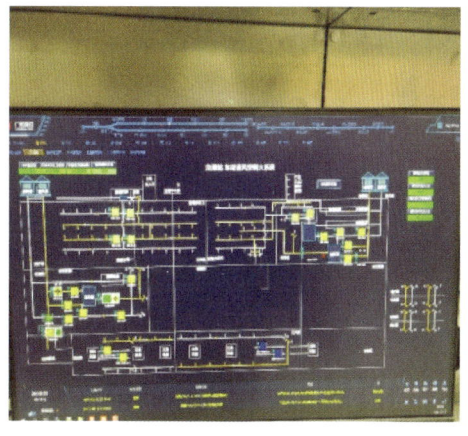

图3.11.2-6 系统调试

3）环控系统设备控制分为就地级控制、车站级控制、中央级控制。

站台雨棚

4.1 排水系统

4.1.1 设计雨棚排水管时，应考虑车站所在地域气候条件和立柱形式。

4.1.2 严禁在接触网的上方设滴水、溢水的构造和管道接口。

4.1.3 坡屋面宜采用有组织排水方式，檐沟和水落斗宜采用金属材料。其管径设计应考虑雨水流量、暴雨强度、降雨历时、屋面汇水面积等参数，应符合现行《建筑给水排水设计规范》（GB 50015）的有关规定。

4.1.4 雨水管应避免从强弱电房间穿过；无法避开时，应采取隔离措施。

4.1.5 排水管道方向变化处，应增设固定支架。

4.2 屋面板

4.2.1 应在雨棚钢结构安装、校正完毕后，安装金属屋面檩条、排水天沟、耐腐蚀压型钢板及泛水板。

4.2.2 屋面板施工应符合下列规定：
1 雨棚的避雷带可沿雨棚上翻檐口内侧安装，高度不高于100mm。

2 雨棚设置变形缝，宜上、下部均设置，底部伸缩缝板宜设置在板与梁之间，颜色宜与雨棚涂装颜色一致。

3 安装顶部伸缩缝时，应注意防水节点的处理，防止漏水。

4 雨棚结构宜预留滴水线，颜色应与雨棚檐口立面一致。无站台柱雨棚屋面开口处的开口宽度宜为 2.5m。

4.2.3 屋面板质量验收应符合下列规定：

1 金属压型板的基板尺寸允许偏差应符合表 4.2.3 的规定。

基板尺寸允许偏差　　　　表 4.2.3

项 目	允许偏差（mm）		检测要求
	钢卷板	铝板	
镰刀弯	25	75	测量标距为 10m
波高	8	15	测量波峰与波谷平面的竖向距离

2 对于有弧度的屋面板，应根据板形和弯弧半径选择自然成弧或机械预弯成弧，外观应平整、顺滑。

3 屋面板可在工厂加工或在工地现场加工。对于板长超过 10m 的板件，宜现场压型加工。

4 压型金属板材和泛水板加工成型后应符合下列规定：

1) 不得出现基板开裂现象。
2) 不得有大面积的明显凹凸和皱褶，表面应清洁。
3) 涂层或镀层应无肉眼可见裂纹、剥落和擦痕等缺陷。

5 压型金属板材加工允许偏差应符合有关规定。

4.3　钢结构站台雨棚

4.3.1 在满足安全的情况下，站台雨棚结构分缝单元长度宜尽量加大。

4.3.2 钢结构雨棚变形缝处宜设单柱，梁宜采用 L 型钢牛腿梁，变形缝处相邻单元雨棚与之搭接。

4.3.3 雨棚柱基础加劲肋板上部应埋入铺面块材以下，雨棚柱柱脚应埋入站台面以下至少 100mm。

4.3.4 雨棚柱表面应喷涂氟碳漆，整体圆滑，采用浅色系。

4.3.5 钢柱柱脚防腐可选用钢板防腐柱脚、混凝土防腐柱脚。

4.4 檐口

4.4.1 应按照深化图纸在施工现场或加工厂下料焊接主龙骨支架。

4.4.2 应按照平面图根据现场尺寸标出主龙骨支架安装点位。

4.4.3 采用曲臂车进行作业，焊接用于固定主龙骨支架的角钢而制作的角码。

4.4.4 主龙骨支架焊接好后，在地面上做防锈处理，利用曲臂车把焊接组装好的主骨架运输至指定位置进行安装、焊接，应满焊。安装时，两个端头位置挂线，确保骨架水平，外侧通线。

4.4.5 主骨架全部安装好后，应按照图纸挂线焊接水平连接主龙骨，应确保龙骨平整。

4.4.6 水平横向连接主龙骨焊接后，应按照金属板材排版图挂线，焊接基层水平横向龙骨，应确保龙骨平整。

4.4.7 龙骨全部焊接好后，应使用专用角锤敲打焊点，检查焊点是否饱满；如果发现漏焊，应及时补焊；补焊完成后再次进行验收检查。复核焊点质量后，打磨并涂刷防锈漆。

4.4.8 龙骨验收合格后，放线、安装大面积金属板材，板材角码与基层龙骨应使用钻尾螺丝固定，每个角码至少安装2个钻尾螺丝（图4.4.8）。

图4.4.8　檐口铝板

4.4.9　大面金属板材安装好后，安装收边板，板材安装应平整，缝隙宽度应一致。

4.4.10　金属板材固定后，应采用耐候硅酮密封胶密封板间接缝及其他需要密封的部位。注胶时，应将该部位基材表面用清洁剂清洗干净，再注入密封胶。

4.4.11　密封胶完全固化前，不得撕下金属板材表面的保护膜。

4.4.12　安装完成后，宜使用曲臂车进行高处作业，擦洗金属板材。

4.5　照明灯具

4.5.1　灯具的安装高程、安装位置和安装方式应符合设计要求。

4.5.2　为提升观感质量，灯具的排布位置需改变或受条件限制无法满足设计要求时，应与设计单位协调，办理变更洽商。

4.5.3　灯具固定应牢固、可靠。在砌体和混凝土结构上，严禁使用木楔、尼龙塞或塑料塞固定灯具。

4.5.4　普通灯具和专用灯具的Ⅰ类灯具外露可导电部分必须采用铜芯软导线同保护导体可靠连接，连接处应设置接地标识（图4.5.4），铜芯软导线的截面面积应与进入灯具的电源线截面面积相等。

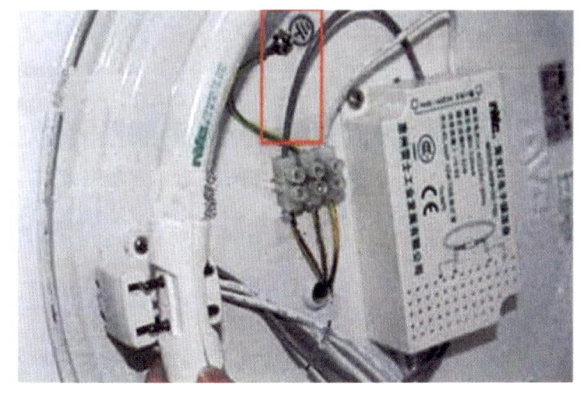
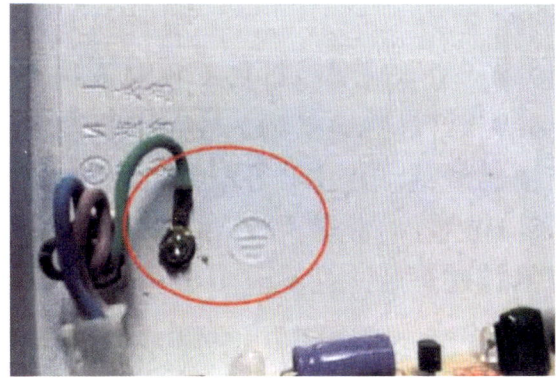

图4.5.4　带接地端子的Ⅰ类灯具接地，且有标识

4.5.5　灯具应成排、成列安装，间距宜均匀。灯具应排列整齐，中心线偏差应不大于5mm，与其他器具或设备的位置应协调。在装饰造型上安装灯具时，灯具应沿弧线安装，顺滑美观，间距一致。

4.5.6 站台雨棚管线可采用暗埋或桥架方式。如果采用暗埋方式，所有管线应提前预埋，雨棚底部管线应尽量隐蔽设置，颜色应与雨棚整体涂装颜色相同；如果采用桥架方式，宜按明露形式安装，桥架宜采用钢板或铝板外包，外表面应平整光滑。

4.5.7 进灯软管应采用金属软管，走向宜一致，颜色宜为乳白色。灯具宜采用乳白色筒灯，宜成"几"字形安装吊挂件，挂件（灯架）应不外露。

4.5.8 除采用安全电压以外，当设计无要求时，敞开式灯具的灯头应比地面高至少2.5m。

4.5.9 灯具边缘与消防喷头中心点之间的水平距离宜大于300mm，与消防探测器、消防广播扬声器、监控器等器具之间的水平距离宜大于200mm。

4.5.10 灯具质量大于3kg时，应固定在螺栓或预埋吊钩上。吊钩的圆钢直径应不小于灯具挂销直径，且应不小于6mm。

4.5.11 雨棚吊顶内灯具安装应自成系统，且应有专项设计，不得借用其他吊挂设备固定。选用的灯具表面应有防坠落装置。

5 站 台

5.1 站台墙

5.1.1 垫层施工应符合下列规定：

1 填筑站台墙基础时，外边加宽50cm，逐层碾压到设计高程。

2 开挖时，靠近轨道侧预留一定的宽度，防止土体塌落。

3 基底地基承载力达到设计要求后，人工开挖基槽，基槽应顺直，槽内不得出现浮土。

5.1.2 拆模与养护应符合下列规定：

1 混凝土浇筑完成后，混凝土强度达到2.5MPa且其表面棱角不因拆模而受损时，方可拆模。

2 模板拆除应按设计要求进行；设计无规定时，应遵循"先支后拆、后支先拆"的顺序。

3 拆模时，混凝土的温度不能过高，以免混凝土接触空气时降温过快而开裂。

4 混凝土灌注完后，采用自然养护的方法，采用专用的土工布覆盖站台墙表面，并洒水湿润，以能保持混凝土表面充分潮湿为宜。

5.1.3 站台墙施工应注意以下事项：

1 站台墙施工时，按设计要求预埋接地端子、设置排水管。

2 混凝土浇筑完成后，掏出所有伸缩缝内的泡沫板，用透明胶带粘在伸缩缝的两边，塞沥青麻筋，之后撕掉胶带。

3 向后背填土时，应分层夯实，单次填筑的厚度不得大于30cm。压实以后分层检测密实度，应满足站场站台台背填筑的标准。

5.1.4 站台墙施工质量应符合表 5.1.4 的规定。

站台墙结构允许偏差和检验方法　　　　表 5.1.4

项　目	允许偏差（mm）	检验方法及数量
站台墙厚度	±20	尺量，每 20m 查一处
站台墙顶面平整度	2	
站台墙端位置	±100	尺量，每道墙 1 次
站台墙顶面高程	±10	水准测量
站台墙边缘距线路中心的距离	0～15	尺量，每 20m 抽查一次

5.2 站台面

5.2.1 站台区细部做法应符合下列规定：

1 站台边缘到安全线距离应为 1000mm，安全线的宽度应为 100mm。提示盲道的宽度应为 600mm。

2 安全线外侧（帽石）宜为红色花岗岩，安全线材质宜为耐磨、防渗透、抗污染的白色块材，盲道砖内侧宜为浅色石材。

3 高站台的边墙应距站台外侧 300mm 以上，成倒"L"形布局。

4 站台铺面应符合下列要求：

1）站台铺面的标准块材尺寸应根据站台的宽度、帽石、安全线、盲道等综合排定。站台铺面块材的平面尺寸宜不小于 600mm×600mm。

2）采用花岗岩铺面时，花岗岩表面应采用水洗火烧面工艺，且应做防护处理。基本站台有汽车行驶要求时，花岗岩铺面板厚度应不小于 50mm；其他站台花岗岩铺面板厚度应不小于 30mm。

3）花岗岩帽石铺面的机刨缝应平行于轨道，铺面板厚度应不小于 50mm。

4）帽石铺面石材缝应与站台上面的安全线、盲道及其他铺材面缝相对应。石材铺面伸缩缝位置应对应雨棚柱。

5）站台面上的帽石、安全线、盲道上不应设置各种井盖，井盖材质宜与站台面铺材一致，且井盖大小应与周围铺面协调，不应出现错缝。

6）站台面两端为弧形时，应在保证帽石、安全线、盲道宽度的基础上，对中铺设块材，不应出现小于 1/2 站台铺面标准石材的小块石材。

7）应综合考虑站台宽度、各类构筑物位置，均匀铺设站台铺面石材，交界处收口应规整。

5 站台石材铺装的控制起始线在地道楼梯口处，即楼台梯踏步板与站台面石材的接缝处。

6 站台石材地面宜每6m设置1道伸缩缝,缝宽宜为6mm。

7 站台地道楼梯口、扶梯口、直梯口等部位与一般部位间应有20mm的高差,变坡自然。

8 帽石边沿的高程和位置应以精调的轨道高程、中心线为基准。站台帽石距轨道高程为1250±10mm。帽石边沿距轨道中心线距离为:到发站台1750(+15、-0)mm、正线站台1800mm。

9 曲线站台帽石边沿距轨道中心线的距离有曲线加宽的要求,具体值应按现行有关标准的规定确定。帽石宜按异型石材加工,宜按近似弧施工以满足轨道曲线要求。对尺寸不一致的石材进行编号、再加工。

10 可根据设计要求在变形缝装置里配置止水带、阻火带和保温带等,使变形缝装置满足承载力、防水、防火、保温等设计要求并符合国家和行业现行有关标准的规定。

5.3 站台门工程

5.3.1 站台门安装应符合下列规定

1 中标单位应根据设计要求、原则,结合拟采用的产品,进行深化设计,并经设计单位审核确认。

2 应建立样机验收制度,通过样机验收验证生产的设备是否达到产品设计要求、合同要求及国家和行业现行有关标准的规定;如果存在缺陷,应修改、完善产品设计,保证批量生产优质的设备。

3 安装站台门前,应编制专项施工方案,并经报批、报审通过后方可实施。

4 站台门安装应注意表5.3.1所列控制要点。

站台门安装控制要点　　　　　表5.3.1

分部工程	分项工程	控制要点
基础安装	测量放线,开槽钻孔	以线路基标为基准,核对轨道中心线与轨顶高程。以核准的中心线为基准,在站台的平面与侧面标出切割线的位置,进行切割与钻孔
	上、下支撑件	在建筑限界允许范围
钢结构检测	立柱、固定侧盒	主体结构的接地;立柱与门机梁、横梁的连接固定与绝缘处理;电机的接地;立柱的垂直度,门机梁的水平度等;安装限界
	横梁	
	门机梁	
门槛检测	前、后门槛	门槛的侧面、上平面到轨道中心的距离,以及门槛的侧面、上平面与轨顶面的高度;相邻门槛的平面度,前后门槛的间隙
顶箱	前盖板	盖板的绝缘处理、安装牢固程度;前盖板的导向标识;相邻盖板间的均衡、平整;盖板支撑件的安装;盖板与门楣间隙均匀
	后盖板	
滑动门检测	左滑动门	门体内、外侧设有开门装置且开门装置动作良好;标准门体与非标门体的净开度;滑动门与立柱间的密封性能;开关门状况;模式开关的安装方向一致;手动开门解锁力;门体安装垂直度;门框与立柱间隙;门框与门槛间隙等
	右滑动门	

续上表

分部工程	分项工程	控 制 要 点
固定门检测	固定门	固定门安装牢靠；内侧密封胶的安装质量；门体安装垂直度；相邻固定门结合处的上下间距等
应急门与端门检测	应急门	手动开门解锁力；应急门的电气安全开关性能；门体内、外侧的开门装置性能；门体开启旋转角度与自动关闭性能；解锁推杆性能；密封胶的安装质量；门框与地坎的间隙等
	端门	
线槽与线缆检测	线槽	线槽、线缆屏蔽层和缆线保护管的接地保护；接线端子的严密、牢固程度；导管、线槽敷设整齐、牢固；线槽的安装路径、安装方式合理等
	线缆	
电气装置检测	UPS（不间断电源）电气控制柜	柜（盘）及其内部所有电气设备与导管、线槽的外露可导电部分的接地可靠、合理；电气设备和配线的绝缘电阻值；柜（盘）安装位置分配合理、安装整齐、可靠；柜（盘）内设备接地可靠；设备部件标识清晰齐全等
	驱动电源控制柜	
	站台门控制柜	
	站台门操作指示盘	
	站台门状态报警盘	
	PSL（就地控制盘）	
系统调试检测	电源及电气系统	根据调试检查的内容，对站台门系统进行全面检查及复检，检查的内容主要包括：系统供电采用 TN-S 系统；驱动电源设置的 UPS 电源性能；站台门整列门体的绝缘耐压性能；设备室内 PSC（中央控制盘）功能；站台处的 PSL 功能；站台侧的 PSA（监视系统）功能；屏蔽门的系统级、站台级和手动操作三级控制方式；通电前检查中央接口盘、配电盘、控制器底盘与车站接地电阻；通电前检查站台门门头、变压器星形连接中性点与轨道接地电阻；根据技术规格书的要求，测试站台门系统与 EMCS（设备监控系统）系统的信息传输性能；PSA、PEDC（单元控制器）故障信息检测性能等

5.3.2 与其他系统的接口

1 站台门系统与信号系统的接口及界面应符合下列规定：

1）信号系统向站台门系统发出使能和开门、关门命令，响应站台门系统的全部门关闭且锁紧信号和互相解除信号，站台门系统响应信号系统的使能信号和开门、关门命令，向信号系统反馈全部门关闭且锁紧信号和发出互解除信号。接口界面在站台门控制室内的中央接口盘的接口端子盘上，站台门专业提供与信号系统的接口端子，信号专业负责敷设传输信号所需的电缆。

2）站台门系统与信号系统间接口继电器为安全继电器，站台门控制系统应进行门状态信号过滤，确保上传的门状态信号正确。

3）每侧站台门系统提供一组与信号系统连接的接口，并配备相应数量的接口设备，与信号系统上、下行信号一致。

4）股道每侧站台门应设置门锁闭继电器、门旁路继电器和门报警继电器。信号列控系统设置开门继电器、关门继电器，并设置车型继电器。信号联锁采集站台门锁闭继电器状态；信号列控中心采集门锁闭继电器、门旁路继电器和门报警继电器状态，驱动开门继电器、关门继电器、车型继电器。站台门系统采集开门继电器、关门继电器、车型继电器状态，驱动门锁闭继电器、门报警继电器、门旁路继电器。

5）本侧站台门全部关闭且锁闭时，门锁闭继电器吸起；任何一扇门打开或未锁闭，门锁闭继电器落下。信号列控中心未输出有效的开门动作且门异常打开或未锁闭时，门报警继电器落下。站台门旁路后，门旁路继电器吸起，门报警继电器和门锁闭继电器无条件吸起。

6）站台门控制系统应能根据车型继电器状态信息控制站台门打开与停站列车车门相对应的滑动门，供乘客上下车。

2 站台门专业与 BAS（机电设备监控系统）专业的接口及界面应符合下列规定：

1）站台门专业上传相关门状态信息：BAS 专业对站台门系统进行状态监视。

2）站台门专业在设备房内提供与 BAS 专业的接口条件。

3）两专业接口界面位于站台门设备室内、PSC 柜接线端子外侧。

3 站台门专业与低压配电专业接口及界面应符合下列规定：

1）动力照明专业负责向站台门系统提供一级负荷用电，提供电源自动切换箱，提供足够的容量和回路，满足站台门系统设备用电。

2）接口界面在电源自动切换箱的馈出开关下口。

3）动力照明专业负责将供电电缆敷设至双电源切换箱，站台门专业完成自电源切换箱到站台门用电设备的布线。

4 站台门专业与土建专业的接口及界面应符合下列规定：

1）土建专业负责车站站台板的钢筋混凝土基层钢筋混凝土梁施工，在站台门的安装过程中允许对土建站台板进行打孔固定的前提下，确保载荷作用点强度满足屏蔽门、站台门的载荷要求。

2）为满足化学螺栓的应用要求，站台板的最小厚度应不小于 200mm。

5 站台门专业与装修专业的接口及界面应符合下列规定：站台门专业完成门体安装后，由装修专业完成门体接口、收口材料的供货及收口施工。

6 站台门专业与限界专业的接口及界面应符合下列规定：限界专业提供站台门限界尺寸，站台门专业在施工时应与限界专业配合，站台门不得侵入限界。

7 站台门专业与车辆专业的接口应符合下列规定：

1）实现站台门与列车车门的一一对应。

2）车辆专业负责提供列车编组、车辆外形尺寸、车门位置及尺寸。

3）站台门专业根据列车编组、车门布置情况，布置滑动门位置，确定滑动门开度和高度。

附录A 质量通病及防治措施

土方开挖质量通病及防治措施　　　　　　　　　　　　　　附表 A.1

质量通病	防治措施
场地积水	1. 开挖排水沟，做好场地排水。 2. 进行测量复核，防止出现高程错误
边坡塌方	1. 采取地面排水措施。 2. 基坑开挖范围内有地下水时，采取降水措施。 3. 在坡顶上弃土、堆载，应远离挖方土边缘。 4. 严禁先挖坡脚，造成坡体失稳
超挖	1. 机械开挖，预留 30cm 进行人工清掏。 2. 加强测量复测，严格定位
基坑泡水	1. 开挖基坑（槽）周围应设排水沟或挡水堤。 2. 在地下水位以下挖土，应降低地下水位，使水位降低至开挖面以下 0.5~1.0m
基底产生扰动土	1. 进行降水作业。 2. 合理安排施工，缩短施工时间

土方回填质量通病及防治措施　　　　　　　　　　　　　　附表 A.2

质量通病	防治措施
填方出现橡皮土	1. 回填前，清理基坑内垃圾等杂物，清理基坑内积水、淤泥。 2. 填料应符合规范与设计要求
回填密实度达不到设计和规范要求	1. 选择回填的土料及其性质必须符合设计要求。 2. 填土密实度应根据工程性质的要求而定，压实系数为密度除以土的最大干密度。 3. 设计有要求时，应进行现场土工试验，严格分层回填夯实，控制土料含水率

预制管桩质量通病及防治措施

附表 A.3

质量通病	防治措施
沉桩困难，达不到设计高程	1. 配备合适的压桩设备，保证有足够的压入能力。 2. 同一根桩应连续压入，不应中途停歇。 3. 制订合理的压桩顺序及流程，严禁形成"封闭桩"。 4. 严格制桩的质量，加强对进场桩的质量验收，保证桩的质量满足设计要求
桩偏位或倾斜过大	1. 压桩施工时，应将桩机平台调平。 2. 压桩施工前将立柱和平台调至垂直状态。 3. 施工时确保桩杆、桩头、桩身在同一轴线上，施工时及时调整、校验。 4. 制订合理的压桩顺序，避免误差累积，减小挤土对桩的影响。 5. 桩插入时，对中误差控制在10mm以内，使用2台经纬仪在相互垂直的方向控制其垂直度

钻孔灌注桩质量通病及防治措施

附表 A.4

质量通病	防治措施
坍孔	1. 埋设护筒时，严格按交底要求操作，对护筒直径外60cm范围内的杂填土进行换填，换填深度为原状土层下10~20cm。 2. 孔内水位必须高出孔外地下水位1.0m以上，并且不得低于护筒底部；可随时调节孔内水位。 3. 应根据不同土层采用不同的泥浆比重，易坍地层采用比重较大的泥浆。 4. 吊放钢筋笼时，应保证垂直。 5. 缩短成孔至灌注混凝土的间隔时间，合理安排渣土的清运速度，做到"孔成渣清"
钻孔漏浆	1. 成孔过程中，护筒内保持适当的静水压力。 2. 在安置护筒前，严格验收护筒的制作质量，并在纵、横接缝处设置止水垫片。 3. 当钻进至砂类等强透水层时，加大泥浆比重，及时向孔内补充泥浆
成孔偏斜	1. 钻机就位时，应使转盘、底座水平，使天轮的轮缘、钻杆底卡盘和护筒的中心在同一垂直线上，在钻进过程中防止位移。 2. 场地平整坚实，承载力应满足要求。 3. 在发生不均匀沉降时，随时调整，保证钻杆垂直。 4. 钻头插销应保证接触紧密，防止钻头晃动、偏离轴线。 5. 钻机每次出渣后，入孔时应保证位于孔位中心，防止偏离轴线
缩孔	成孔过程中或成孔后，发现钻孔桩有缩径现象时，采用钻头上下反复扫孔，将孔径扩大至符合设计要求
孔深不足	1. 垂直吊放钢筋笼，避免弯折。下放钢筋笼时应保持钢筋笼位于孔位中心，避免接触坍孔。 2. 下放钢筋笼前，测量孔深。如果发现沉渣过厚，采用钻机进行掏渣。灌注前必须进行二次清孔，确保沉渣厚度符合设计要求
钢筋笼变形	1. 按规范要求，提升焊接质量，加强箍筋应与主筋焊接牢固。 2. 在安装钢筋笼时，宜设置临时吊装扁担，增加刚度。 3. 钢筋笼加工完毕后，保证存放场地平整，避免钢筋笼变形。 4. 运输过程中应加强保护，避免因运输、装卸造成钢筋笼变形

续上表

质量通病	防治措施
钢筋笼位置偏差	1. 在钢筋笼上，每隔2.0m设置一组垫块，每组4个，控制混凝土的保护层厚度。 2. 吊放钢筋笼时应保持垂直态，使钢筋笼的平面位置对准桩孔轴线。应缓慢吊放，防止偏移。 3. 偏差的桩位应在垂直状态时吊放钢筋笼入孔。 4. 在钢筋笼顶采取专门的笼顶平面位置定位措施
钢筋笼上浮	1. 当混凝土上升到接近钢筋笼下端时，放慢灌注速度。 2. 当钢筋笼被埋入混凝土中一定深度时，提升导管，缓慢减小导管埋入深度，使导管下端高出钢筋笼下端一定距离后恢复正常的灌注、提升速度。 3. 灌注混凝土前，应对钢筋笼采取充分的加固措施，将钢筋笼固定在孔位护筒上
断桩	1. 严格按照水下混凝土的有关规范配制混凝土，测试每车混凝土的坍落度，保证其和易性良好。 2. 在漏斗上设置铁箅子，防止集料太大而堵塞导管。 3. 严禁不经测算盲目提拔导管，每次提拔导管均应由工序工程师实测、计算后确定提拔高度，防止导管脱离混凝土。 4. 应顺直连接钢筋笼主筋，保证导管位于孔位中心线上，以免提拔导管时导管挂住钢筋笼。 5. 灌注混凝土时，应与混凝土搅拌站提前联系，保证连续供应。灌注时，应安排足够的混凝土运输车，并保证后续车辆及时到达。 6. 在混凝土灌注过程中随灌随测，及时提拔导管，防止导管埋置过深。导管在混凝土中的埋置深度以2.0~6.0m为宜

CFG桩质量通病及防治措施　　　　　　　　　　　　　　　　附表A.5

质量通病	防治措施
堵管	1. 施工时严格按照设计、试桩时确定的配合比进行施工，施工时混凝土坍落度宜控制在180~200mm，粗集料可采用卵石或碎石，最大粒径不宜大于30mm。 2. 确保混凝土能顺利通过刚性管、高强柔性管、弯管和变径管而到达钻杆芯管内。 3. 施工时，如果发现混凝土可泵性差，可适量掺入泵送剂。 4. 搅拌好的混凝土通过溜槽注入混凝土泵储料斗时，需经过一定规格的过滤栅。 5. 采用合理弯头曲率半径、合理的弯头与钻杆连接形式
桩头空芯	1. 施工中应经常检查排气阀的工作状态，当发现堵塞时应及时清洗。 2. 钻至设计高程时，应先泵送混凝土并停顿10~20s，再缓慢提升钻杆
桩身夹泥	1. 灌注混凝土时，钻头埋入混凝土内的长度应不小于1m。 2. 控制混凝土坍落度和石料的粒径，保证混凝土的和易性，防止堵管造成断桩和夹泥
穿孔	1. 采用大桩距的设计方案。 2. 改进钻头，减轻对土体的扰动。 3. 减少打桩推进排数，尽快离开已打成的桩。 4. 必要时采用隔桩、隔排跳打方案
断桩	1. 在施工中，严格控制机械，防止因施工不当造成成品破坏。 2. 采用小挖掘机进行开挖时，挖斗尺寸比桩间净排距小20~30cm，同时人工配合清理桩身周围的土。 3. 严格按设计要求进行配料和搅拌。 4. 在施工过程中严格控制拔管速度，泵送混凝土料和拔管应连续均匀，拔管速度宜为2~3m/min

续上表

质量通病	防治措施
桩端不饱满	1. 施工时，不能先提钻后泵料。钻机钻至设计高程后，应先泵入混凝土，使钻杆芯管充满混凝土，并停顿10~20s，再缓慢均匀提升钻杆，使钻头始终埋入混凝土内1m左右。 2. 施工中，前、后台工人应密切配合，保证提钻和泵料的一致性

模板工程质量通病及防治措施　　　　　附表 A.6

质量通病	防治措施
接缝不严	1. 应严格按 1/50~1/10 比例将各分部分项细部翻成详图，详细编注，经复核无误后向操作工人交底，强化工人质量意识。 2. 制作定型模板和拼装。 3. 严格控制木模板含水率，制作时拼缝严密。 4. 木模板安装周期不宜过长。 5. 浇筑混凝土时，应提前浇水湿润木模板，使其胀开密缝
脱模剂使用不当	1. 严禁使用废机油作脱模剂，应选用既便于脱模又便于混凝土表面装饰的脱模剂材料。可选用皂液、滑石粉、石灰水及其混合液和各种专门化学制品脱模剂等。 2. 脱模剂材料宜拌成稠状，应涂刷均匀，不得流淌，一般刷两度为宜，以防漏刷；不宜涂刷过厚。 3. 涂刷脱模剂后，应在短期内及时浇筑混凝土，以防隔离层遭受破坏
模板未清理干净	1. 钢筋绑扎完毕，采用压缩空气或压力水清除模板内垃圾。 2. 封模前，派专人将模内垃圾清除干净。 3. 墙柱根部、梁柱接头处留清扫孔，尺寸大于或等于100mm×100mm。模内垃圾清除完毕后，及时将清扫孔口封严
轴线移位	测放模板轴线后，组织专人进行复核，确认无误后方可施工

钢筋质量通病及防治措施　　　　　附表 A.7

质量通病	防治措施
钢筋端部直螺纹丝扣加工好以后，没有对丝扣进行有效保护	钢筋端部直螺纹丝扣加工好以后，套上塑料帽对丝扣进行保护
后浇带、施工缝等部位预留钢筋长时间搁置，未进行防锈保护处理	后浇带、施工缝等部位预留钢筋搁置时间超过3个月以上时，必须对预留钢筋进行防锈保护处理（在钢筋表面涂刷水泥浆）
加工的箍筋不规范	1. 操作时先试弯，检验合格后再批量弯制。 2. 一次弯曲多根钢筋时应逐根对齐。 3. 对于已超出允许偏差范围的箍筋，光圆钢筋可以重新调直后再弯一次，其他品种的钢筋不得重新弯曲
弯曲成型后的钢筋变形	1. 搬运堆放时应轻抬轻放。 2. 堆放场地应平整。 3. 应按施工的先后顺序堆放。 4. 已变形的钢筋可放到成型台上矫正；变形过大的应视碰伤或局部裂纹的轻重进行处理

续上表

质量通病	防治措施
成型的尺寸不准	1. 加强钢筋下料的管理工作，根据实际情况和经验预先确定钢筋下料长度调整值。 2. 为确保下料画线准确，应制订切实可行的画线程序。 3. 操作时，搭板子的位置应按规定设置。 4. 对形状比较复杂的钢筋或大批量加工的钢筋，应通过试弯确定合适的操作数据，作为大批量弯制的示范
钢筋骨架外形尺寸不准	1. 绑扎时将多根钢筋端部对齐。 2. 防止钢筋绑扎偏斜或骨架扭曲。 3. 对尺寸不准的骨架，可将尺寸不准的个别钢筋松绑，重新安装绑扎。不得用锤子敲击，以免其他部位钢筋发生变形或松动

混凝土质量通病及防治措施　　　　　附表 A.8

质量通病	防治措施
混凝土实体裂缝	1. 尽量减小混凝土坍落度，在最后一次抹光结束后立即进行覆盖养护。 2. 浇筑前，检查保护层垫块位置和厚度，并在初凝前进行二次复振。 3. 混凝土浇筑后至终凝，收光3次以上，最后一次需控制在初凝后、终凝前。 4. 根据同养试块的抗压强度合理选择拆模时间和加荷时间。 5. 浇筑混凝土前，检查排架各节点锚固是否到位，地基和排架垫木是否硬实。 6. 确保大体积混凝土内外温差小于25℃，温度梯度小于15℃/m。 7. 合理配置钢筋，特别是墙板水平筋和柱、梁交界处加强筋。 8. 合理留置后浇带
混凝土凝结时间异常	1. 定期对计量系统进行校验，出现异常立即整改。 2. 现场添加外加剂时，必须由技术人员旁站，进行指导监督。 3. 控制原材料
混凝土坍落度损失较大	1. 调整配合比，根据运距控制出厂混凝土坍落度，合理掺用外加剂。 2. 施工方应做好施工组织设计，确保浇筑混凝土人数
混凝土蜂窝、麻面、孔洞	1. 模板表面应平整，无黏附物，脱模剂涂抹要均匀。 2. 浇筑前，用清水湿润模板，不留积水。 3. 混凝土浇筑高度不宜大于2m，必要时采用串筒、溜槽进行下料。 4. 合理掌握振捣时间和振捣间距，振捣均匀，不过振、漏振。 5. 模板拼装应严丝合缝，并加固牢固
露筋	1. 混凝土浇筑前添加垫块，保证厚度，固定到位。 2. 控制石子粒径在5~25mm。 3. 浇筑柱时，接口处用砂浆做引浆。 4. 适当加大坍落度，方便振捣。 5. 振捣棒尽量避开钢筋；无法避免处，振捣后应使用钢筋复位

续上表

预应力质量通病及防治措施　　　　　　　　　　　　　　　　　　附表 A.9

质 量 通 病	防 治 措 施
螺丝端杆变形、断裂	1. 加强原材料检验。 2. 选用适当的热处理工艺参数。 3. 采用先对焊后冷拉的施工顺序。 4. 根据变形值的大小更换端杆或通过二次张拉建立设计预应力值，对断裂的端杆必须进行更换
预应力钢丝张拉时滑丝、断裂	1. 选用硬度合格的锚夹具。 2. 编束时预选钢丝，使同一束中钢丝直径的绝对偏差不大于 0.15mm。将钢丝理顺，用铅丝编扎，避免穿束时钢丝错位。 3. 浇筑混凝土前，应使管道孔和垫板孔垂直对中。 4. 张拉时，使千斤顶与锚环垫板对中
后张法构件裂缝	1. 严格控制混凝土配合比，加强混凝土振捣，保证混凝土的密实性和强度。 2. 预应力张拉时，混凝土必须达到规定的强度，应力控制应准确。 3. 严格按设计要求配置横向钢筋或螺旋筋，保证混凝土端面有足够的承压强度和安全储备。 4. 认真验算张拉阶段预拉区的拉应力，严格控制超张拉值

钢结构质量通病及防治措施　　　　　　　　　　　　　　　　　　附表 A.10

质 量 通 病	防 治 措 施
钢材表面卡具压痕或划痕损伤、焊接撕裂、凹陷处	深度大于该钢材厚度负允许偏差值的 1/2 时，局部补焊后再打磨平整；小于 0.5mm 时，予以磨修平整
材料或零部件露天堆放处支点少，浸泡在水中	1. 增加垫高的支撑点。 2. 开挖露天场地的排水沟
使用火焰切割面存在大于 1.0mm 的缺棱；切割边熔化物未清理	1. 切割前，检查、调整火焰，检查气瓶存气量。 2. 对于存在非熔接面的缺棱，应补焊并打磨平整。 3. 对于切割边熔化物，应打磨平整
钻孔孔边毛刺不清楚	对于机械钻孔产生的毛刺，必须打磨
手工火焰切割的坡口不规范；钝边尺寸不一致，缺棱较多	重新切割并打磨修整，使钝边尺寸一致、缺棱基本消除
H 型钢类构件校正后仍然存在旁弯或扭曲超标	在抛丸（或喷砂）前重新校正。对于较薄的中板，宜用机械方法矫正；对于较厚的中板或厚板，宜用火焰热矫正
薄板或较薄中厚板经单头火焰切割后出现侧弯曲	火焰切割时，宜间断进行，留短长度的固定点，待板冷却后方可彻底断开
零部件后出现定位焊缝开裂	1. 加大定位焊缝的长度和角焊缝焊脚高度。 2. 对于定位焊缝开裂导致构件整体尺寸变化的，应返工、重新组对
装卸倒运成品构件时，未采取保护措施	1. 在详图设计时，多设临时吊耳，安装后如有妨碍可割除。 2. 钢丝绳捆扎处必须垫橡胶皮

续上表

质量通病	防治措施
焊缝产生咬边	1. 选择合适的焊接电流。 2. 采取短弧焊。 3. 控制合适的焊接角度
焊缝产生焊瘤	1. 焊接电流适当。 2. 装配间隙适当。 3. 加大钝边尺寸。 4. 将坡口边缘污物清理干净
焊缝产生弧坑	1. 熄弧前焊条回弧填满溶池。 2. 焊接电流要适当
焊缝产生气孔	1. 使用适当的电流。 2. 短弧操作。 3. 清理焊接区表面油、锈等污物。 4. 焊前烘干焊条
焊缝产生夹渣	1. 清理溶渣（每一层）。 2. 提高焊接电流，加快焊接速度。 3. 加大坡口角度，增加根部间隙。 4. 正确掌握运条方法
焊缝产生冷裂纹	1. 使用低氢型、韧性好、抗裂性好的焊条。 2. 正确安排焊接顺序。 3. 进行预热或后热，控制层间温度。 4. 焊前烘干焊条，选用难吸潮的焊条。 5. 将坡口锈迹清除干净。 6. 监理加强巡视检查，如果发现裂纹，清理重焊
漆膜起泡	1. 喷涂时，保持压缩空气干燥。 2. 雨天或湿度超过85%时禁止进行涂装作业。 3. 气温超过43℃时不宜进行涂装作业
漆膜厚度达不到设计要求	1. 保证油漆有合适的黏度，采用黏度计检测。 2. 坚持油漆质量检查监督制度。 3. 保证涂刷遍数。 4. 增加漆腊厚度，保证底漆和中间漆厚度
漆膜翘皮、脱落	1. 清除构件基层的锈、油污、灰土、水分。 2. 湿度超过规范要求时停止涂装。 3. 清除附着不牢的残留氧化铁皮
构件安装前发生的损伤变形未得到校正	必须用冷或热的方法予以校正，并补涂底漆和面漆
构件安装前发生的局部涂损伤脱落未得到处理	必须用同牌号的底漆和面漆补涂
用火焰割扩高强螺栓孔	采用铰刀扩孔、更换连接板、堵焊旧孔重钻新孔的方法处理
高强螺栓的摩擦面处理不干净，无安装前的摩擦系数复验报告	1. 必须磨平孔的毛刺，清除油污、泥砂和浮锈。 2. 出厂前和安装前的摩擦系数试（复）验报告齐全，经监理认可后方准施工

续上表

质量通病	防治措施
高强螺栓垫片反方向、露出丝扣不一致	1. 施工时观测垫片的正反差异，凸棱面向外。 2. 同一板叠厚度选用的螺栓长度应一致，露出的丝扣长度以 2~3 扣为宜
强行用铁锤敲入高强螺栓	1. 严禁用锤敲打。 2. 孔错位不大时，采用铰刀扩孔的办法
角焊缝高度不足	1. 焊接前应进行技术交底。 2. 焊接层数不应过少
焊缝（主要是角焊缝）药皮、飞溅物未得到清除，焊缝成型不良	1. 焊缝药皮、飞溅物应由焊工清除。 2. 进行技术交底。 3. 加强质量自检。 4. 对于外露明显的焊缝成形不良部位，应予以修整。 5. 监理抽查检查
金属压型板钻打的抽芯铆钉间距不一致；安装室外板未使用防水铆钉	1. 抽芯铆钉间距应按标准图集节点要求保持一致。 2. 铆钉直径符合要求。 3. 安装室外墙面必须使用防水铆钉或不锈钢铆钉
墙顶伸缩缝金属压型泛水板设置不规范	1. 按照相关图集和规程压制成形。 2. 设置成既防风防雨、又能够自由伸缩的泛水板
层面和墙面的金属压型板防风堵头未设置或设置不齐全	按照相关图集和规程正确设置防风、防雨堵头
室外门窗、墙顶墙脚有泛水板和包角度之间搭接长度不规范，未打防水密封膏	1. 泛水板和包角度之间搭接长度应符合相关图集节点大样。 2. 防水密封膏在钉两侧至少一道止水。 3. 一次性施工项目需一次做好。 4. 做好技术交底，列为重要工序进行质量控制
施打屋面抽芯铆钉时，错钻孔，未用防水密封胶封堵	1. 必须做好顶头部位涂防水密封胶的最后一道工序。 2. 对于错钻造成的空洞，用防水密封胶封堵。 3. 向作业者做好技术交底

地下防水质量通病及防治措施　　　　　　　　附表 A.11

质量通病	防治措施
后浇带渗漏	剔凿后浇带处混凝土，用高压水枪进行冲洗，清除积水，均匀浇撒比原混凝土强度高的水泥浆，振捣密实，浇水养护
预埋件部位渗漏	1. 对预埋件铁脚，应按照设计要求焊接止水环。 2. 地下室的管线应尽量设置在地下水位以上。 3. 管道穿墙时应采用柔性防水套管
混凝土裂缝渗漏	1. 对水泥进行检测，严禁使用安定性不合格的产品。 2. 混凝土配合比应根据试验室数据确定，严格控制水泥用量。 3. 对于地下室底板等大体积的混凝土，应严格控制温差
卷材原因导致底板漏水	重点加强集水坑以及底板高低差位置的阴阳角的处理，在卷材附加层做完且经检查合格后，方可开始大面积制作防水卷材

续上表

质量通病	防治措施
卷材搭接不合理以及阴阳角附加毡做的不符合设计规定而造成漏水	1. 在施工过程中，严格按照设计与规范的要求进行操作。 2. 保证足够的搭接尺寸。 3. 防水搭接头应使用密封材料进行处理，沿缝封严，且宽度应大于10mm

排水系统质量通病及防治措施　　　　　　　　　　　　　　　附表 A.12

质量通病	防治措施
落水斗处漏斗高出天沟，造成天沟积水	复核、校准安装落水斗位置高程
天沟坡度不满足设计要求，造成天沟积水	施工前，复测校准天沟坡度，确定无误后方可施工

吊顶工程质量通病及防治措施　　　　　　　　　　　　　　　附表 A.13

质量通病	防治措施
拼板处不平整	1. 先安装主龙骨，并拉通线检查是否正确，然后边安装边调平。 2. 应使用专业机具、选用配套材料，保证加工板材尺寸符合标准，减少原始误差和装配误差
天花板出现小块板	施工前，结合现场实际尺寸进行综合排版，严禁出现小于1/3的小板
主、次龙骨在纵横方向不顺直、有扭曲、歪斜现象	按设计要求弹线，确定龙骨吊点位置。主龙骨端部超过300mm时，应增加吊点

站台墙质量通病及防治措施　　　　　　　　　　　　　　　　附表 A.14

质量通病	防治措施
站台帽檐侵限	1. 浇筑混凝土前，测量复核帽檐边线。 2. 将模板加固牢固
接地端子漏埋、错埋	施工前，检查接地端子预埋数量及位置，确定无误后方可施工

墙体砌筑质量通病及防治措施　　　　　　　　　　　　　　　附表 A.15

质量通病	防治措施
二次砌体结构放线不准确，偏差过大，放线未做标记	1. 砌体结构的高程、轴线应引自准控制点。 2. 墙体砌筑放线前校核放线尺寸，严格控制放线精度。 3. 放线后进行地面弹线，并将高程或轴线控制线引至明显、易保存的建筑物上，以便后期复核及安装设备时使用。 4. 每层砌筑完成后，对墙体的高程和轴线进行校核，确保在误差允许范围内
所用材料无产品合格证、检验报告，未对主要材料进行进场复验	1. 砌筑所用主要材料均应有合格证或质量证明文件。 2. 对于混凝土、砂浆、砖、砌块、钢筋，应进行进场复检。 3. 使用砂浆、混凝土前应制作试块，进行抗压强度试验

续上表

质量通病	防治措施
选用的墙体砌筑材料不正确；砌块、砖块尺寸有偏差，观感质量较差	1. 严格按照施工图要求选用砌筑材料，按要求进行检验。 2. 对选用的砌块，严格进行进场检验，发现尺寸、强度不合格者必须退回。 3. 高度、宽度、厚度尺寸偏差不大于±2mm
砌筑砂浆不饱满，厚度不满足要求	1. 改善砂浆和易性，确保灰缝砂浆饱满，提高黏结强度。 2. 严禁干砖上墙，冬季施工时也应先将砖面润湿后再进行砌筑。 3. 墙体灰缝宽度控制在10mm以内，外表应美观。砌筑墙体时必须双面勾缝，灰缝应横平竖直，宽度均匀，砂浆饱满度不得低于90%
设置在墙内的受力钢筋位置、数量、搭接不正确	1. 灰缝中的钢筋应居中置于灰缝内，水平灰缝厚度应比钢筋直径大4mm以上。 2. 钢筋的数量应符合设计要求，设计无要求时应符合现行《砌体结构工程施工质量验收规范》（GB 50203）的规定。受力钢筋的连接方式、锚固长度、搭接长度应符合设计要求
未设置拉结筋或设置数量、规格、型号、位置不正确；未设钢筋砂浆带	1. 严格按照设计图纸要求设置拉结筋，其规格型号、数量、位置应正确。 2. 拉结筋沿墙高每隔500mm设2根直径6mm钢筋，伸入墙内不宜小于600mm，钢筋竖向位移不应超过100mm，且每个结构柱竖向移位不超过2处
构造柱处未预留马牙槎，或马牙槎尺寸不合格	构造柱处需留置马牙槎，马牙槎先退后进，留槎宽一般为60mm，高度不宜大于300mm，具体尺寸依据构造柱尺寸确定
轴线位移，位置与图纸不符	施工前仔细检查砌体的轴线与边线的关系，挂准线不宜过长，应平直一致
墙面整体粗糙，平整度不满足要求，观感质量较差	1. 施工前进行技术交底，将各项技术要求向一线施工人员交底。 2. 砌筑时避免集中使用半头砖。 3. 每砌筑一定高度，应及时进行平整度测量，随时调整墙背平直度。 4. 突出墙面的灰浆应及时刮平顺，防止灰缝泥浆凌乱
灰缝不平直，竖向灰缝出现瞎缝、通明缝和假缝	1. 砌筑施工前，应对楼板面高程偏差较大的地方进行清理、找平。 2. 砌筑过程中，严格按皮数杆控制砖皮数。 3. 灰缝应横平竖直、厚薄均匀，水平灰缝厚度及竖向灰缝宽度宜为10mm，最大为12mm，最小为8mm
砖墙砌至梁板顶部时，斜砖放置不正确	砌体砌至梁底时，必须留置符合"倒八字"要求的180～200mm间隙，倾斜角度宜为45°～60°，且要求砖灰缝饱满，上部与混凝土梁缝隙用刨根挤紧、无缝隙、无瞎缝、无透亮，中间及两侧部位宜用混凝土预制块及灰浆挤严、挤实
超过一定尺寸洞口未设置过梁，门框固定处未留实心砖	严格执行施工图纸、标准、规范要求，宽度超过300mm的洞口处应加设钢筋混凝土过梁，在门框固定处预留实心砖
预留孔洞尺寸、位置、数量不正确	1. 施工前进行技术交底，将各项技术要求向一线施工人员进行交底。 2. 施工前与其他各专业认真核对预留孔洞的尺寸、位置、数量，并在现场明显处做标记，预留过程中及时进行检查
构造柱错位	每层墙体砌筑前，应先对构造柱进行放线定位并留出马牙槎的位置，砌筑时随着墙体高度的增加，将柱中线逐步引至墙及上层圈梁的模板上，以便及时校核，确保钢筋骨架、构造柱和砖墙三者中心线（轴线）符合施工要求

续上表

质量通病	防治措施
植筋时钻孔深度不符合要求，未吹孔、刷孔，植筋胶填注不足，未达到强度便使用	使用冲击电钻钻孔，孔洞深度≥15d（d为钢筋直径）。清孔时，先用吹气泵清除孔洞内粉尘等，再用清孔刷清孔，应多次吹刷，之后测量孔深是否满足要求。使用植筋注射器从孔底向外均匀地填注适量胶粘剂，注意勿将空气封入孔内。按顺时针方向、平行于孔洞走向，把钢筋轻轻植入孔中，直至插入孔底、胶粘剂溢出。植筋后，待达到规定强度后进行拉拔试验，合格后方可使用
构造柱烂根	1. 及时清理站内积水，保证构造柱不泡水。 2. 用防水涂料或油毡包裹混凝土，将混凝土与环境硫酸盐隔离。 3. 使用抗硫酸盐水泥和较低的水胶比（0.45以下）。 4. 在混凝土中掺加硅灰（占胶凝材料质量的8%以上）、矿粉（占胶凝材料质量的40%以上）或粉煤灰（占胶凝材料质量的25%以上）。 5. 如果侵蚀已经发生，必须凿除受破坏的混凝土，使用符合上述要求的混凝土或砂浆修补，或再辅以防水层保护混凝土
构造柱拉结筋数量不足、位置不正确	严格执行现行《建筑抗震设计规范》（GB 50011）
模板制作尺寸不正确，内侧未刷脱模剂，安装不牢固，结构易变形，脱模困难	1. 按照混凝土尺寸制作模板，留有余量，防止混凝土溢出。 2. 安装模板前，应对表面清理干净，在模内部刷油，防锈、防粘连。 3. 板及其支撑必须有足够的强度和稳定性，其支撑部分应有足够的支撑面积，对拉螺栓紧固可靠
圈梁、过梁、构造柱混凝土强度不足；振捣不到位，蜂窝麻面，跑模、胀模、漏浆	1. 严格按照施工图要求选用合格商用混凝土，并按照规范要求留置试块，养护合格后进行强度试验。 2. 使用振捣棒振捣构造柱时，尽量靠近内墙插入。 3. 振捣圈梁混凝土时，振捣棒与混凝土面应成斜角，斜向振捣。 4. 混凝土浇筑完12h内，应对混凝土进行洒水养护

抹灰工程质量通病及防治措施　　　　　　　附表A.16

质量通病	防治措施
抹灰前未制作灰饼，制作不正确，抹灰过程控制不标准	制作灰饼时必须使用投线仪，根据室内规方线进行操作，保证房间方正、开间进深尺寸符合验收要求
抹灰前未甩浆拉毛，特殊部位未挂网	1. 施工前做好交底，施工过程中加强监督检查。 2. 抹灰前处理基层，甩浆厚度合格，拉毛面凝固后抹灰。 3. 在预留线管、构造柱、圈梁、横梁等处挂网，单边挂网及搭接宽度须大于150mm
抹灰前未对预埋箱盒成品进行保护	加强施工管理，抹灰前对各项准备工作进行隐蔽检查验收，做好成品保护工作
墙面抹灰一次完成，未分层，未打底灰	1. 墙面抹灰严禁一次完成，必须先打底灰，底灰表面扫毛或划出纹道。 2. 面层颜色均匀一致，压纹平顺，不起砂，直线平顺，曲线平滑，落地灰清理干净，收边收口部位边缘整齐

续上表

质量通病	防治措施
抹灰面不平，阴阳角不垂直、不方正	1. 抹灰前按规矩找方、横线找平、立线吊直，弹出基准线和墙裙（或踢脚板）线。 2. 先用托线板检查墙面平整度和垂直度，确定抹灰厚度。 3. 经常检查和修正抹灰工具，避免木杠变形后继续使用。 4. 抹阴阳角时应随时检查角的方正，及时修正。 5. 罩面灰施抹前应进行质量验收，不合格处必须修正后再进行面层施工
未对完成面进行成品保护，导致面层、阴阳角破损	对于抹灰成活的阴阳角等易破损部位，必须采取成品保护措施，成品保护材料可采用直角PVC条、挤塑板或木板条

干挂饰面板质量通病及防治措施　　　　　附表 A.17

质量通病	防治措施
测量放线与定位不准确，造成龙骨偏差	1. 安装龙骨时，先安装竖龙骨，复核、调整其位置、垂直度、平整度，合格后方可进行龙骨加焊。 2. 及时检查垂直度
龙骨焊点未敲焊渣、未刷防锈漆	龙骨满焊后，及时清理焊渣，刷防锈漆，安排专人检查，验收合格后方可进行下一道工序
面板不平整	1. 在安装之前检查面板尺寸、外观。 2. 安装面板时，按施工方案和放线位置进行
饰面板表面污染、破坏	1. 饰面板施工完成后，做好成品保护。 2. 搬运材料时，注意防止损坏
密封胶不均匀，黏结力差	1. 在使用密封胶前做相容性试验。 2. 清理干净板缝后，方可打胶

墙面砖质量通病及防治措施　　　　　附表 A.18

质量通病	防治措施
墙砖空鼓、脱落	1. 将基层清理干净，提前洒水湿润墙面，墙面湿贴玻化砖。 2. 严禁采用黏结砂浆直接粘贴工艺，宜采用机械增强粘贴技术或挂贴工艺。 3. 可采用浅缝铜丝增强法、背槽挂托增强法、锥孔或背栓孔铜丝增强法等
接缝不平直、缝宽不均匀	贴砖前找好方正，用水平尺找平，校对墙面平整度，弹好水平线，采用瓷砖卡子保证缝宽均匀
排版错误，出现小块砖	在施工前，根据现场的实际尺寸使用软件进行预排版，避免出现小块砖
墙面砖破损	增强工人成品保护意识，墙面砖阳角部位贴阳角条，做成品保护

细石混凝土地面质量通病及防治措施　　　　　附表 A.19

质量通病	防治措施
地面不平整	严格按照施工规范操作，浇筑细石混凝土地面前做灰饼，根据水平线控制或弹线用抹子找平，然后浇水养护
地面出现裂缝	1. 浇筑混凝土后，及时洒水养护，防止干缩。 2. 气温低时，注意覆盖养护
混凝土强度偏高或偏低	严格把控原材料质量，控制配合比，按规定检查、记录坍落度

地面石材质量通病及防治措施　　　　　　　　　　　附表 A.20

质 量 通 病	防 治 措 施
石材有色差	1. 严格进行材料进场验收。 2. 剔除色差大的石材。 3. 严禁使用掉色材料
与柱子、墙面交界处空隙过大	1. 加强对施工人员培训、交底。 2. 做好细部处理
地面石材碎裂	1. 在施工前，对铺贴石材人员进行细致交底。 2. 现场铺贴时，避免交界处产生空鼓
缝隙大小不一	1. 在施工前做好交底，在石材之间使用成品卡扣保证缝隙大小一致。 2. 在石材未完全粘接牢固前，严禁踩踏石材，防止造成石材移位
石材泛碱	铺贴石材前，进行六面防护
表面有污渍、划痕	1. 对已铺贴好的石材进行贴膜防护。 2. 严禁在石材面上使用漏油工具、升降车。 3. 严禁将金属材料直接放置于石材表面

环氧树脂自流平质量通病及防治措施　　　　　　　　附表 A.21

质 量 通 病	防 治 措 施
表面不平整	施工前，应对基层进行高程测量，对偏差较大部位进行打磨找平
环氧树脂自流平鼓包	施工前，应进行防潮及浮尘清理等工作
环氧树脂自流平表面脱层、破裂	地面起鼓后及时处理，去除破损部位，按照设计工艺进行局部修补
表面颜色不均匀	1. 地坪达到养护期限后方可投入使用。 2. 防止化学物品腐蚀

防静电活动地板质量通病及防治措施　　　　　　　　附表 A.22

质 量 通 病	防 治 措 施
防静电活动地板面层出现大小缝	1. 在施工前做好交底。 2. 在活动地板之间使用成品卡扣，保证缝隙大小一致
墙边切缝过大、切口表面绷瓷	1. 加强对施工人员培训、交底。 2. 做好细部处理。 3. 切割前粘贴美纹纸，防止绷瓷
防静电活动地板出现小块砖	施工前，结合机房使用需求进行综合排布
支架松动、表面摇晃	1. 保证基层地面平整。 2. 安装时，注意检查各支架螺栓是否拧紧
板面有破损	设备进出过程中轻拿轻放，避免边角直接撞击静电地板

地面绝缘层、警示带质量通病及防治措施 附表 A.23

质 量 通 病	防 治 措 施
站台门绝缘层破坏，未到达绝缘指标，影响运营安全	1. 绝缘层施工时，对周围采取保护措施。 2. 站台垫层干燥后，再进行绝缘层施工。 3. 绝缘层检验合格之后，再铺贴石材
警示带与石材错缝；排版出现小块	1. 应完成警示带的整体排版下料工作。 2. 如果出现小块，对警示带进行微调或者加长加工
警示带表面有划痕、破损	对已铺贴好的警示带采取防护措施，严禁将金属制品直接放置于警示带表面
警示带表面不平整、有色差	铺贴警示带之前应对警示带进行挑选，剔除平整度较差、尺寸偏差大、表面颜色不一致的板块

外墙涂料质量通病及防治措施 附表 A.24

质 量 通 病	防 治 措 施
外墙涂料表面凹凸不平	1. 进行基层处理时，严格把控平整度。 2. 外墙水泥砂浆抹灰完成且干透后进行保温板的施工，砂浆干透后进行外墙腻子的施工，最后进行外墙涂料的施工
外墙涂料色差明显	1. 使用同厂家、同规格、同批次的喷涂材料。 2. 作业面必须喷涂均匀。 3. 在恶劣天气下施工时，应避免雨水对颜色造成影响
外墙涂料作业对其他外饰面造成污染	1. 按正确的施工工序施工，待喷涂作业完成后方可进行玻璃、金属、石材饰面板安装工作，避免污染其他装饰面。 2. 对其他饰面层进行成品保护，使用保护膜、美纹纸划分作业面

栏杆、玻璃隔断质量通病及防治措施 附表 A.25

质 量 通 病	防 治 措 施
栏杆扶手整体刚度不够，用手拍击有颤抖感	1. 选用壁厚大于或等于 1.2mm 的管材做扶手，立管管径不能太小。 2. 当扶手直线段长度较长时，立柱应有侧向稳定加强措施
立柱不垂直，排列不在同一直线上	1. 施工时必须准确放线，先用水平尺校正两端基准立柱，然后拉通线按立柱定位将其固定。 2. 检查预埋件的稳定性

幕墙工程质量通病及防治措施 附表 A.26

质 量 通 病	防 治 措 施
预埋件点位偏差、漏埋	1. 在土建施工过程中，随时复核土建结构尺寸，偏差较大时及时与相关单位沟通。 2. 必要时使用后置埋件（埋件应进行拉拔试验，拉拔值符合设计要求）
龙骨安装偏差较大	1. 安装龙骨时，应按图纸放线，复核后再施工。 2. 做好龙骨安装技术交底，明确偏差范围。 3. 放线工作严格把关，施工过程中加大检查力度

续上表

质量通病	防治措施
饰面板安装不平整	1. 方案设计和深化设计时合理减小分格尺寸，使材料大小均匀，降低加工和安装难度。 2. 做好材料运输、储藏和安装过程中的管理，避免面材磕碰。 3. 严格执行施工样板先行制，加强现场质量检查和验收
幕墙系统水密性、气密性不符合要求	1. 在方案设计时，重点研究防漏水方案和防水材料的选用，并优化设计方案。 2. 在深化设计时，严格审核防水节点。 3. 做好技术交底，严格执行施工样板管理制度。 4. 加强材料进场验收和质量把控。 5. 施工措施和安装工艺要科学合理
背栓有漏挂现象	施工过程中对重点部位进行重点检查

建筑电气质量通病及防治措施　　　　附表 A.27

质量通病	防治措施
结构预埋时，位置、高程不正确；线管保护层不足；漏埋、错埋；管路弯扁度超标	1. 确保按基准高程线施工。 2. 线管保护层厚度必须大于 15mm。 3. 严格按照图纸施工，施工完成后核对每个房间的管路是否与图纸一致，以免漏埋、错埋。 4. 管路的弯曲半径应符合规范要求
孔洞留设时，漏留、错留孔洞	1. 编制孔洞留洞图和留洞检查表。 2. 现场标记孔洞的位置
电管敷设完成后的金属管道内有铁屑杂物，管口有毛刺，管路连接处不平齐、不光滑，防腐处理不符合要求，管口套丝乱扣，管口插入盒内长度不一致，弯曲半径太小，有扁裂现象，暗敷管保护层厚度不足，吊顶内配管、配线混乱、不规则	1. 管口断开后，及时处理管口的毛刺及落入管内的铁屑、杂物。 2. 对于丝扣连接的钢管，丝扣清晰并做防腐处理，无乱扣现象。管口露出盒、箱的长度应不小于 5mm，有锁紧锁母者与锁紧锁母平，露出锁紧锁母的丝扣为 2~4 扣。两根以上的管入盒、箱时，盒、箱内的管头应长度一致、间距均匀、排列整齐。 3. 配管时，管道弯扁度应不大于管外径的 0.1 倍。暗配管时，弯曲半径应不小于管外径的 6 倍。 4. 暗配的导管的埋设深度、距建（构）筑物表面的距离应不小于 1.5mm。 5. 吊顶内配管应横平竖直，固定点间距符合施工规范要求
安装线槽时，桥架支架长短不一，横担弯曲；桥架的跨接处未采用专用的接地螺丝固定；连接螺丝反向，连接螺丝数量不足；桥架安装扭曲，接缝过大；缺少跨接线或跨接线线径、颜色错误；桥架的拐弯、三通等未采用成品配件，连接处不美观、缺电缆桥架盖板	1. 线槽应安装牢固，无扭曲变形，紧固件的螺母应在线槽外侧。 2. 线槽内的各种连接螺栓，均要由内向外穿，应尽量使螺栓的头部与线槽内壁平齐，以便敷设。 3. 非镀锌金属线槽间连接板的两端跨接铜芯接地线（铜芯软导线，截面面积不小于 4mm²），镀锌线槽间连接的两端不跨接接地线，但连接板两端应有不少于 2 个有防松螺帽或防松垫圈的连接固定螺栓。 4. 电缆桥架布线完毕后，应及时加盖桥架盖板

续上表

质 量 通 病	防 治 措 施
多股导线不采用铜接头，直接做成"羊眼圈"状；与开关、插座、配电箱的接线端子连接时，一个端子接几根导线；线头裸露，导线排列不整齐，没有捆绑包扎；导线的三相、零线（N线）、接地保护线（PE线）色标不一致，或者混淆	1. 多股导线可采用与导线同材质且规格相应的线端子压接。 2. 在接线柱和接线端子上的导线连接宜为1根；如需接2根，中间需加垫片。 3. 导线编排要横平竖直。剥线头时，应保持各线头长度一致。导线插入接线端子后，不应有导体裸露。 4. 铜接头与导线连接处，用与导线相同颜色的绝缘胶布包扎。 5. 采购人员要按现场需要配足各种颜色的导线。 6. 施工人员要分清相线、零线、接地保护线的作用与色标。同一建筑物、构筑物的电线绝缘层颜色应一致，保护地线（PE线）应是黄绿相间色，零线用淡蓝色，相线的A相为黄色、B相为绿色、C相为红色
电缆有绞拧、护层断裂和表面严重划伤等缺陷；电缆安装后没有统一挂牌；电缆在电缆沟、桥架中敷设杂乱；在竖井中，电缆井未做防火堵封或封堵不严密；垂直固定电缆的支架太小、太软，向下倾斜；电缆沿桥架敷设时，电缆弯曲半径不能满足规范要求的最小允许弯曲半径	1. 敷设后电缆应及时标识，标识牌应为塑料材质，用尼龙扎带固定。标识牌上应注明线路编号、电缆型号、规格、电压等级、起止点。电缆始端、终端、拐弯处、交叉处挂标识牌，直线段每20m挂标识牌。 2. 固定支架型号合适，焊接、防腐符合要求。 3. 在电缆敷设路由中，根据电缆的型号规格考虑电缆最小允许弯曲半径
配电箱安装、配线时，箱体内的杂物未清理干净；箱壳的开孔不符合要求，当采用电焊或气焊开孔时，严重破坏箱体的油漆保护层，破坏箱体的美观；护口容易损坏；落地的动力箱接地不明显，重复接地导线截面不够；箱体内线头裸露，布线不整齐，导线未留余量；照明配电箱（板）内线路交叉、凌乱，未绑扎成束；照明配电箱（板）内，电气回路未标明回路名称；装有电器的可开门，门和框架的接地端子间未用裸编织铜线连接，且无标识	1. 将箱内的砂浆、杂物清理干净。 2. 订货时严格标定尺寸，按尺寸生产，使箱体的敲落孔开孔与进线管相匹配，如不匹配，必须用机械开孔或送回厂家重新加工。 3. 箱体内的线头要统一，不能裸露，布置要整齐、美观，绑扎固定，导线要留有余量。 4. 柜、屏、台、箱、盘的金属框架及基础型钢必须接地或接零可靠。 5. 装有电器的可开门，门和框架的接地端子间用裸编织铜线连接，且有标识。 6. 箱（盘）内接线整齐，回路编号齐全，标识正确
开关、插座的盒和面板安装、接线时，线盒预埋太深，高程不一；面板与墙体间有缝隙，面板有胶漆污染，不平直；线盒留有砂浆、杂物；开关、插座的导线线头裸露，固定螺栓松动，盒内导线余量不足；开关边缘距门框边缘的距离不符合要求；相同型号、同一室内开关、插座高程不一致；开关控制无序	1. 与土建专业配合，准确、牢靠固定线盒。 2. 预埋线盒应紧贴模板，当预埋的线盒过深时，应加装套盒。 3. 安装面板时，要横平竖直，使用激光自动安平标线仪保证安装高度统一。 4. 清理盒内砂浆。 5. 剥线时，固定尺寸，保证线头整齐、统一，安装后线头不裸露。 6. 开关、插座盒内的导线应留有一定的余量，宜最少预留10cm。 7. 开关安装位置便于操作。开关边缘距门框边缘的距离为0.15~0.2m。开关距地面高度为1.3m。拉线开关距地面高度为2~3m。层高小于3m时，拉线开关距顶板不小于100mm，拉线出口垂直向下。 8. 相同型号并列安装，同一室内开关安装高度一致，且控制有序、不错位。并列安装的拉线开关的相邻间距不小于20mm。 9. 暗装的开关面板应紧贴墙面，四周无缝隙，安装牢固，表面光滑、整洁、无碎裂、无划伤，装饰帽齐全

续上表

质量通病	防治措施
安装灯具时，成排灯具的水平度、中心度偏差较大；当灯具距地面高度小于2.4m时，灯具的可接近裸露导体接地（PE）或接零（PEN）不可靠，无专用接地螺栓，无标识	1. 各种灯具应居中对称，成行成排，高程一致，安装规范，协调美观。 2. 成排灯具安装偏差不应大于5mm，施工时拉线定位，使灯具在纵向、横向、斜向均为一直线。 3. 当灯具距地面高度小于2.4m时，灯具的可接近裸露导体必须接地（PE）或接零（PEN）可靠，应有专用接地螺栓，且有标识
防雷接地及等电位连接时，接地装置的搭接焊的焊接质量、搭接长度不符合要求；焊渣未敲掉；避雷带上的焊接处未刷防锈漆；避雷带安装不平正、不顺直，固定点支持件间距不均匀，未可靠固定，引下线无标识；出屋面金属结构、非金属结构未做防雷保护；变配电室内明敷接地干线固定不牢固，与墙壁间距、距地面高度不符合要求；未按要求涂色标；设备之间（小于伸臂距离）缺少等电位线；卫生间非带电金属件接线不妥（压接位置）；竖井内、中控室、配电室、电梯机房等部位，等电位端子箱有遗漏等	1. 加强对焊工的技能培训，要求做到搭接焊处焊缝饱满、平整均匀，对立焊、仰焊等难度较高的焊接进行培训。 2. 增强管理人员和焊工的责任心，对不合格的焊缝及时补焊，并及时敲掉焊渣，刷防锈漆。 3. 扁钢与扁钢搭接长度为扁钢宽度的2倍，不少于三面施焊；圆钢与圆钢搭接长度为圆钢直径的6倍，双面施焊；圆钢与扁钢搭接长度为圆钢直径的6倍，双面施焊；扁钢与钢管、扁钢与角钢焊接，紧贴角钢外侧两面，或紧贴3/4钢管表面，上下两侧施焊；除埋设在混凝土中的焊接接头外，应采取防腐措施。 4. 接地线的标志应明显、清晰。 5. 变配电室内明敷接地干线，当沿建筑物墙壁水平敷设时，距地面高度为250~300mm；与建筑物墙壁的间隙为10~15mm；接地线表面沿长度方向每段为15~100mm，分别涂以黄色和绿色相间的条纹。 6. 建筑物内明露的正常情况不带电的金属构件均应做等电位联结

建筑智能工程质量通病及防治措施　　　　附表A.28

质量通病	防治措施
探测器安装完成后，未进行成品保护	在探测器安装完成之后、火灾自动报警系统验收前，必须盖上探测器包装盒中所附带的橙色保护罩，以保护探头免受灰尘影响
设备固定及接线时，线盒预埋太深，高程不一；面板与墙体间有缝隙，面板有胶漆污染，不平直；线盒留有砂浆、杂物；固定螺栓松动，盒内导线余量不足	1. 与土建专业配合，准确、牢靠固定线盒。 2. 线盒预埋应紧贴模板，线盒过深时，应加装套盒。 3. 安装面板时，要横平竖直，采用激光自动安平标线仪保证安装高度统一。 4. 清理盒内砂浆。 5. 剥线时，固定尺寸，保证线头整齐统一、安装后线头不裸露
控制柜、箱体进场检查和安装时，设备被损坏，或不符合设计要求，后期无法及时进行调试	1. 检查模块箱是否符合施工合同文件以及设计要求，施工管理人员现场检查箱体内元器件有无缺失以及损坏现象，查看产品合格证书以及检测报告等。 2. 利用钢卷尺测量箱体的安装高程是否满足设计要求，确定箱体安装是否牢固。 3. 现场查看箱体内接线是否符合设计要求，确保调试过程能够顺利进行
向I/O控制箱控制柜送电时，模块损坏，元器件烧损，无法及时更换零件	1. 控制类箱体送电前，测量上级电源电压、电流是否正常。 2. 确定I/O模块接收电压、电流，测量控制设备线缆的电压、电流，防止电压、电流过大而损坏模块箱内模块
未对设备成品进行保护，设备损坏	1. 对于电缆等重要物资，在进场后、交工验收前，安排专人看护，防止丢失和损坏。 2. 箱、柜安装完成后，采用彩条布完整覆盖，防止水汽和灰尘进入设备内部。 3. 张贴成品保护标识牌
传感器、I/O控制箱进场质量检查不符合设计要求，后期无法交付使用	1. 材料、设备进场时，建设方、施工方和监理方必须依照相关规范的规定，按照设备材料进场验收程序，查阅出厂合格证、质量合格证明等文件的原件。 2. 进口材料、设备进场时，应确认质量证明文件符合国家有关规定

檐口质量通病及防治措施 附表 A.29

质量通病	防治措施
板面不平整、不竖直，接缝宽窄、高低不一致	1. 安装骨架时，水平、垂直拉线。 2. 用经纬仪检查平面平整度，进行工序验收。 3. 安装金属板材时，必须符合设计方案和弹线位置。 4. 在安装前，应检查板块尺寸、外形，无误后方可安装
接缝密封不严，不平整，有气泡和渗水现象	1. 选择优质材料，工具性能应良好。 2. 仔细塞入密缝填充物，填充面与板面距离保持一致，嵌入密封胶一致，使接缝密实、缝面平直。 3. 稳定手持嵌缝枪，保持速度均匀、距离一致，边嵌边排出空气。一旦出现气泡，将其捅破，并用抹子压平、排出气体
收口处理不牢固、不平顺、不密实	1. 施工前制订收口方案，对不同结构、条件采用合理的收口方案。 2. 安装时严格操作，掌握要领
表面污染，有凹痕	1. 施工前，制订成品保护措施。 2. 对于污染处，及时清理、擦洗干净

建筑给排水、消防水工程质量通病及防治措施 附表 A.30

质量通病	防治措施
材料及设备进场验收时，产品缺少合格证及相关检验报告，使用不合格的工程材料	1. 严格履行材料进场检验验收制度。 2. 严禁使用没有生产日期、合格证、检验报告及生产厂家的施工材料
给排水施工中，所使用的管材、管件、阀门、保温材料等在施工前未经抽样复试和取样送检等，管道、阀门渗漏	对于需要复试和送检的材料及设备，进场时应安排专人对其进行见证取样、复试和送检
在主体结构施工过程中没有预留套管、埋件，预留套管、埋件偏移或尺寸错误，后期的剔凿造成破坏，影响建筑物的结构安全	1. 仔细阅读施工图纸、设计交底，绘制预留预埋图。 2. 对施工班组做好施工交底。 3. 在预留预埋施工完成后，根据图纸复核预留套管及埋件的坐标、尺寸与数量。 4. 在混凝土浇筑施工时，派专人配合施工，防止预留套管及埋件偏移
套管下端伸出楼板或墙面；套管不平正、环缝不均匀	1. 过楼板的套管顶部高出地面至少 20mm；在卫生间、厨房等容易积水的场所，套管顶部必须高出建筑完成面 50mm。 2. 对于穿楼板的套管，在套管上焊横向钢筋，防止脱落。在安装过程中及时配合调整，底部与顶板抹灰面平齐，混凝土要捣密实。过墙壁的套管两端与饰面平齐，固定牢固。 3. 套管管口平齐，环缝均匀。根据不同介质，填料充实，封堵严密。 4. 穿楼板套管不得有竖向裂缝

续上表

质量通病	防治措施
管道支架安装间距过大，管道局部"塌腰"	1. 根据现行《室内管道支架及吊架》（03S402）图集进行支架的计算及选型 2. 安装支架前，应根据管道设计坡度和起点高程，计算中间点、终点高程，测量、定位位置。 3. 根据管径、管道保温情况，遵循"墙不作架，托稳转角，中间等分，不超最大"原则，依照各支架安装点及高程进行安装。 4. 支架安装必须保证高程、坡度正确，平正牢固，与管道接触紧密，不得有扭斜、翘曲现象；对于弯曲的管道，安装前应调直。 5. 如果安装后管道产生"塌腰"，应拆除"塌腰"的管道，增设支架，使其符合设计要求
管道支架固定方法不当，安装不牢	1. 固定支架必须按设计规定的位置安装，让管道平稳地敷设在支架横梁上，使每个支架都能受力。 2. 在有热位移的管道上，固定支架应在伸缩器预拉伸前固定。 3. 滑动和导向支架不得妨碍管道热膨胀产生的移动，安装位置应从支承面中心向位移反向偏移，其偏移值为位移值的一半，保温层不得妨碍热位移。 4. 沿墙、沿柱或在钢筋混凝土构件上固定支架时，应参照相应的标准图集和规范要求施工。 5. 管道试用后，如果发现支架安装不符合规定或松动，应修整加固或重新安装
给水管道流水不畅或堵塞	1. 管道安装前，必须除尽管内杂物、勾钉和断口毛刺。 2. 对已经使用过的管道，应用钢丝刷或扎布反复清理，清除管内水垢和杂物。 3. 螺纹接口用的白漆、麻丝等缠绕要适当，不得堵塞管口或挤入管内。 4. 用割刀断管时，应使用螺纹钢清除管口毛刺。 5. 管道施工时，及时封堵管口。 6. 水箱安装后，清除箱内杂物，及时加盖。 7. 管道施工完毕后，应按规范要求对系统进行水压试验和冲洗。 8. 管道堵塞后，用榔头敲打，判断堵塞点，拆开并疏通；如果阀板脱落，拆开阀门进行修复或更换合格阀门
室内埋地给水管道渗漏或断裂	1. 管道安装完成后、防腐隐蔽作业前，必须按设计要求和规范规定，进行水压试验，并认真检查。 2. 埋地管道变径处不宜选用补芯连接。 3. 严禁在冻土和未经处理的松土上铺设管道。 4. 管道试压后，及时排空管腔内的存水，防止管道在冬季因存水而冻裂。 5. 在安装标准层室内楼层给水埋地管道前，做样板间，对给水、采暖等埋地管道进行综合布置，防止管道在地坪上外露
排水管排水不畅或堵塞	1. 使用木槌敲打管道，使堵塞物松动，用压力水把堵塞物冲出，或打开检查口、清扫口、存水弯、丝堵或地漏，用竹片或钢丝疏通管道，也可用手电钻在堵塞处钻孔，用钢丝疏通后在该处攻丝，用螺钉堵住，必要时更换零件。 2. 安装前，应清除管道、管件内泥沙、毛刺及其他杂物。 3. 施工中及时封严甩口、管口，在立管检查口处设斜插簸箕。 4. 排水横管必须按设计坡度施工，严禁倒坡；横管与横管、横管与立管、立管与横管连接时，必须采用"Y"形斜三通或斜四通，严禁使用正三（四）通。 5. 支、吊架间距要正确，安装要紧密、牢固。 6. 立管检查口、横管清扫口和排水池地漏的位置、数量、高程设置要符合规范要求。 7. 施工中不得将麻丝、水泥填料、工具等丢入管内。 8. 生活污水、废水和雨水管优先采用硬聚氯乙烯塑料管。 9. 管道施工完毕，必须按规范要求及时进行灌水、通水和通球试验

续上表

质量通病	防治措施
排水管道渗漏	1. 选用配套、合格的管材、管件。 2. 管道穿承重墙基础时，管顶预留150mm沉陷量，管外壁空隙用黏土填实，并用M5水泥砂浆封口。 3. 管道采用排水铸铁管时，接口须用325号以上水泥打紧打实并进行养护。组对、预制后不得碰撞，不得过早搬运。 4. 立管下部必须设置支墩，支墩不得砌筑在松土、冻土上。 5. 支、吊架间距要符合规范，埋设、固定要牢固，与管子接触紧密，防止"塌腰"。 6. 做好灌水、通水试验，发现漏水及时修复；或挖开潮湿地面、墙角，拆除破裂管道，更换新管、配件
安装前未做强度和严密性试验	同牌号、同型号、同规格的阀门附件抽检10%，且不少于1个，进行强度和严密性试验。对于主干管上的起切断作用的阀门，应逐个做强度和严密性试验
安装法兰时，法兰两端面平行度不够，紧固方法不符合要求	1. 两法兰端面互相平行，其偏差不大于法兰外径的1.5‰。 2. 拧紧螺栓时应对称、交叉进行
埋地管道防腐层脱层，有空鼓	管道涂冷底子油前，须将管壁外的油污、铁锈、水分清除干净，露出金属光泽后，再在管壁表面涂满冷底子油（沥青与汽油之比为1:2.25），厚1~1.5mm，不得漏涂
水泵振动，影响正常运行	1. 紧固地脚螺栓或增设减振器。 2. 调整泵和电机轴线，使其同心，或更换轴承。 3. 更换不平衡叶轮，增设支架（撑），固定出水管；或增设橡胶软接头
离心泵启动后不出水	1. 安装吸水管时，应以大于或等于0.005的坡度坡向水泵吸水侧，并用偏心渐缩管与之连接。 2. 检查漏气处，并堵塞；如果泵壳有砂眼，用软铅堵住漏气处，或更换新泵壳。 3. 打开灌水阀，灌满吸水管
与洁具连接的给排水管路接口渗水	1. 检查渗水部位，更换与洁具连接的给水配件或排水栓。 2. 检查渗水部位，更换损坏的管道附件
卫生器具松动，或水平、垂直度超差	1. 安装洁具的支架位置、高程及牢固程度均应符合安装的实际需要。 2. 安装器具前，将不平整的墙面、地面按照要求修平整。 3. 安装器具时，使用水平尺和线坠调平整后再固定
坐标和高程不准	1. 核对水平高程线、隔墙线、安装中心线及高度水平线的准确性。 2. 洁具与支架实物组合时，所量尺寸必须准确。 3. 安装支架时，核实尺寸后方可固定
地漏安装位置偏高或偏低	在安装地漏时应与装修单位密切配合，使地漏比周围地面低5mm，使地面水能顺利流入地漏
给水系统水压试验中，只观察压力和压降，不观察接口和管道渗漏；排水、雨水、凝结水管道未做闭水试验和通球试验，后期使用时频繁出现堵塞；给水系统未做通水冲洗，严重影响水质	加强施工人员的责任心，严格依据设计及规范要求进行给水压力试验和通水冲洗，排水、雨水及凝结水管道应做闭水试验及通球试验

续上表

质量通病	防治措施
安装的水表比较贴近墙面且表前、表后的直管段长度不足	1. 水表安装位置应选在便于查看、检修的地方。 2. 表前、后的直管段长度应大于30cm，且表前、后的两管段应在一条直线上
排水管口封堵不及时，杂物落入管内	1. 管道安装完成后，应及时封堵甩口。 2. 加强施工现场管理和巡视，不得将杂物倒入管道内
排水检查口、清扫口设置不符合设计要求及国家和行业现行有关标准的要求，影响疏通	1. 按设计要求加装检查口、清扫口等；如设计无要求，执行现行有关标准的规定。 2. 所设置的检查口、清扫口应方便开启
排水通气管与风道、烟道连接，或通气管出口设在错误位置，影响空气质量以及风道、烟道的排风	1. 熟悉图纸，不得将通气管与风道烟道相连。 2. 不得将通气管出口设在门口等处。 3. 通气管顶部加设通气帽

建筑通风与空调工程质量通病及防治措施　　附表 A.31

质量通病	防治措施
风管的大边上下有不同程度的下沉，两侧面小边稍向外凸出，有明显的变形，当风机启动或关闭时，矩形风管会发出轰隆的声音	1. 如果图纸无特殊要求，制作风管所用钢板的厚度必须符合现行《通风与空调工程施工质量验收规范》（GB 50243）的有关规定。 2. 矩形风管除板材拼接采用单平咬口外，其他各板边咬口应根据所使用的不同系统风管（如空调系统、空气洁净系统等）采用按扣式咬口、联合角咬口及转角咬口，使咬口缝设在四角部位，以增大风管的刚度。 3. 风管加固形式可采用楞筋、立筋、角钢、加固筋和管内支撑等。 4. 矩形风管长边大于或等于630mm、保温风管长边大于或等于800mm，且其管段长度大于1200mm时，均应采取加固措施。对边长小于或等于800mm的风管，宜采用楞筋、楞线的方法加固。当中压和高压风管的管段长度大于1200mm时，应采用加固框的方法加固。高压风管的单咬口缝应有加固补强措施。当风管的板材厚度大于或等于2mm时，加固可放宽
风管表面不平；对角线不相等；相邻表面互不垂直；两相对表面不平行、两管端平面不平行等	1. 矩形板下料时应采用机械下料（如剪板机），使用牛头剪板机时，应准确测量剪板机的固定边与平板台的垂直度。 2. 风管板材采用机械剪切时，应在剪板平台两边测量相同的长度，并设置明显的标识。 3. 咬口的宽度由风管的板材厚度决定，咬口的宽度、留量以及重叠数与使用的机械有关。对于单平咬口、单边咬口、单角咬口，第一块板材上的咬口留量等于咬口宽度，第二块板材上的咬口留量等于咬口宽度的2倍。 4. 手工咬口合缝应由单人完成，使用木锤依次击打合缝，用力均匀。合缝工作严禁一次完成，必须为3次以上，使合缝平、直、滑
法兰表面不平整，圆形法兰旋转任何角度和矩形法兰旋转180°后，与同规格的法兰螺栓孔不能重合；圆形法兰的圆度差，矩形法兰的对角线不相等	1. 法兰的下料尺寸必须准确。角钢画线后，可采用角钢切断机或联合冲剪机切断，切断后的角钢应找正、调正并磨光。 2. 采用角钢卷圆机或其他机械煨制圆形法兰时，应根据法兰直径，搬动丝杠，对齐辊轮上下位置进行调整、试煨，待法兰直径符合要求后，可连续煨制。 3. 胎具是保证矩形法兰内边尺寸、表面平整度和四边垂直度的关键。在制作胎具时，必须保证四边的垂直度，对角线误差不得大于0.5mm。

续上表

质量通病	防治措施
法兰表面不平整，圆形法兰旋转任何角度和矩形法兰旋转180°后，与同规格的法兰螺栓孔不能重合；圆形法兰的圆度差，矩形法兰的对角线不相等	4. 法兰口缝的焊接应采用先点焊后满焊的工艺。胎具的接口焊接更为重要，应减少焊接变形引起的尺寸、平整度和垂直度偏差。 5. 法兰螺栓的间距应满足相关验收规范的规定。对于通风、空调系统，不应大于150mm；对于洁净空气系统，不应大于120mm。法兰按要求的螺栓间距分孔后，将样板按孔的位置进行正、反方向旋转，以检验其互换性。如果孔的重合误差小于1mm，可采用扩大孔径的办法补救；如果无法补救，应重新分孔。 6. 为便于安装螺栓，螺孔直径应比螺栓直径大1.5mm。在法兰上冲孔时，定位胎具的孔径和螺孔间距尺寸要准确，安放应平稳。法兰钻孔时，可将定位后的螺栓孔中心用样冲定点，防止钻头打滑、位移
法兰与风管轴线不垂直，法兰接口处不严密	1. 为了保证管件的质量，防止管件制成后出现扭曲、翘角和管端不平整现象，在展开下料过程中，应对矩形风管严格进行角方。 2. 如果法兰的内边尺寸正偏差过大，同时风管的外边尺寸负偏差过大，应更换法兰；在特殊情况下可采取加衬套管的方法补救。 3. 将风管套入法兰前，应在按规定的翻边尺寸严格角方无误后，进行铆接翻边
铆接不严，风管表面不平，漏风量过大	1. 一般通风空调工程的风管铆接的铆钉间距不应大于120mm。洁净等级为1～5级时，不应大于65mm；洁净等级为6～9级时，不应大于100mm。 2. 应选用长度合适的铆钉，应根据铆钉孔选择铆钉的直径，也可根据铆钉直径选择铆钉孔的大小。 3. 风管翻边必须平整，紧贴法兰，宽度应一致，且不得小于6mm，咬缝与四角不应有开裂与孔洞。如果出现开裂或孔洞，可采用密封胶封堵
风管法兰连接处漏风，风管系统的噪声增大	1. 针对不同功能的风管系统，选用不同的密封垫片，严格按照施工工艺要求进行施工。 2. 紧固法兰周边的螺栓时，不得将某个螺栓一次性拧紧，应对称、依次拧紧，每次拧紧的程度应一致
风口直接固定在吊顶顶棚上，颈部未与挂下管相接，或挂下管长度不够，未与风口相连；风口无挂下管，颈部直接伸入风管内；挂下管与风口颈部尺寸不配合，缝隙过大	1. 风口应与风管连接，不应漏装挂下管。 2. 应确定顶棚的水平线，准确测量挂下短管的长度。 3. 应按风口颈部尺寸制作挂下管。 4. 风口与挂下短管连接的螺栓或铆钉间距不宜过大
风管系统采用组合式法兰连接严重漏风，漏风试验不合格，不符合质量标准	1. 四块管片的下料咬口缝留量应控制在标准以内。低、中压风管可采用按钮式咬口；高压风管或洁净系统风管四角处应用转角咬口缝或联合角咬口。 2. 风管咬口缝、无法兰插条接缝及孔洞缝隙处，必须用密封膏封严，不得漏风。 3. 法兰垫料必须采用不透气、弹性好、不易老化的连接材料，厚度3～5mm，宽度不应小于10mm
风管、水管隔热层固定不牢或从风管、水管表面脱落、空鼓，以致风管、水管外表面无隔热层，造成能量散失，影响使用效果，夏季还可能在风管、水管表面形成冷凝水，加快风管、水管的腐蚀	1. 风管保温钉粘贴部分的表面应擦拭干净，保温钉应采取防松措施，减少隔热层脱落。接缝应严密，采用胶粘保温钉的风管应避免受水侵蚀。 2. 保温钉的数量应满足：风管上表面（顶面）不少于6个/m²，风管侧面不少于10个/m²，风管下表面（底面）不少于16个/m²。 3. 不得使用过期的粘贴剂。 4. 粘贴保温层后，宜进行包扎或捆扎，不得破坏保温层。包扎的搭接处应均匀贴紧。 5. 水管隔热层如果采用硬材质，必须保证隔热层的形状与水管一致，法兰接口、管件及接缝处不应有缝隙、孔洞，并应包扎或捆扎；采用软材质时，必须保证松紧适度，应有防潮层，接缝或接口应密封

续上表

质量通病	防治措施
管道套管过小、偏心	预留套管规格应大于管道保温后的外径
双层绝热材料横向接缝没有错开	双层保温材料错缝间距不宜小于100mm
风管表面镀锌层粉化，起成片白色或淡黄色花斑，呈现腐蚀现象	1. 加强现场管理，在镀锌钢板存储、风管加工、堆放及安装等过程中保持地面清洁干燥，防止污水、泥浆污染钢板及风管。 2. 保护安装好的风管，防止后续施工或水浸泡对风管造成损害
风管支、吊架的型钢规格偏小，与风管大小不匹配，吊架横担弯曲变形，吊杆弯曲；支、吊架固定不牢；支、吊架与风管接触不紧密，吊架扭曲歪斜；风管支、吊架的位置设置不当，离风口或支管接口等太近，影响使用；水平风管支、吊架间距过大，垂直风管固定点不够	1. 应根据风管的形式、材质，按规范确定支、吊架的形式、材料规格及支吊架的间距等。绝热保温层的重量应考虑负荷。不得使用不合格产品。 2. 应根据所承受的荷载选用膨胀螺栓，安装时应与建筑面垂直。 3. 大型风管的支吊架应在结构层内设置预埋件，预埋件与混凝土连接应牢固，型钢焊接应牢固。 4. 安装时，吊杆长度应调节到位；安装完成后，对吊架进行调整，不得歪斜，以免各支吊架受力不均而造成风管局部变形。 5. 设置支吊架时，应避开支管接口、风口、阀门等位置，距离不宜小于200mm。 6. 根据风管的形式、材质等，按规范要求确定水平风管支、吊架的间距和防晃吊架的位置
防火阀未设独立支、吊架，或吊架安装不平衡	1. 防火阀直径或长边尺寸大于或等于630mm时，宜设独立支、吊架。 2. 支、吊架应有适当的强度和刚度。 3. 吊架应设置在防火阀体的中心，安装在防火阀顶部的四个角上，以保持受力均匀、不易变形
成排安装的风口排列不整齐，间距不均匀，不成直线；风口与风管连接不严密，散流器、门铰式百叶风口、单层百叶风口等与装饰面不紧贴	1. 各类风口的安装应美观、牢固、位置正确、转动灵活，送风口高程应保持一致，横平竖直，表面平整，与墙面平齐，间距均匀。 2. 连接风口的支管必须调正，避免偏斜。 3. 风口与风管连接必须牢固、可靠，不得直接套入风管内而不采取任何紧固措施
填充金属与母材之间没有熔合在一起，即填充金属黏盖在母材上或者是填充金属层间没有熔合在一起	1. 选用稍大的电流，放慢焊接速度，使热量增加到足以熔化母材或者前一层焊缝金属。 2. 焊条角度及运条速度适当，考虑母材两侧温度及熔化情况。 3. 对于由熔渣、脏物等引起的未熔合，可采用防治夹渣的办法处理。 4. 焊条有偏心时，应调整角度，使电弧处于正确方向
空调水管尤其是冷却水管穿过楼板或砖墙处未设套管；套管尺寸过小，影响管道绝热；穿楼板的套管高度不够，其顶端与地面平齐	1. 管道穿过混凝土墙、梁和楼板等处，应在封模板前安装钢套管。 2. 套管的长度应考虑墙面及楼板面装饰层的厚度，保证在墙上安装的套管的两端与墙体饰面平齐，穿楼板的套管的下端与板底平齐，顶端高出楼板饰面20～50mm。 3. 套管的尺寸一般应比管道尺寸大两个规格。如果管道需要绝热，应保证绝热层与套管间有10～30mm左右的间隙
阀安装于固定顶棚等位置，不便操作、维修；阀门的进出口方向装反；阀门端头的法兰连接处漏水	1. 阀门的位置应尽可能便于操作和维修，兼顾美观。 2. 安装阀门时，应注意阀体上的水流箭头，箭头所指即为水流方向，不得装反。 3. 阀门法兰连接时，法兰间的端面应平行，不得使用双橡胶垫。紧固螺栓时应对称进行，用力应均匀。 4. 阀门手轮不得向下安装

续上表

质 量 通 病	防 治 措 施
空调水系统管道未冲洗干净，水质混浊，管内有杂质	1. 严格控制材料质量，中度以上锈蚀的钢管不得用于空调水系统。 2. 钢管运至工地后，应采取防水防潮等防护措施，妥善保管。 3. 安装管道过程中，对于敞开的管口应采取临时遮盖、封堵措施，并注意随时清除掉入管内的铁块、焊渣及其他杂物。 4. 系统冲洗前，应关闭或断开空调末端设备及冷水机组的进出口管道阀门，并设置必要的旁通管以利水流循环。 5. 冲洗时应采用专门的冲洗泵，使水流循环冲刷管道，为保证冲洗效果，水流速度不得低于1.0m/s。 6. 冲洗时应勤换水，往复多次，直至冲洗干净
防振基础偏斜，产生噪声	将管道的支吊架移至立管拐弯处，增加钢架重量，增强稳定性
风机盘管与风管连接不良	加强施工人员责任心，提高风管制作质量
动力型末端设备运行时噪声较大	箱体和托架之间应使用减振隔垫，吊装时应保证设备水平、垂直
通风空调设备的维修操作空间过小，各组隔振器压缩量不均匀	1. 布置设备时，应考虑设备的维修操作空间。 2. 落地式隔振器的地面应平整。 3. 各组隔振器承受荷载的压缩量应均匀，高度误差应小于2mm
设备减振装置失效，管道软接头选型不当	1. 选用符合设计要求的优质产品。 2. 安装合理，避免将机组振动传给结构

门窗工程质量通病及防治措施　　　　附表A.32

质 量 通 病	防 治 措 施
门窗框弯曲	1. 门框采用的材料应符合设计要求，主要受力构件厚度不小于1.2mm。 2. 门框四周填塞要适宜，防止过度向内弯曲
门窗框松动	1. 锚固铁脚的间距不得大于600mm，铁脚必须经过防腐处理。 2. 锚固铁脚所用材料厚度不得小于1.5mm，宽度不得小于25mm。 3. 对不同的墙体材料应采用不同的锚固方案，墙砖不得采用射钉锚固，多孔砖不得采用膨胀螺栓锚固
门窗框不方正	安装时，使用木楔临时固定门窗框，测量并调整对角线长度一致后，用铁脚固定牢固

广东省铁路工程施工标准化指南系列丛书

广东省铁路工程施工管理标准化指南

第六分册 四电工程

广东省交通运输厅 组织编写

人民交通出版社股份有限公司

北 京

内 容 提 要

《广东省铁路工程施工管理标准化指南》从管理制度、人员配备、现场管理和过程控制等方面对广东省铁路工程施工管理标准化进行总结，共6个分册，包括轨道工程、路基工程、桥涵工程、隧道工程、房建工程和四电工程。本书为第六分册，内容包括总则、管理要求、通信工程、信号工程、电力工程、电力牵引供电工程、客服信息工程、灾害监测工程、工程验收等。

本书可供广东省交通运输行业主管部门、铁路工程项目参建单位和参建人员使用。

图书在版编目(CIP)数据

广东省铁路工程施工管理标准化指南. 第六分册, 四电工程 / 广东省交通运输厅组织编写. — 北京：人民交通出版社股份有限公司, 2022.6

ISBN 978-7-114-17940-2

Ⅰ.①广… Ⅱ.①广… Ⅲ.①铁路工程—电力工程—工程施工—标准化管理—广东—指南 Ⅳ.①U215-62

中国版本图书馆 CIP 数据核字(2022)第 067329 号

Guangdong Sheng Tielu Gongcheng Shigong Guanli Biaozhunhua Zhinan
Di-liu Fence　Si Dian Gongcheng

书　　名：	广东省铁路工程施工管理标准化指南　第六分册　四电工程
著 作 者：	广东省交通运输厅
责任编辑：	郭晓旭　朱明周
责任校对：	孙国靖　扈　婕
责任印制：	刘高彤
出版发行：	人民交通出版社股份有限公司
地　　址：	(100011) 北京市朝阳区安定门外外馆斜街 3 号
网　　址：	http://www.ccpcl.com.cn
销售电话：	(010) 59757973
总 经 销：	人民交通出版社股份有限公司发行部
经　　销：	各地新华书店
印　　刷：	北京印匠彩色印刷有限公司
开　　本：	889×1194　1/16
本册印张：	31.75
本册字数：	735 千
版　　次：	2022 年 6 月　第 1 版
印　　次：	2022 年 6 月　第 1 次印刷
书　　号：	ISBN 978-7-114-17940-2
定　　价：	520.00 元（全套共 6 册）

(有印刷、装订质量问题的图书由本公司负责调换)

《广东省铁路工程施工管理标准化指南 第六分册 四电工程》

编审委员会

主 任 委 员：贾绍明

副主任委员：杨晓华　梁育辉　王　新

委　　　员：郑　彪　许传博　符　兵　邹　洵
　　　　　　　余国武　姜云楼　李奎双　顾建华
　　　　　　　郭飞跃　肖秋生　祁　军　黄力平
　　　　　　　谭　文　陈　波　陆　晖　肖世雄
　　　　　　　陈正贵　贺　婷　郭明泉　巫　环
　　　　　　　张晓占

《广东省铁路工程施工管理标准化指南
第六分册 四电工程》

参与单位

主编单位： 广东省铁路建设投资集团有限公司

广东珠三角城际轨道交通有限公司

中国铁建电气化局集团有限公司

参编单位： 广州地铁集团有限公司

深圳地铁集团有限公司

参与人员

主要起草人员： 何兴隆　谷晓栋　李华林　张晓庆　张汉波
　　　　　　　　钟　勇　李利军　刘澄宇　周洪波　马昊博
　　　　　　　　王　伟　王立志　窦志国　杨赞钦　余　勇
　　　　　　　　陈　伟　陈　卓　徐劲松　王宏印　谭亚洲
　　　　　　　　张相利　马　健　王庆勇　江　波　寇明旭
　　　　　　　　孙良恩　李志生　颜　焱　唐恩兵　宋　畅
　　　　　　　　江剑锋　尹祖平　赵瑞皎　李洪光　唐　琪
　　　　　　　　刘　艺　张守强　李　飞　赖洪斌　戴小岩

主要审查人员： 邹　洵　陈正贵　张小星　王启平　徐森林
　　　　　　　　周静恒　丁秋迪　杨林生　吕锡纲　杨军勤
　　　　　　　　冯剑冰　唐　翠

PREFACE 前 言

铁路是国家基础性、战略性、先导性、关键性重大基础设施，是国民经济的大动脉。近年来，广东省坚决贯彻党中央、国务院构建以铁路为主干的综合立体交通网的决策部署，立足新发展阶段，完整、准确、全面贯彻新发展理念，构建新发展格局，全力推动铁路建设高质量发展，打造"轨道上的大湾区"，助力加快交通强省建设。

为进一步规范省管铁路工程建设管理，提升铁路施工质量和安全生产水平，全面构建省管铁路建设管理标准化体系，广东省交通运输厅在全面、系统总结广东省铁路工程施工标准化建设管理经验的基础上，组织编写《广东省铁路工程施工管理标准化指南》（以下简称《指南》）。

《指南》分为6个分册，包括轨道工程、路基工程、桥涵工程、隧道工程、房建工程、四电工程。《指南》的主要特点是：一是全面贯彻落实国家及铁路行业现行的法律法规和标准规范，以创建优质工程和精品工程为原则，对部分施工、验收标准进行了细化和提升。二是充分借鉴中国国家铁路集团有限公司相关标准和指南，以及广东省公路工程、轨道交通等行业的施工管理先进经验和技术标准，结合广东省铁路工程标准化建设管理经验，从管理制度、人员配备、现场管理和过程控制等方面进行系统总结。三是针对省管铁路施工管理实际情况，对各专业工程主要施工工艺、工法、施工质量控制要点和重难点进行了详细规定和说明。四是对铁路工程施工过程中的典型施工质量通病进行了重点强调，并给出了预防控制措施。五是兼顾

实用性和先进性，管理要求和技术标准既符合实际、可现场执行，又适度超前、力求先进，注重"四新技术"在铁路行业的推广应用，各分册均有"四新技术"的专门介绍。六是对部分典型施工方法及"四新技术"附有现场照片，图文并茂，实用性和可操作性强。

本书为《指南》第六分册，内容包括总则、管理要求、通信工程、信号工程、电力工程、电力牵引供电工程、客服信息工程、灾害监测工程、工程验收等。旨在规范铁路四电工程施工，突出质量控制关键环节，克服当前四电工程施工中常见的质量通病，提高管理水平，保证施工质量与安全。

在《指南》编写过程中，广东省铁路建设投资集团有限公司、广州地铁集团有限公司、深圳地铁集团有限公司、广东省交通运输建设工程质量检测中心、广东珠三角城际轨道交通有限公司、广东广汕铁路有限责任公司、广东广湛铁路有限责任公司、广东珠肇铁路有限责任公司、中国铁建华南区域总部、中铁南方投资集团有限公司、中铁一局集团有限公司、中铁二局集团有限公司、中铁四局集团有限公司、中铁五局集团有限公司、中铁广州工程局集团有限公司、中铁二十五局集团有限公司、中国铁路设计集团有限公司、中铁七局集团有限公司、中铁北京工程局集团有限公司、中铁十四局集团有限公司、中铁十一局集团有限公司、中铁二十二局集团有限公司、中铁建设集团有限公司、中铁隧道局集团有限公司、中国铁建电气化局集团有限公司等（排名不分先后）单位给予了大力支持，在此一并表示感谢。

《指南》适用于广东省省管铁路工程施工管理标准化建设，在执行本技术指南过程中，希望各单位结合工程实践，认真总结经验，积累资料。《指南》可供全省铁路建设管理行政主管部门、铁路工程项目参建单位和参建人员使用，使用过程中发现的问题和意见建议，请反馈至广东省交通运输厅地方铁路处（地址：广州市越秀区白云路27号，邮政编码：510101），供今后修订时参考。

广东省交通运输厅
2022年6月

CONTENTS 目 录

1 总则 ··· 1
2 管理要求 ··· 3
    2.1 一般规定 ··· 3
    2.2 管理职责 ··· 5
    2.3 技术管理 ··· 7
    2.4 人员管理 ··· 11
    2.5 设备管理 ··· 11
    2.6 材料管理 ··· 12
3 通信工程 ··· 13
    3.1 通信线路 ··· 13
    3.2 室内设备和机房 ·· 21
    3.3 传输 ··· 25
    3.4 接入网 ··· 31
    3.5 数据通信网 ··· 35
    3.6 电话交换 ··· 39
    3.7 有线调度通信 ·· 45
    3.8 移动通信 ··· 49
    3.9 会议电视系统 ·· 65
    3.10 综合视频监控系统 ··· 69
    3.11 应急通信系统 ·· 76

1

- 3.12 综合布线 ·· 79
- 3.13 时钟同步及时间同步系统 ·· 85
- 3.14 综合网络管理系统 ··· 89
- 3.15 电源及环境监控系统 ··· 92
- 3.16 电源设备 ·· 96
- 3.17 防雷及接地 ··· 101

4 信号工程 ·· 104

- 4.1 光、电缆线路 ·· 104
- 4.2 地面固定信号及标志牌 ·· 118
- 4.3 转辙装置 ·· 127
- 4.4 轨道电路 ·· 131
- 4.5 应答器 ··· 140
- 4.6 室内设备 ·· 142
- 4.7 防雷及接地 ··· 147
- 4.8 系统调试 ·· 151

5 电力工程 ·· 156

- 5.1 变、配电所 ··· 156
- 5.2 电缆线路 ·· 191
- 5.3 35kV及以下架空线路 ·· 203
- 5.4 低压配电 ·· 214
- 5.5 电气照明 ·· 220
- 5.6 电力远动 ·· 224
- 5.7 机电设备监控 ·· 227
- 5.8 防雷与接地 ··· 229
- 5.9 受电启动 ·· 233

6 电力牵引供电工程 ·· 236

- 6.1 牵引变电所 ··· 236
- 6.2 接触网工程 ··· 284
- 6.3 供电调度系统 ·· 329

7 客服信息工程 ·· 333

- 7.1 基本规定 ·· 333

7.2	设备安装及布线工程通用要求	336
7.3	旅客服务信息系统	348
7.4	客票系统	358
7.5	车站门禁系统	361
7.6	机房信息设备安装工程	362

8 灾害监测工程 … 368

8.1	光、电缆线路	368
8.2	室外设备安装施工	374
8.3	室内设备施工	384
8.4	施工调试	388

9 工程验收 … 404

9.1	单位工程验收	404
9.2	静态验收	404
9.3	动态验收	405

附录 A 质量通病及防治措施 … 406

A.1	通信工程	406
A.2	信号工程	407
A.3	电力工程	408
A.4	牵引供电工程	409
A.5	客服信息工程	413
A.6	灾害监测工程	413

附录 B 工艺质量图例 … 414

B.1	通信工程	414
B.2	信号工程	423
B.3	电力工程	438
B.4	牵引供电工程	444
B.5	客服信息工程	466
B.6	灾害监测工程	474

附录 C 术语和缩略语 … 477

C.1	术语	477

C.2 缩略语 ·· 477

附录 D 通信、信号施工常用仪表 ·· 481

附录 E 信号工程施工记录表 ·· 484

附录 F 室内外配电装置的安全净距 ··· 488

附录 G 导线钳压示意图及压口尺寸 ··· 492

1 总 则

1.0.1 为深入贯彻执行落实国家相关政策、法规及规定及广东省有关管理规定，进一步规范广东省管铁路四电工程施工的各项操作工序，提高广东省管铁路施工技术管理水平，克服质量通病，确保工程安全、优质、高效完成，特制订本指南。

1.0.2 本指南依据行业主管部门发布的铁路四电工程设计、施工规范及验收标准，以及国内通行的先进施工工艺和管理办法等编制而成。

1.0.3 本指南适用于广东省管铁路（采用 CTCS-2 或 CTCS-3 标准的客运专线、城际铁路）四电工程，包括通信工程、信号工程、电力工程、电力牵引供电工程、客服信息工程、灾害监测工程。

1.0.4 本指南按施工标准化管理主要内容和工作流程明确管理责任层次，确立过程控制目标，形成过程闭环管理，确保动态过程受控，以实现合格工程、安全工程的目标。

1.0.5 省管铁路四电工程施工应认真执行国家法律法规及国家和行业现行有关标准，严格按照设计文件施工，使其符合系统功能及性能要求，保证设计使用年限内正常运行。

1.0.6 省管铁路四电工程施工应加强管理制度、人员配备、现场管理和过程控制等标准化管理，实现质量、安全、工期、投资效益、环境保护、技术创新等建设目标。

1.0.7 省管铁路四电工程施工应结合现场实际情况，通过风险计划、风险辨识、风险评估、风险评价和风险控制等程序，做好风险管理工作，并制订专项施工方案和应急预案。

1.0.8 省管铁路四电工程涉及文物保护时，应根据相关法规和设计保护措施进行施工。

1.0.9 省管铁路四电工程施工应根据国家节约资源、节约能源、减少排放等有关法规和技术标准，结合工程特点、施工环境，编制节能减排技术方案并实施。

1.0.10 省管铁路四电工程在营业线施工及有可能影响营业线运行安全的施工，必须严格执行有关营业线安全管理办法的规定。

2 管理要求

2.1 一般规定

2.1.1 参建各方应执行国家、广东省和行业现行有关建设管理办法和本指南的有关规定。

2.1.2 建设各方应制订项目管理计划，明确工程安全、质量、进度、环水保、成本、技术创新等目标和措施。重点加强光电缆敷设、线索架设、设备安装、系统调试等环节控制，注重接口工程、交叉施工、营业线接入等施工细节管理。

2.1.3 建设各方应建立健全质量保证体系，对工程施工质量进行全过程控制管理，落实质量责任终身制度。

2.1.4 建设各方应建立健全安全生产管理体系，严格遵照国家、广东省现行有关安全法规，按照现行《铁路电力、电力牵引供电工程施工安全技术规程》（TB 10308）、《铁路通信、信号、信息工程施工安全技术规程》（TB 10307）、《铁路工程基本作业施工安全技术规程》（TB 10301）的有关规定及建设单位相关要求，进行施工安全管理工作。

2.1.5 建设各方应建立铁路建设工程风险管理制度。

2.1.6 建设各方应建立并持续改进环境管理体系，制订并实施环境管理计划，有效减少施工对环境的影响。

2.1.7 建设各方应重视职业健康和劳动卫生保护，制订管理计划并进行有效控制，防止发生职业健康安全事故。

2.1.8 四电工程施工前，应确定重要工序的施工工艺；对工程有较大影响的关键工序，进行现场首件定标，统一工艺标准；首件定标宜考虑设备管理单位标准化工作要求，首件工程评估应符合有关规定。

2.1.9 四电工程施工应按照现行铁路工程施工组织设计的有关规定编制施工组织设计，加强关键工序的进度控制和管理。

2.1.10 四电工程施工前应根据施工方法、工期要求、工程特点、地质条件等综合因素，按照"技术先进、安全适用、节能环保"的原则合理配置使用机械设备，积极推进机械化施工。

2.1.11 四电工程施工所需的原材料应集中采购，预制电缆槽、基础钢筋框架、整体吊弦及腕臂结构等宜采用工厂化施工。

2.1.12 四电工程施工应根据工程规模、工序特点和施工难易程度，组建专业管理机构和专业化的作业队伍进行施工。关键工序、关键岗位的管理和作业人员应持证上岗，作业组人员相对固定。

2.1.13 四电工程施工应建立可靠有效的信息管理系统，保证工程施工管理信息及时、畅通。

2.1.14 四电工程施工现场应规范管理，施工现场规划应遵循以人为本、因地制宜、节约用地、符合施工需要的原则，合理布置生产区、辅助生产区、办公生活区等，防洪、防火、防爆等应符合国家和行业现行相关标准的规定。

2.1.15 四电工程施工现场应按照现行铁路建设项目现场安全的有关规定设置安全文明标志。

2.1.16 四电工程施工应严格按程序对相关工程施工的接口、作业面验收交接，做到科学衔接，减少交叉施工干扰。

2.1.17 四电工程施工应采用信息化手段进行项目管理，使用建筑信息模型（BIM）、二维码、视频等技术，实现布局规划合理、质量追溯、隐蔽工程可视化等目标。

2.2 管理职责

2.2.1 建设单位

1 建设单位应组织相关单位进行设计技术交底、设计联络工作。

2 建设单位在四电工程施工管理过程中，应做好以下管理工作：

1）负责外电源报装，商洽供用电合同、调度协议签订。

2）负责制约电力外电源、通信基站等施工的征地拆迁工作。

3）负责无线电频率管理、无线干扰排查、台站申请报备登记等相关工作。

3 建设单位在四电工程施工管理过程中，应管理以下工程：

1）协调跨铁路局（公司）交叉或支援供电、调度控制、产权归属、接管维护、计量计费等事项。

2）审查土建、房建与四电接口工程的安装质量，提供铁路线路精密测量网资料，并负责施工协调，对预留预埋件工程进行检查确认，对存在问题及时督促纠正。

3）组织对重大或技术复杂工程的施工方案及营业线施工过渡方案会审。

4）加强四电工程隐蔽工程、关键工序等施工质量检查，根据现场实际情况完善工程质量控制措施。

5）按照相关要求组织工程验收及移交工作。

2.2.2 设计单位

1 设计单位应按照建设单位的节点工期及供图计划，提供四电工程施工设计文件。设计单位应及时与规划部门沟通落实四电用地征地红线图，加强接口设计；与设备基础、隧道洞口、桥台、涵洞、过轨设施、各专业电缆路径、铁路贯通地线、综合管线图等接口应同步设计、同步出图。

2 设计单位应按规定向相关单位进行施工图技术交底，对四电工程与土建、房建及四电工程内部之间工程接口等关键设计内容进行详细说明。

3 设计单位应加强现场施工配合、设计变更等工作，及时解决工程建设中存在的相关技术问题。

4 设计单位应按照相关要求参加工程检查和验收等工作。

2.2.3 施工单位

1 施工单位应参加设计交底工作，重点关注土建、房建与四电工程接口、营业线施工等内容。

2 施工单位应进行施工调查工作，现场核对设计文件，与设计不符时应及时报告。

3 施工单位应编制关键工序作业指导书，明确施工作业标准和工艺要求。

4 施工单位应检查验收进场设备、材料。

5 施工单位应配备试验检测专业技术和管理人员，建立完善的岗位责任制和管理制度，配备仪器设备，确保试验检测数据真实、准确。施工单位试验室不具备检测资质的项目，应委托具有检测资质且业绩良好的第三方检测机构完成；且应将要委外的检测项目和第三方检测机构以书面形式报送监理审批。

6 施工单位应做好已完工程的成品、半成品保护，制订季节性施工方案及文明施工措施。

7 在综合接地系统工程和四电工程设备房屋防雷及接地等施工时，施工单位应配合建设单位进行接口检查确认。

8 施工单位应参加建设单位组织的施工质量检查、验收等工作。

9 施工单位应按规定进行竣工资料的搜集整理，并及时向有关单位办理移交。

2.2.4 监理单位

1 监理单位应协助建设单位，组织设计单位、施工单位对审查合格的施工图进行会审。

2 监理单位应对施工单位编制的施工组织设计、专项方案、应急预案、涉及营业线安全的施工方案进行重点审查。

3 监理单位应组织设备、材料等进场检查验收工作。

4 监理单位应参与建设单位组织的土建、房建与四电工程接口的现场核对工作。

5 监理单位应加强对隐蔽工程、关键工序的现场监理。

6 监理单位应加强对施工单位测试工作的监督检查，确保测试数据真实可靠。

7 监理单位应参加工程检查和验收等工作。

2.2.5 设计咨询单位

1 设计咨询单位应按照《工程咨询合同》和有关规定，履行设计咨询工作义务和责任。

2 设计咨询单位应科学、公正、独立、自主地开展初步设计文件、施工图设计文件和变更设计的审核工作。

3 设计咨询单位应依照约定时限完成设计文件审核，提交咨询报告。

2.2.6 运营维护单位

1 运营维护单位应在建设单位统一组织下提前介入建设工作，了解建设标准，参与工程质量、设备质量检查与验收。

2.3 技术管理

2.3.1 施工准备

1 施工准备应包括以下内容：

1）施工调查。

2）进行设计联络，且联系土建、房建参建单位完成接口管理工作。

3）审核设计技术资料，编制施工组织设计，进行施工定测，组织技术交底等。

4）根据设计技术文件、图纸等资料提报工程物资申请计划。

5）掌握设备、材料到货及质量情况，落实其与设计是否相符。

6）完成开工报告的审批。

2.3.2 施工图核对

1 施工前施工单位应对批准的施工图进行现场核对，核对无误后方可施工。

2 施工设计文件核对应包括以下内容：

1）设计文件的组成与内容是否符合铁路基本建设工程设计文件的编制规定，是否符合初步设计及鉴定意见，是否符合有关标准、规范规定。

2）施工图是否与现场实际相符，通用图与本工程是否适合，有无短缺和遗漏，采用的设备、材料是否符合要求，特殊要求能否实现。

3）设计提出的方案、措施是否合理，能否实现，是否符合现场具体情况。

4）对招标的设备和器材，应按标书和设计文件审核，并注意接口部分有无问题。

5）影响施工的征地、供电协议、迁改协议是否落实，与施工条件是否一致，新设备和非标设备是否附有图纸及安装、检查、验收技术标准。

6）设计计算条件对施工安全有无影响，质量能否保证实现，技术条件是否正确并符合施工规范和运行要求。

7）专业图之间、专业图内各图之间的衔接配合是否妥当，图表之间的规格、型号、材质、数量是否一致，有无"差、错、漏、碰"现象。

3 对施工图纸核对中发现的问题应及时与建设、设计、监理单位联系解决。

4 施工图核对完毕后，应留存完整记录。

2.3.3 施工调查

1 施工单位应依据获取的施工设计文件及相关资料，进行施工调查，并编制施工调查报告。

2 施工调查应包括以下内容：

1）施工环境调查，包括施工当地的地形、地质、气象、水文情况，施工过程中可能对当地环境产生影响的环节以及现场环境对工程施工质量的影响。

2）施工外部条件调查，包括道路运输、水源、供电、通信、工程分布场地、仓储条件等。

3）设备房屋调查，包括室内设备搬运和安装条件，室内预留管、孔、槽道、建筑装修及温湿度等设备运行环境。在既有设备房屋施工时，还应包括既有相关设备状况。

4）施工材料调查，包括供应条件及料源的分布情况。

5）施工生活保障调查，包括生活供应、医疗、卫生、防疫、民俗及居民点的社会治安情况等。

6）土建、站房等专业施工完成情况调查。

7）土建、房建单位预留的沟、槽、管、线、人孔（井）、手孔等调查，对施工范围内既有地下管、线、缆等设备径路调查。

8）相关防雷设施和接地装置调查。

9）相关的营业线技术设备现状、对施工的制约和要求、行车组织等与施工有关的资料。

3 施工前应对电缆线路路径走向及过轨、桥、涵、隧、站台、公路、水沟、路基等具体数量、长度和防护方式进行定测并记录。

2.3.4 施工技术交底

1 施工单位应逐级组织管理层、技术层、作业层进行施工技术交底。

2 施工技术交底应根据施工进度分阶段进行，主要内容有：质量目标和要求，安全目标和要求，环境保护目标和要求，施工部位、工艺流程及工艺标准，验收标准，施工材料、机具、仪器仪表，操作要点，施工质量控制点等。

3 施工技术交底可采用会议、书面、班前讲话等形式。施工人员应明确和掌握施工工艺、质量标准、安全技术要求等内容。

4 施工单位应做好技术交底的文件管理工作。技术交底双方应认真履行签字手续。

2.3.5 施工作业指导书

1 四电工程的下列关键工序应编制施工作业指导书：

1）通信工程：光电缆敷设、接续、测试、防护等通信线路建筑；铁塔基础制作、铁塔安装、天线和馈线安装；漏泄同轴电缆敷设、接续、测试；视频系统前端设备安装；室内设备安装、布线；系统调试。

2）信号工程：光电缆敷设、接续、测试、防护；箱盒安装、配线；信号机安装、调试；转辙装置安装、调试；轨道电路设备安装、调试；应答器设备安装、调试；室内设备安装、布线；防雷及接地的连接、测试；施工调试。

3）电力工程：避雷针、架构、设备基础施工；设备安装；电缆敷设、接续、测试、防护；防雷、接地装置安装；系统调试。

4）牵引变电工程：基础施工；隔离开关、断路器、组合电器等设备安装；主变压器、自耦变压器安装；电缆敷设、接续、测试及防护；接地装置及回流安装；综合自动化及交直流电源设备安装；系统调试。

5）接触网工程：施工测量；支持结构安装；下锚补偿装置安装；承力索及接触线架设；弹性吊索等安装与调整；接触悬挂调整；接触网检测及受电；接触网精调。

6）供电调度系统：设备安装；系统调试。

7）客服信息工程：综合布线；动态信息屏安装；安检仪安装；自动售票机安装；自动检票机安装；系统调试。

8）灾害监测工程：光电缆敷设、接续、测试、防护；箱盒安装、配线；设备安装；系统调试。

2 关键工序施工作业指导书应包含适用范围，作业准备，技术要求，施工程序与工艺流程，施工要求，劳动组织，材料要求，设备机具配置，质量控制及检验，安全及环保要求。

3 施工作业指导书编制应遵循以下原则：

1）工艺工法先进成熟、生产组织科学合理。

2）质量目标、安全要求明确。

3）符合工程实际，可操作性强。

4）图文并茂，简明易懂。

5）符合首段定标要求。

4 四电工程施工应组织现场作业交底和人员培训，确保施工人员全面掌握作业指导书的内容和要求。

2.3.6 首件工程

1 四电工程应在标段范围内开展首件工程评估，首件工程评估完成后方可全面展开施工。

2 施工单位编制首件工程实施方案时，应根据现场施工进度确定首件工程实施地点，明确首件评估的主要项目，分专业组织实施，按时完成首件评估工作。

2.3.7 技术资料管理

1 技术资料应包括以下内容：

1）工程总承包合同、施工协议等。

2）施工设计图纸、设计说明书、图纸会审记录及会议纪要、设计变更通知、技术交底资料等。

3）施工组织设计及各项目分部的施工进度，年、季、月计划。

4）工程开工和竣工时，向建设单位及上级主管部门发送的开、竣工报告及申请。

5）设备、材料运抵现场的开箱检查记录，以及出厂合格证，试验报告、安装使用说明书、图纸等技术资料。

6）工程日志、施工台账、施工安装技术记录、隐蔽工程验收记录及施工安装过程中设备、材料的试验记录、质量检验、评定记录。

7）施工中采用新技术、新工艺、新材料等项目的有关记录报告及签订文件。

8）各种培训记录、资料。

9）工程质量事故、安全事故的调查报告及处理记录。

10）不合格项处理记录。

11）工程竣工文件及竣工验收记录。

12）建设单位或监理部门规定（含合同要求）的其他技术资料。

13）工程总结。

2 技术资料的收集与整理应遵循以下原则：

1）工程施工技术档案的建立、汇集和整理工作应贯穿于施工的全过程。

2）各种记录（特别是施工全过程的主要技术资料档案）应执行相关的程序文件规定，进行标识、收集、编目、查阅、归档、储存和处理，记录应清晰完整，不得擅自涂改、伪造及事后补做。

3）施工过程中要严格管理，不得遗失和损坏，人员调动时要办理资料记录交接手续。

4）根据接管单位、建设单位要求，明确竣工资料的格式、编号顺序。

3 工程结束后，施工单位应将收集整理好的工程技术资料向接管单位档案馆、建设单位办理移交手续。

2.3.8 施工定测

1 施工单位收到施工图后，应组织进行施工现场核对，必要时，应组织施工定测，定测项目应包含以下内容：

1）通信工程：通信铁塔基础位置、光电缆长度。

2）信号工程：光电缆路径走向；轨旁设备、信号机、标志牌与道岔等设备具体安装位置及安装方式；确定室内设备安装位置及连接方式。

3）电力工程：箱变基础位置、电缆长度、外电源线路走向及支柱位置。

4）接触网工程：车站支柱基础平面位置、隧道吊柱化学锚栓预埋位置、区间支柱平面位置、供电线走向及支柱位置。

5）牵引变电工程：设备、架构基础的总平面布置。

6）客服信息工程：信息设备用房定测。

7）灾害监测工程：光电缆路径走向；线路设备安装位置及安装方式；室内设备安装位置及连接方式。

2 施工定测应遵循以下要求：

1）施工定测应邀请建设、监理、设计单位参加，施工定测后应按要求填写施工定测记录。

2）施工定测应结合施工现场的实际情况，满足设计、施工规范和使用要求。

3）参加施工定测的施工技术人员应将定测更改草图及时与施工设计图核对，在定测工作结束后，应将变更设计提交设计签认，定测后收到设计变更的修正图，可作为施工的依据。

2.3.9　新技术的推广应用
1　凡是在技术上切实可行、经济上合理、能促进工程质量的技术革新和科研成果，施工单位应积极地在施工生产中推广应用。

2.4　人员管理

2.4.1　各参建单位应依据相关法律法规及合同要求配备相关管理及技术人员。

2.4.2　人力资源应根据工程规模、进度安排、专业技术、工序特点和施工难易程度配置，组建专业管理机构和专业化的作业队伍进行施工。

2.4.3　四电工程施工关键工序、关键岗位的管理和作业人员应持证上岗，作业组人员相对固定。

2.4.4　施工单位应做好施工人员的技术和安全培训；特殊工种作业人员应按相关规定持证上岗。

2.5　设备管理

2.5.1　应建立健全设备管理制度，并配备相应管理人员，设备台账实施动态管理。

2.5.2　施工机具、仪器仪表、设备等资源配置，应与施工方案和进度相匹配。

2.5.3　施工机具、仪器仪表应按以下要求进行配置：
1　施工机具、仪器仪表的配置应以经济、高效为原则，满足施工内容、工期及质量控制需要。
2　施工机具、仪器仪表应状态完好，仪器仪表应处于检定有效期内。
3　施工单位应设专人维护施工机具、仪器仪表。

2.5.4　施工单位在借用、租用设备时应对相关设备进行评价、选择，收集相应的证明资料和保存评价记录。

2.5.5　施工单位应负责设备的日常使用、保养、维修工作及相关设备操作人员的管理、培训等工作。

2.5.6 施工单位应对设备的安全操作和使用状况定期自检并记录存档。

2.6 材料管理

2.6.1 应建立健全材料管理制度，并配备相应管理人员，材料台账实施动态管理。

2.6.2 材料计划应按材料的类别，结合施工进度，依据相关施工图纸和材料消耗定额编制，报送时间及内容应满足上级业务部门或建设单位的要求。

2.6.3 应按照相关规定核查材料供应方出具的产品质量证明文件，材料的规格、型号应符合设计文件要求。

2.6.4 施工单位应根据施工组织设计、工程现场情况及储存物资的技术性能、质量要求、周转量大小，结合当地气候、水电、交通运输、治安状况等条件，在施工现场修建或租赁满足施工生产作业的库房、料棚、料场。库房、料棚、料场应配套制订防盗、防火、防雨、防潮、防锈蚀、防污染等措施，易燃、易爆物品应按照相应的管理办法设专库专人管理。

3 通信工程

3.1 通信线路

3.1.1 一般规定

1 通信线路施工内容主要包括径路复测、光电缆单盘检验及配盘、光电缆敷设、光缆接续及引入、电缆接续及引入、光缆检测、电缆检测、光纤监测系统安装与调试等。

2 光电缆线路的施工流程如图3.1.1所示。

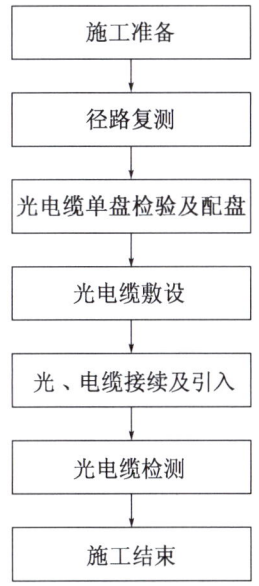

图 3.1.1 光电缆线路施工流程图

3 光电缆及配套器材应进场验收，并符合下列规定：

1）数量、型号、规格符合设计和订货合同要求及国家和行业现行有关标准的规定。

2）说明书等技术资料和合格证、质量检验报告等质量证明文件应齐全，并符合设计和订货合同要求及国家和行业现行有关标准的规定。

3）包装完整，外观无损伤。

4）光电缆线路施工完毕应及时做好成品保护工作。

5）光电缆运输宜从生产地直接运抵现场屯放点。装卸作业时宜使用机械装卸，严禁将光电缆从车上推落到地面。

3.1.2 径路复测

1 应按照施工设计图对光电缆径路的以下内容进行复测：

1）光电缆总长度（包括各种余留）。

2）沿线电缆槽道贯通情况。

3）沿线光电缆用户位置，包括无线基站、信号中继站、电气化所亭等。

4）直埋线路径路情况、地下管线状况。

5）穿越轨道、桥梁、隧道、河流及有关建筑等需要防护的处所和防护方式。

2 光电缆径路复测完毕后，应及时形成复测报告、绘制径路复测台账，确定配盘长度。如发现实际与设计偏差较大，应按规定程序变更。

3.1.3 光电缆单盘检验及配盘

1 应按径路复测资料和光电缆长度数据、光电特性采购订货；长大隧道、特大型桥梁宜按照特殊盘长定制采购。

2 光缆配盘应符合下列规定：

1）同一个光中继段内宜使用相同生产厂商、相同型号和批次的光缆。

2）光缆配盘宜按出厂盘号顺序排列。非出厂盘号顺序排列时，相邻两盘光缆的光纤模场直径之差应小于 $1\mu m$。

3）应根据光缆盘长和路由情况配盘，尽量减少光缆接头数量，避免短段光缆；短段光缆长度不宜小于200m；并在缆盘上标明配盘信息。

3 光缆单盘检测应符合下列规定：

1）根据出厂记录对照实物检查光缆程式、光纤、金属缆芯、绝缘介质、加强芯、外护层、色谱标识及其他机械物理特性，并符合国家和行业现行有关标准的规定。

2）开盘检验光缆端面，确定A、B端。

3）用光时域反射仪（OTDR）检测单盘光缆的长度及固有衰减等指标，应符合设计和订货合同要求，并记录检测结果。

4）收集整理光缆出厂记录、合格证及检测记录，待工程竣工后移交归档。

4 电缆单盘应按照以下规定检测：

1）根据出厂记录并对照实物检查电缆程式、芯径、绝缘介质、外护层、色谱标识及其他机械物理特性，符合国家和行业现行有关标准的规定。

2）开盘检验电缆端面，确定 A、B 端。

3）对号检查所有芯线有无断线、混线等障碍。

4）检测芯线的环线电阻。

5）检测每一根芯线对其他所有芯线及金属护套之间的绝缘电阻。

6）收集整理电缆出厂记录、合格证及检测记录，待工程竣工后移交归档。

7）单盘检测低频四线组电缆电性能指标应符合表 3.1.3-1 的要求。

单盘低频四线组电缆电性能指标　　　　　　　表 3.1.3-1

序号	项　目			测量频率	单位	标准	换　算
1	0.9mm 线径电阻（20℃）			直流	Ω/km	≤28.5	实测值/L
	0.7mm 线径电阻（20℃）				Ω/km	≤48	
	0.6mm 线径电阻（20℃）				Ω/km	≤65.8	
2	0.9mm 线径绝缘电阻			直流	MΩ·km	≥10000	实测值×L
	0.7mm 线径绝缘电阻				MΩ·km	≥5000	
	0.6mm 线径绝缘电阻				MΩ·km	≥5000	
3	所有芯线与金属外护套间电气绝缘强度			50Hz	V	≥1800（2min）	—
	芯线间电气绝缘强度			50Hz	V	≥1000（2min）	—
4	电容耦合	K_1	平均值	0.8～1KHz	pF/500m	≤81	实测值/$\sqrt{L/500}$
			最大值	0.8～1KHz	pF/500m	≤330	实测值×500/L
		e_1 e_2	平均值	0.8～1KHz	pF/500m	≤330	实测值/$\sqrt{L/500}$
			最大值	0.8～1KHz	pF/500m	≤800	实测值×500/L

注：L 为被测电缆长度

8）单盘检测铜芯聚烯烃绝缘铝塑综合护层市内通信电缆电性能应符合表 3.1.3-2 的要求。

单盘铜芯聚烯烃绝缘铝塑综合护层市内通信电缆电性能要求　　表 3.1.3-2

序号	内　容		标　准						换算
1	导线直径（mm）		0.4	0.5	0.6	0.7	0.8	0.9	实测值/L
	单线电阻最大值（Ω/km，20℃）		148	95	65.8	48	36.6	29.5	
2	绝缘电阻最小值（MΩ·km）	填充型	3000						实测值×L
		非填充型	10000						
3	电气绝缘强度（V，1min）	所有芯线与金属外护套	3000						—
		芯线间	1000（实心）/750（泡沫）						—
4	断线、混线		不断线、不混线						

注：L 为被测电缆长度

9）采用其他型号的电缆时，应符合国家和行业现行有关标准的规定。

3.1.4 光电缆敷设

1 光电缆敷设时应 A、B 端顺向布放。
2 光电缆应按照以下规定敷设：
1）光电缆敷设前，应做好以下准备工作：
（1）光电缆运抵施工现场后，核实光电缆盘号、端别正确无误，外观状态良好。
（2）敷设人员、安全防护员应到位；敷设工具、辅助通信联络工具应配置齐全。
2）人工布放应符合以下规定：
（1）使用敷缆专用千斤顶将缆盘平稳升起离地 10~20cm。
（2）转动缆盘，将光电缆头缓缓拉出。
（3）敷设人员以 10~15m 的距离间隔依次抬放，如图 3.1.4 所示。不得在硬质地面上拖拉光电缆。
（4）施工人员应服从指挥，敷缆区段通信联络应保持畅通。
（5）转弯处应投入足够的人数控制弯曲半径。
（6）穿越铁路、公路、桥梁、隧道等地段应进行安全防护。
（7）施工作业完毕后应清扫施工现场。

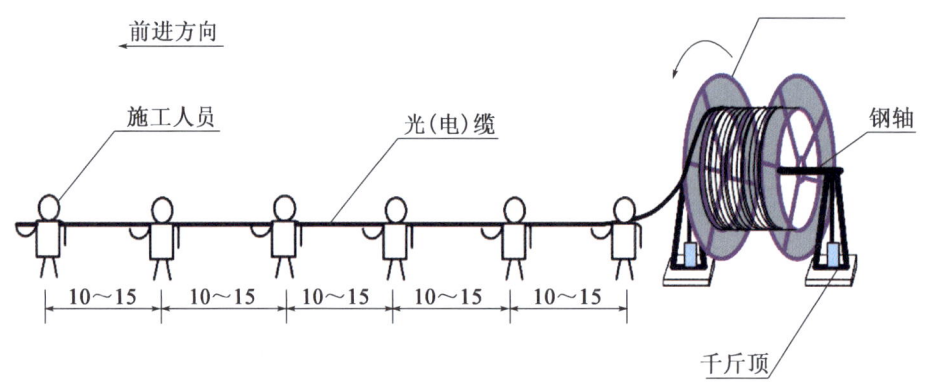

图 3.1.4　光电缆布放（尺寸单位：m）

3）机械牵引布放应符合以下规定：
（1）布放光缆前应将引入光缆拉出后放置于轨道边。
（2）轨道车以每小时不大于 4km 的速度前行。
（3）缆盘两侧各站 2 人，负责控制缆盘在钢轴上的左右移动和缆盘转动。
（4）车上人员负责拉动线缆沿轨道车后沿施放，保持一定余留。
（5）车下人员将施放于轨道中心的线缆放入光电缆槽内。
（6）施工人员应服从指挥，敷缆区段通信联络应保持畅通。
（7）转弯处应投入足够的人数控制好弯曲半径。
（8）施工作业完毕，清扫施工现场。
3 槽道内光电缆敷设应符合以下规定：

1）敷设前应对槽道进行检查，确保无杂物。

2）依次掀开盖板，并堆放整齐、稳固，严禁侵入铁路建筑限界。

3）光电缆在槽道内摆放整齐；槽内同时敷设多条光电缆时，应避免交叉；同型号同槽敷设时应加标识区分，标识间距不宜大于50m，标识材料应阻燃、耐久。

4）槽道间有落差时，应采取防护措施，避免光电缆悬空或受力。

5）敷设完毕应及时恢复槽道盖板。

4 光缆余留长度应符合下列规定：

1）光缆做接头后余留2~3m，光缆接头盒内光纤余留1.2~1.6m。

2）光缆引入机房前，引入井内光缆余留宜为5~10m，引入间内光缆余留宜为10~20m。

3）光缆通过桥梁、隧道时，两端各余留3~5m；通过长度为500m及以上长隧道时，应在避车洞内做适当余留。

5 电缆余留长度应符合以下规定：

1）电缆做接头后余留1~2m。

2）电缆引入通信站时，在房屋前人孔内或电缆引入室内两方向各余留3m。

3）通过带伸缩缝的钢结构桥梁时，每个伸缩缝处光电缆余留长度应大于0.5m。

4）电缆通过长度为500m以上隧道时，应在避车洞内做适当余留。

6 光电缆接头余留方式应符合以下规定：

1）在手孔内接续时，光电缆应根据手孔大小，做圈形余留或"Ω"形余留，并绑扎固定。

2）在槽道内接续时，光缆宜作"∽"形余留。

3）直埋光电缆接续以"Ω"方式余留。

7 光电缆按不同径路引入室内时，其间距室外部分宜大于3m、室内引入口宜大于2m，特殊地段根据设计要求进行适当调整。

8 光电缆防护应符合以下规定：

1）槽道落差处、桥梁伸缩缝敷设光电缆时，应有保护措施，避免光电缆悬空或受力，光电缆弯曲半径应符合验收标准的相关规定。

2）沿桥墩引下光电缆时，采用钢槽防护，同时水泥包封不少于2m。

3）直埋光电缆与其他建筑设施的间距应符合设计文件要求和现行《铁路通信设计规范》（TB 10006）等有关标准的规定；光电缆与强电电缆间距不符合要求时，应采用物理隔离措施；光缆埋深应符合现行《高速铁路通信施工质量验收标准》（TB 10755）等有关标准要求。

4）光电缆标识的埋设位置和光电缆警示牌设置地点应符合设计文件要求以及现行《铁路通信设计规范》（TB 10006）等有关标准的规定。

3.1.5 光缆接续及引入

1 光缆接续施工流程如图3.1.5所示。

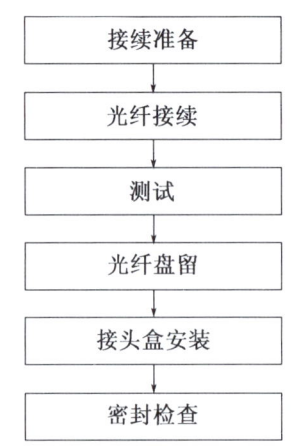

图 3.1.5 光缆接续施工流程图

2 光缆应按照以下工艺进行接续：

1）准备创建工作场所、护层开剥、光纤清洁、连接支架、加强芯预装、余留盘/板安装。

2）接续端面制备时其端面倾斜度应小于 0.5°；熔接合格后的光纤接续部位应立即进行热缩加强管保护，加强管收缩应均匀、无气泡。

3）接续时应用 OTDR 实时监测接续损耗。

4）光纤盘留时盒内光纤的弯曲半径不小于 40mm，接续后的光纤收容余长单端引入引出不小于 0.8m，两端引入引出不小于 1.2m。

5）芯线应按光纤色谱排列顺序对应接续，分层盘留；光纤接续后，盒内应放入接续记录卡片；光纤盘留板覆盖后，应对所有光纤接续点进行复测。

6）光缆的金属外护套和加强芯应紧固在接头盒内；同一侧的金属外护套与金属加强芯应电气连通；两侧的金属外护套、金属加强芯应电气绝缘断开，处于悬浮状态。

7）接头盒安装应严格按操作工艺进行；安装完毕，对盒体进行密封性检查。

3 光缆接续不应露天作业；雨天、雾天不应进行光缆接续；在环境温度零度以下不宜进行光缆接续。

4 光缆接头装置应以一个中继段为单位自上行往下行方向顺序编号。

5 光缆引入时，室内、室外金属护套及金属加强芯应断开，并彼此绝缘。

6 光缆引入室内后应挂牌标识，标明光缆的型号、规格、进出方向等，标识应齐全、清晰、耐久。

7 在光纤配线架（ODF）进行光纤终端接续时，光纤应绑扎松紧适度，排放整齐；引出机架的尾纤应加以防护，并在尾纤上标明方向和纤号；同时在机架端子分配表中标明尾纤方向和纤号。

3.1.6 电缆接续及引入

1 电缆接续施工流程如图 3.1.6 所示。

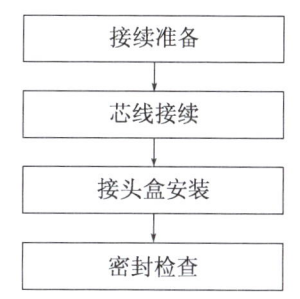

图 3.1.6 电缆接续施工流程图

2 电缆应按照以下工艺进行接续：

1）电缆接续之前，应进行单条电缆检测，确认单条电缆内所有芯线无断线、混线及接地故障，绝缘良好。

2）搭建工作平台，护层开剥，电缆芯线清洗，钢带复位，连接接头盒支架，两侧的金属护层及屏蔽钢带应有效连通。

3）芯线接续线位准确、焊接牢固、扭绞均匀，两侧芯线线序应一一对应、无交叉及鸳鸯对现象；线径在 0.5mm 及以下的芯线采用接线子接续。芯线接续后，盒内应放入接续记录卡片。

4）接头盒安装应严格按照操作工艺进行。

3 槽道内电缆接头盒应顺槽道方向放置平稳；同一槽道内的相邻电缆接头盒间距离不宜小于 1m；人孔内电缆接头应固定在托板架上，相邻接头放置应错开。

4 电缆引入室内后应挂牌标识，标明电缆的型号、规格、进出方向等，标识应齐全、清晰、耐久。

5 电缆引入室内时，应采取以下绝缘措施：

1）低频四线组电缆在引入架上绝缘，其两侧的屏蔽钢带及金属护套应电气绝缘，外线侧的屏蔽钢带及金属护套应接地，接地电阻符合设计要求；设备侧的屏蔽钢带及金属护套应悬浮。

2）市内通信电缆应在引入架或音频配线架上进行绝缘。

6 电缆引入成端时，应开剥整齐，编把美观，芯线卡接牢固，序号正确。电缆弯曲半径应不小于电缆外径的 10 倍；外护套及金属屏蔽层端部应采用热可缩管缩封，防止油膏渗漏。

3.1.7 光缆检测

1 光缆接续质量检测应遵循以下规定：

1）光缆接续质量检测宜采用终端光纤环接和检测点随接续点移动的双向监测法，采用 OTDR 实时监视接续点损耗。

2）光缆接续质量检测应遵循以下步骤：

（1）做检测前的准备工作，包括开剥、清洗、制作端面、置于 V 形槽耦合连接等。

（2）选择 OTDR 检测范围、检测脉宽，调整折射率，采用 1310nm 和 1550nm 两个窗口逐根进行双方向检测。

（3）所有光纤在收容盘盘留安装完毕并在盒体封装前，复测光纤接续损耗。

2 光缆中继段光纤线路衰减测试值 a_1，应符合公式（3.1.7）的要求。

$$a_1 \leqslant a_0 L + \bar{a}n + \bar{a}_c m \tag{3.1.7}$$

式中：a_1——光缆中继段光纤线路衰减测试值（dB）；

a_0——光纤衰减标称值（dB/km）；

$\bar{a}$——光缆中继段每根光纤双向接头平均损耗（dB）；G.652 单模光纤 $\bar{a} \leqslant$ 0.06dB（1310nm、1550nm）；G.655 单模光纤 $\bar{a} \leqslant$ 0.06dB（1310nm、1550nm）；

$\bar{a}_c$——光纤活动连接器平均损耗（dB）；单模光纤 $\bar{a}_c \leqslant 0.7$dB；

L——光缆中继段长度（km）；

n——光缆中继段内每根光纤接头数；

m——光缆中继段内每根光纤活动连接器数。

3 采用 OTDR 检测光缆中继段 S-R 点间最大离散反射系数和 S 点最小回波损耗，结果应符合现行《同步数字体系设备和系统的光接口技术要求》（GB/T 20185）等有关标准的规定。

4 采用偏振模色散测试仪检测光中继段偏振模色散（PMD），其结果应符合设计要求。

3.1.8 电缆检测

1 低频四线组电缆音频段电性能应符合表 3.1.8-1 的要求。

低频四线组电缆音频段电性能要求　　　　　　表 3.1.8-1

序号	项 目	测量频率	单位	标准	备 注
1	0.9mm 线径单位长度环阻最大值（20℃）	直流	Ω/km	57	实测值/L
	0.7mm 线径单位长度环阻最大值（20℃）	直流	Ω/km	96	
	0.6mm 线径单位长度环阻最大值（20℃）		Ω/km	131.6	
2	环阻不平衡最大值	直流	Ω	1%	环阻×1%
3	0.9mm 线径单位长度绝缘电阻最小值		MΩ·km	10000	实测值×（L+L'）
	0.7mm 线径单位长度绝缘电阻最小值	直流	MΩ·km	5000	
	0.6mm 线径单位长度绝缘电阻最小值		MΩ·km	5000	
4	芯线与金属外护套间电气绝缘强度最小值	直流	V	1800（2min）	—
	芯线间电气绝缘强度最小值	直流	V	1000（2min）	—

注：L 为音频段电缆实际长度。L' 为电缆线路各种附属设备的等效绝缘电阻换算电缆总长度，其中 $L' = L_{头} + L_{盒}$，$L_{头}$ 指每个接头绝缘电阻，为 10^5MΩ，等效电缆长度 $L_{头}$ 为 100m；$L_{盒}$ 为电缆分线盒，等效电缆长度 $L_{盒}$ 为 2km。

2 用户线路电缆音频段电性能应符合表 3.1.8-2 的要求。

用户线路电缆音频段电性能要求　　表 3.1.8-2

序号	内　　容		标　　准						换算
1	导线直径（mm）		0.4	0.5	0.6	0.7	0.8	0.9	实测值/L
	单线电阻（Ω/km、20℃）		148.0	95.0	65.8	48.0	36.6	29.5	
	环阻不平衡（Ω）		≤2						—
2	绝缘电阻（MΩ·km）	填充型（聚乙烯绝缘）	≥1800						实测值×L
		非填充型（聚乙烯绝缘）	≥6000						
		非填充型（聚氯乙烯绝缘）	≥120						
3	近端串音（800Hz，dB）		≥69.5						—
4	断线、混线		不断线、不混线						—

3.1.9　光纤监测系统

1 光纤监测系统施工应包括光纤监测设备安装和配线、光纤监测设备单机调试、光纤监测系统调试、光纤监测系统网管调试等。

2 光纤监测设备安装和配线应符合第 3.2.3、3.2.4 条的相关规定。

3 光纤监测单机检测时应参照设备相关技术文件，检测内容包括设备通电检查、系统软件检查、系统功能试验、系统光器件介入检测。

4 光纤监测系统检测时应参照设备相关技术文件，检测内容包括点名检测、周期检测、障碍告警功能试验、告警响应时间。

5 光纤监测系统的网管调试时应参照设备相关技术文件，其结果应符合现行《光缆线路自动监测系统技术条件》（YDN 010）的相关规定。

3.2　室内设备和机房

3.2.1　一般规定

1 室内设备安装包括通信设备房屋内的各种通信系统设备安装、配线及管槽安装等通用要求。

2 室内设备安装的施工流程如图 3.2.1 所示。

3 室内设备安装前，应确认房屋建筑及其装饰工程已完成并符合设备安装要求与国家和行业现行有关标准的规定。

4 室内设备安装前应根据设计文件核对预埋管线、支持件、预留孔洞、沟槽、基础等是否符合设备安装和配线要求；当需要开凿墙壁、地面时，应征得相关单位同意后方可施工。

5 安装调试有防静电要求的设备时，应采取相应的防静电措施。

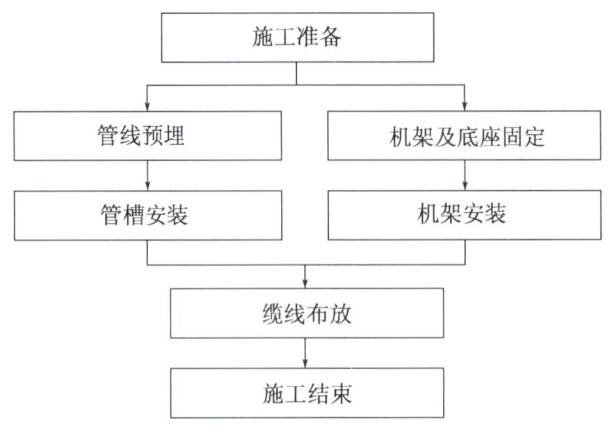

图 3.2.1 室内设备安装施工流程图

6 设备、材料及附件等到达现场后应进行进场验收，符合设计和合同的要求，以及国家和行业现行有关标准的规定。

3.2.2 管槽安装

1 管槽安装应包括保护管、吊架、走线架、线槽、爬架等。

2 管槽预埋和安装应符合下列规定：

1）规格型号及安装位置、间距、固定方式应符合设计要求。

2）保护管埋入墙体或混凝土内时，埋深不小于 15mm。

3）镀锌金属保护管连接后，其螺纹外露 2~3 扣；采用带有紧定螺钉的套管连接时，螺钉拧紧。

4）吊架安装整齐、牢固，横平竖直，各支架的横挡在同一水平面上。

5）走线架支铁垂直不晃动，边铁、横铁平直且相互垂直。

6）从线槽边帮引出电缆时，开口处采应采取措施保护电缆。

7）爬架安装所用的支撑物牢固可靠，间隔距离均匀。

8）安装后应保证整个系统的电气连续性，并可靠接地。

3 光电缆走线架、线槽穿过楼板孔或墙洞处，应装镶墙洞保护，并采用防火材料做密封处理。

3.2.3 设备安装

1 设备安装包括机柜（架）、机柜（架）底座及机柜内设备安装。

2 设备安装时，应按照设计要求采取相关防震措施。

3 底座固定方式应符合设计要求。

4 机柜（架）的安装位置及安装方式应符合设计要求；应安装垂直，偏差不大于机柜（架）高度的 1‰；相邻机柜（架）间隙不大于 3mm；相邻机柜（架）正立面应保持平齐。

5 子架插入机柜（架）或机盘插入子架的位置应符合设备技术文件或设计要求；插入子架时用力适度、顺滑导入，子架整齐一致，机盘接触良好。

6 壁挂式设备安装的位置和方式应符合设计要求，并安装牢固可靠。

7 设备板件配置及数量应符合设计要求。

8 机柜（架）及设备地线应按设计要求连接到相应的接地端，并连接良好。

3.2.4 设备配线

1 线缆布放应符合以下规定：

1）布放前应检查，确认无断线、混线；电缆的绝缘电阻、耐压等电气指标应符合要求。

2）交流电源线、直流电源线、光纤、各种通信线等，按不同的路由分开布放。平行距离、弯曲半径符合相关规定要求。

3）各种线缆应均匀绑扎固定，按顺序出线，布放应顺直、整齐、无扭绞、交叉。

4）编扎电缆芯线时保持电缆芯线的扭绞，布线不应过紧，转弯圆滑；分线应按色谱顺序；余留芯线的长度符合更换编线最长芯线的要求。

5）光纤尾纤单独布放；软光纤在走线架或线槽内加套管或线槽保护，不应挤压、扭曲；光纤编扎松紧适度。

6）室内配线中间无接头。

2 线缆终接应符合以下规定：

1）采用专用的剥线工具开剥电缆。

2）采用焊接时，电缆芯线焊接应端正、牢固、焊点光滑，无假焊、错焊、漏焊、短路；焊接后芯线绝缘层无烫伤、开裂及回缩现象。

3）采用卡接时，卡接钳的规格与电缆芯线线径应匹配。

4）组装专用电缆插头和以太网电接口插头时，应配件齐全、线位正确、连接可靠，压接插头时应选用专门工具。

3 布放电源线除应符合第3.2.4条的第1款相关规定外，尚应符合以下规定：

1）电源线及接线端子的型号、规格符合设计要求。

2）馈电线颜色配置应符合下列规定，且当电源线外皮无法区分时，应按下述原则进行标识。

（1）交流电源线：

A. 220V交流电：火线（红色），零线（蓝色或黑色）；地线颜色采用黄绿色。

B. 380V交流电：A相（黄色），B相（绿色），C相（红色），零线（蓝或黑色），地线颜色采用黄绿色。

（2）直流电源线：正极（红色），负极（蓝色）；地线颜色采用黄绿色。

3）设备电源引入线的布放应符合下列规定：

（1）宜利用设备自带电源线。

（2）电源线引入设备时，可在电源线端头处剥脱绝缘外皮缠绕塑料绝缘带或套上绝缘套管。塑料绝缘带和绝缘套管的颜色应便于识别电源线的极性。

（3）截面在10mm^{2}以下的单芯或多芯电源线可与设备直接连接；截面在10mm^{2}以

上的多股电源线端头应加装接线端子并镀锡。

4）电源线与设备端子连接时，应使端子不会受到外界机械拉力，以免设备端子受损。

4 敷设室内通信设备接地线除应符合第 3.2.4 条第 1 款的相关规定外，尚应符合下列规定：

1）接地线严禁使用裸导线布放，其截面积应符合设计要求。

2）室内通信设备的接地线单独与室内接地汇集排或接地排相连。不应通过安装加固螺栓与建筑钢筋连接形成电气接通。

3）配线架应从室内接地汇集排或接地排引入保护地线。配线架与机房通信设备之间不应通过走线架形成电气连通。

4）电源地线和保护地线与交流中性线应分开敷设，不相碰，严禁合用。

5）当接线端子与线料为不同材料时其接触面应涂防氧化剂。

5 配线完成后应进行检查，并符合下列规定：

1）设备电源线连接可靠，直流正负极极性正确。

2）在相对湿度不大于 80% 时，检测电源线单线对地及线间绝缘电阻大于 1MΩ。

3）设备接地电阻值符合设计及规范要求，电缆的屏蔽护套接地可靠。

4）配线线缆长度、线对使用、连接应符合设计或国家和行业现行有关标准的规定。

6 标识标牌的安装应符合下列规定：

1）各类标签、标识应根据设备和机柜的尺寸、大小进行调整，要求平整、美观，不得遮盖住设备出厂标识。

2）标签、标识应采用易清洁的材质并保证其与被标识设备持久、结合牢固。

3.2.5 设备机柜、机房

1 机柜安装应符合下列要求：

1）机房内宜采用统一规格机柜，满负荷时不变形，面板、柜门流畅开关无阻碍，设备机柜颜色保持一致。

2）柜内空余槽位应安装防尘挡板；未使用的光口、光模块应安装防尘塞；光纤适配器未使用端口应配置防尘帽。

3）采用上走线方式时，机柜顶部应预留出线口；采用下走线方式时，机柜底部应预留出线口。进出线口宜采用防鼠袋。

2 设备机房安装应符合下列要求：

1）通信机房应具备防静电的设施，如防静电地板、防静电腕带等。

2）通信机房门口应设置防鼠板。

3）通信机房地下引入口沟槽盖板应采用防火处理。

4）机房照明应符合相关要求，宜采用吸顶方式安装在设备通道上方。

5）机房温度与相对湿度要求应符合现行《通信局（站）机房环境条件要求与检测方法》（YD/T 1821）的相关规定。

6）机房消防应满足设计与国家和行业现行有关标准的规定。

7）施工过程中及施工完成后应随时保护已完工部分的成品，设置相应的警示标识，对设备进行防尘覆盖。

3.3 传输

3.3.1 一般规定

1 传输系统施工内容包括传输设备安装和配线、传输设备单机调试、传输系统调试、传输系统网管调试等。

2 传输系统施工流程如图3.3.1所示。

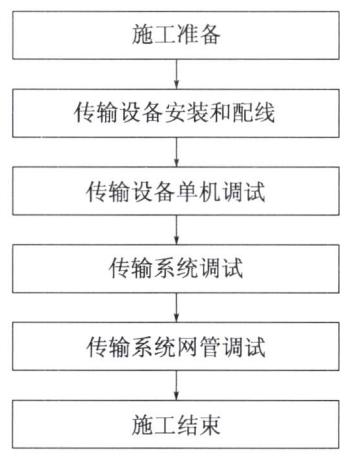

图3.3.1 传输系统施工流程图

3 施工单位宜参与传输设备的厂验。

4 单机和系统调试前，应符合下列规定：

1）应完成设备安装，机柜安装位置和安装方式符合设计要求；子架安装位置及单元电路板位置正确、插入可靠。

2）应完成设备配线，检查核对无误；端子连接方式和质量符合要求，相应的接插件装配正确并可靠连接。

3）应完成引入交直流电源和电源设备安装，并符合设备使用要求。

4）设备可靠接地，接地电阻符合设计要求与国家和行业现行有关标准的规定。

5）设备单机加电后运转良好、内置风扇正常启动，各单机显示状态符合当前实际运行情况。

6）设备单机性能调试宜在设备开机通电30min后进行。

7）系统调试前，应确认通信线路、单机设备等运转正常，软硬件版本核对正确，网管数据配置正确。

5 施工技术人员应熟悉设备性能、面板配置、配线径路、通道运用，了解光纤配线架（ODF）、数字配线架（DDF）、音频配线架（VDF）、综合配线架的端子分配。

6 安装调试有防静电要求的设备时,施工技术人员应采取相应的防静电措施。

3.3.2 传输设备安装和配线

1 设备的进场验收应符合本指南第 3.2.1 节的相关规定。

2 设备的安装应符合本指南第 3.2.3 节的相关规定。

3 设备的配线应符合本指南第 3.2.4 节的相关规定。

3.3.3 传输设备单机调试

1 应复核出厂质量检验报告,SDH 设备光接口的指标消光比,发送信号眼图,激光器工作波长,最大均方根谱宽,最大 -20dB 谱宽,最小边模抑制比,光通道代价应符合设计要求和现行《同步数字体系光缆线路系统进网要求》(GB/T 15941)的相关规定。

2 应按照现行《同步数字体系(SDH)光缆线路系统测试方法》(GB/T 16814)调测 SDH 单机光接口性能(平均发送光功率,接收机灵敏度,接收机过载功率,接收机反射系数,光输入口允许频偏),结果应符合设计要求和现行《同步数字体系光缆线路系统进网要求》(GB/T 15941)的相关规定。

3 应按照现行《同步数字体系(SDH)光缆线路系统测试方法》(GB/T 16814)调测 SDH 单机电接口输出信号比特率,结果应符合设计要求和现行《同步数字体系光缆线路系统进网要求》(GB/T 15941)的相关规定。

4 应按照现行《同步数字体系(SDH)光缆线路系统测试方法》(GB/T 16814)调测 SDH 的 STM-N 口和 PDH 支路口误码性能,结果应符合设计要求和现行《同步数字体系光缆线路系统进网要求》(GB/T 15941)的相关规定。

5 应按照现行《同步数字体系(SDH)光缆线路系统测试方法》(GB/T 16814)调测 SDH 单机抖动性能接口最大允许输出抖动,STM-N 输入口抖动容限,SDH 设备在 PDH 接口的结合抖动,SDH 设备的 PDH 接口的最大允许输出抖动,SDH 设备的 PDH 接口支路输入抖动容限,结果应符合设计要求和《同步数字体系光缆线路系统进网要求》(GB/T 15941)的相关规定。

6 应按照设备技术文件试验 SDH 设备告警功能电源故障,机盘失效,机盘空缺(Cardmissing),参考时钟失效,信号丢失(LOS),帧失步(OOF),帧丢失(LOF),收 AIS,远端接收失效(FERF),信号劣化($BER > 1 \times 10^{-6}$),信号大误码($BER > 1 \times 10^{-3}$),远端接收误码(FEBE),指针丢失(LOP),电接口复帧丢失(LOM),激光器自动关闭(ALS),结果应显示正常。

7 应按照现行《同步数字体系(SDH)光缆线路系统测试方法》(GB/T 16814),对 SDH 单机的定时和同步功能(从 2048kHz 或 2048kbit/s 外定时和从接收 STM-N 线路信号中恢复定时的功能;内部自由振荡工作方式时的输出频率准确度;保持工作方式的时钟准确度;时钟频率牵引和失步范围)进行调试,结果应符合设计要求和现行《同步数字体系光缆线路系统进网要求》(GB/T 15941)的相关规定。

8 应按照第 1～第 5 款的要求，对 MSTP 设备的 SDH 功能和性能进行调试。

9 应复核出厂质量检验报告，MSTP 设备以太网业务模块的下列指标应符合设计要求和现行《基于 SDH 的多业务传送节点技术要求》（YD/T 1238）的相关规定：

1）千兆光接口：最大传输距离，平均发送光功率，中心波长，消光比，接收机灵敏度，过载光功率，千兆输出光眼图，千兆光口均方根谱宽，千兆光口输出抖动测试，千兆接收机反射系数。

2）透传功能：最大帧长度，最小帧长度，异常帧检测，流量控制，自协商，VLAN 支持的 ID 范围测试，以太网帧格式测试，统计计数功能测试，带宽可配，多径传输，多径传输最大时延差测试，用户安全隔离，映射颗粒测试，极限带宽测试，业务保护测试，吞吐量，过载丢包率，长期丢包率，时延，背靠背。

3）汇聚功能：多端口到单端口的以太网业务汇聚，多分支网元到中心网元的以太网业务汇聚，最大汇聚比（设备 SDH 侧最大端口数），多端口到单端口的以太网业务共享，用户安全隔离。

4）二层交换功能：最大帧长度，最小帧长度测试，异常包检测，流量控制，自协商，以太网帧格式测试，VLAN 功能测试，VLAN 优先级测试，单播帧处理测试，多播帧处理测试，广播帧处理测试，MAC 地址动态学习功能测试，MAC 地址静态配置功能测试，MAC 地址学习速度测试，MAC 地址老化时间测试，MAC 地址表容量测试，生成树功能测试，统计计数功能测试，带宽可配，多径传输，多径传输最大时延差测试，用户安全隔离，映射颗粒测试，极限带宽测试，业务保护测试，吞吐量，过载丢包率，长期丢包率，时延，背靠背。

10 应按照现行《基于 SDH 的多业务传送节点测试方法》（YD/T 1276）对 MSTP 设备的时钟功能和性能（从 2048kHz 或 2048kbit/s 外同步时钟输入中获得定时，从线路 STM-N 信号中恢复定时，时钟锁定范围，自由振荡时的频率精度，保持工作方式的时钟准确度）进行调试，结果应符合设计要求和现行《基于 SDH 的多业务传送节点技术要求》（YD/T 1238）的相关规定。

11 应按照现行《光传送网（OTN）测试方法》（YD/T 2148）对 OTN 设备的开销及维护信号（帧定位开销，OTUk 开销及维护信号检测，ODUk 开销及维护信号检测，OPUk 开销检测，恒定比特速率客户维护信号，光层开销及维护信号检测）进行调测，结果应符合设计要求和现行《光传送网（OTN）网络总体技术要求》（YD/T 1990）的相关规定。

12 应按照现行《光传送网（OTN）测试方法》（YD/T 2148）对 OTN 设备的光接口（平均发送光功率，中心频率及偏移，最大 –20dB 谱宽，最小边模抑制比，接收机灵敏度，接收机反射系数，光输入口允许频偏）进行调测，结果应符合设计要求和现行《光传送网（OTN）网络总体技术要求》（YD/T 1990）的相关规定。

13 应按照现行《光传送网（OTN）测试方法》（YD/T 2148）对 OTN 设备的抖动性能（输入抖动容限，抖动传递函数）进行调测，结果应符合设计要求和现行《光传送网（OTN）网络总体技术要求》（YD/T 1990）的相关规定。

14 应按照现行《光波分复用（WDM）系统测试方法》（YD/T 1159）的有关规定对 OTN 设备承载 OMS、OTS 层的合波分波器的性能（中心频率偏移，插入损耗，反射系数，相邻通路隔离度）进行调测，结果应符合设计要求和现行《光波分复用系统（WDM）技术要求—160×10Gbit/s、80×10Gbit/s 部分》（YD/T 1274）的相关规定。

15 应按照现行《光波分复用（WDM）系统测试方法》（YD/T 1159）的有关规定对 OTN 设备承载 OMS、OTS 层的光放大器的性能（噪声系数，反射系数，通路增益，增益平坦度，最大总输出功率）进行调测，结果应符合设计要求和现行《光波分复用系统（WDM）技术要求—160×10Gbit/s、80×10Gbit/s 部分》（YD/T 1274）的相关规定。

16 应按照现行《光波分复用（WDM）系统测试方法》（YD/T 1159）的有关规定对 OTN 设备承载 OMS、OTS 层的光监控通路的性能（中心波长，最大-20dB 谱宽，最小边模抑制比，发送光功率）进行调测，结果应符合设计要求和现行《光波分复用系统（WDM）技术要求—160×10Gbit/s、80×10Gbit/s 部分》（YD/T 1274）的相关规定。

17 对传输设备可靠性（主控、交叉、时钟、电源等核心板件热备功能，2Mbit/s 支路板及 FE 以太网支路板热备功能，设备接口卡热插拔功能）进行试验，结果应符合设计要求。

3.3.4 传输系统调试

1 单机调试完成后，应根据设计方案，连接各设备单元，采用网管设备进行数据配置。

2 调测传输系统光通道的接收光功率 P_1，不应超过系统的过载光功率，并符合公式（3.3.4）的要求。

$$P_1 \geq P_R + M_c + M_e + M_t \qquad (3.3.4)$$

式中：P_1——接收端在 R 点实测系统接收光功率（dBm）；

P_R——在 R 点测得的接收器的接收灵敏度（dBm）；

M_c——光缆富裕度（dB）；

M_e——设备富裕度（dB）；

M_t——光通道代价（dB）。

3 采用光连续波反射仪调测系统 S 点的最小回波损耗，结果应符合第 3.1.7 条第 3 款的指标要求。

4 应按照现行《同步数字体系（SDH）光缆线路系统测试方法》（GB/T 16814）对 SDH 系统数字段误码进行调测，结果应符合设计要求和现行《同步数字体系光缆线路系统进网要求》（GB/T 15941）的相关规定。

5 应按照现行《同步数字体系（SDH）光缆线路系统测试方法》（GB/T 16814）对 SDH 系统抖动性能（SDH 网路输出口的最大输出抖动，PDH 网路接口最大允许输出抖动）进行调测，结果应符合设计要求和现行《同步数字体系光缆线路系统进网要求》

（GB/T 15941）的相关规定。

  6 应按照现行《同步数字体系（SDH）光缆线路系统测试方法》（GB/T 16814）对 SDH 系统保护倒换时间进行调测（SDH 线路系统保护倒换，SDH 复用段倒换环保护倒换，通道倒换环保护倒换，多环或子网保护倒换），结果应符合设计要求和现行《同步数字体系光缆线路系统进网要求》（GB/T 15941）的相关规定。

  7 应按照现行《同步数字体系（SDH）光缆线路系统测试方法》（GB/T 16814）对 SDH 系统进行公务通信功能、激光器保护功能、开销和维护功能、定时源选择和切换功能、保护倒换功能试验，结果应符合设计要求或现行《同步数字体系光缆线路系统进网要求》（GB/T 15941）的相关规定。

  8 按第 2~5 款的要求，对 MSTP 系统的 SDH 业务系统功能进行试验。

  9 应按照现行《基于 SDH 的多业务传送节点测试方法》（YD/T 1276），对 MSTP 系统以太网透传功能（最大帧长度，最小帧长度，异常帧检测，流量控制，自协商，VLAN 支持的 ID 范围，以太网帧格式，统计计数功能，带宽可配，用户安全隔离，映射颗粒，极限带宽，业务保护，吞吐量，过载丢包率，长期丢包率，时延，背靠背）进行试验，结果应符合设计要求和现行《基于 SDH 的多业务传送节点技术要求》（YD/T 1238）的相关规定。

  10 应按照现行《基于 SDH 的多业务传送节点测试方法》（YD/T 1276），对 MSTP 系统以太网业务汇聚功能（多端口到单端口的以太网业务汇聚，多分支网元到中心网元的以太网业务汇聚，多端口到单端口的以太网业务共享）进行试验，结果应符合设计要求和现行《基于 SDH 的多业务传送节点技术要求》（YD/T 1238）的相关规定。

  11 应按照现行《基于 SDH 的多业务传送节点测试方法》（YD/T 1276），对 MSTP 系统以太网二层交换系统项目（最大帧长度，最小帧长度，异常包检测，流量控制，自协商，以太网帧格式，VLAN 功能，VLAN 优先级，单播帧处理，多播帧处理，广播帧处理，MAC 地址动态学习功能，MAC 地址静态配置功能，MAC 地址学习速度，MAC 地址老化时间，MAC 地址表容量，生成树功能，统计计数功能，带宽可配，用户安全隔离，映射颗粒，极限带宽，业务保护，吞吐量，过载丢包率，长期丢包率，时延，背靠背，QoS 策略）进行调测，结果应符合设计要求和现行《基于 SDH 的多业务传送节点技术要求》（YD/T 1238）的相关规定。

  12 应按照现行《基于 SDH 的多业务传送节点测试方法》（YD/T 1276），对 MSTP 系统时钟定时功能和时钟性能进行调试，结果应符合设计要求和现行《基于 SDH 的多业务传送节点技术要求》（YD/T 1238）的相关规定。

  13 应按照现行《光传送网（OTN）测试方法》（YD/T 2148）对 OTN 设备的网络性能（误码率/丢包率，以太网性能，系统抖动，保护倒换功能）进行调测，结果应符合设计要求和现行《光传送网（OTN）网络总体技术要求》（YD/T 1990）的相关规定。

  14 应按照现行《光波分复用（WDM）系统测试方法》（YD/T 1159）的有关规定对 OTN 设备承载 OMS、OTS 层的主光通道的性能（MPI-S 点和 MPI-R 点每通路输出功率，MPI-S 点和 MPI-R 点总发送功率，MPI-S 点和 MPI-R 点每通路信噪比，MPI-S 点和 MPI-R 点的最大通路功率差，FEC 增益）进行调测，结果应符合设计要求和现行《光波分复用系统（WDM）技术要求—160×10Gbit/s、80×10Gbit/s 部分》（YD/T 1274）的相关规定。

15 对系统的时间同步功能进行调测，结果应符合设计和铁路相关技术规定。

3.3.5 传输系统网元级网管调试

1 对 SDH 网元管理级系统（EMS）的通用功能进行检验，结果应符合下列规定：

1）管理网元（NE）的数量符合设计要求。

2）具有远端接入能力，支持多用户同时操作。

3）系统启动、关闭、备份、数据库管理及运行情况记录等自身管理功能正常。

4）在接入服务和退出服务、系统软硬件升级、自身发生故障、网元中任何与网管有关的机盘插拔等情况下均不影响正常的传输业务。

2 对 SDH 的 EMS 故障管理功能（告警监测，故障定位，故障隔离，故障修正，路径测试，报告管理）进行检验，结果应符合设计要求和现行《SDH 光缆通信工程网管系统设计规范》（YD/T 5080）规定。

3 对 SDH 的 EMS 性能管理功能（终端点性能监视，性能数据的收集和监视，性能数据的管理和存储，性能数据输出显示和打印）进行检验，结果应符合设计要求和现行《SDH 光缆通信工程网管系统设计规范》（YD/T 5080）规定。

4 对 SDH 的 EMS 配置管理功能（指配功能，NE 管理，状态监视，状态控制，NE 安装）进行检验，结果应符合设计要求和现行《SDH 光缆通信工程网管系统设计规范》（YD/T 5080）规定。

5 对 SDH 的 EMS 安全管理功能（操作者级别及权限设置，用户登录管理，日志管理，口令管理，管理区域分配，用户管理，其他管理）进行检验，结果应符合设计要求和现行《SDH 光缆通信工程网管系统设计规范》（YD/T 5080）规定。

6 对 SDH 系统网管的本地维护终端（LCT）功能进行检验，并符合下列规定：

1）检验 LCT 的管理功能，具有 EMS 对单个 NE 的管理功能；LCT 的管理和控制由 EMS 授权。

2）检验 LCT 与 NE 连接时，LCT 本身的软硬件故障，不对传输业务产生影响。

3）检验 LCT 在 NE 上的接入和退出，应不影响正常的传输业务。

7 MSTP 系统网管应参照第 1~6 款的要求进行检验。

8 应按照现行《光传送网（OTN）测试方法》（YD/T 2148）对 OTN 设备的网管功能（网元管理功能，子网管理功能，DCN 管理功能）进行调测，结果应符合设计要求和现行《光传送网（OTN）网络总体技术要求》（YD/T 1990）的相关规定。

9 调试系统网管北向接口（接入综合网管）功能应符合设计要求。

3.4 接入网

3.4.1 一般规定

1 接入网施工内容包括接入网设备安装和配线、接入网设备单机调试、接入网系统调试、接入网网管调试等。

2 接入网的施工流程如图 3.4.1 所示。

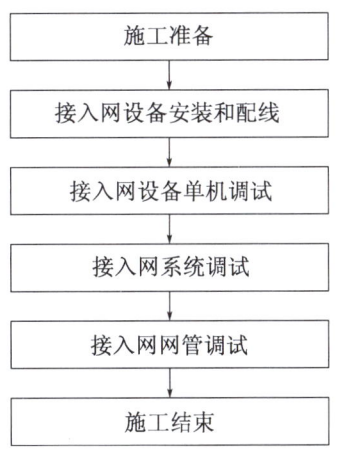

图 3.4.1 接入网施工流程图

3 施工单位宜参与接入网设备的厂验。

4 施工技术人员应熟悉接入设备性能、面板配置、配线径路、通道运用，了解光纤配线架（ODF）、数字配线架（DDF）、音频配线架（VDF）、综合配线架（MDF）的端子分配。

5 单机和系统调试前，应先确认符合下列规定：

1）应完成设备安装，机柜安装位置和安装方式应符合设计要求。子架安装位置及单元电路板位置应正确、插入可靠。

2）应完成设备配线，检查核对无误。端子连接方式和质量应符合要求，相应的接插件装配正确并可靠连接。

3）应完成引入交直流电源和电源设备安装，并符合设备使用要求。

4）设备应可靠接地，接地电阻符合设计要求与国家和行业现行有关标准的规定。

5）设备单机加电后应运转良好、内置风扇正常启动，各单机显示状态符合当前实际运行情况。

6）设备单机性能调试宜在设备开机通电 30min 后进行。

7）系统调试前，应确认传输和电话交换系统正常运行，网管已经安装完毕，软硬件版本核对正确，网管等系统数据加载正常。

6 当接入系统采用无线方式时，施工安装调试应符合设计与国家和行业现行有关标准的要求。

7 安装调试有防静电要求的设备时，施工技术人员应采取相应的防静电措施。

3.4.2 接入网设备安装和配线

1 设备的进场验收应符合第 3.2.1 节的相关规定。

2 设备的安装应符合第 3.2.3 节的相关规定。

3 设备的配线应符合第 3.2.4 节的相关规定。

3.4.3 接入网设备单机调试

1 复核出厂质量检验报告，光线路终端（OLT）设备 V5 接口的功能（系统启动程序，公共电话交换网（PSTN）协议，控制协议，承载通路连接（BCC）协议，保护协议，链路控制协议）应符合设计要求与国家和行业现行有关标准的规定。

2 复核出厂质量检验报告，光网络单元（ONU）设备用户网络接口（UNI）的下列性能应符合设计要求与国家和行业现行有关标准的规定：

1）音频二/四线。

2）普通电话业务（POTS）接口的频率、电压、断续时间。

3）ISDN 基本速率接口（2B+D）的 B 通道和 D 通道误码。

4）$N \times 64 \text{kbit/s}$（$N=1 \sim 31$）数据通道的误码性能。

5）POTSFXS 与 POTSFXO 模拟电话线接口的馈电电压、振铃电流、电话主被叫业务等。

3 参照国家和行业现行有关标准或设备技术文件，对 OLT、ONU 的下列功能进行检验和性能调测，结果应符合设计要求与国家和行业现行有关标准的规定：

1）OLT、ONU 的时钟接口接收信号（V5）同步、内部时钟同步、外部时钟同步功能。

2）OLT、ONU 告警和监视功能。

3）OLT、ONU 光接口的发送光功率、接收灵敏度。

4）OLT 的 V5 接口（电接口）物理层误码性能、比特率偏差、最大输出抖动、输入抖动容限。

4 基于以太网方式的无源光网络（EPON）传输光接口性能（平均发射功率，接收机灵敏度）应符合现行《接入网设备测试方法 基于以太网方式的无源光网络（EPON）》（GB/T 33843）的有关规定。

5 吉比特的无源光网络（GPON）传输光接口性能（平均发射光功率，接收机灵敏度）应符合现行《接入网设备测试方法 吉比特的无源光网络（GPON）》（GB/T 33849）的有关规定。

6 业务节点接口 STM-1 接口性能（平均发送功率，接收机灵敏度）应符合现行《同步数字体系设备和系统的光接口技术要求》（GB/T 20185）的有关规定。

7 业务节点 GE 光接口性能（平均发送光功率，接收机灵敏度）应符合现行《接入网技术要求——基于以太网方式的无源光网络（EPON）》（YD/T 1475）等有关标准的规定。

8 业务节点 E1 接口性能（比特率容差，接口输出抖动）应符合现行《数字网系列比特率电接口特性》（GB/T 7611）的有关规定。

9 业务节点接口（SNI）V5 接口协议（与公共电话交换网接口的 PSTN 协议，控制协议，承载通路连接 BCC 协议，保护协议，链路控制 LCP 协议）应符合现行《V5 接口技术要求第 2 部分：V5.2 接口》（YD/T 1380.2）的有关规定。

10 业务节点 Z 接口性能（损耗频率失真，增益随输入电平的变化，总失真，串音）应符合现行《接入网远端设备 Z 接口技术要求》（YD/T 1070）的有关规定。

11 业务节点 FXO 接口性能（铃流，信号音）应符合现行《邮电部电话交换设备总技术规范书》（YDN 065）的有关规定。

12 光分路器插入损耗应符合现行《全光纤型分支器件技术条件》（YD/T 1117）的有关规定。

13 接入网设备的主控、电源等关键板件的冗余配置及切换功能应符合设计文件要求。

3.4.4 接入网系统调试

1 单机调试完成后，应根据设计方案连接各设备单元，采用网管进行数据配置。

2 参照设备技术文件进行本地交换机触发的系统启动、接入网触发的系统启动、主链路从故障中恢复、次链路从故障中恢复、V5 接口从中断中恢复后的系统启动检验，检测系统结果应正常。

3 在系统业务节点（SNI）V5 接口调测 2Mbit/s 链路的性能（2Mbit/s 电接口误码性能，比特率偏差，最大输出抖动，输入抖动容限），结果应符合设计要求与国家和行业现行有关标准的规定。

4 采用规程分析仪跨接在 OLT 与交换机线路设备（LE）之间 V5 接口实时监视信令流程，记录、分析下列协议，结果应符合设计要求与国家和行业现行有关标准的规定：

1）与公共电话交换网接口（PSTN）协议：正常的接入网用户发起的呼叫，不正常的接入网用户发起的呼叫，处理通话阶段的事件，正常的本地交换机侧用户发起的呼叫，不正常的本地交换机侧用户发起的呼叫，呼叫等待等附加业务，特殊事件，接入网内两个用户之间建立的呼叫。

2）控制协议：PSTN 用户端口控制，ISDN-BA 用户端口控制，ISDN-PRA 用户端口控制，重新指配程序。

3）承载通路连接（BCC）协议：接入网内部故障通知规程，审计规程。

4）保护协议：成功的保护切换，保护切换失败。

5）链路控制协议（LCP）：本地交换机启动的链路阻塞/解除阻塞，该链路不包含物理 C 通路；本地交换机启动的链路阻塞/解除阻塞，该链路包含备用的 C 通路；本地交换机启动的链路阻塞，该链路包含活动的 C 通路；接入网启动的链路阻塞/解除阻塞，该链路不包含物理 C 通路；接入网启动的链路阻塞/解除阻塞，该链路包含备用的 C 通路；接入网启动的链路阻塞，该链路包含活动的 C 通路；本地交换机请求的链路身份标识；接入网请求的链路身份标识。

5 调测 ONU 与 OLT 之间、ONU 直接与 ONU 之间、ONU 经过 LE 与 ONU 之间的用户网络接口（UNI）音频性能（音频二/四线的通路电平，净衰耗频率特性，增益随输入电平变化特性，空闲信道噪声，总失真，近端串音，远端串音），应符合设计要求与国家和行业现行有关标准的规定。

6 采用误码测试仪调测系统中端到端数据接口误码，结果应符合设计要求与国家和行业现行有关标准的规定。

7 采用 ISDN 分析仪调测系统中 ISDN-BRI、ISDN-PRI 的 B 通道和 D 通道误码，结果应符合设计要求与国家和行业现行有关标准的规定。

8 参照国家和行业现行有关标准或设备技术文件，对接入网（系统保护功能，时钟同步及时间同步功能，单呼、组呼、全呼、会议电话、强插、外线拨入、112 测量台等业务功能，普通电话业务功能，系统接通率）进行调试，结果应符合设计要求与国家和行业现行有关标准的规定。

9 光接口接收光功率应不低于接收机最差灵敏度。

10 EPON、GPON 性能（传输时延，吞吐量，长期丢包率）应符合设计文件及现行《接入网设备测试方法 基于以太网方式的无源光网络（EPON）》（GB/T 33843）和现行《接入网设备测试方法 吉比特的无源光网络（GPON）》（GB/T 33849）要求。

11 无源光网络（PON）应具备光纤倒换功能，倒换时间应小于 50ms。

3.4.5 接入网网管调试

1 应参照设备技术文件，对接入网网管的网络拓扑、业务拓扑管理功能进行检验，并符合下列规定：

1）接入网网管设备可显示被管理范围内所有网络单元的拓扑图，并访问被管理范围内的所有网元。

2）服务器可对被管理的整个网络进行监视。

3）网管设备可实时打印、存储、报表。

4）网管可进行数据备份和数据恢复。

2 应参照设备技术文件，对接入网网管的配置管理功能进行调试，并符合下列规定：

1）可从网元上收集配置信息并提供数据给网元。

2）可识别、定义、指配、控制和监视接入网中的管理对象，并可保证在业务正常情况下进行软、硬件配置内容的增加、删除和修改。

3 应参照设备技术文件，对接入网网管故障管理功能进行检验，并符合下列规定：

1）可提供对接入网及其环境异常情况的处理手段，故障时间和位置判定、故障修复的处理符合设计要求。

2）可对接入网系统的各个部分进行持续的或间断的观察和检测。

4 应参照设备技术文件，对接入网网管性能管理功能进行检验，并符合下列规定：

1）可对接入网的网元进行性能监视。

2）可采集相关的性能并进行数据统计。

3）可处理测量数据，并分析测量结果。

5 参照设备技术文件，对接入网网管安全管理功能进行检验，并符合下列规定：

1）可进行用户管理。

2）可进行访问控制，具有安全日志。

6 应参照设备技术文件，对接入网网管日志管理功能进行检验，并符合下列规定：

1）可进行日志参数管理。

2）可进行日志操作。

3）可进行日志删除。

7 调试系统网管北向接口（接入综合网管）功能应符合设计要求。

3.5 数据通信网

3.5.1 一般规定

1 数据通信系统施工内容包括数据通信设备安装和配线、数据通信设备单机调试、数据通信系统调试、数据通信系统网管调试等。

2 数据通信系统施工流程如图 3.5.1 所示。

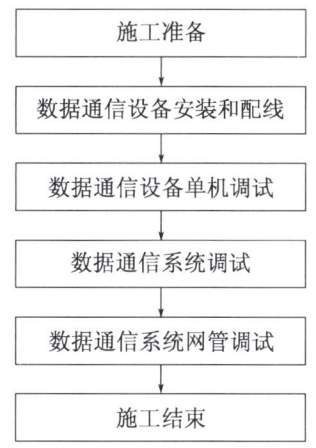

图 3.5.1 数据通信系统施工流程图

3 施工单位宜参与数据通信设备的厂验。

4 施工技术人员应熟悉数据通信设备性能，了解光纤配线架（ODF）、数据综合配线架的端子分配。

5 单机和系统调试前，应先确认符合下列规定：

1）应完成设备安装，机柜安装位置和安装方式符合设计要求。子架安装位置及单

元电路板位置正确、插入可靠。

2）应完成设备配线，检查核对无误。端子连接方式和质量符合要求，相应的接插件装配正确并可靠连接。

3）应完成引入交直流电源和电源设备安装，并符合设备使用要求。

4）设备可靠接地，接地电阻符合设计要求与国家和行业现行有关标准的规定。

5）设备单机加电后运转良好、内置风扇正常启动，各单机显示状态符合当前实际运行情况。

6）设备单机性能调试宜在设备开机通电30min后进行。

7）系统调试前，应确认传输通道正常，系统网管已安装完毕，软硬件版本核对正确，软件加载正常。

6 网管调试加载数据过程中严禁断电，应用数据配置应及时进行备份。

7 安装调试有防静电要求的设备时，施工技术人员应采取相应的防静电措施。

3.5.2 数据通信设备安装和配线

1 设备的进场验收应符合第3.2.1节的相关规定。

2 设备的安装应符合第3.2.3节的相关规定。

3 设备的配线应符合第3.2.4节的相关规定。

3.5.3 数据通信设备单机调试

1 设备单机加电后，应根据设计文件，参照设备技术文件，对数据通信设备进行IP地址、路由协议等相关参数配置。

2 应复核出厂质量检验报告，数据通信设备指标（接口性能；路由协议；PPP、ARP、IP、ICMP、IGMP、UDP、TCP、SNMP协议；防火墙性能和功能）应符合设计要求与国家和行业现行有关标准的规定。

3 应参照国家和行业现行有关标准或设备技术文件，对路由器单机设备下列性能和功能进行调试，结果应符合设计要求与国家和行业现行有关标准的规定：

1）接口：1000Base-LX/SX接口的平均发送光功率、接收灵敏度、过载功率；1000Base-T接口通过五类非屏蔽线传输的最大距离；POS接口的平均发送功率、接收灵敏度；ATM接口的平均发送光功率、接收灵敏度；V.24接口性能；V.35接口性能；E1接口性能。

2）单机状态：终端登录（通过Console口登录），检查版本信息，检查设备状态，检查当前配置信息，查询接口信息，设置环回（Loopback）接口的IP地址。

3）性能：端口吞吐量，丢包率，包转发时延，背对背缓冲能力，路由表容量，混合包转发时延。

4）按照实际业务需求进行路由协议功能检验。

5）QoS检测，包括优先级数目的验证，各优先级的丢包率等。

6）可靠性：整机加电启动，主、备电源的切换，主、备系统处理器的切换，热插拔功能，现场软件版本更新检测。

4 应参照国家和行业现行有关标准或设备技术文件，对以太网交换机单机设备功能（流量控制，组播侦听，地址过滤，访问列表功能；实际业务需求协议功能；可靠性）进行检验，结果应符合设计要求与国家和行业现行有关标准的规定。

5 应参照现行《以太网交换机测试方法》（YD/T 1141）、《具有路由功能的以太网交换机测试方法》（YD/T 1287）及设备技术文件，对以太网交换机单机设备性能进行调测，结果应符合现行《以太网交换机技术要求》（YD/T 1099）、《具有路由功能的以太网交换机技术要求》（YD/T 1255）的相关规定：

1）接口：1000Base-LX/SX 光接口平均发送光功率；10/100/1000Base-T 以太网电接口通过五类非屏蔽线传输的最大距离。

2）二层性能：吞吐量，突发长度，时延，丢包率，帧长度，异常包，流量控制，自协商，以太网帧格式，VLAN，单播帧处理，多播帧处理，广播帧处理，MAC 地址动态学习，MAC 地址老化时间，MAC 地址表容量，MAC 静态地址配置。

3）三层性能：吞吐量，时延，丢包率，QoS 策略，路由表容量。

6 应参照国家和行业现行有关标准或设备技术文件，对防火墙单机设备功能（双机冗余配置，具有负载均衡功能，包过滤功能，信息内容过滤，防范扫描窥探功能，支持 VPN，基于代理技术的安全认证，网络地址转化（NAT），流量检测抗攻击，系统管理功能）进行检验，结果应符合设计要求与国家和行业现行有关标准的规定。

7 应参照国家和行业现行有关标准或设备技术文件，对防火墙单机设备性能（时延，吞吐量，丢包率，并发连接数）进行调测，结果应符合设计要求与国家和行业现行有关标准的规定。

8 信息安全等级保护应符合设计要求与国家和行业现行有关标准的规定。

3.5.4 数据通信系统调试

1 数据通信系统调试前应进行相关检查，并符合下列规定：

1）采用误码测试仪检测传输通道的误码率，符合设计要求。

2）数据通信设备与传输通道连接后，设备连接状态正确。

2 应参照国家和行业现行有关标准或设备技术文件，对系统性能（数据保存，时间设置，软件加载，IP 数据包端到端的转发丢包率、时延、吞吐量测试等网络性能，路由收敛时间）进行调测，结果应符合设计要求。

3 应参照国家和行业现行有关标准或设备技术文件，对系统可靠性进行下列调测，结果应符合设计要求：

1）主控板冗余。

2）路由模块热插拔能力。

3）电源模块冗余。

4）系统复位时间。

5）路由器软件升级能力。

6）VRRP 协议基本功能：VPN 网络端到端的转发丢包率、时延、吞吐量测试，VPN 网络收敛时间，主备路由反射器冗余切换。

4 应参照国家和行业现行有关标准或设备技术文件，对下列系统功能进行检验，结果应符合设计要求：

1）VLAN 功能。

2）Eth-Trunk 逻辑端口功能。

3）MPLSVPN 功能，包括三层 VPN 建立，二层 VPN 建立，地址复用，跨自治域 VPN 互联。

4）GRE 的基本功能，包括 GREtunnel 建立，GREtunnel 识别关键字。

5）QoS 策略。

6）安全功能。

7）NAT 基本功能。

5 应参照国家和行业现行有关标准或设备技术文件，对路由策略功能（路由协议选用，路由路径验证，流量均衡检查）进行检验，结果应符合设计要求。

6 应参照国家和行业现行有关标准或设备技术文件，对下列网络安全措施进行检验，结果应符合设计要求：

1）网络设备安全，包括设备访问安全控制，对口令字串的加密，网络设备管理日志功能。

2）路由安全，包括 IGP 路由处理和信息交换的加密传输，BGP 路由处理和信息交换的加密传输。

7 对系统的时间同步功能进行调测，结果应符合设计和铁路相关技术规定。

3.5.5 数据通信系统网管调试

1 应参照设备技术文件，对数据通信系统网管的资源管理功能（设备管理，电路管理，路径管理，IP 地址管理，软件版本管理，MPLSVPN 管理，资源报表统计，资源预警等）进行检验，结果应符合设计要求与国家和行业现行有关标准的规定。

2 应参照设备技术文件，对数据通信系统网管的拓扑管理功能（拓扑管理，拓扑自动发现、监视与浏览，基于拓扑的流量显示、资源显示、配置显示和故障显示等）进行检验，结果应符合设计要求与国家和行业现行有关标准的规定。

3 应参照设备技术文件，对数据通信系统网管的配置管理功能（网元设备配置，历史配置信息保存，对不同配置进行比较）进行检验，结果应符合设计要求与国家和行业现行有关标准的规定。

4 应参照设备技术文件，对数据通信系统网管的故障管理功能（实时告警及历史告警信息查询，各种告警指示，告警过滤、告警转发、告警确认和告警升级、告警清除，故障关联分析）进行检验，结果应符合设计要求与国家和行业现行有关标准的规定。

5 应参照设备技术文件，对数据通信系统网管的性能监测与分析功能（网络性能监测，网络性能分析，性能数据监视及前期预警）进行检验，结果应符合设计要求与国家和行业现行有关标准的规定。

6 应参照设备技术文件，对数据通信系统网管的路由管理功能（路由实体监视，路由信息及变化分析）进行检验，结果应符合设计要求与国家和行业现行有关标准的规定。

7 应参照设备技术文件，对数据通信系统网管的 QoS 管理功能（网络层 QoS 参数配置，基于 QoS 的性能监测，基于 QoS 的流量分析）进行检验，结果应符合设计要求与国家和行业现行有关标准的规定。

8 应参照设备技术文件，对数据通信系统网管的 Web 信息发布和统计功能进行检验，结果应符合设计要求与国家和行业现行有关标准的规定。

9 应参照设备技术文件，对数据通信系统网管的报表统计功能（网络业务、资源、故障以及性能等信息统计，提供多种形式的报告和图表）进行检验，结果应符合设计要求与国家和行业现行有关标准的规定。

10 应参照设备技术文件，对数据通信系统网管的 VPN 管理功能（VPN 配置，VPN 监控，VPN 图形化管理）进行检验，结果应符合设计要求与国家和行业现行有关标准的规定。

11 应参照设备技术文件，对数据通信系统网管的流量采集与分析功能进行检验，并符合下列规定：

1）通过采集网络流量，实现对各个网络层次的链路负载和链路拥塞的分析。

2）通过采集网络流量，实现对网络流量流向进行分析。

3）通过采集网络流量，实现对网络业务类型分布进行分析。

12 应参照设备技术文件，对数据通信系统网管的操作维护终端安全登录等安全管理功能进行检验，结果应符合设计要求与国家和行业现行有关标准的规定。

13 调试系统网管北向接口（接入综合网管）功能应符合设计要求。

3.6 电话交换

3.6.1 一般规定

1 电话交换系统施工内容包括电话交换设备安装和配线、电话交换系统单机调试、电话交换系统联网调试、电话交换系统网管调试等。

2 电话交换系统施工流程如图 3.6.1 所示。

3 施工单位宜参与电话交换设备的厂验。

4 单机和系统调试前，应先确认符合下列规定：

1）应完成设备安装，机柜安装位置和安装方式符合设计要求。子架安装位置及单元电路板位置正确、插入可靠。

2）应完成设备配线，检查核对无误。端子连接方式和质量符合要求，相应的接插件装配正确并可靠连接。

3）应完成引入交直流电源和电源设备安装，并符合设备使用要求。

4）设备可靠接地，接地电阻符合设计要求与国家和行业现行有关标准的规定。

5）设备单机加电后运转良好、内置风扇正常启动，各单机显示状态符合当前实际运行情况。

6）设备单机性能调试宜在设备开机通电 30min 后进行。

7）系统调试前，确认传输通道和同步、信令系统正常，局端间及用户线连接良好，软件加载运行正常，软硬件版本核对正确，数据配置完成。

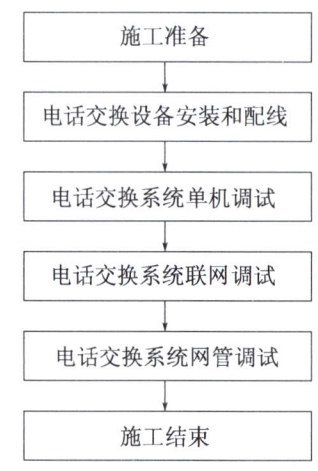

图 3.6.1　电话交换系统施工流程图

5 安装调试有防静电要求的设备时，施工技术人员应采取相应的防静电措施。

3.6.2　电话交换系统设备安装和配线

1 设备的进场验收应符合第 3.2.1 节的相关规定。

2 通信机械室内的交换机设备机柜及总配线架、数字配线架的安装应符合第 3.2.3 节的相关规定。

3 控制台、终端设备、测量台安装应符合下列规定：

1）安装位置和安装方式符合设计要求。

2）安装整齐、牢固端正，标志齐全。

3）台面在同一水平面上。

4）显示屏、键盘及其他配套设备安装就位、标志齐全。

5）地线设置符合设计要求，地线连接可靠。

4 设备配线、电缆布放应符合第 3.2.4 节的相关规定。

3.6.3　电话交换系统单机调试

1 交换机设备加电应逐级进行。

2 交换机设备通电后，检查确认应符合下列规定：

1）所有变换器的输出电压符合要求。

2）外围终端自检正常。

3）告警装置工作正常。

4）时钟装置工作正常，精度符合设计要求。

5）装入测试程序，通过人机命令或自检程序，对设备进行检查，硬件系统工作正常。

3 交换机系统功能检验建立应符合下列规定：

1）系统初始化：对交换机系统进行初始化和装载，用人机命令对交换机进行系统启动；初始化后，交换机的所有模块进入正常运行状态。

2）系统自动/人工再装入：按设备技术文件所提供的方法，检查交换机系统的自动/人工再装入功能，应运行正常。

3）系统自动/人工再启动：按照设备技术文件所提供的自动/人工再启动的检测方法进行各种级别的再启动，检测结果应符合设备技术文件的相应指标。

4 交换机系统复原控制方式及呼叫接续功能检验应符合下列规定：

1）复原控制方式检验。

2）本所呼叫接续检验。

3）出入所呼叫接续检验。

4）汇接接续检验。

5）用户交换机（PBX）呼叫检验。

6）公用网市话局呼叫检验。

7）长途全自动呼叫检验。

8）特种业务呼叫检验普通用户拨打各种特种业务台，功能良好，复原控制方式应符合设计要求。

9）被测电话所普通用户与移动无线通信网的用户进行来、去话呼叫，接续功能良好，复原控制方式应符合设计要求。

5 用户分类功能检验应符合下列规定：

1）分别对普通用户、优先用户、限制用户、特种用户、同线电话用户和远距离用户做地区自动、长途自动、公用网市话、新业务呼叫。通话中不应有杂音、串音、单向通话、振鸣及接近振鸣等现象。

2）用户分类明确，限制功能正确。

6 新业务功能检验应符合下列规定：

1）系统应具备的新业务包括热线服务、呼出限制、三方通话、追查恶意呼叫、转移呼叫、遇忙回呼和会议电话。

2）系统可选择的新业务应包括免打扰服务、闹钟服务、缺席用户服务、缩位拨号、呼叫等待、无应答转移和遇忙记存呼叫。

7 时间监视及通路强迫释放功能检验应符合下列规定：

1）用户摘机久不拨号，10s 后应听忙音或录音通知音。

2）用户摘机位间不拨号，20s 后应听忙音或录音通知音。

3）用户作地区呼叫，被叫用户久叫不应，60s 后听忙音；用户作长途呼叫，被叫用户久叫不应,90s 后应听忙音。

4）用户听忙音不挂机,40s 后听嗥鸣声。听嗥鸣音不挂机,60s 后应闭塞相关的用户电路。听忙音时间监视、听嗥鸣音时间监视和闭塞三种状态在用户挂机后应立即终止,用户电路复原。

8 对系统计费功能进行检验,结果应符合设计要求。

9 对录音通知音逐条进行核实,应输出正确,功能良好。

10 非电话业务功能检验应符合下列规定:

1）在用户电路上,接入用户传真机进行文字和图片传真,性能应良好,并且不应被其他呼叫插入和中断。

2）在用户电路上,接入调制解调器,传送低速率数据,性能应良好,并且不应被其他呼叫插入和中断。

3）在 64kbit/s 接口,传送 64kbit/s 的数字和传真业务,性能应良好,并且不应被其他呼叫插入和中断。

11 对 ISDN 业务功能进行检验,用户速率为 2B + D 的交换接续功能应良好,用户速率为 30B + D 的交换接续功能应良好。

12 交换设备与分组交换网的交换接续功能应良好。

13 交换设备与自动传输测量设备（ATME）配合,建立测试呼叫的功能应良好。

14 系统的维护管理功能检验应符合下列规定:

1）人机命令:根据人机命令手册提供的人机命令按其功能分类,对各功能的命令进行抽检,处理机对检查的命令均应执行,命令功能准确,响应时间应符合设计要求。

2）告警功能。

3）话务统计及服务观察功能。

4）例行维护测试功能。

5）测量台功能。

6）数据管理功能。

7）障碍检测功能。

8）冗余设备的人工/自动倒换,系统再构成功能良好。

9）输入、输出设备性能测试结果良好,接口编码格式符合要求。

10）系统与操作维护中心配合维护功能良好。

11）网管功能良好。

15 测试用户信号方式,结果应符合现行《铁路电话交换网用户信号方式》（TB/T 1688）的有关规定。

16 电话所间采用 7 号公共信道信号方式时,测试信号方式,结果应符合设计要求。

17 测试与公用网市话局间的信号方式,结果应符合设计要求。

18 对交换设备进行功能检验,结果应与现有铁路电话交换网内的交换机及信号方式配合工作。

19 测试铃流和信号音，结果应符合现行《铁路电话交换网铃流和信号音》（TB/T 1723）的有关规定。

20 检验系统的时钟及时间同步功能，结果应符合设计要求。

3.6.4 电话交换系统联网调试

1 检验局间信令互通功能（时钟同步、信令路由选择、中继电路占用拨打等）、局间信令故障重启和恢复功能、局间二层数据链信令与三层呼叫业务信令流程分析，验证用户数据、局数据、局间信令协议的配置应符合设计要求。

2 检测市话和长途计费差错率，应不大于 10^{-5}。

3 采用模拟呼叫器进行系统接通率检测，局内接通率应大于 99.96%；局间接通率应大于 98%。

4 进行长时间通话检测，将 12 对用户保持通话状态 48h，同时将高话务量加入交换网，48h 后通话路由应正常、计费正确，无重接、断话或单向通话等现象。

5 复核出厂质量检验报告，确认交换机忙时呼叫尝试次数（BHCA）满负荷检测结果，应符合设计要求。

6 复核出厂质量检验报告，内部过负荷控制功能应符合下列规定：

1）当出现在交换设备上试呼次数超过其设计负荷能力 50% 时，交换设备处理呼叫能力不小于设计负荷能力的 50%。

2）当出现 50% 的呼叫次数过负荷时，系统能以自动逐步微调方式限制普通用户的呼出，限制的用户应均匀分布。

7 时分复用（TDM）交换系统功能应符合设计文件要求和现行《固定电话交换设备安装工程验收规范》（YD 5077）等有关标准的规定。

8 TDM 交换系统局内接通率应不小于 99.96%，局间接通率应不小于 98%；计费差错率不应大于 10^{-5}。

9 基于 IP 的电话交换网的功能应符合设计文件要求和现行《软交换设备总体技术要求》（YD/T 1434）等有关标准的规定。

10 基于 IP 的电话交换网系统长时呼叫保持率应不小于 99%；大话务量呼叫接通率应不小于 99%。

11 TDM 交换系统关键单元的冗余配置及倒换功能应符合设计文件和现行《固定电话交换设备安装工程验收规范》（YD 5077）的有关规定。

12 基于 IP 的电话交换系统的冗余配置及倒换功能应符合设计文件和现行《软交换设备总体技术要求》（YD/T 1434）的有关规定。

13 电话交换网的局间信令和中继电路呼叫应符合现行《固定电话交换网工程验收规范》（YD 5077）的有关规定。

14 电话交换网的容量、话务负荷能力等应符合设计文件要求。

3.6.5 电话交换系统网管调试

1 应参照设备技术文件，检验电话交换系统网管的人机命令功能，响应时间符合设计要求与国家和行业现行有关标准的规定。

2 应参照设备技术文件，检验电话交换系统网管的告警管理功能，结果应符合设计要求。

3 应参照设备技术文件，检验电话交换系统的话务统计及话务观察功能，结果应符合下列规定：

1）对各类接续、目的码、去话电路群和来话电路群呼叫次数的各检测项目进行统计，功能良好，输出结果正确。

2）对各类接续、目的码、去话电路群、来话电路群和转话电路群进行占用话务量、接通话务量和应答话务量统计，功能良好，输出结果正确；对每百号组的发话话务量、受话话务量、发话次数、受话次数进行统计，功能良好，输出结果正确；对交换机公用设备的话务量进行统计，功能良好，输出结果正确。

3）对交换机的平均占用时间测量、话务拥塞统计、服务质量统计、网络状态监视和定期打印报告等功能进行检查，功能良好，输出结果正确。

4 应参照设备技术文件，检验电话交换系统网管的例行维护功能检验，结果应符合下列规定：

1）用人机命令分别对使用状态、备用状态或脱机状态的交换网络进行随时、定期自动检测，功能良好，输出结果正确。

2）用人机命令对所间电路及各种出、入中继器，来、去话中继器及其他中继器进行接续、指定自动检测，功能良好，输出结果正确。

3）用人机命令对信号系统自动检测，功能良好，输出结果正确。

5 应参照设备技术文件，检验电话交换系统网管的数据管理功能，结果应符合下列规定：

1）用人机命令对数据的所向、电路数量、路由、信令、发号位数等进行增、删、改的操作，通过呼叫确认，结果正确。

2）用人机命令对用户数据的用户号码、设备号码、类别和性能等进行增、删、改的操作，通过呼叫确认，结果正确。

3）用人机命令对计费数据进行修改，通过呼叫确认，计费正确。

6 参照设备技术文件，检验电话交换系统网管的障碍检测功能，结果应符合下列规定：

1）对电源系统、处理机、交换单元和外围设备等分别进行模拟故障检验，故障告警、主备用设备倒换、故障信息输出及排障过程良好。

2）系统对硬件障碍进行自动诊断，故障定位精度，对于用户电路、所间电路及信号设备能检测定位至每一电路；对于处理机、交换网络、接口电路、存储器、输入、输出设备等公共控制部件的电路，要求70%的故障能定位至1块板，90%能定位至3块板。

3）发生一般性软件和硬件故障时，系统的故障告警、故障信息输出以及系统的自纠能力和自动恢复功能良好。

7 调试系统网管北向接口（接入综合网管）功能应符合设计要求。

3.7 有线调度通信

3.7.1 一般规定

1 有线调度通信系统施工包括有线调度设备安装和配线、有线调度设备单机调试、有线调度系统调试、有线调度系统网管调试等。

2 有线调度通信系统的施工流程如图 3.7.1 所示。

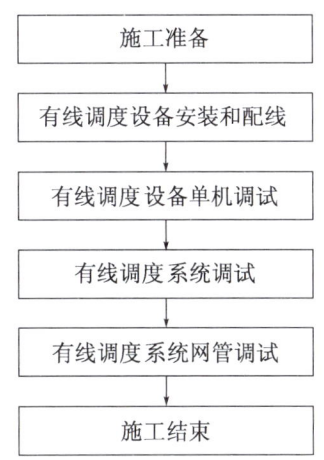

图 3.7.1 有线调度通信系统施工流程图

3 单机和系统调试前，应先确认符合下列规定：

1）应完成设备安装，机柜安装位置和安装方式符合设计要求。子架安装位置及单元电路板位置正确、插入可靠。

2）应完成设备配线，检查核对无误。端子连接方式和质量符合要求，相应的接插件装配正确并可靠连接。

3）应完成引入交直流电源和电源设备安装，并符合设备使用要求。

4）设备可靠接地，接地电阻符合设计要求与国家和行业现行有关标准的规定。

5）设备单机加电后运转良好、内置风扇正常启动，各单机显示状态符合当前实际运行情况。

6）设备单机性能调试宜在设备开机通电 30min 后进行。

7）系统调试前，传输系统、数据网系统、铁路数字移动通信系统（GSM-R）和单机设备正常，系统网管已经安装完毕，软硬件版本核对正确，软件加载正常。

4 施工技术人员应熟悉调度设备性能、面板配置、配线径路、通道运用，了解光纤配线架（ODF）、数字配线架（DDF）、音频配线架（VDF）的端子分配。

5 有线调度通信网管调试加载数据过程中严禁断电，应用数据配置应及时进行备份。

6 安装调试有防静电要求的设备时，施工技术人员应采取相应的防静电措施。

3.7.2 有线调度设备安装和配线

1 设备的进场验收应符合第 3.2.1 节的相关规定。

2 通信机械室内的设备安装应符合第 3.2.3 节的相关规定。

3 通信机械室内的设备配线应符合第 3.2.4 节的相关规定。

4 调度台、值班台等终端设备安装位置、方式应符合设计要求，并方便用户使用，摆放应平稳、牢固。

3.7.3 有线调度设备单机调试

1 参照现行《铁路调度通信系统 第 2 部分：试验方法》（TB/T 3160.2），对有线调度设备单机的相关接口电气性能进行调测，结果应符合下列规定：

1）ISDN 基群速率接口（30B+D）。

2）ISDN 基本速率接口（2B+D）。

3）Z 接口符合现行《铁路调度通信系统 第 1 部分：技术条件》（TB/T 3160.1）的相关规定。

4）共总接口。

5）共分接口。

6）磁石接口。

7）音频二/四线接口。

8）模拟调度总机接口。

9）用户信号方式。

10）信号音和铃流应符合表 3.7.3 的要求。

信号音和铃流指标　　　　　　　表 3.7.3

项目	拨号音	回铃音	忙音	空号音	铃流
频率（Hz）	450±25	450±25	450±25	450±25	25±3
电平（dBm）	-10±3	-10±3	-10±3	-10±3	电压：(75±15) V
谐波失真	≤10%	≤10%	≤10%	≤10%	≤10%
断续时间	连续信号	1s 送，4s 断	0.35s 送，0.35s 断	0.1s 送，0.1s 断 共 0.6s 加 0.45s 送，0.45s 断	1s 送，4s 断

2 参照现行《铁路调度通信系统 第 2 部分：试验方法》（TB/T 3160.2），对有线调度设备单机的内部呼叫接通率、过负荷控制能力进行调测，结果应符合现行《铁

路调度通信系统　第 1 部分：技术条件》（TB/T 3160.1）的相关规定。

3　参照现行《铁路调度通信系统　第 2 部分：试验方法》（TB/T 3160.2），对调度台与值班台功能（调度通信的个别呼叫、组呼、全呼和会议功能，自动应答功能，呼叫等待功能，呼叫保持功能，主叫线识别提供业务，两个通道可同时使用、互相转换功能，支持呼叫前转、呼叫转接功能，工作状态显示功能，拨号及功能号呼叫功能）进行试验，结果应符合现行《铁路调度通信系统　第 1 部分：技术条件》（TB/T 3160.1）的相关规定。

4　参照现行《铁路调度通信系统　第 2 部分：试验方法》（TB/T 3160.2），对调度台与值班台的性能（支持显示屏幕尺寸，支持屏幕分辨率，启动时间，呼叫等待数量，呼叫键区页数，按键数量）进行调测，结果应符合设计要求。

5　参照现行《铁路运输通信数字式语音记录仪》（TB/T 3025），对数字语音记录仪进行下列调试，结果应符合设计要求与国家和行业现行有关标准的规定：

1）功能：通道记录；语音记录；回放、监听、显示、检索、转存；安全管理、启动方式、断电保护；自动电平控制、电源转换；网络远端查询、计算机管理；与外部时钟（CTC 或 TDCS）同步。

2）性能：容量要求；放音输出功率；全频道频率响应、全频道信噪比、失真度、通道串音防卫度；语音质量、查询响应时间、输入信号动态范围、声控启动录音灵敏度。

6　调度交换机的单机性能应符合现行《铁路调度通信系统　第 2 部分：试验方法》（TB/T 3160.2）的相关规定。

7　参照现行《铁路调度通信系统　第 2 部分：试验方法》（TB/T 3160.2），对调度交换机的单机功能（64kbit/s 电路交换功能；直接呼入和呼出功能；送出主叫号码和呼叫优先级的功能；接收、存储和向局端转发号码的功能；根据 ISDN 地址码进行寻址，完成电路接续）进行试验，结果应符合现行《铁路调度通信系统　第 1 部分：技术条件》（TB/T 3160.1）的相关规定。

3.7.4　有线调度系统调试

1　参照设备技术文件，对有线调度系统进行呼叫业务功能（系统间个呼、组呼、全呼、会议呼叫业务；站间通话；呼叫优先级、呼叫限制、呼叫显示等）试验，结果应符合现行《铁路调度通信系统　第 1 部分：技术条件》（TB/T 3160.1）的相关规定。

2　参照设备技术文件，对有线调度系统进行可靠性试验（2Mbit/s 数字环自愈功能，掉电直通功能，主要设备冗余倒换功能），结果应符合设计要求。

3　参照设备技术文件，对有线调度系统进行下列系统性能调测，结果应符合设计要求：

1）传输误码。

2）呼叫接通率。

3）呼叫建立时延。

4）传输性能：传输损耗、两个方向间传输损耗一致性、短时间内损耗随时间变化、损耗频率失真、增益随输入电平的变化、总失真等。

4 参照设备技术文件，对有线调度系统与 GSM-R 系统间进行下列联网试验，结果应符合设计要求：

1）系统间 DSS1 信令协议。

2）有线调度系统调度台、值班台等终端设备与 GSM-R 系统终端之间呼叫业务，包括个呼、组呼、广播呼叫、功能号呼叫、呼叫优先级、呼叫限制、呼叫显示等。

3）系统间呼叫接通率、呼叫接续时延。

5 参照设备技术文件，对有线调度系统双中心安全措施进行试验，结果应符合下列规定：

1）调度台双接口与双交换机间次要故障能引起局部自动切换和自动恢复。

2）调度台双接口与双交换机间重要故障能引起全局自动切换和自动恢复。

6 对系统的时间同步功能进行调测，结果应符合设计和铁路相关技术规定。

3.7.5 有线调度系统网管调试

1 参照现行《铁路调度通信系统 第 2 部分：试验方法》（TB/T 3160.2），对局数据、用户数据等数据的输入和修改等配置管理功能进行试验，结果应符合现行《铁路调度通信系统 第 1 部分：技术条件》（TB/T 3160.1）的相关规定。

2 参照现行《铁路调度通信系统 第 2 部分：试验方法》（TB/T 3160.2），对网管性能管理功能（设备运行状态、程序数据版本查看；性能数据的采集、诊断、分析；自动/人工控制主、备用设备的启用、转换和停用）进行试验，结果应符合现行《铁路调度通信系统 第 1 部分：技术条件》（TB/T 3160.1）的相关规定。

3 参照现行《铁路调度通信系统 第 2 部分：试验方法》（TB/T 3160.2），对下列网管故障管理功能进行试验，结果应符合《铁路调度通信系统 第 1 部分：技术条件》（TB/T 3160.1）的相关规定：

1）硬件和软件故障自动监测和诊断。

2）硬件故障定位和隔离。

3）软件故障的自动纠错能力和自动恢复，包括再启动和再装入等。

4）告警警示，故障恢复后系统应自动解除告警。故障告警内容应包括报告序号、告警地点、故障板件、告警等级、影响程度、发生时间、结束时间。

4 参照现行《铁路调度通信系统 第 2 部分：试验方法》（TB/T 3160.2），对网管安全管理功能（用户鉴权、操作权限的管理；登录、操作日志管理）进行试验，结果应符合现行《铁路调度通信系统 第 1 部分：技术条件》（TB/T 3160.1）的相关规定。

5 调试系统网管北向接口（接入综合网管）功能应符合设计要求。

3.8 移动通信

3.8.1 一般规定

1 数字移动通信系统（GSM-R）施工主要包括 GSM-R 系统天线杆（塔）施工，GSM-R 系统天线、馈线安装，GSM-R 线路建筑，GSM-R 系统设备安装与配线，GSM-R 移动交换子系统（SSS）调试，GSM-R 移动智能网子系统（IN）调试，GSM-R 通用分组无线业务子系统（GPRS）调试，GSM-R 无线子系统（BSS）调试，GSM-R 无线终端调试，GSM-R 运营与支撑子系统（OSS）调试和 GSM-R 系统调试等。

2 数字移动通信系统（GSM-R）施工流程如图 3.8.1 所示。

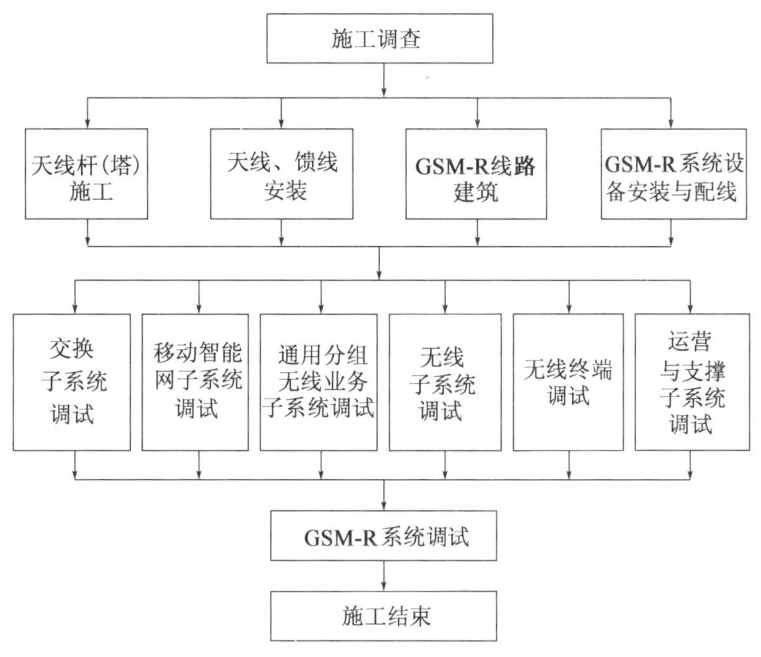

图 3.8.1 GSM-R 施工流程图

3 铁塔紧固螺栓应按设计要求采取防松防盗措施。

4 GSM-R 系统设备、线缆、材料等到达现场后应进行进场验收，其要求除了符合第 3.2.1 条第 9 款外，还应符合下列规定：

1）铁塔构件到达现场后应检查构件表面，应无明显变形、碰伤、裂痕等；应按图纸检查构件是否齐全，核实零部件是否匹配，组装、吊装工具是否齐全到位。

2）混凝土天线杆杆体裂纹符合国家和行业现行有关标准的规定。

3）天线的外观有无凹凸、破损、断裂等现象，驻波比符合设计要求。

4）漏泄同轴电缆、馈线等包装无破损、外表无压扁损坏，连接器匹配。

5 GSM-R 系统单机调试前，应先确认符合下列规定：

1）应完成设备安装，机柜安装位置和安装方式符合设计要求。子架安装位置及单元电路板位置正确、插入可靠。

2）应完成设备配线，检查核对无误。端子连接方式和质量符合要求，相应的接插件装配正确并可靠连接。

3）应完成引入交直流电源和电源设备安装，并符合设备使用要求。

4）设备可靠接地，接地电阻符合设计要求与国家和行业现行有关标准的规定。

5）设备单机加电后运转良好、内置风扇正常启动，各单机显示状态符合当前实际运行情况。

6）设备单机性能调试宜在设备开机通电 30min 后进行。

6 GSM-R 系统调试前，应确认下列条件：

1）传输系统及相关支撑系统正常良好；系统软硬件版本核对正确，软件加载正常；网络拓扑（连接关系）、数据配置、IP 地址设置符合设计要求。

2）与既有 GSM-R 系统的对接条件符合要求。

3）无线场强和网内干扰检测前应首先对外部电磁环境进行检测，确保不存在外界电磁干扰。

4）系统服务质量（QoS）检验前应首先对无线场强及干扰保护比进行检测，确保检测指标符合要求。

7 天线杆（塔）及天线、馈线安装过程中应配有完善的高处作业安全防范措施，高处作业人员应取得有效证件。为确保施工人员安全，如遇五级（含五级）以上大风、大雾、雪、沙暴、塔上裹冰、附霜、施工现场或附近地区有风沙、雷雨，不得进行施工。

8 电力牵引供电区段进行线路作业时，应在关闭该段接触网供电情况下进行作业，两端应设防护人员。

3.8.2 GSM-R 系统天线杆（塔）

1 天线杆（塔）施工应包括铁塔基础制作，杆（塔）体安装。

2 在天线杆（塔）定测时，应考虑天线杆（塔）选址对缆线布放的影响。

3 铁塔基础施工应符合下列规定：

1）基础应建在坚实的地基上，不得建在浮土、垃圾土、流质土和易受水冲刷的地方。

2）基础开挖过程中发现地下管线且无法避让时，应采取保护措施。

3）基坑开挖到设计深度后应核对地质资料，并进行地基承载力试验以确认是否符合设计要求。

4）基础浇灌前应埋设好防雷地线，防雷接地电阻应符合设计要求；根据需要可在基础引出接地扁钢，接入防雷地。

5）根据铁塔塔靴固定螺栓孔的相对尺寸制作模板，将地脚螺栓用模板固定后，浇灌在基础里。

6）铁塔基础钢筋规格及绑扎方式应符合设计要求。

7）铁塔基础混凝土配比应符合铁塔基础设计要求的强度等级。

8）混凝土每一次浇灌，均应提取混凝土试块并进行试验。

9）基础混凝土浇灌后 12h 内用草垫或塑料薄膜加以覆盖并进行保湿养生，覆盖应严密并保持塑料薄膜内有凝结水，一般要养生 28d 左右（由天气和温度决定）。

10）铁塔基础施工除符合上述要求外，还应符合国家和行业现行有关标准的规定。

4 铁塔塔靴安装应符合下列规定：

1）应正确安装塔靴位置，各塔靴的中心间距允许偏差 ±3.0mm，各塔靴的高度允许偏差 ±3.0mm。

2）塔靴调整好后，应在塔靴钢板下面填充水泥砂浆或用钢结构做永久性支撑。

3）塔靴紧固螺栓应做防腐处理。

5 自立式铁塔安装应符合下列规定：

1）铁塔相互连接的主材及其连接板在安装前应进行试装。

2）每一个结构单元安装完毕应及时进行校正和固定。

3）螺栓穿入方向应一致，构件连接塔身 6m 以上采用双螺母紧固；塔身 6m 以下外螺母采用防盗螺母紧固，螺栓紧固后外露丝扣符合设计要求。

4）铁塔主体结构安装完成后，用经纬仪检查垂直度，其指标应符合设计要求。

5）平台安装位置应符合设计要求，铁塔楼梯踏步板应平整，倾斜允许偏差 ±2.0mm，与铁塔结构件牢固连接。

6）天线支架挂高、方位应符合设计要求，并与铁塔结构件牢固连接。

7）铁塔航空障碍灯安装位置应符合设计要求。

6 屋顶天线杆（塔）安装应符合下列规定：

1）安装前应核实房屋结构与承重并符合安装要求。

2）屋顶天线杆（塔）的底座应建在房屋的承重梁上。

3）固定安装屋顶天线杆（塔）底盘时不应破坏房屋原有防水层。

4）固定钢丝绳拉线时，应在侧墙上预埋螺栓，埋深不小于 120mm，并用混凝土或其他锚固材料填充，填充质量应符合相关规定。

5）屋顶天线杆（塔）的防雷方式应符合设计要求。

6）当场地小测量垂度困难时，宜采用高精度经纬仪进行多次测量，以保证铁塔的垂直度。

7 单管塔安装应符合下列规定：

1）单管塔式起重机装作业前应制订相应的吊装作业方案，选择与需要相匹配的吊车。

2）单管塔施工前，应根据工艺和设计要求，编制安装工艺和方案。

3）安装前应进行现场勘察，预先进行场地平整和地面加固，以满足构件组装和大型吊装机械对施工场地的要求。

4）安装前预先核实塔基的边距、高程、水平度、基础混凝土的强度等，应符合设计要求；检查铁塔基础支承面、地脚螺栓的位置正确。

5）对采用杆体组装后再整体吊装的单管塔，组装时应注意调节好各节杆体之间的直线度，并严格按工艺要求固定，以保证吊装时不脱节、不变形。

6）对采用逐节吊装、空中对接固定的单管塔，安装时应注意在每节杆体吊装到位后，应用高强度螺栓初拧，调整好直线度后再复拧固定。

7）单管塔形成整体的空间结构后，应自下而上逐节检查全部螺栓，终拧固定。检测结构安装偏差，应符合设计要求。

8）塔顶平台、爬梯、天线支架、抱杆、走线架、走线槽和避雷针的安装应符合设计要求。

8 混凝土天线杆最小埋深应符合表3.8.2的规定。

混凝土天线杆最小埋深　　　　　　　　表3.8.2

杆高（m）	土质分类		
	松土（m）	普通土（m）	硬土及土夹石（m）
7.0~7.5	1.6	1.4	1.1
8.0~8.5	1.7	1.5	1.1
9.0~10.0	1.8	1.6	1.3
11.0~12.0	2.0	1.8	1.5

9 铁塔应使用40mm×4mm的热镀锌扁钢引下线接入铁塔的地网。

10 铁塔位于建筑物屋顶时，铁塔四脚应利用建筑物柱内的钢筋作雷电引下线，或与楼（房）顶避雷带就近不少于2处焊接连通。

3.8.3　GSM-R系统天线、馈线、塔顶放大器

1 天线安装应符合下列规定：

1）塔顶定向天线的安装高度、方位角、俯仰角符合信号覆盖要求，全向天线安装位置应满足天线之间隔离度要求，应确保天线在避雷针保护区域LPZ0B范围内。

2）全向天线水平间距应不小于3m；全向天线离塔体间距应不小于1.5m。

3）定向天线附件、天线固定夹、调节装置的安装可在塔上进行；也可将天线与塔上跳线在地面组装并将接头密封好，然后再吊到塔上。

4）天线吊装应用绳子与滑轮组将定向天线及所有附件吊至塔上平台。按照工程设计图纸确定定向天线的安装方向，将定向天线固定于支架的主干上，松紧程度应确保承重与抗风，也不宜过紧以免压坏天线护套。

5）天线与馈线连接时应做好避水弯，连接部分应进行防水处理。

2 馈线敷设应符合下列规定：

1）馈线敷设前应进行单盘测试。常用单盘馈线性能测试应符合现行《通信电缆无线通信用50Ω泡沫聚烯烃绝缘皱纹铜管外导体射频同轴电缆》（YD/T 1092）要求，测试后应对馈线头作密封处理。

2）馈线敷设应做到路由合理，常用馈线的最小弯曲半径应符合现行《通信电缆无线通信用50Ω泡沫聚烯烃绝缘皱纹铜管外导体射频同轴电缆》（YD/T 1092）要求。

3）馈线引下及引入时应选取最短路径，路由合理，敷设馈线平、顺、直，符合弯

曲半径要求；馈线引入室内前接地满足防雷要求，保证设备安全。

4）敷设时应做适当余留，敷设完毕并做标识，馈线引入室内前应做避水弯，馈线引入口应用防火泥封堵。

5）同一段馈线应是整条线缆，严禁中间接头。

3 射频连接器安装应符合下列规定：

1）使用专用接续工具、按工艺标准操作。

2）连接牢固可靠，做好防护，保证电性能指标。对于驻波比过大、阻值过大、绝缘不良、衰耗偏大的接头应锯断重接。

3）连接器装配完毕应进行质量检查。采用万用表检查内、外导体装接情况，并轻敲连接器，观察万用表有否变化，判断装配接触质量；采用兆欧表进行绝缘电阻测量，判断装接质量；检查各零部件螺栓是否旋紧。

4 天馈系统安装结束后应检测电压驻波比，结果应符合国家和行业现行有关标准的规定。

5 GSM-R系统塔顶放大器安装和调试应符合下列规定：

1）塔顶放大器安装牢固可靠，安装位置及方式应符合设计要求。

2）参照设备技术文件对塔顶放大器额定增益、下行插入损耗、驻波比进行检测，结果应符合设计要求与国家和行业现行有关标准的规定。

3.8.4 GSM-R系统线路建筑

1 GSM-R线路建筑施工应包括漏泄同轴电缆（LCX）架设、光缆线路的施工，以及区间设备房屋建筑。

2 施工前应根据设计图和铁路里程标对下列内容进行复测：

1）隧道外架挂LCX区段的支柱位置、支柱间距、支柱高度及漏泄同轴电缆长度。

2）隧道内LCX架挂位置、长度。

3）区间机房位置、施工环境及道路交通。

3 敷设前应对单盘LCX性能进行测试，并符合下列规定：

1）单盘LCX的内外导体直流电阻、绝缘介电强度、绝缘电阻等电气性能应符合设计要求。

2）LCX的特性阻抗、电压驻波比、标称耦合损耗、传输衰减等交流电气性能宜在生产厂内进行检测，或检查出厂质量检验报告，并应符合设计要求。

3）单盘检测后，应对电缆头作密封处理。

4 隧道内LCX支架安装应符合下列规定：

1）采用膨胀螺栓固定方式，LCX外缘与隧道壁距离应不小于80mm。

2）采用吊夹固定LCX时，吊夹间距为1~1.3m，防火夹间隔为10~15m。

3）吊夹孔施工宜采用打眼作业车，保证施工精度和质量。

4）吊夹孔的高度、孔距、直径、孔深应符合设计要求；孔应平直，不得成喇叭状。

5）隧道内无衬砌面时，应采用钢丝承力索吊挂电缆，支架宜采用40mm×40mm×

4mm 角钢，孔深应为 120mm，角钢支架间距应符合设计要求。

5 隧道内 LCX 敷设应符合下列规定：

1）LCX 架挂在隧道侧壁，高度距离轨面 4.5~4.8m，漏缆槽口应朝向线路侧。

2）电力牵引供电区段隧道内，当 LCX 与接触网回流线、保护地线（PW）在同侧架设时，其距离应不小于 0.6m。与吸上线交越时，LCX 外应加套厚 0.8mm、长 1~1.3m 的聚乙烯塑料护套防护。

3）敷设隧道内 LCX 宜采用机械施工，施工时运载轨道车不得猛起动或急刹车。当采用人工抬放、展放时人员间隔宜为 5~7m，应避免 LCX 拖地。

4）LCX 在敷设过程中，严禁急剧弯曲。LCX 最小弯曲半径应大于漏缆外径的 20 倍。

6 隧道外 LCX 支柱安装应符合下列规定：

1）单独立杆路架设时，支柱之间距离、隧道口及设备房屋处距第一根支柱距离应符合设计要求；承力索与柱顶之间的距离应不大于 0.3m。

2）采用支柱和镀锌钢绞线吊挂的方式，LCX 与支柱的间距应不小于 150mm。

3）LCX 支柱质量应符合国家和行业现行有关标准的要求，埋设深度应符合表 3.8.2 的规定；埋设时应设混凝土地梁，混凝土地梁深度为电杆埋设深度（距地面）1/4 位置；回填时应夯实，受力不平衡的地方（如边坡，沟旁等）应采用石护墩等加固防护，并与原基础密实结合，角杆应设拉线或撑杆。

4）LCX 与接触网同杆架设时，应确认接触网支柱上预留安装 LCX 的条件。

7 隧道外 LCX 敷设应符合下列规定：

1）LCX 吊挂方式应符合设计要求；吊挂高度宜距轨面 4.5~4.8m。

2）在电力牵引供电区段，LCX 与回流线或 PW 线的距离应不小于 0.6m；在回流线或 PW 线加绝缘保护的区段，应不小于 0.2m，与牵引供电设备带电部分的距离应不小于 2m。

3）采用支柱吊挂方式时，上吊夹前钢丝承力索的张紧力应符合设计要求；电缆承力索悬挂漏缆后的最大允许垂度应控制在 0.15~0.2m 以内（20℃时）。

4）LCX 过轨时应采用阻抗相同的射频电缆换接。

5）LCX 在敷设过程中，严禁急剧弯曲，其最小弯曲半径应不小于漏缆外径的 20 倍。

8 LCX 连接器安装应符合下列规定：

1）连接器安装应包括固定连接器、阻抗转换连接器、直流隔断器、耦合器、功率分配器及终端匹配负载等。

2）连接器安装固定接头应保持原电缆结构开槽间距不变；连接牢固可靠，做好防护，并保证电性能指标。

3）连接器应固定在承力索或电杆上。

4）隧道内 LCX 连接器安装如图 3.8.4 所示。

9 LCX 及其连接器安装结束后应检测内外导体直流电阻、绝缘介电强度、绝缘电阻、电压驻波比等，其指标应符合国家和行业现行有关标准的要求。

10 基站、直放站设备安装位于室外或综合洞室时，其安装位置、防水、防盗、防寒、散热等应符合设计要求。

11 直流隔断器的安装位置和方式应符合设计要求与国家和行业现行有关标准的规定，见图3.8.4。

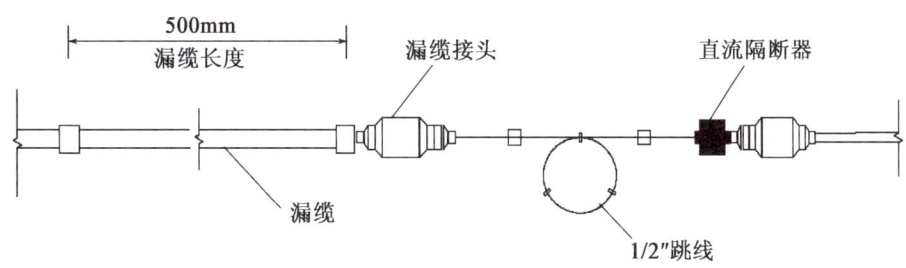

图3.8.4　漏缆接续示意图

3.8.5　GSM-R系统设备安装与配线

1 GSM-R系统设备安装与配线应包括通信机械室设备安装和配线。

2 室内设备的安装，应符合第3.2.3节的相关规定。

3 室内设备的配线，应符合第3.2.4节的相关规定。

3.8.6　GSM-R移动交换子系统（SSS）调试

1 按照现行《铁路数字移动通信系统（GSM-R）工程检测规程》（TB 10430）或设备技术文件，调试移动业务交换中心（MSC）下列主要功能和性能，结果应符合现行《铁路数字移动通信系统（GSM-R）总体技术要求》（TB/T 3324）等国家和行业现行有关标准的规定：

1）功能：呼叫处理，移动性管理，安全保密，呼叫详细记录，与BSC间信道管理，数据通信，配合BSS进行DTMF信号转换，系统非连续接收的操作，呼叫在BSS中排队；计费信息采集。

2）性能：呼损指标，时延概率，呼叫处理性能。

2 参照国家和行业现行有关标准或设备技术文件，调试拜访位置寄存器（VLR）下列主要功能和性能，结果应符合现行《铁路数字移动通信系统（GSM-R）总体技术要求》（TB/T 3324）等国家和行业现行有关标准的规定：

1）功能：存储移动用户数据功能，向MSC提供用户信息，IMSI附着/分离操作，位置登记，支持MSRN号码的分配，MSC间切换时提供MSRN号码，分配TMSI号码。

2）性能：消息丢失概率，信息检索时延，登记时延。

3 按照现行《铁路数字移动通信系统（GSM-R）工程检测规程》（TB 10430）或设备技术文件，调试归属位置寄存器（HLR）下列主要功能和性能，结果应符合现行《铁路数字移动通信系统（GSM-R）总体技术要求》（TB/T 3324）等国家和行业现行有关标准的规定：

1）功能：存储移动用户数据；向 VLR 提供移动用户数据，支持呼叫路由查询和获取漫游号码；支持鉴权，并向 VLR 提供鉴权参数；支持位置更新和位置删除；HLR 恢复功能；限制其用户漫游的范围。

2）性能：容量，消息丢失概率，信息检索时延，登记时延，支持异地容灾备份。

4 按照现行《铁路数字移动通信系统（GSM-R）工程检测规程》（TB 10430）或设备技术文件，调试鉴权中心（AuC）下列主要功能和性能，结果应符合现行《铁路数字移动通信系统（GSM-R）总体技术要求》（TB/T 3324）等国家和行业现行有关标准的规定：

1）功能：存储每个用户的 IMSI/Ki（国际移动用户识别/鉴权密钥）和鉴权算法；产生、传送鉴权三参数组；各种参数的安全保密。

2）性能：容量要求，消息丢失概率，消息处理时延，数据响应时延，忙时处理能力。

5 参照国家和行业现行有关标准或设备技术文件，调试设备识别寄存器（EIR）下列主要功能和性能，结果应符合现行《铁路数字移动通信系统（GSM-R）总体技术要求》（TB/T 3324）等国家和行业现行有关标准的规定：

1）功能：存储识别码（IMEI）和设备状态标志（白色、灰色和黑色）；更新存储设备的识别及设备状态标志；校验 IMEI 及其状态；接受 OMC 的管理。

2）性能：忙时处理能力，消息丢失概率，IMEI 校验的平均响应时间。

6 参照国家和行业现行有关标准或设备技术文件，调试互联功能单元（IWF）功能和性能，结果应符合现行《铁路数字移动通信系统（GSM-R）总体技术要求》（TB/T 3324）等国家和行业现行有关标准的规定。

7 参照国家和行业现行有关标准或设备技术文件，调试组呼寄存器（GCR）下列主要功能和性能，结果应符合现行《铁路数字移动通信系统（GSM-R）总体技术要求》（TB/T 3324）等国家和行业现行有关标准的规定：

1）功能：存储控制区域内组呼数据信息；与 MSC 配合支持组呼业务。

2）性能：消息丢失概率；信息检索时延；存储容量。

8 按照现行《铁路数字移动通信系统（GSM-R）工程检测规程》（TB 10430）或设备技术文件，调试短消息服务中心（SMSC）下列主要功能和性能，结果应符合现行《铁路数字移动通信系统（GSM-R）总体技术要求》（TB/T 3324）等国家和行业现行有关标准的规定：

1）功能：短消息数据存储，提交与转发，短消息优先级设定，有效期管理，重复转发尝试，发送状态报告，支持用户核查功能，支持中英文短消息，支持虚拟短消息中心功能，支持多条短消息功能，支持长短消息，支持增强型短消息，短消息网关，支持异地冗余功能，提供和存储短消息话单记录，短消息过滤功能。

2）性能：忙时处理能力，在线数据备份，用户容量，数据存储时间，支持的信令链路数，短信处理承载能力，消息丢失率，短消息处理延迟。

9 参照国家和行业现行有关标准或设备技术文件，调试确认中心（AC）下列主要功能和性能，结果应符合现行《铁路数字移动通信系统（GSM-R）总体技术要求》（TB/T 3324）等国家和行业现行有关标准的规定：

1）功能：响应呼叫确认请求，记录紧急呼叫确认信息，计算紧急呼叫时长，记录紧急组呼信息，提供数据输出接口。

2）性能：存储容量，忙时处理能力，消息丢失率，消息处理延迟。

10 应根据设计文件，并参照国家和行业现行有关标准或设备技术文件配置下列数据：

1）BSS（BTS 与 BSC）基站系统侧无线网络参数配置、网络交换子系统（NSS）网络侧无线参数配置等。

2）局向数据配置：信令点编码、GT 编码、SSN 号、寻址方式、局向路由、BSC 数据、号码分析等。

3）电路域业务数据配置：用户管理数据、组呼业务配置、业务优先级数据配置、功能号数据配置等。

4）通过电路拨打方式验证对接中继电路的可用性。

11 参照国家和行业现行有关标准或设备技术文件，检查交换子系统的时钟同步性能和功能，结果应符合下列规定：

1）时钟同步的状态显示及监测功能、控制功能、告警功能应符合设计文件要求和国家和行业现行有关标准的规定。

2）网同步基准应能自动或人工倒换，主备时钟应能自动或人工倒换功能。

3）时钟频偏应符合设计文件要求与国家和行业现行有关标准的规定。

12 参照国家和行业现行有关标准或设备技术文件，对移动交换设备的接口[TRAU 与 MSC 间的接口（A 接口），PCU 与 SGSN 间的接口（Gb 接口），MSC 与 FAS 间的接口（Fa 接口），MSC 与 PSTN 间的接口]进行调测，结果应符合现行《铁路数字移动通信系统（GSM-R）总体技术要求》（TB/T 3324）等国家和行业现行有关标准的规定。

13 按照现行《铁路数字移动通信系统（GSM-R）工程检测规程》（TB 10430），对呼叫业务功能（单呼，组呼，广播，优先级呼叫，注册，切换）进行检验，结果应符合现行《铁路数字移动通信系统（GSM-R）总体技术要求》（TB/T 3324）等国家和行业现行有关标准的规定。

14 按照《铁路数字移动通信系统（GSM-R）工程检测规程》（TB 10430），对核心网设备冗余保护功能进行检验，结果应符合现行《铁路数字移动通信系统（GSM-R）总体技术要求》（TB/T 3324）等国家和行业现行有关标准的规定。

15 参照设备技术文件，对移动交换子系统软件的容错能力进行调测，一般软件故障不应引起系统重启动。

3.8.7 GSM-R 移动智能网子系统（IN）调试

1 参照国家和行业现行有关标准或设备技术文件，调试业务交换点（SSP）下列主要功能和性能，结果应符合现行《铁路数字移动通信系统（GSM-R）总体技术要求》

（TB/T 3324）等国家和行业现行有关标准的规定：

1）功能：检出智能业务请求，正确处理智能业务和与呼叫相关业务相互关系，与智能外设（IP）通信功能，业务辅助功能，激活测试功能，呼叫信息请求和报告功能，SRF 资源功能，支持 MAP、CAP 协议功能，记录功能。

2）性能：业务容量要求，忙时时延概率。

2 参照国家和行业现行有关标准或设备技术文件，调试业务控制点（SCP）下列主要功能和性能，结果应符合《铁路数字移动通信系统（GSM-R）总体技术要求》（TB/T 3324）等国家和行业现行有关标准的规定：

1）功能：存储智能业务逻辑，接受 SMP 的管理，呼叫控制和处理功能，数据存储与话务管理功能，信令消息编码、解码的功能，指示 SSP 生成呼叫详细记录，话单统计，冗余组网。

2）性能：业务处理能力，信令响应时延，主备倒换时延，在线扩容，处理时延，接通率，过负荷控制，设备容量，接口能力。

3 参照国家和行业现行有关标准或设备技术文件，调试智能外设（IP）下列主要功能和性能，结果应符合现行《铁路数字移动通信系统（GSM-R）总体技术要求》（TB/T 3324）等国家和行业现行有关标准的规定：

1）功能：SRF 资源功能，控制功能，通信功能。

2）性能：容量，处理能力，忙时处理时延，呼损。

4 参照国家和行业现行有关标准或设备技术文件，调试业务管理点（SMP）下列主要功能和性能，结果应符合现行《铁路数字移动通信系统（GSM-R）总体技术要求》（TB/T 3324）等国家和行业现行有关标准的规定：

1）功能：业务配置功能，业务逻辑管理功能，用户业务数据的增删、修改，业务运行控制功能，账单功能，业务监视功能。

2）性能：处理能力，存储容量。

5 参照国家和行业现行有关标准或设备技术文件，试验业务管理接入点（SMAP）功能（业务管理接入功能，增删用户数据和业务性能），结果应符合现行《铁路数字移动通信系统（GSM-R）总体技术要求》（TB/T 3324）等国家和行业现行有关标准的规定。

6 参照国家和行业现行有关标准或设备技术文件，试验业务生成环境点（SCEP）功能（安全性管理功能，多用户同时接入功能，业务预览器功能，SIB 预览器功能，生成业务执行逻辑和业务管理逻辑功能，生成 SMP 所需的业务及用户数据填充的图形用户界面功能），结果应符合现行《铁路数字移动通信系统（GSM-R）总体技术要求》（TB/T 3324）等国家和行业现行有关标准的规定。

7 根据设计文件，参照国家和行业现行有关标准或设备技术文件配置：SCP/SSP 数据、呼叫矩阵关系数据、智能业务触发数据等。

8 根据设计文件，并参照国家和行业现行有关标准或设备技术文件对功能号注册与呼叫、呼叫矩阵业务、基于位置寻址功能、调度区域呼叫限制、不唯一车次号呼叫业务进行验证，结果应符合现行《铁路数字移动通信系统（GSM-R）总体技术要求》（TB/T 3324）等国家和行业现行有关标准的规定。

3.8.8 GSM-R 通用分组无线业务子系统（GPRS）调试

1 按照现行《铁路数字移动通信系统（GSM-R）工程检测规程》（TB 10430）或设备技术文件，调试服务 GPRS 支持节点（SGSN）下列主要功能和性能，结果应符合现行《铁路数字移动通信系统（GSM-R）总体技术要求》（TB/T 3324）等国家和行业现行有关标准的规定：

1）功能：网络接入控制功能，路由选择和数据转发功能，用户数据管理，逻辑链路管理功能，路径管理功能，MS 挂起及恢复功能，网络时间同步功能，提供话单记录功能，指定默认的 APN，支持 DNS 冗余组网。

2）性能：容量，处理能力。

2 按照现行《铁路数字移动通信系统（GSM-R）工程检测规程》（TB 10430）或设备技术文件，调试网关 GPRS 支持节点（GGSN）下列主要功能和性能，结果应符合《铁路数字移动通信系统（GSM-R）总体技术要求》（TB/T 3324）等国家和行业现行有关标准的规定：

1）功能：网络接入控制功能，路由选择和数据转发功能，用户数据管理功能，移动性管理功能，网络时间同步功能，接入外部数据网功能，识别不同数据业务类型，支持 RADIUS 冗余组网。

2）性能：容量，处理能力。

3 按照现行《铁路数字移动通信系统（GSM-R）工程检测规程》（TB 10430）或设备技术文件，调试域名服务器（DNS）下列主要功能和性能，结果应符合现行《铁路数字移动通信系统（GSM-R）总体技术要求》（TB/T 3324）等国家和行业现行有关标准的规定：

1）功能：APN、RAI 以及设备域名至 GGSNIP 地址的解析功能，异地冗余组网功能，数据备份与恢复功能。

2）性能：容量，处理能力。

4 按照现行《铁路数字移动通信系统（GSM-R）工程检测规程》（TB 10430）或设备技术文件，调试认证服务器（RADIUS）下列主要功能和性能，结果应符合现行《铁路数字移动通信系统（GSM-R）总体技术要求》（TB/T 3324）等国家和行业现行有关标准的规定：

1）功能：对 GPRS 用户进行认证；静态分配 IP 地址，并与用户名绑定；存储用户名与 IP 地址的映射表功能；记录认证消息等；异地冗余备份功能；数据备份和恢复功能。

2）性能：容量，处理能力。

5 参照国家和行业现行有关标准或设备技术文件，试验边界网关（BG）功能（支持网间漫游、提供安全机制，支持 BGP 协议，收集计费信息功能），应符合设计要求和国家和行业现行有关标准的规定。

6 应根据设计文件，并参照国家和行业现行有关标准或设备技术文件配置下列数据：

1）GPRS 核心网数据：信令点码、IP 地址分配、APN、车载设备域名、网元域名等。

2）GSM-R 相关业务，如车次号与调度命令传送等数据。

7 按照现行《铁路数字移动通信系统（GSM-R）工程检测规程》（TB 10430）或设备技术文件对 PDP 激活/去活和上下行数据传输、业务挂起与恢复、流量控制、无线接入能力等业务通过 FTP 方式进行验证。

3.8.9 GSM-R 无线子系统（BSS）调试

1 应根据设计文件，并参照国家和行业现行有关标准或设备技术文件对基站子系统的接口数据配置、小区数据配置、系统消息数据配置、切换数据配置参数进行配置。

2 参照国家和行业现行有关标准或设备技术文件，对 BSC 主要性能指标（支持话务量、载频、BTS、2Mbit/s 中继电路数的要求；设备公共部件和关键部件的冗余热备功能）进行调试，结果应符合现行《铁路数字移动通信系统（GSM-R）总体技术要求》（TB/T 3324）等国家和行业现行有关标准的规定。

3 按照现行《铁路数字移动通信系统（GSM-R）工程检测规程》（TB 10430）或设备技术文件，对 BTS 的下列性能指标进行调测，结果应符合现行《铁路数字移动通信系统（GSM-R）总体技术要求》（TB/T 3324）等国家和行业现行有关标准的规定：

1）发射机指标最大发射功率、发射载频频率误差、相位误差、射频载波发射功率电平容差、射频载波发射功率时间包络、发射机调制频谱、杂散辐射功率电平。

2）接收机指标接收灵敏度、杂散辐射功率电平。

3）BTS 主控板应冗余热备、载频板应采用分板设置的方式实现冗余配置，且单板故障不应造成业务中断。设备硬件应具有自动倒换和热插拔功能，倒换期间应不影响业务。

4 参照国家和行业现行有关标准或设备技术文件，对中继直放站设备进行衰减设置，结果应符合下行信号电平覆盖及上下行平衡要求。

5 按照现行《铁路数字移动通信系统（GSM-R）工程检测规程》（TB 10430）或设备技术文件，对直放站的以下主要性能和功能进行调试，结果应符合现行《铁路数字移动通信系统（GSM-R）总体技术要求》（TB/T 3324）等国家和行业现行有关标准的规定：

1）性能指标：射频输出功率；输入、输出光功率；增益；最大允许输入电平；频率误差（仅适用于移频传输直放站）；GSMK 调制准确度（仅适用于移频传输直放站）；主、从输出信号差。

2）功能

（1）直放站关键部件的冗余方式应符合设计要求。

（2）采用射频直放站时，施主天线和重发天线的隔离度应大于系统增益15dB以上。

（3）采用光纤直放站时，应为电源及机房环境监控信息提供数据传输接口和通道。

（4）直放站带漏缆监测系统功能时，其监测功能应符合设计要求。

6 参照国家和行业现行有关标准或设备技术文件，对分组控制单元（PCU）下列主要功能和性能进行调试，结果应符合现行《铁路数字移动通信系统（GSM-R）总体技术要求》（TB/T 3324）等国家和行业现行有关标准的规定：

1）功能：信道配置，信道编码动态调整，无线信道分配，媒体接入控制，功率控制，小区选择和重选，QoS控制，时间提前量更新，支持寻呼，下行流量控制，负荷分担，挂起与恢复。

2）性能：容量要求（可连接小区个数、GPRS信道数等）；数据处理能力。

7 参照国家和行业现行有关标准或设备技术文件，对编译码和速率适配单元（TRAU）主要功能（码速转换，支持不同类型语音编码，速率适配）进行试验，结果应符合现行《铁路数字移动通信系统（GSM-R）总体技术要求》（TB/T 3324）等国家和行业现行有关标准的规定。

8 参照国家和行业现行有关标准或设备技术文件，对小区广播短消息中心（CBC）下列主要功能和性能进行调试，结果应符合现行《铁路数字移动通信系统（GSM-R）总体技术要求》（TB/T 3324）等国家和行业现行有关标准的规定：

1）功能：消息处理功能，控制短消息的广播范围功能，消息存储功能，小区广播信道查询功能，小区广播短消息查询功能，小区管理功能。

2）性能：系统的存储能力，系统的处理能力。

9 参照国家和行业现行有关标准或设备技术文件，对接口的性能和功能［MS与BTS间接口（Um），BTS与BSC间接口（Abis接口）］进行调试，结果应符合现行《铁路数字移动通信系统（GSM-R）总体技术要求》（TB/T 3324）等国家和行业现行有关标准的规定。

10 参照国家和行业现行有关标准或设备技术文件，对无线子系统的下列主要功能进行试验，结果应符合现行《铁路数字移动通信系统（GSM-R）总体技术要求》（TB/T 3324）等国家和行业现行有关标准的规定：

1）支持多种重叠覆盖技术。

2）支持同步切换、非同步切换、伪同步切换和预同步切换等。

3）支持地面信道管理和分配等。

4）支持短消息业务。

5）支持GPRS业务。

6）支持非连续接收和发送。

7）支持安全功能。

8）支持跳频，并可根据需要关闭该功能。

9）支持越区切换。

10）支持时间提前量计算。

11）支持基站和 MS 的静态和动态 RF 功率控制。

12）支持频率复用。

13）支持全速率话音编码器，并能在将来提供半速率和增强型全速率编码器。

14）支持基站分配表的管理。

15）支持 GSM 第 2 阶段和第 2＋阶段定义的数据业务所需要的功能。

16）支持过载和流量控制。

17）在指配和切换程序中支持呼叫排队，支持带有优先级的排队。

18）支持呼叫跟踪，并进行记录。

19）支持呼叫重建。

20）支持话音组呼和语音广播。

21）支持接收机空间分集。

22）支持修改和指示。

11 调试系统网管北向接口（接入综合网管）功能应符合设计要求。

3.8.10 GSM-R 运营与支撑子系统（OSS）

1 参照国家和行业现行有关标准或设备技术文件，调试网络管理系统下列主要功能和性能，应符合设计要求与国家和行业现行有关标准的规定：

1）功能：安全管理，配置管理，性能管理，告警管理，其他功能。

2）性能：操作响应时间，采集数据准确性，容量，数据存储时间，可靠性。

2 按照现行《铁路数字移动通信系统（GSM-R）工程检测规程》（TB 10430）或设备技术文件，调试接口监测系统下列主要功能和性能，应符合设计要求与国家和行业现行有关标准的规定：

1）功能主要包括以下内容：

（1）数据采集功能：采集、存储信令和用户数据等。

（2）数据处理功能：解析原始信令等。

（3）应用功能：查询用户信令、测量报告和切换记录、实时跟踪在线用户、对网络性能及统计信令进行分析、重要指标的统计分析、实时检测接口的链路状态、支持网络基础数据的导入和导出、系统自身安全管理等。

（4）其他功能：支持时间同步、不同厂家设备能够互联等。

2）性能：系统数据采集准确性，系统数据解析准确性，数据存储时间。

3 按照现行《铁路数字移动通信系统（GSM-R）工程检测规程》（TB 10430）或设备技术文件，调试漏缆监测系统下列主要功能和性能，应符合设计要求与国家和行业现行有关标准的规定：

1）功能主要包括以下内容：

（1）远程实时监测漏缆状态，能进行故障定位，并将监测数据发送至监控中心。

（2）漏缆损耗过量告警、掉电告警、通信中断告警。

（3）不影响被监测设备的正常工作。

（4）监控中心具备配置管理、告警管理、性能管理等功能，数据存储时间不小于6个月。

2）性能主要包括以下内容：

（1）现场监测设备单机检测范围。

（2）故障定位精度。

（3）告警准确率。

（4）监控中心的数据存储时间。

（5）监测设备的插入损耗；电压驻波比，防雷防浪涌电压。

（6）标称特性阻抗。

4 参照国家和行业现行有关标准或设备技术文件，调试 SIM 卡管理系统主要功能和性能，应符合设计要求与国家和行业现行有关标准的规定。

5 接口监测设备应高阻跨接在被监测接口上；接口监测系统、LCX 监测系统的安装与维护不应影响既有设备系统的正常应用。

6 对系统的时间同步功能进行调测，结果应符合设计和铁路相关技术规定。

3.8.11 GSM-R 无线终端调试

1 参照国家和行业现行有关标准或设备技术文件，试验手持台下列主要功能，应符合设计要求与国家和行业现行有关标准的规定：

1）GSM-R 话音通信功能。

2）GSM-R 通用数据传输功能。

3）支持采用短号码或快捷键的方式发起呼叫功能。

4）根据主叫方用户识别码和功能码识别，优先显示主叫用户的功能号。

5）注册和注销功能号的功能。

6）输入和存储号码及其详细信息功能。

7）显示日期和时间功能。

8）与通话同步的录音、通话记录功能。

9）短信息功能。

2 参照国家和行业现行有关标准或设备技术文件，调测无线终端主要性能（电气特性，接口定义，操作界面显示，控制过程，数据通信协议），应符合设计要求与国家和行业现行有关标准的规定。

3.8.12 GSM-R 接口调试

1 参照国家和行业现行有关标准或设备技术文件，调测 GSM-R 接口性能［TRAU 与 MSC 间的接口（A 接口）；PCU 与 SGSN 间的接口（Gb 接口）；MSC 与 FAS 间的接口（Fa 接口）；MSC 与 PSTN 间的接口；移动台与 BTS 间接口（Um）；BTS 与基站间接口（Abis 接口）；MSC 与 RBC 间接口］，应符合设计要求与国家和行业现行有关标准的规定。

3.8.13 GSM-R 系统调试

1 GSM-R 系统调试包括场强及干扰调试、系统业务及功能试验、系统服务质量（QoS）调试。

2 GSM-R 系统调试方法应符合现行《铁路数字移动通信系统（GSM-R）工程检测规程》（TB 10430）的规定，并在静态或一定的运行速度下进行。

3 按照现行《铁路数字移动通信系统（GSM-R）工程检测规程》（TB 10430），对全线场强及网内越区干扰进行调试，结果应符合设计文件要求与国家和行业现行有关标准的规定。

4 当系统采用无线冗余覆盖技术时，应分别对不同网络进行全线覆盖测试。

5 参照国家和行业现行有关标准，对室内覆盖无线场强进行调试，结果应符合设计文件要求与国家和行业现行有关标准的规定。

6 对于不符合要求的无线场强及网内越区干扰，应针对具体原因进行天线方位角、俯仰角，基站设备发射功率等参数和中继设备发射功率等参数调整。

7 系统调整后应按照第 2~5 款进行场强及网内越区干扰复测，直至符合设计要求。

8 按照现行《铁路数字移动通信系统（GSM-R）工程检测规程》（TB 10430），对系统语音业务进行点对点语音呼叫、发起方以 GSM-R 组 ID 发起的语音广播（VBS）、语音组呼（VGCS）、移动发起方以紧急呼叫组 ID 发起紧急呼叫试验，结果应符合设计要求与国家和行业现行有关标准的规定。

9 按照现行《铁路数字移动通信系统（GSM-R）工程检测规程》（TB 10430），对系统数据业务进行电路域数据传输、分组域数据传输试验，结果应符合设计要求与国家和行业现行有关标准的规定。

10 当无线场强不符合要求时应分析具体原因，并进行设备参数调整、核对单体设备工作状况、核对设备配置文件、无线子系统设计变更方案等相应调整。

11 系统调整后应按照第 8~9 款进行语音和数据业务复测，直至符合设计要求。

12 按照现行《铁路数字移动通信系统（GSM-R）工程检测规程》（TB 10430），对系统电路域语音业务与非列控类数据业务 QoS、电路域列控数据业务 QoS、分组域 QoS、移动点对点短消息 QoS 等服务质量（QoS）进行调测，结果应符合设计要求与国家和行业现行有关标准的规定。

13 当 QoS 指标不符合要求时应分析具体原因，并应进行下列相应处理：设备参数调整，核对单体设备工作状况，分析干扰并采取相应措施，按规定的程序进行系统设计方案变更。

14 系统调整后应按第 12 款对系统 QoS 进行复测，直至符合设计要求。

3.8.14 漏缆监测系统调试

1 参照国家和行业现行有关标准，对漏缆监测功能、性能进行调试，结果应符合设计文件要求与国家和行业现行有关标准的规定。

2 参照国家和行业现行有关标准，对漏缆监测网管功能进行调试，结果应符合设计文件要求与国家和行业现行有关标准的规定。

3.8.15 GSM-R 接口监测系统调试

1 参照国家和行业现行有关标准，对 GSM-R 接口监测系统功能、性能进行调试，结果应符合设计文件要求与国家和行业现行有关标准的规定。

3.9 会议电视系统

3.9.1 一般规定

1 会议电视系统施工内容应包括会议电视设备安装和配线、会议电视设备单机调测、会议电视系统调试和会议电视系统管理功能调试等。

2 会议电视系统的施工流程如图 3.9.1 所示。

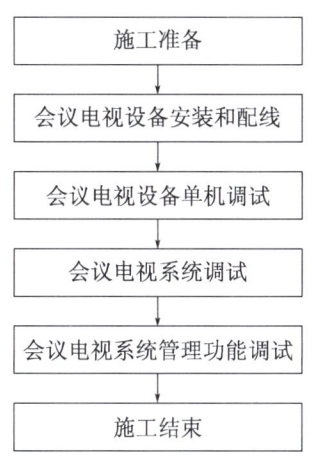

图 3.9.1 会议电视系统施工流程图

3 系统施工前，应检查确认会议室的空间、声学和光学等环境条件，并符合下列规定：

1）空间要求会议室桌椅布置保证每个与会者有适当的空间，一般应不小于 1500mm×700mm，主席台可加宽至 1500mm×900mm。

2）声学环境要求：会议电视室混响时间和吸声处理应符合建筑声学要求，会议电视室允许的噪声级应不大于 40dB，护围结构的隔声量应不低于 50dB。

3）光学环境要求

（1）会议电视室内照明与背景图案颜色需符合标准要求；光源采用色温为 3200K 的三基色灯。

（2）会议电视室主席区的平均照度应不低于 800lx，一般区的平均照度应不低于 500lx；水平工作面测点距地高度为 0.8m；投影电视屏幕区照度应不高于 80lx。

（3）控制室、传输室光源符合设计要求；机柜设备区的平均照度应不低于 100lx，垂直工作面测点距地高度为1.2m。

（4）座席设备区的平均照度应不低于100lx，水平工作面测点距地高度为0.8m。

（5）电视会议室、控制室、机房等房间的电源插座配置符合设计要求。

4）当不能符合上述要求时，施工单位应通知相关部门，并在系统调试之前处理完毕。

4 单机和系统调试前，应先确认符合下列规定：

1）应完成设备安装，机柜安装位置和安装方式符合设计要求。子架安装位置及单元电路板位置正确、插入可靠。

2）应完成设备配线，检查核对无误。端子连接方式和质量符合要求，相应的接插件装配正确并可靠连接。

3）应完成引入交直流电源和电源设备安装，并符合设备使用要求。

4）设备可靠接地，接地电阻符合设计要求与国家和行业现行有关标准的规定。

5）设备单机加电后运转良好、内置风扇正常启动，各单机显示状态符合当前实际运行情况。

6）设备单机性能调试宜在设备开机通电30min后进行。

7）系统调试条件

（1）承载网为IP数据网时，检验端到端通信的网络时延、抖动和丢包率指标应符合现行《IP网络技术要求—网络性能参数与指标》（YD/T 1171）中QoS 0级或1级要求。

（2）承载网为专线数字电路时，检测端到端的比特误码率应不大于1×10^{-6}，无误码秒EFS应不小于92%。

（3）单机设备正常，系统网管已经安装完毕，软硬件版本核对正确，软件加载正常。

3.9.2 会议电视设备安装和配线

1 设备的进场验收应符合第3.2.1节的相关规定。

2 通信机械室的设备安装应符合第3.2.3节的相关规定。

3 通信机械室的设备配线应符合第3.2.4节的相关规定。

4 会议室设备安装应符合下列规定：

1）话筒和扬声器的布置尽量使话筒置于各扬声器的辐射角之外。

2）摄像机的布置应使被摄对象都收入视角范围之内，并可从不同角度摄取画面，方便获得会场全景或局部特写镜头。

3）监视器或大屏幕显示设备的布置尽量使与会者处在较好的视距和视角范围之内。

3.9.3 会议电视设备单机调试

1 参照现行《铁路图像通信工程检测规程》（TB/T 10431）或设备技术文件，对摄像机的监视区域的覆盖范围和图像质量、PTZ控制操作、分辨率、最低照度、输出信噪比、白噪声、白平衡、强光抑制进行调试，结果应符合设计要求和现行《会议电视系统工程设计规范》（YD 5032）的相关规定。

2 参照现行《铁路图像通信工程检测规程》（TB/T 10431）或设备技术文件，对多点控制设备（MCU）和会议电视终端（CODEC）的下列项目进行调试，结果应符合设计要求和现行《会议电视系统工程设计规范》（YD 5032）的相关规定：

1）视频输入/输出模拟复合信号、视频编码、视频解码。

2）音频编码、电平、唇音同步、噪声抑制。

3 参照现行《铁路图像通信工程检测规程》（TB/T 10431）或设备技术文件，对调音台的频率响应、总的谐波分量畸变、噪声、串音、输入/输出阻抗、输出能力、输入/输出电平进行调试，结果应符合设计要求和现行《会议电视系统工程设计规范》（YD 5032）的相关规定。

4 参照现行《铁路图像通信工程检测规程》（TB/T 10431）或设备技术文件，对图像显示设备的下列项目进行调试，结果应符合设计要求和现行《会议电视系统工程设计规范》（YD 5032）的相关规定：

1）监视器的分辨率、视频输入/输出、音频输入/输出。

2）大屏幕显示设备的分辨率、R/G/B带宽、视频输入/输出、音频输入。

5 参照现行《铁路图像通信工程检测规程》（TB/T 10431）或设备技术文件，对音、视频切换矩阵设备的音、视频的切换，音、视频信号的同步，输入/输出总路数进行调试，结果应符合设计要求和现行《会议电视系统工程设计规范》（YD 5032）的相关规定。

3.9.4 会议电视系统调试

1 参照现行《铁路图像通信工程检测规程》（TB/T 10431）或设备技术文件，检测IP视频业务端到端的指标，其结果应符合下列规定：

1）单向时延应不大于150ms。

2）唇音同步应不大于80ms。

3）丢包率应不大于1%。

4）端到端的业务传输带宽，不宜小于视频会议要求带宽的120%。

2 参照现行《铁路图像通信工程检测规程》（TB/T 10431）或设备技术文件，检测会议电视系统音、视频质量，其结果应符合下列规定：

1）视频质量：清晰、流畅稳定、色彩饱满，没有可识别的马赛克和拖影等现象，图像质量主管评价指标符合设计要求；可支持1~8Mbit/s带宽下的H.263、H.264高清图像效果，支持SXGA（1280×1024）PC桌面显示。

2）音频质量：音质清晰、流畅，无断续。

3 参照现行《铁路图像通信工程检测规程》（TB/T 10431）或设备技术文件，检验会议电视系统的控制功能，结果应符合下列规定：

1）会议的控制可通过管理终端或遥控器两种方式完成。

2）主会场可对分会场全部受控摄像机进行操控,调整画面的内容和清晰度。

3）主会场可对分会场进行音量调节、静音、闭音操作。

4）主会场可对分会场进行广播、轮询操作；轮询的间隔时间和轮询的会场可以人工设置。

5）主会场可对分会场进行延长、结束等操作。

6）主会场可任意选择主席控制切换方式、导演控制切换方式、语音激励切换方式等。

7）除主会场与发言会场可以进行对话外,还允许1~2个会场进行对话。

8）任何会场均有权请求发言,申请发言的信号应显示在比较显著的位置。

9）根据需求,系统能实现字幕功能,并能实时修改、叠加。

10）会议进行中,可实现某一会场的实时加入。

11）IP会议电视系统应具有多速率适配功能,不同速率的会议电视终端可参加同一个会议,并且系统能根据网络的质量动态调整会议速率,达到最佳的效果,并优先保证音频质量。

12）支持H.239协议。

4 参照现行《铁路图像通信工程检测规程》（TB/T 10431）或设备技术文件,对系统的时间同步功能进行检验,结果应符合设计和铁路相关技术规定。

5 参照现行《铁路图像通信工程检测规程》（TB/T 10431）或设备技术文件,对系统的冗余保护功能进行检验,结果应符合下列规定：

1）可根据需要支持终端设备的备用和倒换。

2）MCU可支持整机备份机制,以及核心模块热备份、单板的热插拔。

3.9.5 会议电视系统管理功能调试

1 参照设备技术文件,检验会议电视系统的用户管理功能（用户的开户/销户,终端的注册/注销,用户和终端信息的管理,用户的信息查询,用户的分类和分组管理,终端分类和分组管理）,结果应符合设计要求与国家和行业现行有关标准的规定。

2 参照设备技术文件,检验会议电视系统网管的会议电视控制管理功能（预约,创建,延长,取消,结束等）,结果应符合设计要求与国家和行业现行有关标准的规定。

3 参照设备技术文件,检验对会议电视系统网管的设备维护管理功能（故障管理,性能管理,配置管理,安全管理）,结果应符合设计要求与国家和行业现行有关标准的规定。

4 参照设备技术文件,检验会议电视系统网管的业务统计管理功能（数据和日志的日常维护管理,业务的统计、分析等）,结果应符合设计要求与国家和行业现行有关标准的规定。

5 调试系统网管北向接口（接入综合网管）功能应符合设计要求。

3.10 综合视频监控系统

3.10.1 一般规定

1 综合视频监控系统施工内容应包括综合视频监控设备安装和配线、综合视频监控设备单机调试、综合视频监控系统调试、综合视频监控系统管理功能调试等。

2 综合视频监控系统的施工流程如图 3.10.1 所示。

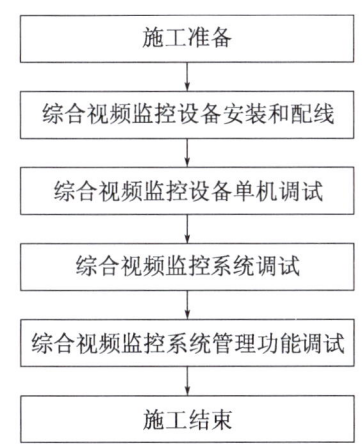

图 3.10.1 综合视频监控系统施工流程图

3 施工技术人员应熟悉设备性能、面板配置、配线径路、通道运用，了解配线架端子分配。

4 单机和系统调试前，应先确认符合下列规定：

1）应完成设备安装，机柜安装位置和安装方式符合设计要求。子架安装位置及单元电路板位置正确、插入可靠。

2）应完成设备配线，检查核对无误。端子连接方式和质量符合要求，相应的接插件装配正确并可靠连接。

3）应完成引入交直流电源和电源设备安装，并符合设备使用要求。

4）设备可靠接地，接地电阻符合设计要求与国家和行业现行有关标准的规定。

5）设备单机加电后运转良好、内置风扇正常启动，各单机显示状态符合当前实际运行情况。

6）设备单机性能调试宜在设备开机通电 30min 后进行。

7）系统调试条件应符合以下规定：

（1）承载网络的传输质量符合表 3.10.1 网络性能指标要求。

网络性能指标要求　　　　　　　　　表 3.10.1

传输协议类型	丢包率	网络时延	抖动
TCP	≤1/100	≤200ms	≤50ms
UDP	≤1/1000	≤500ms	≤100ms

（2）单机设备运行正常。

（3）摄像机及编解码器 IP 地址设置正确。

（4）网管安装完毕，软硬件版本核对正确。

（5）软件加载正常。

5　信息安全等级保护应符合设计要求与国家和行业现行有关标准的规定。

3.10.2　综合视频监控设备安装和配线

1　设备的进场验收应符合第 3.2.1 节的相关规定。

2　综合视频监控系统的采集设备、用户终端的设置地点和安装方式应符合设计要求。

3　通信机械室的设备安装应符合第 3.2.3 节的相关规定。

4　通信机械室的设备配线应符合第 3.2.4 节的相关规定。

5　监控中心设备安装和配线应符合下列规定：

1）控制台安装应符合下列规定：

（1）控制台位置符合设计要求。

（2）控制台安放整齐，台面水平，台面整洁无划痕。

（3）控制台附件完整、无损伤，螺丝紧固。

（4）台内接插件和设备接触可靠，内部接线符合设计要求，无扭曲。

2）监视器安装应符合下列规定：

（1）监视器安装位置符合设计要求。

（2）当监视器安装在柜内时，采取通风散热措施。

（3）为使监视器屏幕不受外来光直射，当有不可避免的光时，应加遮光罩遮挡。

（4）监视器的外部可调节部分，应暴露在便于操作的位置，并加保护盖。

6　室外光电缆敷设应符合下列规定：

1）电源线宜与信号线、控制线分开布放。

2）室外设备连接电缆时，宜从设备的下部进线。

3）墙壁电缆采用在墙内暗埋钢管，穿管敷设线缆。

4）室外光电缆敷设的其他要求应符合本指南第 3 章的相关规定以及现行《安全防范工程技术规范》（GB 50348）、《视频安防监控系统工程设计规范》（GB 50359）的相关规定。

7　室外摄像机（前端采集设备）安装和配线应符合下列规定：

1）安装前应逐个通电进行检测和粗调，确认状态正常。

2）在线路附近安装摄像机时，应符合铁路限界要求。

3）在接触网等高压带电设备附近架设摄像机时，安全防护距离符合相关标准的规定。

4）摄像机支柱（杆）高、基础的浇注方式和强度符合设计要求；立杆表面应防腐处理。

5）摄像机在符合监视目标视场范围要求的条件下，其安装高度室内离地不宜低于2.5m、室外离地不宜低于3.5m。

6）摄像机宜安装在监视目标附近不易受外界损伤的地方，安装位置应不影响现场设备运行和人员正常活动。

7）摄像机设备和电源线、视频线、信号线及支柱（杆）的防雷和接地应符合设计要求。

8）摄像机云台的安装固定方式符合设计和设备技术文件要求，安装牢固可靠，并保证云台的转动角度范围不受影响。

9）摄像机安装牢固；摄像机的工作温度、湿度应适应现场气候条件的变化，必要时可采取适当的防护措施；在搬动、架设摄像机过程中，不应打开镜头盖。

10）摄像机防护罩安装牢固，防水功能符合相关标准规定。

11）从摄像机引出的电缆宜留有余量，不影响摄像机的转动；连接摄像机的线缆应固定，插头不应承受电缆的自重；外部引出线部分应采取防护措施。

12）摄像机镜头安装宜顺光源方向对准监视目标，不应逆光安装。

13）用于安装摄像机侧的电源开关及视频光端机等设备的室外设备箱，宜安装在距离地面1.5m左右的位置，便于维修；特殊条件下，宜靠近摄像机安装。

14）视频采集设备塔身式安装时视频控制箱安装高度为箱体底面距地面1400mm。

8 大屏显示设备安装和配线应符合下列规定：

1）投影墙的背后的维修通道不少于1m。

2）屏幕前2~3m的范围内不应有灯光，如果必须安装，应安装独立开关，以便随时关闭。

3）显示设备的设置位置应使屏幕不受外界强光直射。当有不可避免的强光入射时，应采取相应避光措施。

3.10.3 综合视频监控设备单机调试

1 参照现行《铁路图像通信工程检测规程》（TB/T 10431）或设备技术文件，对综合视频监控系统的设备（前端采集设备，视频编解码设备，视频存储设备，视频控制设备，视频内容分析设备，视频分发/转发设备，接入网关设备，用户终端设备，系统管理设备，系统服务器）进行单机调试，结果应符合设计要求与国家和行业现行有关标准的规定。

3.10.4 综合视频监控系统调试

1 参照现行《铁路图像通信工程检测规程》(TB/T 10431)或设备技术文件，检测综合视频监控系统的音视频失步时间应不大于300ms。

2 参照现行《铁路图像通信工程检测规程》(TB/T 10431)或设备技术文件，检测综合视频监控系统的时延，其结果应符合下列规定：

1）当信息经由数据网络传输时，端到端的信息双向总信息延迟时间（包括发送端信息采集、编码、网络传输、信息接收端解码、显示等过程所经历的时间）不大于3s。

2）编码时延、解码时延均不大于500ms。

3）每级转发时延不大于50ms。

4）云镜控制响应时延不大于500ms。

3 参照现行《铁路图像通信工程检测规程》(TB/T 10431)或设备技术文件，检验综合视频监控系统与通信电源及环境监控、牵引供电、旅客服务、自然灾害及异物侵限监测等系统进行联动的时延，其结果应符合下列规定：

1）自前端设备接收外部告警或事件信息等触发信号起，到执行相应操作所需的响应时间应不大于500ms。

2）自视频节点接收外部告警或事件信息等触发信号起，到执行相应操作所需的响应时间应不大于4s。

4 参照现行《铁路图像通信工程检测规程》(TB/T 10431)或设备技术文件，试验综合视频监控系统与其他相关系统互联或联动告警功能，其结果应符合设计和铁路相关技术文件要求。

5 参照现行《铁路图像通信工程检测规程》(TB/T 10431)或设备技术文件，对图像质量进行调试，结果应符合下列规定：

1）实时监视和回放图像清晰、稳定。

2）夜间成像设备有效识别目标的覆盖区域、分辨率、色彩/亮度等图像效果符合设计要求。

6 参照现行《铁路图像通信工程检测规程》(TB/T 10431)或设备技术文件，对视频内容分析质量进行检测，结果应符合下列规定：

1）入侵检测、遗留物检测、人群异常行为检测等视频内容分析的可识别分析目标应不小于10×10个像素。

2）逆行检测时，应能检测到不大于所占显示画面的1%的运动目标。

3）入侵检测、逆行检测、遗留物检测、人群异常行为检测和人群密度估计中，应能分析识别其灰度值与背景灰度值之差不大于20灰度级的目标。

4）提供入侵检测、逆行检测、遗留物检测、人群异常行为检测和人群密度估计等基本分析类型的一种或多种。

5）支持在同一场景下划分多个防区。

6）支持对系统内部视频内容分析告警信息的处理，并以文字、声音、弹出图像等方式进行提示，同时在系统中存储告警级别、告警类型、告警时间、告警内容、告警视频等，且告警图像预录时间不小于10s。

7）入侵检测、逆行检测、遗留物检测、人群异常行为检测和人群密度估计中，在图像分辨率为标准化图像格式（CIF）的情况下，当图像抖动不超过10个像素值时，应具有滤除抖动的能力，并能正常分析。

7 参照现行《铁路图像通信工程检测规程》（TB/T 10431）或设备技术文件，对视频处理功能进行试验，结果应符合下列规定：

1）视频处理功能包括对模拟音、视频信息进行压缩编码和解码。

2）可对视频流进行点对点、点对多点并发处理。

3）可对实时图像和历史图像进行中文字符叠加。

4）可对告警信息输入输出。

5）根据安全管理需要，可进行音频采集。

6）根据需要，可输出不同分辨率的双码流。

7）根据图像内容变化可自动调节帧率（1~25f/s）。

8）经过处理的视频信息和音频信息具有原始完整性。

8 参照现行《铁路图像通信工程检测规程》（TB/T 10431）或设备技术文件，对视频存储功能进行试验，结果应符合下列规定：

1）可对实时视频信息进行自动连续存储，或根据设定的事件、时间、地点等条件进行存储。

2）支持对重要视频信息的备份存储。

3）可根据需要进行减帧存储。

4）可按照不同安全性等级，采用不同图像分辨率进行存储。

5）可对不同视频流分别设定存储空间，并支持循环存储。

6）支持告警视频的自动存储和重要视频的人工存储功能。

7）具备防止存储图像修改或删除的功能。

9 参照现行《铁路图像通信工程检测规程》（TB/T 10431）或设备技术文件，对视频回放进行调试，结果应符合下列规定：

1）支持用户根据时间、地点、事件等多种条件进行检索和回放；在不计算网络延时的情况下，检索回放图像响应时间不大于3s。

2）支持多用户同时调用和检索历史图像。

3）支持下载到本地回放历史图像和远程直接回放历史图像的方式。

4）回放历史图像时，可播放、倒放、快放、慢放、拖曳和暂停等。

10 参照现行《铁路图像通信工程检测规程》（TB/T 10431）或设备技术文件，对视频控制功能进行试验，结果应符合下列规定：

1）可对云台、镜头、雨刷等进行手动或自动操作控制，并可靠、平稳。

2）可对多个前端采集设备进行轮巡控制。

3）在同时具备语音采集功能时，符合视、音频协调同步要求。

4）可进行多级用户控制操作。

5）云台转动超出设定时间后可自动回位。

6）视频丢失时告警。

11 参照现行《铁路图像通信工程检测规程》（TB/T 10431）或设备技术文件，对视频分发/转发功能进行试验，结果应符合下列规定：

1）系统通过视频分发/转发，完成多用户同时对同一路视频的调用。

2）能对同一视频节点内多个用户同时请求的同一路视频进行分发。

3）能对不同级视频节点多个用户同时请求的同一路视频进行转发，转发能力不小于三级。

4）当视频分发/转发请求超过系统能力时，系统对权限较低的用户暂停服务。

5）支持动态分发，可根据网络负载情况，自动选择最佳的比特率进行传输。

12 参照现行《铁路图像通信工程检测规程》（TB/T 10431）或设备技术文件，对视频显示功能进行试验，结果应符合下列规定：

1）支持单画面和多画面模式的切换浏览、画面放大和伸缩等操作，并支持对720P、1080P图像画面的局部放大操作，现场拾音信号的实时播放。

2）大屏显示能进行多屏图像拼接、整屏显示、分屏显示、虚拟屏显示。

3）大屏显示支持多种制式的视频信息（录像机、摄像机、DVD、实物投影仪等图像）和不同分辨率的计算机信号。

4）显示画面中具有图像的编号/地点、时间和日期，画面文字采用中文简体。

5）支持按相关特性（如场所、业务种类等）对一组实时视频图像进行同步调用，实现图像组合播放功能。

6）支持图像抓拍并以图片方式保存。

7）具有图像屏蔽功能。

13 参照现行《铁路图像通信工程检测规程》（TB/T 10431）或设备技术文件，对系统断网保护功能进行试验，结果应符合下列规定：

1）承载网络中断后，用户设置和图像显示状态不会丢失。

2）能报告网络故障。

3）网络重连后系统设置和显示状态恢复能恢复到故障前状态。

14 参照现行《铁路图像通信工程检测规程》（TB/T 10431）或设备技术文件，试验综合视频监控系统与既有视频系统之间的互联互通功能及性能，其结果应符合设计和铁路相关技术文件要求。

15 参照现行《铁路图像通信工程检测规程》（TB/T 10431）或设备技术文件，对系统时间同步功能进行试验，结果应符合下列规定：

1）支持 NTP 协议。

2）视频核心节点和视频区域节点分别从本地时间同步网中提取时间同步信息。

3）视频接入节点从视频区域节点提取时间同步信息，前端设备时间同步于视频接入节点。

16 系统内部各设备间应保持同步，相对精度误差应不大于1s。

3.10.5 综合视频监控系统管理功能调试

1 参照现行《铁路图像通信工程检测规程》（TB/T 10431）或设备技术文件，对综合视频监控系统的下列业务管理功能进行检验，结果应符合设计要求与国家和行业现行有关标准的规定：

1）统一维护管理基础数据。

2）支持对用户、用户组信息进行增加、删除、修改和查询。

3）应对所有用户进行唯一编码标识。

4）支持用户管理信息的同步，保证上、下级视频节点相关数据的一致性。

5）为每个合法用户分配相应的权限，并可进行修改和查询。

6）实现对用户视频资源访问权限的管理，为用户分配视频资源访问列表。

7）为不同管理员分配相应的管理权限，包括对用户、设备和视频资源的管理。

8）支持上级视频节点对用户各种操作及访问权限的管理。

9）对于同一节点内的用户优先级权限可根据业务和管理需求进行分配和授权。

10）根据用户优先级权限设定云台锁定和视频资源占用时间。

11）为不同用户设定用户活动时间。

12）用户在登录视频系统时应通过身份验证。

13）管理员在执行增加、修改、删除等操作时宜进行进一步的身份验证。

14）视频监视用户根据优先级权限高低对视频信息进行浏览和控制。用户视频浏览和云镜控制权限优先级均从高到低分为0～63级，0级最高，平时预留。

15）支持视频监视用户对目录树进行自定义设置。

16）保存用户登录信息和操作记录。

17）当同时对视频资源进行调看的用户数超过系统设定的用户数时，高优先级用户可抢占低优先级用户所占用的视频资源。

18）当网络资源受限时，可根据权限对用户同时调用视频的路数进行限制。

19）支持视频资源屏蔽功能。

20）统一管理本节点范围的信息上报、分级管理和信息同步等详细信息。

21）视频资源应按照本规范规定的编码进行标识。以目录的形式统一存储系统基础数据、用户详细信息，提供用户信息和目录信息服务。

2 参照现行《铁路图像通信工程检测规程》（TB/T 10431）或设备技术文件，对综合视频监控系统的下列设备管理功能进行检验，结果应符合设计要求与国家和行业现行有关标准的规定：

1）实现对视频系统内的服务器、磁盘阵列、视频编（解）码器、视频光端机、IP摄像机、交换机等设备的集中管理，生成统计报表。

2）配置管理、故障管理、性能管理、安全管理和日志管理等功能。

3 调试系统网管北向接口（接入综合网管）功能应符合设计要求。

3.11 应急通信系统

3.11.1 一般规定

1 应急通信系统施工内容应包括应急通信设备安装和配线、应急通信设备单机调试、应急通信系统调试等。

2 应急通信系统的施工流程如图 3.11.1 所示。

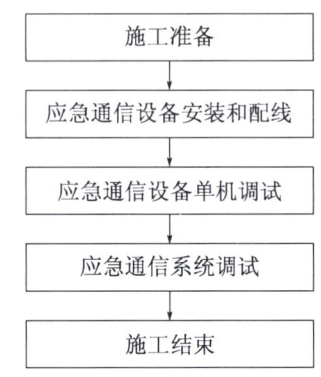

图 3.11.1 应急通信系统施工流程图

3 安装调试有防静电要求的设备时，施工技术人员应采取相应的防静电措施。

4 单机和系统调试前，应先确认符合下列规定：

1）应完成设备安装，机柜安装位置和安装方式符合设计要求。子架安装位置及单元电路板位置正确、插入可靠。

2）应完成设备配线，检查核对无误。端子连接方式和质量符合要求，相应的接插件装配正确并可靠连接。

3）应完成引入交直流电源和电源设备安装，并符合设备使用要求。

4）设备可靠接地，接地电阻符合设计要求与国家和行业现行有关标准的规定。

5）设备单机加电后运转良好、内置风扇正常启动，各单机显示状态符合当前实际运行情况。

6）设备单机性能调试宜在设备开机通电 30min 后进行。

7）软件加载完成并运行正常，软硬件版本核对正确。

8）系统调试前模拟组成一套可支持相关功能的应急通信现场设备，其性能、功能符合设计要求与国家和行业现行有关标准的规定。

9）应急接入传输通道应符合现行《铁路应急通信接入技术条件》（TB/T 3204）的相关规定。

3.11.2 应急通信设备安装和配线

1 设备的进场验收应符合第 3.2.1 节的相关规定。

2 应急通信设备的设置地点、方式应符合设计要求。

3 应急通信设备的安装应符合第3.2.3节的相关规定。
4 应急通信设备的配线应符合第3.2.4节的相关规定。
5 图像显示设备的安装应符合第3.9.2节的相关规定。

3.11.3 应急通信设备单机调试

1 应参照设计文件与国家和行业现行有关标准、设备技术文件，配置下列数据：

1）视频参数：解码方式、图像显示质量、制式、传输方式等。

2）静止图像参数：静止图像格式、静止图像分辨率、语音参数、压缩格式、传输速率、传输方式等。

2 参照设备技术文件，对应急通信中心设备进行调试，结果应符合下列规定：

1）话音单元调试结果应符合下列规定：

（1）具有应急救援指挥中心与应急通信现场设备、自动电话网用户和有线调度通信网用户话音通信的功能。

（2）具有录音功能。

（3）具有主叫显示功能。

2）视频单元调试结果应符合下列规定：

（1）具有实时接入应急现场视频图像的功能。

（2）支持视频流按照设定规则存储的功能。

（3）具有视频分发功能。

（4）具有视频转发功能。

（5）具有视频回放功能。

（6）支持播放、暂停、停止、快进、慢进、单帧播放等播放控制功能。

（7）支持视频流和录像文件以AV信号或VGA信号的输出方式。

3）存储单元调试结果应符合下列规定：

（1）具有存储话音、图像和数据信息的功能。

（2）支持数据导入、导出、备份、还原。

（3）各类数据可以独立设置存储规则，并可按照设置的规则自动存储。

（4）具有数据库文件的自动备份功能。

（5）能根据不同的存储内容设置不同的存储空间。

4）管理单元调试结果应符合下列规定：

（1）具有配置管理功能。

（2）具有性能管理功能。

（3）具有故障管理功能。

（4）具有安全管理功能。

5）中心设备接口调试结果应符合下列规定：

（1）音频接口符合国家和行业现行有关标准的规定。

（2）G.703接口符合国家和行业现行有关标准的规定。

（3）窄带接口及网络接口符合国家和行业现行有关标准的规定。

（4）外部网关接口符合国家和行业现行有关标准的规定。

（5）卫星无线接口符合国家和行业现行有关标准的规定。

3 参照设备技术文件，对下列应急通信现场设备进行调试，结果应符合设计要求与国家和行业现行有关标准的规定：

1）应急现场接入设备：光缆接入方式，电缆接入方式，无线接入方式，卫星接入方式，移动通信接入方式。

2）接入设备接口：音频接口，G.703接口，窄带接口及网络接口，设计预留应急通信接入通道性能验证等。

3.11.4　应急通信系统调试

1 参照设备技术文件，对应急通信系统下列性能进行调测，结果应符合设计要求与国家和行业现行有关标准的规定：

1）应急通信现场设备到达现场展开至系统开通的时间。

2）应急现场移动终端通信距离。

3）应急通信现场设备可连续工作时间。

4）应急现场至应急救援指挥中心间端对端通道带宽、时延、丢包率等。

2 参照设备技术文件，对应急通信系统功能进行试验，结果应符合下列规定：

1）可将事故现场的动态图像实时上传至应急中心，并实时显示，图像清晰、画面流畅连续。

2）可将事故现场的静止图像上传至应急中心，并具有自动转发图像功能。

3）可将事故现场的数据上传至应急中心，并自动保存。

4）应急中心可对现场用户发起单呼、组呼等呼叫，具有多方会议电话功能及录音功能。

5）应急现场各类用户之间的通信功能符合设计要求。

6）与铁路有线调度通信网、自动电话网的互通功能正常。

7）图像与语音通话的存储、回放、检索等其他功能符合设计要求。

3 对系统的时间同步功能进行调测，结果应符合设计和铁路相关技术规定。

4 调试系统网管北向接口（接入综合网管）功能应符合设计要求。

3.11.5　隧道应急电话

1 隧道内各综合洞室、紧急出口、横通道处应设置隧道事故报警电话终端，在隧道两侧敷设的电缆采用环引方式引入报警电话终端，事故报警电话安装如图3.11.5所示。

2 低频对称电缆的屏蔽地线应采用接地ZR-BVR铜线（16mm^2），根据设计及设备要求接入综合接地系统预留的端子。

3 隧道洞室内的事故报警电话终端设备应采用接地ZR-BVR铜线（16mm^2），接入综合接地系统预留的端子。

4 通信电缆引入机房前，屏蔽层应可靠断开并作接地处理，使室内外的金属护套及金属加强件彼此绝缘。电缆采用"S"形敷设。事故报警电话系统的电缆在进入通信机房前应设置绝缘节。

5 事故报警电话终端安装于隧道各综合洞室或横通道的侧壁处，距隧道壁宜为0.15m，事故报警电话终端底部离地面宜为1.3m。当综合洞室内有防火门时，事故报警电话终端应符合设计要求。

6 事故报警电话终端处应喷涂明显标志。操作说明应采用高亮反光油漆喷涂在电话机旁的洞室侧壁，位于电话分机左侧0.1m。

7 参照国家和行业现行有关标准，对事故报警电话功能进行调试，结果应符合设计文件要求与国家和行业现行有关标准的规定。

8 参照国家和行业现行有关标准，对事故报警电话网管功能进行调试，结果应符合设计文件要求与国家和行业现行有关标准的规定。

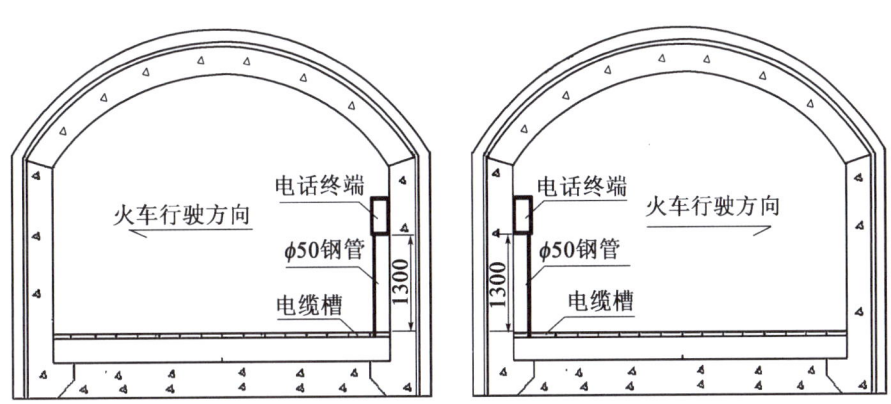

图 3.11.5　隧道内事故报警电话安装正视图

3.12　综合布线

3.12.1　一般规定

1 综合布线系统施工内容应包括综合布线保护管槽安装、综合布线设备安装、综合布线缆线布放、综合布线系统调试等。

2 综合布线系统的施工流程如图3.12.1所示。

3 综合布线系统施工前，应检查下列施工条件符合设计要求与国家和行业现行有关标准的规定：

1）温度、湿度及防火措施。
2）交流供电电源。
3）设备房屋预埋地槽、暗管、孔洞和竖井的位置、数量、尺寸等。
4）设备房屋内防静电地板的接地系统。

4 综合布线系统设备、线缆及材料、附件等到达现场后应进行进场验收，结果符合本指南第 3.1.1 节、第 3.2.1 节的相关规定。

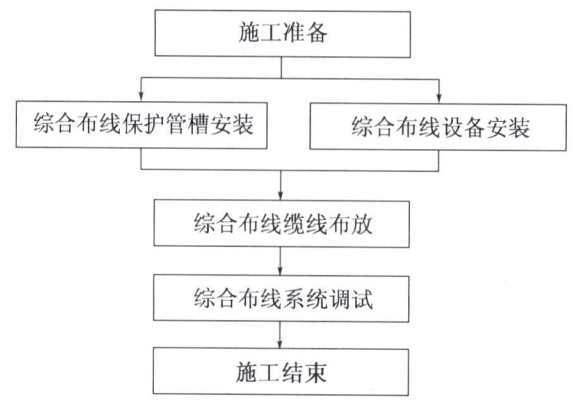

图 3.12.1 综合布线施工流程图

3.12.2 综合布线保护管槽安装

1 建筑群主干布线子系统采用管道、直埋方式敷设光电缆施工时，应符合国家和行业现行有关标准的规定。承载主要业务的通道应按设计要求采取不同的径路。

2 建筑物保护管线应根据线缆布放方式进行安装：

1）主干子系统的垂直通道光电缆应经电缆孔、管道或电缆竖井布放。

2）水平通道通过电缆桥架或线槽、暗管等布放。

3）配线子系统的光电缆应经电缆桥架或线槽、暗管等布放。

3 配线子系统金属保护线槽预埋应符合下列规定：

1）每一路由进出同一过路盒的预埋线槽数量均应不超过 3 根。

2）线槽直埋长度超过 30m 或在线槽路由交叉、转弯时，宜设置过线盒；从金属线槽至信息插座模块接线盒间或金属线槽与金属钢管之间连接时，缆线应用软管保护。

4 配线子系统保护暗管预埋应符合下列规定：

1）预埋保护暗管直径符合设计要求，直线布管每 30m 处应设置过线盒。

2）有转弯的管段长度超过 20m 时，应设置过线盒装置。

3）预埋暗管的转弯角度应不小于 90°，在路径上每根暗管的转弯角个数应不多于 2 个，并不应有"S"弯。

5 电缆桥架及保护线槽安装应符合下列规定：

1）电缆桥架及线槽型号规格应符合设计要求，电缆桥架底部应高于地面 2.2m 及以上，顶部距建筑物楼板不宜小于 300mm。

2）电缆桥架水平敷设时，支撑间距宜为 1.5~3m。

3）直线段电缆桥架每超过 15~30m 或跨越建筑物变形缝时，应设置伸缩补偿装置，桥架和线槽穿过防火墙体或楼板时，应采取防火、防鼠措施。

6 建筑物内综合布线保护管线与其他管线的最小净距应符合表 3.12.2 的要求。

综合布线保护管线与其他管线的最小净距　　　表 3.12.2

管线种类	平行净距（mm）	垂直交叉净距（mm）
避雷引下线	1000	300
保护地线	50	20
热力管（不包封）	500	500
热力管（包封）	300	300
给水管	150	20
煤气管	300	20
压缩空气管	150	20

7 金属保护管、电缆桥架、保护线槽使用的接地体应符合设计要求，就近接地，并应保持良好的电气连接。

3.12.3 综合布线设备安装

1 设备安装应符合本指南第 3.2.3 节的相关规定；箱盒等各类配线部件安装应完整、就位，标志齐全；安装螺丝应紧固，各部件的面板应保持在一个平面上。

2 设备配线应符合本指南第 3.2.4 节的相关规定。

3 信息插座模块安装应符合下列规定：

1）信息插座模块、多用户信息插座、集合点配线模块安装位置、高度、间距及采取的防护措施符合设计要求。

2）信息插座安装在活动地板内或地面上时，应固定在接线盒内；接线盒盖可开启，盖面与地面平齐；工作区内终接光缆的光纤连接器及适配器安装底盒具有足够的空间，符合设计要求。

4 机柜（架）配线设备屏蔽层使用的接地体应符合设计要求，就近接地，并应保持良好的电气连接。

3.12.4 综合布线缆线布放

1 电源线、信号线应分开布放。对绞电缆与电力电缆最小净距应符合表 3.12.4-1 的要求。

对绞电缆与电力电缆最小净距　　　表 3.12.4-1

条　件	最小净距（mm）		
	380V <2kV·A	380V 2~5kV·A	380V >5kV·A
对绞电缆与电力电缆平行敷设	130	300	600
有一方在接地的金属槽道或钢管中	70	150	300
双方均在接地的金属槽道或钢管中②	10①	80	150

注：①当 380V 电力电缆的负荷容量小于 2kV·A，双方都在接地的线槽中，且平行长度不大于 10m 时，最小净距可为 10mm。

②双方都在接地的线槽中，系指两个不同的线槽，也可在同一线槽中用金属板隔开。

2 综合布线电缆与配电箱、变电室、电梯机房、空调机房的最小净距应符合表 3.12.4-2 的要求。

综合布线电缆与配电箱、变电室、电梯机房、空调机房最小净距　　表 3.12.4-2

名　　称	最小净距（m）
配电箱	1
变电室	2
电梯机房	2
空调机房	2

3.12.5 综合布线系统调试

1 检测铜缆综合布线系统对绞线终接 8 位模块式通用插座的接线图，线位应正确，不应出现反向线对、交叉线对或串对。

2 调测布线链路和信道缆线长度，应在系统要求的极限长度范围之内。

3 调测 5e 类/D 级铜缆布线系统信道指标性能，结果应符合表 3.12.5-1 的要求。

5e 类/D 级铜缆布线系统信道指标　　表 3.12.5-1

频率（MHz）	1	16	100
最大插入损耗（dB）	4.0	9.1	24.0
最小近端串音（dB）	60.0	43.6	30.1
最小衰减串音比（dB）	56.0	34.5	6.1
最小等电平远端串音（dB）	57.4	33.3	17.4
最小近端串音功率和（dB）	57.0	40.6	27.1
最小衰减串音比功率和（dB）	53.0	31.5	3.1
最小等电平远端串音功率和（dB）	54.4	30.3	14.4
最小回波损耗（dB）	17.0	17.0	10.0
最大时延（μs）	0.580	0.553	0.548
时延差（μs）	0.050（1≤f≤100MHz）		
最大直流环路电阻（Ω）	25		

4 调测 6 类/E 级铜缆布线系统信道指标性能，结果应符合表 3.12.5-2 的要求。

6 类/E 级铜缆布线系统信道指标　　表 3.12.5-2

频率（MHz）	1	16	100	250
最大插入损耗（dB）	4.0	8.3	21.7	35.9
最小近端串音（dB）	65.0	53.2	39.9	33.1
最小衰减串音比（dB）	61.0	44.9	18.2	−2.8
最小等电平远端串音（dB）	63.3	39.2	23.3	15.3

续上表

频率（MHz）	1	16	100	250
最小近端串音功率和（dB）	62.0	50.6	37.1	30.2
最小衰减串音比功率和（dB）	58.0	42.3	15.4	-5.8
最小等电平远端串音功率和（dB）	60.3	36.2	20.3	12.3
最小回波损耗（dB）	19.0	18.0	12.0	8.0
最大时延（μs）	0.580	0.553	0.548	0.546
时延差（μs）	0.050（1≤f≤250MHz）			
最大直流环路电阻（Ω）	25			

5 调测 5e 类/D 级铜缆布线系统永久链路性能，结果应符合表 3.12.5-3 的要求。

5e 类/D 级铜缆布线系统永久链路指标　　　　表 3.12.5-3

频率（MHz）	1	16	100
最大插入损耗（dB）	4.0	7.7	20.4
最小近端串音（dB）	60.0	45.2	32.3
最小衰减串音比（dB）	56.0	37.5	11.9
最小等电平远端串音（dB）	58.6	34.5	18.6
最小近端串音功率和（dB）	57.0	42.2	29.3
最小衰减串音比功率和（μs）	53.0	34.5	8.9
最小等电平远端串音功率和（dB）	55.6	31.5	15.6
最小回波损耗（dB）	19.0	19.0	12.0
最大时延（μs）	0.521	0.496	0.491
时延差（μs）	0.044（1≤f≤100MHz）		
最大直流环路电阻（Ω）	21		

6 调测 6 类/E 级铜缆布线系统永久链路指标性能，结果应符合表 3.12.5-4 的要求。

6 类/E 级铜缆布线系统永久链路指标　　　　表 3.12.5-4

频率（MHz）	1	16	100	250
最大插入损耗（dB）	4.0	7.1	18.5	30.7
最小近端串音（dB）	65.0	54.6	41.8	35.3
最小衰减串音比（dB）	61.0	47.5	23.3	4.7
最小等电平远端串音（dB）	64.2	40.1	24.2	16.2
最小近端串音功率和（dB）	62.0	52.2	39.3	32.7
最小衰减串音比功率和（dB）	58.0	45.1	20.8	2.0
最小等电平远端串音功率和（dB）	61.2	37.1	21.2	13.2

续上表

频率（MHz）	1	16	100	250
最小回波损耗（dB）	21.0	20.0	14.0	10.0
最大时延（μs）	0.521	0.496	0.491	0.490
时延差（μs）	0.044（1≤f≤250MHz）			
最大直流环路电阻（Ω）	21			

7 综合布线系统的光纤信道在规定的传输波长下最大光衰减（介入损耗）调测结果应符合表 3.12.5-5 的要求。

光纤信道最大衰减（介入损耗）值　　　表 3.12.5-5

项　目	最大光缆衰减（dB/km）			
	OM1，OM2 及 OM3 多模		OS1 单模	
波长	850nm	1300nm	1310nm	1550nm
衰减	3.5	1.5	1.0	1.0

注：1 表中的最大衰减值包括接头与连接插座的衰减。
　　2 每个连接处的衰减值最大为 1.5dB。

8 综合布线系统所用的光缆最大衰减值调测结果应符合表 3.12.5-6 的规定。

光缆最大衰减值　　　表 3.12.5-6

项　目	最大光缆衰减（dB/km）			
	OM1，OM2 及 OM3 多模		OS1 单模	
波长	850nm	1300nm	1310nm	1550nm
衰减	3.5	1.5	1.0	1.0

9 综合布线系统光纤布线链路的最大插入损耗调测结果应符合表 3.12.5-7 的要求。

光纤链路最大插入损耗值　　　表 3.12.5-7

类　别	工作波长（nm）	衰减系数（dB/km）
多模光纤	850	3.5
	1300	1.5
单模光纤（室外）	1310	0.5
	1550	0.5
单模光纤（室内）	1310	1.0
	1550	1.0
连接器件衰减	0.75dB	
光纤连接点衰减	0.3dB	

3.13 时钟同步及时间同步系统

3.13.1 一般规定

1 时钟同步及时间同步系统的施工内容应包括时钟同步及时间同步设备安装和配线、时钟同步系统调试、时间同步系统调试、时间同步系统网管调试等。

2 时钟同步及时间同步系统的施工流程如图3.13.1所示。

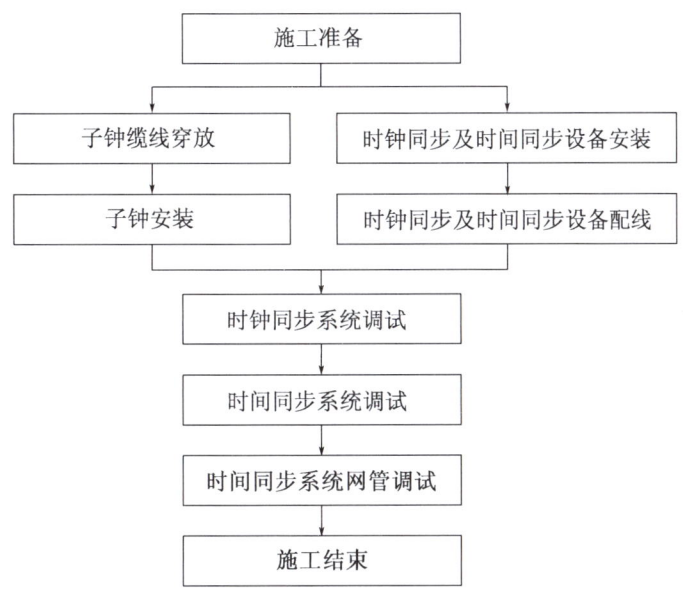

图3.13.1 时钟同步及时间同步系统施工流程图

3 时钟同步及时间同步系统的设备性能检测应以厂验为主，施工单位宜参与厂验。

4 施工技术人员应熟悉设备性能、面板配置、配线径路、通道运用，了解DDF架、数据配线架的端子分配。

5 单机和系统调试前，应先确认符合下列规定：

1）应完成设备安装，机柜安装位置和安装方式符合设计要求。子架安装位置及单元电路板位置正确、插入可靠。

2）应完成设备配线，检查核对无误。端子连接方式和质量符合要求，相应的接插件装配正确并可靠连接。

3）应完成引入交直流电源和电源设备安装，并符合设备使用要求。

4）设备可靠接地，接地电阻符合设计要求与国家和行业现行有关标准的规定。

5）设备单机加电后运转良好、内置风扇正常启动，各单机显示状态符合当前实际运行情况。

6）设备单机性能调试宜在设备开机通电30min后进行。

7）系统调试前，应确认传输通道正常，系统网管安装完毕，软硬件版本核对正确，软件加载正常。

3.13.2 时钟同步及时间同步设备安装和配线

1 设备的进场验收应符合本指南第 3.2.1 节的相关规定。

2 通信机械室内设备安装应符合本指南第 3.2.3 节的相关规定。

3 通信机械室内设备配线应符合本指南第 3.2.4 节的相关规定。

4 卫星天线的支撑架和馈线施工应符合下列规定：

1）天线的安装位置和方式符合设计文件要求。

2）天馈线进场后进行验收，并做相应的记录与处理。

3）检测天线的驻波比，结果符合国家和行业现行有关标准的规定。

4）选用合适的天线固定方式，并符合天线强度要求。

5）室外安装天线支撑架时，连接地线就近焊接于防雷接地装置。

6）室外天线馈线入室之前，楼内进楼处安装防雷器；防雷器接地可靠；防雷器和馈线接头做防水处理。

7）根据现场情况选择馈线的固定方式；馈线弯曲半径符合所用电缆的技术要求；室外安装天线时，馈线通过馈线密封窗导入室内。

5 室内子钟的安装位置和方式应符合设计要求；子钟应远离防火自动喷淋系统的喷头，安装应平直、牢固。

6 当系统采用不同类型的时间同步信号时，各类接口之间布线的长度应小于系统传输距离的要求。

3.13.3 时钟同步系统调试

1 应按照现行《数字同步网独立型节点从钟设备技术要求及测试方法》（YD/T 1011）所规定的稳定时间对节点时钟设备性能进行调测。

2 复核出厂质量检验报告，时钟同步 2 级、3 级节点时钟的单机性能（2 级、3 级节点时钟的频率准确度，牵引入和保持入范围，恒温条件下、变温条件下的节点时钟漂动产生要求，抖动产生，输入漂动容限，输入抖动容限，相位不连续性）应符合设计要求和现行《数字同步网独立型节点从钟设备技术要求及测试方法》（YD/T 1011）的规定。

3 参照设备技术文件，对基准时钟、大楼综合定时供给设备（BITS）输出的 2048kHz、2048kbit/s 同步信号的精度和稳定度进行调测，结果应符合设计要求和现行《数字同步网设备安装工程验收规范》（YD/T 5090）的规定。

4 参照设备技术文件，对定时链路进行调试，结果应符合设计要求和现行《数字同步网设备安装工程验收规范》（YD/T 5090）的规定。

5 参照设备技术文件，对时钟同步系统的性能（频率准确度，牵引入/保持入范围，漂动产生，抖动产生，输入漂动容限，输入抖动容限，漂动传递特性，相位瞬变，保持性能，相位不连续性）进行调测，结果应符合设计要求与国家和行业现行有关标准的规定。

6 参照设备技术文件，对大楼综合定时供给设备（BITS）输出端口的性能进行调测，其静态相位差应不大于15ns，电气隔离度应不小于55dB。

7 参照设备技术文件，对时钟同步系统的功能（同步信号锁定跟踪功能，故障告警功能，关键部件冗余功能）进行试验，结果应符合设计要求与国家和行业现行有关标准的规定。

3.13.4 时间同步系统调试

1 参照设备技术文件，对卫星接收设备的性能（接收载波频率，接收灵敏度，可同时最少跟踪卫星颗数，热启动、冷启动捕获时间，定时准确度）进行调测，结果应符合设计要求与国家和行业现行有关标准的规定。

2 参照设备技术文件，对母钟设备的单机功能进行试验，结果应符合下列规定：

1）所有部件工作状态指示均正常，卫星接收机、时钟卡处于跟踪状态。

2）电源板、时钟板的冗余备份功能正常；当部件故障时，可自动倒换到备份部件，系统工作正常。

3）设备面板、机柜及列柜上有正确的告警指示及音响信号，且通信口上送出相应告警信息。

4）可接收人机命令，并能送出正确的响应信息；能正确送出设备的告警事件信息。

5）时间同步设备的准确度对比门限参数应可设置，在故障情况下可对主、备时间源输入进行自动切换。

6）时间同步设备的定时自动校时功能，定时整秒间隔可设置。

7）当外部标准时间信号中断时，母钟能通过内置钟的保持功能，继续提供时间信号输出，并发出告警；母钟设备故障时，不输出时间信号。

3 复核出厂质量检验报告，母钟设备的下列单机性能，应符合设计要求与国家和行业现行有关标准的规定：

1）一级母钟：绝对跟踪准确度，时钟频率准确度，铷原子钟准确度，相对守时准确度。

2）二级母钟：绝对跟踪准确度，高稳晶体钟准确度，相对守时准确度。

3）三级母钟（或列车母钟）：绝对跟踪准确度，晶振时钟准确度，相对守时准确度。

4 参照设备技术文件，对时间显示设备进行检查和试验，结果应符合下列规定：

1）当母钟发生故障时，时间显示设备可独立运行，超过2h石英晶振显示时间。

2）显示：数字显示方式为北京时间（年月日时分秒）；发光强度在室内应不小于25mcd，室外不小于35mcd，且显示清晰；指针显示方式为北京时间（时分秒）。

3）具有故障告警功能，并能将故障告警信号送至接入的母钟及网管系统。

4）显示设备的外壳防护等级符合设计要求。

5）自走时累计误差符合设计要求或国家和行业现行有关标准的规定。

5 参照设备技术文件，对时间同步系统的功能进行试验，结果应符合下列规定：

1）可通过人工或自动进行多时间源输入处理。

2）可正确判断和选择可用时间源。

3）可进行时延补偿。

6 采用网络时间协议（NTP）传送时间信号时，对其功能和性能进行调试，结果应符合下列规定：

1）时间服务器可采用 NTP 客户端/服务器方式发播标准时间、NTP 协议功能正常。

2）时间服务器 NTP 接口的处理能力、相对精度符合设计要求和相关技术条件的规定。

3）监测 NTP 客户端的同步状态，检测客户端与时间服务器的同步周期，结果应符合系统设计的要求。

3.13.5 时间同步系统网管调试

1 参照设备技术文件，对系统的告警管理功能进行试验，结果应符合下列规定：

1）告警监测能实现输入时间信号丢失监测、守时监测、时间输出失效监测、设备校时异常监测等。

2）当时间同步网出现故障时，监控终端能够发出声音报警，并可在监控终端主界面上采用实时图形/列表显示故障告警信息；以不同颜色的出现，显示故障内容及设备位置、紧急告警、非紧急告警的状态。

3）能手动操作清除报警信号。

4）能将故障信息传到上级网管。

2 参照设备技术文件，对系统的性能管理功能进行试验，结果符合下列规定：

1）能监测时间同步设备的性能参数。

2）能以曲线或表格形式显示结果，并能显示母钟及标准时间信号接收单元的运行状态，循环检测下级母钟运行状态，以及本级母钟所控的显示设备的运行状态。

3 参照设备技术文件，对系统的配置管理功能进行试验，结果应符合下列规定：

1）能对系统和设备运行参数进行配置和修改。

2）能对本级时间同步设备进行增加/删除网元、修改网元的属性配置数据、设置输入信号的各种门限、定时查看通信链路状况、时延补偿参数和设备校时参数、系统的时间同步管理等操作。

4 参照设备技术文件，对系统的数据统计分析功能进行试验，结果应符合下列规定：

1）能进行数据的后期处理、报表统计。

2）能够实时检测本级母钟、外部标准时间信号接收装置、时间显示设备的运行数据、工作状态，并能进行相应的显示。

3）能进行系统故障的后期数据处理、统计，生成报表存档、打印。

5 参照设备技术文件，对系统的安全管理功能进行试验，结果应符合下列规定：

1）能进行用户权限、用户日志管理，实现对时间监控管理终端的用户授权、用户操作鉴权，用户进入网管系统需登录及登录口令。

2）用户安全管理应至少能区分以下三级口令，执行相应口令级别内允许的功能，高级口令具有低级口令的全部功能：

（1）一级（高级）：可设置和修改用户/口令。

（2）二级（中级）：可设置和修改设备中的参数或工作状态。

（3）三级（低级）：可读取数据。

6 参照设备技术文件，对 NTP 的性能管理功能进行试验，结果应符合下列规定：

1）能显示 NTP 时间系统连接拓扑图。

2）能实时监控并记录卫星接收设备时间源的性能参数及其工作状态。

3）能监控并记录时间服务器与客户端间的同步状态，客户端长时间未同步应告警。

7 参照设备技术文件，对 NTP 网管服务器接收到的同步请求进行统计分析，分析内容能包括发送同步请求的 IP 地址、请求时间、请求次数等，进行事件统计功能试验。

8 参照设备技术文件，对 NTP 网管服务器的配置功能进行试验，服务器应能设置时钟参考源和 NTP 接口的 IP 地址。

9 参照设备技术文件，对 NTP 网管服务器的时间源丢失、客户端长时间未同步、客户端时间偏差超门限等故障告警功能进行试验，结果应符合下列规定：

1）能分等级实时输出故障告警。

2）能按照时间、类型、等级对告警进行排列。

3）能查询历史告警信息。

10 参照设备技术文件，对 NTP 网管服务器的安全设置功能进行试验，结果应符合下列规定：

1）能根据用户等级设置管理权限。

2）用户可使用鉴权登陆方式。

3）可通过日志方式记录用户的操作。

11 调试系统网管北向接口（接入综合网管）功能应符合设计要求。

3.14 综合网络管理系统

3.14.1 一般规定

1 综合网络管理（以下简称"综合网管"）系统施工内容应包括综合网管设备安装和配线、综合网管设备单机调试、综合网管系统调试。

2 综合网管系统的施工流程如图 3.14.1 所示。

3 施工技术人员应熟悉系统软件和性能，了解各子系统接入配线径路、通道运用、配线架端子分配。

4 网管调试加载数据过程中严禁断电，数据配置应及时进行备份。

5 单机和系统调试前，应先确认符合下列规定：

1）应完成设备安装，机柜安装位置和安装方式符合设计要求。子架安装位置及单

元电路板位置正确、插入可靠。

2）应完成设备配线，检查核对无误。端子连接方式和质量符合要求，相应的接插件装配正确并可靠连接。

3）应完成引入交直流电源和电源设备安装，并符合设备使用要求。

4）设备可靠接地，接地电阻符合设计要求与国家和行业现行有关标准的规定。

5）设备单机加电后运转良好、内置风扇正常启动，各单机显示状态符合当前实际运行情况。

6）设备单机性能调试宜在设备开机通电 30min 后进行。

7）系统调试前，各子系统网管应运行正常，软硬件版本核对正确，网管数据传输通道正常。

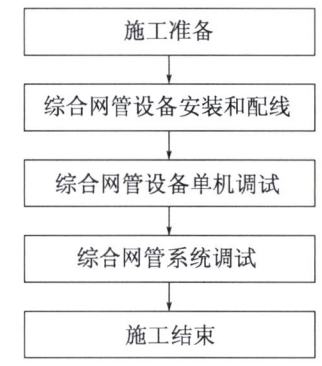

图 3.14.1　综合网管系统施工流程图

3.14.2　综合网管设备安装和配线

1　设备的进场验收应符合本指南第 3.2.1 节的相关规定。

2　设备的安装应符合本指南第 3.2.3 节的相关规定。

3　设备的配线应符合本指南第 3.2.4 节的相关规定。

3.14.3　综合网管设备单机调试

1　参照设备技术文件，对数据库服务器单机进行调试，结果应符合下列规定：

1）能完成综合网管系统的数据库服务，向综合网管系统提供数据。

2）当采用双机热备份结构时，具有故障自动切换功能；设备的故障不得影响实时数据库功能，并可在无数据丢失的条件下进行切换。

2　参照设备技术文件，对应用服务器单机进行调试，结果应符合下列规定：

1）能完成综合网管系统的应用层程序运行处理功能。

2）当采用双机并行结构时，具有故障自动切换功能；设备的故障不得影响实时数据库功能，并可在无数据丢失的条件下进行切换。

3　参照设备技术文件，对接口服务器单机进行调试，结果应符合下列规定：

1）能完成综合网管系统的接口设备适配功能。

2）能实现不同子系统网管到通信综合网管的数据采集和消息通知。

4 参照设备技术文件，对磁盘阵列单机（综合网管系统的数据存储，存储容量，保护功能）进行调试，结果应符合设计与国家和行业现行有关标准的规定。

3.14.4 综合网管系统调试

1 参照设备技术文件，对综合拓扑管理功能进行试验，结果应符合下列规定：

1）能自动采集/或人工录入以通信网网元为基础的综合信息，形成各个业务网络的逻辑拓扑图和由不同通信系统设备节点组成的网络拓扑图。

2）能以多种视图形式表现网络的拓扑结构，支持各种视图便捷切换。

3）视图类型、视图操作、视图监视功能符合设计要求与国家和行业现行有关标准的规定。

2 参照设备技术文件，对综合告警管理功能（告警主要检测参量，告警配置管理，告警监视与显示，告警信息处理，告警相关性分析，告警经验）进行试验，结果应符合设计与国家和行业现行有关标准的规定。

3 参照设备技术文件，对重点业务保障功能（重点业务/设备定制，故障查询，报表和报告）进行试验，结果应符合设计与国家和行业现行有关标准的规定。

4 参照设备技术文件，对综合性能信息管理功能（性能采集任务管理，性能数据采集周期，性能门限管理，性能数据处理）进行试验，结果应符合设计与国家和行业现行有关标准的规定。

5 参照设备技术文件，对综合报表管理功能（报表定制、定时生成、发布，报表种类，报表查询）进行试验，结果应符合设计与国家和行业现行有关标准的规定。

6 参照设备技术文件，对综合资源管理功能（资源信息维护，资源信息统计分析，资源预警，通信资源报表统计）进行试验，结果应符合设计与国家和行业现行有关标准的规定。

7 参照设备技术文件，对流程管理功能（故障工单管理，资源调度工单管理，工单统计查询，信息发布管理）进行试验，结果应符合设计与国家和行业现行有关标准的规定。

8 参照设备技术文件，对系统自身管理功能（系统安全管理，系统日志管理，系统数据备份与恢复，系统自身监控管理，系统帮助功能，横向接口安全管理）进行试验，结果应符合设计与国家与行业现行有关标准的规定。

9 参照设备技术文件，对系统响应性能进行调测，结果应符合以下要求：

1）告警响应时间：网络设备运行正常情况下，网管系统的告警最长响应时间（指从厂家网管上传告警到综合网管系统显示告警）应小于5s。

2）操作响应时间：简单操作及普通数据查询操作界面响应时间应小于2s，大数据量报表数据查询操作界面响应时间应小于15s。

3）相关性分析和故障定位时间：大量相关告警出现后（有可能是某一设备或某条线路出现故障），系统可自动启动相关性分析模块，并进行故障定位，从故障发生到系统确定最终故障范围的最大延迟时间应不大于30s。

10 参照设备技术文件，对系统采集及处理能力进行测试，结果应符合下列规定：

1）告警原始数据采集的准确性应不小于99.99%、资源原始数据采集的准确性应不小于99.99%。

2）网管系统采集数据的完整性应不小于99.99%。

3）网管系统对采集后数据处理的准确性应符合设计要求。

11 参照设备技术文件，对系统存储能力进行检测，结果应符合下列规定：

1）系统的磁盘阵列容量应保证配置数据存储不少于6个月、原始告警数据存储不少于3个月，经网管处理后的报表数据、分析数据在系统中存储不少于12个月，经用户设定为重要的数据（如与分析预测相关的数据）长期保存。

2）经网管处理后的数据应在磁带机或磁盘中脱机存储不少于3年。

12 参照设备技术文件，对系统时间同步功能进行试验，综合网管系统应能够接收同级铁路时间同步信号，与各通信系统应保持时间同步。

13 参照设备技术文件，对系统可靠性进行性能调测和功能试验，结果应符合设计要求与国家和行业现行有关标准的规定。

14 参照设计文件，对综合网管各子系统性能指标管理进行试验，结果应符合设计要求与国家和行业现行有关标准的规定。

3.15 电源及环境监控系统

3.15.1 一般规定

1 电源及环境监控系统（以下简称"监控系统"）施工内容应包括监控设备安装和配线、监控设备单机调试、监控系统调试。

2 监控系统的施工流程如图3.15.1所示。

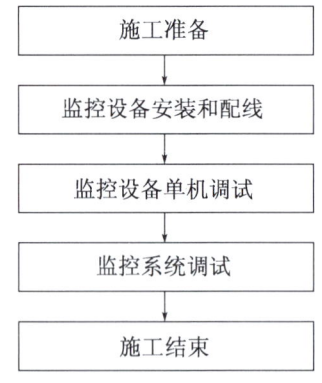

图3.15.1 监控系统施工流程图

3 施工技术人员应熟悉控制软件和系统性能，了解数据通信通道应用及配线径路、配线架端子分配。

4 单机和系统调试前，应先确认符合下列规定：

1）应完成设备安装，机柜安装位置和安装方式符合设计要求。子架安装位置及单

元电路板位置正确、插入可靠。

2) 应完成设备配线，检查核对无误。端子连接方式和质量符合要求，相应的接插件装配正确并可靠连接。

3) 应完成引入交直流电源和电源设备安装，并符合设备使用要求。

4) 设备可靠接地，接地电阻符合设计要求与国家和行业现行有关标准的规定。

5) 设备单机加电后运转良好、内置风扇正常启动，各单机显示状态符合当前实际运行情况。

6) 设备单机性能调试宜在设备开机通电 30min 后进行。

7) 系统调试前，应对监控设备进行全面检查。

3.15.2 监控设备安装和配线

1 设备的进场验收应符合本指南第 3.2.1 节的相关规定。

2 监控设备安装和配线除应符合本指南第 3.2.3、3.2.4 节相关规定外，尚应符合下列规定：

1) 采集及监控设备的安装位置、方式符合设计要求，并布局合理，便于操作、观察、维护，见图 3.15.2-1～图 3.15.2-4。

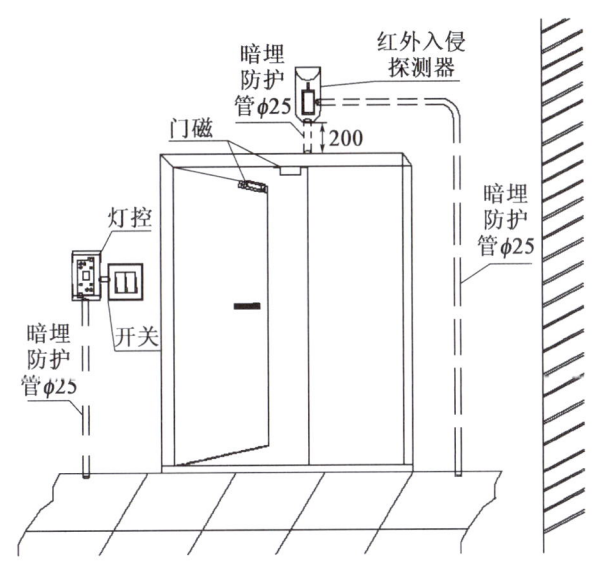

图 3.15.2-1 灯控、门磁、红外入侵探测器安装示意图（尺寸单位：mm）

2) 前端采集箱安装牢固，封闭良好；成列安装时，应排列整齐。

3) 传感器、变送器和采集器应能真实反映被测量；安装时对被监控设备尽量不改动或少做改动。

4) 监控单元、采集器、网络传输及接口设备尽量利用机柜（架）集中安放，并布局合理。

5) 电量传感器安装时严禁电压传感器输入端短路和电流传感器输出端开路。

6) 电量传感器裸导体之间或者与其他裸导体之间的距离不小于 4mm。

7) 电源模块裸导体之间或者与其他裸导体之间的距离不小于 4mm。

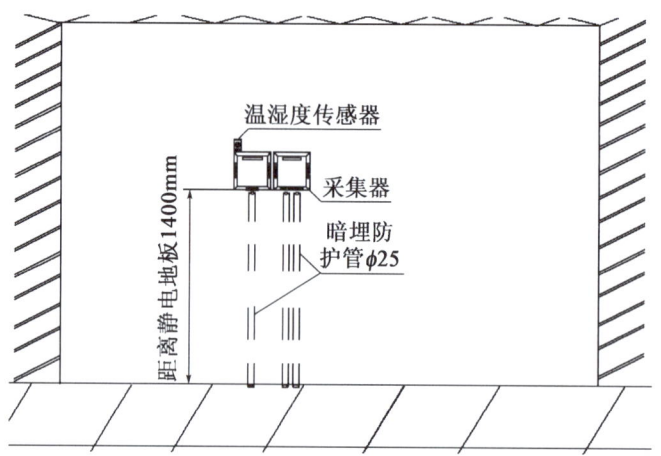

图 3.15.2-2　温湿度传感器、采集器安装示意图

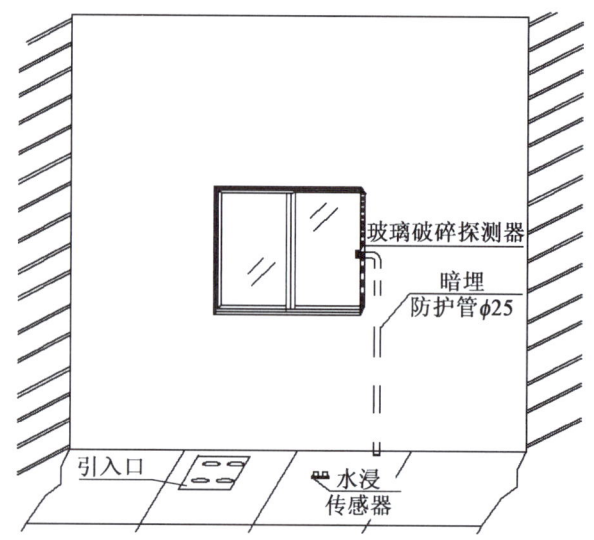

图 3.15.2-3　破碎探测器、水浸传感器安装示意图

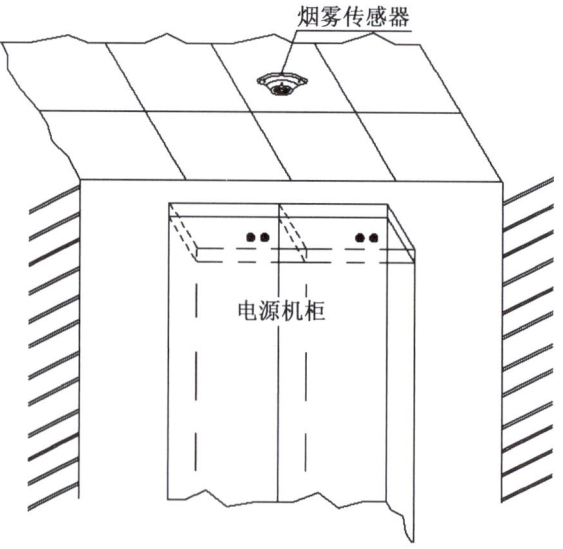

图 3.15.2-4　烟雾传感器安装示意图

8）各种监控设备接地良好，接地线规格型号及接地电阻值符合设计要求。

9）在通信电源设备机房内安装监控设备柜（箱）时，安装位置应不影响通信电源设备的操作、维护，不应占据维护、安全通道以及电源设备的远期预留位置。

3.15.3 监控设备单机调试

1 参照设备技术文件，检查监控设备电源单元的输入、输出电源的极性和电压值，结果应符合国家和行业现行有关标准的规定。

2 参照设备技术文件，检查前端采集设备的输出模式、量值、精度，结果应符合国家和行业现行有关标准的规定。

3 参照设备技术文件，对监控设备、前端采集单元和通信单元进行检查，工作状态应正常。

4 参照设备技术文件，对监控设备进行启动试验，完成各设备硬件、软件初始化，通过自诊断程序对各设备的硬件、软件进行检查，建立主机与各外设间的通信。

5 参照设备技术文件，检查键盘等输入设备、打印机等输出设备、显示设备、音响报警装置功能，结果应正常。

3.15.4 监控系统调试

1 参照设备技术文件，对监控系统进行功能试验，结果应符合下列规定：

1）前端采集设备的数据采集、数据存储、输出报表、数据交换、数据处理符合设计要求。

2）系统的图形界面和显示与设备运行状态一致。

3）接口的通信协议符合国家和行业现行有关标准的规定。

4）系统报警和控制功能符合国家和行业现行有关标准的规定。

5）使用权限、密码设置、操作权限等安全管理功能符合设计要求。

6）系统统计分析及故障诊断功能符合国家和行业现行有关标准的规定。

7）系统的容错能力符合设计要求。

2 参照设备技术文件，对监控系统进行遥控、遥测、遥信功能和性能检测，结果应符合下列规定：

1）遥控功能检测结果应符合下列规定：

（1）按照试验操作程序，对遥控对象进行遥控试验，被监控设备动作可靠。

（2）遥控试验时，如果监控系统出现操作错误、系统故障、被监控设备发生故障或拒动，监控系统应具备一定的处理能力，并符合设计要求。

2）遥测功能检测结果应符合下列规定：

（1）对遥测对象进行遥测试验，测量精度应符合设计要求；设计无要求时，应符合下列规定：直流电压测量误差不大于0.5%；蓄电池2V单体电压测量误差不大于±5mV；蓄电池6V单体电压测量误差不大于±10mV；蓄电池12V单体电压测量误差不大于±20mV；其他电量测量误差不大于2%；非电量测量误差不宜大于5%。综合误差不大于1.5%。

(2) 具有动态显示功能的显示器应动态显示遥测值。

3) 遥信功能检测结果应符合下列规定：

(1) 对遥信对象进行遥信试验，信息反应正确无误，显示器画面、模拟盘或控制台显示、报警应与被监控设备实际状态一致，事故打印记录正确。

(2) 遥信位置信号应在遥控操作时逐个确认，显示器画面、模拟盘或控制台显示、报警应与被控对象实际状态一致，事故打印记录正确。

3 当监控系统的数据传输采用专线方式时，检测从故障点到维护中心的响应时间应不大于10s；检测键盘对三遥指令操作的系统响应时间应不大于30s。

4 当系统有备用通信路由选择时，试验路由倒换功能应能根据命令实现正常倒换。

5 检查监控系统的接入应不改变被监控设备原有的控制功能，应以被监控设备自身控制功能优先；监控系统的局部故障应不影响监控系统其他部分的正常工作。

6 检查监控系统与机房照明、综合视频监控系统等联动功能，功能检测结果应符合设计要求。

7 对系统的时间同步功能进行调测，结果应符合设计和铁路相关技术规定。

8 调试系统网管北向接口（接入综合网管）功能应符合设计要求。

3.16 电源设备

3.16.1 一般规定

1 电源设备施工内容应包括电源设备安装和配线、电源设备性能调试、电源设备功能试验等。

2 电源设备施工流程如图3.16.1所示。

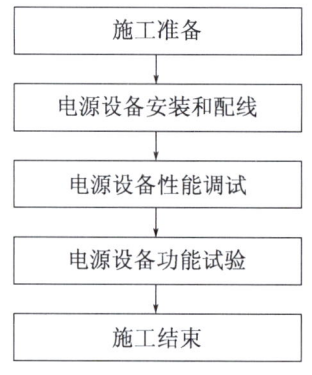

图3.16.1 电源设备施工流程图

3 施工技术人员应熟悉电源设备构成，了解设备性能、面板配置、配线径路、电源加载程序。

4 向通信设备送电前应按照设备电气原理图与施工配线图检查核对，所有电源设备的开关均应处于"断"的位置，熔断器容量应符合设计要求。

5 通信系统各类设备严禁强行送电；当通信设备电源报警时，应及时排除故障。

6 电源设备调试前，应先确认电源设备安装完毕；设备接地良好，接地电阻值符合设计要求与国家和行业现行有关标准的规定。

3.16.2 电源设备安装和配线

1 设备与配线的进场验收应符合本指南第3.2.1节的相关规定。

2 设备的安装应符合本指南第3.2.3节的相关规定。

3 设备的配线应符合本指南第3.2.4节的相关规定。

4 电源设备安装前，应先确认除了符合本指南第3.2.1条第5款的规定外，还应符合下列规定：

1）供电方式、电压等级和负荷容量应符合设计要求，照明系统功能正常。

2）蓄电池安装位置及要求应符合设计要求。

3）设备房屋应配备有效的消防灭火器材，严禁存放易燃易爆等危险物品。

4）UPS设备的安装位置和方式应符合设计要求，刀片式UPS设备宜柜内安装。

5 蓄电池架安装应符合以下规定：

1）蓄电池架的材质、规格、尺寸、承重符合安装蓄电池的要求。

2）蓄电池架排列位置应符合设计要求，偏差不大于10mm。

3）蓄电池架排列平整稳固，水平偏差每米不大于3mm。

4）蓄电池铁架漆面完整、一致；铁架与地面加固处的膨胀螺栓要事先进行防腐处理。

5）蓄电池布放宜为2层，不得超过3层。

6）蓄电池架安装位置宜预留足够的维护空间。

6 蓄电池安装：

1）蓄电池安装时，蓄电池滤气帽或安全阀、气塞等处于紧闭状态，严禁松动。

2）蓄电池各列排放整齐，前后位置、间距适当。每列外侧应在一条直线上，其偏差不大于3mm。电池单体应保持垂直和水平，底部四角均匀着力，如不平整，应用毛毡垫实。

3）电池间隔偏差不大于5mm；电池之间的连接应平整，连接螺栓、螺母应拧紧，并在连接条和螺栓、螺母上涂一层防氧化物或加装塑料盒盖，塑料盒盖不得缺失。

4）电池体安装在铁架上时，应垫缓冲胶垫，使之牢固可靠。

5）各组电池应根据馈电母线走向确定正负极出线位置。

6）安装阀控式密封铅酸蓄电池时，应用电压表检查电池端电压和极性，保证极性正确连接；应筛选端电压偏低的电池，并查明原因。

7）安装蓄电池所用的工具应绝缘，防止短路，注意正、负极性标志，连接电缆应尽可能短。

8）电池安装完毕后，在电池架、台和电池体外侧应采用防腐材料制作编号标志。

3.16.3 电源设备调试

1 电源设备受电前，应确认符合下列规定：

1）设备布线和接线正确，无碰地、短路、开路、假焊等情况。

2）机柜保护地线连接可靠。

3）设备接触器与继电器的可动部分动作灵活，无松动和卡阻，其接触表面无金属碎屑或烧伤痕迹。

4）设备开关灵活，接触可靠。熔断器容量和规格符合设计或产品技术指标要求。

5）设备电压、电流表已进行校验和铅封。

6）对设备、部件、布线的绝缘电阻、耐压强度进行检测，结果符合技术指标要求。

7）检测设备内布线及设备非电子器件对地绝缘电阻符合产品技术指标规定；无规定时，应大于2MΩ/500V。

8）检查交流配电设备的避雷器件，结果符合国家和行业现行有关标准的规定。

2 参照设备技术文件，对高频开关电源设备进行调试，结果应符合下列规定：

1）接通交流电源后，所有模块显示器信号、指示灯正常，输入、输出电压、电流测试值符合设计要求，输出端子处测量的杂音电压符合表3.16.3-1的要求。

2）能接入蓄电池，"浮—均"充电转换符合国家和行业现行有关标准的规定。

3）设备内部电压降符合国家和行业现行有关标准的规定（屏内放电回路压降应不大于0.5V）。

4）输出端浪涌吸收装置性能符合国家和行业现行有关标准的规定。

5）输入电压过高、过低，输出过载，熔断器熔断等自动保护电路能准确动作，声光告警电路工作正常。

6）本地和远程监控接口性能正常。

直流电源设备杂音指标值   表3.16.3-1

标准电压（V）	受电端子电压变动范围（V）	电源杂音电压（mV）						
		衡重杂音	峰—峰值杂音		宽频杂音（有效值）		离散杂音（有效值）	
			频段（kHz）	指标	频段（kHz）	指标	频段（kHz）	指标
-48	-40～-57	≤2	0～20000	≤200	3.4～150	≤50	3.4～150	≤5
							150～200	≤3
					150～30000	≤20	200～500	≤2
							500～30000	≤1
-24	-19～-29 19～29	≤2	0～20000	≤200	3.4～150	≤50	3.4～150	≤5
							150～200	≤3
					150～30000	≤20	200～500	≤2
							500～30000	≤1

3 参照设备技术文件,对不间断电源(UPS)进行调试,结果应符合下列规定:

1)输入输出交流电压、稳压精度、输出波形、谐波含量、频率精度符合国家和行业现行有关标准的规定。

2)外部电源和 UPS 输出的转换时间符合国家和行业现行有关标准的规定。

3)UPS 设备的过载能力符合国家和行业现行有关标准的规定。

4)输入电压过高、过低,负荷过载,UPS 设备过载、短路,蓄电池欠压,熔断器熔断等自动保护电路能准确动作,声光告警电路工作正常。

5)本地和远程监控接口性能正常。

6)UPS 故障时,旁路 UPS 能直接供电。

4 对安装连接后的蓄电池组管理,应符合下列规定:

1)连接可靠,不得出现虚接、压降过大等问题,并检查记录开路电压。

2)初次使用前应进行均充补充电,以弥补运输和储存周期带来的容量损失。

3)初次容量检查应测出实际容量值,放电参数尽可能靠近 10h 率,并保证结束后完全充满。

4)容量检查时,应同时检查端子压降、单体温度、排气阀应正常可靠。

5)应按产品技术要求设定并记录和蓄电池相关的开关电源参数。

5 参照设备技术文件,对阀控式密封铅酸蓄电池进行充电管理,应符合下列规定:

1)初充电前应检测单体蓄电池开路电压,一组蓄电池各电池间的开路电压高与低差值应不大于 20mV(2V)、50mV(6V)、100mV(12V)。

2)对蓄电池进行补充充电,最大充电电流应不大于 $0.25C_{10}$,最大充电电压应不大于 2.40V/单体。

3)对蓄电池进行均衡充电,均衡充电电压应为(2.30~2.40V)/单体。

4)对蓄电池浮充充电,充电电压应为(2.20~2.27V)/单体。

6 参照设备技术文件,对阀控式密封铅酸蓄电池进行容量检测,结果应符合下列规定:

1)完全充电的蓄电池静置 1~24h,在 25℃±5℃ 环境中开始放电。

2)放电开始前后应测量蓄电池的端电压;放电时应测量电流,其电流波动不得超过规定值的 1%。

3)放电期间应测量蓄电池的端电压及室温,10h 率试验的测量时间间隔为 1h,3h 率试验的测量时间间隔为 0.5h,1h 率试验的测量时间间隔为 10min;在放电末期应随时测量,以便准确地确定蓄电池终止电压的时间。

4)蓄电池放电时,各蓄电池之间的端电压差应不大于 0.20V(2V)、0.35V(6V)、0.60V(12V)。

5)蓄电池放电终止电压应符合表 3.16.3-2 的规定;10h 率容量第一次循环应达到 $0.95C_{10}$;在第三次循环之前,10h 率容量应达到 C_{10},3h 率容量应达到 $0.75C_{10}$,1h 率容量应达到 $0.55C_{10}$。

蓄电池放电终止电压　　　　　　表 3.16.3-2

放 电 率	蓄电池放电终止电压（单体）
10h 率	1.80V
3h 率	1.80V
1h 率	1.75V

6）蓄电池放电时，如果温度不是 25℃，则需将实测容量 C_t 按公式（3.16.3）换算成 25℃ 基准温度时的容量 C_e，其值应符合表 3.16.3-2 的要求。

$$C_e = \frac{C_t}{1 + K(T - 25℃)} \qquad (3.16.3)$$

式中：T——放电时的环境温度（℃）；

K——温度系数：10h 率容量试验时，$K = 0.006/℃$；3h 率容量试验时，$K = 0.008/℃$；1h 率容量试验时，$K = 0.010/℃$。

7 馈电母线和电源线通电试验结果应符合下列规定：

1）馈电母线、电源线安装完毕，在相对湿度不大于 80% 时，其单线对地及线间绝缘电阻应大于 1MΩ/500V。

2）用负载模拟满负荷条件，检测馈电母线、电源线电压降应符合国家和行业现行有关标准的规定。

3）用模拟方法达到满负荷条件、通电 1h 后，测量馈电母线接头部位连接处的温度应不大于 70℃，馈电母线、电源线与设备电源端子连接处的温度应不大于 65℃。

8 对 UPS 进行功能试验，结果应符合下列规定：

1）输入电源过高、过低，输出电压过高、过低、过流、欠流，UPS 设备过载，短路，蓄电池欠压，熔断器熔断等自动保护动作准确，声光告警正常。

2）具有旁路功能。

3）交流监控模块（本地监控单元）可对交流电源设备进行监控和维护，完成对 UPS 的参数设置、故障告警及电池管理等功能。

4）手动与自动转换功能、自动稳压及稳流功能符合设计要求。

5）本地及远端监控接口性能正常。

6）备用冗余 UPS 与并联冗余 UPS 功能符合设计要求。

9 对 –48V 高频开关电源设备进行功能试验，结果应符合下列规定：

1）交流输入过压、欠压、缺相，直流输出过压、欠压、过流、欠流，蓄电池欠压，充电过流，负载过流，输出开路、短路，熔断器熔断等自动保护动作准确，声光告警正常。

2）浮充、均充方式能自动转换，输出能自动稳压、稳流。

3）本地及远端监控接口性能正常。

3.17 防雷及接地

3.17.1 一般规定

1 通信系统防雷及接地施工应包括各通信子系统或设备的防雷及接地安装和检测。

2 防雷及接地施工流程如图 3.17.1 所示。

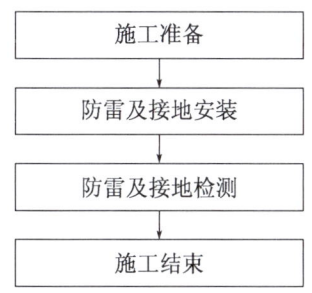

图 3.17.1 防雷及接地施工流程图

3 对雷电及电磁干扰的防护措施,应不改变被防护系统的电气性能和不影响被防护设备的正常工作。

4 通信设备的保护地线、屏蔽地线和防雷地线等的设置应符合设计要求。接地导线上严禁设置开关、熔断器或断路器。

3.17.2 防雷及接地安装

1 防雷及接地安装前,应确认符合下列规定:

1) 防雷及接地采用的器材应符合国家和行业现行有关标准的规定。

2) 贯通地线和引接线的施工已完成,贯通地线的接地电阻值应符合国家和行业现行有关标准的规定。

3) 通信设备房屋已经采取防雷接地措施,接地电阻值应符合国家和行业现行有关标准的规定。

4) 有屏蔽要求的通信设备房屋,符合国家和行业现行有关标准的规定。

2 接地装置应按下列规定安装:

1) 水平接地体与建筑物外墙的间距应大于 1m,埋深应大于 0.7m。

2) 水平接地体应挖沟埋设;垂直接地体宜直接打入地沟内,其间距不宜小于长度的 2 倍并均匀布置;铜质和石墨材料接地体宜挖坑埋设。垂直接地体坑内、水平接地体沟内宜用低电阻率土壤回填并分层夯实。

3) 接地体的材料应符合设计要求。

4) 接地电阻难以达到要求时,可因地制宜采取下列降阻措施:

(1) 埋深接地体。

(2) 设置外延接地体。

(3) 将接地体周围高电阻率土壤更换为低电阻率土壤。

（4）在接地体周围添加的降阻剂应符合环保要求。

（5）在接地体周围填入木炭、焦炭、矿渣等低电阻率物质。

（6）采用其他新技术、新材料。

5）避雷带引下线与水平接地体的连接点处应设垂直接地体，垂直接地体应与水平接地体可靠焊接。接地装置连接应可靠，连接处不应松动、脱焊、接触不良。

6）钢质接地体应采用焊接连接。圆钢与圆钢、圆钢与扁钢（角钢）的焊接长度应大于圆钢直径的6倍；扁钢、角钢应三面焊接，焊接长度应大于宽边的2倍。焊点平滑无毛刺，并采取防腐处理措施，防腐层应在焊点四周延伸20~25mm，埋入地下的焊点防腐层应大于5mm以上。

7）铜质接地体或铜质接地体与钢制接地体之间应采用放热焊接（放热熔接）连接，熔接接头应将被连接的导体完全包在接头里，应保证连接部位的金属完全熔化，连接牢固，连接部位应采取防腐处理措施。

8）接地体难以避开污水排放和土壤腐蚀性强的地点时，垂直接地体应采用石墨接地体，水平接地体应选用耐腐蚀性材料；采用热镀锌扁钢时，镀层不宜小于60μm。

9）在接地装置拐角及尽头处的地面上应设置永久性走向标志。

3 区间中继站场坪接地安装方式应符合设计要求。

4 铁塔的接地与防护应符合设计与国家和行业现行有关标准的规定。

5 接地引入应符合设计与国家和行业现行有关标准的规定。接地引入线不应敷设在污水沟下，不应与暖气管同沟敷设；接地引入线应采取防护措施。

6 通信机房接地汇集线的施工安装应符合设计与国家和行业现行有关标准的规定。

7 通信机房室内接地连接应符合下列规定：

1）连接应符合设计与国家和行业现行有关标准的规定。

2）等电位连接应采用星形接地结构，不得构成闭合回路。

3）传输放电电流的导线必须走最直接的路径，配线不留余长。

4）采用栓接连接时必须使用双螺帽。

5）接地连接线在穿越墙体时应采取保护措施，与墙体绝缘。

8 防雷器件安装应符合下列规定：

1）防雷器件的安装位置和方式应符合设计与国家和行业现行有关标准的规定。

2）防雷器件安装牢固可靠，便于日常维护检测；其他设备不应借用防雷设备的端子；各种设备的防雷器件均应设置用途和去向标牌。

3）电源线路浪涌保护器（电源线路SPD）安装应符合下列规定：

（1）电源线路SPD应安装在被保护设备电源线路的前端；SPD各接线端应分别与配电柜（箱）线路的同名端相线连接，SPD的接地端与配电柜（箱）的保护接地线（PE）接地端子连接，配电柜（箱）接地端子应与所处防雷区的等电位接地端子连接。

（2）SPD连接导线的规格、型号应符合设计要求。

（3）SPD连接导线应平直，与所要保护的设备间的导线距离尽量短，不宜超过0.5m。

（4）带有接线端子的电源线路 SPD 应采用压接；带有接线柱的 SPD 宜采用线鼻子与接线柱连接。压接线鼻子应搪锡后用绝缘胶布缠好，然后再与接线端子连接；固定导线用的螺栓应使用平垫片及弹性垫片，连接处应使线芯全部接在接线端口内并压接牢固，防止出现线间短路和导线脱落。

4）天馈线路浪涌保护器（天馈线路 SPD）安装应符合下列规定：

（1）天馈线路 SPD 应串接于天馈线与被保护设备之间；宜安装在机房内设备附近或机柜，也可以直接连接在设备馈线接口。

（2）天馈线路 SPD 的接地端应采用截面积不小于 6mm^2 的铜芯导线就近连接到直击雷非防护区（LPZ0A）或直击雷防护区（LPZ0B）与第一防护区（LPZ1）交界处的等电位接地端子板；接地线应平直。

5）通信线缆信号浪涌保护器（信号 SPD）安装应符合下列规定：

（1）信号 SPD 应连接在被保护设备的信号端口上；SPD 输出端与被保护设备的端口相连；SPD 也可以安装在机柜内，固定在设备机柜或附近支撑物上。

（2）信号 SPD 接地端宜采用截面积不小于 1.5mm^2 的铜芯导线与设备机房内的局部等电位接地端子连接；接地线应平直。

（3）安装信号 SPD 要核实信号线的类型、端口、工作电压、带宽及速率等参数，严禁虚接及使同轴电缆的截面形状发生改变等。

（4）安装完成后，检查设备信号的传输情况是否良好，并及时调整。

9 线缆屏蔽及布设应符合设计与国家和行业现行有关标准的规定。

3.17.3 防雷及接地检测

1 接地装置安装完毕后，应采用接地电阻测试仪测量接地电阻。测量时，接地电阻测试仪与辅助地线棒之间的测试连线应选用绝缘铜导线；雨后不宜立即测试；测试结果应符合设计与国家和行业现行有关标准的规定。

2 电磁兼容检查应符合下列规定：

1）通信设备电磁兼容性检测报告符合设计要求。

2）检查是否采取屏蔽、接地、搭接、合理布线等技术方法抑制电磁干扰传播。

3）检查是否采取空间方位分离、频率划分与回避、滤波、吸收和旁路等回避和疏导的技术处理抑制电磁干扰传播。

3 抗电磁干扰测试应符合下列规定：

1）由电力牵引供电铁路接触网对各种光电缆金属芯线产生的危险影响容许值应符合国家和行业现行有关标准的规定。

2）电力牵引供电铁路接触网和不对称电力线路运行时对音频双线回路的杂音干扰影响最大容许值应符合国家和行业现行有关标准的规定。

4 信号工程

4.1 光、电缆线路

4.1.1 一般规定

1 信号光、电缆线路施工包括径路复测,单盘检测、配盘及运输,电缆敷设,电缆防护,电缆接续,电缆成端,箱盒安装,箱盒配线等。

2 信号电缆敷设前应进行单盘测试,接续前后应进行电气测试,室内外设备连接前应进行全程测试并记录。

3 箱盒与基础螺栓连接时应采用双螺母(其中外部是防松螺母)紧固,露出螺母外的螺扣不应少于5mm。

4 光缆施工应符合通信工程施工有关规定。

5 直埋电缆的敷设、防护等应符合相关规定。

6 站房和其他人员密集的建筑、地下室、信号设备房屋及隧道等场所内的电线、电缆、光缆及其防护材料均应采用阻燃性或采取阻燃防护措施。其中,站房和其他人员密集的建筑、地下室及隧道的光电缆还应具有低烟无卤性能。

7 信号光、电缆施工流程如图4.1.1所示。

4.1.2 径路复测

1 电缆径路复测应按施工设计图进行,并包括下列内容:

1) 实地测量光电缆总长度(包括各种余留长度)。

2) 核查线路电缆槽道贯通情况。

3) 核查设备安装位置。

4) 核查直埋线路径路情况、地下管线状况。

5）确定穿越轨道、桥梁、隧道、河流及有关建筑等需要防护的处所和防护方式。

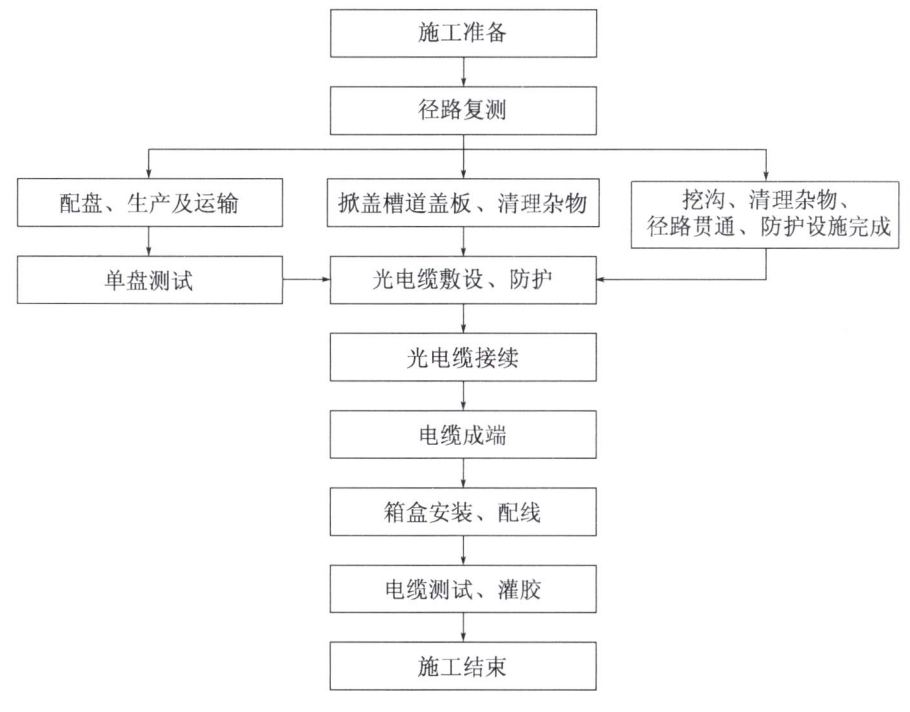

图 4.1.1 信号光、电缆施工流程

2 电缆径路复测完毕，应及时绘制径路复测台账，并确定单盘电缆长度。如发现实际与设计不符，应按规定完善相关程序。

4.1.3 电缆单盘检测、配盘及运输

1 电缆敷设前，应根据到货清单，核对光电缆的盘号、型号、规格、盘长、端别、数量，检查包装无破损，缆线无损坏、压扁等情况，并详细记录。对包装受损、外护层损伤的单盘，应进行重点检测。检查完毕后，按附录 E 中表 E.0.1 填写信号电缆进场验证记录。

2 电缆单盘检测应符合下列规定：

1）开盘检验电缆端面，确定 A、B 端，具体方法如下：

（1）以电缆四芯组的颜色排列顺序确定。面对电缆端头，绕有绿色丝带的四芯组在绕有红色丝带的四芯组的顺时针方向侧为 A 端，反之为 B 端。

（2）以每个四芯组内芯线绝缘层的颜色排列顺序确定。面对电缆端头，在一个四芯组内绿色单芯线在红色单芯线的顺时针方向侧为 A 端，反之为 B 端。

2）对号检查所有芯线有无断线、混线等故障。

3）测试信号电缆单盘主要电气性能应符合表 4.1.3 的要求，并按附录 E.0.2 填写导体直流电阻、电阻不平衡、工作电容及绝缘电阻检测记录。

信号电缆在敷设前单盘测试时主要电气特性指标 表4.1.3

序号	电缆分类	项目	单位	标准	换算公式
1	综合护套、铝护套信号电缆	导体直流电阻（芯线直径ϕ1.0mm）	Ω/km	≤23	$L/1000$
		绝缘电阻率（芯线间，芯线对屏蔽层及金属护套间）	MΩ·km	≥3000	$1000/L$
2	铁路内屏蔽数字信号电缆	导体直流电阻（芯线直径ϕ1.0mm）	Ω/km	22.5±1	$L/1000$
		工作线对导体电阻不平衡	%	≤1	—
		绝缘电阻率（芯线间，芯线对屏蔽层及金属护套间）	MΩ·km	≥10000	$1000/L$
		工作电容（0.8~1.0kHz）	nF/km	28±2	$L/1000$
3	应答器电缆	导体直流电阻（芯径1.53mm）	Ω/km	≤9.9	$L/1000$
		工作线对导体电阻不平衡	%	≤1	—
		绝缘电阻率（芯线间，芯线对屏蔽层及金属护套间）	MΩ·km	≥10000	$1000/L$
		工作电容（0.8~1.0kHz）	nF/km	≤42.3	$L/1000$

注：1. 实际测量时，电缆长度 L 以 m 为单位。

2. 表中的指标为20℃时的测试数据。电缆经暴晒后测量所得数据，不得作为电缆电气特性的结论。当周围环境温度变化较大时，需要考虑环境温度的变化，将测试值换算成20℃时电阻值，换算公式如下：

$$R_{20} = \frac{R_x}{1 + a_{20}(t - 20)} \cdot \frac{1000}{L}$$

式中：R_{20}——20℃时每公里长度电阻值，Ω/km；

　　　L——电缆长度，m；

　　　t——测量时的环境温度，℃；

　　　a_{20}——电阻温度系数，1/℃（0.00393）；

　　　R_x——实测电阻值。

3 电缆单盘测试完成后，应在电缆盘外侧明显位置处做下列标注：

1）自编盘号。

2）电缆长度、芯数。

3）电缆外端端别。

4 电缆单盘测试完成后应对测试后的电缆端头进行热缩端帽封端密封处理。

5 电缆按下列规定配盘：

1）根据信号设备机房、中继站机房、区间和站内设备位置里程和径路长度，选择合适的电缆盘长，确保电缆分支及接续点在相关设备附近。

2）电缆配盘按自编盘号顺序排列。

3）接续位置不宜选择在与河流、公路等过渡位置上。

4）信号电缆应满足500m以下不宜接续、300m以下电缆不得接续的要求。

5）先配主干线信号光电缆，再配支线光电缆。

6 电缆应按下列规定运输：

1）运输前应做好线路调查，详细了解进入每个屯放点的路径及路况，保证运输过程中的道路交通安全。

2）宜采用长途直达运输，将电缆直接从生产地运抵现场屯放点。

3）出库前，应对包装情况进行检查；不符合运输要求时，应进行处理。

4）敷设前，按配盘顺序将电缆从屯放点运送到敷设点或离敷设点最近的位置。

5）电缆装卸作业时，宜使用机械装卸；严禁将电缆从车上直接推落到地面。

6）滚动移动缆盘时，应分清盘绕（箭头）方向；当移动距离较长时，宜使用运输工具。

4.1.4 电缆敷设

1 电缆敷设前，应严格按程序对土建等相关工程施工的接口、作业面验收交接，并检查是否符合下列进场条件：

1）电缆敷设应具备的进场条件。

（1）桥、隧、路基地段，同一区间的电缆槽及衔接部分的槽道已同步建成并贯通。

（2）同一区间预留的手孔（井）已完成，过轨管道与手孔（井）之间已连通，并预留钢丝保持管道畅通。

（3）桥隧、路基地段，经过手孔、水沟、路堑、边坡到设备房电缆井的电缆槽、管道应贯通，并在路基、护坡形成前已完成。

（4）站台电缆槽及出口与相关通道同步建成并贯通；车站站台电缆槽至机械室电缆间的引入槽道（或防护钢管）已同步形成。

（5）电缆井应排水良好。

（6）桥梁上预留的锯齿孔、电缆槽用爬架滑道齐全。

（7）信号设备房屋楼层间电缆爬架已完成。

2）箱盒安装应具备的进场条件。

（1）线路中心、线路高程已交桩完毕。

（2）桥梁防护墙、隧道电缆槽施工完毕，并达到安装强度。

2 信号电缆应按下列规定敷设：

1）信号电缆与通信电缆同槽敷设时，信号电缆应敷设在靠线路一侧。

2）电缆敷设前，应再次确认电缆端别。引入室内侧为 B 端，室外设备侧为 A 端，电缆按 A、B 端相接进行敷设。站联或场联电缆敷设时，应以一个信号楼为基准进行敷设。

3）敷设前应清除沟、槽内杂物，敷设区域内径路应连续贯通，电缆防护所需异形管、槽、支架等到位。

4）掀开盖板，并堆放整齐、稳固，严禁侵入铁路建筑限界。恢复盖板时，应平搬平放，防止盖板砸伤电缆。

5）槽内同时敷设多条线缆时应互不交叉。区间电缆敷设应按照应答器电缆、轨道发送电缆、信号机电缆、轨道接收电缆的顺序从槽道线路侧向外侧依次排列，每隔100m采用绝缘扎丝进行绑扎编组。站内电缆敷设原则上按距离信号楼由近及远，依次从线路侧向线路外侧排列，电缆较多时宜分层布放；支线电缆敷设在线路侧，干线电缆敷设在线路外侧。

6）电缆敷设时，不得出现背扣、急弯现象。

7）防护管为钢管时，管口处应打磨光滑，并采用耐磨的阻燃胶管（套）防护，防止电缆穿越时损伤电缆外护套。

8）电缆敷设时，应将缆盘升起离地 100～200mm 后进行布放，有条件时应采用专门放缆车进行布放，禁止贴地拖拽电缆。

9）槽道内电缆敷设完毕后，及时将槽道盖板封盖。

10）在手孔、人井内的信号电缆与电力电缆应进行物理隔离。设置于桥路、桥隧接合处的电缆手井，电力电缆与信号电缆采用对角挡墙的方式实现物理隔离；设置于路基及桥梁处的电缆手井，电力电缆与信号电缆采用架空敷设走线槽的方式实现物理隔离。

11）电缆敷设完毕应按附表 E.0.3 填写电缆工程检查记录表。

3 信号电缆敷设的弯曲半径应符合下列要求：

1）综合护套信号电缆弯曲半径不得小于电缆外径的 15 倍。

2）内屏蔽数字电缆弯曲半径不得小于电缆外径的 20 倍。

3）应答器数据传输电缆弯曲半径不得小于电缆外径的 20 倍。

4）应答器尾缆弯曲半径不得小于电缆外径的 10 倍。

4 电缆余留量应按下列规定预留：

1）室外主干电缆采用电缆槽道敷设方式时，留足一次做头余留量。50m 以下的分支电缆长度可不做余留。

2）室外电缆进入室内的余留量不宜小于 5m。

3）电缆地下接续时，接续点每端电缆留足一次接续的余留量。

4）桥隧两端及线路两侧的手孔、人井处不留余留量。

5）室外电缆余留应成"∽"形布放，可采用 S 弯专用模具盘留。轨道电路用数字电缆和应答器电缆严禁盘成闭合圈。

5 电缆与室内外设备未连接前，应检查电缆外观有无破损。对其线间绝缘、芯线对地绝缘进行全程测试，并填写测试记录，其测试结果不应小于 $20\text{M}\Omega\cdot\text{km}$。当测试结果不符合要求时，应分段检查处理。

6 电缆敷设、电缆沟（槽）回填前，应及时通知监理工程师进行检查并留存影像资料，合格后方可回填。

7 电缆敷设完毕后应及时做好下列保护工作：

1）定期巡回区间线路，了解掌握电缆线路及区间设备有无受损、被盗等情况。

2）遇有其他管线在电缆径路上交越时，应采取必要的保护措施，并记录具体位置。

3）当区间线路有异常情况时，应采取措施，确保电缆及区间设备安全。

4）在电缆敷设部位存在交叉施工时，各单位应做好对已敷设电缆的成品保护。

4.1.5 电缆防护

1 桥上和隧道电缆槽引出的外露电缆、路基地段电缆槽至箱盒的电缆，应采用防护套管进行防护。防护套管应自然弯曲并符合电缆弯曲半径的要求。路基地段防护管示意图如图4.1.5所示。

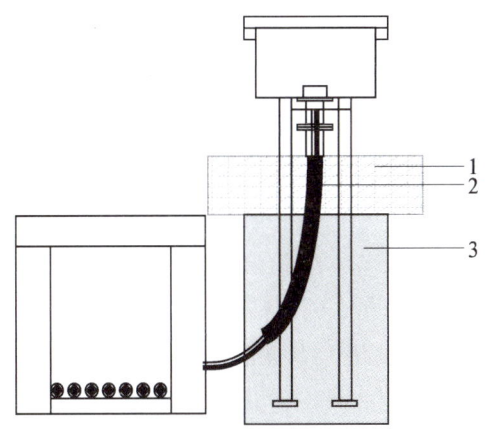

图4.1.5　路基地段防护管示意图
1-设备防护围台；2-防护套管；3-电缆

2　信号电缆穿越路基时，应采用镀锌钢管或高强UPVC（硬聚氯乙烯）管进行防护，防护管内径应为电缆外径的1.5倍以上。穿越路基防护层时应确认防护管内外无积水，且防护管两端采取防水措施后，恢复路基表面防水层。

3　信号电缆在跨越电力电缆时，信号电缆应采用钢管防护。电力电缆跨越信号电缆交叉时，电力电缆应采用钢槽或复合材料（SMC）管防护。

4　严禁信号电缆与贯通地线物理接触。信号电缆与贯通地线同沟（槽）时，贯通地线应采用水泥砂浆防护。引入箱盒的分支地线，采用符合设计线径的绝缘护套线，并采用阻燃管防护或水泥包封。

5　电缆上下桥应按下列规定固定与防护：

1）从地面沿桥墩至桥上电缆槽的电缆采用热镀锌钢槽防护。钢槽的钢板厚度不得小于2mm，深度及宽度必须保证电缆敷设宽松。

2）在桥体和桥墩处预留滑道时，应采用T形不锈钢螺栓将钢槽与桥体和桥墩固定；桥体和桥墩处没有预留滑道时，应采用化学锚栓固定。

3）两箱梁间的过渡钢槽连接处应采用活动搭接方式，活动搭接长度不应小于50mm。

4）箱梁与桥墩电缆钢槽的连接处应留有5~10mm的间隙。

5）钢槽连接应平缓，其弯曲半径应符合电缆弯曲半径的要求。

6）钢槽在地面以下部分电缆槽下端距地面埋深不得小于500mm，地面以上的电缆槽外部应采用砌砖防护，砌砖高度不应小于2000mm。

7）钢槽内电缆及钢槽应分段固定，固定间距不应大于1500mm。

6　信号电缆敷设在高边坡、深路堑地段时，应采用电缆槽或钢管防护。电缆敷设在桥梁外侧时，应采用钢槽或SMC电缆槽防护。信号电缆跨越涵洞顶部时，应采用电缆槽或钢管防护，钢管外部应采用砖砌混凝土包封。

7 电缆通过桥梁接缝处时，应在电缆槽道断开处增加防护槽，防护槽应与原电缆槽道单边固定或采取其他防窜动措施。在槽道间落差处敷设光电缆时，应采取防护措施，避免光电缆悬空或受力。当桥梁接缝处设有伸缩装置时，可不设防护槽。

8 电缆穿越防护墙、人（手）孔时，管口应采用压缩空气用织物增强橡胶软管防护。

4.1.6 电缆接续

1 电缆接续可采用免维护电缆接续。

2 信号电缆在进行接续时，应A、B端相接，相同芯组内相同颜色的芯线相接。电缆铠装、金属护套、内屏蔽层应进行屏蔽连接。

3 信号电缆接续处应加接续标识。路基地段加在接续处的电缆槽盖板上，桥梁地段加在接续处的防护墙上，隧道地段加在接续处的隧道壁上。竣工图应有接续地点标志。

4 信号电缆应按下列规定进行地下接续：

1）电缆穿越铁路、公路及道口时，在距铁路钢轨、公路和道口的边缘2000mm内的地方不得进行地下接续。

2）电缆接续盒应水平放置，接头两端各300mm内不得弯曲。埋设于地下的接续盒应用电缆槽防护，防护长度不应小于1000mm。

3）同径路上的相邻电缆接续盒的距离不宜小于1000mm。

4）遇雨、雪天气进行电缆接续时应采取防护措施。

5 电缆接续应符合以下工艺要求：

1）根据电缆外径尺寸的大小选择变径环、切割密封胶圈，使密封胶圈、变径环与电缆同轴。

2）接续盒屏蔽网安装完成后，在屏蔽网上均匀钻出2~3个渗胶孔。

3）灌注密封胶时，待密封胶液溢出注胶孔后，等待10min，再补齐胶面，必要时可进行多次灌注，确保盒体内充满密封胶。

4.1.7 电缆成端

1 数字信号电缆应进行成端，包括成端制作和冷封胶灌注。

2 电缆成端应按下列规定制作：

1）电缆穿入保护管和密封套后，应将电缆做头部分外护套清洁干净。

2）电缆开剥长度应按箱盒配线要求确定。

3）钢带长度应保留10mm，露出铝护套，锯钢带时不应伤及铝护套。

4）保留10mm铝护套，剩余部分锯断后抽出，露出内屏蔽层。锯铝护套时不得锯伤金属内屏蔽层及电缆芯线。

5）剔除铝护套保护层，并用砂纸将铝护套和钢带打毛。

6）保留40mm长的四芯组内屏蔽层，剪除剩余部分，露出电缆芯线。

7）除去内屏蔽层外绝缘层 25~30mm 后，再剥开内屏蔽层纵缝。

8）内衬管应放置在芯线和内屏蔽层之间，压接管应套入内屏蔽层外侧，然后用专用压接钳进行压接。

9）开剥电缆时应注意保持电缆芯组的自然排序，并用电缆的编号扎纱将芯线组缠紧，避免配线时造成芯线混乱。

10）用脱脂棉或白布带将芯线和电缆护套之间的缝隙填塞严密，防止灌胶时胶液渗漏。

3 冷封胶应按下列规定灌注：

1）检查冷封胶包装袋及分隔离条是否完好，严禁使用过保质期的产品。

2）开袋前应将 A、B 两种胶液充分混合。

3）灌胶前将电缆四线组内芯线分开，芯线间用冷封胶灌注。

4）灌注胶面应高于芯线根部 20mm 以上。

5）灌注后应检查有无漏胶现象。

4.1.8 箱盒安装

1 方向盒、终端盒、变压器箱安装应采用防盗型 SMC 箱盒，箱盒基础采用热镀锌金属或其他防腐材料。

支架各连接部位应使用防松、不锈钢螺栓紧固、牢靠，箱、盒安装应平顺、稳固。固定螺栓、螺母采用 304 以上等级不锈钢材质。

箱盒安装时，方向盒、变压器箱两基础中心连线应平行于所属线路，终端盒基础垂直所属线路。变压器箱开盖方向，朝线路侧打开，变压器箱转轴靠近线路侧。

2 箱盒到场后应按下列规定进场检查：

1）箱盒的规格、型号、质量、数量符合设计和订货合同的要求。

2）箱盒外部无伤痕和裂纹。

3）箱盒内端子无锈蚀、无松动。

3 桥梁地段箱盒应按下列规定安装：

1）方向盒安装在防护墙外侧壁时，方向盒基础顶面宜与防护墙高度平齐，如图 4.1.8-1 所示。

2）防护墙应钻通透孔，采用 M16 防松螺栓和补强板，将安装支架固定在防护墙上。防护墙引线孔宜高于轨道板面 5~10mm。

3）金属支架严禁跨桥梁伸缩缝安装。

4）电缆直径不大于 30mm 时，箱盒底部距电缆槽盖板表面高度为（360±50）mm；电缆直径大于 30mm 时，应根据引入的电缆型号、电缆直径、电缆受力点等因素，确定其安装高度。

5）在防护墙顶面与电缆槽道盖板上平面间高度小于 300mm，上部通透螺栓孔中心距防护墙顶面小于 100mm，两个透螺栓孔中心间距不能符合 120mm 的特殊地段，可采用金属支架加宽连接方式或 L 形槽钢支架连接方式，如图 4.1.8-2、图 4.1.8-3 所示。

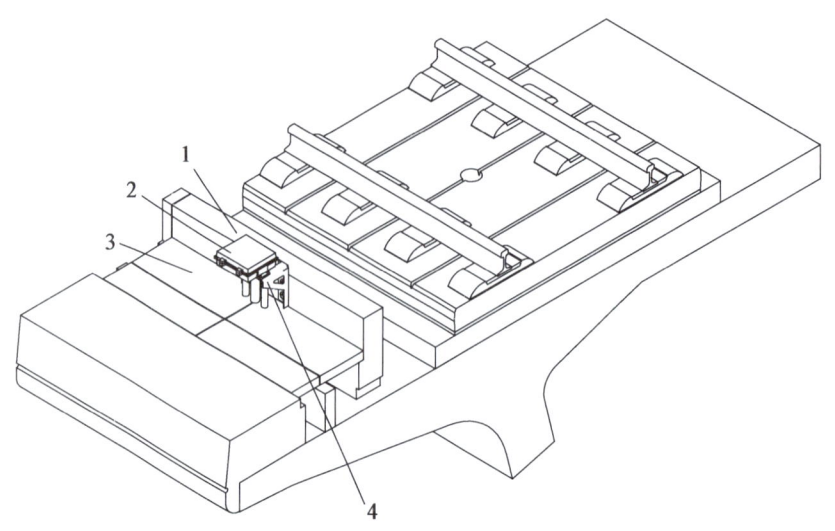

图 4.1.8-1　方向盒在防护墙外侧安装示意图
1-防护墙；2-方向盒；3-信号电缆槽盖板；4-热镀锌金属支架

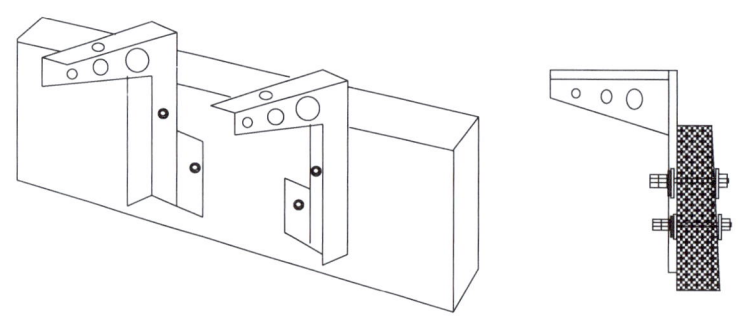

图 4.1.8-2　加宽型金属支架安装示意图

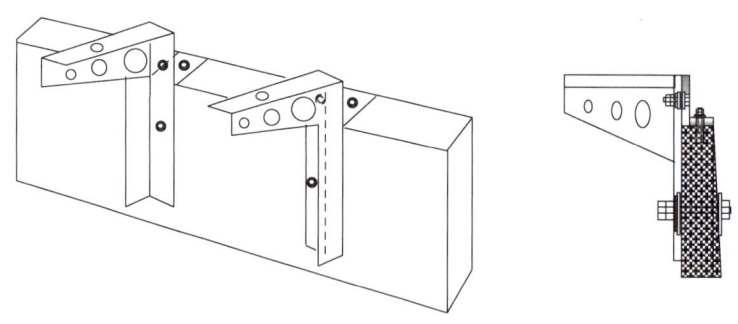

图 4.1.8-3　L 形槽钢支架安装示意图

金属支架加宽方式是将金属支架立面加宽，两个螺栓孔采用斜角方式，两孔斜向距离不应小于 150mm。背面两孔间采用整体式加强板，并用 M16 通透螺栓紧固。

L 形槽钢支架连接方式是在原金属支架的基础上增加一个 L 形槽钢支架，将金属支架与防护墙连接。在防护墙内采用一个 M16 通透螺栓，将防护墙外侧金属支架与内侧补强板紧固连接；在防护墙顶面加 2 个 M16 化学锚栓，将 L 形连接架与防护墙外侧支架连接。

4 路基地段箱盒应按下列规定安装：

1）路基地段的箱盒金属基础埋深不得小于500mm。

2）基坑下部用原土回填并夯实，回填深度至路基面以下150mm，然后用混凝土灌注至与路基面相平。路基面以上采用现浇混凝土围台，围台顶面低于基础顶面（150±50）mm，围台周边比基坑周边宽不小于50mm。在围台混凝土内的电缆应采用橡胶管防护。基坑回填及电缆防护示意图如图4.1.8-4所示。

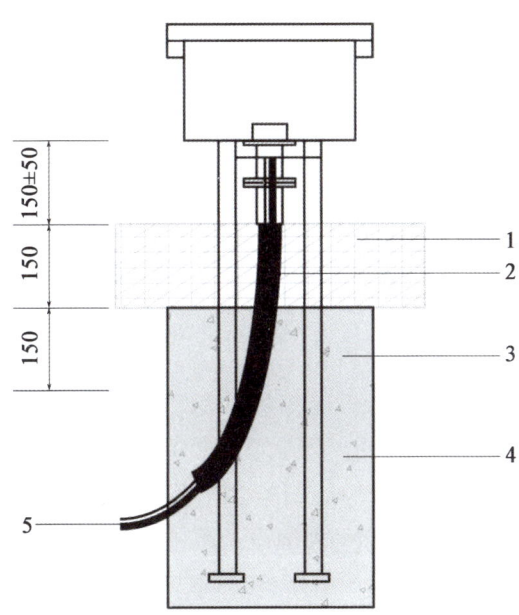

图4.1.8-4　基坑回填及电缆防护示意图（尺寸单位：mm）
1-设备防护围台；2-防护套管；3-混凝土灌注层；4-原土回填层；5-电缆

3）电缆直径不大于30mm时，方向盒的底部距电缆槽盖板表面高度为（360±50）mm；方向盒在路基地段安装示意图如图4.1.8-5所示。

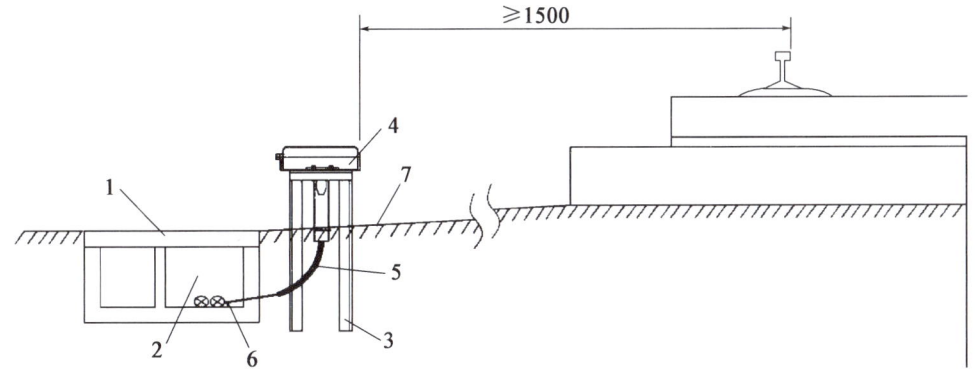

图4.1.8-5　方向盒在路基地段安装示意图（尺寸单位：mm）
1-电缆沟盖板；2-通信信号电缆沟；3-角钢基础；4-方向盒；5-橡胶软管；6-信号电缆；7-路基面

电缆直径超过 30mm 时，应根据引入的电缆型号、电缆直径、电缆受力点等因素，确定其方向盒安装高度并增加基坑深度。

4）道岔用终端电缆盒安装在转辙机旁，其最凸出边缘距钢轨内沿 1700～2000mm，基础顶面距硬面化（200±50）mm。道岔用终端盒在路基地段安装示意图如图 4.1.8-6 所示。

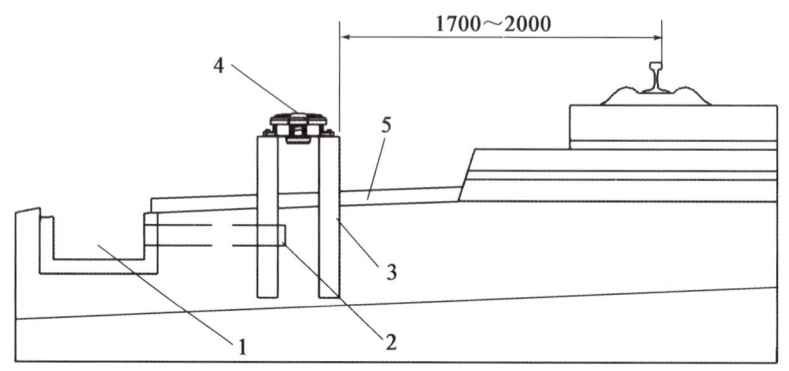

图 4.1.8-6　道岔用终端盒在路基地段安装示意图（尺寸单位：mm）
1-电缆槽；2-支线电缆防护管；3-角钢基础；4-终端盒；5-路基防水层

5）高柱信号机用箱盒应安装在信号机前方；矮型信号机用箱盒应安装在信号机后方。基础顶面距硬面化（300±50）mm。信号机基础与箱盒基础边缘间距宜控制在 300～500mm 范围内。箱盒支架中心与信号机支架中心在一条直线上。路基地段矮型信号机用箱盒安装示意图如图 4.1.8-7 所示。

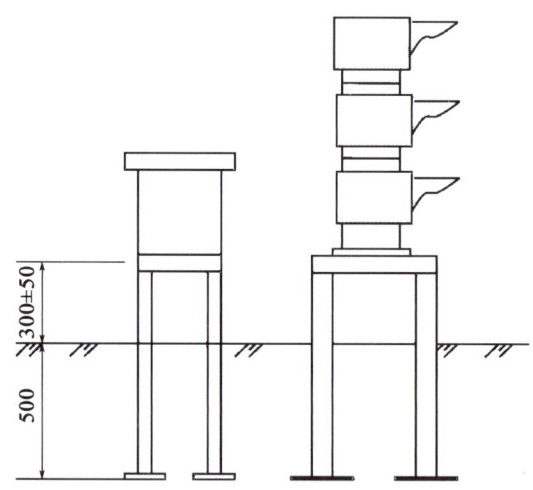

图 4.1.8-7　路基地段矮型信号机用箱盒安装示意图（尺寸单位：mm）

6）应答器用终端电缆盒应安装在应答器旁的线路外侧，其最凸出边缘距钢轨内沿不小于 1500mm，基础顶面距硬面化（300±50）mm。

7）轨道电路用变压器箱应安装在所属线路外侧，其最凸出边缘距钢轨内沿不小于 1500mm。基础顶面距硬面化（200±50）mm。轨道电路变压器箱在路基地段安装示意图如图 4.1.8-8 所示。

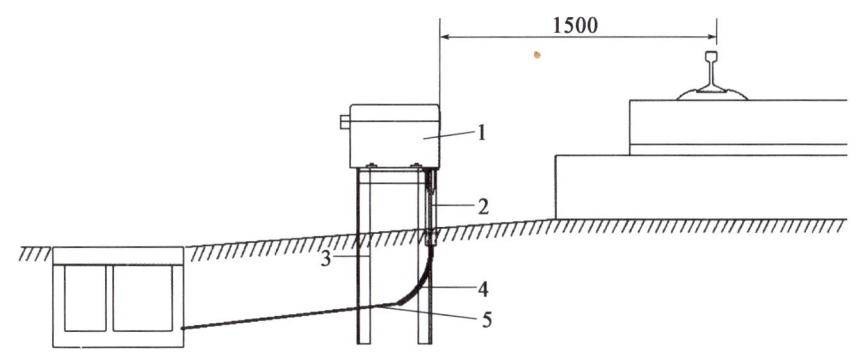

图 4.1.8-8 轨道电路变压器箱在路基地段安装示意图（尺寸单位：mm）
1-信号变压器箱；2-保护管；3-金属支架基础；4-防护套管；5-电缆

路基地段的箱盒安装，按附录 E 中表 E.0.4 式样填写信号设备建筑限界检查记录表。

8）终端盒法兰口宜采用内螺纹丝扣连接，提高连接紧固度和密实性。

5 隧道地段箱盒应按下列规定安装：

1）方向盒安装。

（1）方向盒安装在电缆槽内时，基础采用高度 650mm 热镀锌支架。方向盒与热镀锌金属支架采用热镀锌螺栓连接，并用 M12 化学锚栓将支架固定在电缆槽底部。方向盒靠线路侧的最凸出边缘距线路中心不应小于 1875mm。方向盒在隧道电缆槽内安装示意图如图 4.1.8-9 所示。

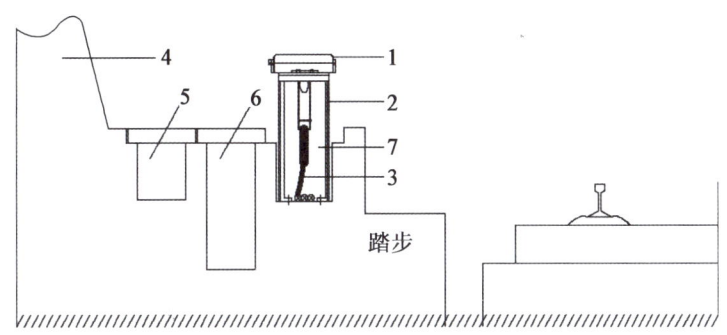

图 4.1.8-9 方向盒在隧道电缆槽内安装示意图
1-方向盒；2-金属支架基础；3-电缆；4-隧道侧壁；5-电力槽道；6-水沟；7-通信信号槽道

（2）方向盒安装在靠近线路的电缆槽外侧壁上时，可采用壁挂式电缆侧面引入方式。电缆盒应采用 M16 通透式防松螺栓固定在电缆槽侧壁上，电缆槽侧壁的电缆引入孔应符合电缆弯曲半径的要求；电缆槽侧壁到方向盒间的电缆裸露部分应设防护管防护，在电缆槽侧壁上钻孔时，必须避开内部贯通接地钢筋，宜以 45°角从线路侧向槽道内侧、贴近电缆槽底部，孔口应平滑美观。在直线地段电缆槽顶面高于钢轨顶面 300mm 时，方向盒靠线路侧的最凸出边缘距线路中心不应小于 1866mm。在曲线地段或电缆槽靠线路侧距离不能符合要求时，应以实际限界计算安装位置。方向盒在隧道内电缆槽侧壁安装示意图如图 4.1.8-10 所示。

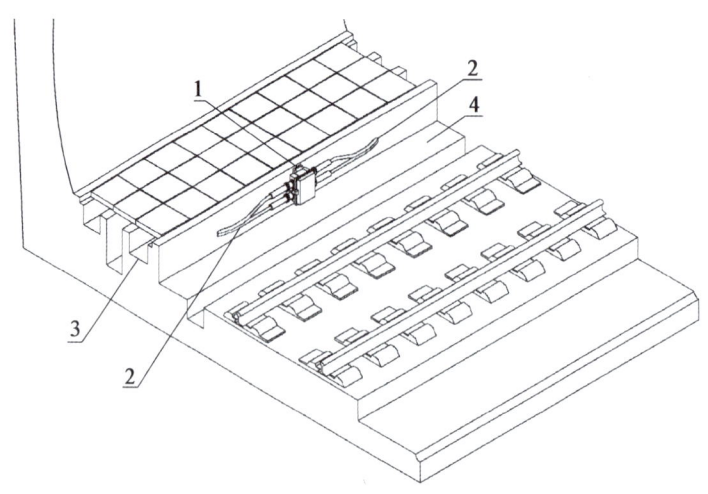

图 4.1.8-10 方向盒在隧道内电缆槽侧壁安装示意图
1-方向盒；2-电缆防护管；3-通信信号电缆槽道；4-踏步台

2）信号机用箱盒，应安装在信号机后方。

（1）箱盒应采用 M12 化学锚栓将热镀锌金属支架安装在隧道壁上，隧道壁钻孔深度为 150~200mm。

（2）箱盒底面高于电缆槽盖板上平面（300±50）mm。

（3）箱盒安装位置应保证电缆防护管伸入电缆槽内，电缆穿越电力电缆槽和水沟时应采用钢管防护，盖板不应挤压电缆。

3）轨道电路变压器箱应安装在电缆槽外壁上，受限界影响可切除踏步台降低安装高度，或切除电缆槽壁。

4）道岔用终端盒应安装在转辙机旁的电缆槽壁上，其最凸出边缘距钢轨内沿 1700~2000mm，基础顶面距地面（300±50）mm。

5）应答器用终端电缆盒，应安装在应答器旁的电缆槽壁上，基础顶面不应高于电缆槽顶面。

隧道内电缆槽外壁箱盒安装后按附录 E 中表 E.0.4 样式填写信号设备限界检查表。

6 桥梁和隧道地段电缆从电缆槽道引至设备时，电缆槽盖板处应按下列方法进行处理：

1）电缆槽道盖板及盖板以上的电缆外露部分，应采用压缩空气用织物增强橡胶软管防护。

2）设备下部的电缆槽盖板处，采用特制混凝土盖板或其他方式封堵严密。

7 方向盒、终端盒、信号用变压器箱的名称应标注在箱盒盖上，轨道电路用变压器箱名称应标注在上盖端部，并与所属区段相符。

4.1.9 箱盒配线

1 箱盒配线包括方向盒、终端电缆盒、变压器箱的电缆配线和内部设备配线。配线前应做好下列准备工作：

1）根据设计图纸，对每一根电缆进行导通、确认。

2）每根电缆应有专用电缆铭牌，标明去向。

3）配线前应清除箱盒内杂物，保持内部清洁。

4）配线前应采用兆欧表进行绝缘测试。

2 箱盒应按下列规定配线：

1）主保护管电缆配线，芯线端头应有 2~3 次做头余留量，严禁盘圈，芯线端头做成鹅头弯后与端子连接。备用芯线盘成弹簧状放在电缆根部。

2）副保护管电缆沿盒的边缘绑把分线并严禁与盒边缘接触，数字电缆副保护管线把严禁形成闭合圈，线把绑扎间距应均匀。芯线应有 2~3 次做头余量。芯线端头做成鹅头弯后与端子连接。备用芯线的长度应能够保证与最远接线端子进行配线连接。备用芯线可盘成弹簧状放在电缆根部。

3）线把绑扎应均匀。

3 盒内弹簧接线端子配线，除符合本条第 2 款要求外，尚应符合下列规定：

1）根据接线端子的规格，应使用专用配线工具。

2）弹簧接线端子的每个配线孔只能配 1 根导线，严禁一孔配多根导线。

3）截面积小于 1mm² 的多股铜芯线应压接冷压接线帽，根据导线截面大小，选用适合的冷压接线帽，并使用与冷压接线帽对应的压接钳压接。

4）箱盒内每根电缆的屏蔽线采用两根 7×φ0.52mm 黄绿线引出，绕线环上在箱盒内接地铜排端子上。然后采用 50mm² 多股黄绿地线压接铜线鼻，固定在箱、盒内接地铜排端子上，引出箱、盒后与贯通地线压接连接。50mm² 多股黄绿地线尽可能单独走一引线孔引出，无空余引线孔时，可与最细的电缆合用一引线孔。

4 箱盒内端子应按下列排列要求编号：

1）方向端子编号。

（1）方向盒内为六柱端子时，以基础胶室隔墙重叠处右侧六柱端子板开始编号，左边第一个端子为 1 号端子，顺时针方向依次排列，如图 4.1.9-1 所示。

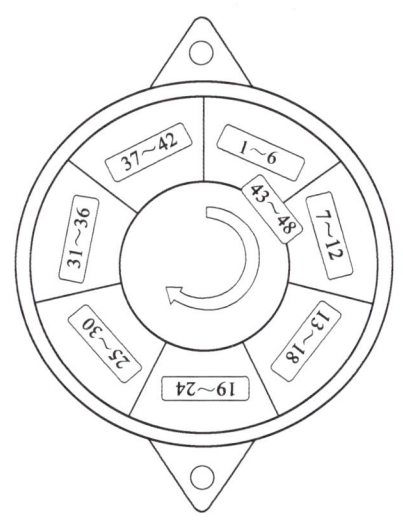

图 4.1.9-1　方向盒为六柱端子时端子排列示意图

（2）方向盒内弹簧接线端子排横向安装时，以基础侧左边第一个端子为1号端子，顺时针方向依次排列，如图4.1.9-2所示。

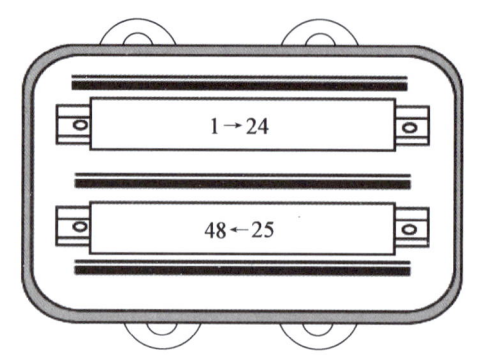

图4.1.9-2　方向盒端子横向排列时端子排列示意图

2）终端电缆盒端子编号。

（1）终端电缆盒内接线端子为六柱端子时，从基础右侧六柱端子板开始编号，以左边第一个端子为1号端子，顺时针方向依次排列。

（2）终端电缆盒内弹簧接线端子横向排列时，由基础侧开始编号，左边第一个端子为1号端子，从左到右依次排列。

3）变压器箱端子编号。

（1）变压器箱内端子为两柱端子时，靠箱边为奇数，靠设备边为偶数，站在箱子引线孔侧，右侧第一块端子为1、2号端子，自右向左依次排列。

（2）变压器箱内弹簧接线端子横向排列时，站在箱子引线孔侧，右侧第一块端子为1号端子，自右向左依次排列。

4.1.10　紧急停车按钮

1　在紧急停车按钮安装前，应按照设计图纸核对坐标、位置、限界尺寸、紧停按钮的安装高度，应注意特殊地段紧停按钮的电缆路径。

2　在地下车站安装时，应采用内嵌式安装方式。应提前和装修专业沟通预留安装孔洞，同时预留电缆引入路径和引入孔。安装高度宜为1.3~1.5m。

3　在地面站或高架站安装时，应采用立柱安装方式。立柱露出地面高度为1500mm，采用304不锈钢材质，外表面做拉丝处理。立柱桶罩一次成型，并预留按钮箱安装孔。按钮箱高于柱表面至少10mm，以保证按钮箱能够顺利打开。

4　按钮箱电缆引入后应采用防火材料密封严实，防止昆虫、老鼠侵入。

5　紧急停车按钮箱具有前门，前门应有锁具防盗功能。

4.2　地面固定信号及标志牌

4.2.1　一般规定

1　地面信号机及标志牌施工包含矮型色灯信号机、高柱色灯信号机及信号标志牌安装。

2 地面固定信号机及标志牌施工流程如图 4.2.1-1 所示。

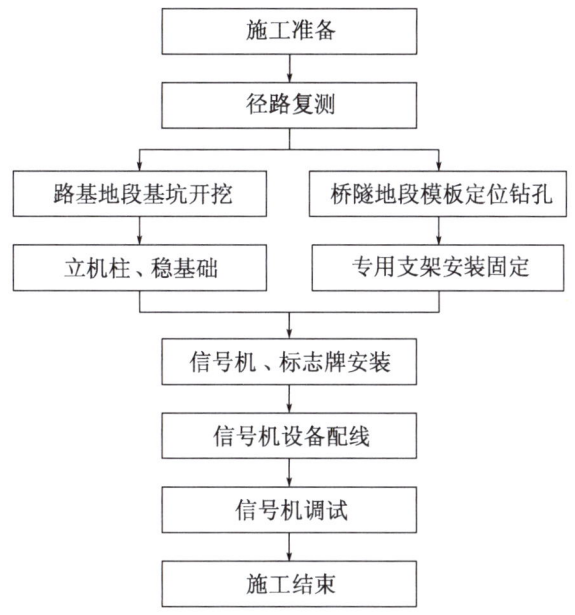

图 4.2.1-1 地面固定信号机及标志牌施工流程

3 信号机施工前，应对下列相关接口进行检查：

1）地面固定信号机的配置方式、安装位置、显示方向及显示距离等应符合设计要求。

2）信号机安装不得侵入铁路建筑限界，并满足路基、桥梁及隧道地段的特殊安装要求。

3）接触网支柱实际位置符合标志牌、信号机安装要求。

4）接触网带电体、PW 保护线符合高柱信号机安装及安全距离的要求。

5）轨道电路绝缘节位置符合信号设备安装要求。

6）综合接地端子预留到位，接地电阻符合要求。供信号专业使用的综合接地引出端子，在电缆槽底或电缆槽壁时，应在电缆槽道盖板或防护墙、隧道壁上加地线标识（⏚）。

4 信号机及闭塞分区分界处区间信号标志牌的设置应符合设计要求，设在列车运行方向的左侧。特殊地段因条件限制，信号机需设于右侧时，应按现行《铁路技术管理规程》的规定执行。

信号机或标志牌安装位置和显示方向应符合设计规定，便于瞭望、无遮挡，并保证从列车上不被误认为是邻线的信号机或标志牌。

5 信号机与轨道电路绝缘节的相对位置应按下列规定确定：

1）电气绝缘节处信号机或区间信号标志牌，应安装在距列车正向运行方向发送调谐匹配单元盒中心（1000±200）mm 处。

2）信号机安装位置应与机械绝缘节对齐，当信号机安装困难时，机械绝缘节与信号机的位置关系确定方法如下：

（1）进站、接车进路信号机，钢轨绝缘可设在信号机前后方1m的范围内。

（2）出站信号机（包括出站兼调车信号机）或发车进路信号机处，钢轨绝缘可设在信号机前方1m或后方6.5m的范围内，如图4.2.1-2所示。

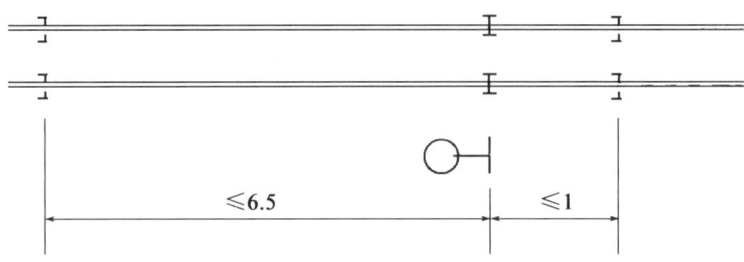

图4.2.1-2　出站信号机与绝缘节相对位置示意图（尺寸单位：m）

（3）调车信号机处的钢轨绝缘可设在信号机前方1m或后方1m的范围内，当调车信号机设在到发线上时，按本条第2款第2项规定执行。

6 箱盒与基础、信号机与基础连接时应采用双螺母（其中外部是防松螺母）紧固，露出螺母外的螺扣不应少于5mm。

7 信号设备应进行下列进场检查：

1）信号机构、标志牌及其附件规格、型号、质量、数量符合设计和订货合同的要求。

2）合格证、检验单等质量证明文件齐全。

3）机构灯光配列正确、无裂纹，机构之间的连接螺栓无锈蚀、无松动。

4）标志牌颜色正确，标志牌与相关设备的连接螺栓无锈蚀、无松动。

8 信号变压器、点灯单元等应按要求进行检测，质量应符合国家和行业现行有关标准。

4.2.2　高柱色灯信号机

1 信号机构应采用组合式铝合金机构，基础和梯子应采用热镀锌或其他防腐材料。

2 混凝土信号机柱安装前应进行下列检查：

1）机柱横向不得有裂纹。

2）机柱纵向裂纹不超过1条，宽度在0.2mm以内，长度小于1000mm，混凝土面无剥落现象，钢筋不得外露。

3）机柱不得弯曲。

3 高柱信号机应按下列规定安装：

1）高柱信号机应采用高度为8500mm、机柱梢径为150mm的环形预应力混凝土信号机柱，机柱埋深不小于1700mm。高柱进站信号机机柱中心至所属线路中心一般情况下为3100mm，机构最凸出边缘距所属线路中心不小于2440mm，最下方灯位中心距所属线路钢轨顶面不小于3500mm。高柱进站信号机安装示意图如图4.2.2所示。

2）路基面以下的基坑应全部采用强度等级不低于C30的混凝土灌注稳固，路基面以上采用高200mm的砖砌混凝土围台进行防护、固定。

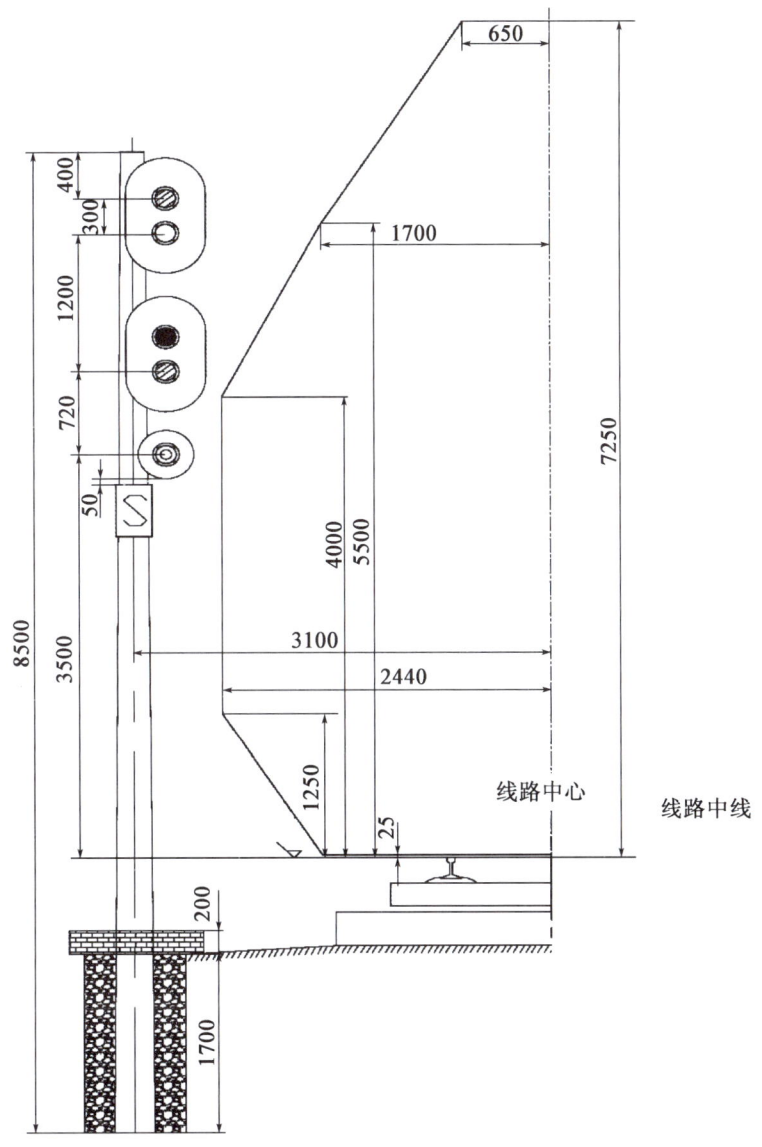

图 4.2.2 高柱信号机安装示意图（尺寸单位：mm）

3）机柱顶端及电线引入管口应使用水泥砂浆封堵。

4）机柱应垂直于地面装设，在距离钢轨顶面 4500mm 高处用吊线坠往下测量，其倾斜量不应大于 36mm。

5）同一机柱上同方向的各机构灯位中心应在同一垂直线上（引导信号机构除外），固定机构的托架安装应水平。

6）机构各部件应齐全，无破损、裂纹。紧固件应平衡上紧；开口销双臂对称，劈开角度应为 60°～90°。机构门关闭应严密，密封良好。

7）机构透镜应清洁、明亮，无斑点和裂纹，颜色符合设计要求。

8）机构光源应调整在透镜的焦点上。

9）机柱至机构、机柱至变压器箱或电缆盒间的线缆应采用软管防护。

10）信号机安装完成后应按附录 E 中表 E.0.4 样式填写信号设备限界检查表。

4 信号机梯子应按下列规定安装：

1）梯子各段配长符合产品技术文件要求，横撑与立面的铆（焊）接牢固。

2）梯子中心应与机柱中心一致，梯子应平直，梯子支架应安装水平。

3）梯子抱箍与机柱连接牢固。

4）梯子基础宜采用热镀锌金属基础。

5 信号设备的金属外缘与接触网带电部分的距离不得小于 2000mm，与保护线距离应大于 1000mm；当距离不足 1000mm 时，保护线应加绝缘防护，但最低不得小于 700mm。

当现场距离不能符合以上要求时，应报有关单位同意后，采用矮型信号机或半高柱信号机。

6 信号机配线应按下列规定配线：

1）机构至箱盒间宜采用带护套的配线电缆。箱盒内部配线应采用 7×φ0.52mm 多股铜芯绝缘软线，绝缘软线不得有破损、老化现象，绝缘软线不得有中间接头。

2）箱盒内部线把内可采用直径 φ4.0mm 的镀锌铁线加塑料套管做线把骨架。

3）绝缘软线在箱盒、机构内部时，应绑扎整齐。

4）接线端子为端子柱时，绝缘软线两端芯线可用爪形线环、铜线绕制线环或冷压接线端子压接等方式做头配线；接线端子为弹簧接线端子时，每个配线孔配 1 根导线，严禁一孔配多根导线。

7 信号机名称应标注在机柱正面，距轨面宜为 2000mm，字体采用白色 60mm×40mm 直体字。高柱列车信号机采用反光材料号码牌时，应安装在机柱正面，距轨面距离宜为 2000mm。

4.2.3 矮型信号机安装要求

1 矮型色灯信号机基础、基础与机构间的连接管，均应采用热镀锌金属件，连接螺栓、垫片等均采用不锈钢材质。机构与机构连接管之间应加装橡胶垫防护。

2 路基直线地段矮型色灯信号机安装限界应符合表 4.2.3 的要求，因线间距离不能符合表 4.2.3 所列安装要求时，应适当降低安装高度。曲线地段应按规定加宽。

路基直线地段矮型信号机安装限界（单位：mm） 表 4.2.3

序号	使用名称	形式	机构间距	基础埋深	基础顶面至轨面	设备边缘至所属线路中心	备注
1	进站	七灯位（双列）	340	500	100~150（四灯位连接管顶部高于轨面）；315~350（三灯位连接管顶部高于轨面）	≥2331	在线间距仅 5m 时，可降低连接管高度
2	进路	七灯位（双列）	340	500			

续上表

序号	使用名称	形式	机构间距	基础埋深	基础顶面至轨面	设备边缘至所属线路中心	备注
3	出站	三灯位	—	500	200~260	≥2289	—
4	调车	二灯位	—	500	200~300	≥2162	—

注：设于右侧的反向进站信号机机构，其红灯灯位应靠所属线路侧安装。

3 矮型信号机应按下列规定安装：

1）矮型信号机的安装方式。

（1）在路基地段安装时，路基地段矮型信号机基础埋设及防护围台应符合本指南第4.1.8条第4款的规定，安装限界应符合表4.2.3的要求。矮型进站信号机在路基地段安装示意图如图4.2.3-1所示。

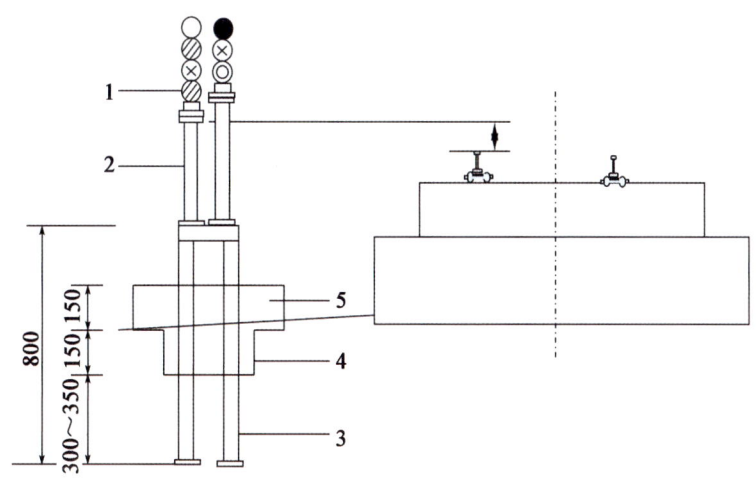

图4.2.3-1　矮型进站信号机在路基地段安装示意图（尺寸单位：mm）
1-机构；2-镀锌连接管；3-金属支架；4-混凝土灌注层；5-混凝土围台

（2）在桥梁地段防护墙外侧安装时，信号机金属支架采用M20通透式防松螺栓和补强板固定在防护墙外侧，机构最凸出边缘距线路中心不应小于2440mm。基础架严禁跨建筑物伸缩缝安装。

单列机构连接管顶部可与防护墙顶面相平，三灯位机构连接管顶部距钢轨面315~350mm。双列机构的四灯位机构与三灯位机构顶端平齐。机构最凸出边缘距所属线路中心不应小于2440mm。

矮型进站信号机在防护墙上安装示意图如图4.2.3-2所示。

在防护墙外侧壁无安装支架条件的特殊地段，可采用将信号机金属支架侧面固定在防护墙上、金属支架底部与电缆槽底连接的安装方式。矮型进站信号机在特殊防护墙上安装示意图如图4.2.3-3所示。

（3）在隧道内安装时，信号机金属基础架应采用M16化学锚栓固定在隧道壁上，钻孔深度为150~200mm，金属基础架顶面距电缆槽盖板200~300mm。

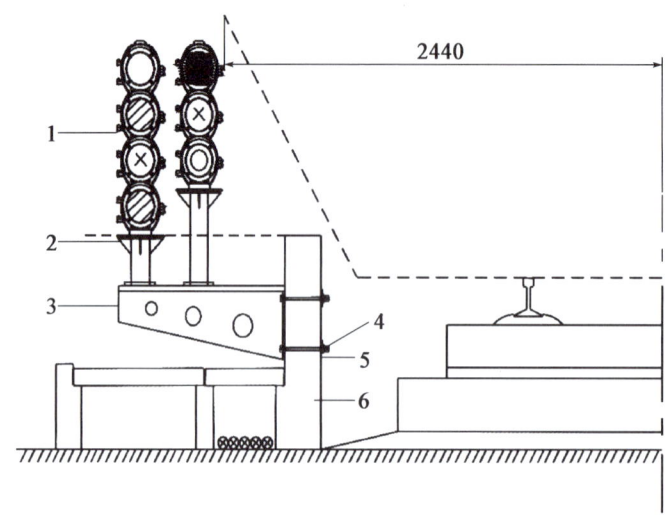

图4.2.3-2 矮型进站信号机在防护墙上安装示意图（尺寸单位：mm）
1-机构；2-镀锌连接管；3-金属支架；4-防松螺栓；5-补强板；6-防护墙

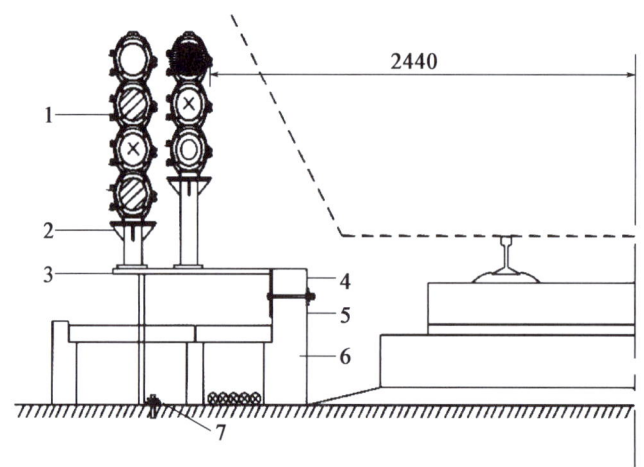

图4.2.3-3 矮型进站信号机在特殊防护墙上安装示意图（尺寸单位：mm）
1-机构；2-镀锌连接管；3-金属支架；4-防松螺栓；5-补强板；6-防护墙；7-化学锚栓

隧道内的矮型单排五灯位组合式进站信号机，其灯位排列方式，自上至下为黄、绿、红、黄、白，机构周围增加固定框架。除下部与隧道壁连接外，在机构上部固定框与隧道壁间增加一处固定点。

矮型进站（五灯位）信号机在隧道壁上安装示意图如图4.2.3-4所示。

2）各连接部位应紧固、牢靠，箱盒安装应平顺、稳固。

3）信号机构各部部件应齐全，不得有破损、裂纹现象。紧固件应平衡上紧。信号机构门关闭应严密，密封良好。

4）色灯信号机构的色玻璃及透镜应清洁、明亮。

5）色灯信号机构的灯座应调整灵活，光源应能调整在透镜的焦点上。

4 信号机安装后，应按附录E中的表E.0.4样式填写信号设备限界检查表。

5 信号机设备标识应采用反光型标牌。

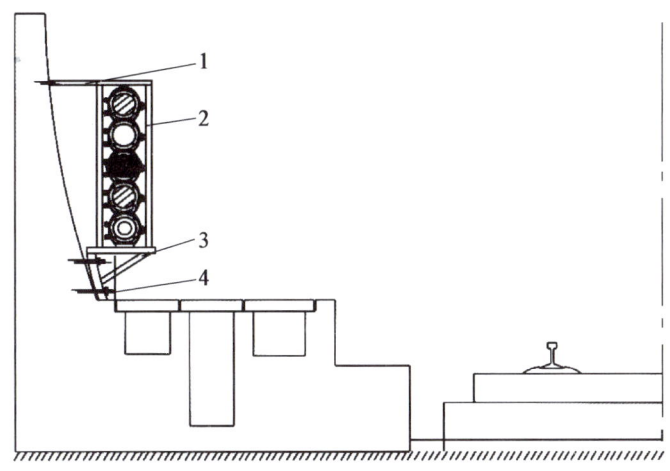

图 4.2.3-4 矮型进站（五灯位）信号机在隧道壁上安装示意图
1-上部连接板；2-机构固定框；3-金属支架；4-化学锚栓

4.2.4 信号标志牌

1 信号用标志牌包括区间信号标志牌及号码牌、预告标志牌、级间转换标志牌、中继站标志牌和调谐区标志牌。标志牌应采用方形反光标志牌。

2 区间信号标志牌及号码牌应按下列规定安装：

安装在路基、桥梁地段的区间信号标志牌应安装在接触网支柱上，固定牢固。安装在接触网支柱上的闭塞分区信号标志牌，下边缘距轨面高度为（1400±15）mm。当与其他安装在接触网杆上的设备发生位置冲突时，可适当调整信号标志牌高度。

隧道内区间信号标志牌及号码牌应采用化学锚栓，将"V"字形整体标志牌安装在隧道壁上，其下边缘距钢轨顶面高度为（1400±15）mm。

遇特殊情况无法安装在接触网支柱上时，路基地段及有砟桥梁地段可安装在特制金属支柱上，无砟桥梁地段可安装在防护墙内侧壁上。

3 调谐区标志牌应按下列规定安装：

1）调谐区标志牌安装在调谐区两端，调谐区标志牌距调谐匹配单元（PT）纵向距离为（1000±200）mm。

"Ⅰ型"（白底）标志牌设于信号点调谐区的另一端，与区间信号标志牌背对背安装。

"Ⅲ型"（蓝底）标志牌设于分割点调谐区两端，两个"Ⅲ型"标志牌背对背安装。

2）路基地段调谐区标志牌，应安装在带热镀锌金属基础的热镀锌金属柱上。标志牌顶部高于钢轨顶面200~260mm，调谐区标志牌最凸出边缘距所属线路钢轨内缘不小于1500mm。基础埋设及防护围台应符合本指南第4.1.8条第4款的规定。

3）无砟轨道桥梁地段调谐区标志牌应采用化学锚栓，将"V"字形标志牌安装在靠近线路的防护墙内侧壁上。防护墙靠线路侧边缘至线路中心为2200mm的直线地段，有CPⅢ精测网时，标志牌顶部低于防护墙顶面（150±15）mm；无精测网时，标志牌顶部不应高于防护墙顶面。防护墙靠线路侧边缘至线路中心为1900mm时，标志牌顶面不得高于钢轨顶面，曲线地段按限界规定降低安装高度。

4）有砟轨道桥梁地段调谐区标志牌可安装在专用金属柱上，专用金属柱应固定在防护墙外侧，调谐区标志牌底部高于防护墙顶面（150±15）mm，调谐区标志牌最凸出边缘至线路中心不得小于2440mm，并安装端正、牢固。

5）隧道地段的调谐区标志牌应采用化学锚栓，将"V"字形标志牌安装在电缆槽外壁上，标志牌顶部不应高于电缆槽顶面。

受限界影响时，调谐区标志牌也可安装在隧道壁上，调谐区标志牌安装在隧道壁上时，应采用化学锚栓，调谐区标志牌底部应高于钢轨顶面（1600±15）mm，并安装端正、牢固。

4 预告标应按下列规定安装：

1）预告标分别为一、二、三条黑斜杠的白底标志牌，三个预告标应安装在进站信号机外方900m、1000m、1100m处就近的接触网支柱或隧道壁上。

2）设于接触网支柱时，标志牌顶端距钢轨顶面1900~2000mm，最凸出边缘距所属线路中心不应小于2440mm。

3）因条件限制不能安装在接触网支柱上时，预告标的安装规定如下：

（1）路基地段的预告标可安装在带热镀锌角钢基础的热镀锌金属柱上。标志牌顶端距钢轨顶面1900~2000mm，最凸出边缘距所属线路中心不应小于2440mm。基础埋设及防护围台应符合本指南第4.1.8条第4款的规定。

（2）无砟轨道桥梁地段预告标，应采用化学锚栓将"V"字形标志牌安装在防护墙内侧。防护墙靠线路侧边缘至线路中心为2200mm的直线地段，有CPⅢ精测网时，标志牌顶部低于防护墙顶面（150±15）mm；无精测网时，标志牌顶部不应高于防护墙顶面。

（3）有砟轨道桥梁地段或无砟防护墙靠线路侧边缘至线路中心为1900mm的地段，预告标可安装在防护墙外侧的金属柱上，标志牌底部应高于防护墙顶面150mm。

（4）隧道地段的预告标应采用化学锚栓，将"V"字形标志牌安装在隧道壁上，预告标顶部距钢轨顶面1900~2000mm，并安装端正、牢固。

5 级间转换标应按下列规定安装：

1）级间转换标采用白底色、黑框、写有黑"C3"或"C2"或"C0"标记的反光标志牌。级间转换标志应设于级间转换应答器组对应的就近接触网支柱上，在隧道内应安装在隧道壁上。

2）级间转换标下边缘距钢轨顶面（1600±50）mm。

3）不能设于接触网支柱时，可参照本条第3款设置。

6 中继站标志牌应按下列规定安装：

1）中继站标志牌装设于中继站应答器组邻近的接触网支柱上，该标志牌不宜越过相应应答器组。

2）中继站标志牌靠近线路内侧边缘与线路中心距离不应小于2440mm。

7 信号标志牌应清晰明显，便于瞭望。其固定螺栓必须采用不锈钢或热镀锌材料，必须安装平垫片、弹簧垫圈、防松螺帽等防松措施。

4.3 转辙装置

4.3.1 一般规定

1 转辙装置施工包括安装装置、外锁闭装置、转辙机、密贴检查装置等的安装。

2 转辙装置施工流程如图4.3.1所示。

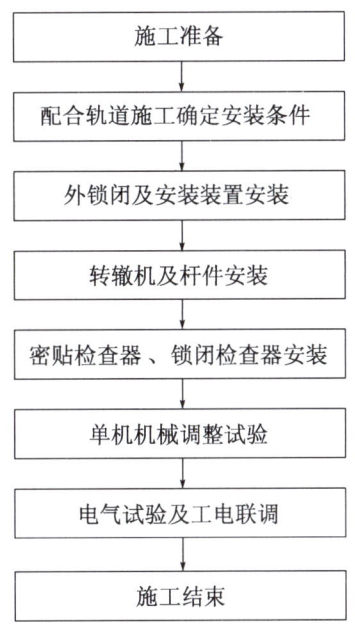

图4.3.1 转辙装置施工流程

3 转辙装置安装前应重点检查下列项目：

1）道岔尖轨方正，无吊板、卡阻、反弹现象，活动轨与基本轨定/反位密贴良好。

2）固定安装装置的轨枕应方正，间距符合安装标准，固定眼孔、预留安装槽位置准确，无堵塞和滑丝。

3）各牵引点基本轨与活动轨间的开程，应符合设计图安装要求。

4 转辙设备应进行进场检查，并符合下列规定：

1）转辙机、外锁闭装置、密贴检查器、安装装置及其附件规格、型号、数量、质量符合设计和订货合同的要求。

2）转辙机合格证、检验单等质量证明文件齐全。

5 转辙机应按要求进行检测,质量应符合国家和行业现行有关标准。

6 转辙机和密贴检查器的杆件应设置防水罩。防水罩应采用防破损、防腐、防老化、高品质材料。转辙机应安装减震装置。

4.3.2 安装装置

1 安装装置基础托板应与轨枕连接牢固,并与道岔直股基本轨垂直,托板外侧翘起不应大于5mm,安装在基础上时连接牢固。

2 长角钢或弯板应与单开道岔直股基本轨垂直,其偏移量不得大于20mm;L形角形铁应与钢轨密贴(轨腰除外)。

3 动作杆和外锁闭杆安装时,应检查各部绝缘管、垫是否齐全。各部绝缘应安装正确,不遗漏、不破损。

4 在转辙器部位安装尖端铁后,将长短表示杆与尖轨连接铁连接,并应按设计要求正确安装绝缘件。在辙叉部位安装接头弯板时,应将心轨表示杆与接头弯板相连,并按设计要求正确安装接头弯板及绝缘件。表示杆接头与尖端铁的连接应牢固。

5 转辙装置各部位紧固件应齐全,安装螺栓紧固并达到规定的拧紧力矩,丝扣露出螺帽外的余量应大于5mm,并有防松措施;开口销应齐全,劈开角度为60°~90°;各种防护装置完好,各类零部件表面防腐材料涂刷完整、均匀。

6 一机多点型安装装置支撑安装时,应先清理枕木预留安装孔中的杂物,在支撑下方垫上相应规格的垫片,使支撑、垫片、枕木安装孔对齐,穿入螺栓并拧紧使力矩达到20N·m即可;弯杆及岔枕连接固定装置安装时,按安装图在曲柄连接处,将弯杆固定在水泥枕上。将岔枕连接固定装置安装在特定的水泥枕上。

4.3.3 外锁闭装置

1 外锁闭装置应安装牢固,各种类型的道岔杆件均与单开道岔的基本轨或对称道岔中心线相垂直。锁闭杆、表示杆的允许偏差应不大于10mm。

2 道岔在转换时,外锁闭装置应能平滑滑动,锁闭杆与锁闭铁应无卡阻现象,外锁闭装置锁闭块不磨基本轨轨底;尖轨无翘头及弯腰现象,与滑床板接触,在连续4块中不得少于3块;BWG道岔尖轨底部和滑床板之间应有0.1~0.7mm的间隙。设置有尖轨辊轮,当尖轨运动时,尖轨应在各滑床板辊轮上运动;尖轨辊轮应正常滚动,尖轨轨底与台板台面间隙为2~3mm。

3 尖轨与基本轨间、可动心轨与翼轨间在外锁闭牵引点处不应有附加密贴力,外锁闭装置应有一定的密贴调整量。

4 尖轨与基本轨间、可动心轨与翼轨间在外锁闭牵引点处应密贴,其间隙不得大于0.2mm。

4.3.4 转辙机

1 ZY(J)7型电液转辙机的安装应符合下列要求:

1）电机组油泵组的电机、油泵间联轴器配合良好，转动时无卡阻、别劲现象。

2）油路系统的油缸、动作杆动作平稳、无颤抖，油路系统各接头部分无泄漏。

3）油缸连续往复动作20次后，活塞杆两端油膜不成滴。

4）电液转辙机两牵引点间的油管应采用槽钢对扣防护；胶管总成外露部分及与槽钢进出口处防护措施齐全；转角处弯曲半径不应小于150mm；进出口端应留有足够余量，以防列车震动受力；新设胶管总成外层应无龟裂。

5）电液转辙机应使用YH-10号航空液压油，油箱油位应保持在油标上、下标记之间。

6）溢流阀安装。

（1）调节阀调节灵活，作用良好。

（2）溢流阀调整灵活，溢流压力应调整为额定转换力压力的1.1～1.3倍。

（3）在道岔正常转换时，保证液压系统有足够的压力。

（4）道岔因故不能转换到底时，溢流阀应溢流。

7）接点组安装。

（1）动静接点组安装牢固，接点片不歪斜、无伤痕。

（2）动接点打入静接点时，动接点在静接点组内接触深度不应小于4mm，与静接点座有3mm以上的间隙，接点接触压力不应小于4N。

（3）当道岔转换到底时，起动片尖端离开速动片时能快速切断动作接点，且惯性轮与电机轴摩擦作用良好，接点不得反弹，手动检查不抱死。用手扳动动接点时，摆动量不应大于1mm。

（4）当锁闭（检查）柱因故落在锁闭（表示）杆上平面时，动接点环的断电距离不应小于2.5mm，与另一侧接点的距离不应小于2mm。

（5）在动作杆、表示杆、锁闭杆正常伸出和拉入过程中，拉簧弹力适当、作用良好。

（6）遮断器的常闭接点应接触良好。在摇把插入时，常闭接点应可靠断开；摇把取出后，非人工恢复不得接通常闭接点。

（7）挤岔时，表示接点动接点环的断电距离不应小于1.5mm；挤岔恢复后，应使调整螺母恢复到原位。

2 ZD6系列电动转辙机的安装应符合下列要求：

1）摩擦连接器。

（1）道岔在正常转动时，摩擦连接器不空转；道岔转换终了时，电动机应稍有空转；道岔尖轨因故不能转换到位时，摩擦连接器应空转。

（2）ZD6型转辙机单机使用时，摩擦电流为2.3～2.9A；ZD6-E型和ZD6-J型转辙机双机配套使用时，单机摩擦电流为2.0～2.5A。

（3）摩擦带与内齿轮伸出部分应保持清洁，不得锈蚀或沾油。

2）自动开闭器。

（1）动接点在静接点片内的接触深度不小于4mm，用手扳动动接点，其摆动量不大于 3.5mm；动接点与静接点座间隙不小于 3mm。

（2）速动爪与速动片的间隙在解锁时不小于 0.2mm，锁闭时为 1~3mm。

3）表示检查块缺口内两侧间隙为（1.5±0.5）mm（ZD6-J 型电动转辙机应不大于 7mm）。

4）移位接触器。

（1）当主销折断时，接点应可靠断开，切断道岔表示。

（2）顶杆与触头间隙为 1.5mm 时，接点不应断开；用 2.5mm 垫片试验或用备用销带动道岔（或推拉动作杆）试验时，接点应断开，非经人工恢复不得接通电路。其所加外力不得引起接点簧片变形。

3 ZD（J）9 型交流转辙机的安装应符合下列要求：

1）转辙机在供给额定电源电压、输出额定转换力的条件下，滚珠丝杠应转动灵活，回珠无卡阻。

2）自动开闭器。

（1）绝缘座安装牢固，完整、无裂纹。

（2）动接点打入静接点时，动接点在静接点组内接触深度不应小于 4mm，与静接点座有 3mm 以上的间隙，接点接触压力不应小于 4N。

（3）用手扳动动接点时，摆动量不应大于 1mm。

（4）当锁闭（检查）柱因故落在锁闭（表示）杆上平面时，动接点环的断电距离不应小于 2.5mm，与另一侧接点的距离不应小于 2mm。

3）转辙机内滚珠丝杠、动作杆、表示杆、齿轮组、锁闭铁等应采用规格的油脂润滑。

4 转辙机配线应采用多股铜芯阻燃塑料软线，内部配线标称面积不应小于 $0.75mm^2$，外部配线标称面积不应小于 $1.5mm^2$。配线应绑扎整齐、准确美观，并有明确的标识。

4.3.5 密贴检查装置

1 道岔密贴检查装置应按下列规定安装：

1）安装方式符合设计要求及国家和行业现行有关标准的规定，安装牢固，外观良好，机内应清洁。

2）运动部件动作灵活、运动部件及螺纹部分清洁、润滑。

3）各开关组接通、断开良好，连接线连接牢固，各部件绝缘良好无破损。

4）道岔转换时，表示杆应运动平顺，接头等零件应旋转灵活，无卡阻现象。

5）当道岔动作终了时，密贴检查器应快速接通接点；当密贴检查器的接点组可靠断开时，其可靠断电距离不应小于 4mm。

6）道岔密贴检查器配线应采用多股铜芯阻燃塑料软线，内部配线标称面积不应小于 $1.5mm^2$，外部配线标称面积不应小于 $1.5mm^2$。

4.4 轨道电路

4.4.1 一般规定

1 轨道电路设备施工包括 ZPW-2000 轨道电路、不对称高压脉冲及 25Hz 轨道电路、钢轨绝缘、轨道连接线、扼流变压器安装等。

2 轨道电路设备施工流程如图 4.4.1 所示。

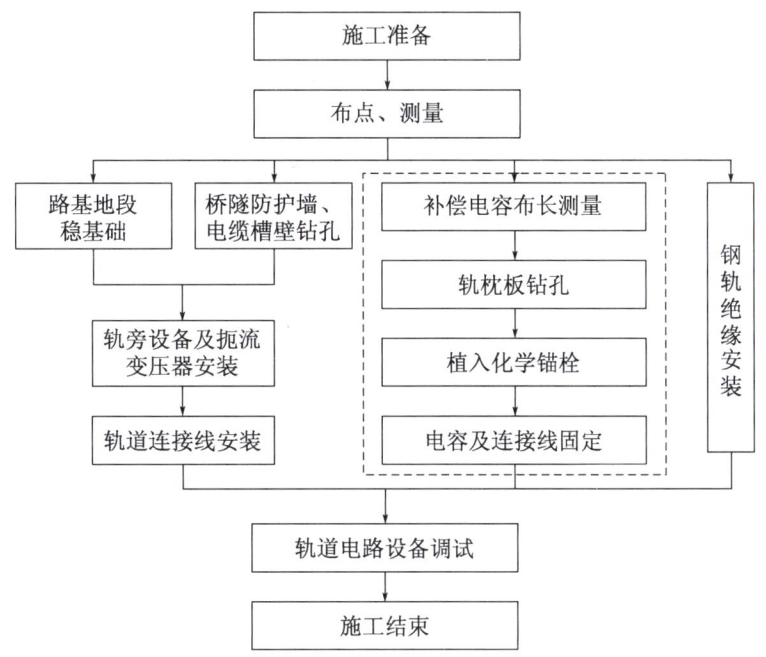

图 4.4.1 轨道电路设备施工流程（虚线框内适用于 ZPW-2000 轨道电路）

3 轨道电路采用的设备器材型号、规格及安装位置应符合设计要求。轨道电路调谐区不得跨设在路基、桥梁、隧道的过渡地段。

4 在轨道电路区段内，连接两轨条间具有导电性能的各种装置均应装设绝缘装置。相邻轨道电路的电气传输极性（相位或频率）应交叉。

5 轨道电路轨旁设备的安装不得侵入铁路建筑限界，线路曲线地段按规定加宽，不能加宽地段设备安装高度按规定降低。

6 轨道电路室外高压侧和低压侧应对色配线，轨道电路内部配线应按高压、低压、电码化分别用不同颜色配线。如果一个箱盒有多送或多受，也应用不同颜色配线。

4.4.2 ZPW-2000 轨道电路

1 ZPW-2000 轨道电路设备进场前，应对其外观进行检查，其规格、型号应符合相关产品技术规定及设计要求。

2 电气绝缘节设备布置示意图如图 4.4.2-1 所示。

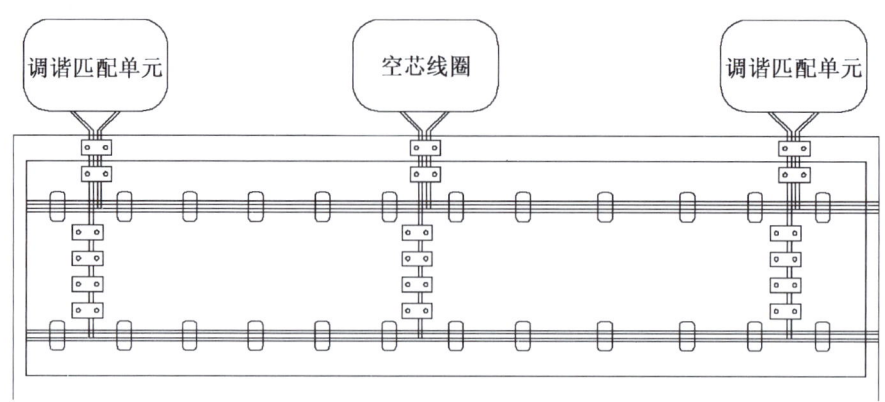

图 4.4.2-1 电气绝缘节设备布置示意图

1）调谐匹配单元（ZPW.PT）设于调谐区两端，空心线圈（ZPW.XKD）设于调谐区中间。

2）调谐区两端的调谐匹配单元（ZPW.PT），应与所属区段的频率相符，并符合设计文件规定。

3）调谐区不得设于不同类型道床的衔接处（例如有砟道床和无砟道床属于不同类型道床，路基和桥梁属于不同类型道床，钢桥和混凝土桥属于不同类型道床）。

4）调谐区不得设置于伸缩轨范围内，调谐区距最近的伸缩轨缝距离不得小于10m。

5）调谐区内的护轮轨应按规范加装钢轨绝缘节。

3 机械绝缘节处设备布置示意图如图 4.4.2-2~图 4.4.2-4 所示。

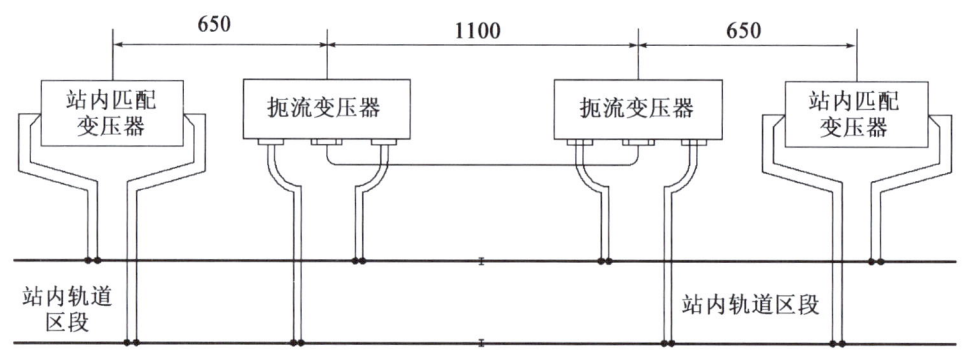

图 4.4.2-2 站内电气绝缘节设备布置示意图（尺寸单位：mm）

1）调谐匹配单元（ZPW.PT）、机械绝缘空心线圈（ZPW.XKJ）设于机械绝缘处扼流变压器外方，扼流变压器靠近绝缘节安装，两扼流变压器的中心相距1100mm。

2）每个机械绝缘处的空心线圈、调谐匹配单元频率，应与所属区段的频率相符，并符合设计文件规定。

4 电气绝缘节设备安装方式应符合设计文件规定，并符合下列要求：

1）路基地段的设备。

（1）路基地段的双体防护盒基础采用热镀锌材质。

（2）路基地段设备防护盒边缘至钢轨内缘不应小于1500mm。基础埋深不应少于500mm，基础顶面应高于地面300mm，如图 4.4.2-5 所示。

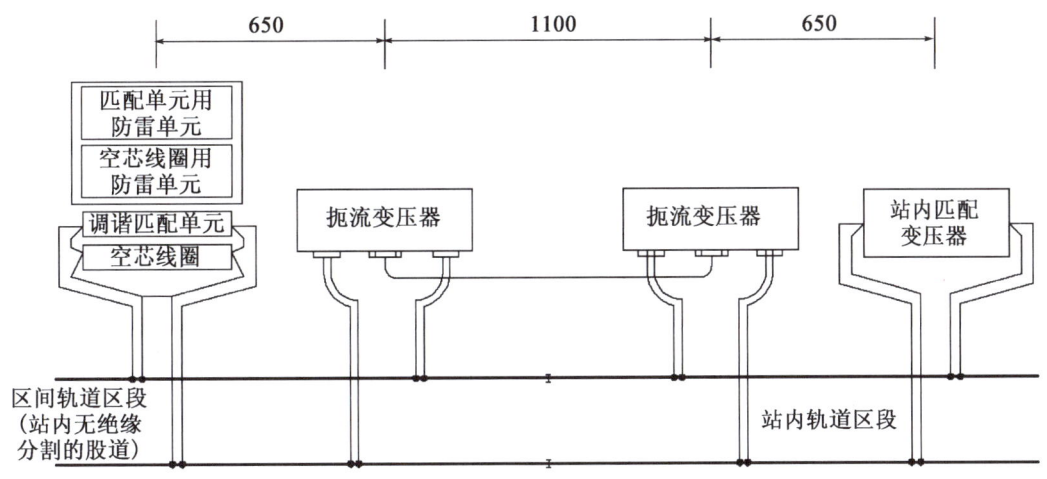

图 4.4.2-3 进站口电气绝缘节设备布置示意图（尺寸单位：mm）

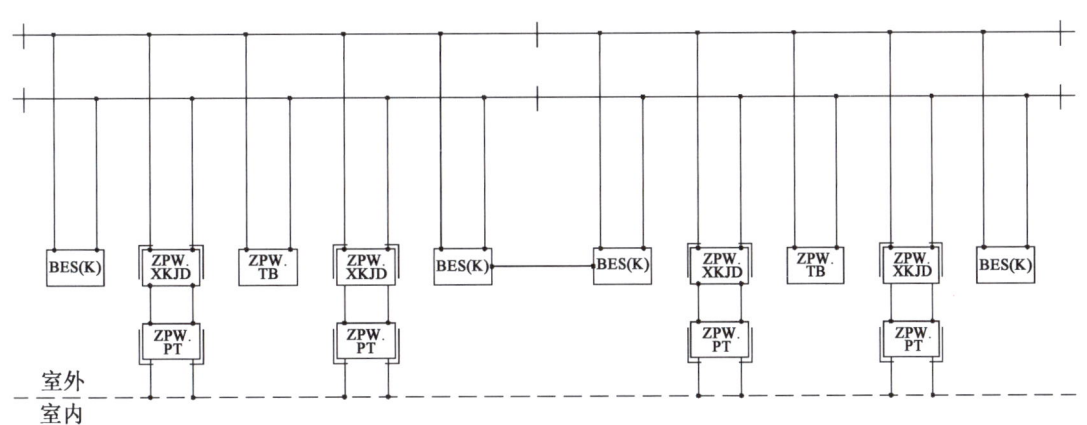

图 4.4.2-4 站内轨道防绝缘破损轨道电路设备布置示意图

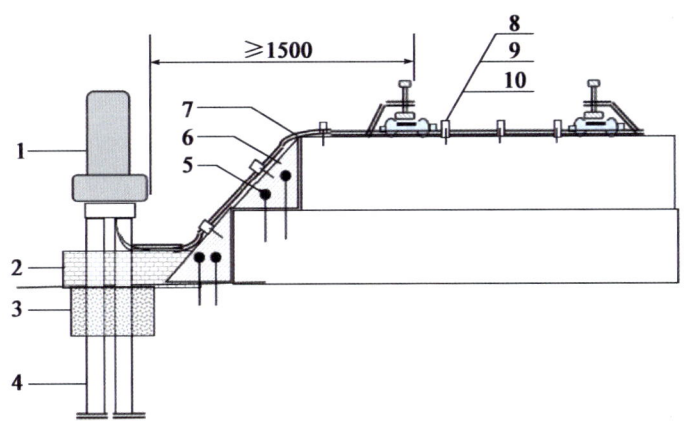

图 4.4.2-5 路基地段轨道设备安装示意图（尺寸单位：mm）
1-设备防护罩；2-防护围台；3-混凝土灌注层；4-角钢基础；5-钢筋；6-混凝土斜坡；7-钢轨引接线；8-Ω形电缆卡具；9-防松螺母；10-化学锚栓

2）桥梁地段的设备。
（1）桥梁地段的调谐匹配单元、空心线圈，应安装在防护墙外侧的热镀锌金属支架上，严禁在桥梁伸缩缝处安装。热镀锌金属支架以防松螺栓固定在防护墙上。

（2）基础安装应平顺、端正，与设备连接牢固。

3）隧道内的设备。

（1）调谐匹配单元、空心线圈应安装在电缆槽内的金属基础架上。

（2）基础安装应平顺、端正，与设备连接牢固。

5 在防护墙外侧安装设备基础支架时，支架在内侧墙体上对应位置处应加装补强板。防护墙上的钢轨引接线孔应加防护措施。

6 穿越防护墙的设备基础固定螺栓、补强板、防松螺帽、开口销、防震垫齐全，开口销劈开角度为60°~90°。

7 箱盒密封、防尘良好，箱盒内设备端子、接点光洁，配线应整齐美观。

8 轨旁设备的内部配线应符合下列要求：

1）配线应采用标称截面积不小于$1.5mm^2$的多股铜芯塑料绝缘软线。

2）绝缘软线不得有破损、老化和中间接头现象。

3）绝缘软线两端线头应用铜线绕制线环或冷压接线端子压接等方式做头及连接。采用线环方式连接时，其线环直径应比接线端子大0.5~1.0mm。与箱盒及设备的接线端子连接应紧密，无松动现象。

9 补偿电容安装应符合设计文件规定，并满足下列要求：

1）补偿电容进场应进行验收，其规格、型号、质量应符合相关产品技术规定及设计要求。

2）补偿电容应采用全密封一体式电容，容量为25μf。

3）补偿电容步长、安装位置应符合设计文件规定。电容数量以设计图为准，同一区段内电容步长距离应相等，允许偏差为±650mm。本区段两端调谐匹配单元PT至第一个电容的距离为$\Delta/2$，允许偏差为±250mm。电容步长示意如图4.4.2-6所示。

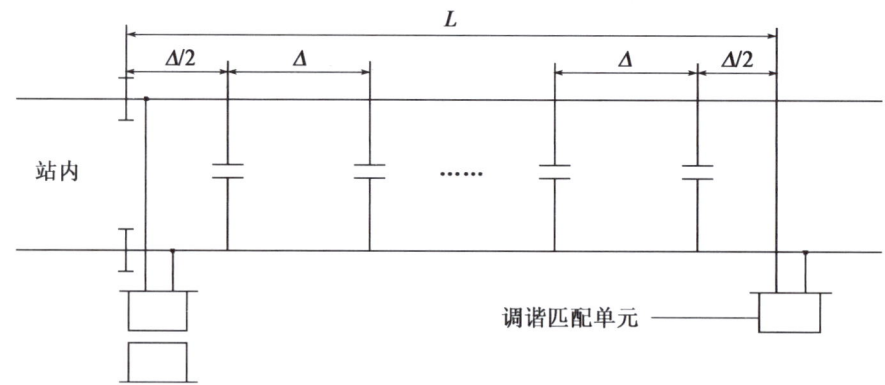

图4.4.2-6 电容步长示意图

4）有砟道床安装补偿电容时，应按设计要求安装在电容枕内，背对列车运行方向安装。

5）补偿电容引接线与钢轨连接处应朝下方向，并与水平面成45°~60°角；引接线塞钉应从钢轨的外侧向内侧穿入，塞钉露出钢轨内侧1~4mm，塞钉与钢轨连接紧密。

每个轨道区段正反向第三个补偿电容宜采用"双线双塞钉"电容，两塞钉间距为60~80mm。

6）轨枕板上钻孔要求。钻孔前用钢筋探测仪探测钢筋位置，避开钢筋画好钻孔位置。钻孔时应使用带标尺电钻，钻孔深度不大于40mm。补偿电容及引接线采用化学锚栓固定在轨道板上；补偿电容引接线在两钢轨间四点固定，中间两点采用M8×65mm内螺纹化学锚栓固定。

4.4.3 轨道连接线

1 轨道连接线包括钢轨引接线、道岔跳线及并联线、钢轨接续线、横向连接线。

2 轨道连接线的类型和规格应符合下列规定：

1）钢轨引接线。

（1）ZPW-2000轨道电路的钢轨引接线应采用95mm² 双根带绝缘外护套的单接头钢包铜引接线。

（2）ZPW-2000轨道区段的扼流变压器应采用95mm² 双根带绝缘外护套的单接头钢包铜等阻引接线。25Hz轨道电路可采用不小于42mm² 的双根等阻引接线。

2）ZPW-2000轨道区段的道岔跳线及并联线采用95mm² 带绝缘护套的钢包铜线。25Hz轨道电路的道岔跳线截面积不小于42mm²。

3）钢轨接续线宜采用一根50mm² 的多股镀锌钢绞线与一根塞钉式钢轨接续线并联使用。

4）横向连接线应采用截面积不小于70mm² 带绝缘防护外套铜线。

3 轨道连接线应按下列规定布设：

1）钢轨引接线。

（1）ZPW-2000轨道电路的钢轨引接线应并拢布设。

（2）双钢轨引接线应分别连接机械绝缘节空芯线圈和调谐匹配单元。

2）道岔跳线及并联线。

（1）道岔区段道岔多分支轨道电路区段应采用"分支并联的一送一受轨道电路"结构。

道岔并联线从道岔弯股末端（道岔弯股的轨道绝缘节）起，向岔心方向（道岔绝缘节）依次间隔设置，间隔不应大于20m、岔心间隔不应大于30m，两端部必须设置道岔分支并联线，具体的孔间距及孔位置应符合设计和相关标准的要求。

一送一受轨道电路的道岔跳线及并联线布置示意图如图4.4.3-1所示。

（2）车站渡线两相邻区段均为ZPW-2000轨道电路时，绝缘节处的跳线及并联线布置示意图如图4.4.3-2所示。

（3）相邻区段分别为ZPW-2000和25Hz相敏轨道电路时，渡线道岔跳线及并联线布置示意图如图4.4.3-3所示。

3）横向连接线。

（1）简单、完全横向连接线的安装地点、连接方式应符合设计要求。

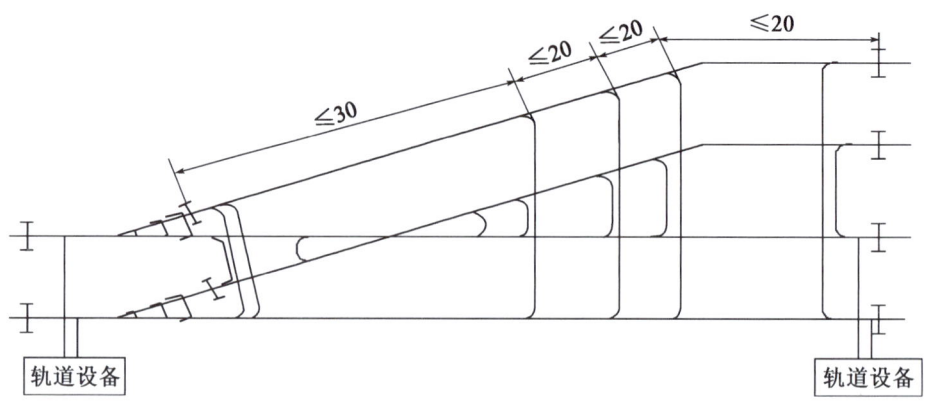

图 4.4.3-1　一送一受轨道电路的道岔跳线及并联线布置示意图（尺寸单位：m）

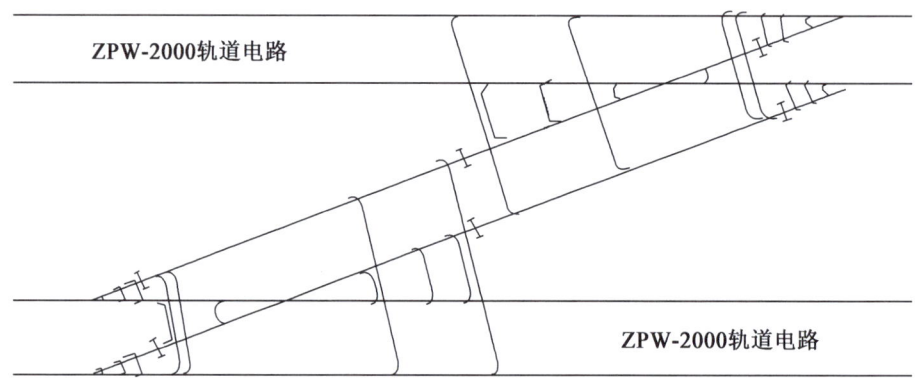

图 4.4.3-2　相邻区段均为 ZPW-2000 轨道电路时，渡线绝缘节处的跳线及并联线布置示意图

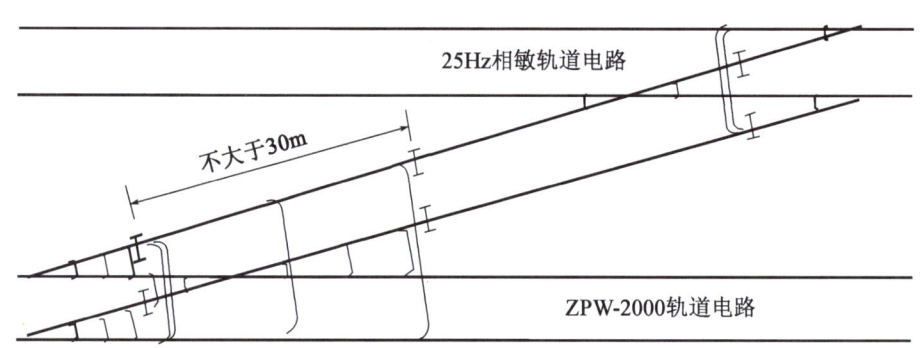

图 4.4.3-3　相邻区段分别为 ZPW-2000 和 25Hz 相敏轨道电路时，渡线道岔跳线及并联线布置示意图

（2）横向连接线长度以实际测量数据为准，最长不得大于 105m。

①有砟轨道线路横向连接设置。

A. 两个完全横向连接的距离不得小于 1500m，且中间必须包含不少于两个轨道电路区段。

B. 两个完全横向连接的距离大于或等于 2000m 时，两者之间增加一简单横向连接，简单横向连接与完全横向连接之间的距离不得小于 1000m。

②无砟轨道线路横向连接设置。

A. 两个完全横向连接的距离不得小于 1200m，且中间必须包含不少于两个轨道电路区段。

B. 两个完全横向连接的距离大于或等于2000m时,两者之间增加一简单横向连接,简单横向连接与完全横向连接之间的距离不得小于1000m。

4 轨道连接线应按下列规定安装:

1)钢轨钻孔时,应使用专用钻孔机具,连接线安装孔两侧应采用专用45°倒角工具进行倒角,其深度为1~2mm。钢轨钻孔后应立即安装塞钉,塞钉与钢轨连接处涂油漆封闭。

2)钢轨引接线塞钉孔中心距钢轨绝缘夹板(鱼尾板)端部为(100±10)mm,两相邻塞钉孔间距为60~80mm。

3)引接线与塞钉连接时,应使引接线向远离钢轨绝缘夹板方向倾斜,引接线与钢轨底部夹角为30°~60°。

4)塞钉打入深度为露出钢轨1~4mm,如图4.4.3-4所示。安装完成后,应立即在塞钉头与钢轨的接缝处涂漆封闭。塞钉端部为螺栓连接时,应采用防松螺母固定。

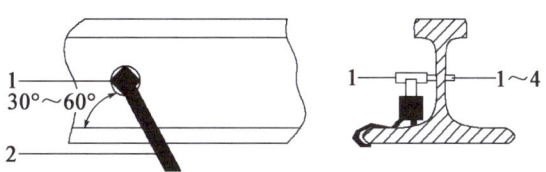

图 4.4.3-4　塞钉安装及固定示意图(尺寸单位:mm)
1-塞钉;2-钢轨引接线

5)在轨道板或道床板的轨道连接线均应采用M8化学锚栓和Ω形镀锌卡具进行固定。有砟地段普通轨枕的轨道连接线穿越钢轨时,应采用绝缘卡具固定,距轨底不得小于30mm。

6)沿轨枕敷设轨道连接线,应平直固定良好。

7)钢轨引接线与变压器箱、电缆盒连接时,应将螺母拧紧,不得有松动现象。绝缘片、绝缘管完整无破损现象,保证绝缘良好。

8)两线路间的钢轨引接线应采用防护线槽进行防护,防护线槽采用镀锌卡具进行固定。

4.4.4　扼流变压器

1 扼流变压器应按下列规定配置:

1)扼流变压器的规格型号应符合设计要求。

2)扼流变压器应加装防盗装置。

3)扼流变压器采用热镀锌金属支架基础。

4)机械绝缘节处两扼流变压器间采用一体化连接板,连接板中心距离为1100mm。

2 扼流变压器安装位置应符合设计要求。完全横向连接处的扼流变压器应安装在接地端子附近。

3 路基地段扼流变压器应按下列规定安装:

1)基础埋深不应少于500mm,基础顶面应高于地面300mm。

2）扼流变压器最凸出边缘距钢轨内缘不应小于1500mm。

3）当与轨道电路设备安装在一起时，可降低扼流变压器安装高度，保持和其他设备高度一致。

路基地段扼流变压器安装示意图如图4.4.4-1所示。

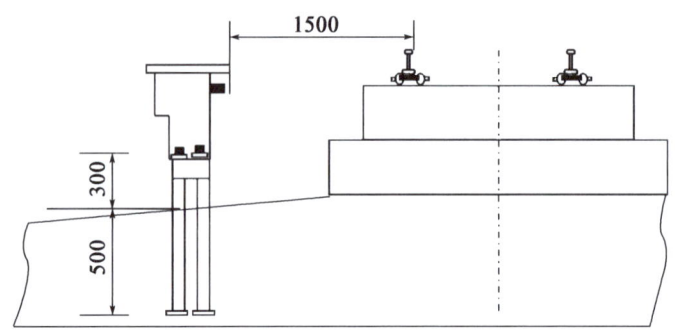

图4.4.4-1　路基地段扼流变压器安装示意图（尺寸单位：mm）

4 桥上扼流变压器应按下列规定安装：

1）扼流变压器安装在防护墙外侧，扼流变压器钢轨引接线端子朝向线路侧。

2）金属支架采用M20通透式防松螺栓和补强板，固定在防护墙上，金属支架底板应支于电缆槽道隔墙的盖板上，且不悬空。金属支架严禁跨建筑物伸缩缝。

3）扼流变压器安装高度为底部距电缆槽盖板上表面（150±50）mm。

4）钢轨引接线应在防护墙上钻孔后穿出，防护墙穿线孔内的引接线应加防护。

扼流变压器在防护墙上安装示意图如图4.4.4-2所示。

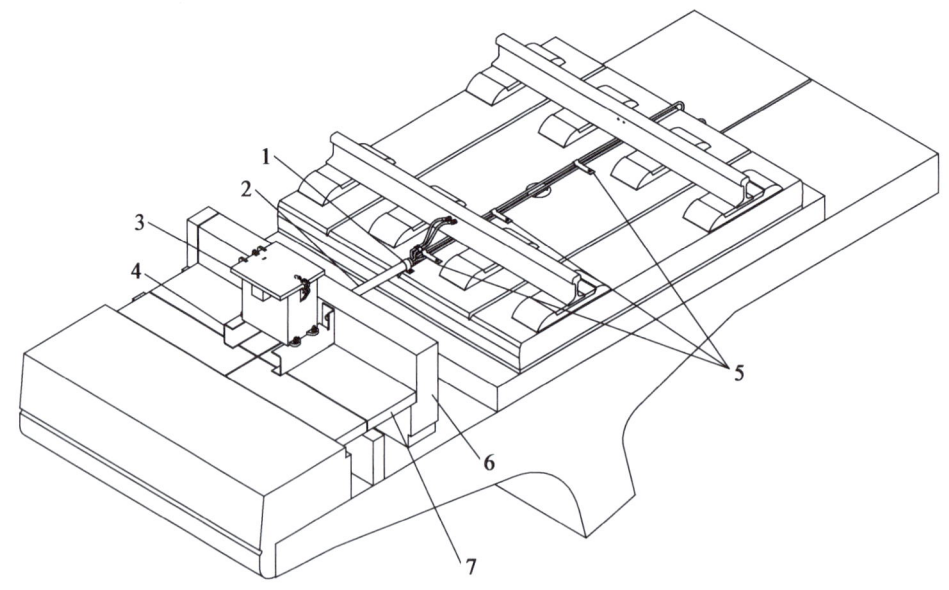

图4.4.4-2　扼流变压器在防护墙上安装示意图

1-防护管卡具；2-钢轨引接线防护管；3-扼流变压器；4-热镀锌金属支架；5-引接线卡具；6-防护墙；7-信号电缆槽盖板

5 隧道内的扼流变压器应按下列规定安装：

1）隧道内的扼流变压器应安装在电缆槽外侧，扼流变压器钢轨引接线端子朝向线路侧。

2）受地形影响不能符合限界要求时，应切除混凝土"踏步台"，采用 M16×190 化学锚栓固定在混凝土地面上，埋设深度 125mm，并增加防松螺帽。

扼流变压器在隧道段安装示意图如图 4.4.4-3 所示。

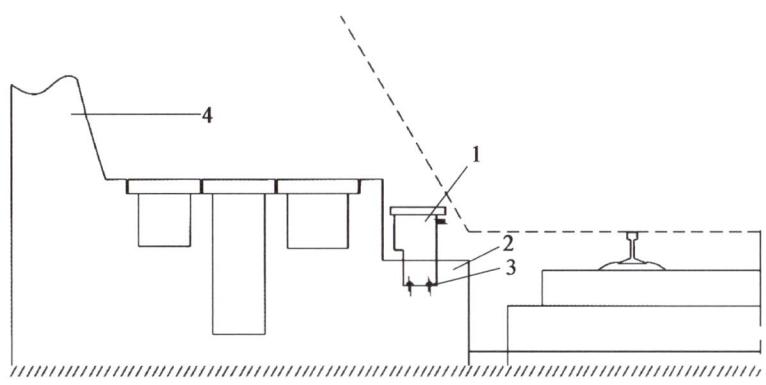

图 4.4.4-3　扼流变压器在隧道段安装示意图
1-扼流变压器；2-踏步台；3-化学锚栓；4-隧道侧壁

在隧道内安装扼流变压器时，按附录 E 中表 E.0.4 样式填写信号设备限界检查表。

4.4.5　钢轨绝缘

1 钢轨绝缘的设置方式除设计有特殊要求外，应符合下列规定：

1）钢轨绝缘（除渡线外）应装设在距警冲标距离不小于 5m 处。

2）交叉渡线上应增设两组钢轨绝缘。

3）异形钢轨接头处不得安装钢轨绝缘。

4）护轮轨区域的绝缘节设置。

（1）有护轮轨的区域内不宜设置电气绝缘节。

（2）当电气绝缘节设在护轮轨区域内，调谐区内的护轮轨长度大于 25m 时，每根护轮轨两端应加装两组钢轨绝缘，且护轮轨与基本轨间及左右护轮轨间不得有电气连接。

（3）当护轮轨长度超过 200m 时，每 200m 应加装钢轨绝缘一对；不足 200m 时应在护轮轨区域内对角接缝处加装一对钢轨绝缘。

2 钢轨绝缘应按下列规定安装：

1）绝缘夹板相邻两螺栓应对向安装，紧固螺母时须使用力矩扳手按规定力矩紧固，无松动。

2）轨端绝缘的顶部应与轨面平齐。

3）钢轨绝缘的各类配件应齐全完整、安装正确。

4）胶结式钢轨绝缘与钢轨的连接牢固、无松动，测试电气绝缘性能良好，其钢轨扣件不得与钢轨连接夹板相碰。

4.4.6 不对称高压脉冲及 25Hz 轨道电路

1 不对称高压脉冲及 25Hz 轨道电路器材进场前，应对其外观进行检查，其规格、型号应符合相关产品技术规定及设计要求。

2 轨道电路轨旁设备设置位置及安装方式应符合设计要求。

3 轨道电路箱盒内元器件的规格型号、安装位置和方式应符合设计要求。

4 轨道电路箱盒内元器件应固定在垫板上，齐全无破损，电气特性符合设计要求或国家和行业现行有关标准规定。

5 不对称高压脉冲轨道电路及 25Hz 轨道电路连接线安装方式应符合设计要求。

4.5 应答器

4.5.1 一般规定

1 应答器施工流程如图 4.5.1 所示。

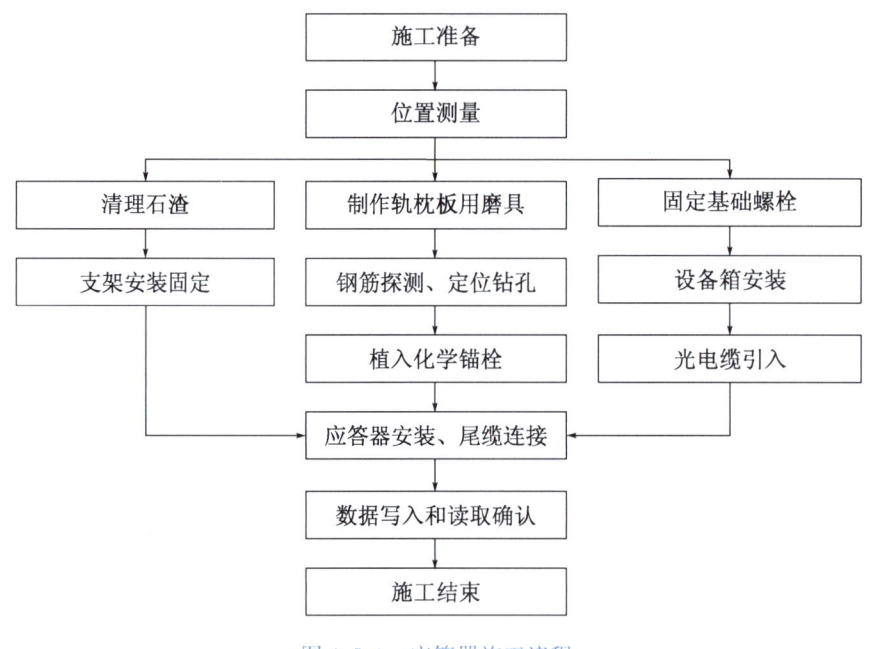

图 4.5.1 应答器施工流程

2 轨道设备与基础连接，卡具与轨枕板、道床板连接均应采用双螺母（其中外部是防松螺母）紧固，露出螺母外的螺扣不应小于 5mm。

3 应答器及安装装置应进行进场检查，并符合下列规定：

1）安装装置、应答器及其附件规格、型号、数量、质量符合设计和订货合同的要求。

2）应答器编号应与设计图相符。

3）应答器表面无变形、无损伤。

4.5.2 应答器

1 应答器安装前应按照设计要求进行现场定测，确定具体安装位置和安装方式。

2 应答器安装设置应符合设计要求，位置应与编号相符。设置位置允许偏差为±0.5m、应答器组内相邻应答器间的距离为5m+0.5m。

3 应答器应安装在轨道中间，其周围无金属体空间位置应符合下列规定：

1）应答器平行于长边的中心线两侧无金属体距离不应小于315mm。

2）应答器平行于短边中心线两侧无金属体距离不应小于410mm。

3）应答器 X 轴基准标记点至下部无金属体距离正常情况下不应小于210mm，特殊情况下不小于140mm。

4 应答器安装高度、横向偏移和角度在轨道中间的位置允许范围应符合下列规定：

1）应答器至钢轨顶面安装高度应符合相关产品技术标准的要求。

2）应答器 X 轴基准标记应设于两钢轨中间 $S/2$ 处，X 轴基准标记沿 Y 轴方向允许横向偏移为 $S/2±15mm$（图4.5.2）。

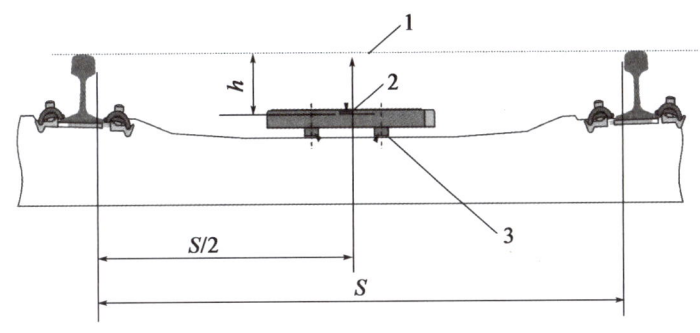

图4.5.2 应答器安装高度示意图
1-钢轨顶面；2-X轴基准标记点；3-应答器垫板

3）正常情况下，应答器上平面应与两钢轨面平行，左、右面应与钢轨平行。安装角度允许误差及范围应符合表4.5.2的要求。

应答器安装角度要求　　　　　表4.5.2

序　号	旋 转 方 向	允许误差范围
1	以 X 轴旋转（倾斜）	±2°
2	以 Y 轴旋转（俯仰）	±5°
3	以 Z 轴旋转（偏转）	±10°

5 应答器安装和固定方式应符合下列要求：

1）普通轨枕的应答器应采用抱箍方式固定在轨枕上，框架式轨枕板的应答器应安装在支架上，其他轨枕板应答器应安装在轨枕板预留位置上。

2）轨枕板上应用化学锚栓固定，安装步骤如下：

（1）放置预先制作的辅助打孔模板。

（2）钻孔前，用钢筋探测仪探测钢筋位置，避开钢筋画好钻孔位置。

（3）钻孔时，采用模板固定在钻孔位置，使用标尺电钻钻孔，钻孔直径为18mm、深度为90mm。

（4）在轨道板上植入M10内螺纹化学锚栓。

（5）安装调整垫板和应答器（待锚栓固化后）。

（6）应答器安装时应使用不少于4个固定螺栓。

6 应答器尾缆应按下列规定施工：

1）应答器尾缆终端盒可采用HZ-12电缆盒。

2）应答器尾缆长度应符合现场实际需要。

3）应答器尾缆应套防护管防护。

4）通过路肩的尾缆防护管应埋入路肩沥青防水层下。

5）应答器连接口的尾缆应采用专用工具锁紧。靠近应答器下部尾缆固定点距应答器的距离不应大于150mm。

6）应答器尾缆的金属屏蔽网线在终端盒内与应答器电缆的金属护层（钢带、铝护套、泄流线）连接，应答器干线电缆应在室内单端接地。

4.6 室内设备

4.6.1 一般规定

1 室内设备包括无线闭塞中心（RBC）、列车运行控制（以下简称"列控"）中心（TCC）、地面电子单元（LEU）、临时限速服务器（TSRS）、调度集中（CTC）、计算机联锁（CBI）、信号集中监测（CSM）、通信控制服务器（CCS）、电源等。

2 室内设备安装内容包括控制显示、电源等设备安装，机柜（架）、走线架安装、设备配线等。

3 室内设备施工流程如图4.6.1所示。

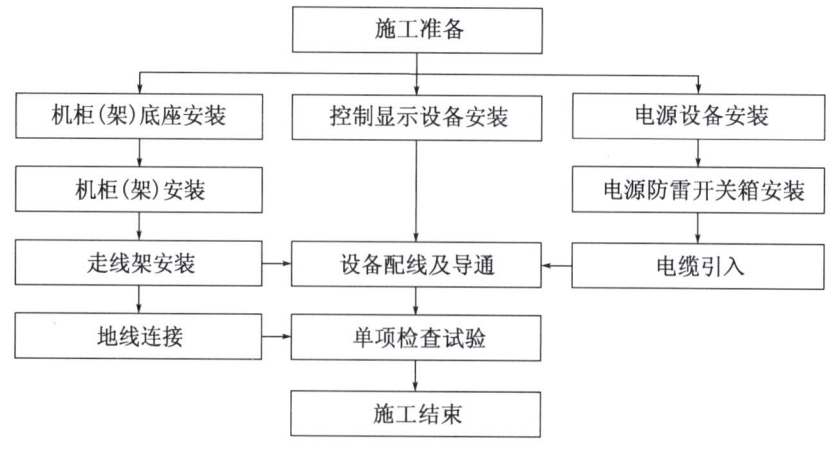

图4.6.1 室内设备施工流程

4 室内设备施工前，应按程序对房建等相关工程施工的接口、作业面验收交接，并确认符合下列进场条件：

1）预留的沟、槽、管、孔符合布线要求。

2）瓷地板砖应铺设完毕，表面平整、清洁无杂物。

3）法拉第笼屏蔽、网格线、集中接地端子排安装完毕，接地电阻值不大于1Ω。

4）净空高度应满足设备安装要求，设备正上方不得设置风口。

5）门窗安装齐全，室内无灰尘及杂物。

5 相邻机柜（架）间、机柜与底座间、机柜与上走线架间、电源屏之间应加装1mm厚环氧树脂板，并紧密连接。走线架不应形成闭环。

6 当电子设备有明确要求时，插拔板卡应采取防静电措施。

7 机柜（架）、层、位及设备应设置铭牌，标识完整清晰。

8 室内设备应进行进场检查，并符合下列规定：

1）机柜、设备及附件规格、型号、质量、数量符合设计和订货合同的要求。

2）产品图纸、说明书等技术资料，合格证、检验单等质量证明文件齐全。

3）机柜、设备及附件表面无变形、无损伤；镀层、漆饰完整无脱落。

4）机柜、设备内部件应完好、连接无松动；无受潮发霉、锈蚀。

9 继电器、变压器、整流器、防雷元件等应按要求进行检测，质量应符合国家和行业现行有关标准。设备经检测合格后方可上道使用。

10 施工单位应在联锁试验自检合格后交于运营单位复核试验，并记录相应联锁试验表格。

11 开通运营前系统设备应为现行发布的最新版本。

4.6.2 控制显示设备

1 落地式大屏显示设备应按下列规定安装：

1）设备安装位置、场地空间应符合设计要求。

2）设备应固定在基础角钢上。

3）相邻屏幕之间的间隙一般不大于1.0mm。

4）多屏拼接的整墙屏幕应无凹凸不平现象，纵、横向边缘都应在一条直线上。

5）设备应安装牢固。

2 其他控制显示设备应按下列规定安装：

1）安装位置、方式应符合设计要求。

2）控制显示设备各种接口的插接元件配置正确、咬合紧密、接触可靠。

3）设备之间配线连接正确，设备接地设施符合设计要求。

4）显示清晰，发光均匀，无失真、老化现象，鼠标、键盘连接良好、操作灵活方便。

5）各系统控制显示设备尺寸宜保持一致。

4.6.3 电源设备

1 电源设备安装包括电源引入防雷箱及电源监测箱、电源屏、不间断电源（UPS）及蓄电池等。

2 电源防雷箱及电源监测箱应按下列规定安装：

1）电源防雷箱宜采用一路一箱方式设置，内嵌式安装。

2）电源防雷箱底面距防静电地板的高度适中，便于维护。

3）电源防雷箱与外电网质量监测箱底面平齐并列安装，连接紧密，箱体表面与墙面宜平齐。

4）电源防雷箱及外电网质量监测箱开孔处应采取防护措施。

3 电源屏应按下列规定安装：

1）安装位置符合设计文件要求。

2）电源屏安装应垂直，调节其偏差不应大于箱体高度的1‰。

3）相邻电源屏正立面应在同一条直线上，并排列整齐、端正。

4）电源屏与底座间连接平稳、牢固。

5）电源屏各输出电源对地绝缘良好，其绝缘电阻应符合相关产品技术标准和设计要求。电源屏各模块应标明用途及型号，断路器应标明所控制的电源屏模块，且有定位标。电源屏各模块输出输入端子均应进行标识。

6）电源设备安装完并连接好屏间配线后，应进行通电检查试验。

4 蓄电池应按下列规定安装：

1）安装位置符合设计文件要求。

2）蓄电池各列应排放整齐，前后位置、间距适当。每列外侧应在一条直线上，偏差不大于3mm。电池单体应保持垂直和水平，底部四角均匀着力。

3）电池间隔偏差不大于5mm；电池之间的连接应平整，连接螺栓、螺母应拧紧，外罩塑料盒盖不得缺失。

4）电池体安装在铁架上时，应垫缓冲胶垫，使之牢固可靠。电池底部增加防漏液托盘。

5）各组电池应根据馈电母线走向确定正负极出线位置。

6）用电压表检查电池端电压和极性，保证极性正确连接；对于端电压偏低的电池应筛选剔除。

7）安装蓄电池所用的工具应注意绝缘，防止短路，注意正、负极性标志，连接电缆应尽可能短。

5 不间断电源（UPS）的安装应符合本指南第4.6.4条的规定。

4.6.4 机柜设备

1 机柜设备安装包括底座、机柜（架）和走线架安装。

2 机柜（架）应按下列规定安装：

1）机柜（架）位置、机柜（架）与墙体、电源屏间的安装距离及总体布局应符合设计规定。

2）在主通道侧的机柜（架）纵向侧面应在一条直线上。横向同排机柜（架）的正立面应在同一平面内。

3）根据机柜底部几何尺寸加工金属底座。当地面铺设防静电地板时，底座应与防静电地板等高。底座在除锈、涂防锈漆后，再涂调和漆，或镀锌处理。

4）底座用膨胀螺栓直接固定在房屋地面上。

5）机柜与底座以及相邻机柜间采用高强尼龙螺栓连接。

6）各类机柜（架）、设备、电缆屏蔽层及金属钢管、线槽使用的接地体设置应符合设计要求，接地体的连接部位应紧密牢固。

7）机柜中空闲的光缆接口应用遮光帽密封。

8）空调出风口不得设置于机柜正上方，不得正对机柜。

4.6.5 室内配线

1 设备配线包括线缆布放、线缆连接等。

2 机柜（架）线缆应按下列规定布放：

1）线缆的规格、型号应符合设计要求，并采用阻燃型铜芯塑料线。

2）线缆布放时应留有适量的做头余量。

3）线缆应排列整齐，线条不得有中间接头和绝缘破损现象。

4）室内布线应采用地线、电源线、信号线分开布放，上、下分别走线。

5）信号电源电缆、联锁列控驱采电缆、ZPW-2000轨道电路采集线缆、室内应答器尾缆、引入室内光电缆采用下走线方式，其他线缆应采用上走线方式。

6）室内线缆应采用护套电缆，同时按照其用途、功能采用不同颜色进行区分。

7）机械室配线采用护套电缆，配线入槽，绑扎整齐、美观，配线电缆标识来去向牌。

8）移频轨道电路的接收、发送线缆布放应采取下列防干扰措施：

（1）机柜顶部走线架的电源线、发送、接收线应分开走线。

（2）接收、发送传输通道的对绞屏蔽阻燃塑料软线应成对使用。

（3）载有移频信息条件的配线，应与其他配线分开布放。

9）电源线布放应选择最短径路，同回路两根电源线应扭绞使用。

10）机架（柜）内组合侧面，应采用竖向线槽布线方式，组合侧面线槽引出的线把应用塑料线带绑扎，绑把应间隔均匀、整齐美观。组合柜出线口应加装防磨卡条。

3 设备配线应按下列规定施工：

1）弹簧接线端子。

（1）接线端子安装应牢固、紧凑，端子外壳无污渍、开裂及变形，导流条和弹簧夹无锈蚀。

（2）接线端子的规格应符合设计要求。

（3）当配线采用截面积小于1mm^{2}的多股芯线时，应先用专用工具将冷压接线帽与多股芯线压接牢固后，再与弹簧接线端子连接。

（4）每个接线端子应一孔一线，线头不应加焊锡。

（5）弹簧接线端子配线时，应严格按其操作工艺进行。

2）压接配线。

（1）压接端子应无污渍、锈蚀、开裂及变形。

（2）采用压接工艺配线，应选用与配线截面积相适应的端子和压接钳。

（3）压接配线应严格按照操作工艺进行施工。

（4）对压接后的端子是否连接牢固进行检验。

3）焊接配线。

（1）焊接时严禁使用带有腐蚀性的焊剂，可使用酒精松香作焊剂。

（2）焊接牢固，焊点光滑、饱满，无毛刺、假焊、虚焊现象。

4 配线端子应套有塑料软管保护，套管长度应均匀一致，套管上有去向标识。

4.6.6 电缆引入

1 信号设备房屋电缆按下列规定余留：

1）室外引至电缆间的电缆余留量不宜小于5m。

2）电缆间的电缆余留量应成"U"或"Ω"形布放，严禁盘成环状。在电缆井内时，可采用电缆托架分层固定，两端电缆宜分开。

3）电缆转弯及余留量的布放应均匀圆滑、整齐美观，不得有硬弯或背扣现象，并符合电缆弯曲半径的要求。

2 楼层间电缆应分段固定，分段间距不宜大于2000mm。

3 电缆在引入口处内侧应用防火胶泥封堵，外侧应用泡沫填充剂封堵。

4 电缆终端应加挂铭牌，并标明电缆编号及去向。

5 电缆引入室内的接地及成端应符合以下要求：

1）电缆引入室内一次成端。

（1）电缆一次成端使用成端盒将电缆钢带、铝护套分别连接至接地铜排上（钢带断开，铝护套不得断开，铜排的尺寸不应小于30mm×3mm）。

（2）电缆引入前应提前规划电缆引入排列顺序，电缆应排列整齐、互不交叉，电缆较多时应分层排列。电缆成端位置应挂铭牌，并标明电缆编号及去向，在电缆引入间挂电缆排列顺序表。

2）电缆引入室内二次成端。

（1）数字电缆在电缆成端柜内二次成端，其他电缆在防雷分线柜底部二次成端，电缆剥除外护套加装防护套管。

（2）电缆二次成端接地将钢带和铝护套断开（电缆四芯组绝缘保护层不得剥除），用双根1.5mm²铜导线环连后接到成端盒的接地端子，再接到电缆屏蔽接地汇集线；将电缆四芯组内屏蔽层保留至综合柜引入口处，用双根1.5mm²扁平铜网环连后接到移频综合柜电缆接地汇流排（DLE）接地铜排。

（3）电缆接地汇集线应在电缆成端位置单独设置，并直接与环形接地装置连接，不得与其他接地汇集线混接。

3）电缆引入轨道电路综合柜处的接地施工要求。

对于轨道电路综合柜内防雷接地汇流排（FLE）和 DLE 的使用，室内柜间线缆和室外电缆接入 FLE 和 DLE 情况要求一致。

4.7 防雷及接地

4.7.1 一般规定

1 防雷及接地施工应包括设备防雷、室内设备接地、室外设备接地等。

2 防雷及接地施工流程如图 4.7.1 所示。

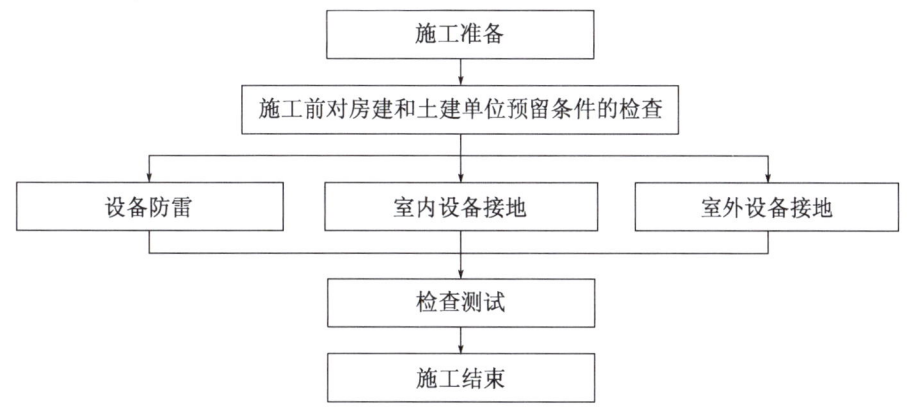

图 4.7.1 防雷及接地施工流程

3 信号设备引入综合接地系统前，应由建设单位组织相关单位对下列内容进行检查，并确认设计要求及国家和行业现行有关标准规定：

1）信号设备房屋的法拉第笼、接地汇集线、环形地网。

2）路基、桥梁、隧道内的信号设备用接地端子与贯通地线连接牢固，端子螺母内无杂物。

3）接地端子处接地标识齐全，易于查找。

4）室内外接地端子的接地电阻不大于 1Ω。

4 电源室（电源引入处）防雷箱处、防雷分线室（或分线盘）处、电缆屏蔽、设备安全、防静电接地汇集线应单独设置，并分别采用两根 25mm² 多股绝缘铜线就近与环形接地装置单点冗余连接。

5 信号设备接地导线上严禁设置开关、熔断器或断路器。

6 接地端子应设置用途铭牌，接地线宜采用黄绿色多股铜芯塑料绝缘线。

4.7.2 设备防雷

1 防雷元件安装前应进行下列检查：

1）防雷元件的规格、型号、数量符合设计和订货合同的要求。

2）防雷元件合格证等质量证明文件齐全。

2 信号设备的防雷元件应按下列规定安装：

1）防雷元件的安装位置、方式应符合设计要求。

2）防雷元件的安装应牢固可靠、便于检测，其他设备不得借用防雷设备的端子。

3）防雷元件表面无变形、无损伤。

4）防雷元件连接牢固。

3 信号设备的防雷元件安装及配线应按下列规定施工：

1）防雷元件与被防护设备之间的导线应采用阻燃线，路径应短捷、不留余长。

2）并联型防雷保安器与被保护设备端子连接线截面积不小于1.5mm^2，连接线长度不宜超过500mm，受条件限制时可适当延长，但严禁超过1500mm。采用凯文接线法时，防雷保安器接地线长度不应大于1000mm。

3）电源防雷。

（1）单相稳定电流小于100A的机房，电源线与防雷箱的连接线长度不宜大于500mm；受条件限制，连接线长度在500～1000mm之间时，应采用凯文接线法连接。防雷箱接地线与电源保护地线（PE）连接，并就近与接地汇集线连接。

（2）连接线采用塑料外护套多芯铜线，第Ⅰ级连接线截面积不小于10mm^2，第Ⅱ级不小于6mm^2，第Ⅲ级不小于2.5mm^2。

4）信号传输线防雷。

（1）电缆金属护套和屏蔽层应与分线盘处单设的接地汇集线连接，使用中的电缆芯线经防雷保安器接地端子与接地汇集线连接，电缆备用芯线直接与接地汇集线连接。

（2）信号传输线上设置的防雷保安器接地线必须与被保护设备金属外壳连接，连接线采用标称截面积不小于1.5mm^2。多股铜芯塑料绝缘软线，长度不大于200mm，并就近与接地汇接线连接。

（3）室外的信号设备防雷保安器接地端子应就近与接地体可靠连接，连接线采用标称截面积不小于1.5mm^{2}的多股铜芯塑料绝缘软线。

5）应答器室内防雷单元应固定安装在机房分线柜上或专用防雷柜内，具体位置应符合设计要求。

6）接地线采用截面积不小于1.5mm^{2}的黄绿色多股铜芯塑料绝缘线。

4.7.3 室内设备接地

1 室内设备接地汇集线应按下列规定施工：

1）室内设备接地汇集线可相互连接，但不得构成闭合回路。

2）电源防雷箱（电源引入处）和防雷分线柜处的接地汇集线宜单独设置，分别与环形接地装置单点冗余连接，其余接地汇集线应采用截面积不小于2×25 mm^{2}且带绝缘外护套的多股铜芯线或30mm×3mm的铜排，相互连接后与环形接地装置单点冗余连接。

3）当房屋面积较大时，宜设置与地网单点冗余连接的总接地汇集线。运转室、继电器室、电源室、设备机房的接地汇集线应分别与总接地汇接线单点连接；当信号设备房屋分布在几个楼层时，各楼层应分别设置总接地汇集线，总接地汇集线间应采用不小于50mm²的带绝缘外护套的多股铜芯线栓接。

4）接地汇集线及接地汇集线间的连接导体、接地汇集线与地网的连接线必须与墙体绝缘。接地汇集线应在距地面200～300mm处设置；有防静电地板的机房，接地汇集线可在地板下方距地30～50mm处设置，距墙面宜为100～150mm。接地汇集线上每隔1000～1500mm应预留接地螺栓供连接使用。

5）接地汇集线与地网的连接线应采用不小于2×25 mm²的带绝缘外护套的多股铜芯线。电源室防雷箱处（电源引入处）接地汇集线在环形接地装置上的连接点与分线柜处接地汇集线在环形接地装置上的连接点之间，以及与其余接地汇集线在环形接地装置上的连接点之间距离宜大于5000mm。

2 室内信号设备的接地应按下列规定施工：

1）电源屏、控制台、各种机柜、控制显示设备等所有室内设备应与墙体绝缘，其安全地线、防雷地线、等电位地线等应以最短距离分别就近与接地汇集线连接。

2）金属机柜（架）采用不小于10mm²的多股铜导线与本机柜（架）下的等电位铜排栓接，等电位铜排采用不小于50mm²且带绝缘外护套的多股铜芯线或30mm×3mm铜排就近与接地汇集线连接。

3）设备门体、槽道与机柜（架）主体部分应进行等电位连接。

4）室内设备地线连接后，应进行接地电阻测试，接地电阻不得大于1Ω，并根据测试结果填写测试记录。

3 电源引入防雷接地应按下列要求施工：

1）电源引入防雷箱外壳与防雷箱内接地端子间采用截面积不小于6mm²的铜导线连接。

2）电源引入防雷箱内接地端子可直接就近与综合接地端子或环形接地装置单点冗余连接，连接线应采用截面积不小于50mm²的铜导线。

3）当室内设有电源引入防雷接地汇集线时，电源引入防雷箱内接地端子可直接与电源引入防雷接地汇集线连接，连接线应采用截面积不小于50mm²的铜导线。

4 电源屏、防雷分线柜、移频综合柜接地应按下列要求施工：

1）电源屏外壳与屏内接地端子间采用截面积不小于6mm²的铜导线连接；屏内接地端子就近与接地汇集线采用截面积不小于50mm²的铜导线连接。

2）信号设备防雷采用截面积不小于6mm²的铜导线连接到防雷分线柜内的接地汇集板上。

3）在防雷分线柜处每根电缆钢带、铝护套用双根1.5mm²的绝缘电线连接后与预留的电缆屏蔽接地汇集线连接。四芯组屏蔽层用双根1.5mm²扁平网与预留的电缆屏蔽接地汇集线连接。

设备房屋引入口与分线柜间距离大于5m时，应在电缆引入口处或电缆间将电缆钢带切断（铝护套不得断开），电缆钢带及铝护套做接地处理，用双根1.5mm²的绝缘电线与预留的电缆屏蔽接地汇集线连接。

4）防雷分线柜中传输通道防雷保安器接地端子汇流排与预留的防雷接地汇集线相连接，连接线应采用截面积不小于 50mm² 的带绝缘护套多股铜导线。

5）移频综合柜中传输通道防雷接地汇集板与防雷接地汇集线相连接，连接线应采用截面积不小于 50mm² 的带绝缘护套多股铜导线。移频综合柜内屏蔽接地汇集板应就近与等电位接地汇集线相连接，连接线应采用截面积不小于 10mm² 的带绝缘护套多股铜导线。

4.7.4 室外信号设备接地

1 信号设备的金属外缘距接触网带电部分的距离应大于 2m，距接触网带电部分 5m 范围内的信号设备，其金属外壳应采用截面积为 50mm² 的铜质接地线与接地端子连接。

2 室外设备接地均采用并联连接方式，设备集中处宜设置分支接地引接线。接地引接线与贯通地线连接，有预留端子时可采用栓接方式连接，与分支接地引接线连接可采用 T 形压接方式连接。

3 室外电缆的屏蔽和接地应按下列规定施工：

1）室外电缆钢带、铝护套、内屏蔽护套应采取分段单端接地方式。单端接地的电缆长度不宜超过 1000m。

2）箱盒引入电缆的钢带、铝护套层采用 U 形卡加固牢固，环连后用两根 7mm×ϕ0.52mm 铜芯绝缘软线接至方向盒内接地端子，内屏蔽层用 1.5mm² 扁平铜网环连后接至方向盒内接地端子。

3）设备接地端子应就近与综合接地端子或贯通地线连接，连接线应采用截面积为 50mm² 的铜导线。

4 信号机及梯子的接地应按下列规定施工：

1）矮型信号机的金属基础，采用不小于 50mm² 的多股铜芯软线连接后，应就近与综合接地端子或贯通地线连接。

2）高柱信号机必须进行安全接地防护，采用不小于 50mm² 的多股铜芯软线将各机构分别与信号机梯子、信号机构连接后，应就近与综合接地端子或贯通地线连接。

5 转辙装置的转辙机、密贴检查器的金属外壳采用 50mm² 的多股铜芯软线，应就近与综合接地端子或贯通地线连接。

6 ZPW-2000 轨道电路防雷接地应按下列规定施工：

1）在简单横向连接或不设横向连接时，在空芯线圈中点与地线间串接防雷单元。防雷单元与空芯线圈中点连接线采用 10mm² 的多股铜芯软线，防雷单元就近与综合接地端子或贯通地线连接应采用 50mm² 的多股铜芯软线。

2）空芯线圈完全横向连接时，不设防雷单元，空芯线圈中点直接就近与综合接地端子或贯通地线连接。

3）在 ZPW-2000 轨道电路调谐匹配单元的 V1、V2 端子上，用 10mm² 的多股铜芯软线并接一个调谐匹配防雷单元,且不应接地。

7 完全横向连接时,空扼流变压器或空芯线圈的中点用 50mm² 的多股铜芯软线分别连接到上下行就近的综合接地端子或贯通地线上。

8 扼流变压器、信号机、转辙装置等设备距综合接地端子较近时,分支地线与综合接地端子连接采用栓接方式;距综合接地端子较远时,分支地线与贯通地线采用 T 形连接方式,T 形连接的两个压接环间距为 45~50mm。

9 各接地线连接端子应牢固可靠,引接线露出地面部分应进行防护。

10 室外设备地线连接后,应进行接地电阻测试,接地电阻不得大于 1Ω,并根据测试结果填写测试记录。

4.7.5 综合接地系统

1 综合接地系统应按设计要求施工。

2 综合贯通地线敷设应与通信信号光电缆相隔离。

3 贯通地线接续时应采用压接方式,两个压接环距离宜为 45~50mm。

4 桥梁地段的贯通地线应敷设于保护层内。即在防水层涂刷后,敷设贯通地线,贯通地线与接地端子连接后再进行保护层施工。在桥梁伸缩缝处综合贯通地线应有适当余留量,并用橡胶套管防护。

5 贯通地线接头连接、综合接地端子与贯通地线连接应牢固。

6 电缆槽道内的综合接地端子应与槽底(含防水层)或槽壁相平。

7 供各专业使用的综合接地引出端子,应在电缆槽道盖板或防护墙、隧道壁上加地线标识(⏚)。

8 强弱电接地不得接入同一端子。

4.8 系统调试

4.8.1 计算机联锁(CBI)子系统调试

1 一般规定

1)子系统调试包括 CBI 系统功能调试、CBI 接口调试等。

2)CBI 子系统调试前应检查确认下列条件:

(1)设备安装和配线应完成并合格。

(2)电源屏输出电源稳定可靠。

(3)设备接地良好。

(4)温度、湿度、防尘等机房环境应符合设备正常运营的要求和有关标准的规定。

(5)通信通道稳定可靠。

(6)模拟盘(轨道电路、信号机、道岔、站间或场间和区间结合条件)制作完成。

(7)系统软件应经设备供应商测试合格。

（8）IP 地址符合设计文件要求。

2 功能调试

1）CBI 系统设备启动及切换功能调试、操作及表示功能、基本联锁功能、特殊联锁功能、与轨道电路电码化结合功能调试应符合设计文件要求，以及现行《铁路车站计算机联锁技术条件》（TB/T 3027）等有关标准的规定。

2）与区间闭塞结合功能调试、与场间结合功能调试、利用渡线隔开的联锁区衔接结合功能调试、与机务段结合功能调试及与进路表示器结合功能调试应符合设计文件要求，以及现行《铁路车站计算机联锁技术条件》（TB/T 3027）和《电气集中各种结合电路技术条件》（TB/T 2307）等有关标准的规定。

3 接口调试

1）CBI 系统相邻站之间的通信联系功能调试、CBI 系统与 TCC 接口功能调试、CBI 系统与 RBC 接口功能调试、CBI 系统与 CTC 系统接口功能调试、CBI 系统与 CSM 系统接口功能调试应符合设计文件要求，以及现行《铁路车站计算机联锁技术条件》（TB/T 3027）等有关标准的规定。

2）集中联锁结合电路还应符合现行《集中联锁结合电路一般原则》（TB/T 2307）等有关标准的规定。

4.8.2 中国列车运行控制子系统调试

1 一般规定

1）CTCS 调试包括 TCC 系统功能调试、TCC 接口调试、RBC 功能调试、RBC 接口调试、TSRS 功能调试、TSRS 接口调试等、CCS 功能调试和 CCS 接口调试。

2）CTCS 调试前应检查确认下列条件：

（1）设备安装和配线应完成并合格。

（2）电源屏供电电源（动态电源、信号机点灯电源、ZPW-2000 轨道电路电源、继电器电源、灯丝报警电源、列控中心电源、稳压备用电源、不稳压备用电源）稳定可靠。

（3）设备接地良好。

（4）温度、湿度、防尘等机房环境应符合设备正常运行的要求和相关标准的规定。

（5）通信通道稳定可靠。

（6）模拟盘（轨道电路、信号机、道岔、站间或场间和区间结合条件）制作完成。

（7）TCC、RBC、TSRS 系统软件应经设备供应商测试合格。

（8）IP 地址符合设计文件要求。

2 列控中心（TCC）功能调试

1）TCC 设备启动及切换功能调试、轨道电路状态判断功能调试、异物侵限防护功能调试、轨道电路发码方向控制功能调试、区间改变运行方向功能调试、区间通过信号机点灯控制功能调试、临时限速及信号降级处理功能调试、应答器报文实时编码功能调试、发送应答器报文原则功能调试、维护诊断功能调试、异常处理功能调试应符合设计文件要求，以及现行《列控中心技术条件》（TB/T 3439）等有关标准的规定。

2）轨道电路编码功能调试应符合设计文件要求，以及现行《列控中心技术条件》（TB/T 3439）和《机车信号信息定义及分配》（TB/T 3060）等有关标准的规定。

3　列控中心（TCC）接口调试

TCC 与 TCC 信号系统安全数据网、CBI 通信、TSRS、轨道电路设备接口功能调试应符合设计文件要求，以及现行《列控中心技术条件》（TB/T 3439）等有关标准的规定。

4　无线闭塞中心功能调试

RBC 设备启动及切换、RBC 通信会话管理、车载设备注册与注销、行车许可、等级转换、RBC-RBC 移交、临时限速、分相区、调车、紧急停车、诊断及维护、密钥功能调试应符合设计文件要求，以及现行《无线闭塞中心技术规范》（TB/T 3330）等有关标准的规定。

5　无线闭塞中心接口调试

RBC 与 CBI、TSRS、相邻 RBC、GSM-R、CTC、CSM 接口调试应符合设计文件要求，以及现行《无线闭塞中心技术规范》（TB/T 3330）等有关标准的规定。

6　临时限速服务器功能调试

TSRS 设备启动及切换、限速设置、限速命令取消、限速命令拆分下达和限速状态综合功能、限速初始化命令下达与判定功能调试应符合设计文件要求，以及临时限速服务器相关标准的规定。

7　临时限速服务器接口调试

TSRS 与 CTC、TCC、RBC 接口调试应符合设计文件要求，以及临时限速服务器相关标准的规定。

8　通信控制服务器功能调试

CCS 设备与 GSM-R 无线通信、与 TCC 及 CTC 等系统信息交互功能调试应符合设计文件要求及相关规范。

9　通信控制服务器接口调试

CCS 与 GSM-R、CTC、TCC 接口调试应符合设计文件要求及相关标准的规定。

4.8.3　调度集中控制子系统调试

1　一般规定

1）CTC 子系统调试包括 CTC 系统功能调试、与其他系统接口的功能调试等。

2）CTC 子系统调试前应检查确认下列条件：

（1）设备安装和配线应完成并合格。

（2）电源屏供电电源稳定可靠。

（3）设备接地良好。

（4）温度、湿度、防尘等机房环境应符合设备正常运行的要求和相关标准的规定。

（5）通信通道稳定可靠。

（6）模拟盘（轨道电路、信号机、道岔、站间或场间和区间结合条件）制作完成。

（7）系统软件应经设备供应商测试合格。

（8）IP 地址符合设计文件要求。

2 功能调试

CTC 设备启动及切换、控制模式、列车计划管理、调度命令、列车进路控制、无线接车进路自动预告、列车车次号处理、列车停稳处理、牵引供电接触网状态处理、分路不良区段处理、线路和设备封锁处理、CTCS-2 级/CTCS-3 级相关功能和列控临时限速操作显示功能、调车作业技术要求、调度集中站场信息采集、实时显示与按钮控制、系统故障处置、行车辅助报警技术要求、施工作业技术要求、运营维护技术要求功能调试应符合设计文件要求，以及现行《调度集中系统技术条件》（TB/T 3471）等有关标准的规定。

3 接口调试

1）CTC 系统与 CBI、CSM、无线调车机车信号和监控系统、RBC、TSRS、GSM-R、TDCS、运输信息集成平台接口功能调试应符合设计文件要求，以及现行《调度集中系统技术条件》（TB/T 3471）等有关标准的规定。

2）CTC 系统与 TCC 接口功能调试应符合设计文件要求，以及现行《调度集中系统技术条件》（TB/T 3471）和《列控中心技术条件》（TB/T 3439）等有关标准的规定。

4.8.4 集中监测子系统调试

1 一般规定

1）信号集中监测子系统调试包括 CSM 功能调试、CSM 接口调试、道岔缺口监测系统调试等。

2）信号监测子系统调试前应检查确认下列条件：

（1）设备安装和配线应完成并合格。

（2）供电电源稳定可靠。

（3）设备接地良好。

（4）温度、湿度、防尘等机房环境应符合设备正常运行的要求和相关标准的规定。

（5）通信通道稳定可靠。

（6）电源屏及各系统设备工作正常。

（7）系统软件应经设备供应商测试合格。

（8）IP 地址符合设计文件要求。

2 CSM 功能调试

CSM 设备启动、模拟量监测、开关量监测、故障报警、车站站机功能、监测终端、电务段通信前置机、电务段应用服务器、电务段数据库服务器、电务段网管服务器、电务段 WEB 服务器、电务段防病毒服务器、电务段时钟服务器、电务段接口服务器、铁路局应用服务器、维护工作站功能调试应符合设计文件要求，以及铁路信号集中监测系统相关标准的规定。

3　CSM 接口调试

CSM 系统与 CBI、TCC、ZPW-2000 无绝缘轨道电路、CTC、智能电源屏、灯丝报警、道岔缺口监测接口功能调试应符合设计文件要求，以及铁路信号集中监测系统相关标准的规定。

4　道岔缺口监测系统接口调试

道岔缺口监测设备综合功能调试、缺口监测系统与 CSM 系统接口功能调试应符合设计文件要求，以及道岔缺口监测系统技术规范等有关标准的规定。

4.8.5　动车段（所）控制集中系统调试

1　一般规定

1）动车段（所）控制集中系统调试包括动车段（所）控制集中系统功能调试、动车段（所）控制集中系统接口调试等。

2）动车段（所）控制集中系统调试前应检查确认下列条件：

（1）设备安装和配线应完成并合格。

（2）电源屏供电电源稳定可靠。

（3）设备接地良好。

（4）温度、湿度、防尘等机房环境应符合设备正常运行的要求和相关标准的规定。

（5）通信通道稳定可靠。

（6）模拟盘（轨道电路、信号机、道岔、结合条件）制作完成。

（7）系统软件应经设备供应商测试合格。

（8）IP 地址符合设计文件要求。

2　功能调试

动车段（所）控制集中设备启动及切换功能调试、控制模式功能调试、作业计划管理功能调试、调度命令管理功能调试、动车组位置追踪功能调试、作业过程控制功能调试、非正常作业功能调试、现存动车管理功能调试、股道及供电臂停电状态标记处理功能调试、分路不良区段处理功能调试、线路和设备封锁处理功能调试、临时限速管理功能调试、人机界面管理功能调试、系统维护功能调试应符合设计文件要求，以及动车段（所）控制集中系统相关标准的规定。

3　接口调试

动车段（所）控制集中系统与 CTC 系统接口调试、动车组管理信息系统接口调试、CSM 系统接口检验应符合设计文件要求，以及动车段（所）控制集中系统相关标准的规定。

5 电力工程

5.1 变、配电所

5.1.1 一般规定

1 变、配电所施工包括 330kV 及以下的变、配电所基础及构支架、遮栏与栅栏、变压器、互感器、断路器、开关柜、隔离开关与负荷开关、综合自动化及二次配线、母线装置和电源装置等施工。

2 变、配电所施工流程如图 5.1.1 所示。

3 变、配电所开工前应具备下列条件：

1）各种施工设计文件资料齐全并已经批准；设计交底、施工技术交底、施工前相关培训工作已完成。

2）在设备基础施工前，场地已平整，施工质量符合设计规定，并且运输通道畅通。

3）室内设备安装前，房屋主体工程及顶棚、地坪、墙壁、门窗等已施工完成，符合设备安装的要求。室外设备安装前，场内道路畅通，并且围墙已施工完成。

4）用于施工的主要设备、工器具、材料和加工件已准备到位。

5）外部电源线路工程相关施工标准需与地方供电部门协商明确。

4 施工时应与土建、房建等专业及时沟通配合，包括各种预留孔、预埋件以及场坪高程、放坡、电缆沟、电缆竖井等工作的确认。

5 用于本工程的各种试验仪表、计量器具和安全用具应由具有相应资质的检验机构检定合格后才能使用，各类施工用工器具应进行检查试验，并保持良好状态，不合格品不得使用。

6 应按规定做好各种设备和材料的进场验收记录，包括隐蔽工程安装记录、设备安装调试记录及质量检查记录等。材料和设备进场检验应按以下要求进行：

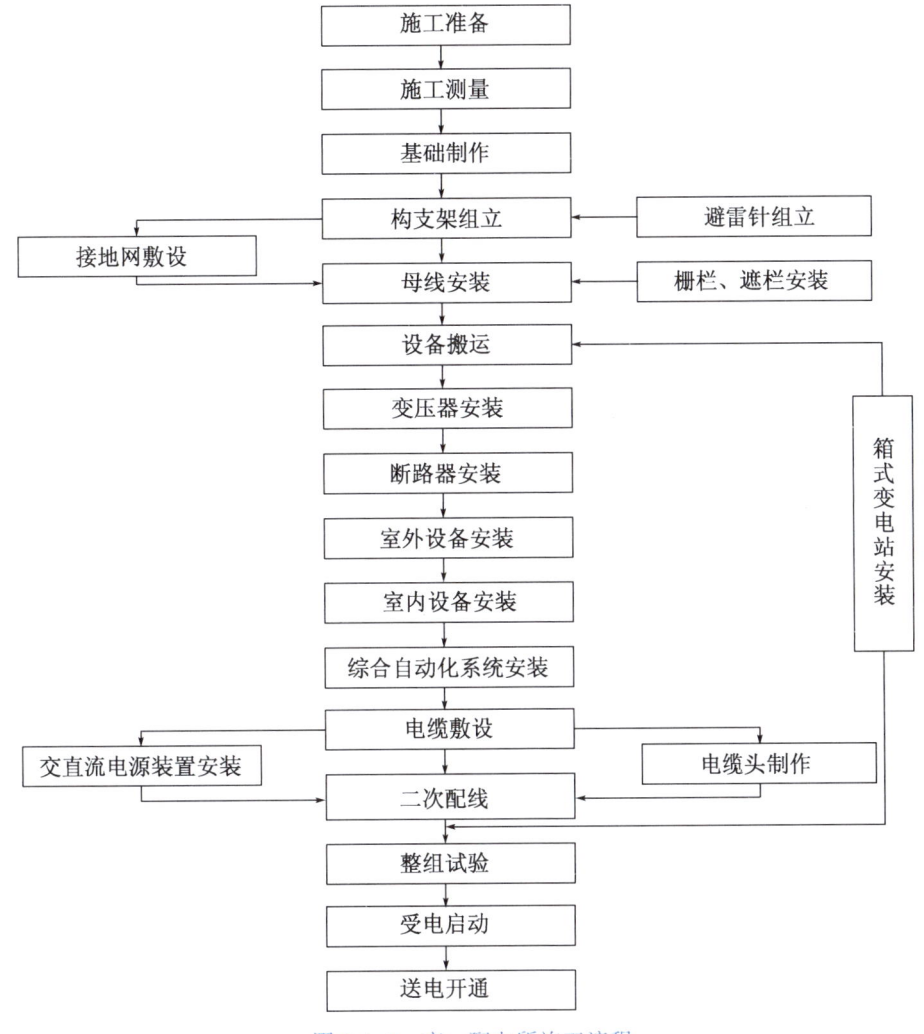

图 5.1.1 变、配电所施工流程

1）按进场的批次进行检验。

2）规格、型号、数量、技术参数应符合设计规定和物资采购合同要求，质量应满足相关技术标准的规定。

3）产品合格证、质量检验报告等质量证明文件以及说明书等产品技术文件应齐全，并符合设计和物资采购合同要求。

4）属于铁路专用产品认证管理的应通过认证，其认证证明文件应在有效期内。

5）外观无损伤、变形、锈蚀（氧化），门（盖）开关无卡阻，设备部件及附件齐全，铭牌、标识完整清晰。

7 设备器材的运输、存放和吊装应符合下列要求：

1）各类预制构支架及电气设备的运输、吊装应严格遵守有关安全技术规程和产品说明书规定。大型设备的运输、吊装应制订专门的安全技术措施。

2）起重设备负荷力、载具承载力、绳吊索拉力、混装运输应符合相关安全技术要求，保证设备安全。同时选择运输、吊装机具时应考虑到场地条件和已安装设备的安全。起吊设备时应根据设备重心选择吊点及牵引着力点位置或按产品技术文件要求的位置吊装。

3）运输带有瓷件的设备时不应拆除外包装物，避免受到外力挤压和碰撞。瓷件裸装卸应采用尼龙吊装带或采用具有保护措施的吊装索具。

4）运输上重下轻的设备、立式设备时应采取防倾倒、防碰撞的安全措施。

5）电线电缆宜成盘装运，并妥善包装，且在运输过程中应直立摆放，固定牢靠。

6）钢筋混凝土电杆存放时，堆放地点应坚实平整，并按要求放置支点衬垫物，堆放高度不应超过四层。

7）各类电气设备及其零配件运到工地后应做好登记并妥善保管，有特殊要求的产品应按产品技术要求采取措施。

8 电力电气设备应进行交接试验，其主要电气性能检验项目及要求应符合现行《电气装置安装工程　电气设备交接试验标准》（GB 50150）的规定。

5.1.2 基础及构支架

1 基础及构支架施工包括变配电所设备、构支架、避雷针等的基础制作及构支架组立安装。

2 基础及构支架应按下列要求进行测量：

1）基础施工测量流程如图 5.1.2-1 所示。

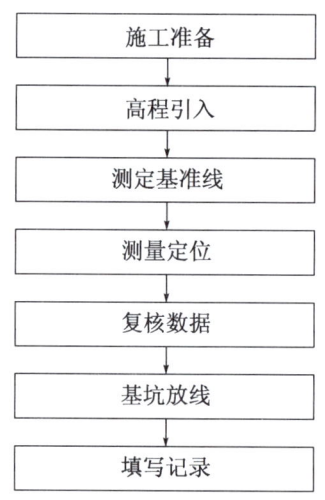

图 5.1.2-1　基础施工测量流程

2）位置、高程应根据设计图和土建场地的轴线标桩、规定的水准点等进行测定，并应与房建高程保持一致。处于同一轴线上的基坑应一次测定完成。

3）测量完成后设置各类标桩，标桩设置应齐全、稳固。

3 基坑开挖应按下列要求进行：

1）基坑中心位置以测定的基坑中心桩为准。

2）坚硬土质地带可不设模型板，按基础外形尺寸开挖，其形状、尺寸及相对位置应符合设计要求；填方和松软土质地带应适当加大开挖面积，以方便支模及拆模；经检测符合设计要求的整体坚石地带，宜按杯形基础杯口尺寸或支柱外径加大 150~300mm 开挖。

3）当基础位于尚未沉实的土层上时，应将基础坑底挖至原土表层 0.5m 以下，并夯实、砌筑垫层至基础底面设计高程处。

4）基坑开挖需要爆破作业时，应符合现行《爆破安全规程》（GB 6722）的相关规定；周围存在已安装的构支架、建筑物及电气设备时不宜采用爆破作业，必须爆破时，应采用松动爆破或控制爆破技术。

5）基坑开挖时，如地质情况与设计不符，应及时与设计单位联系解决；基坑开挖完成后，应对基坑底面进行土壤承载力试验。

4 应根据图纸和设备情况，提前加工制作预埋管件，在支设模板或浇注混凝土过程中及时预埋固定。

5 基础浇注应符合下列要求：

1）基础浇注应符合现行《铁路混凝土工程施工质量验收标准》（TB 10424）的规定。

2）基础浇注宜选用商品混凝土，当现场搅拌混凝土时应采用混凝土搅拌机，且基础原材料的验收按现行《混凝土结构工程施工质量验收规范》（GB 50204）执行。

3）基础模板宜采用光面模板，加固牢靠，内涂脱模剂。

4）预埋接地体引上线与箱式设备接地端子应同侧。

5）变、配电所设备及构架基础的施工偏差应符合表 5.1.2-1 及表 5.1.2-2 的规定。

混凝土基础允许施工偏差（单位：mm）　　　　表 5.1.2-1

名　称		设备基础	架构基础
轴线（纵横中心位置）		±10	±20
基础高程	独立电气设备	0 -20	—
	三相联动设备	0 -10	—
	构架基础	—	0 -10
外形尺寸		+20 0	+20 0

地脚螺栓埋设允许施工偏差（单位：mm）　　　　表 5.1.2-2

项　目	名　称	允许施工偏差
预埋地脚螺栓	中心距	±2
	高程（顶端）	+20 0
预留螺栓设孔	中心位置	±10
	深度	+20 0
	孔壁垂直偏差	10

6 配电屏、成套柜、控制台基础预埋型钢安装的允许偏差应符合表 5.1.2-3 的规定或符合产品技术文件要求，基顶部宜高出抹平的地面 10mm 或符合设计规定。

基础型钢安装的允许偏差　　表 5.1.2-3

项 目	允许偏差	
	mm/m	mm/全长
直线度	<1	<5
水平度	<1	<5
位置误差及不平行度	—	<5

7 混凝土基础强度达到设计强度的 70% 以上时，方可进行电气设备安装；不高于地面 200mm 的杯形基础在混凝土强度达到设计值的 50% 并回填夯实后，即可进行立杆和二次灌注；达到设计强度的 70% 以上时，方可进行杆上作业。混凝土达到设计强度的 50%、70% 及 100% 所需时间见表 5.1.2-4。

混凝土达到设计强度的 50%、70%、100% 所需时间　　表 5.1.2-4

水 泥 品 种	混凝土所需强度（以设计强度百分数计）	混凝土平均硬化温度（℃）					
		5	10	15	20	25	30
		混凝土硬化所需时间（d）					
普通水泥 42.5~52.5	50%	12	8	7	6	5	4
	70%	24	16	12	10	9	8
	100%	40	35	30	27	24	20

8 预应力钢筋混凝土电杆不得有纵、横向裂纹。电杆不应有混凝土脱落及外露钢筋等缺陷，弯曲度不应大于 1‰。对接电杆的排杆及焊接施工流程如图 5.1.2-2 所示。

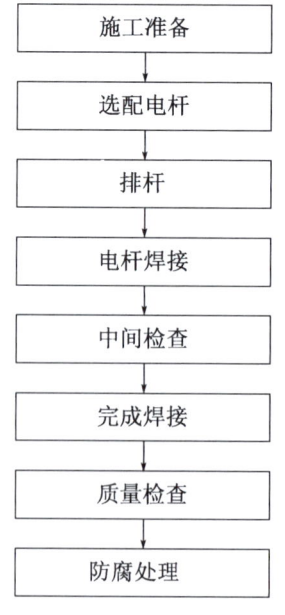

图 5.1.2-2　对接电杆的排杆及焊接施工流程

9 钢圈连接的混凝土电杆的焊缝不得有裂缝、夹渣及气孔,其咬边深度应符合下列规定:

1) 当钢圈厚度小于或等于 10mm 时,不得大于 0.5mm;当钢圈厚度大于 10mm 时,不得大于 1mm。

2) 严禁在焊缝内填充焊条或其他金属;加强面尺寸应符合表 5.1.2-5 的规定;焊接后的电杆,其弯曲度不应大于全长的 2‰。

焊缝加强面尺寸(单位:mm)　　　　表 5.1.2-5

加强面尺寸	钢圈厚度 s	
	<10	10~20
高度 c	1.5~2.5	2~3
宽度 e	1~2	2~3
示意图		

10 人字形构架应按下列要求组立:

1) 人字形构架电杆的叉开角度及根开尺寸应符合设计规定;组立后的人字形架构,其叉开角度的平分线应垂直平分于两基础中心连线;同一中心线上的人字形构架电杆的叉开角度及中心位置应一致,每组构架的两电杆之间的距离应符合设计规定。

2) 人字形构架安装完毕后,在构架未达到承重条件前,不得进行母线安装。

11 钢结构母线构架和设备支架应按下列要求安装:

1) 采用连续梁的钢结构母线构架,构架电杆及母线横梁应位于同一安装中心线上;钢结构母线构架和设备支架结构件的拼装与连接应使用力矩扳手紧固,紧固力矩值应符合设计或产品技术文件要求。

2) 钢结构设备支架的安装方式应一致、接地线位置应统一;钢结构母线架构横梁的起拱方向应符合设计规定。

12 横梁及设备托架应安装水平、牢固,紧固件应齐全,连接螺栓露出螺帽不少于 3 扣。母线横梁的弯曲度不大于其全长的 5‰,安装位置及固定方式应符合设计规定;连梁角钢或配件与杆顶钢板的连接必须牢固、可靠、密贴;横梁及设备托架必须设有明显的接地引下线与接地网相连接,连接应牢靠。

13 进线或终端构架在进行预倾斜组立时,其倾斜角度不应大于电杆长度的 3‰,并保持各组构架电杆杆顶位于同一安装中心线上。

5.1.3 遮栏及栅栏

1 遮栏及栅栏施工包括遮栏、栅栏的安装。

2 遮栏及栅栏应工厂化加工。焊接式遮栏安装流程如图 5.1.3 所示。

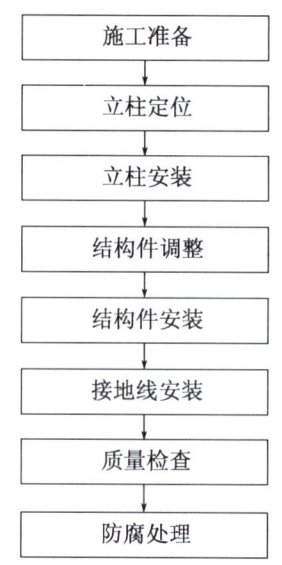

图 5.1.3　焊接式网栅安装施工流程

3 遮栏及栅栏安装应符合下列要求：

1）遮栏及栅栏的安装位置、方式、高度符合设计要求，安全净距应符合相关规定，并且安装应垂直、牢固，高差不大于 25mm；室外立柱的顶端应进行封堵。

2）遮栏及栅栏钢板及钢板网不应有尖角和毛刺，网板与边框、遮栏与立柱应焊接牢固。

3）遮拦门应设有向带电侧开启的止挡，并应加锁；遮栏间隔结构中防止侵入带电间隔的闭锁装置应正确、可靠。

4）遮栏、栅栏及金属构件的接地线连接可靠，同类型布置方式一致；遮栏及栅栏颜色应均匀一致，且防腐层完好；各类警告标志悬挂齐全且书写正确。

5.1.4　电力变压器

1 电力变压器施工包括油浸变压器、干式变压器、干式调压器的运输、安装、调整。

2 变压器短运距运输、就位、安装和调整施工流程如图 5.1.4-1 所示。

3 变压器短运距运输、装卸之前应按下列要求进行相关详细调查：

1）了解沿途道路及桥梁、涵洞等的结构、宽度、坡度、转角及承重情况，如不满足要求应采取加强、加固措施。

2）调查沿途电力、通信等架空线高空障碍物的情况，了解装、卸车地点的地理环境、气候条件、地面及路面坚实程度。

3）调查完毕后，根据调查资料编制安全、合理的运输装卸方案。

4 变压器运输、装卸应符合下列要求：

1）在平整路面上用滚杠作短运距运输时的速度不应超过 0.9km/h，牵引着力点应在设备重心以下；公路运输的速度应符合产品技术文件要求。

2）油浸变压器在装卸和运输的过程中不应有严重冲击和振动，油浸变压器运输倾斜角度不得大于 15°。充气运输的变压器在运输途中应保持气体压力始终为正压力，压力强度保持在 0.01~0.03MPa。

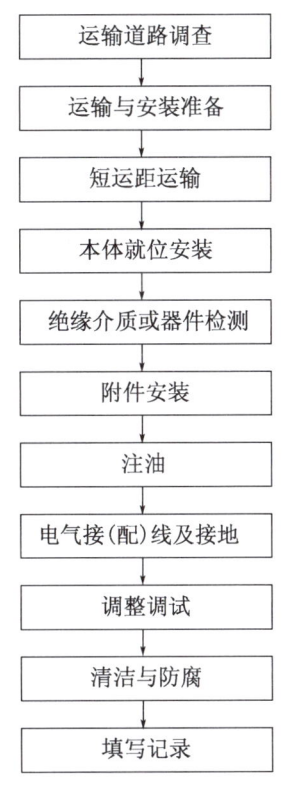

图 5.1.4-1 变压器短运距运输、就位、安装和调整施工流程

3）变压器宜采用机械吊装就位，吊装机械应与变压器重量匹配，吊装用吊索、吊具等安全性能符合要求；装卸时，吊装或顶升的受力点应符合产品技术文件要求，受力应均匀。钟罩式变压器起吊时，应将吊索系在油箱专供整体起吊的吊钩上。

5 设备进场验收应符合下列要求：

1）规格、型号应符合设计要求，质量证明文件、铭牌、附件齐全，无锈蚀及机械损伤，密封良好。

2）套管应完好无损，干式变压器的环氧浇铸体无裂缝及破损，引线绝缘包扎完好、固定牢固。

3）变压器连接螺栓齐全，整体密封良好，无渗漏现象，充油套管的油位正常。

4）随变压器运输检测的防冲撞记录仪器外观完整无损，内部数据应确保无冲撞记录；充气运输设备的气压正常。

6 油浸变压器的法兰连接处应用耐油密封垫圈密封。密封垫圈应清洁，无扭曲、变形、裂纹和毛刺，规格尺寸应正确。法兰连接面应平整、清洁，安装后橡胶密封垫圈的压缩量不宜超过其厚度的 1/3。

7 油浸变压器的散热器安装前用合格的绝缘油冲洗干净，并将残油排尽；阀门及法兰连接处密封应良好；变压器安装完毕后应即注满油；风扇电动机及叶片安装应牢固、转动应灵活、转向应正确，运转时应无振动、过热，电源配线应采用耐油绝缘导线。

8 油浸变压器的金属波纹储油柜应按下列要求安装：

1）安装前首先应确认储油柜密封良好。储油柜在注油后应对变压器各高点（套管升高座、冷却器等）排气，并将绝缘油静置4h以上，然后从储油柜呼吸口处充入压缩空气，将储油柜内的空气彻底排出。

2）储油柜注油管在运行时充满绝缘油，注油管下端配装的闸阀或波纹管阀门应按出油方向安装。应避免储油柜最低端排污管的活塞头受到撞击而发生断裂，造成储油柜漏油。油标指示应与储油柜的真实油位相符；油位表动作应灵活，其信号接点位置应正确，绝缘应良好。

9 油浸变压器的套管应按下列要求安装：

1）瓷套管表面应无裂纹、伤痕，套管、法兰颈部及均压球内壁应清洁，充油套管应无渗油现象，油位指示正常。

2）高压套管穿缆的应力锥应进入套管的均压罩内，其引出端头与套管顶部接线柱连接处应擦拭干净、接触紧密。套管顶部结构的密封垫应安装正确、密封良好；连接引线时，不应使顶部结构松扣；对于采用螺杆式引出端子的套管，应安装转换端后再与母线连接。

3）充油套管的油标应面向外侧，套管末屏接地应良好。

10 油浸变压器的气体继电器安装前应经检验合格，安装应水平，方向应正确，连接部位密封应良好。

11 油浸变压器采用压力释放装置时，其安装方向应正确，锁闭系扣应按正常工作状态打开。

12 油浸变压器吸湿器油封的油位应在油面线上或按产品的技术文件要求安装，吸湿剂应干燥，连接管密封良好。

13 油浸变压器的温度计应按下列要求安装：

1）安装前应进行校验，信号接点的动作应正确，导通应良好。顶盖上温度计座内应注以变压器油，密封应良好。

2）膨胀式信号温度计的金属软管不得有压扁或急剧扭曲，其弯曲半径不得小于50mm。

14 干式变压器、调压器应按下列要求运输、装卸：

1）无包装的干式变压器、调压器在运输过程中应通过夹件、吊耳的孔洞进行绑扎，严禁在线圈、绝缘子、引线上进行绑扎，避免损坏产品。在运输过程中，干式变压器的倾斜度不得大于30°。

2）吊装时，起吊绳套应悬挂在指定位置，并根据产品重心调整绳套的长度。起吊绳之间的夹角不得大于60°。

15 干式变压器、调压器应按下列要求安装：

1）设备安装位置应符合设计规定，安全净距符合要求；变压器在基础上平稳就位，并且固定牢靠；温度监控装置安装位置应方便运营观察。

2）电力变压器整体密封良好，器身本体、附件、阀门及所有法兰连接处应无渗油现象；电力变压器安装后油位指示、温度自动监测、保护报警装置等功能应符合设计文件要求。

3）电力变压器整体密封良好，器身本体、附件、阀门及所有法兰连接处应无渗油现象；电力变压器安装后油位指示、温度自动监测、保护报警装置等功能应符合设计文件要求。

4）调压器自动切换开关动作灵活可靠，接触良好，分接头与动作指示器指示位置一致，调压器进出线及相序正确；调压器底座、分接开关箱箱体、防护栅栏和金属构支架接地可靠，调压器中性点经小电阻装置接地可靠，各部位连接螺栓紧固。

5）夹层电缆宜从调压器室顶部引入。电缆夹层调压器接线方式如图5.1.4-2所示。

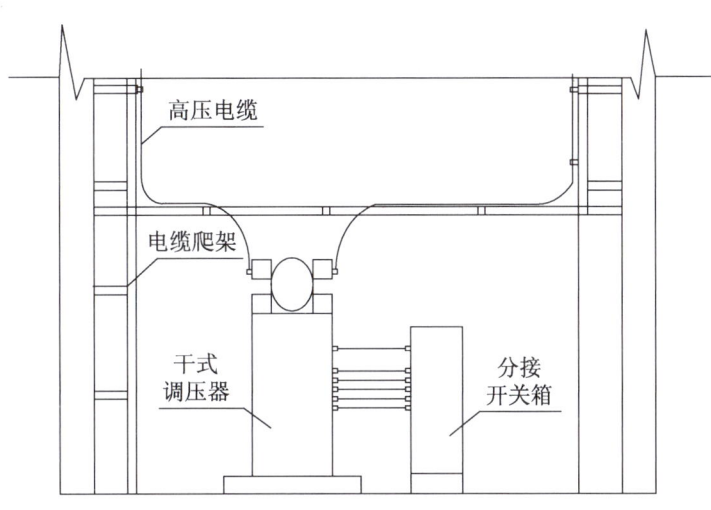

图 5.1.4-2　电缆夹层调压器接线方式

5.1.5　互感器

1　互感器施工包括电压互感器、电流互感器的安装。

2　互感器施工流程如图5.1.5所示。

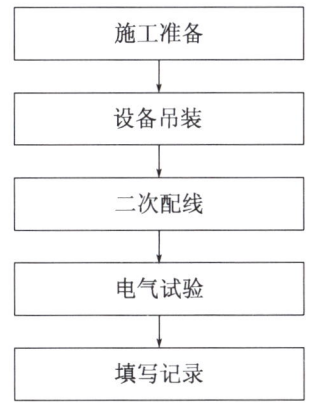

图 5.1.5　互感器施工流程

3　互感器进场验收应符合下列要求：

1）规格、型号应符合设计要求，质量证明文件、铭牌、附件齐全，外观应完好，无锈蚀及机械损伤。油位应正常，密封应良好，无渗油现象。

2）互感器的变比分接头的位置和极性应符合规定。二次接线板应完整，接线正确，引线端子应连接坚固、绝缘良好、标志清晰。

3）隔膜式储油柜的隔膜和金属膨胀器应完整无损，顶盖螺栓应紧固。

4）干式互感器顶部绝缘机械固定板应完好无损。

4 互感器应按下列要求安装：

1）整体起吊时，吊索应按规定固定在吊环上；应设置防倾倒措施，不得利用瓷套起吊（制造厂明确规定使用者除外），保持安全距离避免碰伤瓷套。

2）互感器安装面应水平，并列安装时应排列整齐、铭牌齐全、相色标志正确；支架无锈蚀现象，同一组互感器的极性安装牢固方向应一致。

3）具有吸湿器的互感器，其吸湿剂应干燥，油封油位应正常。呼吸孔的塞子带有垫片时，应将垫片取下。具有均压环的互感器，均压环应水平安装牢固，且方向正确。具有保护间隙的，应按制造厂的规定调好距离。

4）零序电流互感器的安装，不应使构架或其他导磁体与互感器铁芯直接接触，或与其构成分磁回路。

5 互感器应按下列要求接地：

1）分级绝缘电压互感器一次绕组接地引出端子、电容型绝缘电压互感器一次绕组末屏的引出端子及铁芯引出接地端子、互感器的金属底座或外壳应接地良好。

2）备用电流互感器二次绕组端子先短接后接地；电容式电压互感器应按产品技术文件要求接地。

5.1.6 高压断路器

1 高压断路器施工包括独立安装的 SF_6 断路器的安装、调整。

2 SF6 断路器的安装、调整流程如图 5.1.6 所示。

3 断路器在运输和装卸过程中，固定牢靠，不得倒置、碰撞或受到强烈振动。

4 断路器进场验收应符合下列要求：

1）规格、型号符合设计要求，质量证明文件、铭牌齐全；设备附件齐全，无锈蚀或机械损伤；瓷件表面光滑、无裂纹和缺损，瓷、铁件黏合牢固，铸件无砂眼，充气部件应无泄漏，绝缘部件不应变形、受潮。

2）断路器的联动正常，无卡阻；闭锁动作可靠，符合设计要求；断路器充气部件的气体压力符合产品的技术文件要求。

5 断路器进场后应按下列要求保管：

1）三相为整体式结构的断路器，其安装后底架平面的水平误差不应大于2mm；相间为独立式结构的断路器，其安装后的水平误差应符合产品技术文件要求。

2）断路器及其操动机构的安装应垂直、牢固，底座或支架与基础间的调平垫片不应超过 3 片，断路器垫片厚度不应大于 10mm，操动机构垫片厚度不应大于 20mm，且各垫片间应焊接牢固；断路器不得在现场进行解体检查，组装时选用的吊装器具、吊点及吊装程序符合产品的技术文件要求。

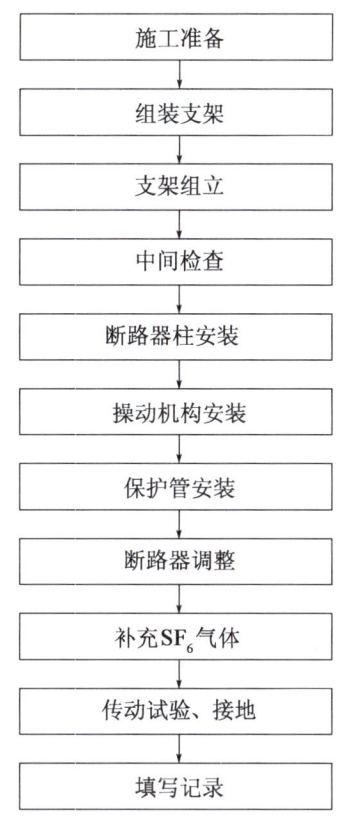

图 5.1.6　SF6 断路器安装与调整施工流程

3）法兰的密封槽应清洁，运输中使用的密封垫不得用于安装；涂密封脂时，不得使其流入密封垫内侧。

4）装有吸附剂的断路器，应按产品技术文件要求更换吸附剂。

5）在进行传动调整时，断路器内应充有额定压力的 SF_6 气体，调整后的各项动作参数应符合产品技术要求。

6　现场进行组装的 SF_6 断路器应按下列要求进行施工：

1）断路器的组装应在无风沙或雨雪，且空气相对湿度小于 80% 的天气下进行，并应做好防尘、防潮措施；组装应按产品的部件编号和规定顺序分组进行，不得混装。

2）所有连接螺栓应设防松垫圈或锁紧螺母，导电及密封部位的螺栓使用力矩扳手紧固，力矩值应符合产品技术文件要求。

7　机械传动的 SF_6 断路器应按下列要求进行组装：

1）相间及与操动机构间的连杆安装水平，连杆拧入深度符合产品技术文件要求；调整连杆的连接长度时，应同时检查断路器拐臂的角度是否符合产品技术文件要求；连杆保护管的安装不应使断路器或操动机构承受应力。

2）断路器及其传动装置的所有连接部位连接可靠，防松螺母拧紧、锁片锁牢，开口销向两侧撒开角度大于或等于 120°；断路器传动试验正常，辅助开关、电气和机械闭锁装置动作准确可靠，所有传动部位无卡阻现象。

3）合闸弹簧储能完毕及机构合闸完毕，机构辅助开关应能随即切断或接通电动机电源。

8 断路器进行联合动作调试前，应根据产品技术文件要求向断路器内充入合格的 SF_6 气体；具有慢分、慢合装置的断路器，在进行快速分、合闸前，应先进行慢分、慢合操作，分、合过程中不得有卡阻、滞留现象；机械指示器的分、合闸位置与断路器的实际状态一致。

5.1.7 隔离开关、负荷开关、高压熔断器

1 隔离开关、负荷开关、高压熔断器施工包括额定电压 110～220kV 隔离开关、负荷开关及额定电压 10～35kV 高压熔断器的安装与调整。

2 110～220kV 隔离开关安装与调整流程如图 5.1.7-1 所示；10～35kV 隔离开关安装与调整流程如图 5.1.7-2 所示。

图 5.1.7-1　110～220kV 隔离开关安装与调整施工流程　　图 5.1.7-2　10～35kV 隔离开关安装与调整施工流程

3 隔离开关、负荷开关及高压熔断器进场验收应符合下列要求：

1）规格、型号符合设计要求，质量证明文件齐全。

2）绝缘子等瓷件无裂纹、破损等缺陷，瓷、铁黏合牢固；附件齐全，无损伤、变形或锈蚀现象。

3）隔离开关、负荷开关及其操动机构的转动部分灵活，所有固定连接部位牢靠。绝缘部件不应变形、受潮，表面应光滑，无裂纹和缺损。

4 隔离开关及负荷开关应按下列要求安装与调整：

1）隔离开关的相间距离误差应满足 110kV 及以下不大于 10mm，220kV 及以上不大于 20mm；相间连杆应在同一水平线上。

2）支柱绝缘子应垂直于底座平面（V 形隔离开关除外），且连接牢固；同一绝缘子柱的各绝缘子以及同一相各绝缘子柱的中心线应在同一垂直平面内。

3）延长轴、轴承、拐臂等传动部件的安装位置正确，固定牢靠，传动装置的拉杆

应校直，其内径与操动机构的转轴直径应相配合，两者间的缝隙不应大于1mm，连接部分的销子不应松动。

4）接地刀转轴上的扭力弹簧调整到操作力矩最小，并加以固定；垂直连杆应涂以黑色油漆；分、合闸止钉的间隙符合产品技术文件要求，且固定牢靠。

5）操动机构的安装牢固，动作平稳，无卡阻或冲击现象；电动操作的隔离开关，应先手动进行分、合闸调整，合格后再进行电动操作检查；隔离开关、隔离负荷开关合闸后，触头间的相对位置以及分闸后触头间的净距或拉开角度，符合产品技术文件要求。

6）三相联动的隔离开关在分合闸时，其触头应同时接触，触头接触时的不同期值应符合产品技术文件要求；当无规定时，应符合表5.1.7的要求。

隔离开关不同期接触允许值 表5.1.7

电压等级（kV）	不同期允许值（mm）
10~35	5
63~110	10
220~330	20

7）负荷开关合闸后，主触头可靠地与主刀刃接触；分闸时，三相的灭弧刀片应同时跳离固定灭弧触头。

8）隔离开关、负荷开关的导电部分，用0.05mm×10mm的塞尺检查触头的接触情况，对于线接触应塞不进去；对于面接触，接触宽度为50mm及以下时，塞入深度不应超过4mm；接触宽度为60mm及以上时，不应超过6mm；触头间的接触紧密，两侧的接触压力均匀；触头表面平整、清洁，并涂以电力复合脂；可挠连接部分不应有折损，连接牢固，接触良好。

9）隔离开关、负荷开关的闭锁装置动作灵活、正确、可靠；带有接地刀的隔离开关，主触头与接地刀间的机械或电气闭锁正确可靠；隔离开关及负荷开关的辅助开关安装牢固，动作正确，接触良好。

5 带钳口的熔断器，其熔断管应紧密地插入钳口内；装有动作指示器的熔断器，应便于检查指示器的动作情况；跌落式熔断器的熔管轴线与铅垂线的夹角应为15°~30°，跌落时不应触及其他物体。

5.1.8 高压开关柜

1 高压开关柜施工包括SF_6全封闭组合电器、SF_6气体绝缘变电站（Gas Insulated Substation，GIS）和空气绝缘开关设备（Air Insulated Switchgear，AIS）的安装及调整。

2 SF_6全封闭组合电器施工应参照现行《高速铁路电力牵引供电工程施工技术规程》（Q/CR 9609）进行。

3 高压开关柜进场时规格、型号符合设计要求，附件、质量证明文件齐全，无损伤、变形或锈蚀现象；SF_6气体绝缘GIS开关柜安装前，禁止打开其本体上的阀门或法兰盖板。对于充有SF_6气体的安装单元，应检查气体压力是否符合产品技术文件要求；在安装地点短期保管时，应符合产品技术文件要求。

4 GIS 开关柜应按下列要求安装：

1）按产品技术文件要求进行开关柜的吊装和搬运，开关柜采用移动式吊装设备或专用叉车就位，不得损伤柜体表面涂层，安装时应保证柜体外形尺寸、面板布置、颜色一致。

2）由端柜侧开始进行安装，第一面开关柜就位固定后，调整其位置、垂直度和水平度，达到产品技术文件要求后固定牢靠；自第二面 GIS 开关柜起，在 GIS 开关柜并列安装的同时，进行柜体之间主母线的连接；并列开关柜全部就位后，将每台柜内的主接地母线连接成一个整体，并从全部并列开关柜的两端与接地网可靠连接，相间及对地距离、预留孔几何尺寸应符合低压柜母线桥安装要求，开关柜接地母线采用铜材质贯通连接，工作接地与保护接地应分别接引至地网。

3）二次回路接地连线的接地点应符合设计要求。

4）开关柜的压力通道和通风机的安装位置与固定方式应符合产品技术文件要求，柜体配线室应预留柜间连线孔洞，底部应预留防火封堵盒；开关柜气室现场需要补充气时，应按照产品技术文件要求及时进行抽空处理、充气，并进行检漏和微水测量。

5 GIS 安装与调整流程如图 5.1.8-1 所示，AIS 安装与调整流程如图 5.1.8-2 所示。

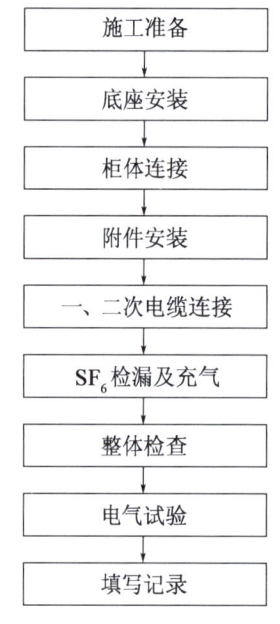

图 5.1.8-1　GIS 安装与调整流程　　图 5.1.8-2　AIS 安装与调整流程

6 AIS 开关柜应按下列要求安装：

1）按产品技术文件要求方法进行开关柜的吊装和搬运，开关柜采用移动式吊装设备或专用叉车就位，不得损伤柜体表面涂层，安装时应保证柜体外形尺寸、面板布置、颜色一致。

2）由端柜侧开始进行安装，第一面开关柜就位固定后，调整其位置、垂直度和水平度，达到产品技术文件要求后固定牢靠；按图纸依次连接后续开关柜，柜体的组立应垂直牢固，符合产品技术文件要求，高压开关柜连接器应涂抹润滑膏。

3）组装母线桥，母线桥的组装形式及母线的安装方式应符合产品技术文件要求，开关柜接地母线采用铜材质贯通连接，工作接地与保护接地应分别接引至地网；母线应按相序分别进行连接，并符合本指南第5.1.13条的有关要求。

4）并列开关柜全部就位后，将每台柜内的主接地母线连接成一个整体，并从全部并列开关柜的两端与接地网可靠连接，柜体配线室应预留柜间连线孔洞，底部应预留防火封堵盒。

7 电缆终端头的制作形式应符合开关柜的产品特性。对采用电缆插接装置进行电气连接的电缆，电缆终端头与插接头的连接方式应符合产品技术文件要求；电缆插头插入电缆插口后应固定牢靠，电缆在开关柜底板处应按产品技术文件要求进行固定及接地；开关柜底板处的电缆孔应进行封堵。

8 高压开关柜传动测试应对开关柜内的断路器、隔离开关进行手动操作传动检查，并检查电气闭锁回路及三工位隔离开关的可靠性；应对开关柜内的断路器、隔离开关进行电动操作传动检查，开关动作及电气联锁功能应符合设计要求；高压开关柜内各种闭锁装置动作应准确可靠。

9 高压开关柜在带电投运之前应进行下列检测：

1）开关柜的底座槽钢、框架和接地母线已可靠接地；进出线电缆的方向、相序正确，电缆规格、型号符合设计及产品技术文件要求。

2）GIS开关柜的断路器室和母线室的SF_6气体压力达到产品技术文件要求的额定值；开关柜内的断路器、隔离开关传动检查正常，并符合有关标准的规定；开关柜的电气试验项目，应符合产品技术文件要求和国家有关该产品试验标准的规定。

5.1.9 集中无功补偿装置

1 集中无功补偿装置施工包括固定无功补偿装置、静止无功补偿装置（Static Var Compensator，SVC）及静止无功发生器（Static Var Generator，SVG）的安装。

2 SVC的安装施工流程如图5.1.9-1所示，固定无功补偿装置和SVG的安装施工流程如图5.1.9-2所示。

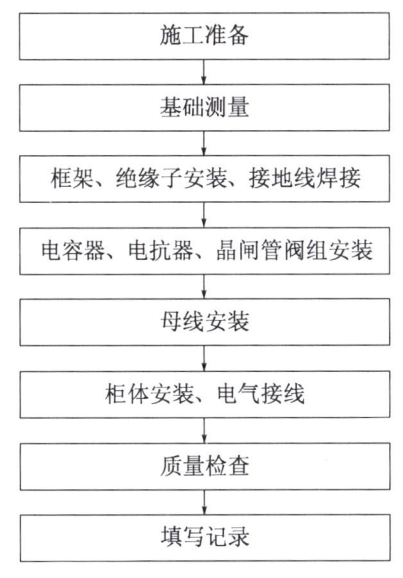

图5.1.9-1 SVC安装施工流程

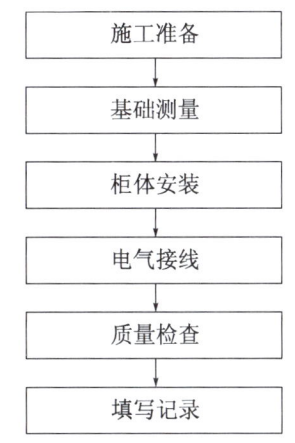

图5.1.9-2 固定无功补偿装置和SVG安装施工流程

3 集中无功补偿装置进场验收时，规格、型号应符合设计要求，质量证明文件、附件齐全，外观无损伤、变形或锈蚀现象，瓷套管无裂纹、破损，所有接缝无裂缝或渗油。

4 集中无功补偿装置应按下列要求安装：

1）电容器、晶闸管阀组支架的组装应保持水平及垂直状态，固定牢靠；用绝缘子支撑的支架，其顶面高度应在同一水平面上。晶闸管阀组应按产品技术文件进行安装；同相晶闸管阀组与电抗器的连接及它们三相之间的连接方式应符合设计规定。

2）空心电抗器支柱绝缘子安装垂直，固定牢靠。各支柱绝缘子顶面在同一水平面上。油浸和干式电抗器就位于基础上应平稳牢固，对称于基础中心线。引至电抗器、电容器组的母线及分支线应涂以相色标志。三相电容器组之间的连接方式应符合设计规定。

3）柜体固定牢固、排列整齐，并应符合本指南第 5.1.12 条的相关要求；电容器的铭牌朝向通道（柜门）一侧，安装在电容器端子上的熔断器及其连接线符合设计要求，布置应对称一致。

4）集中无功补偿装置的安装位置准确，防潮防污及封堵功能应符合设计文件要求，集中无功补偿装置投切可靠；无功补偿装置和小电阻接地柜的接线、布置应对称一致。

5 集中无功补偿装置投运前应按下列要求进行检查：

1）电容器组、电抗器的容抗值与感抗值的比值符合设计规定，其中同一组电容器中与各放电线圈并联的电容量的差值不应超过 5%；电抗器的分接开关应调节至规定位置。

2）SVG 直流侧电容器的极性连接应正确，整流臂中的串联整流元件的支路应做电压均衡试验；确认晶闸管与散热器间接触良好，符合产品技术文件要求，确认导线螺栓连接牢固；晶闸管阀通风散热功能应正常。

3）根据产品技术文件检查所有柜体、设备端子间相互连接正确及可靠；柜体配线室应预留柜间连线孔洞，底部应预留防火封堵盒。

4）应进行低压触发和监测试验，确保每相阀接收到的触发信号符合电压相位和电流极性的要求，确认监测回报电路的完整性和正确性；控制系统应进行电源、保护整定值、互感器接口极性、监测接口、通信接口等检查。

5.1.10 低压开关柜

1 低压开关柜施工主要包括抽出式或固定式开关柜的施工。

2 低压开关柜安装施工流程如图 5.1.10 所示。

3 低压开关柜进场验收数量、型号、规格符合设计要求，质量证明文件齐全；外观应完好，无锈蚀或机械损伤。瓷件表面光滑、无裂纹，瓷、铁件黏合牢固，铸件无砂眼；绝缘件无变形、受潮、裂纹或表层剥落等缺陷。

4 低压开关柜安装应符合下列要求：

1）按产品技术要求进行开关柜的吊装和搬运，不得损伤柜体表面涂层，安装时应保证柜体外形尺寸、面板布置、颜色一致。

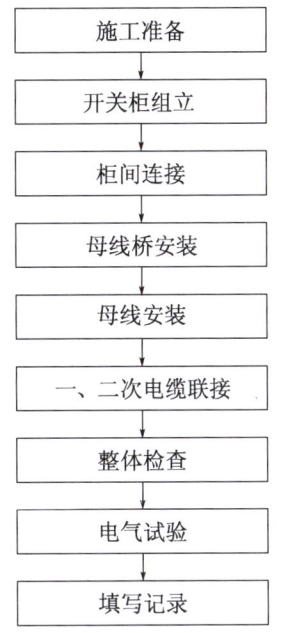

图 5.1.10 低压开关柜安装施工流程

2）由端柜侧开始进行安装。第一面开关柜就位固定后，调整其位置、垂直度和水平度，达到标准要求后固定牢靠；按图纸依次连接后续开关柜，柜体的组立应垂直牢固，其顶面高度应保持在同一水平线上；开关柜之间的距离应符合设计要求，柜体配线室应预留柜间连线孔洞，底部应预留防火封堵盒。

3）母线桥的组装形式应符合产品技术文件要求，母线按相序分别进行装配，并按产品技术文件要求检验母线相间及对地的距离，相间及对地距离、预留孔几何尺寸应符合低压柜母线桥安装要求。

4）将成列柜按厂家提供的贯通接地线（N 线或 PE 线）在柜间统一连接起来，并在其两端分别与接地母线进行连接；开关柜接地母线采用铜材质贯通连接，工作接地与保护接地应分别接引至地网。

5）检查并确认开关柜内安装的电器及其接线符合产品技术的有关要求；检查并确认各功能单元的操作灵活，无异常，低压柜抽屉推拉应轻便灵活，机械联锁、电气联锁动作应正确可靠；检查并确认机械连锁操作开关的连接、分断、试验、移动、分离功能符合产品技术的有关要求；检查并确认各功能单元与配电母线的连接正确可靠；抽屉的触头接触良好，相序正确。

6）按各功能单元的不同用途布放电缆，根据电缆截面选择适宜的接线端子进行压接，连接到指定的位置，引入长度应一致，电缆较多时，应绑扎成束；电缆连接完毕后，开关柜底部应封堵，铭牌齐全，相色标识正确。

5　低压开关柜在投入运行前应按下列要求进行检测：

1）开关柜内安装的电器和控制回路接线符合产品技术要求；手动操作各种开关，应操动灵活，无异常和卡滞现象；机械联锁机构、电气联锁装置动作正确可靠；主回路和控制回路的绝缘符合相关技术标准要求。

2）动、静触头的中心线一致，触头接触紧密；主触头的插入深度符合产品技术要求。机械联锁或电气联锁动作正确，闭锁或解锁可靠。

3）抽屉与柜体间的接地触头接触紧密。当抽屉推入时，抽屉的接地触头应比主触头先接触，拉出时程序相反。

4）仪表的量程、互感器的变比和极性正确；继电保护的定值和整定正确，动作可靠；母线连接良好，绝缘支撑件、安装件及附件安装牢固可靠。

5.1.11　箱式变电所及箱式电抗器

1　箱式变电所及箱式电抗器的安装施工流程如图5.1.11所示。

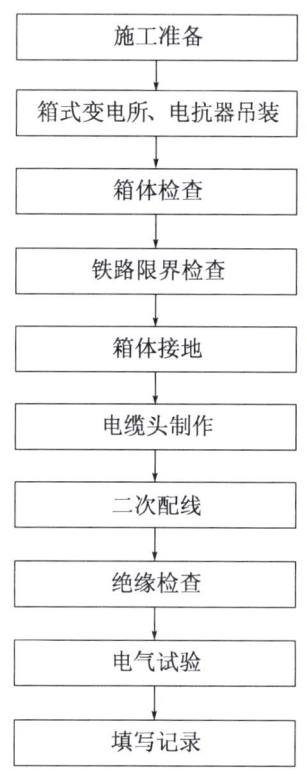

图5.1.11　箱式变电所及箱式电抗器的安装施工流程

2　箱式变电所及箱式电抗器进场验收应符合下列要求：

1）数量、型号、规格符合设计要求，质量证明文件齐全；外观完好，无锈蚀或机械损伤；瓷件表面光滑、无裂纹，瓷、铁件黏合牢固，铸件无砂眼；绝缘件无变形受潮、裂纹或表面剥落等缺陷。

2）箱式变电所及箱式电抗器内外涂层完整，箱式变电所高低压柜内接线完整；箱式电抗器线圈的绝缘绑扎无破损及裂纹，本体无变形现象。

3　箱式变电所及箱式电抗器应按下列要求安装：

1）安装前应检查接地电阻符合设计要求。

2）吊装位置应符合产品技术要求，不得以顶盖吊环进行整体吊装，箱式设备吊装应采用柔性吊带机械化施工；吊装就位后，应分别检查箱式设备是否安装牢固，柜门开合是否灵活。

3）箱式设备进出线电缆弧度一致，绝缘良好，箱内配线整齐美观，设备和线缆的标识清晰、准确；箱式设备底座与基础槽钢采取焊接方式，封堵箱体与基础之间的缝隙，防止雨水渗入；箱式变电所及箱式电抗器安装位置不得侵入铁路建筑限界；安装前应检查其接地电阻是否符合设计要求，箱式设备工作接地与保护接地应分别与接地网连接。

4）对于安装有自动化监控单元的箱式变电所，参照本指南第5.6节的有关规定进行检验、传动试验，应达到产品的有关规定并符合设计要求；高、低压电缆在支架上应分侧预留、排列有序，电缆敷设完毕后，电缆入孔处应封堵；检查并确认箱式变电所及箱式电抗器的通风装置工作正常、通风孔畅通、通风道内无施工遗留物。

5.1.12 综合自动化系统及二次配线

1 综合自动化系统及二次配线施工包括屏、柜、台、箱的安装与二次回路接线施工。

2 屏柜组立安装施工流程如图5.1.12-1所示。电缆二次配线安装施工流程如图5.1.12-2所示。

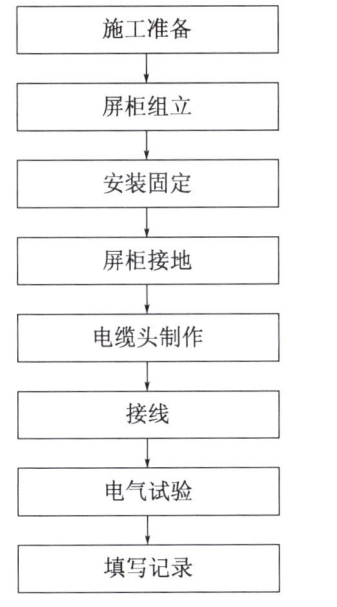
图5.1.12-1 屏柜组立安装施工流程

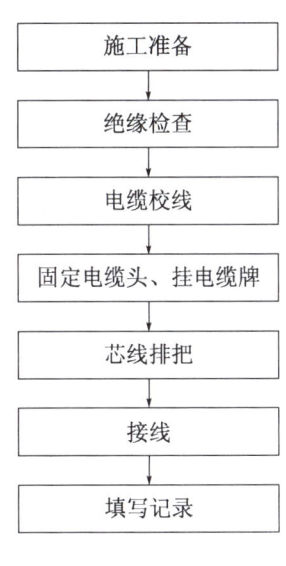
图5.1.12-2 电缆二次配线施工流程

3 要求房屋内屏、柜等设备安装应满足室内屋顶、地面、门窗等的装修工作已结束并达到相关技术标准的规定；所有预埋件、预留孔的位置应符合设计要求，安装牢固；屏、柜的底座型钢或支架应与接地网可靠连接；配电屏、控制台基础预埋型钢安装允许偏差应符合表5.1.2-4的要求。

4 屏、柜等设备在搬运和安装时应采取防潮、防震、防框架变形和漆面受损等措施，当产品有特殊要求时，尚应符合产品技术文件要求；计量回路的表（计）应准确，并符合现行国家计量标准的规定。

5 屏、柜上所设模拟母线及小母线的颜色应符合下列要求：

1）模拟母线的标志颜色符合表 5.1.12-1 的要求，模拟设备与相同电压等级的母线颜色一致。

模拟母线颜色要求　　　　　　　　　　　　　　　　表 5.1.12-1

序号	电压（kV）	颜　　色	序号	电压（kV）	颜　　色
1	直流 0.22（0.11）	—	5	交流 10	绛红
2	交流 0.23	深灰	6	交流 35	浅黄
3	交流 0.4	黄褐	7	交流 110	朱红
4	交流 6	深蓝	8	交流 220	紫

2）屏、柜上安装的小母线，其文字符号及颜色符合现行标准的要求；文字符号应标注在小母线架下部的绝缘体上。

6 屏、柜等设备及其元器件的安装应符合下列要求：

1）屏、柜等的安装位置应符合设计要求，盘柜固定牢靠、排列整齐、高度一致，盘柜外形尺寸、颜色统一、内部配线排列整齐、编号清晰，盘眉字体一致，设备本体及元器件、附件应采用中文标识。

2）屏、柜本体及屏、柜内的设备或元器件与各构件间的连接牢固；各种配电屏、控制台、成套柜等与基础型钢间宜采用螺栓连接，底座槽钢应统一标记螺栓孔位，孔位对角线应符合盘柜安装要求。

3）屏、柜单独或成列安装时，其垂直度、水平偏差以及屏、柜面的偏差和屏、柜间接缝的允许偏差应符合表 5.1.12-2 的要求。

屏、柜安装的允许偏差　　　　　　　　　　　　　　　　表 5.1.12-2

序号	项　　目		允　许　偏　差
1	垂直度（mm/m）		<1.5
2	水平偏差（mm）	相邻两屏顶部	<2
		成列屏顶部	<5
3	屏面偏差（mm）	相邻两屏边	<1
		成列屏面	<5
4	屏柜间接缝（mm）		<2

4）屏、柜的接地线连接牢靠。成列安装的屏、柜其地线应贯通连接，连接后接地不得少于两点，盘柜接地母线采用铜材质贯通连接，盘柜接地符合设计要求，防火封堵严密，表面平整、光洁。

5）屏、柜上的元器件型号、规格符合设计要求，外观完好；控制、保护回路的开关、测控装置等的动作可靠；信号回路的声、光信号显示准确；端子板绝缘良好，安装牢固，连接件应为铜质制品。

6）监控系统各个模块单元的安装应符合产品技术文件和设计要求，设备间的连接正确。监控主机及其外设的配置方案和安装位置应符合设计要求。

7）端子箱安装牢固，密封良好；成列安装时，排列整齐；屏、柜等设备正面及背面安装的各类元器件、端子排等标明名称、编号、用途及操作位置。

7 通信处理屏与监控屏和通信机械室相连接的光电缆的规格、连接及接地方式应符合设计要求。电缆沟内不同类型的电缆应分开。

8 二次回路的光电缆配线应按下列要求进行施工：

1）二次回路光电缆配线。

（1）按审核后的图纸施工，盘柜应预留足够接线空间，便于施工、运营，二次配线线束宜打把成排布置、弧度一致、整齐美观；电气回路的连接（螺栓连接、插接、压接、焊接等）应牢固可靠并符合有关规定；光电缆芯线的端部应标明回路编号，编号正确，字迹清晰；配线整齐、美观，芯线绝缘良好，无损伤；每个接线端子每侧所接芯线不得超过2根。

（2）接线图、电缆标识牌、线号管符合配线要求；电缆线芯绝缘层颜色一致，电缆头及标牌固定牢靠、高度一致、排列整齐、标识清晰；二次配线采用专用工具进行专业化施工；线号管应采用圆形白色塑料管，长度一致、排列整齐，从上至下成一条直线，文字方向一致。

（3）电缆头与标牌采用绑扎固定方式，线把绑扎间距宜为90~180mm。采用线槽布线时，线槽与端子排间距不小于70mm；采用无线槽布线时，端子排与门框间距不小于200mm。电缆应单根成束绑扎，备用芯高出端子排250~300mm，并采用热缩套管封帽处理；控制电缆应单端接地，接线鼻子压接地线不得超过两根。

（4）线槽孔距应与端子间距相同，芯线引出平直，备用芯线单独垂直布置，封帽高度一致，盘柜内电缆接地布线方式相同、排列整齐。

（5）二次配线线缆的进场检验：外表无绞拧、铠装压扁、护层断裂和表面严重划伤等缺陷，绝缘试验合格；二次配线线缆进场后应抽样进行20℃导体直流电阻试验。20℃的导体直流电阻值应符合现行《电缆的导体》（GB/T 3956）的规定。

2）引入屏、柜等设备内的光电缆及其芯线连接。

（1）光电缆应排列整齐，固定牢固；电缆芯线宜采用塑料线槽布线；当采用排把布线时，线束绑扎牢固，紧固卡子与芯线间应加绝缘衬垫；当采用屏蔽电缆时，其屏蔽层应单边接地；如不采用屏蔽电缆，则其备用芯线应有一芯接地；除设计有特殊规定外，接地点宜设在配电装置一侧；光电缆芯线按垂直或水平方式有规律地配置，备用芯线应留有适当余量；电缆芯线与接线端子之间采用线芯弯环方式连接时，线芯的弯曲方向与螺钉的旋紧方向一致。

（2）引入盘、柜的二次回路接线、二次回路接地应符合现行《电气装置安装工程盘、柜及二次回路接线施工及验收规范》（GB 50171）规定。

（3）线缆的敷设路径、敷设方式、终端位置应符合设计文件要求，并参考表 5.1.12-3 填写二次电缆回路清册。

变、配电所二次电缆回路清册示例　　　　表 5.1.12-3

电缆编号	电缆规格型号	电缆长度	始端设备	始端设备端子号	终端设备	终端设备端子号	回路功能	备用芯数
Z2-N02－139	ZR-KVVP2－7×2.5	25m	综自 02 柜电源二	1D：17	进线及计费二 N02 柜	UD：2	线路侧 A 相电压	3
				1D：18		UD：5	线路侧 B 相电压	
				1D：19		UD：8	线路侧 C 相电压	

注：Z2-N02-该电缆敷设于综自 02 柜电源二至进线及计费二 N02 柜，可根据实际情况自由定义；139-设计给定电缆编号。

9 综合自动化系统应按以下要求调试：

1）满足可靠性、选择性、灵敏性和速动性的要求，向控制保护及主控盘柜送电前，应对二次回路配线或数据传输电缆进行详细检查及绝缘、导通测试，确认合格后，方可送电。

2）监控主机上电后，应按运行条件设置主机环境，安装系统操作软件并测试产品规定的检测项目；控制保护盘柜受电后，应先对各模块单元的软硬件进行初始化，输入设计定值，进行数据打印试验或从装置的下载端口进行试验。

3）按产品的技术文件要求对综合自动化系统的功能进行调试，结果应符合设计要求。

10 综合自动化装置应进行交接试验，其主要电气性能检验项目及要求应符合现行《继电保护和安全自动装置基本试验方法》（GB/T 7261）、《继电保护和电网安全自动装置检验规程》（DL/T 995）的规定。

5.1.13　母线装置

1 母线装置施工包括额定电压 220kV 及以下软母线、硬母线、管形母线装置的安装及调整，绝缘子及穿墙套管的安装与调整。硬母线、封闭式母线表面光洁平整，不应有裂纹、折皱、变形或损伤；封闭式母线密封良好，各段编号标志清晰；软母线不应有扭结、松股或严重腐蚀等缺陷。安装母线采用的金具及金属构件应与母线相配套，并无裂纹、伤痕、砂眼等缺陷；防腐层应完好，无锈蚀现象。

2 软母线的安装与调整施工流程如图 5.1.13-1 所示；硬母线的安装与调整施工流程如图 5.1.13-2 所示；管形母线的安装与调整施工流程如图 5.1.13-3 所示。

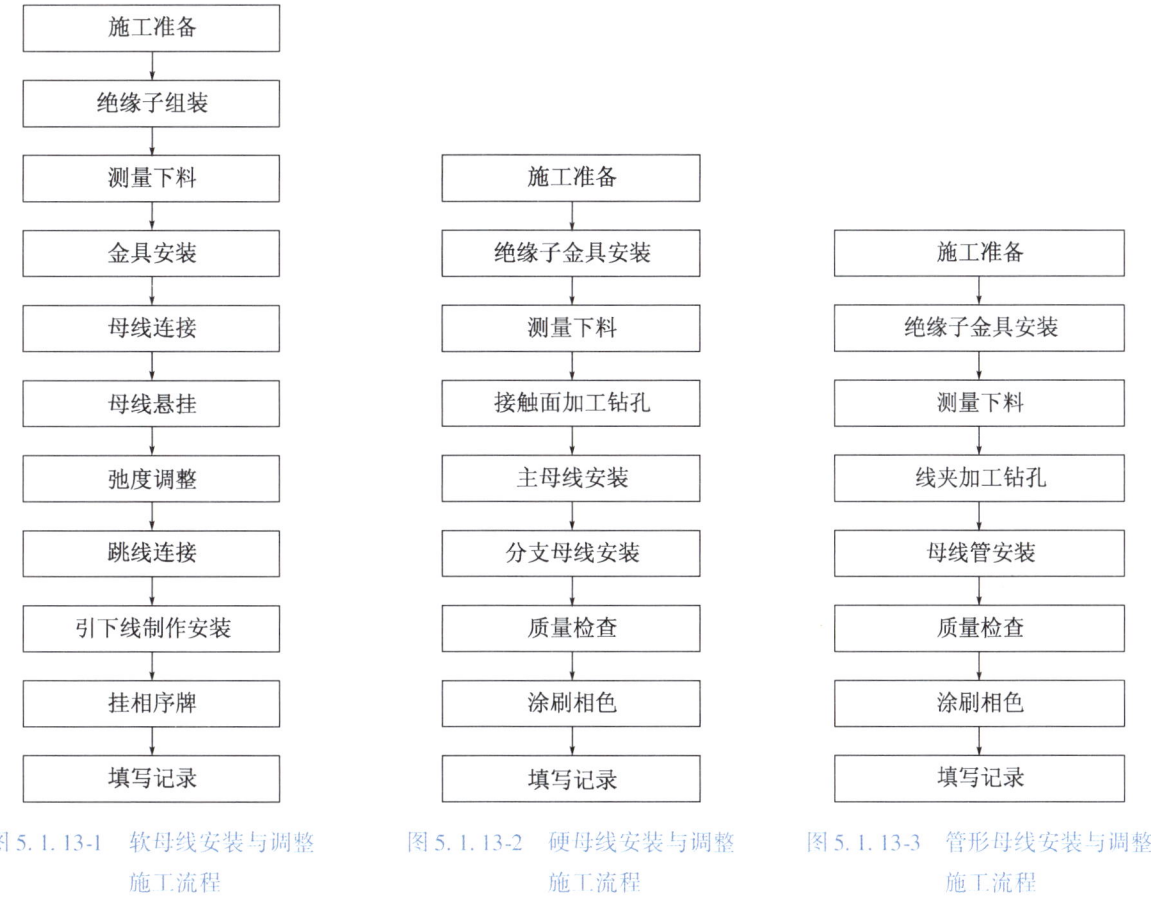

图 5.1.13-1 软母线安装与调整施工流程　　图 5.1.13-2 硬母线安装与调整施工流程　　图 5.1.13-3 管形母线安装与调整施工流程

3 母线装置采用的设备和器材，在运输及保管中应采取防腐蚀性气体侵蚀和防机械损伤的措施。

4 母线表面应光洁平整，不应有裂纹、折皱、夹杂物及明显的损伤或腐蚀等缺陷；硬母线不应有变形和扭曲现象，软母线不得有扭结、松股、断股等现象。

5 各种金属构件的安装应牢固，安装孔的位置应符合设计要求。

6 支柱绝缘子、穿墙套管及悬式绝缘子在安装前应进行外观检查，经电气试验合格后，方可进行安装，并符合下列要求：

1）安装在同一平面或垂直面上的支柱绝缘子或穿墙套管的顶面，应在同一水平面上；母线直线段的支柱绝缘子的安装中心线应在同一直线上。

2）支柱绝缘子或穿墙套管安装时，其底座或法兰屏不得埋入混凝土或抹灰层中；叠装的支柱绝缘子，其中心线应一致，且固定牢靠；无底座和顶帽的内胶装式低压支柱绝缘子与金属固定件接触面之间应垫以厚度不少于 1.5mm 的橡胶或石棉纸的缓冲垫片。

3）穿墙套管垂直安装时，法兰固定在安装板的上方；水平安装时，法兰固定在安装板外侧；穿墙套管直接固定在钢板上时，套管周围不应成闭合磁路。

4）支柱绝缘子底座、穿墙套管法兰及母线支架或托架等不带电的金属构件，均应接地；各型复合绝缘子的机械强度、绝缘特性应符合设计要求，外连接尺寸应与金具相匹配。

5）悬式绝缘子串与球头挂环、碗头挂板及锁紧销的规格相互匹配，悬式绝缘子的弹簧销应有足够的弹性；绝缘子串组合时，弹簧销定位可靠；连接金具的螺栓、销钉等齐全，方向一致；悬垂式绝缘子串与地面垂直，条件限制时，可有不超过5°的倾斜角；耐张式绝缘子串的碗口应朝上，开口销应撇开。

7 软母线应按下列要求进行安装：

1）母线安装时，其安全净距应符合设计要求；软母线与金具的规格相匹配，金具的零件齐全、表面光滑、无裂纹、砂眼、滑扣及锌层脱落等现象；软母线在档距内不得有接头。放线过程中，导线不得与地面摩擦；当发现导线有扭结、断股和明显松股或同一截面处损伤面积超过导电部分总截面的5%时，不得使用。

2）切断导线时，端头应绑扎，端面整齐、无毛刺；软母线与螺栓型耐张线夹或悬垂线夹连接时，应缠绕铝包带，其绕向应与外层铝股的旋向一致，两端露出线夹口不应超过10mm，其端头应回到线夹内压住。

3）分裂母线固定金具型号规格应符合设计要求；软母线安装后的弛度符合设计要求，同一档距内的三相母线弛度应一致；相同布置的母线跳线和引下线安装后，应以同样的弯度和弛度呈似悬链状自然下垂。

4）使用预绞丝护套护线、耐张、跳接线时，选用的产品应与连接金具、导线相匹配。

5）软母线与压接型线夹连接时，导线端头伸入耐张线夹或设备线夹的长度应达到压管的终端；压管与压模及压模与压接钳匹配；压接时，相邻两模间重叠的宽度不应小于5mm；压接后，压管的弯曲度不宜大于其全长的2%；压接后六角形的对边尺寸为0.866D（D为压管的外径，mm）；当有任何一个对边尺寸超过0.866D+0.2mm时，应更换压模；严禁阴雨天气在室外进行压接型线夹的连接。

8 硬母线应按下列要求进行加工：

1）母线加工前矫直平直，切断面垂直平整；严禁采用铁锤直接敲打或使用电、气焊切割母线；相同布置的主母线、分支母线、引下线及设备连接线平竖直，对称一致。

2）硬母线的弯制应采用冷弯，弯制时应符合下列要求（图5.1.13-4）：

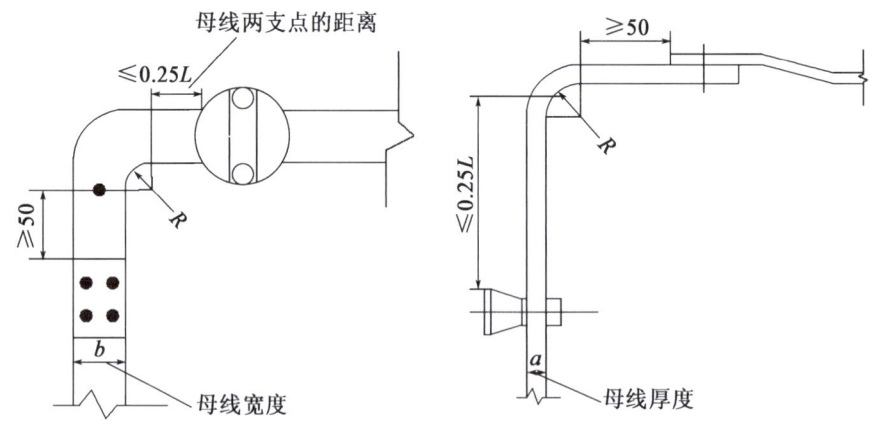

图5.1.13-4 硬母线的立弯与平弯示意图（尺寸单位：mm）

（1）母线开始弯曲处与最近绝缘子的母线固定夹板或设接线端子边缘的距离不应大于0.25L，但不得小于50mm。

（2）母线弯曲处不得有裂纹及显著的折皱，其最小弯曲径 R 应符合表 5.1.13-1 的规定。

母线最小弯曲半径（R）值（单位：mm）　　　　表 5.1.13-1

母线种类	弯曲方式	断面尺寸	最小弯曲半径 R		
			铜	铝	钢
矩形母线	平弯	50×5 及以下	$2a$	$2a$	$2a$
		150×10 及以下	$2a$	$2.5a$	$2a$
	立弯	50×5 及以下	b	$1.5b$	$0.5b$
		150×10 及以下	$1.5a$	$2b$	$1b$
棒形母线		直径为 16 及以下	50	70	50
		直径为 30 及以下	150	150	150

注：a-母线厚度；b-母线宽度。

（3）母线平面需扭转 90°时，其扭转部分的长度为母线宽度 b 的 2.5～5 倍（图 5.1.13-5）。

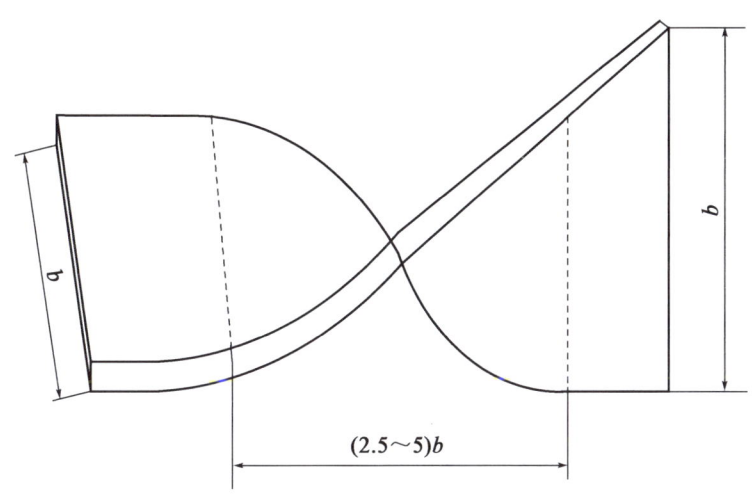

图 5.1.13-5　硬母线的扭转 90°示意图

（4）母线连接采用搭接时，连接处距绝缘子支持夹板的边缘不应小于 50mm；上、下片母线端头与对接母线开始弯曲处的距离不应小于 50mm（图 5.1.13-6）。

3）矩形母线搭接连接时，其搭接长度以及连接螺栓的规格和数量应符合设计规定；母线接头的螺孔直径宜大于螺栓直径 1mm，孔间中心距离的误差为 ±0.5mm。

4）母线与母线、母线与分支线、母线与电器的接线端子搭接时，其搭接面应按以下要求处理：

（1）铜与铜：在室外、高温且潮湿或对母线有腐蚀性气体的室内，内搪锡；在干燥的室内可直接连接。

（2）铝与铝：直接连接。

（3）钢与钢：应搪锡或镀锌，不得直接连接。

（4）铜与铝：在干燥的室内，铜导体搪锡；在室外或空气相对湿度接近100%的室内，采用铜铝过渡板，铜端搪锡。

（5）钢与铜或铝：钢搭接面应搪锡。

5）母线接触面的加工应平整，无氧化膜，其加工后截面的减少值，铜母线不应超过原截面的3%，铝母线不应超过原截面的5%。

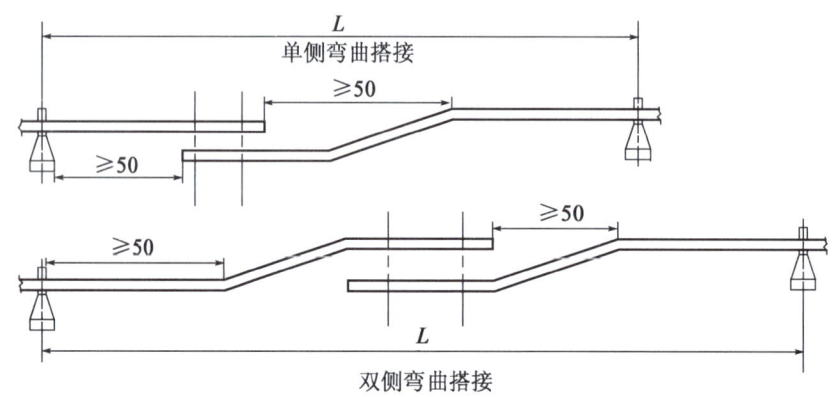

图5.1.13-6 母线搭接示意图（尺寸单位：mm）

9 母线应按下列要求进行安装：

1）室内、室外配电装置的安全净距符合设计规定，当电压值超过本级电压时，其安全净距采用高一级电压的安全净距值。

2）母线固定金具在支柱绝缘子上的固定平整牢固，不应使其所支持的母线受到额外应力；交流母线的固定金具不应成闭合磁路，且固定装置无毛刺和棱角；母线在支柱绝缘子上的固定死点为短母线（$L<5m$）支持点，长母线（$L\geq5m$）全长或伸缩节两侧母线的中点；非固定死点的母线，平置时支持点上部的压板与母线保持1~1.5mm的间隙，立置时上部压板与母线保持1.5~2mm的间隙。

3）母线与母线或母线与电器接线端子的螺栓搭接面连接的接触面加工后保持清洁，并涂以电力复合脂；母线平置时连接螺栓由下往上穿，其余情况下，螺母应置于维护侧，螺栓长度宜露出螺母2~3扣；连接螺栓两侧设平垫圈，螺母侧装弹簧垫圈或锁紧螺母；母线搭接面的连接螺栓用力矩扳手紧固，其紧固力矩值符合国家有关规定；母线与设备连接后，不应使接线端子承受除母线重量外的任何应力。

4）管形母线的安装，尚应符合下列要求：

（1）管形母线的切断口应平整、光滑，且与轴线垂直。

（2）母线的连接采用专用线夹连接，不得用内螺纹管或锡焊连接；安装时应采用多点吊装方式，避免弯曲变形。

（3）安装在滑动式固定金具上的母线，其与轴座间应保持1~2mm的间隙。

（4）同相线管段轴线应处于同一安装中心线上，且相间轴线相互平行。

（5）母线终端采用的封闭或防晕措施应符合设计要求。

10 母线涂刷相色漆和设置的相色标志应符合下列要求：

1）母线和相色标志涂漆的颜色。

（1）三相交流母线：A 相为黄色，B 相为绿色，C 相为红色，单相交流母线与引出相的颜色相同；交流接地母线为黑色。

（2）直流母线：正极为赭色，负极为蓝色。

2）铜、铝单片母线所有表面均涂相色漆，管形母线应在端部设置相色标志；母线的螺栓连接和支持连接处、母线与设备接线端子的连接处及距所有连接处 10mm 范围以内，不得刷漆。

3）对于软母线设置相色标志，除变电所的进线必须按电力系统的相序设置相色标志外，供电系统内的其余配电间隔均按变压器的铭牌相序设置相色标示；相色标示宜设在母线构架的横梁上或母线的安装抱箍上，并靠近所示母线；母线终端构架及同一配电间隔内母线在 4 跨以上时的中间构架上均应设置相色标志，同一间隔内相对设置的相色标示应对称布置。

5.1.14　交直流电源装置

1　交流、直流电源装置施工包括免维护蓄电池及交直流电源装置的施工与安装。

2　普通型直流电源装置的安装施工流程如图 5.1.14 所示。

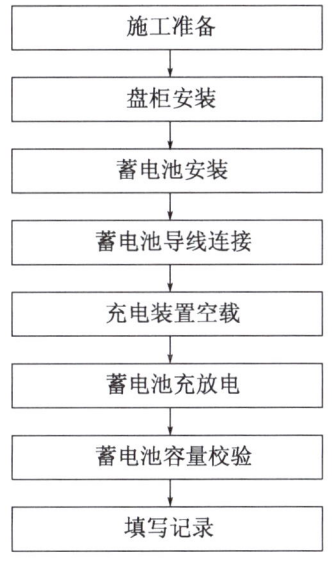

图 5.1.14　普通型直流电源装置的安装施工流程

3　交直流电源装置进场验收数量、型号、规格应符合设计要求，质量证明文件齐全；外观应完好，无锈蚀或机械损伤；蓄电池外壳应密封完好，无裂纹，正负极接线柱无氧化、锈蚀。

4　蓄电池在安装前应存放于干燥、清洁、通风的场所，环境温度宜保持在 0～35℃之间。

5　交直流电源装置应按下列要求安装：

1）盘柜固定牢靠、排列整齐、高度一致，盘柜外形尺寸、颜色统一，内部配线排列整齐、编号清晰，盘眉字体一致，设备本体及元器件、附件应采用中文标识。

2）盘柜端子排距柜门距离不小于 200mm，交直流屏元器件距屏底距离不小于 200mm。

3）蓄电池安装。

（1）叠装层数不宜过多，大容量电池不宜超过 4 层，小容量电池不宜超过 6 层。

（2）检查蓄电池的水平度符合要求后再进行连接。蓄电池与蓄电池、蓄电池与充电装置及直流屏间的连接应紧固可靠，紧固螺栓的力矩值应符合产品技术文件要求。

（3）连接电缆或连接片的截面积和长度应符合设计要求。

（4）蓄电池在安装连接条及抽头的连接部分应涂电力复合脂；单体蓄电池之间应留有空隙，安装蓄电池的电池柜通风应良好；蓄电池组安装完成后应再次检查蓄电池与蓄电池之间、蓄电池与充电设备之间的正、负极的连接应正确，单个蓄电池及蓄电池组的电压应正常；蓄电池柜水平及垂直度应符合蓄电池安装要求；蓄电池安装应排列整齐，距离均匀一致，连接条应经过防腐处理；蓄电池极性连接正确，并牢固可靠。

（5）交直流电源装置配线电源极性应正确，严禁错接与短路，连接接触牢固；配线电源线中间不得有接头；电源设备配线的布放应平直整齐、稳固，无扭绞和交叉；交直流电源装置在规定的输入范围内，各供电模块正常工作，直流输出极性正确，输出电压范围、负载能力、温升范围等应符合相关技术标准的规定；交流电源装置的自动投切、纳入远动的交直流屏监控模块、直流电源装置的充电功能应符合设计文件要求。

6 免维护蓄电池在运输、存放和安装的过程中，对出厂超过 6 个月的蓄电池应按产品技术文件要求进行补充电。

7 充电装置与蓄电池之间的接线应在充电装置断开状态下进行，先连接充电器侧，后连接蓄电池侧。

8 充电装置应能在蓄电池初充电、均衡充电和浮充电状态下工作正常。

5.1.15 不间断电源及应急电源

1 不间断电源（Uninterrupted Power Supply，UPS）及应急电源（Emergency Power Supply，EPS）施工包括 UPS 及 EPS 安装及调试。

2 UPS 及 EPS 的安装施工流程如图 5.1.15 所示。

3 设备进场验收数量、型号、规格应符合设计要求，质量证明文件齐全；外观应完好，无锈蚀和机械损伤。

4 UPS 装置及 EPS 装置的内部结线应连接正确，紧固件齐全，可靠不松动，焊接连接无脱落现象。

5 UPS 装置及 EPS 装置指标应符合下列规定：

1）输入、输出各级保护系统和输出的电压稳定性、波形畸变系数、频率、相位、静态开关的动作等各项技术性能指标应符合产品技术文件要求和设计文件要求；

2）蓄电池容量及切换时间应符合产品技术文件要求和设计文件要求。

图 5.1.15 UPS 及 EPS 安装施工流程

6 UPS 装置及 EPS 装置输出端的系统接地方式应符合设计文件要求。

7 UPS 及 EPS 应按下列要求安装：

1）电源屏柜安装应牢固，屏柜无变形，表面油漆涂层完整，元器件完好无损；屏柜的接地应符合设计要求；蓄电池的安装应符合本指南第 5.1.14 条的相关要求。

2）引出、引入电源装置的电力电缆和控制电缆应分别穿管敷设，在电缆支架上平行敷设应保持 150mm 的距离，电缆的屏蔽护套接地可靠。

3）电源装置输出端的中性线（N 极）应与接地干线直接连接。

4）柜体的形式、规格、尺寸和平面布置应符合设计文件要求。屏、柜单独或成列安装时，其垂直度、水平偏差以及屏、柜面的偏差和屏、柜间接缝的允许偏差应符合本指南表 5.1.12-2 的规定；柜体水平及垂直度应符合蓄电池安装要求。

5）蓄电池安装应排列整齐，距离均匀一致，连接条应经过防腐处理；蓄电池极性连接正确，并牢固可靠。

8 安放 UPS 装置及 EPS 装置的机架组装应横平竖直，水平度、垂直度允许偏差不应大于 1.5‰，紧固件齐全。

9 引入或引出 UPS 装置及 EPS 装置的电线、电缆的屏蔽护套接地连接可靠，与接地干线就近连接；接地标识清晰。

10 电源装置试验应符合下列要求：

1）电源的输入、输出各级保护系统和输出的电压稳定性、波形畸变系数、频率、相位等各项技术指标试验调整符合产品技术文件和设计文件要求。

2）两路三相电源自动切换或单相电源自动投切功能正常，整流装置、逆变装置功能正常。

3）仪表、灯光、信号应能正确显示。

4）电源装置和二次回路的绝缘电阻和交流工频耐压试验应符合相关技术标准要求。

5.1.16 柴油发电机组

1 柴油发电机组施工包括 10kV 及以下单台、联机固定式柴油发电机组及其附属设备的安装与调试。

2 柴油发电机组的安装与调整施工流程如图 5.1.16 所示。

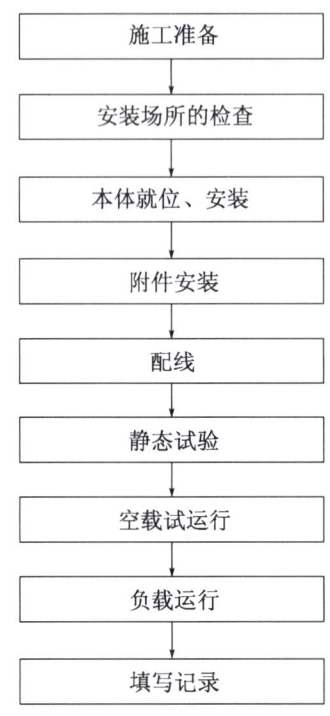

图 5.1.16 柴油发电机组的安装与调整施工流程

3 设备到达现场时数量、型号、规格应符合设计要求，质量证明文件齐全；外观应完好，无锈蚀和机械损伤。

4 机组主体应按下列要求安装：

1）安装位置及方式应符合设计要求。

2）用吊车或人工将机组安装就位，并把减振器装在机组的底部。

3）减振器无须固定时，在减振器下垫一薄橡胶板后在基础上放置好机组。需固定时，根据减振器地脚孔位置预埋螺栓后，放置好机组、拧紧螺栓。

5 燃油系统应按下列要求安装：

1）单独安装的日用油箱应安装在容易接近及补给的地方，燃油箱必须具有通气孔和燃油回油接头，通气孔必须能防止灰尘和水进入燃油箱。

2）输油管道应适当支撑、保护并防止破裂。管路弯转应采用 T 形接头，管路接口处应密封；不得将回油管直接回机组进油管进入储油罐。

3）油桶的柴油加入油箱之前，应放置 24h；使用的胶管和手摇泵装置应保存于干净的环境中。

6 排烟系统应按下列要求安装：

1）将导风罩按设计要求固定在墙壁上；随机法兰与排烟管焊接，焊接时注意法兰之间的配对关系；根据消声器及排烟管的大小和安装高度，配置相应的套箍。

2）用螺栓将消声器、弯头、垂直方向排烟管、波纹管按产品技术文件连接好，保证各处密封良好；将水平方向排烟管与消声器出口有螺栓连接好，保证接合面的密封性；排烟管外围应包裹一层保温材料。

3）柴油发电机组与排烟管之间的连接应使用波纹管，所有排烟管的管道重量不得压在波纹管上，波纹管应保持自由状态。

7 通风系统安装时预埋件安装应牢固；进风口百叶、风阀、排风口安装正确、牢固；通风管道安装应符合产品技术文件要求。

8 冷却水系统应按下列要求安装：

1）热交换器应核对水冷柴油发电机组的热交换器的进、出水口，与带压的冷却水源压力方向一致，连接进水管和出水管；冷却水进、出水管与发电机组本体的连接应使用软管隔离。

2）散热水箱水冷柴油发电机组的散热水箱加水口和放水口处空间符合产品技术文件要求；检查风扇工作状态良好。

9 配线及接地电缆应固定牢靠，芯线连接良好，设备接地符合设计及产品技术文件要求。

10 试运行前应进行下列检查准备工作：

1）发电机容量符合负荷要求；控制柜的接线应符合产品技术文件要求。

2）机械连接和电气连接牢固；通风系统和废气排放系统连接牢固。

3）加注润滑油、冷却剂和燃料；润滑系统、燃料系统无渗漏；启动电池容量已充满；自动切换装置、紧急停机按钮功能正常。

11 发电机组应按下列要求进行空载运行：

1）断开柴油发电机组负载侧的开关；将机组控制柜的控制开关设定到"手动"位置后，按启动按钮。

2）检查机组电压、电池电压、频率、机油压力应符合产品技术文件要求；进行正常停车与紧急停车试验。

12 发电机组进行负载试验时空载运行合格后，应断开系统电源，由机组向负载供电；发电机运行应稳定，频率、电压、电流、功率应符合产品技术文件要求及相关国家标准。

13 发电机组自切换、自启动功能应符合产品技术文件要求。

5.1.17 光伏发电系统

1 光伏发电系统施工包括站房光伏发电系统的安装。

2 光伏发电系统施工流程如图5.1.17所示。

3 光伏发电系统安装前设计文件应齐备，且已通过论证、审批，并网接入系统已获批准并备案；预留基座、预留孔洞、预埋件、预埋管和相关设施应符合设计图的要求，并已验收合格。

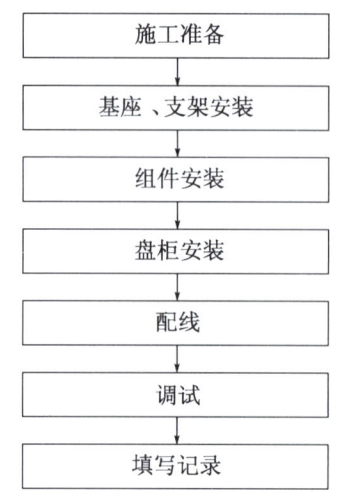

图5.1.17 光伏发电系统施工流程

4 设备进场验收数量、型号、规格应符合设计要求，质量证明文件齐全；外观应完好，无锈蚀或机械损伤；光伏组件与负载的连接点和极性应有明显标志。

5 光伏组件或方阵的基座、支架应按下列要求安装：

1）基座应与建筑主体结构连接牢固；钢基座预埋件，在支架安装前应防腐处理。

2）支架应按设计要求制作，钢结构支架的安装和焊接应符合现行《钢结构工程施工质量验收标准》（GB 50205）的要求；支架应按设计位置要求安装在主体结构上，并与主体结构可靠固定。

3）钢结构支架焊接完毕，应按设计要求做防腐处理；钢结构支架应与建筑物接地系统可靠连接。

6 光伏组件应按下列要求安装：

1）光伏组件或方阵应按设计间距整齐排列并可靠地固定在支架或连接件上，光伏组件之间的连接件应便于更换。

2）安装型光伏组件或方阵与建筑面层之间应留有安装空间和散热间隙；在坡屋面上安装光伏组件时，其周边的防水连接构造必须严格按设计要求施工，不得渗漏。

3）光伏幕墙的安装应符合现行《玻璃幕墙工程质量检验标准》（JGJ/T 139）的相关规定；光伏幕墙应排列整齐、表面平整、缝宽均匀；光伏幕墙应与普通幕墙同时施工，共同接受幕墙相关的物理性能检测。

4）光伏组件在安装时表面应铺遮光板，防止电击危险。光伏组件的输出电缆不得发生短路。

5）接通电路后应注意热斑效应的影响，不得局部遮挡光伏组件。

6）在坡度大于10°的坡屋面上安装施工，应设置专用踏脚板。

7 屏柜安装应符合本指南第5.1.12条的相关要求。

8 线缆敷设时线槽布置应美观，布线应隐蔽，各方阵的线缆便于连接，并有足够的强度；所有线缆的连接处应做好镀层处理；光伏系统直流侧施工时，应标识正、负极性，并宜分别布线。

9 光伏发电系统的防雷应符合防雷等级要求，各连接点的接地电阻应小于10Ω。

10 光伏发电系统性能指标应符合设计要求和相关技术标准的规定。

5.1.18 火灾自动报警装置

1 火灾自动报警装置施工包括变电所、配电所内的火灾自动报警装置的施工。

2 火灾自动报警装置的安装与调整施工流程如图5.1.18所示。

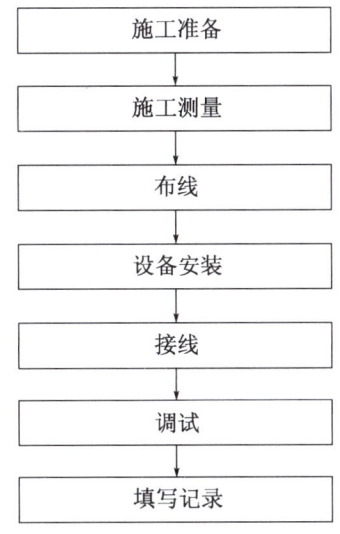

图5.1.18 火灾自动报警装置安装与调整施工流程

3 火灾自动报警装置布线应符合下列要求：

1）导线的规格型号符合设计要求。

2）导线在管内或线槽内，不应有接头或扭结且内部干燥清洁；导线穿管后，应将管口封堵；在吊顶内的管路线槽，宜采用单独的卡具吊装或支撑物固定。直线段每隔1.0~1.5m和接头、转弯处应设置吊点或支点；导线敷设后应测试绝缘电阻。

3）管线经过建筑物的变形缝处，应采取补偿措施。

4）配线应整齐，避免交叉，并应固定牢靠；所配导线的端部，均应标明编号，并与图纸一致，字迹清晰不易褪色。

5）端子板每个接线端的接线不得超过2根。

4 火灾探测器应按下列要求安装：

1）点型火灾探测器安装位置应符合设计要求。

2）探测器的底座应固定牢靠，外接导线留有余量，底座的穿线孔宜封堵且导线连接必须可靠压接或焊接；当采用焊接时，不得使用带腐蚀性的助焊剂。

3）探测器的"＋"线应为红色，"－"线应为蓝色，相同用途的导线颜色应一致。

4）探测器在即调试时方可安装，在安装前应妥善保管并采取防尘、防潮、防腐蚀措施。

5 火灾报警控制器应按下列要求安装：

1）控制器内配线应整齐、连接牢固，有与设计图纸一致的编号；控制器的接地应牢固，并有明显标志。控制器应安装牢固，不得倾斜；安装在轻质墙上时，应采取加固措施。

2）控制器的主电源应有明显标志引入线，应直接与消防电源连接，严禁使用电源插头。主电源应有明显标志。

6 火灾自动报警装置与接地装置的连接应符合设计要求。

7 火灾自动报警装置应按下列要求调试：

1）点型感烟火灾探测器调试。

（1）采用专用的检测仪器或模拟火灾的方法，逐个检查每只火灾探测器的报警功能，探测器应能发出火灾报警信号。

（2）对于不可恢复的火灾探测器，应采取模拟报警方法逐个检查其报警功能，探测器应能发出火灾报警信号。当有备品时，可抽样检查其报警功能。

2）火灾报警控制器调试。

（1）调试前应切断火灾报警控制器的外部控制连接，连接火灾探测器后，方可接通电源。

（2）按现行《火灾报警控制器》（GB 4717）的有关要求对控制器进行功能检查。

5.1.19 中性点接地装置

1 中性点接地装置施工包括消弧线圈成套装置和低电阻柜的安装调试。

2 中性点接地装置的安装施工流程如图5.1.19所示。

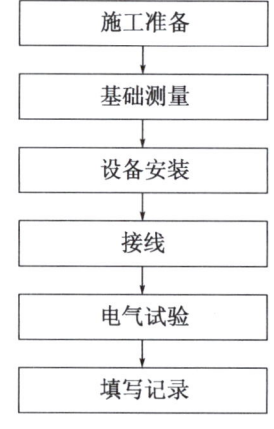

图 5.1.19 中性点接地装置安装施工流程

3 设备进场验收应符合下列要求：

1）设备数量、规格、型号、柜体尺寸、面板布置、颜色应符合设计要求，质量证明文件齐全。

2）外观应完好，无锈蚀或机械损伤。

4 消弧线圈及控制柜、低电阻柜应按下列要求安装：

1）安装位置正确、平稳牢固。

2）消弧线圈、低电阻柜的高压侧应与接地变压器中性点（调压器中性点）连接；

低压侧与接地网的主干线连接并做电气连接性试验，且符合设计规定。

3）连接点固定牢靠，不应使瓷管所受机械力超过产品技术文件规定，所用材料的规格、型号符合设计规定。

4）消弧线圈接地装置的接地变压器与接地体或接地干线的连接，应采用单独的接地线，其材质、型号应符合设计文件要求。

5 消弧线圈成套装置应按下列要求进行安装和测试：

1）控制柜与消弧线圈的电气连接符合产品技术文件要求。

2）调匝式消弧线圈有载调压切换功能符合产品技术文件要求；消弧线圈分接开关置于规定挡位。

3）控制柜上监控装置功能符合设计文件和产品技术文件要求。

4）消弧线圈接地装置的分接头位置符合设计文件要求。

6 低电阻柜应按下列要求进行安装和测试：

1）柜内电阻器的直流电阻值符合设计文件要求；柜内零序电流互感器一、二次接线正确。

2）铭牌齐全，标识正确，显示回路正确，通风电机完好。

5.2 电缆线路

5.2.1 一般规定

1 电缆线路施工包括35kV及以下电缆的敷设。

2 电缆线路施工流程如图5.2.1-1所示。

3 电缆径路应依据设计图纸进行复测，建立测量台账，在工厂进行电缆配盘编号。

4 电缆在运输装卸过程中，应避免强烈振动、倾倒。运输或滚动电缆盘前，应保证电缆盘牢固、电缆缠绕紧固。滚动时必须顺着电缆盘上的箭头指示或电缆的缠绕方向。

5 电缆及其附件进场验收应保证产品的技术文件、附件部件齐全，材质质量应符合产品技术要求；电缆型号、规格、长度应符合订货要求；电缆外观不应受损，电缆封端应严密；当外观检查有问题时，应进行受潮判断或试验。

6 电缆及其有关材料如不能立即使用，应按下列要求储存：

1）电缆应集中分类存放，并应标明型号、电压、规格、长度。

2）电缆盘之间应有通道，地基坚实。当受条件限制时，盘下应加垫，存放处不得积水。

3）电缆附件绝缘材料的防潮包装应密封良好，并应根据材料的性能和保管要求储存和保管。

4）电缆在保管期间，电缆盘及包装应完好，标志应齐全，封端应严密。当有缺陷时，应及时处理。

7 电缆敷设前应按下列要求进行检查：

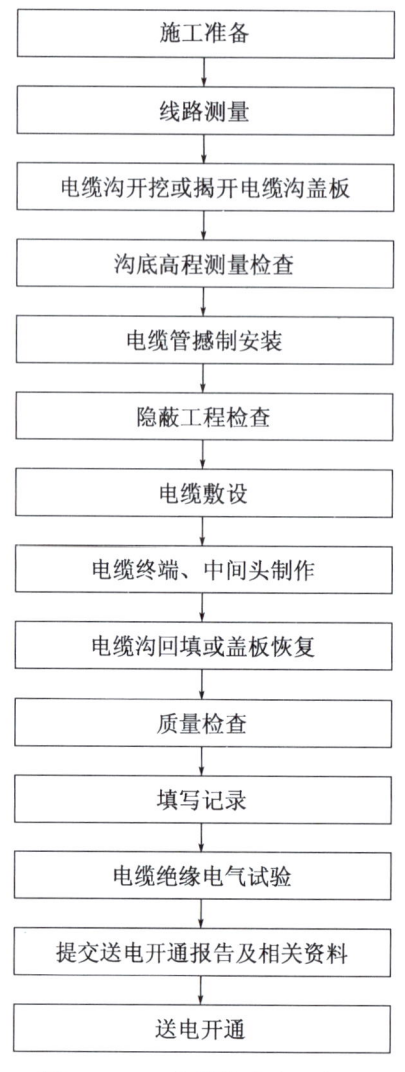

图 5.2.1-1 电缆线路施工流程

1）电缆通道畅通，排水良好。金属部分的防腐层完整。电缆隧道内照明、通风符合要求；电缆支架应齐全，安装牢固。金属电缆支架防腐处理完好。

2）电缆型号、电压等级、规格应符合设计文件要求。

3）电缆外观应无损伤，绝缘良好，当对电缆的密封性有质疑时，应进行潮湿性判断；电缆绝缘测试合格。

4）敷设前应按电缆清册和测量台账安排每盘电缆，减少电缆接头数量；在带电区域内敷设电缆，应有可靠的安全措施。

8 电缆敷设前应做好下列准备工作：

1）成立电缆敷设小组，并设专人负责，严格过程控制。

2）在敷设前，施工人员应熟悉电缆敷设清册和电缆路径图，熟悉电气设备名称、电缆及电缆路径名称编号，并与图纸上的电缆路径名称进行核对；在敷设路径较暗的地方，应适当增加照明；检查电缆敷设路径，不得有存在损坏电缆的因素。

3）预留槽道、过轨管、综合管沟、桥面锯齿孔、电缆井、电缆爬架等接口应满足电缆敷设要求。

4）电缆绝缘测试应符合国家标准及设计文件要求。高压电缆宜每盘取样，并按要求送检，线径、绝缘、直流电阻等参数检测合格后方可使用。

5）配电所夹层电缆宜应用建筑信息模型（Building Information Modeling，BIM）技术模拟敷设，优化电缆径路，确定支架位置。

9 电缆最小弯曲半径应符合表 5.2.1-1 的规定。

电缆最小弯曲半径   表 5.2.1-1

电缆形式		多 芯	单芯
控制电缆	非铠装型、屏蔽型软电缆	6D	—
	铠装型、铜屏蔽型	12D	
	其他	10D	
橡皮绝缘电力电缆	无钢铠护套	10D	
	钢铠护套	20D	
聚氯乙烯绝缘电力电缆		10D	
交联聚氯乙烯绝缘电力电缆		15D	20D

注：D 为电缆外径。

10 电缆应按下列要求进行敷设：

1）敷设电缆前，应将电缆盘安置在专用放线架上，放线架安置稳妥；敷设时从电缆盘上端引出电缆；敷设较长电缆宜用座式或吊式滚轮，避免电缆在支架上及地面上摩擦拖拉。

2）电缆上不应有铠装压扁、电缆绞拧、护套折裂等未消除的机械损伤；电缆敷设时不宜交叉，应排列整齐，加以固定，并及时装设标志牌。

3）区间电缆宜采用机械化敷设方式，如图 5.2.1-2 所示。

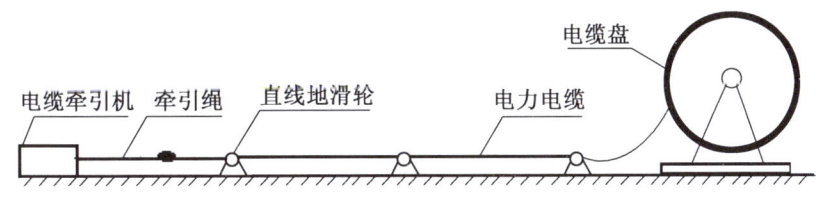

图 5.2.1-2 机械化敷设方式

（1）最大牵引强度宜符合表 5.2.1-2 的规定。

电缆最大牵引强度（单位：N/mm²）   表 5.2.1-2

牵引方式	牵引头		钢丝网套
受力部位	铜芯	铝芯	塑料护套
允许牵引强度	70	40	7

（2）速度不宜超过 15m/min，在较复杂的路径上敷设时，其速度应适当放慢。

（3）在牵引头或钢丝网套与牵引钢缆之间装设防捻器。

4）交流单芯电缆宜采用"品"字形敷设或三相全换位敷设方式。

5）电力电缆在终端头附近根据现场条件应留有备用长度，高压电缆备用长度不宜小于5m，低压电缆备用长度不宜小于3m。

6）不同电源性质的电缆、不同专业的光电缆敷设应符合下列规定，并在隐蔽前拍摄影像资料：

（1）不同电源性质的电缆没有条件分路径、需要同沟槽敷设时，防护措施应符合设计文件和有关标准要求。

（2）电力电缆与通信、信号电缆不宜同槽敷设，同槽敷设时应采取相应防护措施，并应符合设计文件要求。

（3）高、低压电缆交汇处宜用电缆支架实现物理隔离，电缆进出隧道内箱变敷设示意图分别如图5.2.1-3、图5.2.1-4所示。

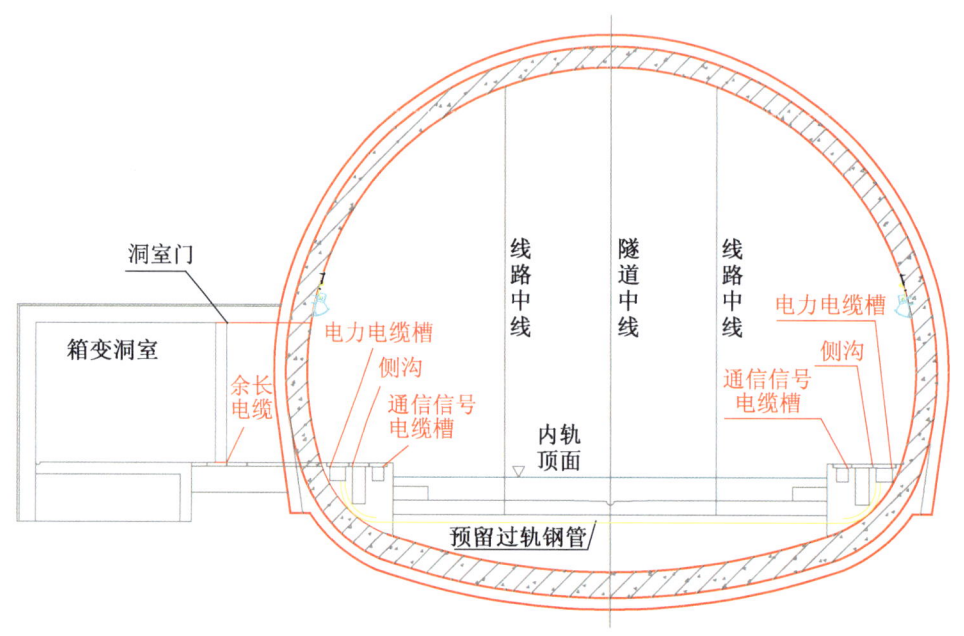

图5.2.1-3　电缆进出隧道内箱变敷设侧视示意图

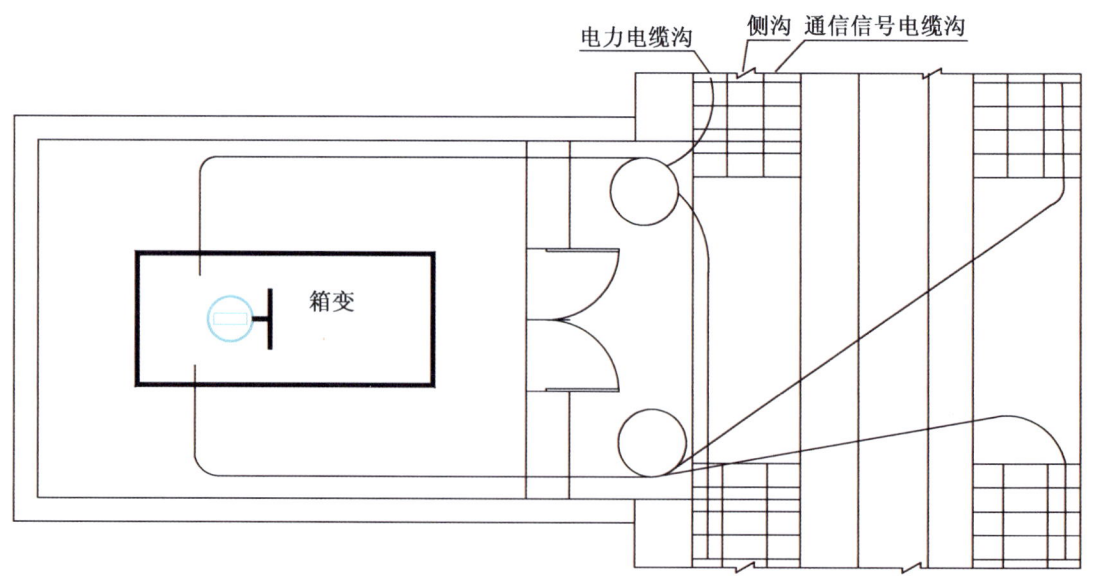

图5.2.1-4　电缆进出隧道内箱变敷俯视示意图

（4）贯通电缆通过弱电电缆井时，应通过电缆槽隔离，如图 5.2.1-5、图 5.2.1-6 所示。

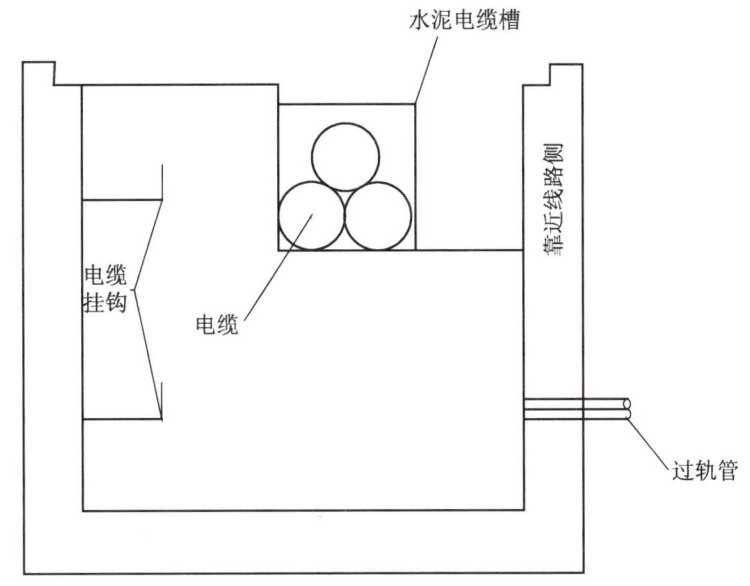

图 5.2.1-5　电缆隔离侧视示意图

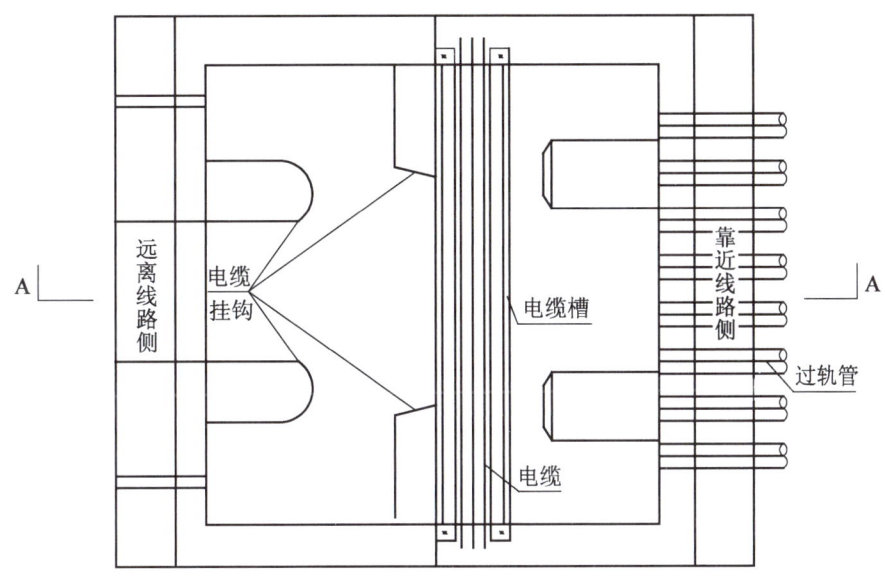

图 5.2.1-6　电缆隔离俯视示意图

11　电缆明敷时应穿管保护，管与管或与设备的连接用螺纹接口时啮合应紧密，管口应有效密封；采用非密闭式电缆沟时，沟内应用砂土填实；与爆炸危险场所连通的电缆沟或管道在贯穿墙（板）处的孔洞部位应采用不燃性材料密实封堵。

12　电缆的固定应符合下列要求：

1）在下列地方应将电缆加以固定：垂直敷设或超过 45°倾斜敷设的电缆在每个支架上；桥架上每隔 2m 处；水平敷设的电缆，在电缆首末两端及转弯、电缆接头的两端处。

2）交流单芯电缆的固定夹具不应形成闭合磁路；护套有绝缘要求的电缆，在固定处加绝缘衬垫。

13 电缆中间接头和终端接头的位置应符合下列要求：

1）设在便于检查及修理处，并在其附近预留电缆备用；中间接头在桥梁、隧道上的预留方式、长度符合应设计规定。

2）设在城镇人行道或其他道路的电缆头，当开挖不便时，应设置于人孔井内。

3）并列敷设的电缆，中间接头的安放位置应适当错开，电缆中间接头与邻近电缆之间的净距离不得小于0.25m，当不能符合时应采取隔离措施；电缆中间接头应水平安装。

14 电缆标志牌应按下列要求进行装设：

1）在过道防护管的两端、电缆终端头、电缆预留处、电缆接头、转弯处、夹层内、隧道及竖井的两端、人井内等地方，电缆上应装设标志牌。

2）标志牌上应注明线路编号，当无编号时，应写明电缆型号、规格及起讫点；并联使用的电缆应有顺序号，标志牌的字迹清晰不易脱落；同一径路不同用途的电缆宜采用不同的标识牌，间距不大于200m。

3）标志牌规格统一，标志牌应能防腐，挂装应牢固。

15 电缆进入电缆沟、隧道、竖井、建筑物、屏（柜）以及穿入管子时，出入口应密封。生产房屋内、电缆沟内、电缆隧道内的电力电缆穿过房间隔墙、楼板时，电缆应采用防火包带包扎，孔洞应采用防火堵料封堵。对易受外部影响着火的电缆密集场所或可能着火蔓延而酿成严重事故的电缆回路，应按设计要求的防火阻燃措施施工。

5.2.2 槽道内电缆敷设

1 电缆槽道的规格、型号应符合设计要求和相关产品标准的规定。

2 电缆槽道敷设应符合下列要求：

1）槽道底应有不小于0.1%的排水坡度。

2）贯通电缆当采用三相品字形布置时，宜采用阻燃尼龙卡箍固定。桥梁区段槽道内应蛇形敷设。电缆线路蛇形敷设示意图如图5.2.2-1所示。

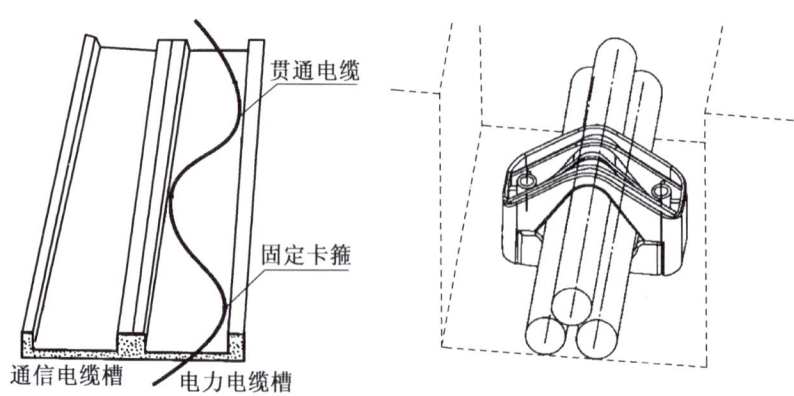

图5.2.2-1 电缆线路蛇形敷设示意图

3）隧道内槽道内应敷砂或采取其他阻燃措施，槽内电缆宜用支架固定，分层敷设，如图 5.2.2-2 所示；电缆规格要求应符合设计要求。

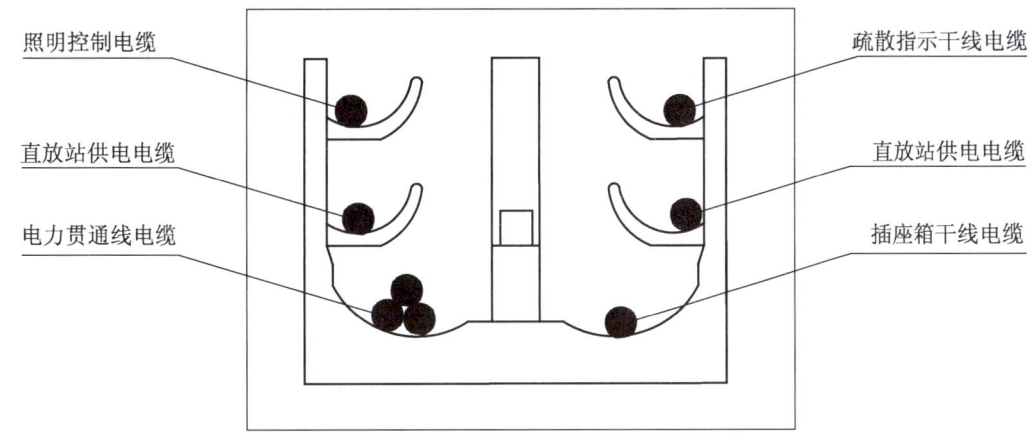

图 5.2.2-2　隧道内电缆槽支架示意图

4）电缆敷设完毕，应及时清除杂物，盖好盖板；进出槽道外的电缆应穿钢管保护，出入口及管口处应密封；电缆沿铁路桥梁槽道敷设时，桥墩两端和伸缩缝处的电缆应留有松弛量。

5.2.3　直埋电缆敷设

1　在电缆线路的径路上有可能使电缆受到机械损伤、化学或地下电流腐蚀、振动、热影响、腐殖物质、虫鼠等危害的地段，应采取保护措施。

2　直埋电缆的埋设深度应符合下列要求：

1）电缆表面距地面不应小于 0.7m，穿越农田时不应小于 1m，在引入建筑物、与地下建筑物交叉及绕过地下建筑物处可浅埋，但应采取保护措施。

2）电缆在岩石等困难地段的施工可浅埋，但应按照设计要求设置必要的防护措施。

3　直埋电缆的上、下部应铺以不小于 100mm 厚的软土或沙层，并加盖保护板，其覆盖宽度应超过电缆两侧各 50mm；保护板可采用混凝土盖板或砖块，回填土应分层夯实。

4　电缆与铁路、公路、排水沟、城市街道、厂区道路交叉、引入建筑物或电缆人孔井时，应穿管保护。保护管长度应超出路基每侧各 1m，站场内保护管可超出枕轨头 0.5m，超出排水沟底面 0.5m；在城市街道应伸出车道路面。

5　直埋电缆间，电缆与其他管道、道路、建筑物等之间平行和交叉时的最小净距，应符合设计要求。严禁将电缆平行敷设于管道的上、下方。

6　直埋电缆在直线段每隔 50~100m 处、电缆接头处、转弯或分支处、进入建筑物处、穿过铁路、公路的两侧及其他管路处，应设置明显的方位标志或标桩。

5.2.4　支架、桥架上电缆敷设

1　各类电缆在支架上应分层排列，由上而下分别为高压电力电缆、低压电力电缆、照明电缆和控制电缆。

2 当电缆沟、电缆隧道内两侧有支架时，低压电力电缆及控制电缆宜与高压电力电缆分别敷设在不同侧的支架上；当电力电缆与控制电缆敷设在同一侧支架上时，高、低压电力电缆及控制电缆应按顺序由上而下分层配置时；电缆在普通支架上配置时，不宜超过一层；在桥架上配置，控制电缆不得超过三层，交流三芯电缆不得超过两层；电缆可紧密排列。

3 电缆支架、桥架间距，最上层和最下层支架与沟顶、楼板或沟底、地面的最小净距及电缆沟或电缆隧道宽度应符合设计要求。

4 电缆在铁路生产设备房屋内沿墙敷设时应符合下列要求：

1）电缆之间，电缆与绝缘导线、管道之间的接近距离不应小于表 5.2.4-1 所列数值。

电缆之间、电缆与绝缘导线、管道间净距（单位：mm） 表 5.2.4-1

敷设条件	净距	敷设条件	净距
1kV 以下电缆与 10kV 电缆间	300	电缆与热力管道间：平行	1000
1kV 以下电缆与绝缘导线间	100	电缆与热力管道间：交叉	500
10kV 电缆与绝缘导线间	300	电缆与其他管道间	500

注：电缆与热力管道间距离不能符合要求时，应按设计要求采取隔热措施，并应将电缆敷设在热力管道的下方；电缆与非热力管道的距离不能符合要求时，电缆应按设计要求加保护措施。

2）无铠装电缆水平敷设时，电缆至地面距离不应小于 2.5m，垂直敷设时不应小于 1.8m，否则应采取保护措施。

5 电缆沿隧道壁用支架固定的敷设应符合下列要求：

1）采用支架固定电缆时，其支架应有足够的机械强度和防腐蚀性能，支架的安装应牢固。

2）电力电缆与接触网、隧道壁和其他电缆之间的最小距离应符合表 5.2.4-2 的要求。

电力电缆与接触网、隧道壁和其他电缆之间的最小净距（单位：m） 表 5.2.4-2

地点、位置	高压电缆	低压电缆
接触网（27.5kV）	2.00	2.00
隧道壁	0.10	0.05
高压电缆	0.15	0.30
低压电缆	0.30	0.10
漏泄同轴电缆	0.60	0.30
回流线或架空地线	0.30	0.50

3）电缆固定支架不得侵入建筑限界内。高压电缆固定支架下端距钢轨面不应小于 4.5m，低压电缆支架下端距钢轨面不应小于 4m。

6 电缆应从桥梁预留孔引下，并采用电缆桥架沿桥墩敷设，桥架在地面以上 2m 内应按设计要求保护。

7 电缆支架应按下列要求进行加工、安装：

1）支架所用钢材应平直，无显著扭曲。下料后长短差应在5mm范围内。切口处应无卷边、毛刺；钢支架应焊接牢固，无显著变形，各横撑间的垂直净距与设计偏差不应大于5mm；金属电缆支架必须进行防腐处理。位于湿热、盐雾以及有化学腐蚀的地区，应根据设计的要求防腐处理。

2）电缆支架安装应符合设计要求，安装牢固，横平竖直；在有坡度的电缆沟内或建筑物上安装的电缆支架，应有与电缆沟或建筑物相同的坡度。

3）电缆支架接地应符合设计要求。

8 组装后的钢结构竖井，其垂直偏差不应大于其长度的2‰；支架横撑的水平不应大于其宽度的2‰；竖井对角线的偏差不应大于其对角线的5‰。

9 电缆桥架应按下列要求安装：

1）电缆梯架（托盘）及其支（吊）架的连接件和附件的质量应符合现行有关技术标准要求；电缆梯架（托盘）的规格、支吊跨距、防腐类型应符合设计要求；梯架（托盘）在每个支吊架上的固定应牢固，梯架（托盘）连接板的螺栓应坚固，螺母应位于梯架（托盘）的外侧。铝合金梯架在钢制支吊架上固定时，应有防电化腐蚀的措施。

2）当直线段钢制电缆桥架超过30m，铝合金制、玻璃钢制电缆桥架超过15m时，应设置伸缩缝，其连接宜采用伸缩连接板；电缆桥架跨越建筑物伸缩缝处应设置伸缩缝。

3）电缆桥架转弯处的转弯半径不应小于该桥架上的电缆最小允许弯曲半径的最大值；电缆桥架接地应符合设计要求。

5.2.5 管道内电缆敷设

1 电缆管内径应大于电缆外径的1.5倍，电缆管不应有穿孔、裂缝和显著凹凸不平，内壁应光滑；金属电缆管不应有严重锈蚀。硬质塑料管不得用于温度过高或过低的场所。

2 管口应无毛刺和尖锐棱角；电缆管在弯制后，不应有裂缝和显著的凹瘪现象，其弯扁程度不宜大于管道外径的10%，电缆管的弯曲半径不应小于所穿入电缆的最小允许弯曲半径；金属电缆管应按设计要求防腐处理。

3 每根电缆管的弯头不应超过3个，直角弯不应超过2个。

4 电缆管应安装牢固；电缆管支持点间的距离，当设计无规定时，不宜超过3m；当塑料管的直线长度超过30m时，宜加装伸缩节；非金属类电缆管在敷设时宜采用预制支架固定，支架间距不宜超过2m。

5 电缆管应按下列要求连接：

1）金属电缆管连接应牢固，密封良好，两管口应对准。套接的短套管或带螺纹的管接头的长度，不应小于电缆管外径的2.2倍；金属电缆管不宜直接焊接。

2）硬质塑料管在套接或插接时，其插入深度宜为管内径的1.1~1.8倍。在插接面上应涂以胶合剂粘牢密封；采用套接时，套管两端应封焊。

6 引至设备的电缆管管口位置，应便于电缆与设备的连接并不应妨碍设备拆装和进出，并列敷设的电缆管管口高度应一致。

7 管道内部应无积水，且无杂物堵塞。穿电缆时，管口宜套保护圈并采用无腐蚀性的润滑剂（粉）。

8 电缆排管的规格、型号、数量、排列方式应符合设计要求，无变形移位，在敷设电缆前，应进行疏通，清除杂物。

9 穿入管中电缆的数量应符合设计要求；交流单芯电缆以单根穿管时，不得采用未分割磁路的钢管。

5.2.6 悬挂式电缆敷设

1 钢索托架、钢索、金属配件等材料规格、型号、材质应符合设计要求。

2 悬挂式电缆的敷设应符合下列要求：

1）钢索托架应安装牢固；钢索托架的安装距离，直线部分不宜大于20m，曲线部分不宜大于15m；钢索每隔300～500m应设耐张段；在钢索上悬挂电缆的悬挂点应均匀；悬挂点最大距离，电力电缆为0.75m，控制电缆为0.6m。

2）电缆与潮湿隧道壁间的距离不应小于50mm。

3）电缆中间头的安装位置、固定方式应符合设计要求，当设计未作规定时，宜安装在避车洞内的墙壁上并预留电缆备用长度。

5.2.7 电缆附件制作与安装

1 电缆终端与中间接头应由熟悉工艺且培训合格的人员制作，并严格遵守有关制作工艺规程。

2 制作电缆终端及中间接头时，空气相对湿度宜在70%以下，应防止尘埃、杂物落入绝缘内。严禁在雨、雪、雾气象条件下，室外制作6kV及以上电缆终端与电缆中间接头。

3 制作电缆终端和接头前，应熟悉安装产品工艺资料，做好检查，电缆绝缘状况良好，无受潮；附件规格、型号及电压等级应与电缆和GIS或变压器出线端子的规格、型号互相吻合，且符合设计要求，密封应完好，且在合格使用期内；与电缆配套的工机具齐全完好，消耗材料齐备，清洁绝缘表面的溶剂应与附件厂家自带的一致。

4 制作电缆终端与中间接头，应从剥切电缆开始连续完成。剥切电缆时不应损伤线芯和绝缘层。附加绝缘的包绕、热缩、冷缩、装配应清洁。高压交联聚乙烯电缆户内、户外终端头及中间接头制作工序可参考图5.2.7。

5 电缆终端和中间接头采用预制件结构时，应符合下列要求：

1）电缆的剥切长度应符合要求，芯绝缘和半导电层过渡处光滑平整；电缆手套的固定必须由掌心处开始，分别向袖口和指端处收缩，收缩过程中应挤出掌心处的空气，使之密封；插入硅橡胶接头时硅脂应涂抹均匀，慢慢推入，不得伤害接头和电缆。

2）连接处导电良好，能长久、稳定地传输额定电流；终端头和接头处的绝缘能承受电缆工作条件下的额定电压和瞬时过电压；接头外壳具有良好的密封性和足够的机械强度。

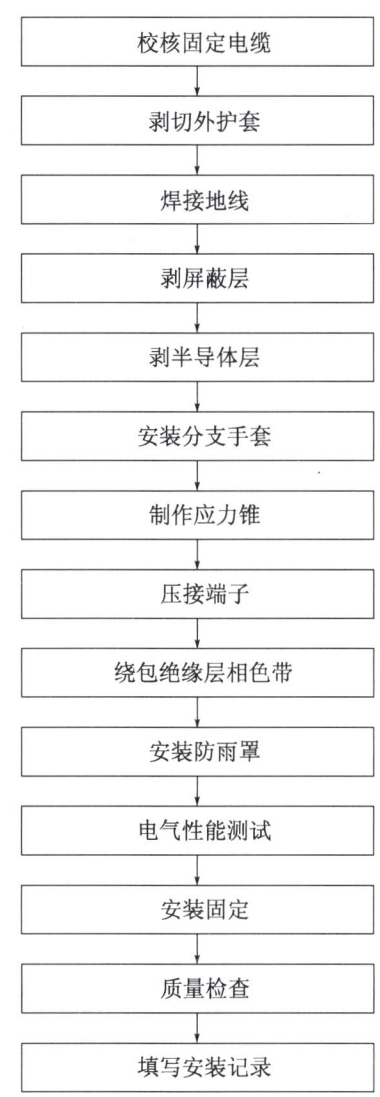

图 5.2.7　高压交联聚乙烯电缆户内、户外终端头及中间接头制作工序

注：户外终端头制作工序流程在"电气性能测试"之前增加"安装防雨罩"工序；中间接头制作工序在"剥切外护套"之后增加"套入中间连接盒"及"剥半导体层"之后增加"压接中间接头"工序。

6 电缆终端头采用可触摸插拔头时，安装应力锥应到规定位置，不得套反；可触摸接头附件应按说明书规定的顺序安装，位置正确，连接牢固；可触摸接头应可靠接地。

7 电缆线芯连接时，应除去线芯和连接管内壁氧化层。压接模具与金具应配套，压接后端子或连接管上的凸痕应光滑，不得留有毛刺或尖角。

8 电缆终端和中间接头接地安装应符合下列要求：

1）电缆中间接头处的电缆铠装、金属屏蔽层应各自有良好的电气连接并相互绝缘；

电缆终端头的电缆铠装、金属屏蔽层应用接地线分别引出，单芯电缆终端头接地宜一端直接接地，另一端采用护层绝缘保护器接地；中间接头的接地应符合设计要求。

2）接地线应采用铜绞线或镀锡铜编织线，其截面积不应小于表 5.2.7 的要求。

电缆终端接地线截面积（单位：mm^2） 表 5.2.7

电缆截面积	接地线截面积
120 及以下	16
150 及以上	25

9 装配、组合电缆终端和接头时，各部件间的配合或搭接处应采取堵漏、防潮和密封措施。

10 电缆终端头应固定牢固，符合电气绝缘距离要求；电缆终端头上应有与系统一致的相色标志。

11 控制电缆敷设长度超过其制造单根（盘）长度时、必须延长已敷设竣工的控制电缆时或消除电缆使用中的故障时可有接头，但连接应牢固，并不应受到机械应力。

12 电力电缆分支箱、对接箱的规格、型号应符合设计要求，安装位置正确、牢固，接地良好。

13 电缆护层保护器的连接线应尽量短，且截面应符合最大电流通过时的热稳定要求；电缆护层保护器接地端与接地体应可靠连接；电缆终端头与电缆护层保护器间的裸连接线需做绝缘处理。

5.2.8 电缆井

1 电缆井施工包括电缆预留井和手孔井的制作。

2 电缆预留井和手孔井应按设计文件制作，其施工流程如图 5.2.8 所示。

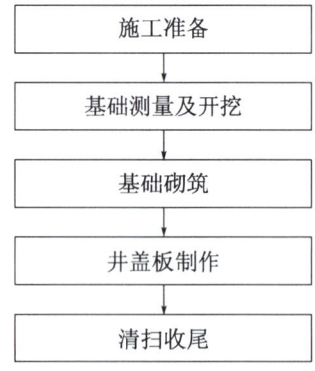

图 5.2.8 电缆井施工流程

3 电缆井应根据设计文件要求测量定位。

4 电缆井施工应符合下列要求：

1）电缆井应有排水设施、井内无积水，井内支架、爬架设置应符合设计要求，防锈措施完好。

2）电缆井盖板制作应符合设计规定，盖板应与基础平齐、接触密紧、密封良好。

3）电缆井标识清晰、明确、不易脱落。

5.3 35kV 及以下架空线路

5.3.1 一般规定

1 35kV 及以下架空线路施工包括 35kV 及以下架空电力线路工程的施工。35kV 及以下架空电力线路的大档距及铁塔安装工程的施工，应参照现行《110~750kV 架空输电线路施工及验收规范》（GB 50233）的有关规定执行。

2 架空电力线路的施工流程如图 5.3.1-1 所示。

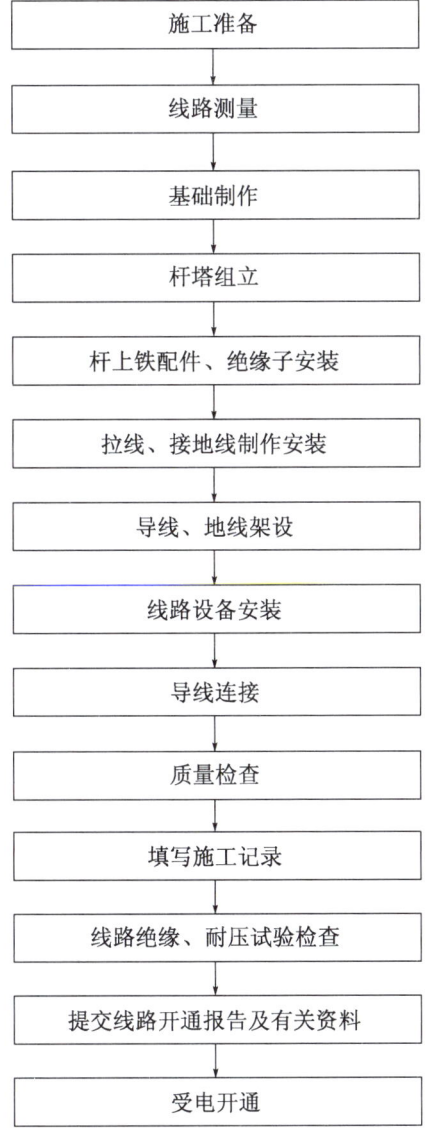

图 5.3.1-1　架空电力线路施工流

3 电力线路的测设位置应在符合地方政府发布规划的施工红线范围内。因施工需要，有关开发线路通道和占用农田等问题，应按有关规定与有关单位或部门对树木砍伐和青苗赔偿问题签订协议，并在工程竣工后将有关协议移交运营接管单位。

4 位于居民区或公共场所的线路杆塔应设置醒目的安全警示标志。

5 架空电力线路工程使用的线材，架设前应对其进行外观检查，不应有松股、断股、交叉、折叠、断裂及破损等缺陷；钢绞线、镀锌铁线表面镀锌层应良好，无锈蚀；铜绞线不应有松股、断股等缺陷；绝缘线表面应平整、光滑、色泽均匀，绝缘层厚度应符合规定；绝缘线的绝缘层应挤包紧密，绝缘线端部应有密封措施。

6 金具组装配合应良好，安装前应进行外观检查，确保表面光洁，无裂纹、毛刺、飞边、砂眼、气泡等缺陷；线夹转动灵活，与导线接触密贴；镀锌良好，无锌皮脱落、锈蚀现象。

7 绝缘子安装前应进行外观检查，瓷件与铁件组合无歪斜现象，且结合紧密，铁件镀锌良好；瓷釉光滑，无裂纹、缺釉、斑点、烧痕、气泡或瓷釉烧坏点缺陷；弹簧销、弹簧垫的弹力适宜。

8 金属附件和螺栓安装前应进行外观检查，表面不应有裂纹、砂眼、锌皮剥落及锈蚀等现象；由黑色金属制造的附件和紧固件，除地脚螺栓外，应采用热浸镀锌制品；各种连接螺栓宜有防松装置。防松装置弹力应适宜，厚度应符合规定。

9 高压绝缘子安装前，应按每批到货数量抽样 5%（且不少于 50 只）进行交流耐压试验，如不合格率达 20% 以上，则应全部进行试验，并将不合格品剔出。

10 预应力混凝土电杆制造质量应符合现行《环形预应力混凝土电杆》（GB/T 4623）的规定，安装前应进行外观检查。

11 线路的导线排列时，高压线路面向负荷从左起，导线排列相序为 A、B、C；环状线路或导线有换位时，按设计要求排列。

12 架空线路的杆、塔上应全部涂写杆号；开关杆、分支杆、换位杆、引入杆应有相序标志。

13 架空线路施工应符合下列要求：

1）对路径、杆位进行复测，建立测量台账。

2）电力杆塔、水泥制品、铁配件、金具、导线、杆上设备规格、型号、质量符合安装要求。

3）导线架设宜采用机械化张力牵引放线。

4）绝缘线连接应采用专用线夹或接续管，并应做绝缘处理。

5）接地主引下线宜安装在顺线路方向、设备接地端的同侧，接地引下线端头外露并沟线夹 20～30mm。单杆接地示意图如图 5.3.1-2 所示。

14 架空线路施工工艺质量控制要点应符合下列要求：

1）构、配件镀锌良好，防腐措施符合设计要求。

2）导线弛度符合设计要求，绝缘可靠。

3）接地可靠，阻值符合设计要求。

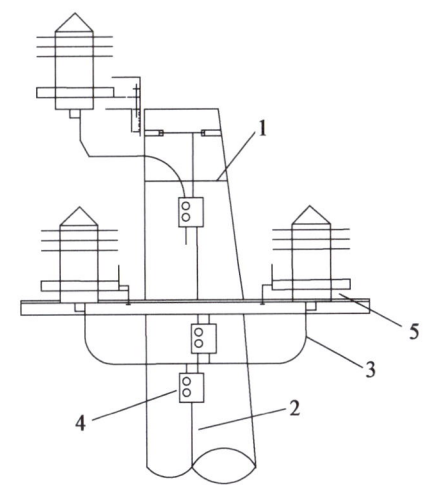

图 5.3.1-2 单杆接地示意图
1-绑扎线；2-主接地引下线；3-副接地引线；4-并沟线夹；5-接线鼻子

5.3.2 架空线路测量

1 线路测量应避开生产和储存易燃易爆的建筑物和仓库区域，与其防火间隔不应小于杆塔高度的 1.5 倍，10kV 线路严禁跨越火灾危险区域；不占用或减少占用农田，避免低洼地、河流、易冲刷地带、易被车辆碰撞和影响线路安全运行的其他地段。

2 施工测量时杆塔中心桩应稳固，立花杆、标尺应垂直于地平面。

3 标桩应用红油漆书写清楚，在市（镇）或交通要道地区，杆塔中心桩周围应加保护桩。

4 路径复测宜朝一个方向进行。如从两头往中间进行，则交接处至少应超过一基杆塔位。两个施工班交接处，应超前两基进行复测，并与邻班取得联系。

5 分坑应在复测结束后进行，不得边复测边分坑。

6 线路测量的允许偏差应以设计订立的两相邻直线桩为基准，杆位横线路方向偏移不大于 50mm；视距法测量距离，顺线路方向两相邻杆塔中心距离与设计值的偏差不大于设计档距的 1%；转角桩的角度值，用方向法测量时与设计值的偏差不大于 1′30″；杆位桩高程，地面凸起点及交叉跨越物的高程，偏差不超过 0.5m。

5.3.3 基坑开挖、回填及基础浇制

1 基坑施工前的定位应符合下列要求：

1）直线杆顺线路方向位移：
（1）35kV 架空电力线路不超过设计档距的 1%；
（2）10kV 及以下架空电力线路不应超过设计档距的 3%；
（3）直线杆横线路方向位移不应超过 50mm。

2）转角杆、分支杆的横线路、顺线路方向的位移均不应超过 50mm。

2 双杆基坑施工前的定位应符合下列要求：

1）根开的中心偏差不应大于 ±30mm。

2）两杆坑深度宜一致。

3 10kV 及以下电杆埋设深度应符合设计要求。当设计未作规定时，不宜小于表 5.3.3 规定的数值。

电杆埋设深度（单位：m）　　　表 5.3.3

电杆总长	8.0	9.0	10.0	11.0	12.0	13.0	15.0	18.0
埋深	1.5	1.6	1.7	1.8	1.9	2.0	2.3	2.6~3.0

注：1. 处于斜坡上的双杆，其埋深应以坡下埋深为准。
　　2. 遇有土质松软、流沙、淤泥、地下水位较高处时，应按设计要求做特殊处理。

4 电杆基坑底采用底盘时，底盘的圆槽面应与电杆中心线垂直，校正后应填土夯实至底盘表面。底盘安装允许偏差，应使电杆组立后符合电杆允许偏差的规定。

5 电杆基础采用卡盘时，安装前应将其下部土壤分层夯实；直线杆卡盘应与线路平行，并在电杆左、右侧交替埋设；承力杆卡盘埋设应在承力侧；卡盘埋深应符合设计要求，允许偏差为 ±50mm。当设计无要求时，上平面距地面不应小于 500mm；与电杆连接应紧密。

6 基础浇筑施工应符合现行《铁路混凝土工程施工质量验收标准》（TB 10424）的规定和本指南第 5.1.2 条的相关要求。

7 对于转角塔、终端塔的受压腿和受拉腿，地脚螺栓规格不相同，应核对方位并确认无误后方准安装。

8 地脚螺栓丝扣露出样板的高度应在操平模板后符合设计要求。丝扣部分应涂黄油并包裹。

9 基础保护帽浇制前应将立柱顶面外露部分打毛并清洗干净。保护帽的混凝土强度等级应符合设计要求，设计无规定时，可按基础混凝土强度等级或低一级施工。保护帽的浇制应里实外光、无裂纹，顶面应有自然淌水坡度。保护帽的混凝土内严禁掺片石及其他杂物。

10 基坑回填土应符合下列要求：

1）回填土块应敲碎，35kV 架空线路基坑每回填 300mm 应夯实一次；10kV 及以下架空线路基坑每回填 500mm 应夯实一次，并在回填过程中清除树根杂草；松软土质的基坑，回填土时应增加夯实次数或采取加固措施。

2）石坑应掺土夯实，石与土比例为 3:1 且掺土均匀；回填土后的电杆基坑宜设置防沉土层。土层上部面积不宜小于坑口面积；培土高度应超出 300mm；当采用抱杆立杆留有滑坡时，滑坡（马道）回填土应夯实，并留有防沉层。

5.3.4 杆塔组立、横担组装及绝缘子安装

1 杆塔组立、横担组装及绝缘子安装包括杆塔、横担及绝缘子的施工。

2 电杆组立前应检查电杆焊接质量合格；电杆顶端应封堵良好。当设计无要求时，下端可不封堵；复查杆身有无裂纹等缺陷，判定合格后方准组立；检查Ⅱ型杆的两杆横担穿钉孔与杆间的长度是否相等，如果两者长度差超过电杆组立后的允许误差，应调整

底盘深度，以保证电杆组立后横担呈水平状态。

3 吊车立杆时，吊点应放在电杆重心，使电杆基本保持直立。

4 塔材应按《输电线路铁塔制造技术条件》（GB/T 2694）的规定验收。运至桩位的个别角钢的弯曲度超过长度的2‰，但未超过表5.3.4-1的变形限度时，可采用冷矫正法矫正，但矫正后不得出现裂纹。

采用冷矫正法的角钢变形限度　　表5.3.4-1

角钢宽度（mm）	变形限度（‰）	角钢宽度（mm）	变形限度（‰）
40	35	70	20
45	31	75	19
50	28	80	17
56	25	90	15
63	22	100	14

注：不等边角钢按窄边计算。

5 铁塔基础需经中间检查验收合格；混凝土分解组塔时为设计强度的70%，整体立塔时为设计强度的100%。当立塔操作采取有效防止影响混凝土强度的措施时，可在混凝土强度不低于70%时整体立塔。

6 铁塔组立后，各相邻节点间主材料弯曲不得超过1/750。

7 铁塔脚钉排布时，脚钉应布置在面向受电端的右后主材上；酒杯形塔头上的脚钉应布置在电源侧两外侧主材上；高低腿的脚钉应设置在面向受电端右后主材或其对角的主材上；不应以铁塔构件代替脚钉；脚钉布置应从地面开始，间距一般为400~450mm。

8 以螺栓连接的构件应符合下列要求：

1）螺杆应与构件面垂直，螺头平面与构件间不应有间隙；螺栓紧好后，对于螺杆丝扣露出的长度，单螺母不应少于两个螺距，双螺母可与螺母相平；当必须加垫圈时，每端垫圈不应超过2个。

2）各构件的装配应紧密，交叉构件在交叉处留有空隙时，应装设相应厚度的垫圈或垫片；电杆的连接螺栓应逐个紧固，其拧紧力矩不应小于表5.3.4-2的要求。

连接螺栓紧固力矩（单位：N·m）　　表5.3.4-2

螺栓规格	M12	M16	M20	M24
力矩	40	80	100	250

9 螺栓的穿入方向应符合下列要求：

1）对立体结构：水平方向由内向外，垂直方向由下向上。

2）对平面结构：顺线路方向，双面构件由内向外，单面构件由送电侧穿入或按统一方向；横线路方向，两侧由内向外，中间由左向右（面向受电侧）或按统一方向；垂直方向，由下向上。

10 线路单横担的安装，直线杆应装于受电侧；分支杆、90°转角杆（上、下）及终端杆应装于拉线侧。

11 绝缘子应按下列要求安装：

1）安装应牢固，连接可靠，防止积水；安装时应清除表面灰垢、附着物及不应出现的涂料。

2）悬式绝缘子安装与电杆、导线金具连接处无卡压现象；耐张串上的弹簧销子、螺栓及穿钉应由上向下穿，困难时可由内向外或由左向右穿入；悬垂串上的弹簧销子、螺栓及穿钉应向受电侧穿入。两边线应由内向外、中线应由左向右穿入；绝缘子裙边与带电部位的间隙不应小于50mm。

5.3.5 拉线安装

1 拉线应按下列要求安装：

1）拉线与电杆夹角不宜小于45°，地形限制时不应小于30°，特殊情况下也可采用弓表拉线及撑杆等措施，撑杆与电杆的夹角不宜小于30°；承力拉线应与线路方向的中心线对正；分角拉线应与线路分角线方向对正；防风拉线应与线路方向垂直；

2）拉线棒出土处与规定位置的允许偏差：终端、顺向拉线不应大于拉线高度的1.5%；合力、防风拉线不应大于拉线高度的2.5%。

2 拉线或拉线柱坠线采用绑扎固定时，其安装质量应符合下列规定：

1）拉线两端应设置心形环。

2）钢绞线拉线应采用直径为2.0~3.2mm的镀锌铁线绑扎固定，绑扎应整齐、紧密，最小缠绕长度应符合表5.3.5-1的规定。

绑扎最小缠绕长度（单位：mm） 表5.3.5-1

钢绞线截面积（mm²）	上段	中段有绝缘子的两端	与拉线棒连接处		
			下端	花缠	上端
25	200	200	150	250	80
35	250	250	200	250	80
50	300	300	250	250	80

3 拉线柱及拉线的安装应符合以下要求：

1）拉线柱及其坠线的施工允许偏差应符合表5.3.5-2的规定。

拉线柱及其坠线施工允许偏差 表5.3.5-2

施工项目		允许偏差
拉线柱	埋深（采用坠线的）	$H/6$
	倾斜（应向张力反方向）	10°~20°
坠线	与拉线柱的夹角	30°
	上端固定点距拉线柱顶距离	250mm

注：H为拉线柱长度。

2）跨越道路的水平拉线设置方式应符合设计文件要求，且对通车路面边缘的垂直距离不应小于5m。

3）混凝土电杆的拉线装设绝缘子时，拉线绝缘子距地面不应小于2.5m。

4）位于道路旁的拉线柱及拉线应有防护措施和"禁止攀登""注意安全""当心触

电"或"高压危险"警示标志。

4 顶（撑）杆工程的顶杆底部埋深不应小于0.5m，与主杆连接应紧密、牢固；顶杆与主杆之间连接方式、夹角应符合设计文件要求，允许偏差为±5°。

5 UT线夹安装质量应符合下列规定：

1）受力后无滑动现象，线夹凸肚应在尾线侧。

2）拉线弯曲部分不应有明显松股，拉线断头处与拉线主线应固定可靠，线夹处露出的尾线长度为300~500mm，尾线回头后应与本线扎牢。

3）当同一组拉线使用双线夹并采用连板时，其尾线端的方向应统一。

4）螺扣杆应露出，并应有不小于螺栓扣杆一半的长度可供调紧，调整后，UT线夹的双螺母应并紧。线夹舌板与拉线应接触紧密，受力后无滑动和缝隙。

6 当一基电杆上装设多条拉线时，各条拉线的受力应一致。

5.3.6 导线及地线架设

1 导线及地线架设施工包括铝绞线、钢芯铝绞线、绝缘导线及钢绞线地线的架设。

2 导线、地线的架设施工流程如图5.3.6所示。

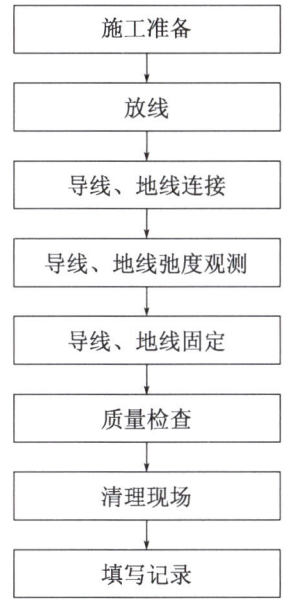

图5.3.6 导线、地线架设施工流程

3 放线前应做好下列准备工作：

1）根据线盘的线长及架线方向，布置线盘的安放位置。

2）放线支架应装设稳固。

3）清除放线通道上足以损伤导线的障碍物，或采取其他保护措施。

4）跨越电力线、通信线、公路时，必须有安全的跨越措施。

5）根据具体情况、合理布置滑轮的数量，不得使导线在地面、横担上拖拉。

6）合理布置护线人员，工作联系应及时可靠。

4 绝缘导线绝缘层的损伤应按下列要求处理：

1）绝缘层损伤深度在绝缘层厚度的 10% 及以上时应进行绝缘修补。

2）可用绝缘自黏带缠绕，每圈绝缘黏带间搭压带宽的 1/2，修补后绝缘自黏带的厚度应大于绝缘层损伤深度，且不少于两层。也可用绝缘护罩将绝缘层损伤部位罩好，并将开口部位用绝缘自黏带缠绕封住。

3）一个档距内，单根绝缘线绝缘层的损伤修补不宜超过 3 处。

5 预绞丝补修应符合下列要求：

1）受损伤处的线股应处理平整。

2）补修预绞线长度不应小于 3 个节距，或应符合现行《电力金具名词术语》（GB 5075）的有关规定。

3）补修预绞丝的中心应位于损伤最严重处，且与导线接触紧密，损伤处应全部覆盖。

6 绝缘线的连接和绝缘处理应符合下列要求：

1）绝缘线连接的一般要求。

（1）绝缘线的连接不允许缠绕，应采用专用的线夹，接续管连接。

（2）不同金属、不同规格、不同绞向的绝缘线，无承力线的集束线严禁在档内做承力连接。

（3）在一个档距内，分相架设的绝缘线每根只允许有一个承力接头，接头距导线固定点的距离不应小于 0.5m，低压集束绝缘线非承力接头应相互错开，各接头端距不小于 0.2m。

（4）铜芯绝缘线与铝芯或铝合金绝缘线连接时，应采用铜铝过渡连接。

（5）剥离绝缘层、半导体层应使用专用切削工具，不得损伤导线，切口处绝缘层与线芯宜有 45°倒角。

（6）绝缘线连接后必须进行绝缘处理。绝缘线的全部端头、接头都应进行绝缘封护，不得有导线、接头裸露，防止进水。

（7）中压绝缘线接头必须进行屏蔽处理。

2）绝缘线接头。

（1）线夹、接续管的型号与导线规格相匹配。

（2）压缩连接接头的电阻不应大于等长导线的电阻的 0.5 倍，机械连接接头的电阻不应大于等长导线电阻的 2.5 倍，档距内压缩接头的机械强度不应小于导体计算拉断力的 90%。

（3）导线接头应紧密、牢靠、造型美观，不应有重叠、弯曲、裂纹及凹凸现象。

3）承力接头的连接和绝缘处理。

（1）承力接头的连接采用钳压法、液压法施工，在接头处安装辐射交联热收缩护套或预扩张冷缩绝缘套管（统称绝缘护套）。

（2）绝缘护套管径一般应为被处理部位接续管的1.5～2倍，使用内外两层绝缘护套进行绝缘处理。

（3）有导体屏蔽层的绝缘线的承力接头，应在接续管外面先缠绕一层半导体自黏带和绝缘线的半导体层连接再进行绝缘处理。每圈半导体自黏带间搭压带宽的1/2。

（4）截面积为240mm²及以上铝芯线绝缘线承力接头宜采用液压法施工。

4）非承力接头的连接和绝缘处理。

（1）非承力接头包括跳线、T接时的接续线夹（含穿刺型接续线夹）和导线与设备连接的接线端子。

（2）接头的裸露部分应进行绝缘处理，安装专用绝缘护罩。

（3）绝缘罩不得磨损、划伤，安装位置不得颠倒，有引出线的要一律向下，需紧固的部位应牢固严密，两端口需绑扎的应用绝缘自黏带绑扎两层以上。

7 当架空线路采用预绞式金具时，应符合现行《架空线路用预绞式金具技术条件》（DL/T 763）的有关规定。

8 导线或地线采用液压连接时，应符合现行《架空送电线路导线及避雷线液压施工工艺规程》（SDJ 226）的有关规定。

9 架空电力线路的导线或地线，当采用爆炸压接时，应符合现行《架空电力线路爆压接施工工艺规程》（DL/T 5285）的有关规定。

10 10kV架空电力线路在同一档距内，同一根导线上的接头，不应超过一个。导线接头位置与导线固定处的距离应大于0.5m，当有防振锤装置时，应在防振装置以外。导线跨越标准轨距铁路、一级、二级公路、电车道、一级、二级通信线路、通航河流以及特殊管道时，不得有接头。

11 悬垂线夹或防振锤安装质量应符合下列规定：

1）组装配合良好，线夹转动灵活，与导线接触密贴。

2）悬垂线夹、防振锤安装尺寸及允许偏差应符合表5.3.6-1的规定。

悬垂线夹、防振锤安装及允许偏差　　表5.3.6-1

项　目		安装尺寸及允许偏差
悬垂线夹安装后其绝缘子	与地平面的夹角	90°
	特殊情况下，其在线路方向与垂直位置的倾斜角	5°
防振锤	与地平面的夹角	90°
	安装距离允许偏差	±30mm

3）35kV架空电力线路的导线或地线安装的防振锤，应与地平面垂直，其安装距离施工允许偏差为±30mm。

12 10～35kV架空电力线路采用并沟线夹连接引流线时，线夹数量不应少于2个。连接面应平整、光洁。导线及并沟线夹槽内应清除氧化膜，涂电力复合脂。

10kV架空电力线路的引流线（跨接线或弓子线）之间、引流与主干线之间的连接应符合下列要求：

1）不同金属导线的连接应有可靠的过渡金具；同金属导线，当采用绑扎连接时，绑扎长度应符合表5.3.6-2的规定。

绑 扎 长 度　　　　　　　　　　　　　　　　　表5.3.6-2

导线截面积（mm²）	绑扎长度（mm）
≤35	≥150
50	≥200
70	≥250

2）绑扎连接应接触紧密、均匀、无硬弯，引流线应保持均匀弧度；当不同截面积导线连接时，其绑扎长度应以小截面积导线为准。

13　导线的固定应符合下列规定：

1）导线在针式绝缘子上的绑扎应符合表5.3.6-3的规定。

导线在针式绝缘子上的绑扎要求　　　　　　　　表5.3.6-3

杆型或安装方式	绑 扎 要 求
直线杆	导线应固定在顶部槽内
直线转角杆	导线应固定在绝缘子转角外侧的道槽内
直线跨越杆	导线应双固定，导线本体不应在固定处出现角度
自动闭塞换位杆	换位导线应固定在绝缘子拐角外侧的道槽内
水平安装	固定在第一裙槽内

2）裸铝导线在绝缘子或线夹上固定应缠铝包带，缠绕长度应超出接触部分30mm，铝包带的缠绕方向应与导线外层线股的绞制方向一致。

3）绑扎用的绑线，应选用与导线同金属的单股线，其直径不应小于2.0mm。

4）10kV及以下架空电力线路中的裸铝导线耐张蝶式绝缘子上的绑扎长度应符合表5.3.6-4的规定。

裸铝导线耐张蝶式绝缘子上的绑扎长度　　　　　表5.3.6-4

导 线 型 号	绑扎长度（mm）
LJ-50、LGJ-50及以下	≥150
LJ-70	≥200

5）护线条安装应缠绕均匀并符合产品技术要求。

14　10kV线路每相引流线、引下线与相邻线的引流线、引下线或导线之间在最大风偏下的净距不应小于300mm。

15 线路的导线与拉线、电杆、构架之间在最大风偏下的净距，35kV 时不应小于 600mm，10kV 时不应小于 200mm。

16 导线对地距离及交叉跨越应符合现行《铁路电力设计规范》（TB 10008）的相关规定。

17 10（6）kV 引下线，两固定点间距离不宜大于 2m。

5.3.7 线路设备安装

1 线路设备安装包括杆上断路器、负荷开关、隔离开关、避雷器、防振锤、配电箱的安装。

2 线路设备进场验收应在安装前对设备进行开箱检查，设备及附件的数量、型号、规格、技术参数等应符合设计要求，质量证明文件齐全，出厂报告应有效；外观应完好，无锈蚀或机械损伤；瓷件表面应光洁，无裂缝、破损等现象。

3 线路设备应安装应牢固可靠；电气连接应接触紧密，不同金属连接应有过渡措施；瓷件表面光洁，无裂缝、破损等现象。

4 杆上断路器和负荷开关尚应按下列要求安装：

1）水平倾斜不大于托架长度的 1/100。

2）引线连接紧密，当采用绑扎连接时，长度不小于 150mm。

3）密封良好外壳干净，不应有漏油或漏气现象，油位或气压应不低于规定值。

4）操作应方便灵活，分、合闸位置指示应清晰可见、便于观察、正确可靠。

5）外壳接地可靠，接地电阻值符合规定。

5 杆上隔离开关应按下列要求安装：

1）瓷件良好，与引线的连接牢固可靠。

2）操作机构动作灵活。

3）触头在合闸时接触紧密，分闸后应有不小于 200mm 的空气间隙。

4）水平安装的隔离开关，分闸时，宜使静触头带电。

5）三相连动隔离开关应分、合闸同期。

6 杆上避雷器应按下列要求安装：

1）瓷套与固定抱箍之间加垫层。

2）排列整齐、高低一致。

3）相间距离在 1~10kV 之间时不小于 350mm，在 1kV 以下时不小于 150mm。

4）引线短而直，连接紧密，其截面应符合设计要求。

5）与电气部分连接，不应使避雷器产生外加应力。

6）引下线接地可靠，接地电阻符合规定。

7）避雷器与地面垂直距离不宜小于 4.5m。

7 防振锤应采取等距离安装，与地面垂直，其允许偏差为 ±30mm，并确保数量及距离符合设计要求。

5.4 低压配电

5.4.1 一般规定

1 低压配电施工包括站场、区间、场段等生产生活用房以及设备用房的低压配电施工，应参照现行《建筑电气工程施工质量验收规范》（GB 50303）进行施工。

2 在施工中，应与房建、通号、信息等专业进行密切配合，提前规划，做好接口对接工作，避免返工。具体施工流程如图 5.4.1 所示。

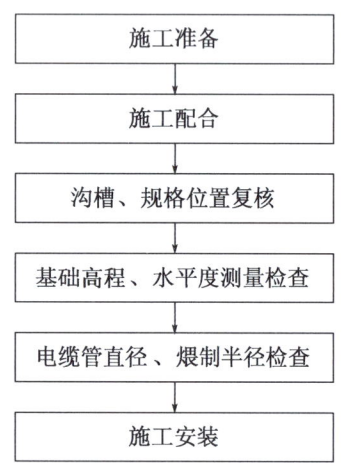

图 5.4.1　低压配电工程施工流程

3 低压配电设备器材进场验收记录应严格按照《高速铁路电力工程施工质量验收标准》（TB 10757—2018）中相关进场检验规定、要求执行。防爆电气设备进场应具有国家检验单位发给的防爆合格证。

4 预留孔、预埋件的位置和尺寸应符合设计要求，预埋件应埋设牢固。埋入建筑物、构造物内的保护管、支架、螺栓等，应在建筑物工程施工时预埋。

5 成排或者集中安装的低压电器等应该排列整齐，满足观感质量要求，并便于后期的运营操作及维护。

6 消防配电设施应有明显标志，满足消防验收要求。

5.4.2 配管配线

1 钢导管外壁应无变形、内壁光滑、镀层应完整、表面无锈斑，绝缘导管及配件应无破裂、表面有阻燃标记；电线的绝缘层应完整无损、厚度均匀，电缆应无压扁、扭曲，铠装不松卷。

2 配电线路不得穿越风管等管道的内部，也不得敷设在水管的正下方。

3 穿过楼板、墙壁预留孔洞敷设的电线路，应采取防火封堵措施。

4 穿过建筑物变形缝敷设的电线路，应采取补偿措施。

5 明配电线管路弯曲半径（明配），不小于管道外径的 6 倍（只有一个弯时可不小于4倍）；暗配电线管路弯曲半径，不小于管道外径的6倍（埋设于地下或混凝土内时不小于10倍）；弯曲程度，弯扁处的最小外径不小于管道外径的90%。

6　配线与各类管道之间的最小距离应符合表5.4.2-1的规定。

配线与各类管道之间的最小距离（单位：mm）　　表5.4.2-1

导管敷设方式	管道种类	
	热水	蒸汽
在热水、蒸汽管道上面平行敷设	300	1000
在热水、蒸汽管道下面或水平平行敷设	200	500
与热水、蒸汽管道交叉敷设	100	300

注：1. 导管与不含易燃易爆气体的其他管道的距离，平行敷设不应小于100mm，交叉敷设处不应小于50mm。
　　2. 导管与易燃易爆气体管道不宜平行敷设，交叉敷设处不应小于100mm。
　　3. 最小距离达不到规定距离时，应采取可靠有效的隔离保护措施。

7　导线间或导线与端子间，当采用套管焊接时，焊缝焊料应饱满，表面光滑无凹陷、漏焊裂缝等缺陷；当采用套管压接时，连接管、压接帽、压模等应与导线线芯相匹配。

8　配线的分支线连接处，不应使干线受支线的横向拉力。

9　室内外绝缘导线敷设的最小线间距离、室内外绝缘导线至地面最小距离、室外绝缘导线至建筑物最小距离应符合设计文件要求。

10　钢管与设备不能直接连接时，宜采取加装软管等保护措施。

11　导管敷设遇到下列情况时，中间宜增设接线盒或拉线盒，且盒子的位置应便于穿线：导管长度每大于40m，无弯曲；导管长度每大于30m，有1个弯曲；导管长度每大于20m，有2个弯曲；导管长度每大于10m，有3个弯曲。

12　钢保护管的连接采用螺纹连接时，管端螺纹长度不应小于管接头长度的1/2，其螺纹宜外露2~3扣；采用套管连接时，套管长度为连接管外径的1.5~3倍，连接管的对口处应在套管的中心；采用焊接连接时，焊口应焊接牢固、严密。

13　暗配线路中钢管与接线盒、开关盒、灯头盒的可用焊接固定，管口露出盒内壁的长度应小于5mm，焊后应补刷防腐漆；暗配线路的电线保护管路应沿最近的路线敷设。埋入建筑物或构筑物内的电线管与建筑物表面的距离不应小于15mm。

14　明配线路的电线管，其垂直及水平敷设直线段的垂直或水平偏差，每2m内应小于3mm，全长连续偏差不应大于管材外径的1/2；明配保护管路应排列整齐，固定点间的距离应均匀，管卡与终端、弯头中点、电气设备或箱盒边缘的距离应为150~500mm。

15　金属保护管接地跨接线直径应符合表5.4.2-2的规定，焊接长度不应小于直径的6倍。

金属管跨接线直径（单位：mm）　　表5.4.2-2

金属保护管公称直径		跨接线直径	
电线管	钢管	圆钢	扁钢
≤32	≤25	6	—

续上表

金属保护管公称直径		跨接线直径	
40	32	8	—
50	40~50	10	—
70~80	70~80	—	25×4

16 金属软保护管的弯曲半径不应小于管道外径的6倍；固定点间距不得大于1.3m，管卡与终端、弯头中点距离宜为300mm；与嵌入式灯具或类似器具连接时，其末端固定管卡可安装于灯具、器具边缘为起点的管长1m处；金属软管不应有退绞、松散现象，中间无接头，与设备、器具连接处应用专用接头，且密封良好、接地可靠。

17 塑料保护管的安装应符合下列规定：

1）在砖砌体上剔槽敷设时，应用强度不低于M10等级的水泥砂浆抹面保护，其厚度不应小于15mm。

2）在混凝土层内敷设时，应用强度不低于M10等级的水泥砂浆抹面保护，其厚度不应小于20mm。

3）塑料波纹保护管应避开抽烟道和供热管，与供热管道的距离不应小于200mm；用塑料波纹管作电线管时，不应有破裂或砂眼，弯曲后不应产生裂纹或显著凹瘪，弯曲角度不应小于90°；波纹管应采用专用接头并与管帽、卡环配套使用。

4）塑料电线管管口应平整、光滑，连接处应涂专用胶合剂密封，采用插入法连接时插入深度为管道外径的1.1~1.8倍；采用套管连接时套管长度为管道外径的1.5~3倍，对接口在套管的中心；塑料电线管穿过易受机械损伤的楼板时应加套钢管保护，埋入地面或楼板的塑料电线管，其保护厚度距楼板面不低于500mm。对引向设备而露出地面易受机械损伤的一段应有保护措施。

18 电线保护管路的安装在直线和弯曲处均不应有折皱、凹穴和裂缝，弯扁程度不应大于管外径的10%，金属管连接处应焊接或采用与导管型号规格相适配的专用接头，连接应牢固可靠，并用配套的专用接地线卡跨接。

19 保护管内绝缘导线总面积不应大于管内截面积的40%，不同回路、不同电压、交流与直流的导线不得穿于同一根管内，同一交流回路的导线应穿于同一管内，导线及中性线应有区分标志。

20 配线用线槽固定点应符合设计文件要求，连接应连续无间断，槽盖齐全，其水平和垂直偏差不应大于其宽度的20%；金属线槽防腐良好，并应可靠接地或接零。

21 绝缘导线沿室内墙体、顶棚敷设时，其支持点间的最大距离应符合表5.4.2-3的规定，室外墙面上直接固定点间距不应大于2m。

室内沿墙体、顶棚敷设支持点的最大距离　　　　表5.4.2-3

芯线截面积（mm²）	1~4	6~10	14~25	35~120
支持点最大距离（m）	2.0	2.5	3.0	6.0

5.4.3 配电箱（柜）安装

1 电箱（柜）施工包括低压动力柜、照明箱、配电箱等的安装。

2 配电箱（柜）的安装流程如图5.4.3所示。

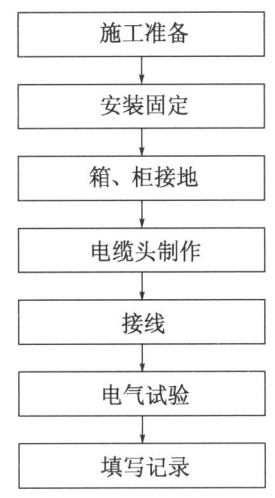

图5.4.3 配电箱（柜）的安装流程

3 配电箱（柜）进场验收时，应检查螺栓连接的导线无松动，焊接连接端子的导应无脱焊、碰壳、短路；进行模拟试验时，动作应可靠，灯光信号显示正确。

4 配电箱（柜）安装位置、安装方式及高度应符合设计要求，并便于后期的运营操作及维护；成排的配电箱（柜）应排列整齐，满足观感质量要求；安装应垂直，其倾斜角度不应大于1.5‰；室外配电箱间的线缆连接采用的防护材质应符合设计要求，且应密封良好；隧道、潮湿以及有消防要求等特殊环境的配电箱（柜），箱体防护等级应满足有关规定；配电箱（柜）应可靠接地，满足有关规定。

5.4.4 防爆电气设备

1 防爆电气施工包括防爆灯具、防爆吊扇和排风扇、防爆开关和插销、防爆控制箱和接线箱等的安装。

2 防爆电气设备进场验收时防爆电气"Ex"标志明显，有国家检验单位发放的防爆合格证，其类型、级别、组别环境条件应符合设计要求；设备的外壳和透光部分应无裂纹、损伤，接线盒（盖）应紧固；保护装置及附件应齐全、完好；密封衬垫应齐全完好，紧固螺栓、弹簧垫圈等防松设施应齐全完好，无松动锈蚀；需拆装检查的电气设备，在拆卸、组装时应符合产品技术文件要求。

3 防爆电气设备应按下列要求安装：

1) 防爆型电机的轴与轴孔、风扇与端罩之间在正常工作状态下不应产生碰撞；正常运行时产生火花或电弧的防爆型电气设备，其电气联锁装置必须可靠，当电源接通时壳盖不能打开，而壳盖打开后电源不能接通。

2) 防爆型插销的插头插入时，接地或接零触头应先接通，插头拔出时，主触头应先分断。开关应在插头插入后才能闭合，在分断位置时插头才能插入或拔脱；防止骤然拔脱的徐动装置应完好可靠，不得松脱；防爆型控制箱和接线箱的整体防护等级满足现行《爆炸性环境设备通用要求》（GB 3836）的要求。

4 安装防爆电气设备时，滑动轴承增安型电机和无火花型电机应测量定、转子间单边气隙，其气隙不得小于表5.4.4-1中规定数值的1.5倍；滚动轴承增安型电机宜测量定、转子间的单边气隙，其气隙不得小于表5.4.4-1中的规定值。

滚动轴承的增安型和无火花型电机定、转子的最小单边气隙值 δ（单位：mm）   表5.4.4-1

极 数	径向单边气隙 δ 与转子直径 D 的关系		
	$D \leq 75$	$75 < D \leq 750$	$D > 750$
2	0.25	$0.25 + (D-75)/300$	2.7
4	0.2	$0.2 + (D-75)/500$	1.7
6以上	0.2	$0.2 + (D-75)/800$	1.2

注：变极电动机单边气隙按最小极数计算；若铁芯长度 L 超过转子直径 D 的1.75倍，则气隙值按上表计算乘以 $L/1.75D$；径向气隙值可在电动机静止状态下测量。

5 防爆电气设备多余的进线口，其弹性密封垫和金属垫片应齐全，并应将压紧螺母拧紧使进线口密封。

6 防爆电气设备在额定工作状态下，外壳表面允许温度应符合表5.4.4-2的规定。

防爆电气设备额定工作状态下外壳表面允许最高温度（单位：℃）   表5.4.4-2

温度组别	T1	T2	T3	T4	T5	T6
允许最高温度	450	300	200	135	100	85

5.4.5 滑触线

1 滑触线的布置在相邻导电部分和导电部分对接地网的净距离应大于30mm；距离地面高度不应小于3.5m，裸滑触线在汽车通过部分不应小于6m；距离一般管道不应小于1m，距离设备和氧气管道不应小于1.5m，距离易燃气体、液体管道不应小于3m。

2 滑触线支架和绝缘子不得在建筑物伸缩缝和轨道梁接合处安装支架，支架安装应平整牢固，并在同一水平面或垂直面上；绝缘子和绝缘衬垫不得有裂纹、破损，导电部分对地的绝缘应良好；安装于室外或潮湿场所的滑触线绝缘子、绝缘套管应采用户外式。

3 滑触线应按下列要求安装：

1）接触面应平整、无锈蚀，导电良好。

2）在终端位置时，滑触器距滑触线末端不应小于200mm；滑触线安装后应平直，其中心线应与起重机轨道的实际中心线保持平行，其偏差不宜大于长度的1‰，最大偏差不应大于10mm；滑触线之间的水平或垂直距离应一致，其偏差不宜大于长度的1‰，最大偏差不应大于10mm；滑触线连接后应有足够的机械强度，且无明显变形。接头处的接触面应平整光滑，其高低差不应大于0.5mm，连接后高出部分应修整平整。

3）辅助导线宜沿滑触线敷设，应每隔不大于12m处与滑触线进行一次可靠的连接。

4）圆钢滑触线应减少接头；导线与滑触线连接时，滑触线接头处应镀锡或加焊有电镀层的接线板。

4 滑触线膨胀补偿装置应在离建筑物伸缩缝最近的支架位置上安装；膨胀补偿装置处滑触线应留有10~20mm的间隙，间隙两侧的滑触线端头应加工圆滑，接触面安装在同一水平面上，其两侧间高低差不应大于1mm；膨胀补偿装置间隙的两侧均应有滑触线支持点，支持点距离间隙不应大于150mm。间隙两侧滑触线应用软导线跨越，跨接线应留有余量，其允许载流量不应小于电源导线的允许载流量。

5 各分段电源允许并联运行时，分段供电滑触线分段间隙应为20mm；不允许并联运行时，分段间隙应大于继电器滑触器的宽度和滑触线与滑触线接触长度40mm；滑触线间隙处应采用硬质绝缘材料的托板连接，托板与滑触线的接触面应在同一水平面上；滑触线分段间隙的两侧相位应一致。

6 安全式滑触线应按下列要求安装：

1）安全式滑触线长度大于200m时应加装伸缩装置；安全式滑触线的连接应平直，支架夹安装应牢固，各夹之间的距离应小于3m。

2）安全式滑触线支架的安装宜焊接在轨道下垫板上，如固定在其他地方时，必须做好接地连接，接地电阻应小于4Ω；安全式滑触线的绝缘护套应完好，不应有裂纹及破损。

7 滑触器应按下列要求安装：

1）滑触器支架的固定应牢靠，绝缘子和绝缘衬垫不得有裂纹、破损等缺陷，导电部分对地的绝缘性应良好。

2）滑触器滑触线的接触部分不应有尖锐的边棱，压紧弹簧的压力应符合相关标准规定。滑触器应能沿滑触线全长可靠地接触，自由无阻地滑动，在任何部位滑触器的中心线不应超出滑触线的边缘。

3）槽型滑触器与可调滑杆间应滑动灵活。自由悬吊滑触线的轮型滑触器，安装后应高出滑触线中心托架不少于10mm。

8 软电缆的吊索和自由悬吊滑触线安装应符合下列要求：

1）终端固定装置和拉紧装置应有足够的机械强度，其允许最大拉力应大于滑触线或吊索的允许最大拉力。

2）终端拉紧装置的调节余量，当滑触线和吊索长度不大于25m时，不应小于0.1m；长度大于25m时，不应小于0.2m。

3）滑触线或吊索拉紧时的弛度，应根据其材料规格和安装时的环境温度选定，滑触线间的弛度偏差不应大于20mm；滑触线与终端装置之间应绝缘可靠。

9 悬吊式软电缆应按下列要求安装：

1）用型钢作电缆滑道时，应安装平直，滑道平整光滑，有足够的机械强度；悬挂装置的电缆夹应与电缆可靠固定，电缆夹间的距离不宜大于5m。

2）软电缆安装后，其悬挂装置应能沿滑道灵活、无跳动地移动，不得有卡阻现象。移动段的长度应比起重机移动距离长15%～20%，并应加装牵引绳，牵引绳长度应短于软电缆移动段的长度。

3）软电缆移动部分两端，应分别与起重机、钢索或型钢滑道牢固固定。

10 卷筒式软电缆安装起重机移动时，不应挤压软电缆。卷筒的放缆和收缆速度，应与起重机移动速度一致；安装后软电缆与卷筒应保持适当拉力，但卷筒不得自由移动；利用重砣调节卷筒时，电缆长度和重砣的行程应相适应。放缆到终端时，卷筒上应保留两圈以上的电缆。

5.4.6 封闭母线

1 应在现场设备安装位置固定后，由专业人员现场测量母线线槽尺寸，并按测量尺寸生产。测量时需要考虑母线与预留孔洞边沿的净距离，以及与其他设备、管线和桥架等的安全距离。

2 封闭母线进场时应检查设备及附件，分段标志是否清晰、齐全，外观是否损伤变形，母线螺栓搭接面要求平整、镀层覆盖完整、无起皮麻面。封闭母线的数量、规格及型号应符合设计要求，质量证明文件应齐全。

3 封闭母线、插接母线应按下列要求安装：

1）封闭母线不得用裸钢丝绳起吊和绑扎，母线不得任意堆放和在地面拖拉，外壳上不得进行其他作业，外壳内和绝缘子擦拭干净，外壳内不得有遗留物。

2）母线按分段图、相序、编号、方向和标志正确放置，每相外壳的纵向间隙分配均匀。母线与外壳间应同心，其误差不得超过5mm，段与段连接时，两相邻段母线及外壳应对准，连接后不应使母线及外壳受到机械应力。

3）支座安装应牢固，其水平或垂直设置的支架及托架均应设有调整螺栓，并确保封闭母线处于水平或垂直状态；橡胶伸缩套的连接头，穿墙处的连接法兰、外壳与底座之间、外壳各连接部位的螺栓应采用力矩扳手紧固，各接合面应密封良好；外壳的相间短路板应位置正确、连接良好，相间支撑板应安装牢固，分段绝缘的外壳应做好绝缘措施。

4 插接母线槽的安装应牢固，其水平或垂直设备的支架及托架均应设置调整螺栓，并确保母线槽处于水平或垂直状态；安装后的母线槽其终端应有终端盖封闭，各段母线槽的外壳应可靠接地。

5 封闭母线在吊装拼接过程中应保持环境清洁。

5.5 电气照明

5.5.1 一般规定

1 电气照明施工包括站场照明、桥梁、隧道及特殊场所照明的施工。

2 电气照明施工流程如图 5.5.1-1 所示。

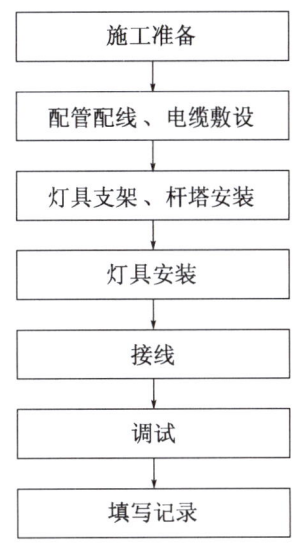

图 5.5.1-1　电气照明施工流程

3 照明装置采用的主要器材进场时应确保附件齐全，无机械损伤、变形、油漆剥落等现象。

4 荧光灯、高压汞灯、氙灯、钠灯、金属卤化物灯等应选用配套的镇流器、触发器。LED（Light Emitted Diode，发光二极管）灯、电磁感应灯、方向指示灯等应按产品说明书规定的安装方式安装。

5 照明装置的接线应牢固，导电接触良好；需接地或接零的灯具、开关、插座等非带电金属部分应有专用的接地螺钉，且标志明确。

6 螺口灯头接线时相线应接中心触点端子，零线应接螺纹端子；灯头的绝缘外壳不应有损伤和漏电，开关的手柄不得有裸露的金属部分。

7 室外照明的灯具、设备的安装应符合下列要求：

1）灯塔、灯柱、灯桥的外缘距轨道中心应符合设计文件要求，且不应小于 2.45m；其布置不应影响信号瞭望；灯具应满足铁路建筑限界、与接触网的安全距离及与铁路线上作业机械的安全距离等要求。

2）灯具高度设计无规定时，灯柱离地面应不低于 3m，在墙上安装时不应低于 2.5m，金属卤化物灯具安装高度不应小于 5m。

3）灯塔、灯桥的基础应符合设计文件要求，表面平整，无跑浆、露筋、沉降、开裂、倾斜等缺陷，灯具与基础固定应可靠，地脚螺栓备帽应齐全，防腐蚀措施完好。

4）灯具的电器保护装置应齐全，规格应与灯具适配。

5）灯杆的检修门应采取防水措施，且闭锁防盗装置完好。

8 隧道照明设备安装应符合下列要求：

1）设备安装应牢固可靠，同类设备安装高度一致；电缆布线和保护管应整齐平直；预分支电缆应测量放样、配盘生产。

2）沿隧道壁敷设电缆应采用挂架固定，引上引下线应穿管保护。隧道照明设备布线参考细部设计（图 5.5.1-2、图 5.5.1-3）。

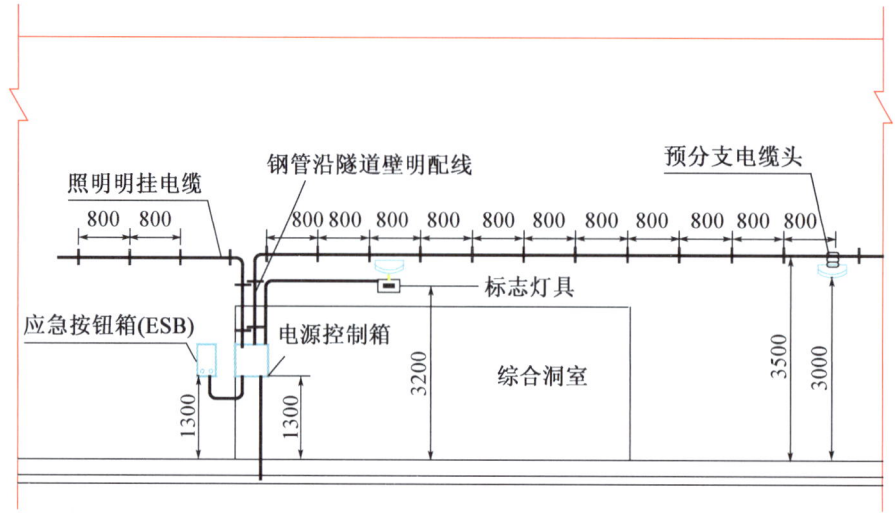

图 5.5.1-2　标志灯具、应急按钮箱、电源配电箱布线细部设计图（尺寸单位：mm）

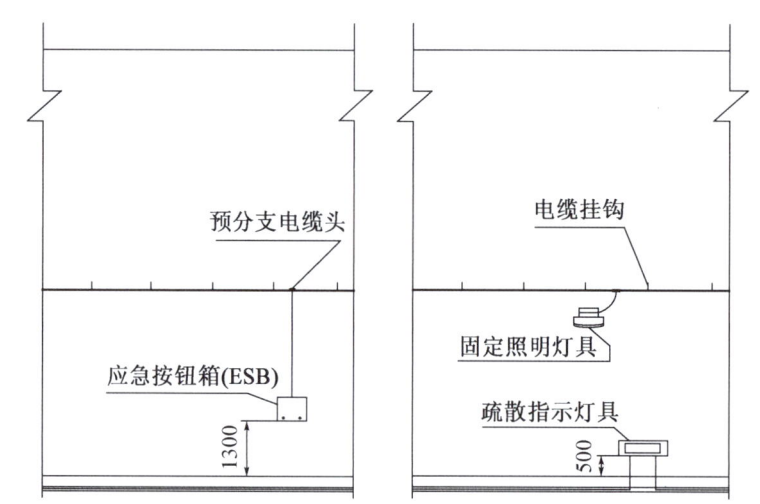

图 5.5.1-3　应急按钮箱、疏散指示灯具布线细部设计图（尺寸单位：mm）

9　砖或混凝土结构上安装照明设备时，应采用螺栓、螺钉、膨胀螺栓、尼龙塞、塑料塞固定，其承载力应与灯具设备的重量相适配，不得使用木榫。

10　仓库、有爆炸和火灾危险场所使用的灯具，应符合现行《爆炸危险环境电力装置设计规范》（GB 50058）的有关要求。

5.5.2　站场照明

1　站场照明施工包括投光灯、站台灯柱、岔区、出入线照明设备的安装。

2　站场照明应符合下列要求：

1）照明设备的布置不得影响信号瞭望和技术作业，同时便于检修和维护。

2）灯柱、灯塔、灯桥的金属构件均应镀锌或涂油漆防腐。

3）每套灯具应在相线上设熔断器。

4）灯具入口处导线应做防水弯。

5）灯塔、配电箱体、配线保护钢管应按设计要求可靠接地。

3 投光灯的底座及支架应固定牢固、可靠；可调光束投光灯应按设计要求调节光源发光中心的位置，聚焦至窄光束或宽光束工作状态；可调部位应转动灵活，调整后应锁紧。

4 灯柱杆体组立应符合本指南第5.3.4条的有关要求。灯柱折弯方向应与线路平行、下方无障碍物；沿直线组立的灯柱偏离直线不应大于50mm；地面上部高差不应超过20mm；导线穿入、穿出柱体处应做绝缘及防磨损处理。

5 投光灯杆、灯塔设置应符合下列要求：

1）设在停车场、道口附近的灯塔下部宜设防护设施，醒目位置应悬挂警示标识。

2）外缘（包括灯具）与带电裸导体间的水平净距不小于表5.5.2-1所列数值。

投光灯杆、灯塔外缘与带电裸导体间水平净距（单位：m） 表5.5.2-1

带电体类别		无固定点	有固定点
架空电线路（最大风偏时）	35kV	3	—
	10kV	1.5	—
接触网（最大风偏时）	接触线等27.5kV带电体	2.0	2.0
	回流线	1.2	0.6
	架空地线	0.6	0.6

3）灯杆、灯塔基础外缘与地面、地下设施距离不宜小于表5.5.2-2所列数值。

投光灯杆、灯塔基础外缘与地下设施平行距离（单位：m） 表5.5.2-2

设施名称	距离	设施名称	距离
排水沟	2.0	电力电缆	0.6
上、下水管	1.0	热力及压缩空气管道	2.0
通信、信号电缆	0.6		

6 高杆投光灯升降机构安装方向正确，灯架升降通畅、运行自如；灯架上的动触头与杆身上的静触头间分、合动作可靠，接触良好；灯具及附件、配电箱等安装牢固，系统接线正确；导线及配线管敷设平整，固定牢固。

7 投光灯塔安装施工流程如图5.5.2所示。

8 投光灯塔在20m及以上的灯塔中部应有休息平台；投光灯安装处设工作平台，并宜设防护栏，其高度不低于1.2m；铁灯塔组装顺序应符合产品技术文件规定，塔连接螺栓水平方向由内向外穿入，垂直方向由下向上穿入；铁塔调整后，连接螺栓应紧固，紧固力矩应符合表5.5.2-3的要求；导线及配线管敷设平整，固定牢固。

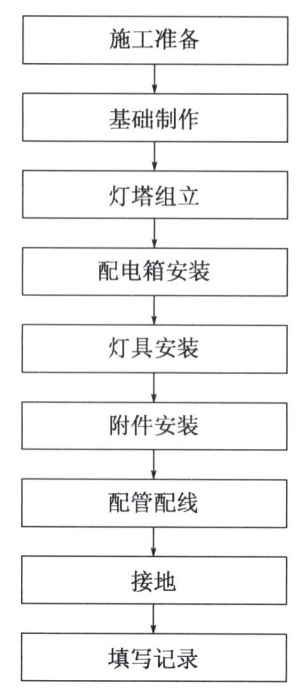

图 5.5.2 投光灯塔安装施工流程

螺栓紧固力矩（单位：N·m） 表 5.5.2-3

螺栓规格	紧固力矩	螺栓规格	紧固力矩
M12	40	M20	100
M16	80	M24	250

5.5.3 桥梁、隧道及特殊场所照明

1 桥梁、隧道及特殊场所照明施工包括铁路桥梁、隧道及防爆、火灾场所的照明。

2 隧道照明灯具应具有风压试验报告。

3 桥梁、隧道照明灯具、电源箱安装应固定牢靠，同类灯具安装高度应一致；电缆布线和保护管应整齐平直。

4 防爆灯具种类、型号和功率应符合设计及产品技术条件的要求，不得随意变更；螺旋式灯钩应旋紧，不得松动，存在爆炸、火灾风险的场所不应采用裸导线。

5 火灾危险环境中的移动式或携带式照明灯具的玻璃罩应有保护网。

6 防爆应急灯具还应满足消防验收有关要求。

5.6 电力远动

5.6.1 一般规定

1 电力远动施工主要包括铁路变、配电调度所内电力调度台及远动终端设备安装、光电缆敷设、联调等工作。

2 电力远动施工流程如图5.6.1所示。

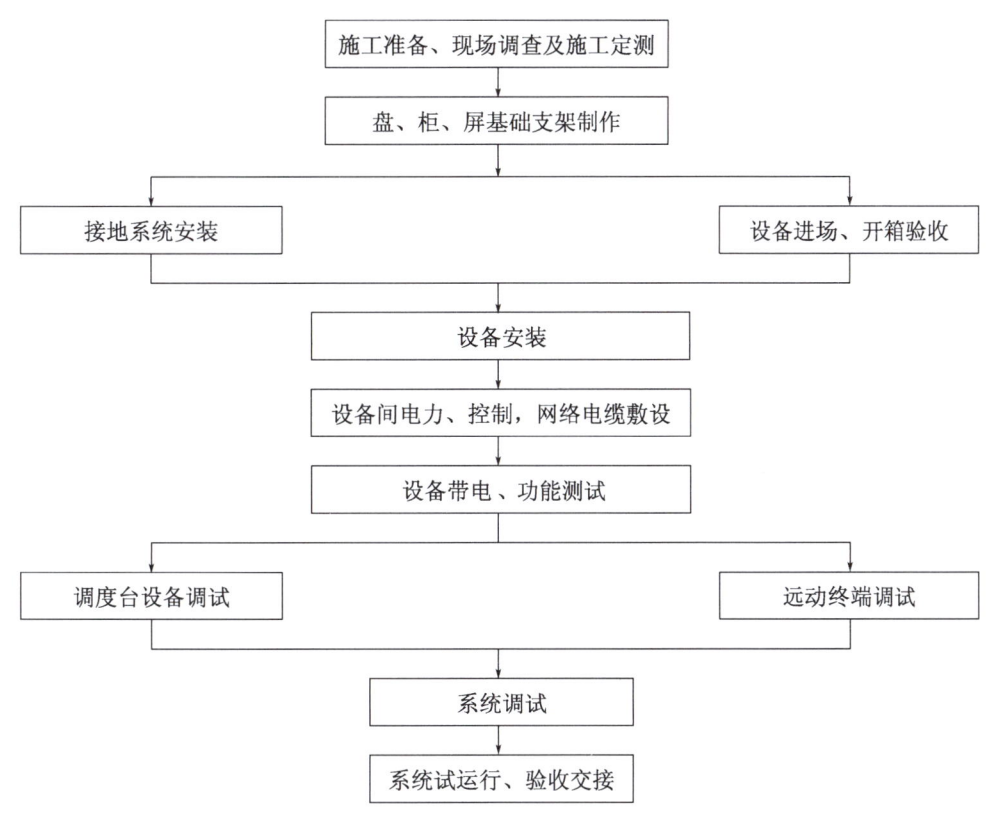

图5.6.1 电力远动施工流程

3 电力远动系统安装前，房建工程应符合下列条件：

1）室内装修和活动地板安装工作全部结束。

2）预埋件、预埋孔符合设计要求，预埋件安装牢固。

3）门窗安装完毕并加附密封条、所有沟槽管应堵死，调度台和远动终端房屋均应采取防尘措施。

4）空调和采暖设备已安装调试完毕，环境温度及湿度应符合设计要求。

4 电力远动设备的运输、保管应采取防震、防潮、防止框架变形和漆面受损等措施，当产品有特殊要求时，应符合产品技术文件的规定。

5 电力远动系统工程采用的设备及器材应符合国家现行技术标准的规定；施工中的安全技术措施应符合国家现行安全技术标准及产品技术文件的规定。

5.6.2 电力远动设备安装

1 电力远动设备安装包括铁路电力调度工作台、远动终端和复示终端设备安装。

2 服务器、网络设备等盘柜式设备的安装应符合本指南第5.1.12条的相关要求。

3 电力远动系统设备安装质量应符合下列规定：

1）屏柜与底座连接应牢固，底座应着地不悬空。

2）屏柜与底座、屏柜与屏柜之间的连接螺栓应连接牢固。

3）同排屏柜的正面应在同一直线上。

4）屏柜应竖直，相邻屏柜应紧密靠拢。

5）采用线槽或线把布线的二次回路接线应连接可靠，排列整齐。

6）屏柜、电缆回路编号应标识清晰，字迹正确且不易褪色。

7）插接件应接触紧密，防松动措施应可靠。

4 显示、打印机等台式设备安装位置、方式正确，安装平稳、牢固。放置在操作台上的显示设备其最外边沿不超出操作台的边缘。设备接口的插接元件配置正确、咬合紧密、接触可靠，显示清晰，发光均匀，无失真、老化现象，鼠标、键盘连接良好、操作灵活方便。

5 设备电源线、数据线和网络线的布设应按本指南第 5.1.12 条的有关要求进行施工，并符合设计和产品的技术要求。

6 设备接地方式和接地电阻应符合设计要求。

7 数据库的建立、修改和维护应符合设计要求。调度台的供电示意图应与全线实际供电系统、综合自动化后台显示画面一致，设备编号应与变配电所"主接线图""供电系统图"相同。

8 网络节点 IP 地址及被控制站信息点表应按照设计要求进行分配。

9 进行系统联调之前，应对下列设备进行调试：

1）对服务器和工作站设备进行硬件、软件的初始化，优化软件运行环境，使其符合系统运行要求。

2）路由器、集线器、网络中断器的规格、性能应符合相关技术标准的要求；网线连接正确、可靠，对以太网通道状态的监视功能应正常。

3）打印机自检打印结果应符合要求；对存储器的自检，应自动完成；对系统各硬件模块的自检，功能良好，符合产品和设计要求。

5.6.3 电力远动系统联调

1 电力远动系统联合调试前，电力设备的安装、单体调试已完毕；调度台至各远动终端间的远动通信通道和电话通信应符合相关技术标准的规定，并提供使用；调度台、远动终端的电源稳定可靠。

2 电力远动系统联调应根据设计确定的信息点表，分别对远动终端进行下列功能试验：

1）遥控试验应按试验操作程序，依遥控对象表内容分项逐项进行，被控对象可靠动作；如果出现操作错误、系统故障、终端故障和被控对象拒动，电力远动系统处理方式应符合设计或产品技术文件的要求。

2）遥信试验应按位置遥信和故障遥信分别进行；位置遥信应在遥控操作时逐项进

行确认。调度所显示器画面应与被控对象实际状态一致，打印记录正确；故障遥信应按故障遥信对象表内容逐个模拟故障。调度所显示器画面、报警应与被控对象实际状态一致，事故打印记录正确。

3）遥测试验核对实际值与显示值，检查遥测精度应符合设计要求；遥测值应能动态显示。

4）遥调变压器、调压器分接开关时，调度所显示应与变压器、调压器分接开关位置一致；遥调继电保护定值数据更改、存储应符合设计和产品技术文件要求。

5.7 机电设备监控

5.7.1 一般规定

1 机电设备监控施工包括车站、段（厂）、大中型建筑、长大隧道内各类机电设备监控系统施工。监控对象包括10/0.4kV变配电所、低压供配电系统、室内外照明、给水排水、客车上水及污水处理系统、通风空调系统、自动扶梯、电梯、门禁系统、消防系统等。

2 机电设备监控系统的施工流程图如图5.7.1所示。

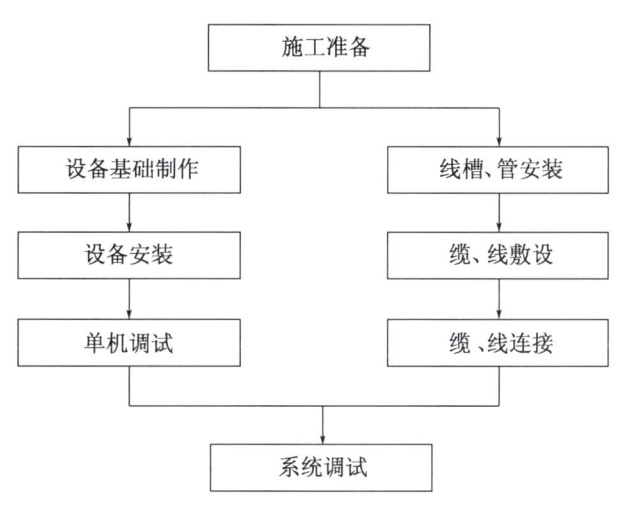

图5.7.1 机电设备监控施工流程

3 监控设备的运输、保管应采取防震、防潮、防止框架变形和漆面受损等措施，当产品有特殊要求时，应符合产品技术文件的规定。

4 设备和器材进场验收应确保规格、型号符合设计要求，质量证明文件、附件齐全；无机械损伤、变形、油漆剥落等现象。

5 设备监控室或车站值班室设备安装前应对房屋建筑装饰工程以及给水排水、供电、通风、采暖和空调等设备进行检查，屋顶、室内地板施工完毕，不得渗漏，室内沟道内无积水、杂物；预埋件及预留孔应符合设计要求，预埋件应牢固；装有空调或通风装置等特殊设施的，应安装完毕，投入运行。

5.7.2 设备安装

1 设备安装包括集中监控站、现场监控设备的安装施工。

2 服务器、网络设备、采集器等盘柜式设备的安装应符合本指南第 5.1.12 条的相关要求，显示、打印机等台式设备的安装应符合本指南第 5.6.2 条的相关要求。

3 传感器、变送器、电动阀门及执行器、现场控制器等现场监控设备应按下列要求安装：

1）安装位置符合设计和产品技术文件要求，并列安装的同类传感器、变送器、电动阀门及执行器、现场控制器距地面高度一致，做到就近安装、隐蔽安装，安装应牢固。

2）安装电量传感器时，严禁电压传感器输入端短路和电流传感器输出端开路。

3）电源模块、电量传感器裸导体之间或与其他裸导体之间的距离不小于4mm。

4 设备接地方式和接地电阻应符合设计要求。

5.7.3 系统布线

1 监控系统的线缆应按下列要求布放：

1）线缆布放前，根据不同的应用识别不同的线缆型号规格并进行测试和外观检查，检查线缆有无断线、混线和外皮破损现象，测试电缆的绝缘电阻、耐压等电气指标是否符合要求。

2）信号线和电源线应分离布放，间隔不应小于300mm，当间隔不能符合要求时，应采取防护措施，并尽量远离易产生电磁干扰的设备和线缆，不应与强信号线及高频线近距离平行布放。

3）布线应充分利用原有的桥架、地沟、槽道和管道。布设于活动地板下、顶棚上、墙上的线缆应采用阻燃材料的槽（管）布放；电缆或网线在管内或线槽内，不应有接头或扭结，导线接头应在接线盒内或用端子连接。

4）敷设在多尘或潮湿场所管路的管口和管道连接处均应做密封处理，跨越变形缝两侧应固定，并留有适当的余量。

5）专用电缆、插接件应标准化，芯线应按规定格式连接。

6）敷设好的缆线两端应贴有标签，标明型号、长度及起止设备名称等必要的信息；标签应采用不易损坏脱落的材料。

2 当采用屏蔽布线时，应保持系统中屏蔽层的连续性，以满足系统接地的可靠性，电缆屏蔽层采用一点接地。

5.7.4 机电监控系统调试

1 集中监控站、现场控制设备及被控对象安装完成后，完成子系统的调试和当地调试，保证通信通道畅通。

2 监控系统的接入不应改变被监控设备的功能，监控系统的故障不应影响被监控设备的正常工作。

3 监控系统在线自检功能检查应按下列项目进行：

1）对存储器的自检应自动完成。

2）对系统各硬件模块的自检，功能良好，符合产品技术文件和设计要求。

3）对通道状态的监视功能应良好。

4 系统应根据设计确定的信息点表，分别对受控设备进行下列功能试验：

1）遥控试验应按试验操作程序，依遥控对象表内容分项逐项进行，被控对象可靠动作；如果出现操作错误、系统故障、终端故障和被控对象拒动，电力远动系统处理方式应符合设计或产品说明书的要求。

2）遥信试验应按位置遥信和故障遥信分别进行；位置遥信应在遥控操作时逐项进行确认。集中监控站显示器画面应与被控对象实际状态一致，打印记录正确；故障遥信应按故障遥信对象表内容逐项模拟故障。集中监控站显示器画面、报警应与被控对象实际状态一致，事故打印记录正确。

3）遥测试验核对实际值与显示值，检查遥测精度应符合设计要求；遥测综合误差不大于 1.5%；具有动态显示功能的显示器应将遥测值进行动态显示。

5 系统可靠性应保证系统运行时启动或停止现场设备，不应出现数据错误或产生干扰而影响系统正常工作的现象；集中监控站冗余主机自动投入或切断系统电网电源，转为 UPS 供电时，系统运行不得中断。

6 显示器画面显示、打印制表和显示器画面硬拷贝功能良好，符合设计要求。

5.8 防雷与接地

5.8.1 一般规定

1 防雷、接地施工包括电力变电所、配电所及电力线路的防雷、接地。

2 接地装置的设置方式、电力线路杆塔的接地体材质和引出线的截面应符合设计要求。

3 独立避雷针接地装置、所内网状接地装置、贯通地线之间的连接施工应符合设计要求。

4 低压电气设备地面上外露接地线的最小截面积应符合设计要求。

5 接地体或接地线不得利用金属软管、管道保温层的金属外皮或金属网以及电缆金属护层，在地下不得采用裸铝导体。

6 变、配电所内接地网及接地母线施工流程如图 5.8.1-1 所示，室内外设备接地线施工流程如图 5.8.1-2 所示。

7 避雷器、浪涌保护器在安装前应试验合格。

8 电力设备接地引接线与综合接地端子连接应牢固，并应做电气连接导通性试验。

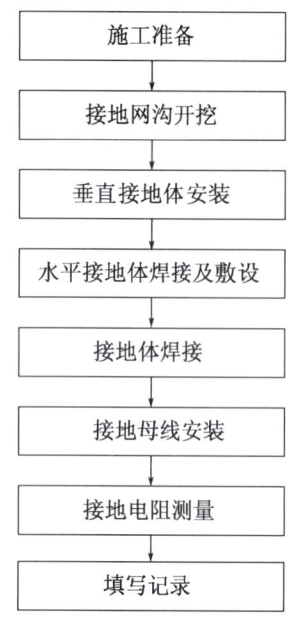

图 5.8.1-1 变、配电所内接地网及接地母线施工流程

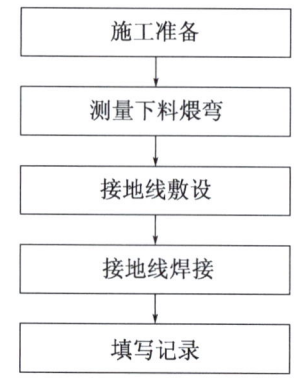

图 5.8.1-2 室内外设备接地线施工流程

5.8.2 防雷装置

1 防雷装置施工包括避雷针、避雷器、浪涌保护器、架空避雷线的安装。

2 避雷针的安装施工流程如图 5.8.2 所示。

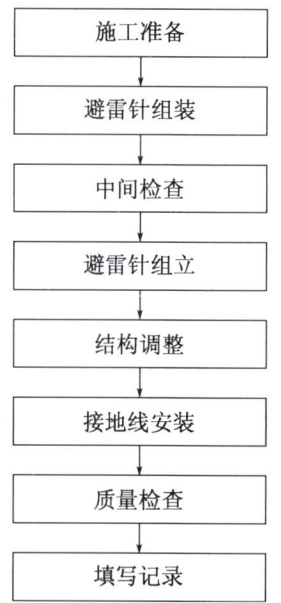

图 5.8.2 避雷针安装施工流程

3 避雷针组立前先将其地中独立接地网及所内主接地网敷设完成，组立后应立即用引下线与地中独立接地网焊接牢固，焊接点应不少于两处。

4 避雷针应按下列要求安装：

1）避雷针应平直，焊接牢固，焊缝饱满不应有裂缝气孔、脱焊等缺陷；避雷针安装应垂直，各节中轴线应在一条垂直线上，倾斜度不应大于3‰；避雷针与基础连接应采用双螺帽防松措施，紧固后应涂黄油防腐。基础表面应用水泥砂浆制作防水帽。

2）避雷针节与节采用焊接时，焊口应附有两根不小于下节主筋截面的加强钢筋，焊缝应饱满；当采用螺栓连接时，节间应加焊跨接圆钢，圆钢的直径不小于12mm，紧固件应齐全。避雷针的防腐层应完好。

5 避雷针应设置独立的接地装置，避雷针及其独立接地装置与道路或建筑物出入口等的距离应大于3m；避雷针独立接地装置与主接地网的地中距离不应小于3m；当有困难时，在征得设计认可的情况下，该接地装置可与主接地网连接，但避雷针与主接地网的地下连接点至35kV及以下设备与主接地网的地下连接点的距离，沿接地体的长度不得小于15m；避雷针的接地方式及接地电阻值应符合设计要求。

6 避雷器不得倒置、任意拆开、破坏密封的损坏元件。

7 避雷器安装前瓷件应无裂缝、破损，瓷套与铁法兰间的黏合应牢固，法兰泄水孔应畅通；组合单元应经试验合格，底座绝缘应良好；运输时用以保护金属氧化物避雷器防爆片的上下盖子应取下，防爆片应完整无损；金属氧化物避雷器的安全装置应完好。

8 避雷器应按下列要求安装：

1）安装垂直、固定牢固。均压环应安装水平，不得歪斜。装有放电间隙的避雷器，其放电间隙的距离应符合产品技术文件要求；避雷器的放电计数器应密封良好，动作可靠，安装位置应一致。

2）避雷器的各节连接处的接触面应除去氧化膜，并涂一层电力复合脂。并列安装的三相避雷器，其中心线应在同一垂直平面内。铭牌应位于易于观察的同侧；金属氧化物避雷器的排气通道应畅通，排出的气体不得引起相间或对地闪络，并不得喷向其他电气设备。

3）避雷器引线的连接不应使其顶端受到超过允许的拉力；避雷器的接地引下线宜短接，其工作及保护接地线应分别与地网连接牢固防腐油漆应完好。

9 对于需要装设浪涌保护器的地点，应按设计要求并根据设备类型分别安装在电源线路、配电屏以及铁路电子信息系统等相关部位。浪涌保护器的接地线应设置短接，直接与接地网或等电位接地体连接。

10 架空电力线路的避雷器线设置及接地应符合设计要求，避雷线的安装应符合本指南第5.3.6条的要求。

5.8.3 接地网

1 接地装置水平及垂直接地体的敷设位置和埋设深度应符合设计要求。

2 钢接地体（线）的焊接采用搭接焊，应牢固无虚焊，并符合下列要求：

1）扁钢搭接长度为其宽度的2倍（且至少焊接3个棱边）；圆钢搭接长度为其直径的6倍（且双侧焊接）；圆钢搭接长度与扁钢连接时，其长度为圆钢直径的6倍。

2）扁钢与钢管、扁钢与角钢焊接时，为了连接可靠，除应在其接触部位两侧或

3/4 钢管表面进行焊接外，还应以由扁钢弯成的弧形（或直角形）卡子或直接由扁钢本身弯成弧形（或直角形）与钢管（或角钢）焊接。

3）焊接应牢固无虚焊，焊接部位应做防腐处理。

3 接地体在进行放热焊接前应保证被焊接件无污物，熔模熔腔和型腔内无焊渣块或焊渣粉末，并使用喷灯烘干被焊接件和熔模；熔接接头外观应无尖角、缺口、卷边等缺陷；熔接口无蜂窝状气孔；接头无裂痕；熔接接头与熔接件间牢固，无松动、空隙、裸露现象；放热焊模具使用次数应符合产品寿命的相关规定。

4 明敷接地线应符合下列规定：

1）室内接地干线的支持件间的距离应均匀，水平直线部分应为 0.5~1.5m，垂直部分应为 1.5~3m，转弯部分距转角应为 0.3~0.5m。

2）跨越建筑物伸缩缝、沉降缝处应有补偿装置。

3）明敷的引下线应平直无急弯，与支架焊接处应做防腐处理。

4）变配电所内明敷的接地干线应符合下列要求：

（1）敷设位置应不妨碍设备的拆卸、检查、维修。

（2）当沿建筑物墙壁水平敷设时，距地面高度为 250~300mm，与建筑物墙壁的间隙为 10~15mm。

（3）变压器室、高低压开关室内的接地干线上应设置不少于 2 个供临时接地用的接线柱。

5 接地体敷设完后的土沟，其回填土内不应夹有石块和建筑垃圾等，外取的土壤不得有较强的腐蚀性，在回填土时应分层夯实。

6 接地装置的实测电阻值应符合设计要求，不符合要求时，应联系设计部门采用必要的降阻措施。

5.8.4 电气设备接地

1 设备及构支架的接地线，其埋入地下部分及露出地面部分均应涂防腐漆。

2 移动式电气设备接地应用专用芯线接地，严禁利用其他用电设备的中性线接地；中性线和接地线应分别与接地装置相连接；由固定的电源或由移动式发电机设备供电的移动式机械的金属外壳或底座，应和这些供电电源的接地装置有金属连接。

3 移动式电气设备的接地在移动式机械自用的发电设备直接放在机械的同一金属框架上，又不供给其他设备用电时可不接地；当机械由专用的移动发电设备供电时，机械数量不超过 2 台，机械距移动式发电设备不超过 50m，且发电设备和机械外壳之间有可靠的金属连接时，可不接地。

5.8.5 防爆及火灾危险场所设备接地

1 处在爆炸危险环境的电气设备的金属外壳、金属构架、金属配线管及配件、电缆保护管、电缆的金属护套等非常规带电的裸露金属部分，均应接地；引入爆炸危险环境的金属管道、配线的钢管、电缆的铠装及金属外壳均应在危险区域的进口处接地。

2 在爆炸危险环境下的电气设备应采用专用接地线,该专用接地线若与相线敷设在同一保护管内时,应具有与相线相等的绝缘。金属管线、电缆的金属外护层等应作辅助接地线;电气设备及灯具的专用接地线或保护线,应单独与接地干线(网)相连,电气线路中的中性线不得作为保护线使用。

3 铠装电缆引入电气设备时,其接地或中性线应与设备内接地螺栓连接,钢带及金属外壳应与设备外接地螺栓连接。

4 在爆炸危险环境中,接地干线宜在不同方向与接地体相连,连接处不少于2处;在爆炸危险环境中,接地干线通过与其他环境共用的隔墙或楼板时,应采用钢管保护,并用封堵料堵塞严密;在爆炸危险环境内的电气设备与接地线的连接,宜采用多股软绞线,其铜线最小截面不得小于4mm²,易受机械损伤的部位应装设保护管;爆炸危险环境内接地或接中性线的螺栓应有防松装置,接地线紧固前其接地端子及上述紧固件,均应涂电力复合脂。

5 当爆炸危险区内的非金属构架上平行安装的金属管道相互之间的净距小于100mm时,宜每隔20m用金属线跨接,金属管道相互交叉的净距小于100mm时,应用金属线跨接。

5.8.6 变、配电所设备接地应按设计要求与等电位箱连接;等电位连接应可靠,熔焊、钎焊或机械紧固应导通正常。

5.9 受电启动

5.9.1 变、配电所的受电启动应具备下列条件:

1 施工安装已完成,设备电气试验合格,全所整组试验已完成;受电启动专项方案已编制,并获得相关单位批准;主要设备的技术文件和图纸齐全。

2 外部电源已送电,高压进线间隔设备编号及相序核对无误。

3 所内有可靠的操作电源,通信设施已投入使用,通信通道畅通、清晰;设备本体编号标识与综合自动化系统、远动电力调度台及电力系统示意图相互一致;每条馈出线供电方向标识与综合自动化系统、远动电力调度台、电力系统示意图相互一致。

5.9.2 变、配电所受电启动前应进行下列检查及准备工作:

1 拆除所内各种临时设施及施工用临时电源线路,对电气设备及瓷件应进行一次清扫;临时接地线、验电工具、值班用品及抢修用工具、材料应准备齐全并检验合格。

2 隔离开关、断路器应在分闸位置,馈线开关柜内接地刀闸处于合闸位置;电力变压器、动力变压器、电抗器的分接开关应在规定位置;变、配电所内的控制方式选择开关应置于当地控制位置。

3 重合闸装置应退出运行;受电前,用兆欧表测量变压器、断路器绝缘电阻应合格；在受电前72h，应将变、配电所综合自动化系统的通信屏投入运行，以方便电力调度检查监督整个系统的运行情况。

5.9.3 箱式变电所、箱式电抗器受电运行前应检查箱内各设备、元件安装螺栓应紧固，表面应清洁、干燥、无异物；检查负荷开关操作机构、开关等可动设备应灵活、可靠、准确，熔断器完好；对装有温度显示、温度控制、风机、凝露控制等装置的设备，应进行功能性检查；检查主回路、接地回路的连接应牢固及辅助回路接点应可靠，并应与产品电气原理图一致，辅助回路的电器整定值应准确，仪表与互感器的变比及接线极性应正确，电器元件完好。

5.9.4 变、配电所按下列要求进行受电启动：

1 外部电源引入所内后，在高压侧电压互感器端子箱处核对电压、相位及相序，应符合设计要求。

2 对每台变压器应进行 5 次冲击合闸试验，进行第 1 次冲击后，持续时间 10min，变压器应无异常，然后手动分闸；第 2、3、4 次冲击时，持续时间宜为 5min，应观察电流值；每次冲击时，励磁涌流不应引起继电保护误动作，同时分别模拟保护动作分闸；变压器第 5 次冲击后手动分闸；当设有备用电源自动投入装置时，采用自投功能对变压器进行第 5 次冲击；所用电系统应投入运行；在交流屏核对所用电电压及相位、相序，应符合设计要求。

3 低压侧母线及设备应进行全电压冲击；冲击后，核对低压侧母线电压及相位，应符合设计要求。

4 无功补偿装置的冲击合闸试验应进行 3 次，每次间隔 5min；第 1、2 次冲击后，可模拟保护分闸，第 3 次冲击后手动分闸；冲击时，无功补偿装置无异常，电抗器的噪声水平应符合设计规定；动态无功补偿装置或无功补偿发生器应在晶闸管阀未加触发脉冲时进行冲击，保护应无动作，电源点的谐波含量、无功补偿度、功率因素应符合产品和设计要求。

5.9.5 受电启动应由现场电力调度员发布操作命令，无调度员命令，严禁操作。

5.9.6 受电启动期间，应制定严格的值班制度，值班人员应加强巡视，做好值班记录。

5.9.7 35kV 及以下变、配电所、箱式变电所、箱式电抗器应按下列要求送电：

1 35kV 及以下变、配电所受电启动空载运行 24h 后，方可按送电方案向线路送电；投入贯通调压器及低电阻柜后，分别以每个箱式变电（站）所为界按顺序分段测试贯通电缆绝缘电阻，确认合格后，分别向各回路贯通电缆送电，检查电压应无异常；当线路上出现故障时，相应的馈线保护应迅速动作或有接地预告指示。

2 带负荷运行及时监视线路的负荷及电压变化，按时做好记录。运行24h，全所应无异常情况；对箱式变电所、箱式电抗器进行冲击，变压器、电抗器应无异常，并核对箱式变电所低压侧电压和相序。向低压负荷送电时，应在低压动力柜、配电箱进线端进行验电核相。

5.9.8 变、配电所、箱式变电所受电正常稳定后，应按设计文件进行相邻配电所间的联调试验，当主供所馈线失压后，相邻所的备自投应启动，线路由相邻所供电。

5.9.9 送电后设备检修应符合国家现行有关规定。

5.9.10 变、配电所、箱式变电所及低压动力箱、配电箱启动受电，应邀请运营、接管单位派员参加。

5.9.11 铁路电力专业应配合其他专业进行联调联试，编制配合调试方案，建立联调组织机构，配备值班、检修、调试等人员、工具和备品备件。

5.9.12 施工单位应针对联调编制应急预案，并进行演练。

5.9.13 配电所、区间设备送电前应进行准备工作：
1 配电所受电启动后应在所内明显处发布带电启动告示、设置设备带电安全警示标志，确保人身及设备安全。
2 配电所及区间设备送电应由建设单位向沿线地方政府各乡镇人民群众发布送电告示，公告中需明确带电范围及注意事项。

6 电力牵引供电工程

6.1 牵引变电所

6.1.1 一般规定

1 牵引变电所（分区所、AT所、开闭所）工程主要施工设计文件应包括全线牵引供电系统方案示意图、设计说明书、设备技术规格书、牵引变电所主接线图、电气总平面布置图、基础平面布置图、防雷接地装置平面布设图等一二次施工图册、户内外电气装置安装图册、所用电交直流系统图册、电缆清册、在线监测系统图册、继电保护整定计算书、标准图册、通用图册、土建、房建、通信、信号、电力、接触网、远动专业工程的施工接口设计文件、概预算等。

2 牵引变电工程接口配合应包括下列内容：

1）施工单位应成立接口工程检查小组，制定接口检查实施细则，细化工作流程和责任。

2）路基、桥梁专业预留电缆过轨保护管、上桥孔洞、电缆槽和检修井等。

3）牵引变电专业为通信机房提供电源；通信专业为牵引变电专业提供远动、维护通信通道。

4）电力专业为变电所提供10kV电源。

5）房建专业提供场坪布置、高程、放坡、槽钢预埋、电缆沟、预留孔洞等。

6）向供电公司提供电源进线位置与相序、架空地线位置，计量、测控及信息采集装置等。

3 牵引变电所工程进场材料设备检验、工序施工质量检查、隐蔽工程检查应包括下列内容：

1）牵引变电所工程采用的材料、构配件和设备应按标准规定进行进场检验，不合格者不得使用。

2）各工序按有关技术标准进行质量控制，各工序施工完成后应按标准规定进行检查验收，未检查验收或验收不合格不得进入下道工序。

3）工程施工质量验收应对隐蔽工程和关键工序进行重点检验，并按规定留存影像资料。

4　构支架及电气设备的运输、装卸、吊装应按下列要求进行：

1）起重设备负荷力、载具承载力、绳吊索拉力、混装运输应符合相关安全技术规定，选择运输、装卸、吊装机具应考虑到场地允许条件和周围已安装设备的安全，应根据设备重心选择吊点及牵引着力点位置或按产品技术文件指定的位置吊装。

2）绝缘瓷件在运输时不应拆除出厂包装物，不得受到任何外力挤压和碰撞。裸装卸时应采用尼龙吊装带或采用具有保护措施的吊装索具，上重下轻的设备、立式运输的设备应采取防止倾覆、挤碰的措施。

3）电线电缆宜成盘装运，并妥善包装，且在运输过程中应直立摆放，固定牢靠，变压器、组合电器等大型特殊设备的运输、装卸和吊装应制定专项安全技术措施。

4）构支架及电气设备的运输、装卸、吊装除应符合上述要求外，尚应符合现行《高速铁路电力牵引供电工程施工技术规程》（Q/CR 9609）和设备安装使用说明书的规定。

5　运到工地的设备及零部件进场验收应按下列要求进行：

1）外包装完好，装箱单、图纸、说明书等技术资料，合格证、检验单、出厂试验报告等质量证明文件齐全，设备及附件、备品备件的数量、型号、规格、质量应符合设计要求和订货合同的要求。

2）外观检查无缺损、锈蚀，无受潮进水，无渗漏、变形，并做好进场验收记录。

3）设备零部件运到工地后应妥善保管，产品有特殊要求的应按产品技术文件要求采取相应措施。

6　主变压器、SF_6全封闭组合电器、SF_6气体绝缘高压开关柜、绝缘油、高压电缆附件等施工的场所环境、天气条件应符合产品技术文件要求。

7　紧固件宜采用力矩扳手紧固，并应按照产品技术文件要求的力矩值进行紧固。

8　牵引变电所电气设备的试验应按现行《电气装置安装工程　电气设备交接试验标准》（GB 50150）的相关规定执行。

9　牵引变电所施工中图纸审核、物资材料数据提取、管线碰撞检查、孔洞位置检查、施工模拟、方案优化、工艺优化、安全管理、进度把控、可视化安全技术交底等环节应加强BIM技术应用，减少返工，节约材料，提升工艺质量，提高施工效率。

10　牵引变电所施工流程如图6.1.1所示。

6.1.2　基础

1　基础施工包括牵引变电所内避雷针、构支架、室外设备、室内设备等基础的测量定位、开挖及浇筑等。

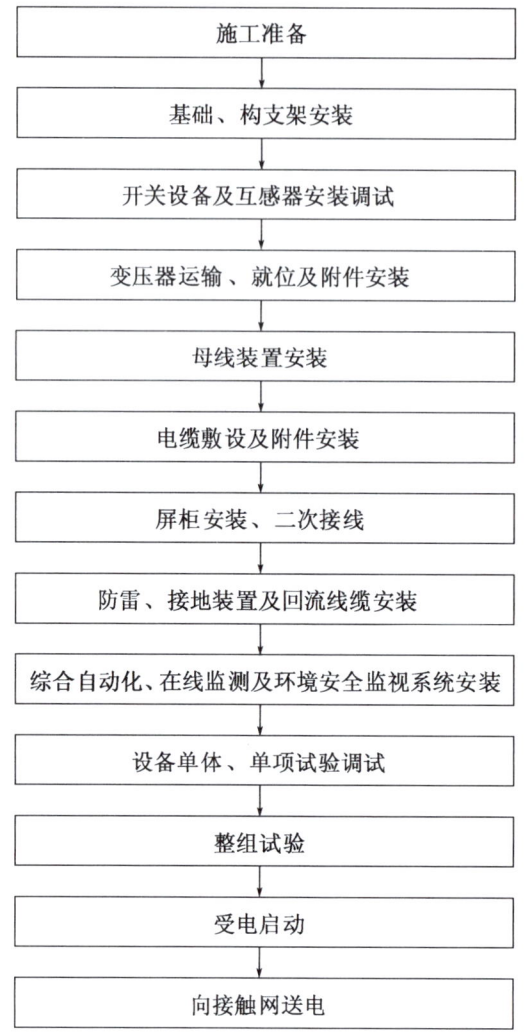

图 6.1.1　牵引变电所施工流程

2　基础施工测量应按下列要求进行：

1）基础施工测量流程如图 6.1.2 所示。

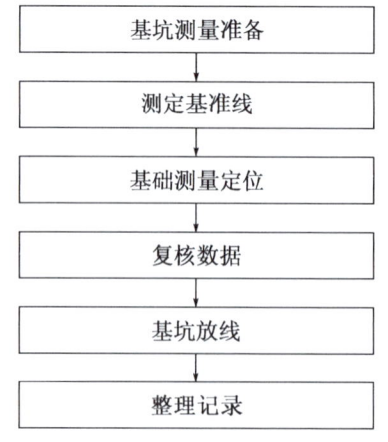

图 6.1.2　基础施工测量流程

2）基础测量定位。

（1）测量用仪器仪表及计量器具应符合国家计量要求及质量要求，仪器仪表在检验有效期内。

（2）基础测量定位施工时，应充分利用精测网资料（CPⅡ、CPⅢ），宜采用全站仪、无接触式接触网激光静态测试仪，长度测量应使用钢尺等进行精确测量和计算，进行设计布点与实地测点对应、三维标定。

（3）根据CPⅡ精测网核定牵引变电所矩形ABCD四电三维坐标，测量核实相对铁路线路里程、高程、与上行或下行线路中心线距离。同一轴线的基坑应一次测定，各类标桩设置齐全、稳固。

（4）基础测量定位应在测量基础上进行，并与精测网资料（CPⅡ）、房建工程施工图纸核对确定基准测量起点；基础位置、高程应按照牵引变电所电气总平面图、基础平面布置设计图进行施工测量，测量过程做好各项数据记录并妥善保存。

（5）轴线标桩及水准点高程应与土建、房建所采用的高程一致；进线H形或门形构架横梁正下方设备及支架的基坑中心定位测量，应核实变压器套管、储油柜的朝向及隔离开关断口打开方向符合安装技术要求。

3 基坑应按下列要求进行开挖：

1）基坑位置以施工测量的基坑中心桩为准。

2）松软土质和填方地带适当加大坑口，并设置防护措施；坚硬土质地带不宜设外模板，按基础外形尺寸挖坑；经检测符合设计要求的整体坚石地带，宜按杯形基础杯口尺寸或支柱外径加大150～300mm开挖。

3）开挖不设外模板的基础坑时，其形状、尺寸及相对位置应符合设计要求；当基础位于尚未沉实的土层上时，应将基础坑底挖至原土表面0.5m以下，然后夯实并砌筑垫层至基础底面设计高程处；基坑开挖完成后，应对开挖基坑底面进行土壤承载力试验。如地质情况与设计不符，应及时与设计单位联系解决。

4 基础模板应选用光面板材，支设牢固，应能承受混凝土的侧向压力和施工负荷，拼缝应严密不漏浆，内模板外侧、外模板内侧应采取脱模措施及防止基础四周凹凸的措施。外模型板的支设应延深至地面以下100～150mm。模板安装允许偏差和检验方法应符合表6.1.2-1的规定。

模板安装允许偏差和检验方法 表6.1.2-1

序号	项 目		允许偏差（mm）	检 验 方 法
1	轴线位置	基础	15	尺量每边不少于2处
2	表面平整度		5	2m靠尺和塞尺不少于3处
3	高程	基础	±20	测量
4	两模板内侧宽度		−5～+10	尺量不少于3处
5	相邻两板表面高低差		2	尺量

5 基础位置、尺寸及其顶面高程应符合设计文件要求，允许偏差符合表 6.1.2-2 的规定。

基础施工允许偏差（单位：mm） 表 6.1.2-2

项目名称	允许偏差		
	独立电气设备	三相联动设备	构架、支架基础
纵横轴线中心位置	±10	±10	±20
顶面高程	0 −20	0 −10	0 −10
其他尺寸	0~20		

6 预埋螺栓的直径及外露长度应符合设计文件要求，埋设应垂直、丝扣应完好、无锈蚀现象，安装完毕，连接螺栓宜露出螺帽 2~5 扣。预埋螺栓施工位置允许偏差应符合表 6.1.2-3 的规定。

预埋螺栓施工位置允许偏差（单位：mm） 表 6.1.2-3

项目	名称	施工允许偏差
预埋螺栓	中心距	±2
	外露长度	+20 0
预留螺栓孔	中心位置	±10
	孔深	+20

7 屏、柜、箱式分区所、开闭所等基础预埋型钢安装允许偏差应符合表 6.1.2-4 的规定，其顶部宜高出抹平的地面 10mm。

基础型钢安装允许偏差 表 6.1.2-4

检验项目		不直度	水平度	位置偏差及不平行度
允许偏差	mm/m	1	1	—
	mm/全长	5	5	5

8 基础浇筑应按下列要求进行：

1）在混凝土施工前，应根据设计强度进行混凝土配合比试验，并取得配合比试验报告。

2）应根据施工设计图纸和设备实际情况，提前加工制作预埋管件，支模板或基础混凝土浇筑过程中及时复测并置埋固定。

3）基础浇筑应符合现行《铁路混凝土工程施工技术指南》（Q/CR 9207）的规定。

4）基础浇筑选用商品混凝土，混凝土应连续浇筑，采用电动振捣器分层振捣，分层振捣的厚度不宜超过 300mm，并在前层混凝土凝结之前将次层混凝土浇筑完毕。承受动力作用的基础，应一次连续浇筑完成。

9 混凝土应按下列要求进行养护：

1）混凝土基础浇筑完毕后的 12h 内，其外表面应覆盖并浇水养护，在高温有风天气浇筑后 2~3h 内在基础表面浇水养护；普通硅酸盐水泥浇水养护时间不得少于 7d；对掺用缓凝型外加剂或有抗渗要求的混凝土浇水养护时间不得少于 14d。

2) 浇水次数应以保持混凝土表面经常湿润为准。

10 混凝土基础试块应按下列要求进行：

1) 试块应为边长为 150mm 的立方体，每组 3 块；牵引变压器、组合电器、断路器基础各取 2 组试块；其他基础每个工作班不应少于 2 组试块。

2) 应采用专用模具制作，捣固应密实、表面应平整。

3) 试块与基础应在同等条件下养护 28d。

11 混凝土基础强度达到设计强度的 70% 以上时，方可进行电气设备安装；不高于地面 200mm 的杯形基础在混凝土强度达到设计值的 50% 并回填夯实后，即可进行立杆和二次浇筑；达到设计强度的 70% 以上时，方可进行杆上作业。混凝土达到设计强度的 50%、70% 及 100% 所需时间见表 6.1.2-5。

混凝土达到设计强度的 50%、70%、100% 所需时间　　表 6.1.2-5

水泥品种	混凝土所需强度 （以设计强度的数计）	混凝土平均硬化温度（℃）					
		5	10	15	20	25	30
		混凝土硬化所需时间（d）					
普通水泥 42.5~52.5	50%	12	8	7	6	5	4
	70%	24	16	12	10	9	8
	100%	40	35	30	27	24	20

12 基础浇筑工艺质量控制要点应符合下列要求：

1) 基础表面应光滑平整、棱角分明。

2) 同型基础纵横排列整齐，中心线、外沿线分别在一直线上。同一组门形架构的基础顶面等高，断路器、隔离开关等单设备多基础顶面等高。

3) 基础预埋螺栓尺寸、位置应符合设计要求，同类预埋件高度一致。

4) 断路器、隔离开关、组合电器预埋螺栓位置、间距允许偏差 ±1mm，其他设备允许偏差 ±2mm。

6.1.3 构支架

1 构支架施工包括钢筋混凝土等径圆杆或型钢结构构支架组立、型钢结构横梁及设备托架安装。

2 混凝土杆外观质量应按现行《电气化铁路变电所预应力混凝土圆杆》（TB/T 2824）的有关规定进行检查。

3 钢筋混凝土等径圆杆在运输、存放时，应按工厂规定的支点放置衬垫物，堆放高度不应超过 4 层，堆放地点地面应坚实平整且不得积水。

4 与设备支架等径圆杆外径、杆高相同，用于构架安装的钢筋混凝土等径圆杆的钢筋配筋应符合设计要求。构架等径圆杆节点连接时，应结合实际杆高和基底高程进行配杆。

5 钢圈连接的混凝土等径圆杆的焊缝不得有裂缝、夹渣及气孔，当钢圈厚度小于或等于10mm时，其咬边深度不得大于0.5mm；当钢圈厚度大于10mm时，其咬边深度不得大于1mm。严禁在焊缝内填充焊条或其他金属。加强层尺寸应符合表6.1.3的规定。焊接后的等径圆杆，其弯曲度不应大于全长的2‰。

加强面尺寸　　　　　　　　　　　　　　　　　　　　表6.1.3

加强面尺寸	钢圈厚度 s（mm）	
	<10	10~20
高度 c（mm）	1.5~2.5	2~3
宽度 e（mm）	1~2	2~3
示意图		

6 钢筋混凝土等径单杆构架、并杆构架的连接节点和组立应按下列要求进行安装：

1）构架拼排、焊接及组立施工流程如图6.1.3-1所示。

2）成组构架的中间、顶部节点连接方式的叉开角度及根开尺寸应符合设计要求；每组构架的两电杆之间的距离应符合设计要求。

3）爬梯、架空地线架挂环安装方向，顶部"横梁—构架—架空地线架—爬梯"组合节点安装应符合设计要求。

4）在构架未达到承重条件前，不得进行母线安装；构架金属节点部位应按设计要求进行接地引下线安装；钢筋混凝土电杆的顶端应封堵严密，外露金属部分应采取防腐处理措施。

7 钢结构母线构架和设备支架应按下列要求进行安装：

1）采用连续梁的钢结构母线构架，构架电杆及母线横梁应位于同一安装中心线上。

2）钢结构母线构架和设备支架结构件的拼装与连接应使用力矩扳手紧固，紧固力矩值应符合设计或产品的技术要求；钢结构设备支架的安装方式应一致，接地线位置应统一；钢结构母线构架横梁的起拱方向应符合设计要求。

3）钢构支架两侧应预留设备、放电计数器、标识标牌、电缆及电缆保护管、接地线等固定孔位；钢构支架两侧应预留接地孔位，安装避雷器的构支架应预留计数器孔位，计数器支架孔位示意图如图6.1.3-2所示。

4）构支架组立宜采用尼龙带吊装就位；构支架底座宜加装水泥砂浆基础帽或螺栓保护帽，如图6.1.3-3、图6.1.3-4所示。

8 进线或终端构架在进行预倾斜组立时，其倾斜角度不应大于电杆高度的3‰，并保持各组构架电杆杆顶位于同一安装中心线上。

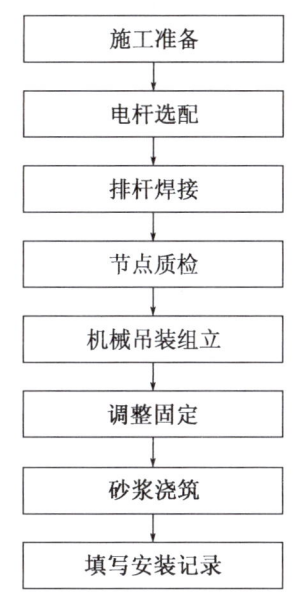

图6.1.3-1 构架拼排、焊接及组立施工流程

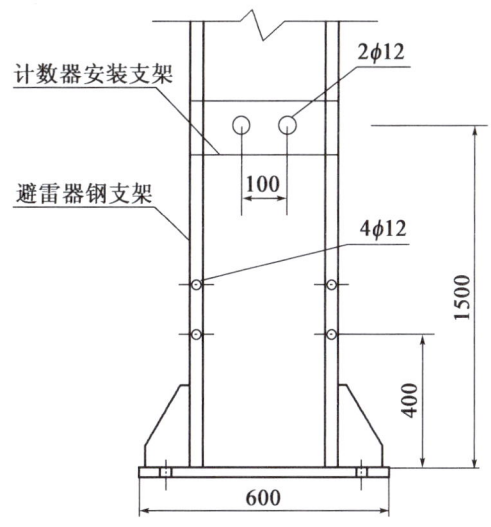

图6.1.3-2 计数器支架孔位设计示意图
（尺寸单位：mm）

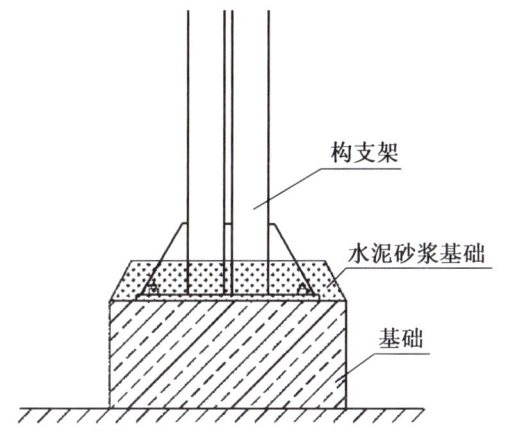

图6.1.3-3 构支架螺栓水泥砂浆基础帽示意图

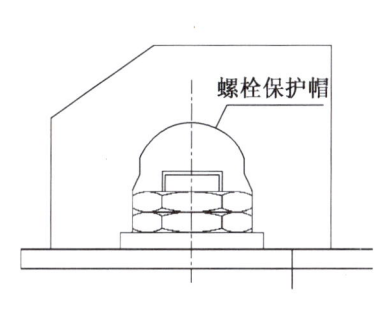

图6.1.3-4 构支架螺栓保护帽示意图

9 横梁及设备托架应按下列要求进行安装：

1）安装水平、牢固，紧固件齐全，连接螺栓露出螺母不少于3扣；横梁的弯曲度不大于其全长的5‰，安装位置及固定方式符合设计要求；连梁角钢或配件与杆顶钢板的连接应牢固、可靠、密贴；横梁及设备托架应设有明显的接地引下线与接地网相连接，连接应牢靠。

2）用螺栓连接的结点，其接触面应锉平后做防腐处理，接触应良好。

10 构支架组立工艺质量控制要点应符合下列要求：

1）同一安装中心线上的构支架位置偏移小于20mm，同一组构支架的高差小于5mm。同一组构架电杆的高低差小于10mm。

2）构支架结构件的拼装与连接应紧固牢靠；构支架安装方式、H形支柱翼缘方向、电缆及电缆保护管安装方向、同类设备接地位置应全所统一。

243

3）横梁的弯曲度不大于全长的5‰，设备支架倾斜度应不大于3‰。

6.1.4 防雷、接地装置及回流线缆

1 防雷、接地装置及回流线缆施工包括牵引变电所接地网（含避雷针的独立地中接地网）、避雷针、避雷器、各种室内外裸露分散的工作和保护接地、集中接地箱、回流线缆及与综合接地系统的连接等安装。

2 接地装置应按下列要求进行施工：

1）接地装置施工流程如图 6.1.4-1 所示。

图 6.1.4-1 接地装置施工流程

2）接地装置及工作接地、保护接地线、接地极、扁钢、离子接地体的材质、规格、长度应符合设计要求；当接地材料采用防腐设计时，材料的防腐类型及防腐层厚度应符合设计文件要求。

3）接地装置布设应根据牵引变电所防雷接地平面布置图进行测量，网格状抛洒白灰标记线、符号，指引开挖接地网沟和垂直接地极安设点。

4）接地网沟深度不宜小于0.9m，人行过道处不应小于1.1m。开挖接地网沟后应及时布设水平接地体和垂直接地体，垂直接地体宜打击入地或者机械钻孔入地。在已经安装电气装置的区域补充开挖接地网沟时，不宜采用爆破开挖和机械开挖。

5）接地干线至少应在不同的两点与主接地网相连接，每一设备的工作接地和保护接地应单独与接地干线或接地网可靠连接；采用螺栓连接时，应使用双螺栓，设备接地线其露出地面的部分应有防腐措施。

6）建筑电缆沟、竖井、夹层内的接地母线应单独敷设，宜在高压侧与接地网相连，

严禁将高压电气设备的接地线接于电缆沟内的地线上。室内外的电缆沟接地干线不应作为集中接地箱的保护接地。电缆沟、竖井、夹层接地母线示意图如图6.1.4-2所示。

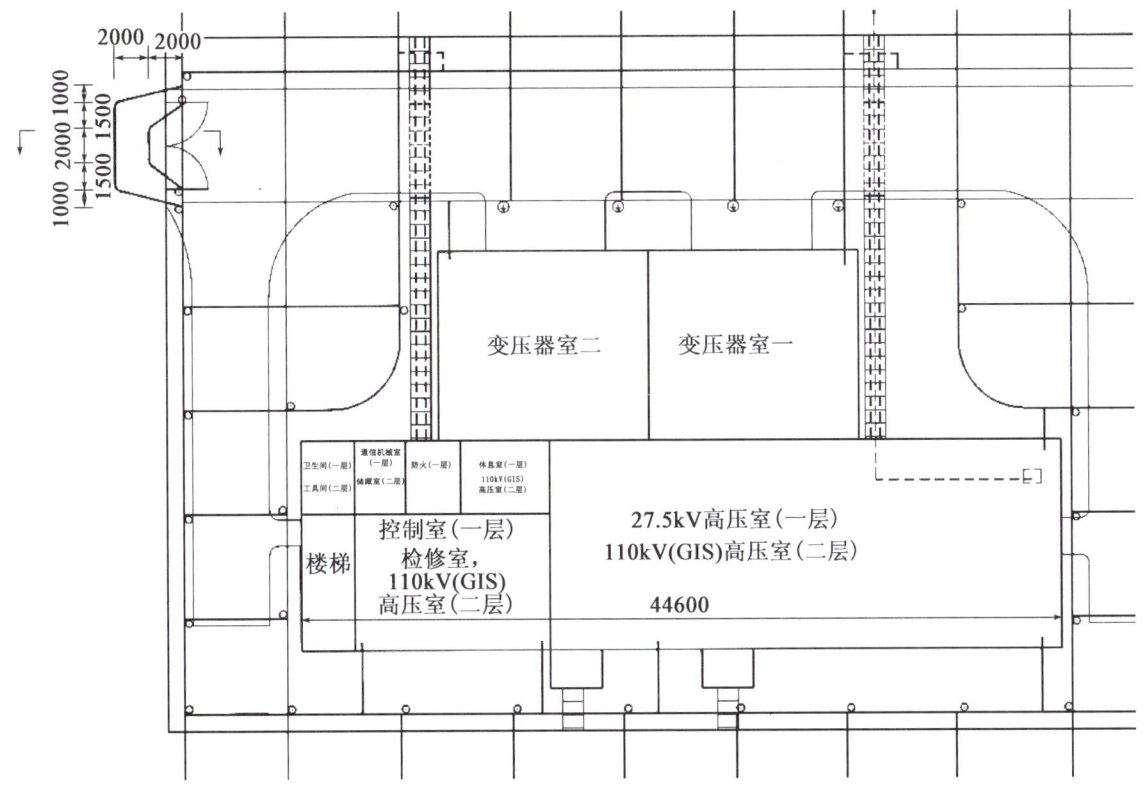

图6.1.4-2 电缆沟、竖井、夹层接地母线示意图（尺寸单位：mm）

7）地中水平接地体与建筑物的距离不宜小于1.5m。

8）接地线应防止发生机械损伤和化学腐蚀。接地线在穿越墙壁、楼板时，应套钢管保护。

9）每个电气设备的工作接地和保护接地应单独安装接地线与接地网或接地干线可靠连接。不得将同一台设备的工作接地、保护接地在地表混接一起接地，严禁将几个设备或部件工作接地串联接地。

10）组合电器、GIS的工作接地、保护接地施工应按照设计文件和产品技术文件的要求进行。

11）接地网沟回填土内严禁夹有石块、建筑垃圾、塑胶料、强腐蚀性的物质。

12）接地装置的实测电阻值应符合设计要求。不符合要求时，应联系设计部门采用必要的降阻措施。

3 铜材质接地体（线）连接工艺应采用热剂焊，并按下列要求进行：

1）接地体在进行放热焊接前应保证被焊接件无污物，熔模熔腔和型腔内无焊渣块或焊渣粉末，并使用喷灯烘干被焊接件和熔模，去除模具内水分。

2）被连接的导体截面应完全包裹在接头内。

3）熔接接头外观应无尖角、缺口、卷边等缺陷；接头表面应平滑，接头无贯穿性气孔，接头无裂痕；熔接接头与熔接件间牢固，无松动、空隙、裸露现象。放热焊接接头如图6.1.4-3所示。

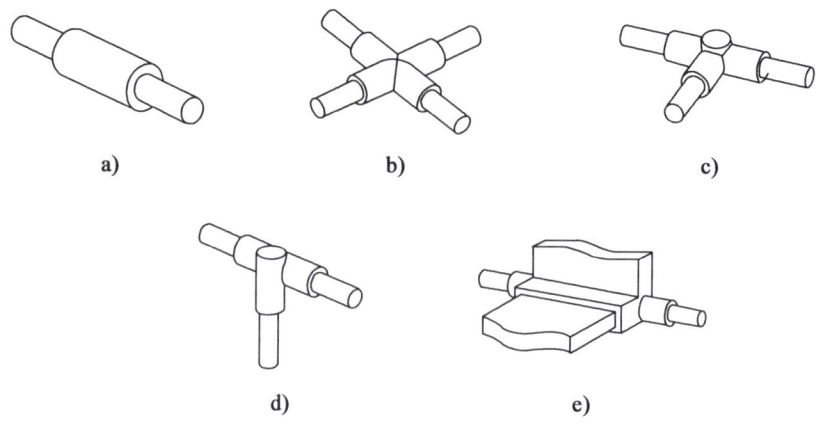

图6.1.4-3 放热焊接接头示意图

4) 放热焊模具使用次数应符合产品寿命的相关规定。

4 钢材质接地体（线）应按下列要求进行搭接焊：

1) 扁钢搭接焊的长度为宽度的2倍，且至少焊接3个棱边；圆钢搭接焊的长度为直径的6倍，且应为两侧施焊；圆钢与扁钢连接时，其长度应为圆钢直径的6倍。

2) 扁钢与钢管（或角钢）连接时，除应在扁钢两侧焊接外，还应焊以由钢带弯成的弧形（或直角形）卡子，亦可直接由钢带本身弯成弧形（或直角形）与钢管（或角钢）焊接。

3) 焊接处应牢固，不得有假焊；对接地体引出线部分及焊接部位应做防腐处理。

5 接地引下线采用扁钢、圆钢时，通过压接端子与主接地网可靠连接；接地引下线采用钢绞线、铜绞线时，地中部分应与主接地网放热焊接；钢材质与铜材质接地体连接应采取过渡连接措施。

6 构支架、室外设备应采用双接地引下线，如图6.1.4-4所示；矩形接地引下线应工厂化预制，如图6.1.4-5所示。

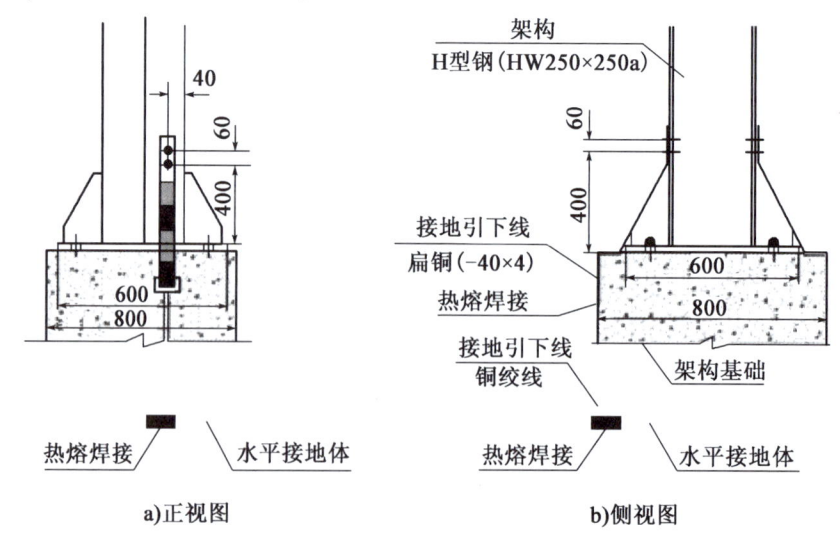

图6.1.4-4 设备单杆架构接地引下线示意图（尺寸单位：mm）

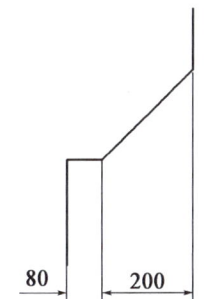

图 6.1.4-5　工厂化预制接地引下线细部设计图（尺寸单位：mm）

7 建筑物、构筑物及设备明敷接地线的安装除应符合本条第 2 款、第 3 款、第 4 款相关的要求外，尚应按下列要求进行：

1）墙体表面接地线应水平或垂直敷设，不应有高低起伏及弯曲。不应妨碍设备的拆卸与检修，并便于检查。

2）支持件的间距在水平直线部分宜为 0.5～1.5m；垂直部分宜为 1.5～3m；转弯部分宜为 0.3～0.5m。

3）室内外接地干线沿墙壁水平敷设时，距离地面高度宜为 250～300mm，接地线与建筑物墙壁的间隙宜为 10～15mm，与室外网状接地装置不少于两处可靠连接。在进行检修时需临时接地的位置，均应引入接地干线，并应设有不少于 2 个临时接地线连接端子，此处应刷白色漆后标以黑色接地符号。

4）明敷接地线表面应涂以 15～100mm 宽度相等的绿色和黄色相间条文标识。在接地线引向建筑物的入口处，应涂以黑色接地符号；接地连接线穿越墙体、模板时，应采取绝缘保护措施。

5）沿设备基础、钢筋混凝土构支架表面安装的裸体金属接地线及牵引回流线，其埋入地下部分及露出地面部分均应采取防腐处理措施。

6）低压电气设备地面上外露的接地线的截面应符合设计及相关标准的要求。

8 电气装置的接地范围应符合现行《铁路电力牵引供电设计规范》（TB 10009）的有关规定。

9 避雷针应按下列要求安装：

1）避雷针的安装施工流程如图 6.1.4-6 所示。

2）避雷针组立前应先将避雷针地中独立接地网及所内主接地网敷设完成，避雷针组立后应立即用引下线将不少于两处与地中独立接地网焊接牢固。

3）避雷针应平直，焊接牢固，焊缝饱满不应有裂缝、气孔、脱焊等缺陷。

4）避雷针节与节采用焊接时，焊口应附有两根不小于下节主筋截面的加强钢筋，焊缝应饱满；采用螺栓连接时，节间应加焊跨接圆钢，圆钢的直径不得小于 12mm，紧固件应齐全，保证每节的连接面在同一个平面上。避雷针的防腐层应完好。

5）避雷针安装应垂直，各节中轴线应在一条垂直线上，倾斜度不应大于 3‰。

6）避雷针与基础连接应采用双螺母防松，紧固后应涂黄油防腐。基础表面应用水泥砂浆制作防水帽或加装螺栓防护帽。

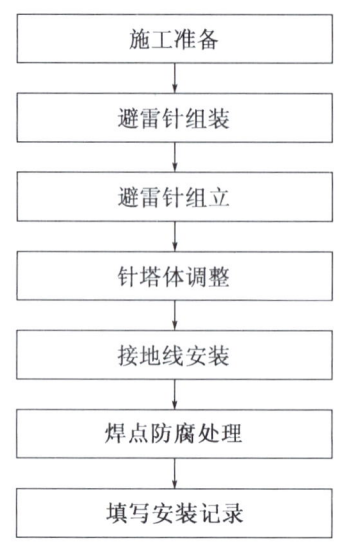

图 6.1.4-6 避雷针安装施工流程

10 避雷针应下列要求进行接地：

1）避雷针应设置独立的接地装置，避雷针及其独立接地装置与道路或建筑物出入口等的距离应大于 3m，当小于 3m 时，应采取均压措施或铺设卵石或沥青地面；避雷针应两点接地。

2）避雷针独立接地装置与主接地网的地中距离不应小于 3m；当有困难时，在征得设计认可的情况下，该接地装置可与主接地网连接，但避雷针与主接地网的地下连接点至 35kV 及以下设备与主接地网的地下连接点的距离，沿接地体的长度不得小于 15m。

3）避雷针的接地方式及接地电阻值应符合设计要求；避雷针独立接地装置、所内网状主接地装置、贯通地线之间的连接施工应符合设计要求。

11 避雷器应按下列要求进行安装：

1）避雷器的安装施工流程如图 6.1.4-7 所示。

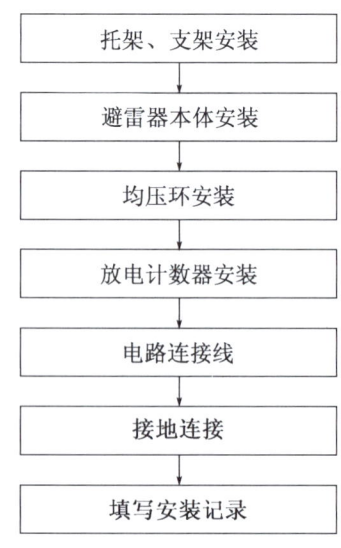

图 6.1.4-7 避雷器安装施工流程

2）避雷器安装前检查。

（1）避雷器及放电计数器铭牌标识中，型号、规格、技术参数符合设计要求；瓷件应无裂缝、破损，瓷套与铁法兰间的黏合应牢固，法兰泄水孔应畅通；组合单元应经试验合格，底座绝缘应良好。

（2）运输时用以保护金属氧化物避雷器防爆片的上下盖子应取下，防爆片应完整无损；金属氧化物避雷器的安全装置应完好；硅橡胶外套表面无划痕，电路连接端子外连接能够形成面接触，安装固定法兰螺栓孔与安装座匹配；避雷器不得倒置、任意拆开、破坏密封和损坏元件。

3）避雷器、浪涌保护器安装。

（1）避雷器、浪涌保护器应安装垂直、固定牢固。

（2）避雷器各节连接处的接触面应除去氧化膜，并涂一层电力复合脂。并列安装的三相避雷器，其中心线应在同一垂直平面内。铭牌及动作计数器应位于易于观察的同侧；多节避雷器组装时，各节位置应符合产品出厂标志的编号。

（3）金属氧化物避雷器的排气通道应畅通，排出的气体不得引起相间或对地闪络，并不得喷向其他电气设备；避雷器引线的连接不应使其顶端受到超过允许的拉力；均压环应安装水平，不得歪斜。装有放电间隙的避雷器，其放电间隙的距离应符合产品技术文件要求。

（4）避雷器的接地引下线宜短捷，其工作及保护接地线应分别与地网连接牢固，防腐油漆应完好；避雷器的放电计数器应密封良好、动作可靠，安装位置应一致。

（5）浪涌保护器的安装位置应符合设计要求。

12 集中接地箱安装前应核对接地母线（铜排、铝排、扁钢）与箱体是否绝缘隔离。箱体保护接地宜与所内主接地装置或接地母线直接连接。

13 当牵引回流线采用电缆引入牵引变电所时，电缆的规格、型号、技术参数应符合设计要求；回流电缆应采用非磁性材质的机械防护措施。

14 网开关RTU（Remote Terminal Unit，远程终端单元）外壳需与贯通地线或钢柱独立接地极可靠接地。网开关RTU外壳与贯通地线或钢柱独立接地极接地示意图如图6.1.4-8所示。

15 防雷接地工艺质量控制要点应符合下列要求：

1）设备接地引下线、室内外预留接地端子应导通良好；接地引线标识颜色分界清晰、间距均匀。

2）构支架接地引线双螺母紧固。

3）建筑物出入口处的接地引线应有明显标识。

4）避雷针的接地线、塔身跨接焊方向统一；跨接焊应自下而上、逐节对称、交错焊接。

6.1.5 变压器

1 变压器施工包括牵引变压器、自耦变压器、所用电变压器的运输、安装和调整。

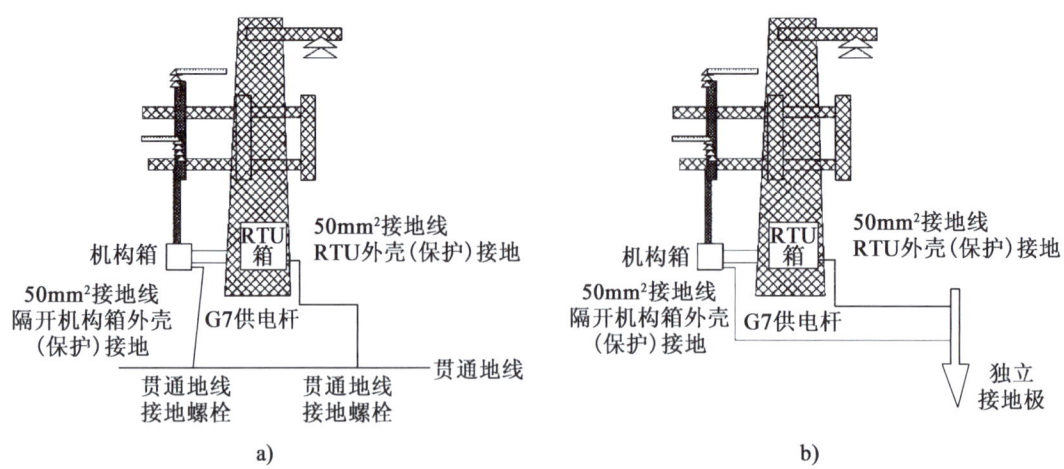

图 6.1.4-8 网开关 RTU 外壳与贯通地线或钢柱独立接地极接地示意图

2 变压器施工流程如图 6.1.5-1 所示。

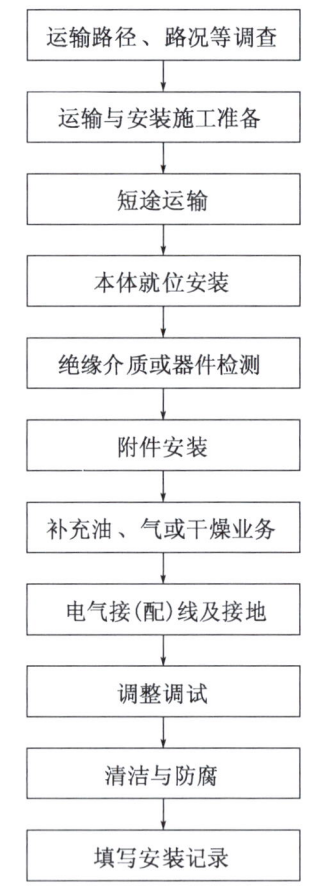

图 6.1.5-1 变压器施工流程

3 变压器短途运输、装卸前应进行相关调查，并包含下列内容：

1）了解道路及沿途桥梁、涵洞、沟道等的结构、宽度、坡度、转角及承重情况，如不符合要求时应采取加固措施；调查沿途电力、通信等架空线情况。

2）了解装卸地点的环境、气象条件，以及地面、路面坚实程度。

3）调查完毕后应编制运输装卸方案。

4 变压器本体应按下列要求运输、装卸、就位：

1）变压器运输方案应报监理业主审批，装载时要均衡对称，货物重心投影落在车辆纵横中心线的交叉点上；变压器运输前要按运输要求实施加固，加固线与货物及车辆接触处采用防磨措施。

2）公路运输的速度应符合产品技术文件要求。

3）油浸变压器在装卸和运输过程中不应有严重冲击和振动，倾斜角度不得超过15°。充气变压器在运输途中应保持气体压力在0.01~0.03MPa之间。

4）变压器宜采用机械吊装就位，吊装机械应与变压器重量匹配；装卸时，吊装或顶升的受力点应符合产品技术文件要求，受力应均匀。钟罩式变压器起吊时，应将吊索系在下节油箱专供整体起吊的吊耳上，并应经钟罩上节相对应的吊耳导向。

5 设备进场验收除符合本指南第6.1.1条的规定外，还应按下列要求进行：

1）附件应齐全、无锈蚀及机械损伤，密封应良好；油箱箱盖或钟罩法兰及封板的连接螺栓应齐全，紧固应良好、无渗漏；充油套管的油位应正常、无渗油，瓷件完好；充气运输设备的气压正常。

2）随变压器运输检测的防冲撞记录仪器外观完整无损，内部数据应确保无冲撞记录；装有滚轮的变压器，其滚轮应能灵活转动。在设备就位后，可将滚轮拆卸下来将变压器直接落在基础上，或者将滚轮用能拆卸的制动装置加以固定。

3）油浸变压器的法兰连接处应用耐油密封垫圈密封。密封垫圈应清洁，无扭曲、变形、裂纹和毛刺，规格尺寸应正确。法兰连接面应平整、清洁，安装后橡胶密封垫的压缩量不宜超过其厚度的1/3。

4）变压器铁芯接地和夹件接地分别引出时应采用铜母排引至本体下部接地点；变压器上下节油箱、油枕与安装支架等处应采用铜母排做电气连接。

5）自耦变压器碰壳保护电流互感器应与本体预留位置匹配。

6 油浸变压器的冷却装置应按下列要求安装：

1）散热器安装前用合格的绝缘油冲洗干净，并将残油排尽；阀门及法兰连接处密封应良好；安装完毕后应即注满油。

2）风扇电动机及叶片安装应牢固、转动应灵活、转向应正确，运转时应无振动、过热，电源配线应采用耐油绝缘导线。

7 油浸变压器的金属波纹储油柜应按下列要求安装：

1）在安装前应确认密封良好；储油柜在注油后应对变压器各高点（套管升高座、冷却器等）排气，并让绝缘油静置4h以上，然后从储油柜呼吸口处充入压缩空气，将储油柜内的空气排出。

2）储油柜注油管在运行时充满绝缘油，注油管下端配装的闸阀或波纹管阀门按出油方向安装，避免储油柜最低端排污管的活塞头受到撞击而发生断裂，造成储油柜漏油。

3）油标指示应与储油柜的真实油位相符；油位表动作应灵活，其信号接点位置正确、绝缘良好。

8 油浸变压器的套管应按下列要求安装：

1）瓷套管表面应无裂纹、伤痕，套管、法兰颈部及均压球内壁应清洁，充油套管应无渗油现象，油位指示正常；高压套管穿缆的应力锥应进入套管的均压罩内，其引出端头与套管顶部接线柱连接处应擦拭干净、接触紧密。

2）套管顶部结构的密封垫应安装正确、密封良好；连接引线时，不应使顶部结构松扣；对于采用螺杆式引出端子的套管，应安装转换端子后再与母线连接；充油套管的油标应面向外侧，套管末屏接地应良好。

3）变压器高、低压套管采用电缆插接端子接线时，应考虑油路封堵，与电缆附件制作安装（包括试验检查）工序配合。

9 油浸变压器的气体继电器安装前应经检验合格，动作整定值符合定值要求，集气盒内应充满绝缘油且密封严密，安装应水平，方向应正确，连接部位密封应良好，应具备防潮防雨功能并加装防雨帽；电缆引入气体继电器处应有滴水弯，进线孔封堵应严密。

10 油浸变压器采用压力释放装置时，其安装方向应正确，锁闭系扣应按正常工作状态打开。

11 油浸变压器吸湿器油封的油位应在油面线上或按产品的技术文件要求安装，吸湿剂应干燥，连接管的密封应良好。

12 油浸变压器的温度计应按下列要求安装：

1）安装前应进行校验，信号接点的动作应正确，导通应良好。

2）顶盖上温度计座内应注以变压器油，密封应良好。

3）膨胀式信号温度计的金属软管不得有压扁或急剧扭曲，其弯曲半径不得小于50mm。

13 变压器调压切换装置应动作正确、接触良好、分接头与动作指示器指示位置一致。

14 变压器应按下列要求注油：

1）绝缘油应经试验合格后方可注入变压器。

2）向变压器注油宜从下部油阀进油，注油速度不宜大于100L/min。110kV及以上的变压器宜采用真空注油，但不宜在雨天或雾天进行；注油完毕后，110kV及以下变压器静置24h；220kV、330kV变压器静置48h后，应将各部位的残余气体排尽。

3）变压器高、低压套管采用电缆插接端子接线时，应考虑油路封堵与电缆附件制作安装（包括试验检查）工序配合。

15 变压器本体电缆应有保护措施，排列整齐，接线盒应密封；所有法兰连接处应平整清洁、密封良好；密封橡胶垫的压缩量不应超过其厚度的1/3；安全气道的内壁应清洁，隔膜应完整；所有阀门应开闭灵活，指示正确，变压器安装后器身无应完整，无锈蚀现象，铭牌齐全，油位正常，相色标志正确。变压器本体端子箱与电缆槽应采用法兰连接；端子箱内部预留不小于200mm的配线空间。防火封堵盒如图6.1.5-2所示。

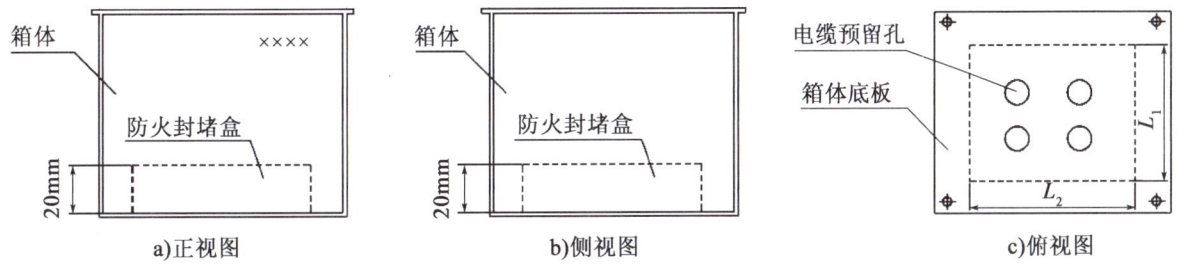

图 6.1.5-2 防火封堵盒

注：1. 防火封堵盒长宽尺寸根据箱体尺寸及预留孔情况确定。
    2. 电缆敷设完毕后，在防火封堵盒内填充防火堵料。

16 变压器采用 27.5kV 及以上插接式电缆时，电缆头制作应符合产品技术文件要求，插接应紧密牢固，电缆弯曲不应使电缆头部位出现侧向应力。插接式电缆底座应与变压器顶部接地端子连接。电缆屏蔽线如不接地，应成一条直线牢固固定在电缆上。

17 需绝缘安装的变压器，其外壳对地绝缘应使用 2500V 兆欧表进行测试，绝缘电阻不应小于 5MΩ；当自耦变压器采用绝缘安装时，其外壳对地绝缘电阻不应小于 1MΩ。

18 变压器的安装位置、方向应符合设计文件要求，接地正确可靠，安全净距应符合附录 F 的相关规定。

19 变压器低压侧套管与硬母线连接时应采用伸缩节，避免套管受力不均匀，出现套管漏油现象。伸缩节局部细部示意图如图 6.1.5-3、图 6.1.5-4 所示。

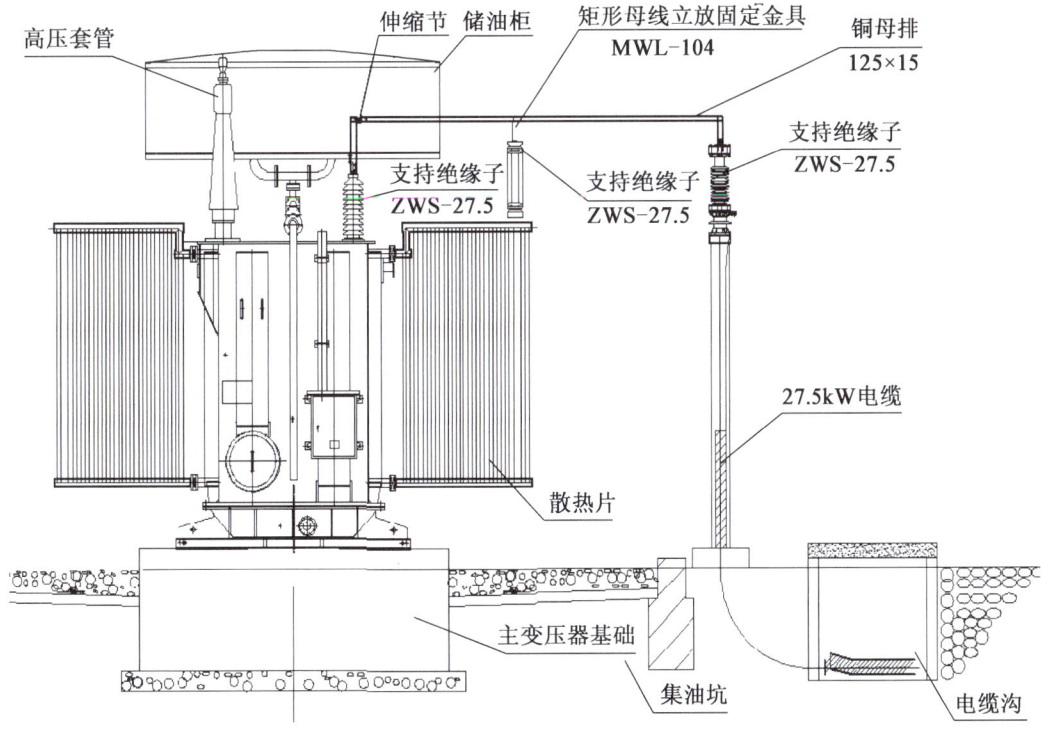

图 6.1.5-3 伸缩节局部细部示意图（一）

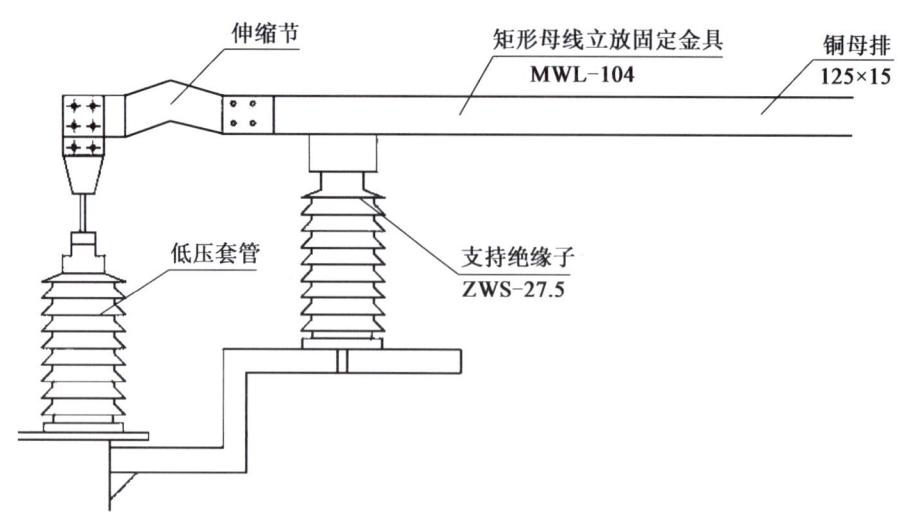

图 6.1.5-4　伸缩节局部细部示意图（二）

20　干式变压器应按下列要求运输、装卸：

1）无包装的干式变压器在运输过程中应通过夹件、吊耳的孔洞进行绑扎；严禁在线圈、绝缘子、引线上进行绑扎，避免损坏产品；干式变压器倾斜度不得大于30°。

2）吊装时，起吊绳套应悬挂在指定位置，并根据产品重心调整绳套的长度；起吊绳套之间的夹角不得大于60°。

21　干式变压器应按下列要求安装：

1）设备安装位置应符合设计规定；变压器就位于基础上平稳，固定牢靠；切换开关动作灵活可靠。

2）设备接地可靠，各部位连接螺栓紧固；安装后，应进行直流电阻及绝缘测试。

3）干式变压器高压侧线圈表面的对地最小安全距离应符合表6.1.5的规定。

干式变压器高压侧线圈表面的对地最小安全距离　　表 6.1.5

电压等级（kV）	6	10	15	20	35
最小安全距离（mm）	60	90	120	160	250

22　变压器安装工艺质量控制要点应符合下列要求：

1）变压器基准线与基础中心线吻合，主体应呈水平状态，允许偏差为±10mm。

2）变压器器身穿芯螺栓与铁芯、铁轭与夹件、螺栓与夹件间的绝缘良好。

3）铁芯应单点接地。

6.1.6　互感器

1　互感器施工包括电压互感器、电流互感器安装和调整。

2　互感器进场验收除符合本指南第6.1.1条的规定外，还应按下列要求进行：

1）油位应正常，密封应良好，无渗油现象；变比分接头的位置和极性应符合设计要求；二次接线板应完整，引线端子应连接牢固、绝缘良好、标志清晰。

2）隔膜式储油柜的隔膜和金属膨胀器应完整无损，顶盖螺栓应紧固；干式互感器顶部绝缘机械固定板应完好无损。

3）与断路器配套的干式电流互感器，固定螺栓孔位应与托架或支架对位，几何安装尺寸应符合要求。

3 互感器运输途中出现大颠簸、倾覆，发现或疑似情况严重应返厂。

4 互感器应按下列要求安装：

1）互感器整体起吊时，吊索应固定在规定的吊环上，并应设置防倾倒措施，除制造厂有特殊规定者外，不得利用瓷裙起吊及碰伤瓷套；油浸式互感器安装面应水平，并列安装时应排列整齐，同一组互感器的极性方向应一致。

2）具有吸湿器的互感器，其吸湿剂应干燥，油封油位应正常。呼吸孔的塞子带有密封垫片时，应将垫片取下；具有均压环的互感器，均压环应安装牢固、水平，且方向正确。具有保护间隙的，应按产品技术文件要求调好距离。

3）带碰壳保护的电流互感器应在变压器本体专设支架上安装牢固，一次线圈缠绕匝数、电路连接应符合设计要求。

4）互感器的母线引下线连接正确，弛度一致，连接可靠；并列安装的互感器，排列整齐，相间距离应符合规定。

5 互感器接地应按下列要求进行：

1）分级绝缘电压互感器的一次绕组接地引出端子、电容型绝缘电流互感器一次绕组末屏的引出端子及铁芯引出接地端子、互感器的金属底座或外壳应接地良好。

2）电流互感器的备用二次绕组端子先短路后接地。

3）电容式电压互感器应按产品技术文件要求接地。

6 互感器安装工艺质量控制要点应符合下列要求：

1）设备安装稳固、紧固力矩符合要求，螺栓穿向一致。

2）设备的接线端子、电缆接线盒位置及朝向统一。

3）设备保护接地及工作接地连接可靠。

4）设备电缆保护管安装牢固封堵良好。

5）设备铭牌、观察窗宜位于巡视道路侧。

6.1.7 高压断路器

1 高压断路器施工包括额定电压 110~330kV 的 SF_6 断路器及额定电压为 $1 \times 27.5kV$、$2 \times 27.5kV$ 真空断路器的安装及调整。

2 SF_6 断路器施工流程如图 6.1.7 所示。

3 断路器在运输和装卸过程中，不得倒置、碰撞或受到剧烈振动。当制造厂有特殊规定时，应按产品技术文件要求运输或吊装。

4 断路器进场验收除符合本指南第 6.1.1 条的规定外，还应按下列要求进行：

1）两相、三相断路器的联动及闭锁方式符合设计要求；断路器充气部件的气体压力符合产品的技术规定。

2）产品的部件、备件及专用工器具齐全,无锈蚀或机械损伤;瓷件表面光滑、无裂纹,瓷、铁件黏合牢固,铸件无砂眼。

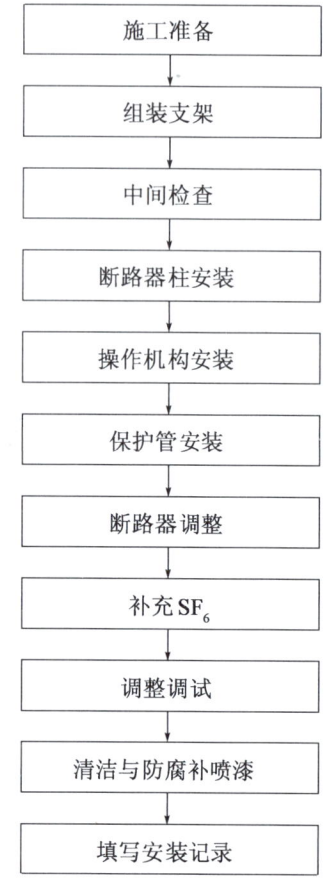

图 6.1.7 SF$_6$ 断路器施工流程

5 断路器运到现场后应按下列要求进行保管:

1）断路器本体及其零部件应按其不同保管要求置于室外或室内平整、无积水、无腐蚀性气体的场地分组保管,在室外保管时应垫道木并用篷布遮盖。

2）断路器的绝缘部件及绝缘拉杆、提升杆等应放在干燥通风的室内保管;产品在保管期间应按技术规定定期进行绝缘试验及维护,并对充气设备的压力进行记录。

6 SF$_6$ 断路器应按下列要求安装与调整:

1）断路器不得在现场进行解体检查;组装时选用的吊装器具、吊点及吊装程序应符合产品技术文件的要求。

2）部件安装位置正确,并按产品技术文件要求保持其水平或垂直位置;断路器在安装时,基础应达到承重要求,断路器的基础或支架中心线及高度误差应符合相关规定。

3）两相或三相整体式结构断路器的底架平面的水平误差不应大于 2mm;相间为独立式结构断路器的水平误差应符合产品技术文件的要求;断路器及其操作机构的安装应垂直、牢固,底座或支架与基础间的调平垫片不宜超过 3 片。断路器的加垫厚度不应大于 10mm,操作机构的加垫厚度不应大于 20mm。

4）法兰的密封槽应清洁,运输中使用的密封垫不得用于安装;涂密封脂时,不得使其流入密封垫内侧与 SF_6 气体接触；装有吸附剂的断路器，应按产品的技术规定更换吸附剂；在进行传动调整时，断路器内应充有额定压力的 SF_6 气体；调整后的各项动作参数，应符合产品技术文件的要求；采取相同方式布置的高压断路器，其母线连接的方式应统一、弛度一致。

7 现场组装 SF_6 断路器应按下列要求进行：

1）断路器的组装应在无风沙或雨雪，且空气相对湿度小于 80% 的天气环境下进行，并应做好防尘、防潮措施。

2）组装应按产品技术文件要求的部件编号和规定顺序分组进行，不得混装；连接螺栓应设防松垫圈或锁紧螺母，导电及密封部位的螺栓使用力矩扳手紧固，力矩值应符合产品技术文件的要求。

8 采用机械传动操作方式的 SF_6 断路器，应按下列要求进行组装。

1）相间及与操作机构间的连杆安装水平，连杆拧入深度符合产品技术文件的要求；调整连杆的连接长度时，应检查断路器拐臂的角度，使其符合产品技术文件的要求。

2）连杆保护管的安装不应使断路器或操作机构承受应力。

9 采用液压传动操作方式的 SF_6 断路器，应按下列要求进行组装：

1）液压管路清洁，连接处密封良好，固定可靠。

2）在额定油压时，管路连接处无渗油现象；液压管路的涂漆颜色符合产品技术文件的要求。

10 真空断路器应按下列要求进行安装与调整：

1）真空断路器组装时，基础预埋螺栓与支架间及支架与断路器间连接牢固；支架与断路器间的接地连片安装位置正确，接触良好；透明玻璃壳结构的灭弧室应完整、无气泡，内部元件无氧化变色或脱落现象。

2）以工频耐压法检查断路器灭弧室的真空度，其断口耐压强度应符合产品技术文件的要求；传动调整时，断路器的压缩行程、开距及合闸缓冲器行程、合闸时相间同期性等动作参数，应符合产品技术文件的要求。

11 手车式真空断路器应按下列要求进行安装：

1）导轨水平、平行误差不大于 2mm；轨距与车轮距相配合，接地可靠，同型产品具有互换性；手车能轻便灵活地推入或拉出，制动装置可靠且拆卸方便；隔离静触头的安装位置准确，与动触头的中心线一致，接触良好。

2）断路器的工作和试验位置及电气和机械联锁装置动作准确可靠。

12 真空断路器导电部分导电杆与导电夹应接触紧密，可挠铜片无断裂，铜片间无锈蚀；连接螺栓齐全、紧固，并设有防松措施；导电回路的接触电阻值应符合产品技术文件的要求。

13 真空断路器操作机构应按下列要求进行安装：

1）操作机构的零部件齐全，各转动部位涂以适合当地气候条件的润滑脂；电器元件的接点动作准确可靠，接触良好。

2）加热装置及其控制装置的性能良好；操作机构的二次配线符合本指南第 6.1.13

条的有关规定。

14 真空断路器液压操作机构应按下列要求进行安装：

1）油箱内部清洁，液压油的标号及油位符合产品的技术规定；电动机、液压泵、油管路安装牢固，在额定油压下，连接部位无渗油现象；补充的氮气及其预充压力应符合产品技术文件的要求。

2）机构在慢分、合时，工作缸活塞杆的运动无卡阻和跳动现象，其行程符合产品的技术规定；压力释放阀动作可靠，关闭严密；防失压慢分装置可靠，联动闭锁压力值应按产品的规定予以调整。

15 真空断路器弹簧操作机构应按下列要求进行安装：

1）合闸后进入弹簧储能状态；弹簧储能后，切断电动机电源；牵引杆下端或凸轮与合闸锁扣能可靠地锁住，保持合闸位置。

2）分、合闸闭锁装置动作灵活，复位准确迅速，扣合可靠；缓冲器的行程应符合产品技术文件的要求。

16 断路器联合动作应按下列要求进行调试：

1）在联合动作调试前，真空断路器的真空度、SF_6 断路器的气体压力应符合产品技术文件的要求。

2）具有慢分、慢合装置的断路器，在进行快速分、合闸前，应先进行慢分、慢合操作，分、合过程中不得有卡阻、滞留现象；机械指示器的分、合闸位置与断路器的实际状态一致。

17 高压断路器安装工艺质量控制要点应符合下列要求：

1）设备安装稳固、紧固力矩符合要求，螺栓穿向一致；设备的接线端子、电缆接线盒位置及朝向统一，高压套管、机构箱、金属构件颜色协调。

2）设备电缆保护管安装牢固封堵良好；设备铭牌、观察窗宜位于巡视道路侧；整体式结构断路器的底座水平误差不应大于2mm。

6.1.8 SF_6 全封闭组合电器

1 SF_6 全封闭组合电器施工包括额定电压110kV、220kV、330kV 户外式组合电器的安装及调整。

2 SF_6 全封闭组合电器的安装与调整流程如图6.1.8所示。

3 组合电器进场验收除符合本指南第6.1.1条的规定外，尚应按下列要求进行：

1）附件齐全，无损伤、变形或锈蚀现象。

2）安装前，禁止打开其本体上的阀门或法兰盖板。

3）对于充有SF_6气体的安装单元，应检查气体压力是否符合产品技术文件的要求。

4）在安装地点短期保管时，符合产品技术文件的要求。

4 组合电器的基础应符合本指南第6.1.2条的规定外，基础预埋件及预留沟槽管道的位置还应符合产品技术文件的要求。

5 组合电器应按下列要求进行安装：

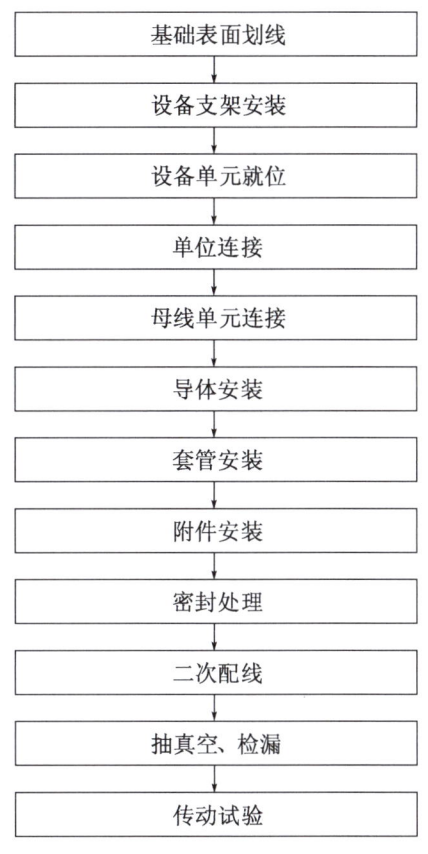

图 6.1.8 SF₆ 全封闭组合电器安装与调整流程

1）隔离开关、接地开关、互感器、避雷器、母线管等各功能单元在基础上的固定方式、排列组合顺序应符合产品技术文件的要求，相关单元的支架应安装水平；各功能单元元件主体在纵、横轴安装方向上与设定的安装中心线的允许偏差为 ±3mm。并列安装的断路器单元，各相间在纵、横轴方向和绝对高程方面的允许偏差为 ±2mm。

2）母线管单元安装前，应进行检查清扫。母线、触头和母线管内壁不得有金属粉末、油污、划痕和凸凹不平之处；应使用无纤维脱落的纺织品蘸无水酒精擦拭，不得使用普通棉麻纺织品擦拭。

3）在进行隔离开关相间和操作机构箱转轴传动杆装配时，应确认隔离开关各触头处于同一终点位置，操作检查操作机构连杆在合闸及分闸终了位置时，连杆距分合闸止钉的间隙应符合产品技术文件的要求。

4）互感器、避雷器单元安装前应按产品技术文件的要求进行绝缘检查。使用 500V 兆欧表检查互感器绕组对地的绝缘不应小于 5000MΩ；使用 2500V 兆欧表检查避雷器本体对地的绝缘不应小于 1000MΩ。

5）在母线管单元间及母线管与各功能电器单元连接的母线膨胀补偿器或伸缩节连接后的拉伸或压缩长度，应在产品技术文件要求允许调整偏差范围之内。

6）二相母线管单元之间、三相共筒式母线管单元之间，以及母线管与各功能电器单元之间及各功能单元本体之间的接地连接应符合产品技术文件的要求。

7）进行法兰连接时，密封圈表面应清洁，无变形、破损现象，密封槽内表面应光洁、无划痕等缺陷，并分别用酒精将尘土等污物擦洗干净。在密封槽外侧按产品规定涂密封胶，密封圈应密贴镶入槽中。紧固法兰螺栓应按对角线依次拧紧连接螺栓，且紧固力矩值应符合产品技术文件的要求。

8）安装过程中需提前打开法兰密封盖板待连接的单元，应按产品技术文件的要求进行临时遮盖防护。

6 组合电器应按下列要求进行真空处理及充气：

1）组合电器安装后，各功能单元应按产品技术文件的要求进行真空处理；需真空处理的安装单元，真空度应达到1mmHg或产品技术文件的要求；按产品技术文件的要求充入SF_6气体，充气除应达到额定压力外，尚应符合SF_6气体压力—温度补偿特性曲线的规定。充气过程中同时进行与组合电器相关的SF_6气体温度补偿压力开关动作值及断路器单元的报警、闭锁值及其他单元报警值的试验、调整及确认。

2）充入SF_6气体后，应按产品技术文件要求的检测方法测定装配部位的SF_6气体泄漏率。泄漏率不合格的部位，应进行重新装配。泄漏率检测合格的安装单元，静置24h后再进行SF_6气体含水量测定。

7 组合电器应按下列要求进行检查及传动试验：

1）各安装单元固定牢靠，装配状态符合设计图纸要求，接地回路完整；确认主回路及二次回路接线正确无误。

2）绝缘电阻测试。

（1）使用2500V兆欧表测试主回路对地绝缘电阻值应大于1000MΩ。

（2）使用500V兆欧表测试控制回路对地绝缘电阻应大于1MΩ。

3）测试SF_6气体温度补偿压力开关及报警回路。断路器单元的报警值、闭锁值及其他单元的报警值符合产品技术文件的要求，并能可靠地发出相关信号。

4）传动试验。

（1）当地操作检查。确认断路器与隔离开关和接地开关之间的联锁关系，应符合产品技术文件的要求，且分合闸指示器与开关的实际位置一致。

（2）远方操作检查。确认"当地"与"远方"控制方式可靠闭锁。当同一电源回路的断路器处于合闸位置时，隔离开关不能分闸；隔离开关电动操作和手动操作互锁。

（3）当外部条件完全具备时，远方或遥控操作应能按设计要求的程序进行操作。

6.1.9 SF_6气体绝缘高压开关柜

1 SF_6气体绝缘高压开关柜（GIS开关柜）施工包括额定电压1×27.5kV和2×27.5kV的GIS开关柜的安装及调整。

2 GIS开关柜的施工流程如图6.1.9所示。

3 GIS开关柜进场验收除符合本指南第6.1.1条的规定外，尚应按下列要求进行：

1）附件齐全，无损伤、变形或锈蚀现象；安装前，禁止打开其本体上的阀门或法兰盖板；对于充有SF_6气体的安装单元，应检查气体压力是否符合产品技术文件的要求。

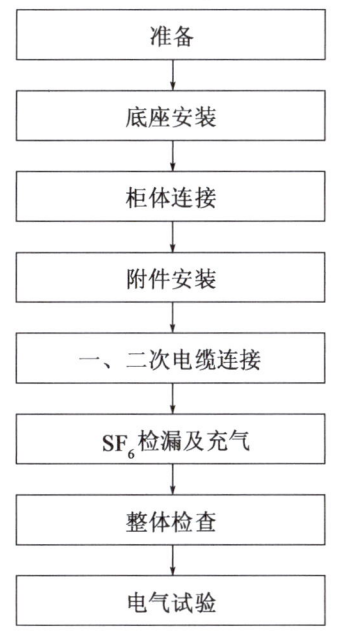

图 6.1.9 GIS 开关柜施工流程

2）在安装地点短期保管时，符合产品技术文件的要求。

4 GIS 开关柜的基础预埋型钢或基础框架，其水平度和直线度的允许偏差应符合产品技术文件的要求。

5 GIS 开关柜应按下列要求进行安装：

1）按产品技术文件要求的方法进行 GIS 开关柜的吊装和搬运，不得损伤柜体表面涂层；由端柜侧开始进行安装，第一面 GIS 开关柜就位固定后，调整其位置、垂直度和水平度，达到标准要求后固定牢靠。

2）自第二面 GIS 开关柜起，在 GIS 开关柜并列安装的同时，进行柜体之间主母线的连接；柜体与基础型钢间宜采用螺栓连接；释压通道和通风机的安装位置和固定方式应符合产品技术文件的要求。

3）柜内设备应固定牢靠，电气连接应可靠且接触良好。

6 GIS 开关柜应按下列要求进行接地：

1）接地线的安装位置应符合设计及产品技术文件的要求，与室内接地母排或室外接地网的连接应牢固可靠。

2）并列安装时，开关柜前后基础型钢或基础框架的两端头之间应焊接截面积不小于 30mm×4mm 的扁钢连接线，使基础型钢成为一个整体，并与接地母排或接地网进行连接。当采用基础框架方式时，不同基础框架之间采用截面积不小于 30mm×4mm 的镀锌扁钢进行接地短接连接；柜内的接地母线，应从柜体两端分别接引接地连线与接地母排或接地网进行连接。

7 GIS 开关柜与高压电缆应按下列要求进行连接：

1）GIS 开关柜与电缆的连接形式应符合产品技术文件的要求；采用插拔式电缆连接方式时，GIS 开关柜电缆母座与电缆插接头应配套。

2）电缆终端与开关柜的连接应固定、牢靠。电缆在柜体内应按产品技术文件的要求进行固定及接地；GIS 开关柜底部电缆孔应做防火封堵。

8 GIS 开关柜气室现场需要充补气时，应按照产品技术文件的要求进行真空处理、充气，并进行检漏和微水测量。

9 GIS 开关柜在带电投运之前应进行下列检查及试验：

1）对 GIS 开关柜内的断路器、隔离开关进行手动操作传动检查，并检查电气闭锁回路及三工位隔离开关动作的可靠性；对 GIS 开关柜内的断路器、隔离开关进行电动操作传动检查，开关动作及电气联锁功能应符合设计要求。

2）底座槽钢、框架和接地母线均已按要求进行了可靠接地；进出线电缆的方向、相别正确，电缆的规格、型号符合设计要求。

3）SF_6 气体压力达到产品技术文件的要求；柜内的断路器、隔离开关传动检查正常，并符合有关标准的规定；应按产品技术文件的要求和国家相关标准的规定进行电气试验。

10 GIS 开关柜开关柜安装工艺质量控制要点应符合下列要求：

1）高压开关柜盘眉、编号、标识、铭牌、模拟线布置整齐统一。

2）柜内配线连接可靠、排列整齐，开关柜与电缆回路对应，进出线电缆的方向、相别正确；开关柜底板处的电缆孔防火封堵符合要求。

6.1.10 隔离开关、负荷开关、高压熔断器

1 隔离开关、负荷开关、高压熔断器施工包括额定电压 10～330kV 的隔离开关、负荷开关及额定电压 10～55kV 高压熔断器的安装与调整。

2 额定电压为 10～330kV 的隔离开关施工流程如图 6.1.10 所示。

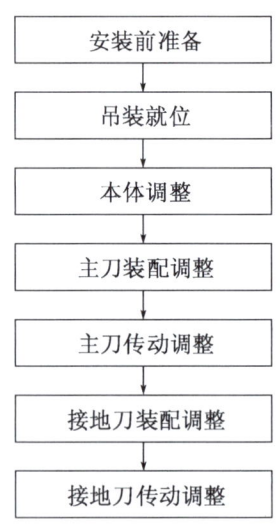

图 6.1.10　110～330kV 隔离开关施工流程

3 隔离开关、负荷开关、高压熔断器进场验收除符合本指南第 6.1.1 条的规定外，尚应按下列要求进行：

1）部件及零配件齐全，无损伤、变形或锈蚀现象。

2）瓷质和复合绝缘子柱等无裂纹、破损等缺陷，瓷质和复合绝缘子与铁件（含金属合金）的黏合牢固。

3）隔离开关、负荷开关及其操作机构的转动部分灵活，固定连接部位牢靠。

4 隔离开关及负荷开关应按下列要求安装与调整：

1）110kV及以下相间距误差不应大于10mm，220kV及以上相间距离误差不应大于20mm；相间连杆应在同一水平线上；支柱绝缘子垂直于底座平面（V形隔离开关除外），且连接牢固；同极、同相绝缘子柱的各绝缘子中心线在同一垂直平面内。

2）传动装置的拉杆应校直，其内径与操作机构的转轴直径应相配合，两者间的缝隙不应大于1mm，连接部分的销子不应松动；延长轴、轴承、拐臂等传动部件的安装正确，固定牢靠；接地刀转轴上的扭力弹簧调整到操作力矩最小，并加以固定；其垂直连杆上应涂以黑色油漆。

3）分、合闸止钉的间隙符合产品技术文件的要求，且固定牢靠；操作机构的安装牢固，动作平稳，无卡阻或冲击现象；电动操作的隔离开关，先手动进行分、合闸调整，合格后再进行电动操作检查。

4）隔离开关、负荷开关合闸后，触头间的相对位置以及分闸后触头间的净距或拉开角度应符合产品技术文件的要求。

5）两相或三相联动的隔离开关在分合闸时触头应同时接触，触头接触时的不同期值应符合产品技术文件的要求；当无规定时，应符合表6.1.10的要求。

隔离开关触头接触不同期允许值 表6.1.10

电压等级（kV）	不同期允许值（mm）
10~35	5
63~110	10
220~330	20

6）负荷开关合闸后，主触头可靠地与主刀刃接触；分闸时，三相的灭弧刀片应同时跳离固定灭弧触头；隔离开关、负荷开关的闭锁装置动作灵活、正确、可靠；带有接地刀的隔离开关，主触头与接地刀间的机械、电气闭锁正确可靠。

7）隔离开关及负荷开关的辅助开关安装牢固、动作正确、接触良好；隔离开关、负荷开关的操作机构安装牢固，机械闭锁或电气闭锁装置动作灵活、准确、可靠；带接地刀闸隔离开关的接地刀闸开口方向符合设计要求。

5 隔离开关、负荷开关的导电部分应按下列要求进行检查：

1）用0.05mm×10mm的塞尺检查触头的接触情况，对于线接触应塞不进去；对于面接触，接触宽度为50mm及以下时，塞入深度不应超过4mm；宽度为60mm及以上时，不应超过6mm。

2）触头间的接触紧密，两侧的接触压力均匀；触头表面平整、清洁，并涂以电力复合脂；可挠连接部分不应有折损，触头应连接可靠，接触良好。

6 高压熔断器应按下列要求进行安装：

1）户内型高压熔断器的密封良好，瓷件无裂纹；户外型高压熔断器的绝缘体无裂纹或变形，其转动部位灵活，带钳口熔断器的熔断管紧密地插入钳口内。

2）熔断器指示器的安装位置应便于检查动作情况；跌落式熔断器的熔管轴线与铅垂线的夹角应为 15～30°，跌落时不应碰及其他物体；熔断管或熔断丝的规格符合设计要求，熔断丝的连接可靠。

7 高压室外设备安装工艺质量控制要点应符合下列要求：

1）设备安装稳固、紧固力矩符合要求，螺栓穿向一致；设备的接线端子、电缆接线盒位置及朝向统一，高压套管、机构箱、金属构件颜色协调。

2）高压设备保护接地及工作接地连接可靠；高压设备电缆保护管安装牢固封堵良好；设备铭牌宜位于巡视道路侧。

6.1.11 母线及绝缘子

1 母线及绝缘子施工包括额定电压为 330kV 及以下软母线、硬母线、管形母线的安装与调整，绝缘子及穿墙套管的安装。

2 软母线、硬母线和管形母线施工流程分别如图 6.1.11-1～图 6.1.11-3 所示。

图 6.1.11-1 软母线施工流程　　图 6.1.11-2 硬母线施工流程　　图 6.1.11-3 管形母线施工流程

3 母线、绝缘子及穿墙套管进场验收除符合本指南第6.1.1条的规定外，尚应按下列要求进行：

1）母线表面应光洁平整，不应有裂纹、折皱、夹杂物及明显的损伤或腐蚀等缺陷。

2）硬母线不应有变形和扭曲现象，软母线不得有扭结、松股、断股等现象。

3）母线在保管中应采取防腐和机械损伤的措施。

4）支柱绝缘子悬式绝缘子及穿墙套管无破损。

4 支柱绝缘子、穿墙套管及悬式绝缘子应按下列要求进行安装：

1）母线直线段的支柱绝缘子的中心线应在同一直线上；支柱绝缘子或穿墙套管的底座或法兰盘不得埋入混凝土或抹灰层中。

2）叠装的支柱绝缘子的中心线应一致，且固定牢靠；无底座和顶帽的内胶装式低压支柱绝缘子与金属固定件接触面之间应垫以厚度不小于1.5mm的橡胶或石棉纸的缓冲垫片。

3）安装穿墙套管的钢板或混凝土板应保持垂直或水平，其孔径应比套管的嵌入部分大5mm以上，混凝土安装板的最大厚度不得超过50mm；穿墙套管垂直安装时，法兰固定在安装板的上方；水平安装时，法兰固定在安装板的外侧；当穿墙套管直接固定在钢板上时，套管周围不应成闭合磁路；安装在同一平面或垂直面上的穿墙套管，其顶面应在同一平面上。

4）支柱绝缘子底座、穿墙套管法兰及母线支架或托架等不带电的金属构件应接地。

5）复合绝缘子的机械强度、绝缘特性应符合设计要求，外连接尺寸应与金具相匹配。

6）悬式绝缘子串（包括悬式复合绝缘子棒）的安装。

（1）悬式绝缘子串与球头挂环、碗头挂板及锁紧销的规格相互匹配，悬式绝缘子的弹簧销应有足够的弹性。

（2）绝缘子串组合时，弹簧销定位可靠；连接金具的螺栓、销钉等齐全，方向一致。

（3）悬垂式绝缘子串与地面垂直；当受条件限制时，可有不超过5°的倾斜角。

（4）耐张式绝缘子的碗口应朝下呈伞状，开口销应撇开。

5 母线安装应符合下列要求：

1）母线安装时，室内外配电装置的安全净距应符合本指南附录F的相关规定。

2）母线在支柱绝缘子上的固定。

（1）固定金具在支柱绝缘子上平整牢固，不应使其所支持的母线受到额外应力。

（2）交流母线的固定金具不应成闭合磁路，且固定装置无毛刺和棱角。

（3）母线在支柱绝缘子上的固定死点为短母线（$L<5m$）的支持点、长母线（$L \geq 5m$）全长或伸缩节两侧母线的中点。

（4）非固定死点的母线，平置时支持点上部的压板与母线保持1~1.5mm的间隙，立置时上部压板与母线保持1.5~2mm的间隙。

3）母线与母线、母线与电器接线端子的连接。

（1）母线接触面应清洁，并涂以电力复合脂。

（2）母线平置时连接螺栓由下往上穿；其余情况下，螺母应置于维护侧，螺栓长度宜露出螺母 2～3 扣。

（3）连接螺栓两侧设平垫圈，螺母侧装弹簧垫圈或锁紧螺母。

（4）母线搭接面的连接螺栓用力矩扳手紧固，其紧固力矩应符合表 6.1.11-1 的要求。

螺栓的紧固力矩（单位：N·m）　　　表 6.1.11-1

螺栓规格	力矩值	螺栓规格	力矩值
M8	8.8～10.8	M16	78.5～98.1
M10	17.7～22.6	M18	98.0～127.4
M12	31.4～39.2	M20	156.9～196.2
M14	51.0～60.8	M24	274.6～343.2

（5）母线与设备连接后，不应使接线端子承受除母线重量外的应力。

6 软母线安装除应符合本条第 5 款的要求外，尚应符合下列要求：

1）软母线与金具的规格相匹配，金具的零件齐全、表面光滑、无裂纹、砂眼、滑扣及锌层脱落等现象；软母线在档距内不得有接头。

2）放线过程中，导线不得与地面摩擦；导线有扭结、断股、明显松股时，同一截面处损伤面积超过导电部分总截面的 5% 时，不得使用；切断导线时，端头应加绑扎，端面整齐、无毛刺。

3）软母线与螺栓型耐张线夹或悬垂线夹连接时，应缠绕铝包带，其绕向应与外层铝股的旋向一致，两端露出线夹口不应超过 10mm，其端头应回到线夹内压住；软母线安装后的驰度符合设计要求，同一档距内的三相母线弛度应一致；相同布置的母线跳线和引下线安装后，应以同样的弯度和弛度呈类似悬链状自然下垂。

4）使用预绞丝护套护线、耐张、跳接线时，选用的产品应与连接金具、导线相匹配。

5）软母线及线夹的接触面均应清除氧化膜，并用汽油或丙酮清洗干净，清洗长度不应小于连接长度的 1.2 倍，清洗后涂以电力合脂。

6）软母线与压接型线夹的连接。

（1）导线端头伸入耐张线夹或设备线夹的长度应达到压管的终端。

（2）压管与压模及压模与压接钳的规格应相互匹配。

（3）压接时，相邻两模间重叠的宽度不应小于 5mm；压接后，压管的弯曲度不宜大于其全长的 2%。

（4）压接后六角形的对边尺寸为 0.866D（D 为压管的外径，单位为 mm），当有任何一个对边尺寸超过（0.866D+0.2）mm 时，应更换压模。

（5）严禁阴雨天气在室外进行压接型线夹的连接。

7）软母线与预绞丝的连接。

（1）连接方式、长度和压力应符合设计文件要求。

（2）缠绕预绞丝时应保证两端整齐，并保持原预交形状。

（3）预绞丝缠绕导线时应采取防护措施，防止预绞丝头在缠绕过程中磕碰损伤导线。

7 硬母线的加工与安装应按下列要求进行：

1）硬母线加工前应矫正平直，切断面垂直平整；严禁采用铁锤直接敲打或使用电、气焊切割母线；矩形母线搭接连接时，其搭接长度以及连接螺栓的规格和数量应符合表6.1.11-2的要求。

2）硬母线接头的螺孔直径宜大于螺栓直径1mm，孔间中心距离的误差为±0.5mm；硬母线接触面的加工应平整，无氧化膜。

3）硬母线加工后截面的减少值，铜母线不应小于原截面的3%；铝母线不应小于原截面的5%。

4）硬母线与支柱绝缘子均处于同一水平或垂直安装中心线上，且固定牢固、安装平直、接触面平整，涂漆均匀。

矩形母线搭接要求   表6.1.11-2

搭接形式	类别	序号	连接尺寸（mm）			钻孔要求		螺栓规格
			b_1	b_2	a	φ（mm）	个数	
	直线连接	1	125	125	b_1或b_2	21	4	M20
		2	100	100	b_1或b_2	17	4	M16
		3	80	80	b_1或b_2	13	4	M12
		4	63	63	b_1或b_2	11	4	M10
		5	50	50	b_1或b_2	9	4	M8
		6	45	45	b_1或b_2	9	4	M8
	直线连接	7	40	40	80	13	2	M12
		8	31.5	31.5	63	11	2	M10
		9	25	25	50	9	2	M8
	垂直连接	10	125	125		21	4	M20
		11	125	80~100		17	4	M16
		12	125	63		13	4	M12
		13	100	80~100		17	4	Ml6
		14	80	63~80		13	4	M12
		15	63	50~63		11	4	M10
		16	50	50		9	4	M8
		17	45	45		9	4	M8

续上表

搭接形式	类别	序号	连接尺寸（mm）			钻孔要求		螺栓规格
			b_1	b_2	a	φ（mm）	个数	
垂直连接	垂直连接	18	125	40～50		17	2	M16
		19	100	40～63		17	2	M16
		20	80	40～63		15	2	M14
		21	63	40～50		13	2	M12
		22	50	40～45		11	2	M10
		23	63	25～31.5		11	2	M10
		24	50	25～31.5		9	2	M8
垂直连接	垂直连接	25	125	25～31.5	60	11	2	M10
		26	100	25～31.5	50	9	2	M8
		27	80	25～31.5	50	9	2	M8
垂直连接	垂直连接	28	40	31.5～40		13	1	M12
		29	40	25		11	1	M10
		30	31.5	25～31.5		11	1	M10
		31	25	25		9	1	M8

8 硬母线采用冷弯时，应按下列要求进行弯制：

1）母线开始弯曲处距最近绝缘子的母线固定夹板或设接线端子的边缘不应大于 $0.25L$，但不得小于 50mm，如图 6.1.11-4 所示。

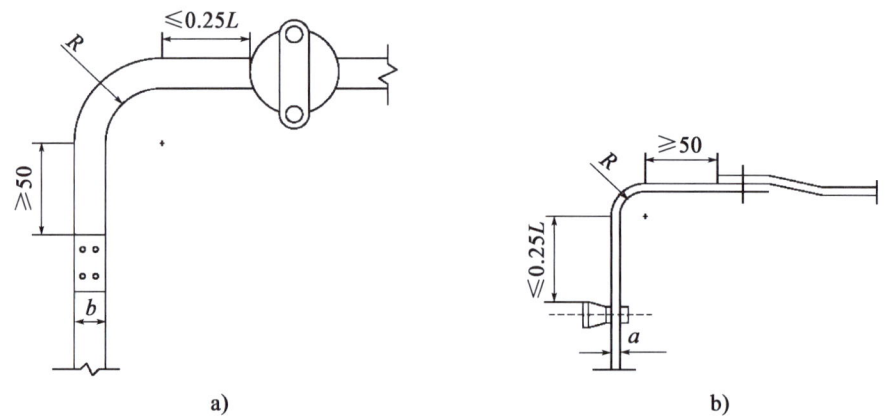

图 6.1.11-4 硬母线的立弯与平弯示意图
a-母线厚度；b-母线宽度；L-母线两支点的距离

2）母线弯曲处不得有裂纹及显著的折皱，其最小弯曲径应符合表 6.1.11-3 的规定。

硬母线最小弯曲半径（单位：mm） 表6.1.11-3

母线类型	弯曲方式	母线断面尺寸（mm×mm）	最小弯曲半径		
			铜	铝	钢
矩形母线	平弯	50×5 及以下	2a	2a	2a
		125×10 及以下	2a	2.5a	2a
	立弯	50×5 及以下	b	1.5b	0.5b
		125×10 及以下	1.5b	2b	b
棒形母线		直径 16 及以下	50	70	50
		直径 30 及以下	150	150	150

3) 母线平面需扭转 90°时，其扭转部分的长度为母线宽度 b 的 2.5～5 倍，如图 6.1.11-5 所示。

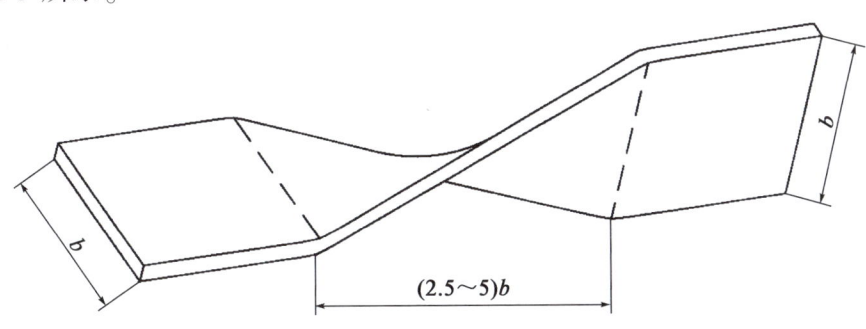

图 6.1.11-5　硬母线扭转 90°示意图

4) 母线接头采用搭接时，连接处距绝缘子支持夹板的边缘不应小于 50mm；上、下片母线端头与对接母线开始弯曲处的距离不应小于 50mm，如图 6.1.11-6 所示。

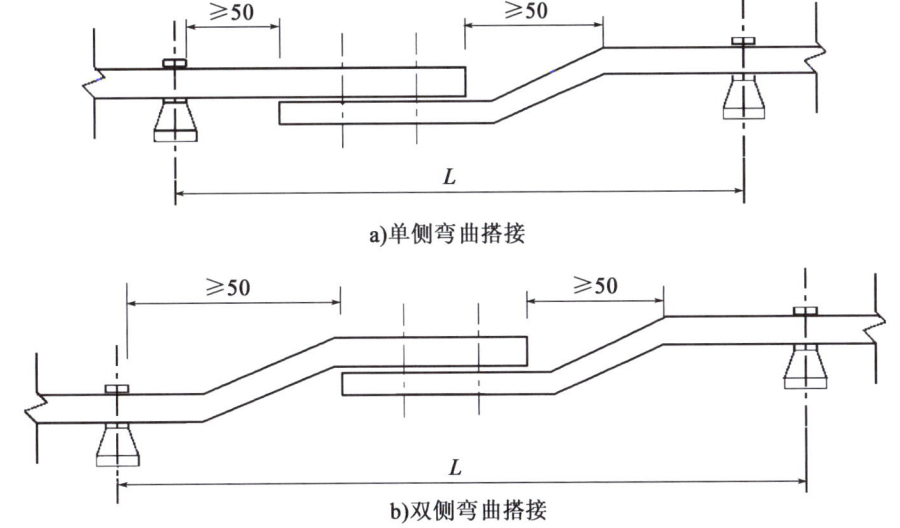

a) 单侧弯曲搭接

b) 双侧弯曲搭接

图 6.1.11-6　矩形母线搭接示意图（尺寸单位：mm）

9　硬母线与硬母线、硬母线与分支线、硬母线与电器的接线端子搭接时，其搭接面应按下列要求进行处理：

1）铜与铜搭接面，室外、高温且潮湿或对母线有腐蚀性气体的室内，应搪锡；在干燥的室内可直接连接；铝与铝搭接面，直接连接；钢与钢搭接面，应搪锡或镀锌，不得直接连接。

2）铜与铝搭接面，在干燥的室内，铜导体搪锡；室外或空气相对湿度接近100%的室内，采用铜铝过渡板，铜材端搪锡。

3）钢与铜或铝搭接面应镀锌；硬母线的搭接接触面应涂覆电力复合脂后螺栓紧固。

10 管形母线安装除应符合本条第5款要求外，尚应按下列要求进行：

1）切断口应平整、光滑，且与轴线垂直；母线的连接采用专用线夹连接，不得用内螺纹管或锡焊连接；安装时应采用多点吊装方式，避免弯曲变形；安装在滑动式固定金具上的母线，其与轴座间应保持1~2mm的间隙。

2）同相母线管段轴线应处于同一安装中心线上，且相间轴线相互平行；母线终端采用的封闭或防电晕措施应符合设计要求；母线应采用多点吊装方式，避免弯曲变形。

11 母线应按下列要求进行相色标识：

1）相色要求。三相交流母线，A相为黄色、B相为绿色、C相为红色。单相交流母线与引出相的颜色相同；牵引变压器二次侧母线，A相或A线或M座为黄色、B相或T线或T座为绿色、N线为紫色；交流接地母线为黑色；直流母线，正极为赭色、负极为蓝色。

2）软母线相色标志。

（1）除牵引变电所的进线应按电力系统的相序设置相色标志外，牵引供电系统内的其余配电间隔均按牵引变压器的铭牌相序设置相色标志；采用AT（Auto-Transformer，自耦变压器）供电方式时，牵引变压器二次侧的A相、B相或M座、T座的相色标志上标注T线、A线的表示符号，以便区分。

（2）相色标志宜设在母线构架的横梁上或母线的安装抱箍上，并靠近所示母线；母线终端构架及同一配电间隔内母线在4跨以上时的中间构架上均应设置相色标志，同一间隔内相对设置的相色标志应对称布置。

3）硬母线相色标志。铜、铝单片母线的表面均涂相色漆，管形母线应在端部设置相色标志；母线的螺栓连接和支持连接处、母线与设备接线端子的连接处及距连接处10mm以内范围，不得刷漆。

12 母线及绝缘子安装工艺质量控制要点应符合下列要求：

1）全所支柱绝缘子颜色统一；软母线光洁平整，同一档距内的三相母线弛度一致，安全净距符合规范要求；软母线引下线弛度相同，与设备连接角度一致；T形线夹的朝向、螺栓方向一致。

2）硬母线平整，伸缩节位置、方向统一；硬母线相色标识正确、清晰。

6.1.12　电缆

1 电缆施工包括牵引变电所27.5kV及以上单芯供电电缆、1kV及以下电力电缆、控制电缆的施工与安装。

2 电缆施工流程如图 6.1.12-1 所示。

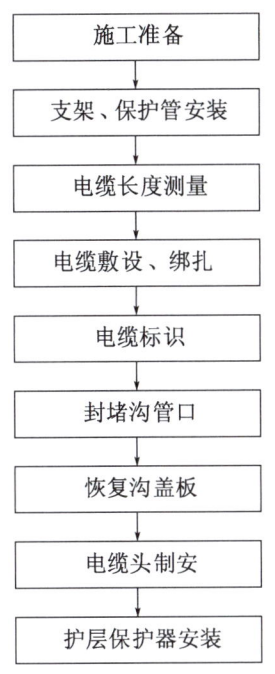

图 6.1.12-1 电缆施工流程

3 电缆施工前应进行下列检查：

1）预埋件按设计要求安装牢固，预留孔、洞、槽正确；所内建筑电缆沟、夹层、电缆竖井、电缆桥架等房建工程已结束并清理干净，施工道路畅通。

2）所内建筑电缆沟排水通畅、盖板齐全，电缆夹层的门窗完好；电缆沟的宽度、深度及电缆支架层间距离应符合设计要求。当设计无要求时，电缆沟的宽度和深度符合表 6.1.12-1 的要求；电缆支架层间垂直距离符合表 6.1.12-2 的要求。

电缆沟净宽允许最小值（单位：mm） 表 6.1.12-1

电缆支架配置及通道特征	电缆沟深度		
	≤600	600~1000	≥1000
两侧支架间净通道	300	500	700
单列支架与墙壁间通道	300	450	600

电缆支架层间垂直距离的允许最小值（单位：mm） 表 6.1.12-2

电缆电压级和类型及通道特征	普通支架
明敷控制电缆	120
明敷 6~10kV 交联聚乙烯电力电缆	200~250
明敷 27.5kV（35kV）单芯电力电缆	250

4 需穿管防护的电缆施工，应按下列要求进行：

1）电缆施工在通过水沟、公路、铁路、出入建筑物或沿电杆、构架、建筑物引上，其地下 0.5m 至距地面 2m 高内对应设置保护管。单芯交流电缆保护管应采用内壁光滑的塑料管（PE）作为保护管。

2）保护管加工。内壁及管口光滑无毛刺；弯制后，应无裂缝和明显的凹瘪现象；采用金属保护管应镀锌、涂防腐漆或沥青；保护管内径应大于电缆外径的1.5倍；每根电缆管直角弯不应超过两个，弯曲半径符合电缆弯曲半径的规定。

3）明敷保护管应用卡子固定在支架或墙上，电缆管支持点的距离，当设计无要求时，不宜超过3m。

4）保护管的连接。

（1）金属保护管采用带丝扣的管接头时应密封良好，采用大一级的短管套接时，短管两端焊牢密封，短管长度不应小于电缆管外径的2.2倍。

（2）硬质塑料保护管采用套接或插接，其深度为管子内径的1.1倍以上，插接面粘牢密封，采用套接时套管两端应封焊。

5）引至设备的保护管口位置，应便于电缆与设备的连接并不妨碍设备拆装和进出，并列敷设的保护管口高度应一致。

5 电缆支架、吊架、桥架应按下列要求施工：

1）支架、吊架、桥架加工。调整平直，切口无卷边毛刺；连接用电焊连接或螺栓连接，固定牢固；金属支架进行防腐处理。

2）支架、吊架、桥架安装。

（1）电缆支架、桥架间距，最上层和最下层支架与沟顶、楼板或沟底、地面的最小净距应符合设计文件要求。

（2）电缆支架的固定方式符合设计文件要求，安装位置正确，连接可靠，固定牢固；各支架的层间横撑应在同一水平面上，托架、支吊架沿桥架水平允许偏差不应大于10mm。

（3）电缆转弯处安装的电缆支架，能托住电缆平滑均匀地过渡；在有坡度的电缆沟内或建筑物上安装的电缆支架，应有与电缆沟或建筑物相同的坡度。

（4）钢支架应焊接牢固，各横撑间的垂直净距偏差不应大于5mm。

（5）组装后的钢结构竖井，其垂直偏差不应大于其长度的2‰，支架横撑的水平偏差不应大于其宽度的2‰，竖井对角线的偏差不应大于其对角线的5‰。

（6）当直线段钢制电缆桥架超过30m，铝合金、玻璃钢电缆桥架超过15m时，应装配伸缩连接板，电缆桥架跨越建筑物伸缩缝处应设置伸缩缝。

（7）电缆桥架转弯处的转弯半径，不应小于该桥架上的电缆最小允许弯曲半径的最大值。

（8）金属电缆支架、桥架和电缆保护管的接地可靠，电缆保护管的管口封堵严密。

6 电缆应按下列要求进行敷设：

1）电缆盘滚动前，应检查电缆盘的牢固性，滚动应顺着电缆盘上的箭头指示或电缆的缠紧方向。

2）敷设电缆应将电缆盘安置在专用放线架上，放线架安置稳妥，敷设时电缆从电缆盘上端引出。敷设较长电缆宜用座式或吊式滚轮，避免电缆在支架或地面上摩擦拖拉。电缆不得有铠装压扁、绞拧、铠装或护套折裂等损伤。

3）电缆允许弯曲半径与电缆直径的倍值应满足表6.1.12-3的规定。

电缆允许弯曲半径与电缆直径的倍值　　　　　　表6.1.12-3

电缆种类	允许倍值	
	多芯	单芯
聚氯乙烯绝缘电力电缆	10D	10D
交联聚乙烯绝缘电力电缆	15D	15D

注：D为电缆直径。

4）当现场环境温度低于表6.1.12-4的数值时，不宜敷设电缆。必须施工时，应将电缆预热加温，加热后的电缆应尽快施放。

电缆最低允许敷设温度（单位：℃）　　　　　　表6.1.12-4

电缆种类	最低允许敷设温度
控制电缆	-10
聚氯乙烯绝缘电力电缆	0
交联聚乙烯绝缘电力电缆	0

5）电缆敷设时，不应形成相互交叉，敷设后的电缆排列应整齐。在终端头或接头附近宜留有备用长度。

6）每条电缆的两端、电缆层及电缆井内均应设标志牌，注明线路编号，字迹应清晰，不易褪色。标志牌规格统一，宜用全天候塑料标牌挂装牢固。

7）光缆及低压电缆的敷设径路、敷设方式、终端位置应符合设计文件要求，直埋电缆、光缆埋深不应小于0.7m，通过道路及构筑物时应穿管保护，埋深不应小于1m。

8）直埋电缆的上下应铺不少于100mm厚的软土或砂层，并在上面盖混凝土板或砖块保护，软土或砂层中不应有石块等硬质杂物。

9）电缆与电缆、管道、道路、建筑物等之间平行和交叉时的最小允许距离应符合表6.1.12-5的规定。

电缆与电缆、管道、道路、建筑物之间平行或交叉时的
最小允许距离（单位：m）　　　　　　表6.1.12-5

项目		最小允许距离		备注
		平行	交叉	
电力电缆间及与控制电缆间	10kV及以下	0.10	0.50	
	10kV以上	0.25	0.50	
不同使用部门电缆间		0.50	0.50	
电缆与地下管沟	热力管沟	2.0	0.5	特殊情况下平行距离可减少1.0m
	油管或易（可）燃气管道	1.0	0.5	
	其他管道	0.50	0.50	

续上表

项　　目		最小允许距离		备　　注
		平行	交叉	
电缆与公路边		1.00	—	特殊情况下平行距离可减少 0.50m
电缆与排水沟		1.00	—	
电缆与建筑物基础		0.60	—	
电缆与铁路	非直流电气化铁路路轨	3.00	1.00	
	直流电气化铁路路轨	10.00	1.00	

7 支架上敷设电缆时应按下列要求进行：

1）在支架上固定。

（1）垂直敷设的电缆在每个支架处，水平敷设的电缆在其首末端、转弯及接头处均应将电缆固定；电缆水平固定间距一般为 900mm，最大不超过 2m。电缆垂直固定间距不应超过 600mm。

（2）单芯交流电缆固定夹具应为非磁性材料，能防紫外线辐射及适应恶劣天气条件。

（3）电缆在支架或桥架上排列整齐，绑扎牢固。

（4）垂直敷设或超过 45°倾斜敷设的电缆在每个支架、桥架上每隔 2m 处应加以固定。

2）在支架上的排列。

（1）电力电缆和控制电缆不应排列在同一层支架上。

（2）各类电缆在支架上应分层排列，由上而下分别为高压电力电缆、低压电力电缆、照明电缆和控制电缆。

（3）电缆在普通支架上配置，不宜超过 1 层；在桥架上配置，控制电缆不超过 3 层，交流三芯电缆不超过 2 层。

8 电缆敷设完毕后，应进行下列工作：

1）电缆出入电缆沟、槽、建筑物及保护管时，应将出入口侧用专用材料防水和防火封堵。对易受外部影响着火的电缆密集场所或可能着火蔓延酿成严重事故的电缆回路，应有防火阻燃措施。

（1）电缆孔洞应采用防火隔板、有机防火堵料和电缆防火封堵盒组合封堵，如图 6.1.12-2 所示。

（2）电缆通过电缆沟进入高压室、控制室等建筑物时，采用防火墙进行隔断，防火墙两侧采用 10mm 以上厚度的防火隔板封隔，中间采用无机堵料、防火包或耐火砖堆砌，如图 6.1.12-3 所示。

2）盖好盖板或按规定进行回填。

3）直埋电缆应在直线段每隔 50m、电缆接头处、转弯处、进入建筑物处设置明显的标志。

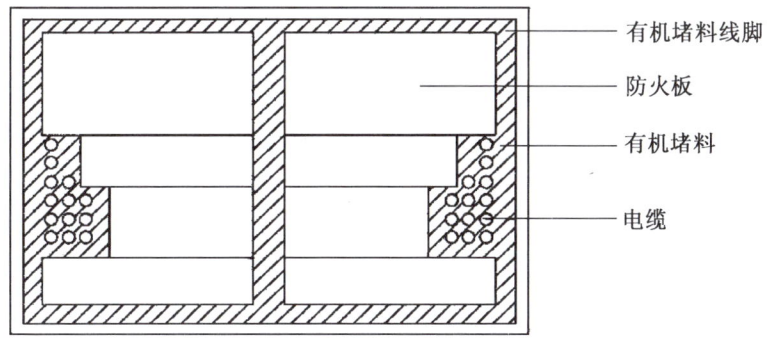

图 6.1.12-2　盘柜防火封堵示意图

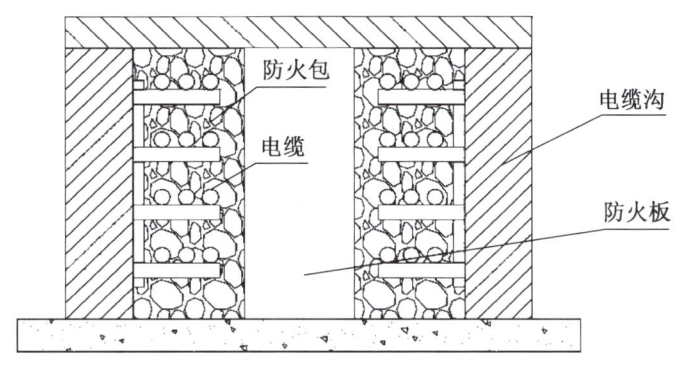

图 6.1.12-3　电缆沟内防火封堵示意图

4）在电缆终端头、拐弯处、夹层等处，电缆上应装设标志牌；标志牌上应注明线路编号、电缆型号、规格及起讫点，并联使用的电缆应有顺序号，标志牌的字迹应清晰不易脱落；标志牌规格宜统一。标志牌应能防腐，挂装应牢固。

9　电缆终端头和中间接头应按下列要求进行制作安装：

1）牵引变电所围墙内的电缆敷设不得中间接头。

2）电缆终端头的附件规格、型号及电压等级应与电缆和 GIS 开关柜或变压器出线端子的规格、型号相吻合，且应符合设计要求。

3）电缆终端头和中间接头接续。

（1）接头连接处导电良好，能长久稳定传输额定电流。

（2）端头和接头处的绝缘能承受电缆工作条件下的额定电压和瞬时过电压。

（3）电缆终端应采取加强绝缘、密封防潮和机械保护措施。

（4）27.5kV 及以上单芯供电电缆的终端头的屏蔽层接地线与铠装层的接地线应相互绝缘，终端头的屏蔽层、铠装层的接地线应分别引出，不接地的需做绝缘处理。

4）剥切电缆不应损伤芯线、保留的绝缘层和半导体层。

5）电缆芯线连接的要求。

（1）连接前应核对芯线相位。

（2）芯线端部剥切长度应大于接线端子孔深或连接管长度的一半。

（3）接线端子或连接管规格应与电缆芯线配套。

（4）在压接或焊接前应将连接部分表面的氧化层清除干净。

（5）压接后，接线管和接线端子均不得出现裂纹，焊接应使孔内或槽内焊锡饱满，并不损伤芯线绝缘。

6）电缆终端头的出线应保持固定位置，电缆芯线弯曲不应破坏芯线绝缘和损伤根部。

7）冷缩式电缆头制作完成后，应根据产品技术文件要求的时间静置摆放，之后按现行《电气装置安装工程电气设备交接试验标准》（GB 50150）的规定进行耐压试验，试验合格后方可进行电缆头安装。

8）电缆终端头应固定牢固，各带电部位符合相应电压等级电气距离规定。

9）电缆终端头上应有明显的相色标志，且应与系统一致。

10 电缆护层保护器应按下列要求安装：

1）电缆护层保护器型号、规格应与被保护电缆外护层绝缘相匹配，并符合设计要求。

2）电缆护层保护器的连接线应尽量短，且截面应符合最大电流通过时的热稳定要求，接地端子应与接地体可靠连接。

3）电缆终端头与电缆护层保护器间的连接线应做绝缘处理。

11 电缆敷设施工工艺质量应满足下列要求：

1）电缆支架应与电缆沟坡度一致。

2）夹层内成列引入柜内电缆弧度一致。

3）电缆终端固定牢靠，与母线、设备连接正确。

4）成排布置电缆终端高度一致。

6.1.13 屏、柜及二次回路

1 屏、柜及二次回路施工包括交、直流电源装置、控制保护装置、集中接地箱的安装及其二次回路接线的施工。

2 二次回路电缆接线的施工流程如图 6.1.13 所示。

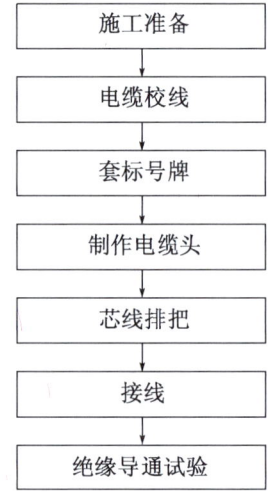

图 6.1.13 二次回路电缆接线施工流程

3 屏、柜等设备在安装前，应确认房建工程符合下列条件：

1）房屋的施工基本结束，室内屋顶、地面、门窗等的装修工作已结束并达到相关技术标准的规定。

2）所有预埋件、预留孔的位置符合设计要求，安装牢固；屏、柜的底座型钢或支架应与接地网可靠连接。

3）配电箱、成套柜、控制屏基础预埋型钢安装的允许偏差应符合表 6.1.13-1 的规定，其顶部宜高出抹平的地面 10mm。

基础型钢安装的允许偏差　　表 6.1.13-1

项 目	允许偏差	
	mm/m	mm/全长
直线度	<1	<5
水平度	<1	<5
位置误差及不平行度	—	<5

4 屏、柜等设备在搬运和安装时应采取防潮、防震、防变形和漆面受损等措施。当产品有特殊要求时，尚应符合产品技术文件的要求。

5 屏、柜等设备进场验收除符合本指南第 6.1.1 条的规定外，尚应按下列要求进行：

1）不同厂家供货的屏柜内电器应分别点验并记录。

2）设备附件齐全，无损伤、变形或锈蚀现象。

3）在安装地点短期保管时，应符合产品技术文件的要求。

6 屏、柜模拟母线及小母线的颜色应按下列要求进行：

1）模拟母线的标志颜色符合表 6.1.13-2 的要求，模拟设备与相同电压等级的母线颜色一致。

模拟母线颜色要求　　表 6.1.13-2

序号	电压（kV）	颜 色	序号	电压（kV）	颜 色
1	直流 0.22（0.11）	—	5	交流 35	鲜黄
2	交流 0.23	深灰	6	交流 25（55）	一黄一绿
3	交流 0.4	黄褐	7	交流 110	朱红
4	交流 10	绛红	8	交流 220（330）	紫

2）小母线的文字符号及颜色符合相关技术标准的规定；文字符号标注在小母线架下部的绝缘体上。

7 屏、柜应按下列要求进行安装：

1）各种屏、柜安装位置应符合设计要求，屏、柜内的设备或电器与各构件间的连接牢固，与基础型钢间宜采用螺栓连接。

2）单独或成列安装时，其垂直度、水平允许偏差以及屏、柜面的允许偏差和屏、柜间接缝的允许偏差应符合表 6.1.13-3 的要求。

屏、柜安装的允许偏差（单位：mm）　　　　表 6.1.13-3

序号	项　目		允许偏差
1	垂直度		<1.5
2	水平偏差	相邻两屏顶部	<2
		成列屏顶部	<5
3	屏面偏差	相邻两屏边	<1
		成列屏面	<5
4	屏柜间接缝		<2

3）屏、柜的接地线连接牢靠。成列安装的屏、柜接地线应贯通连接，连接后接地不得少于两点。

4）端子箱安装牢固，封闭良好；成列安装时，排列整齐。

5）屏、柜等设备正面及背面安装的各类电器、端子排等标明名称、编号、用途及操作位置。

6）端子箱、集中接地箱本体应可靠接地，不得连接至电缆支架的接地干线上。

7）电压互感器的二次回路应只在控制室内一点接地，电流互感器二次绕组及其回路应在相关保护屏柜内一点接地。

8　屏、柜上电器应按下列要求进行安装：

1）屏柜、端子箱、集中接地箱等设备上安装的元器件应完好无损，固定牢靠；所有电器的功能标签齐全、规格一致。二次回路接线正确，连接可靠。

2）控制、保护回路的开关、继电器、自动装置等动作可靠，接点切换正常；端子排绝缘良好，安装牢固，连接件为铜质制品。

3）信号回路的声、光信号显示准确，工作可靠；计量回路的表计准确，并符合现行国家计量标准的规定。

9　二次回路的光电缆配线应按下列要求进行施工：

1）按审核后的图纸施工，接线正确；电气回路的连接（螺栓连接、插接、焊接等）牢固可靠。

2）光电缆芯线的端部应标明回路编号；编号正确，字迹清晰。

3）配线整齐、美观，芯线绝缘良好，无损伤；每个接线端子每侧所接芯线不得超过两根。

4）电缆芯线宜采用塑料线槽布线；当采用排把布线时，线束绑扎牢固，紧固卡子与芯线间应加绝缘衬垫；电缆芯线按垂直或水平方式有规律地配置，备用芯线应留有适当余度；电缆芯线与接线端子之间应采用压接端子连接。

5）电缆排列整齐，固定牢固；铠装电缆的铠装层不得进入盘、柜内；电力、控制电缆应分别成束和排列。

6）控制电缆采用屏蔽电缆时，其屏蔽层一端应接地；如不采用屏蔽电缆，则其备用芯线应有一芯接地；除设计有特殊要求外，接地点宜设在配电装置一侧。

7）差动保护二次回路接地应在保护装置端单点接地。

10 屏柜及端子箱安装工艺质量控制应符合以下要求：

1）盘柜表面涂层完整；盘柜内光、电缆排列整齐，标识清晰；防火封堵严密，表面平整、光洁；二次配线整齐美观，芯线绝缘良好，无损伤；电缆头及标牌固定牢靠、高度一致、排列整齐、标识清晰。

2）线槽孔距与端子间距相同，芯线引出平直；备用芯应单独垂直布置，封帽高度一致；端子箱方向统一，正面朝向巡视小道或电缆沟侧；端子箱安装牢固，垂直度偏差小于1.5mm/m。

6.1.14 交直流电源装置

1 交直流电源装置施工包括牵引变电所蓄电池及交直流电源装置的施工与安装。

2 蓄电池在运输、保管过程中，应轻搬轻放，不得有强烈的冲击和振动，不得倒置、重压和日晒雨淋。

3 蓄电池在安装前应存放于干燥、清洁、通风良好、无阳光直射的室内；严禁短路、受潮。环境温度宜保持在0~35℃之间。

4 蓄电池安装进场验收除符合本指南第6.1.1条的规定外，还应确保蓄电池无裂纹、损伤，密封良好；连接条、螺栓、螺母齐全。

5 蓄电池安装连接条及电缆抽头的连接部分应涂以电力复合脂。

6 蓄电池应按下列要求进行安装：

1）检查蓄电池的水平度符合要求后再进行连接。蓄电池与蓄电池、蓄电池与充电装置及直流屏间的连接应紧固可靠，紧固螺栓的力矩值应符合产品技术文件的要求。

2）连接电缆或连接片的截面积和长度应符合设计要求。

3）不同容量、不同性能或新旧不同的蓄电池不得混合使用。

4）蓄电池柜通风良好。

5）蓄电池与蓄电池、充电设备之间的正、负极的连接应正确，单个蓄电池及蓄电池组的电压应正常。

6）蓄电池安装应排列整齐，距离均匀一致，连接线端子经过防腐处理，电缆接线端子处应有绝缘防护罩。

7 免维护蓄电池在运输、存放和安装的过程中，对出厂超过6个月的蓄电池应按产品技术文件的要求进行补充电。

8 电源模块插接、固定良好，配件及防松动装置齐全，电气触点应接触可靠、连接紧密；充电装置与蓄电池之间的接线应在充电装置断开状态下进行，先连接充电器侧，后连接蓄电池侧。

9 充电装置应能在蓄电池初充电、均衡充电和浮充电状态下工作正常。

10 检查直流系统绝缘监察装置的功能应正常。

11 交流电源装置相线、中性线及保护地线的连接应正确可靠，严禁错接与短路，其零线不得虚接或断开；电源线不得有中间接头，布置平直整齐、稳固，无扭绞和交叉；核查三相进线电源相序应为正相序，两路进线电源相间及对地电压、双电源自动切换功能应符合设计要求。

12 纳入供电调度监控的交直流控制器、重要回路断路器的控制和各种报警信息应与综合自动化系统共同试验。

6.1.15 综合自动化系统

1 综合自动化系统施工包括牵引变电所内综合自动化系统的屏柜组立、二次配线、功能调试等。

2 综合自动化系统的施工流程如图6.1.15所示。

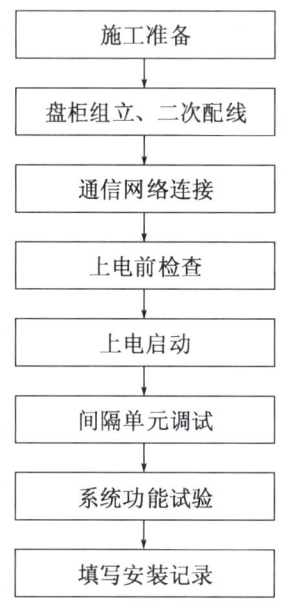

图6.1.15 综合自动化系统施工流程

3 综合自动化系统屏、柜进场验收应符合本指南第6.1.13条的相关要求。

4 综合自动化系统屏、柜组立、二次配线的施工除应符合本指南第6.1.13条的相关要求外，尚应按下列要求进行：

1）综合自动化系统显示器、键盘、鼠标等外设的安装位置应便于使用。

2）本地通信网络端口的连接及通信规约应符合产品技术文件的要求。

3）综合自动化系统、供电调度系统、电力公司间的通信端口的连接及通信规约应符合设计要求。

5 综合自动化系统上电前，应按下列要求进行检查：

1）监控屏、控制保护屏及二次回路配线正确，绝缘良好。

2）数据传输光电缆连接正确。

3）工作电源、操作电源、控制电源的电压、极性符合产品技术文件的要求。

6 综合自动化系统上电前检查完成后，应按下列要求进行系统的启动、建立数据库：

1）接通工作电源，系统应完成初始化。

2）接通控制保护屏柜电源，间隔层微机保护单元完成初始化。

3）按照保护整定计算书输入保护定值。

4）按照设计要求分别设置监控主机、路由器、间隔层微机保护单元IP地址。

5）安装数据库软件，并重新启动系统。

7 按产品技术文件的要求，利用监控屏或便携机分别对每一个间隔内的电气装置进行单体传动试验及闭锁功能检查，应符合设计要求。

8 系统功能试验主要项目包括牵引变电所进线单元试验、牵引变压器保护功能试验、牵引变电所馈线保护功能试验、馈线供电臂试验、分区所（自耦变压器所、开闭所）试验等。

9 牵引变电所进线单元试验应按下列要求进行：

1）牵引变电所进线间隔失压保护等功能应符合设计要求。

2）双路进线间隔对牵引变压器具有互投供电功能应符合设计要求。

10 牵引变压器保护功能试验应按下列要求进行：

1）差动保护范围应符合内部故障的设计要求。

2）模拟试验牵引变压器的过电流、瓦斯、温度、绕组、热过负荷保护等功能应符合设计要求。

11 牵引变电所馈线保护应按下列项目试验，并符合设计要求：

1）馈线距离保护动作特性、谐波制动特性、闭锁特性；大电流速断、过负荷保护；断路器失灵、自动重合闸等功能。

2）馈出线出现故障时，其故障区段判断应准确，短路、断线、接地故障判定应符合设计文件要求。

12 馈线供电臂试验应按下列要求进行：

1）完整地实施控制和保护每个独立供电臂内的线路和设备，按设计要求的运行方式实行越区供电。

2）供电臂内设备动作的时间配合关系符合设计要求。

13 各种信号装置应具备下列功能：

1）配电装置各种保护的投入与撤除，能够按规定在控制装置的状态显示窗口准确显示。

2）可传动的开关设备的位置信号能够在该设备的控制装置及变、配电所的中央信号控制盘或监控主机上准确显示。

3）预告及事故音响信号能够在变、配电所内按规定的方式正确表示；具有自动复归功能的音响信号能够按规定时限自动返回或停止。

4）各种信号装置反映的信息应能够完整准确地向上级管理中心传输，并正确再现。

14 当地监控主机应具备下列功能：

1）当地监控主机的控制、测量、信号显示功能应符合设计文件要求。

2）所有回路的保护装置能够自动记录定值修改及保护装置的动作状况，并在当地监控主机中形成事件报告，供随时查询。

3）馈线保护装置在馈线出现故障时应能够自动形成故障波形、故障报告等一系列事件报告，并在当地监控主机中自动保存，供随时查询。

4）在当地监控主机上可以任意查询和打印本变（配）电所的所有按规定保存的操作记录、越限记录、事件记录及其他历史记录。

15 分区所、自耦变压器所、开闭所试验应按下列要求进行：

1）分区所的馈线保护跳闸后，牵引变电所、分区所自动重合闸装置的动作时限及顺序应符合设计要求，并能提供故障点的准确参数。

2）模拟试验某一台自耦变压器故障，检查确认分区所、自耦变压器所断路器跳闸的顺序符合设计要求，同时确认发生故障的自耦变压器能自动解列，另一台备用自耦变压器应自动投入。

3）模拟试验分区所、自耦变压器所馈线保护，自耦变压器的过电流、碰壳、瓦斯及温度等保护功能可靠动作。

4）开闭所进线和出线电流速断保护动作或过流保护动作时，不得引起上一级馈线保护动作。

6.1.16 在线监测及环境安全监视系统

1 在线监测及环境安全监视系统施工包括在线绝缘监测系统、在线电缆温度监测系统及环境安全监视系统的安装及调试。

2 在线监测及环境安全监视系统运输、保管及进场验收应符合本指南第 6.1.13 条的相关要求。

3 绝缘在线监测系统应按下列要求进行安装和调试：

1）在线绝缘监测系统的主机柜及二次接线的安装应符合本指南第 6.1.13 条的相关要求。

2）各监测点探头的布设应符合设计要求，与互感器、变压器、断路器监测点采集装置的连接应正确，安装牢固。

3）主机性能和监测探头的精度应符合产品技术文件的要求；按照产品技术文件的要求进行调试，功能应符合设计要求。

4 电缆在线监测系统应按下列要求进行施工和调试：

1）电缆在线监测系统的主机柜及二次接线的安装应符合本指南第 6.1.13 条的相关要求。

2）各监测点传感器的布设应符合设计要求，与电缆及电缆附件的连接应正确，安装牢固。

3）主机性能和监测传感器的精度应符合产品技术要求和设计要求；按照产品技术文件的要求进行调试，功能应符合设计要求。

5 环境安全监视系统应按下列要求进行：

1）环境安全监视系统主机柜及二次接线的安装应符合本指南第 6.1.13 条的相关要求。

2）监测点摄像头、红外对射、门禁、烟感探头的布设应符合设计要求，在杆塔、墙体和建筑物等处安装牢固。

3）功能元件摄像头的变焦距离、分辨率、颜色、像素质量，电子眼、探头等的灵敏度、探测距离和设备连接缆线等应符合设计要求；按照产品技术文件的要求进行调试，功能应符合设计要求。

6.1.17 受电启动

1 牵引变电所受电启动应具备下列条件：

1）设备安装已完成，设备电气试验合格，全所整组试验已完成；受电启动专项方案已编制，并获相关单位批准；设备技术文件和图纸齐全。

2）外部电源已送电，高压进线间隔设备编号及相序核对无误；设有线路纵差、线路保护、信息直采系统时，其安装调试已完毕。

3）所内通信设施已投入使用，通信通道畅通；所内 10kV 或 35kV 电力电源已可用，设备具备可靠的操作电源。

4）设备编号、进出线标识、供电方向等应做到设备本体、综合自动化系统、远方供电调度台及牵引供电系统示意图、接触网示意图相互一致。

2 牵引变电所受电启动前应进行下列检查及准备工作：

1）拆除所内各种临时设施及施工用临时电源线路，对全所进行一次清扫，特别是电气设备及绝缘瓷件应保持清洁。

2）系统模拟屏、临时接地线、验电工具、值班用品及抢修用工具、材料应齐全。

3）隔离开关、断路器应置于分闸位置，并应在进线隔离开关内侧及馈线隔离开关外侧加挂临时接地线。

4）牵引变电器、所用电变压器的分接开关应在指定的位置；控制方式选择开关应置于当地位置；断路器的自动重合闸功能应退出运行。

3 牵引变电所应按下列程序和要求进行受电启动：

1）外部电源引入所内后，在高压侧电压互感器端子箱处核对电压、相位及相序，且应符合设计要求。

2）分别对每组牵引变压器进行 5 次全电压空载合闸冲击试验。分区所和自耦所分别对每台自耦变压器进行 3 次合闸冲击试验；牵引变压器合闸冲击试验宜利用模拟变压器过流、差动、瓦斯等保护动作进行分闸；牵引变压器冲击时，励磁涌流不应引起继电保护误动作。

3）1×27.5kV、2×27.5kV 侧母线及设备应进行全电压冲击。冲击后，核对母线电压及相位，应符合设计要求。

4）外部电源进线及所用电电源互投试验应符合设计要求。

4 牵引变电所受电启动应由现场电力调度员发布操作命令，无调度员命令，严禁操作。

5 牵引变电所受电启动期间应制定严格的值班制度，值班人员应加强巡视，做好值班记录。

6 牵引变电所受电启动后应投入空载试运行，24h 后方可向接触网送电。

7 牵引变电所向接触网送电前送电公告发布应满足下列要求：

1）变电所受电启动后应在所内明显处发布带电启动告示、设置设备带电安全警示标志，确保人身及设备安全。

2）变电所向接触网所送电前应由接触网对相关设备管理单位、建设单位、铁路沿线人民群众发布送电告示，公告中需明确带电范围、注意事项。

6.2 接触网工程

6.2.1 一般规定

1 接触网工程应包括下列施工用设计文件：

1）接触网施工设计说明书。

2）接触网平面布置图、接触网供电线平面布置图、基础设计图、钢柱开孔图、硬横跨构造图及零配件构造图、接触悬挂安装图、下锚安装图、设备安装图、接触网供电分段示意图、附加导线安装图及安装曲线、特殊设计图。

3）概算或施工图预算。

4）线路轨面高程、曲线数据、坡度表。

2 接触网施工单位应按下列要求对铁路线路进行调查：

1）与铁路线路交叉跨越或接近的通信、信号、电力线路、其他建筑物及设备的拆迁、改建工程应有妥善安排或有协议。

2）预制梁场位置、铺架方向及进度，无砟轨道作业面位置及数量，铺轨基地位置及铺轨进度；施工便道起止里程、上桥通道的位置及数量；土建单位施工的接触网支柱基础和拉线基础现场浇注进度，对预埋（留）件进行核查。

3）沿线污染源的调查、核对，与铁路交叉的桥梁、电力线路、油气管道等调查统计。

3 设备、器材的运输、储存和保管应符合产品技术文件的要求。

4 运到工地的设备及零部件应按下列要求进行进场验收：

1）按进场批次进行检验，材料、构配件和设备的规格、型号、数量符合设计文件和订货合同的要求。

2）合格证、质量验收报告等质量证明文件，以及产品技术文件齐全并符合设计文件和订货合同要求，属于铁路专用产品认证管理的产品应通过认证，其认证证明文件应在有效期内。

3）部件齐全，连接可靠，外观无损伤、变形、锈蚀、氧化，铭牌、标识完整清晰，质量验收记录完整、准确。

5 接触网施工应按下列要求进行：

1）施工测量采用激光测量仪、全站仪、经纬仪、全球定位系统（Global Positioning System，GPS）、实时动态（Real-time Kine matic，RTK）载波相位差分技术测量仪、水准仪等仪器设备。

2）腕臂支持结构及吊弦施工应采用计算机计算软件计算和工厂化集中预制。

3）预配件、零部件中螺栓应采用力矩扳手紧固，紧固力矩符合产品技术文件要求。

6 接触网工程邻近运营接触网线路施工或接触网上方有跨越高压线时，应做好防感应电措施。

7 接触网工程施工流程如图6.2.1所示。

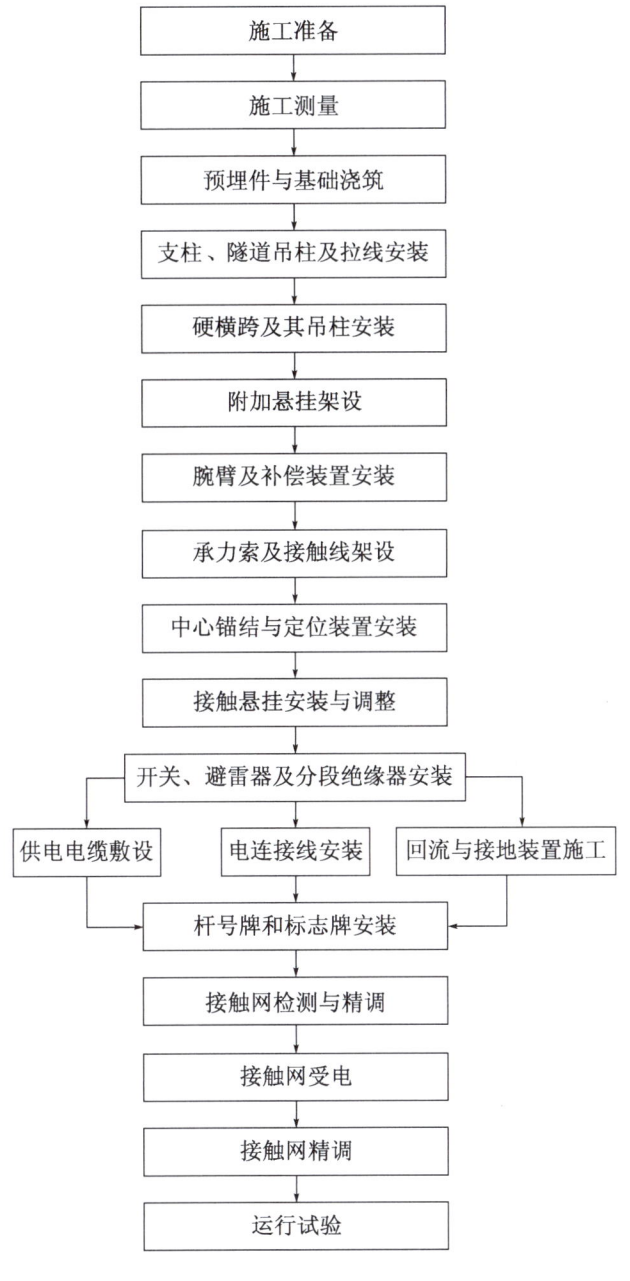

图6.2.1 接触网工程施工流程

6.2.2 预埋件

1 预埋件施工主要包括对桥梁或路基上接触网基础、隧道滑型槽道、隧道及桥梁后植锚栓、桥梁上预留电缆槽与上桥电缆锯齿孔、过轨管及电缆井、贯通地线接地端子、车站雨棚柱预留底座等施工质量的检查确认。

2 施工进场后，接触网施工单位应在建设单位组织下，与监理单位、土建施工单位共同对预留预埋件进行检查确认，并对存在的问题及时提报相关单位进行修正。

3 接触网基础、预埋滑槽、过轨管、桥梁锯齿孔、接地端子等接口工程应与土建工程同步实施。

4 接触网专业应与土建专业重点核对图纸中预留预埋件型号、里程，CPⅢ桩和声屏障与接触网设备的相对位置等。

5 接触网预留接口检查交接流程如图6.2.2所示。

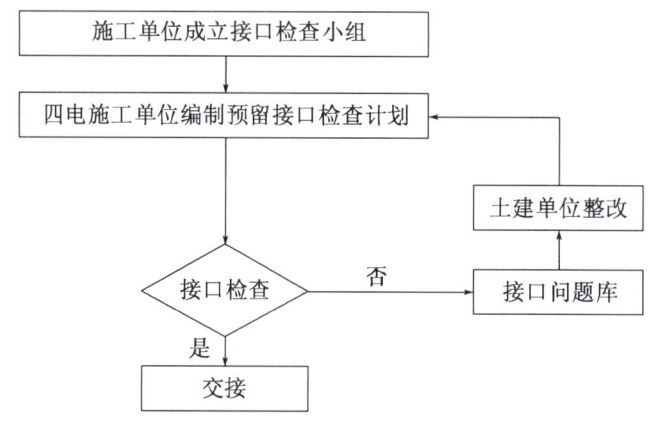

图6.2.2 接触网预留接口检查交接流程

6 桥梁和路基上预留的接触网支柱基础和拉线基础应按下列要求检查确认：

1）基础里程（跨距），基础型号、规格符合设计要求，预留基础螺栓顺线路方向中心线应与线路中心线平行，垂直线路方向中心线应与线路中心线垂直，两个方向的允许偏差均不大于1.5°。

2）基础顶面与轨面高差或基础顶面与路肩面高差，基础距线路中心线侧面限界符合设计要求。

3）基础螺栓的材质、直径、螺纹长度、外露长度及防腐符合设计要求，螺栓间距及配套螺母垫片符合设计要求，基础预留接地端子及接地电阻符合设计要求，螺栓应呈竖直状态。螺栓外露长度、螺栓间距、基础位置及尺寸等允许偏差应符合表6.2.2的要求。

基础施工允许偏差　　　　　　　　　　　　　表6.2.2

项　　目	允 许 偏 差
螺栓外露长度及螺纹长度	0～5mm
螺栓相邻间距	±1mm
螺栓对角线间距	±1.5mm

续上表

项　目	允　许　偏　差
螺栓应垂直于水平面，每根螺栓顶部的中心位置偏差	1mm
预埋钢板与基础面齐平	0~5mm
预埋钢板应水平，高低偏差	5mm
靠近线路侧螺栓连线的法线应垂直线路中心线，一组螺栓的整体扭转	±1.5°
混凝土保护层	±10mm
基础横断面尺寸	±20mm
基础顺线路方向偏移	±50mm
基础顶面高程	±5mm

7 隧道预留滑槽应按下列要求检查确认：

1）滑槽隧道预留滑槽型号、位置、埋入深度、垂直度及间距符合设计要求。

2）滑槽顺线路方向的施工允许偏差为±500mm，滑槽垂直线路方向的施工允许偏差为±30mm，同组滑槽横线路方向偏转允许偏差为5‰，同组滑槽应平行，同组滑槽间距施工允许偏差为±5mm，滑槽中心线与隧道中心线的垂直度、平行度偏差为槽道长度的±5‰。

3）滑槽嵌入隧道二次衬砌深度的施工允许偏差不大于5mm，滑槽内泡沫填充物完好，不得被混凝土覆盖，滑槽不得出现扭曲变形，滑槽本体倾斜不大于3mm。

4）接触悬挂下锚的隧道侧壁滑槽应铅垂，水平滑槽应水平。

8 在桥墩、梁端预留的供电及回流电缆上桥滑槽、锯齿孔应无遗漏，并符合设计规定。

9 隧道及桥梁后植锚栓施工质量应符合设计规定。

10 为接触网接地预留的贯通地线接地端子位置、型号、数量、外露及接地电阻等应符合设计规定。

11 桥梁上预留上网电缆孔位置及孔径大小、滑槽型号及位置应符合设计要求，上网电缆孔顺线路方向位置允许偏差为±500mm。

12 预留接触网过轨管使用高强度非磁性管，预留数量及管径应满足设计要求。

6.2.3　基础

1 站场内线路两侧和线路中间的基础顶面高程应符合设计文件要求，允许偏差为±20mm。

2 基础施工包括基础定位测量、基坑开挖、钢筋框架预制安装、基础浇筑等。

3 基础定位测量应按下列要求进行：

1）现场交桩时，会同土建施工单位，现场共同办理线路基桩交接手续。交桩资料包括直线和曲线，水准基点，里程表，直线转点桩，缓和曲线始、终点桩，圆曲线终点桩，岔心桩和线间距等。

2）纵向测量以土建施工单位提供的线路控制网（CPⅡ）基桩及其对应数据为依据，并符合设计要求；站场横向测量中，同组硬横跨支柱两基坑中心的连线与正线中心线垂直，施工测量宜采用全站仪。

3）基础位置满足与信号机显示距离的要求。

4 基坑开挖应按下列要求进行：

1）基坑开挖前，复核基础位置、侧面限界、基础型号等；桩基开挖应采用旋挖钻机作业方式，且每个基础钻孔应连续进行，开挖的弃土不得污染道床，弃土应及时搬运至指定地点；基坑限界、深度应符合设计要求，限界施工允许偏差为0~50mm，深度施工允许偏差为0~50mm。

2）基坑开挖应注意不得破坏道床的稳定性，基坑达到设计深度后，应采取加盖等保护措施。

5 基础钢筋框架预制安装应符合下列要求：

1）地脚螺栓材质、规格、型号及防腐符合设计要求，钢筋连接可采用点焊，拉线基础的拉环锚筋应与基础钢筋框架点焊连接。

2）钢筋框架距坑壁的距离不小于50mm，钢筋框架中心应与基坑中心重合，基础外形尺寸、地脚螺栓外露长度、间距施工允许偏差应符合规定，钢筋框架宜采用锥形楔片在四面卡紧固定。

6 基础浇筑应按下列要求进行：

1）符合现行《铁路混凝土工程施工技术规程》（Q/CR 9207）的有关规定。

2）宜选用商品混凝土，现场搅拌混凝土应采用混凝土搅拌机，混凝土标号应满足设计要求。

3）杯形基础浇筑时，基础内模应采用钢板制作，形状尺寸符合设计要求。内模、骨架定位后，复核内模外沿与坑壁的距离符合设计要求，不得有负偏差；基础内受力钢筋与内模外沿及坑壁的距离应保证设计混凝土保护层的厚度。腕臂柱杯形基础中心线与线路中心线垂直，施工允许偏差为2°，基础顶面高出路肩面的施工允许偏差为±20mm，杯形基础的杯口平整、直径施工允许偏差为0~50mm。杯形基础施工完成后如不能及时立杆，应采用混凝土盖板将杯口封严。

4）硬横跨基础浇筑时，同一组硬横跨的两基础中心间距施工允许偏差为±20mm。两基础中心连线与铁路正线中心线垂直，施工允许偏差为2°；同一组硬横跨的两基础面高程宜相等，施工允许偏差不大于50mm。同一组硬横跨的两基础中心位于不同地形、地貌的情况下，应符合设计要求。

5）拉线基础。

（1）模型板采用钢模或内衬钢板的木模，两对边长度应相等，施工允许偏差为0~5mm；两对角线长度应相等，施工允许偏差为0~10mm，模型板高出地面100mm，施工允许偏差为±20mm。

（2）下锚拉线环相对支柱的朝向符合设计规定，拉线基础的位置、排水面及基础螺栓布置应符合设计要求。

（3）拉线基础距锚柱的距离施工允许偏差为±200mm，轨面处拉线基础距线路中心的施工允许偏差为0~100mm，基础中心至线路中心的距离应符合设计相关技术标准的规定，施工允许偏差为0~50mm。基础中心与相应下锚支柱基础中心的连线应与线路中心线平行，拉线基础排水面的尺寸，排水面顶点距锚杆环内沿的距离应符合设计文件要求。

7 基础质量应符合下列规定：

1）基础螺栓的规格型号、螺栓布置符合设计文件要求，基础螺栓螺纹完好，基础表面平整无缺损、漏浆、露筋等现象。

2）道口两侧、经常有机动车辆运行的场所应采取基础防撞防护，防护措施符合设计文件要求。

3）基础面散水应符合设计文件要求。

4）基础外形尺寸、地脚螺栓外露长度、间距施工允许偏差应符合规定，基础螺栓外露部分涂黄油包扎保护。

8 接触网支柱基础示意图如图6.2.3所示。

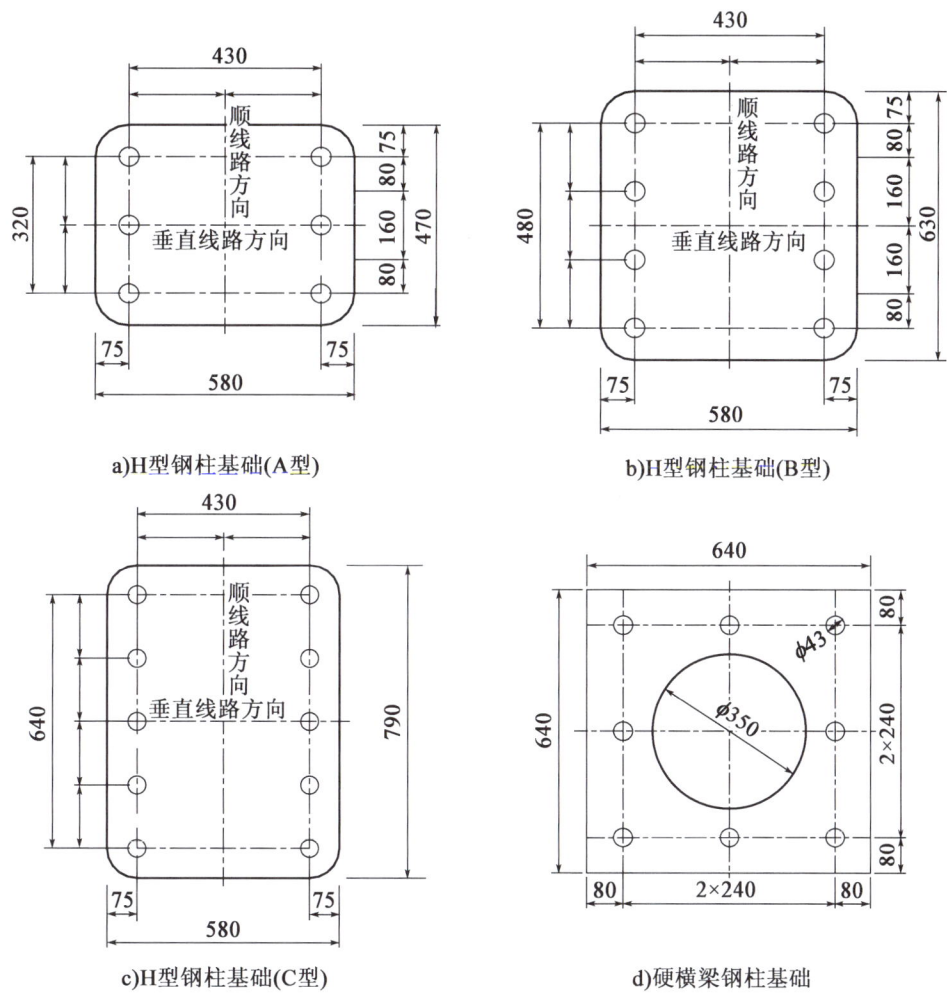

图6.2.3 接触网支柱基础示意图（尺寸单位：mm）

6.2.4 支柱

1 支柱施工主要包括支柱的外观质量检查、开孔位置检查、镀锌层厚度检查、吊装及运输、安装及整正等。

2 支柱施工流程如图 6.2.4 所示。

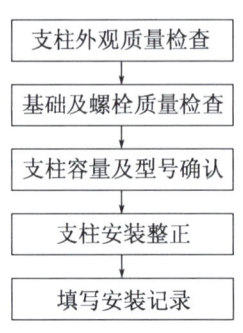

图 6.2.4 支柱施工流程

3 钢柱应按现行《电气化铁路接触网钢支柱》（GB/T 25020）进行外观质量检查，环形等径预应力混凝土支柱应按现行《电气化铁路接触网预应力混凝土支柱》（TB/T 2286）进行外观质量检查。

4 支柱起吊采用两点支承法，装卸、起吊时轻起轻放；支柱装卸，一次起吊数不应超过 2 根。支柱严禁由高处自由滚向低处，支柱吊装不得损伤镀锌层。

5 支柱安装应按下列要求进行：

1）支柱安装采用机械化施工。有砟轨道区段，上砟前使用汽车起重机；无砟轨道区段，轨道板安装前应使用汽车起重机；轨道板安装宜使用特种汽车起重机。在施工便道上利用汽车起重机安装支柱应事先把支柱撒到位；在桥上利用专用起重机安装支柱，应制定起重机防倾覆措施；铺轨后采用安装列车。

2）支柱侧面限界应符合设计要求，施工允许偏差应符合规定，在任何情况下，严禁侵入铁路建筑限界。

3）支柱承载后横顺线路方向应直立，基础的混凝土强度应达到 70% 以上方可安装；安装前应先清理基础面，复查预埋螺栓状态及相互位置尺寸。

4）在 H 形钢柱安装前应安装下部螺母，调整水平，安装垫片；腕臂底座、棘轮装置底座、附加线肩架宜在支柱组立前安装。

5）安装时应先确认支柱容量、型号是否符合设计要求，钢柱安装宜采用尼龙吊装带，支柱吊装对位时严禁碰撞基础螺栓，每个螺栓都戴上主螺母并预紧后方可收吊臂，杯形基础的环形等径混凝土支柱安装后及时固定。

6 支柱整正应按下列要求进行：

1）利用斜率尺或经纬仪测量支柱倾斜度，支柱倾斜度调整时应先松动主螺母，再利用专用调整工具调整支柱；紧固螺母时应对角循环紧固，待紧固力矩符合设计要求后再依次紧固锁紧螺母。

2）支柱横、顺线路方向均应中心直立，顺线路方向支柱倾斜施工允许偏差为±0.5%，锚柱顶部向拉线侧倾斜不应大于 1%；横线路方向曲线外侧和直线上的腕臂柱柱顶应向受力反向倾斜，施工允许偏差为 0~0.5%；锚段关节中心柱、曲线内侧支柱及转换柱均应直立，柱顶向受力反向倾斜，施工允许偏差为 0~0.5%。

3）硬横跨支柱顺、横线路方向均应直立，施工允许偏差为 0~0.5%；支柱顶端安装高度应符合设计要求，施工允许偏差为 0~100mm；隔离开关支柱应直立，施工允许偏差为 0~0.5%；H 形钢柱端面应垂直于线路中心线，施工允许偏差为 ±2°；支柱的侧面限界符合设计要求，施工允许偏差为 0~50mm。

7 支柱承受全部荷载后，应按设计要求采用力矩扳手对支柱法兰上固定螺母进行二次紧固。

6.2.5 隧道吊柱

1 隧道吊柱施工包括后植锚栓及后植滑槽的定位测量，接触悬挂、附加悬挂所使用的吊柱及固定件的安装。

2 隧道吊柱施工流程如图 6.2.5-1 所示。

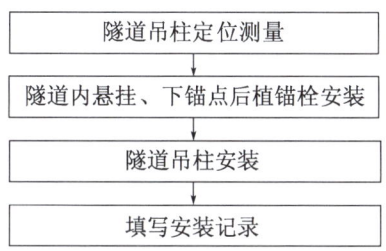

图 6.2.5-1 隧道吊柱施工流程

3 后植锚栓或后植滑槽的定位测量应按下列要求进行：

1）以隧道口顶部水平线与线路中心线的交点为隧道口起测点，从起测点开始，根据设计平面布置图对悬挂点跨距进行测量，悬挂点跨距可在 ±0.5m 的范围内调整，但调整后的跨距不得大于设计允许值，且相邻跨距差不得大于 10m。

2）一个隧道纵向测量完成后，应对实际跨距与设计跨距进行校核，如有施工允许偏差可在整个隧道内进行调整；定位测量应避开隧道伸缩缝、不同断面接缝、石缝或明显渗水、漏水的地方，避开距离应符合设计要求。

4 隧道内的悬挂、中心锚结、补偿下锚等的后植锚栓施工应按下列要求进行：

1）锚栓的类型、规格符合设计要求。

2）应按产品技术要求进行钻孔和清理孔内杂物、积水；埋入杆横向中心线应与线路中心垂直，纵向中心线与线路中心线平行，顺线路方向的施工允许偏差为 ±500mm；垂直线路方向的施工允许偏差为 ±30mm。

3）进行锚固抗拔力检验前，隧道衬砌应达到规定的设计强度等级，衬砌表面应平整，必要时进行磨平处理。检验化学黏结锚栓时，其黏结材料（剂）的养护（固化）时间应达到相关标准的要求。锚固抗拔力不应小于设计值。

5 隧道吊柱安装前应检查吊柱型号、规格、防腐措施是否符合设计要求；吊柱表面光滑，无裂纹、伤痕、砂眼、气泡等缺陷；吊柱焊接处无裂纹，焊缝处无虚焊；吊柱镀锌层均匀，无锌层剥落、漏镀、锈蚀现象；吊柱法兰盘符合设计要求；螺栓孔间距允许偏差为±2mm，螺杆与螺母的配合良好。

6 隧道吊柱应按下列要求进行安装和调整：

1）采用激光测量仪、经纬仪测量吊柱的侧面限界和倾斜度。隧道吊柱法兰盘与吊柱间夹角测量示意图如图6.2.5-2所示。

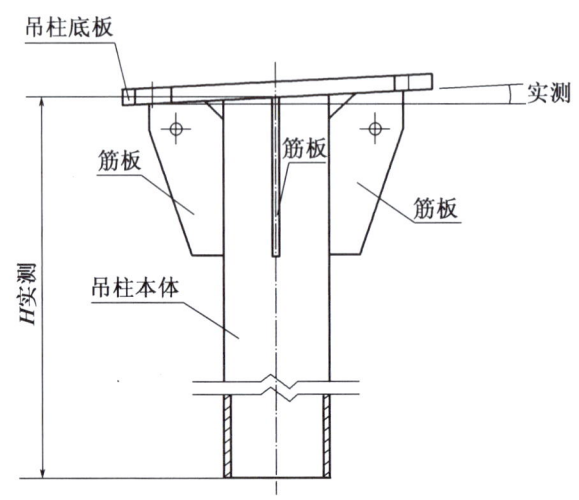

图6.2.5-2 隧道吊柱法兰盘与吊柱间夹角测量示意图

2）吊柱安装前，使用吊柱底座检查模板及水平尺测量调整垫片的厚度，调整垫片宜采用镀锌闭环垫片，确保不发生脱落；调整垫片每片厚度宜为3mm、5mm或10mm，调整时不得超过2片，总厚度不超过20mm。

3）T形螺栓应配带双螺母，螺母紧固后螺栓外露长度不小于30mm，滑槽的T形螺栓距槽道端部距离不小于25mm。T形螺栓安装示意图如图6.2.5-3所示。

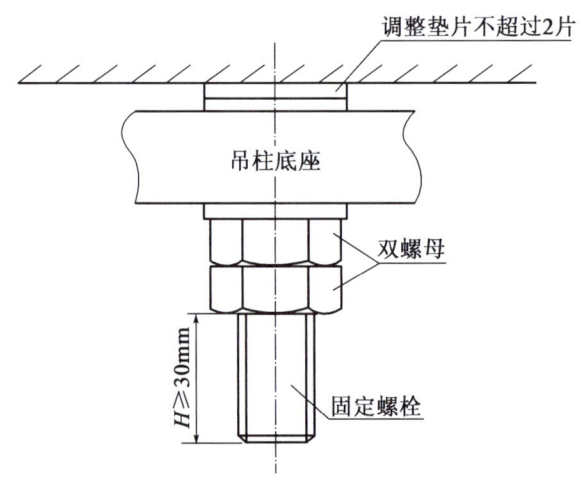

图6.2.5-3 T形螺栓安装示意图

4）隧道吊柱受力后横、顺线路方向应垂直，倾斜度不得大于1°，隧道吊柱斜撑两端的安装位置、连接螺栓的紧固力矩符合设计文件要求，应保证与带电体之间的绝缘距离。

5）吊柱侧面限界符合设计要求，施工允许偏差为 0～20mm。吊柱侧面限界不得侵入邻线基本建筑限界，吊柱法兰盘与隧道壁应结合密贴，连接螺栓紧固力矩应符合设计要求。

6.2.6 硬横跨及其吊柱

1 硬横跨及其吊柱施工包括硬横梁的组装与吊装、吊柱的安装与调整。

2 硬横跨及其吊柱安装施工流程如图 6.2.6-1 所示。

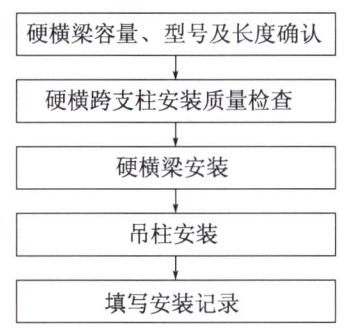

图 6.2.6-1　硬横跨及其吊柱安装施工流程

3 硬横梁安装前应确认其容量、型号符合设计要求，硬横梁长度满足现场安装要求。

4 硬横梁应按下列要求进行安装：

1）硬横梁安装应采用机械化施工；有砟轨道区段，上砟前使用汽车起重机；无砟轨道区段，轨道板安装前使用汽车起重机；铺轨后采用安装列车。在桥上利用专用起重机安装支柱应制定起重机防倾覆措施。

2）硬横梁在地面组装后存放时，在硬横梁下面垫以垫木或临时支架。硬横梁吊装宜采用尼龙吊带。硬横梁（格构式）应一次吊起安放在支柱临时托架上。硬横梁与支柱、硬横梁各梁段间结合密贴，连接牢固可靠，连接螺栓穿向统一，螺栓紧固力矩符合设计要求。

3）硬横梁承载前的预拱度符合设计要求，硬横梁承受全部荷载后，不得有正拱度。横梁中间起拱值 $A = 200 - [200^2 - (0.5 \times C)^2]^{0.5}$，单位为 m。其中，$C = L_z - 0.9$，$L_z$ 为现场测量的硬横梁长度，单位为 m。硬横梁安装高度符合设计要求，施工允许偏差为 +100mm。每组硬横梁按同组硬横梁支柱基础中心间距实测值定制。

5 硬横跨吊柱的安装应按下列要求进行：

1）吊柱长度以测量计算值为准，吊柱限界符合设计要求，且不得侵入邻线建筑限界。

2）吊柱底座与硬横梁间的钢垫片应镀锌，垫片面积不应小于 50mm×100mm，数量不超过 2 片。吊柱垂直安装，施工允许偏差不得大于 1°。吊柱与硬横梁的连接牢固可靠，螺栓紧固力矩符合设计要求。

6 硬横跨支柱承载后顺、横线路方向均应直立，施工允许偏差为 0 ~ 0.5%；侧面限界应符合设计要求，施工允许偏差为 0 ~ 20mm。

7 硬横梁及吊柱安装示意图如图 6.2.6-2 所示。

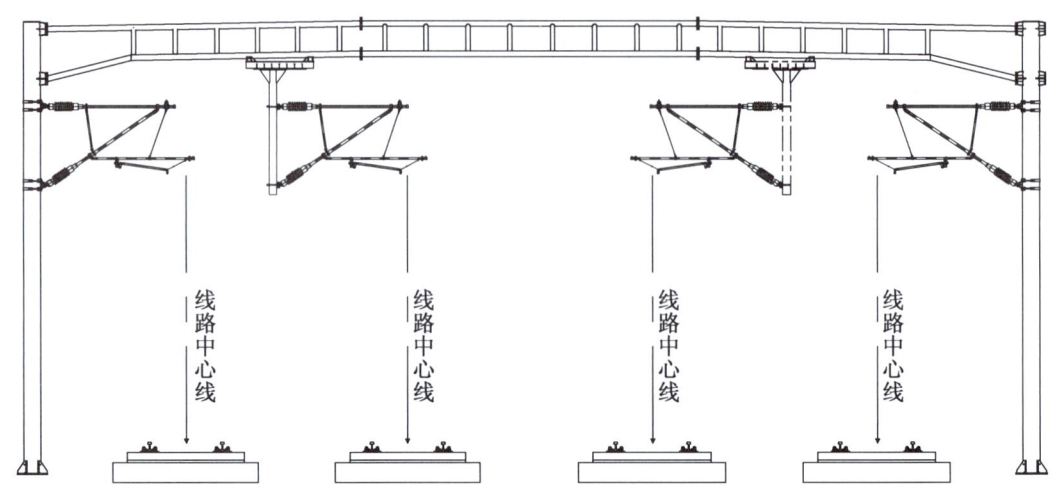

图 6.2.6-2　硬横梁及吊柱安装示意图

6.2.7　拉线

1 拉线施工包括拉线现场测量、预制和安装。

2 拉线长度宜在现场测量并计算考虑拉线回头长度等。

3 拉线安装应按下列要求进行：

1）安装下锚拉线底座或角钢应与支柱密贴；拉线预制应先安装支柱下锚底座连接处的双耳楔形线夹并制作拉线回头。将安装好的下端双耳楔形线夹与下端拉线板连接，调整 UT 型连接螺栓，使拉线处于受力状态。应用紧线器等工具对拉线进行紧线，测出下端双耳楔形线夹回头位置，并做好回头。拉线板底部应和拉线基础密贴，拉线基础螺栓应用力矩扳手进行紧固，力矩值符合设计要求。

2）UT 型楔形线夹在受力后，螺扣应外露，其长度不应小于 20mm，且最大不得大于螺纹全长的 1/2。拉线不得有断股、松股、接头和锈蚀。拉线应绷紧，两条拉线松紧度应一致。拉线在楔形线夹内回头长度为（500 ± 50）mm；端部用 Φ1.6 ~ 2.0mm 绑扎线绑扎 3 圈；拉线回头与本线用 Φ1.6 ~ 2.0mm 绑线密实整齐地绑扎 100mm，施工允许偏差 ± 10mm，拉线切口应进行防锈处理。连接螺栓由田野侧穿向线路侧，连接螺栓装好后，应穿开口销，开口销双向扳开角度不应小于 120°。

4 H 型钢柱拉线安装示意图如图 6.2.7 所示。

6.2.8　附加悬挂

1 附加悬挂施工包括肩架安装、导线展放、导线下锚、接头制作等。

2 附加悬挂应按设计位置安装，肩架呈水平状态，施工允许偏差为 + 50mm。

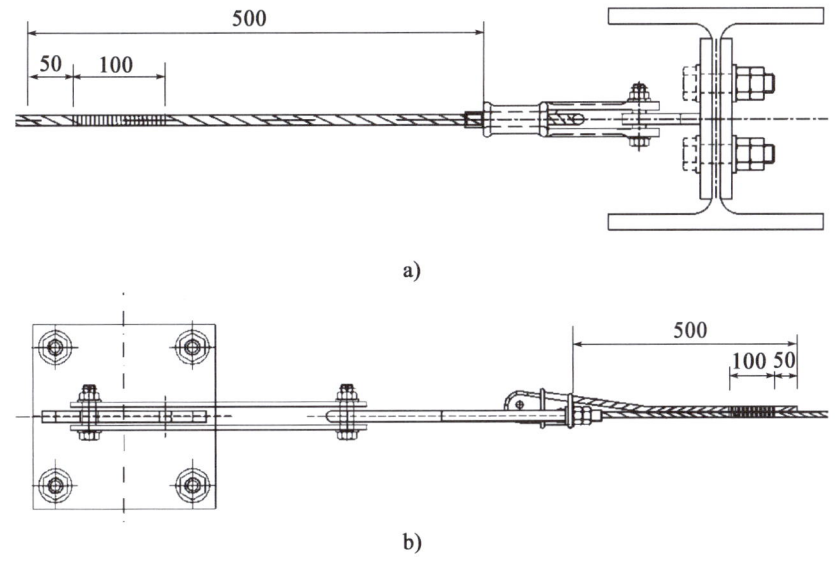

图 6.2.7　H 型钢柱拉线安装（尺寸单位：mm）

3　附加导线展放应按下列要求进行：

1）附加导线宜根据现场实测锚段长度配盘供应。附加导线架设宜先于承力索、接触线架设，并宜采用展放机进行施工。

2）导线展放区段的各悬挂点应采用专用放线滑轮，铝包钢铝绞线及钢芯铝绞线应采用铝滑轮。导线在展放过程中不得发生摩擦、断股、背扣等现象。放线时应注意外观检查，发现缺陷和损伤时及时做出明显标志，以便处理。

3）架空供电线从出所至上网点宜采用整根架设，减少接头数量。隧道内回流线与漏缆间距不小于 600mm。

4　附加导线下锚应按下列要求进行：

1）紧线时，下锚侧加挂拉力计，当张力达到设计额定张力的 110% 时，方可正式下锚；如不加挂拉力计，其导线弛度应符合设计安装曲线规定，施工允许偏差为 0～5%。弛度测量应在距下锚处大于 1/2 锚段的跨距测量，测量跨距数不少于 2 个，也可取几个不同处所跨距弛度的平均值。停止紧线时，预留出打开展放机制动后导线回弹的余量。

2）下锚连接零件的螺栓由田野侧穿向线路侧。

5　不同金属、不同规格、不同绞制方向的导线不得直接进行接头。跨越铁路、一级与二级公路、重要的通航河流时，导线不得有接头。一个耐张段内接头数量不超过 1 个。一个耐张段内断股补强处数应满足：一个耐张段 500m 时为 1 个，1000m 及以下为 2 个，1000m 以上为 3 个。接头、补强位置距悬挂点不小于 500mm。

6　附加导线在接头、下锚和补强保护处采用预绞丝时，预绞丝的型号、规格应符合设计要求；缠绕方向应与被接续的导线外层绞向一致，缠绕长度和机械性能应符合设计要求，在接续点处导电性能应不低于被接续导线性能，附加导线下锚接续点方向应统一。

7　铝导线断 3 股及以下时，可用预绞丝接续条或用铝绑线绑扎补强，预绞丝接续条缠绕方向应与导线外层绞向一致，绑扎长度应超出缺陷部分 30~50mm；断 3 股以上时应剪断重接。钢芯铝绞线钢芯断股时应剪断重接，有背扣、破股等不易复原的永久变形者，应剪断重接。

8 钢芯铝绞线与绝缘子或金具的固定处缠绕铝包带时，铝包带绑扎长度应为 200mm；铝包带规格应为 1mm×10mm，且一道道密贴缠绕，不得重叠，绕向应同导线绕向一致。

9 附加导线对地面及相互距离的最小值应符合表 6.2.8 的要求。

附加导线对地面及相互距离的最小值（单位：mm）　　表 6.2.8

序号	有 关 情 况		供电线正馈线加强线	保护线回流线架空地线
1	导线在最大弛度时距地面高度	区间	5000	4000
2	导线距峭壁挡土墙和岩石	无风时	1000	500
		计算最大风偏时	300	75
3	导线跨越铁路时	跨越非电化股道（对轨面）	7500	7500
		跨越不同回路电气化股道（对承力索或无承力索时对接触线）	3000	2000
4	不同相或不同分段两导线悬挂点间距	两线水平排列	2400	—
		导线垂直排列、上方为供电线，下方为供电线或回流线	2000	—
5	附加导线与建筑物间的最小距离	最大弛度时最小垂直距离	4000	2500
		边导线最大风时最小水平距离	3000	1000

注：附加导线不应跨越屋顶为由燃性材料做成的建筑。

10 作为电气连接的并沟线夹及电连接线夹的施工应按下列要求进行：

1）并沟线夹、电连接线夹内的导线不得包缠铝包带，并沟线夹、电连接线夹与导线连接面应平整、光洁。应使用汽油清洗连接面及导线表面污垢，用细钢丝刷清除表面氧化膜，并在连接面涂一层电力复合脂。

2）螺栓的紧固力矩符合产品技术要求。

11 隧道口转换处，正馈线转角不得大于 10°。

12 隧道口门形架"V"字形悬挂示意图如图 6.2.8-1 所示。

13 附加线下锚安装示意图如图 6.2.8-2 所示。

6.2.9 腕臂

1 腕臂施工包括腕臂现场测量、计算、预配、运输和安装等。

2 腕臂施工流程如图 6.2.9-1 所示。

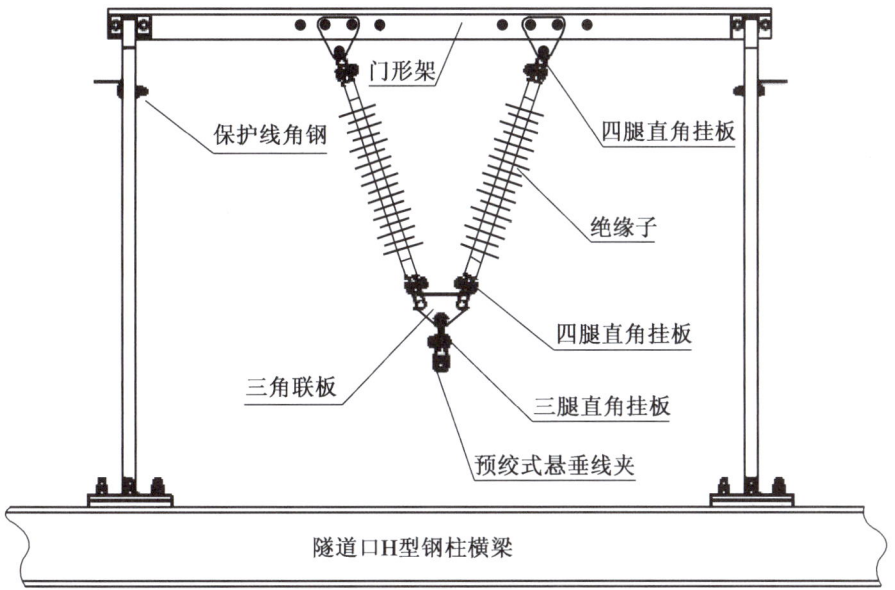

图 6.2.8-1 隧道口门形架"V"字形悬挂示意图

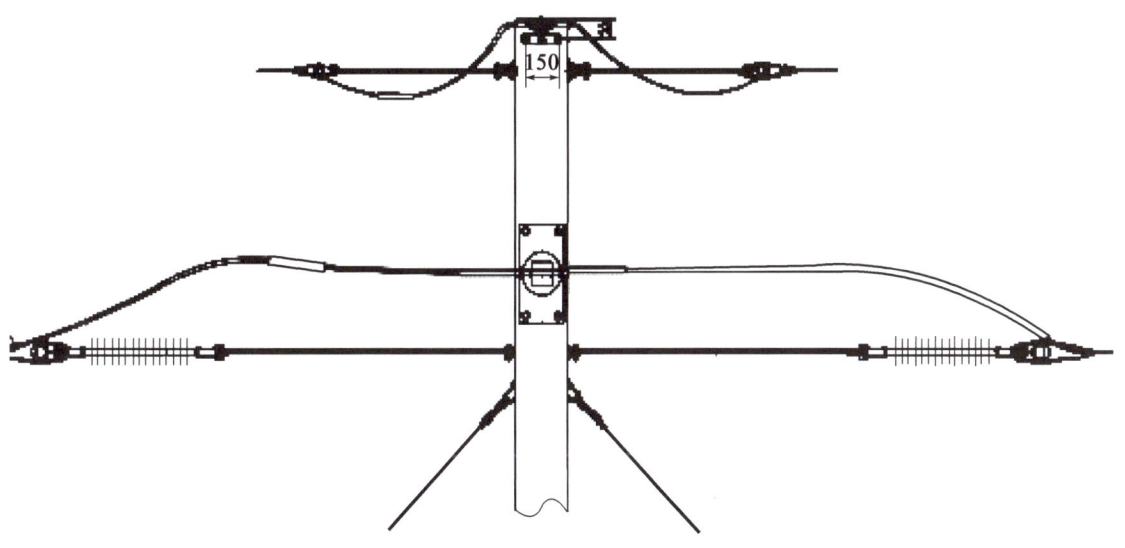

图 6.2.8-2 附加线下锚安装示意图

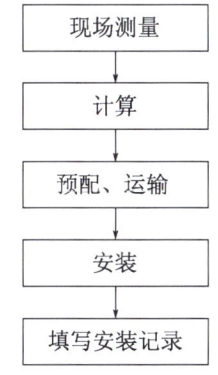

图 6.2.9-1 腕臂施工流程

3 腕臂现场测量应按下列要求进行，测量数据应精确到毫米（mm）。

1）支柱倾斜率宜采用经纬仪测量。

2）轨道未铺设前，曲线外轨超高利用线路参数进行计算；轨道铺设完成达标后，根据轨道直接测量。

3）轨道未铺设前，利用轨道工程基桩控制网（CPⅢ），结合全站仪对支柱限界进行测量；轨道铺设完成达标后，根据轨道直接测量。

4）轨道未铺设前，利用轨道工程基桩控制网（CPⅢ），结合全站仪对腕臂上、下底座中心距最低轨的高度进行测量；轨道铺设完成达标后，根据轨道直接测量。

4 腕臂各部尺寸应采用腕臂预配软件计算，计算结果精确到毫米（mm）。

5 腕臂预配应按下列要求进行：

1）腕臂实行工厂化预配。腕臂利用专用预配台具预配，预配完毕后应复测预配的各项长度尺寸偏差不大于5mm。零部件的连接螺栓，使用力矩扳手进行紧固，力矩值符合产品技术要求。防松止动垫片的长片弯折与零部件本体侧面贴紧，短片弯折在螺母六方侧平面并贴紧；需现场安装的线夹螺母应预拧紧。

2）定位管吊线预制。压接应使用专用压接钳及配套的模具，压接力符合产品技术要求。心形环与压接管距离应小于6mm，线索重叠距离不得小于10mm，滑动荷载符合设计要求。

3）防风拉线制作采用专用预制平台及配套的专用工具。

6 腕臂在运输过程中应采取有效的防护措施，防止在运输过程中损坏镀锌层。腕臂、支持装置应做好标识，注明区间、车站、支柱号。尤其在关节、分相、道岔处，腕臂应注明方向，防止错装、漏装。固定腕臂及支柱装置时，宜采用铝线、绑扎带，不得使用铁线。

7 腕臂安装应按下列要求进行：

1）腕臂安装采用人工加作业车方式进行。螺栓应使用力矩扳手进行紧固，力矩值符合产品技术要求，连接销钉与开口销穿向正确，开口销双向夹角扳成不小于120°，β型开口销应正确安装。

2）定位管吊线套入拉线固定钩环时，宜先把线环顺绞制方向旋转90°后套入钩环里，再恢复到正常位置；腕臂棒式绝缘子排水孔朝下，平腕臂和定位管应安装管帽。

3）腕臂安装完成后，应复测腕臂上、下底座间距及下底座至轨面间距，双、三腕臂底座应呈水平状态，连接螺栓应标记防松标识线。

8 典型腕臂安装示意图如图6.2.9-2~图6.2.9-4所示。

6.2.10 补偿装置

1 补偿装置施工包括棘轮补偿装置（隧道外、隧道内）及滑轮补偿装置的安装与调整。

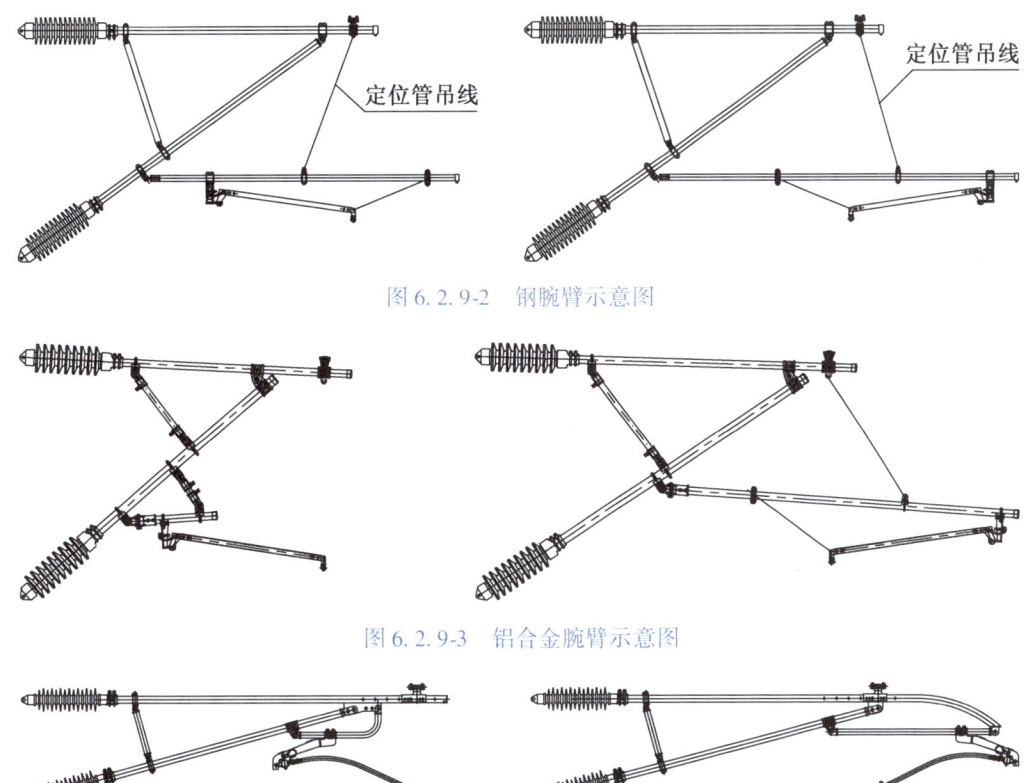

图 6.2.9-2 钢腕臂示意图

图 6.2.9-3 铝合金腕臂示意图

图 6.2.9-4 防风型整体钢腕臂示意图

2 隧道外棘轮补偿装置安装应按下列要求进行：

1）安装前检查棘轮型号符合设计要求，大小轮转动灵活；棘轮大、小轮上的补偿绳应按照设计要求的长度固定、缠绕正确，补偿绳无扭劲、扭绞现象，对穿入楔形线夹内的楔子与补偿绳回头应用橡胶锤或木槌使其固定；应校核支柱顺、横线路倾斜度。

2）棘轮底座安装应水平，各连接件连接密实，制动悬挂轴架保持垂直，棘轮安装后棘轮的垂直度符合产品技术要求，旋转轴应活动自如，底座调节板上的调整螺栓在棘轮调整正确后，再进行紧固；制动卡块和大轮中心应对齐，制动卡块与大轮轮齿间的距离为 20mm；大轮补偿绳与坠砣进行连接后，坠砣提升至规定高度，制动卡块与大轮齿保持制动状态。

3）架线受力后，棘轮制动间隙应符合标准值，棘轮与补偿绳不得发生偏磨、小轮补偿绳不得出现扭绞、平衡轮应水平且倾斜不超过 20°、限制导管与坠砣抱箍不得存在卡滞现象；接触悬挂调整后安装下锚绝缘子时，应同时调整 a 值和 b 值。补偿绳长度符合设计要求。

4）隧道外棘轮补偿装置安装示意图如图 6.2.10-1 所示。

3 隧道内棘轮补偿装置的安装应满足下列要求：

1）安装前，检查槽道应平行、垂直，以保证棘轮安装后的垂直度及坠砣限制架安装后的平行与垂直度。

2）安装调整后，补偿绳不应与制动卡块发生偏磨，补偿绳承载后，需重点检查棘轮处补偿绳与转向定滑轮是否在铅垂面上，如果不在铅垂面上，应调整转向定滑轮，防止补偿绳跳槽；坠砣串两端的导轮在坠砣限制架槽道内应转动灵活，确保坠砣不与坠砣限制架发生卡滞；补偿坠砣挡板受风动影响较大，其固定应牢靠。

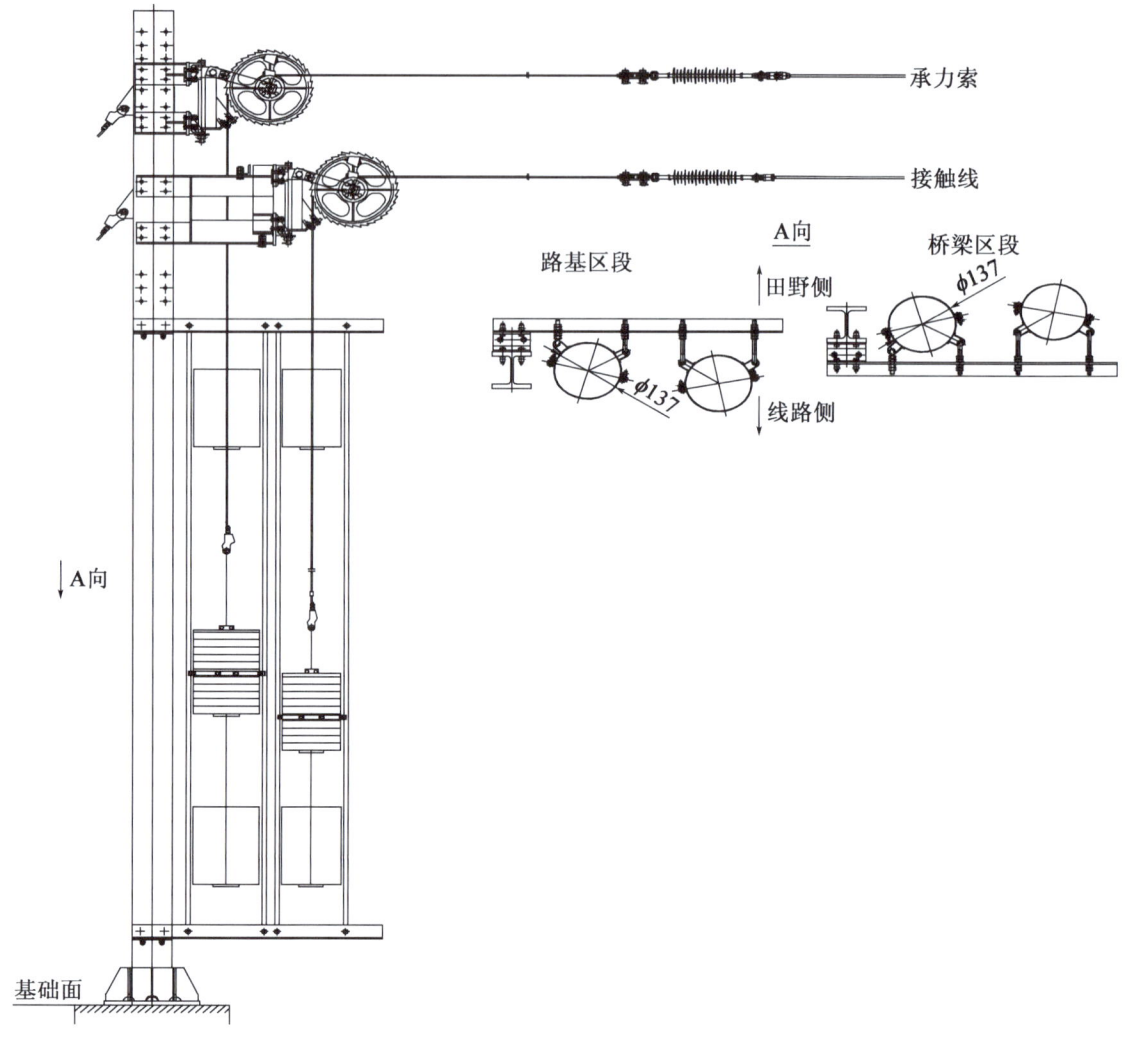

图 6.2.10-1 隧道外棘轮补偿装置安装示意图（尺寸单位：mm）

3）隧道内棘轮补偿装置安装示意图如图 6.2.10-2 所示。

4 滑轮补偿装置的安装应按下列要求进行：

1）滑轮补偿装置进场后应进行现场检验；核查补偿装置质量证明文件，包含合格证、出厂检验报告以及产品技术文件；核对规格型号，以及各部件是否完整配套；检查外观质量，滑轮转动灵活、轮体楔形线夹安装连接可靠、补偿绳规格型号及长度符合要求。

2）下锚补偿绳不应有松股、断股等缺陷，不得有接头；滑轮补偿装置安装应符合设计和产品技术要求，滑轮转动灵活，补偿绳与滑轮本体不应偏磨；坠砣补偿绳与动滑轮、定滑轮应处于同一断面上，且不得与固定机构相磨；滑轮补偿下锚角钢安装水平，各连接件连接密实，承导线架设后补偿滑轮保持铅直；安装后补偿 a 值、b 值符合温度变化曲线表符合设计和产品说明书要求。

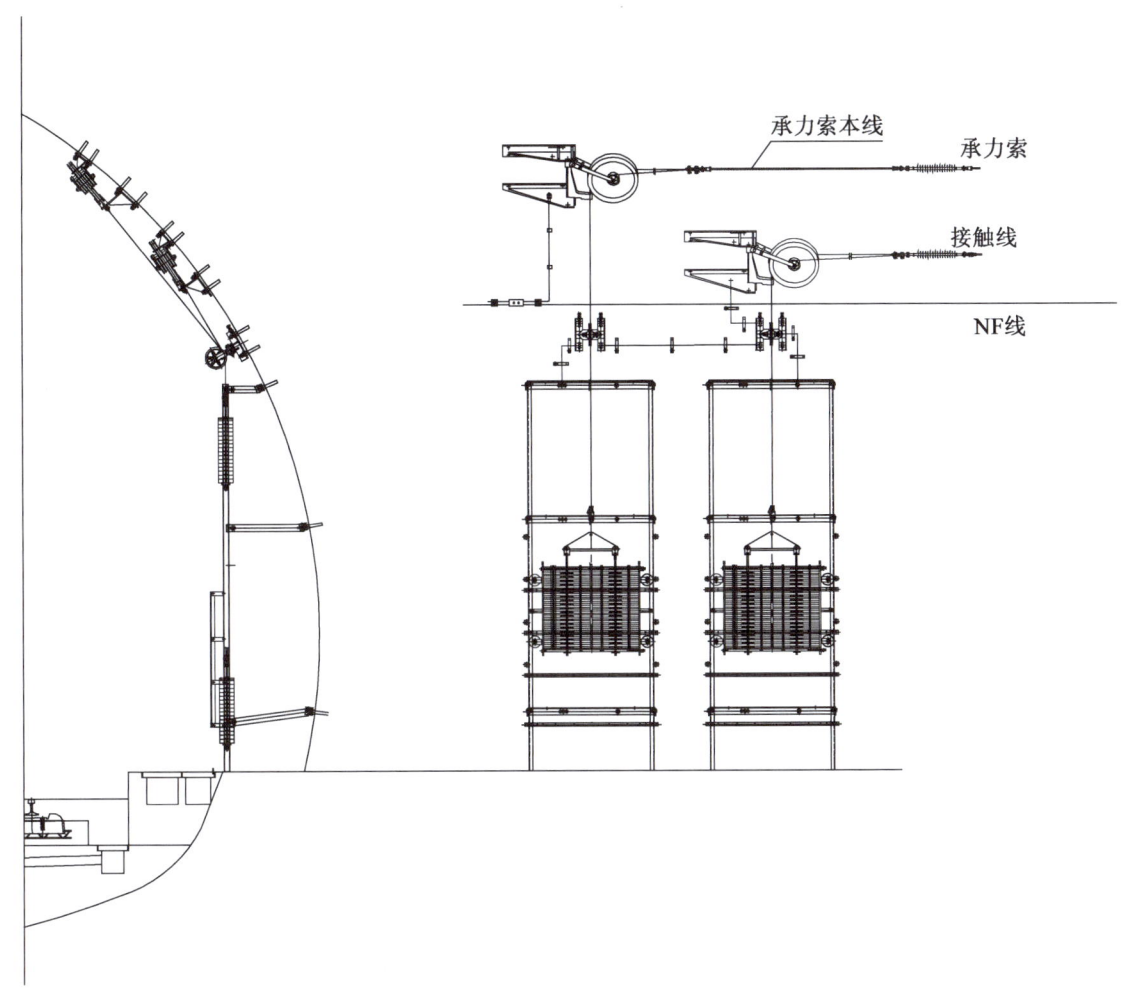

图 6.2.10-2　隧道内棘轮补偿装置安装示意图

3）坠砣限制架安装符合设计文件要求，坠砣限制管与补偿绳在同一垂面上，限制架导管应直立，补偿传动灵活，坠砣串无卡滞现象；承力索下锚角钢与接触线下锚角钢安装时应错位安装，严禁承力索补偿绳与接触线双环杆相磨。

4）滑轮补偿装置安装示意图如图 6.2.10-3 所示。

5 补偿装置的调整应按照下列要求进行：

1）承力索、接触线在补偿器处的张力应符合设计安装曲线，坠砣距地面高度允许偏差为 100mm，在任何情况下距地面不得小于 200mm。

2）下锚底座及坠砣限制架不得侵入建筑接近限界。坠砣表面光洁平整，坠砣串排列整齐，其缺口相互错开 180°，并保证坠砣不被支柱或其他物件卡滞；坠砣单块重量偏差小于 3%，整串重量偏差小于 1%。

3）补偿绳不应有松股、断股等缺陷，不得有接头。

4）补偿绳余量盘圈示意图如图 6.2.10-4 所示。

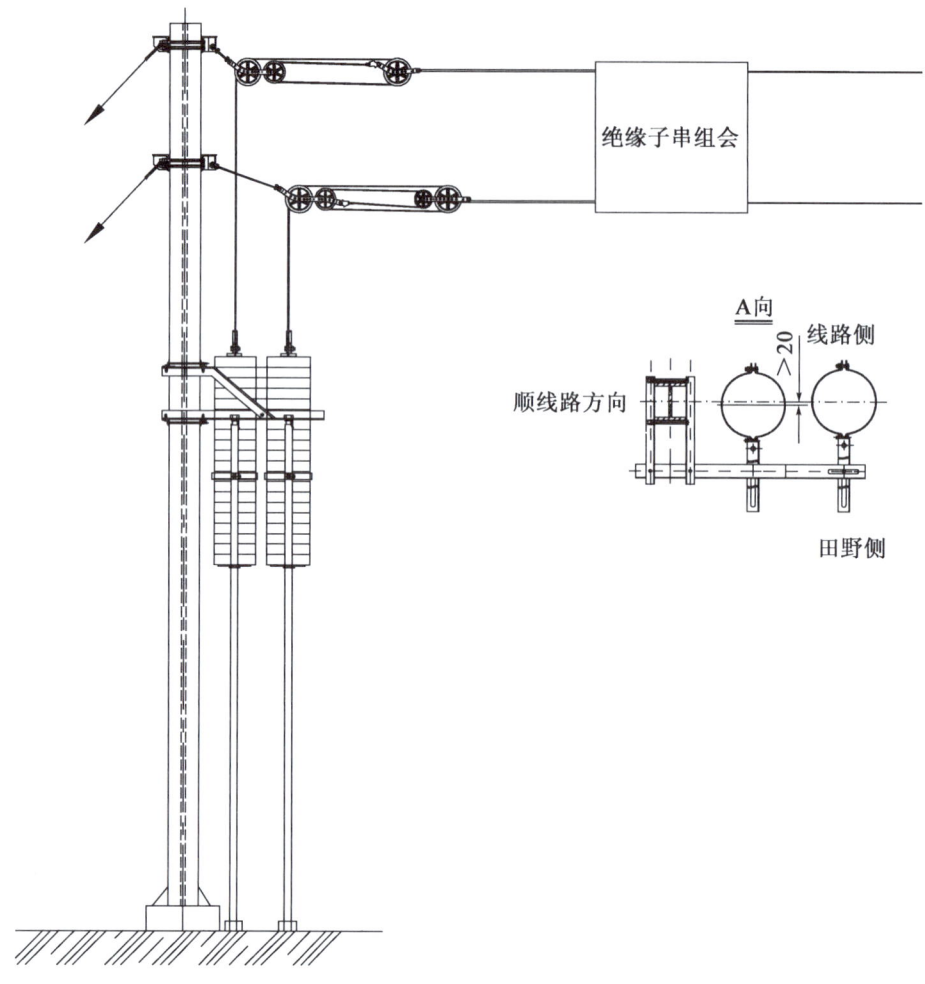

图 6.2.10-3　滑轮补偿装置安装示意图（尺寸单位：mm）

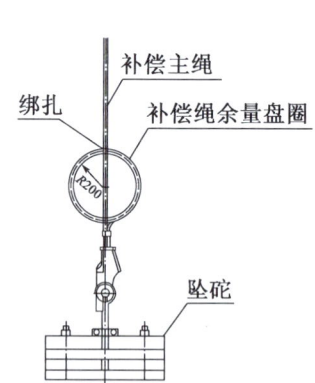

图 6.2.10-4　补偿绳余量盘圈示意图（尺寸单位：mm）

6.2.11　承力索及接触线

1　承力索架设工艺流程图如图 6.2.11-1 所示。

2　承力索架设应符合下列要求：

1）承力索架设应采用张力机械，承力索应根据现场锚段长度进行配盘，架设前，对曲线区段上下行腕臂采取临时对拉加固措施。

2）承力索架设采用闭口尼龙工具滑轮，承力索中心锚结在承力索架设后48h内安装，下锚张力采用张力计控制。承力索归位应从中心锚结往下锚方向开始，腕臂偏移值符合温度曲线要求。

3 承力索架设工艺质量控制要点应符合下列要求：

1）承力索与中心锚结绳应包压铜铝衬垫，开口朝承力索座压紧螺栓；中心锚结线夹在腕臂中心对称，施工允许偏差为±10mm；承力索中心锚结线夹螺栓应涂抹螺纹锁固胶。

2）腕臂偏移量允许偏差为±30mm；锥套式终端锚固线夹接触线露头宜为（20±5）mm，并做好防滑标识。

4 接触线架设工艺流程如图6.2.11-2所示。

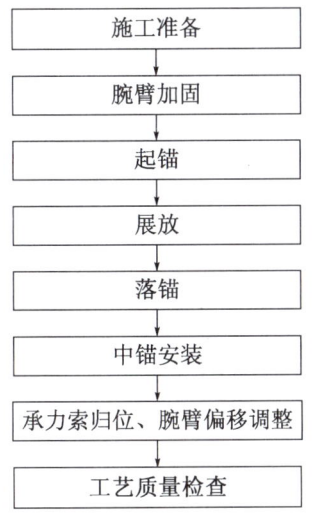

图6.2.11-1 承力索架设工艺流程

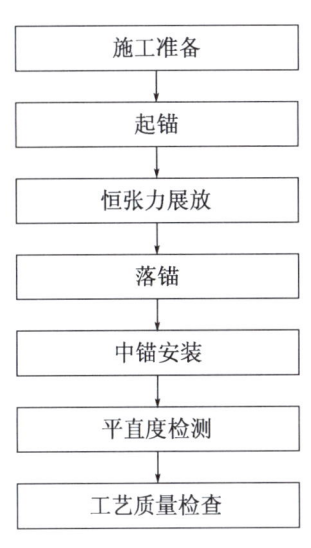

图6.2.11-2 接触线架设工艺流程图

5 接触线架设应符合下列要求：

1）接触线架设应采用恒张力架线车进行，架线张力恒定，架线张力偏差不得大于8%。架线速度宜为3~5km/h并应保持匀速，中途不应停车。

2）接触线应根据现场锚段长度进行配盘。接触线架设应在每个跨距内均匀悬挂不少于4个带有滑轮的工具吊弦，工具吊弦"S"钩一端套塑料管，另一端加挂放线滑轮。

3）架设后，应在48h内安装中心锚结和定位器，以防接触线新线蠕变过程中发生扭面。

6 接触线架设工艺质量控制要点应符合下列要求：

1）架设完成后，应使用接触线专用检测尺和塞尺对接触线平直度进行检测，每300m检测一处，接触线平直度不应大于0.1mm/m，锥套式终端锚固线夹接触线露头宜为（20±5）mm，并做好防滑标识。

2）正线接触线不允许接头，交叉线岔处正线及重要线的接触线应在下方，侧线及次要线的接触线应在上方。

6.2.12 中心锚结

1 中心锚结施工主要包括锚结绳长度预配、承力索中心锚结安装与调整、接触线中心锚结安装与调整。

2 中心锚结施工流程如图 6.2.12-1 所示。

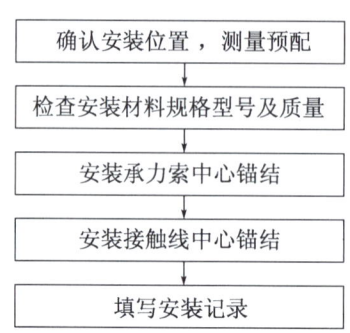

图 6.2.12-1 中心锚结施工流程

3 中心锚结安装位置、形式、采用的线材及连接件规格、型号应符合设计要求。

4 承力索架设完成后应及时安装承力索中心锚结。承力索中心锚结绳的安装弛度和张力应符合设计安装曲线要求。硬横跨防窜中心锚结安装时，先预安装一个承力索中心锚结线夹，待检测中心锚结线夹处接触线高度符合要求后，再安装另一个承力索中心锚结线夹。

5 承力索中心锚结安装示意图如图 6.2.12-2 所示。

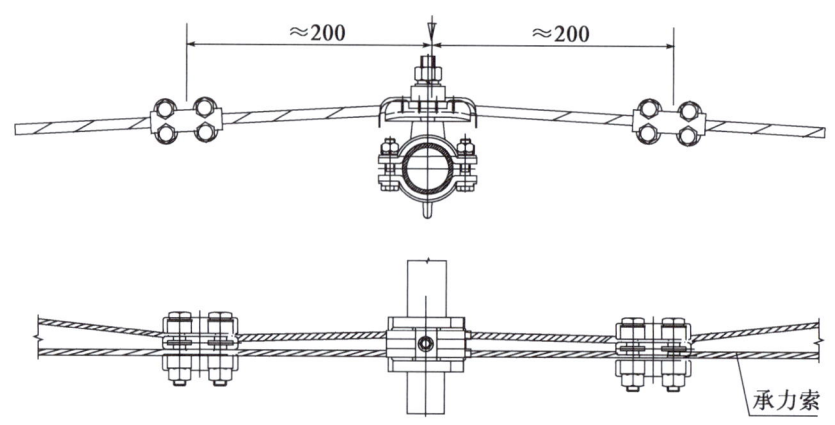

图 6.2.12-2 承力索中心锚结安装示意图（尺寸单位：mm）

6 终端锚固线夹安装示意图如图 6.2.12-3 所示。

7 接触线中心锚结安装应按下列要求进行：

1）在接触线新线蠕变及两端，坠砣高度符合要求，且中心锚结中心柱定位器及相邻两跨吊弦布置完毕后方可安装接触线中心锚结。两端坠砣高度不能同时符合要求时，可在接触线中心锚结和相邻两跨吊弦、中心锚结定位器安装后，解除起锚处棘轮补偿装置的临时固定，先使一端坠砣高度基本符合要求，待接触悬挂安装完成后再将两端坠砣高度调整到位。

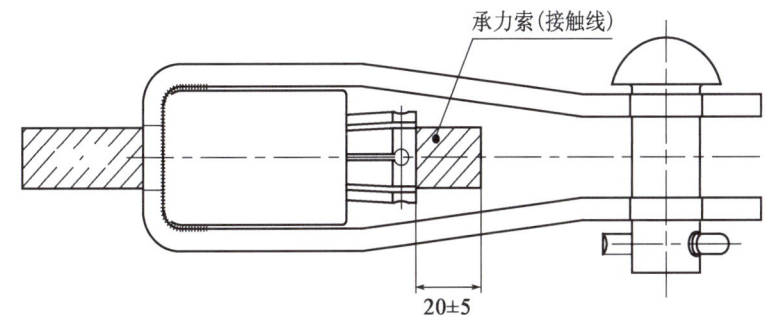

图 6.2.12-3 终端锚固线夹安装示意图（尺寸单位：mm）

2）中心锚结辅助绳的长度应符合设计要求，施工允许偏差为 ±20mm。接触线中心锚结线夹处接触线高度应与相邻吊弦点处接触线高度相等，施工允许偏差为 0~10mm。接触线中心锚结线夹距离吊弦（500±50）mm。中心锚结线夹安装应整体卡入接触导线凹槽范围内，不得出现安装不入槽现象；中心锚结线夹应与轨平面平行。

8 中心锚结线夹与接触线、承力索、中心锚结绳等的接触面应涂电力复合脂。线夹间距、连接螺栓紧固力矩符合设计要求。

9 接触线中心锚结安装示意图如图 6.2.12-4 所示。

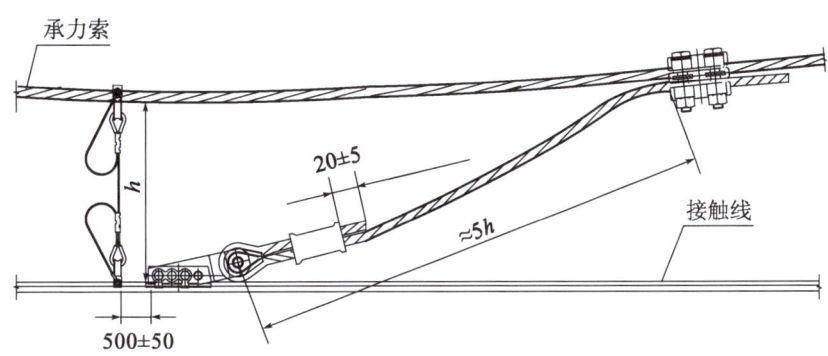

图 6.2.12-4 接触线中心锚结安装示意图（尺寸单位：mm）

6.2.13 定位装置

1 定位装置施工包括定位管、定位管吊线或支撑、定位器、防风拉线、锚支定位卡子等的安装与调整。

2 定位装置施工流程如图 6.2.13 所示。

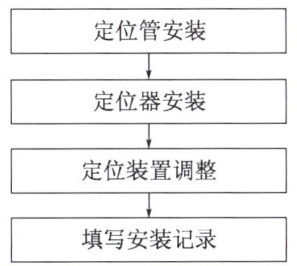

图 6.2.13 定位装置施工流程

3 定位管安装应符合下列要求：

1）定位装置应在接触线架设后 48h 内完成安装，定位装置安装前应检查接触线补偿状态，并复核腕臂偏移，定位管支撑两端连接的销钉、开口销、β 销完整齐全，安装正确，定位管在支持器外露长度为 50～80mm。

2）定位管端头与定位管上安装的任何零部件的距离符合设计文件要求，任何情况下不小于 50mm；定位管吊线应顺直，任何情况下定位管吊线与另一支接触悬挂线索的空间距离不得小于 100mm；定位管吊线采用压接方式固定时，其心形环、钳压管的安装应符合设计文件要求，压接应采用专用工具。

3）采用防风型定位装置时，定位管安装应根据平腕臂的安装高度来确定定位管类型和尺寸。定位管有直型和弯型两种结构，直型多用于反定位，弯型多用于正定位。定位管两端为单耳结构，分别与合页型定位环的双耳和水平腕臂的双耳通过 M16 的螺栓销连接，连接后拧紧螺母，带上开口销，方向朝下安装。

4 定位器安装应符合下列要求：

1）定位器安装应与腕臂在同一个垂面内（根据实测环境温度和腕臂安装曲线确定偏移值），温度变化时，偏移量与接触线在该点的伸缩量一致；接触线能随温度变化自由伸缩，转换支柱处两定位器能分别随温度变化自由移动，不应卡滞。

2）接触线拉出值及工作面正确，定位线夹应与轨面平行。定位线夹的水平荷重方向应处于受拉状态，定位线夹安装完成后，U 形销钉的末端向上弯曲不小于 60°，无 U 形销钉的定位线夹安装符合设计文件要求，定位线夹与接触线咬合均匀、牢靠；锚支卡子受力面符合设计文件要求。定位线夹与接触线的接触面应涂电力脂。接触线非工作支和工作支定位器、定位管间的间隙不应小于 50mm，螺栓紧固力矩值符合设计要求。

3）采用防风型定位装置时，定位器除与定位支座连接需要安装等压线外，与定位线夹连接也需安装等压线。等压线在使用过程中不允许有散股、断线的现象，如果有以上两种现象存在则禁止使用。等压线弯曲成圆弧状，不可有尖角。等压线与线夹套环连接，螺栓紧固力矩应符合设计要求。在施工现场安装时，定位线夹自标准位置开始下压 50mm，为定位线夹的安装点。安装之前首先检查定位管与导线之间的距离，必须保证与所安装定位器要求距离一致。

5 定位装置应按下列要求进行调整：

1）腕臂顺线路偏移量应符合腕臂安装偏移曲线要求，定位管与腕臂在同一垂面内，定位管的状态符合设计要求。

2）有"V 形天窗"运营要求的线路，复线上、下行两定位管间的绝缘距离不应小于 2000mm，困难时不小于 1600mm。

3）定位器不应处在受压状态下，其倾斜度符合实际受力平衡状态。定位器的抬高应在控制范围之内，采用异径塞尺测量限位定位器的限位间隙应符合设计要求，施工允许偏差为 ±1mm；非限位定位器根部与接触线高度之差符合设计要求，施工允许偏差为 ±10mm。

4）定位器的防风拉线长环安装在定位管端，短环在定位器端。防风拉线应顺直，靠近定位管处活动量应符合定位器的抬升量，固定环安装方向应位于下锚侧；电气连接线安装的弧度不应与定位器底座上的限位止钉相互摩擦，铜铝双面垫片安装正确，铝面与定位器和底座接触，铜面与电气连接线鼻子接触；所有连接螺栓应逐个拧紧，U形螺栓应循环拧紧，紧固力矩符合设计要求；拉出值符合设计要求，施工允许偏差为±30mm，宜采用激光测量仪测量拉出值。

5）在对防风型定位装置进行调整时，应注意定位后，接触线的横截面与其对称轴线与轨面垂直。要保证各连接部位牢固可靠。紧固过程应防止咬扣、发热。紧固螺栓时，采用紧固扳手，必须均匀、交替紧固，严防倾斜和螺栓受力不均。定位线夹咬合接触线的位置，必须用钢丝刷反复清理，除去氧化油污和氧化层。

6.2.14 接触悬挂

1 接触悬挂施工包括吊弦测量、计算、预配、安装，弹性吊索安装与调整，接触线高度调整，锚段关节调整等。

2 接触悬挂施工流程如图6.2.14-1所示。

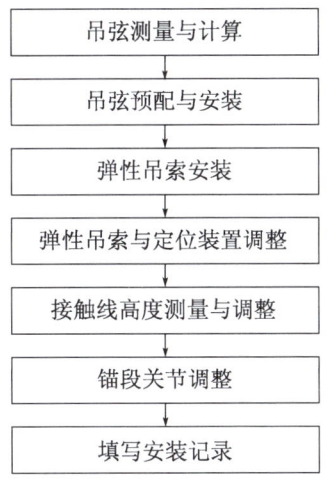

图6.2.14-1 接触悬挂施工流程

3 接触悬挂调整时，严禁踩踏接触线或向接触线施加任何外力。

4 吊弦测量与计算应按下列要求进行：

1）承力索悬挂点的高度宜采用激光测量仪测量，精确到毫米（mm）；支柱跨距宜采用激光测距仪测量，精确到厘米（cm）；吊弦长度采用成熟的计算软件进行计算，计算软件应充分考虑预留弛度及线路的平面曲线、竖曲线、超高等因素。

2）现场测量悬挂点承力索的高度，应在承力索、接触线架设并初伸长完毕，且承力索归位、腕臂承受接触悬挂的全部重量、腕臂顺线路方向已按温度调整至标准位置后进行。

5 吊弦预制应按下列要求进行：

1）吊弦采用铜绞线时应进行预张拉。吊弦的下料、测量、制作采用吊弦制作专用平台，压接采用专用压接钳，压接后的滑动荷载符合设计要求；吊弦制作长度允许偏差为±1.5mm；吊弦应无散股和断股的现象，吊弦预配压接后的滑动载荷符合设计文件要求。

2）吊弦为铜棒刚性整体吊弦时，吊弦的下料、测量、弯制采用整体吊弦制作平台，铜棒的弯制圆弧、旋转方向、外露长度应符合设计要求；吊弦制作长度允许偏差为±1.5mm。

6 软性吊弦安装应按下列要求进行：

1）消除接触线新线蠕变的影响后方可安装吊弦。吊弦安装位置的测量从悬挂点向跨中测量。其偏差在跨中调整，安装位置符合设计要求，允许偏差为±50mm。吊弦间距一跨内总偏差小于200mm时，应将偏差在跨中消除；大于200mm时，应重新计算，不得安装。吊弦安装位置符合计算结果要求，允许偏差为±30mm。吊弦在任何温度下均垂直安装，承力索吊弦线夹与接触线吊弦线夹在垂直方向的相对施工允许偏差为±20mm。

2）直线区段吊弦线夹端正、牢固，曲线区段吊弦线夹应垂直于接触线工作面，吊弦载流环应固定在吊弦线夹的螺栓尾侧，承力索吊弦线夹与接触线吊弦线夹的螺栓安装方向相反，曲线区段接触线吊弦线夹螺栓由低轨侧穿向高轨侧；承力索吊弦线夹载流环的朝向与行车方向相反，接触线吊弦线夹载流环的朝向与行车方向一致，载流环与吊弦线夹角为45°。

7 软性整体吊弦示意图如图6.2.14-2所示。

8 刚性吊弦安装应按下列要求进行：

1）根据安装示意图或装配图材料表检查零部件是否齐全；检查零件是否有影响使用的质量缺陷或变形；线夹本体型号与线型规格是否一致；紧固件之间的配合是否灵活。

2）出厂前按照规定测尺寸将吊弦的压接加工完成。

3）根据现场的实际安装高度，结合使用吊弦弯曲设备弯曲吊弦。从承力索上方，将吊弦沿着开口旋转，套在承力索上。

4）将保护套的尼龙套A、B片套在承力索上，同时使吊弦套在尼龙套上，用开口销锁紧。

5）将螺栓松开，把螺纹夹板和螺孔夹板的尺尖嵌入接触线的沟槽内摆正，专用扳手拧紧特殊螺栓，再用力矩扳手紧固至设计值。

9 刚性整体吊弦示意图如图6.2.14-3所示。

10 弹性链型悬挂的弹性吊索调整应按下列要求进行：

1）安装前先检查腕臂偏移量应符合设计要求、补偿坠砣符合额定张力、补偿装置功能正常后，方可安装弹性吊索，弹性吊索预安装与吊弦安装、定位器调整一次平推进行。一个锚段只允许两个作业小组分别从中心锚结向下锚方向安装调整。弹性吊索安装时从悬挂点平分，弹性吊索的中心位置标记与腕臂管中心对齐，施工允许偏差为20mm。弹性吊索长出170mm的一端朝向下锚方向。中心锚结方向的弹性吊索尾线外露，以线夹外沿为基准不大于30mm。

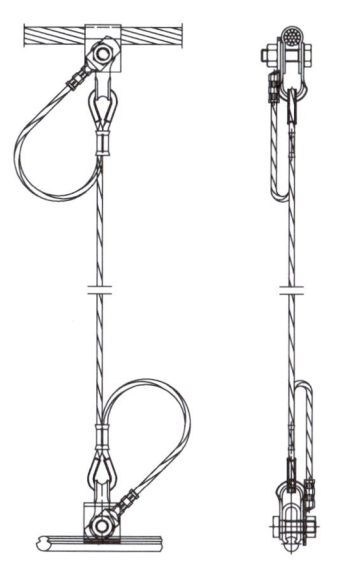

图6.2.14-2 软性整体吊弦示意图

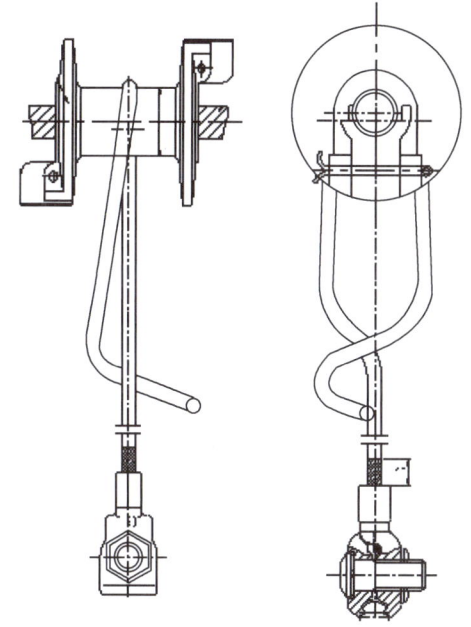

图6.2.14-3 刚性整体吊弦示意图

2）中心锚结方向的弹性吊索线夹紧固后，在下锚侧预安装弹性吊索线夹，用专用弹性吊索张力紧线器将弹性吊索张力调整到设计值；弹性吊索张力调整时，不得对接触悬挂附加其他外力。安装弹性吊索上的吊弦后，在靠近中心锚结侧跨中和悬挂点处测量接触线高度符合要求后，逐个循环拧紧弹性吊索螺母，使其紧固力矩达到设计要求值。

3）弹性吊索安装宜使用作业车、数显张力计，安装张力应符合设计文件要求，允许偏差为±0.1kN；整锚段吊弦安装完成后，采用无接触式检测车或专用检测装置进行整锚段连续测量；弹性吊索线夹螺栓穿向统一，弹性吊索线夹布置、螺栓紧固力矩应符合设计文件要求，弹性吊索上两个吊弦线夹处的接触线与定位悬挂处接触线等高，允许偏差为±5mm，不得出现"V"字形。

11 弹性吊索安装示意图如图6.2.14-4所示。

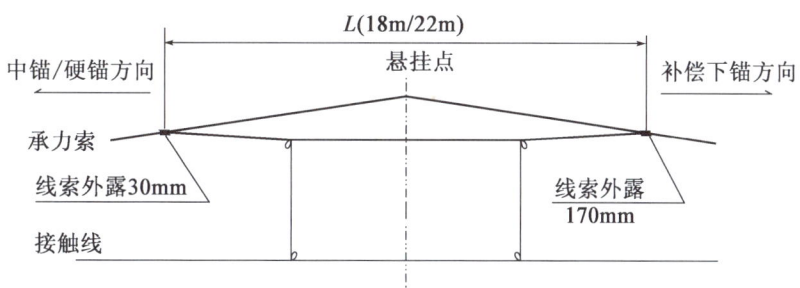

图6.2.14-4 弹性吊索安装示意图

12 接触悬挂调整应按下列要求进行：

1）接触悬挂调整宜一次到位，接触线高度、拉出值、定位器偏移、限位定位器的限位范围等符合设计要求；整体吊弦安装位置正确、顺直受力、载流环方向统一。

2）接触线高度宜采用激光测量仪测量，悬挂定位点处相邻跨的接触线，顺线路方向夹角变化不宜大于4°，接触线悬挂点距轨面的高度应符合设计文件要求，允许偏差为±30mm，并应同时符合下列要求：

（1）相邻悬挂点接触线高度变化允许偏差不超过图6.2.14-5所示阴影范围。

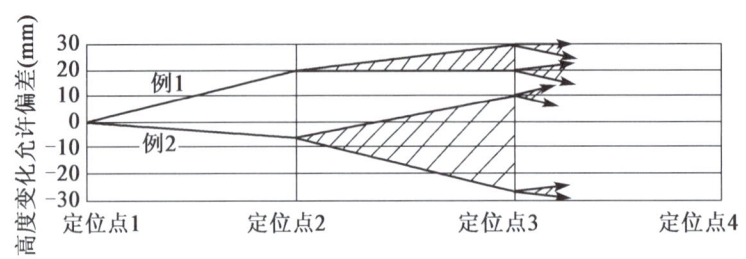

图6.2.14-5 相邻悬挂点接触线高度变化允许偏差

（2）1个跨距内两相邻吊弦处的接触线高度差不得大于10mm，定位点两侧第1吊弦处（弹性链型悬挂时为弹性吊索外第1吊弦）接触线高度应相等，相对该定位点的接触线高度施工允许偏差为±10mm，且不得出现"V"字形。

（3）简单链型悬挂接触线预留弛度应符合设计要求，施工允许偏差不应大于5mm。接触线中心锚结线夹处接触线高度与相邻吊弦处接触线高度应相等，施工允许偏差为0~10mm。

3）绝缘锚段关节内两接触线间与接触悬挂其他各带电部分的绝缘距离应符合设计文件要求，允许偏差为±20mm。非绝缘锚段关节两承力索接触线水平间距应符合设计文件要求，允许偏差为±30mm；垂直方向抬升量应符合设计文件要求；绝缘锚段关节转换柱处绝缘子距悬挂点的距离应符合设计文件要求，允许偏差为±50mm，承力索、接触线的绝缘子应对齐，允许偏差为±50mm。双线并行电气化区段，上、下行接触网支持结构带电体间距离，正常情况下不应小于2000mm，困难时不应小于1600mm。

4）接触线工作支悬挂点高度变化时，时速250km接触线坡度不得大于1‰，坡度变化率不得大于0.5‰；时速300km及以上接触线坡度为0。分单位工程对接触线高度和拉出值进行连续不间断检测，接触线的平顺性应满足接触悬挂的各项参数要求。

13 锚段关节调整应按下列要求进行：

1）锚段关节调整应检查承力索水平位置及高度、非工作支承力索与工作支腕臂连接零件的距离符合设计要求；悬挂点承力索与接触线在同一垂直面上，施工允许偏差为20mm；腕臂随温度变化顺线路偏移量符合设计要求，施工允许偏差为±20mm。当非工作支接触线位于定位管上方时，其间隙应大于50mm，困难情况下应大于30mm；螺栓用力矩扳手进行紧固，并达到设计值，防松止动垫片安装到位，更换吊弦、线夹宜安装在原位置。

2）四跨锚段关节由转换柱从工作支向其下锚方向的顺序调整。转换柱拉出值调整时，先确定工作支接触线的位置，再确定非工作支接触线的位置，转换柱处两接触线垂直、水平间距符合设计要求，施工允许偏差为±20mm；中心柱处两接触线高度应符合设计要求，施工允许偏差为±5mm；等高点（段）位置接触线符合设计要求，施工允许偏差为±20mm。四跨锚段关节示意图如图6.2.14-6所示。

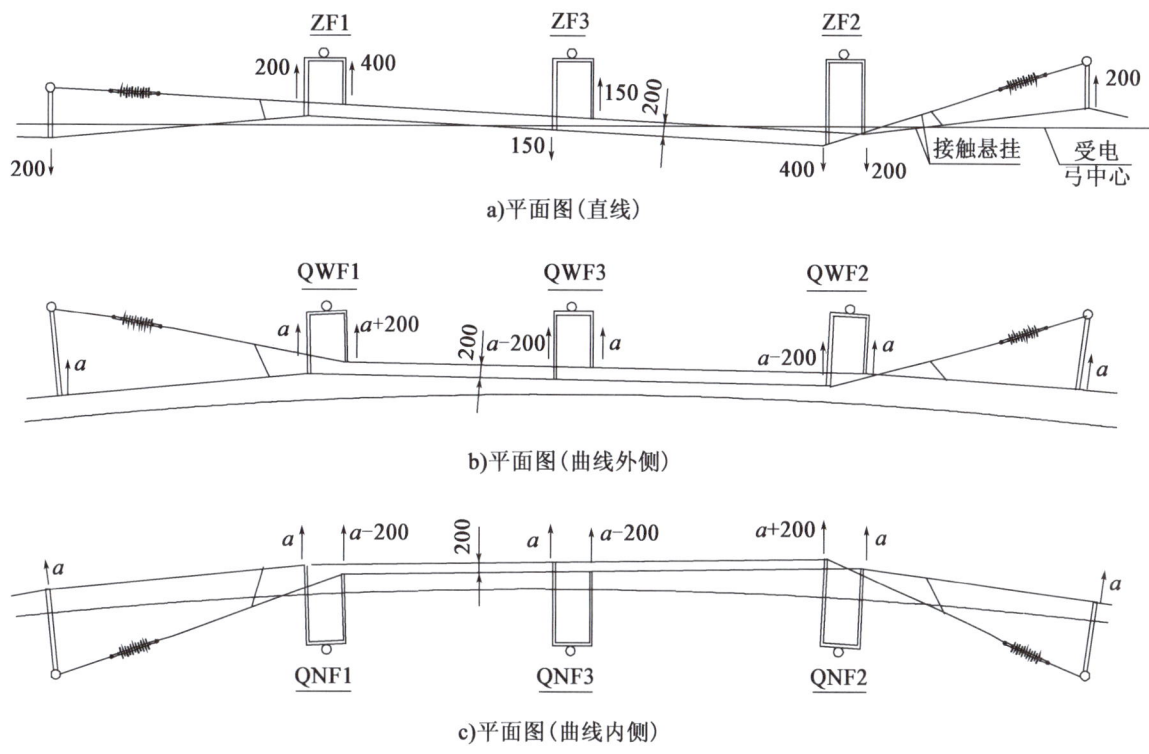

图6.2.14-6 四跨锚段关节示意图（尺寸单位：mm）

3）五跨锚段关节调整时，转换跨两接触线等高处应符合设计要求，施工允许偏差为±10mm；两接触线水平间距符合设计要求，允许施工允许偏差为+50mm，接触线非工作支抬高量应符合设计要求，施工允许偏差为±20mm；两接触线垂直交叉处的位置宜在跨中，等高点（屋脊处）的接触线高度符合设计要求，施工允许偏差为±10mm。五跨锚段关节示意图如图6.2.14-7所示。

14 接触网的空气绝缘间隙应符合表6.2.14的要求。

接触网的空气绝缘间隙（单位：mm） 表6.2.14

序号	项目	正常情况下最小值
1	接触网、供电线、正馈线等带电部分至接地体的间隙	300
2	接触网带电部分至机车车辆的间隙	350
3	接触网、供电线、正馈线等带电部分至跨线建筑物的间隙	500
4	受电弓振动至极限位置和导线被抬起的最高位置距接地体的瞬间间隙	200
5	25kV带电绝缘子接地侧裙边距接地体间隙	100
6	43.3kV绝缘间隙（120°相位电分相间，如分相关节）	400
7	50kV绝缘间隙（180°相位电分相间，如AT区段正馈线与接触网间）	540

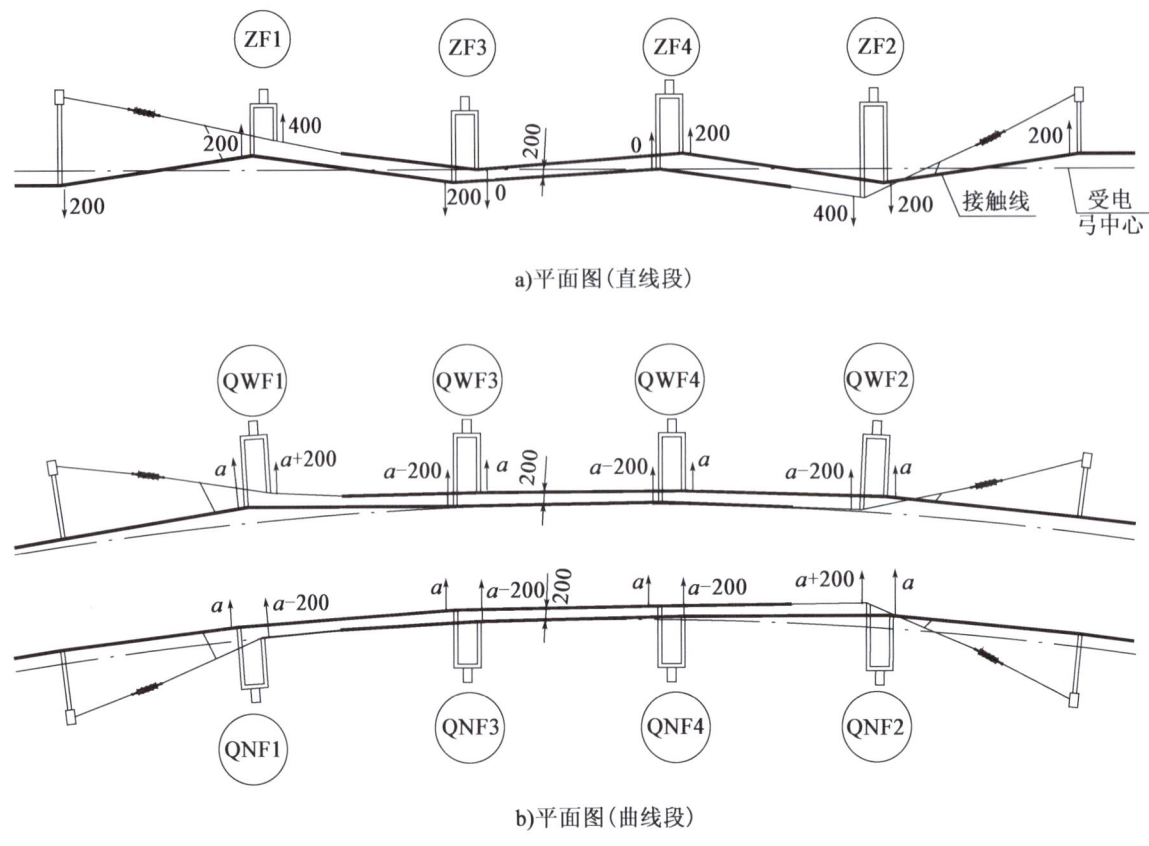

图 6.2.14-7 五跨锚段关节示意图（尺寸单位：mm）

6.2.15 电连接线

1 电连接线施工包括现场测量及预制、安装电连接线、复测安装处接触线高度等。

2 电连接线施工流程如图 6.2.15-1 所示。

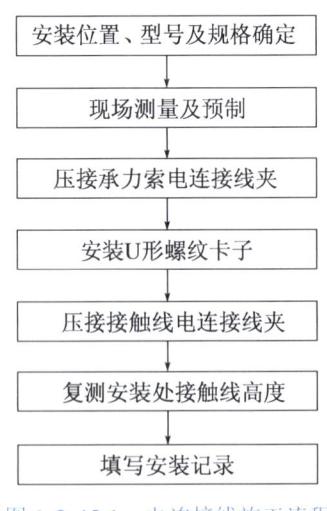

图 6.2.15-1 电连接线施工流程

3 接触网电连接应按计算长度安装，预留弧度应满足温度变化需要；应采用专用工具压接提高电连接压接质量，保证导电良好。

4 电连接线安装位置、线夹及电连接线型号规格应符合设计要求，安装位置允许偏差为±500mm。

5 电连接线长度应由现场实测长度再增加预留长度制作。道岔、关节及股道电连接线尚应预留因温度变化而产生的位移长度；裁剪电连接线时，应用胶带缠绕固定裁剪处两端，剪线应采用带弧形刀口的剪线钳，防止裁剪时线头散开、变形。

6 电连接线安装应按下列要求进行：

1）电连接线夹与承力索、接触线、电连接线等的接触面应涂以电力复合脂。道岔电连接线安装在线岔始触区外；多股道电连接线安装在1/3跨的位置，并处在同一横断面内；横向电连接线宜安装在吊弦附近，安装后，吊弦不得卸载。

2）安装时根据温度计算两电连接线夹安装的相对位置，注意电连接与行车方向的配合。

3）压接承力索电连接线夹和接触线电连接线夹宜采用作业车，由专业小组安装。先用承力索电连接线夹压接电连接线与承力索，再用接触线电连接线夹压接电连接线与接触线。电连接线与承力索、接触线电连接线夹压接孔内不得有胶带等影响电气性能的夹杂物。压接模具应与压接线夹配套，液压泵和电动液压钳的压接力应符合产品技术文件要求。将压接处的接触线、电连接线及电连接线夹内表面用砂带（或砂纸）打磨，去除氧化物及污秽，清理后的表面目测为金属亮色。打磨后用软刷清理干净打磨的粉末等杂物，确保压接部位清洁。在零件需要压接的内表面，涂一层电力复合脂。在线夹的通孔内、沟槽及接续线索的压接部位涂一层电力复合脂。

4）接触线电连接线夹与线槽契合的U形螺纹卡子从电连接线末端侧插入后，在另一端露出1~3mm；应保证平行压接于线槽内，不得出现一侧或者两侧被压出线槽的现象；电连接线安装后，应复测电连接线夹处接触线高度与最近吊弦处高度相等，施工允许偏差为0~5mm。

7 电连接安装工艺应满足下列要求：

1）压接后，接触线电连接线夹应端正，不得偏斜，电连接压接后滑动荷载应满足设计文件要求。铜、铝不同材质之间连接时，应按设计文件要求采取铜铝过渡或铜挂锡措施，不得直接连接。

2）电连接弧形方向与行车方向一致，承导线间距小于或等于1m时采用C形连接方式，大于1m时采用S形连接方式；线夹应采用专用压接及模具压接，压接模具应与压接线夹配套，液压泵和电动液压钳的压力应符合产品技术要求。

3）承力索与接触线之间电连接在同一竖直面内，电连接线不应有断股和松股现象；电连接预制长度，应预留线索温度偏移值，采用直流电阻测试仪测试接触电阻，电阻值应不大于同等长度被连接线索的电阻值。

8 电连接线安装示意图如图6.2.15-2、图6.2.15-3所示。

9 电连接线夹压接示意图如图6.2.15-4、图6.2.15-5所示。

10 电连接线夹压接后的外形尺寸检查应使用专用卡具。

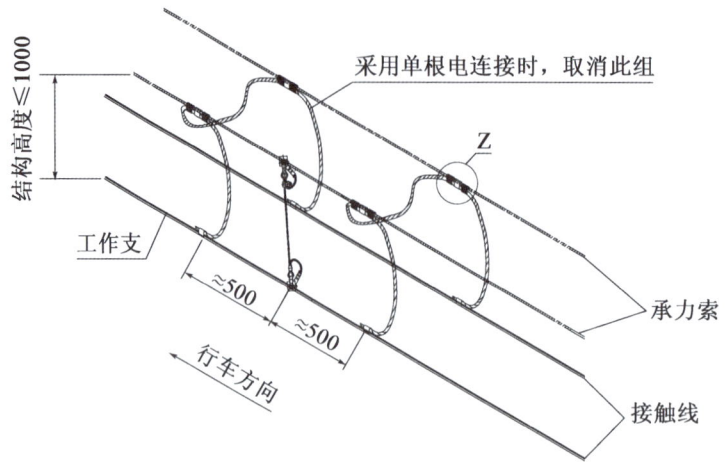

图 6.2.15-2　关节、道岔 C 形电连接示意图（尺寸单位：mm）

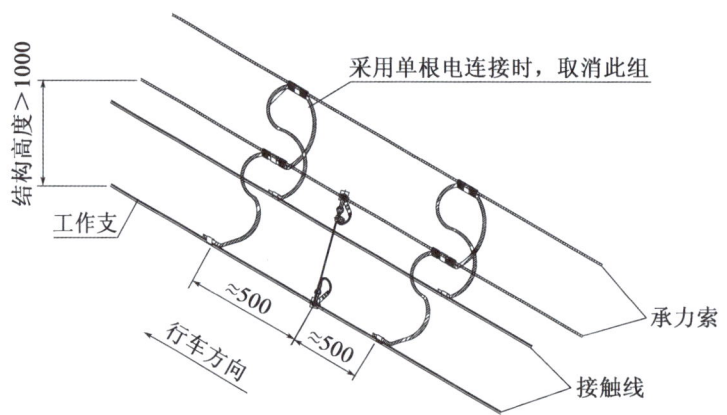

图 6.2.15-3　关节、道岔 S 形电连接示意图（尺寸单位：mm）

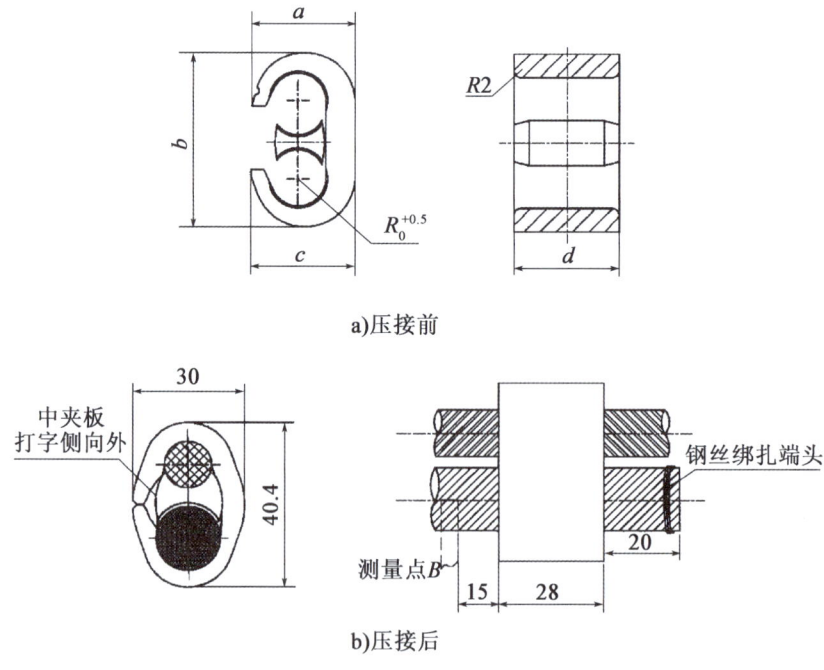

图 6.2.15-4　承力索电连接线夹压接示意图（尺寸单位：mm）

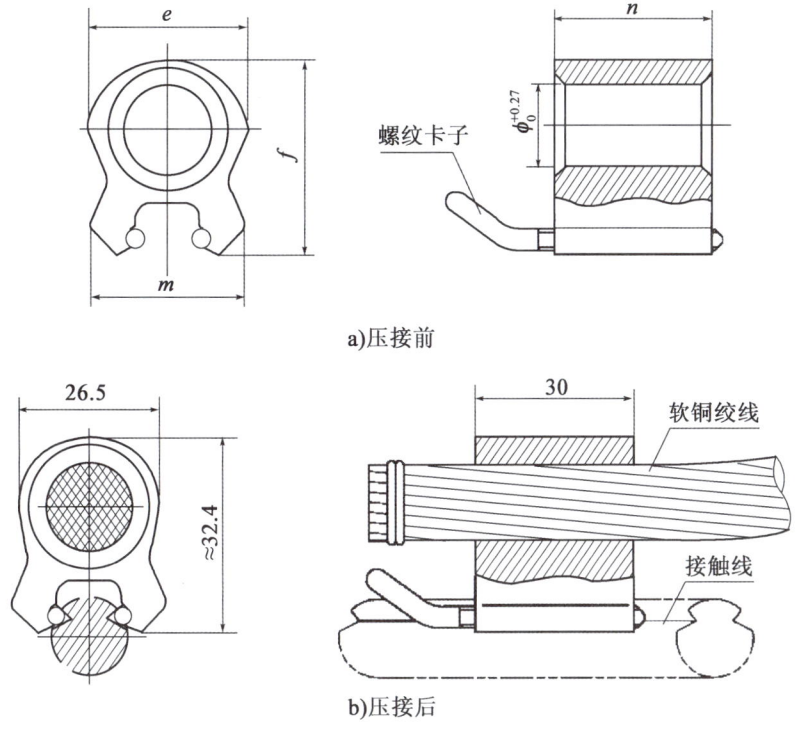

图 6.2.15-5 接触线电连接线夹压接示意图（尺寸单位：mm）

6.2.16 线岔

1 线岔施工包括交叉线岔和无交叉线岔的安装及调整。

2 交叉线岔施工流程如图 6.2.16-1 所示。

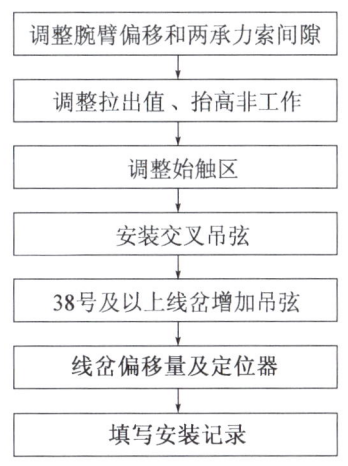

图 6.2.16-1 交叉线岔施工流程

3 交叉线岔安装应按下列要求进行：

1）交叉线岔安装前，检查两承力索的位置，承力索的交叉点和接触线的交叉点应在支柱的同一侧；交叉线岔安装时，先测量相邻悬挂点的拉出值，然后调整线岔拉出值和接触线高度。

2）岔区腕臂顺线路偏移量应符合设计要求，施工允许偏差为±20mm，两支承力索垂直间隙不得小于60mm；道岔定位柱拉出值应保证两接触线交叉点位于设计规定的范围内，且非工作支抬升量符合设计要求；在始触区至接触线的交点处，正线和侧线接触线应位于受电弓的同一侧，其中正线接触线距侧线线路中心线、侧线接触线距正线线路中心线；对于宽1950mm的标准受电弓，在相邻一支接触线距受电弓中心距离600～1050mm的平面和受电弓动态抬升200mm高度构成的立体空间区域为始触区范围，在该区域内不得安装除吊弦线夹外的其他任何线夹或设备零件。

3）交叉吊弦安装时，在始触区前550～600mm处（到对侧线路中心距离）安装一组，两交叉吊弦的间距应符合设计要求，安装顺序应保证受电弓从道岔开口方向进入时先接触到的吊弦为侧线承力索与正线接触线间的吊弦。

4）38号及以上道岔，在正线接触线距侧线线路中心线、侧线接触线距正线线路中心线、水平投影大于850mm处，按设计规定，各增设一根吊弦，接触线端的吊弦线夹螺栓从两接触线间向外穿。

5）线岔安装应按设计偏移量安装，螺栓循环拧紧，紧固力矩符合设计要求。侧线接触线与正线接触线及限制管之间的间隙应符合设计要求，定位器抬升量符合设计要求，并用动态包络线检查尺进行检查，保证支持装置各部位均在包络线以外。

4 无交叉线岔施工流程如图6.2.16-2所示。

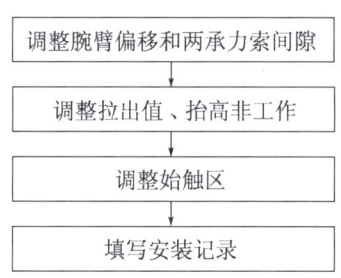

图6.2.16-2　无交叉线岔施工流程

5 无交叉线岔的安装应按下列要求进行：

1）岔区腕臂顺线路偏移量应符合设计要求，施工允许偏差为±20mm，两支承力索垂直间隙不应小于60mm；调整接触线高度和拉出值，侧线支岔尖侧第一根吊弦以保证侧线支定位点处的接触线高度为准，岔尖侧侧线支第二根吊弦处接触线高度高于正线接触线；承力索及定位环高度符合设计要求，施工允许偏差为±20mm。定位管安装坡度、定位器抬升量应符合设计文件要求。定位装置各部位应在动态包络线以外。

2）定位管安装坡度符合设计要求；岔区处接触线拉出值、侧线接触线与正线接触线的高差符合设计要求；定位器抬升量符合设计要求，并用动态包络线检查尺进行检查，保证支持装置各部位均在包络线以外。

3）带辅助悬挂的无交叉线岔，辅助线与正线、侧线分别形成锚段关节，三支接触线的拉出值、定位点的抬升符合设计文件要求，且从正线至侧线、侧线至正线、正线直接通过时受电弓的动态包络线符合设计文件要求。

6 线岔安装示意图如图6.2.16-3所示。

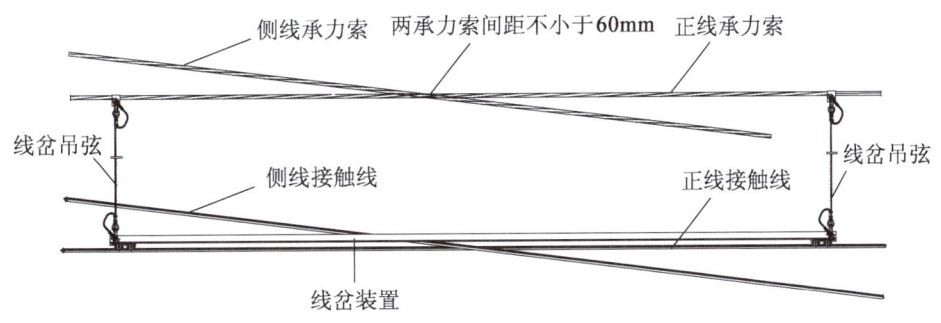

图 6.2.16-3　线岔安装示意图

6.2.17　锚段关节式电分相

1　锚段关节式电分相施工包括锚段关节式电分相的安装及调整、地面传感器位置确定及安装、中性区和无电区长度测量等。

2　锚段关节式电分相施工流程如图 6.2.17-1 所示。

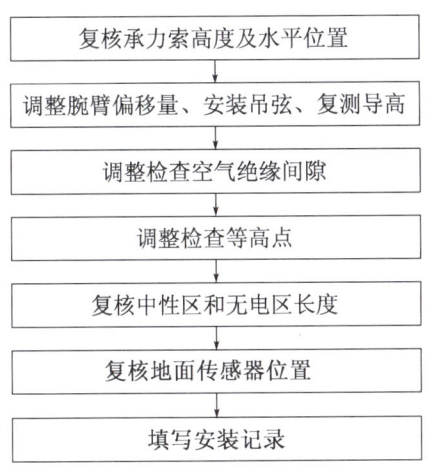

图 6.2.17-1　锚段关节式电分相施工流程

3　锚段关节式电分相应按下列要求进行安装及调整：

1）安装前，复核各悬挂点的相邻承力索的水平和垂直间距以及承力索的高度符合设计要求，施工允许偏差为 ±20mm；复核腕臂顺线路方向的偏移量符合设计要求，施工允许偏差为 ±20mm；复核各吊弦点的安装位置符合设计要求，施工允许偏差为 ±50mm。

2）安装定位器，并依据承力索的水平位置调整接触线的拉出值，施工允许偏差为 ±30mm，锚段关节吊弦安装遵循先工作支再非工作支的顺序进行安装调整；非工作支调整时，以工作支接触线为基准，使锚段关节的两支接触悬挂呈直链形，带电部分的空气绝缘间隙应符合设计要求，施工允许偏差为 0～50mm；锚段关节中间转换跨中心相邻接触线等高处接触线的水平、垂直间距应符合设计要求，施工允许偏差为 ±10mm。

3）自动过分相地面磁感应器设置符合设计文件要求，施工允许偏差为 ±2m。地面磁感应器应安装牢固、完整无损、表面清洁，磁感应器若位于轨枕内，安装位置需调整时，应背离中性区方向；锚段关节式电分相无电区、中性段的长度应符合设计文件要求，施工允许偏差为 ±500mm，两断口分相绝缘锚段关节中性段和无电区的长度应符合设计要求；中性段锚段的绝缘子串安装从硬锚端向补偿端进行，绝缘锚段关节电分段绝缘子串安装位置应符合设计要求，施工允许偏差为±50mm；绝缘子裙底高于工作支300mm以上，承力索、接触线上两绝缘子串中心对齐，施工允许偏差为±30mm。

4 六跨、七跨锚段关节式电分相示意图分别如图6.2.17-2、图6.2.17-3所示。

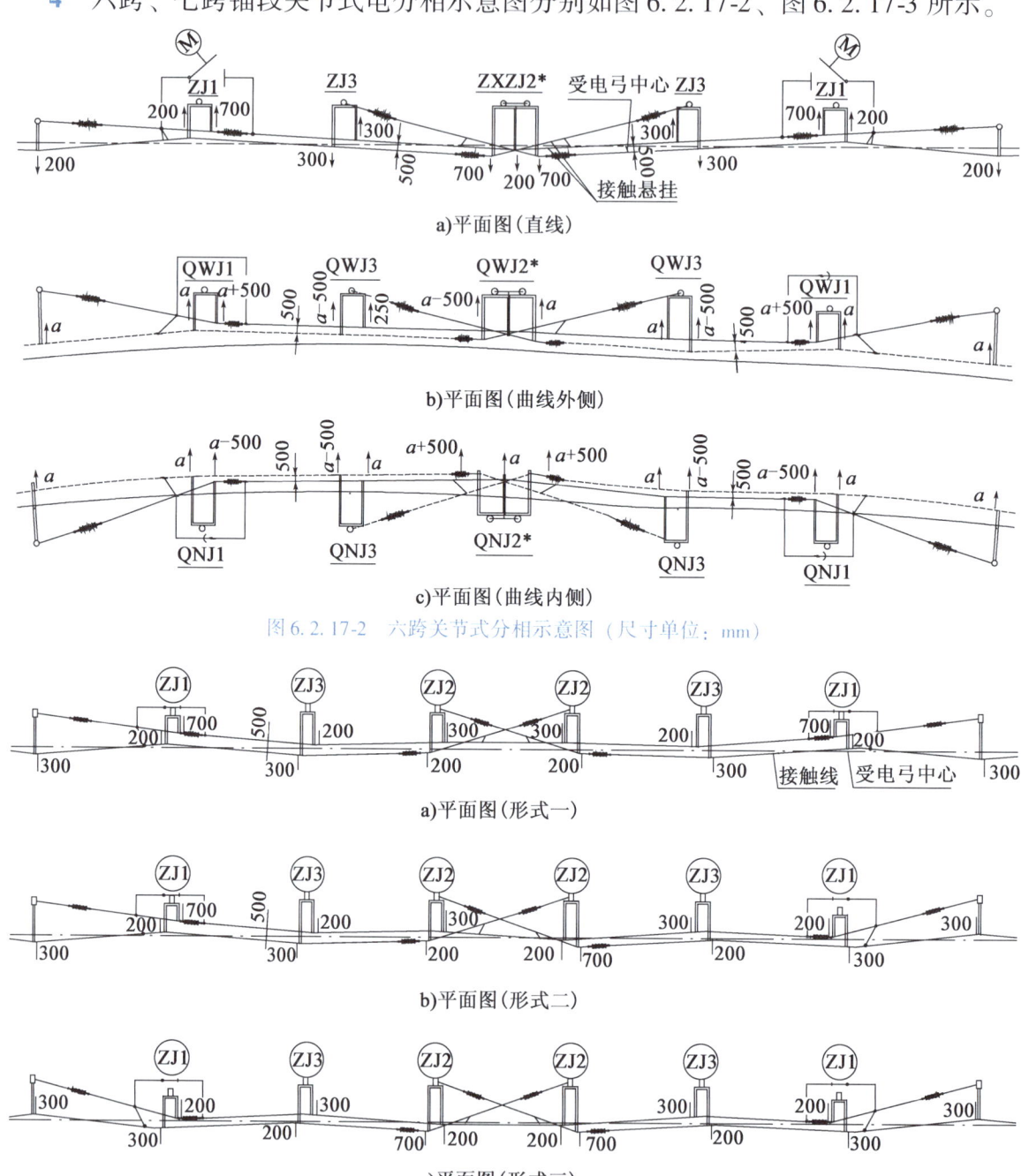

图6.2.17-2 六跨关节式分相示意图（尺寸单位：mm）

图6.2.17-3 七跨关节式分相示意图（尺寸单位：mm）

6.2.18 开关、避雷器及分段绝缘器

1 开关、避雷器及分段绝缘器施工包括隔离开关、负荷开关、避雷器、分段绝缘器的安装及调试。

2 隔离开关施工流程如图 6.2.18-1 所示。

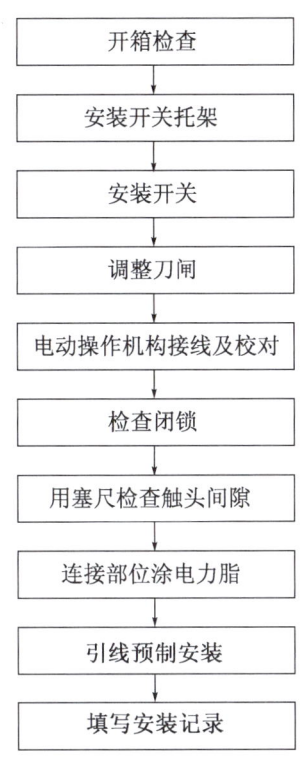

图 6.2.18-1　隔离开关施工流程图

3 隔离开关安装应按下列要求进行：

1）开关托架的位置、方向、高度符合设计要求。用水平尺测量开关托架水平度，如不满足要求，可利用垫片进行调整；吊装采用尼龙吊装带，尼龙吊装带使用前应检查其安全可靠性，螺栓连接后用水平尺调平开关底座，并用力矩扳手检测达标。

2）电动隔离开关操作机构箱箱体应进行可靠的保护接地，隔离开关引线弛度应满足温度曲线要求，开关上网引线预留应满足温度变化的位移需要，并满足最大风偏的绝缘要求。

3）隔离开关置于"合"位，用钢尺检查开关触头与触母间隙，通过调整螺钉调整行程限制器使其间隙符合要求；隔离开关置于"分"位，微调操作连接件的长度，使开关"分""合"到位；隔离开关的闭锁装置应动作灵活，准确可靠。具有引弧触头的负荷开关，主触头和引弧触头开、合顺序正确，带接地刀闸的隔离开关接地刀闸与主触头间的机械闭锁应准确、可靠；电动隔离开关应按照电气闭锁原理，进行带电模拟"分""合"操作，调试完毕，开关应依据设计要求锁定在"分"或"合"位，挂锁锁定手柄。隔离开关触头接触紧密，接触压力均匀，并符合表 6.2.18 的要求。

触头接触检验标准　　　　　　　　　　　表 6.2.18

触头宽度（mm）	检 验 工 具	塞入深度（mm）
线接触	0.05mm×10mm 塞尺	0
≤50		≤4
≥60		≤6

4 隔离开关调试应按下列要求进行：

1）调试方法及步骤符合产品技术文件要求。连接部件紧固，各转动部分灵活，并涂以适合当地气候的润滑脂；传动部件安装位置正确，固定牢靠，传动齿轮咬合准确，传动操作轻便灵活，传动杆垂直与操作机构轴线一致，连接牢固，无松动现象。操作机构安装位置应完好且便于操作，操作机构电动机转向正确；机械传动系统润滑良好，动作平稳、噪声小，无卡阻、冲击等异常情况；电动开关操作机构的分、合闸指示与开关的实际分、合闸位置相符。

2）隔离开关、负荷开关合闸后触头间的相对位置、备用行程、分闸状态时触头间的净距或拉开角度符合产品技术文件要求；具有引弧触头的隔离开关，由分到合时，在主触头接触前，引弧触头先接触；从合到分时，触头的断开顺序相反；双极联动的隔离开关，触头接触时，不同期值符合产品的技术规定，无规定时，其值不大于10mm。

5 隔离开关、负荷开关导电部分的施工应按下列要求进行。

1）触头表面平整、清洁，并涂以薄层中性凡士林；载流部分的可挠连接不得有折损，隔离开关部件齐全，无锈蚀和机械损伤；绝缘部件不应变形，瓷件表面应光滑，无裂纹和缺损，瓷、铁间粘贴牢固。开关托架应呈水平状态，瓷柱垂直；操作机构安装位置便于操作；传动杆垂直于操作机构轴线一致，连接牢固，无松动现象；导电部分出头表面光洁平整，设备接线端子连接接触线涂以电力复合脂。

2）隔离开关调整完成后，所有螺栓力矩紧固到位，传动杆及拐臂多余长度需进行切割，传动杆端部预留100mm，并安装管帽。触头间接触紧密，接触压力均匀，用0.05mm×10mm塞尺检查，线接触应塞不进去，面接触塞入深度不大于4mm，设备接线端子涂以薄层电力复合脂。

3）开关上网引线预留因温度变化引起的位移量，并在最大风偏时，满足绝缘距离要求；隔离开关引线安装遵循线索温度变化曲线，考虑极限温度下线索偏移量，任何情况下绝缘距离不得小于300mm。开关引线端子采用线鼻子压接形式，连接螺栓采用不锈钢螺栓。接线调整完成后，电动操作机构通电试验开关"分""合"进行开关当地的模拟试验。正式送电后应在供电调度所遥控操作，验证电气闭锁关系的正确性。

6 隔离开关安装示意图如图6.2.18-2所示。

7 避雷器施工应按下列要求进行：

1）避雷器安装位置、规格、型号、引线方式应符合设计要求，避雷器托架安装水平，避雷器应垂直安装，固定牢靠，连接线应预留温度变化引起的位移量，连接接触面应涂以电力复合脂。

2）桥梁段计数器避免安装在靠近检修梯侧，避雷器托架安装水平，无锈蚀，各部螺栓连接紧固；引线连接正确牢固，线鼻子采用压接形式，引线驰度考虑承导线在极限温度下伸缩量引起的位移长度，不应使端子受到超过允许的外加应力。避雷器工作接地、保护接地应符合设计要求。

8 分段绝缘器施工应按下列要求进行；

1）分段绝缘器施工流程如图6.2.18-3所示。

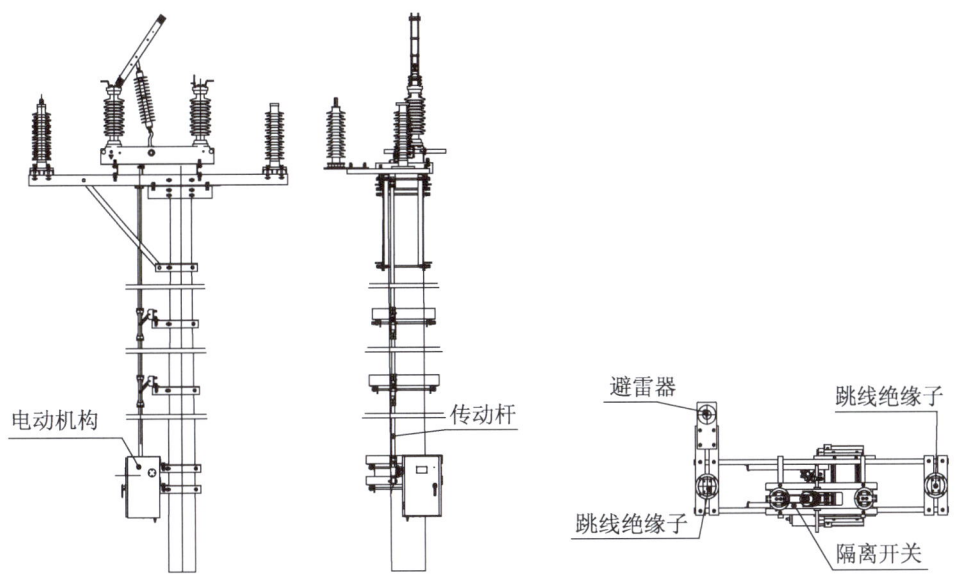

图 6.2.18-2　隔离开关安装示意图

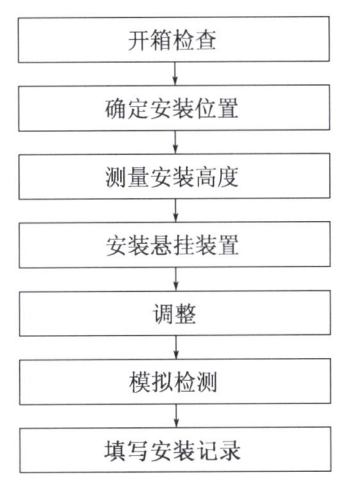

图 6.2.18-3　分段绝缘器施工流程

2）分段绝缘器的安装位置宜使用作业车和激光测量仪配合进行确定，先用激光测量仪测出分段绝缘器安装中心点，承力索、接触线应在同一垂直平面内，并位于线路轨平面中心垂直位置，利用铅垂将分段绝缘器中心引到承力索和接触线上，并做好标记。

3）分段绝缘器的安装。

（1）分段绝缘器应使用作业车安装。高度应符合产品技术文件要求，施工允许偏差为±5mm，用钢尺测出承力索终端锚固线夹安装位置并做好断线标识，做好承力索终端锚固线夹，安装连接绝缘棒及吊环的滑轮，组装好分段绝缘器接触线部分，从接触线分段绝缘器中心向两边测量出分段绝缘器长度的1/2并做好标记，在其外侧适当位置安装接触线紧线器，在接触线上串联链条葫芦并紧链条葫芦至安装处接触线不受力；把分段绝缘器两端的终端线夹安装在接触线上，用两个梅花扳手和力矩扳手配合从外侧向内侧紧固接触线终端线夹连接螺栓，紧固力矩符合产品技术要求；把所有滑轨外部附加装置的线夹安装在接触线上，紧固力矩符合产品技术要求。

（2）紧固接触线终端线夹和滑板连接线夹符合产品技术要求后，用断线钳在接触线终端后约120mm处断线，并用专用工具向上弯曲接触线尾部；紧固接触线终端线夹的螺栓，并用力矩扳手加固两次滑轨。分段绝缘器安装处，在分段两侧的2m之内应安装接触网载流吊弦线，避免承力索、接触线的悬浮电位差可能造成的微小放电声。

4）分段绝缘器的调整。

（1）松开悬挂装置的吊索锁紧线夹，粗略调整分段绝缘器的高度基本符合设计要求后拧紧螺母，调整螺栓细调高度；使用水平尺测量滑轨横向连线与轨面连线平行度，用激光测量仪检测分段绝缘器高度；旋松调节板的螺栓并左右移动调节板，调整滑轨与轨道平行，调整滑轨下缘，使其低于绝缘棒终端金具下缘值符合产品技术要求，滑轨下缘应低于绝缘棒终端金具下缘4mm，以保证接触线到滑轨和从滑轨到绝缘棒的平稳过渡；受电弓不应与滑轨端部发生撞击，同时，受电弓滑板至少与一个滑轨始终接触。

（2）用水平尺检测横向轨道的滑轨位置与轨平面平行度符合产品技术要求；用力矩扳手对长孔调节板螺栓进行紧固，紧固力矩值符合设计要求。当全部调整到位达标后，锁紧调节螺栓，调节分段绝缘器前后吊弦，使其受力。

5）用带模拟受电弓的作业车进行分段绝缘器模拟检测，以时速40km在分段绝缘器200m范围内进行两次模拟冷滑检测，滑轨内及外端部不得有打弓现象。

6.2.19 接触网接地及回流引线

1 接触网接地及回流引线施工包括接触网的金属结构接地连接、跨越接触网的建筑物或构筑物的防护网接地、独立接地体和接触网回流引线施工。

2 接触网的金属结构接地连接应按下列要求进行：

1）接触网支柱、隧道吊柱、隧道AF线支座及距接触网带电体5m以内的金属结构按设计要求接地。

2）接触网开关（包括电动操作机构箱箱体）、避雷器的工作接地及保护接地应按设计要求的材质和安装固定方式进行接地连接，回流线或PW线与贯通地线的连接应符合设计要求，无悬挂回流线或PW线接触网支柱，可直接与贯通地线连接接地；信号轨道电路区段，回流线或PW线应通过扼流变压器线圈中性点与钢轨连接。

3）路基段的接触网基础应设置接地端子，接地端子与内部结构钢筋可靠焊接，外部按设计要求与贯通地线连接；离铁路较远的独立供电线支柱利用接地极接地，接地极电阻应满足设计要求；不同材质接地体连接面应采取过渡连接措施，并进行防锈蚀处理。

3 跨越接触网的建筑物或构筑物的防护网应按设计要求接地。

4 独立接地体的施工应按下列要求进行：

1）接地体的连接加工采用搭接焊，扁钢的搭接长度为其宽度的2倍，且四面施焊，圆钢的搭接长度为其直径的6倍，且双面施焊；圆钢与扁钢连接时，其搭接长度为圆钢直径的6倍。扁钢与钢管、扁钢与角钢焊接时，除在其接触部位两侧进行焊接外，应焊以由钢带弯成的弧形（或直角形）与钢管（或角钢）焊接。

2)向土壤打入接地极之前，应进行地下电缆或管路的调查和探测，裸导体接地引线应做防腐固定处理，接地连接引线安装完成后从接线端至地中接地端进行导通测试，检查接地可靠性。

3)独立接地体的接地电阻值符合设计要求，实测接地电阻值达不到设计要求时，应采取降阻措施，接地极埋入地下深度不应小于0.8m，地面部分涂防锈漆，连接处应除锈并涂以电力复合脂，保证连接牢固可靠。

5 避雷器应采用双引线接地，设备底座和保护线连接，计数器下部与接地端子相连。

6 避雷器的计数放电器应密封良好，动作可靠。

7 隔离开关应采用双接地，隔离开关托架与保护线相连，操作机构箱与接地端子相连。

8 独立接地极接地方式及接地电阻应符合设计文件要求，且独立接地极的接地电阻值应符合表6.2.19的规定。

接触网设备及其邻近物接地装置的接地电阻值（单位：Ω） 表6.2.19

类　别	接地电阻值
开关、避雷器	10
架空地线	
零散的接触网支柱	30
距接触网带电体5m以内的金属结构	30
避雷线，兼起防雷功能的回流线或保护线	10

9 回流引线施工应按下列要求进行：

1)回流引线的材质、连接方式应符合设计要求。回流引线与扼流变压器或空心线圈中点的连接应牢固，接触良好，连接处需涂电力复合脂；回流引线安装应符合设计文件要求，回流引线与扼流变压器中性点连接应采用双螺母，连接牢固可靠；回流引线采用电缆连接时，电缆的固定方式和长度符合设计要求。

2)无架空回流线或PW线的车站、枢纽、动车所（库）以及相邻线路的接地回流系统应畅通并符合设计要求。

3)现场调查回流线、扼流变、贯通地线回所路径。

10 吸上线工艺应符合下列要求：

1)吸上线根据设计要求选型，与回流线相连采用铜铝过渡并沟线夹，线夹内槽涂抹导电膏。

2)线鼻子压接两道痕迹，平均分配间距，压痕不宜靠近线鼻子水平连接孔段；压接时应选用合适的压接模具。

3)吸上线在支柱基础处采用软皮胶管保护，避免吸上线电缆磨损。

11 吸上线安装示意图如图6.2.19-1所示。

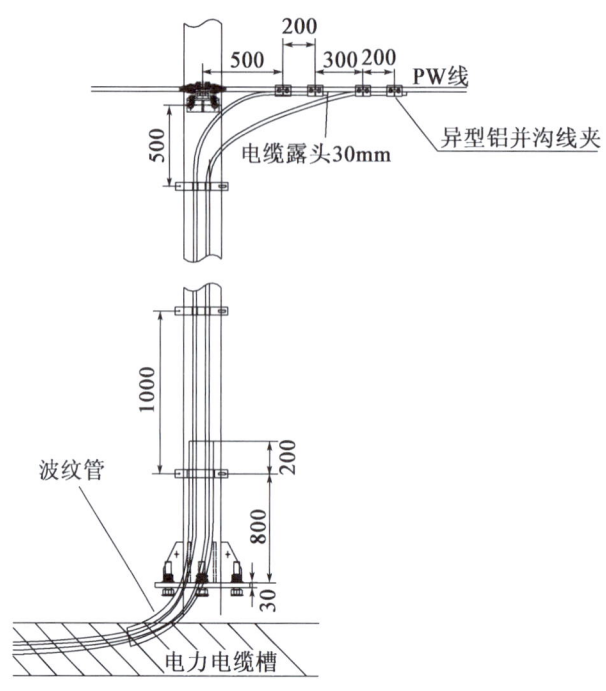

图 6.2.19-1　吸上线安装示意图（尺寸单位：mm）

12 吸上线与扼流变中性点连接宜增加转换母排，吸上线与扼流变连接参考细部设计图（图 6.2.19-2）。

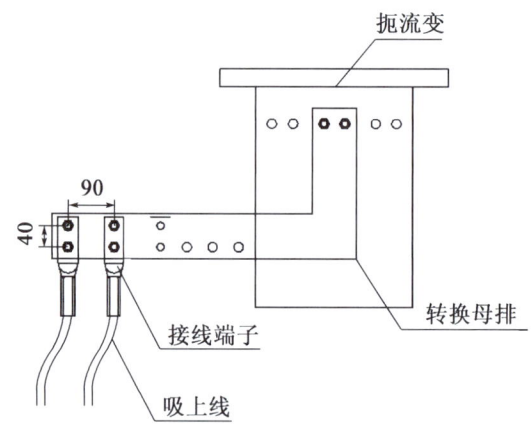

图 6.2.19-2　吸上线与扼流变连接细部设计图（尺寸单位：mm）

13 吸上线出入电缆槽宜套波纹管防护，采用非磁性抱箍固定。

6.2.20　供电电缆

1 供电电缆应按要求取样送检，电缆弯曲半径满足规范要求；供电线电缆 T、F 线外护套应标识清晰，电缆保护管防火封堵良好、紧密。

2 供电电缆施工包括 27.5kV 供电线电缆的路径测量、电缆敷设、电缆头制作安装、电缆屏蔽及铠装护层的接地安装、电缆标识等。

3 27.5kV 供电电缆的路径测量应根据施工设计图（路径图、断面图），从起点到终点实际调查复测电缆路径，确定电缆预留、电缆长度、敷设方式和电缆防护措施。预见电缆易受机械外力作用的地段应采取加强防护措施。

4 供电电缆敷设前的作业应按下列要求进行：

1）按照施工设计图检查桥隧预留电缆槽道并清理杂物，全路径检查顺沟接槽（管），重点检查桥隧、桥路、隧路过渡段，确认并砌筑电缆检查井，保证电缆敷设全路径顺畅和具备电缆展放条件。

2）开挖电缆沟应考虑与排水沟（路堑段天沟、路堤段地沟）、护栏、绿化带施工的土地占用、工序配合、防洪安全等问题，路基段坡脚电缆沟顺线路路径应选在高速铁路地界以内，在铁路地界外开挖电缆沟或敷设电缆应事先办理允许施工手续，排除干扰。

3）核对电缆型号、电压、规格符合设计要求，检查电缆外观无损伤、密封状态良好，并用2500V兆欧表测试电缆绝缘电阻，按设计和实际路径，进行电缆敷设方法、牵引方式、中间电缆接头位置、绑扎固定方法、电缆保护措施等施工工艺设计。

5 供电电缆敷设应按下列要求进行：

1）计算每根电缆的长度，按长、中、短的优先顺序合理裁放敷设电缆，合理安排每盘电缆，减少电缆接头。

2）电缆应做敷设，在敷设过程中，不应出现铠装压扁、电缆绞拧、护套折裂破损等现象；电缆放线架应安置稳妥，钢轴的强度和长度与电缆盘重量和宽度匹配，敷设电缆的机具合格，电缆盘有可靠的制动措施；电缆敷设时，电缆从盘的上端引出，不应使电缆在支架及地面摩擦拖拉，应放入路径中专门摆放或设置地滑轮、转向滑轮槽中。地滑轮每隔1.5~2m设一个。

3）电缆的保护管及固定金具不得构成闭合磁路，电缆固定金具材质、间距符合设计文件要求。

4）机械敷设电缆。

（1）最大牵引强度宜符合表6.2.20的要求。

电缆最大牵引强度　　　　　　　　　　　　　　　表6.2.20

牵引方式	牵引头		钢丝网套	
受力部位	铜芯	铝芯	铝套	塑料护套
允许牵引强度	70	40	40	7

（2）在牵引头或钢丝网套与牵引钢缆（钢丝绳）之间装设防捻器，机械敷设电缆的速度不宜超过15m/min；电缆在牵引变电所至接触网上网开关路径敷设，且电缆防护方式有两种及以上时，其速度应适当放慢，或改用人工展放电缆。

5）交流单芯电缆不得单独穿入镀锌钢管内。若确需穿入，应对镀锌钢管全长方向切割开缝3~5mm。

6）电缆直埋敷设。

（1）电缆距地面的距离不应小于0.7m。穿越铁路两侧绿化带、复耕农田或行车道下敷设时不应小于1m，其径路应避开使电缆受到机械损伤、化学或地下电流腐蚀、振动、热影响、虫鼠等危害地段。电缆过轨时应加装防护套管，埋深低于轨面不少于1m，在引入建筑物、与地下建筑物交叉及绕过地下建筑物处可浅埋，但应采取保护措施。

（2）电缆上下路基护坡可明砌筑钢筋混凝土预制电缆槽和电缆保护管。坡脚挖沟敷设电缆可浅埋，采取铺沙盖砖、置放钢筋混凝土预制电缆槽或电缆保护管等防护措施，避开路基护坡延长线，避免危及路基护坡稳定性。电缆上、下桥墩处自地面以下不小于0.5m至地面以上2m范围内，应采取砖砌围桩防护，应采取保护措施避免直埋电缆受到机械性损伤、化学作用、地下电流、振动、热影响、腐蚀物质、虫鼠等危害。

（3）直埋或以直埋电缆槽方式敷设的电缆，敷设后应及时填埋电缆沟，在电缆四周填充砂土，盖砖或混凝土盖板，以起减振、阻燃、阻断鼠道的作用。同路径并排展放的多根电缆，相邻两根之间使用砖块或混凝土隔板隔离，困难时可使用具有防腐性的钢质槽隔离。

7）沿桥墩、箱梁扇面、锯齿孔、桥面系预留槽道敷设电缆固定防护时，电缆支架间距、扇面电缆吊架或托架间距按施工设计图的标注尺寸安装，施工设计图无标注时，相邻电缆支架间距按1000~2000mm安装，扇面电缆吊架或托架间距按400~800mm安装；数条电缆敷设后，经梳理并排用S形卡子卡箍电缆，合镀锌钢制电缆槽盖、螺钉或U形抱箍固定电缆槽盖，桥墩地面下800mm至地面上2000mm高度，采用扣合钢筋混凝土预制电缆槽方式或砖砌保护墙方式进行电缆机械防护。

8）整盘电缆截取一段展放时，在截取电缆头部位应立即采取密封措施，缆展放完成后，应及时检查外护套状况，密封封堵好电缆头并填写相应施工记录，跟随回填埋设电缆标志（桩），缆转弯处、中间电缆接头处、穿过建筑墙体处、过轨过道两旁等均应埋设电缆标桩或永久性标识。直线地段每35~50m设置1根电缆标桩，电缆两头开始展放的临时标签置换系挂成永久标牌。

6 电缆头制作应按下列要求进行：

1）电缆头制作场地环境：宜选择无降雨、雾霾，风力5级及以下，空气质量良及以上［空气污染指数（API）小于或等于100］，温度不低于5℃，相对湿度70%以下的天气制作场地环境达不到上述要求时，应采取搭建小工棚等系列措施，确保电缆头制作质量。

2）电缆头制作小组人员应经过电缆附件厂家或公共电网公司所属专门机构培训考核合格，小组人员及其分工固定，制作人员双手保持干净，无汗湿，严禁烟灰尘落入接头处。

3）电缆头制作剥削、接续等专用工机具，表面干净，无黏附油污渍，制作过程中所使用的辅助性材料应合格、洁净。电缆制作前，应清点、核对电缆附件，具体制作符合本指南第6.1.12条第9款的相关要求。

4）根据施工设计图和电缆附件产品技术文件要求，制作完成并经试验合格的电缆头，现场固定安装在接触网支柱上、支（托）架上、GIS开关柜指定部位，中间电缆接头应水平放置安装，电缆头不应处于受力状态。

5）电缆终端头的规格、型号及电压等级应与电缆的规格、型号相吻合，缆护层保护器型号、规格应与被保护电缆外护层绝缘相匹配，缆终端头应固定牢固，确保应力锥不受力变形，各带电部位应符合相应电压等级电气距离规定。

6）电终端头、中间接头的接地方式应依据施工设计图选定和施工。电缆屏蔽、铠装层一端直接接地，制作电缆头时引出的裸露接地导线应分别做防水、绝缘包缠和绝缘绑扎固定处理，安装电缆护层保护器时尚应符合本指南第6.1.12条第10款的相关规定。

6.2.21 杆号牌和标志牌

1 杆号牌和标志牌施工包括接触网支柱号码牌、吊柱号码牌、"高压危险""断""合""禁止双弓""接触网终点"等标志牌的施工。

2 接触网支柱号码牌应采用白底黑字的反光标志牌，号码牌的字体、型号、反光系数等应符合设计要求，触网支柱号码牌字迹应整齐、端正、清楚，柱号码按区间或站场分别编号。号码数达不到该区间或站场最大数字位时，应以"0"补充前面空位，站两端锚段关节处支柱号码应编入车站，间、站场编号方向应与线路公里标一致，下行为单数，上行为双数。

3 标志牌施工应按下列要求进行：

1）标志牌采用反光标志牌，标志牌的字体、型号、反光系数等符合设计要求，标志牌字迹清晰、便于瞭望，并不得侵入基本建筑限界，与行车有关的标志牌设于列车运行方向左侧。

2）"高压危险"标志牌设于安装有电气设备及行人较多的支柱上；"断""合""禁止双弓"等预告标志牌安装位置应符合设计要求。隧外断合标采用抱箍安装，隧内断合标采用M12化学锚栓固定安装；"接触网终点"标志牌设在接触网终点处，其位置应高于接触线。

6.2.22 接触网检测

1 接触网工程竣工后，应采用无接触测量装置的接触网检测车或综合检测列车对接触网几何参数进行检测，测量方法可采用接触式或非接触式。

2 接触网检测应具备下列条件：

1）检测区段的接触网工程已全面竣工。接触网已采用激光测量仪和动态包络检查尺进行接触网几何尺寸检查检测，检测记录完整，符合设计文件和现行《高速铁路电力牵引供电工程施工质量验收标准》（TB 10758）的有关要求。

2）带电体与接地体绝缘距离、接触网不同带电体间安全电气距离符合现行《高速铁路电力牵引供电工程施工质量验收标准》（TB 10758）的有关要求；影响检测的绝缘包扎物等已全部拆除。

3 接触网检测应包括接触线高度和拉出值，吊弦线夹、定位线夹、中心锚结线夹、电连接线夹、分段绝缘器、电分相、线岔等安装状态，接触线"硬点"（如接触线弯曲、扭转等），带电体与接地体绝缘距离，运行受电弓与定位管、绝缘子、接地体之间的距离，接触线平顺性等项目。

4 采用无接触测量装置的接触网检测车运行时速宜为 20~80km；采用综合检测列车检测前应用接触网检测车对接触网空间安全参数进行复核，运行时速 80~160km。

5 对检测不合格的处所应进行接触网调整，调整完毕后应复测，再进行下一步检测。

6.2.23 接触网受电

1 接触网受电前，受电区段的接触网工程应已通过检测，受电区段的接触网安全施工临时接地应已拆除，接触网绝缘子及绝缘部件应已全部清扫干净，绝缘包扎物应已全部清理。受电重点地段的安全设施完备，不符合安全要求的路内外电线路、建筑物、构筑物及树木等已处理完毕，按供电臂确认受电区段接触网应绝缘良好，牵引变电所应具备向接触网送电条件，远动系统应已调试完毕，接触网受电方案应已编制并经过相关单位批准。受电专用通信设施应畅通、可靠，接管单位供电调度组织应已成立，并已介入；接触网受电公告应已发布，并已通知铁路内部相关单位。

2 接触网受电方案应包括受电时间、区段、范围，受电程序，受电区段供电示意图，受电组织及人员配置表，受电用的机械工具、器材分布地点及数量，受电安全技术措施，事故抢修措施，通信联络方法等内容。

3 接触网受电前检查应按下列要求进行：

1）确认受电组织及人员。参加受电人员应熟知接触网受电方案。

2）牵引变电所向接触网送电前，检查牵引变电所馈线保护装置功能符合设计要求并投入运行，对供电臂进行供电回路复核、绝缘测试和导通试验，接触网接地及回流可靠，上网开关、分相开关、分段开关等分合状态与接触网受电方案要求一致，接触网受电范围以外的接触网线路应可靠接地，并设明显标志。

4 接触网受电应按下列要求进行：

1）确认受电人员到位，设施完好；确认接触网上临时接地线拆除完毕，人员已撤到安全地点。

2）向接触网送电宜以当地操作方式进行，由供电调度中心按受电方案和操作卡片发布命令，变电所人员当地操作向供电臂送电，供电臂上、下行方向应分别受电，并在必要的车站、自耦变压器所、分区所或供电臂末端上、下行单独验电；核对上、下行并联点相位，相位一致时方可按受电方案操控并联开关。

5 接触网受电期间应按下列要求采取安全措施：

1）在车站支柱、上跨桥、路桥与道口相邻的支柱及有关作业车辆上悬挂"高压危险禁止攀登"警告牌。

2）接触网施工作业应依据调度命令限定的时间、地点执行，严禁违令操作，所有接触网施工作业应采取验电、接地措施，接触网受电完成后，检查、巡视人员应对车站、跨线桥、设备、电分相等接触网重点部位进行巡视，但不得近距离观察避雷器、放电间隙等电气设备。

6.2.24　接触网精调

1　接触网精调应以CPⅢ精密测量网为基准、以轨道平顺为基础、以综合检测列车提供的检测数据为依据。

2　接触网精调前需要的技术资料包括：

1）建设单位应提供高速铁路线路、轨道达标资料文件及CPⅢ精密测量网最终资料文件。

2）动车专业应提供受电弓高速空气动力试验合格报告，其报告应含受电弓开、闭口空气动力试验情况。

3）综合检测列车应提供接触网非接触式光学检测报告和动态检测报告。其中，接触网检测波形图资料应包含定位点、吊弦点接触网高度波形图，定位点、吊弦点接触线高度及拉出值波形图，受电弓接触力波形图，以及轨道相对CPⅢ精密测量网绝对坐标纵断面曲线图。

3　施工单位应结合检测报告编制接触网精调细则，精调主要包括补偿装置、隧道吊柱、腕臂结构内重点部件精调检查、整锚段接触线高度平顺性调整、锚段关节式电分相装置、电连接线、中心锚结、上网隔离开关远动功能、隔离开关引线弛度、隧道入口、隧道内、低净空桥、接触网非工作支下锚处动态电气绝缘（含开关引线）、分段绝缘器、线岔及岔区接触网布置等项目。

4　静态几何尺寸调整包括跨中相邻吊弦处接触线高度、相邻悬挂点接触线高度、跨中接触线正或负弛度、接触线走向突变、连续跨距接触线高度不合格、锚段关节跨中交叉点不合格、定位点处相邻吊弦不平顺、拉出值超标等。

5　动态检测调整包括未处理的静态检测问题、电连接、供电线上网点、中心锚结、分段绝缘器等集中荷载处接触力不合格、接触线平直度、锚段关节结构性问题等。

6　接触网精调应在白天进行。联调联试期间，每次非接触检测和不同速度下动态检测后，施工单位均应按检测报告及时进行精调。

6.3　供电调度系统

6.3.1　一般规定

1　供电调度系统施工用设计文件应包括：供电调度系统设计说明书；供电调度系统图、远动通道构成图；供电调度控制中心平面图、各种设备基础图、安装图、布线图、电缆清册；牵引供电系统、电力供电系统图；牵引变电所（变电所、AT所、分区所、开闭所主接线图）、电力变、配电所、箱式变电所主接线图；牵引供电及电力供电远动信息点表。

2　供电调度系统安装前，室内装修和活动地板安装工作应全部结束；预埋件、预埋孔符合应设计要求，预埋件应安装牢固；门窗应安装完毕并加附密封条、沟槽管应堵死，控制站和被控端房屋均应采取防尘措施；空调和采暖设备应已安装调试完毕，环境温度及湿度应满足设计要求。

3 供电调度系统（含被控端）设备的运输、存储和保管应采取防震、防潮、防止框架变形和漆面受损等措施，当产品有特殊要求时，应符合产品技术文件的要求。

4 供电调度系统联合调试前，应具备下列条件：控制站至各被控站或远动终端间的远动通信通道应符合相关技术标准的规定，并提供使用；控制站至各被控站间的电调电话应交付使用并畅通；控制站电源稳定可靠，牵引供电及电力供电设备的安装、调试已完毕；供电调度系统接地线的设置、数量及其接地电阻应符合设计规定。

5 供电调度系统施工流程如图 6.3.1 所示。

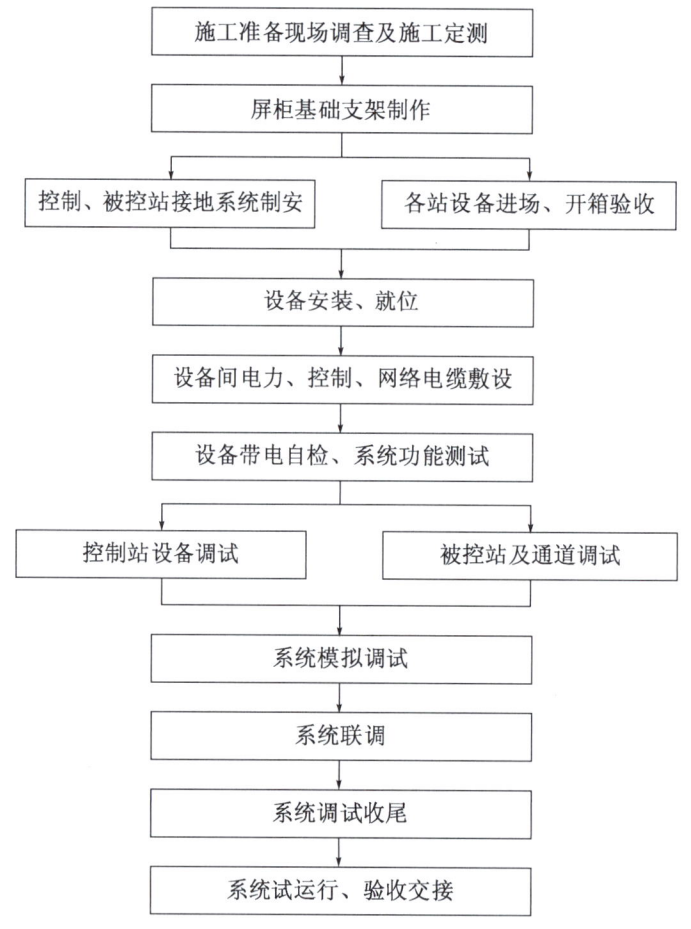

图 6.3.1 供电调度系统施工流程

6 供电调度系统设备应按下列要求进行进场验收：确认外包装完好；装箱单、图纸、说明书等技术资料，合格证、检验单等质量证明文件齐全；设备及附件、备品备件的数量、型号、规格、质量应符合设计要求和订货合同的要求；外观检查无缺损，无变形，密封好；做好进场验收记录。

6.3.2 供电调度系统设备安装

1 供电调度系统设备安装包括供电调度中心、复示终端、远动终端设备安装及二次配线等。

2 屏、柜、电源装置及二次配线应按下列要求施工：

1）屏、柜安装应符合本指南 6.1.13 条第 3 款、第 4 款的相关要求；电源线、数据线和网络线的布设应符合本指南 6.1.13 条第 9 款的相关要求。

2）服务器、数据维护站、显示设备、网络设备及打印机安装应符合设计及有关标准的规定。

3）电源功能检查应符合设计要求；测量交流输出电压范围、波形应符合设计要求；对蓄电池组进行充放电试验。

4）屏柜与底座连接牢固，底座着地不悬空；连接螺栓应连接牢固；同排屏柜的正面应在同一直线上；屏柜应竖直，相邻屏柜应紧密靠拢；二次接线连接可靠，排列整齐；屏柜、电缆回路编号标识清晰，字迹正确；插接件应接触紧密，无松动现象。

3 接地及接地网布设应按照下列要求进行施工：独立设计的逻辑地和保护地应分别布设，不得混接、串接；接地线、连接件及接地电阻应符合设计要求。

4 数据库的建立、修改和维护应符合设计要求。供电调度中心的供电示意图应与全线实际供电系统、综合自动化后台显示画面一致，设备编号应与牵引变电所及电力变配电所的"主接统图""接触网供电示意图""电力供电系统图"相同。

5 网络节点 IP 地址及被控站信息点表应按照设计要求进行配置。

6 供电调度中心在进行系统联调之前，应对下列项目进行试验：对服务器和工作站设备进行上电初始化，系统各硬件模块功能良好，符合产品和设计要求；路由器、集线器、网络中继器的规格、性能应符合相关技术标准的要求；网线连接正确、可靠，对以太网通道状态的监视功能应正常；打印机自检打印结果应符合要求。

6.3.3 供电调度系统联调

1 供电调度系统联调应根据设计确定的信息点表，分别对每个牵引变电所、分区所、自耦变压器所、开闭所、接触网开关站进行下列功能试验：

1）遥控试验。应按试验操作程序，依遥控对象表内容分项逐项进行，被控对象可靠动作；遥控试验时，如果出现操作错误、系统故障、终端故障和被控对象拒动，远动系统处理方式应符合设计或产品技术文件的要求。

2）遥信试验。遥信试验应按位置遥信和故障遥信分别进行；位置遥信应在遥控操作时逐项进行确认。调度所显示器画面应与被控对象实际状态相一致，打印记录正确；故障遥信应按故障遥信对象表内容逐个模拟故障；调度所显示器画面、报警应与被控对象实际状态一致，事故打印记录正确。

3）遥测试验。核对实际值与显示值，检查遥测精度应符合设计要求；遥测值应能动态显示。

4）遥调试验变压器分接开关时，调度所显示画面应与变压器分接开关位置一致。

5）遥调继电保护定值。定值修改权限应符合设计要求；核对定值与设计提供的运行方式定值应一致；定值数据更改、存储应符合设计和产品技术文件的要求。

6）检查确认牵引供电故障点标定系统信息，应符合设计要求。

2 系统切换功能应按下列要求进行试验：主/备机切换，模拟在线机故障应自动或手动切换、离线机投入运行；主/备通道切换，模拟通道故障应自动或手动切换、备用通道投入运行；其他外设的主/备切换，模拟外设故障应自动或手动离线、备用外设投入运行。

3 调度管理功能应按下列要求进行试验：

1）调度画面显示、打印制表和显示器画面打印功能应良好；供电调度中心之间的控制权限管理应符合设计要求。

2）实现对被控对象的遥控，遥控种类分单个对象的控制和多个对象组成的程序控制；实现对供电系统设备运行状态的实时监视和非正常状态报警；实现对供电设备运行状态的查询及运行参数的统计。

3）实现系统自检、系统维护、自动校时；实现与其他系统的接口和数据转发；实现对故障录波数据的传输显示；实现电度量统计等的日报月报制表打印。

4）其他调度管理功能应符合设计要求。

4 在调度中心报警监视工作站上应逐项检查确认牵引变电所、电力变配电所灾害报警综合监视系统的监视功能符合设计要求。

5 远动系统主要性能指标应符合表 6.3.3 的规定。

远动系统主要性能指标　　　　表 6.3.3

遥控（调）命令传送时间	≤3s
遥信变位传送时间	≤3s
遥信分辨率（被控站）	≤10ms
遥测综合偏差	≤1.5%
双机自动切换到监控功能基本恢复时间	≤20s
画面调用响应时间	≤3s
控制站系统可利用率	≥99.8%

6 复示终端功能试验应符合设计要求。

7 客服信息工程

7.1 基本规定

7.1.1 一般规定

1 建设单位应依法合规组织省管铁路客服信息工程的建设。客服信息工程建设工作流程如图 7.1.1 所示。

2 建设单位应在工程招标文件中明确建设工程具体要求。

3 建设各方应制定客服信息工程工艺质量控制管理办法，加强接口工程与安装工程的施工工艺质量控制，强化过程检查。

4 铁路客服信息工程的主要设备形式、外观应协调一致，主要材料应统一规格、颜色、标识，进场检验应实现质量可追溯。

5 铁路客服信息工程应加强关键工序控制，开展首件工程评估，统一工艺及标准。

6 铁路客服信息工程应按照施工专业化、生产工厂化、作业机械化、管理信息化组织施工。

7.1.2 工程实施要点

1 建设单位应做好下列工作：

1）配备客服信息专业管理人员，负责设计、施工、监理、运维单位的协调组织工作。

2）在初步设计、施工图审核、设计联络会等阶段明确工程技术要求。

3）编制建设项目指导性施工组织设计，明确工程质量目标。

4）负责编制招标文件，明确设备及工艺质量要求。

5）甲供物资招标应明确设备工艺质量要求，强化关键设备工艺质量厂验工作。

6）除按照相关规定完成首件工程评估外，同时明确工程施工工艺质量要求。

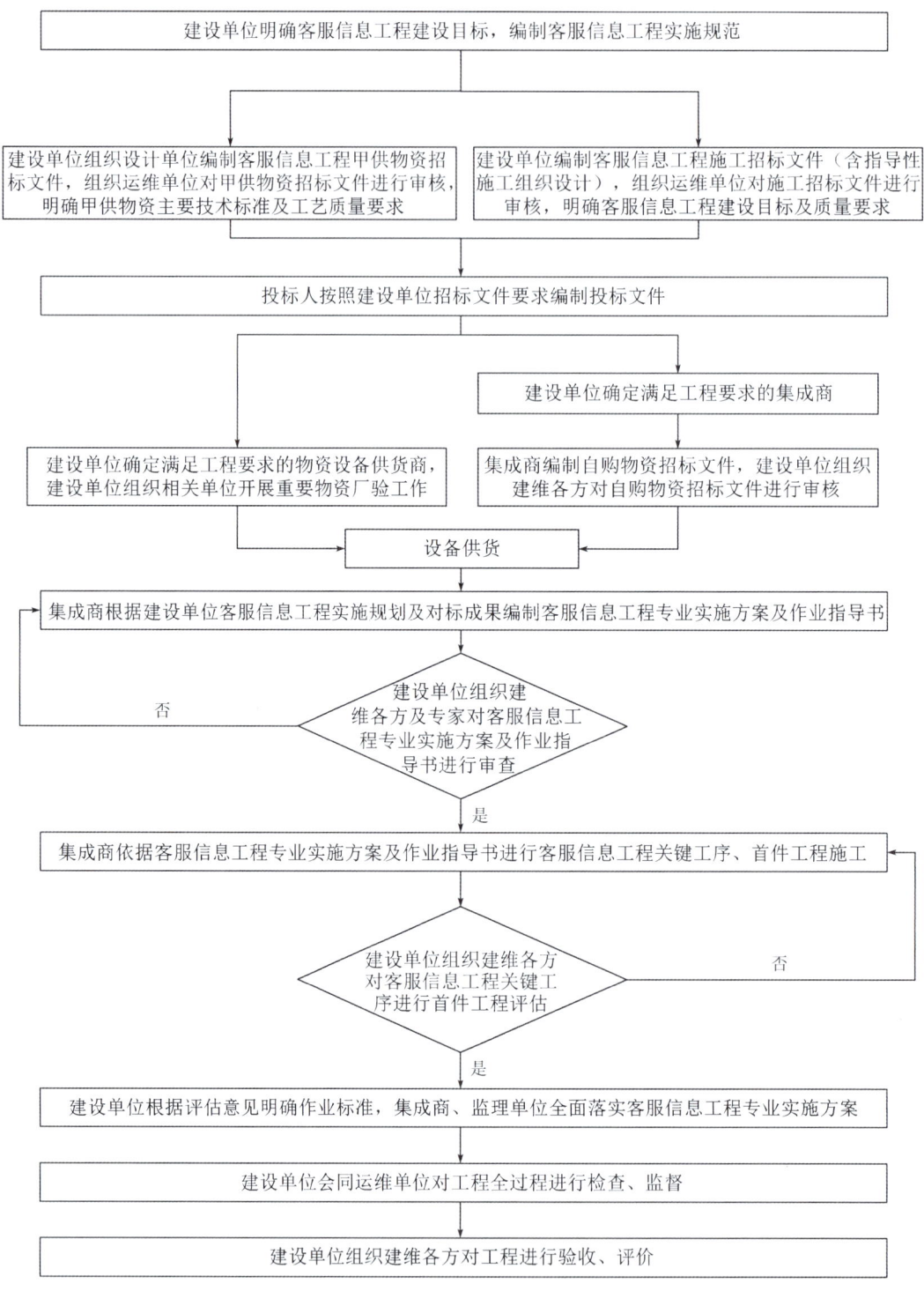

图 7.1.1 客服信息工程建设工作流程图

2 设计单位应做好下列工作：

1）施工图设计宜采用 BIM 等技术，实现信息设备用房、设备安装、沟槽管线（含引入口）优化布置。

2）施工图设计引用标准设计时，应明确引用标准设计的技术要求及细部设计标准。

3）设计应具有可扩展性，房建、暖通、电力、消防、通信等相关专业应同步预留配套条件。

3 施工单位应做好下列工作：

1）实施性施工组织设计应包含工艺要求。

2）自购物资招标应明确出厂设备工艺质量要求，强化设备、材料的进场验收。

3）设备安装应与房建、电力、暖通、消防等专业协调，确保各种设备、装饰装修等在颜色、高度、标识等方面协调、美观统一。

4）上道工序自检合格方可进入下道工序施工。

4 监理单位应做好下列工作：

1）应在监理实施细则中明确工程质量控制措施。

2）加强过程检查、落实关键工序旁站制度，做好隐蔽工程质量检查及影像资料留存工作。

3）组织协调相关专业间的工序交接及问题处理。

5 运维单位应做好下列工作：

1）参与设计文件、物资设备招标技术规格书审查。

2）参与首件工程评估，参与审查施工工艺标准。

3）参与检查施工工艺及标准执行情况。

7.1.3 接口管理要求

1 建设单位接口管理应符合下列规定：

1）在建项目设计阶段应组织设计、运维等单位对相关接口设计原则及标准予以明确。

2）站房、站台（含雨棚、站台面、站台雨棚柱，下同）、跨线设施等工程施工前，应组织客服及房建、站场、暖通、电力、消防、通信等相关设计及施工、监理、运维单位对预留客服接口设计进行施工图现场核对，并组织专项设计技术交底，明确接口施工方案。

3）应组织土建、房建施工单位将相应接口工程纳入实施性施工组织设计文件，同步实施。

4）应组织施工、监理单位对土建、房建等专业接口工程进行交接检验，检验合格后方可进行下道工序施工。

2 设计单位接口管理应符合下列规定：

1）客服信息与房建、站场、暖通、电力、消防、通信等专业接口应同步设计、同步调整，并考虑近、远期客服工程新增或更新改造需求。

2）房建专业统筹设计站台强弱电综合管槽及动态屏、摄像机、广播扬声器、时钟等设备的吊挂预埋预留件及防坠落措施，相关设计内容应纳入房建专业施工图，深度和精度应符合工程接口施工要求；同时细化在站房、站场、站台、跨线设施等区域为客服设备安装预留的沟槽管线设计方案。

3）根据站房功能布局和旅客流线，结合站房建筑结构形式和装修设计，细化综合显示（含动静态结合）、广播、视频监控、售（取）检票、实名制验证、安检等客服终端设备安装方案及相关接口方案。

4）根据站台雨棚形式，细化站台屏、广播扬声器、摄像机等客服终端设备的安装设计方案，合理布局。

3 施工单位接口管理应符合下列规定：

1）核查土建工程为客服在站房、站台雨棚、站台雨棚柱、站台面预埋预留的沟槽管洞，混凝土梁内预埋动态屏的栓筋吊挂件及防坠落绳，钢结构雨棚钢梁下预留动态屏、时钟、广播扬声器、摄像机等设备安装法兰，线侧下式站台地道出口至站房段预留的手孔及管槽；结构内的预留预埋接口工程应随土建结构工程一次性施工到位；施工精度及质量应符合施工工艺质量要求。

2）核查房建、暖通、电力等施工单位为客服工程预留的综合显示、广播、视频监控、售（取）检票、实名制验证等客服终端设备安装条件；核查电力专业直接为客服前端设备供电的负荷、线缆预留点位和长度；安装条件应符合施工工艺质量要求。

3）核查信息机房、信息配线及设备间、综合监控室等客服设备安装条件。核查预留接地端子数量、技术要求；安装条件应符合施工工艺质量要求。

7.2 设备安装及布线工程通用要求

7.2.1 一般规定

设备安装及布线质量验收应包括客运服务信息系统设备及材料进场检验、设备安装、管槽安装、线缆布放和配线、防雷、接地及布线检测。

7.2.2 进场检验

1 设备、保护管槽、走线架及线缆进场检验应符合现行《铁路客运服务信息系统工程施工质量验收标准》（TB 10427）的有关规定。

2 光缆单盘检测应符合下列规定：

1）长度应符合设计文件、订货合同要求。

2）最大衰减值应符合设计文件、订货合同要求以及现行《综合布线系统工程验收规范》（GB/T 50312）的有关规定。

3 网线单盘检测的回波损耗、插入损耗、近端串音、近端串音功率和、衰减远端串音比、衰减远端串音比功率和、衰减近端串音比、衰减近端串音比功率和、直流环路电阻、时延、时延偏差应符合现行《综合布线系统工程验收规范》（GB/T 50312）的有关规定。

4 广播电缆、控制电缆单盘检测应符合下列规定：

1）电缆应无断线、混线。

2）电缆的导体电阻、绝缘电阻应符合现行《额定电压 450/750V 及以下聚氯乙烯绝缘电缆电线和软线 第 5 部分：屏蔽电线》（JB/T 8734.5）的有关规定。

5 广播射频同轴电缆单盘检测应符合下列规定：

1）电缆内外导体应无断线、混线。

2）电缆的内导体标称外径、绝缘外径、护套外径、绝缘电阻应符合现行《实心聚乙烯绝缘柔软射频电缆》（GB/T 14864）的有关规定。

6 电源线单盘检测应符合下列规定：

1）电源线应无断线、混线。

2）电源线导体的电阻值应符合现行《电缆的导体》（GB/T 3956）的有关规定。

7.2.3 设备安装

1 落地式设备安装应符合下列规定：

1）安装位置、方式、抗震措施、间距等应符合设计文件和现行《数据中心设计规范》（GB 50174）的有关规定。

2）安装应平稳、牢固可靠、同一排设备正面平齐；与地面垂直，垂直偏差应不大于3mm。

2 机柜/架内设备安装应符合下列规定：

1）安装位置和方式应符合技术文件要求。

2）设备安装应牢固可靠，部件、元器件、插接件等连接正确并接触良好，电源端子对机柜/架金属外壳绝缘、接地良好。

3 壁挂式设备安装应符合下列规定：

1）安装位置和方式应符合功能和设计文件要求。

2）设备安装应牢固可靠，机房内相邻的壁挂式设备底部或上部应平齐，站房内同一区域内同类壁挂式设备高度应一致，不同类设备安装位置应整体协调美观。

4 嵌入式设备安装应符合下列规定：

1）安装位置和方式应符合设计文件要求。

2）设备安装应牢固可靠，同一组设备正面平齐，设备和嵌入面之间应密封良好。

5 吊挂式设备安装应符合下列规定：

1）安装位置和方式应符合设计文件要求。

2）设备安装牢固可靠，应采取防坠落措施。

6 台式设备安装应符合下列规定：

1）安装位置和方式应满足设计文件和功能要求。

2）设备安装可靠、连接正确、便于操作、观察及维护。

7 设备应漆饰完好、标识清楚准确。

7.2.4 管槽安装

1 管槽安装施工流程如图7.2.4-1所示。

2 线槽明敷应符合下列规定：

1）安装位置、材质、规格应符合设计文件要求。

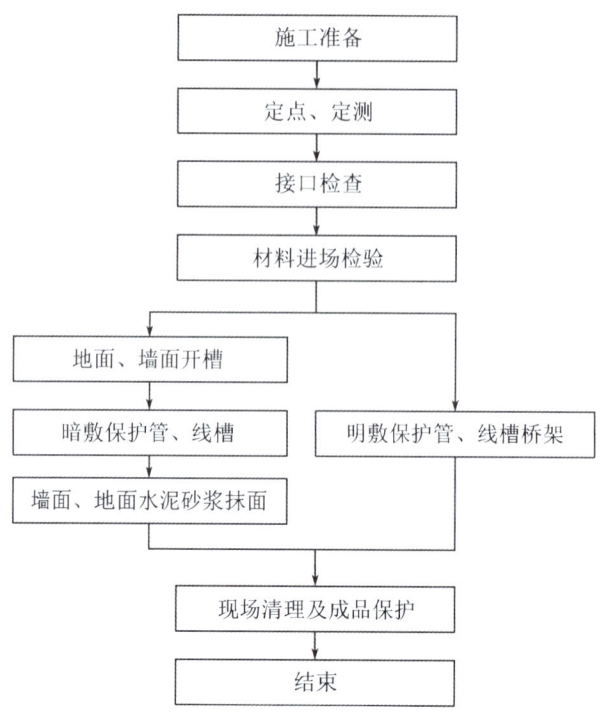

图 7.2.4-1 管槽安装施工流程图

2）线槽表面、线槽截断处及线槽与线槽拼接处应平滑、无毛刺；线槽引出开口处应采用橡胶垫/圈保护线缆；线槽与盖板之间的连接应牢固，盖板应完整，无扭曲变形。

3）线槽与线槽之间应连接牢固，连接部位不应设置在穿越楼板处或实体墙的孔洞处；多条线槽平行安装时应排列整齐；线槽跨越建筑物变形缝时，应设置伸缩补偿装置；线槽穿过防火墙体或楼板时，应采取防火封堵措施。

4）线槽转弯半径不应小于槽内线缆的最小允许弯曲半径，直角弯处最小弯曲半径不应小于槽内最粗线缆外径的 10 倍。

5）线槽吊装时，线槽底部距地面高度不应小于 2.2m，顶部距建筑物楼板不宜小于 300mm，距建筑物梁及其他障碍物交叉处间的距离不宜小于 50mm。

6）金属线槽在槽盒接头处、槽盒两端出口 0.5m 处、直线段每隔 3m 处应设置支架或吊架，拐弯处应增设支架或吊架。

7）金属线槽水平敷设时，线槽固定间距宜为 1.5～3.0m；垂直敷设时，距地 1.8m 以下部分应加金属盖板保护，线槽固定间距不宜大于 2m。

8）塑料线槽固定点间距宜为 1m。

9）金属线槽的始端和终端均应与接地网可靠连接；线槽长度不大于 30m 时，与接地网连接点不应少于 2 处；大于 30m 时，每隔 20～30m 应设置 1 处连接点。

10）金属线槽安装后应电气连通，并采用截面积不小于 6mm² 的多股铜线就近接入等电位接地排；金属线槽形成环状时，不应电气闭合。

3 线槽预埋应符合下列规定：

1）安装位置、材质、规格应符合设计文件要求。

2）线槽与线槽之间应连接牢固，多条线槽平行安装时应排列整齐；线槽跨越建筑物变形缝时，应设置伸缩补偿装置；线槽穿过防火墙体或楼板时，应采取防火封堵措施。

3）线槽表面、线槽截断处及线槽与线槽拼接处应平滑、无毛刺；盖板与线槽之间连接应牢固，盖板应完整，无扭曲变形；线槽拐角处及引出开口处应采用橡胶垫/圈保护线缆。

4）线槽转弯半径不应小于槽内线缆的最小允许弯曲半径，直角弯处最小弯曲半径不应小于槽内最粗线缆外径的10倍。

5）直埋线槽每隔30m处、线槽与线槽交叉处、线槽转弯处应设置过线盒。

6）过线盒盖应能抗压、能开启，并与地面齐平，盒盖处应采取防尘与防水措施。

7）金属线槽安装后应电气连通；金属线槽形成环状时，不应电气闭合。

4　保护管明敷应符合下列规定：

1）安装位置、规格、材质应满足设计文件功能要求。

2）多个保护管平行安装时应排列整齐；跨越建筑物变形缝时，应设置伸缩补偿装置；保护管应顺直进入线槽。

3）保护管不应有折皱、凹陷和裂缝，管内应平滑、无毛刺，切口处、连接处应平整、光滑。

4）保护管内应预留牵引线或拉线，牵引线或拉线应做固定，管口应采取封堵措施。

5）保护管与线槽在防静电地板下交叉时，保护管应从线槽下方穿越，不得从线槽中贯通穿过。

6）管长度每超过30m且无弯曲时、管长度每超过20m且有1个弯曲时、管长度每超过15m且有2个弯曲时，以及管长度每超过8m且有3个弯曲时，保护管中间应增设接线盒或过线盒。

7）保护管弯曲半径不宜小于管外径的6倍；当两个接线盒间只有1个弯曲时，其弯曲半径不宜小于管外径的4倍。

8）保护管在距接线盒300mm处、弯头处两边、每隔3m处均应设置管卡固定点。

9）保护管垂直敷设时，固定间距不宜大于1.5m。

10）金属管连接处应采用螺纹连接或者套管紧定螺钉连接，不应采用对口熔焊连接。

11）金属保护管间、金属保护管与金属线槽间安装后应电气连通，并采用截面积不小于6mm^{2}的多股铜线就近接入等电位接地排。

5　保护管预埋应符合下列规定：

1）安装位置、规格、材质应符合设计文件要求。

2）多个保护管平行安装时应排列整齐；跨越建筑物变形缝时，应设置伸缩补偿装置；保护管应顺直进入线槽。

3）保护管不应有折皱、凹陷和裂缝，管内应平滑、无毛刺，切口处、连接处应平整、光滑；保护管与保护管连接处应做防水处理。

4）保护管内应预留牵引线或拉线，牵引线或拉线应做固定。

5）保护管不应穿越设备基础。

6）保护管埋深不应小于15mm。

7）管长度每超过30m且无弯曲时、管长度每超过20m且有1个弯曲时、管长度每超过15m且有2个弯曲时，以及U形保护管反向弯曲时，保护管中间应增设接线盒或过线盒。

8）保护管外径小于50mm时，保护管弯曲半径不应小于保护管外径的6倍；保护管外径大于50mm时，保护管弯曲半径不应小于保护管外径的10倍。

9）保护管管口伸出墙面或地面的长度宜为25~50mm。

10）金属管连接处应采用螺纹连接或者套管紧定螺钉连接，不应采用对口熔焊连接。

11）金属保护管安装后应电气连通。

6 信息机房、信息设备间应采用走线架布线工艺，机柜之间的光纤跳线应采用尾纤槽进行防护。走线架安装应符合下列规定：

1）走线架安装施工流程如图7.2.4-2所示。

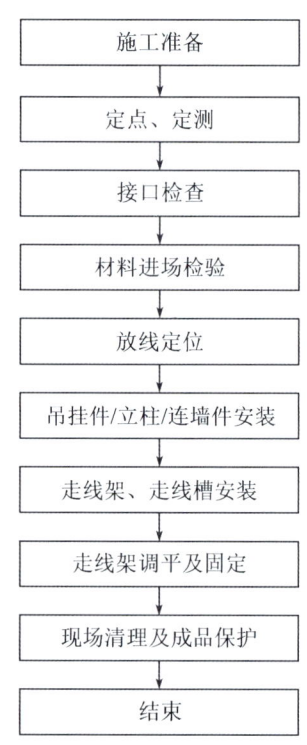

图7.2.4-2 走线架安装施工流程

2）安装位置、材质、规格应符合设计文件要求。

3）走线架安装水平度偏差不应大于2mm，垂直度偏差不应大于3mm。

4）上走线架两端应固定在墙上，走线架底面距机柜顶面不应小于300mm；下走线架应固定在地面上，走线架底面与地面距宜为50~100mm；固定走线架的支架或吊架的间距不应大于1.5m。

5）走线架安装后应电气连通，并采用截面积不小于6mm²的多股铜线就近接入等电位接地排；走线架形成环状时，不应电气闭合。

7.2.5 线缆布放和配线

1 线缆布放施工流程如图 7.2.5-1 所示。

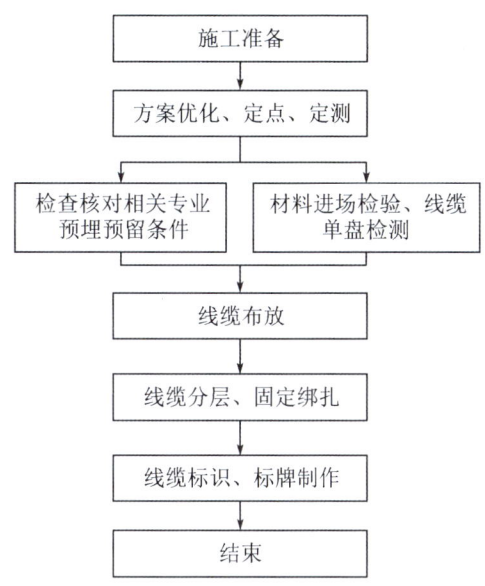

图 7.2.5-1 线缆布放施工流程

2 信息机房线缆在走线架上布放示意图如图 7.2.5-2 所示。

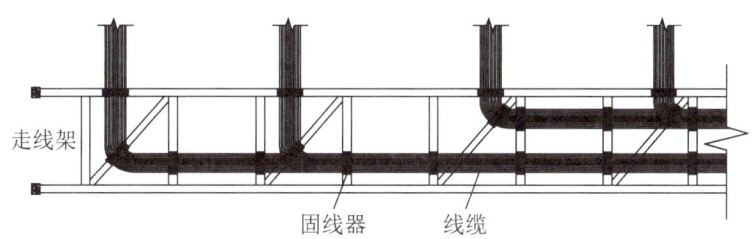

图 7.2.5-2 线缆在走线架上布放示意图

3 线缆布放应符合下列规定：

1）线缆布放方式应符合设计文件要求。

2）线缆与电力电缆等其他管线的最小间距应符合现行《建筑物电子信息系统防雷技术规范》（GB 50343）的有关规定。

3）广播电缆、电源线/地线、其他线缆应分开布放；线缆布放应顺直，无扭绞、打圈、接头、挤压和损伤。

4）线槽内布放时，弱电线槽的截面利用率不大于50%；电力线槽的截面利用率不大于40%。

5）线缆布放的弯曲半径应符合下列要求：

（1）网线的弯曲半径不应小于线缆外径的 4 倍。

（2）同轴电缆的弯曲半径不应小于线缆外径的 15 倍。

（3）2 芯或 4 芯光缆的弯曲半径不应小于 25mm，其他芯数光缆的弯曲半径不应小于光缆外径的 10 倍。

6）线缆应按类别分束绑扎，线缆绑扎应平直整齐、稳固、间隔均匀、松紧适度，扎带朝向一致。

7）线槽内线缆垂直布放时，线缆应固定在线槽上，固定间距不应大于1.5m，线缆的上端应固定在线槽上；线槽内线缆水平布放时，线缆首、尾、转弯及每隔5～10m处应固定。

8）线缆两端应有去向标识，标识应选用不易损坏的材料。

9）末端线缆宜隐蔽敷设。

4 站台雨棚桥架方案线缆布放应符合下列要求：

1）单柱站台混凝土雨棚桥架线缆布放示意图如图7.2.5-3所示。

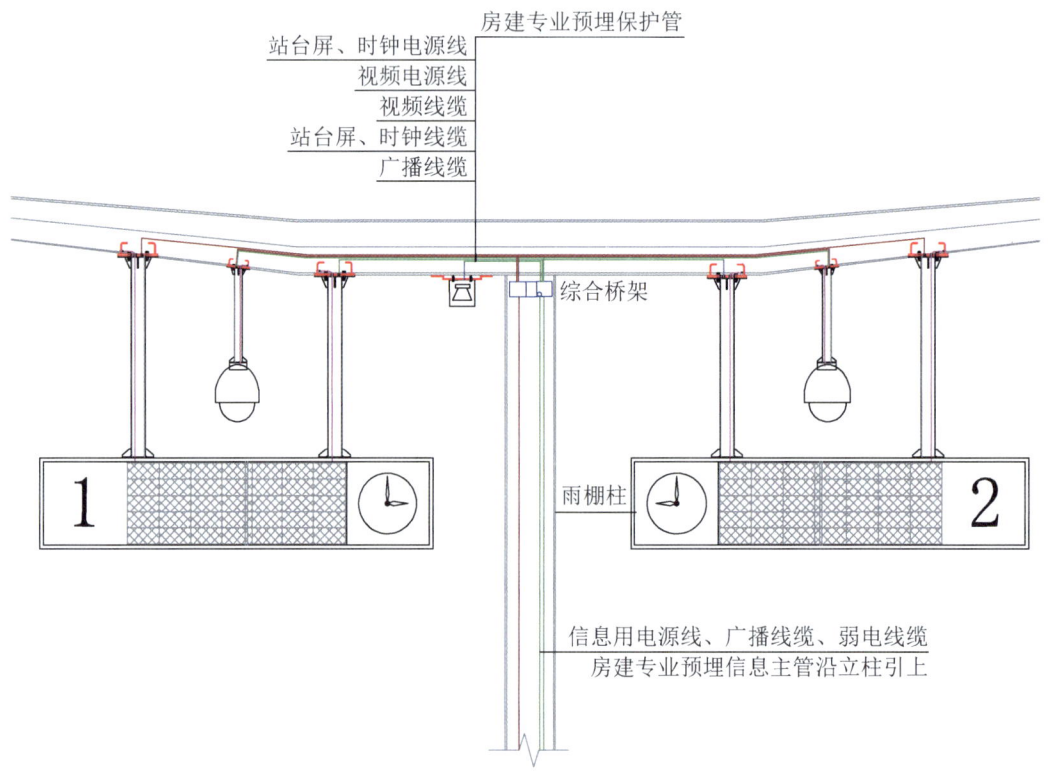

图7.2.5-3 单柱站台混凝土雨棚桥架线缆布放示意图

2）双柱站台混凝土雨棚桥架线缆布放示意图如图7.2.5-4所示。

3）单柱站台钢结构雨棚桥架线缆布放示意图如图7.2.5-5所示。

4）客服线缆随雨棚柱垂直引入雨棚布放示意图如图7.2.5-6所示。

5）混凝土雨棚桥架线缆布放剖面，如图7.2.5-7所示。

6）站台雨棚桥架方案线缆布放接口检查工艺质量要点如下：

（1）房建施工单位应根据客服系统线缆需求设置桥架、预埋雨棚柱主干钢管；应根据客服设备点位预埋分支钢管、出线盒及手孔。

（2）房建施工单位应在过横梁处为站台雨棚桥架预留孔洞。

（3）应采用一体化桥架，外形整体美观，内壁光滑平整，无损伤电缆绝缘的凸起和尖角；桥架、吊杆选型、厚度应符合耐久性和强度要求，工艺标准与装修工艺协调一致。

（4）桥架应安装牢固，无扭曲变形，跨越建筑物变形缝时应设置伸缩补偿装置。

7 ◇ 客服信息工程

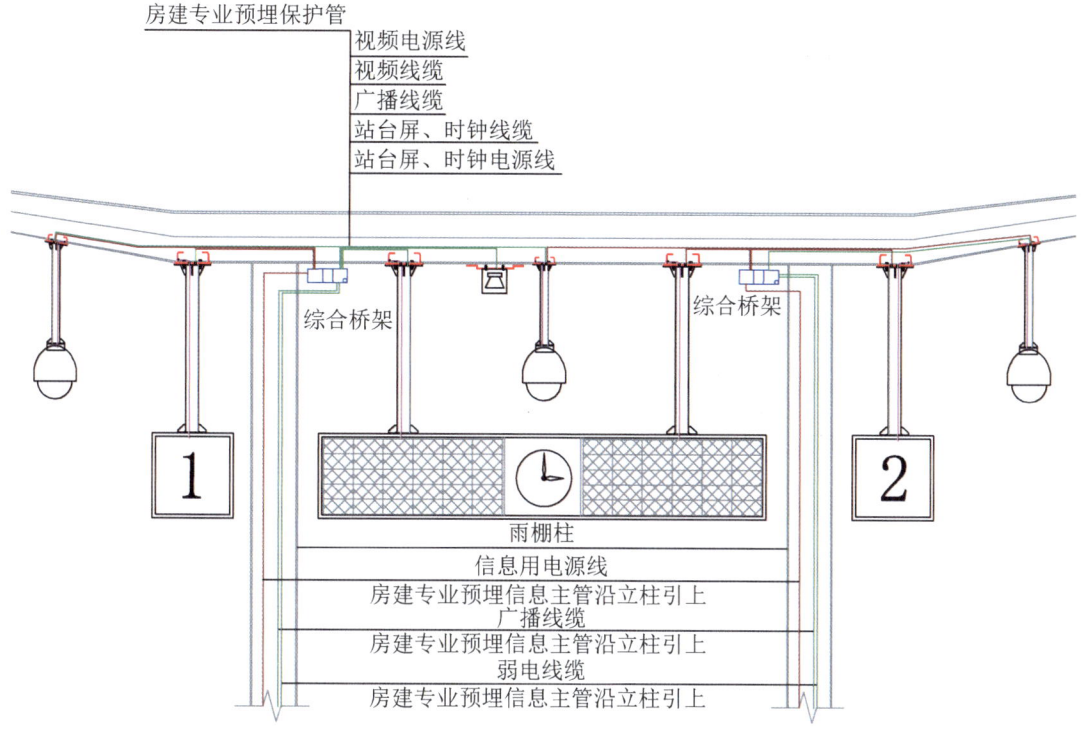

图 7.2.5-4　双柱站台混凝土雨棚桥架线缆布放示意图

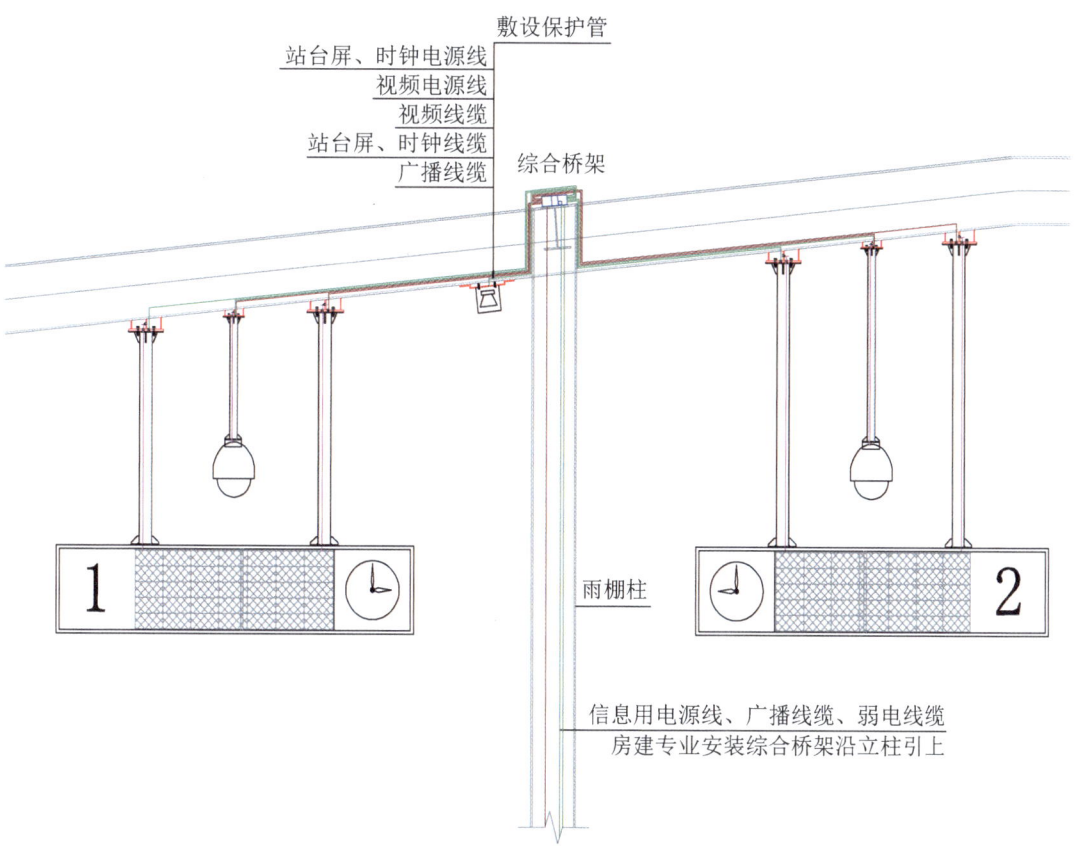

图 7.2.5-5　单柱站台钢结构雨棚桥架线缆布放示意图

343

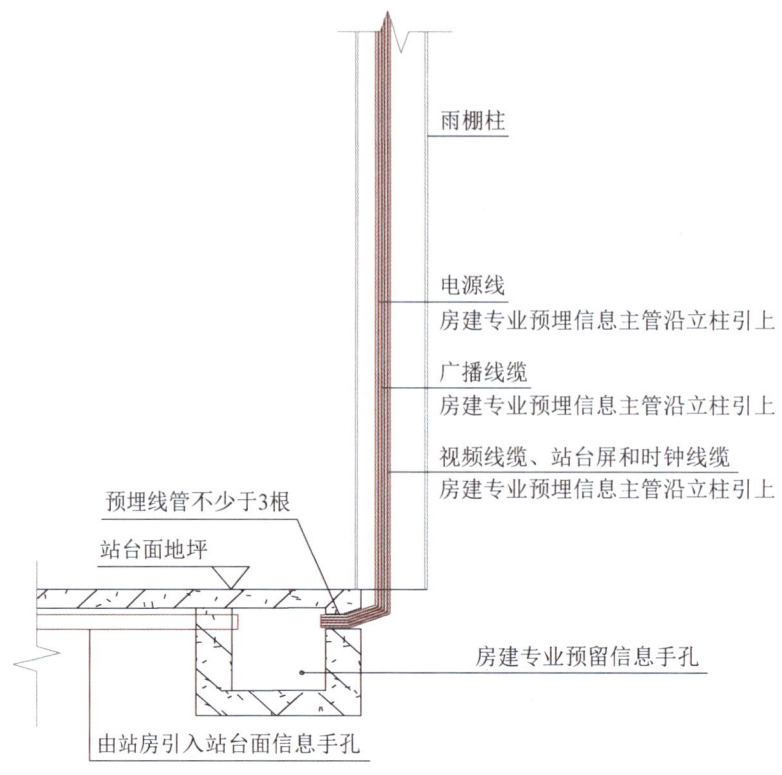

图7.2.5-6 客服线缆随雨棚柱垂直引入雨棚布放示意图

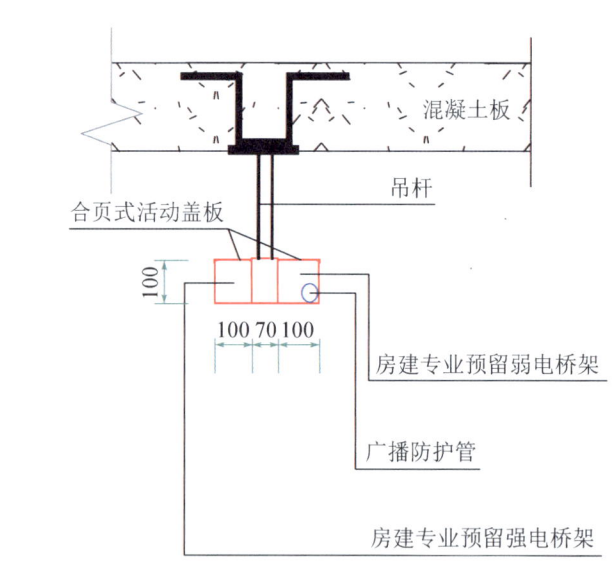

图7.2.5-7 混凝土雨棚桥架线缆布放剖面示意图（尺寸单位：mm）

（5）桥架盖板宜采用合页式安装，盖板距雨棚顶面高度应符合盖板开启、线缆布放及维护需要。

（6）桥架、吊杆及构件应进行防锈、防腐处理。

（7）预留桥架、预埋钢管及各连接处应保证物理连通。

（8）站台雨棚桥架、钢管应保证电气联通并可靠接地。

（9）预埋钢管应留穿线钢丝，两端应留出冗余长度。

（10）弱电桥架宽度不小于110mm，强电桥架宽度不小于100mm。强弱电桥架间距不小于70mm。

7）站台雨棚桥架方案线缆布放施工工艺质量要点如下：

（1）桥架内线缆布放应顺直、整齐、无交叉；线缆进出桥架部位应绑扎固定。

（2）广播线布放在桥架内应单独穿管，管内线缆不应拧绞，不得有接头。

（3）进出桥架的线缆应隐蔽敷设。

（4）跨越建筑物变形缝处，线缆应适当余留。

（5）线缆在雨棚桥架内布放时应根据线缆类型分束绑扎，绑扎间距不小于1.5m，不宜绑扎过紧或使线缆受到挤压；扎带头应剪齐，同组扎带头应朝向一致。

（6）线缆两端应有防水、耐摩擦的永久性标签，标签书写应清晰、准确。

5 站台雨棚钢管全预埋方案线缆布放应符合下列规定：

1）单柱站台雨棚钢管全预埋方案线缆布放示意图如图7.2.5-8所示。

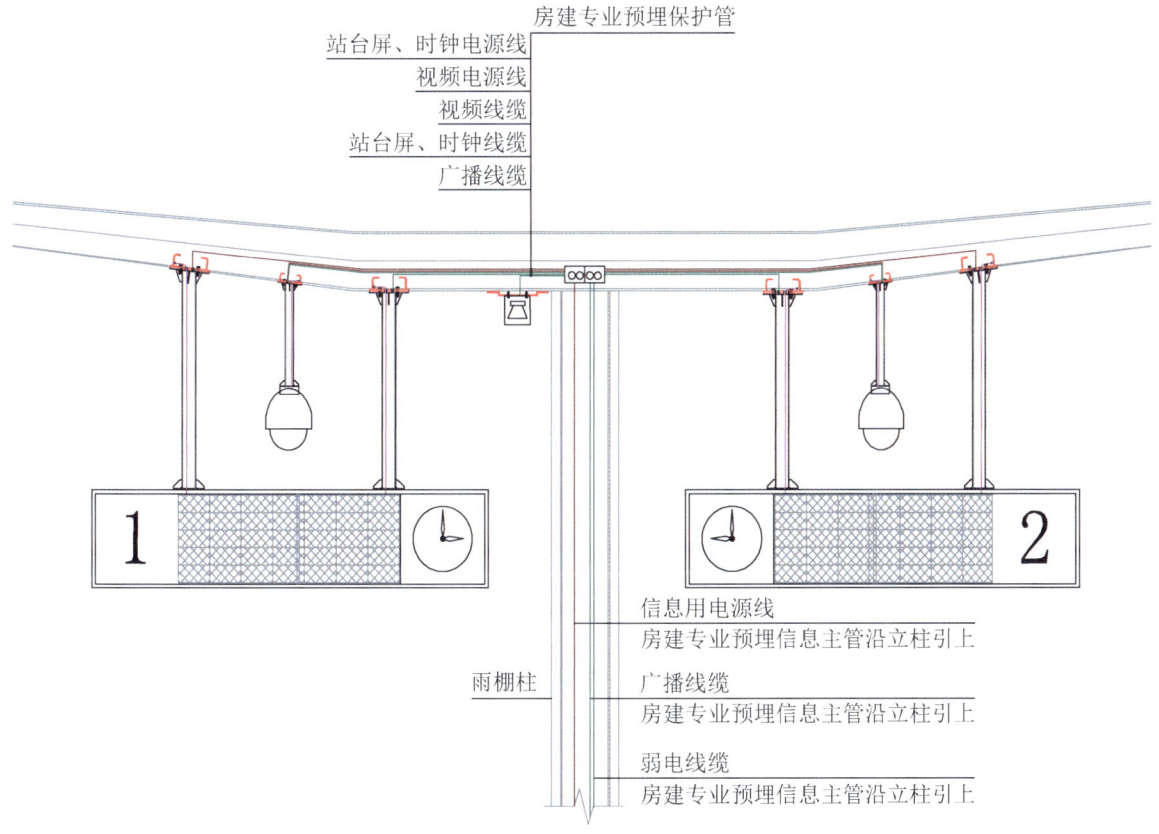

图7.2.5-8 单柱站台雨棚钢管全预埋线缆布放示意图

2）双柱站台雨棚钢管全预埋方案线缆布放示意图如图7.2.5-9所示。

3）站台雨棚钢管全预埋方案线缆布放接口检查工艺质量要点如下：

（1）预埋钢管前应在雨棚施工平面图上进行定位，应对预埋位置及数量进行核对。

（2）雨棚内主干及分支钢管应全部预埋，不得外露，所有钢管应电气连通并可靠接地。

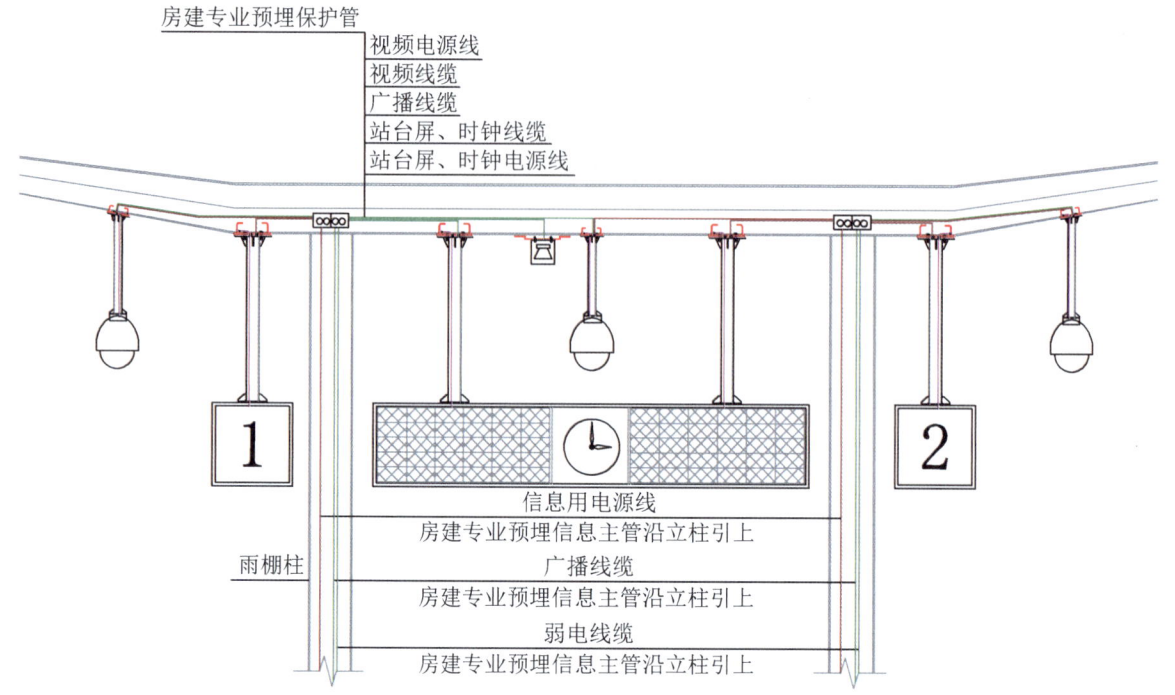

图 7.2.5-9　双柱站台雨棚钢管全预埋方案线缆布放示意图

（3）雨棚柱引上钢管与雨棚主干管连接处、主干管与分支管连接处应在梁体附近设置分线盒或者分线箱。

（4）站台雨棚顶板内预埋钢管管径不应大于 32mm，预埋钢管数量应符合客服设备点位需求，并适度考虑余量。

（5）所有预埋的钢管均应留穿线钢丝，两端应留出冗余长度。

（6）预埋钢管材质应为热镀锌钢管；钢管预埋跨越建筑物伸缩缝时，应设置伸缩补偿装置。

（7）预埋钢管及各连接处应保证物理连通。

（8）客服线缆随雨棚柱引上雨棚采用钢管预埋方案时，管径不小于 50mm，数量为 3~4 根；采用仿落水管方案时，管径与落水管管径一致，数量及位置满足客服专业需求，仿落水管与落水管不得同柱敷设；雨棚柱附近应预留信息手孔，每个站台预留信息手孔不少于 2 个，手孔盖板应与站台铺装对缝，并与站台面齐平。

（9）设置综合显示屏的雨棚柱不宜设置落水管。

（10）分线盒、钢管连接处应采用胶带绑扎等密封措施防止混凝土浇筑时造成管盒接口处堵塞；出线孔盖板采用沉入式安装，腻子层下用丝网防护处理，防止表层龟裂；表层应统一粉刷，与站台雨棚顶面工艺一致。分线盒预埋工艺示意图如图 7.2.5-10 所示。

4）站台雨棚全预埋方案线缆布放施工时，广播线缆应单独穿管布放，管内线缆不应拧绞，不得有接头；线缆布放应考虑余长；线缆两端应有防水、耐摩擦的永久性标签，标签书写应清晰、准确。

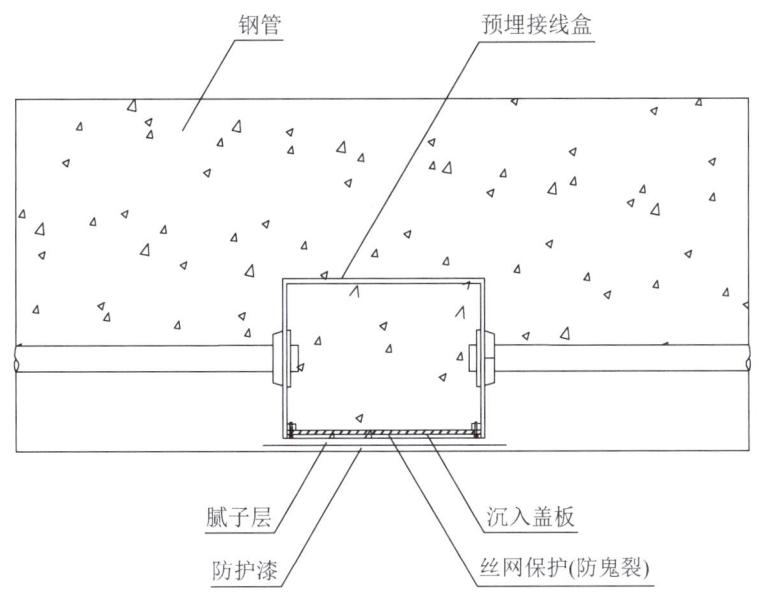

图 7.2.5-10　分线盒预埋工艺示意图

6　线缆配线应符合下列规定：

1）线缆配线应顺直、整齐，拐弯处弧度一致；线位正确，标识清晰、齐全。

2）配线中间不得有接头，不得有绝缘破损；屏蔽层应可靠接地。

3）采用压接方式时，应选用与线缆芯线相配套的压接端子，且压接牢固，绝缘层距端子边缘裸露金属处不宜大于 1mm；采用弹簧接线端子（卡接）时，端子配线应一孔一线，并插接牢固。

4）电源线配线线缆弯曲半径不应小于线缆外径的 6 倍；网线配线线缆弯曲半径不应小于线缆外径的 5 倍；光纤跳线线缆弯曲半径不应小于 40mm。

5）插接件、连接器的安装位置及方式应符合设计文件要求，装配应可靠、连接牢固。

6）光纤接续部位应采取保护措施，光纤跳线应单独布放，并加套管或线槽进行防护，不得挤压、扭绞。

7）末端配线应采取防护措施，并有适度预留。

7　线缆终接应符合下列规定：

1）线缆插接位置正确，终接处牢固、接触良好，插接端子完好无损。

2）网线芯线终接时，应保持原有的扭绞状态，在同一布线工程中 T568A 和 T568B 两种连接方式不应混合使用。

3）光缆芯线终接应采用收容盘连接保护，在收容盘中光纤的弯曲半径应不小于 40mm。

4）光纤接续及连接器件损耗值应符合表 7.2.5 的规定。

光纤接续及连接器件损耗值（单位：dB）　　　表 7.2.5

连接方式	损耗值	
	平均值	最大值
光纤熔接	不大于 0.15	0.3
光纤机械连接	—	0.3
光纤连接器件	最大值 0.75（含转接器件）	

7.2.6 防雷及接地

1 电源防雷箱的安装位置及方式应符合设计文件和机房布局要求,接地方式应符合设计文件要求。

2 浪涌保护器安装应符合设计文件要求和现行《铁路防雷及接地工程技术规范》(TB 10180)的有关规定。

3 等电位接地端子板/排的安装应符合下列规定:

1)等电位接地端子板/排的设置数量、位置、材质、规格应符合设计文件及有关规定要求。

2)有防静电地板时,等电位接地端子板/排应安装在防静电地板下方。

3)无防静电地板时,等电位接地端子板/排应安装在墙面上,底沿距地面高度宜为200mm。

4)防雷接地用等电位接地端子板/排临近电源防雷箱设置。

5)等电位接地端子应设置标识。

4 等电位连接线应符合下列规定:

1)等电位连接线材质、规格应符合设计文件和有关规定要求。

2)弯曲半径不小于线缆外径的10倍。

3)布放应短捷、顺直、整齐。

5 等电位连接及接地应符合下列规定:

1)机柜/架设备、金属管线槽均应通过等电位接地端子板/排进行等电位连接,连接方式应符合设计文件要求。

2)柜门与柜体、柜/架内设备与柜/架体应等电位连接。

3)接地线上严禁设置开关、熔断器或断路器。

4)接地线与等电位接地端子板/排采用栓接连接时,应采用双螺母。

5)接地线与压接端子应连接紧密。

7.2.7 布线检测

1 网线终接线位应正确,无反向线对、交叉线对或串对。

2 网线布线系统的衰减、串音应符合现行《综合布线系统工程验收规范》(GB/T 50312)的有关规定。

3 光纤信道衰减应符合现行《综合布线系统工程验收规范》(GB/T 50312)的有关规定。

4 电源线芯线间、芯线对地的绝缘电阻不应小于1MΩ。

7.3 旅客服务信息系统

7.3.1 一般规定

1 站房、站台旅客服务系统终端设备形式、颜色、安装方式应与站房、站台整体装修风格协调一致；同一区域的各类旅客服务系统终端设备应统筹布局，设备及安装件形式及颜色应协调统一。

2 站台子钟与动态显示屏结合安装时，子钟颜色、规格、形式应与动态显示屏相协调；子钟独立吊挂安装时，下底边安装高度应与动态显示屏底边齐平。

3 安检仪应配置动力延长板和接物架，安检门与安检仪、控制台之间的所有设备配线宜隐蔽敷设。

4 车站服务台安装施工应预留旅服、客票、办公等相关设备安装及线缆隐蔽敷设条件。

5 求助按钮应安装在明显位置，标识明显。

7.3.2 旅客服务信息系统设备及材料进场检验

旅客服务信息系统设备及材料进场验收除应符合现行《铁路客运服务信息系统工程施工质量验收标准》（TB 10427）的有关规定外，尚应符合下列规定：

1）大屏幕显示设备及支架安装方式应符合设计结构检算要求。

2）综合显示屏及结构件安装方式应符合设计结构检算要求。

7.3.3 综合控制室设备安装

1 综合控制室设备总体布局应符合下列规定：

1）后维护式大屏幕显示设备后维护通道不应小于0.8m。

2）大屏幕显示设备与综控台间距离不宜小于2.5m。

3）综控台、大屏幕显示设备、操作终端设备应与装修风格协调一致，除外接显示器外应无外露线缆。

4）静电地板下应设置走线槽或走线架，电源线与信号线应分槽敷设。

2 大屏显示器设备安装应符合下列要求：

1）大屏幕显示设备安装工程施工流程如图7.3.3所示。

2）大屏幕显示设备的尺寸、材质、安装方式应符合设计文件的要求。

3）大屏幕显示设备安装应平整，整体垂直偏差不应大于1‰，水平偏差不应大于3mm。

4）大屏幕显示设备的显示屏安装间距符合设备最窄拼接缝隙要求，间距一致、整齐均匀。

5）大屏幕显示设备采用落地安装时，柜体应采用抗震底座通过膨胀螺栓固定在地面上，底座高度与防静电地板面平齐，且不影响柜体门的开启；内布线缆不应放于走线槽内，绑扎整齐，标识清晰。底座与地面、柜体与底座、柜体与柜体之间应固定牢固。

6）大屏幕显示设备采用壁挂式安装时，设备与支架应符合设计结构检算要求；线缆应隐蔽布放，绑扎整齐，标识清晰。

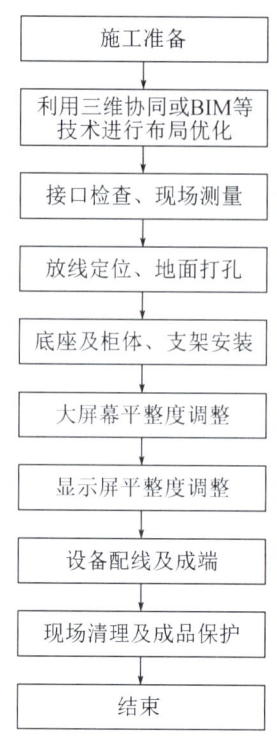

图 7.3.3 大屏幕显示设备安装工程施工流程

3 综控台安装应符合下列规定:

1) 综控台柜体内线缆应绑扎整齐,标识清晰;单个柜体应设置专用电源分配单元(PDU);综控台柜体应采用截面积不小于 6mm² 的多股铜线就近连接到接地端子汇集,与地线可靠连接。

2) 综控台安装应保持水平,桌面水平偏差不应大于 2mm。

3) 设置大屏幕显示设备时,综控台位置应满足视距、视角要求,避免遮挡大屏幕显示设备。

4) 综控台客服终端显示器布局根据数量可单排或双排放置,规格应保持一致,与整体装修风格协调;与行车室合设时,综控台与行车台风格宜一致,显示器规格及排布方式宜一致。

7.3.4 车站客运广播系统

1 车站客运广播系统设备安装、配线除应满足本指南第 7.2 节的要求外,尚应符合下列规定:

1) 客运广播扬声器类型、安装位置、角度应满足声场覆盖要求;颜色、形式、规格应与装修装饰相协调。

2) 扬声器安装位置符合设计文件要求,声场前方不应有阻挡声音传播的遮挡物。

3) 同一区域同类扬声器安装应排列均匀、高度一致、平整牢固;线缆宜隐蔽布放。

4) 扬声器吸顶式安装支架应与吊顶紧贴并固定牢固;安装时宜使用垂直吊杆与结构体固定。扬声器吸顶式安装示意图如图 7.3.4-1 所示。

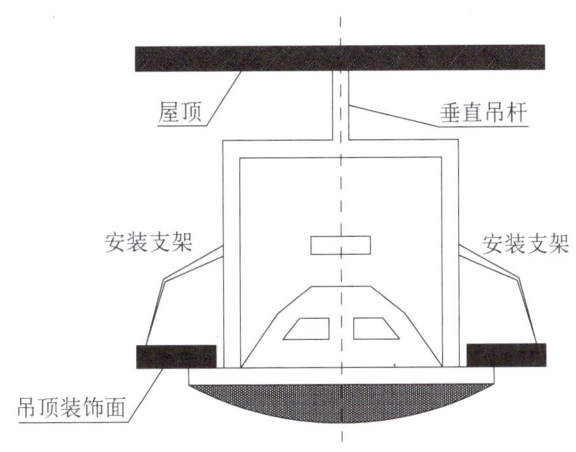

图 7.3.4-1 扬声器吸顶式安装示意图

5）扬声器壁挂式安装时，应测量出支架上安装孔位之间的距离，使用螺栓将分离出的支架固定在墙面上。扬声器壁挂式安装示意图如图 7.3.4-2 所示，音柱扬声器安装示意图如图 7.3.4-3 所示。

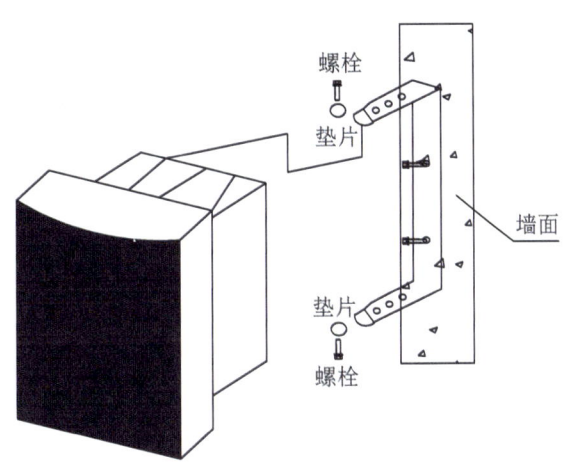

图 7.3.4-2 扬声器壁挂式安装示意图

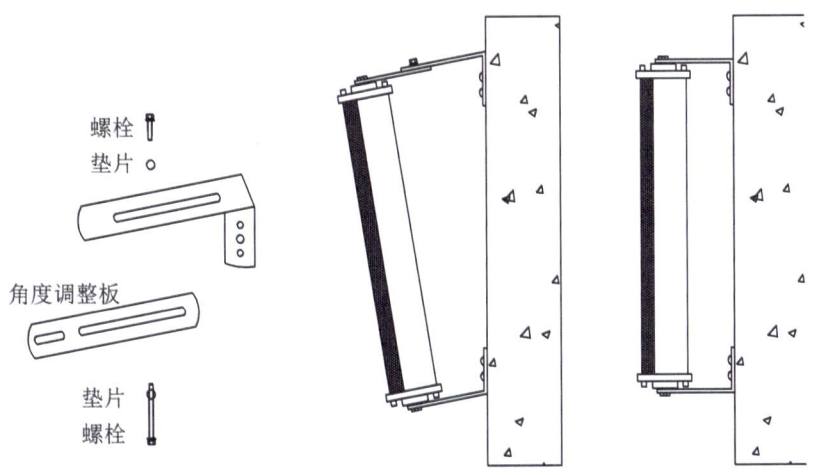

图 7.3.4-3 音柱扬声器安装示意图

6）安装在装饰面上的扬声器应与建筑结构连接牢固，房建专业应在装饰面预留孔洞，尺寸满足扬声器安装维护要求。

7）扬声器采用嵌入式安装时，应与装饰面密贴。扬声器嵌入式安装示意图如图 7.3.4-4 所示。

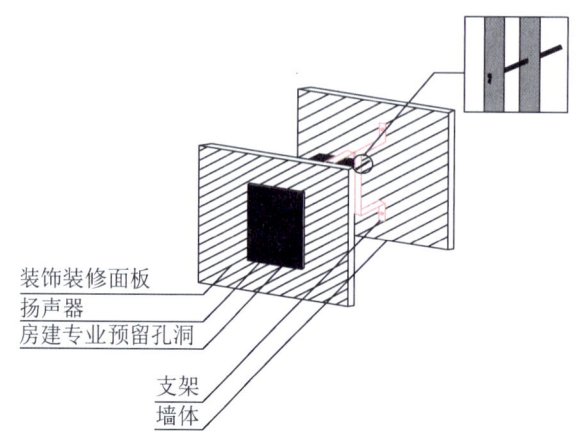

图 7.3.4-4　扬声器嵌入式安装示意图

8）线声源在结构柱上安装时应高度一致，居中安装，管线应隐藏安装。线声源壁挂式安装示意图如图 7.3.4-5 所示。

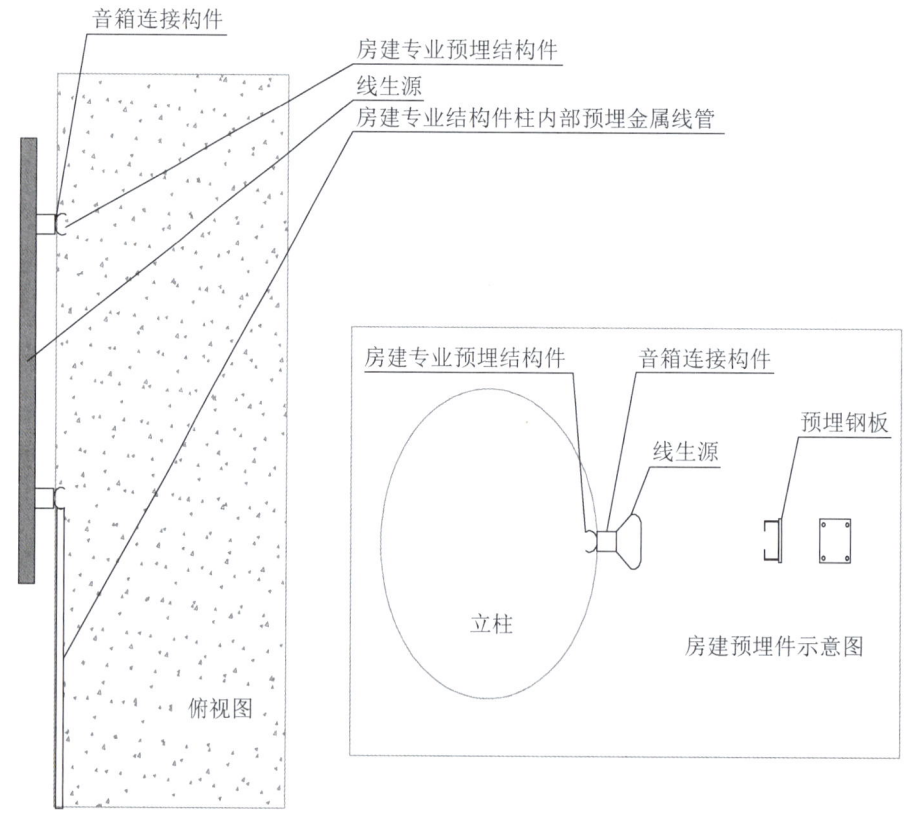

图 7.3.4-5　线声源壁挂式安装示意图

2 车站客运广播系统设备防雷及接地应符合本指南第7.2.6条的有关规定。

3 车站客运广播系统应与火灾自动报警系统（Fire Alarm System，FAS）实现联动。

7.3.5 车站视频监控系统

1 车站视频监控设备安装、配线除应符合本指南第7.2节的相关规定外，尚应符合下列规定：

1）摄像机壁挂式安装示意图如图7.3.5-1所示。枪式摄像机吊挂式安装示意图如图7.3.5-2所示。半球摄像机吸顶式安装示意图如图7.3.5-3所示。

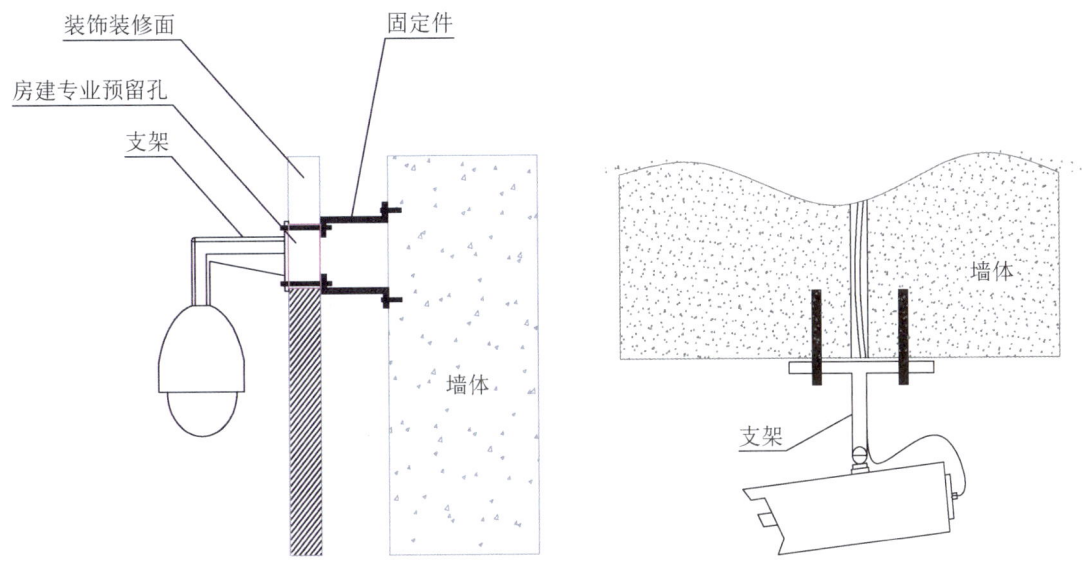

图7.3.5-1 摄像机壁挂式安装示意图　　　图7.3.5-2 枪式摄像机吊挂式安装示意图

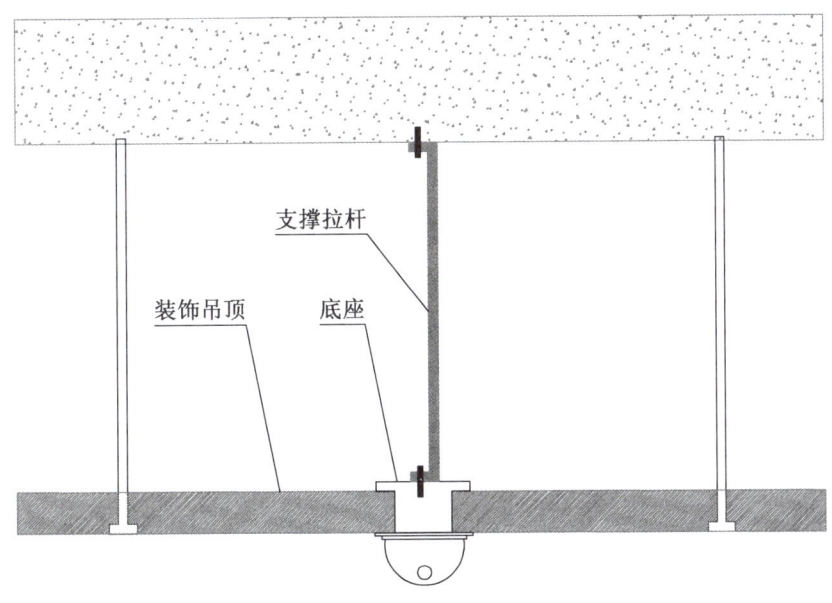

图7.3.5-3 半球摄像机吸顶式安装示意图

2）摄像机安装位置、方式、角度、监控范围应符合设计文件要求和铁路建筑限界要求；摄像机安装应符合现行《铁路工程设计防火规范》（TB 10063）的有关规定。

3）摄像机安装应牢固、无遮挡；吊装支架应与地面保持垂直；线缆应隐蔽布放；从摄像机引出的线缆应留有余量。

4）吸顶式半球摄像机底座应与吊顶紧贴并固定牢固；安装时应使用拉杆与结构体固定。

5）安装在装饰面上的摄像机应与建筑结构连接牢固，房建专业应在装饰面预留孔洞，尺寸满足摄像机安装维护要求。

6）支架、底座与装饰面间固定螺栓应采用沉头式内爆丝螺栓，螺栓颜色应与支架、底座整体协调统一。

2 站台摄像机安装尚应符合下列规定：

1）在符合运营要求的前提下，站台摄像机宜采用与动态显示屏、静态标识及桥架相结合的方式安装。摄像机与动静态屏结合安装示意图如图7.3.5-4所示。

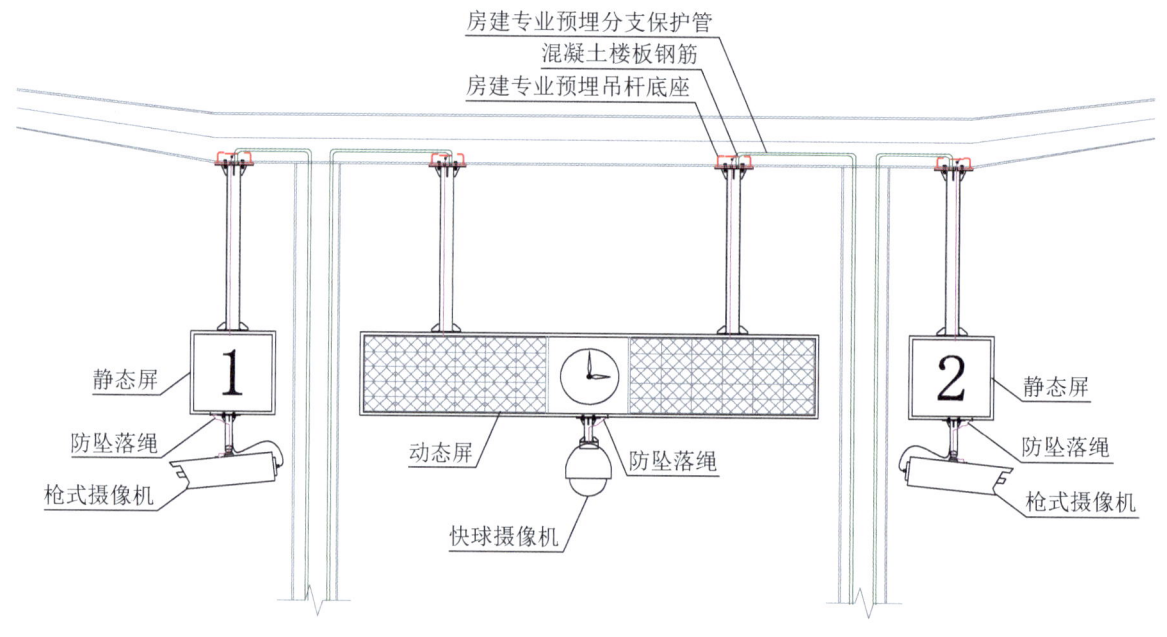

图 7.3.5-4　摄像机与动静态屏结合安装示意图

2）安装于雨棚的吊装式摄像机的预埋吊挂件应由结构专业设计和施工。

3）摄像机配套设备应安装于现场终端盒内。

4）摄像机在接触网等高压带电设备附近安装时，安全防护距离不得少于2m。

7.3.6　车站时钟系统

1 车站时钟设备安装除应符合本指南第7.2节的有关规定外，尚应符合下列规定：

1）子钟前方不应有遮挡物。

2) 子钟安装在接触网等高压带电设备附近时,与牵引供电设备带电部分距离应不小于2m。

3) 消防通道的时钟安装应符合现行《铁路工程设计防火规范》(TB 10063) 的有关规定。

4) 子钟独立吊挂时,应有防坠落措施,站台子钟与安装件之间应采用双螺母紧固,外部为防松脱螺母,下底边应与动态显示屏下底边平齐。

2 车站时钟系统设备防雷及接地应符合本指南第7.2.6条的有关规定。

7.3.7 车站综合显示系统

1 综合显示屏设备安装施工流程如图7.3.7-1所示。

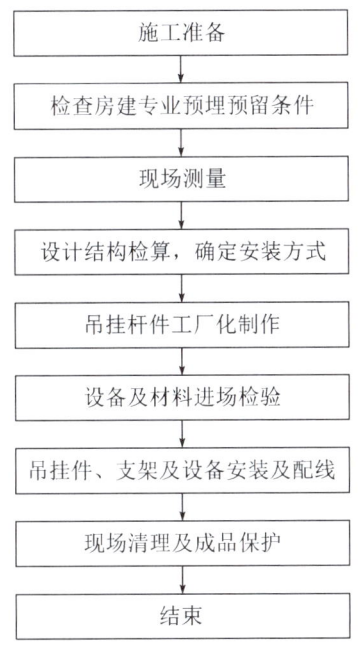

图7.3.7-1 综合显示屏设备安装施工流程图

2 综合显示设备安装应牢固可靠,并与站房建筑装饰装修相协调,确保安全、美观、适用。综合显示系统设备安装除应符合本指南第7.2节的有关规定外,尚应符合下列规定:

1) 消防通道的显示屏安装应符合现行《铁路工程设计防火规范》(TB 10063) 的有关规定。

2) 显示屏与安装件之间应采用双螺母紧固,外部为防松脱螺母;螺杆外露长度为2~3丝扣;LED显示屏吊挂安装时,吊杆内应增加防坠落措施。

3) 显示屏当采用分块拼装时,分块之间间隙不应大于2mm。

4) 室内显示屏的安装应与暖通出风口、装饰面、静态标识等设施统筹布置,风格、色调协调,整体美观。

5) LED显示屏采用壁挂方式安装时,垂直及水平偏差度不应大于1‰;屏体外框与装修面应密贴,缝隙不应大于5mm,并用密封胶密封。

6）LED显示屏采用嵌入方式安装时,显示屏应与装修面对砖对缝、美观,屏体表面应与装修面密贴、齐平。

7）动态显示屏与静态标识采用整体框架时,动态显示屏应为静态标识预留安装位置。

8）售票窗口屏安装宽度与人工售票窗口总宽度一致;票额屏的安装位置应与人工窗口、自动售票机的安装位置、售票厅总体风格协调,布局合理。

9）对于面积较大、发热量较大的显示屏,应合理考虑设备散热;对于环境温度较高的区域、阳光直射区域,宜增加散热装置。

3 室外综合显示设备安装尚应符合下列要求：

1）综合显示屏的安装应符合设计结构检算要求。

2）站台综合屏（含静态标识）在接触网等高压带电设备附近安装时,安全防护距离不得少于2m,且与接触网腕臂不应在同一平面。

3）站台显示屏吊挂件宜采用栓筋结构形式安装；房建专业预埋的外露螺栓长度应一致、美观,预埋件外漏部分和法兰部位可加装防护罩。

4）预埋吊挂件应由结构专业设计和施工,预埋支路管、防坠落绳出口位置应与预埋结构件中心出线孔位置一致。单柱站台混凝土、钢结构雨棚吊挂显示屏安装示意图分别如图7.3.7-2、图7.3.7-3所示。

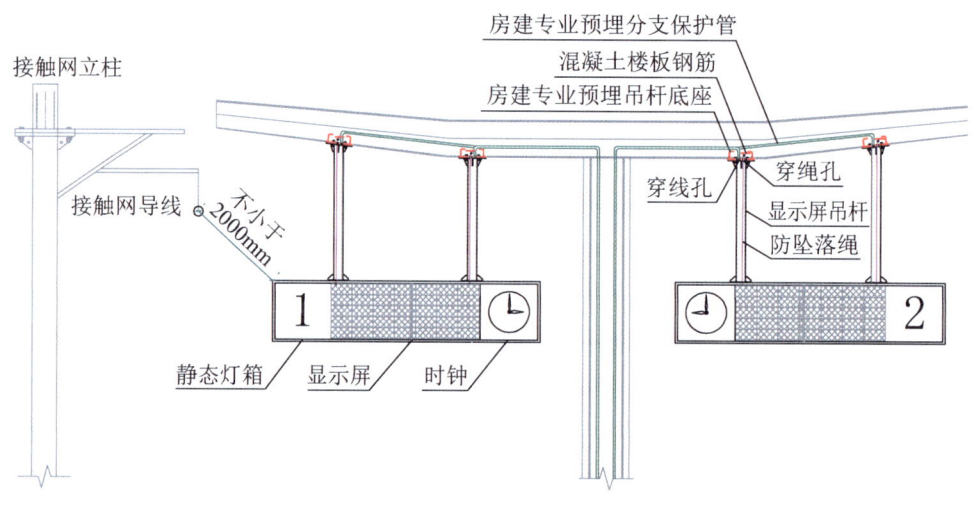

图7.3.7-2 单柱站台混凝土雨棚吊挂显示屏安装示意图

5）吊挂杆件应采用工厂化加工制作,法兰盘尺寸应与房建专业预埋结构件保持一致,法兰盘的斜度应与安装平面斜度一致,整体美观。房建专业预埋结构件示意图如图7.3.7-4所示。

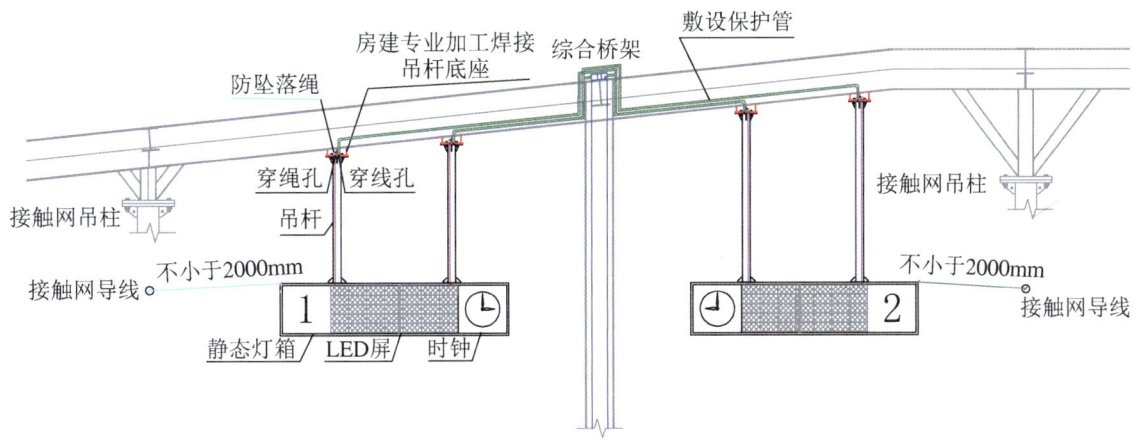

图 7.3.7-3　单柱站台钢结构雨棚吊挂显示屏安装示意图

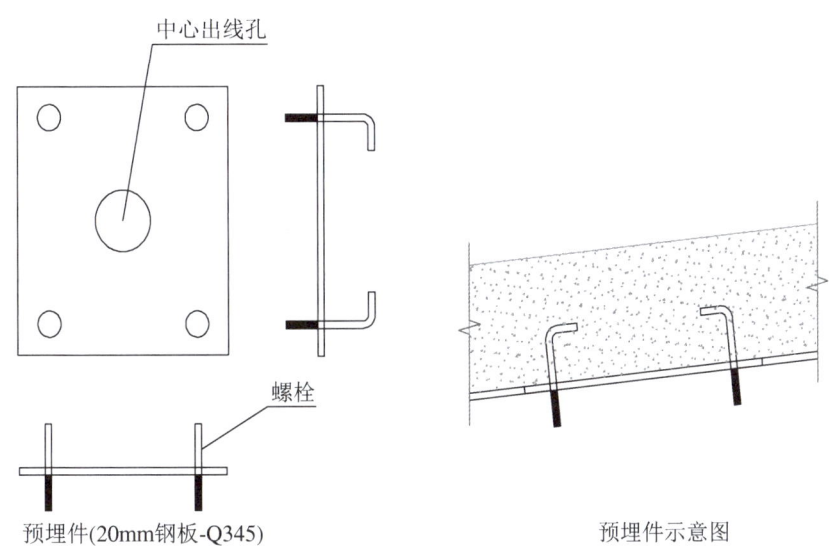

图 7.3.7-4　房建专业预埋结构件示意图

7.3.8　车站旅客携带物品安全检查设备

1　安检仪的安装、配线应符合本指南第 7.2 节的有关规定。

2　安检仪、安检门的安装位置应满足设计文件、旅客流线、运营维护等功能要求。

3　车站旅客携带物品安全检查设备防雷及接地应符合本指南第 7.2.6 条的有关规定。

7.3.9　车站信息查询系统

1　车站信息查询系统设备安装、配线应符合本指南第 7.2 节的有关规定。

2　车站信息查询系统设备防雷及接地应符合本指南第 7.2.6 条防雷及接地的有关规定。

7.3.10　车站入侵报警系统

1　车站入侵报警系统设备安装除应符合本指南第 7.2 节的有关规定外，尚应符合下列规定：

1）现场控制设备宜邻近探测器和紧急报警装置，采取防拆、防破坏措施。现场控制设备壁挂式安装时，设备底边距地面的高度应不小于1.5m；靠门安装时，宜安装在门轴的另一侧；靠近门轴安装时，靠近其门轴的侧面距离应不小于0.5m。

2）探测器应避免安装在热源、光源、空调附近，以及阳光直射的区域；探测器防护区内不应有障碍物。

3）紧急报警装置应安装牢固，不得倾斜，安装位置应便于操作；紧急报警装置应便于操作，不易误触引发报警。

4）声光报警器室外安装时应做防水处理。

2 车站入侵报警设备防雷及接地应符合本指南第7.2.6条的有关规定。

7.3.11 车站求助系统

1 车站求助系统设备安装、配线应符合本指南第7.2节的有关规定。

2 车站求助系统设备防雷及接地应符合本指南第7.2.6条的有关规定。

3 求助终端安装位置应符合设计文件和运营使用要求，标识应明显。

7.3.12 设备调试

1 参照设备技术文件，检查设备电源单元的输入、输出值，电源的电压值应符合相关技术标准的规定。

2 应对设备进行IP地址等参数配置，安装基础及应用软件。

3 对系统业务管理功能进行检验，结果应符合设计要求和相关技术标准的规定。

7.4 客票系统

7.4.1 一般规定

客票系统施工包括窗口售/补票设备（含窗口双屏、窗口对讲等）、自动售/取票机、自动检票机、柱式检票机、实名制验证设备的安装、配线及调试。

7.4.2 窗口售/补票设备

1 窗口售/补票设备安装、配线除应符合本指南第7.2节的有关规定外，尚应符合下列规定：

1）窗口售/补票桌的高度宜为760~800mm，桌面应与窗口台面齐平、无缝隙。

2）不间断电源面板应有明显标识。

3）同一室内相同规格的插座安装高度应保持一致。

7.4.3 自动售/取票机

1 自动售/取票机设备的安装施工流程如图7.4.3-1所示。

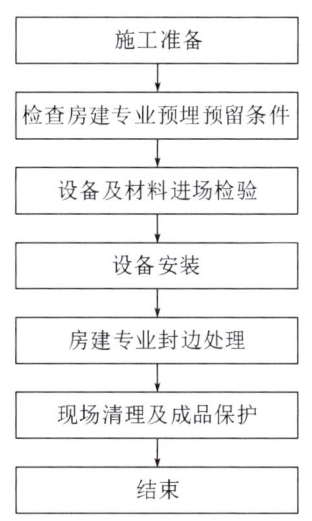

图 7.4.3-1 自动售/取票机设备安装施工流程

2 自动售/取票机的安装、配线除应符合本指南第 7.2 节的有关规定外，尚应符合下列规定：

1）自动售/取票机成排安装时应处于同一水平线上。

2）自动售/取票设备宜采用嵌入式安装。

3）自动售/取票设备预留墙洞尺寸应符合设备安装、装饰封边要求。

4）房建专业装饰封边应与自动售/取票设备外观、售票区整体装修风格相协调。

5）自动售/取票设备后方空间应符合操作、维护空间要求，后维护设备维护空间宜不小于 1.5m；自动售/取票机在近墙/柱端安装时应预留足够的开门空间，保证 180°的开门角度。自动售/取票设备安装示意图如图 7.4.3-2 所示。

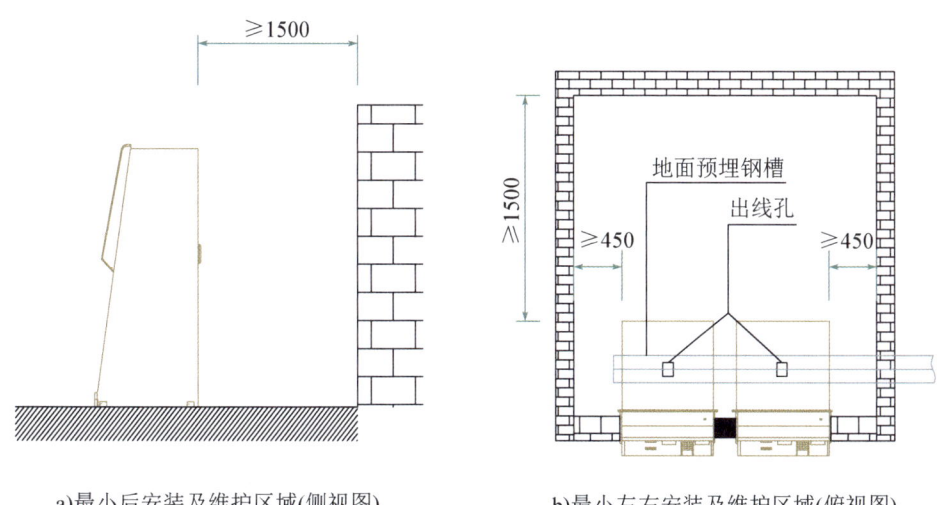

a) 最小后安装及维护区域(侧视图)　　　b) 最小左右安装及维护区域(俯视图)

图 7.4.3-2 自动售/取票设备安装示意图（尺寸单位：mm）

3　自动售/取票机防雷及接地应符合本指南第7.2.6条的有关规定。

7.4.4　自动/柱式检票机

1　检票设备安装施工流程如图7.4.4-1所示。

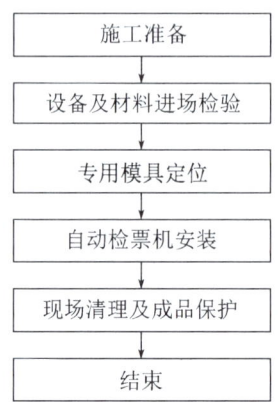

图7.4.4-1　检票设备安装施工流程

2　自动检票设备安装示意图如图7.4.4-2所示。

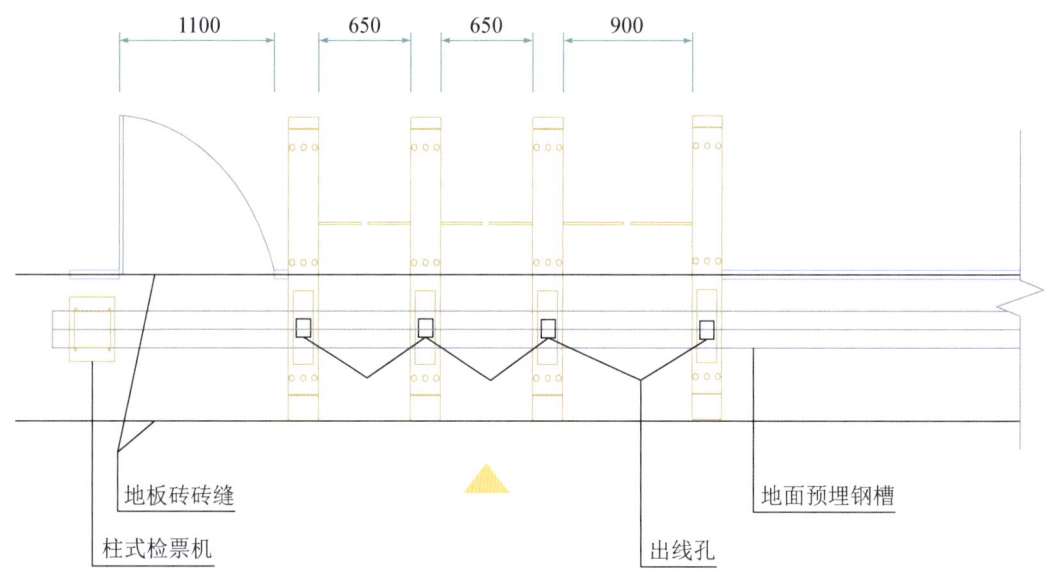

图7.4.4-2　自动检票设备安装示意图（尺寸单位：mm）

3　检票机安装、配线除应符合本指南第7.2节的有关规定外，尚应符合下列规定：

1）自动检票机、柱式检票机安装位置应符合客运组织要求。

2）进站自动检票设备与检票口门距离不宜小于3m；出站自动检票设备安装位置应考虑旅客合理走行要求，与出站扶梯的距离满足疏散要求。

3）自动检票设备宜与地砖对缝整齐。

4）安装自动检票设备位置的地面平整度误差不超过2mm。

5）自动检票设备成排安装时应处于同一水平线上，箱体之间平行度误差不应大于1‰。

6）自动检票设备安装后底部应使用密封胶密封。

7）自动检票设备应与 FAS 实现联动。

4 自动检票机防雷及接地应符合本指南第 7.2.6 条的有关规定。

7.4.5 实名制验证设备

1 实名制验证设备安装、配线除应符合本指南第 7.2 节的有关规定外，尚应符合下列规定：

1）设备安装位置、设备与安检仪间的距离应符合旅客流线组织要求。

2）安装应排列整齐；桌椅风格应与房建风格协调一致，桌椅高度应符合旅客递票舒适度。

3）自助实名制核验闸机应与 FAS 实现联动。

2 实名制验证设备防雷及接地应符合本指南第 7.2.6 条的有关规定。

7.4.6 设备调试

1 参照设备技术文件，检查设备电源单元的输入、输出值，电源的电压值应符合相关技术标准的规定。

2 应对设备进行 IP 地址等参数配置，安装基础及应用软件。

3 搭建票务系统虚拟环境，对系统业务管理功能进行检验，结果应符合设计要求和相关技术标准的规定。

7.5 车站门禁系统

7.5.1 设备安装

1 车站门禁系统验收应包括门禁设备安装和配线、门禁系统检验。

2 车站门禁系统设备及材料进场验收应符合本指南第 7.2.2 条的相关规定。

3 车站门禁系统设备安装除应符合本指南第 7.2 节的有关规定外，尚应符合下列规定：

1）控制器应安装在较隐蔽、安全和便于维护的位置。

2）读卡器、密码键盘和紧急开门控制按钮应安装牢固，面板端正，安装位置便于操作。

3）紧急开门控制按钮应安装在室内，高度与读卡器高度平齐。

7.5.2 设备配线

1 车站门禁系统设备配线应符合本指南第 7.2 节的有关规定。

2 车站门禁系统应与 FAS 实现联动。

7.6 机房信息设备安装工程

7.6.1 一般规定

1 机房信息设备安装工程包括信息机房、信息设备间等信息设备用房的各种设备安装、配线及管槽安装。

2 房建专业配套设备设施应满足下列要求：

1）空调应采用机房专用空调，空调的安装位置应根据机房整体布局确定，空调的出风口不得正对信息设备；如采用多联机空调，空调室内机及其管道不应安装在设备正上方。

2）机房照明应根据机房整体布局确定安装位置，不得安装在机柜、电源设备正上方。

3）电力专业为信息机房供电的配电柜的安装位置和电缆路由应根据信息机房的整体布局进行确定，配电柜应安装在信息机房电源区，电力电缆路由应避免强弱电交叉。

4）信息设备用房根据现行《铁路房屋建筑设计标准》（TB 10011）和《数据中心设计规范》（GB 50174）的要求，应做到：

（1）不宜有与信息设备用房无关的给排水管道穿越，特殊情况下敷设给水排水管道时，管道应采取有效的防水措施。

（2）相关给排水管道不应布置在电子信息设备的上方；进入设备用房的给水管应加装阀门。

（3）设备用房内的给水排水管道应采取防渗漏和防结露措施。

（4）穿过设备用房的给水排水管道应暗敷或采取防漏保护的套管；管道穿过设备用房墙壁和楼板处应设置套管，管道与套管之间应采取密封措施。

（5）设备用房地面应设置排水系统，用于冷凝水排水、空调加湿器排水、消防喷洒排水、管道漏水排水；地漏应采用洁净室专用地漏或自闭式地漏，地漏下应加设水封装置，并应采取防止水封损坏和反溢措施。

（6）设备用房内的给排水管道及其保温材料应采用不低于 B1 级的材料。

5）活动地板的高度应根据电缆布线和空调送风要求确定，并应符合下列规定：

（1）地板下的空间只作为电缆布线使用时，地板高度不应小于 300mm。

（2）活动地板下的空间既作为电缆布线，又作为空调静压箱时，地板高度不宜小于 600mm。

（3）地板应有静电泄放措施和接地构造，应具有防火、环保、耐污耐磨性能。

（4）静电接地的连接线应有足够的机械强度和化学稳定性，宜采用焊接或压接，当采用导电胶与接地导体黏接时，其接触面积不宜小于 $20cm^2$。

6）室内防火应符合现行《铁路工程设计防火规范》（TB 10063）及《火灾自动报警系统设计规范》（GB 50116）的规定；电缆穿过房间隔墙、楼板时，孔洞应采用防火堵料封堵。

7）信息设备用房按相关标准要求均应设置消防系统。

8）原则上不宜设置窗户，如主机房设有外窗时，应采用双层固定窗并采取遮阳措施，避免阳光直射。如信息机房窗外为非封闭区域时，应采取安装防盗窗等防盗措施。机房门应采用外开式防火门，在进门处设置高度不低于600mm、材质为金属或电镀板的防鼠挡板。

7.6.2 机房信息设备安装工程施工要求

1 机房信息设备安装施工流程如图7.6.2-1所示。

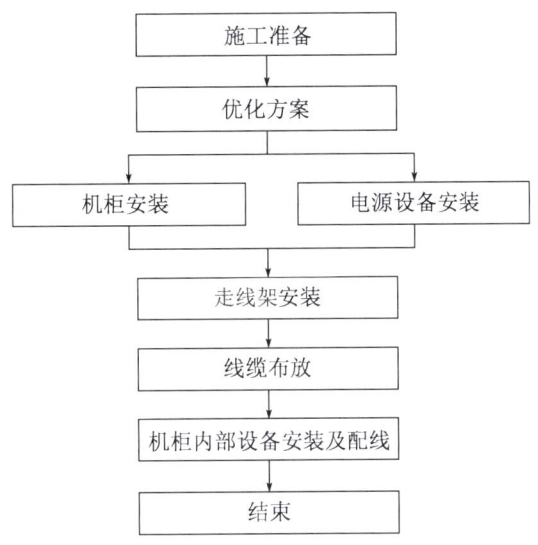

图7.6.2-1 机房信息设备安装施工流程

2 信息设备用房平面布置示意图如图7.6.2-2、图7.6.2-3所示。

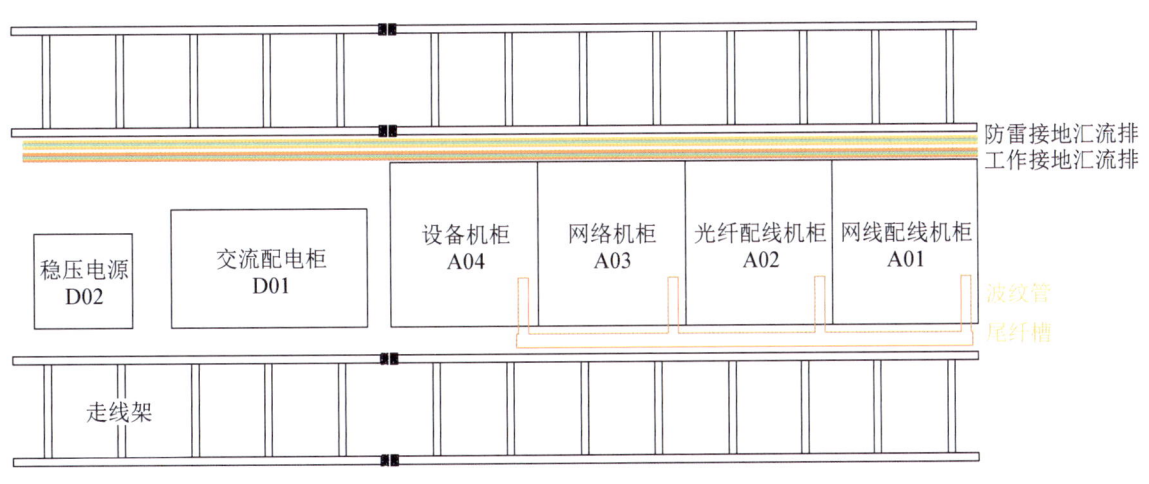

图7.6.2-2 信息配线间平面布置示意图

3 工程开工后，应与房建专业对接信息设备用房的位置和尺寸是否与信息专业施工图一致；机房设备安装前，应进行现场定测，确认房屋建筑及其装饰工程已完成并符合设备安装要求和相关技术标准的规定。

4 信息机房方案优化应符合以下要求：

1）方案优化前置条件：

（1）信息设备已经完成招标，并确定型号、外形尺寸。

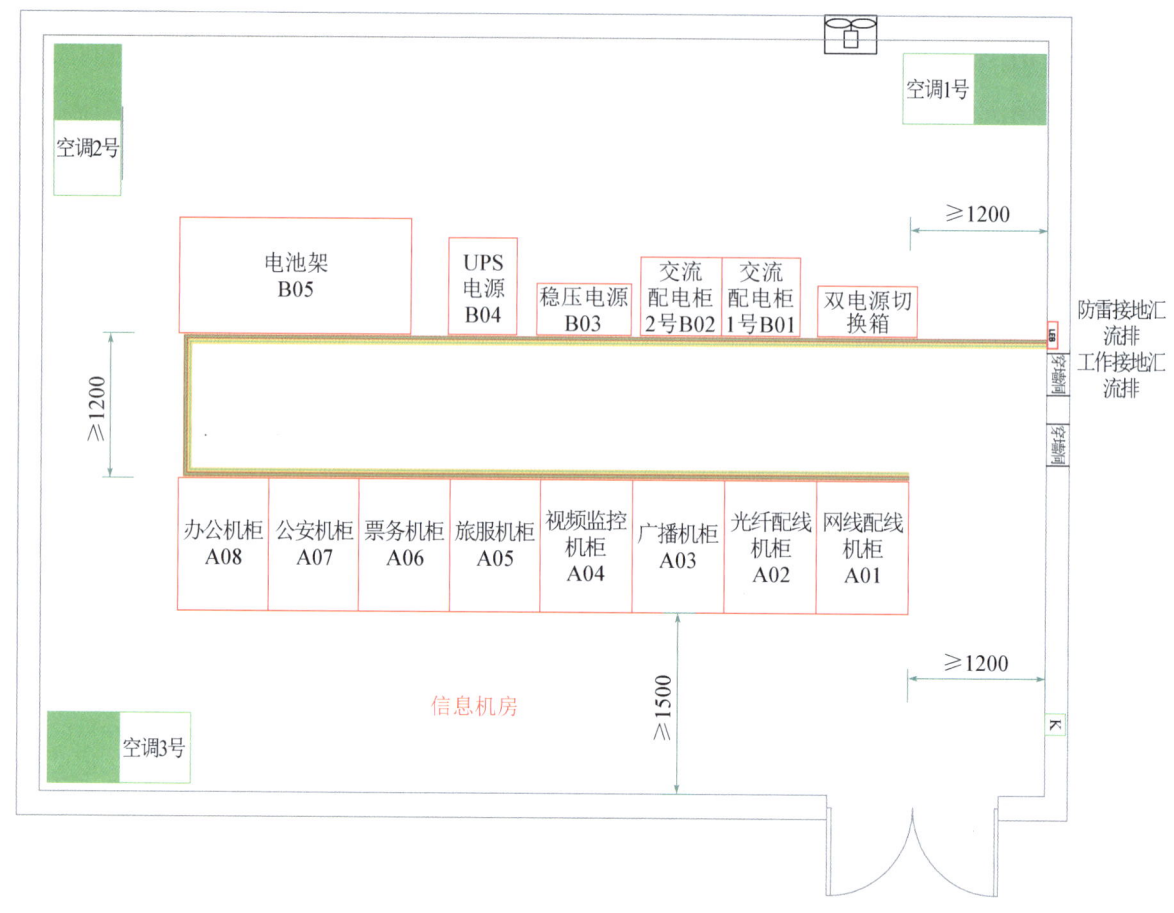

图 7.6.2-3　信息机房平面布置示意图（尺寸单位：mm）

（2）消防、暖通、电力等机房相关设备已经完成招标，并确定型号、外形尺寸。

2）方案优化内容：

（1）确定信息机房的整体布局。如电源设备安装在信息机房，宜分为设备区和电源区，电力专业配电柜（箱）宜设在电源区。

（2）确定各功能机柜内的设备安装位置。

（3）确定走线架和线缆的路由，强电、弱电、广播线缆布放不宜交叉；确定地线或者接地铜排的路由和位置。

（4）确定机房空调、照明、消防器材的安装位置。

（5）确定静电地板的排布。

（6）宜采用 BIM 技术建模，检查设备安装位置是否合理、线缆路由是否碰撞。

7.6.3　设备安装

1　设备安装除应符合本指南第 7.2 节的相关规定外，尚应符合下列规定：

1）设备、光电缆及材料、附件等到达现场后应进行进场验收。

2）设备、光电缆及材料、附件的数量、型号、规格符合设计和订货合同的要求，以及相关技术标准的规定；图纸、说明书等技术资料，合格证、质量检验报告等质量证明文件齐全。

3）机柜（架）、设备及附件无变形、表面无损伤，镀层、漆饰完整、无脱落，铭牌、标识完整清晰；设备内部件完好、连接无松动，无受潮发霉、锈蚀；各种铁件镀层表面光洁、均匀、完整，无脱落、气泡等缺陷。

4）光电缆无压扁、护套无损伤、表面无严重划伤等缺陷。

2 电源设备安装应符合以下要求：

1）蓄电池安装施工流程如图7.6.3所示。

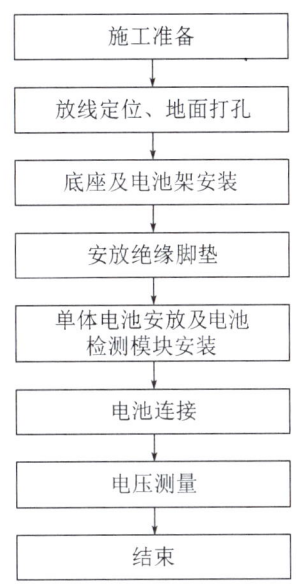

图7.6.3 蓄电池安装施工流程

2）电源设备安装尚应符合下列规定：

（1）设备规格尺寸、平面布置、UPS双机切换、主备用模块切换功能应符合设计文件要求。

（2）蓄电池应排放整齐，间距适当；蓄电池安装支架应符合承重要求，蓄电池散热良好；蓄电池连接条应经过防腐处理，蓄电池连接应牢靠。

（3）配电柜各单元应插接良好，电气触点应接触可靠、连接紧密。

3）电源设备配线尚应符合下列规定：

（1）电源设备配线中间禁止有接头。

（2）交流电源线的相线、零线、地线应采用不同线色区别。

（3）电源线连接应可靠，严禁错接，零线不得虚接或断开。

4）电源设备防雷及接地应符合本指南第7.2.6条的有关规定。

3 电源及设备房屋环境监控系统设备安装应符合以下要求：

1）电源及设备房屋环境监控系统设备安装尚应符合下列规定：

（1）温、湿度传感器安装位置应远离门窗、暖气及空调出风口。

（2）水浸传感器的水浸探头设于房屋中地势较低处、门口或防静电地板下方光电缆引入口等容易进水或给水的位置。

（3）红外入侵传感器感应范围应覆盖全部门、窗。

（4）玻璃破碎探测器能够监测到被保护窗户玻璃的异常。

2）电源及设备房屋环境监控系统设备防雷及接地应符合本指南第7.2.6条的有关规定。

7.6.4 线缆布放及配线

1 线缆布放及配线除应符合本指南第7.2节的有关规定外，尚应符合下列规定：

1）线缆布放。

（1）布放前检查确认线缆无断线、混线；电缆的绝缘电阻、耐压等电气指标符合要求。

（2）根据不同的应用识别不同的线缆型号规格，交流电源线、广播线、光纤、各种通信线等，按不同的路由分开布放。

（3）弱电电缆与电源线的平行距离不小于50mm。

（4）各种线缆应均匀绑扎、固定，按顺序出线，布放应顺直、整齐，无扭绞、交叉。

（5）线缆弯曲均匀、圆滑；大对数对绞电缆的弯曲半径不小于电缆外径的10倍；非屏蔽对绞电缆的弯曲半径不小于电缆外径的5倍；同轴电缆的弯曲半径不小于电缆外径的15倍；室内光缆的弯曲半径不小于光缆外径的15倍；光纤跳线的弯曲半径不小于50mm。

（6）布线应尽量短而整齐；当线缆接入设备或光纤配线架（Optical Distribution Frame，ODF）、数据配线架时，留有一定的余量，余留长度统一。

（7）编扎电缆芯线时保持电缆芯线的扭绞，布线不应过紧，转弯圆滑；分线应按色谱顺序；余留芯线的长度符合更换编线最长芯线的要求。

（8）光纤尾纤单独布放；软光纤在走线架或线槽内加套管或线槽保护，不应挤压、扭曲。编扎光纤的扎带松紧适度。

（9）敷设好的缆线两端贴有标签，标明型号、规格及起止设备名称等必要的信息；标签采用不易损坏脱落的材料。

（10）各种配线中间无接头。

2）线缆终接

（1）采用专用的剥线工具开剥电缆。

（2）根据配线架的型号规格，选用电缆焊接、卡接、压接等终接方式。

（3）采用焊接时，电缆芯线焊接要端正、牢固、焊点光滑，无假焊、错焊、漏焊、短路；焊接后芯线绝缘层无烫伤、开裂及回缩现象。

（4）采用卡接时，卡接钳的规格与电缆芯线线径相匹配。

（5）组装专用电缆插头和以太网电接口插头时，应配件齐全、线位正确、连接可靠，压接插头时应选用专门工具。

（6）光缆芯线终接采用收容盘连接、保护；在收容盘中，光纤的盘留弯曲半径不小于40mm；光缆芯线终接按光纤色谱排列和系统使用要求对应接续，终接的工艺符合相应的工艺要求。

3）电源线布放及成端。

（1）电源线及接线端子的型号、规格符合设计要求。

（2）交流电源线颜色配置规定如下：A 相，黄色；B 相，绿色；C 相，红色；零线，天蓝色或黑色；保护地线，黄绿双色；当电源线外皮无法区分时，应按上述原则进行标识。

（3）宜利用设备自带电源线。电源线引入设备时，可在电源线端头处剥脱绝缘外皮缠绕塑料绝缘带或套上绝缘套管，长度一致，套管松紧适度。塑料绝缘带和绝缘套管的颜色应便于识别电源线的极性。截面在 $10mm^2$ 以下的单芯或多芯电源线可与设备直接连接；在电源线端头制作接头圈，线头弯曲方向与紧固螺栓、螺母的方向一致，并在导线与螺母之间加装平垫片和弹簧垫片，拧紧螺母。截面在 $10mm^2$ 以上的多股电源线端头应加装接线端子并镀锡；接线端子尺寸与导线线径吻合，用压（焊）接工具压（焊）接牢固；接线端子与设备的接触部分应平整，在接线端子与螺母之间加装平垫片和弹簧垫片，拧紧螺母。

4）电源线与设备端子连接时，不应使端子受到外界机械拉力，以免设备端子受损。

2 室内信息设备接地线除应符合本指南第 7.2.6 条的有关规定外，尚应符合下列规定：

1）接地线严禁使用裸导线布放，其截面积符合设计要求。

2）室内信息设备的接地线单独与室内接地汇集排或接地排相连，不应在一条接地线上串接几个需要接地的信息设备，不应通过安装加固螺栓与建筑钢筋相碰而自然形成电气接通。

3）配线架应从室内接地汇集排或接地排上引入保护地线，配线架与机房信息设备之间不应通过走线架形成电气连通。

4）电源地线和保护地线与交流中性线应分开敷设，不应相碰，严禁合用。

5）配线完成后应进行检查，并符合下列规定：

（1）电源线连接可靠。

（2）在相对湿度不大于80%时，检测电源线单线对地及线间绝缘电阻大于 $1M\Omega$。

（3）从室内接地端引接的接地线连接良好，接地电阻值符合设计要求，电缆的屏蔽护套接地可靠。

（4）配线电缆的芯线应无错线或断线、混线。

（5）用计算机网线作为数据配线或信号线时，检查其长度和线对的使用应符合设计或相关技术标准的要求。

8 灾害监测工程

8.1 光、电缆线路

8.1.1 一般规定

1 光电缆线路施工应包括径路复测、配盘及运输、单盘测试、敷设、防护、接续、引入及成端等。

2 光电缆及配套器材进场检验应符合下列规定：

1）数量、型号、规格符合设计文件和订货合同的要求。

2）合格证、质量检验报告等质量证明文件齐全，属于行政许可或强制认证的应具有相应证书。

3）线缆外皮无破损、挤压变形。

3 光电缆施工流程如图 8.1.1 所示。

8.1.2 光、电缆径路复测

1 光电缆敷设前，应按施工图对下列内容进行复测：

1）光电缆总长度和余留长度。

2）沿线电缆槽道贯通情况。

3）光电缆终端位置。

4）直埋线路径路情况、地下管线、防护栅栏位置等状况。

5）穿越轨道、桥梁、隧道、河流、道路、既有线地下管线缆及有关建筑等需要防护的处所和防护方式。

2 电缆径路复测完毕，及时绘制径路复测台账，并确定单盘电缆长度。如发现实际与设计不符，应按规定完善相关程序。

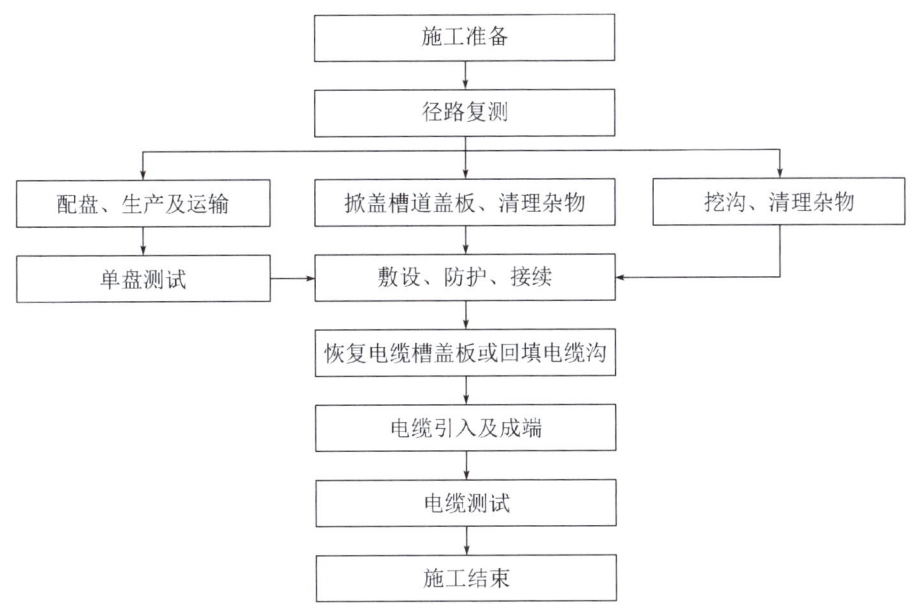

图 8.1.1 光电缆施工流程

8.1.3 配盘、单盘测试及运输

1 电缆敷设前,应根据到货清单,核对光电缆的盘号、型号、规格、盘长、端别、数量,检查包装无破损、缆线无损坏、压扁等情况,对包装受损、外护层损伤的单盘,应重点检测,并认真填写信号电缆进场验证记录。

2 电、光缆在敷设前应进行单盘测试,接续、配线前均应进行电气测试,电缆施工结束后应进行综合测试,并应做好详细测试记录。

8.1.4 光电缆敷设及防护

1 灾害监测系统光电缆与通信信号专业同槽敷设时,宜同步施工。

2 光电缆敷设前,应按程序对土建等有关工程接口、作业面验收交接,并符合下列进场条件:

1)施工区间的电缆槽及衔接部分的槽道已建成并贯通。

2)施工区间预留的手孔/井已完成,过轨管道与手孔/井之间已连通,并预留钢丝保持管道畅通。

3)经过手孔/井到设备房屋电缆井的电缆槽、管道已贯通。

4)现场采集设备至设备房屋的槽道/管道已建成并贯通。

5)电缆井无积水。

6)桥梁上预留的锯齿孔、电缆槽用爬架滑道齐全。

3 光电缆应按下列规定敷设:

1)光电缆按 A、B 端相接敷设。

2)电缆敷设时,应将缆盘升起离地 100~200mm 后进行布放,有条件时应采用专门放缆车进行布放,禁止贴地拖拽电缆。

3）电缆敷设时，不得出现背扣、急弯现象。

4）掀开盖板，并堆放整齐、稳固，严禁侵入铁路建筑限界。恢复盖板时，应平搬平放，防止盖板砸伤电缆。

5）防护管为钢管时，管口处应打磨光滑，并采用耐磨的阻燃胶管（套）防护，防止电缆穿越时损伤电缆外护套。

6）穿越铁路、公路、桥梁、隧道等地段应进行安全防护。

7）光电缆在槽道内摆放整齐，槽内同时敷设多条光电缆时，应避免交叉。

8）与通信、信号光电缆同型号同槽敷设时应区分，宜采用外护套标识方式区分。

9）槽道内光电缆敷设完毕后，及时将槽道盖板封盖。

10）在人手孔/井内的光电缆加挂标识。

4 光缆应按下列规定余留：

1）光缆做接头后余留 2~3m，光缆接头盒内光纤余留 1.2~1.6m。

2）光缆引入设备房屋时，在电缆井或机房基础检查层内余留 3~5m。

3）光缆通过桥梁、隧道时，两端各余留 3~5m；通过长度为 500m 及以上长隧道时，应在避车洞内做适当余留。

5 电缆应按下列规定余留：

1）室外电缆采用直埋敷设方式时，每端余留量不小于 2m。

2）采用电缆槽道敷设方式时，留足 1 次做头余留量。

3）50m 及以下的电缆长度可不做余留。

4）电缆引入房屋的余留量符合设计文件要求，余留严禁盘成环状，电缆转弯及余留量的布放均匀光滑、整齐美观，不得有硬弯或背扣现象，并符合电缆弯曲半径的要求。

5）电缆地下接续时，接续点每端电缆留足 1 次接续的余量。

6 光电缆从槽道引出至现场采集设备线缆外露部分应采用防护管防护并固定，防护管弯曲应符合光电缆弯曲半径的要求。

7 光电缆穿越路基地段防水层时，应在防水层下采用热镀锌钢管或 UPVC 管进行防护，施工后恢复路基表面防水层。

8 光电缆跨越电力电缆时应采用钢管防护，灾害监测电缆在电缆槽内穿越电力电缆时应采用钢管等防护措施。

9 光电缆上下桥梁时，可利用通信信号电缆槽。当不具备条件时，应单独设置电缆槽道。

10 光电缆敷设在高边坡、深路堑地段时应采用电缆槽或钢管防护，钢管外部应采用砖砌混凝土包封。光电缆敷设在桥梁外侧时应采用钢槽等进行防护，光电缆穿越涵洞顶部时应采用电缆槽或钢管防护。

11 光电缆通过桥梁伸缩缝处时应采取防护措施，在槽道间落差处敷设光电缆时应采取防护措施，避免电缆悬空或受力。

12 光电缆穿越防护墙、人/手孔时，管口应采用泡沫填充剂封堵防护。

13 电力牵引区段，室外电缆应按下列规定进行接地及屏蔽连接：

1）室外电缆单端接地距离间隔不宜超过 1000m，在接地点位置断开电缆的铝护套、钢带以及内屏蔽护套。

2）采用电缆接续盒完成电缆的接地及屏蔽连接。

3）将电缆铝护套、钢带以及内屏蔽护套与电缆接续盒接地端子连接，采用接地连接线引出并就近与贯通地线连接。

4）接地连接线采用多股铜芯软线，截面积不小于 50mm²。

5）接地连接线不应有接续，走线不留余长。

8.1.5 电缆接续

1 光缆应按下列规定接续：

1）采用光缆接续盒进行光缆接续。

2）接续时，端面制备时其端面倾斜度不大于 0.5°；熔接合格后的光纤接续部位立即进行热缩加强管保护，加强管收缩均匀、无气泡；接续时采用 OTDR 双窗口（1310nm 波长和 1550nm 波长）测试接续损耗，每根单模光纤接续损耗平均值不大于 0.08dB。

3）光纤盘留时，接续盒内光纤的弯曲半径不小于 40mm，接续后的光纤收容余长单端引入引出不小于 0.8m，两端引入引出不小于 1.2m。

4）光纤接续后，接续盒内放入接续记录卡片；光纤盘留板覆盖后，对所有光纤接续点进行复测。

5）光缆的金属外护套和加强芯紧固在接续盒内；同一侧的金属外护套与金属加强芯电气连通；两侧的金属外护套、金属加强芯电气绝缘断开，处于悬浮状态。

6）接续盒安装完毕，对盒体进行密封性检查。

7）光缆接续示意图如图 8.1.5-1 所示。

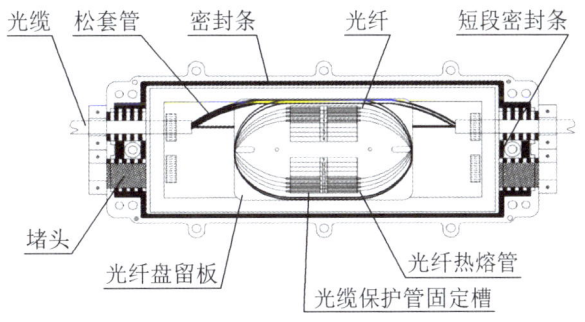

图 8.1.5-1　光缆接续示意图

2 光缆光纤线路衰耗应采用 OTDR 检测，结果应符合通信工程施工相关规定要求。

3 电缆应按下列规定接续：

1）地下接续时采用电缆接续盒，地面接续时采用方向电缆盒。

2）电缆接续之前，进行单条电缆检测，确认单条电缆内所有芯线无断线、混线及接地故障，绝缘良好。

3）电缆穿越铁路、公路及道口时，在距铁路钢轨、公路和道口的边缘 2m 内的地方不得进行地下接续。

4）A、B端相接，相同芯组内相同颜色的芯线相接。

5）护层开剥，电缆芯线清洗，钢带复位，连接接续盒支架，两侧的金属护层及屏蔽钢带应有效连通。

6）芯线接续线位准确，两侧芯线线序应一一对应、无交叉现象。

7）接续完毕，对盒体进行密封性检查，确保无漏气或漏胶现象。

8）地下电缆接续盒应水平放置，接头两端各300mm内不得弯曲；埋设于地下的接续盒应用电缆槽防护，防护长度不应小于1m。

9）电缆接续示意图如图8.1.5-2所示。

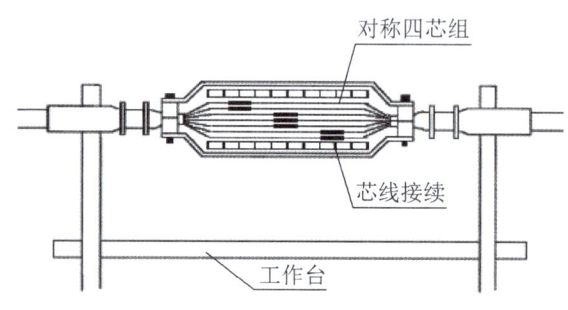

图8.1.5-2 电缆接续示意图

4 采用地面方向电缆盒接续时，应按下列规定安装电缆箱盒：

1）路基地段。

（1）采用热镀锌金属支架靠近电缆槽道安装。

（2）路基面为混凝土封面时，支架顶面低于轨道板顶面420mm，埋深（600±50）mm；路基面为非混凝土封面时，支架顶面低于轨道板顶面270mm，埋深（600±50）mm。

2）桥梁地段。

（1）采用热镀锌金属支架并用M16通透螺栓和补强板将支架固定在防护墙外侧，方向盒基础顶面与防护墙顶面平齐。

（2）金属支架不应跨桥梁及防护墙伸缩缝。

3）隧道地段。

（1）当安装在电缆槽道内时，采用化学锚栓将热镀锌金属支架固定在电缆槽底部，支架顶面高度不小于100mm，采用不锈钢螺栓将方向盒与支架连接牢固，方向盒顶面不超出电缆槽盖板底面。

（2）当安装在电缆槽外侧壁上时，方向盒上方两个孔采用M16通透螺栓和补强板固定，下方两个孔采用化学锚栓固定；电缆槽侧壁钻孔宜斜45°角从线路侧向槽道内侧、贴近电缆槽底部，孔口应平滑美观。

4）电缆引入方向盒应符合弯曲半径的要求。

5 电缆与设备未连接前，每完成一段接续，应对其线间绝缘、芯线对地绝缘进行检测，每次检测电阻率均不应小于20MΩ·km。当检测结果不符合要求时，应及时进行检查处理。

6 同径路上相邻的不同光电缆接续盒距离不宜小于1m。

7 雨天、雾天不应进行光电缆接续,在环境温度0℃以下不宜进行光缆接续。

8.1.6 光电缆引入及成端

1 光电缆在进入房屋引入口处内侧应用防火、防鼠胶泥封堵,外侧应用泡沫填充剂封堵。

2 光电缆引入房屋后应挂牌标识,标明光电缆的型号、规格、进出方向等,标识齐全、清晰、耐久。

3 光缆引入时,房屋室内、室外金属护套及金属加强芯应断开,并彼此绝缘。

4 光缆终端接续时,光纤应绑扎松紧适度,排放整齐。引出的尾纤应加以防护,并在尾纤上标明用途、方向和纤号。

5 电缆引入房屋后,应按下列规定制作成端:

1) 电缆穿入保护管和密封套后,将电缆做头部分外护套清洁干净。

2) 电缆开剥长度按配线要求确定。

3) 钢带长度保留10mm,露出铝护套,锯钢带时不得伤及铝护套。

4) 保留10mm铝护套,剩余部分锯断后抽出,露出内屏蔽层;锯铝护套时不得锯伤金属内屏蔽层及电缆芯线。

5) 剔除铝护套保护层,并用砂纸将铝护套和钢带打毛。

6) 保留40mm的四芯组内屏蔽层,剪除剩余部分,露出电缆芯线。

7) 除去内屏蔽层外绝缘层25~30mm后,再剥开内屏蔽层纵缝。

8) 内衬管放置在芯线和内屏蔽层之间,压接管套入内屏蔽层外侧,然后用专用压接钳进行压接。

9) 开剥电缆时注意保持电缆芯组的自然排序,并用电缆的编号扎纱将芯线组缠紧,避免配线时造成芯线混乱。

10) 用脱脂棉或白布带将芯线和电缆护套之间的缝隙填塞严密,防止灌胶时胶液渗漏。

6 电缆成端冷封胶应按下列规定灌注:

1) 检查冷封胶包装袋及隔离条是否完好,严禁使用过保质期产品。

2) 开袋前将A、B两种胶液充分混合。

3) 灌胶前将电缆四线组内芯线分开,芯线间用冷封胶灌注。

4) 灌注胶面高于芯线根部20mm以上。

5) 灌注后检查无漏胶现象。

7 光电缆引入室内时的电气连接应按下列规定施工:

1) 光缆引入室内时,应在引入井做绝缘,室内、室外金属护层及金属加强芯应断开。

2) 室外光缆的金属护套及金属加强件应使用截面积不小于16mm^{2}的多股铜线接至室外接地汇集线上。

3) 电缆引入室内时,室内外两侧的金属护套应断开,外线侧的屏蔽钢带及金属护层应使用截面积不小于16mm²的多股铜线接至室外接地汇集线上，设备侧的屏蔽钢带及金属护层应悬浮。

4）接地连接线不应有接续。

5）接地连接线走线不留余长。

8.2 室外设备安装施工

8.2.1 一般规定

1 室外设备施工主要包括风、雨、异物侵限现场采集设备和地震计的安装、配线、防雷及接地。

2 室外材料、设备应进行进场检验，并符合下列规定：

1）规格、型号、数量符合设计文件和订货合同的要求。

2）产品图纸、说明书等技术资料，产品合格证、质量检验报告等质量证明文件齐全并符合设计文件、订货合同的要求和有关技术标准的规定。

3）属于行政许可或强制认证的产品应具有相应证书，其认证证明文件应在有效期内。

4）部件齐全，连接可靠。

5）外观无损伤、锈蚀。

6）铭牌、标识完整清晰。

7）加电检查风、雨现场采集设备输出数据格式符合产品说明书要求及有关技术标准的规定。

8）检查异物侵限电网传感器导体直流电阻和绝缘电阻符合产品说明书要求及有关技术标准的规定。

3 风、雨现场采集设备，异物侵限现场控制器安装完成后，应填写建筑限界检查记录。

4 施工作业前，应根据施工设计文件及有关资料，进行施工调查及现场定测。如现场安装位置需调整时，由参建各方现场共同确定并完善相关手续。

8.2.2 风、雨现场采集设备施工

1 现场采集设备施工主要包括风速风向计、雨量计、数据传输单元的施工。

2 现场采集设备施工流程如图 8.2.2-1 所示。

3 风、雨现场采集设备安装位置应符合设计文件要求。

4 风速风向计在接触网支柱安装时应按下列规定施工：

1）采用托架安装，风速风向计监测面高度宜为轨面以上 4000^{0}_{-100} mm，其安装示意图如图 8.2.2-2 所示。

2）托架与接触网支柱之间加装厚度不小于 10mm 的防震橡胶垫片。

3）固定托架的螺母应背向线路侧，螺栓不得与接触网支柱接触。

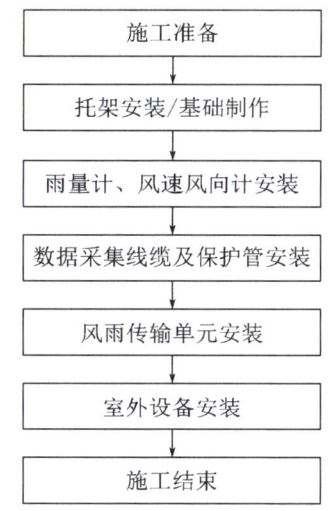

图 8.2.2-1 现场采集设备施工流程

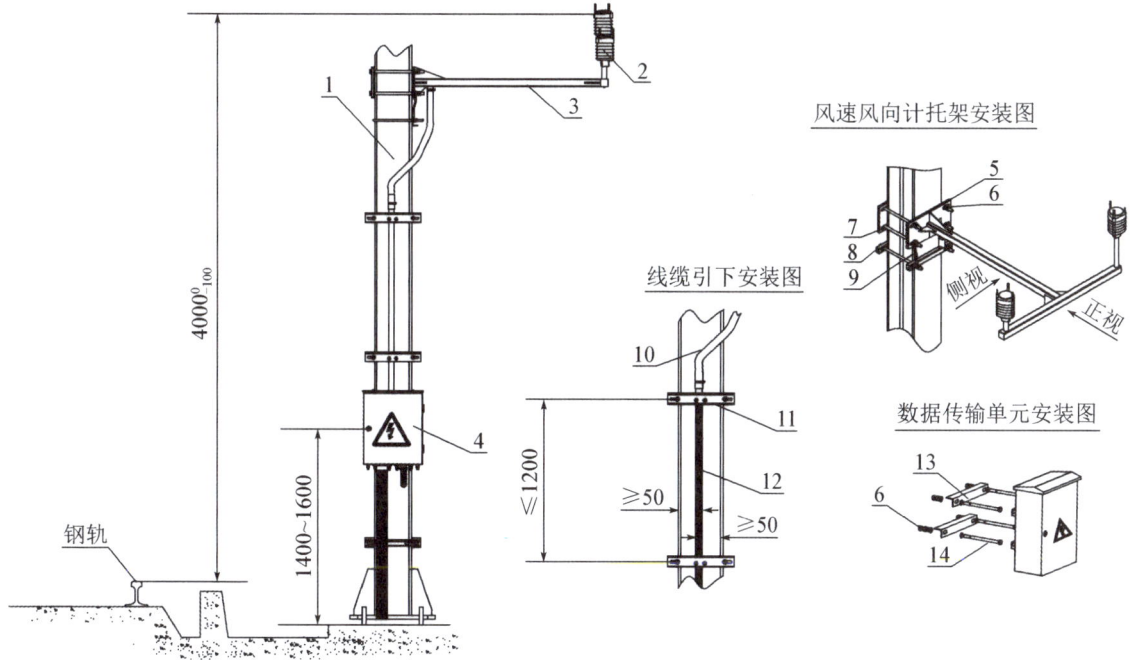

图 8.2.2-2 风速风向计在接触网支柱上安装示意图（尺寸单位：mm）

1-H形接触网支柱；2-风速风向计；3-风速风向计安装托架；4-数据运输单元；5-防震橡胶垫片；6-M16双螺母+φ16弹平垫；7-平板抱箍；8-地线矩形抱箍；9-50mm²接地线；10-引线保护管；11-保障管固定抱箍；12-保护管；13-箱阵固定抱箍；14-M16×410mm 螺栓

4）参照设备技术文件，调整并固定风速风向计角度，安装角度偏差不宜大于±5°。

5 雨量计在接触网支柱上安装时应按下列规定施工：

1）采用托架安装，托架悬臂下表面距支柱基础顶面宜为 2500_{-8}^{0} mm。

2）风速风向计、雨量计在同一支柱上安装时，安装高度应符合本条第4款的规定。

3）安装方式应符合本条第4款的规定。

6 雨量计独立支柱安装时，应按下列规定施工：

1）安装位置符合设计文件规定。

2）基础制作。

（1）开挖基坑，当支柱地面高度不大于3000mm时，深度为800mm，长和宽分别为650mm。

（2）基坑内绑扎钢筋笼，钢筋规格、型号、绑扎方式等符合设计文件要求。

（3）定位地脚螺栓位置，将地脚螺栓固定后与钢筋连接笼焊接。

（4）用混凝土灌注至与开挖平面平齐并养护。

3）接地。

（1）有综合接地系统并与其距离在20m以内时，地脚螺栓就近与贯通地线连接。

（2）无综合接地系统时，地脚螺栓与既有接地装置之间采用接地连接线焊接或栓接，条件不具备时可单独设置接地装置接地，接地装置施工应符合上述风速计有关接地规定。

（3）接地连接线规格符合设计文件的要求。

（4）接地连接线及连接部位进行机械防护并做防腐处理。

4）支柱安装。

（1）支柱安装在基础表面，调整垂直和水平并与地脚螺栓栓接牢固。

（2）支柱采用热镀锌材质。

5）基础可采用混凝土包封，包封顶面宜高于基础顶面100~150mm，其安装示意图如图8.2.2-3所示。

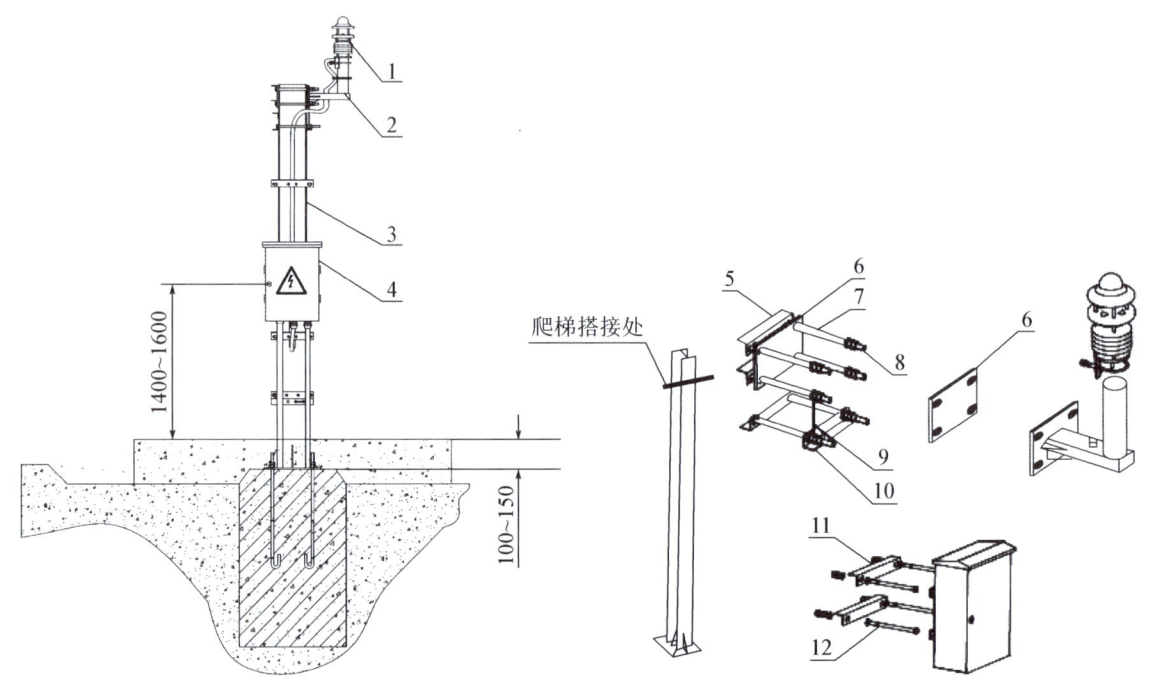

图8.2.2-3 独立支柱雨量计安装示意图（尺寸单位：mm）

1-雨量计；2-雨量计安装托架；3-支柱；4-数据传输单元；5-角钢固定抱箍；6-橡胶垫片；7-M12×275mm螺栓；8-M12双螺母+φ16弹平垫；9-50mm²接地线；10-上地线固定抱箍；11-箱体固定抱箍；12-M12×300mm螺栓

7 数据传输单元在接触网支柱上安装时，应按下列规定施工：

1）接触网支柱在桥梁防护栅栏内侧时，箱体侧面与线路平行，箱体门背向来车方向，箱体门开启朝向线路外侧；接触网支柱在桥梁防护栅栏外侧时，箱体宜面向线路安装。

2）数据传输单元在路基地段接触网支柱上安装时，箱体应安装在接触网支柱的线路外侧。

3）箱体中心距地面高度宜为（1500±100）mm，并与地面保持垂直。

8 数据传输单元在路基地段地面安装时，应符合下列规定：

1）路基地段安装数据传输单元安装示意图如图 8.2.2-4 所示。

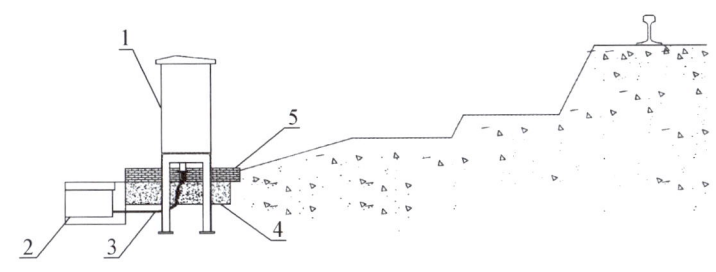

图 8.2.2-4　路基地段数据传输单元地面安装示意图
1-数据传输单元；2-电缆槽道；3-电缆保护管；4-混凝土基础；5-防护围桩

2）在电缆槽道旁适当位置开挖基坑，深度应不少于 500mm。

3）将金属支架置于基坑内，金属支架顶面距离开挖平面应不少于 300mm，金属支架长、宽尺寸与数据传输单元一致。

4）基坑底部用原土回填并夯实，回填深度至开挖平面以下 150mm，然后用混凝土灌注至与开挖平面平齐。

5）金属支架外露部分采用砖砌混凝土制作防护围桩，围桩顶面低于金属支架顶面（150±50）mm，围桩周边比数据传输单元周边宽不小于 50mm。

6）在制作混凝土基础和围桩过程中，预留电缆引入孔。

7）将数据传输单元固定在金属支架上，箱体门背向线路。

9 风、雨现场采集设备线缆应按下列规定防护：

1）竖直部分采用钢管防护，弯曲部分宜采用钢丝橡胶软管防护，钢管与钢丝橡胶软管接合部位可靠连接并用密封胶防水，其安装示意图如图 8.2.2-5 所示。

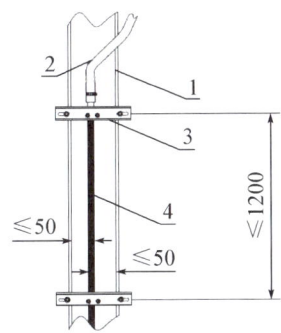

图 8.2.2-5　线缆防护管固定示意图（尺寸单位：mm）
1-接触网支柱；2-钢丝橡胶软管；3-固定抱箍；4-钢管

2）固定防护管卡箍间距不大于1200mm。

3）在H形接触网支柱上固定线缆时，缆线距H形接触网支柱边缘应不小于50mm。

4）托架及数据传输单元穿线孔处加橡胶垫圈保护。

5）线缆从数据传输单元引入至电缆槽道时，采用钢丝橡胶软管防护并与支柱固定牢固。

10　数据传输单元的电缆配线应按下列规定施工：

1）根据设计图纸及配线图，检查电缆导通。

2）设置电缆标识牌，标明去向。

3）清除数据传输单元内杂物。

4）风速风向计、雨量计至数据传输单元间配线宜采用带护套的配线电缆，线把绑扎间距均匀，芯线均做标识并余留2次做头余量，芯线与端子连接后调整配线排布整齐、圆滑。

5）成端应符合下列要求：

（1）监控单元至数据传输单元的电缆，从数据传输单元底部的保护管引入箱内，并完成成端制作。

（2）电缆成端制作符合本指南第8.1.6条的相关规定。

（3）配线时，芯线端头余留2次做头余量，并严禁盘圈，芯线均做标识，芯线与端子连接牢固，排布整齐、圆滑。

（4）备用芯线可盘成弹簧状放在电缆根部。

6）数据传输单元内采用弹簧接线端子配线时，线缆连接一孔一线，根据接线端子的规格，使用专用配线工具，截面积小于$1mm^2$的多股铜线使用配套的压接钳压接冷压接线帽。

11　数据传输单元的光缆配线应按下列规定施工：

1）光缆从数据传输单元底部的保护管引入。

2）宜采用光缆终端盒进行终接。

3）光缆的金属外护套和加强芯紧固在数据传输单元箱内部的光缆终端盒内。

4）盘留在终端盒内的光纤收容余长宜不小于1.2m，弯曲半径不小于40mm。

5）终接完成后，将终端盒固定牢固并将光缆排放顺直，保护管灌胶密封。

6）利用光纤跳线与数据传输单元内的光电转换设备配线连接，并在光纤跳线上标明纤号和用途，光纤跳线排布整齐、圆滑并用垫衬固定，不得挤压、扭曲。

7）光纤跳线的弯曲半径不小于50mm。

12　在综合接地系统区域，风、雨现场采集设备的接地应按下列规定施工：

1）托架与金属材质的接触网支柱间应等电位连接。

2）风速风向计、雨量计和数据传输单元采用接地连接线直接分别就近与贯通地线接地端子连接。

3）接地连接应符合设计文件要求。

4）接地连接线不应有接续和缩径，不留余长。

13　在无综合接地系统区域，风、雨现场采集设备的接地应按下列规定施工：

1）现场采集设备宜利用既有接地装置。

2）条件不具备时可单独设置接地装置。

3）测量接地电阻值不大于4Ω，困难时不大于10Ω。

4）风速风向计、雨量计和数据传输单元分别与接地装置连接。

14 独立接地装置应按下列规定施工：

1）接地体上端埋设深度应不小于1.5m，寒冷地区接地体应埋设在冻土层以下。

2）接地体的材料及安装方式应符合设计文件要求。

3）接地体接地电阻值不符合要求时，可选降阻措施：

（1）埋深接地体。

（2）设置外延接地体。

（3）在接地体周围添加降阻剂，或将周围土壤更换为低电阻率土壤等。

（4）采用其他新技术、新材料。

4）外部接地扁钢与接地体应采用焊接连接，焊接长度应大于宽边的2倍，焊点平滑无毛刺，并做防腐处理，防腐层应在焊点四周延伸20~25mm，埋入地下的焊点防腐层必须大于5mm以上。

5）在接地装置的地面上应设置标志。

8.2.3 异物侵限现场采集设备施工

1 异物侵限现场采集设备施工主要包括支架、电网传感器和现场控制器的施工。

2 支架及电网传感器固定卡具等应采用热镀锌材质。

3 异物侵限现场采集设备施工流程如图8.2.3-1所示。

4 异物侵限现场采集设备安装位置和安装方式应符合设计文件要求。

5 支架应按下列规定安装：

1）施工前检查预留的支架固定螺栓位置、尺寸，并符合安装要求。

2）当无预留支架固定螺栓或预留螺栓不符合安装要求时：

（1）可采用后植筋技术植入化学锚栓。

（2）化学锚栓直径不小于20mm，植入深度宜为170_0^{+10}mm，外露有效长度宜为110_0^{+10}mm，锚固剂灌入充足并溢出锚孔。

（3）化学锚栓植入后，外露丝扣长度和无丝扣的裸露杆长度应符合设计文件要求，偏差不应大于±10mm。

（4）单组相邻两根螺栓间距偏差不宜大于±5mm。

（5）相邻两组化学锚栓中心间距1m，偏差不宜大于±10mm。

3）上跨铁路的道路桥梁防护墙外侧具备检修通道时，其支架安装示意图如图8.2.3-2所示。

4）上跨铁路的道路桥梁防护墙外侧不具备检修通道时，其电网传感器支架安装示意图如图8.2.3-3所示。

5）同侧安装支架水平方向和竖直方向应一致。

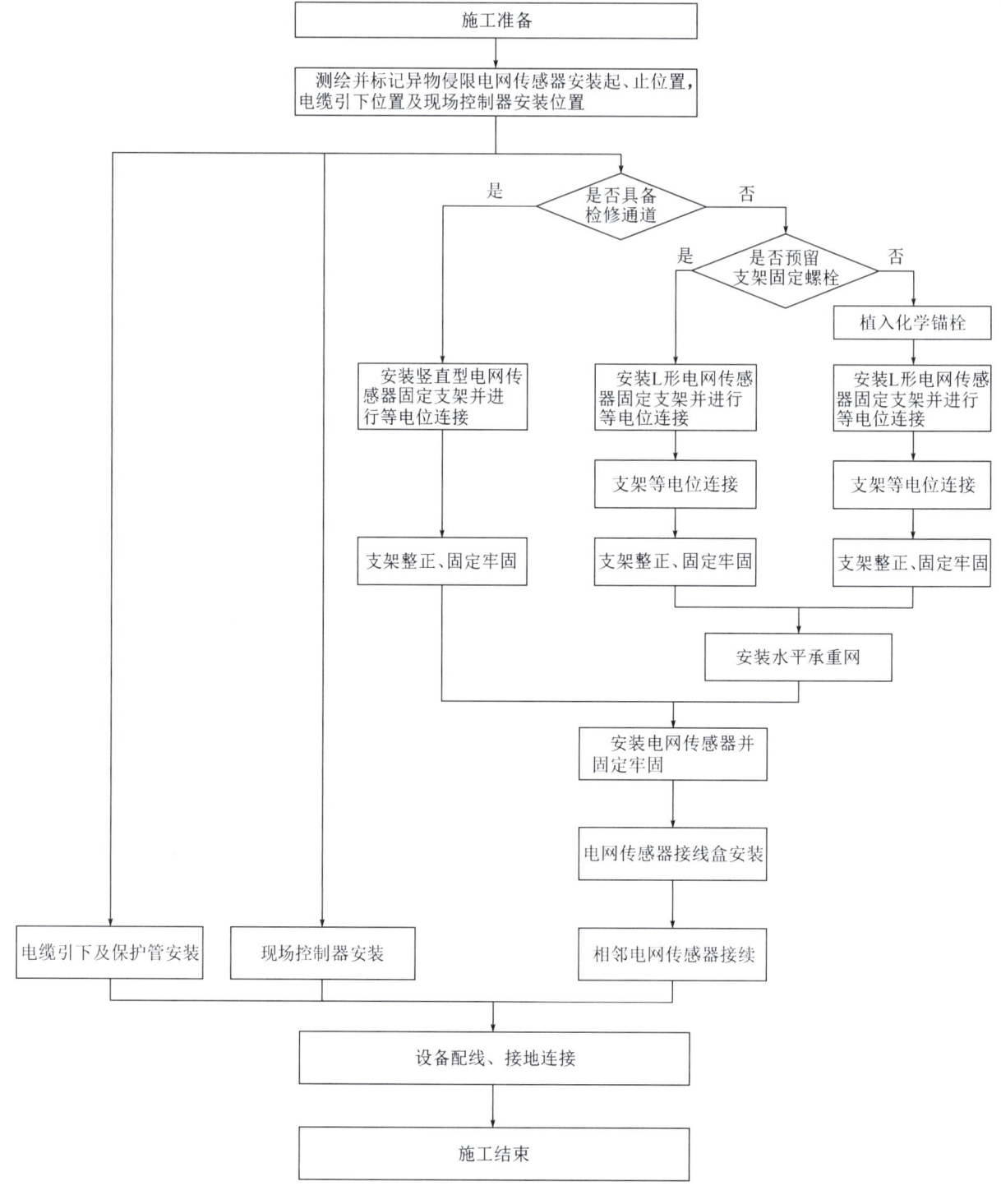

图 8.2.3-1 异物侵限现场采集设备施工流程

6）采用平、弹垫加双螺母固定支架，表面涂抹厌氧防松胶并做防锈处理。

7）同侧安装支架间应采用热镀锌扁钢进行等电位连接，规格应符合设计文件的要求。

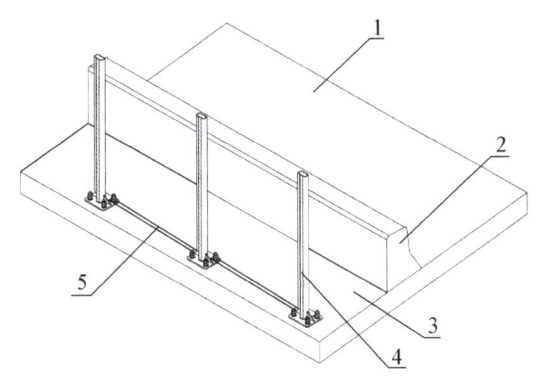 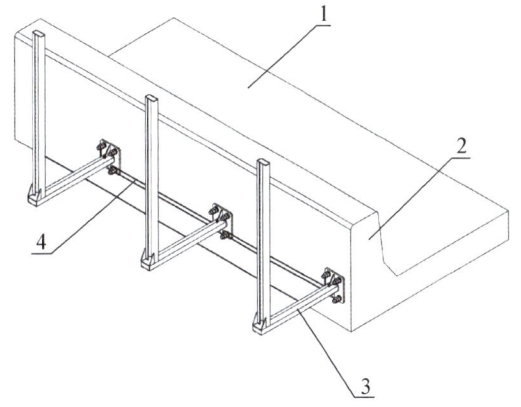

图 8.2.3-2 上跨铁路的道路桥梁防护墙外侧具备检修通道时的支架安装示意图

1-上跨铁路的道路桥梁防护墙内侧；2-防护墙；3-上跨铁路的道路桥梁检修通道；4-电网传感器支架；5-热镀锌扁钢

图 8.2.3-3 上跨铁路的道路桥梁防护墙外侧不具备检修通道时的电网传感器支架安装示意图

1-上跨铁路的道路桥梁防护墙内侧；2-防护墙；3-电网传感器支架；4-热镀锌扁钢

6 上跨铁路的道路桥梁防护墙外侧具备检修通道时，电网传感器应按下列规定安装：

1）电网传感器采用 3 组 U 形卡（配平、弹垫加双螺母）与支架固定，其安装示意图如图 8.2.3-4 所示。

2）螺母朝向电网传感器内侧，螺栓外露长度不小于 5mm，表面涂抹厌氧防松胶并做防锈处理。

7 上跨铁路的道路桥梁防护墙外侧不具备检修通道时，电网传感器应按下列规定安装：

1）水平承重网安装。

（1）水平承重网采用 2 组 U 形卡（配平、弹垫，加双螺母）与支架固定，并涂抹厌氧防松胶。

（2）螺母应朝向内侧，螺栓外露长度应不小于 5mm。

（3）单片水平承重网与支架搭接宽度符合设计文件要求。

2）电网传感器安装。

（1）电网传感器采用 3 组 U 形卡（配平、弹垫加双螺母）与支架固定，其安装示意图如图 8.2.3-5 所示。

（2）螺母朝向电网传感器内侧，螺栓外露长度不小于 5mm，表面涂抹厌氧防松胶并做防锈处理。

（3）相邻两片电网传感器之间的机械和电气连接应可靠。

8 水平承重网安装时，水平承重网与支架法兰盘接合部位应考虑检修维护支架固定螺栓的间隙，符合检修固定螺栓的需要。

9 电网传感器电气连接后，应按下列规定检测导体直流电阻和绝缘电阻：

1）检测电网传感器单电网导体直流电阻值应不大于 3Ω，并记录。

2）采用 500V 绝缘电阻测试仪检测单电网导体芯线间、芯线与屏蔽层间的绝缘电阻应不小于 500MΩ，并记录。

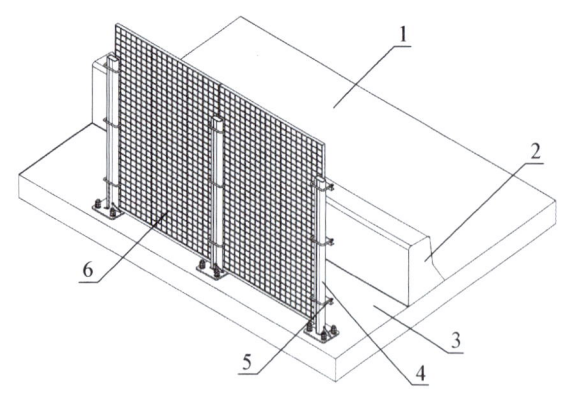
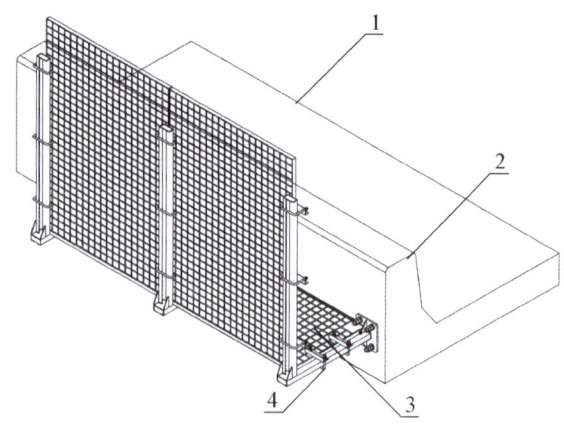

图8.2.3-4 上跨铁路的道路桥梁防护墙外侧具备检修通道时的电网传感器安装示意图
1-上跨铁路的道路桥梁防护墙内侧；2-防护墙；3-上跨铁路的道路桥梁检修通道；4-电网传感器支架；5-U形卡；6-电网传感器

图8.2.3-5 上跨铁路的道路桥梁防护墙外侧不具备检修通道时的电网传感器安装示意图
1-上跨铁路的道路桥梁防护墙内侧；2-防护墙；3-水平承重网；4-U形卡

3）当检测结果不符合要求时，应分段检查并处理。

4）检测合格后，接续盒灌胶密封固定。

10　相邻电网传感器之间的线缆接续应余留不少于300mm的余量。

11　异物侵限现场控制器在接触网支柱上安装时的要求应与数据传输单元在接触网支柱上安装时的要求相同。

12　异物侵限现场控制器在路基地段地面安装时的要求应与数据传输单元在路基地段地面安装时的要求相同。

13　电网传感器的线缆引下应按下列规定施工：

1）宜采用不同的电缆保护管自桥梁两侧沿桥梁/桥墩密贴分段固定，固定间距应不大于1.2m，固定牢固。

2）过弯处宜采用钢丝橡胶软管防护。

3）竖直以及过路位置宜采用直径不小于50mm的热镀锌钢管防护。

4）钢管与钢丝橡胶软管接合处做密封处理。

14　异物侵限现场采集设备应按下列规定配线和成端：

1）线缆引入接线盒、现场控制箱内并完成成端制作，成端制作符合本指南第8.1.6条第5款和第6款的相关规定。

2）配线时线把绑扎间距均匀，芯线均做标识，芯线与端子连接牢固，排布整齐、圆滑，备用芯线宜盘成弹簧状放在电缆根部。

3）现场控制器内采用弹簧接线端子配线时，线缆连接一孔一线，根据接线端子的规格，使用专用配线工具，截面积小于1mm²的多股铜线使用配套的压接钳压接冷压接线帽。

4）电缆引入现场控制器时，标明径路。

15　在综合接地系统区域，异物侵限现场监测设备接地应按下列规定施工：

1）支架经热镀锌扁钢连接后，在一端处采用接地连接线线沿线缆引下钢管至上跨铁路的道路桥梁桥墩底部，并就近与贯通地线连接。

2）现场控制器内部接地端子采用接地连接线就近与贯通地线连接。

3）接地连接施工应符合风现场采集设备接地的有关规定。

16 在无综合接地系统区域，异物侵限现场监测设备的接地应符合风、雨现场采集设备接地的有关规定。

8.2.4 地震计施工

1 地震计施工流程如图 8.2.4 所示。

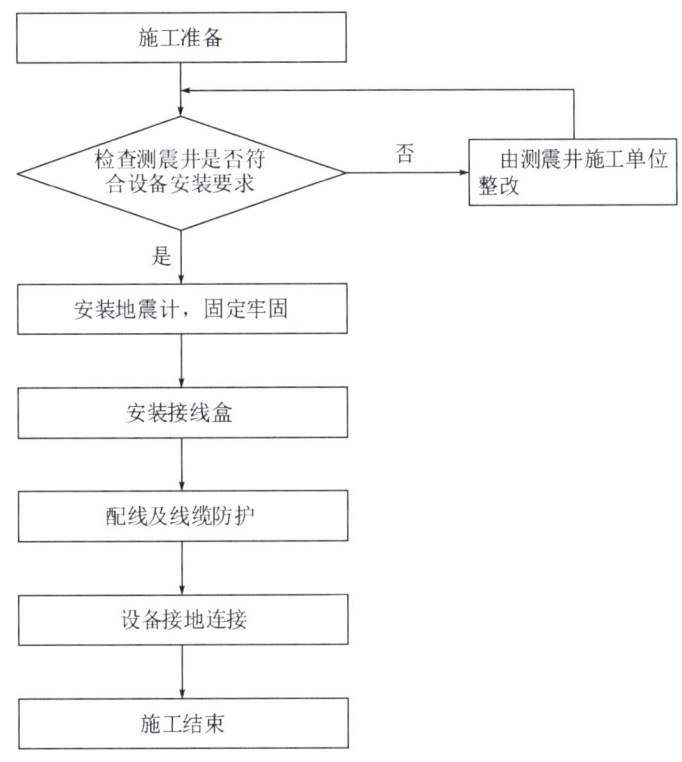

图 8.2.4 地震计施工流程

2 地震计安装前应对测震井进行检查，并符合下列规定：

1）测震井地点、尺寸符合设计文件要求。

2）测震井结构、地震计安装基础、隔震槽、防水、爬梯、防护罩等建筑工程已完成并符合设计文件要求。

3）基础及螺栓已完成并符合设备安装要求。

4）电缆引入预留管符合设备线缆引入要求。

5）接地装置及接地电阻符合设计文件要求。

6）测震井建筑工程施工质量验收资料齐全并合格。

3 地震计安装方式应符合设计文件要求。

4 地震计在测震井内应按下列规定安装：

1）地震计垂直于安装平台安装，调整地震计水平及方位，偏差应不大于 ±2°。

2）地震计不锈钢罩应可靠接地。

5 接线盒应按下列规定安装：

1）接线盒可采用信号终端电缆盒。

2）接线盒采用金属支架与测震井侧壁或砖砌混凝土防护罩内侧壁预埋螺栓固定。

6 地震计线缆防护及成端应按下列规定施工：

1）引入接线盒的电缆分别从接线盒底部保护管引入并完成成端制作，成端制作应符合本指南第 8.1.6 条第 5 款和第 6 款的有关规定。

2）接线盒成端保护管与电缆引入管和地震计安装套管之间分别采用钢丝橡胶软管防护，钢管与钢丝橡胶软管接合部位可靠连接并用密封胶防水。

7 接线盒配线应按下列规定施工：

1）配线线把绑扎间距均匀，芯线端头余留 2 次做头余量，并严禁盘圈，芯线均做标识，芯线与端子连接后调整配线排布整齐、圆滑。

2）备用芯线可盘成弹簧状放在电缆根部。

3）采用弹簧接线端子配线时，线缆连接一孔一线，根据接线端子的规格，使用专用配线工具，截面积小于 1mm² 的多股铜线使用配套的压接钳压接冷压接线帽。

4）接地配线不应有接续和缩径。

8.3 室内设备施工

8.3.1 一般规定

1 室内设备施工内容包括机柜、终端、电源等设备安装，走线架安装、设备配线、布线、防雷接地。

2 室内设备施工流程如图 8.3.1 所示。

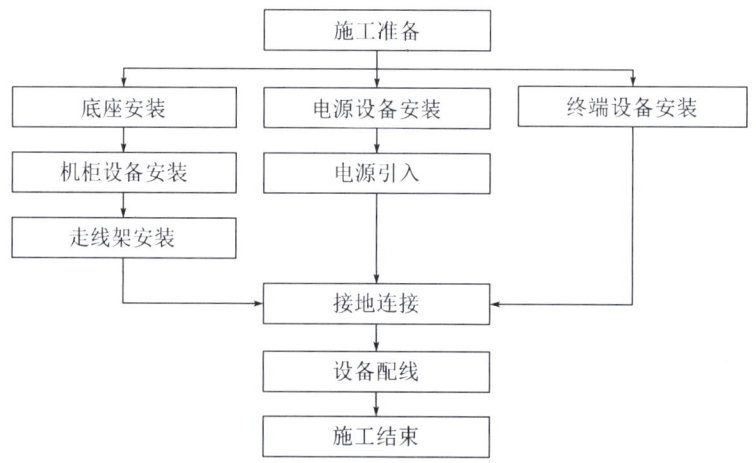

图 8.3.1 室内设备施工流程

3 室内设备安装前，应检查并确认下列设备安装条件：

1）室内装修工程完成，符合相关验收标准。

2）预留的管线、孔洞、沟槽等符合布线要求。

3）防静电地板高度符合设备安装要求，防静电地板下、走线架内清洁无杂物。

4）接地汇流排安装完毕。

4 机柜及设备应设置铭牌、标识完整清晰。

5 室内设备应进场检验，并符合下列规定：

1）规格、型号、数量符合设计文件和订货合同的要求。

2）产品图纸、说明书等技术资料，产品合格证、质量检验报告等质量证明文件齐全并符合设计文件、订货合同的要求和有关技术标准的规定。

3）属于行政许可或强制认证的产品应具有相应证书，其认证证明文件应在有效期内。

4）机柜、设备及附件外观无损伤、锈蚀，铭牌，标识完整清晰。

5）机柜及设备内部件齐全、连接可靠。

6 采用自投自复式防灾配电箱。

8.3.2 机柜及终端设备安装

1 机柜及终端设备安装包括机柜底座、机柜、监测终端设备安装。

2 底座应按下列规定安装：

1）安装位置应符合设计文件的要求。

2）底座采用膨胀螺栓直接固定在房屋地面上。

3）调整底座高度，保证底座顶面水平，且高度与防静电地板顶面平齐。

3 机柜应按下列规定安装：

1）机柜用螺栓固定在底座上，连接牢固。

2）机柜安装应垂直。

3）当相邻机柜相互靠拢时，其间隙不大于3mm。

4）相邻机柜正立面平齐。机柜设备安装示意图如图8.3.2所示。

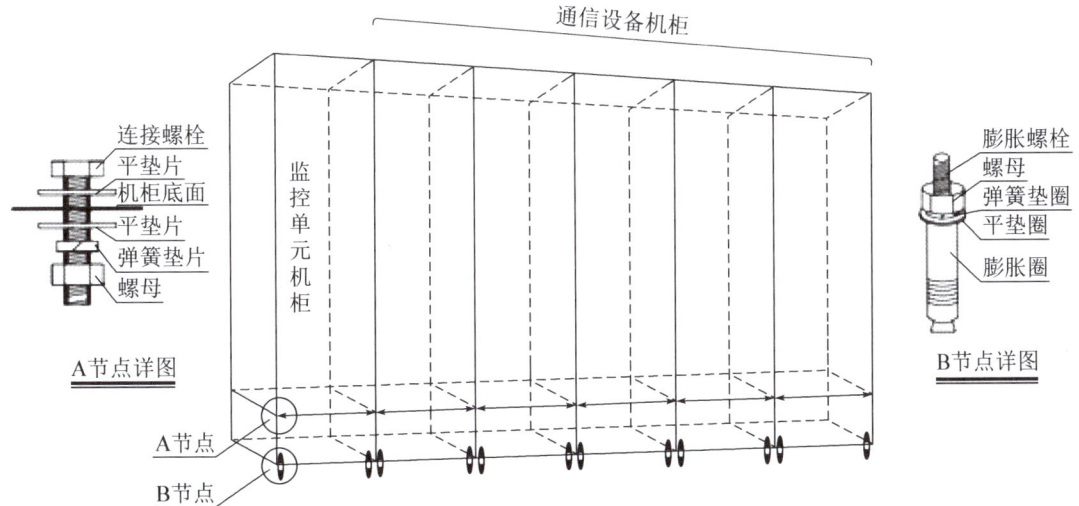

图 8.3.2 机柜设备安装示意图

4 机柜内接地汇集板应与机房等电位端子排栓接牢固，接地连接线走线路径应短捷，并减少长度和方向变化。

5 监测终端设备应按下列规定安装：

1）安装位置、方式应符合设计文件要求。

2）设备安装应平稳牢固。

3）设备各种接口的插接件咬合紧密、接触可靠。

4）设备之间配线应连接正确，标识清晰。

5）设备接地应符合设计文件要求。

8.3.3 室内布线及配线

1 室内线缆应按下列规定布放：

1）信号线、交流电源线、地线应分开布放，同一线槽内走线时间距不宜小于50mm。

2）电缆桥架或保护线槽内的各种线缆应均匀绑扎分层固定，按顺序出线，布放应顺直、整齐、圆滑、无扭绞、交叉。

3）弯曲半径应符合下列要求：

（1）对绞电缆的弯曲半径不小于电缆外径的10倍。

（2）非屏蔽对绞电缆的弯曲半径不小于电缆外径的5倍。

（3）同轴电缆的弯曲半径不小于电缆外径的15倍。

（4）室内光缆的弯曲半径不小于光缆外径的15倍。

（5）光纤跳线的弯曲半径不小于50mm。

4）线缆两端应贴有标签，标明型号、长度及起止设备名称等信息，标签应选用不易损坏脱落的材料。

2 室内线缆应按下列规定配线：

1）接线端子安装牢固，端子外壳无污渍、锈蚀、开裂及变形。

2）采用弹簧端子时，配线连接一孔一线，线头不应加焊锡。

3）使用压接配线时，端子应与配线截面积相适应，配线应套冷压接线帽并用压接钳按照操作工艺进行施工。

3 电源线应按下列规定配线：

1）直流电源线色：正极——红色；负极——蓝色。

2）交流电源线色：A相——黄色；B相——绿色；C相——红色；零线——天蓝色；保护地线——黄绿双色。

3）截面积在10mm² 以下的单股或多股电源线可与设备直接连接；在电源线端头制作接头圈，线头弯曲方向应与紧固螺栓、螺母的方向一致，并在导线与螺母之间加装平垫片和弹簧垫片，拧紧螺母。

4）截面积在10mm² 及以上的多股电源线端头应加装接线端子并镀锡；接线端子尺寸与导线线径应吻合，用压/焊接工具压/焊接牢固；接线端子与设备的接触部分应平整,在接线端子与螺母之间应加装平垫片和弹簧垫片,拧紧螺母。

5) 电源线与设备端子连接时,不应使端子受到外界机械拉力。

4 光缆芯线应按下列规定终接:

1) 采用收容盘连接、保护时,在收容盘中光纤的弯曲半径大于 40mm。光缆收容盘终接示意图如图 8.3.3 所示。

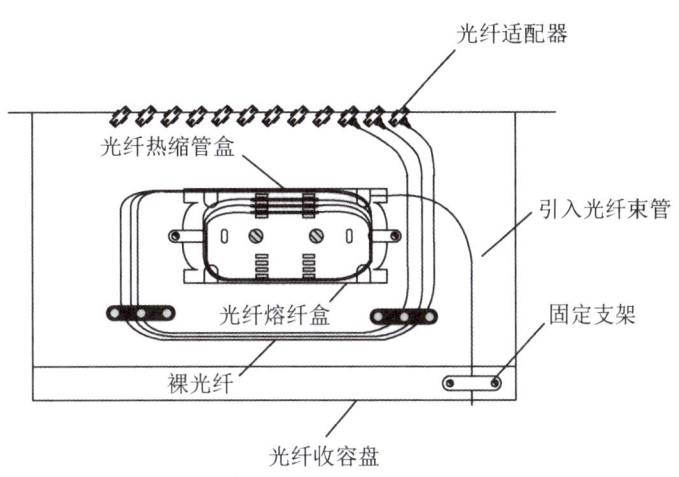

图 8.3.3 光缆收容盘终接示意图

2) 在 ODF 架进行光纤终接时,光纤应绑扎松紧适度,排放整齐。

3) 光纤连接损耗值符合表 8.3.3 的要求。

光纤连接损耗值 表 8.3.3

连接类型	单模	
	平均值	最大值
接头损耗(dB)	0.15	0.3

5 各类跳线和连接器间接触应良好,标志齐全清晰,跳线选用类型及长度应符合设计文件要求。

8.3.4 室内设备防雷及接地

1 室内设备防雷及接地方式应符合设计文件及有关技术标准要求。

2 室内设备的接地应按下列规定施工:

1) 金属机柜门体、柜内设备金属壳体及工作地与机柜工作保护接地汇集板等电位连接,机柜工作保护接地汇集板就近与室内工作保护接地汇流排栓接。

2) 柜内设备防雷元件的保护地(PE 端)与机柜防雷接地汇集板等电位连接,机柜防雷接地汇集板就近与室内防雷接地汇流排栓接。

3) 机柜内防雷接地汇集板和工作保护接地汇集板电气绝缘。

3 接地线连接线不得有接续和缩径，走线不留余长。

8.4 施工调试

8.4.1 一般规定

1 调试前，应检查确认具备下列条件：

1）室内外设备安装完成并检验合格。

2）电源、通信通道稳定可靠，设备接地连接可靠。

3）监测业务终端和监测维护终端对应显示室内、室外设备信息与工程现场一致。

2 施工调试宜在设备加电 15min 后进行。

3 调试设备应符合下列规定：

1）能支持现场采集设备、监控单元数据传输协议。

2）具备模拟发生风数据功能，发送时间基准为 1s，偏差应不大于 100ms。

3）具备模拟发生雨数据功能，发送时间基准宜为 1min。

4）具备模拟中心系统下发异物侵限临时行车、调度恢复、远程试验等功能。

5）具备模拟下发地震预警监测报警解除等功能。

6）能对现场采集设备供电。

8.4.2 现场监测设备调试

1 风现场采集设备应按下列规定调试：

1）风现场采集设备调试流程如图 8.4.2-1 所示。

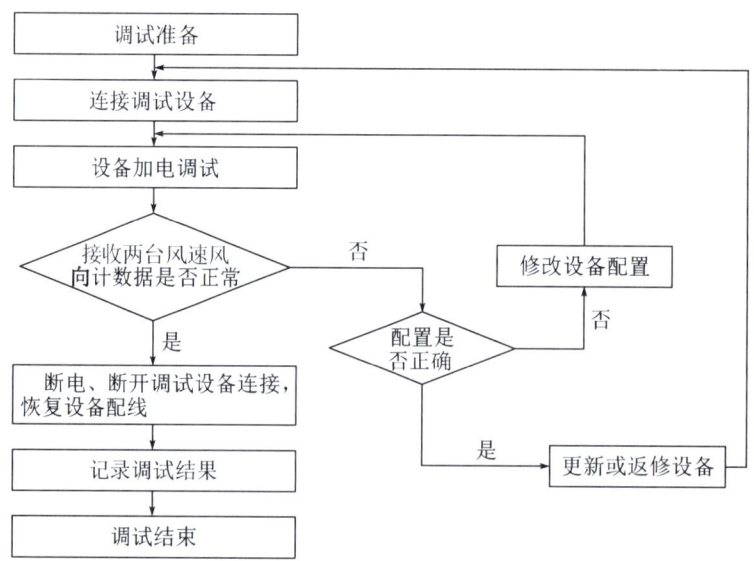

图 8.4.2-1 风现场采集设备调试流程

2）参照设备技术文件，在数据传输单元的配线端子处连接调试设备，利用调试设备对风现场采集设备加电调试，调试设备能接收风速风向计运行状态等数据。

2 雨现场采集设备应按下列规定调试：

1）雨现场采集设备调试流程如图 8.4.2-2 所示。

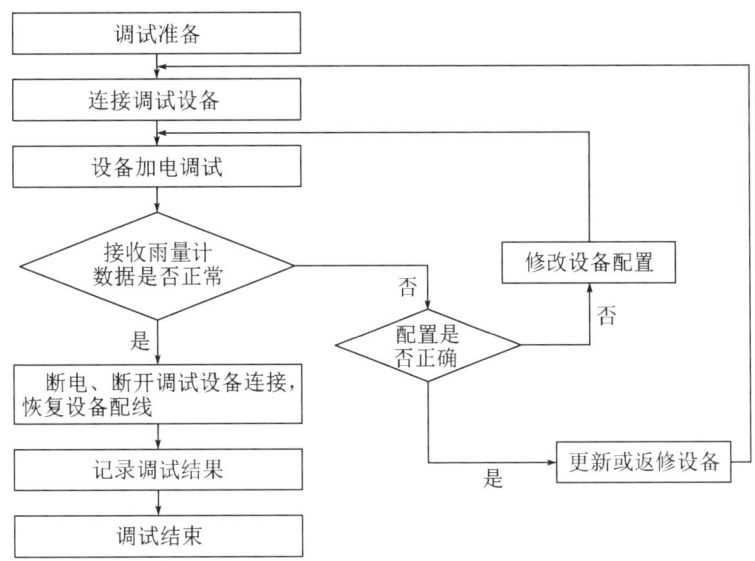

图 8.4.2-2　雨现场采集设备调试流程

2）参照设备技术文件，在数据传输单元的配线端子处连接调试设备，利用调试设备对雨现场采集设备加电调试，调试设备能实时接收雨量计运行状态数据。

3 异物侵限现场采集设备应按下列规定调试：

1）对位试验。

（1）试验前，确认上跨铁路的道路桥梁正下方的上、下行铁路信号系统轨道电路区段未被占用。

（2）用 1 根长度不小于 2000mm、截面积不小于 6mm^2 的多股金属线分别短路连接上、下行线路的两根钢轨。在信号机械室确认轨道电路与被短路的轨道区段一致。

（3）试验完毕，取消短路连接，确认信号系统对应上、下行轨道电路区段占用已解除。

（4）试验完成后做好记录。

2）电网传感器调试。参照设备技术文件，在现场模拟监测电网断线，在现场控制器配线端子处利用数字万用表测量对应电网传感器通断状态正确。

4 风、雨及异物侵限监测的监控单元应按下列规定调试：

1）风、雨及异物侵限监测的监控单元调试流程如图 8.4.2-3 所示。

2）检查监控单元采集模块状态指示灯显示正常。

3）将调试设备通过以太网接口连接监控单元。

4）监测数据上传功能调试。调试设备能接收并显示监控单元上传的风、雨及异物侵限现场采集设备数据。

5）监控单元主机冗余调试。断开监控单元其中一组采集模块或通信接口，调试设备能接收并显示现场采集设备的数据；恢复其连接，断开另一组采集模块或通信接口，调试设备能接收并显示现场采集设备的数据。

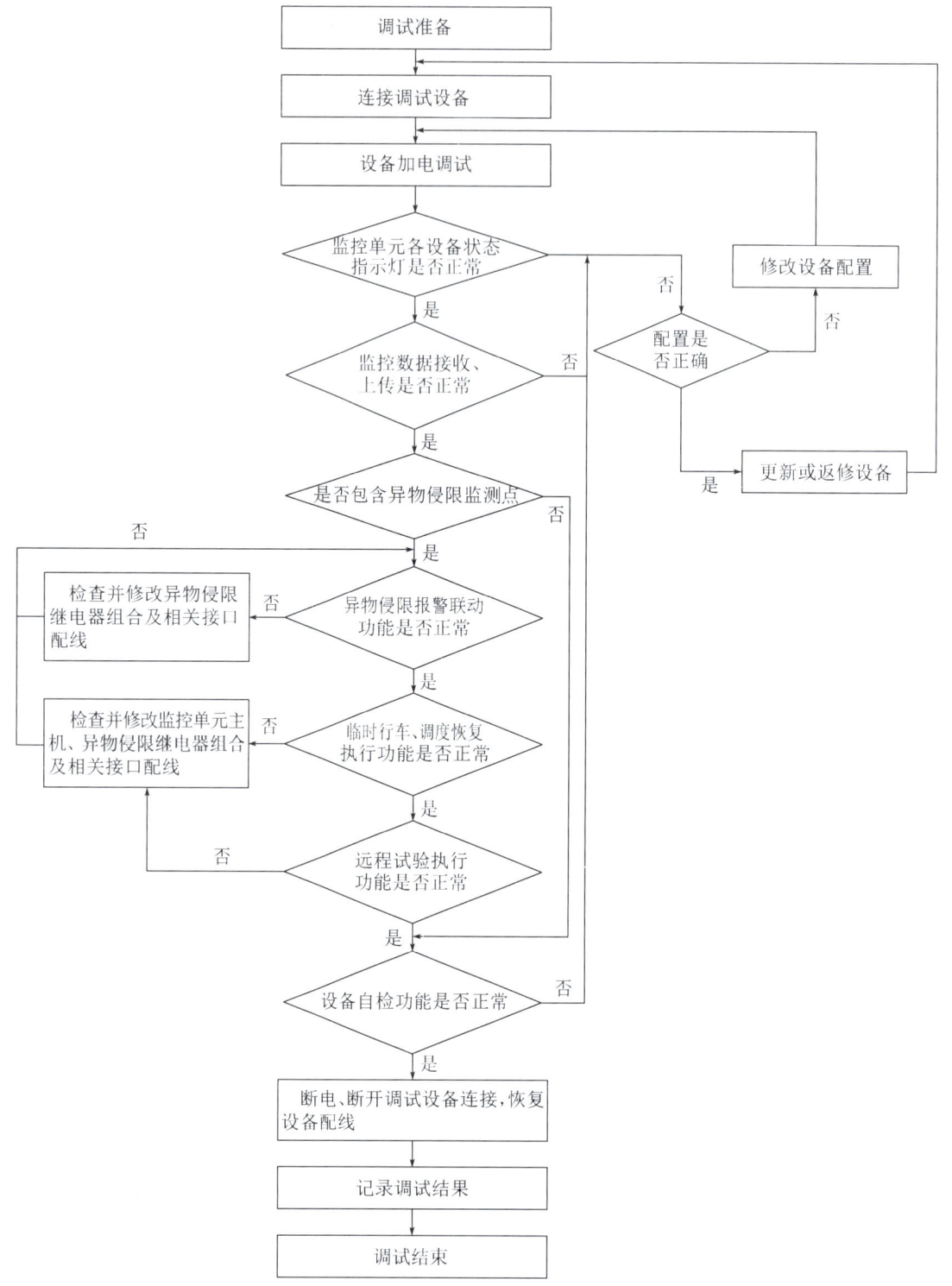

图 8.4.2-3 风、雨及异物侵限监测的监控单元调试流程

6) 电源设备冗余调试。关闭一套电源设备，调试设备能接收并显示现场采集设备的数据；恢复电源设备，关闭另一套电源设备，调试设备能接收并显示现场采集设备的数据。

7）设备状态监测告警功能。

（1）监控单元主机。模拟监控单元采集模块/电源设备故障时，调试设备能显示采集模块/电源设备故障报警，并提供语音报警提示。

（2）现场采集设备。在监控单元模拟现场采集设备断线时，调试设备能显示现场采集设备故障报警，并提供语音报警提示。

（3）外电源。通过手动依次断开配电箱输出端两路电源空开，调试设备能显示外电故障报警，并提供预警报警提示。

8）异物侵限监测报警联动功能。

（1）分别在单侧监测电网远端接线盒处依次断开两层电网，在信号机械室观察上行异物继电器（SYWJ）、下行异物继电器（XYWJ）为吸起状态，在调试设备上观察SYWJ、XYWJ为吸起状态。

（2）分别在单侧监测电网远端接线盒处同时断开两层电网，在信号机械室观察SYWJ、XYWJ落下，在调试设备上观察SYWJ、XYWJ为落下状态。

（3）恢复现场电网传感器远端接线盒处的电网配线，在信号机械室观察SYWJ、XYWJ保持落下状态，在调试设备上观察SYWJ、XYWJ为落下状态。

（4）关闭两台监控单元主机，具备异物侵限监测功能的监控单元继电器组合监测报警联动功能应正常。

9）异物侵限监测临时行车功能。

（1）调试设备模拟"调度上行临时行车"命令，在信号机械室观察SYWJ由落下变为吸起状态，在调试设备上观察SYWJ为吸起状态。

（2）调试设备模拟"调度下行临时行车"命令，在信号机械室观察XYWJ由落下变为吸起状态，在调试设备上观察XYWJ为吸起状态。

10）异物侵限监测报警恢复功能。

（1）触按现场控制器的"恢复开关"。

（2）调试设备模拟"调度恢复"命令，系统恢复正常。

（3）在信号机械室观察SYWJ、XYWJ为吸起状态。

（4）在调试设备上观察SYWJ、XYWJ为吸起状态。

5 地震预警监测的地震计应按下列规定调试：

1）地震计调试流程如图8.4.2-4所示。

2）检查设备配线准确无误，连接可靠。

3）将调试设备连接监控单元。

4）用小锤轻敲测震井地震计安装基础台面，调试设备能接收地震计采集的变化数据。

5）调取监控单元记录的波形，确认系统能够记录地震动波形数据。

6 地震预警监测的监控单元应按下列规定调试：

1）地震预警监测的监控单元调试流程如图8.4.2-5所示。

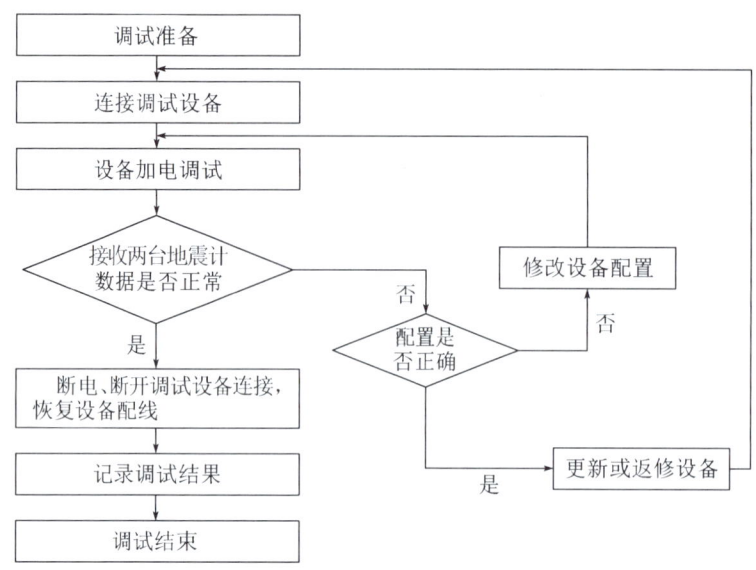

图 8.4.2-4　地震计调试流程

2）在监控单元配线端子处断开两台地震计连接，将信号发生器测试线接入两台地震计对应端子；将调试设备通过以太网接口连接监控单元主机。

3）利用信号发生器模拟发送地震波形数据，在调试设备上能查看监控单元接收的波形数据。当超过阈值时，在调试设备上能查看到 P 波预警、阈值报警信息。

4）P 波预警误报解除。

（1）利用信号发生器模拟产生 P 波误报信息，在调试设备上能观察到 P 波误报解除信息。

（2）利用调试设备模拟将 P 波误报解除信息发送至监控单元，监控单元能恢复正常状态。

5）误报率。

（1）在现场监测设备监控单元侧利用信号发生器模拟两台地震计发送非地震事件的波形数据（例如列车干扰、背景噪声、白噪声、正弦波、方波、打夯以及轨道稳定、清筛、捣固等工务维修作业的波形数据）样本不少于 300 组，统计误报次数。

（2）用调试过程中的误报次数除以非地震事件的样本数，误报率应符合设计文件要求和现行《高速铁路地震预警监测系统技术条件》（Q/CR 633）等有关技术标准的规定。

6）具有牵变触发功能的监控单元，利用调试设备模拟发布牵引供电系统接口动作处置及恢复命令，人工和调试设备分别观察监控单元对应的接口继电器动作正确。

7）具有信号触发功能的监控单元，利用调试设备模拟发布列控系统接口动作处置及恢复命令，人工和调试设备分别观察监控单元对应的接口继电器动作正确。

8）隔离功能。人工操作具有牵变触发、信号触发功能的监控单元的隔离开关置于隔离状态，利用调试设备模拟发布牵变触发、信号触发动作命令，监控单元对应的接口继电器无动作；试验结束后，恢复隔离开关。

9）冗余功能。在监控单元通过断开网络连接模拟网络故障，断开设备电源的方式模拟监控单元主机和数据采集器的电源输入/输出故障，调试设备终端能正确显示设备运行状态。

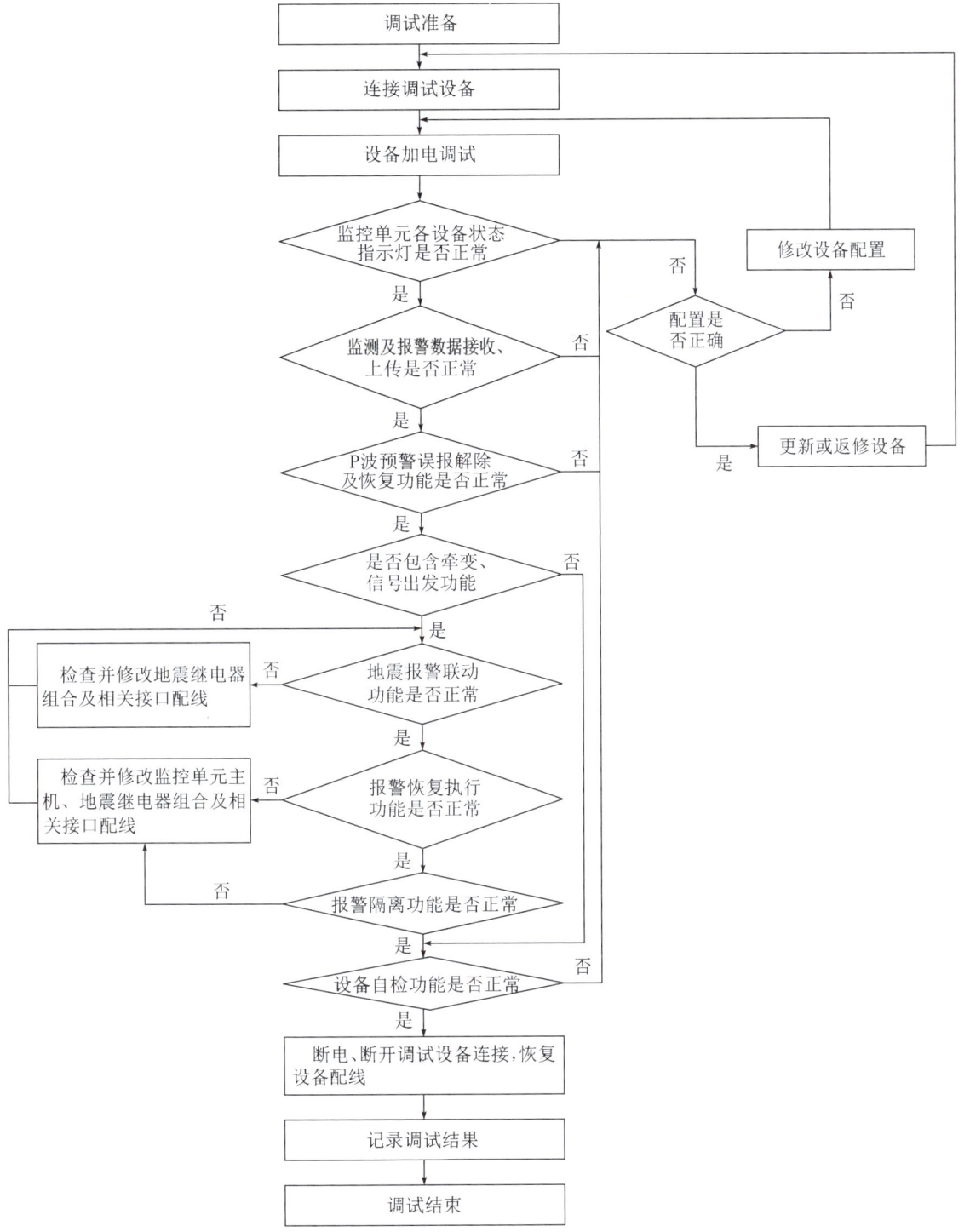

图 8.4.2-5 地震预警监测的监控单元调试流程

8.4.3 中心系统调试

1 风监测功能应按下列规定调试：

1）风监测功能调试流程如图 8.4.3-1 所示。

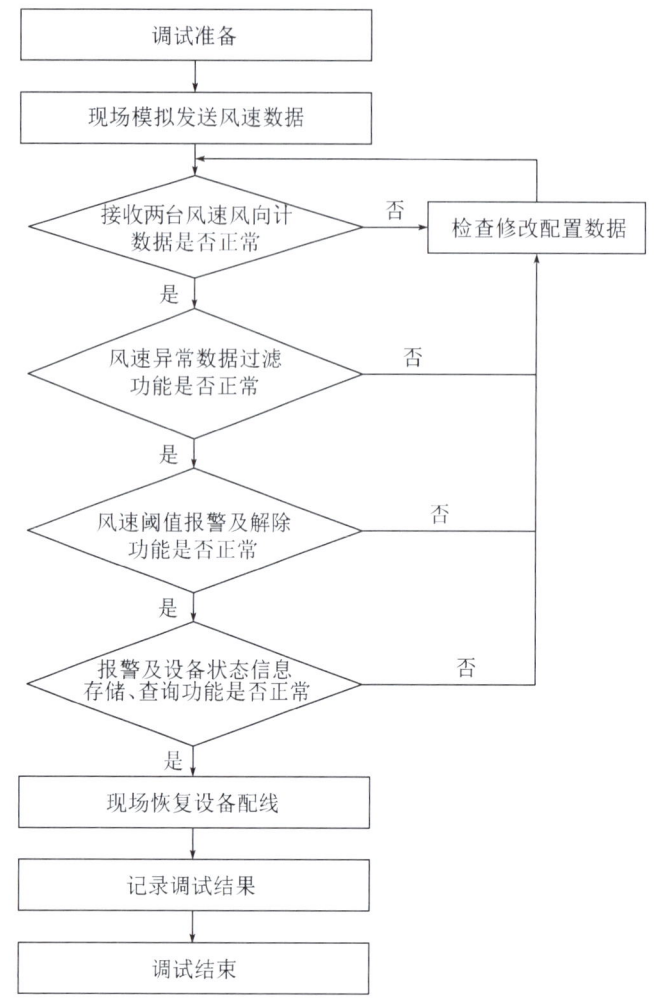

图 8.4.3-1　风监测功能调试流程

2）数据接收功能。

（1）选择不少于 1 处风监测点现场数据传输单元，在配线端子处断开风速风向计的配线，接入气象数据发生器并发送风速数据。

（2）在监测业务终端能实时、完整地接收并显示风速数据。

3）数据过滤功能。

（1）利用气象数据发生器发送超量程值、负值、乱码等异常风速数据，监测业务终端不显示的异常数据。

（2）监测维护终端能查询异常数据或异常数据标记。

4）风速报警功能。

（1）利用气象数据发生器持续发送超过规定的时间和报警阈值的数据，监测业务终端能给出报警限速级别、限速区段等文字和语音信息。

（2）在（1）所示的基础上降低气象数据发生器输出风速值至低于报警阈值，监测业务终端能在规定的时间内给出报警解除的文字和语音信息。

5）数据统计查询功能。

（1）具备统计各风监测点风速、监测报警等信息功能。

（2）监测维护终端能查询历史风速、监测报警等统计信息，并具备查询结果文件的输出和打印功能。

2 雨监测功能应按下列规定调试：

1）雨监测功能调试流程如图 8.4.3-2 所示。

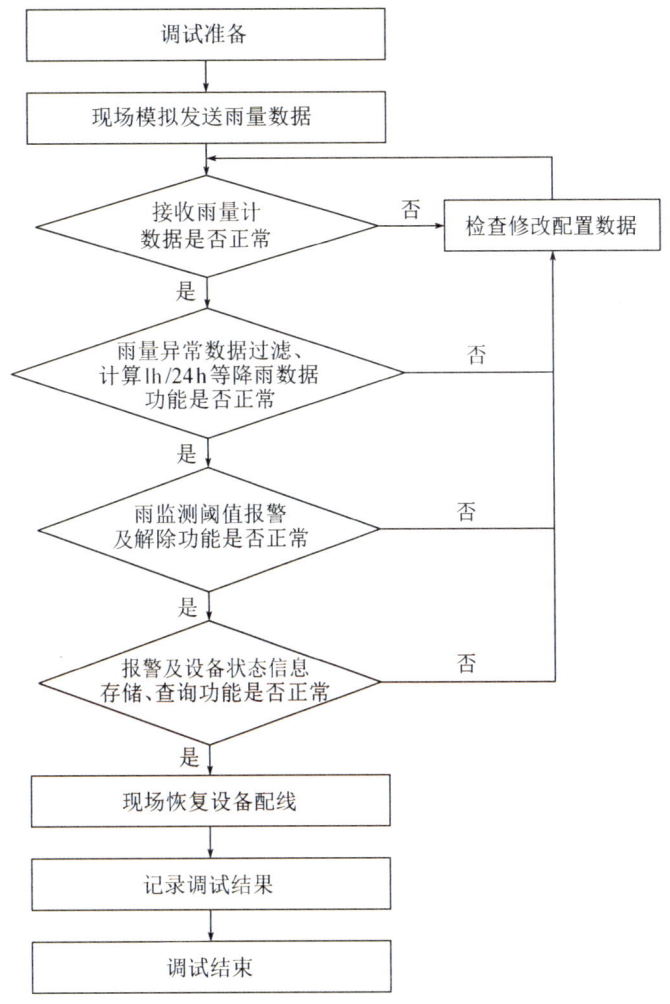

图 8.4.3-2 雨监测功能调试流程

2）数据接收功能。

（1）选择不少于 1 处雨监测点现场数据传输单元，在配线端子处断开雨量计的配线，接入气象数据发生器并发送雨量数据。

（2）监测业务终端能实时、完整地接收并显示雨量数据。

3）数据过滤功能。

（1）利用气象数据发生器发送超量程值、负值、乱码等异常雨量数据，监测业务终端不显示的异常数据。

（2）监测维护终端能查询异常数据或异常数据标记。

4）雨量报警功能。

（1）利用气象数据发生器持续发送雨量数据至超过报警阈值，监测业务终端能给出报警限速级别、限速区段等文字和语音信息。

（2）在上降低气象数据发生器输出雨量值至低于报警阈值，监测业务终端能在规定的时间内给出报警解除的文字和语音信息。

5）查询统计功能。

（1）具备统计各雨监测点 1h、24h、连续降雨量、监测报警等信息功能。

（2）监测维护终端能查询历史雨量、监测报警等统计信息，并具备查询结果文件的输出和打印功能。

3 异物侵限监测功能应按下列规定调试：

1）异物侵限设备监测、临时行车、报警恢复功能调试流程分别如图 8.4.3-3～图 8.4.3-5 所示。

2）设备监测功能。

（1）监测业务终端能正确显示异物侵限监测点电网传感器和信号机械室 SYWJ、XYWJ 状态。

（2）监测维护终端能正确显示异物侵限监测点电网传感器、监控单元继电器组合以及信号机械室 SYWJ、XYWJ 状态。

（3）监测维护终端能查询各异物侵限监测点电网传感器状态、监测报警、临时行车及报警恢复操作等信息，并具备查询结果文件的输出和打印功能。

3）单网断线故障报警功能。

（1）在现场单侧电网传感器远端接线盒处依次断开单电网配线。

（2）监测业务终端能正确显示故障报警信息。

（3）信号机械室 SYWJ、XYWJ 为吸起状态，监控单元回采 SYWJ、XYWJ 为吸起状态。

4）双电网断线异物侵限报警功能。

（1）在现场单侧电网传感器远端接线盒处同时断开两层电网配线。

（2）监测业务终端能通过文字和语音正确提示异物侵限监测点报警等信息。

（3）信号机械室 SYWJ、XYWJ 落下，监控单元回采 SYWJ、XYWJ 为落下状态。

（4）异物侵限报警时，监测业务终端显示的异物侵限报警区段与信号机械室对应轨道电路区段一致，并符合设计文件要求。

5）临时行车处理功能。

（1）在监测业务终端点击"调度上行/下行临时行车"命令。

（2）信号机械室 SYWJ/XYWJ 由落下变为吸起状态，监控单元回采 SYWJ/XYWJ 为吸起状态。

（3）监测业务终端能通过文字和语音正确提示异物侵限监测点进入上行/下行临时行车状态。

6）报警恢复功能。

（1）恢复现场电网传感器配线，在监测业务终端观察异物侵限监测点电网传感器恢复。

（2）在现场控制器处触按现场恢复按钮，在监测业务终端观察显示现场恢复请求信息。

（3）在监测业务终端点击"调度恢复"按钮，监测业务终端能通过文字和语音正确提示异物侵限监测点报警解除信息。

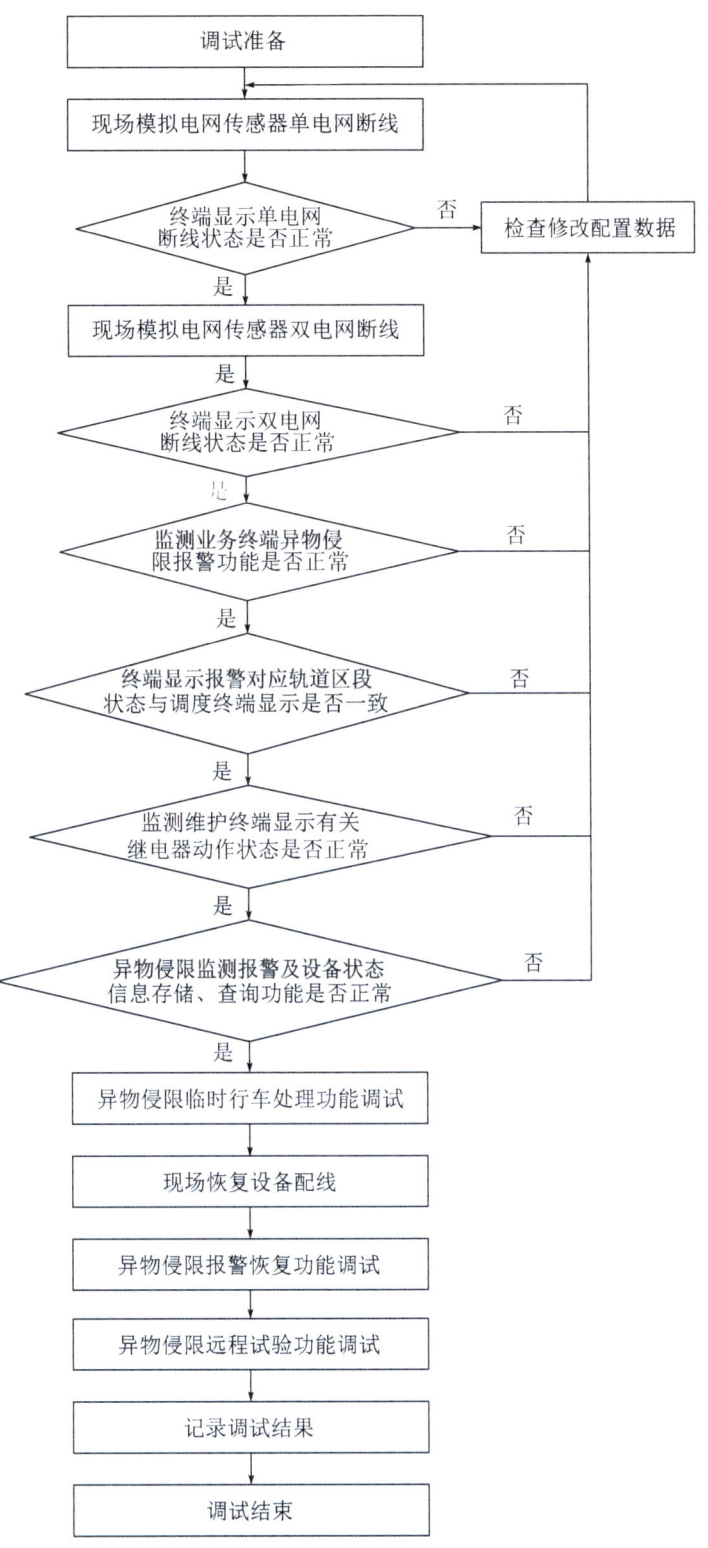

图 8.4.3-3　异物侵限设备监测功能调试流程

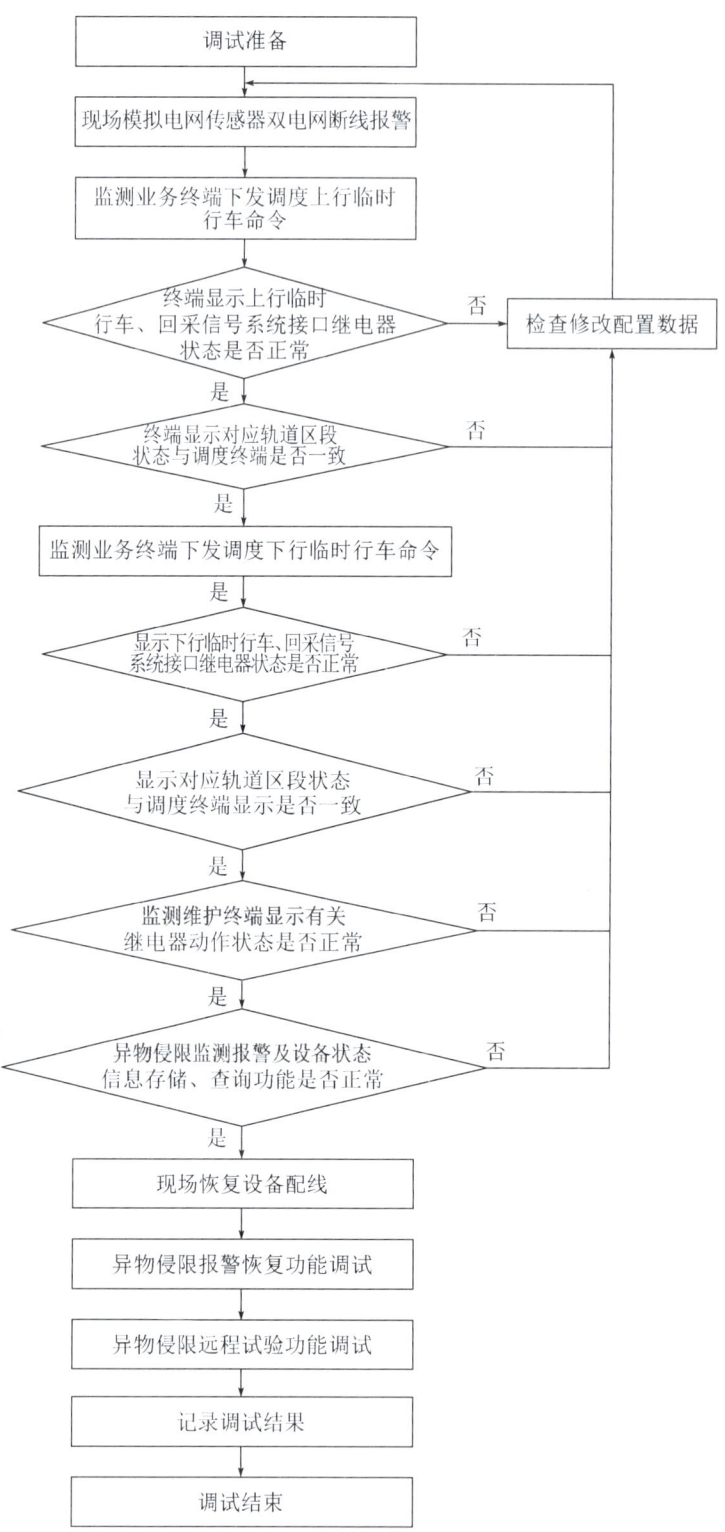

图 8.4.3-4 异物侵限临时行车功能调试流程

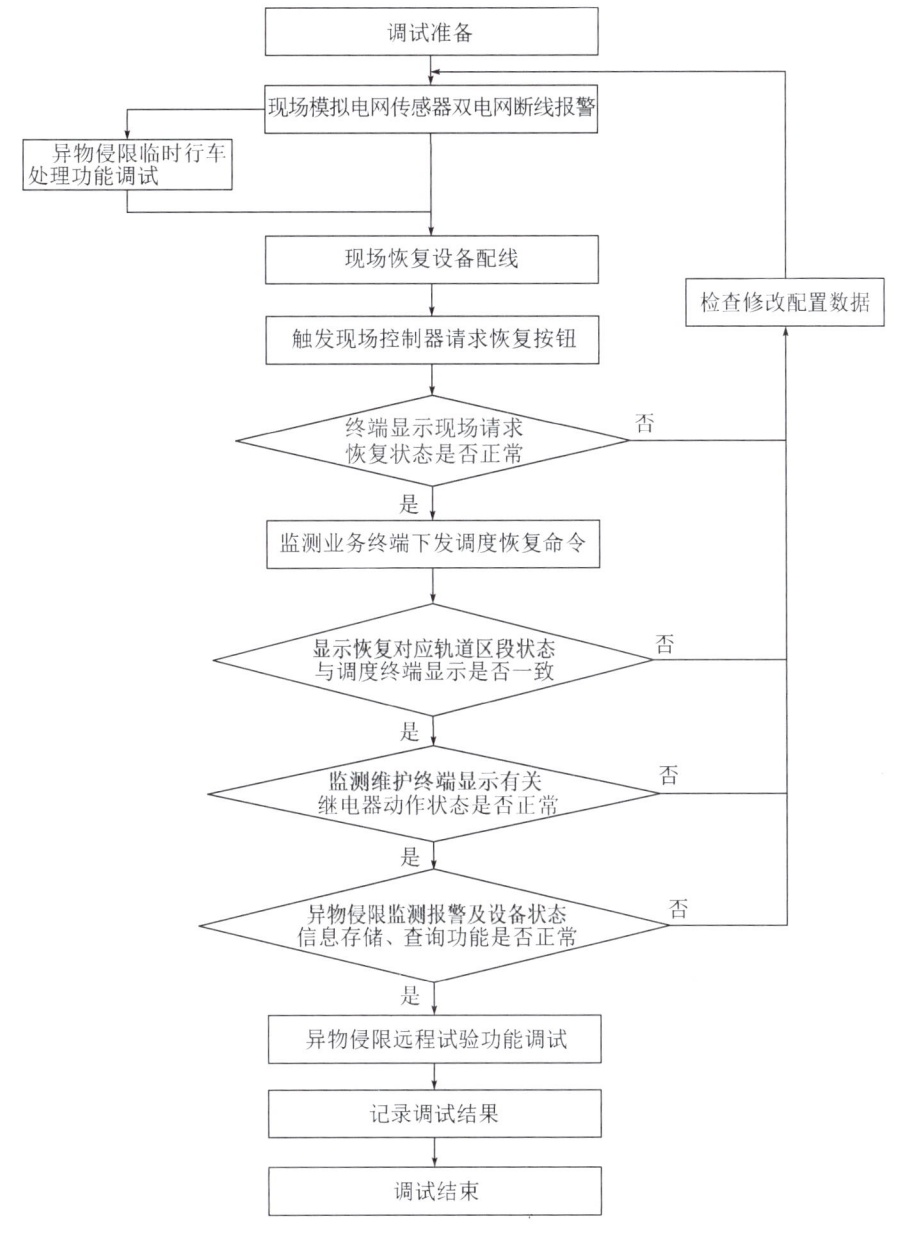

图 8.4.3-5 异物侵限报警恢复功能调试流程

（4）信号机械室 SYWJ、XYWJ 为吸起状态，监控单元回采 SYWJ、XYWJ 为吸起状态。

7）远程试验功能。

（1）在监测维护终端进行异物侵限远程试验，操作现场监测设备双电网断线，产生异物侵限监测报警，回采 SYWJ、XYWJ 由吸起变为落下状态。

（2）监测业务终端能通过文字和语音正确提示异物侵限监测点报警等信息。

（3）在监测业务终端点击"调度上行/下行临时行车"命令，监测业务终端能通过文字和语音正确提示异物侵限监测点进入上行/下行临时行车状态，回采 SYWJ/ XYWJ 由落下变为吸起状态。

（4）在监测维护终端操作现场监测设备双电网恢复至联通状态，在监测业务终端点击"调度恢复"按钮，监测业务终端能通过文字和语音正确提示异物侵限监测点报警解除信息，回采 SYWJ、XYWJ 为吸起状态。

4 地震预警监测应按下列规定调试：

1）地震预警监测调试流程如图 8.4.3-6 所示。

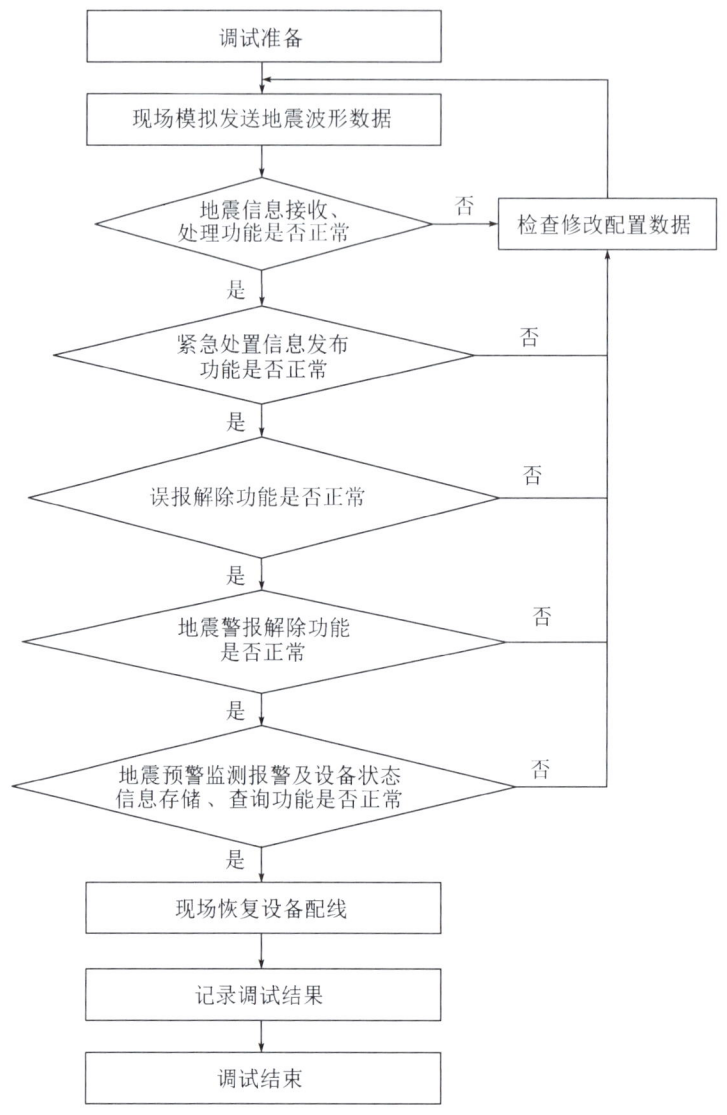

图 8.4.3-6　地震预警监测功能调试流程

2）地震信息接收、处理功能。

（1）在现场监测设备监控单元侧断开两台地震计连接，将信号发生器接入两台地震计对应端子。

（2）利用信号发生器模拟发送地震波形数据，在监测业务终端观察中心系统接收的 P 波预警、阈值报警信息。

3）紧急处置信息发布功能。

（1）在现场模拟多台站发送地震 P 波预警、阈值报警信息，监测业务终端能显示地震预警、报警信息并符合设计文件要求和现行《高速铁路地震预警监测系统技术条件》（Q/CR 633）等有关技术标准的规定。

（2）中心系统收到预警/报警信息后，能将报警处置信息发送至影响范围内的具有牵变触发、信号触发功能的监控单元，监控单元根据处置信息驱动监控单元侧接口继电器动作并触发列控、牵引供电系统联动。

（3）中心系统收到预警/报警信息后，能将报警处置信息发送至 GSM-R 系统，监测维护终端调取通信接口记录查看相应发布信息。

（4）监测维护终端能显示监控单元等设备的报警处置动作状态。

4）误报解除功能。

（1）在单台站现场监测设备监控单元侧，利用信号发生器模拟两台地震计产生 P 波误报信息，在监测业务终端观察 P 波误报解除信息。

（2）中心系统能将 P 波误报解除信息发送至通信接口，监测维护终端调取通信接口记录查看相应发布信息。

5）报警解除功能。在监测维护终端人工下达警报解除信息，监测维护终端能显示现场监测设备恢复到非报警状态，具有牵变触发、信号触发功能的监控单元能根据报警解除信息驱动地震预警监测接口继电器恢复到非报警状态。

6）监测业务终端和监测维护终端能显示地震事件的震中经纬度、加速度数值、警报时间、警报级别、影响范围、处置措施、地震误报确认和解除信息、警报解除信息。

7）监测维护终端能查询中心系统的地震响应监测记录和模拟试验测试记录，并能对存储数据进行检索和回放操作。

5 中心系统设备状态监测功能应按下列规定调试：

1）中心系统设备状态监测功能。

（1）在监测维护终端查看中心系统设备、监测终端、网络及安全设备的工作状态正常。

（2）在中心系统设备机房、终端所在地通过断电、断网等动作模拟设备故障时，监测维护终端显示设备故障、网络故障报警信息正确。

2）现场监测设备状态监测功能。

（1）在监测维护终端监测现场采集设备、监控单元主机、采集模块及电源等状态正常。

（2）在现场监控单元机柜处，通过断电、断网等动作模拟现场监测设备故障时，监测维护终端显示设备故障报警信息正确。

（3）监测维护终端实时监测监控单元内继电器组合状态以及异物侵限、地震接口继电器的回采状态正确。

3）在监测维护终端查询灾害监测系统监测、报警、设备故障报警信息和用户操作日志正常。

6 中心系统冗余功能应按下列规定调试：

1）服务器冗余。

（1）分别关闭中心系统冗余配置的服务器中负载运行的一台服务器的电源，在监测业务终端观察系统运行正常，在监测维护终端观察服务器设备故障报警正确。随后将该服务器重新启动，完全启动后，对另一台服务器进行同样操作，观察系统运行正常，服务器设备故障报警正确。

（2）分别断开中心系统冗余配置服务器中负载运行的一台服务器的网络连接，在监测业务终端观察系统运行正常，监测维护终端观察服务器设备故障报警正确，随后将该服务器接入网络，网络连接恢复后，对另一台服务器进行同样操作，观察系统运行正常，服务器网络故障报警正确。

（3）监测维护终端查询、分析相关服务器的系统日志，观察冗余配置的两台服务器之间的切换时间间隔应符合设计文件和现行《高速铁路自然灾害及异物侵限监测系统铁路局中心系统技术条件》（Q/CR 801）等有关技术标准的规定。

2）存储设备冗余。

（1）任意拔下磁盘阵列的一块硬盘，观察灾害监测系统监测、报警功能运行正常。

（2）监测维护终端查询硬盘拔出时刻存储的数据应完整。

（3）插入该硬盘，观察系统应用应正常运行。

（4）监测维护终端查询确认硬盘插入时刻存储的数据应完整。

3）核心交换机冗余。

（1）关闭中心系统冗余配置的服务器中负载运行的一台核心交换机电源，在监测维护终端观察系统运行正常，核心交换机设备故障报警正确。随后将该核心交换机重新启动，完全启动后，对另一台核心交换机进行同样操作，观察系统运行正常，核心交换机设备故障报警正确。

（2）在负载运行的一台核心交换机侧，断开与监测终端、监控单元的网络连接，在监测维护终端观察系统运行正常，网络故障报警正确，随后恢复该核心交换机的网络连接。对另一台核心交换机进行同样操作，观察系统运行正常，网络故障报警正确。

（3）调试过程中，可在应用/通信服务器上利用 ping 命令检查监测终端、监控单元两个 IP 地址数据包的传输情况，核心交换机设备、网络故障切换过程中，保持连接状态的监测终端、监控单元设备丢失的 ping 数据包不应超过 1 个。

7 中心系统管理功能应按下列规定调试：

1）用户认证管理。

（1）在各监测业务终端和监测维护终端配置并调试用户登录系统口令，异物侵限临时行车、调度恢复、远程试验等操作应具备进行二次口令认证功能。

（2）在各服务器配置并调试用户登录系统口令。

2）短信通知。在现场监测点和室内分别模拟灾害报警和设备故障报警，短信服务器能将灾害报警、设备故障信息发送至相关移动通信终端。

8 监测业务终端应能正确显示相邻中心、相邻调度台管辖范围内的监测报警信息，并符合设计文件要求。

9 断开外部时间源网络连接或修改 NTP 服务器时间，模拟时间源信号中断或异常突变，系统设备应按本机时钟信号继续运行，监测功能应正常。

10 灾害监测系统网络应按下列规定调试：

1） 对照设备配置文件，利用便携式计算机在核心交换机处接入灾害监测系统网络，运行网络带宽测试软件测试各通道的传输带宽，灾害监测系统网络传输带宽应符合设计文件要求。

2） 在中心机房网络设备所在位置，分别断开监控单元汇聚的主、备传输通道和监测终端接入的主、备传输通道时，监测业务终端显示现场监测数据应正常，监测维护终端能显示对应网络故障信息。

3） 对照设备配置文件，登录防火墙设备检查配置信息防火墙能隔离、过滤信息配置应正确。

9 工程验收

9.1 单位工程验收

9.1.1 四电工程验收应按照现行《高速铁路通信工程施工质量验收标准》（TB 10755）、《高速铁路信号工程施工质量验收标准》（TB 10756）、《高速铁路电力工程施工质量验收标准》（TB 10757）、《高速铁路电力牵引供电工程施工质量验收标准》（TB 10758）、《铁路客运服务信息系统工程施工质量验收标准》（TB 10427）、《铁路自然灾害及异物侵限监测系统工程技术规范》（Q/CR 9152）完成单位工程施工质量验收，并达到合格要求。工程现场和工程资料符合静态验收条件要求。

9.1.2 建设各方应按照有关高速铁路工程竣工验收有关办法及高速铁路工程静态验收、动态验收等规定进行工程竣工验收的准备和验收工作。

9.2 静态验收

9.2.1 四电工程静态验收前应做好下列工作：
1 承包商或集成商按工程承包合同、有关规范标准对工程质量和系统功能自检合格，并提供检测报告。
2 完成相关工程竣工文件已按规定的内容和标准。
3 各专业各系统按照相关规定完成调试，系统正常运行。
4 各系统间及与相关系统间的接口符合相关标准要求。

9.2.2 施工单位应成立静态验收配合工作组，对参与验收的人员进行针对性的相关知识培训，静态验收时积极配合静态验收工作，工程竣工验收现场配备相关的人员、机具、检测仪器和交通通信工具。

9.2.3 参建各方对静态验收过程中发现的缺陷，应认真记录并研究，制订缺陷消除计划，按期完成整改，达到静态验收复验要求并签认完善相关手续。

9.3 动态验收

9.3.1 动态验收前应完成静态验收复验工作，完成静态验收问题整改，不影响行车安全。

9.3.2 施工单位应积极配合动态验收工作，对动态验收发现的问题按要求及时整改，达到动态验收复验要求并签认完善相关手续。

9.3.3 施工单位在整改期间应加强与有关单位联系，严格做到"试车不施工，施工不试车"，确保施工和行车安全。

9.3.4 施工单位在车站应安排值班人员，保证动态验收顺利进行。

9.3.5 施工单位应成立应急抢修小组，避免设备故障造成的影响。

9.3.6 施工单位应配置足够的人员、机具、车辆、仪器仪表和通信工具，配合动态验收。

质量通病及防治措施

A.1 通信工程

A.1.1 光缆背扣
预防措施：加强组织指挥力度，增加巡回人员，合理配置劳力，光缆敷设后沿线路进行梳理。

A.1.2 光缆损伤
预防措施：加强各专业间沟通，在槽道盖板铺设时，指派专人现场监护，并安排测试人员在槽道盖板铺设完毕后对光缆进行复测。

A.1.3 槽道光、电缆交叉
预防措施：应在完成槽道清理后敷设；加强施工组织，明确施工顺序；路基地段光电缆预留井内采取物理隔离方式避免光电缆交叉。

A.1.4 光缆接头盒和绝缘节密封不严
预防措施：选用原厂配套密封胶，严格按照产品说明和操作规程施作。

A.1.5 光缆接头衰耗过大
预防措施：选用合格的接续工具，提高接续作业人员业务技能，改善接续作业环境，及时检测。

A.1.6 2M同轴电缆接头问题
预防措施：使用专用工具，避免剥伤芯线，焊前预热，焊锡饱满，加强测试。

A.1.7 机房鼠蚁、虫害

预防措施：保持机房整洁、卫生，机房内严禁存放食物；安装挡鼠板；及时采用防火材料封堵沟、槽、孔、洞。

A.1.8 机房设备防尘

预防措施：机房装修完成后进场；采取防静电防尘罩覆盖保护；进行易产生扬尘作业前，制订防尘方案及措施并严格执行。

A.1.9 机房设备上电前防潮

预防措施：机房增加临时除湿设备；机柜内悬挂防潮吸湿干燥剂，定期更换；加强机房巡视，定期通风干燥；具备送电条件及时加电。

A.1.10 铁塔地脚螺栓锈蚀

预防措施：及时进行防腐、防锈处理；加强成品保护，避免污染侵蚀。

A.1.11 天馈驻波比过大

预防措施：加强馈线施工过程保护，破损、变形及时更换；接头进行防水处理；安装完毕后利用驻波比测试仪对天馈进行测试，并记录。

A.1.12 漏泄同轴电缆接头问题

预防措施：使用配套专用工具，提高作业人员业务技能，改善作业环境，加强接续检测。

A.2 信号工程

A.2.1 上下桥、石质地带、钢槽内、桥梁接缝处等特殊地段电缆防护不到位导致电缆绝缘不好

预防措施：加大特殊地段电缆的检查；对特殊地段需增加防护的位置进行物理防护；对已完成的箱盒内放置干燥剂。

A.2.2 电缆打背扣

预防措施：加强组织指挥力度，增加巡回人员，合理配置劳力；放完缆再次重新梳理电缆。

A.2.3 固定用化学锚栓预埋不合格

预防措施：严格按照化学锚栓操作说明书控制凝固时间；采用带标尺电钻进行钻

A.2.4　电源线、发送线、接收线的焊点粗糙、不饱满、有毛刺、假焊、虚焊

预防措施：加强关键工序逐级技术交底及工艺质量卡控，规范施工；提高操作人员的技能水平，选用高质量、非腐蚀性焊剂。

A.2.5　信号机房环境潮湿，导致设备绝缘，不达标

预防措施：进场施工前，确保机房内环境干燥，无潮湿、返潮现象；机柜架安装、配线完成后，及时加电调试；室内空调设备在系统调试阶段应正常运行。

A.3　电力工程

A.3.1　杆坑位置偏移、深度不足、未按要求埋设底盘

预防措施：杆坑定测时保证桩位齐全，严格保证辅助定位桩准确，杆坑开挖发现基准桩与辅助桩不全时重新定测；对现场施工人员进行层层交底；基坑施工杆位实名制。

A.3.2　导线表面毛刺、划痕、被碾轧散股

预防措施：合理选择牵、张扬地，准确计算导线的牵、张力，在导线不能脱离的地面和跨越架位置采取有效的防磨措施；在锚线绳与导线相磨部位加装胶皮护套，避免导线与锚线绳直接接触；锚线时采取不等高的导线排列方式；合理安排施工进度，导线展放完毕后及时进行紧线和安装缩短导线的锚固时间，降低导地线鞭击的频率；合理布置附件安装工器具，在导线与工器具相磨部位采取有效的防磨措施；导线在跨越路面处展放时应做支架跨越路面，或者人员盯控，防止车辆碾轧。

A.3.3　铝包带安装不符合要求

预防措施：细化技术交底；开展施工质量互检工作，发现施工方法不当、工作失误时及时提醒对方跟正，避免不必要的返工。

A.3.4　电缆定测长度不准导致电缆敷设不满足设计要求

预防措施：对于高铁或客专施工，当设计要求电缆蛇形敷设时，应提前选取不同宽度的电缆沟进行试验，估算蛇形敷设所需的预留系数，定测完成后根据系数进行预留放量；在大风环境中测量，选择钢卷尺等受风影响较小的工具。测量的前点和后点及中间记录人员在测量过程中随时核对数据，并在定测后将定测数据与铁路设计里程差进行二次核对。在有转弯及上下坡处充分考虑测量与实际电缆敷设的误差，保证电缆预留量。

A.3.5 电缆在敷设过程中外绝缘受损

预防措施：电缆敷设时，应从电缆盘的上方引出，电缆盘的转动速度应与牵引速度相配合，采用地滑轮或其他方式避免电缆在地面上摩擦拖拉；电缆敷设前，应保持电缆管口平滑；出现外绝缘受损时应及时采用热熔焊枪进行热熔处理等。

A.3.6 电缆与公路、管道及地下光缆交叉时未采取防护措施

预防措施：应严格按照国家和行业现行有关标注的规定对电缆与公路、管道、既有光电缆交叉及进入建筑物时采取保护措施，防止电缆敷设后安全距离不满足规范要求。

A.3.7 电缆头制作过程中的外铠、铜屏蔽处理不当

预防措施：电缆终端的外铠接地、铜屏蔽接地线必须单独接引；外铠接地、铜屏蔽接地线以及肘头外壳接地线必须用接线端子（线鼻子）压接后再用螺栓拧在接地铜牌上，而不能直接拧在接地铜牌上；中间接头的铜屏蔽、外铠必须进行独立连接；尽量使用电缆头专用的切削工具，以便提供施工精度及施工效率，同时还可以保证施工安全。

A.3.8 箱变基础积水

预防措施：选择合适的位置，避免选择地势低洼和临近水塘、水沟施工基础，如无法避免，可采取填方放坡或者在基础周边开挖排水沟处理；进出线管采取外低内高式倾斜埋设，防止雨水倒灌，电缆敷设完毕应采取管内填防火堵料管外低标号水泥封堵，做好防水措施；可考虑减少基础电缆预留腔深度或提升基础，地面开挖尽量控制在700mm以内，加装排水管向地势低洼处排水，基站内可排至围墙外排水沟。

A.3.9 二次线接线错误

预防措施：在施工作业指导中事先编制控制电缆排列卡，该卡按设备实际位置和电缆不交叉原则排列其位置；施工开始作业时应将全部接头挂牌，挂牌编号不大于两位，使用颜色加以区分，敷设前应先核对编号，做到卡、牌、物无误；施工接线处应充足照明；施工每个盘柜接线，宜由同一人作业，不宜换人，防止差错。

A.4 电力牵引供电工程

A.4.1 牵引变电所

1 基础表面出现蜂窝

预防措施：混凝土分层振捣密实；振捣均匀，每层混凝土振捣至气泡完全排出为止；模板孔隙封堵好，模板支设牢固。

2 基础表面出现露筋

预防措施：混凝土浇筑前钢筋和模板要固定牢靠；振捣时注意振动棒和钢筋与模板

之间距离，振捣密实；拆模时应控制混凝土凝固程度。

3　基础预埋钢板或槽钢的平直度及水平度不达标

预防措施：预埋前校验预埋钢板或槽钢平直度及水平度满足要求；预埋前找平预埋地基，核对基础满足预埋要求，反复核对放线尺寸后，再进行基础钢板或槽钢固定。

4　接地网铜绞线热熔焊存在焊接不饱满、有毛边和气孔

预防措施：与镀锌材质进行焊接时，应提前除去镀锌层；焊接时进行表面清洁，潮湿情况时，提前进行烘烤，去除水分；倒置焊粉时，检查模具内托片位于底部中心。

5　设备接地扁钢与接地网焊接处、环墙接地干线搭接处腐蚀

预防措施：在接地网与镀锌扁钢焊接后，应用沥青或者防锈漆进行防腐处理，待防锈漆晾干后，然后填土夯实；不得用金属体直接敲打扁钢进行调直，以免造成扁钢表面损伤、腐蚀。

6　断路器、隔离开关机构污染、拉杆松动

预防措施：在设备支柱上配置隔离开关机构箱支架时，电（气）焊，要采取防护措施，不得造成设备支柱及机构污染；为防止垂直拉杆脱扣，隔离开关垂直及水平拉杆连接处夹紧部位应可靠紧；在槽钢或角钢上采用螺栓固定设备时，槽钢及角钢内侧应穿入与螺栓规格相同的楔形方平垫，不得使用圆平垫。

7　高压电缆屏蔽、铠装出现多点接地

预防措施：对施工队进行高压电缆接地培训后，进行施工；在接地电缆进出开关柜电缆孔比较锋利的地方进行绝缘处理；护层保护器在安装前进行试验。

8　高压单芯电缆穿管、穿洞固定时形成闭合磁路

预防措施：采用PE管等非金属作为电缆的保护管，如果采用钢管作为保护管，应按要求进行切缝处理；用非磁性的电缆卡箍对电缆进行固定。

9　盘柜二次接线安装后防尘、防潮不到位，造成绝缘下降甚至短路

预防措施：屏柜安装完成后，要对柜内外进行清扫，采用三防布包裹屏柜，防止灰尘或施工用材料工具落入柜内；施工时不得直接在屏柜顶部踩踏；对于比较潮湿的地区，应依据现场情况采取抽湿、干燥等技术手段对设备进行防护。

10　接地网埋深深度不够

预防措施：严格按照接地规程图纸要求进行施工，保障焊接质量和工艺美观；接地网沟开挖严格按图纸深度要求开挖，充分考虑敷设接地铜绞线时出现弯曲的情况，留出深度富余量；接地网敷设时安排专人进行深度测量，回填时接地铜线边压平边回填，保证埋设深度。

11　接地网阻值不达标

预防措施：地网施工前，采用接地电阻测试仪测量地网区域土壤电阻率，如土壤电阻率过大，提前对土壤实施改良，降低土壤电阻率；施工过程严格按设计要求的深度、布设间距、接地材料规格型号进行施工，加强施工监管及隐蔽工程检查，确保地网施工质量；采用正确的方法对接地网实施测量，确保测量数据的准确性。

12　进线侧电流互感器极性错误

预防措施：进线电流互感器安装之前进行电流互感器单体极性校验，确认极性正确；与地方电网差动保护装置厂家确定进线电流互感器极性（电流流向），及时调整电流互感器极性。

13　主变高低压侧电流互感器极性错误

预防措施：主变高低压侧电流互感器安装之前进行电流互感器单体极性校验，确认极性正确；与综自厂家对接差动电流计算方式，确定主变压器高低压侧电流流向，极性正确；送电前进行差动保护试验，核验电流互感器极性及接线正确；送电后进行主变差动保护差动电流值检查，确定电流方向及角度。

14　馈线侧电流互感器极性错误

预防措施：主变高低压侧电流互感器安装之前进行电流互感器单体极性校验，确认极性正确；电流互感器安装及二次接线完后进行馈线侧电流互感器极性及接线校验，确认极性正确。

15　馈线侧电压互感器极性错误

预防措施：馈线侧电流互感器安装之前进行电压互感器单体极性校验，确认极性正确；电压互感器安装及二次接线完后进行馈线侧电压互感器极性及接线校验，确认极性正确。

A.4.2　接触网工程

1　基础螺栓外露不足

预防措施：浇筑基础前复核好螺栓的外露长度和螺栓顶部高程，模具支护牢固，并将外露部分用螺母固定在模具上，防止浇筑过程中下沉，浇筑过程中要进行不断复核，发现下沉情况及时处理。

2　基础限界超标

预防措施：基础施工时测量应准确；基础浇制过程应复核基础限界。对未铺轨的线路，与土建施工单位加强联系，做好线路交桩工作。

3　腕臂锈蚀

预防措施：在安装前应对腕臂表面进行仔细检查。现场预配时必须对切口断面或钻孔面进行有效防腐处理。平、斜腕臂安装时均应对绝缘子泄水孔进行检查，确保开孔朝下且通畅。

4　锚段关节几何参数超标

预防措施：前期计算方面，腕臂计算数学建模时，应对每条线路的技术条件，对相关零部件实际尺寸进行抽测，结合零件理论尺寸进行参数修改，同时根据负载情况考虑预留抬头量，测量方法必需纳入计算统一考虑。腕臂预配时应结合计算数学建模明确零部件参数位置正确的识别方法，预配方法统一合理。安装时充分、准确考虑温差对空间参数的影响。大面积正式运用前，应先选择至少一个锚段进行实验，形成正式作业指导书或技术交底书。

5 棘轮偏磨

预防措施：棘轮安装时用铅垂线保证本体在铅垂面上，调整棘轮水平方向的偏角，与承导线下锚的转角保持一致。

6 附加导线断股

预防措施：展放线材前，确认线盘安装到位，不得调转线盘，导致放线过程中无法对线盘制动。确认好线材走向，设置巡视人员，保证线材经过的地方无尖物等。展放过程中，放线滑轮宜高挂、带张力，保证线索不垂地磨伤，派人巡视放线滑轮是否存在卡滞情况。导线架设完成后，与相关施工单位加强沟通，现场吊装等施工要与已架设的附加导线保持安全距离，避免挂伤导线，并加强巡视，做好成品保护工作。

7 供电线转角绝缘间隙不足

预防措施：在供电线定测时充分考虑转角的问题，应避免大转角的情况。无法避免大转角时，转角支柱处可采用"V"形悬挂方式或是单独设置耐张段，同时应验算基础以及支柱容量是否满足受力情况。

8 中锚辅助绳两边受力不一致

预防措施：坠砣码放前应进行配重，确保两端下锚坠砣重量误差在规范要求范围内，尽量确保两端下锚坠砣重量相等。待承力索中锚绳卡死后方可安装小中锚。安装接触线中心锚结前，安装接触线中心锚结的松紧程度为中心锚结绳受力且接触线中心锚结线夹处的导高不被提起为标准。

9 接触线硬弯

预防措施：运输、吊装途中加强线绳保护，采用专用线盘。架设过程中要防止死弯线索，遇转换柱等转角大的处所，应采取防折弯的有效措施。架设后必须立即给足张力。高速铁路导线架设工序必须采用恒张力车。接触线架设过程中，保持恒张力放线车速度匀速运行，控制在3~5km/h。导线在架设后，不得受到任何定位拉力之外的外力，尤其是要避免人工踩踏导线。

10 吊弦安装位置误差过大，吊弦安装不正，吊弦线夹扭面

预防措施：安装前对吊弦安装位置进行测量，在钢轨上做标记；吊弦的安装过程中使用线坠测量，指导作业人员进行校正；安装吊弦前仔细检查接触线线面，遇扭面现象将接触线线面调整到位。

11 电连接线夹在始触区内

预防措施：电连接安装必须在吊弦安装完成后进行，待悬挂调整完之后精确测量安装位置。

12 电动开关分合不畅

预防措施：对隔离开关在安装前在地面进行预转动检查各部零件是否卡滞。严格按隔离开关安装说明书要求进行安装调整。

13 分段绝缘器与钢轨不平行

预防措施：严格按设备技术标格书说明进行安装，在有外轨超高的情况下分段绝缘器应与轨面平行。

14 供电电缆损坏

预防措施：电缆展放过程中，检查电缆路径上不得有硬物、尖物等，防止刮伤电缆。拐弯、穿结构物时采取专门保护措施。

15 螺栓紧固力矩不达标

预防措施：接触网零件预配时全部采用力矩扳手按标准力矩紧固，安装后再次用力矩扳手进行平推检查。

16 附加线驰度不均匀

预防措施：附加线架设时严格按照附加线安装曲线表，预留附加线驰度，驰度测量应在下锚处大于1/2锚段的跨距测量，测量跨距数≥2，可取几个不同处跨距的平均值。倒鞍子时先倒曲线上的鞍子，然后再倒直线上的鞍子，以保证锚段的附加线驰度一致。

A.5 客服信息工程

A.5.1 机房内设备布局不合理

预防措施：机房信息设备安装工程施工前，应与电力、装修、暖通、消防等相关专业进行充分沟通，施工前进行方案优化，设备安装位置应综合考虑、合理布局。

A.5.2 桥架未按照规范要求接地

预防措施：施工前严格落实技术交底工作，加强对现场施工人员的技术培训，施工过程中加大对桥架安装接地工序检查工作。

A.5.3 终端设备未按照规范要求接地

预防措施：施工前严格落实技术交底工作，加强对现场施工人员的技术培训，施工过程中加大对终端设备接地工序检查工作。

A.5.4 摄像机安装位置不合理，存在设备遮挡

预防措施：施工前应熟悉图纸，了解设计意图，与公安、运营单位充分沟通，结合现场静态屏、电梯等设备的安装位置及摄像机的覆盖范围，确定摄像机安装位置。

A.6 灾害监测工程

A.6.1 异物侵限在公跨铁上预埋螺栓不符合要求

预防措施：与站前加强沟通，施工过程中对现场不定期核查。

附录B 工艺质量图例

B.1 通信工程

图 B.1.0-1 桥梁接缝处光电缆固定保护实物图
（光电缆无悬空受力、标牌清晰）

图 B.1.0-2　分歧缆桥墩引下防护实物图
（水泥包封距地面 2m）

图 B.1.0-3　通信线路标石（标石稳固、字迹清晰）

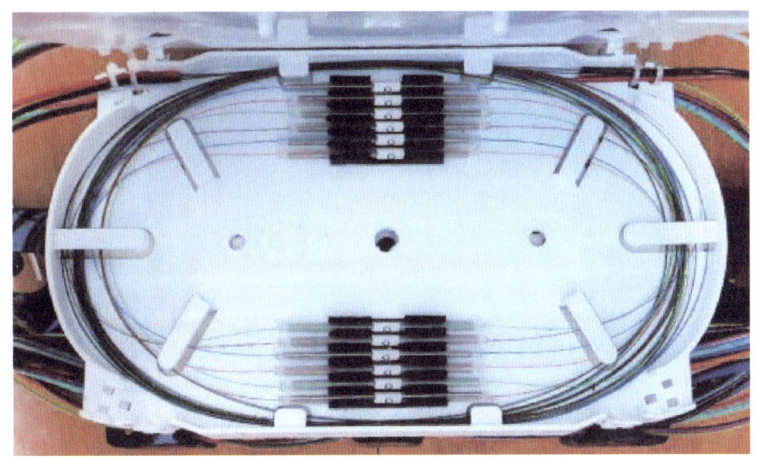

图 B.1.0-4　光缆接续盒内部接线实物图（盘纤整齐）

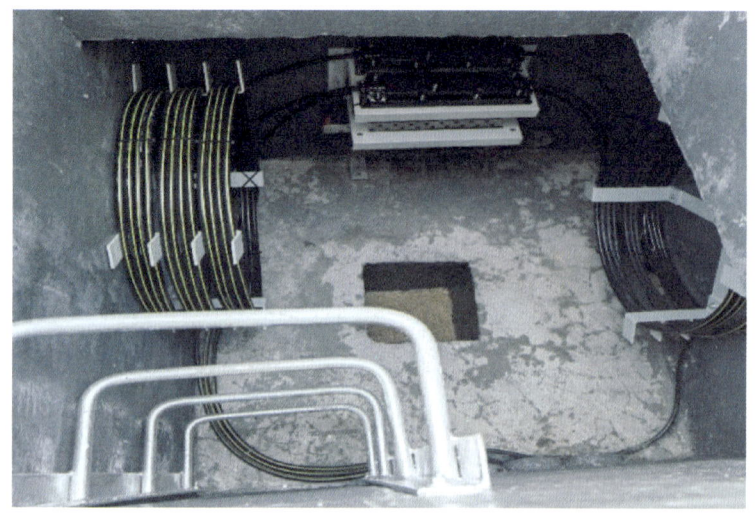

图 B.1.0-5 引入井光缆引入实物图（光缆预留整齐美观）

图 B.1.0-6 车站电缆间光缆预留实物图（光缆预留整齐）

图 B.1.0-7 光缆引入标牌实物图（标牌清晰、整齐）

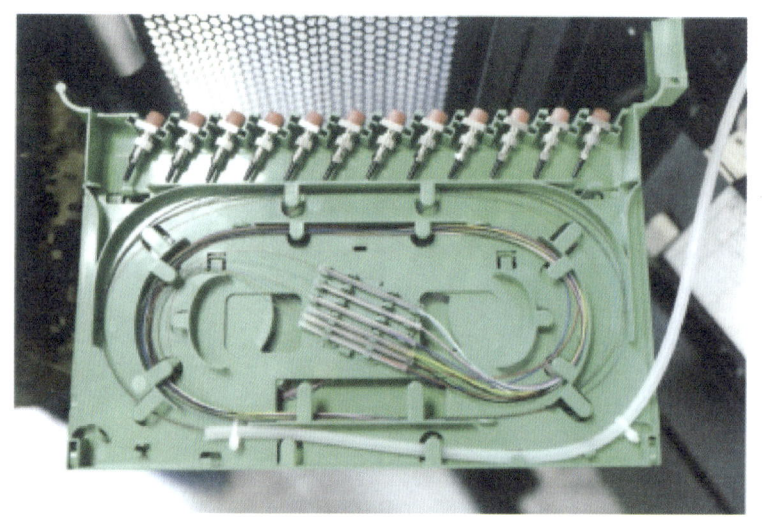

图 B.1.0-8 光缆收容成端实物图（纤芯成端整齐）

图 B.1.0-9　机柜组立安装实物图（机柜颜色统一、安装竖直）

图 B.1.0-10　机房走线架、尾纤槽安装实物图（安装平直、牢固）

图 B.1.0-11　DDF 架 2M 配线实物图（2M 成端余量长短绑扎一致）

图 B.1.0-12　尾纤布放、绑扎实物图（尾纤用魔术贴绑扎）

图 B.1.0-13　网线布放实物图（网线分层排布、顺序出线成端）

图 B.1.0-14　电源线、地线布放实物图（电源线与地线分开布放）

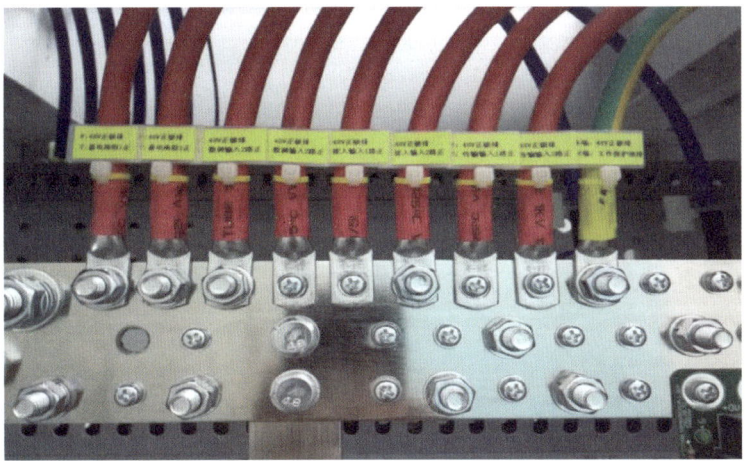

图 B.1.0-15　电源线压接实物图（电源线成端压接牢固）

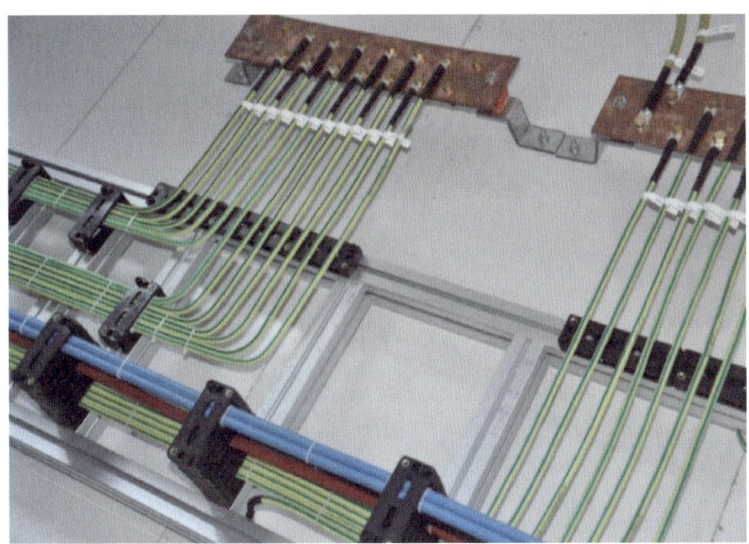

图 B.1.0-16　室内地线布放实物图（线缆平直、整齐美观）

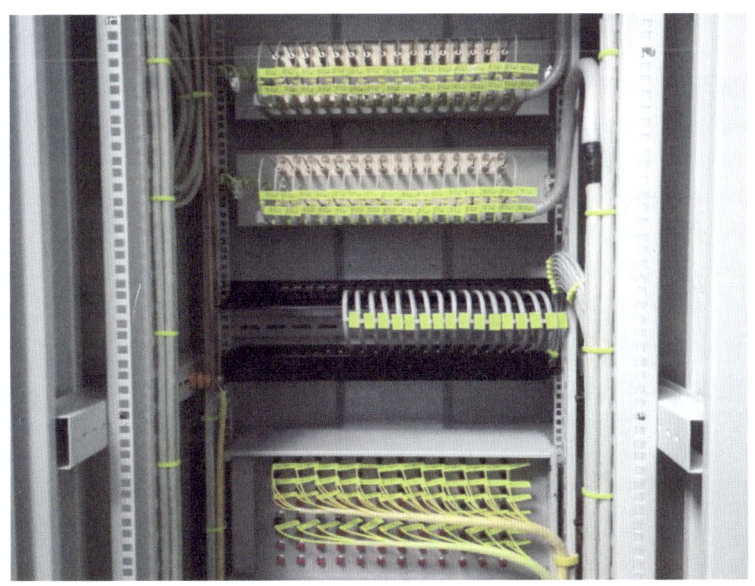

图 B.1.0-17　线缆标签、标识实物图（标签清晰、美观）

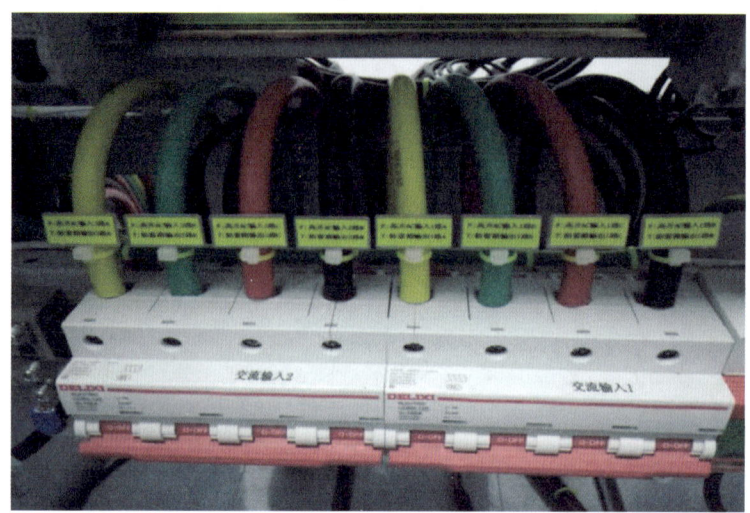

图 B.1.0-18　电源线标签、标识实物图（标签清晰、美观）

图 B.1.0-19　设备光口防尘塞实物图

图 B.1.0-20　机房双层防鼠板实物图

图 B.1.0-21　机房引入孔防火封堵实物图（封堵平整）

图 B.1.0-22　钢管塔防盗实物图（采用双螺母固定牢固）

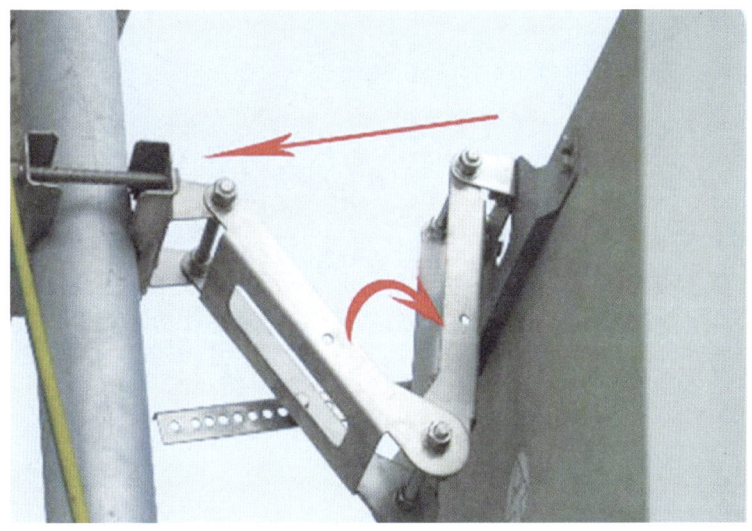

图 B.1.0-23　塔顶定向天线安装实物图（安装牢固）

图 B.1.0-24 馈线上引入方式安装实物图（引入机房前做避水湾，防止雨水顺缆进入室内）

图 B.1.0-25 功分器安装连接实物图（安装牢固、位置工艺保持一至）

图 B.1.0-26 漏缆悬挂实物图（安装高度一直，成一条直线）

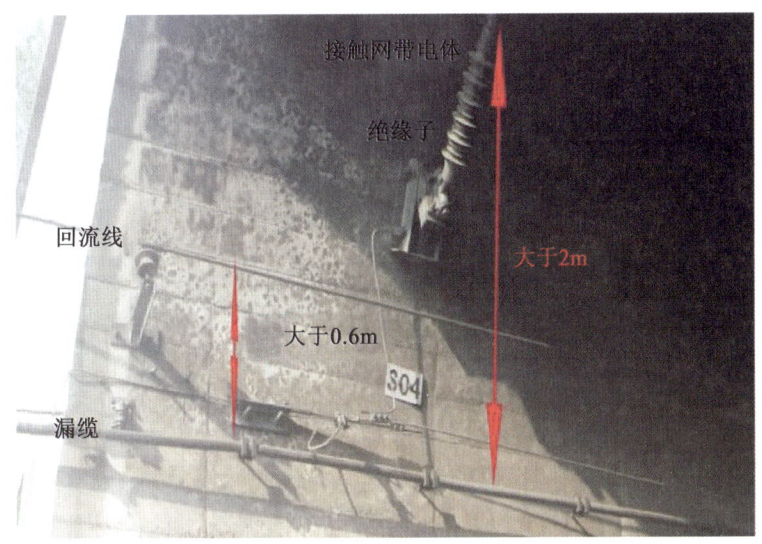

图 B.1.0-27 漏缆防护要求实物图（保持足够的安全距离）

图 B.1.0-28 隧道口射频电缆引下实物图（钢管防护）

B.2 信号工程

图 B.2.0-1 电缆槽电缆敷设实物图（电缆排列整齐、绑扎均匀、去向标识清晰明了）

图 B.2.0-2 电缆井强、弱电电缆物理隔离实物图（弱电槽直线贯通、电力电缆下井预留）

图 B.2.0-3 电缆 S 弯预留实物图（电缆采用专用模具盘留 S 弯）

图 B.2.0-4 电缆上下桥防护实物图（水泥包封距地面 2m）

附录B ◇ 工艺质量图例

图 B.2.0-5　桥梁伸缩缝处设置防护实物图（复合槽防护防止电缆受力，一端固定防止窜动）

图 B.2.0-6　路基地段方向盒安装实物图（围台包封，稳固牢靠）

图 B.2.0-7　路基地段防护盒安装实物图（围台包封，稳固牢靠）

图 B.2.0-8　桥梁地段防护盒及方向盒安装实物图（箱盒顶面高度保持一致，整齐划一）

图 B.2.0-9　桥梁地段方向盒安装实物图（安装间距均匀，箱盒顶面平齐）

图 B.2.0-10　方向盒配线实物图（鹅头弯弧度整齐划一，线把绑扎均匀，备用呈弹簧状）

图 B.2.0-11 终端盒配线实物图（拐弯弧度圆润，套管清晰可见）

图 B.2.0-12 信号机内部配线实物图（点灯单元安装牢固，配线采用缠绕带防护）

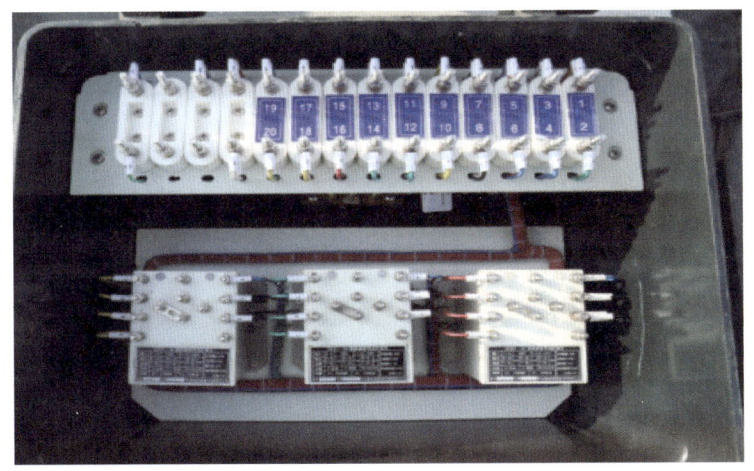

图 B.2.0-13 轨道箱盒内部配线实物图（不同灯位采用不同颜色的线缆）

图 B.2.0-14　有砟路基地段矮型五灯位信号机安装实物图

图 B.2.0-15　无砟路基地段矮型七灯位信号机安装实物图

图 B.2.0-16　桥梁地段矮型七灯位信号机安装实物图

图 B.2.0-17　隧道地段信号机安装实物图

图 B.2.0-18　路基、桥梁地段区间信号标志牌安装实物图（采用反光材料，标识清晰）

图 B.2.0-19　隧道地段区间信号标志牌安装实物图（采用反光材料，标识清晰）

图 B.2.0-20　路基地段轨道电路调谐区标志牌安装实物图

图 B.2.0-21　桥梁、隧道地段轨道电路调谐区标志牌安装实物图

图 B.2.0-22　转辙装置安装实物图（电机和箱盒排列整齐，油管弧度一致）

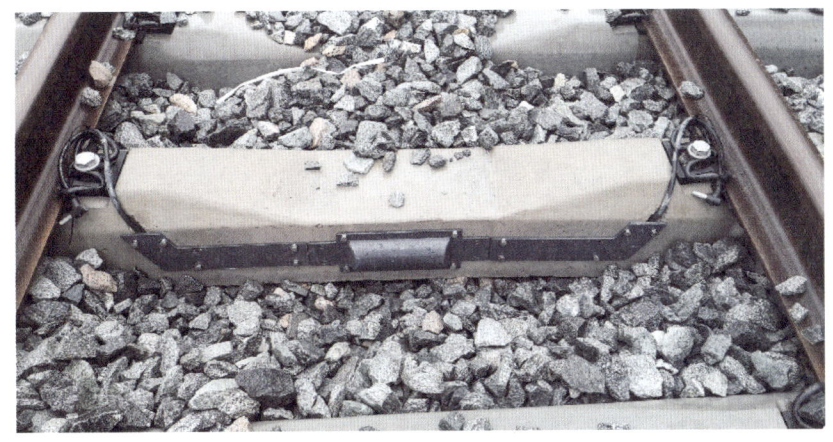

图 B.2.0-23 有砟地段补偿电容安装实物图

图 B.2.0-24 无砟地段补偿电容安装实物图

图 B.2.0-25 无砟地段应答器安装实物图（线卡固定均匀，尾缆固定牢靠）

图 B.2.0-26 有砟地段应答器安装实物图

图 B.2.0-27 机房整体设备布置实物图（机柜排列整齐，布局科学合理）

图 B.2.0-28 信号机械室设备布置实物图（上、下走线排列有序）

图 B.2.0-29 可视化地面走线实物图（下走线排列整齐，固线器均匀美观）

图 B.2.0-30 上走线方式布线实物图（上走线层次均匀固线器均匀美观）

图 B.2.0-31 下走线布线实物图（一）（下走线拐弯弧度圆润，间距均匀一致）

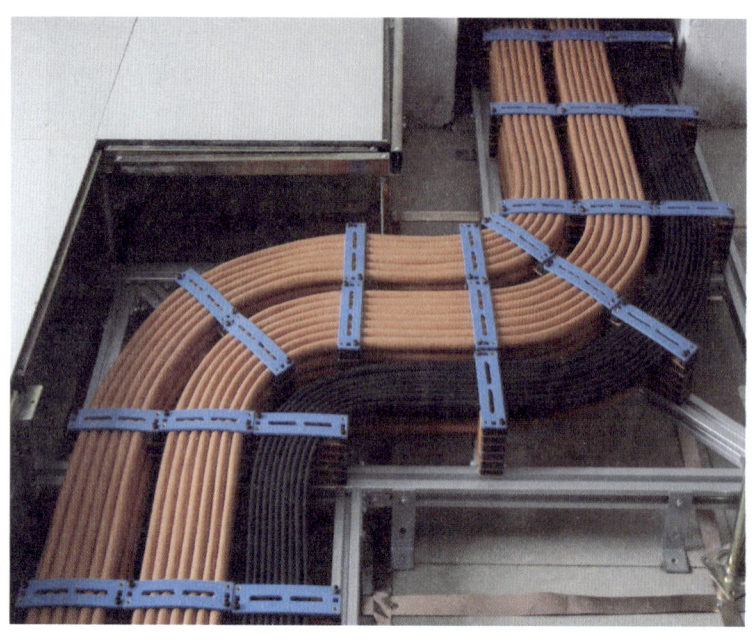

图 B.2.0-32 下走线布线实物图（二）（下走线拐弯弧度圆润，间距均匀一致）

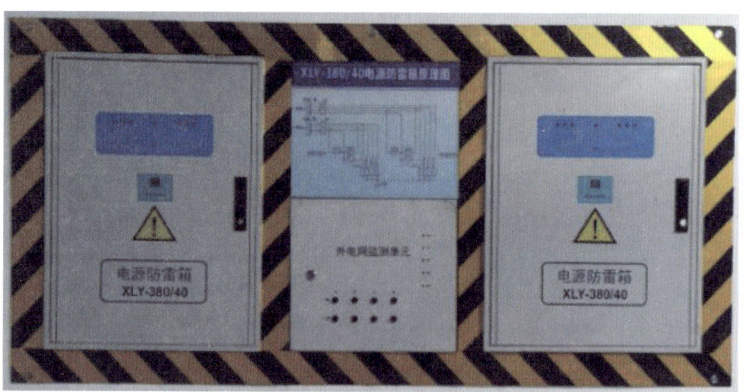

图 B.2.0-33 电源防雷箱及电源监测箱安装实物图（电源采用一路一箱引入）

图 B.2.0-34 电源屏配线实物图（配线弧度均匀，整齐美观）

图 B.2.0-35 组合侧面配线实物图（线把弧度整齐美观，标识清晰可见）

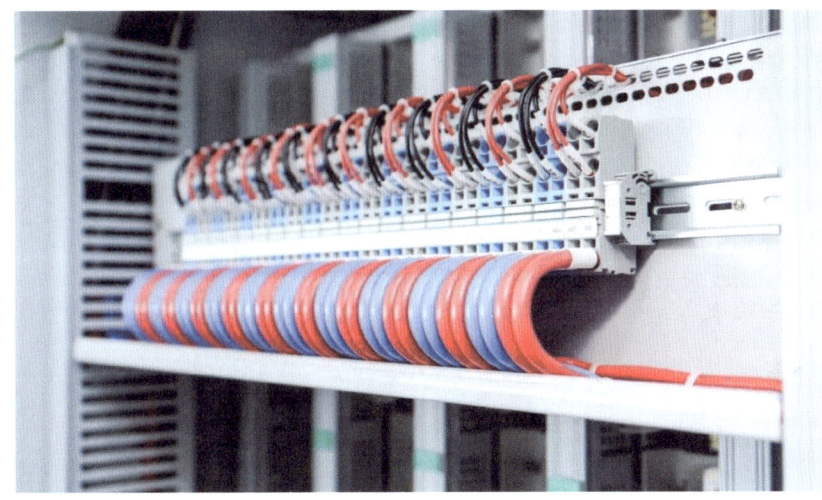

图 B.2.0-36 移频柜配线实物图（线把弧度整齐美观，下边缘垫防护齿保护）

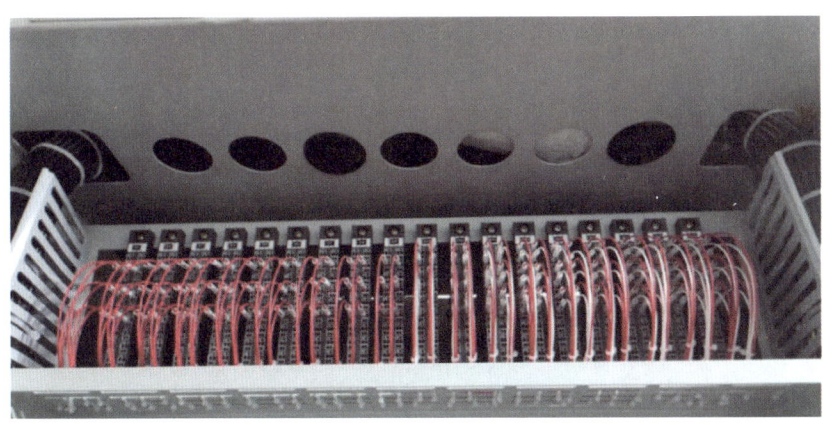

图 B.2.0-37 综合柜配线实物图（线把弧度一致）

图 B.2.0-38 接口柜背面配线实物图(线把弧度一致)

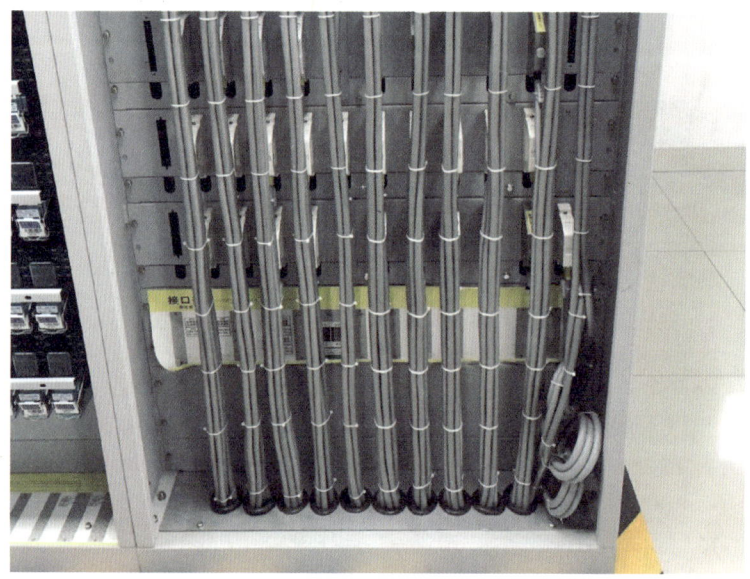

图 B.2.0-39 接口柜正面配线实物图(线把绑扎均匀)

图 B.2.0-40 防雷分线柜配线实物图(配线弧度保持一致)

图 B.2.0-41 电缆引入实物图（电缆排列整齐，绑扎均匀）

图 B.2.0-42 电缆预留实物图（电缆排列整齐，绑扎均匀）

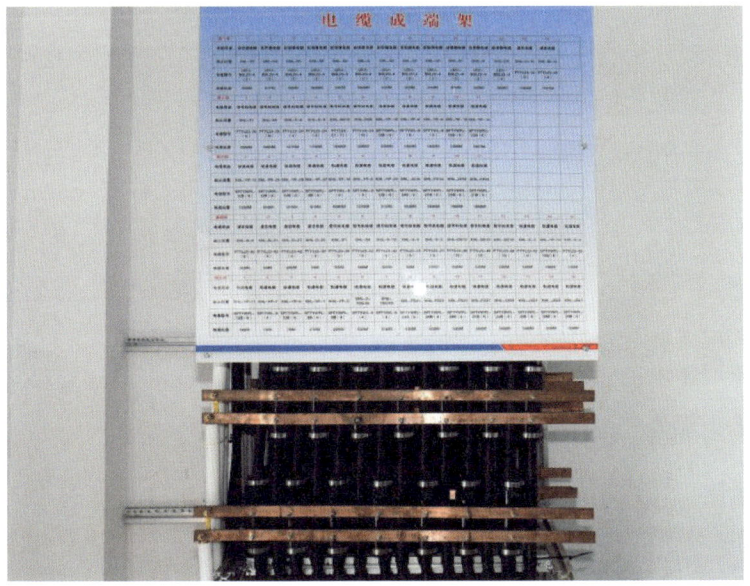

图 B.2.0-43 电缆一次成端实物图（每层电缆设一铜排单独引出地线）

图 B.2.0-44　电缆二次成端实物图（每层电缆设一铜排单独引出地线）

图 B.2.0-45　电缆二次成端实物图（每层电缆设一铜排单独引出地线）

B.3　电力工程

图 B.3.0-1　箱式变电站基础（基础表面光滑、棱角整齐）

图 B.3.0-2 变、配电所基础（基础槽钢平整、美观）

图 B.3.0-3 调压器安装（铜牌母线弯曲弧度一致、防火封堵严密、美观）

图 B.3.0-4 高压开关柜（外形尺寸、面板布置、颜色统一、排列整齐）

图 B.3.0-5 箱式变电站基础及安装（基础表面光滑、设备安装牢固）

图 B.3.0-6 控制室屏、柜安装（外形尺寸、面板布置、颜色统一、排列整齐）

图 B.3.0-7 二次电缆槽内敷设、二次配线布局（电缆敷设分侧分层、顺直、弧度自然；成束绑扎；线芯弧度大小一致）

图 B.3.0-8 电缆品字蛇形敷设(弧度均匀、绑扎摆放整齐美观)、电缆在电缆井过渡

图 B.3.0-9 夹层内电缆沿支架敷设及固定(电缆敷设分侧分层、顺直、弧度自然;电缆采用尼龙卡箍、固定牢靠)

图 B.3.0-10 柜内三芯电缆头(安装牢固,连接可靠)

图 B.3.0-11　电缆井内预留（不同回路的电缆分层预留、盘绕的电缆弧度一致）

图 B.3.0-12　箱变内电缆敷设及预留（电缆支架上预留，弧度一致）

图 B.3.0-13　终端杆设备安装（避雷器上引线弧度一致）

图 B.3.0-14 电力架空线路（导线弛度一致，美观）

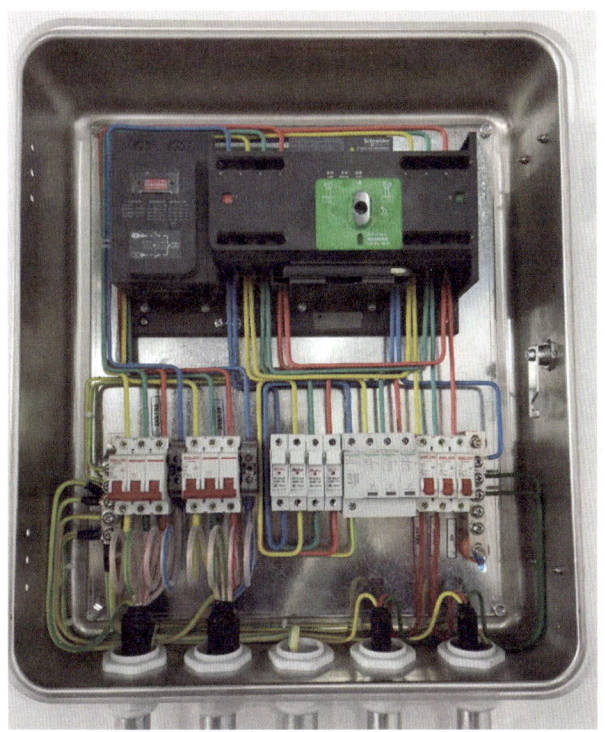

图 B.3.0-15 配电箱内接线工艺（布线横平竖直）

图 B.3.0-16 站场投光灯桥（灯具分布均匀、安装整齐）

图 B.3.0-17　变配电所接地干线（固定稳固、垂直水平）

图 B.3.0-18　接地点（醒目、连接螺栓处不刷漆）

B.4　牵引供电工程

B.4.1　牵引变电所

图 B.4.1-1　主变压器基础（主变基础钢板预埋平直、棱角完整）

图 B.4.1-2 H型钢柱基础(钢柱基础预埋地脚螺栓埋设垂直、丝扣完好)

图 B.4.1-3 混凝土支柱基础(混凝土支柱基础表面平整光洁、棱角完整)

图 B.4.1-4 避雷针基础（避雷针基础地脚螺栓埋设间距均匀、基础外观无跑浆露筋情况、棱角分明）

图 B.4.1-5 主变门形架构（主变门架安装牢固平直、防腐层完好）

图 B.4.1-6 接地网十字形焊接（地网热熔焊接接头表面平滑、包裹密实、无气泡）

图 B.4.1-7 接地网十字焊接（地网焊接处防腐处理）

图 B.4.1-8 钢支柱接地（接地扁钢与 H 型钢柱接地连接牢固可靠、地脚螺栓采用复合材质保护帽防护）

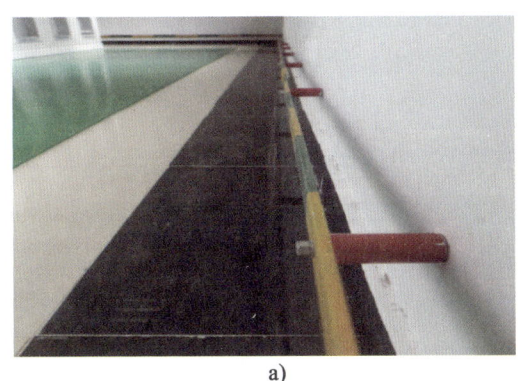
a)

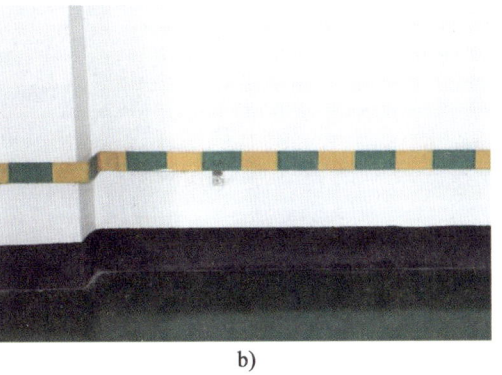
b)

图 B.4.1-9 室内环墙接地（环墙接地干线采用绝缘子固定、黄绿相间条纹间隔均匀）

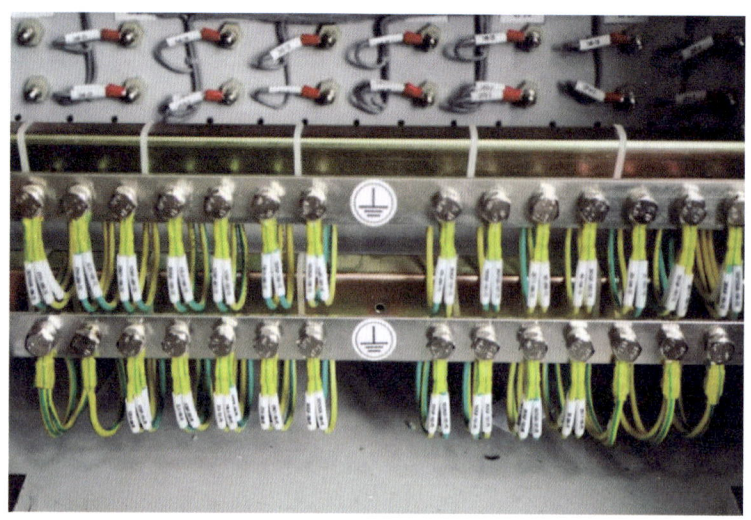

图 B.4.1-10　室内盘柜及控制电缆接地（综自盘柜内二次缆铠装屏蔽接地连接牢固、标识清晰、弧度统一）

图 B.4.1-11　回流线缆连接（铝合金爬架上回流缆防涡流、固线器固缆排布平直美观）

图 B.4.1-12　室外主变压器（变压器格栅防护、室外巡视通道及巡视符号设置）

图 B.4.1-13　220kV（110kV）避雷器（避雷器与放电计数器连接扁钢采用工厂化弧度预制）

图 B.4.1-14　27.5kV 高压开关柜（高压开关柜室绝缘胶垫黄黑反光边条设置、巡视足迹设置）

图 B.4.1-15　电缆绑扎排布（铝合金走线架及固线器走缆固线提升夹层空间利用率、线缆排布平直）

图 B.4.1-16　电缆夹层二次缆（吊架固线、上柜缆弧度统一、工艺美观）

图 B.4.1-17　110kV GIS 组合电器（铝合金＋钢化玻璃组合透明线槽提升工艺美观度）

图 B.4.1-18　电缆夹层支架排布（支架设置绝缘胶垫及边护套防止电缆损伤及巡视人员支架边部刮伤）

图 B.4.1-19　室内主变压器（变压器基础刷漆、油池玻璃钢格栅设置）

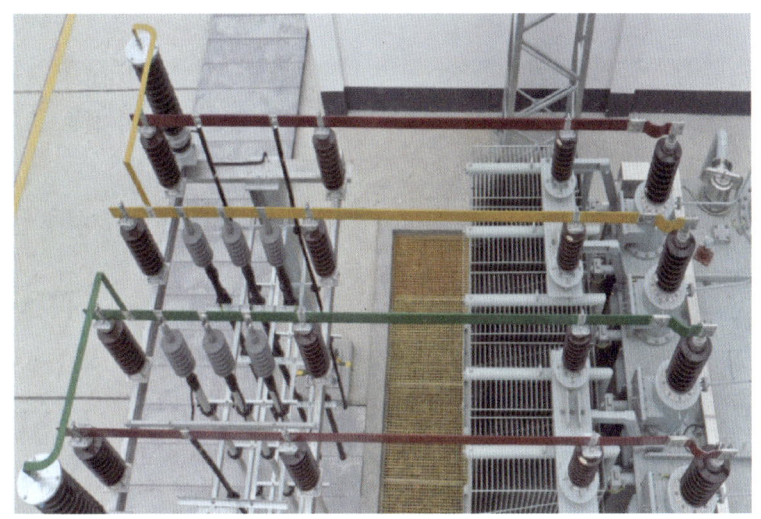

图 B.4.1-20　变压器低压侧硬母线制作（主变低压侧铜牌制安、相色漆、母线伸缩节安装）

图 B.4.1-21　主变低压侧软母线安装（主变低压侧软母线弧度一致、安装固定牢固、间隔棒分布均匀）

图 B.4.1-22　断路器、电流互感器、隔离开关软母线跳线形式（软母线连接弧度一致、连接紧密牢固、相间距分布均匀）

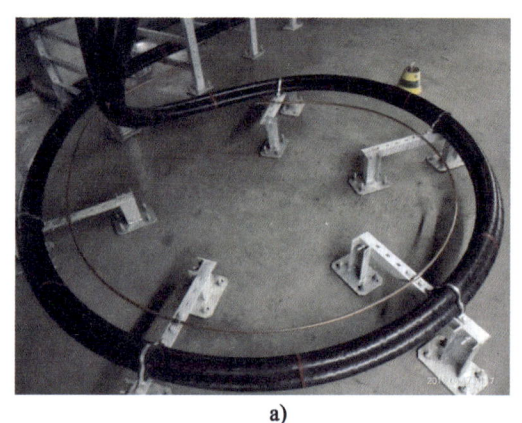
a)
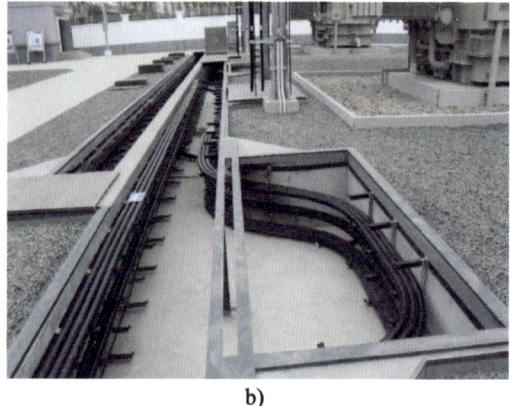
b)

图 B.4.1-23　27.5kV 高压电缆敷设及预留（27.5kV 高压缆预留弧度美观、绑扎整齐牢靠、支架接地良好美观）

图 B.4.1-24　高压电缆敷设及固定（主变馈线侧 27.5kV 高压缆排布平直、间距均匀、固定牢靠、管口处封堵密实）

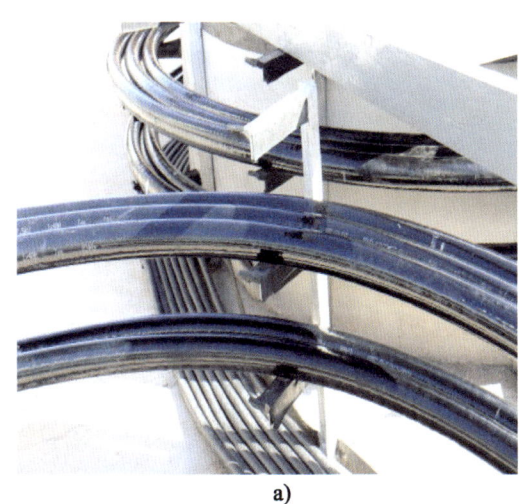
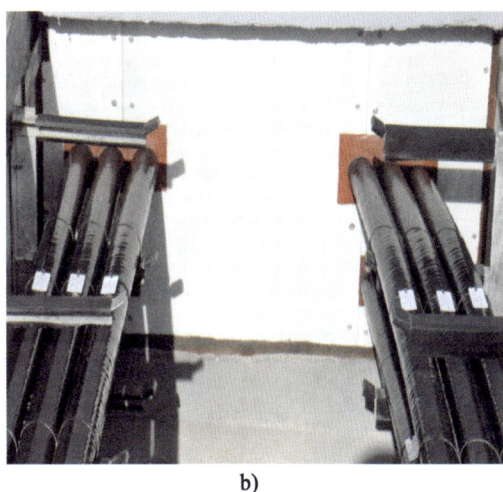

图 B.4.1-25　电缆排布及孔洞封堵（电缆排布整齐、转弯处圆润美观弧度一致、进出孔洞处防火封堵密实）

图 B.4.1-26　屏柜二次接线（同色芯线二次接线工艺美观）

图 B.4.1-27　屏柜二次接线及防火封堵（圆把半圆弧预留二次接线工艺、柜内铝边条塑形防火封堵工艺美观）

B.4.2 接触网工程

图 B.4.2-1 路基预留接触网基础（基础面平整，螺栓防护措施到位）

图 B.4.2-2 桥梁预留接触网基础（基础面平整，螺栓防护措施到位）

图 B.4.2-3 铺轨前专用汽车吊组立 H 型钢柱

图 B.4.2-4　铺轨后轨道吊组立 H 型钢柱

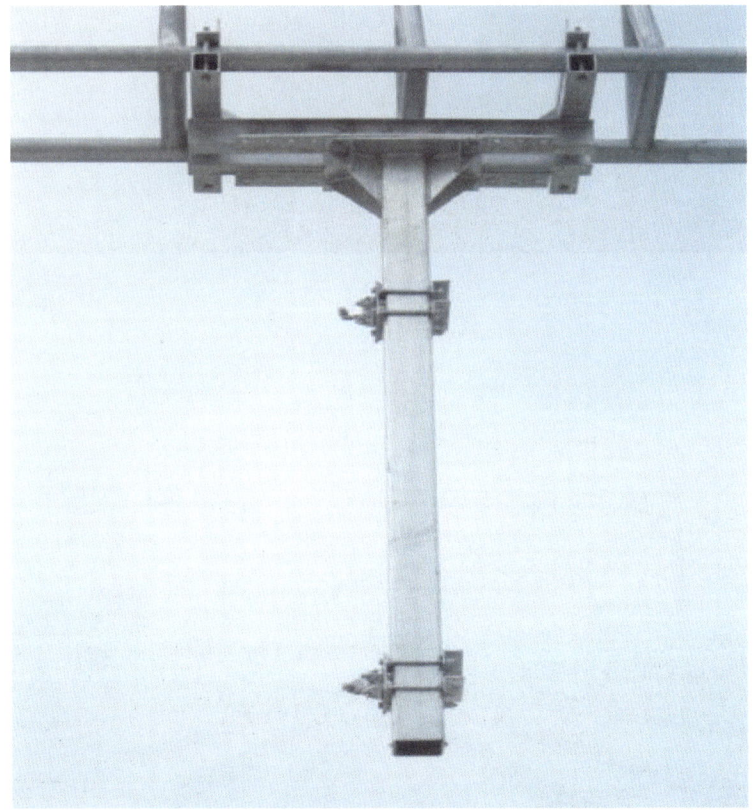

图 B.4.2-5　硬横梁吊柱安装牢靠

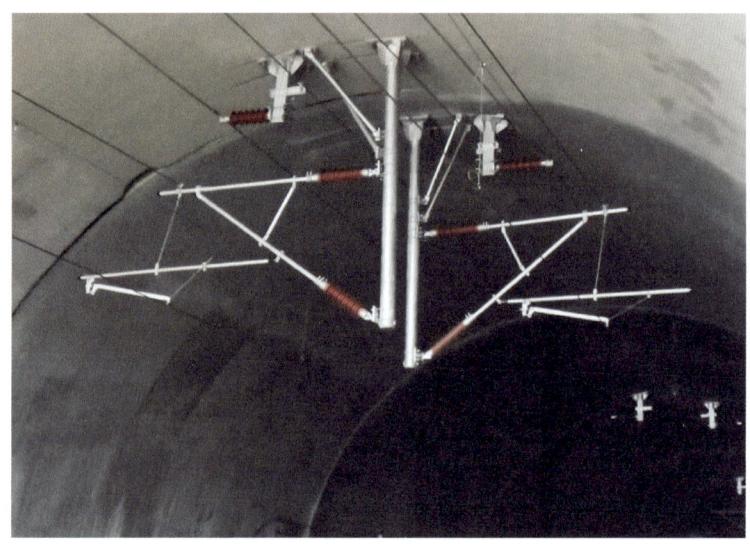

图 B.4.2-6　隧道吊柱安装牢靠美观

图 B.4.2-7　回流线隧道口下锚，跳线弧度美观

图 B.4.2-8　安装完成的硬横梁

图 B.4.2-9 隧外正线全补偿下锚

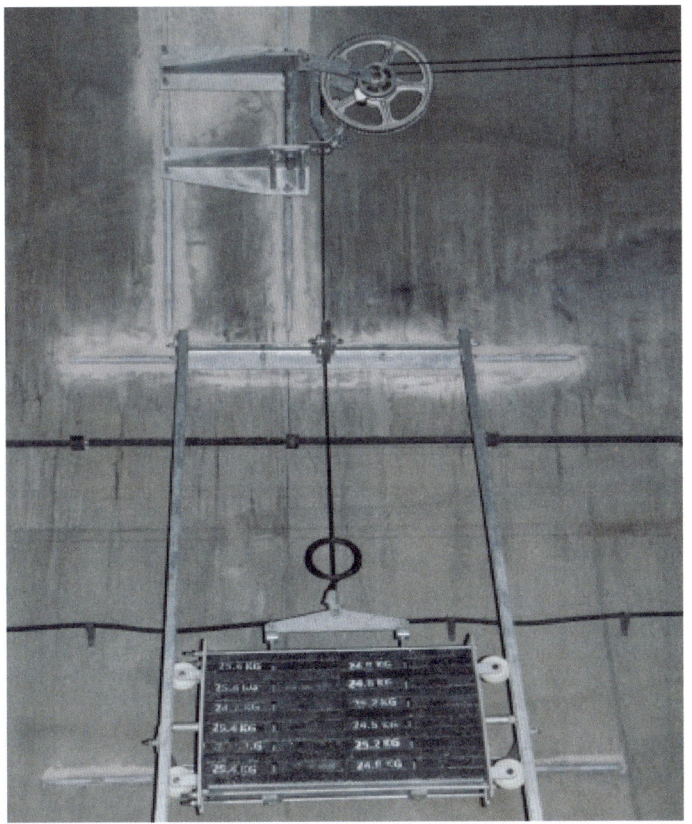

图 B.4.2-10 隧内正线全补偿下锚

图 B.4.2-11　制动块与齿轮间隙

图 B.4.2-12　锥套式终端锚固线夹安装

图 B.4.2-13　钢管腕臂及定位装置

图 B.4.2-14　接触线恒张力架设

图 B.4.2-15　承力索中锚安装

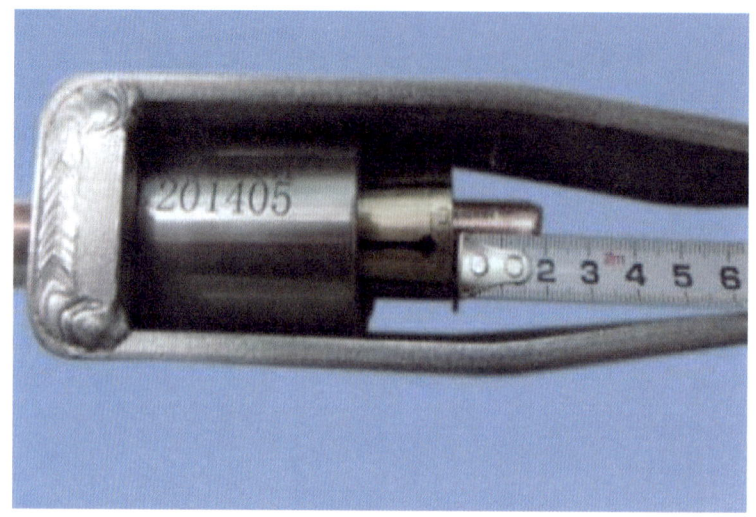

图 B.4.2-16　接触线终端锚固线夹安装

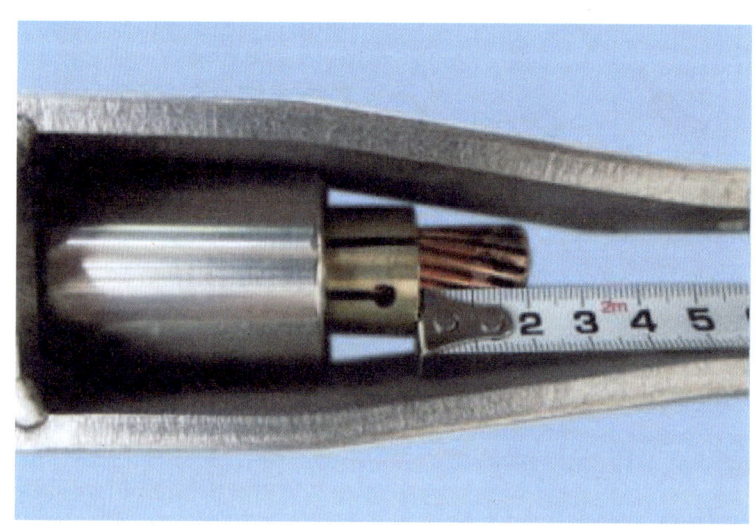

图 B.4.2-17　承力索终端固线夹安装

图 B.4.2-18　弹性吊索及吊弦安装

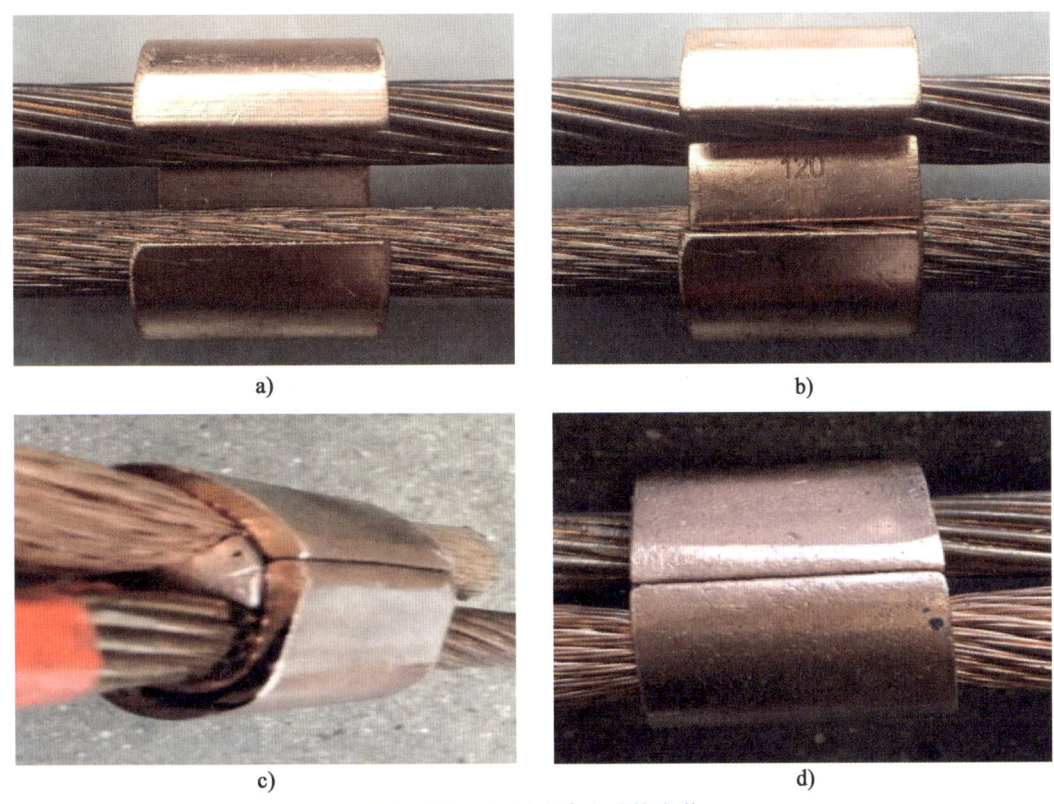

图 B.4.2-19 承力索电连接安装

图 B.4.2-20 接触线电连接安装

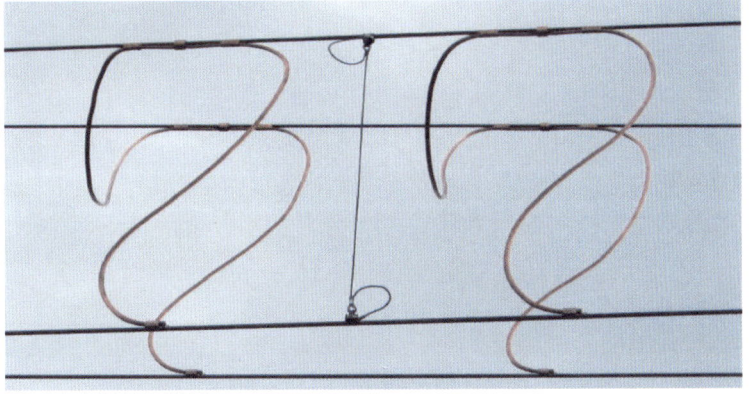

图 B.4.2-21 电连接预留弛度一致、美观

图 B.4.2-22　正馈线跳线安装（隧道外）

图 B.4.2-23　五跨非绝缘锚段关节

图 B.4.2-24　磁感应器安装

图 B.4.2-25　双极开关引线（弧度美观，加有支撑绝缘子）

图 B.4.2-26　柱顶避雷器安装

图 B.4.2-27　避雷器及上网引线安装

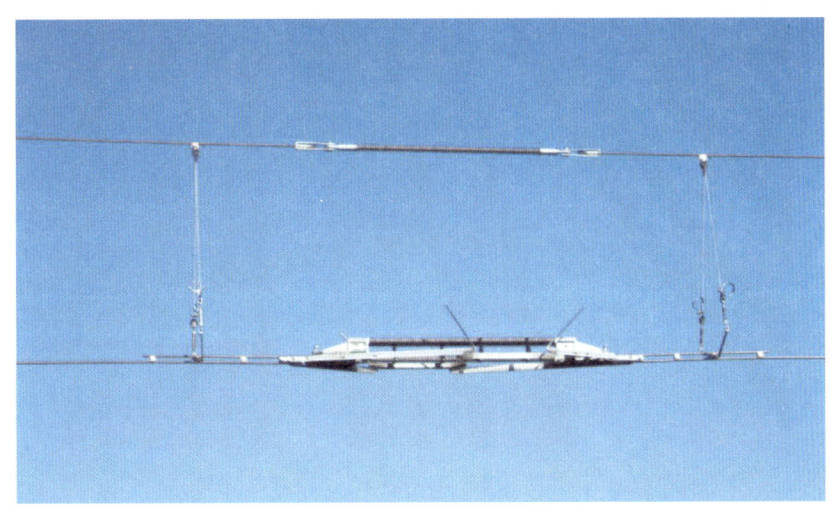

图 B.4.2-28　分段绝缘器安装

图 B.4.2-29 高压电缆敷设（分层敷设，弯曲弧度美观）

图 B.4.2-30 高压电缆沿沟敷设及标识

图 B.4.2-31　高压电缆沿桥墩敷设

图 B.4.2-32　隧道内吸上线安装（牢固、美观）

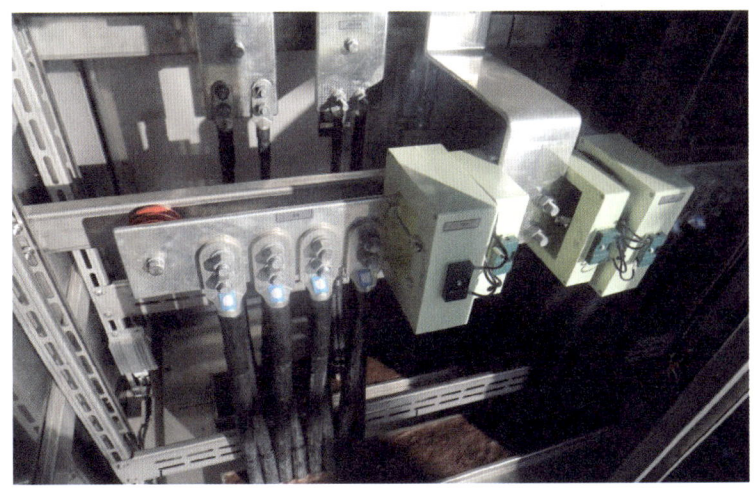

图 B.4.2-33　回流引线终端连接（连接牢固、标识清楚）

B.5 客服信息工程

图 B.5.0-1　站台钢结构雨棚桥架隐蔽安装（桥架利用钢梁与屋面之间的间隙安装，喷涂颜色与钢结构雨棚保持一致，桥架与雨棚一体化）

图 B.5.0-2　站台混凝土雨棚桥架隐蔽安装（采用隐蔽式吊挂支架对桥架内部进行吊挂安装，桥架颜色与雨棚颜色保持一致）

图 B.5.0-3　桥架从站台面沿雨棚柱至雨棚（桥架固定支架隐蔽安装，桥架颜色与雨棚柱保持一致）

图 B.5.0-4　明敷管槽安装（桥架横平竖直、吊挂支架间距符合要求）

图 B.5.0-5　站台扬声器安装（扬声器颜色与站台雨棚颜色尽量保持一致、扬声器与钢梁居中对齐）

图 B.5.0-6　LCD 显示屏装修专业预留孔洞（LCD 屏安装完成后与装饰面在同一平面）

图 B.5.0-7　LCD 显示屏嵌入式安装（LCD 屏安装完成后与装饰面在同一平面）

图 B.5.0-8　枪型摄像机安装（壁挂安装）

附录B ◇ 工艺质量图例

图 B.5.0-9　站台快球摄像机吊挂式安装

图 B.5.0-10　室外快球摄像机安装（摄像机固定在幕墙龙骨，线缆隐蔽敷设）

图 B.5.0-11　音柱扬声器安装（扬声器固定在幕墙龙骨，线缆隐蔽敷设）

图 B.5.0-12 站台楼梯口枪型摄像机安装（摄像机支架固定在楼梯口屋面龙骨）

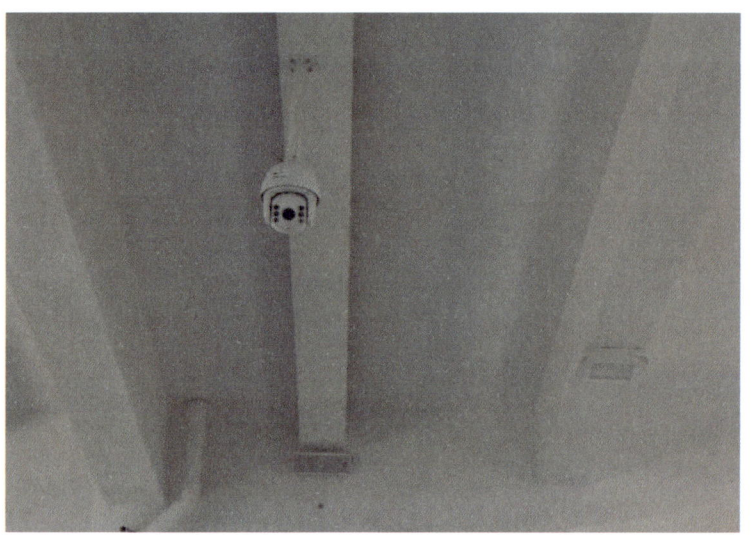

图 B.5.0-13 站台摄像机、扬声器与桥架结合安装（站台摄像机、扬声器与桥架在一条直线上）

图 B.5.0-14 站台双面双翼到发信息屏、时钟结合吊挂式安装（钢梁预留站台信息屏安装法兰，吊杆颜色尽量与雨棚颜色保持一致）

附录B ◇ 工艺质量图例

图 B.5.0-15　售票厅整体布局（自动售票机采用嵌入式安装方式，票额屏和窗口屏采用嵌入式安装方式）

图 B.5.0-16　进站闸机（闸机前端与地砖对缝安装）

图 B.5.0-17　综控室整体布局（电视墙、操作台布局合理，各系统操作终端显示器尺寸一致，摆放整齐）

图 B.5.0-18　信息机房布局（机房设备安装分为设备区和电源区，布局合理）

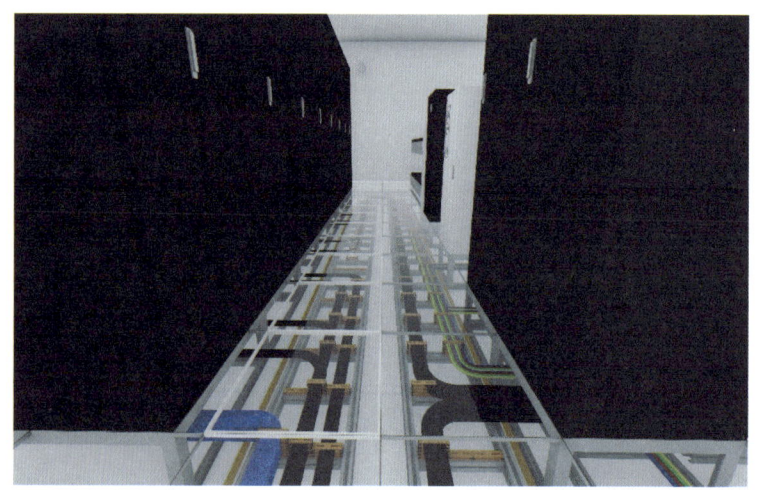

图 B.5.0-19　信息机房 BIM 建模（运用 BIM 建模技术，检查线缆路由是否发生碰撞，机房布局是否合理）

图 B.5.0-20　信息机房设备安装及线缆布放（强电、弱电、广播线缆布局合理，不交叉）

图 B.5.0-21 信息机房走线架安装及线缆布放（走线架的安装高度、横担间距满足线缆布放工艺要求；线缆均匀固定、转弯平顺）

图 B.5.0-22 网络线缆成端（线缆终端排布合理、转弯半径恰当、标签完整清晰）

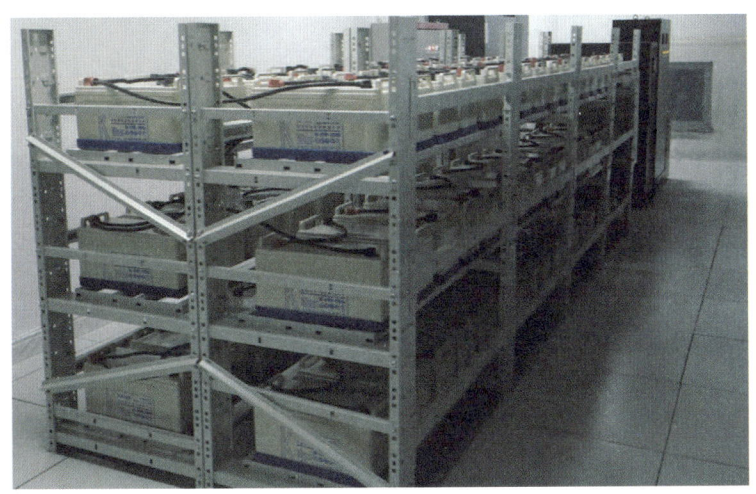

图 B.5.0-23 蓄电池组安装（电池架与配电柜前端平齐，与静电地板对缝安装；电池摆放整齐）

B.6 灾害监测工程

图 B.6.0-1 室内防灾监控单元安装实物图（机柜排列整齐）

图 B.6.0-2 风速风向计采集设备安装实物图（安装高度误差在允许范围内）

图 B.6.0-3　雨量计采集设备安装实物图（安装高度误差在允许范围内）

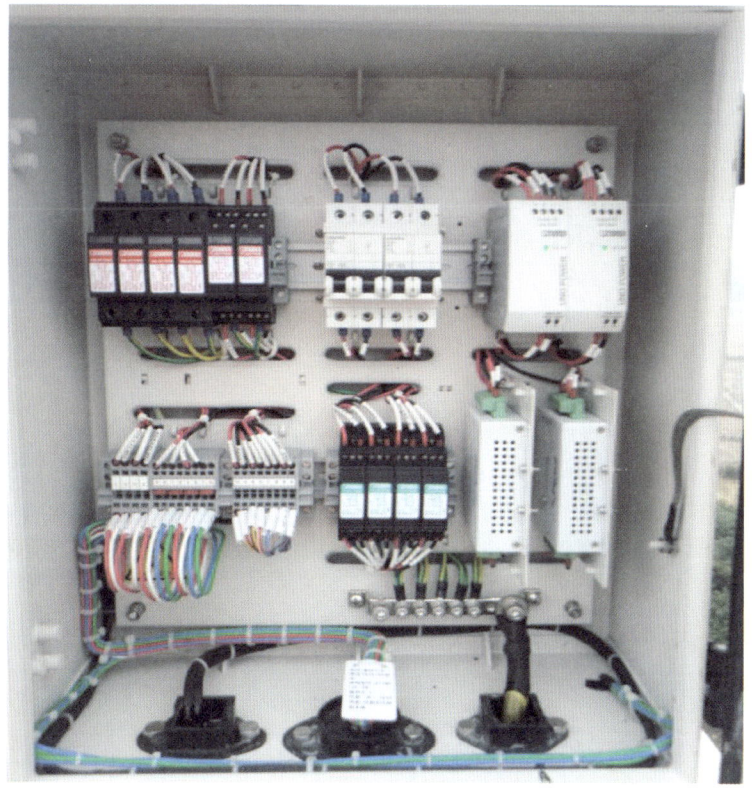

图 B.6.0-4　现场控制箱内配线实物图（配线美观、线把设有预留）

图 B.6.0-5　异物侵限安装实物图（排列整齐，固定牢靠）

附录C 术语和缩略语

C.1 术语

现行《铁路工程基本术语》（GB/T 50262）、《建筑工程质量验收统一标准》（GB 50300）、《高速铁路设计规范》（TB 10621）、《城际铁路设计规范》（TB 10623）、《铁路通信设计规范》（TB 10006）、《铁路信号设计规范》（TB 10007）、《铁路电力设计规范》（TB 10008）、《铁路电力牵引供电设计规范》（TB 10009）、《铁路照明设计规范》（TB 10089）、《电气装置安装工程电气设备交接试验标准》（GB 50150）、《铁路建设工程监理规范》（TB 10402）规定的相关术语适用于本指南。

C.2 缩略语

缩略语一览表　　　　　　　　表 C.2.0-1

序号	缩略语	英 文 名 称	中 文 名 称
1	CBI	Computer Based Interlocking	计算机联锁
2	CSM	Centralized Signaling Monitoring	信号集中监测
3	CTC	Centralized Traffic Control	调度集中
4	CTCS	Chinese Train Control System	中国列车运行控制系统
5	GSM-R	GSM for Railway	铁路数字移动通信系统
6	LEU	Line-side Electronic Unit	地面电子单元
7	RBC	Radio Block Center	无线闭塞中心
8	TCC	Train Control Center	列车控制中心

续上表

序号	缩略语	英文名称	中文名称
9	TDCS	Train Dispatching Commanding System	列车调度指挥系统
10	TSRS	Temporary Speed Restriction Server	临时限速服务器
11	UPS	Uninterruptible Power Supply	不间断电源
12	SPD	Surge Protection Device	浪涌保护器
13	ACR	Attenuation to Crosstalk Ratio	衰减串音比
14	ARP	Address Resolution Protocol	地址解析协议
15	ATM	Asynchronous Transfer Mode	异步转移模式
16	BCC	Bearer Channel Connection	承载通路连接
17	BGP4	Border Gateway Protocol 4	边界网关协议4.0版本
18	BITS	Building Integrated Timing Supply	大楼综合定时供给设备
19	CAC	Connection Admission Control	连接允许控制
20	CDV	Cell Delay Variation	信元时延变化
21	CER	Cell Error Rate	信元差错率
22	CLR	Cell Lose Rate	信元丢失率
23	CTD	Cell Transfer Delay	信元传送时延
24	DCN	Data Communication Network	数据通信网
25	DDF	Digital Distribution Frame	数字配线架
26	DG	Differential Gain	微分增益
27	DP	Differential Phase	微分相位
28	DSS1	Digital Subscriber Signaling system No. 1	1号数字用户信令系统
29	ELFEXT	Equal Level Far End crosstalk attenuation (loss)	等电平远端串音衰减
30	FEC	Forward Error Correction	前向纠错
31	GK	Gatekeeper	网守
32	GRE	Generic Routing Encapsulation	普通路由封装
33	GW	Gateway	网关
34	HDLC	High-level Data Link Control	高级数据链路控制协议
35	ICMP	Internet Control Messages Protocol	互联网消息协议
36	ID	Identification	身份证明
37	IGMP	Internet Group Management Protocol	互联网组消息协议
38	IGP	Interior Gateway Protocol	内部路由协议
39	IP	Internet Protocol	互联网协议
40	IS-IS	Intermediate System-to-Intermediate System	中间系统到中间系统协议
41	ISDN	Integrated Service Digital Network	综合服务数字网络

续上表

序号	缩略语	英文名称	中文名称
42	LAPS	Link Access Procedure-SDH	SDH 上的链路接入规程
43	LCAS	Link Capacity Adjustment Scheme	链路容量调整方案
44	LCP	Link Control Protocol	链路控制协议
45	LE	Local Exchange	本地交换机
46	LCX	Leaky Coaxial Cable	漏泄同轴电缆
47	MAC	Media Access Control	媒体控制访问
48	MCU	Multipoint Control Unit	多点控制设备
49	MPIS	Multi Protocol Label Switching	多协议标签交换
50	MSTP	Multi-Service Transmission Platform	基于 SDH 的多业务传送
51	MTIE	Maximum Time Interval Error	最大时间间隔误差
52	NAT	Network Address Translation	网络地址转化
53	NPC	Network Parameter Control	网络参数控制
54	NTP	Network Time Protocol	网络时间协议
55	ODF	Optical Distribution Frame	光纤配线架
56	ODU	Optical Channel Data Unit	光通路数据单元
57	OLT	Optical Line Terminal	光线路终端
58	OMS	Optical Multiplex Section	光复用段
59	ONU	Optical Network Unit	光网络单元
60	OPU	Optical Channel Payload Unit	光通路净荷单元
61	OSPF	Open Shortest Path First	开放最短路径优先协议
62	OTDR	Optical Time Domain Reflector	光时域反射仪
63	OTN	Optical Transport Network	光传送网
64	OTS	Optical Transmission Section	光传送段
65	OTU	Optical Transponder Unit	光转换器单元
66	PDH	Plesiochronous Digital Hierarchy	准同步数字系列
67	PIM-SM	Protocol Independent Multicast-Sparse Mode	稀疏模式多点传送路由协议
68	POS	Packet over SDH	基于 SDH 的数据包
69	POTS	Plain Old Telephone Service	普通电话业务
70	PPP	Point to Point Protocol	点对点协议
71	PSTN	Public Switched Telephone Network	公共电话交换网
72	PS ACR	Power sum ACR	衰减串音比功率和
73	PS ELFEXT	Power sum ELFEXT attnuation（loss）	等电平远端串音功率和
74	PS NEXT	Power sum NEXT attnuation（loss）	近端串音功率和
75	PTZ	Pan Tilt and Zoom control	云台操控
76	QoS	Quality of Service	服务质量

续上表

序号	缩略语	英 文 名 称	中 文 名 称
77	RIP V2	Routing Information Protocol Version 2	路由信息协议（版本2）
78	SDH	Synchronous Digital Hierarchy	同步数字系列
79	SNI	Service Node Interface	业务节点接口
80	TCP	Transmission Control Protocol	传输控制协议
81	TDEV	Time Deviation	时间偏差
82	UDP	User Datagram Protocol	用户数据包协议
83	UNI	User Network Interface	用户入网接口
84	UPC	Usage Parameter Control	使用参数控制
85	UPS	Uninterruptible Power Supply	不间断电源
86	UUS	User to User Signaling	用户-用户信令
87	VBS	Voice Broadcast Service	语音广播呼叫业务
88	VC	Virtual Channel	虚信道
89	VCI	Virtual Channel Identifier	虚信道标识符
90	VDF	Voice Distribution Frame	音频配线架
91	VGCS	Voice Group Call Service	语音组呼业务
92	VLAN	Virtual Local Area Network	虚拟局域网
93	VP	Virtual Path	虚通道
94	VPN	Virtual private network	虚拟专用网
95	VPI	Virtual Path Indicator	虚通道标识码
96	VRRP	Virtual Router Redundancy Protocol	虚拟路由冗余协议
97	WDM	Wavelength Division Multiplex	波分复用
98	FAS	Fire Alarm System	火灾自动报警系统
99	LCD	Liquid Crystal Dispaly	液晶显示屏
100	LED	Light Emitting Diode	发光二极管
101	UPS	Uninterruptible Power Supply	不间断电源

续上表

附录D

通信、信号施工常用仪表

通信、信号施工常用仪表一览表　　　　　表 D.0.1

序号	设 备 名 称	备　　注
1	电容耦合测试仪	通信线路
2	振荡器	通信线路
3	电平表	通信线路
4	杂音计	通信线路
5	光纤熔接机	通信线路
6	光时域反射仪	通信线路
7	偏振模色散测试仪	通信线路
8	光源	传输系统
9	光功率计	传输系统
10	回波损耗测试仪	传输系统
11	2Mbit/s 传输测试仪	传输系统 接入网
12	低速误码测试仪	传输系统 接入网
13	通信综合测试仪	传输系统
14	PCM 分析仪	接入网
15	V5 规程测试仪	接入网
16	模拟呼叫器	接入网 电话交换系统

续上表

序号	设 备 名 称	备 注
17	IP 网络测试仪	数据网 综合视频监控系统 会议电视系统
18	同步失真仪	数据网
19	综合信令分析仪	有线调度系统 电话交换系统 GSM-R 系统
20	时钟校表仪（秒表）	综合视频监控系统 数字同步与时钟分配系统
21	视频信号发生器	综合视频监控系统 会议电视系统
22	视频综合测试仪	综合视频监控系统 会议电视系统
23	综合测试卡 （含灰度测试条）	综合视频监控系统 会议电视系统
24	声级计（声强计）	会议电视系统
25	广播毫伏表	会议电视系统
26	广播失真仪	会议电视系统
27	负载	会议电视系统
28	便携式 GPS 接收机	GSM-R 系统
29	场强测试仪	GSM-R 系统
30	通过式功率计	GSM-R 系统
31	合成信号源	GSM-R 系统
32	频谱分析仪	GSM-R 系统
33	GSM-R QOS 综合测试仪	GSM-R 系统
34	天馈线测试仪	GSM-R 系统
35	移动终端测试仪	GSM-R 系统
36	基站综测仪	GSM-R 系统
37	时间综合测试仪	数字同步及时钟分配系统
38	综合布线电缆分析仪	综合布线
39	电能质量分析仪	电源及接地
40	接地电阻测试仪	电源及接地
41	钳形电流表	电源及接地
42	数字万用表	通用仪表
43	耐压测试仪（可测 15000V）	通用仪表

续上表

序号	设 备 名 称	备 注
44	绝缘电阻测试仪	通用仪表
45	直流电桥	通用仪表
46	电缆故障测试仪	通用仪表
47	专用移频测试仪	通用仪表
48	电感电容测试仪	通用仪表
49	防雷元件测试仪	通用仪表
50	相位表	通用仪表
51	标准轨道电路分路测试仪	通用仪表
52	轨道电路故障诊查仪	通用仪表
53	应答器综合参数测试仪	通用仪表
54	ZPW-2000专用工具	专用工具
55	应答器安装专用工具	专用工具
56	应答器读取专用工具	专用工具

附录E 信号工程施工记录表

信号电缆进场验证记录表　　　　表E.0.1

序号	电缆自标号	出厂编号	电缆型号	外层端别	制造长度（km）	电缆尺标长度	外观
1							
2							
3							
4							
5							
6							
7							
8							
9							
10							
11							
12							

检测日期：　　　　　　　检测人：　　　　　　　技术负责人：

附录E ◇ 信号工程施工记录表

电缆单盘电气特性测试记录表   表 E.0.2

电缆自编号：　　　　　　　　　　　　　　　　规格：

屏蔽四线组						普通四线组			
组别	芯线颜色	直流电阻（Ω）	电阻不平衡（%）	工作电容（nF）	绝缘电阻（mΩ）	组别	芯线颜色	直流电阻（Ω）	绝缘电阻（mΩ）
ⅠP	红					Ⅰ	红		
	白						白		
	蓝						蓝		
	绿						绿		
ⅡP	红					Ⅱ	红		
	白						白		
	蓝						蓝		
	绿						绿		
ⅢP	红					Ⅲ	红		
	白						白		
	蓝						蓝		
	绿						绿		
ⅣP	红					Ⅳ	红		
	白						白		
	蓝						蓝		
	绿						绿		
ⅤP	红					Ⅴ	红		
	白						白		
	蓝						蓝		
	绿						绿		

检测日期：　　　　　　　　　环境温度：　　　　　　　　　天气：
绝缘检测仪：　　　　　　　　电阻检测仪：　　　　　　　　电容检测仪：
检测人：　　　　　　　　　　　　　　　　　　　　　　　　负责人：

电缆工程检查记录表 表 E.0.3

检查地下电缆的埋设情况				
工程名称		施工单位		
工程地点		检查日期		

电缆用途自至共长　　米；

检查结果如下：

1. 埋设深度

2. 土质情况有无浸蚀性

3. 防护情况

4. 穿过轨道下防护方法

5. 接头及弯曲处的处理

6. 始端备用量

7. 终端备用量

根据以上检查认为

　　决定：

主管工程师		施工负责人	
质检工程师		监理工程师	

信号设备建筑限界检查记录表　　　　表 E.0.4

工程名称：　　　　　　　　　　　　　　　　　　　　　　　　　第　页，共　页

序号	设备名称	距本线（mm）			距邻线（mm）			备注
		股道名称	中心距离	高度	股道名称	中心距离	高度	

测量人：　　　　　　　　　　　工长：　　　　　　　　　　　　年　月　日

注：1. "设备名称"栏：填写设备名称代号，顺序按线别由始端开始填写。
　　2. "中心距离"栏：按设备最凸出边缘至线路中心距离填写。
　　3. "高度"栏：高柱信号机最下灯位中心距轨面高度；其他设备按最凸出边缘距轨面高度。
　　4. "备注"栏内：注明是否侵入限界。

室内外配电装置的安全净距

室内配电装置的安全净距（单位：mm）　　　　　表 F.0.1

符号	适用范围	电压等级（kV）				
		3	10	27.5(35)	55(66)	110J
A_1	1. 带电部分至接地部分之间； 2. 网状和板状遮栏向上延伸距离地面2.3m处与遮栏上方带电部分之间	75	125	300	550	850
A_2	1. 不同相的带电部分之间； 2. 断路器和隔离开关的断口两侧的带电部分之间	75	125	300	550	900
B_1	1. 栅状遮栏至带电部分之间； 2. 交叉的不同时停电检修的无遮栏带电部分之间	825	875	1050	1300	1600
B_2	网状遮栏至带电部分之间	175	225	400	650	950
C	无遮栏裸导体至地（楼）面之间	2500	2500	2600	2850	3150
D	平行的不同时停电检修的无遮栏裸导体之间	1875	1925	2100	2350	2650
E	通向室外的出线套管至室外通道的路面	4000	4000	4000	4500	5000

注：1. 电压等级中的110J系指中性点有效接地电网。
　　2. 当为板状遮栏时，B_2 值可取 A_1 + 30 mm。
　　3. 通向室外配电装置的出线套管至室外地面的距离，不应小于表 A.0.2 中所列室外部分之 C 值。
　　4. 海拔大于1000m时，A_1 和 A_2 值应进行修正。

室外配电装置的安全净距（单位：mm）　　表 F.0.2

符号	适用范围	电压等级（kV）				
		3～10	27.5（35）	55（66）	110J	220J
A_1	1. 带电部分至接地部分之间； 2. 网状遮栏向上延伸距地面2.5 m处与遮栏上方带电部分之间	200	400	650	900	1800
A_2	1. 不同相的带电部分之间； 2. 断路器和隔离开关的断口两侧引线带电部分之间	200	400	650	1000	2000
B_1	1. 设备运输时，其外廓至无遮栏带电部分之间； 2. 交叉的不同时停电检修的无遮栏带电部分之间； 3. 网状遮栏至绝缘体和带电部分之间	950	1150	1400	1650	2550
B_2	网状遮栏至带电部分之间	300	500	750	1000	1900
C	1. 无遮栏裸导体至地面之间； 2. 无遮栏裸导体至建筑物、构筑物顶部之间	2700	2900	3100	3400	4300
D	1. 平行的不同时停电检修的无遮栏带电部分之间； 2. 带电部分与建筑物、构筑物的边沿部分之间	2200	2400	2600	2900	3800

注：电压等级中的110J、220J系指中性点有效接地电网。

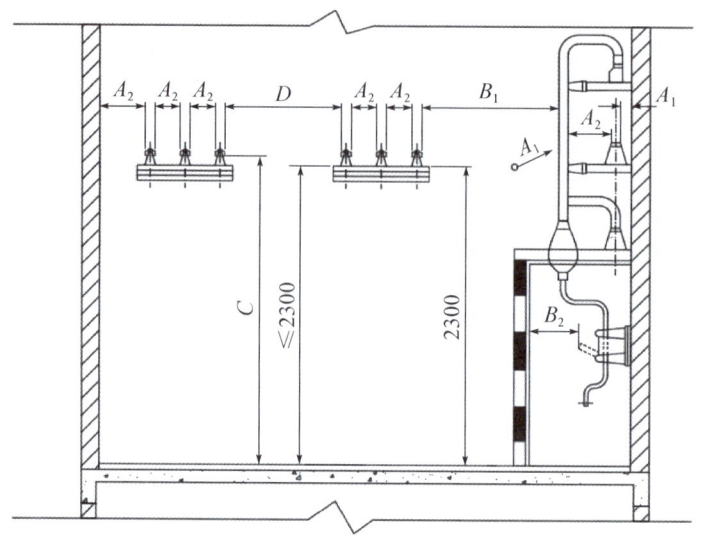

图 F.0.1　室内 A_1、A_2、B_1、B_2、C、D 值校验图

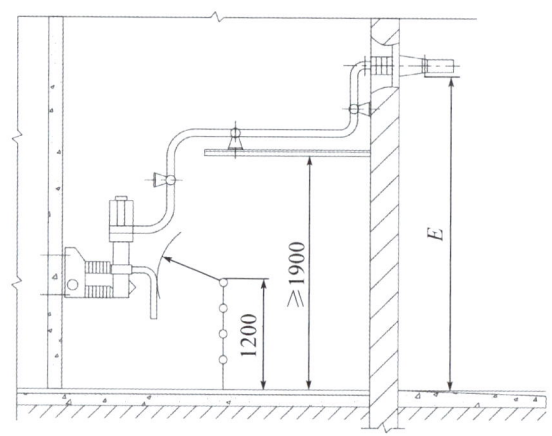

图 F.0.2　室内 B_1、E 值校验图

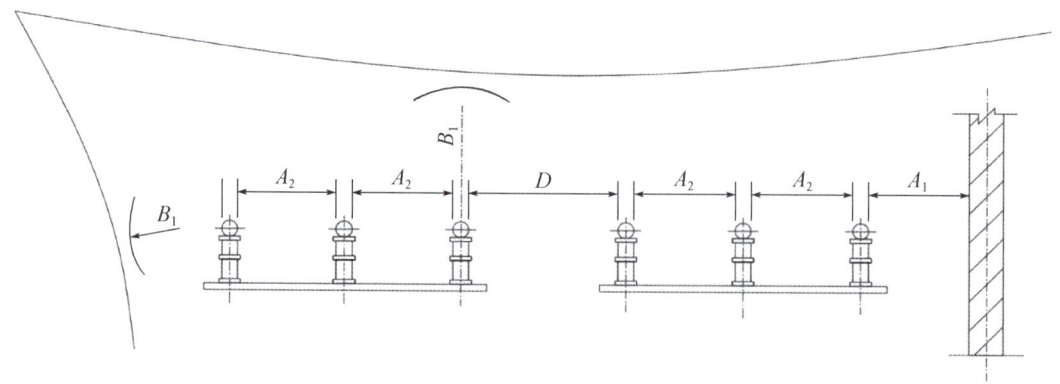

图 F.0.3　室外 A_1、A_2、B_1、D 值校验图

附录F ◇ 室内外配电装置的安全净距

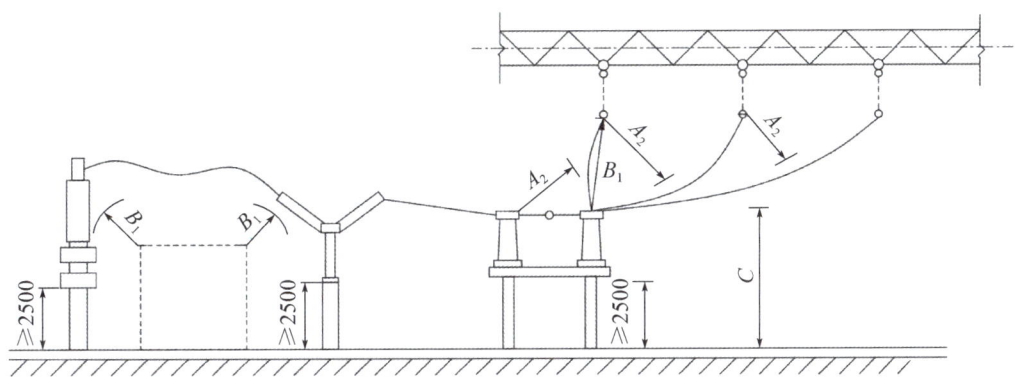

图 F.0.4 室外 A_2、B_1、C 值校验图

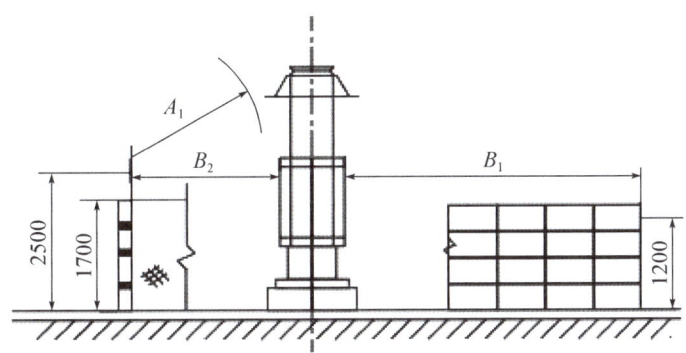

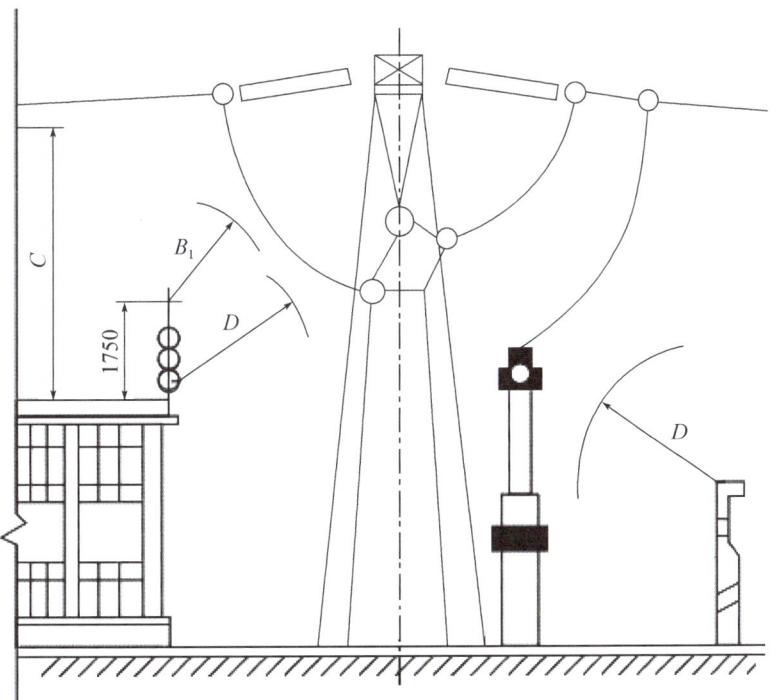

图 F.0.5 室外 A_1、B_1、B_2、C、D 值校验图

附录G 导线钳压示意图及压口尺寸

G.0.1 钢芯铝绞线钢芯对接式钢管施压顺序见图G.0.1。

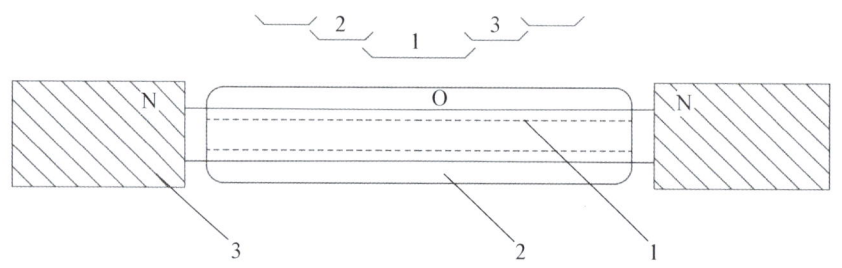

图 G.0.1 钢芯铝绞线钢芯对接式钢管施压顺序图
1-钢芯；2-已压接钢管；3-铝线

G.0.2 钢芯铝绞线钢芯对接式铝管施压顺序见图G.0.2。

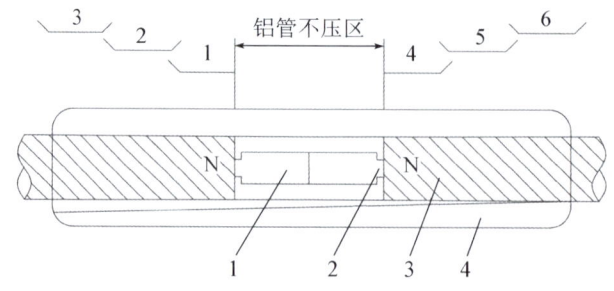

图 G.0.2 钢芯铝绞线钢芯对接式铝管施压顺序图
1-钢芯；2-已压接钢管；3-铝线；4-铝管

G.0.3 钢芯铝绞线钢芯搭接式钢管施压顺序见图 G.0.3。

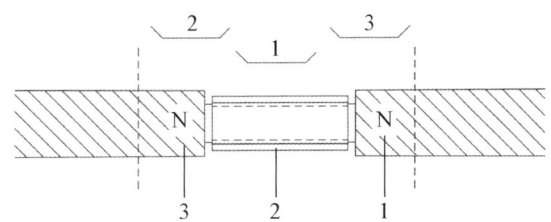

图 G.0.3 钢芯铝绞线钢芯搭接式钢管施压顺序图
1-钢芯；2-已压接钢管；3-铝线

G.0.4 钢芯铝绞线钢芯搭接式铝管施压顺序见图 G.0.4。

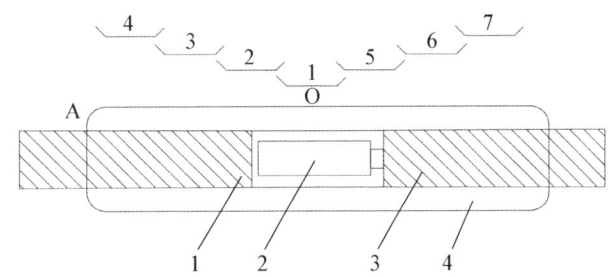

图 G.0.4 钢芯铝绞线钢芯搭接式铝管施压顺序图
1-钢芯；2-已压接钢管；3-铝线；4-铝管

G.0.5 导线钳压方法见图 G.0.5。

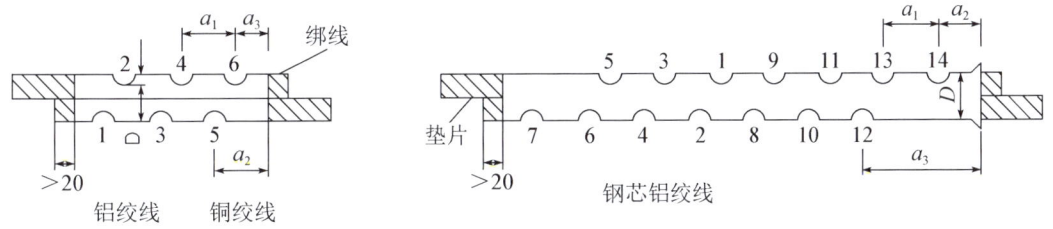

图 G.0.5 导线钳压示意图

注：压接管上数字 1、2、3…表示压接顺序（尺寸单位：mm）

G.0.6 导线钳压品种尺寸和钳压口数见表 G.0.6。

导线钳压品种尺寸和钳压口数　　　　表 G.0.6

导线型号		钳压部位尺寸（mm）			压口尺寸 D（mm）	压口数
		a_1	a_2	a_3		
钢芯铝绞线	LGJ-16/3	28	14	28	12.5	12
	LGJ-25/4	32	15	31	14.5	14
	LGJ-35	34	42.5	93.5	17.5	14
	LGJ-50	38	48.5	105.5	20.5	16

续上表

导线型号		钳压部位尺寸（mm）			压口尺寸 D（mm）	压口数
		a_1	a_2	a_3		
钢芯铝绞线	LGJ-70	46	54.5	123.5	25.5	16
	LGJ-95	54	61.5	142.5	29.5	20
	LGJ-120	62	67.5	160.5	33.5	24
	LGJ-150	64	70	166	36.5	24
铝绞线	LJ-16	28	20	34	10.5	6
	LJ-25	32	20	35	12.5	6
	LJ-35	36	25	43	14	6
	LJ-50	40	25	45	16.5	8
	LJ-70	44	28	50	19.5	8
	LJ-95	48	32	56	23	10
	LJ-120	52	33	59	26	10
	LJ-150	56	34	62	30	10
	LJ-185	60	35	65	33.5	10
铜绞线	TJ-16	28	14	28	10.5	6
	TJ-25	32	16	32	12	6
	TJ-35	36	18	36	14.5	6
	TJ-50	40	20	40	17.5	8
	TJ-70	44	22	44	20.5	8
	TJ-95	48	24	48	24	10
	TJ-120	52	26	52	27.5	10
	TJ-150	56	28	56	31.5	10

注：压接后尺寸的允许误差范围：铜钳压管为 0.5mm，铝钳压管为 1.0mm。